ILLUMINATING OSIRIS
EGYPTOLOGICAL STUDIES IN HONOR OF MARK SMITH

MATERIAL AND VISUAL CULTURE OF ANCIENT EGYPT

NUMBER TWO

ILLUMINATING OSIRIS
EGYPTOLOGICAL STUDIES IN HONOR OF MARK SMITH

ILLUMINATING OSIRIS
EGYPTOLOGICAL STUDIES IN HONOR OF MARK SMITH

Edited by
Richard Jasnow and Ghislaine Widmer

LOCKWOOD PRESS
ATLANTA, GEORGIA

ILLUMINATING OSIRIS
EGYPTOLOGICAL STUDIES IN HONOR OF MARK SMITH

Library of Congress Control Number: 2016952730

ISBN: 978-1-937040-74-1

Cover design by Susanne Wilhelm. Cover image: Columns 1 and 2 of the Book of Transformations copied on papyrus Louvre E 3452 © 2008 Musée du Louvre/Georges Poncet.

Published with the help of subventions from HALMA UMR 8164 and Johns Hopkins University.

This paper meets the requirements of ANSI/NISO Z39.48-1992 (Permanence of Paper).

Mark Smith at the Jardin des Plantes in Paris in 2013

Contents

List of Figures x

List of Plates xii

List of Tables xiv

Acknowledgments xv

Introduction xvii

Abbreviations xxiii

Egyptological Bibliography of Mark Smith xxxiii

Betsy M. BRYAN
Art-Making in Texts and Contexts 1

Maria CANNATA
Titbits from Tatters: Bodl. MS. Egypt. d. 19(P) 23

Michel CHAUVEAU
L'Agneau revisité ou la révélation d'un crime de guerre ignoré 37

Mark DEPAUW
A New Date for the "Amarna" Temple Plan in el-Sheikh Said Based on Some Newly Read Inscriptions 71

Didier DEVAUCHELLE and Ghislaine WIDMER
Une transcription en démotique de deux formules du *Rituel des offrandes* (O. dém. DelM 2-1) 75

François GAUDARD
On the "Immortality" of the God Seth 93

François René HERBIN
La stèle Caire JE 72300 99

Friedhelm HOFFMANN
Astronomische und astrologische Kleinigkeiten VII: Die Inschrift zu Tages- und Nachtlängen aus Tanis 135

Richard JASNOW and Karl-Theodor ZAUZICH
Another Praise of the Goddess Ait (O. Sommerhausen 1) 155

Janet H. JOHNSON
Compound Nouns, Especially Abstracts, in Demotic 163

Mpay KEMBOLY
Grappling with the Notion of Evil in Ancient Egypt 173

Holger KOCKELMANN
Sunshine for the Dead: On the Role and Representation of Light in the Vignette of Book of the Dead Spell 154 and Other Funerary Sources from Pharaonic and Graeco-Roman Egypt 181

Andrea KUCHAREK
A Hieratic Tablet from TT 196 Reexamined 197

Nikolaos LAZARIDIS
Hyperbole in Demotic Wisdom 215

Christian LEITZ
Das Menu-Lied: Eine Anleitung zum Bierbrauen für Hathor in 18 Schritten 221

Alexandra von LIEVEN
Of Choachytes and Saints: Demotic Documentary Texts as Sources for Religious Practices 239

Cary J. MARTIN
A Third-Century Demotic Land Lease (P. BM EA 10858) 247

Martina MINAS-NERPEL
Offering the *ij.t*-Knife to Haroeris in the Temple of Isis at Shanhūr 259

Luigi PRADA
Divining Grammar and Defining Foes: Linguistic Patterns of Demotic Divinatory Handbooks (with Special Reference to P. Cairo CG 50138–41) and a Note on the Euphemistic Use of *ḫft* "Enemy" 277

Joachim Friedrich QUACK
Eine weise Stimme der Autorität (Papyrus Amherst Eg. XLIII.1 rt.): Mit Anhängen über Abrechnungen (Papyrus Amherst Eg. XLIII.1 vs. und XLIII.2) 303

Robert K. RITNER
Pantheistic Figures in Ancient Egypt 319

Kim RYHOLT
An Egyptian Narrative from Karanis (P. Mich. inv. 5641a) 325

R. S. SIMPSON
Retrograde Writing in Ancient Egyptian Inscriptions 337

MARTIN ANDREAS STADLER
Thot und der Skarabäus (Papyrus Wien D 6318) 347

GÜNTER VITTMANN
Grain for Seth and His Divine Companions in Dakhleh (Ostracon Mut 21/4) 363

SVEN P. VLEEMING
A Priestly Letter of Recommendation (P. CtYBR inv. 4628) 375

ALEKSANDRA WARDA
Statue of Strategos Tryphon from Dendera (*SEG* LVIII 1823) 379

Abstracts 389

Subject Index 397

Index of Names 403

Index of Sources 411

Index of Selected Egyptian Words in Transliteration Discussed 425

Plates 427

List of Figures

Frontmatter

Frontispiece Mark Smith at the Jardin des Plantes in Paris in 2013
Fig. 1. Mark with Ricardo Caminos preparing for the 1981– 1982 epigraphic campaign at Gebel el-Silsila at Chicago House. Photograph courtesy of the Epigraphic Survey of the University of Chicago.
Fig. 2. Mark Smith dans le temple d'Amon à Siwa en 2013

Betsy Bryan

Fig. 1. Stela of Irti-sen after Barta, *Selbstzeugnis*, Abb. 1
Fig. 2. Sekhemkhet smiting enemy. Wadi Maghara. After A. H. Gardiner, *Inscriptions of Sinai*, pl. Ia.
Fig. 3. Icons by postures, stela of Irti-sen
Fig. 4. Rubric for Book of the Dead Spell 100 from Papyrus of Nu. After Lapp, *The Papyrus of Nu*, pl. 80.
Fig. 5. Suggested reconstruction following D. Kurth of shrine described in Papyrus Vienna D 10100. After Vittmann, "Ein Entwurf zur Dekoration," 135.
Fig. 6. (right). Detail of bread and beer preparation for a royal festival, south wall of front room, TT 92. Two men in bent positions similar to men placed on ladder in bread stacking scene.
Fig. 7. (below). Ration bowls stacked in storehouse for military. Tomb chapel of Amenemhab, TT 85.
Fig. 8. Ration bowls and bread stacks for military. Tomb of Pehsucher, TT 88, reign of Amenhotep II. Shown in same proportional scale, unlike in chapel of Suemniwet.

Mark Depauw

Fig. 1. The ground plan of a temple in quarry 5 in el-Sheikh Said
Fig. 2. Inscriptions 1–5 (TM 371968–371972) on the ceiling
Fig. 3. Inscription 6 (TM 371973) on the wall

Didier Devauchelle and Ghislaine Widmer

Fig. 1. Ostracon démotique Deir el-Médineh 2-1 © IFAO, Alain Lecler
Fig. 2. Une version longue de la formule d'offrande du vin dans le temple de Philae, cf. G. Bénédite, *Le temple de Philae*, MMAF 13 (Paris, 1893–1895), pl. XVI, correspondant au texte de la page 44 de ce même ouvrage (abrégé ici Philae 44)
Fig. 3. Facsimilé de l'ostracon démotique Deir el-Médineh 2-1
Fig. 4. Mise en parallèle du texte de l'offrande de la bière
Fig. 5. Quelques parallèles d'offrande de la bière et du vin à Abydos. a) Mariette, *Abydos*, pl. 38a; b) Mariette, *Abydos*, pl. 40c (section); c) Mariette, *Abydos*, pl. 36b.

Friedhelm Hoffmann

Abb. 1. Die Inschrift aus Tanis in der Rekonstruktion von Clère
Abb. 2. Die Tageslängen in der Tanis-Inschrift nach Clères Rekonstruktion (zum Vergleich eine lineare Zickzackfunktion; einige Abweichungen nach oben oder unten sind durch + bzw. – markiert)
Abb. 3. Paläographische Entwicklung der Zeichen für 1/3, 2/3, 1/4 und 1/6
Abb. 4. Die Tageslängen in der Tanis-Inschrift nach der korrigierten Lesung der Bruchzahlzeichen
Abb. 5. Symmetriebeziehung der Tageslängen in einer linearen Zickzackfunktion
Abb. 6. Symmetriebeziehung der Tages- und Nachtlängen in einer linearen Zickzackfunktion
Abb. 7. Vergleich der Tageslänge nach dem Tanistext mit den astronomischen Verhältnissen in Tanis und Assuan und einer alternativen Funktion

Holger Kockelmann

Fig. 1. The sun disc in the Papyrus of *Nfr-wbn=f*
Fig. 2. Vignette of spell BD 154 in P. London BM EA 10098
Fig. 3. The mummy under the winged sun disc on a coffin of the Twenty-Fifth Dynasty
Fig. 4. Vignette on coffin London BM EA 22940
Fig. 5. Vignette of spell BD 154 in the papyrus of *Jʿḥ-tꜣj=s-nḫt*
Figs. 6 (left), 7 (right). Similarities in the iconography of light and water: vignettes of spells BD 154 and BD 137 in P. Milbank.
Figs. 8–10 Rays of light and jets of water composed of *ankh-* and *was*-signs in P. London BM EA 10086 (fig. 8. left), on stela London BM EA 8462 (fig. 9, above) and in the papyrus of *Ḥr-wbn* (fig. 10, right)

Martina Minas-Nerpel

Fig. 1. Shanhūr, eastern exterior wall, no. 157 (drawing by T. L. Sagrillo)
Fig. 2. De Morgan, *Kom Ombo* I 138
Fig. 3. Ali, "Ein *ỉỉt*-Darreichen," Abb. 2c on p. 28 (*Kom Ombo* I 276)
Fig. 4. De Morgan, *Kom Ombo* II 938
Fig. 5. De Morgan, *Kom Ombo* II 939
Fig. 6. De Morgan, *Kom Ombo* I 462
Fig. 7. Shanhūr, western exterior wall, no. 119 (drawing by T. L. Sagrillo)

Robert K. Ritner

Fig. 1. Glazed Pataikos figure from Abydos Tomb 28, after Randall-MacIver and Mace, *El Amrah and Abydos*, pl. XLV
Fig. 2. Description of the Pataikos figure as Bes in the excavation report by Arthur C. Mace, in Randall-MacIver and Mace, *El Amrah and Abydos*, 88

Martin Andreas Stadler

Abb. 1. Ausschnitt von einem Widdersarg aus Mendes nach A. Mariette, *Monuments divers recueillis en Égypte et en Nubie* (Paris, 1872), Taf. 46

Günter Vittmann

Fig. 1. Facsimile of Ostracon Mut 21/4 (G. Vittmann)

List of Plates

Betsy Bryan

Pl. 1. Stela of Irti-sen Louvre Museum C 14. © Musée du Louvre/Christian Décamps.
Pl. 2. a) Detail from tomb of Baket, no. 15, Beni Hasan. Photograph by author.
b) Ostraca showing birds sketched in various stances. Hayes, *Ostraka and Name Stones*, pl. V, 21 and 22.
c) British Museum EA 5601, writing board, reign of Thutmose III, showing elements used in creating larger images from parts. © The Trustees of the British Museum.
Pl. 3. a) North wall east half of front room in tomb chapel of Suemniet, TT 92 showing rations for the palace. Reign of Amenhotep II. Photograph by author.
b) Detail of stacking breads prepared as rations for palace during a festival. TT 92. Reign of Amenhotep II. Photograph by author.

Maria Cannata

Pl. 4. Papyrus Bodl.MS.Egypt.d.19(P). © The Bodleian Libraries.

Didier Devauchelle and Ghislaine Widmer

Pl. 5. Ostracon démotique Deir el-Médineh 2-1 © IFAO, Gaël Pollin
Pl. 6. a) Abydos 38a © François Gourdon
b) Abydos 40c (section) © François Gourdon
c) Abydos 36b (section) © François Gourdon
Pl. 7. a) Philae 27 (section) © François Gourdon
b) Philae 44 © François Gourdon

François René Herbin

Pl. 8. Stèle Caire JE 72300
Stèle Caire JE 72300. Photo A. Lecler, IFAO.

Richard Jasnow and Karl-Theodor Zauzich

Pl. 9. Ostracon Sommerhausen 1. Photograph by Christina Di Cerbo.
Pl. 10. Ostracon Sommerhausen 1. Digital hand copy.

Janet Johnson

Pl. 11. a) ^{R} O. Strasbourg 174. © Bibliothèque Nationale et Universitaire de Strasbourg.
b) Handcopy of ^{R} O. Strasbourg 174 by W. Spiegelberg

Holger Kockelmann

Pl. 12. a) The vignettes illustrating spell BD 89 in the papyrus of Ta-baket-en-Khonsu (21st Dyn.). © Ahmed Amin, Egyptian Museum Cairo and SCA.
b) Detail of photo plate 12 a. © Ahmed Amin, Egyptian Museum Cairo and SCA.

Andrea Kucharek

Pl. 13. Wooden tablet from TT 196 (Graefe, *Padihorresnet*, pl. 88)
Pl. 14. Wooden tablet from TT 196, facsimile and transcription (Graefe, *Padihorresnet*, pl. 89, unaltered)

Christian Leitz

Pl. 15. Das Menu-Lied aus Athribis. © Athribis-Projekt Tübingen.

Cary Martin

Pl. 16. Papyrus BM EA 10858. © The Trustees of the British Museum.

Martina Minas-Nerpel

Pl. 17. a) Shanhūr temple overview (photograph by M. De Meyer)
b) Stela ÄM 17549. © Ägyptisches Museum und Papyrussammlung Berlin.
Pl. 18. Plan of Shanhūr temple (*Shanhūr* I, pl. 3), with nos. 119 and 157 indicated

Joachim Friedrich Quack

Pl. 19. Papyrus Amherst XLIII.1 Rekto. Photograph courtesy of the Morgan Library & Museum.
Pl. 20. Papyrus Amherst XLIII.1 Verso. Photograph courtesy of the Morgan Library & Museum.
Pl. 21. Papyrus Amherst XLIII.2 Rekto. Photograph courtesy of the Morgan Library & Museum.
Pl. 22. Papyrus Amherst XLIII.2 Verso. Photograph courtesy of the Morgan Library & Museum.

Kim Ryholt

Pl. 23. P. Mich. inv. 5641a. Courtesy of the University of Michigan Papyrus collection.
P. Mich.inv. 6794c. Courtesy of the University of Michigan Papyrus collection.

Martin Andreas Stadler

Pl. 24. Papyrus Wien D 6318. Photo der Osterreichischen Nationalbibliothek Wien.
Pl. 25. Papyrus Wien D 6318. Facsimile von M. Stadler.

Günter Vittmann

Pl. 26. Ostracon Mut 21/4. Photograph G. Vittmann. © The Dakhleh Oasis Project.

Sven P. Vleeming

Pl. 27. a) Papyrus CtYBR inv. 4628 recto. Photograph courtesy of the Beinecke Rare Book and Manuscript Library, Yale University.
b) Papyrus CtYBR inv. 4628 verso. Photograph courtesy of the Beinecke Rare Book and Manuscript Library, Yale University.

Aleksandra Warda

Pl. 28. a) Dendera. Statue base of Tryphon. Front (courtesy of M. Jędrzejec/P. Wójcicki).
b) Dendera. Statue base of Tryphon. Back (courtesy of M. Jędrzejec/P. Wójcicki).
Pl. 29. a) Dendera. Statue base of Tryphon. Right side (courtesy of M. Jędrzejec/P. Wójcicki).
b) Dendera. Statue base of Tryphon. Left side (courtesy of M. Jędrzejec/P. Wójcicki).
Pl. 30. a) Dendera. Statue base of Tryphon. Greek inscription (courtesy of M. Jędrzejec/P. Wójcicki).
b) Dendera. Propylon of the temple of Isis. Headless sphinx inscribed for Tryphon (courtesy of M. Jędrzejec/P. Wójcicki).
Pl. 31. a) Dendera. Propylon of the temple of Isis. Headless sphinx with fragmentarily preserved Greek inscription (possibly of Tryphon) (courtesy of M. Jędrzejec/P. Wójcicki).
b) Dendera. Statue base of Tryphon. Remnants of the statue (courtesy of M. Jędrzejec/P. Wójcicki).
Pl. 32. Draped statue recorded in Dendera by Bernard Bothmer, *Corpus of Late Egyptian Sculpture*, no. B–De–1, photographs 210.7–10 (B. Bothmer, courtesy of the Brooklyn Museum)

List of Tables

Maria Cannata

1. List of documents analysed from the reign of Ptolemy VIII Euergetes II
2. Select list of Pathyrite scribes and of the documents they redacted
3. Palaeographical analysis of some of the Pathyrite scribes' handwriting

Friedhelm Hoffmann

1. Übersicht zu den Beziehungen der Werte von Tages- und Nachtlängen in der Tanis-Inschrift
2. Ägyptische Texte zu jahreszeitlichen Tages- und Nachtlängen

Andrea Kucharek

1. Glorification A and its closest parallels
2. Sources of Glorification B in *sꜣḫw* I

Luigi Prada

1. Examples of the euphemistic use of *ḫft* in demotic

Kim Ryholt

1. Texts from the Tebtunis temple library relevant to the Battle between Osiris and Apophis

Acknowledgments

The editors of Festschriften depend greatly upon the good-will and support of a wide circle of individuals. First of all, we must thank the authors who, despite all of their other scholarly obligations, responded so readily to our invitations. Their enthusiastic engagement in the project is eloquent testimony to their deep admiration and respect for the honoree.

A number of other people have also contributed greatly to the success of the project. Annette Smith in particular was both a source of encouragement and information regarding Mark's scholarly career and nonacademic interests. She was an invaluable sounding board for our thoughts and ideas. We can hardly thank her enough. Luigi Prada, one of Mark's former students and now the Lady Wallis Budge Junior Research Fellow in Egyptology at University College, was splendidly generous with his time and energy. His willingness to serve as our "relay station" in Oxford has been especially appreciated. Three graduate students at Johns Hopkins provided significant help in the production of the manuscript: Katherine E. Davis and Lingxin Zhang, later assisted by Margaret Swaney. They have all earned our thanks. We are grateful to Serge Rosmorduc for allowing us to use the JSesh font and for expertly solving some of the technical problems which we encountered. Janet Johnson and Emily Teeter offered welcome additional background information concerning Mark's time as a graduate student at the University of Chicago. Christina Di Cerbo of Chicago House gave freely, as always, of her technical expertise in preparing the manuscript for publication, especially with regard to the images. We thank Ray Johnson of the Epigraphic Survey of the University of Chicago for permission to publish the photograph of Mark with Ricardo Caminos in the Chicago House magazine courtyard, as well as Thomas Nicq, photographer at the University of Lille, who skillfully worked on Mark's frontispiece picture. A debt of gratitude is owed to Dominique Benazeh, Marc Etienne, Vincent Rondot, and more generally the Department of Egyptian Antiquities from the Louvre for the cover photograph. Didier Devauchelle answered with patience and good humor many of our questions and Richard Parkinson was greatly encouraging and supportive of the project. We are also grateful to the research center HALMA UMR 8164 (Lille) and Johns Hopkins University for providing generous subventions towards the publication of this volume. One of the most beloved and greatest Demoticists, Heinz-Josef Thissen (also an accomplished jazz musician), hoped to contribute to this Festschrift. Unfortunately, he passed away before he could complete his article. Thissen greatly admired Mark's research and the editors regret indeed that he is not represented in this volume; it is well-known among Egyptologists how full of wit and wisdom were his writings on Demotic. He would doubtless have contributed a brilliant study in honor of Mark. Finally, the editors are very grateful to Billie Jean Collins of Lockwood Press, both for accepting our Festschrift into her press and for treating the volume with her accustomed expertise and care.

Richard Jasnow
Ghislaine Widmer

Note from the Editors

Scholars of Late period Egypt, and Demoticists in particular, are an individualistic group. They tend to devise their own conventions of citation and transliteration. In this spirit we have only applied a light editorial hand to the articles in this volume, although we have indeed striven for a reasonable consistency. We trust that no readers will be seriously inconvenienced or unduly puzzled by this editorial tolerance.

Introduction

In recent years, Demotic Studies has attracted a number of remarkable individuals who have brought about a virtual renaissance, a *wḥm-mswt*, in our field. However, Mark Smith stands out even among this group. He enjoys, indeed, a special veneration among Egyptologists for the range and power of his scholarship. His books and articles, distinguished by their impeccable style and clarity, possess an authority seldom rivaled in our field. He is certainly one of the leaders in the famously difficult study of Egyptian Religion. His many friends, close colleagues, and former students present this Festschrift to him in grateful recognition of his profound contributions to Egyptology.

The basic facts of his career may be quickly recounted. Mark graduated with a BA in Near Eastern Studies in the University of Chicago in 1973. He then entered the graduate program in Egyptian Philology in the Department of Near Eastern Studies of the University of Chicago. There, at the Oriental Institute, he studied with such professors as George Hughes, Edward Wente, Janet Johnson, and Klaus Baer. He worked particularly closely with Prof. Hughes, for whom he has always had a special esteem. Born in Nebraska, Hughes embodied the positive qualities associated with the Midwest. He was modest, thoughtful, hardworking, and helpful, never so happy as when sitting quietly with a student contemplating a Demotic text. It is no surprise that Mark, himself raised in Minnesota, was inspired by him. He obtained his PhD in 1979, presenting a Doctoral Thesis entitled: "The Demotic Mortuary Texts of Papyrus Louvre E. 3452." During the later part of his residence (1977–1980) at the Oriental Institute he joined the Demotic Dictionary Project, which had been brought back to life by Janet Johnson. In 1980 he was appointed both Lady Wallis Budge Fellow and University Lecturer in Ancient Egyptian and Coptic at Oxford. He was a Reader in Egyptology from 1996–2007 and then named Professor of Egyptology in 2007. His present title is "Professor of Egyptology and Lady Wallis Budge Fellow of Egyptology." He is currently serving as Chair of the Faculty Board of Oriental Studies.

Mark has naturally been involved in numerous expeditions and projects through the years. His participation on the Demotic Dictionary Project doubtless helped to lay the groundwork for his deep knowledge of the corpus of Demotic texts. Already as a student he had the opportunity to be an Epigrapher at the Epigraphic Survey of the Oriental Institute of the University of Chicago (1976–1977). He thereby become acquainted first-hand with the great temples and tombs in Luxor. A few years later Mark had the good fortune to work with that most distinguished Epigrapher, Prof. Ricardo Caminos (Brown University), in the marvelous site of Gebel el-Silsila (1981–1982; fig.1). They spent many hours copying the quarry graffiti, both certainly enjoying the remote beauty of that isolated site. Mark admired the meticulous quality of Caminos's scholarship and his sensitive approach to philology, particularly lexicography, as amply demonstrated by the masterful *Late Egyptian Miscellanies*. Among his non-Demotic activities we may mention here his time as Acting Keeper of the Griffith Institute Archives and Editor of the *Topographical Bibliography* (2011–2012). In this capacity he helped prepare for publication volume 8.4 of that fundamental Egyptological reference work.

The bibliography published in this volume amply documents Mark's scholarly publications, we need not systematically describe here his numerous books and articles. We should, however, observe that Mark's particular interest, really from the very beginning of his academic career, has been religious, funerary, and mortuary texts. This dedication to that very challenging corpus is the hallmark of his scholarly persona. While individual examples of such texts, as the Rhind Papyrus, had, of course, been known almost from the beginning of Demotic Studies, it is no exaggeration to state that Mark's series of volumes, *The Mortuary Texts of Papyrus BM* 10507, *The Liturgy of Opening the Mouth for Breathing*, and *Papyrus Harkness (MMA 31.9.7)*, really opened up this whole field of study.

The compositions that Mark published are among the most elaborate and poetic preserved from ancient Egypt. Mark, along with his colleagues working in other Demotic subspecialties, forcefully made the case that Demotic, far from being a rather boring byway of Egyptology, is a field of immense richness, full of treasures waiting to be discovered by assiduous researchers. Moreover, his comprehensive commentaries to the texts, which draw on a vast range of textual and material evidence and sources, have exploded the notion that one can study these texts "in isolation," as it were. He has thus inspired students and colleagues to become well-rounded Egyptologists, and not just "Demoticists." Demotic cannot be separated from the rest of Egyptology. Similarly, colleagues working in the earlier pharaonic periods no longer can safely ignore the Late period. While most of his publications might be characterized as "specialized," his extensive collection of translations and essays, *Traversing Eternity*, has made this aspect of ancient Egypt more readily accessible to the wider circle of scholars and the general public. Mark has always also had a deep interest in Coptic Studies as well, as exemplified by his chapter on "Coptic Literature 337–425" in the *Cambridge Ancient History*. Indeed, his first published article in 1974 was an edition of a Coptic ostracon in *Enchoria*.

Fig. 1. Mark with Ricardo Caminos preparing for the 1981–1982 epigraphic campaign at Gebel el-Silsila at Chicago House. Photograph courtesy of the Epigraphic Survey of the University of Chicago.

Editors of Festschriften are traditionally allowed the privilege of adding a more personal note to their introductions. We would like in the following lines to take advantage of this editorial indulgence from our individual perspectives.

I (Richard) have counted myself fortunate to have known Mark since his time as a graduate student at the Oriental Institute of the University of Chicago in the 1970s. Indeed, having entered the graduate program in 1977 as an aspiring Demoticist myself, I soon heard of this "advanced" graduate student who was completing his dissertation, even before I ever set eyes on him in the Oriental Institute Archives. I knew well from Prof. George Hughes, Jan Johnson, and Edward Wente, just how brilliant a philologist he was. Thanks to Jan's initiating the Demotic Dictionary Project, I was later able to work with, or for, him, laboring away with colleagues such as Robert Ritner in a small room at the end of the second-story hallway in the Oriental Institute, right next to the Hittite Dictionary. Jan had asked us to transliterate and translate the core material to be utilized for the *CDD*. As one of his responsibilities, Mark would read over and correct my hand-written transliterations and translations, which we prepared on yellow-note pads in those precomputer days. I was, naturally, rather nervous as to what Mark might say of my attempts at "working-up" these often difficult Demotic texts for carding. I need not have been. One could simply not imagine a more encouraging and helpful colleague and mentor.

What I remember from those early Demotic Dictionary days was Mark's sheer love of Demotic and delight in puzzling out a crux. Mark was at that time going through such fundamental texts as the Archive of Hor or Parker's *Omina*. How often he would show us an interesting or unusual writing or discuss a challenging passage. Non-Egyptologists would doubtless have been astonished, if not alarmed, to observe how we in the Demotic Dictionary found the vagaries of Demotic script to be a continuous source of amusement and joy.

Many of the contributors to this volume later studied with Mark at Oxford, as did my co-editor, Ghislaine. I suspect that their experience has been similar to mine. They doubtless felt as I did and do, that they were engaging with someone who loved Demotic texts, and who especially appreciated the challenge of deciphering and explaining clearly their meaning.

When Mark was working with Ricardo Caminos recording those Demotic graffiti in Gebel Silsila in 1981, I was a member of the Epigraphic Survey in Luxor. Mark and Caminos came by one day for a vist to Chicago House. I shall never forget how we sat on a bench talking enthusiastically about graffiti, all those unrecorded inscriptions waiting to be copied. Demoticists will be aware of the almost incredible number of beautiful Demotic graffiti from Gebel Silsila. On that bench before the Chicago House Library Mark described to me the impressive Demotic inscriptions at the site. Spreading his hands widely, he exclaimed: "the ayins were that large!" The emotion might be compared to that of a young palaeontologist roaming a rich fossil site in the Montana deadlands.

The reader should not have the impression, however, that Mark is fixated merely on Egyptology. Those who know Mark are aware that he has many interests outside of our field. He is passionate about American Baseball, his beloved team being the Boston Red Sox. I recall with pleasure when, having come to Johns Hopkins University to deliver the annual William Foxwell Albright Lecture sponsored by the Department of Near Eastern Studies, my colleague, Betsy Bryan, arranged for tickets for the three of us to a game between the Baltimore Orioles (our home team) and the Boston Red Sox. She had obtained spectacular seats, so that one could observe the players close up. I suspect that Mark enjoyed this outing about as much as a good Demotic religious text. On his visits back to America with Annette, Mark has always tried to make the pilgrimage to Fenway Park in Boston, where the Red Sox play, to see a game. During one visit Mark was able to meet personally Johnny Pesky, a famous Red Sox player of the 1940s and '50s (a teammate of the legendary Ted Williams). Since I suspect most Demoticists are Europeans who may not have studied baseball history, I would explain the significance of Mark's meeting Pesky by equating it with what we might feel coming face-to-face with F. Ll. Griffith. In the Demotic Dictionary Office Mark and I sometimes speculated that it would be nice to have "Demotic" cards much like the "Baseball" cards collected by fans of that sport. Baseball cards contain pictures of the players together with the important statistics of the athlete's career, i.e., how many "home runs" (that is like football goals) the player has hit. In our "Demotic" cards one might have a picture, for example, of Wilhelm Spiegelberg, together with the high percentage of correct or amazing readings which he/she had made. Certainly there would be other interesting statistics which one might add about professional Demoticists. The details still have to be worked out....

Mark has a deep love of music of various genres. Classically, he enjoys Handel and Wagner, for example, but is particularly a fan of early opera recordings, as exemplified by such great singers as Rosa Poncelle. Mark is also fond of early Jazz, his taste ranging from the foundational figures of King Oliver and Jelly Roll Morton through Miles Davis. Among more contemporary Jazz artists he loves Sun Ra, most fitting for an Egyptologist. Early blues, as represented by such greats as Howlin Wolf, is another of his passions. His Egyptological writings have, at least once, revealed his interest in American blues. In Mark's review of the Heinz-Josef Thissen's edition of *Harfner*, he quotes the great African-American musician Son House's use of the expression "to raise sand," when discussing Thissen's restoration "to raise up/scatter sand" in the Demotic text. How often has Son House appeared in *The Journal of Egyptian Archaeology?*

Mark plays music himself. He is a devotee of the tuba. When he won the Mark Perry Galler Prize at the University of Chicago for the best dissertation of 1979, he used part of his winnings to purchase a seat for his tuba on the flight to England when he took up his position at Oxford. We have heard, from several reliable sources, that back in Chicago he would occasionally practice his tuba on the roof of his apartment house. It was Mark who clued me in to the marvelous tuba concerto of Ralph Vaughan Williams, which I gladly added to my own CD collection.

* * *

Fig. 2. Mark Smith dans le temple d'Amon à Siwa en 2013

Ma (Ghislaine) première image de Mark (sans écriture non étymologique ici !) est une photographie prise de dos à Pise en 1993, lors du cinquième Congrès international des études démotiques. C'est ainsi que j'ai fait la connaissance de celui qui allait m'initier à cette cursive, me diriger et me conseiller pendant plus de dix ans, depuis le *Master of Philosophy* jusqu'à la thèse de doctorat et encore, par la suite.

Des deux années de cours que j'ai suivis avec Mark (de 1993 à 1995), souvent en comité très réduit, j'ai le souvenir d'un enseignant attentif à ses étudiants, bienveillant et disponible, ayant toujours soin de souligner le caractère positif d'une réponse, même si celle-ci était… "not quite correct". La personnalité scientifique et humaine de Mark m'ont donné envie de poursuivre mon cursus en démotique avec lui, malgré les difficultés que j'éprouvais alors à me sentir "oxonienne". Mark a accepté d'être le directeur scientifique d'une thèse genevoise, que j'ai menée en parallèle avec l'assistanat, et m'a consacré de nombreuses heures, tant lors de mes séjours à Oxford qu'à travers une correspondance épistolaire très fournie (je parle d'un temps sans messagerie électronique !). Je reconnaissais au premier coup d'œil, dans ma boîte aux lettres, l'écriture régulière de Mark et, en papyrophile, j'ai gardé précieusement ces "reliques" smithiennes qui pourraient, comme je l'avais dit en plaisantant lors d'un Symposium à Heidelberg, prendre un jour de la valeur sur le marché des antiquités. Mark m'a appris à réfreiner mon impatience de débutante, m'octroyant toujours des conseils fort judicieux. Ses encouragements et son soutien permanent, qu'il s'agisse de mes premiers articles ou communications (je me rappelle de sa présence attentive, au premier rang de la grande salle du Service des Antiquités, lors du sixième Congrès international des études démotiques du Caire), ou qu'il s'agisse de lettres de recommandation jusqu'à la révision toute récente du manuscrit de ma thèse de doctorat, ont été pour moi essentiels dans la réalisation de ma carrière.

Tant que j'étais son étudiante, Mark est resté très réservé, ne laissant paraître que quelques bribes de ses intérêts non égyptologiques, comme le tuba auquel il faisait parfois allusion durant les cours et, plus généralement, la musique, qui a toujours occupé une place importante dans sa vie. Ce n'est pourtant que le jour de ma soutenance de doctorat que j'ai appris que Mark avait profité de ce passage en Suisse pour assister à une représentation d'Eugène Onéguine au Grand Théâtre de Genève.

Au fur et à mesure des années, j'ai appris à mieux connaître Mark et j'ai rencontré Annette, son épouse, dont les passions sont tout aussi nombreuses. J'ai beaucoup entendu parler de leurs trois chats, Flint, Cleo (en hommage au chanteur de blues Cleo Gibson et non à la reine macédonienne !) et Senta, mais également de dinosaures et de baleines auxquels Mark aime à consacrer une partie de son temps libre, chez lui, à Condicote, ou lors de ses déplacements professionnels : combien de fois n'a-t-il évoqué tel ou tel musée d'Histoire Naturelle, à Berlin, Boston ou Paris, qu'il avait visité à l'occasion d'un colloque ou d'une soutenance de thèse ? Profitant d'une invitation en Bohême, il a recherché les traces de sa famille et la maison où avaient vécu ses aïeux. Et c'est avec cette même détermination qu'il a modifié le programme de ses voyages guidés en Égypte pour visiter quelques sites qui lui tenaient particulièrement à cœur.

Enfin, étant moi-même grande amatrice des "salles obscures", je ne pourrai passer sous silence la passion de Mark pour le cinéma muet, en particulier pour les films d'épouvante des années 1920. Je me souviens de l'enthousiasme avec lequel il m'a parlé des projections à la cinémathèque ou au Musée d'Orsay qui ont parsémé son séjour parisien en tant que directeur d'études invité à l'EPHE, son grand regret étant d'avoir manqué de quelques jours la présentation de *La chute de la maison Usher*.

Mark est un homme qu'il faut prendre le temps de connaître. Pour emprunter le titre d'un autre film de Jean Epstein, je dirais qu'il est une "glace à trois faces". Sérieux et exigeant avec les autres, mais surtout avec lui-même, il impressionne ceux qui l'approchent par l'acuité de ses connaissances de notre discipline ; sa façon de parler, à la fois tranquille et déterminée, énonçant ses observations avec une logique implacable, emporte alors l'adhésion. Mais c'est aussi, comme Richard et moi l'avons rappelé, un homme aux multiples passions, qu'il vit pleinement et sans arrières-pensées, qu'il s'agisse de baseball, de musique, de films muets ou d'animaux de grande et petite tailles. La troisième face de Mark, que j'ai découverte au fil des années, est celle d'un homme qui aime plaisanter sur les incohérences du monde extérieur, comme sur lui-même. Avec une approche toujours scientifique, Mark joue volontiers avec les idées préconçues jusqu'à les faire paraître absurdes, déconstruisant ainsi certaines évidences. N'a-t-il pas écrit (sérieusement) au sujet du *Eleventh International Congress of Demotic Studies* qu'il a organisé à Oxford en 2011, dans *Hallmark*, le journal local de son village des Cotswolds où nous avons été somptueusement reçus : « Demotists from all over the world attended, at least one from every continent on earth except Antarctica » ? Évoquant cette même excursion « on a warm, sunny day with hardly a cloud in the sky », il me signalait, dans un message électronique, que ce jour-là, le 1er septembre 2011, le pourcentage de personnes sachant lire le démotique était plus important à Condicote qu'à Thèbes au 1er siècle avant notre ère ou à Tebtynis trois siècles plus tard !

In addition to the Oxford contributions to the essays, Richard Parkinson has asked that we express warmest congratulations from the Egyptological and collegiate community there past and present, including, from among the teaching staff, John Baines, Elizabeth Frood, Leire Olabarria, Luigi Prada, Gesa Schenke, Robert Simpson, Andreas Winkler; from the Ashmolean Museum, Liam McNamara and Helen Whitehouse; from the Griffith Institute, Francisco Bosche-Puche, Elizabeth Fleming, Alison Hobby, Diana Magee, Jaromir Malek, and Cat Warsi; from the Sackler Library, Diane Bergman; and also from the Master and Fellows of University College, Oxford. All join together in wishing Mark the very best now and in the future.

Richard Jasnow
Ghislaine Widmer

Given Mark's interests, the editors had originally envisioned a Festschrift with a thematic unity, focussing on unpublished religious and literary texts from the Late period. We also made the more difficult decision to restrict the contributors to those who had studied with Mark at Oxford or had worked closely with him. However, *habent sua fata libelli* or, in the original Demotic, *nꜣ ḏmꜥ.w wn mtw=w pꜣy=w šy ḥꜥ=w.* Over the years the book expanded beyond those admittedly unrealistic (and naïve) restrictions. Some authors quite naturally chose to study previously published texts, hieroglyphic or Greek inscriptions, as well as economic documents or questions of grammar. As the project continued, we also became keenly aware that there are other friends, colleagues, and admirers of Mark whom we might have asked to contribute. The Jubilee's stature is such that most Egyptologists would have been happy to submit an article, thus doubling or tripling the size of the present volume. May those saddened that they were not asked to contribute have pity upon the poor editors and forgive them their transgressions!

Abbreviations

GENERAL

Abb.	Abbildung
Abt.	Abteilung
AD	*Anno Domini*
ÄS	ägyptische Sammlung
adj.	adjectif
adv.	adverbe
AF	Abbreviation followed by an inventory number employed in the designation of objects in the Louvre Museum
Anm.	Anmerkung
apr.	après
AR	Altes Reich
art.	article
av.	avant
BAAM	Bibliotheca Alexandrina. The Archaeology Museum.
BC	Before Christ
BCE	Before Common Era
Bd.	Band
BD	Book of the Dead
Bibl. nat.	Bibliothèque nationale, Paris. See also BN
BM	British Museum, London
BN	Bibliothèque nationale, Paris
Bodl.	Bodleian Library
BP	Before Present
bzw.	beziehungsweise
ca.	*circa*, approximately
Cat.	Catalogue
CE	Common Era
CEROR	Centre d'études et de recherches sur l'Occident romain
cf.	*confer*, compare
CG	Catalogue Général
CLES	Corpus of Late Egyptian Sculpture (The Brooklyn Museum)
cm(s)	centimeter(s)
CNI	Carsten Niebuhr Institute, Copenhagen
col(s).	column(s)
contemp.	contemporary with
CT	Coffin Texts
CtYBR	= Yale University Research Libraries Information Network's designation for the Beinecke Rare Book and Manuscript Library
DAE	Département des Antiquités égyptiennes (Louvre)
déf.	défini
DelM	Deir el-Medina
Dem	Demotic
ders.	derselbe
d.h.	das heißt
dies.	dieselbe

diss.	dissertation
DPhil	Doctor of Philosophy
DN	Divine Name
Dyn.	Dynasty
ead.	*eadem* (same author [feminine])
ed.	edition
ed(s.)	editor(s)
EEF	Egypt Exploration Fund
EES	Egypt Exporation Society
e.g.	*exempli gratia*, for example
esp.	especially
et al.	*et alii*, and others
etc.	*et cetera* and so forth
ex(x).	example(s)
f.	féminin
Fasc. Supplet.	*Fasciculi Suppletorii*, additional fascicles
ff.	following
fig(s).	figure(s).
Flo	Florence
Fn.	Fußnote
frag(s).	fragment(s)
Fs.	Festschrift
GEM	Grand Egyptian Museum
ggf.	gegebenenfalls
Gl	Glyptothek/Glyptotek
GN	Geographical Name
Griff.	Griffith (Institute)
Hg(g.)	Herausgeber (singular and plural)
ht.	height
i.	intransitif
IANES	Institut für die Kulturen des Alten Orients
ibid.	*ibidem*, in the same place
IFAO	Institut Français d'Archéologie Orientale du Caire
imp.	impératif
indéf.	indéfini
ined.	*ineditus*, unpublished
i.S.v.	im Sinne von
insbes.	insbesondere
inv.	inventory
J.-C.	Jésus-Christ
JE	=JdE = Journal d'Entrée, Cairo Museum
Kol.	Kolumne
km	kilometer
KV	Valley of the Kings
l.	line
LdM	Livre des Morts
lit.	literally
loc. cit.	*loco citato*, in the place already cited
Lond.	London
m	masculine
m	meter
max.	maximum
m.E.	meines Erachtens
MFA	Museum of Fine Arts, Boston

Mich.	Michigan
MMA	Metropolitan Museum of Art, New York
MME	Medelhavsmuseet designation numbers
MRAH	Musées royaux d'Art ed d'Histoire de Bruxelles
MS	Manuscript
n.	note
NK	New Kingdom
nn	*nomen nescio*, name unknown
o(s).	number(s)
Nr.	Nummer
NYHS	New York Historical Society
o.	ostracon
O.I.	Oriental Institute, Chicago
OIM	Oriental Institute Museum, Chicago
Ostr.	ostracon
Ox.	Oxford
Oxy.	Oxyrhynchus
P. /Pap.	Papyrus
pers. comm.	personal communication
PN	Personal Name
p(p).	page(s)
pl(s).	plate(s)
plur.	pluriel
poss.	possessif
prép.	préposition
PT	Pyramid Text(s)
Ptol.	Ptolemaic/Ptolemy
Pyr.	Pyramid
q.v.	*quod vide*, which see
rev.	revised
RMO	Rijksmuseum van Oudheden, Leiden
RSV	Revised Standard Version (Old Testament)
rt.	recto
S	Seite
s	stela
sc.	*scilicet*, namely
SCA	Supreme Council of Antiquities
SIP	Second Intermediate Period
s.f.	substantif féminin
s.m.	substantif masculin
s.n.	*sine numero*, without number
sq(q).	*sequiturque, sequunturque*, and following
SR	Special Register (Cairo Museum)
s.u.	Siehe unten
s.v.	*sub verbo*, under the word
Tab.	Tabelle
Taf	Tafel
Tebt.	Tebtunis
TLA DZA	Thesaurus Linguae Aegyptiae (http://aaew.bbaw.de/tla/) Das Digitalisierte Zettelarchiv
temp	*tempore*, in the time of
TM	Trismegistos
trans.	translator
TT	Theban tomb (tomb number)
u.a.	unter anderem/n

UC	University College London
Urk.	Urkunden
v.	verbe
v. Chr.	vor Christus
var.	variant(e)
vgl.	vergleiche
vign.	vignette
vo.	verso
vol(s)	volume(s)
vs.	verso
v.i.	verbe intransitif
v.t.	verbe transitif
w.	width
w.	with
Wb. Z	Wörterbuch Zettel
yr.	year
z.B.	zum Beispiel

BIBLIOGRAPHIC

ÄA	Ägyptologische Abhandlungen. Wiesbaden, 1960–.
AAASH	*Acta Antiqua Academiae Scientiarum Hungaricae*. Budapest, 1951–.
ÄAT	Ägypten und Altes Testament. Wiesbaden, 1979–.
AAWL	see ASAW
ACES	Australian Centre for Egyptology: Studies. Sydney, 1989–.
ADAIK	Abhandlungen des deutschen archäologischen Instituts Kairo. Ägyptologische Reihe. Glückstadt, Berlin, 1958–.
AcOr	*Acta Orientalia*. Leiden, Copenhagen,1923–.
AegHel	See AH
AegLeod	Aegyptiaca Leodiensia. Liège, 1987–.
AegTrev	Aegyptiaca Treverensia. Mainz, 1981–.
ÄF	Ägyptologische Forschungen. Glückstadt, Hamburg, New York, 1936–.
AfP	see *APF*
Ä & L	*Ägypten und Levante*. Vienna, 1990–.
AH	Aegyptiaca Helvetica. Geneva, then Basel, 1974–.
AHAW	Schriften der Philosophisch-historischen Klasse der Heidelberger Akademie der Wissenschaften. Heidelberg, 1997–.
ÄIB	G. Roeder, *Ägyptische Inschriften aus den königlichen Museen zu Berlin*. Two volumes. Leipzig, 1913–24.
AJA	*American Journal of Archaeology*. New York, 1897–.
AJP	*American Journal of Philology*. Baltimore, 1880–.
AJSLL	*American Journal of Semitic Languages and Literatures*. Chicago, 1895–1941.
ALB	Annales littéraires de l'Université de Besançon. Paris, 1969–.
ALex	D. Meeks, *Année lexicographique*. Paris, 1980–1982. Cited by entry number.
AnAe	Analecta Aegyptiaca. Copenhagen, 1940–.
AOAT	Alter Orient und Altes Testament. Kevelaer, Neukirchen, Vluyn, Münster, 1969–.
AOB	Acta Orientalia Belgica. Brussels, 1966–.
AoF	*Altorientalische Forschungen*. Berlin, 1974–.
ÄOP	Ägyptische und Orientalische Papyri und Handschriften des Ägyptischen Museums und Papyrussammlung Berlin, 2012–.
AOS	American Oriental Series. New Haven, 1925–.
AÖAW	*Anzeiger der Österreichischen Akademie der Wissenschaften. Philologisch-historische Klasse*. Vienna, 1864–.

APF	*Archiv für Papyrusforschung*. Stuttgart, 1910–.
ARG	*Archiv für Religionsgeschichte*. Stuttgart, 1999–.
ArOr	*Archiv Orientální*. Prague, 1929–.
ASAE	*Annales du Service des Antiquités d'Égypte*. Cairo, 1900–.
ASAW	Abhandlungen der Sächsischen Akademie der Wissenschaften zu Leipzig, Philologisch-Historische Klasse. Leipzig, Stuttgart, 1915–.
ASE	Archaeological Survey of Egypt. London, 1893–.
ASMA	Aarhus studies in Mediterranean antiquity. Aarhus, 1998–.
ASP	American Studies in Papyrology. New Haven, 1966–.
AV	Archäologische Veröffentlichungen/ Deutsches Archäologisches Institut, Abteilung Kairo. Berlin, Mainz am Rhein, 1970–.
AVDAIK	see AV
BACE	*Bulletin of the Australian Centre for Egyptology*. Sydney, 1990–.
BAR	British Archaeological Reports. Oxford, 1978–.
BARIS	British Archaeological Reports. International Series. Oxford, 1974–.
BASP	*Bulletin of the American Society of Papyrologists*. New York, 1964–.
BdE	Bibliothèque d'Étude. Cairo, 1908–.
BeiBf	Beiträge zur ägyptischen Bauforschung und Altertumskunde. 11 vols. Cairo, Zürich, Wiesbaden, 1937–1997.
BEM	*Bulletin of the Egyptian Museum*. Cairo, 2004–.
BES	*Bulletin of the Egyptological Seminar*. New York, 1979–.
BEStud	Brown Egyptological Studies. London, 1954–.
BG	Bibliothèque générale. Cairo, 1959–.
BiAe	Bibliotheca Aegyptiaca. Brussels, 1932–.
BidE	*Bulletin de l'Institut du désert d'Égypte*. Heliopolis, 1953–.
BIE	*Bulletin de l'Institut égyptien*, later *Bulletin de l'Institut d'Égypte*. Cairo, 1859–1950.
BIFAO	*Bulletin de l'Institut Français d'Archéologie Orientale*. Cairo, 1901–.
BiOr	*Bibliotheca Orientalis*. Leiden, 1943–.
BMFA	*Bulletin of the Museum of Fine Arts*. Boston, 1926–.
BMJ	*Brooklyn Museum Journal*. Brooklyn NY, 1942–.
BMMA	*Bulletin of the Metropolitan Museum of Art*. New York, 1905–.
BMOP	British Museum Occasional Papers. London, 1978–.
BMQ	*British Museum Quarterly*. London, 1926–.
BMSAES	*British Museum Studies in Ancient Egypt and Sudan*. London, 2002–.
BSA	British School of Archaeology in Egypt. London, 1905–1953.
BSAE/ERA	British School of Archaeology in Egypt (and Egyptian Research Account). London, 1896–1952.
BSAC	*Bulletin de la Société d'archéologie copte*. Cairo, 1935–.
BSAK	Studien zur Altägyptischen Kultur, Beihefte. Hamburg, 1985–.
BSEG	*Bulletin de la Société d'Égyptologie, Genève*. Geneva, 1979–.
BSFE	*Bulletin de la Société Française d'Égyptologie*. Paris, 1949–.
BzA	Beiträge zur Altertumskunde. Stuttgart, 1990–.
CAA	Corpus Antiquitatum Aegyptiacarum, Lose-Blatt-Katalog ägyptischer Altertümer. Mainz, 1977–.
CASAE	*Cahiers*. Suppléments aux *ASAE*. Cairo, 1946–.
CBD	Catalogue of the Books of the Dead (and Other Religious Texts [later added]) in the British Museum. London, 1997–.
CCEM	Contributions to the Chronology of the Eastern Mediterranean. Vienna, 2000–.
CD	W. E. Crum, *A Coptic Dictionary*. Oxford, 1939.
CDD	J. Johnson, ed. *The Demotic Dictionary of the Oriental Institute of the University of Chicago*. 2001,–. http://oi.uchicago.edu/research/publications/demotic-dictionary-oriental-institute-university-chicago
CdE	*Chronique d'Égypte*. Bulletin périodique de la Fondation Égyptologique Reine Élisabeth. Brussels, 1925–.
CDPBM	Catalogue of Demotic Papyri in the British Museum. London, 1939–.
CENiM	Cahiers "Égypte Nilotique et Méditerranéenne." Montpellier, 2008–.

CGC	*Catalogue Général des Antiquités Égyptiennes du Musée du Caire.* Cairo, 1901–.
CH	Collectanea Hellenistica. Leuven, 1989–.
CHANE	Culture & History of the Ancient Near East. Leiden, 2000–.
CMET MonTesti	Catalogo del Museo egizio di Torino. Serie prima, Monumenti e testi. Milan, Florence, 1967–.
CNI Publications	The Carsten Niebuhr Institute of Ancient Near Eastern Studies. Publications. Copenhagen, 1986–.
CNMAL	Collections of the National Museum of Antiquities at Leiden. Leiden, 1974–.
CRAIBL	Comptes rendus de l'Académie des inscriptions et belles-lettres. Paris, 1857–.
CRIPEL	*Cahiers de Recherches de l'Institut de Papyrologie et d'Égyptologie de Lille.* Lille, 1973–.
CSEG	Cahiers de la Société d'Égyptologie. Geneva, 1991–.
CSCT	Columbia Studies in the Classical Tradition. Leiden, 1976–.
DAIKS	see *SDAIK*
DAWW	Denkschriften der kaiserlichen Akademie der Wissenschaften in Wien, philos.-hist. Kl., 1850–1918.
DDD	Demotische Dokumente aus Dime. Wiesbaden, 2006–.
DE	*Discussions in Egyptology.* Oxford, 1985–.
DemBL	A.A. den Brinker, B. Muhs, and S. Vleeming. *A Berichtigungsliste of Demotic Documents.* StudDem 7. Two volumes. Leuven, 2005.
Demot. Nb.	E. Lüddeckens et al. *Demotisches Namenbuch.* Wiesbaden, 1980–2000.
DemStud	Demotische Studien. Leipzig, 1901-1928. Continued, Würzburg, Sommerhausen, 1988–.
Dendara	É. Chassinat, continued by Chassinat and F. Daumas, continued by S. Cauville, *Le Temple de Dendara.* Cairo, 1934–.
DFIFAO	Documents de Fouilles de l'Institut Français d'Archéologie Orientale. Cairo, 1934–.
DGÖAW	Österreichische Akademie der Wissenschaften, Denkschriften der Gesamtakademie. Vienna, 1947–.
DPSMB	Demotische Papyri aus den Staatlichen Museen zu Berlin. Berlin, 1978–.
EA	*Egyptian Archaeology, The Bulletin of the Egypt Exploration Society.* London, 1991–.
Edfou	M. de Rochemonteix, continued by É. Chassinat, continued by S. Cauville and D. Devauchelle, *Le Temple d'Edfou.* Cairo, 1897–.
EG	A. Gardiner, *Egyptian Grammar Being an Introduction to the Study of Hieroglyphs.* 3rd ed. rev. Oxford, 1957.
ENiM	*Égypte Nilotique et Méditerranéenne.* Montpellier, 2008–.
EPRO	Études préliminaires aux religions orientales dans l'empire romain, Leiden, 1961-1992.
EQTÄ	Einführungen und Quellentexte zur Ägyptologie. Münster, 2003–.
ERTR	Egyptian Religious Texts and Representations. New York, 1954-1974.
Esna	S. Sauneron, *Le Temple de Esna.* 8 vols. IFAO. Cairo, 1959–1982.
ET	*Études et Travaux: Scholarly annual of the Institute of Mediterranean and Oriental Cultures of the Polish Academy of Sciences.* Warsaw, 1966–.
EU	Egyptologische Uitgaven. Leiden, 1982–.
EVO	*Egitto e Vicino Oriente.* Pisa, 1978–.
FAT	Forschungen zum Alten Testament. Tübingen, 1991–.
FIFAO	Fouilles de l'Institut Français d'Archéologie Orientale du Caire. Cairo, 1921–.
GHP Egyptology	Golden House Publications Egyptology. London, 2004–.
Glossar	W. Erichsen, *Demotisches Glossar.* Copenhagen, 1954.
GM	*Göttinger Miszellen. Beiträge zur ägyptologischen Diskussion.* Göttingen, 1972–.
GOF	Göttinger Orientforschungen (IV. Reihe: Ägypten), Göttingen, 1973–.
HÄB	Hildesheimer ägyptologische Beiträge. Hildesheim, 1976–.
HAT	Handschriften des Altägyptischen Totenbuches. Wiesbaden, 1995–.
HdO	Handbuch der Orientalistik, erste Abteilung: Der Nahe und Mittlere Osten. Leiden, 1952–.
HP	G. Möller, *Hieratische Paläographie. Die ägyptische Buchschrift in ihrer Entwicklung von der fünften Dynastie bis zur römischen Kaiserzeit.* 3 volumes. Leipzig, 1909–12.
HPBM	Hieratic Papyri in the British Museum. London, 1935–.
HTBM	*Hieroglyphic Texts from Egyptian Stelae, &c., in the British Museum.* London, 1911–.
HTR	*Harvard Theological Review.* New York, Cambridge, MA, 1908–.
IBAES	Internet-Beiträge zur Ägyptologie und Sudanarchäologie. Berlin, London, 1998–.
ITE	Inschriften des Tempels von Edfu, Begleithefte. Wiesbaden and Gladbeck.1990–.

JANER	*Journal of Ancient Near Eastern Religion.* Leiden, Boston, 2002–.
JAOS	*Journal of the American Oriental Society.* Baltimore, 1843–.
JARCE	*Journal of the American Research Center in Egypt.* Boston, New York, 1962–.
JEA	*The Journal of Egyptian Archaeology.* London, 1914–.
JEH	*Journal of Egyptian History.* Leiden, 2008–.
JEOL	*Jaarbericht van het Vooraziatisch-egyptisch.* Genootschap Ex Oriente Lux. Leiden, 1933–.
JES	*The Journal of Egyptian Studies.* Waseda University, Tokyo, 1993–. http://www.egyptpro.sci.waseda.ac.jp/publication eji.html
JESHO	*Journal of the Economic and Social History of the Orient.* Leiden, 1957–.
JFA	*Journal of Field Archaeology.* Boston, 1974–.
JJP	*Journal of Juristic Papyrology.* Warsaw, 1946–.
JNES	*Journal of Near Eastern Studies.* Chicago, 1942–.
JRS	*Journal of Roman Studies.* London, 1911–.
JSS	*Journal of Semitic Studies.* Manchester, 1956–.
JSSEA	*Journal of the Society for the Study of Egyptian Antiquities.* Toronto, 1977–.
KÄT	Kleine ägyptische Texte. Wiesbaden, 1969–.
KAW	Kulturgeschichte der antiken Welt. Mainz, 1977–.
KHWB	Wolfhart Westendorf, *Koptisches Handwörterbuch.* Heidelberg: Carl Winter Universitätsverlag, 1977.
Kom Ombo	J. de Morgan et al. *Kom Ombos.* Catalogue des monuments et inscriptions de l'Égypte antique, II–III. Vienna, 1895–1909.
K*RI*	Kenneth A. Kitchen, *Ramesside Inscriptions: Historical and Biographical.* 8 volumes. Oxford: Blackwell, 1968–99.
KSG	Königtum, Staat und Gesellschaft früher Hochkulturen. Wiesbaden, 2004–.
LÄ	Wolfgang Helck, Eberhard Otto, and Wolfhart Westendorf, eds., *Lexikon der Ägyptologie.* 7 vols. Wiesbaden: Harrassowitz, 1972–92.
LAAA	*(Liverpool) Annals of Archaeology and Anthrolopogy.* Liverpool, 1908–1948.
LAPO	Littératures anciennes du Proche-Orient. Paris, 1974–.
LD	Richard Lepsius, *Denkmäler aus Ägypten und Äthiopien.* 12 vols. Berlin: Nicolaische Buchhandlung, 1849–56.
LGG	Christian Leitz et alii (eds.), *Lexikon der ägyptischen Götter und Götterbezeichnungen.* 8 volumes. Orientalia Lovaniensia Analecta 110–16 and 129. Leuven: Peeters, 2002–3.
LingAeg	*Lingua Aegyptia.* Hamburg, Göttingen, 1991–.
LingAegSM	Lingua Aegyptia Studia Monographica. Hamburg, Göttingen, 1994–.
MAe	Monumenta Aegyptiaca. Brussels, 1968–.
MÄS	Münchner Ägyptologische Studien. Berlin, Munich, 1962–.
MBPF	Münchner Beiträge zur Papyrusforschung und antiken Rechtsgeschichte. Munich, 1915–.
MDAIK	*Mitteilungen des Deutschen Archäologischen Instituts, Abteilung Kairo.* Berlin, Wiesbaden, Mainz, 1930–.
Med. Habu	H.-J. Thissen, *Die demotischen Graffiti von Medinet Habu,* DemStud 10. Gisela Zauzich Verlag: Sommerhausen, 1989.
MEOL	Mededeelingen en verhandelingen van het Vooraziatisch-Egyptisch Gezelschap "Ex Oriente Lux." Leiden, 1934–1946.
MIFAO	Mémoires publiés par les membres de l'Institut Français d'Archéologie orientale du Caire. Paris, Cairo, 1902–.
MIO	*Mitteilungen des Instituts für Orientforschung der deutschen Akademie der Wissenschaften zu Berlin.* Berlin, 1953–1971.
MMAF	*Mémoires publiés par les membres de la Mission archéologique française au Caire.* Cairo, 1889–.
MMJ	*Metropolitan Museum Journal.* New York, 1968–.
MonAeg	Monumenta Aegyptiaca. Brussels, 1968–.
MPER NS	Mitteilungen aus der Papyrussammlung der Österreichischen Nationalbibliothek, Neue Serie. Vienna, 1932–.
MRE	Monographies Reine Élisabeth. Fondation egyptologique Reine Élisabeth. Brussels, 1971.
MVAA	Monumenti Vaticani di Archeologia e d'Arte. Vatican, 1922–.

MVAeG	*Mitteilungen der Vorderasiatisch-Ägyptischen Gesellschaft*. Leipzig, 1921–1944.
MVAG	*Mitteilungen der Vorderasiatischen Gesellschaft*. Leipzig, Berlin, 1896–1921.
MVCAE	Material and Visual Culture of Ancient Egypt. Atlanta, 2015–.
NAWG	Nachrichten von der Akademie der Wissenschaften zu Göttingen, philologisch-historische Klasse. Göttingen. 1941–2006.
OÄW	Österreichische Akademie der Wissenschaften (Philosophisch-Historische Klasse, Sitzungsberichte). Vienna, 1848–.
OAJ	*Oxford Art Journal*. Oxford, 1978–.
OBO	Orbis Biblicus et Orientalis. Freibourg [Switzerland], Göttingen, 1973–.
OCMA	Oxford Centre for Maritime Archaeology Monograph. Oxford, 2007–.
OIC	Oriental Institute Communications. Chicago, 1922–.
OIMP	Oriental Institute Museum Publications. Chicago, 1941–.
OIP	Oriental Institute Publications. Chicago, 1924–.
OIS	Oriental Institute Seminars. Chicago, 2004–.
OLA	Orientalia Lovaniensia Analecta. Leuven, 1975–.
OLP	*Orientalia Lovaniensia Periodica*. Leuven, 1970–.
OLZ	*Orientalistische Literaturzeitung*. Berlin, Leipzig, 1898–.
OM	Orientalia Monspeliensia. Montpellier, 1979–.
OMRO	*Oudheidkundige Mededelingen uit het Rijksmuseum van Oudheden te Leiden*. Leiden, 1920–1999.
Or	*Orientalia*. Rome, 1920–.
ORA	Orientalische Religionen in der Antike. Tübingen, 2009–.
PÄ	Probleme der Ägyptologie. Leiden, 1953–.
PALMA	Papers on Archaeology of the Leiden Museum of Antiquities. Turnhout, 2005–.
PapBrux	Papyrologica Bruxellensia. Brussels, 1962–.
PapLup	Papyrologica Lupiensia. Lecce, 1992–.
Pap. Flor.	Papyrologica Florentina. Florence, 1975–.
P. L. Bat.	Papyrologica Lugduno-Batava. Leiden, 1941–.
PLO	Porta Linguarum Orientalium. Wiesbaden, 1954–.
PM I^{1}	B. Porter and R. L. B. Moss. *Topographical Bibliography of Ancient Egyptian Hieroglyphic Texts, Reliefs, and Paintings*, Vol. 1: *The Theban Necropolis*, Part 1: *Private Tombs*. 2nd ed. Oxford, 1960.
PM I^{2}	B. Porter and R. L. B. Moss. *Topographical Bibliography of Ancient Egyptian Hieroglyphic Texts, Reliefs, and Paintings*, Vol. 1: *The Theban Necropolis*, Part 2: *Royal Tombs and Smaller Cemeteries*. 2nd ed. Oxford, 1964.
PM II^{2}	B. Porter and R. L. B. Moss, assisted by E. Burney. *Topographical Bibliography of Ancient Egyptian Hieroglyphic Texts, Reliefs, and Paintings*. Vol. 2: *Theban Temples*. 2nd ed. revised and augmented. Oxford, 1972.
PM III^{1}	B. Porter and R. L. B. Moss, assisted by E. Burney. *Topographical Bibliography of Ancient Egyptian Hieroglyphic Texts, Reliefs, and Paintings*. Vol. III: *Memphis. Part 1. Abu Rawash to Abusir*. 2nd ed., revised and augmented by J. Málek. Oxford: Griffith Institute, Ashmolean Museum, 1974.
PM III^{2} fascicle 3	B. Porter and R. L. B. Moss, assisted by E. Burney. *Topographical Bibliography of Ancient Egyptian Hieroglyphic Texts, Reliefs, and Paintings*. Vol. III^{2}, *Memphis. Part 2. Saqqara to Dahshur*. Fascicle 3 (III^{2}, 777-1014). 2nd ed., revised and augmented by J. Málek. Oxford: Griffith Institute, Ashmolean Museum,1981.
PM III^{2} fascicle 2	B. Porter and R. L. B. Moss, assisted by E. Burney. *Topographical Bibliography of Ancient Egyptian Hieroglyphic Texts, Reliefs, and Paintings*. Vol. III^{2}. *Memphis. Part 2. Saqqara to Dahshur*. Fascicle 2 (III^{2}, 575-776). 2nd ed., revised and augmented by J. Málek. Oxford: Griffith Institute, Ashmolean Museum,1979.
PM III^{2} fascicle 1	B. Porter and R. L. B. Moss, assisted by E. Burney. *Topographical Bibliography of Ancient Egyptian Hieroglyphic Texts, Reliefs, and Paintings*. Vol. III^{2}: *Memphis. Part 2. Saqqara to Dahshur*. Fascicle 1 (III^{2}, 393–574). 2nd ed., revised and augmented by J. Málek. Oxford: Griffith Institute, Ashmolean Museum, 1978.
PM IV	B. Porter and R. L. B. Moss. *Topographical Bibliography of Ancient Egyptian Hieroglyphic Texts, Reliefs, and Paintings*, Vol. 4: *Lower and Middle Egypt (Delta and Cairo to Asyut)*. Oxford, 1934.
PM V	B. Porter and R. L. B. Moss. *Topographical Bibliography of Ancient Egyptian Hieroglyphic Texts,*

	Reliefs, and Paintings, Vol. 5: *Upper Egypt: Sites (Deir Rîfa to Aswan, Excluding Thebes and the Temples of Abydos, Dendera, Edfu, Esna, Kôm Ombo, and Philae*. Oxford, 1937.
PM VI	B. Porter and R. L. B. Moss. *Topographical Bibliography of Ancient Egyptian Hieroglyphic Texts, Reliefs, and Paintings*, Vol. 6: *Upper Egypt: Chief Temples*. Oxford, 1939.
PM VII	B. Porter and R. L. B. Moss, assisted by E. Burney. *Topographical Bibliography of Ancient Egyptian Hieroglyphic Texts, Reliefs, and Paintings*, Vol. 7: *Nubia, The Deserts, and Outside Egypt*. Oxford, 1952.
PMMA	Publications of the Metropolitan Museum of Art, Egyptian Expedition. New York, 1916–.
PN	H. Ranke, *Die ägyptischen Personennamen*. 3 vols. Glückstadt, Hamburg, 1935–1977.
Pros. Ptol.	*Prosopographia Ptolemaica*, Studia Hellenistica 6, 8, 11-13, 17, 20-21, 25. Leuven, 1950–.
PSBA	*Proceedings of the Society of Biblical Archaeology*. London, 1879-1918.
PSI	Pubblicazioni della Società Italiana per la ricerca dei papiri greci e latini in Egitto. Florence, 1912–.
PTA	Papyrologische Texte und Abhandlungen. Bonn, 1968–.
PTT	Private Tombs at Thebes. Oxford, 1957–.
RA	*Revue archéologique*. Paris, 1844–.
RAPH	*Recherches d'archéologie, de philologie et d'histoire*. Institut français d'archéologie orientale du Caire. Cairo. 1930–.
RB	*Revue biblique*. Paris, 1892–.
RdE	*Revue d'égyptologie*. Cairo, Paris, 1933–.
RecTrav	*Recueil de Travaux relatifs à la philologie et à l'archéologie égyptiennes et assyriennes*. Paris, 1870–1923.
REG	*Revue des études grecques*. Paris, 1888–.
RGRW	Religions of the Graeco-Roman World. Leiden, 1992–.
RSO	*Rivista degli Studi orientali*. Rome, 1907–.
RTA	N. de G. Davies, *The Rock Tombs of El Amarna*. ASE 13–18. London, 1903–1908.
SAGA	Studien zur Archäologie und Geschichte Altägyptens. Heidelberg, 1990–.
SAK	*Studien zur altägyptischen Kultur*. Hamburg, 1974–.
SAOC	Studies in Ancient Oriental Civilization, Chicago, 1931–.
SASAE	Supplément aux Annales du Service des Antiquités de l'Égypte (= CASAE). Cairo, 1946–.
SAT	Studien zum Altägyptischen Totenbuch. Wiesbaden, 1998–.
SAWW	Sitzungsberichte der österreichischen Akademie der Wissenschaften, phil.-hist. Kl., Vienna, 1848–.
SBAW	Schweizerische Beiträge zur Altertumswissenschaft. Basel, 1953–.
SDAIK	Sonderschrift des deutschen archäologischen Instituts, Abteilung Kairo. Cairo, 1975–.
SEAP	*Studi di egittologia e di Antichità puniche*. Bologna, Pisa, 1987–.
SEG	Supplementum epigraphicum graecum. Amsterdam, 1923–.
SEP	*Studien zur Epigraphik und Papyruskunde*. Leipzig, 1927-1930.
SHAW	Supplemente zu den Schriften der Heidelberger Akademie der Wissenschaften, Philosophisch-Historische Klasse. Heidelberg, 1983–.
SHR	Studies in the History of Religion, Supplement to *Numen*. Leiden, 1965–.
SÖAW	Sitzungsberichte (Österreichische Akademie der Wissenschaften. Philosophisch-Historische Klasse). Vienna, 1848–1946.
SPAW	Sitzungsberichte der preussischen Akademie der Wissenschaften. Berlin, 1918–1921. Continued by SAWB (= Sitzungsberichte der deutschen Akademie der Wissenschaften, Phil.-hist. Klasse).
SRaT	Studien zu den Ritualszenen altägyptischer Tempel. Dettelbach, 2007–.
SSEA	Society for the Study of Egyptian Antiquities. Toronto, 1977–.
SSR	*Studi storico-religiosi*. Scuola di perfez. in stud. stor.-relig. Università di Roma. L'Aquila, 1977–1982.
StudDem	Studia Demotica. Leuven, 1987–.
StudHell	Studia Hellenistica. Leuven, 1942–.
TLA	Thesaurus Linguae Aegyptiae. Berlin-Brandenburg, 2004. http://aaew.bbaw.de/tla/
Trismegistos	Trismegistos. An interdisciplinary portal of papyrological and epigraphical resources. Leuven. http://www.trismegistos.org/
TTS	The Theban Tomb Series. London, 1915–1933.
TUAT	Texte aus der Umwelt des Alten Testaments. Gütersloh, 1982–2001.
TUAT NF	Texte aus der Umwelt des Alten Testaments, Neue Folge. Gütersloh, 2004–.
UEE	*UCLA Encyclopedia of Egyptology*. Los Angeles, 2010–. https://escholarship.org/uc/nelc_uee
UGAÄ	Untersuchungen zur Geschichte und Altertumskunde Ägyptens. Leipzig, 1896–1956.

UPZ	U. Wilcken. *Urkunden der Ptolemäerzeit (ältere Funde)*. 2 volumes. Berlin, Leipzig, 1927–1957.
Urk. I	K. Sethe. *Urkunden des Alten Reichs*. Urkunden des ägyptischen Altertums 1. Leipzig, 1903.
Urk. IV	K. Sethe. *Urkunden der 18. Dynastie*. Urkunden des ägyptischen Altertums 4, fasc. 1–16. Leipzig, 1906–1909. 2nd rev. ed., 1927–1930. Continued by W. Helck, fasc. 17–22. Berlin, 1955–1958.
Urk. VI	S. Schott, *Urkunden mythologischen Inhalts*. Leipzig, 1929–1939.
Urk. VII	K. Sethe and W. Erichsen. *Historisch-biographische Urkunden des Mittleren Reiches*. Urkunden des ägyptischen Altertums 7. Leipzig, 1935–.
UZK	Untersuchungen der Zweigstelle Kairo des Österreichischen Archäologischen Institutes. Vienna, 1975–.
VA	*Varia Aegyptiaca*. San Antonio, 1985–.
VAS	Varia Aegyptiaca. Supplement. San Antonio, 1987–.
VKAR	Veröffentlichungen der Kommission für Antike Rechtsgeschichte. Vienna, 1977–.
VOHD	Verzeichnis der orientalischen Handschriften in Deutschland. Wiesbaden, Göttingen, 1971–1994.
Wb.	A. Erman and H. Grapow, eds., *Wörterbuch der ägyptischen Sprache*, 7 vols. plus 5 vols. Belegstellen. Berlin, 1926–1963.
WAW	Writings from the Ancient World. Atlanta, 1990–.
WdO	*Die Welt des Orients*. Göttingen, 1947–.
WZKM	*Wiener Zeitschrift für die Kunde des Morgenlandes*. Vienna, 1887–.
WZKM-B	Beihefte zur *Wiener Zeitschrift für die Kunde des Morgenlandes*. Vienna, 1936–.
YES	Yale Egyptological Studies. New Haven, 1986–.
ZÄS	*Zeitschrift für ägyptische Sprache und Altertumskunde*. Leipzig, Berlin, 1863–.
ZDMG	*Zeitschriften der Deutschen Morgenländischen Gesellschaft*. Leipzig, Wiesbaden. 1847–.
ZNTW	*Zeitschrift für die neutestamentliche Wissenschaft und die Kunde des Urchristentums*. Giessen, 1900–.
ZPE	*Zeitschrift für Papyrologie und Epigraphik*. Bonn, 1967–.

Egyptological Bibliography of Mark Smith

Books

Following Osiris: Perspectives on the Osirian Afterlife from Four Millennia (Oxford), in press.
Traversing Eternity: Texts for the Afterlife from Ptolemaic and Roman Egypt (Oxford, 2009).
Papyrus Harkness (MMA 31.9.7) (Oxford, 2005).
On the Primaeval Ocean, The Carlsberg Papyri 5 = CNI Publications 26 (Copenhagen, 2002).
The Liturgy of Opening the Mouth for Breathing (Oxford, 1993).
The Mortuary Texts of Papyrus BM 10507, CDPBM 3 (London, 1987).

Book Chapters, Articles, and Other Contributions

In press
"Todesüberwindung und Leben nach dem Tod in ptolemäisch-römischer Zeit," in J. Assmann and H. Roeder (eds.), *Handbuch Altägyptische Religion* (Leiden), in press.
"Transformation and Justification: A Unique Adaptation of Book of the Dead Spell 125 in P. Louvre E 3452," in R. Ritner (ed.), *Essays for the Library of Seshat: Studies Presented to Janet H. Johnson on the Occasion of Her 70th Birthday*, SAOC 70 (Chicago), in press.
"Forschung in der Papyrussammlung – Past, Present and Future," *Jahrbuch der Stiftung Preussischer Kulturbesitz*, in press.
"A New Version of the Liturgy of Opening the Mouth for Breathing," *Proceedings of the Eighth International Congress of Demotists, Würzburg, 27–30 August 2002* (Würzburg), in press.

2016
et al. "Eleventh International Congress of Demotic Studies, Oxford, 30 August–3 September, 2011," *Enchoria* 34 (2014/2015), 119–36.

2015
"Whose Ritual? Osirian Texts and Texts Written for the Deceased in P. BM EA 10209: A Case Study," in B. Backes and J. Dieleman (eds.), *Liturgical Texts for Osiris and the Deceased in Late Period and Greco-Roman Egypt. Liturgische Texte für Osiris und Verstorbene im spätzeitlichen Ägypten*, SSR 14 (Wiesbaden, 2015), 161–77.
With R. Jasnow. "New Fragments of the Demotic Mut Text in Copenhagen and Florence," in R. Jasnow and K. M. Cooney (eds.), *Joyful in Thebes: Egyptological Studies in Honor of Betsy M. Bryan* (Atlanta, 2015), 239–82.

2014
"Osiris and the Deceased in Ancient Egypt: Perspectives from Four Millennia," *Annuaire de l'École pratique des hautes études (EPHE), Section des sciences religieuses* 121 (2014), 88–101.
"Bodl. MS. Egypt. a. 3(P) and the Interface Between Temple Cult and Cult of the Dead," in J. F. Quack (ed.), *Ägyptische Rituale der griechisch-römischen Zeit*, ORA 6 (Tübingen, 2014), 145–55.

2013
"History and Orthography: Reinterpreting the Demotic Evidence for Antiochos IV's Expulsion from Egypt in 168 BCE," in E. Frood and A. McDonald (eds.), *Decorum and Experience: Essays in Ancient Culture for John Baines* (Oxford, 2013), 66–71.
"Orthographies of Middle Egyptian Verbal Forms in Demotic, with Particular Reference to the *sḏm.n=f*," in S. P. Vleeming (ed.), *Aspects of Demotic Orthography. Acts of an International Colloquium Held in Trier, 8 November 2010*, StudDem 11 (Leuven, Paris and Walpole, MA), 2013, 117–26.

2012
"New References to the Deceased as *Wsir n NN* from the Third Intermediate Period and the Earliest Reference to a Deceased Woman

as *Ḥ.t-Ḥr NN*," *RdE* 63 (2012), 187–96.

"Demotic comes to Condicote," *The Hallmark, Condicote Village Newsletter* 57 (Winter 2011/12), 7–8.

2010–2011

With R. Jasnow. "'As for Those Who have Called me Evil, Mut will Call Them Evil': Orgiastic Cultic Behavior and Its Critics in Ancient Egypt (PSI Inv. [provv.] D 114a + PSI Inv. 3056 verso)," *Enchoria* 32 (2010/2011), 9–53.

"The Reign of Seth: Egyptian Perspectives from the First Millennium BCE," in L. Bareš, F. Coppens, and K. Smoláriková (eds.), *Egypt in Transition: Social and Religious Development of Egypt in the First Millennium BCE. Proceedings of an International Conference, Prague, September 1-4, 2009* (Prague, 2010), 396–430.

"A Divine Decree for the Deceased (O. Strasbourg D. 132 + 133 + 134)," in H. Knuf, C. Leitz, H. Knuf, and D. von Recklinghausen (eds), *Honi soit qui mal y pense. Studien zum pharaonischen, griechisch-römischen und spätantiken Ägypten zu Ehren von Heinz-Josef Thissen*, OLA 194 (Leuven, Paris, and Walpole, MA, 2010), 439–45.

2009

"Resurrection and the Body in Graeco-Roman Egypt," in T. Nicklas F. V. Reiterer, and J. Verheyden (eds.), *The Human Body in Death and Resurrection, The Human Body in Death and Resurrection*, Deuterocanonical and Cognate Literature, Yearbook 2009 (Berlin and New York, 2009), 27–41.

"New Extracts from the Book of the Dead in Demotic," in G. Widmer and D. Devauchelle (eds.). *Actes du IXe congrès international des études démotiques, Paris, 31 août – 3 septembre 2005*, BdE 147 (Cairo, 2009), 347–59.

"Democratization of the Afterlife," in J. Dieleman and W. Wendrich (eds.), UCLA Encyclopedia of Egyptology (Los Angeles, 2009) <http://escholarship.org/uc/item/70g428wj>.

2008

"Osiris and the Deceased," in J. Dieleman and W. Wendrich (eds.), UCLA Encyclopedia of Egyptology (Los Angeles, 2008) <http://escholarship.org/uc/item/29r70244>.

2006

"Osiris NN or Osiris of NN?," in B. Backes, I. Munro, and S. Stöhr (eds.), *Totenbuch-Forschungen: Gesammelte Beiträge des 2. Internationalen Totenbuch-Symposiums 2005, Bonn, 25. bis 29. September 2005*, SAT 11 (Wiesbaden, 2006), 325–37.

"The Great Decree Issued to the Nome of the Silent Land," *RdE* 57 (2006), 217–32.

2005

"A Village Treasure, The Church of St. Nicholas," *The Hallmark, Condicote Village Newsletter* 33 (December 2005), 7–8.

2004

With M. Depauw. "'Visions of Ecstasy': Cultic Revelry Before the Goddess Ai/Nehemanit. Ostraca Faculteit Letteren (K.U. Leuven) dem. 1–2,'" in F. Hoffmann and H. J. Thissen (eds.), *Res Severa Verum Gaudium. Festschrift für Karl-Theodor Zauzich zum 65. Geburtstag am 8. Juni 2004*, StudDem 6 (Leuven, 2004), 67–93.

"Budge, Sir Ernest Alfred Thompson Wallis," in H. C. G. Matthew and B. Harrison (eds.), *Oxford Dictionary of National Biography* 8 (Oxford, 2004), 556–58.

2002

"Aspects of the Preservation and Transmission of Indigenous Religious Traditions in Akhmim and its Environs During the Graeco-Roman Period," in A. Egberts, B. Muhs, and J. van der Vliet (eds.), *Perspectives on Panopolis. An Egyptian Town from Alexander the Great to the Arab Conquest. Acts from an International Symposium Held in Leiden on 16, 17 and 18 December 1998*, P. L. Bat. 31 (Leiden, Boston and Cologne, 2002), 233–47.

2001

"Ankhsheshonqy," in D. B. Redford (ed.), *The Oxford Encyclopedia of Ancient Egypt* (Oxford, 2001) vol. 1, 94.

"Papyrus Rylands IX," in D. B. Redford (ed.), *The Oxford Encyclopedia of Ancient Egypt* (Oxford, 2001), vol. 3, 24.

"Cosmogonie demotiche," in *Storia della scienza 1. La scienza antiqua* (Rome, 2001), 59–61.

2000

With R. Germer. "Ein altägyptischer Mädchensarg mit demotischer Inschrift," in W. Köpke and B. Schmelz (eds.), *Alt-Ägypten, Mitteilungen aus dem Museum für Völkerkunde Hamburg* 30 (Bonn, 2000), 278–83.

"Egyptian Invective. A Review Discussion of *Der verkommene Harfenspieler: Eine altägyptische Invektive (P. Wien KM 3877)*, by Heinz Josef-Thissen," *JEA* 86 (2000), 173–87.

M. Smith, "P. Carlsberg 462. A Fragmentary Account of a Rebellion Against the Sun God," in P. J. Frandsen and K. Ryholt (eds.), *A Miscellany of Demotic Texts and Studies*, The Carlsberg Papyri 3 = CNI Publications 22 (Copenhagen, 2000), 95–112.

1999

"Gebel el-Silsila," in K. A. Bard (ed.), *Encylopedia of the Archaeology of Ancient Egypt* (London and New York, 1999), 331–34.

"O. Hess = O. Naville = O. BM 50601: An Elusive Text Relocated," in E. Teeter and J. Larson (eds.), *Gold of Praise: Studies on Ancient Egypt in Honor of Edward F. Wente*, SAOC 58 (Chicago, 1999), 397–404.

"The Provenience of Papyrus Harkness," in A. Leahy and W. J. Tait (eds.), *Studies on Ancient Egypt in Honour of H. S. Smith*, EES Occasional Publications 13 (London, 1999), 283–93.

1998

"A Demotic Coffin Inscription: Berlin Äg. Inv. 7227," in W. Clarysse, A. Schoors, and H. Willems (eds.), *Egyptian Religion: The Last Thousand Years. Studies Dedicated to the Memory of Jan Quaegebeur* 1, OLA 84 (Leuven, 1998), 425–39.

"A New Egyptian Cosmology," in C. J. Eyre (ed.), *Proceedings of the Seventh International Congress of Egyptologists, Cambridge, 3–9 September 1995*, OLA 82, (Leuven, 1998), 1075–79.

"Coptic Literature, 337–425," in A. Cameron and P. Garnsey (eds.), *The Cambridge Ancient History* XIII: *The Late Empire, A.D. 337–425* (Cambridge, 1998), 720–35.

1997

"Dating Anthropoid Mummy Cases from Akhmim: The Evidence of the Demotic Inscriptions," in M. Bierbrier (ed.), *Portraits and Masks: Burial Customs in Roman Egypt* (London, 1997), 66–71.

1994

"Budge at Akhmim, January 1896," in C. Eyre, A. Leahy, and L. Montagno Leahy (eds.), *The Unbroken Reed: Studies in the Culture and Heritage of Ancient Egypt in Honour of A.F. Shore*, EES Occasional Publications 11 (London, 1994), 293–303.

"Budge at Akhmim 1896 (Abstract)," in *Acta Demotica. Acts of [the] Fifth International Conference for Demotists, Pisa, 4th–8th September 1993* (= *EVO* 17 [1994], 279).

1993

"New Middle Egyptian Texts in the Demotic Script," in *Sesto Congresso Internazionale di Egittologia: Atti* II (Turin, 1993), 491–95.

1992

"A Demotic Formula of Intercession for the Deceased," *Enchoria* 19/20 (1992/1993), 131–54.

"New Egyptian Religious Texts in the Bodleian Library," *Bodleian Library Record* 14 (Oxford, 1992), 242–46.

1991

"Did Psammetichus I Die Abroad?," *OLP* 22 (1991), 101–9.

"Papyrus Harkness," *Enchoria* 18 (1991), 95–105.

1988

"An Abbreviated Version of the Book of Opening the Mouth For Breathing (Bodl. MS Egypt. c. 9(P) + P. Louvre E 10605) (Part 2)," *Enchoria* 16 (1988), 55–76.

"Four Demotic Ostraca in the Collection of the Ashmolean Museum," *Enchoria* 16 (1988), 77–88.

1987

"An Abbreviated Version of the Book of Opening the Mouth for Breathing (Bodl. MS Egypt. c. 9 (P) + Louvre E 10605) (Part I)," *Enchoria* 15 (1987), 61–91.

1986
"Weisheit, demotische," in W. Helck and W. Westendorf (eds.), *LÄ* VI (Wiesbaden, 1986), cols. 1192–1204.

1985
"Lexicographical Notes on Demotic Texts II," *Enchoria* 13 (1985), 103–14.

1984
"Lexicographical Notes on Demotic Texts," in F. Junge et al. (eds.), *Studien zu Sprache und Religion Ägyptens: Zu Ehren von Wolfhart Westendorf, überreicht von seinen Freunden and Schülern* (Göttingen, 1984), vol. 1, 387–91.
"On Some Orthographies of the Verbs *mꜣ*, 'See', and *mn*, 'Endure', in Demotic and Other Egyptian Texts," in H.-J. Thissen and K.-T. Zauzich (eds.), *Grammata Demotika: Festschrift für Erich Lüddeckens zum 15. Juni 1983* (Würzburg, 1984), 193–210.
"Sonnenauge, Demotischer Mythos vom," in W. Helck and W. Westendorf (eds.), *LÄ* V (Wiesbaden, 1984), cols. 1082–87.
"Two Further Instances of Hieratic Writings of *sštꜣ*, '(Secret) Image, Form,' in Demotic Texts," *Enchoria* 12 (1984), 189.

1983
With J. Malek. "Henry Salt's Egyptian Copies and Drawings," *GM* 64 (1983), 35–52.

1980
"A Second Dynasty King in a Demotic Papyrus of the Roman Period," *JEA* 66 (1980), 173–74.
"The Hieratic Group 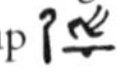," *Serapis* 6 (1980), 157–63 (= *Studies in Honor of Charles F. Nims*).

1979
"A Demotic Version of a Hymn to Amun," in W. Reinecke (ed.), *Acts: First International Congress of Egyptology, October 1976*, Schriften zur Geschichte und Kultur des alten Orients 14 (Berlin, 1979), 587–92.
"The Demotic Mortuary Papyrus Louvre E. 3452" (PhD diss., University of Chicago, 1979).

1978
"Remarks on the Orthography of Some Archaisms in Demotic Religious Texts," *Enchoria* 8/2 (1978), 17–27.
"The Transliteration of Demotic," *Enchoria* 8/1 (1978), 33-36.

1977
"A New Version of a Well-Known Egyptian Hymn," *Enchoria* 7 (1977), 115–49.

1974
"A Coptic Ostracon from Luxor," *Enchoria* 4 (1974), 61–66.

Book Reviews

Review of *Hieratic Texts from the Collection*, The Carlsberg Papyri 7, CNI Publications 30, by K. Ryholt (ed.), *JEA* 94 (2008), 343–45.
Review of *The Letters of Peter Le Page Renouf*, volumes 1–2, by K. J. Cathcart (ed.), *Les îles de la Manche* 1 (2003), 34–35.
Review of *Gods, Priests and Men: Studies in the Religion of Pharaonic Egypt by Aylward M. Blackman*, by A.B. Lloyd (ed.), *The Antiquaries Journal* 80 (2000), 347–48.
Review of *Two Coptic Homilies Attributed to Saint Peter of Alexandria*, by B. Pearson and T. Vivian, *Journal of Theological Studies* 49 (1998), 840–50.
Review of *Papyri von der Insel Elephantine*, Demotische Papyri aus den Staatlichen Museen zu Berlin 3, by K.-T. Zauzich, *Enchoria* 24 (1997/1998), 194–205.
Review of *The Gooseherds of Hou*, by S. P. Vleeming, *BiOr* 52 (1995), 353–54.
Review of *Demotic Texts from the Collection*, The Carlsberg Papyri 1 = CNI 15 by P. J. Frandsen (ed.), *JEA* 80 (1994), 258–60.
Review of *The Teachings of Sylvanus (Nag Hammadi Codex VII, 4)*, Egyptologische Uitgaven 6, by J. Zandee, *Journal of Theological Studies* 43 (1992), 661–64.
Review of F. de Cenival, *Le mythe de l'Œil du soleil*, DemStud 9, by F. de Cenival, *BiOr* 49 (1992), 80–95.
Review of *Hamburger Papyrus Bil. 1*, Cahiers d'Orientalisme 18, by B. J. Diebner and R. Kasser, *Biblica* 72 (1991), 418–21.
Review of *Le traité tripartite*, Bibliothèque Copte de Nag Hammadi, Section 'Textes', 19, by E. Thomassen, *Journal of Theological Studies* 42 (1991), 328–30.

Review of *Das Thomas-Buch (Nag-Hammadi-Codex II, 7)*, Texte und Untersuchungen 138, by H.-M. Schenke, *Journal of Theological Studies* 42 (1991), 327–28.

Review of *Grundlagen des koptischen Satzbaus*, American Studies in Papyrology 28, by H. J. Polotsky, *Journal of Semitic Studies* 35 (1990), 184–85.

Review of *Aspects of Demotic Lexicography*, by S. P. Vleeming (ed.), StudDem 1, *BiOr* 46 (1989), 573–76.

Review of *La première apocalypse de Jacques – L'acte de Pierre*, Bibliothèque Copte de Nag Hammadi, Section 'Textes' 17, by A. Veilleux, *Journal of Theological Studies* 40 (1989), 604–6.

Review of *La chapelle d'Achoris à Karnak*, Mémoires du Centre Franco-Égyptien d'Étude des Temples de Karnak 2, by C. Traunecker, F. Le Saout, and O. Masson, *JNES* 48 (1989), 315–18.

Review of *Die Lehre des Anchscheschonqi*, Papyrologische Texte und Abhandlungen 32, by H.-J. Thissen, *JNES* 48 (1989), 51–54.

Review of *L'épître apocryphe de Jacques : la seconde apocalypse de Jacques*, Bibliothèque Copte de Nag Hammadi, Section 'Textes,' 18, by D. Rouleau and L. Roy, *Journal of Theological Studies* 40 (1989), 606–11.

Review of *Thot à travers ses épithètes dans les scènes d'offrandes des temples d'époque gréco-romaine*, Rites Égyptiens 3, by M.-T. Derchain Urtel, *JNES* 48 (1989), 318–19.

Review of *Les manuscrits de Dair Abû Maqâr: inventaire*, Cahiers d'Orientalisme 11, by U. Zanetti, *Bulletin of the School of Oriental and African Studies* 51 (1988), 619–20.

Review of *Saqqâra Demotic Papyri* 1, EES Texts from Excavations Memoir 7, by H. S. Smith and W. J. Tait, *BiOr* 45 (1988), 306–9.

Review of *The Edifice of Taharqa by the Sacred Lake of Karnak*, Brown Egyptological Studies 8, by R. A. Parker, J. Leclant, and J.-C. Goyon, *JEA* 74 (1988), 281–88.

Review of *Catalogue of the Coptic Literary Manuscripts in the British Library Acquired since the Year 1906*, by B. Layton, *Journal of Theological Studies* 39 (1988), 608–9.

Review of *Le livre de Thomas*, Bibliothèque Copte de Nag Hammadi, Section 'Textes', 16, by R. Kuntzmann, *Journal of Theological Studies* 39 (1988), 223–27.

Review of *Étude de lexicographie copte: Chenouté, le discours en présence de Flavien (les noms et les verbes)*, Cahiers de la Revue Biblique 18, by P. Cherix, *JNES* 47 (1988), 51–53.

Review of *Deuxième journée d'études coptes*, Cahiers de la Bibliothèque Copte 3, by J.-M. Rosenstiehl (ed.) *Journal of Theological Studies* 38 (1987), 531–32.

Review of *Les lectionaires coptes annuels: Basse-Égypte*, Publications de l'Institut Orientaliste de Louvain 33, by U. Zanetti, *Journal of Theological Studies* 38 (1987), 532–34.

Review of *Introduction to Sahidic Coptic*, by T. O. Lambdin, *Society for Old Testament Study Booklist* 1985, 153.

Review of *Papyri from Tebtunis in Egyptian and in Greek*, EES Texts from Excavations Memoir 3, by W. J. Tait, *JEA* 69 (1983), 199–203.

Review of *Michigan Coptic Texts*, Papyrologica Castroctavania 7, by G. M. Browne, *JNES* 42 (1983), 321–22.

Review of *Papyri von der Insel Elephantine*, Demotische Papyri aus den Staatlichen Museen zu Berlin 1, by K.-T. Zauzich, *Enchoria* 10 (1980), 195–99.

Review of *A Medical Book from Crocodilopolis*, Mitteilungen aus der Sammlung der Papyrus Erzherzog Rainer 10, by E. A. E. Reymond, *BiOr* 35 (1978), 53–57.

Review of *The Archive of Ḥor*, EES Texts from Excavations Memoir 2, by J. D. Ray, *JEA* 64 (1978), 179–81.

Review of *Grammaire fonctionelle et progressive de l'égyptien démotique*, by P. du Bourguet, *CdE* 52 (1977), 262–71.

Obituary

Obituary for Ricardo Caminos in *The Guardian* (15th of June 1992)

Art-Making in Texts and Contexts

Betsy M. Bryan (Baltimore)

The production of art is not a frequent subject in the Egyptian textual sources, if we are asking for a specific description of content and design. What little we have reminds us that when the artist referenced his work, it was in the carefully constructed self-memorialization context, not the documentary setting.[1] In addition, the intentions of art and the forms and processes of its production may have been interrelated, but were nonetheless distinct. It is often difficult for the contemporary scholar to distinguish between the message and the medium, such that some would attribute much symbolic meaning to style while others would consider style as primarily the artist's contribution. Making art and thinking about art are different processes in a similar way that deciphering texts differs from interpreting them. Mark Smith is one of the few who is as expert at decipherment as interpretation. I hope that this small contribution that considers how the diversity in texts about art production relates to actual art-making will be accepted in the respectful way it is intended.[2]

The three types of texts discussed below reflect two thousand years of art production: the famous stela of Irtisen composed in the Eleventh Dynasty for a draughtsman of Mentuhotep II represents the artist himself.[3] Instructions from Book of the Dead spells typify a priestly description of an image to be drawn, although probably not by the scribe and illustrator for the text. Last, a Demotic papyrus from the first or second century AD (P. Vienna D 10100) has been described by Günter Vittmann as a plan attributed to an unspecified Ptolemy for a shrine of the god Sobek, lord of Pai, but never achieved.[4] Dieter Kurth drew a plan of this shrine resulting from the description in the papyrus. This text provides some interesting technical information, and it presents a detailed description of the layout of decoration with accompanying text.

Iconic images were manipulated by artists to create all Egyptian art. The adaptation of such icons to suit a specific context was a characteristic of Egyptian art even in its early eras. A commonly recognized example from the predynastic era was the manipulation of the fantastic leonine quadrupeds seen on Susa and Uruk cylinder seals for use on stone reliefs, including the Narmer Palette, where the addition of human figures with rope halters recreated the otherwise heraldic element seen on product sealings.[5] The artist's tool kit, as it were, included this manipulative

---

1. W. Barta, *Das Selbstzeugnis eines altägyptischen Künstlers (Stele Louvre C 14)*, MÄS 22 (Berlin, 1970) and H. Junker, "Der Maler Irj," *AÖAW* 1956:3 (1956), 59–79.

2. Some recent art-historical analyses have attempted to pose questions of interpretation not only to the corpus of artworks but to ancient texts as well. Although it is characteristic of art history as a discipline to apply contemporary art theory to all bodies of art, scouring a variety of texts for answers to our own questions may not result in the most reliable outcomes. To pay attention to how issues of art and art production appear in ancient texts is important if we are then to submit those sources to further art historical analyses. See M. Müller, "Die Königsplastik des Mittleren Reiches und ihre Schöpfer: Reden über Statuen – Wenn Statuen reden," *Imago Aegypti* 1 (2005), 27–78; M. Müller, "Discourses about Works of Art in Ancient and Modern Times," in K. A. Kothay (ed.), *Art and Society: Ancient and Modern Contexts of Egyptian Art. Proceedings of the International Conference Held at the Museum of Fine Arts* (Budapest, 2012), 13–22; and A. Verbovsek, "Reception and Perception," in M. K. Hartwig (ed.), *A Companion to Ancient Egyptian Art* (Chichester, 2015), 141–54.

3. Barta, *Selbstzeugnis*.

4. G. Vittmann, "Ein Entwurf zur Dekoration eines Heiligtums," *Enchoria* 28 (2002/3), 106–36, pls. 14–21.

5. H. Pittman, "Constructing Context: The Gebel el-Arak Knife: Greater Mesopotamian and Egyptian Interaction in the Late Fourth

possibility, as Gay Robins has richly explored in her article, "Piles of Offerings: Paradigms of Limitation and Creativity in Ancient Egyptian Art."[6] Melinda Hartwig developed this theme in examining scene variants as part of her book *Tomb Painting and Identity in Ancient Thebes, 1419–1372 BCE.*[7] It is unlikely that we will ever know the exact manner in which artists managed this adaptive process, particularly within a workshop approach to image-building, but various approaches bring us closer to an understanding. Tamás Bács undertook to examine some of the Theban tomb and temple inspirations for the tomb of Imiseba in his article entitled "Art as Material for Later Art: The Case of Theban Tomb 65" where he referred to the reinvention of earlier models to remodel an Eighteenth Dynasty tomb at the end of the Twentieth Dynasty.[8] In another forum, explorations of the hieroglyphic system, such as that by Orly Goldwasser in her study *From Icon to Metaphor. Studies in the Semiotics of the Hieroglyphs,*[9] provide some useful ways to explore imagery as well as writing. In particular the internal relationships of word elements, that is, the choices for spelling a word, come to mind as one examines the various elements of image groups placed on scene registers. In some cases it can be seen that choices are not solely based on spacing or visual context but could also confer layers of meaning. Goldwasser further pursued this realm in her discussion of writings of "Aten" concluding that the divine classifier was routinely omitted in the Amarna era because it implied the existence of a category of divinities—something anathema to Akhenaten's notion of a sole god.[10] In evaluating the texts, I will look for iconic sources and adaptations and for internal relationships. Following the textual discussions, the icon production of a few small-scale and unusual painted scenes in the front hall of TT 92 of Suemniwet, ca. 1425 BC, will be considered with reference to vantage points of the texts.

The Stela of Irti-sen

Louvre C 14, the stela of Irti-sen (fig. 1; pl. 1), has been studied and translated by a large number of scholars over the past more than a hundred years.[11] The complete study of it is that by Winfried Barta who considers it in the broad historical and literary context. The translation I offer here veers somewhat away from the interpretations of Barta and others, but I believe it can be defended. I provide a complete translation of the stela's fifteen lines, omitting the scenes.

It is the view in this discussion that Irti-sen's text was conceived deliberately to represent the artist on two different levels: as a highly educated and elite ritualist and as a master craftsman. Many of the statements in the autobiographical text are considered to have been carefully written to be understood in two ways: as the evidence of an educated elite familiar with royal and religious myth and ideology and equally as the claims of a highly trained artisan who is legitimating his own son's rights as his successor. Below, however, I will discuss only the portion relating to the artist's career and craft.

Millennium B.C.E," in J. Cooper and G. Schwartz (eds.), *The Study of the Ancient Near East in the Twenty-first Century* (Winona Lake, IN, 1996), 13–15.

6. G. Robins, "Piles of Offerings: Paradigms of Limitation and Creativity in Ancient Egyptian Art," in C. Eyre (ed.), *Proceedings of the Seventh International Congress of Egyptologists, Cambridge, 3–9 September 1995*, OLA 82 (Leuven, 1998), 957–63.

7. M. Hartwig, *Tomb Painting and Identity in Ancient Thebes, 1419–1372 BCE*, MAe 10 (Brepols, 2004).

8. T. Bács, "Art As Material for Later Art: The Case of Theban Tomb 65," in W. V. Davies (ed.), *Colour and Painting in Ancient Egypt* (London, 2001), 94–100.

9. O. Goldwasser, *From Icon to Metaphor. Studies in the Semiotics of the Hieroglyphs*, OBO 142 (Fribourg [Switzerland], Göttingen, 1995).

10. O. Goldwasser, *Prophets, Lovers and Giraffes: Wor(l)d Classification in Ancient Egypt*, GOF 38 (Wiesbaden, 2002), 127–28.

11. Barta, *Selbstzeugnis*; M. Baud, "Le métier d'Iritisen," *CdE* 25 (1938), 20–34; S. Aufrère, "L'artiste de la première période intermédiaire et la tradition oubliée," *Égypte Afrique et Orient* 18 (2000), 15–26; A. Badawy, "The Stela of Irtysen," *CdE* 72 (1961), 269–76; and Müller, "Die Königsplastik des Mittleren Reiches," 40–42; B. Mathieu, "Irtysen le technicien," in V. Angenot and F. Tiradritti (eds.), *Artists and Colour in Ancient Egypt, Proceedings of the Colloquium Held in Montepulciano, August 22nd–24th, 2008*, Studi Poliziani di Egittologia 1 (Montepulciano, 2016 [forthcoming]).

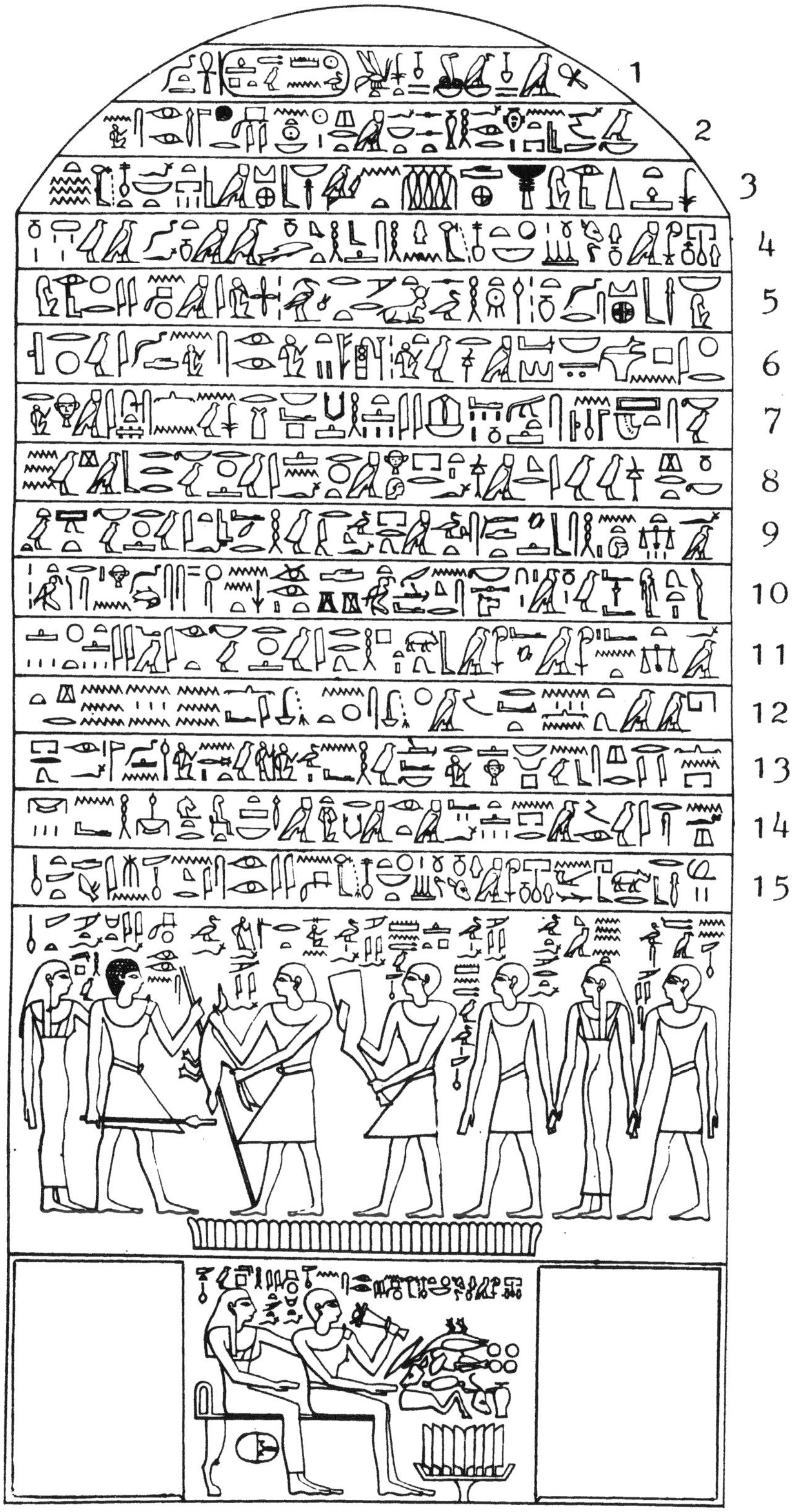

Fig. 1. Stela of Irti-sen after Barta, *Selbstzeugnis,* Abb. 1

1. *ꜥnḫ ḥr smꜣ tꜣwy nbty smꜣ tꜣwy nsw-bity sꜣ Rꜥ Mnṯw-ḥtp ꜥnḫ ḏt*
2. *bꜣk.f mꜣꜥ n st-ib.f irr ḥsst.f nbt m ẖrt-hrw nt rꜥ nb imꜣḫy ẖr nṯr ꜥꜣ Ꞽrty-sn*
3. *ḥtp-di-nsw Wsir nb Ḏdw ḫnty-imntyw nb ꜣbḏw m swt.f nbt nfrt wꜥbt*
4. *prt-ḫrw ḫꜣ m t ḥnḳt kꜣ ꜣpd šs mnḫt ḫt nb nfr wꜥb t n ḥsb ḥnḳt ẖꜣmt ḏfꜣw nw*
5. *nb ꜣbḏw ḏsrwt ḥḏt Ḥsꜣt mrrt ꜣḫw wnm im n imꜣḫy ḫr Wsir*
6. *ḫr Ꞽnpw nb tꜣ ḏsr imy-r ḥmwtyw sš ḳsty/gnwty Ꞽrty-sn ḏd iw rḫ.*
7. *kwi sštꜣ n mdw-nṯr sšmt-ꜥw nw ḥbyt ḥkꜣ nb ꜥpr.n sw nn swꜣt im ḥr.i*
8. *ink grt ḥmww iḳr m ḥmwt.f pr ḥr-tp m rḫt.n.f iw rḫ.kwi rw bꜣgw*
9. *fꜣt nt tp-ḥsb šdt sꜥḳt m pr-ꜥḳ.f r iyw ḥꜥ r st.f iw rḫ.kwi šmt twt*
10. *nmt nṯrt ꜥḥꜥw nw ꜣ-10 (11) ks n sḳr-wꜥty dgg irt n snt snt.s ssnḏ ḥr n rstyw*
11. *fꜣt ꜥ nt ḫꜣꜥ ḫꜣb nmt pḥrr iw rḫ.kwi irt imyt ḫwt*
12. *hꜣꜣt.[s]n nn rdit mꜣḫ sn ḫt n iꜥ.n [s]n mw grt*
13. *nn pry ẖr.s n bw nb wp-ḥr.i wꜥ.kwi ḥnꜥ sꜣ(.i) smsw n ẖt.i wḏ.n nṯr ir.f pr.*
14. *n.f ẖr.s iw mꜣ.n prwt-ꜥwy.f m irt imy-r kꜣt m ꜥꜣt nb špst ḥꜣt r ḥḏ ḥnꜥ nbw*
15. *pḥwy r ꜣbw r hbny prt-ḫrw ḫꜣ m t ḥnḳt kꜣ šs ꜣpd mnḫt ḫt nbt nfr wꜥb n imꜣḫy Ꞽrty-sn iḳr mꜣꜥ ḫrw ms n Ꞽdt mꜣꜥt ḫrw*

1. Live the Horus Sema-tawy, Nebty Sema-tawy, king of upper and lower Egypt, the son of Re Mentuhotep, living forever.
2. His truly favorite servant who does everything which he praises in the course of every day, the one endowed before the great god, Irti-sen.
3. A gift which the king gives and Osiris the lord of Djedu and Khenty-imentiu the lord of Abydos in all its good and pure sites:
4. invocation offerings of a thousand of bread, beer, beef, fowl, alabaster (vessels), linen and every good and pure thing: bread of the allocation, beer of the offering inventory[a]; provisions of
5. the lord of Abydos: strong beer and milk of the Hesat-cow on which the Akhu love to dine for the one endowed before Osiris,
6. and before Anubis, lord of the sacred land, the overseer of craftsmen, scribe and sculptor,[b] Irti-sen, who says: "I know
7. the mystery of the hieroglyphs, the sequence of the festal offering list[c] (or ceremonies), and all magic, I having prepared it. There was nothing thereof that passed by me.[d]
8. I, indeed, am a craftsman excellent in his craft, who proceeds at the top through what he knows. I know the parts of the "tired one,"[e]
9. how to proportion correctly,[f] how to recite, how to cause to enter as "he goes forth and enters in," so that a body/limb arrives at its proper place.[g] I know the register scene:[h]
10. the female/goddess procession[i] and the stances[j] of 10 (or 11) birds[k]; the bowing down for smiting of a sole (captive). When the Eye fixes on its two sisters (or its sister-eyes)[l] the face of the enemy[m] is made terrified.
11. (I know how) to raise the arm of the one who hurls <at> the hippopotamus, the stride of him who strides swiftly [i.e., Horus].[n] I know how to make pigments[o] and the things
12. which they ["we" written] contain,[p] without letting the fire burn them up. Neither can water wash them away.
13. There is nothing that will be revealed [lit. go forth] to anyone except me, alone, with my eldest son of my body, the god having commanded that he might act as "one to whom it is revealed" [lit. one for whom its content goes forth].[q]
14. I have seen his proficiency[r] in acting as overseer of works with every precious stone, beginning from silver and gold,

15. down to ivory and ebony." Invocation offerings of a thousand of bread, beer, beef, alabaster (vessels), linen, and every good and pure thing for the one endowed Irti-sen the effective one, true of voice, born of Idet, true of voice.

Notes and Commentary

[a] *ḥnḳt ẖ3mt* (*Wb.* III, 362, 10–11 and 231, 3–8) apparently derives from the verb meaning "to bend," as in the respectful pose of the offerer, but from its wider meanings Barta concluded that it indicated an offering possession parallel to *t n ḥsb*, "bread of the allocation."[12]

[b] It remains uncertain whether this word should be read *ḳsty* or *gnwty*. The combination with "scribe" is unusual and likely suggests two titles. Cf. Mathieu, "Irtysen le technicien," 11 note c.

[c] *ḥbyt* is used of offerings and the offering lists, so the identification of this in a purely temple context is less likely. Rather his boast of being at the front of the procession appears to refer to the burial rites, but given the king's relationship to the monument, this may have been the royal tomb and funerary temple of Mentuhotep II in addition to elite tombs nearby.[13] Despite the view of some that artists were largely executors of royal instruction, Irti-sen and other artisans clearly operated in several arenas.[14] Some authors have considered the knowledge of ceremonies to be part of the artist's training and performance particularly in association with the lector priests, and Barta's highly erudite commentary considers the meanings of knowledge and the artist's connections with it.[15] Although he identified the context here with the tomb, he focused specifically on the Opening of the Mouth ceremony.[16] However, artists were also among the funeral celebrants from the Old Kingdom onward.[17] The knowledgeable funeral participant was highly valued at all times for his ability to recite and respond; the processional involvement with the burial might have also been important, and added to the artist's ability to contribute to a variety of funerary liturgies.[18]

[d] A. Gardiner, *Egyptian Grammar* (Oxford, 1957), §394, n. 4 cites this passage as the universal negation with the participle.

[e] *rw b3gi* counter to the view of Barta that this is a compound referring to the grid.[19] He argues that *b3gw* is a writing for *bg3w* (*Wb.* I, 482, 12) in *rw b3gw* (*Wb.* I, 432, 1) and that it can mean "Teile der Umwandelbarkeit," "Parts of convertibility," or "convertible parts" stating that Umwandelbarkeit would have designated the measurement of a proportional system and the changeability of their sizes. However, there is no attestation of this word that approaches a meaning "convertibility." The word designates a "shipwrecked one" (see R. Hannig, *Grosses Handwörterbuch Ägyptisch-Deutsch* [Mainz, 1995], 264 and *Wb.* I, 482, 12). More likely this is a word for the dead (the tired) and Osiris more specifically, whose sacred limbs are part of Irti-sen's knowledge—probably as to their mysteries and their representation. See *Wb.* I, 431, 2–4; of Osiris, *ỉmy b3gi*, with the water determinative, see *Wb.* I, 431, 13; of the dead, without determinative, Hannig, *Handwörterbuch*, 244.

Here the term probably refers to the body parts of Osiris and alludes to their hidden location in the netherworld, which Irti-sen can claim to have knowledge of. These were partially depicted in the sixth hour of the Amduat

12. Barta, *Selbstzeugnis*, 61–62
13. Müller, "Die Königsplastik des Mittleren Reiches."
14. Ibid., 48.
15. Barta, *Selbstzeugnis*, 78–86.
16. Ibid., 86–91 and *Wb.* III, 61.
17. Junker, "Der Maler Irj," 3 and V. Chauvet, "Who Did What and Why: The Dynamics of Tomb Preparation," in R. Jasnow and K. M. Cooney (eds.), *Joyful in Thebes: Egyptological Studies in Honor of Betsy M. Bryan*, MVCAE 1 (Atlanta, 2015), 63–78.
18. B.M. Bryan, "Memory and Knowledge in Egyptian Tomb Painting," in E. Cropper (ed.), *Dialogues in Art History* (Washington DC, 2009), 19–39; Chauvet, "Dynamics of Tomb Preparation."
19. Barta, *Selbstzeugnis*, 94–100.

at a later time. Compare CT 838–839 where the injured and inert Osiris is invoked to stay alert, and Isis combats his putrescence. CT 822 names body parts to reject the corpse's putrefaction.[20]

[f] Used at Edfu to refer to temple reliefs and images that were executed exactly, see P. Wilson, *A Ptolemaic Lexikon: A Lexicographical Study of the Texts in the Temple of Edfu*, OLA 78 (Leuven, 1997), 1131.

[g] The verbal form of *r iyw ḫꜥ* is uncertain, but the reed leaf is certain. The meaning must accommodate the preposition "to/toward/as far as/until" regardless of the form. In the First Intermediate period, amulets of body parts are common, probably due to the vicissitudes of embalming techniques, so the reference to limbs might reflect this.[21]

[h] *šmt twt* is the term for register of decoration, relief and painting. Vittmann, "Ein Entwurf zur Dekoration," 106–36 and see further below; Borchardt cited at *Wb.* IV, 466, 14, from Karnak, had the same term, but at that time it was identified as a name of a room in Karnak temple. The primary significance here of the term for "register" is perhaps to indicate Irti-sen's knowledge of laying out wall spaces as well as of the movement of figures placed on them. The determinative for *twt* placed at the beginning of the next line is of a standing mummiform Osiris, and the text should primarily be understood to infer "I know the register scene." However, a doubled reading could also result in "I know how the statue of (an) Osiris moves and the procession or stride of the female/goddess," perhaps indicating knowledge of the funerary statue cult. The placement of the Osiride determinative on the following line further encourages the dual reading.

[i] *nmtt/nmt* (*Wb.* II, 271, 6; Hannig, *Handwörterbuch*, 415; R. Hannig, *Ägyptisches Wörterbuch I: Altes Reich und erste Zwischenzeit* [Mainz, 2003], 632) There is only one *t*, but such writings are common for *nmtt*. The female's identity is unknown, but the feet of the figure are slightly apart although not in open stride. Compare the open position of feet on the Meketre servant figures shown striding. In two dimensions the feet of elite and divine figures are shown separate, as here when either standing or processing.[22] For example, in the tomb of Ukhhotep at Meir, the feet of the female Hathoric entertainers are positioned as here, although all the performing males have open-legged stances.[23] Thus we read again in dual form: Irti-sen's ability to show the slightly open stride of an elite female while likewise claiming knowledge of a ritual procession in a register scene (see note h above) given that the word *nmtt* indicates movement. If a deity is intended, we should note that the realm of Hathor is evoked in the cemetery, even at Abydos. However, contemporary goddess depictions from Mentuhotep's Deir el Bahri sanctuary vary among themselves and differ from this hieroglyph: Hathor appeared in scenes with the horns and disk, while other goddesses were shown without headdresses. In inscriptions the hieroglyph determining the name of Nekhbet wore the vulture headdress while that for Hathor was seated with a headdress.[24]

[j] *ꜥḥꜥw*. Note that *ꜥḥꜥw* is followed by the genitival adjective and is thus clearly the substantive. Most translators have rendered it as "position," but it particularly refers, as the *Wörterbuch* notes, to the "correct" position or station of a thing or person (*Wb.* I, 220, 7–9). Irti-sen's display of both artistic and religious knowledge may have been chosen here to pun upon his familiarity with the *ꜥḥꜥw* birds, the grey herons, who were likened in the Pyramid Texts to the deceased as rain clouds, no doubt due to their color.[25] (See discussion below regarding the representations of birds and animals in near-contemporary tombs, supplying a visual illustration of Irti-sen's description.) The word *ꜥḥꜥw* has been used primarily to indicate the variety of standing positions that the artist must master to depict Egyptian birds in iconic forms distinguished and expanded upon from the Predynastic on.

20. A. de Buck, *The Egyptian Coffin Texts VII. Texts of Spells 785–1185*, OIP 87 (Chicago, 1961), 40–41 and 22–23.

21. C. Andrews, *Amulets of Ancient Egypt* (London, 1994), 11.

22. D. Arnold, "Amenemhat I and the Early Twelfth Dynasty at Thebes," *MMJ* 26 (1991), 5–48, figs. 35–36; H.E. Winlock, *Excavations at Deir el Bahri 1911–1931* (New York, 1942), pl. 8. See now also Mathieu, "Irtysen le technicien."

23. A. Blackman, *The Rock Tombs of Meir Part I, The Tomb-Chapel of Ukh-hotp's son Senbi*, ASE 22 (London, 1914), pl. II.

24. D. Arnold, *Der Tempel des Königs Mentuhotep von Deir el-Bahari II. Die Wandreliefs des Sanktuares*, AV 11 (Mainz, 1974), pls. 1, 3, 4, 9, 12, 15, 18, 25, 26, 28, 44.

25. C. Leitz, *LGG* II, 196; P. Houlihan, "A Guide to the Wildlife Represented in the Great Swampland Scene in the Offering Chapel of Ti (No. 60) at Saqqara," *GM* 155 (1996), 29–31.

[k] This phrase probably refers to Irti-sen's ability to represent the varying stances of ten (or eleven) types of birds,[26] the *ꜣ*-glyph designating birds generally. The strokes after both the vulture and the number indicate their function as determinatives, although a number of authors have read the number as 11. Gardiner notes two Pyramid Text spells (1303 and 1729) where *ꜣ* denotes "vulture" and also points to Irti-sen's stela, stating: "In the more general sense 'bird', Louvre C 14, 10." (Gardiner, *Egyptian Grammar*, 467, G 1, n. 2; see also Hannig, *Handwörterbuch*, 1; cf. *Wb.* I, 1; Barta, *Selbstzeugnis*, [*ꜣpd*] 104–7). The nearly contemporary Beni Hasan tombs display examples of such knowledge, with various birds represented and identified by label (pl. 2a).[27] Barta translated as "die Stellung eines gefangenen Vogels" and argued that the artist proclaimed his technical ability to show overlapping captive birds due to his conclusions that *mḏ* meant "captive." Such a verb is unattested, and the writing with only the "10" sign (G V 20) plus a stroke somewhat further dampens this interpretation, because this is only known as a writing for the number (see Barta, *Selbstzeugnis*, 109–11). However, the erudite nature of the text, including royal allusions, does suggest that Irti-sen may have also been alluding to Horus, particularly given the royal connections of the stela itself. The "ten birds," (reading the vulture as a generic word for bird) refer to Horus's number following the traditional Heliopolitan ennead (Wilson, *Ptolemaic Lexikon*, 481). This alternative translation could then mean "... the positions (ritual stations) of the ten birds," referring to the ennead plus the falcon Horus. Due to their equation with the deceased in the Pyramid Texts, vultures were commonly produced and used as funerary amulets from the late Old Kingdom onward. Five were found at the neck of Tutankhamun (Andrews, *Amulets*, 37). The golden vulture amulet was utilized in BD 157 as a protection of Horus and was placed on the neck of the deceased.[28]

[l] *Sp-sn* is here a means of reduplicating *snt*—*snt snt*, meaning "two sisters," a reference to the eyes of the captive. (Gardiner, *Egyptian Grammar*, 210, § 274). As with possessive adjectives, here the adjective number agrees in gender with the noun. Compare *wꜣt.f wꜥt*, "its one side" from Eloquent Peasant, R 46. (Gardiner, *Egyptian Grammar*, 193–94, §261–62) However, the circular sign is very small, and this could also be read as *ḏfḏ* "pupil" meaning here "her two sister-eyes." For the circular sign as a writing of the pupil as the "Eye," Gardiner, D-12, 451. Since the two other eyes here belong to the king's enemy, they must be equated with the enemies of the sun god represented by the balls in the later attested *sḳr ḥmꜣt* ritual of "striking the balls." The pupils of the enemies were flung to the far corners of the cosmos to prevent their threats to the god and the ruler.

[m] *Rstyw*. Ritner notes that it designates execration figures suggesting that here a ritual environment for protection is indicated.[29]

[n] A series of words used to refer to Horus as slayer of Seth as hippopotamus or crocodile (Wilson, *Ptolemaic Lexikon*, 367, 520–21, 701) *fꜣi*; *nmt(t)*; *ẖꜣꜥ*.

[o] W. Spiegelberg, "*Imjt* 'Farbenpaste,'" *ZÄS* 64 (1929), 94–95.

[p] *Wb.* II, 475, 5–6. *ẖrt* for the adverb *grt* at the end of the line is contained within the translation as "neither" expressing the negation *n* plus *grt* "furthermore" (Gardiner, *Egyptian Grammar*, 155 n. 8). However, Gardiner, 188 n. 10, notes the unusual *-t* ending as if the enclitic particle were written.

[q] *Pry ẖrt.sn* is used of revealing secrets where *ẖrt* should refer to their content, here meaning the knowledge (*rḫt*) and capabilities that he listed. *prt ẖr* implies possession of skills and elsewhere magic: "to disperse" (*Wb.* I, 520, 7–9; Hannig, *Handwörterbuch*, 283). The phrase is parallel to that describing his son in the next line. PT 82 has the use of the verb with *ẖr*.[30]

[r] literally, "what goes forth from his two arms."

26. Baud, "Le métier d'Iritisen," 28; Mathieu, "Irtysen le technicien," 13, note j, but noting Meeks's preference for 10.
27. P. Newberry, *Beni Hasan II*, ASE 2 (London, 1893), pl. IV, tomb 15 and pl. XVI, tomb 17.
28. R. Faulkner, *The Ancient Egyptian Book of the Dead* (London, 1972), 154–55, 157; see P. BM 10088, 10098.
29. R. Ritner, *The Mechanics of Ancient Egyptian Magical Practice*, SAOC 54 (Chicago, 1993), 187–88.
30. K. Sethe, *Die altägyptischen Pyramidentexte nach den Papierabdrücken und Photographien des Berliner Museums* (Leipzig, 1908), I, 32.

Discussion: Knowledge and the Artist's Creativity

Irti-sen's obviously erudite autobiographical text appealed first to his literate status and thus to scribal and elite contemporaries who might read his monument's inscription. This is entirely appropriate to the genre and encourages an analysis of the text that identifies layers of content and meaning.[31] As a monument intended to enhance his afterlife rejuvenation, Irti-sen's stela evokes not only his skill as a craftsman but also his role in rituals, a dualism seen to be inherent in the career of master artisans.[32] The realm of his mastery of the hieroglyphs was combined with Irti-sen's involvement in their magical effectiveness. Allusions to funerary liturgy and to literature identify Irti-sen as an appropriate funerary participant as well as a tomb-maker. All the elements bespeak the desire for status by means of Irti-sen's knowledgeable effectiveness.

We should not consider this text as describing Sehbilder or Sinnbilder when it rather obviously does both.[33] Irti-sen describes icons that he can produce but with the religious knowledge that extends not only the image's mythological context but appears frequently to connect it with contemporary royal symbolism. Similar layering is indicated regarding his artistic talents; the motifs mentioned may refer as much to his work on the royal monuments as to private ones. He speaks, as a well-educated man, of what he knows, but also of knowing how to do things. One might compare the degree of specific information found in the autobiographies of various officials, such as Weni or Sobekkhu,[34] where the particular elevates the general and ideal but cannot be assessed as bare historical data. Even the events have been treated in the literary environment to provide metaphorical allusions. Irti-sen knows how to lay out scenes (*šmt twt*) and knows specific icons: the procession of a female/goddess, along with the stances or positions of birds, in art and cosmology (notes i–k above). In Upper Egypt in the reign of Mentuhotep II one thinks first of Hathor, including her Deir El Bahri chapel decoration, but the phrase following recalls the onomastic display of birds and animals in nearly contemporary Beni Hasan tombs (pl. 2.1).[35] In a deeper symbolic interpretation, one may consider that he refers metaphorically to the Heliopolitan ennead plus Horus, the "stations of the ten divine birds" and makes a connection with Mentuhotep as he does by name at the beginning of his inscription.[36] Similarly the deceased might claim to be the tenth god and play the role of Horus himself who assists in the enlivening of Osiris.[37]

Irti-sen also knows the iconic image of a crouching captive about to be slain (fig. 2). Here, exceptionally, not only does he display his knowledge of the role of the eye of Re, but he describes fear on the face of the captive resulting from the evil eye "that stares at its two sisters" (see note l above).[38] His next claim was to know how the arm was raised when throwing the harpoon at a hippopotamus. It is noteworthy that a nonroyal tomb owner is not shown harpooning hippos before the New Kingdom, although the stance of spearing is common in the fishing scenes.[39]

---

31. Barta, *Selbstzeugnis*, 80–91; J. Assmann, "Der literarische Aspekt des ägyptischen Grabes und seine Funktion im Rahmen des 'monumentalen Diskurses,'" in A. Loprieno (ed.), *Ancient Egyptian Literature, History, and Forms*, PÄ 10 (Leiden, 1996), 97–104.

32. Chauvet, "Dynamics of Tomb Preparation."

33. Verbovsek, "Reception and Perception."

34. C. Eyre, "Weni's Career and Old Kingdom Historiography," in C. Eyre, A. Leahy, and L. Leahy (eds.), *The Unbroken Reed. Studies in the Culture and Heritage of Ancient Egypt in Honour of A.F. Shore*, EES Occasional Publications 11 (London, 1994), 104–24; J. Baines, "The Stela of Khusobek: Private and Royal Military Narrative and Values," in J. Osing and G. Dreyer (eds.), *Form und Mass: Beiträge zur Literatur, Sprache und Kunst des alten Ägypten. Festschrift für Gerhard Fecht zum 65. Geburtstag am 6. Februar 1987*, ÄAT 12 (Wiesbaden, 1987), 43–61.

35. Newberry, *Beni Hasan II*, pl. IV, tomb of Baket no. 15.

36. Leitz, *LGG*, I, 1.

37. H. Brunner, "Neunheit," in *LÄ* IV, 476; H. Willems, "The Social and Ritual Context of a Mortuary Liturgy of the Middle Kingdom (CT spells 30–41)," in H. Willems (ed.), *Social Aspects of Funerary Culture in the Egyptian Old and Middle Kingdoms*, OLA 103 (Leuven, 2001), 253–372.

38. Barta, *Selbstzeugnis*, 104–5, 111–13.

39. T. Säve-Söderbergh, *On Egyptian Representations of Hippopotamus Hunting as a Religious Motive*, Horae Soederblomianae [Travaux publiés par la Société Nathan Söderblom] III (Lund, 1953).

Fig. 2. Sekhemkhet smiting enemy. Wadi Maghara. After A. H. Gardiner, *Inscriptions of Sinai*, pl. Ia.

The significance of the hippopotamus hunt and its relation to the ruler has been confirmed by the ritual burial of the animals (captured in the hunt) in the chief cemeteries of predynastic Hierakonpolis.[40] Scenes of the ruler in this role are known from the early dynastic and later Old Kingdom. When depictions of the elite tomb owner were also introduced, the identification with Horus and the ruler was not abandoned.[41] The language used by Irti-sen here was still common in texts of the late era describing Horus spearing the hippopotamus Seth—particularly in the Edfu temple of the Ptolemaic era (see note m above). This also included the designation "he who strides swiftly," referring to Horus/the king in the hunt. Although the stela goes on to mention his knowledge of making pigments, this is less relevant to the discussion at hand.

The Artist Revealed

What is remarkable here, and may represent a less conscious level of information than that mentioned above, is nonetheless contained in Irti-sen's description of the motifs he knows. He never refers to images or drawings as his product. He designates the icons as noun or infinitival *actions requiring the depiction of limbs in various positions* (fig. 3). Such reduction of images to the positions of parts recalls immediately the figured ostraca and drawing boards depicting separate limbs and elements of full scenes[42] (pls. 2b, 2c). Irti-sen refers to this ability to meld various limb and figure positions so that iconic images of deep symbolic significance are reproduced. This reduction of motifs to combinations of postures was introduced by reference to the deceased as "the inert one" like Osiris, a well-known prone figure with legs slightly flexed. Here "the inert one" needed to be able to move about by means of the recitations and the representations of his parts (*rw*), also referred to as limbs (*ḥʿw*)—those things that must be animated. Then follows the "register scene": literally "the movement of images:" the procession of the female or goddess; the stances of the vultures; the bowing captive; the uplifted arm spearing the hippo, and the one who strides and who runs. Irti-sen has provided a description of what he does by reference to the attitudes of the figures. Although one might suggest that his intent was to identify those figures that required his expertise, it does not negate the fact that *the artist's description was of the positions rather than the figures doing them*. Indeed the manner

40. B. Adams, "Seeking the Roots of Ancient Egypt: A Unique Cemetery Reveals Monuments and Rituals from Before the Pharaohs," *Archéo-Nil* 12 (2002), 11–28; R. Friedman, W. Van Neer, and V. Linseele, "The Elite Predynastic Cemetery at Hierakonpolis: 2009–2010 Update," in R. Friedman and P. Fiske (eds.), *Egypt at Its Origins 3: Proceedings of the Third International Conference "Origin of the State: Predynastic and Early Eynastic Egypt," London, 27th July–1st August 2008*, OLA 205 (Leuven, 2011), 157–91.

41. A. Behrmann, *Das Nilpferd in der Vorstellungswelt der Alten Ägypter.* Teil II: *Textband*, Europäische Hochschulschriften, Reihe 38/ Archäologie 62 (Frankfurt am Main, 1996).

42. W. Hayes, *Ostraka and Name Stones from the Tomb of Sen-Mut (No. 71) at Thebes* (New York, 1942), 9–14, pls.1–4.

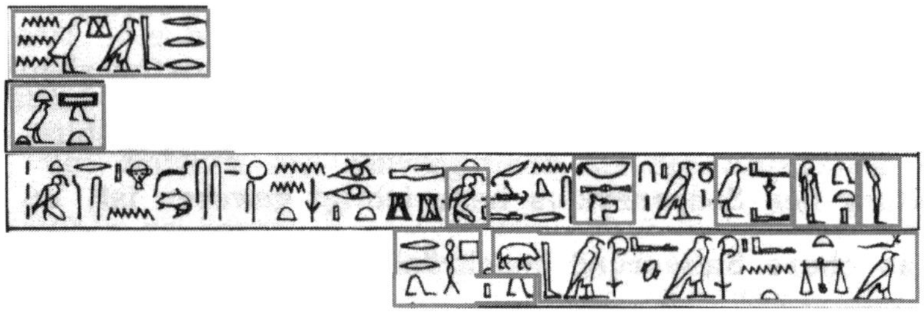

Fig. 3. Icons by postures, stela of Irti-sen

of his description is nearly onomastic in its own way, consisting of a list of nominally framed postures.[43] The second type of text to be reviewed describes image quite differently.

Funerary Performative Instructions

Spells from the Book of the Dead often included rubrics that prescribed the use of images to ensure the effectiveness of the utterance. A few are cited here, but there are many others. In addition, the images described in the instructions here are of the two-dimensional sort, but some spells called for objects to be made and used.[44] The rubric for Spell 100 is as follows (fig. 4):

> *ḏd mdw ḥr sšmw pn nty m sšw sš ḥr šw wꜥb m dḳrw n ḥmwt wꜣḏwt šbnw ḥr mw n ꜥntyw rdi(w) n ꜣḫ ḥr šnbt.f nn rdit tkn.f m ḥꜥw.f ir ꜣḫ nb irw n.f nn iw.f hꜣ.f r wiꜣ n Rꜥ m ḫrt hrw nt rꜥ nb ḥsb sw Ḏḥwty m prt hꜣt m ḫrt hrw nt rꜥ nb šs mꜣꜥ ḥḥw n sp*
>
> To be spoken over this image which is a drawing painted on a clean papyrus with an adhesive pigment of ground green copper mixed with myrrh-resinated water. Placed for the *akh* on his breast without allowing that it touch his body. As for every *akh* for whom this is done, he descends into the bark of Ra daily. Thoth will reckon him in the going forth and descending daily. A true matter, millions of times.[45]

Two interesting points may be made concerning this instruction. One is that there is an example of an image and spell used in the manner prescribed that derives from the burial of Henutmehyt, an elite lady of early Dynasty 19.[46] The pigment called for in the instruction is a green adhesive powder, *dḳrw n ḥmwt wꜣḏwt,* used as a background coat in painting and as a base on stone blocks to hold further pigments.[47] The color on the papyrus in question is now white (over a red original) and has been identified as magnesium silicate. That pigment (talc) ranged in color from whitish to green and is still used in water color painting as a base coating or extender. It is quite likely that its original hue on the papyrus was green as required by the instruction.[48]

---

43. A. Gardiner, *Ancient Egyptian Onomastica* (Oxford, 1947).

44. J. Taylor (ed.), *Journey through the Afterlife: Ancient Egyptian Book of the Dead* (London, 2010), 119, nos. 48–51.

45. G. Lapp, *The Papyrus of Nu*, CDB 1 (London, 1997), pl. 80; E. Naville, *Das aegyptische Todtenbuch der XVIII. bis XX. Dynastie II. Varianten* (Berlin, 1886), 235–36.

46. Taylor, *Journey*, 47.

47. B. Bryan, "The ABC's of Egyptian Painting in the Mid-18th Dynasty," in R. Ritner (ed.), *Essays for the Library of Seshat: Studies Presented to Janet H. Johnson on the Occasion of Her 70th Birthday*, SAOC 70 (Chicago, 2016), forthcoming; idem, "Pharaonic Painting through the New Kingdom," in A. Lloyd (ed.), *A Companion to Ancient Egypt* (Chichester, 2010), vol. 2, 990–1007.

48. W. McElroy, *Painter's Handbook* (Carlsbad, CA, 1987), 118.

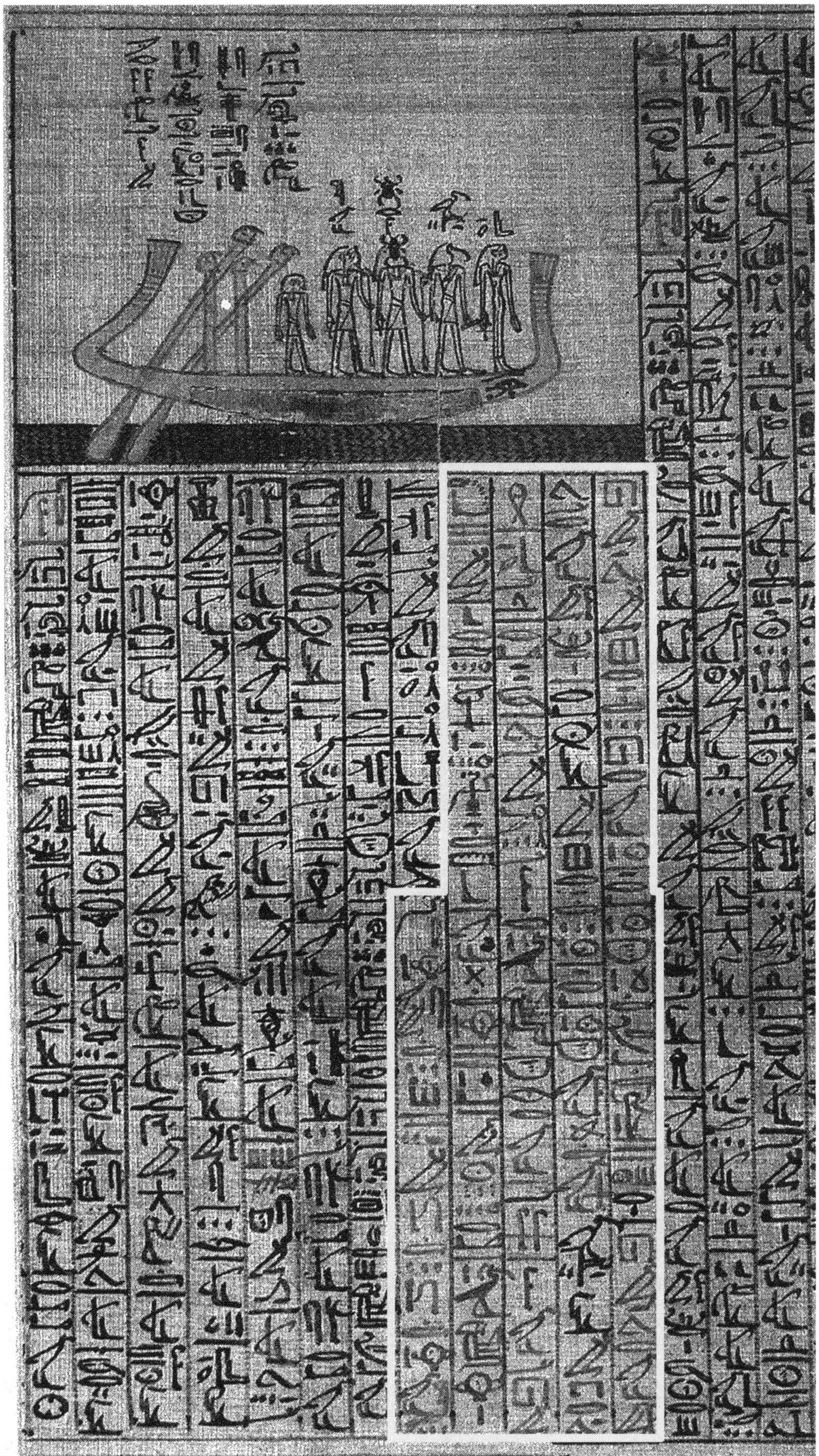

Fig. 4. Rubric for Book of the Dead Spell 100 from Papyrus of Nu. After Lapp, *The Papyrus of Nu*, pl. 80.

In BD 144, the rubric states that the spell is to be recited over these instructions which are illustrated (*nty m sš*).

> *ḏd mdw ḥr sšmw pn nty m sšw sš m sty ḥr ḏꜣḏꜣty n wiꜣ n Rꜥ*
>
> to be uttered over this image which is drawn in ochre consisting of the second crew of the bark of Re."[49]

This instruction also demands a variety of objects to be used during the recitations at portals in the underworld. Spell 130's rubric:

> *ḏd mdw ḥr wi3 n Rꜥ sšw m sti ḥr sty wꜥb ist rdi n.k twt n ꜣḫ pn m ḥꜣt.f sš.ḫr.k sktt r gs.f imnty ꜥndt r gs.f iꜣbty*[50]
>
> Utterance to be spoken over a bark of Re drawn in ochre on a clean place. Now when you have placed the statue/figure (*twt*)[51] of this *akh* in front of it, then you should draw the night bark on its right side and the morning bark on its left.

The rubric for spell 134 in the Book of the Dead of Nebseni reads as follows:

> *ḏd mdw ḥr bik ꜥḥꜥw ḥḏ m tp.f Tm Šw Tfnwt Gb Nwt Wsir ꜣst Ḥr Nbt-ḥwt sšw m sti ḥr mḥt mꜣwt m wiꜣ pn twt n ꜣḫ wrḥw m ḥknw wdnw n.sn snṯr ḥr ḫt ꜣpdw ꜣšrwt*
>
> Utterance to be spoken over a standing divine falcon, the white crown on his head, Atum, Shu, Tefnut, Geb, Nut, Osiris, Isis, and Nepthys drawn with ochre on a new dish in this bark (and) a statue of the *akh*, anointed with hekenu oil. Offer for them incense on a brazier fire and cooked fowl...."[52] The vignette to this spell shows the bark with deities within and the falcon standing on the prow.

The rubric for spell 165 of Ptolemaic date and well known from the Turin papyrus of Iuefankh used by Lepsius for his original publication of the 165–chapter Todtenbuch is very specific in its description:

> *ḏd mdw ḥr twt n fꜣ ꜥ šwty m tp.f rdwy.f wn.tw ḥr-ib.f m ḫprr sš m ḫsbd ḥr mw nw ḳmy ḥnꜥ wꜥ twt iw ḥr.f m ḥr n rmtw iw ꜥwy.f swtnw iw ḥr n šft ḥr ḳꜥḥ.f wnm ky ḥr ḳꜥḥ.f iꜣb sš ḥr wꜥt ishꜣ pꜣ twt n fꜣ ꜥ m ꜥḳꜣy ḥꜣty.f sš pꜣ twtw ḥr pꜣy.f mnḏwy nn rdit rḫ.s*[53] *swgꜣdy nty m dwꜣt siw.f mw m ḥbbt nt i[t]rw psd.f mi sbꜣw m ḥrt*
>
> Utterance to be spoken over an image of one with upraised arm, the *shuty* feathers on his head, his legs open, and his middle consisting of a scarab. Draw with lapis lazuli and water of gum. And an image whose face is the face of men, whose arms are extended. The face of a ram is on its right shoulder and another on the left shoulder. Draw on a bandage the image of the one with upraised arm opposite his heart. Draw the images on his two chests without allowing that Sugady who is in the netherworld know it. He drinks water from the watering place of the river. He shines like stars in the sky.[54]

Discussion

In contrast to Irti-sen's inscription, the spell instructions persistently prescribe either images (*sšmw*) or drawings (*sšw*) to be made together with a simple description of the icon required.[55] Sometimes the pigment was dictated,

---

49. Lapp, *Papyrus of Nu*, pl. 76.

50. Ibid., pl. 50; Naville, *Todtenbuch*, 341, papyrus Lc.

51. Based on the description of the *twt* as being in front of the bowl, it is suggested that the word here designates a three-dimensional object. This is not certain, however. In the demotic papyrus discussed here the word clearly captions two-dimensional images but may refer to statues nonetheless. See above and Wilson, *Ptolemaic Lexikon*, 1132.

52. G. Lapp, *The Papyrus of Nebseni (BM EA 9900)*, CBD 3 (London, 2004), pl. 16; Naville, *Todtenbuch*, 346.

53. R. Lepsius, *Das Todtenbuch der Ägypter* (Leipzig, 1842), pl. LXXIX; T. G. Allen, *The Book of the Dead or Going Forth by Day: Ideas of the Ancient Egyptians Concerning the Hereafter as Expressed in Their Own Terms*, SAOC 37 (Chicago, 1974), 161–62 for variant.

54. See Allen, *The Book of the Dead*, 161–62 for variant.

55. Hannig, *Handwörterbuch*, 757, 765 as vignette; Wilson, *Ptolemaic Lexikon*, 925.

but the images were categorized according to their names not their artistic construction. Only the falcon in Spell 134's instruction is described by its stance (*ʿḥʿw*), presumably because of its role as Horus. Sometimes the prescribed images in the instructions were the vignette icons, as with Spell 100's image of the bark of Re in the papyrus of Nu. In addition, as we see in the instruction to Spell 130, the drawings were accompanied by recitations and were associated with other magical performance. The specificity of the instructions was essential to the purpose of the images which were part of the magic used to facilitate the proper performance of the spells.

Second, the instructions presume the knowledge of how to make the iconic images of religious symbolism, such as a bark of Re, a day and night bark, etc. The instructions to spells 163–64 and 165 were later additions to the Book of the Dead and were extremely precise in describing the iconography of the images, perhaps because the images are rare combinations of elements. For example, from BD 163: "To be uttered over a snake with two legs, a sun disk and two horns; over two wedjat eyes, with two legs and wings. In the pupil of one is the figure of him whose arm is raised up with a head of Bes with two plumes, whose back is like a falcon…."[56] Thus, like Irti-sen of the 11th dynasty, the image maker for the magical practices in the Book of the Dead was required to be familiar with both the image vocabulary of religion and with proper recitations and highly esoteric secret knowledge. How much in actual practice these abilities were called upon is uncertain, but we speak now of the cultural ideal of the artist as reflected in the texts.

The third point to be made is that the ritual use of image-making, as here in the BD spells, called for the reproduction of the icon with a minimum of manipulation. Irti-sen described his skills without reference to category/classifier names—neither of a ruler nor of a private person—but to poses identified with iconic motifs that he could adapt to a given situation. Although descriptive of important elements of Egyptian art's reliance on hieroglyphic iconicity, the drawings required by the religious literature do not depend on adaptations by the artist but on familiarity with the temple books of inventory that held the forms of divine images and with the required iconographies thereof.[57] A somewhat similar manner of classifying could be applied in contrasting 18th Dynasty representations of a tomb owner's life with scenes of the Opening of the Mouth and the burial rituals. These latter two, until the end of the reign of Amenhotep II, included such specific image details that they could be identified with exact texts and ritual sequences, while the large murals in the front rooms of tombs might combine elements of several types of icons in order to create something familiar, yet new.[58]

Description of a Shrine

The third text, Papyrus Vienna D 10100, constitutes part of a type that is not familiar from earlier eras of Egypt but represents part of temple library holdings from the Greek and Roman eras. Thanks to papyrological materials largely from Tebtunis and Dimai in the Fayum the general makeup of a temple library is being reconstructed.[59] This Roman period demotic text is a detailed description of the decoration and inscriptions of a shrine in the temple to Sobek, lord of Pai, at Dimai in the Fayum. Vittmann published the papyrus in 2002 and thereby provided an important source for the study of art production.[60] Following the publication method, the bolded text below indi-

56. Taylor, *Journey*, 46; EA 10558/28.

57. D. Redford, "A Royal Speech from the Blocks of the 10th Pylon," *BES* 3 (1981), 87–102.

58. E. Otto, *Das Ägyptische Mundöffnungsritual*, ÄA 3 (Wiesbaden, 1960); P. Barthelmess, *Der Übergang ins Jenseits in den thebanischen Beamtengräbern der Ramessidenzeit*, SAGA 2 (Heidelberg, 1992).

59. J. Tait, "Demotic Literature and Egyptian Society," in J. Johnson (ed.), *Life in a Multi-Cultural Society: Egypt from Cambyses to Constantine and Beyond*, SAOC 51 (Chicago, 1992), 303–10; K. Ryholt, "Libraries in Ancient Egypt," in J. König, K. Oikonomopoulou and G. Woolf (eds.), *Ancient Libraries* (Cambridge, 2013), 23–37; J. Quack, "Das Buch vom Tempel und verwandte Texte: Ein Vorbericht," *Archiv für Religionsgeschichte* 2 (2000), 1–20.

60. Vittmann, "Ein Entwurf zur Dekoration," 106–36, pls. 14–21.

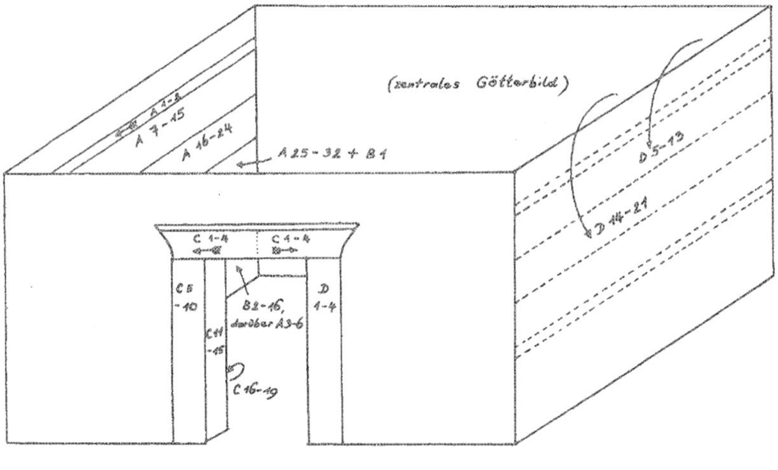

Fig. 5. Suggested reconstruction following D. Kurth of shrine described in Papyrus Vienna D10100. After Vittmann, "Ein Entwurf zur Dekoration," 135.

cates rubrics written in demotic grammar. Demotic was also used for titles and instructions. The temple texts and utterances were in Middle Egyptian. There is some question as to whether the description is of an actual sanctuary or the design for one. The shrine was described register by register from top of the wall to the bottom, although only one complete interior wall is preserved, along with two registers of an outer wall and the inner and outer door texts and decoration. Kurth's reconstruction of the shrine plan is figure 5 and indicates with arrows the direction of texts and images. The utterances attributed to the gods and king are also given. Included below are excerpts from the texts based on Vittmann's transcription with letters and numbers to place them on the plan and followed by a general description of the contents.[61]

(Interior shrine wall with images facing left: A Bandeau text across top of wall)

1. "[...]Sobek lord of Pai, the great, effective god who comes to the one who pleads with him, the hearing one, the savior?
2. ... whose name is sweet
3. [...] King of upper and lower Egypt Ptolemy l.p.h. who lives forever, beloved of Ptah
4. [made?] ..this [shrine?]//of electrum inlaid with every precious stone <for> his noble father Sobek lord of Pai
5. [...] in which he appears; he who made the sun, the moon, the stars; the chief of life <for> everyone.
6. [Isis Neferses] who made life, the powerful one, the mistress of grace (?) forever.

7. **[The] top [register]** ([*tꜣ šmj.t n*] *twtw n-ḥrj*)
8. [the pharaoh] and his royal wife
9. [beloved of Sobek-Re?] Shedty Hor [hery-ib] Shedet
10. /// given life
11. ///possessor of the *wereret* crown
12. [Isis the great?] god's mother
13. [...] Sobek
14. [Sobek (?) the] great [god] within Lake Land

61. Vittmann's transliteration is followed and is the basis for the translation here, see ibid. 109–15.

15. [Isis the great?] god's mother

16. **The second [register]** ([*tꜣ šmj.t n*] *twtw* [*n*] *mḥ-2*) through l. 24. Labels and utterances.
25. The third register ([*tꜣ šm*]*j.*[*t n twtw*] *mḥ-3.t*) through l. 32. Labels and utterances.

Section B (lower)
1. Nut, the great, who bore the gods: I have given to you/// and all revenue.
2. **The fourth register** (*tꜣ šm*{*ṯ*}*j.*[*t*] *n twtw n mḥ-4.t*)
3. The pharaoh who leads the Djed gods (*ḫrp ḏd*)
4. The images (*twtw*) of Hapi: 6 within the nome of Lake Land
5. The texts (*sḫ.w*) for the image (*twtw*) of pharaoh:
6. The king of upper and lower Egypt has come before you, Sobek, lord of Pai, that he might bring to you the thrones/places of Lake Land,
7. and the fields of Lake Land with its plants.
8. That which is after this: the first (i.e., Hapi figure): The king has come before you that he might bring to you [the river valley?] and that he might offer to you
9. the bloom for his///?
10. The second image of Hapi (*pꜣ twt n Ḥꜥpj mḥ-2.t*): has come that he might bring (*ỉj ỉn.f*) to you the canal area and what is in [it].
11. The third: has come that he might bring to you Tep-Ta and that he might offer to you everything that comes forth from it.
12. The fourth: has come that he might [bring] to you Tep-[sedme]t and its portion together with Lake Land.
13. The fifth: has come that he might [bring] to you the fields of Lake Land and the offering table. Its (Lake Land) offerings are placed.
14. The sixth: has come that he might bring to you the pure uplands [with all things which he has gathered?]
15. Rekhyt-figure(s): lord of praise
16. Rekhyt-figure(s): lord of exultation

C and D, 1–13 are the doorway to the shrine, exterior, inner thickness, and interior. The labels at lls. 1, 5, 11, and 16 identify the part of the door to be described. Only the first line of each door part is included here:
1. [on the right] and left: the architrave (*n wnm.f n ỉꜣbj tꜣ sntj ntj n-ḥrj*); 5. The outer door jamb (*tꜣ mnj.t tꜣ ḥꜣ.t*): Sobek lord of Pai, the great god residing in She; 11. The inner thickness door jamb (*tꜣ mnj.t n ḫfṯḥ*) Sobek lord of Pai, august god of Dimai (?); 16.The rear door jamb (*tꜣ mnj.t n pꜣ pḥ*) Sobek lord of Moeris, great god and king.

D. 5–13 Interior wall right
5. The top register (*tꜣ šmj.t n twtw n-ḥrj*)
6. The pharaoh and his royal wife
7. Sobek, lord of Moeris
8. Isis Neferses
9. Sobek, lord of *Pꜣj-ỉꜣw*
10. Osiris-Sobek
11. Sobek, lord of Lake Land
12. Sobek, lord of the "Great Green"
13. **Thoth, figures totaling 9** (*Ḏḥwtj r-mḥ twtw dmḏ 9*)

D. 14 The second register (*tꜣ šmj n mḥ-2.t*)
15. The pharaoh and his royal wife
16. Sobek, lord of Pai
17. Isis Neferses
18. Sobek, lord of *Pꜣi-iꜣw*
19. Ptah
20. Amun
21. Mut

On the reconstruction done by Dieter Kurth based on the texts, the description is of a sanctuary or interior temple room together with the inner and outer doorway decoration.[62] Only part is preserved. A is a left inner wall and B the lower friezes; C represents the exterior of the door including an architrave, outer jambs, and inner thicknesses. D represents the wall opposite A.

Discussion

This text represents the educated (priestly) viewer and as such is distinct from the genres of artist autobiography, religious literature, and royal decrees; the first is a creation on behalf of an individual; the second is an institutional product for restricted use.[63] Ptolemaic decrees contained prescriptive descriptions of statues, for example, where the emphases were on distinguishing iconography and were therefore more visually specific. The priests of the divine ruler cults were likely very involved in defining such iconography and providing such descriptions for inclusion in the decrees.[64] In the Vienna papyrus text, the approach is documentary, but only with respect to identifying the images and the utterances attributed to them. The identifications provide no visual details but instead either the captioning text or the writer's own label. This is also distinct from what is apparently contained in the Book of the Temple. Quack has described it as an ideal description of a temple that could have formed the basis for building inscriptions for temples throughout Egypt, including Edfu.[65] Further, Quack asserts that the Book of the Temple was originally a Middle Egyptian composition translated into demotic and thus an elevated form of temple literature.[66] The Vienna papyrus combines description of the decoration and labels with documentation of the texts and utterances. The writer distinguishes between his own descriptions and identifiers and the utterances for the depictions by utilizing demotic for the former and Middle Egyptian for the latter.[67] Yet, for the "labels," were these intended to identify images in the register or provide proposed captions to figures? Sometimes the former seems definitely to be the case, as with the identification of "the pharaoh and his royal wife," almost certainly not a translation of wall captions that would have identified "the pharaoh" and then "the queen." Others, however, can be quite specific, as in D 9, "Sobek lord of *Pꜣj-iꜣw*." In addition, the writer does not describe any image by form or iconography, only by name. Only in one place does the writer provide more information. In the lowest register with the Nile god friezes the text appears to identify the depictions: "the images (*twtw*) of six Hapis in the nome of Ta-she," while the king is

62. Vittmann, "Ein Entwurf zur Dekoration," 108, 135.

63. Ritner, *Mechanics*, 204–14; J. Baines, "Restricted Knowledge, Hierarchy, and Decorum: Modern Perceptions and Ancient Institutions," *JARCE* 27 (1991), 1–23.

64. E. Lanciers, "Die ägyptischen Priester des ptolemäischen Königskulte," *RdE* 45 (1991), 117–45.

65. Quack, "Das Buch vom Tempel"; J. Quack, "Die Theologisierung der bürokratischen Norm: Zur Baubeschreibung in Edfu im Vergleich zum Buch vom Tempel," in R. Preys (ed.), *7 Ägyptologische Tempeltagung: Structuring Religion. Leuven, 28. September–1. Oktober 2005*, Königtum, Staat und Gesellschaft früher Hochkulturen 3,2 (Wiesbaden, 2009), 221–29.

66. Quack, "Das Buch vom Tempel," 2.

67. Vittmann, "Ein Entwurf zur Dekoration," 108.

called "the pharaoh who leads the Djed gods," a more ambiguous signifier. The following entry is "the texts for the image of pharaoh" and introduces the utterances. Here the writer has very plainly indicated that what follows are texts on the wall. He ended this register with "*rekhyt(s)*: lord of praise" and "*rekhyt(s)*: lord of exultation." These were surely the images of the *rekhyt* birds in *neb* baskets in the praise and exultation gestures. We might envision these at the very bottom of the wall or used in some way to frame.

Two elements about this text raise the question of what type of shrine is actually described: first, there are no measurements given at all and therefore not even the specific architectural form is certain. Second, the shrine is described as being made of electrum and inlaid with every precious stone, not worked with electrum or even clad with it. We must consider the possibility that this description was of a small container to house the cult statue and not a temple shrine per se. Regardless of its size, however, the decoration plan for a shrine or the description of an existing one was necessitated by the notion of temple grammar. The geographical arrangement of actors according to the cult theology required that the number and names of deities was part of the planning for larger temples.[68] However, it has been shown that it may not have been always required that the entire plan was made for all walls in a smaller temple, because the layout of mirror parts of a shrine dictated that of the opposite side; specific deities could be "created" by means of new epithets to complete the design.[69] In this understanding wall decoration was the result of satisfying cult theology and wall space, and, as in the monumentalization of funerary rituals, demanded little of the artist's adaptive creativity.

The most significant contribution to an understanding of Egyptian art production from this text is the identification of the technical term for a wall register or scene, *šmt twt*, which is used throughout the papyrus.[70] It occurs in texts of all different dates but had not been correctly understood until this time.[71] As discussed above it appears in Irti-sen's stela; here it is used to describe the wall decoration sequentially, and the registers are named from top to bottom (*ḥry … tꜣ šmj.t n twtw n mḥ-4.t*). It might be noted that the papyrus' use of the term *šmt twt* parallels that in Irti-sen's inscription. The "register" is used as a noun that precedes the images that are depicted within it, numbered in the papyrus up to four on a wall. In Irti-sen's text the term *šmt twt* likewise is followed by a list of icons that could appear within a register.

The papyrus names the deities and specifies their epithets in a manner somewhat similar to the funerary text instructions, however, because it was describing rather than prescribing, visual details or context were less important. For the person recording the demotic shrine, the power of the icons lay in their proper identification, theological associations, and spatial placement, not their posture or iconography. Both the composer and the reader might be best described as theological in their outlook, and this is compatible with the papyrus' source from a temple library. This suggests that the viewer of scenes would find meaning in both the individual deities and in interrelated images.

Summary of Discussion of the Texts

1. The experienced artist had knowledge of religious symbolism and learning but also distinguished iconic motifs by their postures and limb movements (see above in the section "The Artist Revealed," above). Irti-sen mentioned these positions without naming specific figures; nor did he refer to the motifs he mentioned as "images"

68. D. Kurth, *Die Dekoration der Säulen im Pronaos des Tempels von Edfu*, Göttinger Orientforschungen, 4. Reihe: Ägypten 11 (Wiesbaden, 1983), 362–70; S. Cauville, *Essai sur la théologie du temple d'Horus à Edfou.* Volume I et volume II: *catalogue des divinités*, BdE 102 (Cairo, 1987).

69. C. Traunecker, "De l'hiérophanie au temple. Quelques réflexions," in U. Verhoeven and E. Graefe (eds.), *Religion und Philosophie im alten Ägypten: Festgabe für Philippe Derchain zu seinem 65. Geburtstag am 24. Juli 1991* (Leuven, 1991); idem, "Lessons from the Upper Egyptian Temple of el-Qal'a," in S. Quirke (ed.), *The Temple in Ancient Egypt: New Discoveries and Recent Research* (London, 1997), 175–76.

70. Vittmann, "Ein Entwurf zur Dekoration," 120.

71. *Wb.* IV, 466, 14.

which, due to prescribed divine forms, would have limited their artistic adaptability. As motifs, the various attitudes could be recombined to create groupings within a register scene.

2. Images associated with specific rituals and performances required a minimum of manipulation but rather the specific knowledge of the vocabulary of symbolism. Clearly rules of decorum governed such representations.[72] These icons could be so specific that a spell or other ritual text associated with them was evoked even without the inscription. Other icons could be generic but specified by the spell. In this case the presence of both the text and the image was essential.

3. The images included in any register scene gained effectiveness by means of their proper identification and interaction within the scene as a whole. Thus in the demotic text the writer concentrates on identifying each deity or figure with specificity, but he does this entirely by means of identification and reproduction of texts and utterances.

Image Production in the Tomb of Suemniwet

The Palace Rations

A single test case for how these texts concerning image production and description can help us in the analyses of ancient images comes from Theban tomb 92 of Suemniwet, a royal butler early in the reign of Amenhotep II (pls. 3.1, 3.2). The front room of his tomb includes several unusual scenes related to his functions regarding beverage and food production for the palace during (apparently) the New Year and Valley festivals.[73] Although elaborate, these scenes can be difficult to interpret because there are no parallels for their entirety and because accompanying inscriptions are poorly preserved or absent.[74] A scene on the north wall shows men on ladders stacking round bread loaves; larger-scaled ration bowls are depicted in rows next to the ladder icon. Suemniwet observes these scenes accompanied by a text identifying the rations and beverage production (pl. 3b). The two sets of images are laid out using different grid sizes and are in no way narrative, but related by content. As it is depicted with men on ladders, the bread stacking has no parallels that I am aware of, although stacked bread appears in a number of scenes elsewhere (see further below). The odd disproportion in size between the bread stacking scene and the ration bowls to the left requires explication.

Three scenes combine to represent the palace food production: an inscription, a scene of bread loaf stacking, and a group of food ration bowls (pl. 3.1). The inscription to the right of the scene indicates that these are unbaked loaves to be used in brewing and also draws the ration bowls into the mix by specifying them.

> 1. *mꜣ ꜥbw bꜣḥ n* 2. *p3 swr n ẖnw* 3. *ỉrw ḥr pr-ꜥꜣ ꜥ.w.s. ꜥprw* 4. *m ẖt nbt nfrt r sḏ3y ḥr n nb tꜣwy* 5. *sẖmẖ ỉb n nṯr nfr ỉn ỉry-pꜥt ḥꜣty-ꜥ wꜥ* 6. *wbꜣ n.f ỉb ỉr ḥsswt ỉmy ỉꜥḥ* 7. *m ẖrt nt hrw rꜥ nb wbꜣ n nsw wꜥb ꜥwy Sw-m-nỉwt mꜣꜥ ẖrw*

> 1. Observing the pure food rations and the dough cakes for 2. the drinks of the residence 3. which were produced at the palace, l.p.h., it being replete 4. with every good thing in order to please the face of the lord of the two lands, 5. and delight

72. Baines, "Restricted Knowledge," and idem, *Fecundity Figures: Egyptian Personification and the Iconology of a Genre* (Warminster, 1985), 275–80.

73. Bryan, "Memory and Knowledge."

74. The tomb of Rekhmire has numerous registers of cake production for the temple (of Karnak), and there are specifiers for the foods being made, N. de G. Davies, *The Tomb of Rekh-mi-rē' at Thebes*, 2 vols., Publications of the Metropolitan Museum of Art Egyptian Expedition 11 (New York, 1943), pls. XXXVI–XXXVIII, XLI, XLVIII–LI. Other tombs show more limited scenes of baking and brewing but with the tomb owner's own (funerary) banquets as the context. See, for example appendix A 13 e (PM I1, 466).

the heart of the good god, by the hereditary prince and count, one 6. to whom the heart is opened, who did what he-who-is-in the palace praises 7. throughout the course of every day: the butler of the king, pure of hands, Suemniwet, vindicated."[75]

Adaptations to the loaf stacking scene on the north wall can be better understood with reference to Irti-sen's artist's narrative. The two active men on ladders and the two handing them loaves reproduce men in a bending posture as are frequently depicted in agricultural and production scenes (pl. 3.2). Two such bending figures appear sifting grain directly opposite this icon on the south wall of the same tomb (fig. 6). For the bread storage scene the artist has created a new image by placing two men on ladders that show the physical exertion but also suggest the size of the loaf stacks. Men on ladders are commonly associated with granary scenes where storage was done from atop the enclosures. Here, without depicting a building, such as the palace storeroom from the later Eighteenth Dynasty tomb of Neferhotep (TT 49)[76] the artist has created a new icon. This is consistent with Irti-sen's description of his craft knowledge by body position and movement rather than by image-naming such as we saw in the Book of the Dead instructions and the demotic papyrus. Confrontation of the figures on ladders frames the scene so that it is read as a separate icon but in association with the inscription and the rations referred to in the text. Stacks of bread were not uncommon in earlier and contemporary periods, but they were representative of small scale funerary or burial banquets and sometimes parts of displays of regional produce.[77] By visually suggesting a granary-type storeroom that required stacking from above, the artist has adapted an icon associated with offering kiosks into a palace kitchen area.

Although the ration bowls are entirely out of proportion to the loaves being stacked, the layout of the scenes and text across the top registers clarify that they are intended to be seen together. The text refers to rations for the palace, and in the absence of contemporary parallels the artist, as suggested by Irti-sen's narrative, sought an adaptable motif. An icon that could be utilized was located near tomb 92. TT 85 of Amenemhab, painted probably no more than five years before Suemniwet, shows the rations being put aside for the troops with Amenemhab standing by[78] (fig. 7). Suemniwet's artists adapted the ration bowl icons and placed them next to the bread stacks to create a larger scene. There were kiosks below, largely lost, that held the beverages. An even more interesting parallel appears in the tomb of Pehsucher, TT 88, whose career followed that of Amenemhab Mahu. TT 88, decorated a few years after Suemniwet's chapel, has been discussed by a number of people, as being a partial copy of Amenemhab's chapel.[79] The ration scene in Pehsucher's tomb shows the ration bowls, but it also shows stacked breads—without the ladders—because the bread was part of the rations awaiting distribution to the troops[80] (fig. 8). Not until after the tomb of Suemniwet was decorated were large scaled ration bowls shown with smaller proportioned loaves, as here. It appears in later scenes also associated with banquet foods.[81]

75. *Urk.* IV, 1449. The tomb is to be published by the author in a forthcoming monograph. I have omitted the notes from the commentary in the interest of space.

76. N. de G. Davies, *The Tomb of Nefer-Ḥotep at Thebes*, Publications of the Metropolitan Museum of Art Egyptian Expedition 9 (New York, 1933), I, pl. XLV.

77. N. de G. Davies, *The Tomb of Amenemhet (No. 82)*, TTS 1 (London, 1915), pl. XXIV; idem, *The Tomb of Ḳen-Amūn at Thebes I and II*, Publications of the Metropolitan Museum of Art Egyptian Expedition 5 (New York, 1930), I, pl. XXVII, LVIII.

78. W. Wreszinski, *Atlas zur altägyptischen Kulturgeschichte I* (Leipzig, 1923), 94. To be published by Heike (Guksch) Heye.

79. S. Eisermann, "Die Gräber des Imenemheb und des Pehsucher – Vorbild und Kopie?" in J. Assmann (ed.), *Thebanische Beamtennekropolen: Neue Perspektiven archäologischer Forschung. Internationales Symposion Heidelberg 9.–13.6.1993*, SAGA 12 (Heidelberg, 1995), 65–80.

80. Wreszinski, *Atlas* I, 279–81.

81. C. Beinlich-Seeber and A.G. Shedid, *Das Grab des Userhat (TT 56)*, AVDAIK 50 (Mainz, 1987), Tafel 15, 22f; PM I1, 113, 16–18.

Fig. 6 (right). Detail of bread and beer preparation for a royal festival, south wall of front room, TT 92. Two men in bent positions similar to men placed on ladder in bread stacking scene.

Fig. 7 (below). Ration bowls stacked in storehouse for military. Tomb chapel of Amenemhab, TT 85.

Conclusion

Analysis of the sources for the Palace Ration icon in Suemniwet's tomb demonstrates how the artistic manipulation of available postures and images—a creative aspect of the artisan's work—was also a means of expanding the image vocabulary itself. It also indicates that ancient Egyptian art was constructed to combine the material context with the symbolic one. The specific palace kitchen icons required artistic innovation, but like the images invoked in the religious text instructions, the two scenes could not be properly deciphered by the viewer without an association to the inscription above Suemniwet. As with the BD rubrics, once the combination of components is read by the viewer, the general significance of the Palace Ration icon as Sinnbild is inherently present as a means of guaranteeing

Fig. 8. Ration bowls and bread stacks for military. Tomb of Pehsucher, TT 88, reign of Amenhotep II. Shown in same proportional scale, unlike in chapel of Suemniwet.

the king's and Suemniwet's food offerings in the afterlife.[82] Irti-sen's inscription points out that a highly competent artist made art by his knowledge of how to depict postures and scenes infused with the knowledge of religious meaning. Meaning was surely the intent of all Egyptian art, and for the priestly authors of the Book of the Dead instructions or the Vienna Papyrus shrine description was inherent in the images they describe—but by means of the interrelationships and recombinations of both images and texts. Each type of art work described in texts or viewed on walls was created to function both specifically and cosmically. There is good reason to be inclusive in our interpretations and to examine images from a range of viewpoints.

82. Verbovsek, "Reception and Perception," and D. Kessler, "Zur Bedeutung der Szenen des täglichen Lebens in den Privatgräbern (1): die Szenen des Schiffsbaues und der Schiffahrt," *ZÄS* 114 (1987), 59–88.

Titbits from Tatters: Bodl. MS. Egypt. d. 19(P)

Maria Cannata (Changchun)

The document published here (pl. 4) is part of the collection of the Bodleian Library (Oxford). The papyrus is recorded on the Bodleian manuscripts handlist as having been bequeathed to the library in May 1933 by A. H. Sayce, professor of Assyriology at Oxford University from 1891.[1] Nothing is known of its acquisition or of its provenance. The papyrus was first brought to my attention as possible publication material by Mark Smith, and so it seems fitting that it should finally be published in a Festschrift dedicated to him.

Description

The papyrus is only a fragment of the original document. It is dark yellow in color, with the lower section being considerably darker than the rest, while its texture is quite coarse, almost "woody," in appearance. As preserved, it has a maximum height of 15.5 cm and a maximum breadth of 13.2 cm. It consists of three large adjoining fragments, and a very small piece loose at the bottom of the papyrus as framed. Gaps are present where the segments of papyrus adjoin, as well as within the fragments themselves. In addition, several words are entirely missing, or only partly preserved due to the rubbing off of the ink. Not enough of the document is preserved to determine the width of the *kollesis* and the overlap between the papyrus sheets. The papyrus is mounted flat between two sealed plates of glass, with fragments held together by means of tape attached to the back of the pieces. The text is written on the recto while the surviving portion of the verso is uninscribed.

Contents

The document dates to the reign of Ptolemy VIII Euergetes II,[2] and it is a marriage agreement of type A[3] stipulated between husband and wife. Marriage deeds, like any other contract, were generally signed on the recto by a number of witnesses. Unfortunately, this portion of the original document is not preserved in Bodl. MS. Egypt. d. 19(P).

1. C. Wakefield, "The Bodleian Library Record," *The Bodleian Library Record* XVI, 1 (1991), 94–97. I would like to thank The Bodleian Library, particularly D. Nicholson, for permission to publish the document and for her help in obtaining photographs of the papyrus.

2. The use of the epithet *pꜣ nṯr mnḫ*, "the beneficent god," clearly identifies the King as Ptolemy VIII Euergetes II: P. W. Pestman, *Chronologie égyptienne d'après les textes démotiques (332 av. J.-C. – 453 ap. J.-C.)*, P. L. Bat. 15 (Leiden, 1967), 56, 62.

3. The restoration of the missing sections of the text is based on the comparative analysis of documents of the same type. The inclusion of particular clauses, and the order in which they appear within the text, is based on the surviving portions of the deed and their position within the document, as well as on the estimated length of the original (see next section). On marriage documents, and their classification into type A, B, or C, see P. W. Pestman, *Marriage and Matrimonial Property in Ancient Egypt: A Contribution to Establishing the Legal Position of the Woman*, P. L. Bat. 9 (Leiden, 1961).

Restoration

In order to attempt a restoration of the missing sections of the document, it was necessary, first, to estimate the original length of the papyrus.[4] To this aim I made a comparative study of a number of other documents, restricting my analysis entirely to documents on papyrus dating to the reign of Ptolemy VIII Euergetes II as sole regent, covering almost every year of the king's rule (see table 1). In particular, the examination focused on the identification and analysis of the titulary used, and of its layout within the text of the various documents, with the scope of identifying the closest parallel to the surviving portion of the titulary. A number of documents could be excluded outright because the titulary was considerably different from that preserved in Bodl. MS. Egypt. d. 19(P).[5] Among the remaining documents, P. Berlin P. 5508, P. 3099, and P. 3100,[6] as well as P. Adler 2,[7] appear to be the closest parallels to the text layout of the Bodleian fragment.

In particular, the relative position of some words in lines 1 and 2 of Bodl. MS. Egypt. d. 19(P) appears to be very similar to that of the same words in P. Berlin P. 5508. For example, the definite article *nꜣ* in line 2 of both documents is written almost directly below the sign for the open cartouche in the word for Pharaoh in line 1. By comparing the width of the surviving portion of the titulary in Bodl. MS. Egypt. d. 19(P) with that of the same portion in P. Berlin P. 5508, the percentage of the original text that the Bodleian fragments represent can be determined. On this basis, the estimated length of the original papyrus appears to have been 51–52 cm.

Transliteration	Translation
(1) [*ḥꜣ.t-sp X i͗bt X X sw X n (p]r-ꜥꜣ)*[ꜥ.w.s.] *(ptlwmys)*[ꜥ.w.s.] *p[ꜣ] nṯr mnḫ sꜣ (p[tlw]m[y]s[])*[ꜥ.w.s.] *i͗rm (glwptrꜣ)*[ꜥ.w.s.] *nꜣ nṯr.w nt pr i͗rm tꜣ (pr-ꜥꜣ.t)*[ꜥ.w.s.] *(glwptrꜣ)*[ꜥ.w.s.] *tꜣy=f sn.t i͗rm tꜣ (pr-ꜥꜣ.t)*[ꜥ.w.s.] *(glwptrꜣ)*[ꜥ.w.s.] *tꜣy=f ḥm.t nꜣ nṯr.w mnḫ.w*]	(1) [Regnal year X month X of the X season, day X[a)] of (P]haraoh)[l.p.h.] (Ptolemys)[l.p.h.] th[e] beneficent[b)] god,[c)] son of (P[tole]m[y]s)[ ][l.p.h. d)] and[e)] (Cleopatra)[l.p.h.] the gods manifest, and the (Pharaoh)[l.p.h.] (Cleopatra),[l.p.h.] his sister, and the (Pharaoh)[l.p.h.] (Cleopatra),[l.p.h.] his wife, the beneficent gods,[f)]]
(2) [*i͗rm pꜣ wꜥb n (ꜣlgsꜣntrws)*[ꜥ.w.s.] *i͗rm*] *nꜣ nṯr.w nt nḥm i͗rm nꜣ nṯr.w sn.w nꜣ nṯr.w mnḫ.w nꜣ n[ṯr.]w m[r=w i͗t.ṱ=w nꜣ nṯr.w nt pr pꜣ nṯr mr mw.ṱ=f pꜣ nṯr r-tn i͗t.ṱ=f nꜣ nṯr.w mnḫ.w i͗rm tꜣ fy ḳn nꜥš n (brnygꜣ)*[ꜥ.w.s.] *tꜣ mnḫ.t i͗rm tꜣ*]	(2) [and the priest of (Alexander)[l.p.h.] and] the gods who save, and the fraternal gods, the beneficent gods, the gods who lo[ve their father, the gods manifest, the god who loves his mother, the god whom his father distinguished, the beneficent gods, and the bearer of the trophy of victory of (Berenike)[l.p.h.] the beneficent, and the]
(3) [*fy tn nb m-bꜣḥ (ꜣrsynꜣ)*[ꜥ.w.s.]] *tꜣ mr sn i͗rm tꜣ wꜥb.t (ꜣrsynꜣ)*[ꜥ.w.s.] *tꜣ mr i͗[t.ṱ=]s i͗rm nꜣ n[t] s[mn n rꜥ-ḳt pꜣ-sy nt n pꜣ tš n nw.t*]	(3) [bearer of the golden basket before (Arsinoe)[l.p.h.]] the brother loving, with the priestess of (Arsinoe)[l.p.h.] who loves h[er fathe]r[g)] and[h)] t[hose who are] reg[istered[i)] at Alexandria (and) Ptolemais which is in the Thebaid].[j)]
[*ḏ* NN *sꜣ* NN *mw.t=f* NN *n sḥm.t* NN *ta*	[Has declared NN son of NN, his mother being NN, to the woman NN daughter of
(4) *mw.t=s* NN]	(4) NN, her mother being NN]:

4. Although I use the term papyrus it is clear that only the original length of the inscribed portion can be estimated, the overall size of individual documents being different from one another.

5. In P. Turin 6074 (143–142 BC), for example, the titulary reads: "Regnal year 28, third month of the inundation season, day 14 of the Pharaohs[l.p.h.] Ptolemy[l.p.h.] and Cleopatra[l.p.h.] his sister" (*ḥꜣ.t-sp* 28 *i͗bt* 3 *ꜣḫ.t sw* 14 *n nꜣ pr-ꜥꜣ.w*[ꜥ.w.s.] *ptlwmis*[ꜥ.w.s.] *i͗rm klwptr*[ꜥ.w.s.] *tꜣy=f sn.t*): published in G. Botti, *L'archivio demotico da Deir el-Medineh*, CMET MonTesti 1 (Florence, 1967), 65–70.

6. W. Spiegelberg, *Demotische Papyrus aus den Königlichen Museen zu Berlin* (Leipzig and Berlin, 1902).

7. E. N. Adler, J. G. Tait, and F. Ll. Griffith, *The Adler Papyri* (Oxford and London, 1939).

ỉr=y ṱ=t ḥm.t tw=y n=t ḥḏ 100 r sttr 500 r ḥḏ 100 ꜥn rtb n sw 10 tꜣy=w pš[.t sw 5 r rtb sw 10 ꜥn pꜣy=t šp n sḥm.t]	"I have taken you as wife. I have given you 100 silver (deben), being 500 staters, being 100 silver (deben) again, (and) 10(?)[k] artabas of corn,[l] their hal[f being 5 (artabas)[m] of corn, being 10 artabas of corn again (as) your woman's gift].
[ỉw=y ḫꜣꜥ=t ḥm.t mtw=y mst.ṱ=t mtw=y ḫn k.t sḥm.t r-ḥr=t ỉw=y r tỉ n=t ḥḏ 30 r sttr 150 r ḥḏ 30 ꜥn]	[If I repudiate you, be it that I hate you, be it that I prefer another woman to you, I shall give to you 30 silver (deben), being 150 staters, being 30 silver (deben) again]
(5) *[pꜣ bnr pꜣy ḥḏ* 100 *rtb n sw 10 nt ḥry r tw=y n=t pꜣy=]t šp n sḥm.t r mḥ n ḥḏ 130 r sttr 650 r ḥḏ 130 ꜥn rtb n sw 10 nt ḥry [r tw=y n=t pꜣy=t šp n sḥm.t* *mtw=y tỉ n=t pꜣ 1/3 nt nb nkt nb nt mtw=y ḥnꜥ nꜣ nt ỉw=y r tỉ ḫpr=w]*	(5) [besides these 100 silver (deben) (and the) 10 artabas of corn aforesaid which I have given to you as you]r woman's gift[n] for a total of 130 silver (deben), being 650 staters, being 130 silver (deben) again (and) 10 artabas of corn[o] aforesaid [which I have given to you as your woman's gift, (and) I will give to you the one third[p] of everything, all property which I have and that which I shall acquire].
[pꜣy=t šr ꜥꜣ pꜣy=y šr ꜥꜣ pꜣ nb nt nb nkt nb	[Your eldest son is my eldest son (and) the owner of everything, all property
(6) *nt mtw=y ḥnꜥ nꜣ nt ỉw=y r tỉ ḫp]r=w*	(6) that I have and that which I shall acqui]re.[q]
twys pꜣ wn n nꜣ[y=t nk]t.w n sḥm.t r ỉn=t r pꜣy=y ꜥ.wy n-ḏr.ṱ=t *wꜥ [..........]*	Here is the list of [yo]ur woman's possessions which you have brought with you to my house:[r] one [..........][s]
(7) *[..........] r ḥḏ 50 wꜥ ḳnḏw h̭m [r ḥ]ḏ 20 wꜥ.t tb.t r ḥḏ 100 glg 2 [...........]*	(7) [..........] being silver (deben) 50, one small container[t] [being] 20 [si]lver (deben), one box being 100 silver (deben), 2 bed(s)[u] [..........]
(8) *[tmt swn nꜣy=t nkt.w n sḥm.t r ỉn=t r pꜣy=]y ꜥ.wy n-ḏr.ṱ=t ḥḏ 1[40]0 r sttr 7000 r ḥḏ 1400 ꜥn n ḥm[t 24 ḳt 2]*	(8) [Total value of your woman's possessions which you have brought to m]y house with you: 1[40]0 silver (deben), being 7,000[v] staters, being 1400 silver (deben) again, at the rate of [24] copp[er (obols) to 2 (silver) kite].
[šp=y st n-ḏr.ṱ=t ỉw=w mḥ ỉwṱ sp nb ḥꜣ.ṱ=y mtr.w n-ỉm=w]	[I have received them from you, they are complete without any remainder, my heart is satisfied with them].[w]
[ỉw=t n-ẖn ỉw=t n-ẖn ỉrm=w ỉw=t n-bnr ỉw=t n-bnr ỉrm=w]	[If you are inside, you are inside with them, if you are outside, you are outside with them].[x]
(9) *[mtw=t pꜣy=w šy ỉnk sḫf*	(9) [You have their ownership, (and) I have their control.[y]
pꜣ s]w n ḫꜣꜥ=t ḥm.t [nt ỉw=y] r ỉr=f gr mtw=t r ỉr=t mr [š]m n=t ḥꜥ=t r [tm ḫpr ỉw=t mtw=y ḥm.t]	(On) the da]y I shall repudiate you as wife, or if you wish to go yourself in order [not to be my wife],
[ỉw=y tỉ n=t pꜣ smt n nꜣy=t nkt.w n sḥm.t nt ḥry gr swn.ṱ=w n ḥḏ r-ẖ pꜣ nt sẖ ḥry]	[I will give you the equivalent of your woman's possessions aforesaid, or their value in money in accordance with that which is written above].
[bn-ỉw=y rḫ tỉ ꜥnḫ m-sꜣ=t n pꜣ ꜥ.wy n wpy	[I will not be able to impose an oath on you in the house of law
(10) *r-ḏbꜣ hp n nꜣy=t nkt.w n sḥm.t nt ḥry ḏ bn-pw=t ỉn.ṱ=w r pꜣy=y ꜥ.wy] n-ḏr.ṱ=t* *mtw[=t] nt n[ḥ]ṱ r-ḥ[r=y n-ỉm=w ỉwṱ ḏ ḳnb.t nb mt nb n pꜣ tꜣ ỉrm=t]*	(10) concerning the right of your woman's possessions aforesaid, saying: 'You have not brought[z] them to my house][aa] with you.' [You] are (the) one aut[hor]ised befo[re me with respect to them, without alleging any title (or) any claim at all against you]".
[sẖ NN *sꜣ* NN]	[Wrote NN son of NN].

Commentary

(a) The document dates to the reign of Ptolemy VIII Euergetes II, possibly to the period after 138 BC (see note c). Although several diagnostic features within the titulary can generally be used to date a text and to suggest a provenance,[8] none of these is preserved in Bodl. MS. Egypt. d. 19(P). An analysis of documents from the reign of this king suggests a date between 137 BC and 118 BC, since the earliest parallels in terms of titulary are found in P. Berlin P. 5507 and P. 3098, dating to 137–136 BC.[9]

(b) On the unusual orthography of *mnḫ* see below.

(c) The epithet *pꜣ nṯr mnḫ* identifies the king as Ptolemy VIII Euergetes II, which, according to Pestman,[10] is used in documents from 138–137 BC onwards. Indeed, this is the case in the majority of documents analysed (see table 1). However, it should be noted that the title *pꜣ nṯr mnḫ* is already found in P. Turin 2142, line 4, which dates to 143–142 BC.[11] In P. BM EA 10611 (141 BC), the king is first identified by the epithet *pꜣ mnḫ*, while *pꜣ nṯr mnḫ* is used further below in the list of the eponymous priests attached to the cult of the deified living ruler.[12] The same case is attested also in P. Berlin P. 3113 (141 BC) where both titles are used to identify the king.[13] In addition, in P. Adler 2 (124–123 BC) and P. Rylands 17 (119–118 BC) the king is still identified by the epithet *pꜣ mnḫ*.[14] Consequently, although it remains a strong possibility, the use of this particular title cannot be taken as incontrovertible proof that Bodl. MS. Egypt. d. 19(P) dates to the period after 138 BC.

(d) The papyrus is quite damaged at this point and only the signs *p*, *m*, and the final *s* in the writing of the name of Ptolemy are still clearly visible. The *l* is very faint, while of the signs *t*, *w*, and *y* only traces remain. I have rendered the name as Ptolemys in order to show in the translation what parts of the name actually survive.

(e) The restoration of the following section of the titulary is based on P. Berlin P. 5508[15] and seems confirmed by the estimated length of the papyrus.

(f) In P. Adler 2 the titulary also includes, at this point, a reference to the children of the ruling kings: *irm nꜣy=w ẖrt.w* "with their children," which is also one of the earliest examples of their association with their parents.[16] In P. Berlin P. 5508 this reference is missing. It is possible that the original document may have included this short phrase, but it is doubtful whether the space would have been sufficient as estimated from the dimensions of P. Berlin P. 5508. I have chosen not to restore it simply to maintain, insofar as possible, continuity within the restoration avoiding the use of too many different texts.

(g) Only the smallest traces of *ỉt.ṱ=s* survive, though there can be no doubt as to the reading.

8. Pestman, *Chronologie*, 145–47.

9. Spiegelberg, *Papyrus aus den Königlichen Museen zu Berlin*, 12–13, pl. VII.

10. Pestman, *Chronologie*, 62 note a.

11. N. J. Reich, "An Egyptian Register of Births," in *Miscellanea Gregoriana. Raccolta di scritti pubblicati nel centenario dalla fondazione del Pont. Museo Egizio (1839–1939)* (Rome, 1941), 173–77.

12. C. A. R. Andrews, *Ptolemaic Legal Texts from the Theban Area*, Catalogue of Demotic Papyri in the British Museum 4 (London, 1990), 75, line 1.

13. W. Erichsen, "Ein demotischer Prozeßvertrag," *ZÄS* 77 (1942), 92–100, pl. 3, line 1; Pestman, *Chronologie*, 145 note a. I am not certain whether Pestman perceived there to be a difference between the title appended to the name of the ruling king, and the epithet by which the king is identified in the list of the eponymous priests. I can see no reason why the titles should acquire a particular significance depending on the position they occupy within the text.

14. Adler, Tait, and Griffith, *Adler Papyri*, 72–75, line 1; F. Ll. Griffith, *Catalogue of the Demotic Papyri in the John Rylands Library Manchester* (Manchester and London, 1909), 3:273, 142, line 1.

15. Spiegelberg, *Papyrus aus den Königlichen Museen zu Berlin*, 12–13, pl. VII.

16. Adler, Tait, and Griffith, *Adler Papyri*, 72–73, line 1; 75 n. 1.

(h) Given that traces of the word *irm* are still clearly visible, I have restored *irm n3 nt smn n r*ʿ*-ḳt* rather than *r-ẖ n3 nt smn n r*ʿ*-ḳt* as in the correspondent passage in P. Berlin P. 5508.[17] The same variant as that used in Bodl. MS. Egypt. d. 19(P) is found, for example, in P. Adler 2.[18]

(i) Although in some documents of this period the names of the eponymous priests are still given, as for example in P. Berlin P. 3090 and P. 3091 (140–141 BC),[19] they were probably not listed in Bodl. MS. Egypt. d. 19(P), since it would not be possible to restore any name within the space constraints of the document's estimated length. In addition, the inclusion of any name would have resulted in a substantial shift of the text in line 2 towards the left hand side of the papyrus thus affecting the entire layout of the deed, which would no longer match that of P. Berlin P. 5508 where no eponymous priests are mentioned.

(j) The same passage in other documents, such as P. Adler 2, reads *irm n3 nt smn n r*ʿ*-ḳt irm n3 nt smn n p3-sy n p3 tš n nw.t*, "Those who are registered at Alexandria and those who are registered in Ptolemais in the Thebaid."[20] I have followed P. Berlin P. 5508[21] to retain continuity, since, without knowing the names of the parties involved, and consequently the amount of remaining space available, it is not possible to decide between the two alternative passages.

(k) The reading of this number is either 10 or 20. A similar writing of this numeral occurs in P. Adler 14,[22] which the editor translated as 10. Indeed, the reading seems justified by the writing of this number in line 4, of the same document, where it appears to be written more clearly as 10. Of the samples given in the *Demotisches Glossar*,[23] none seem to correspond exactly to the numeral found on Bodl. MS. Egypt. d. 19(P).

(l) During the Ptolemaic period different types of artabas were in use at the same time, with that of 40 and of 30 *choinikes* possibly being the most common.[24]

(m) I have not restored the word for *artabas* because it does not appear to have been written out in the parallel passages found in other texts, such as P. Rylands 16, 20, 22, 27, P. Strasbourg 43, P. Adler 14, and P. Heidelberg 701.[25]

(n) The restoration of the preceding sentence is based on the parallel passage in P. Rylands 16.[26] The clause is suggested by the surviving portion of the passage in line 4, which gives the totals of the *šp n sḥm.t*, and the penalty

17. Spiegelberg, *Papyrus aus den Königlichen Museen zu Berlin*, 12–13, pl. VII.

18. Adler, Tait, and Griffith, *Adler Papyri*, 72–73, line 3.

19. S. Grunert, *Thebanische Kaufverträge des 3. und 2. Jahrhunderts v. u. Z.*, Demotische Papyri aus den Staatlichen Museen zu Berlin. Lieferung II (Berlin, 1981); W. Clarysse, G. Van der Veken, and S. P. Vleeming (eds.), *The Eponymous Priests of Ptolemaic Egypt: Chronological Lists of the Priests of Alexandria and Ptolemais with a Study of the Demotic Transcription of their Names*, P. L. Bat. 24 (Leiden, 1983), 32–34, 50–52.

20. Adler, Tait, and Griffith, *Adler Papyri*, 72–73, line 3.

21. Spiegelberg, *Papyrus aus Berlin*, 12–13, pl. VII.

22. Adler, Tait, and Griffith, *Adler Papyri*, 89–92, line 8.

23. Erichsen, *Glossar*, 699–700; *CDD* Numbers.

24. For the various units of measure in use in Ptolemaic Egypt see M. Depauw, *A Companion to Demotic Studies*, Papyrologica Bruxellensia. Études de papyrologie et éditions de sources, 28 (Brussels, 1997), 166; K.-T. Zauzich, "Unerkannte Demotische Kornmasse," in J. Osing and G. Dreyer (eds.), *Form und Mass: Beiträge zur Literatur, Sprache und Kunst des alten Ägypten. Festschrift für Gerhard Fecht zum 65. Geburtstag am 6. Februar 1987*, ÄAT 12 (Wiesbaden, 1987), 462–71; S. P. Vleeming, "The Artaba and Egyptian Grain-Measures," in R. S. Bagnall, G. M. Browne, A. E. Hanson, and L. Koenen (eds.), *Proceedings of the Sixteenth International Congress of Papyrology. New York, 24–31 July 1980*, ASP 23 (Chico, 1981), 537–45; S. P. Vleeming, *LÄ* III, 1209–14, s.v. "Maße und Gewichte"; idem, "Some Notes on the Artabe in Pathyris," *Enchoria* 9 (1979), 93–100; and, for a different interpretation, M. Malinine, "Un prêt de céréales à l'époque de Darius I (Pap. Dém. Strasbourg No 4)," *Kêmi* 11 (1950), 15–22. For a discussion of the word *sw*, grain, see R. H. Pierce, *Three Demotic Papyri in the Brooklyn Museum: A Contribution to the Study of Contracts and their Instruments in Ptolemaic Egypt*, Symbolae Osloenses, Fasc. Supplet. 24 (Oslo, 1972), 72–76, and Malinine, "Un prêt de céréales," 7–11.

25. E. Lüddeckens, *Ägyptische Eheverträge*, ÄA 1 (Wiesbaden, 1960), 88–92, 98–105, 108–11, 116–22, 126–28, Urk. 36, 39, 42, 45, 48; Adler, Tait, and Griffith, *Adler Papyri*; Griffith, *Demotic Papyri Rylands*.

26. Lüddeckens, *Eheverträge*, 88–91, lines 5–6, Urk. 36; Griffith, *Demotic Papyri Rylands*, 3:139, 271–72.

to be paid by the husband in the event of dissolution of the marriage. Since both the amount of the *šp n sḥm.t* and the total to be paid following a divorce are given, it has been possible to restore the amount of the penalty as well.

(o) Based on the parallel passage in P. Rylands 16, I have not suggested any additional amount of corn given as part of the penalty, which is sometimes found in agreements of this type.[27]

(p) Some marriage agreements contain stipulations with regard to the allotment of a part of the husband's assets to his wife, with the amounts varying between ⅓ and ½ of his entire patrimony. In the absence of internal evidence, I have restored the amount as ⅓ of the property, since it is that found in the vast majority of contracts in which these stipulations occur.[28]

(q) The restoration of the previous passage is based on P. BM EA10394 (226 BC).[29] The choice and order of the clauses are determined by the estimated dimensions of the original document, and by the presence of traces of writing of the verb *ḫpr=w* in line 5. However, I have inverted the order of the clauses because the passage *mtw=y ti n=t p3 ⅓ nt nb nkt nb nt mtw=y ḥnʿ n3 nt iw=y r ti ḫpr=w*, in similar types of agreements, seems to come almost invariably after the clause concerning the stipulations following the repudiation of the wife.[30] For reasons of space, and on the basis of P. BM EA 10394, I have restored *[p3y=t šr ʿ3 p3y=y šr ʿ3 p3 nb nt nb nkt nb nt mtw=y ḥnʿ n3 nt iw=y r ti ḫp]r=w*, in place of the alternative, and more detailed, clause *p3y=t šr ʿ3 p3y=y šr ʿ3 ḫn n3 ḫrṭ.w r ms=t n=y ḥnʿ n3 ḫrṭ.w iir=t ms.ṭ=w n=y n3 nb.w nt nb nkt nb nt mtw=y ḥnʿ n3 nt iw=y r ti ḫpr=w*, often encountered in these texts.[31] With this formula the man appoints his eldest son, who will be entitled to an additional share in his father's inheritance.[32]

(r) Unlike the woman's gift (*šp n sḥm.t*), which, by the Late Ptolemaic period, appears to have become a fictitious value,[33] and would be paid only in case of dissolution of the union,[34] the possessions listed in marriage agreements seem to have been articles actually brought into the marital home by the woman. This is, for example, suggested by the detailed description given for each object of which the values are also individually itemised.[35] If the only scope of the list was to secure an additional sum of money for the woman, a concise clause simply stating the value of these items would probably have sufficed.[36]

(s) Many different types of objects are listed in marriage deeds, among which lengths of cloth, items of clothing and jewelry are probably some of the most frequently encountered. Given that the range of items included could be quite varied, I have not deemed it viable to suggest a restoration of this passage. For examples of lists of *nkt.w n sḥm.t*, see for instance P. Adler 14, P. Rylands 16, 20, 22, P. Strasbourg 43 and 56, which are among some of the most detailed.[37]

---

27. Lüddeckens, *Eheverträge*, 90–91, line 6; Griffith, *Demotic Papyri Rylands*, 3:139, 271–72.

28. Pestman, *Marriage*, 128.

29. The document, designated by Lüddeckens as P. Louvre, is in reality, according to Pestman, one of the papyri in the collection of the British Museum; Pestman, *Marriage*, 191; Lüddeckens, *Eheverträge*, 40, Urk. 18.

30. Pestman, *Marriage*, 125.

31. Lüddeckens, *Eheverträge*, 90, P. Rylands 16, line 6; Griffith, *Demotic Papyri Rylands*, 3:139, 271–72.

32. G. Mattha and G. R. Hughes, *The Demotic Legal Code of Hermopolis West*, BdE 65 (Cairo, 1975), 41, line 21; 121, line 21.

33. Pestman, *Marriage*, 15.

34. This seems indicated by clauses sometimes found in marriage documents such as P. MFA 38.2063a (186 BC), lines 6–7, from Deir el Ballas in which, following, and adding to, the list of the woman's possessions brought into the marriage, the man states: "(…) your bridal-gift aforesaid which I have not (actually) given you, silver money 4 kite (…)," see R. A. Parker, "A Demotic Marriage Document From Deir El Ballas," *JARCE* 2 (1963), 113–16.

35. In addition, in P. Berlin P. 13593 (189 BC) from Elephantine, an object that had been inadvertently left out was later added at the end of the deed; Lüddeckens, *Eheverträge*, 64–69, Urk. 28; Pestman, *Marriage*, 97

36. In fact, it is suggested that the list represented a written proof of the items the wife had brought into the conjugal home, which, in case of divorce, she would be able to produce to prove the exact nature and value of her possessions when asking for their restitution from her husband; Pestman *Marriage*, 97.

37. Lüddeckens, *Eheverträge*, 88–92, 96–105, 116–22.

(t) The text specifies that this is a small container, while the same item is also found among the *nkt.w* listed in P. Berlin P. 13593 (189 BC) from Elephantine in which both a big and a small *ḳnḏ* are listed.[38] The container is also found, without size specification, in P. Rylands 16 (156 BC), P. Rylands 20 (116 BC), P. Rylands 27 (108–101 BC), P. Strasbourg 43 (99 BC), P. Adler 14 (97 BC), and P. Adler 21 (92 BC), all of which come from Gebelein.[39]

(u) On this item see below.

(v) I have translated this number as 7,000 because of the ratio 1:5 between *ḥḏ* and *sttr*. The amount of *ḥḏ* is clearly 1,400 because the sign has four tips. However, the reading of the next group is far from certain. The sign written above the line seems to be the writing for the numeral 1,000, also by comparison with the same sign in the preceding group. The sign just below it seems to be the digit 500 while the sign just before it is rather unclear. The only reading I could suggest is 10,000, which is written with a tall sign slightly arched at the top. However, this reading would give a ratio of over 1:8.

(w) The restoration of the following clauses[40] is based on P. Rylands 16 and is confirmed by traces of the beginning of the divorce clause on line 8, as well as by the estimated dimensions of the original document.

(x) The two passages *iw=t n-ẖn iw=t n-ẖn irm=w* and *iw=t n-bnr iw=t n-bnr irm=w* appear to be construed with a conditional clause, followed by a future clause, both of which have an adverbial predicate. However, this represents an anomaly since grammatically they could only have an infinitival predicate, rather than an adverb or a qualitative.[41] On the other hand, it is also possible that the construction is a circumstantial clause with omitted object, where the conditional sense of the passage is conveyed notionally ("you being inside, you being inside with them") rather than being expressed grammatically; a sense that in English can only be conveyed by using an if-clause. In fact, it seems possible that the peculiarity shown by these clauses is the result of their adaptation for use as part of the notary formulary employed in the redaction of legal documents.[42]

(y) It is suggested that this usage of the legal terms *šy* and *sẖf* is found only in marriage agreements, and refers to the rights that each of the partners has with respect to the *nkt.w n sḥm.t* property.[43]

(z) The signs on the small, loose piece of papyrus could be part of the writing for the verb *in*. However, there seems to be a long stroke under this sign which could be simply one of those often found under flat signs, or it could be part of another word, thus suggesting that the fragment does not belong to this part of the text. Consequently, because of this uncertainty I have chosen to leave the verb *in* with the rest of the passage in lacuna. Equally, I do not believe it is part of the word *ʿ.wy* because traces of the upper portion of the signs are still visible in line 9, while the sign on the fragment appears to be complete.

(aa) Only the smallest traces of the upper portion of the word *ʿ.wy* with its determinative are still visible. However, its restoration is confirmed by the superimposition of the latter with the noun *ʿ.wy* found in line 5.

Palaeographic Analysis of the Epithet *mnḫ*

The orthography of the epithet *mnḫ* is unusual in that it shows a first sign which resembles the relative converter *nt*, or even the sign used to indicate the open cartouche, although this latter possibility can be excluded since such a

38. *CDD Q*, 54–55; Erichsen, *Glossar*, 543. A big and a small *ḳnḏw* container are also listed in O. Strasbourg D110: Lüddeckens, *Eheverträge*, 300.

39. Lüddeckens, *Eheverträge*, 300, Urk. 28, 36, 39, 42, 45, 46, 47; Adler, Tait, and Griffith, *Adler Papyri*, 87–92, 99–101; Griffith, *Demotic Papyri Rylands*, 3:136, 268–71.

40. Pestman, *Chronologie*, 24, 202, §18–22.

41. J. H. Johnson, *The Demotic Verbal System*, SAOC 38 (Chicago, 1976), 244.

42. Thus also J. F. Quack, "Grammatische Bemerkungen zu einer Formel der Eheverträge," *Enchoria* 19/20 (1992/93), 221–23.

43. P. W. Pestman, J. Quaegebeur, and R. L. Vos, *Recueil de textes démotiques et bilingues*. Vol. 2: *Traductions* (Leiden, 1977), 71, notes r, u. For a different view, see Lüddeckens, *Eheverträge*, 314–15.

practice is otherwise unattested. In addition, if this was the case we would probably expect to find the signs for *ꜥ.w.s* at the end of the word, as is the case in P. Hawara 8 (243 BC) with the writing of *ꜥnḫ ḏt*  (P. O.I. 25256, line 1),[44] a practice seemingly confined to the very early Ptolemaic period.[45]

In his analysis of the Gebelein papyri, Griffith concluded that the sign simply represented a superfluous *m* and, therefore, should not be read as *nt*. This is confirmed by the fact that the same writing is used for the name *Pꜣ-šr-mnḫ*, the third witness on the verso of P. Rylands 18 (117 BC).[46]

Interestingly, among all the documents examined (table 1), where several examples of the forms *mnḫ, mnḫ.t, mnḫ.w* are found, this particular writing seems to occur only in documents from Gebelein, more precisely from Pathyris.[47] In particular, the majority of these documents appear to have been written, over a period of nearly 150 years, by some members of the same family of scribes, and by another unrelated individual, all of whom acted in the name of the clergy of Hathor (see table 2).[48] Indeed, a comparative palaeographical analysis of the various scribes' hand (see table 3) indicates a certain similarity between their handwriting. By contrast, the documents from Krokodilopolis show the more common writing of the word *mnḫ*, as for example P. Adler 2 written by *Ns-pꜣ-nṯr* son of *Ḏ-ḥr*.[49] Conversely, both *Nḫṯ-mn*, son of *Nḫṯ-mn*, and his colleague *Pꜣ-ti-ḥr-smꜣ-tꜣ.wy*, son of *Pa-gbk*, employ the variant spelling of *mnḫ* found in Bodl. MS. Egypt. d. 19(P) (see tables 2 and 3). The evidence, therefore, suggests that this particular writing represents a scribal tradition local to Pathyris. Indeed, the fact that both *Nḫṯ-mn* and *Pꜣ-ti-ḥr-smꜣ-tꜣ.wy* use the same variant spelling may indicate that they had been trained by the same scribe, as this would have influenced their style of writing.[50]

Indirect, albeit tenuous, evidence on the Gebelein area as potential place of provenance of the Bodleian document is provided by some of the items found in the *nkt.w n sḥm.t* lists, in particular the *ḳnḏw*-container, found in six documents from this area (note t above), and the beds. The latter are among the least common items found in these lists. Out of the twenty documents analysed by Lüddeckens,[51] which include a list of the woman's possessions, only one, P. BM EA 10394 (226 BC) from the Theban area, possibly Gebelein, includes beds. Interestingly, just as in Bodl. MS. Egypt. d. 19(P), the document lists two beds, one for the value of two kite and another one for just one kite.[52]

In view of the rarity of the orthography of *mnḫ* found in Bodl. MS. Egypt. d. 19(P) and the other documents from the Gebelein area, and the indirect evidence provided by the items listed as *nkt.w n sḥm.t*, I would suggest that there is a very strong probability that this is also the area whence the Bodleian fragment originated. Given the large variation in the style of individual scribes' hand, even within the same document, it is clearly very difficult to

44. G. R. Hughes, R. Jasnow, and J. G. Keenan, *Oriental Institute Hawara papyri. Demotic and Greek Texts from an Egyptian Family Archive in the Fayum (Fourth to Third century BC)*, OIP 113 (Chicago, 1997), pl. 46.

45. M. Depauw, *The Archive of Teos and Thabis from Early Ptolemaic Thebes*, Monographies Reine Élisabeth 8 (Brussels, 2000), 134–35. *CDD M*, 111–13. Only one example of this writing of *mnḫ* is given in Erichsen, *Glossar*, 163.

46. Griffith, *Demotic Papyri Rylands*, 3:275 note 3, 276.

47. The same writing is also found in at least two more documents, P. Hauswaldt 5 (219 BC) and P. Hauswaldt 25b (215 BC) both of which come from Edfu. Manning does not comment on the spelling of this word in his edition of the Hauswaldt papyri: J. G. Manning, *The Hauswaldt Papyri: A Third Century BC Family Dossier from Edfu*, DemStud 12 (Sommerhausen, 1997), 56–62, 159–63; nor does W. Erichsen, *Demotische Lesestücke II. Urkunden der Ptolemäerzeit. 1. Heft Texte* (Leipzig, 1939), 69, 75; and neither does Pestman in his analysis of documents from Pathyris: P. W. Pestman, "Papyrus ptolémaïques de Pathyris," in E. Boswinkel, and P. W. Pestman, (eds.) *Textes grecs, démotiques et bilingues*, P. L. Bat. 19 (Leiden, 1978), 41. The argument may be, in part, undermined by the evidence for this particular spelling of *mnḫ* in documents from Edfu, if it were not for the fact that the latter date to the previous century.

48. As is to be expected, some of them appear to have been also members of the priesthood of Hathor in Pathyris (Pestman, "Papyrus ptolémaïques de Pathyris," 38–39).

49. Adler, Tait, and Griffith, *Adler papyri*, 72–75, line 2.

50. J. J. Janssen, "On Style of Egyptian Handwriting," *JEA* 73 (1987), 161–67.

51. Lüddeckens, *Eheverträge*.

52. Ibid., 40–42, *Urk.* 18, 302. Pestman also remarks on the uniqueness of some of the objects listed in this document: Pestman, Quaegebeur, and Vos, *Recueil de textes* II, 66–72, note m.

firmly identify the author of a particular text when no name is preserved.[53] Consequently, on the basis of palaeographical evidence alone, it is not possible to assert with certainty whether one of these notaries was also the scribe of the Bodleian fragments.[54] However, there are a number of clear parallels between the hand of the scribe of Bodl. MS. Egypt. d. 19(P) and that of *Nḫṯ-mn*, son of *Nḫṯ-mn*, and it is tempting to see the latter as the scribe of the Bodleian fragments. This is clearly seen in the, almost identical, way in which *mnḫ* is written, and in the way that the noun *sḥm.t* is formed. Most importantly, however, both scribes write the numeral 10 (see note k) in the same unusual way, which is not attested in other documents from the same area and period. Therefore, I would suggest that, taken together, the evidence strongly indicates that Bodl. MS. Egypt. d. 19(P) was written in Pathyris, quite possibly by the scribe *Nḫṯ-mn*, son of *Nḫṯ-mn*.

Table 1. List of documents analysed from the reign of Ptolemy VIII Euergetes II

Documents	Date (BC)	Regnal year	Epithet	Provenance	Bibliography	Titulary
P. Cairo 30605	146–5	25	—	Tebtunis	Spiegelberg 1908	x
P. Turin 6074	143–2	28	—	Djeme	Botti 1967	x
P. Turin 2142, 4–5	143–2	28	*pꜣ nṯr mnḫ*	?	Reich 1941	~
P. Berlin P. 3113	142–1	29	*pꜣ mnḫ*	Thebes	Erichsen 1942	x
P. Merton I	142–1	29	—	Tebtunis	Glanville 1933	~
P. BM EA 10611	141	29	*pꜣ mnḫ*	Thebes	Andrews 1990	x
P. Berlin P. 3090, P. 3091	141–40	30	*pꜣ mnḫ*	Thebes	Grunert 1981	x
P. Heid. Kapl. 24	140–39	31	—	Gebelein	Kaplony-Heckel 1964	~
P. BM EA 10622	138–7	33	[...]	Tebtunis	Thompson 1941	~
P. Turin 6079	138–7	33	*pꜣ nṯr mnḫ*	Thebes	Botti 1967	x
P. Berlin P. 3098/5507	137–6	34	*pꜣ nṯr mnḫ*	Djeme	Spiegelberg 1902	=
P. Turin 2142, 7–8	137–6	34	*pꜣ nṯr mnḫ*	?	Reich 1941	~
P. BM EA 10390	136	35	*pꜣ nṯr mnḫ*	Thebes	Andrews 1990	x
P. Turin 6070	134	36	*pꜣ nṯr mnḫ*	Djeme	Botti 1967	=
P. Berlin P. 3080	134–3	37	—	Thebes	Spiegelberg 1902	x
P. Turin 2142, 11–12	133–2	38	*pꜣ nṯr mnḫ*	?	Reich 1941	~
P. Berlin P. 3113a	132–1	39	—	Thebes	Erichsen 1942	~
P. Cairo 30975/30976	132–1	39	—	Gebelein?	Spiegelberg 1908	x
P. Leiden 373a	131–30	40	—	Memphis	Lüddeckens 1960	x
P. Turin 2142, 15–16	130–29	41	*pꜣ nṯr mnḫ*	?	Reich 1941	~
P. Cairo 30607	129–8	42	—	Tebtunis	Lüddeckens 1960	x
P. Leiden 376	128–7	43	*pꜣ nṯr mnḫ*	Thebes	Erichsen 1939	=
P. Napoli 8414	127–6	44	*pꜣ nṯr mnḫ*	Thebes	Botti 1941	=
P. BM EA 10500	126–5	45	*pꜣ nṯr mnḫ*	Gebelein	Glanville 1939	x
P. Berlin P. 3099	125–4	46	*pꜣ nṯr mnḫ*	Djeme	Spiegelberg 1902	=

53. Janssen, "On Style of Egyptian Handwriting," 161–62; Pestman, "Papyrus ptolémaïques de Pathyris," 39; C. A. R. Andrews, "The Sale of Part of a Pathyrite Vineyard (P. BM 10071)," in J. Baines, T. G. H. James, A. Leahy, and A. F. Shore, (eds.), *Pyramid Studies and other Essays Presented to I. E. S. Edwards*, EES Occasional Publications 7 (London, 1988), 197 note 4; P. W. Pestman, J. Quaegebeur, and R. L. Vos, *Recueil de textes démotiques et bilingues*, vol. I, *Transcriptions* (Leiden, 1977), 59–60 note a.

54. Understandably, without a thorough examination of all occurrences of this variant of the writing of *mnḫ* in papyri from the rest of the country, I would not be able to comment further on how widespread or localised the practice was.

Documents	Date (BC)	Regnal year	*Epithet*	Provenance	Bibliography	Titulary
P. Berlin P. 3100	125–4	46	*pꜣ nṯr mnḫ*	Djeme	Spiegelberg 1902	=
P. Berlin P. 5508	125–4	46	*pꜣ nṯr mnḫ*	Djeme	Spiegelberg 1902	=
P. Heidelberg 723	125–4	46	*pꜣ nṯr mnḫ*	Gebelein	Erichsen 1939	x
P. BM EA 10413	124	46	*pꜣ nṯr mnḫ*	Thebes	Andrews 1990	=
P. Adler 2	124–3	47	*pꜣ mnḫ*	Gebelein	Adler et al. 1939	=
P. Cairo 30608/30609	124–3	47	—	Tebtunis	Lüddeckens 1960	x
P. Turin 6105	121	49	*pꜣ nṯr mnḫ*	Djeme	Botti 1967	=
P. Louvre 2410	120	50	*pꜣ nṯr mnḫ*	Thebes	Zauzich 1968	=
P. Warsaw	120–19	51	*pꜣ nṯr mnḫ*	Djeme	Andrzejewski 1961	=
P. BM EA 10782	119	51	*pꜣ nṯr mnḫ*	Djeme	Andrews 1990	=
P. Turin 6111	119	52	*pꜣ nṯr mnḫ*	Thebes?	Botti 1967	=
P. Berlin P. 3101	119–8	52	*pꜣ nṯr mnḫ*	Djeme	Spiegelberg 1902	x
P. Berlin P. 3102	118	52	*pꜣ nṯr mnḫ*	Djeme	Spiegelberg 1902	=
P. Rylands 17	119–8	52	*pꜣ mnḫ*	Gebelein	Griffith 1909	=
P. Rylands 19	119–8	52	*pꜣ nṯr mnḫ*	Gebelein	Griffith 1909	=
P. Strasbourg 56	118–7	53	*pꜣ nṯr mnḫ*	Thebes	Lüddeckens 1960	=
P. Rylands 18	117–6	54	*pꜣ nṯr mnḫ*	Gebelein	Griffith 1909	=

Legend of symbols used

—	no epithet is used
=	the titulary is the same, or very close to that found in P. Berlin P. 5508
x	the titulary is considerably different to that found in P. Berlin P. 5508
~	no titulary is used
[....]	the relevant section of the papyrus is damaged or missing
?	the place of origin of the document is uncertain

References to Table 1

Adler et al. 1939
E. N. Adler, J. G. Tait, and F. L. Griffith, *The Adler Papyri* (Oxford and London, 1939).
Andrews 1990
C. A. R. Andrews, *Ptolemaic Legal Texts from the Theban Area*, CDPBM 4 (London, 1990).
Andrzejewski 1961
T. Andrzejewski, "Un contrat ptolémaïque de Djeme," *The Journal of Juristic Papyrology* 13 (1961), 95–108.
Botti 1941
G. Botti, *Testi demotici I* (Florence, 1941).
Botti 1967
G. Botti, *L'archivio demotico da Deir el-Medineh*, CMET MonTesti 1 (Florence, 1967).
Erichsen 1939
W. Erichsen, *Demotische Lesestücke II. Urkunden der Ptolemäerzeit. 1. Heft Texte* (Leipzig, 1939).
Erichsen 1942
W. Erichsen, "Ein demotischer Prozeßvertrag," *ZÄS* 77 (1942), 92–100.
Glanville 1933
S. R. K. Glanville, "The Admission of a Priest of Soknebtynis in the Second century BC: Merton Demotic Papyri I," *JEA* 19 (1/2), 34–41.
Griffith 1909
F. L. Griffith, *Catalogue of the Demotic Papyri in the John Rylands Library Manchester.* 3 volumes (Manchester and London, 1909).
Grunert 1981
S. Grunert, *Thebanische Kaufverträge des 3. und 2. Jahrunderts v. u. Z.*, Demotische Papyri aus den Staatlichen Museen zu Berlin. Lieferung II (Berlin, 1981).
Kaplony-Heckel 1964
U. Kaplony-Heckel, *Die demotischen Gebelen-Urkunden der Heidelberger Papyrus-Sammlung, Heidelberg*, Veröffentlichungen aus der Heidelberger Papyrus-Sammlung. Neue Folge. 4 (Heidelberg, 1964).
Lüddeckens 1960
E. Lüddeckens, *Ägyptische Eheverträge*, ÄA 1 (Wiesbaden, 1960).
Reich 1941
N. J. Reich, "An Egyptian Register of Births," in *Miscellanea Gregoriana. Raccolta di scritti pubblicati nel centenario dalla fondazione del Pont. Museo Egizio (1839–1939)* (Rome, 1941), 173–77.
Spiegelberg 1902
W. Spiegelberg, *Demotische Papyrus aus den Königlichen Museen zu Berlin* (Leipzig and Berlin, 1902).
Spiegelberg 1908
W. Spiegelberg, *Die demotischen Denkmäler 30601-31270 50001-50022, II: Die demotischen Papyrus*, 2 vols. CGC (Strassburg, 1906–1908).
Thompson 1941
H. Thompson, "Two Demotic Self-Dedications," *JEA* 26 (1941), 68–78.
Zauzich 1968
K.-T. Zauzich, *Die ägyptische Schreibertradition in Aufbau, Sprache und Schrift der demotischen Kaufverträge aus ptolemäischer Zeit*, ÄA 19 (Berlin, 1968).

Table 2. Select list of Pathyrite scribes and of the documents they redacted

Nḫṯ-mn		
Tḥwṯ-iir-ty-s Pros. Ptol. 7746	176 BC	P. BM EA 10518
	175 BC	P. BM EA 10515
	173 BC	P. BM EA 10516
	171 BC	P. BM EA 10517
	163 BC	P. Rylands 15 a + b
	157 BC	P. BM EA 10510
	152 BC	P. Rylands 16
	137 BC	P. Dem. Wiss. Gen. 15; P. Rylands 37
Nḫṯ-mn Pros. Ptol. 7760	125 BC	P. BM EA 10500
Nḫṯ-mn Pros. Ptol. 7761	124 BC	P. Heidelberg 723
	124–94 BC	P. Adler 26
	118 BC	P. Rylands 19
	117 BC	P. Rylands 18
	116 BC	P. BM EA 10484?
	115–108 BC	P. Rylands 23
	?113 BC	P. Rylands 24
	110 BC	P. Adler 4
	108–7 BC	P. Adler 5
	107 BC	P. Adler 6
	106 BC	P. BM EA 10521
	104 BC	P. Strasbourg 9
	103 BC	P. Adler 7
	100 BC	P. Heidelberg 701
	100–93 BC	P. Adler 18
	99 BC	P. Strasbourg 43
	98 BC	P. BM EA 10504
	97–96 BC	P. Adler 14
	96 BC	P. BM EA 10533
	95 BC	P. Strasbourg 6
	95 BC	P. Adler 16
	95 BC	P. BM EA 10514
	94 BC	P. Strasbourg 44
Ḏ-ḥr		
Ns-pꜣ-nṯr Pros. Ptol. 7737	124–3 BC	P. Adler 2
	116 BC	P. Rylands 20
	100–99 BC	P. Adler 11
	98 BC	P. Adler 13
		P. Strasbourg 21; P. Strasbourg 7
Pa-gbk		
Pꜣ-ty-ḥr-smꜣ-tꜣ.wy Pros. Ptol. 7796	93 BC	P. Adler 20
	91 BC	P. Rylands 28; P. Rylands 29
	90 BC	P. Adler 22
	89 BC	P. Adler 23; P. Adler 25; P. Rylands 27; P. Rylands 30

Table 3. Palaeographical analysis of some of the Pathyrite scribes' handwriting

?	*Tḥwt-iir-ty-s* son of *Nḫt-mn*	*Nḫt-mn* son of *Tḥwt-iir-ty-s*	*Nḫt-mn* son of *Nḫt-mn*	*P3-ty-ḥr-sm3-t3.wy* son of *Pa-gbk*
Bodl. MS. Egypt. d. 19(P) line 1 	P. Rylands XVI line 1 	P. BM EA 10500 line 1 	P. Heidelberg 723 line 1 	P. Adler 21 line 1 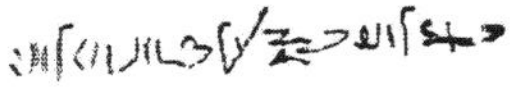
Bodl. MS. Egypt. d. 19(P) line 1 	P. Dem. Wiss. Gen. 15 line 5 	P. BM EA 10500 line 2 	P. Heidelberg 723 line 2 	P. Adler 21 line 1 
Bodl. MS. Egypt. d. 19(P) line 4 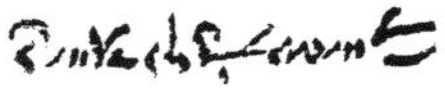	P. Rylands XVI line 5 	P. BM EA 10500 line 10 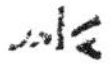	P. Adler 14 line 4 	P. Adler 21 line 4 
Bodl. MS. Egypt. d. 19(P) line 5 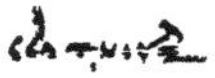	P. Rylands XVI line 5 		P. Adler 14 line 8 	P. Adler 21 line 8 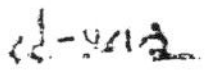
Bodl. MS. Egypt. d. 19(P) line 5 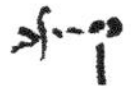	P. Rylands XVI line 5 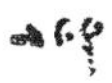		P. Adler 14 line 8 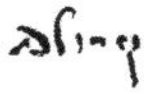	P. Adler 21 line 8 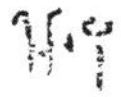
Bodl. MS. Egypt. d. 19(P) line 8 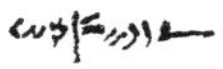	P. Rylands XVI line 7 	P. BM EA 10500 lines 12 and 18 	P. Adler 14 line 12 	P. Adler 21 line 6 

L'*Agneau* revisité ou la révélation d'un crime de guerre ignoré

Michel Chauveau (Paris)

Le texte démotique de la prophétie de l'agneau n'est actuellement connu que par un seul papyrus (Wien D 10000). Entré dans la collection de l'Archiduc Rainer en 1893, il fut signalé à l'attention du monde savant par Jakob Krall dès 1898, mais c'est seulement en 1983 qu'il fut enfin l'objet d'une édition digne de ce nom par les soins de Karl-Theodor Zauzich[1]. Depuis lors, cette publication a permis à d'autres chercheurs de s'intéresser à une œuvre jusque là célèbre, mais paradoxalement méconnue, et d'en fournir au moins six autres traductions s'écartant plus ou moins de la version donnée par le premier éditeur[2].

Une relecture attentive effectuée pendant plus d'une année de conférences à l'EPHE m'a convaincu qu'une révision du texte, trois décennies après l'*editio princeps*, pouvait être proposée, impliquant une nouvelle interprétation d'une œuvre qui, malgré sa mutilation, est d'une grande importance pour l'histoire culturelle et politique de l'Égypte du dernier millénaire avant notre ère[3]. Il m'est agréable d'offrir cette contribution à Mark Smith dont les multiples travaux ont tant enrichi notre connaissance de l'univers religieux égyptien par l'apport des sources démotiques pendant longtemps si injustement négligées.

Dans son état actuel – du moins celui décrit par Zauzich[4] en 1983 – ce papyrus se compose de quatre fragments non jointifs dont le plus grand (A) comporte les deux dernières colonnes du texte[5]. Le second fragment (B) contient les restes d'une troisième colonne conservée sur toute sa hauteur, mais privée sur sa largeur à la fois du début et de la fin des 24 lignes de texte, parfois réduites à un ou deux mots seulement, au mieux préservées environ à moitié. Les deux autres fragments ne présentent que des restes, l'un (C) de cinq lignes de quelques mots chacune, l'autre (D) d'une dizaine de lignes beaucoup plus mutilées encore. On comprend donc que, comme pour bon nombre d'œuvres

1. K.-Th. Zauzich, « Das Lamm des Bokchoris », dans *Papyrus Erzherzog Rainer – Festschrift zum 100-Jahrigen Bestehen de Papyrussammlung der österreichischen Nationalbibliothek*, P. Rainer Cent. 3 (Vienne, 1983), 165–74, pl. 2 ; il serait injuste de ne pas citer J. M. A. Janssen, « Over farao Bocchoris », dans *Varia Historica aangeboden aan Pr. Dr. A.W. Byvanck* (Assen, 1954), 17–29, où l'on trouve notamment la première photographie publiée du papyrus.

2. Il s'agit de E. Bresciani, « La Profezia dell'Agnello », dans ead., *Letteratura e poesia dell'antico* Egitto, 2e éd., (Turin, 1990), 815–18 (traduction partielle), D. Devauchelle, « La Prophétie de l'agneau », dans H. Cousin (éd.), *Prophéties et oracles II – en Égypte et en Grèce*, Suppl. au Cahier Évangile 89 (Paris, 1994), 27–30, Fr. Hoffmann, « Das 'Lamm des Bokchoris' », dans idem, *Ägypten, Kultur und Lebenswelt in griechisch-römischer Zeit. Eine Darstellung nach den demotischen Quellen* (Berlin, 2000), 181–85 (traduction partielle), H.-J. Thissen, « Das Lamm des Bokchoris », dans A. Blasius, B. U. Schipper (éd.), *Apokalyptik und Ägypten: Ein kritische Analyse der relevanten Texte aus dem griechisch-römischen Ägypten*, OLA 107 (Leuven, 2002), 113–38, R. K. Ritner, « The Prophecy of the Lamb (P. Vienna D.10,000) », dans W. K. Simpson, *The Literature of Ancient Egypt*, 3e éd. (Yale, 2003), 445–49 et J. Fr. Quack, « Das Lamm des Bokchoris », dans Fr. Hoffmann, J. Fr. Quack, *Anthologie der demotischen Literatur*, EQTÄ 4 (Berlin, 2007), 181–83 et 351–53.

3. Je tiens à remercier les étudiants et auditeurs de mes conférences pour leur intérêt enthousiaste et leurs nombreuses suggestions dont j'ai tiré le meilleur profit, et tout particulièrement Mmes Brigitte Bakech et Déborah Kott, MM Pierre Prévot et Lorenzo Uggetti, ainsi que ma collègue Christiane Zivie-Coche à qui je dois l'identification proposée *infra* pour le toponyme *Pr-ḥw.t-Mḥy3.t*.

4. Pour la description précise, cf. Zauzich, dans *Papyrus Erzherzog Rainer*, 165.

5. Pour plus de commodité, nous avons désigné les différents fragments, par ordre de grandeur décroissant, A, B, C et D.

littéraires démotiques, la principale difficulté de ce texte est liée à son état lacunaire. L'éditeur en a cependant présenté une ingénieuse reconstruction fondée essentiellement sur un raccord supposé entre les fragments B et C, raccord qui nous révèlerait, au moins partiellement, le récit cadre.

Comme cette restitution a été acceptée et reprise, avec parfois quelques réticences[6], par les auteurs qui ont proposé de nouvelles traductions de ce texte, il nous a semblé nécessaire de la reprendre à notre tour, afin d'en examiner la validité. Selon les conjectures de l'éditeur, le cadre narratif serait le suivant : un scribe nommé Psienhor découvre un livre de prophéties contenant de sombres prédictions sur l'avenir de l'Égypte. Effrayé de ce que celui-ci révèle, il en fait part à sa femme enceinte pour la convaincre de noyer la progéniture qu'elle mettra au monde, et ainsi d'épargner à cette dernière les calamités annoncées. Cette dernière, ne pouvant pas s'y résoudre, ne tarde pas à mettre au monde des jumeaux qui grandissent semble-t-il normalement …

Pour un examen critique, il est nécessaire de présenter les sept premières lignes de la colonne I (fragments B et C réunis), selon les lectures et les restitutions proposées par l'éditeur[7] :

I, 1) [..... *ꜥš Pꜣ-sꜣ-n-Ḥr* ***pꜣ ḏ*****]*****mꜥ n nꜣ hrw.w i.ir*** [*ḫpr n Kmy irm nꜣ nty i*]*w=w ḫpr n Kmy r wꜥ.t* [.....]
I, 2) [..... *ḏd=f n=y nꜣ s.t-ḏbꜣ nty iw=w r ḫpr n pꜣ dmy*] ***tꜣ sẖ.t irm pꜣ tš*** [*ḏr=f ḏd=y n=f : ḫtm*] *rꜣ=k md=y r tꜣ ḥꜣ.t r tꜣ* … [.....]
I, 3) [..... *gm*] ***Pꜣ-sꜣ-n-Ḥr pꜣ šy*** [*nꜣ ẖrṯ.w nty iw=*]*w ms n=n bn-pw=n* [.....]
I, 4) [.....] **…=*f*** ..... [..... *r pꜣ*] *mw ꜥꜣ n Kmy r ir* [.....]
I, 5) [..... *m-sꜣ nꜣy ḫpr n=s*] ***tꜣ wnw.t n ms*** [*ms=s ẖrṯ 2*] *r bn-pw=s gm r ḫꜣꜥ* ⌜*nꜣ*⌝ [*ẖrṯ.w r pꜣ mw* .....]
I, 6) [.....] ⌜*nꜣ.w*⌝-*ꜥn=f r-r=f* … [.....]
I, 7) [..... *r-ḏbꜣ pꜣ šy nty bn-*]*iw=f stꜣ.ṯ=f r-r=w* [.....]

Traduction : (I, 1) [..... Psienhor lut **le**] **livre des jours qui sont** [advenus en Égypte et de ceux qui] adviendront en Égypte, tandis qu'une [......] (I, 2) [..... il me révéla les malheurs qui arriveront à la ville,] **(à) la campagne et (dans)** [tout] **le territoire.** [Je lui répondis : 'Ferme] ta bouche. J'ai parlé auparavant au sujet de la … [.....'] (I, 3) [..... comme] **Psienhor** [découvrit] **le destin** [des enfants à qui] nous donnerons naissance, nous n'avons pas [.....] (I, 4) [.....] **.....** [..... la] grande eau d'Égypte sera [.....] (I, 5) [..... Après cela arriva pour elle] **le moment d'accoucher.** [Elle mit au monde deux enfants,] tandis qu'elle ne trouva pas (le courage) de jeter les [enfants à l'eau .....] (I, 6) [.....] il est plus beau que lui [.....] (I, 7) [..... à cause du destin qui ne] se détournera [pas] d'eux [.....]

D'après l'emploi des différents pronoms, cette reconstitution du texte implique que les trois premières lignes contiennent une narration effectuée à la première personne par l'épouse du personnage principal nommé Psienhor (Psinyris). Cela suppose la présence d'un troisième protagoniste auquel la femme de Psienhor s'adresserait, ce qui pourrait évoquer le long discours d'Ahouré du premier conte de Setné, qui est adressé à ce dernier pour l'avertir du péril qu'il court. Mais on ne trouve aucune trace d'un tel personnage dans ce qui nous est conservé du manuscrit, et la structure subséquente du récit ne permet guère de l'y insérer. En outre, à partir de la ligne 5, le supposé discours de la femme de Psienhor laisserait la place à une narration objective dans laquelle elle apparaîtrait elle-même à la troisième personne, sans que l'on puisse deviner la nature de l'articulation narrative qui permettrait un tel changement. En fait, le seul élément objectif fondant la présence dans le récit d'une éventuelle femme de Psienhor est l'unique pronom féminin de la ligne 5, dans un contexte d'ailleurs peu clair. L'existence des enfants eux-mêmes n'est corroborée que par la vague mention d'une naissance, alors que l'état même du texte ne permet d'assurer ni l'identité des parents ni celle de la progéniture.

En fait, le rapprochement des fragments B et C proposé par l'éditeur paraît largement arbitraire. Seules les lignes initiales de ces deux fragments sont susceptibles d'une liaison plausible, mais celle-ci ne présente aucun caractère de certitude. En effet, la séquence conservée dans le fragment B (*iw=w ḫpr n Kmy* …) est relativement banale dans

6. Ainsi Thissen, dans *Apokalyptik und Ägypten*, 116, n. 13.

7. Avec quelques adaptations dans la translittération. Les passages correspondant au fragment C sont marqués en gras.

ce texte et rien n'oblige à y voir la suite de la première ligne du fragment C, tandis que les quatre autres lignes sont très difficiles à raccorder, sinon au prix d'acrobaties hasardeuses[8]. Au total, les incohérences narratives suscitées par le raccord en question ne permettent pas de le considérer comme assuré.

Il n'en reste pas moins que les bribes de texte conservées dans le fragment C, aussi ténues soient-elles, présentent un intérêt certain. La mention d'un livre à la première ligne est particulièrement intrigante. Il est peu probable que celle-ci appartienne au discours prophétique lui-même, et il est également difficile de l'intégrer dans le récit cadre. Les deux seules autres mentions d'un livre dans le texte conservé du papyrus se trouvent à la fin du récit cadre : l'une désigne probablement le manuscrit rédigé par Psienhor afin de consigner les paroles de l'agneau et de les transmettre ainsi au pharaon (IV, 7), l'autre se réfère à l'ouvrage lui-même copié par le scribe Satabous fils de Herieus (IV, 10). Il est donc tentant d'y voir le titre même de l'œuvre placé en tête du manuscrit. En nous fondant sur cette hypothèse, nous proposerons deux modifications importantes dans l'édition de ce papyrus :

(1) Les fragments B et C appartiennent à deux colonnes différentes.
(2) Le fragment C correspond au début des cinq premières lignes de la première colonne du manuscrit original[9].

Les hypothèses du premier éditeur concernant la restitution du cadre narratif nous paraissent donc devoir être abandonnées. Rien ne permet de supposer que celui-ci comportait l'intervention de la femme et d'éventuels enfants de Psienhor. En fait, si l'on se fonde sur la brièveté de l'épilogue narratif à la fin du texte[10], on peut inférer qu'il en était de même au début et que le discours prophétique de l'agneau commençait assez tôt dès la première colonne.

Syntaxe et fautes de copiste

Constitué pour l'essentiel d'un discours prophétique, ce texte offre au moins une particularité syntaxique remarquable liée à sa temporalité : l'emploi du perfectif circonstanciel dans un contexte normalement au futur, et qui doit par conséquent être traduit comme un futur antérieur. Il s'agit généralement du passé négatif *bn-pw=f sḏm*, mais il y a au moins un exemple d'un *sḏm=f* circonstanciel avec sujet nominal dans un passage dont la construction grammaticale a embarrassé les traducteurs.[11]

Le manuscrit est dans l'ensemble plutôt soigné. On ne relève en effet, contrairement à l'opinion généralement exprimée jusqu'ici[12], que très peu de fautes avérées. Le scribe, comme la quasi totalité des scribes démotiques, écrit ou omet la préposition *n* de manière apparemment erratique. Pratique plus singulière, il omet aussi assez fréquemment la particule *r*, qu'il s'agisse de la préposition, du marqueur du circonstanciel ou de celui du futur III. Cette négligence est parfois gênante dans les passages lacunaires et elle a probablement amené les traducteurs à certains contresens, notamment quand l'omission du *r* pouvait créer une confusion entre une forme perfective circonstancielle et un passé narratif[13]. Il y a peu d'autres erreurs assurées : on note une marque de pluriel abusive pour un substantif précédé de l'article singulier (*pꜣ Mty*{*.w*}, II, 22), et une autre pour un adjectif-verbe à sujet probablement singulier ([*ỉw=f ꜥꜣ*]*y*{*.w*}, III, 4). Deux pronoms compléments ont peut-être été omis, mais le contexte lacunaire

8. Les différentes corrections de lecture qui doivent être effectuées dans cette partie du texte fragilisent par ailleurs la plupart des hypothèses de l'éditeur. Cf. *infra* les notes à la translittération.

9. Nous proposons en outre de placer le fragment D à la suite du C, cf. la translittération de la col. I, 4–13.

10. Environ cinq lignes et demi (IV, 5–10).

11. III, 21. Il s'agit de la séquence suivant *m-sꜣ ḫpr* ; cf. *infra* notes de la translittération et le commentaire de la traduction.

12. En premier lieu Zauzich, dans *Papyrus Erzherzog Rainer*, 165 (« seiner Fehlerhaftigkeit stellenweise »). À noter que les exemples de divergences graphiques pour l'écriture d'un même mot donnés par Thissen, dans *Egyptian Religion : The Last Thousand Years*, 1044, correspondent tous à des lectures erronées.

13. Par principe, nous n'avons pas restitué les *n* non écrits même s'ils étaient grammaticalement ou sémantiquement nécessaires. En revanche, les *r* qui nous ont paru omis ont été systématiquement introduits entre < >, à l'exception toutefois du *r* devant l'infinitif du futur III.

interdit dans les deux cas d'en être sûr[14]. Enfin, le scribe a corrigé deux omissions plus importantes par des ajouts interlinéaires[15].

Voici donc la translittération révisée que nous proposons pour l'ensemble du texte[16].

Colonne I

I, 1) [*Pꜣ ḏ*]*mꜥ n nꜣ* ⸢*md*⸣ *i.ir* [*ḫpr* .....]
I, 2) [... *ḫn*] *tꜣ sẖ.t n pꜣ tš n*[.....]
I, 3) [...] *Pꜣ-sꜣ-n-Ḥr pꜣ sn*[*ṯy* .....]
I, 4) [...] ⸢*Nn-rf bn-pw*⸣ [*Pꜣ-sꜣ-n-Ḥ*]*r pꜣ sn*[*ṯy ḥrry* (?) .....]
I, 5) [*ḫpr*] *tꜣ wnw.t n ms* [*pꜣ ḥyb*] *rn*=[*f* (?) .....]
I, 6) [.....] ⸢*n*=*w*⸣ ... [.....]
I, 7) [.....] ...=*f* [.....]
I, 8) [..... *di.t* (?)] *sẖ*=*y* [.....]
I, 9) [.....] ⸢*md*⸣ *i.ir* [.....]
I, 10) [.....] *ḥp*=*f* [.....]
I, 11) [..... *ḏd n*=*f Pꜣ-sꜣ-n-*]*Ḥr in*[*-nꜣ.w* .....]
I, 12 et I, 13) tr.
....

Colonne II

II, 1) [..... *i*]*w*=*w ḫpr Kmy r* ⸢*wꜥ.t*⸣ [.....]
II, 2) [..... *r*(?)]*-tw*=*k md*=*y r tꜣ ḥꜣ.t r tꜣ* ... [.....]
II, 3) [.....]=*w ms*⸢=*n*⸣ <*r*> *bn-pw*=*n* [.....]
II, 4) [..... *r Šy-wr pꜣ*] ⸢*mw*⸣ *ꜥꜣ Kmy r ir* [.....]
II, 5) [.....] *r bn-pw*=*s gm r rmt šm* ⸢*n*⸣[=*f* (?) .....]
II, 6) [.....] *nꜣ.w-ꜥn*=*f r-r*=*f* tr. [.....]
II, 7) [..... *nt*]*y iw*=*f stꜣ.ṯ*=*f r-r*=*w* [.....]
II, 8) [..... *m*]*d*(?) ⸢*sbqy.t*⸣ *r* [.....]
II, 9) [.....] *ḥqꜣ n ꜥq* [.....]
II, 10) [.....] *sywr wꜥ* [.....]
II, 11) [..... *r-ḫsf*(?)]=*n s r-ḏbꜣ* [.....]
II, 12) [.....] *r-r*=*f iw*=*w wš šr nꜣy*[=*f* .....]
II, 13) [.....] tr. [...] *sfy r nꜣy*=*f* ... [.....]
II, 14) [.....] *ḫpr pꜣ ṯꜣ rn*=*f r rmt-m-ꜥꜣ r ir rmt* [*ḫm* .....]
II, 15) [.....] ⸢*rmt*⸣ *iw*=*f di.t wp.t r ir nꜣy*=*w hy.w* [.....]
II, 16) [.....] *ḫn Kmy bn-iw rmt ḏd md mꜣꜥ.t* [.....]

14. En II, 5 et II, 23 ; cf. *infra* notes de la translittération.

15. Le verbe *rḫ* en III, 8 et le substantif *Pr-ꜥꜣ*$^{\text{ꜥ.w.s}}$ en IV, 7.

16. La numérotation des colonnes que nous avons adoptée diffère nécessairement de celle de l'édition de 1983, selon les correspondances suivantes : col. II (2014) = col. I (1983) ; col. III (2014) = col. II (1983) ; col. IV (2014) = col. III (1983). Comme des découvertes futures pourront éventuellement amener à insérer des colonnes supplémentaires soit après la première, soit après la deuxième, nous proposons par avance de les numéroter ainsi : I-bis, I-ter ... II-bis, II-ter.

II, 17) *[.....] ʿšꜣy ẖn Kmy ỉw=w gmʿ r ⸢nꜣ⸣ ʿ[ʿ.w .....]*
II, 18) *[.....]* tr. *r nꜣy=w rmt.w ʿḥʿ <r> bn-pw=w rḫ md r nꜣ rmt.w Kmy [.....]*
II, 19) *[..... rp]y.w bn-ỉw rḫ nꜣ ntr.w ṯꜣy n=w pꜣ s[.....]=f (?)*[17]
II, 20) *[..... nꜣ ...w nty ỉw] Pꜣ-Rʿ dỉ.t ḫpr=w Kmy m-sꜣ nꜣy [.....]*
II, 21) *[.....] Kmy n hyn.w ss.w sbq nꜣy=w sḏ[n.w(?) .....]*
II, 22) *[.....] rnp.t.w m-sꜣ ḫpr r pꜣ Mty{.w} r ỉy r pꜣy [tꜣ (?) .....]*
II, 23) *[..... wʿ.t] mr.t r ⸢ḫꜣs.t⸣ ỉw=w dỉ.t <s (?)> Kmy [.....]*
II, 24) *[.....r s.ḥm.t mwt r] ⸢bn-pw=s⸣ ms [r rmt] ʿḫy pꜣ ẖmm pꜣ sr[.....]*

Colonne III

III, 1) *[.....] ⸢nꜣ⸣ Wynn.w ẖn wʿ grmy ꜣtl ỉw=w dỉ.t šm=f r wʿ.t šmʿy*
III, 2) *[.....] ỉw=w ỉn.ṱ=f r-ẖry n ỉbd-3 pr.t ỉbd-4 pr.t ỉw=w skꜣ wʿ ⸢ỉt⸣ bn-ỉw=w*
III, 3) *[.....] ⸢ỉw=w ḥwy⸣ tꜣ ḥḏ.t [tꜣ dšr.t (?)] r Kmy ỉw=w wḫꜣ=w bn-ỉw=w gm=w r wʿ ḫm*
III, 4) *[-ẖl (?)] ⸢ỉn-ỉw⸣ [ỉw=f ḫm (?)] n swḥy[.t ỉw=f ʿꜣ]y{.w} n ḥꜣ.t nꜣ ntr.w ỉw=f ḏlḥ ḥꜣ.t nꜣ rmt.w ỉw=f*
III, 5) *[.....] ⸢pꜣy=n⸣ ḥry*$^{ʿ.w.s.}$ *Pa-tꜣ-2.t nty bn-ỉw pꜣy=n ỉn pꜣy Pa-tꜣ-55 pꜣ nty ỉw pꜣy=n Pa-tꜣ-snty.t*
III, 6) *[pꜣy .....] ⸢mst⸣ ʿšꜣy ḫpr ẖn Kmy nꜣ ỉpt.w n tꜣ p.t ỉrm*
III, 7) *[nꜣ rym.w n pꜣ] ⸢yʿr⸣ wnm pꜣy=w snf ỉrm nꜣy=w ỉwf.w ỉw=w ʿnḫ r.r=w r rmt šm r pꜣ mw*
III, 8) *[..... ỉn].ṱ=f r-ḥry bn-ỉw=f ↑rḫ↑ sywr [r-ḏb]ꜣ [tꜣ] ẖ.t ⸢ḥwe⸣ pꜣ nty ẖn=f pꜣ rmt ḫm nty ỉw=f ḫpr*
III, 9) *⸢ẖn Kmy⸣ ỉw=f ỉmḥ.ṱ pꜣ ⸢nkt n-ḏr.t⸣ pꜣ rmt-m-ʿꜣ ỉw=f ʿḥʿ <r> bn-pw=w šn=f r rmt šm*
III, 10) *ỉ.ỉr-ḥr [pꜣy]=f ỉry ỉw=f ḏd nꜣ nty ỉw ⸢bw⸣[-ỉr]=w ḏd[.ṱ=w n]=f ỉw=s ẖn ḥꜣ.ṱ=f ḏd nm pꜣy*
III, 11) *r rmt šm <r> pꜣ ʿ.wy n wpy.t ỉrm pꜣ[y]=f ỉry ỉw=w šp nkt n-ḏr.t pꜣ ḏry*
III, 12) *⸢n.ỉm=w⸣ r-ḏbꜣ dỉ.t mꜣʿ=f wy bty.t [pꜣ] mnḥ ʿšꜣ-ỉr nty ỉw=w ṯꜣy.ṱ=f r pꜣ [tꜣ] Ḫr ỉ.ỉr-ḥr*
III, 13) *[pꜣ]y=f ⸢ỉṱ⸣ [tꜣy=f] ⸢mw.t⸣ wy bty.t nꜣ [s.ḥm.t.w] nty ỉw=w ms mnḥ ʿʿy n dỉ.t ỉw=w ṯꜣy.ṱ=w*
III, 14) *r pꜣ tꜣ Ḫr ỉ.ỉr-ḥr=w wy Kmy [.....] pꜣ sḥwy ỉw=f ʿšꜣ ẖn=f rmy*
III, 15) *Ỉwnw ⸢r⸣ pꜣ Ỉꜣbt ḫpr tk[... h(?)]⸢p⸣ rmy Pr-Bꜣst.t lmy Pr-Ḥʿpy*
III, 16) *ỉw=w ỉr nꜣ ẖr.w [n] Ṱbn-⸢ntr⸣ n qm ꜣlly r tꜣ nwṱ n Pr-ḥw.t-Mḥyꜣ.t*
III, 17) *be bnṱy špy rmy nꜣ šn.w ʿꜣy.w Wpqy rmy Mn-nfr pꜣ tmy Ḥp*
III, 18) *rmy Nỉw.t pꜣ tmy Ỉmn rmy tꜣ ḥs.t pꜣ tmy Šw ỉ.ỉr šp ḥty ḥyyṱ.t*
III, 19) *mnq pꜣ ḥyb nꜣ sḥwy.w r.r=w ḏr=w ḏd n=f Pꜣ-sꜣ-n-Ḥr ỉn-nꜣ.w ỉ.ỉr nꜣy ḫpr r ⸢bn-pw=n⸣ nw*
III, 20) *r.r=w ḏd=f n=f ỉ.ỉr ỉw=w ḫpr ỉw=y n ỉrʿy.t n ḏꜣḏꜣ Pr-ʿꜣ*$^{ʿ.w.s.}$ *nty ỉw=f ḫpr pꜣ mnq rnp.t*
III, 21) *900.t ỉw=y ỉr-sḫy Kmy m-sꜣ ḫpr r pꜣ ⸢m-nfr⸣ tw=f ḥr=f <r> Kmy ỉw=f wꜣy*
III, 22) *r nꜣ ḫꜣs.t.w r ⸢md⸣ mꜣʿ.t r pr r [md] ʿḏ ꜣq r pꜣ hp tꜣ wpy.t ḫpr ẖn*
III, 23) *Kmy ỉw=w ⸢šp⸣ swn n nꜣ gꜣ.w nꜣ ntr.w Kmy r.r=w r Nnywꜣ pꜣ tš*
III, 24) *pꜣ Ỉšʿr ỉw=f [ḫpr] r nꜣ rmt.w Kmy šm r pꜣ tꜣ Ḫr ỉw=w ỉr-sḫy nꜣy=f tš.w ỉw=w gm*

Colonne IV

IV, 1) *nꜣ gꜣ.w nꜣ ntr.w Kmy ỉ.ỉr ⸢bn-ỉw⸣=w rḫ md r-ḏbꜣ tꜣ md nfr.t nty ỉw ỉw=s ḫpr Kmy*
IV, 2) *r pꜣ ⸢ḫ⸣bṱꜣ n pꜣ ntr r ỉn-bn r pꜣ mnḫ n pꜣ ntr r mnḫ n pꜣ ntr ʿn ỉw=w qrs=f r tꜣ ꜣkrn.t*
IV, 3) *⸢ỉḥm⸣ r tꜣ msṱ.t r ršy r-ḏbꜣ nꜣ md.w nfr.t nty ỉw=w ḫpr Kmy r tꜣ kpy.t rmt nty ỉw ỉw=s*

---

17. Ce pronom suffixe est le seul signe identifiable des restes de la colonne précédant la colonne III sur le fragment A. Nous le plaçons ici dans l'hypothèse où il n'y aurait pas de colonne intermédiaire entre II et III.

IV, 4) *ḫpr ẖn Kmy ḏd hmy pꜣy(=y) iṯ pꜣ iṯ n pꜣy(=y) iṯ* ⌜*dy*⌝ *irm=y n pꜣ hꜣ nfr*
IV, 5) *nty iw=f ḫpr i.ir pꜣ ḥyb mnq nꜣ md.w ḏr=w n-tꜣy ḫpr tꜣy=f wꜥb.t tw Pꜣ-sꜣ-n-Ḫr*
IV, 6) *ꜥr=f r wꜥ rms mꜣy bn-pw=f ḥrry r pꜣ mꜣ nty iw Pr-ꜥꜣ* ꜥ.w.s. *Bꜣk-rn=f* [ꜥ.w.s.] *n.im=f*
IV, 7) *ꜥš=w pꜣ ḏmꜥ i.ir-ḥr Pr-ꜥꜣ* ꜥ.w.s. *ḏd n=w* ↑*Pr- ꜥꜣ* ꜥ.w.s.↑ *nꜣy in-bn.w iw=w ḫpr n Kmy ḏr=w*
IV, 8) *ḏd Pꜣ-sꜣ-n-Ḫr pꜣ snṯy iw=w ḫpr ḏd Pr-ꜥꜣ* ꜥ.w.s. *n Pꜣ-sꜣ-n-Ḫr i.nw wbꜣ pꜣ ḥyb my di=w s*
IV, 9) *ẖn wꜥ.t qnḥ[y].t my qrs=w s m-qdy.t ntr my ḫpr=f ḥr pꜣ tꜣ r-ḫ pꜣ snt nty ḫpr*
IV, 10) *ḥry nb m-sꜣ nꜣy di Pr-ꜥꜣ* ꜥ.w.s. *qrs=w s r-ḫ ntr sḫ pꜣ mnq pꜣ ḏmꜥ pꜣy sḫ ḥꜣ.t-sp 33.t*
IV, 11) *Qysls ibd-4 šmw sw 8 m-sḫ Ḫtbꜣ <sꜣ> Hry=w pꜣ ẖm rn n mw.t=f Ḫtbꜣ ꜥꜣ.t*
IV, 12) *tws pꜣ sḥwy r-ir [Pꜣ-]Rꜥ Kmy ṯꜣy ḥꜣ.t-sp 6<.t> Pr-ꜥꜣ* ꜥ.w.s. *Bꜣk-rn=f* ꜥ.w.s.

Notes de la translittération[18]

I, 1) *nꜣ* ⌜*md*⌝ *i.ir* ; *nꜣ hrw.w i.ir* (Z). Bien que cette lecture soit relativement plausible, le mot *hrw* « jour » n'apparaît pas ailleurs dans le texte, et d'autre part le titre « Le livre des jours qui sont [arrivés ...] » semble étrange et sans parallèle, aussi préférons-nous lire ce groupe 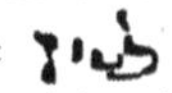 *md*, celui-ci étant d'ailleurs pratiquement identique aux autres graphies de ce mot dans ce papyrus. Le participe *i.ir* semble imposer la restitution *i.ir* [*ḫpr*]. Un parallèle peut être trouvé dans le discours du roi Nectanébo de la *Prophecy of Petesis Sequel* (cf. K. Ryholt, *Narrative Literature from the Tebtunis Temple Library*, The Carlsberg Papyri 10 = CNI Publications 35 (Copenhague, 2012), 157–70), l. 2–3 : *ḥꜣ.ṯ=y tḥl r-ḏbꜣ nꜣ md.w i.ir ḫpr n Pꜣ-di-Ꞽs.t sꜣ Hl=w*, traduit par l'éditeur ainsi : « I am sad because of the things that have happened to Petesis, son of Hergeus ». Cependant, la phrase suivante : *ḥn=y r gm ꜥꜣ pꜣ ṯꜣ nty ir.w nꜣ md.w rn=w ḫpr n.im=f* « Mon désir est de découvrir dans combien de temps **les choses en question** se produiront » montre qu'il ne s'agit pas de « choses qui sont arrivées à Pétéisis » lui-même, mais de prédictions qui lui ont été révélées, et dont le roi cherche à savoir quand elles se réaliseront. Dans un tel contexte *nꜣ md.w i.ir ḫpr n* ne peut donc signifier autre chose que « les paroles qui ont été révélées (ou inspirées) à ... ».

I, 2) *tꜣ sḫ.t n pꜣ tš* ; *tꜣ sḫ.t irm pꜣ tš* (Z). Le mot *sḫ.t* 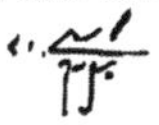 est écrit avec la désinence féminine *.t*, et il n'y a pas de place pour *irm* avant l'article *pꜣ*.

I, 3) *Pꜣ-sꜣ-n-Ḫr pꜣ sn*[*ṯy*] ; *Pꜣ-sꜣ-n-Ḫr pꜣ šy* (Z). Pour la lecture du titre *pꜣ snṯy* « le ministre (de l'économie) », cf. *infra*, note à la l. IV, 8.

I, 4) 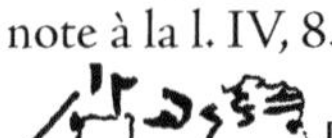 ⌜*Nn-rf bn-pw*⌝ ; ...=*f* ..... (Z). On peut transcrire ce toponyme ainsi : . Pour le déterminatif de la maison, cf. *W-pqy* (III, 17). La restitution de la suite est évidemment une conjecture fondée sur l'hypothèse d'un raccord entre les fragments C et D.

Pꜣ-sꜣ-n-Ḫ]*r pꜣ sn*[*ṯy* ; [.....] *pꜣ šy* [(Z). Pour la lecture du titre *pꜣ snṯy* « le ministre (de l'économie) », cf. *infra*, note à la l. IV, 8.

I, 6)  ⌜*n=w*⌝ ... ; ..... (Z). Pour la lecture, cf. II,19 (*nꜣ ntr.w ṯꜣy n=w*). À noter que le déterminatif des pays étrangers est souvent presque homographe du groupe *n=w* dans ce manuscrit, cf. infra, note à la l. II, 2A.

I, 9) 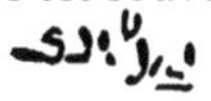 ⌜*md*⌝ *i.ir* ; ... *i.ir* (Z).

I, 10) 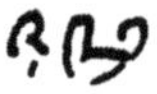 *ḥp=f* ; ...=*f* (Z). Le verbe *ḥp* « cacher » est déterminé par l'œil fardé, cf. *nꜣ.w-ꜥn* (II, 6) ; *nw* (III, 19).

18. Nous avons inclus toutes les propositions de lecture depuis la première édition selon les conventions suivantes : CDD = J. Johnson et al., *Chicago Demotic Dictionary (on line)* ; H = Hoffmann, dans *Ägypten, Kultur und Lebenswelt*, 181–85 ; Q = Quack, *Anthologie der demotischen Literatur*, 181–83 et 351–53 ; R = Ritner, dans *The Literature of Ancient Egypt*, 445–49 ; T1 = Thissen, dans *Egyptian Religion*, 1043–53 ; T2 = Thissen, dans *Apokalyptik und Ägypten*, 113–38 ; Z = Zauzich, dans *Papyrus Erzherzog Rainer*, 165–74. Certaines corrections non expressément mentionnées par leurs auteurs ont été déduites de leurs traductions respectives.

I, 11) *ḏd n=f Pꜣ-sꜣ-n-]Ḥr ỉn[-nꜣ.w ; Pꜣ-sꜣ-n-]Ḥr ỉ[* (Z). Cf. III, 19.

II, 2) *tw=k ; rꜣ=k* (Z). Le groupe en question est parfaitement homographe de *tw* (cf. III, 21 *tw=f ḥr=f* ; IV, 5 *tw Pꜣ-sꜣ-n-Ḥr* ; IV, 12 *tws*). Pour cette graphie particulière (avec le déterminatif de la chair), cf. l'exemple donné par le *CDD*, *s.v. tw* « (pair of) sandals ; soles (of feet) » (P. Berlin 8278B).

II, 3) *ỉw=]w ms=n ; ỉw=]w ms=w n=n* (Z). On peut lire aussi bien *ms=n* que *ms n=n*.

II, 4) La séquence *pꜣ mw ꜥꜣ (n) Kmy* est normalement précédée de *Šy-wr*, auquel cas il s'agirait du lac Moeris, mais le groupe lu *mw* pourrait aussi être le déterminatif de *yꜥr*, « fleuve », et il s'agirait alors du Nil.

II, 5) *r bn-pw=s gm*. On peut considérer que *gm*, normalement transitif, a comme complément la circonstancielle qui suit. Alternativement, on peut aussi supposer l'omission d'un c.o.d. pronominal (*=f*, *=s* ou *=w*).

r rmt šm ⌜*n=f*⌝ [ ] ; *r ḫꜣꜥ* ⌜*nꜣ*⌝ [*ḫrṯ.w* .....] (Z). La correction du groupe lu *r ḫꜣꜥ* en *r rmt šm* a été effectuée par Ritner, dans *The Literature of Ancient Egypt*, 447, n. 6, et par Quack, *Anthologie der demotischen Literatur*, 353, n. *h*, en III, 7, 9 et 11, mais tous deux ont suivi ici la lecture de l'éditeur dans leurs traductions respectives, malgré une graphie parfaitement identique aux trois autres. L'abandon des restitutions proposées par Zauzich impose d'étendre la correction à la présente séquence.

II, 7) *nt]y ỉw=f stꜣ.ṯ=f r-r=w* [; *nty bn*]*-ỉw=f stꜣ.ṯ=f r-r=w* [(Z).

II, 8) *m*]*d*(?) ⌜*sbqy.t*⌝ ; [.....] *sbty.t* (Z). Examiné attentivement, le *q* de *sbqy.t* paraît presque certain . S'il s'agit de l'adjectif *sbq*, on peut objecter la différence de graphie avec *ssw sbq* en II, 21 (déterminatif et présence d'un *y*).

II, 9) *ḥqꜣ n ꜥq* (Q) ; *ḥqꜣ n.ỉm=*[.] (Z).

II, 11) [*r-ḫsf*(?)]*=n s r-ḏbꜣ* [......] ; [......]*=n s r-ḏbꜣ* [......] (Z). Nous restituons ici *ḫsf* car on ne connaît guère d'autre verbe transitif ordinairement pourvu du double déterminatif du moineau et de l'ennemi mort.

II, 12) *ỉw=w wš šr ; ỉw=w wš ms* (Z).

II, 15) *wp.t* (Q) ; *šms* (Z).

II, 17) *ỉw=w gmꜥ r* ⌜*nꜣ*⌝ ⌜[*ꜥ.w*] (H) ; *ỉw=w gmꜥ r* ..... (Z).

II, 19) *pꜣ s*[.....] (Z) ; *pꜣ s*[*ḥwy*] (T2). Cette dernière restitution nous paraît quelque peu arbitraire.

II, 21) *nꜣy=w sḏ*[*n.w*] (Q d'après la traduction « Ihre Ratschläge ») ; *pꜣy=w sḏ*[ ] (Z) ; *nꜣy=w sḏ*[*y.w*] (T2, d'après la traduction « Ihre Erzählungen ») ; *pꜣy=w sḏ*[*y* (?)] (R, d'après la traduction « Their fighting ? »).

II, 22) *ỉy r pꜣy* [...] (H) ; *ỉy r* [*Kmy*] (Z). Après le démonstratif *pꜣy*, la conjecture [*tꜣ*] « [pays] » nous paraît la plus probable.

II, 23) *wꜥ.t*] *mr.t r* ⌜*ḫꜣs.t*⌝ ; [.....] ... *r* ⌜*ḫpr*⌝ [.....] (Z) ;] *wpy.t r* [*ḫpr*] *n=w* (R, d'après la traduction « judgment will [happen] to them »). Les déterminatifs associés de la chair et de l'ennemi mort justifient pleinement la lecture *mr.t* « maladie » pour le groupe (transcription:). Ce mot n'est enregistré qu'au masculin par le *CDD*, mais il existe en hiéroglyphes sous les deux genres (*Wb.* II, 96, 1–5 et 6–12). La restitution de la séquence suivante est rendue plus problématique par une lacune malencontreuse. L'amorce du signe suivant le *r* correspondrait bien à *ḫpr*, tandis que le groupe final pourrait être *n=w*, comme le lit Ritner. On obtiendrait ainsi la séquence signifiante [*wꜥ.t*] *mr.t r* ⌜*ḫpr*⌝ *n=w* « une maladie arrivera pour eux », mais la trace d'encre bien nette en bordure gauche de la lacune ne peut pas être la fin du signe *ḫpr.* Comme il ne s'agit pas non plus d'un pronom suffixe, le mot en lacune peut difficilement être un verbe, ce qui permet de douter de la lecture *n=w* pour le groupe suivant. Ce dernier pourrait bien aussi être le déterminatif des pays étrangers, et l'on pourrait alors songer à une lecture ⌜*ḫꜣs.t*⌝ qui conviendrait parfaitement aux restes d'écriture avant et après la lacune (pour la graphie de *ḫꜣs.t*, cf. *infra* note à la l. III, 22), bien qu'une locution *r ḫꜣs.t* « vers l'étranger », si elle semble plausible, n'ait pas encore été attestée par ailleurs (cf. cependant en néo-égyptien *ỉw=y ḥr ḫꜣs.t* « lorsque je suis à l'étranger », *KRI* II, 334, 3, cité par D. Meeks, *ALex* 79.2150).

II, 24) *r*] ⌜*bn-pw=s*⌝ *ms* ;] ... *ms* (Z). Le pronom *=s* semble sûr, tandis que les traces précédentes peuvent correspondre à *bn-pw*.

[*r rmt*] *ꜥḫy* (*n*) *pꜣ ḫmm pꜣ sr*[; [.....] *ꜥḫy pꜣ ḫmm pꜣ sr*[*f* (Z). Nous supposons que tout ce passage concerne les conséquences de l'épidémie évoquée à la ligne précédente. Ainsi *pꜣ ḫmm* doit désigner la fièvre. Le déterminatif et le *y* final ne permettent guère d'identifier *ꜥḫy* au substantif signifiant « four, brasier », il doit plutôt s'agir du verbe « pendre, suspendre », avec le sens dérivé « dépendre de » (cf. le copte ⲉⲓⲱϣⲉ). Si l'on admet la restitution *sr*[*f*] pour le dernier substantif incomplet, il faudrait également y voir un terme médical : « inflammation, fièvre », cf. *CDD*, *s.v. srf.*

III, 1) *wꜥ grmy ꜣtl* (T2, d'après le *CDD*) ; *wꜥ grmy lꜣl* (Z).

III, 2) *wꜥ* ⸢*it*⸣ (Q) ; *wꜥ* ... (Z).

III, 3) 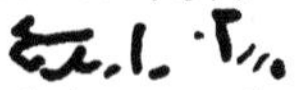 ⸢*iw=w ḥwy*⸣ ; ⸢*iw=w wꜣy*⸣ (Z). Le sens et la grammaire imposeraient de lire *iw=w di.t wꜣy*, mais il n'y a pas de place dans la lacune pour *di.t*, aussi proposons-nous *ḥwy*.

 *tꜣ ḥḏ.t* [*tꜣ dšr.t* (?)] ; *tꜣ ḥḏ.t nꜣ* [*nsw.w*] (Z) ; *tꜣ ḥḏ.t nꜣ* [*sḥn.w*] (Q, d'après la traduction « die [Krone] »). Le signe lu *nꜣ* par l'éditeur est en réalité la désinence *.t* de *ḥḏ.t* surmontée d'une petite tache fortuite. Si l'on admet la restitution *tꜣ dšr.t*, il faut évidemment supposer une graphie réduite au pictogramme.

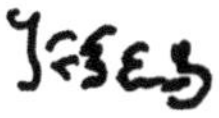 *iw=w wḫꜣ=w* (Z) ; *iw=w ḫꜣꜥ=w* (Q), mais cette dernière lecture ne semble justifiée ni par la graphie ni par le sens.

III, 4) 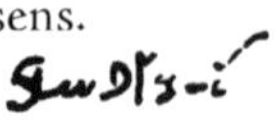 [*iw=f ḫm* (?)] *n swḥy*[*.t* ; [.....] ⸢*pꜣ*⸣ *swḥy* [(Z). Le mot précédant *n* semble être déterminé par l'ennemi mort, ce qui rappelle l'expression *iw=f sbk n swḥy.t* du *Mythus* (col.18, l.12–13), avec [*ḫm*] au lieu de [*sbk*] pour convenir à l'espace disponible dans la lacune. La conjecture de Thissen, dans *Egyptian Religion – The Last Thousand Years*, 1044, qui fait de *swḥy* une graphie fautive de *sḥwy* « malédiction », ne nous semble pas s'imposer.

III, 5) ⸢*pꜣy=n*⸣ *ḥry*ꜥ.w.s. ; ... ⸢*ḥry*⸣ ... (Z). On peut transcrire le groupe ... ainsi : .... La formule eulogique ꜥ.w.s. suit normalement le substantif *ḥry* quand celui-ci désigne le roi. Cette lecture permet d'expliciter toute la séquence depuis la fin de la ligne 3 et justifie les restitutions proposées pour la ligne 4.

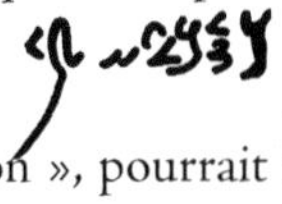 *Pa-tꜣ-snty.t* (R) ; *Pa-tꜣ-sḥny.t* (Z). Le déterminatif du serpent, inhabituel pour *snty.t* « fondation », pourrait s'expliquer par une réinterprétation du déterminatif hiéroglyphique ... . Cette correction permet de mettre en évidence un jeu de mots avec *Pa-tꜣ-2.t*, les deux séquences étant phonétiquement identiques : ⲡⲁⲧⲥⲉⲛⲧⲉ. À noter que des jeux de mots similaires avaient été supposés par Thissen, dans *Apokalyptik und Ägypten*, 124, mais sur des bases différentes.

III, 6) ... ⸢*mst*⸣ ; ⸢*btw*⸣ (Z). Le groupe initial ne semble pas être susceptible d'une lecture *bt*.

III, 7) ... [*nꜣ rym.w n pꜣ*] ⸢*yꜥr*⸣ ; [*nꜣ rym.w n pꜣ*] ⸢*ym*⸣ (Z). Les traces qui subsistent avant le déterminatif de l'eau pourraient correspondre au groupe *rꜥ* dans *irꜥy.t* « uraeus » (III, 20). D'autre part, l'évocation dans ce contexte de poissons nilotiques paraît plus probable que celle de poissons marins.

iw=w ꜥnḫ r.r=w (R, d'après la traduction « living with respect to them ») ; *iw=w rmt rḫ r.r=w* (Z) ; *iw=w* {*rmt*} *rḫ r.r=w* (Q). La lecture *ꜥnḫ* ... de ... semble sûre (noter le trait horizontal au-dessus du *ḫ* pour *n*, bien différent du *r* oblique de *rḫ*). La construction *ꜥnḫ r* doit être analogue au copte ⲱⲛϩ ⲉ- « vivre de » (Crum, CD, 525b).

r rmt šm (R, Q) ; *r ḫꜣꜥ* (Z). Voir supra, note à la l. II, 5.

III, 8) ... [..... *in*]*.ṯ=f r-ḥry* ; [.....] *r-ḥry* (Z). On peut proposer de restituer *e.g.* : *r rmt šm r pꜣ mw* [*irm wꜥ hn iw=f in*]*.ṯ=f r-ḥry.*

sywr [*r-ḏb*]*ꜣ* [*tꜣ*] *ḫ.t hwe* ; ⸢*sywr*⸣ [*wnm*] ⸢*r-ḏbꜣ*⸣ *ḫ mḏꜣ*(*.t*) (Z). Il n'y a pas de place pour la restitution [*wnm*], la préposition *r-ḏbꜣ* occupant l'essentiel de la lacune. La lecture *ḥwe* du groupe ... paraît certaine, le premier signe étant de toute évidence un *ḥ* et non un *m*. Le déterminatif est également différent de celui de l'écrit (employé notamment pour *ḏmꜥ* et *sḫ*), et doit plutôt représenter la bouche qui régurgite, même si ce signe ne semble guère attesté en démotique. On peut transcrire le mot ainsi : .... Le substantif *ḫ.t* devait d'autre part être précédé d'un article dont il nous semble apercevoir les traces sur la photographie, la phrase nominale *r-ḏbꜣ tꜣ ẖ.t ḥwe pꜣ nty ẖn=f* signifiant littéralement : « à cause de la sorte de putréfaction (étant) ce qui est en lui ».

III, 8–9) *pꜣ rmt ẖm* ⸢*nty*⸣ *iw=f* ⸢*ḫpr ẖn Kmy*⸣ (Q) ; *pꜣ rmt* ⸢*ẖm*⸣ (*nty*) ⸢*iw=f r in*⸣ [.....] ..... (Z).

III, 9) *pꜣ* ⸢*nkt n-ḏr.t*⸣ *pꜣ rmt-m-ꜥꜣ* ; *pꜣ* [.....] *nꜣ rmt-m-ꜥꜣ* (Z).

r rmt šm (R, Q) ; *r ḥꜣꜥ* (Z). Voir *supra*, note à la l. II, 5.

III, 10) *iw=f ḏd nꜣ nty iw* ⸢*bw*⸣[*-ir*]*=w ḏd*[*.ṯ=w n*]*=f* ; *iw=f ḏd n=w* (*pꜣ*) *nty iw* ...[...]... ⸢*n-im=f*⸣ (Z). Malgré une lacune peu étendue et un contexte relativement clair, la restitution de ce passage est difficile. La correction *n=w* > *nꜣ* est pratiquement certaine, tout comme la lecture *ḏd*, malgré l'effacement partiel de ce dernier mot. Le reste de la restitution tente de suivre à la fois les traces subsistantes et la cohérence grammaticale. À noter que celles-ci pourraient tout aussi bien correspondre à la lecture *nty iw* ⸢*bn*⸣[*-pw*]*=w*, peut-être moins vraisemblable pour le sens.

III, 11) *r rmt šm* (R, Q) ; *r ḥꜣꜥ* (Z). Voir *supra*, note à la l. II,5.

III, 12) ⸢*n.im=w*⸣ *r-ḏbꜣ di.t mꜣꜥ=f* (Q) ; ⸢*r-r=w*⸣ *r-ḏbꜣ pꜣ mw.t=f* (Z).

mnḥ ; *mnḥ ẖm* (Z). Le groupe lu *ẖm* doit plutôt être interprété comme le déterminatif, qui serait sinon absent, de *mnḥ*.

ꜥšꜣ-ir (H) ; *iꜥw* (Z). Bien qu'il l'ait prudemment indiquée en note à titre d'hypothèse, la lecture proposée par Hoffmann, dans *Ägypten, Kultur und Lebenswelt*, 182, n. 443, pour ce groupe est excellente tant du point de vue paléographique que du sens (cf. le copte ⲁϣⲓⲣⲓ).

nty iw=w ṯꜣy.ṯ=f ; *iw=w ṯꜣy.ṯ=f* (Z).

III, 13) *nꜣ* [*s.ḥm.t.w*] ; *nꜣ* [*ḥm.t.w*] (Z), sans doute à cause de l'espace jugé trop large pour *s.ḥm.t*, mais la présence d'un pluriel « long » pourrait aisément compléter la lacune.

mnḥ ; *mnḥ ẖm* (Z). Voir note à la ligne précédente.

ꜥyy n di.t ; *ꜥyy* (Z). Zauzich ne translittère pas la séquence qui suit le déterminatif de *ꜥyy*. Celle-ci doit probablement se transcrire ainsi « (génération) de combat », à moins qu'il ne faille lire *r di.t*, « pour combattre ».

III, 14) *wy Kmy* [.....] *pꜣ sḥwy iw=f ꜥšꜣ ẖn=f* ; *wy Kmy* [*iw=f rmy r-ḏ*]*bꜣ sḥwy iw=f ꜥšꜣ ẖn=f* (Z). Le signe avant *sḥwy* n'est pas la fin de *r-ḏbꜣ*, écrit très différemment ailleurs dans ce texte, mais bien plutôt l'article *pꜣ*. La lacune est d'autre part susceptible d'autres restitutions que [*iw=f rmy*] comme *e.g.* [*nty iw=f šp*], « qui subira (la malédiction) ».

III, 15) *ꞽIwnw...(?)* ; *ꞽIwnw* ⸢*mḥṯ*⸣ (Z). La lecture *mḥṯ* proposée par Zauzich, dans *Papyrus Erzherzog Rainer*, 171, n. 32, nous paraît peu probable. S'agit-il d'un *n* comme complément phonétique avant le pavois divin (transcription :) ? Ou bien du déterminatif de la maison qui apparaît dans d'autres toponymes comme *Nn-rf* ou *W-pqy* (transcription :) ?

tk[... *h*(?)]⸢*p*⸣; *tkn* [.....] (Z). Le *n* n'est pas sûr et l'absence du déterminatif n'assure pas l'identification du verbe *tkn* « attaquer (?) ». Nous suggérons plutôt de transcrire comme graphie phonétique de *di.t-ꜣq* = ⲧⲁⲕⲟ « perdition » ; cf. M. Smith, *The Mortuary Texts of Papyrus BM 10507*, CDPBM 3 (Londres, 1987), 90sq.

III, 16) *Ṯbn*-⸢*nṯr*⸣ ; *Sbn-nṯr* (Z). Le pavois divin final ne peut pas être lu *nṯr*, car il apparaît dans la plupart des autres toponymes de ce papyrus. En revanche, l'apparent *s* initial doit probablement être le signe en antéposition honorifique et partiellement effacé : . Cette graphie de Σεβεννῦτος est proche de celles des P. Tebt. Tait 2, 2, 7 ; P. Krall, 17, 9 (d'après le *CDD*, *s.v. bn-nṯr*) et P. Carlsberg 424, 4 (cf. Ryholt, *Narrative Literature*, 168).

tꜣ nwṯ. Pour l'identification avec le copte ⲛⲟⲩⲧ « bassin, citerne », cf Quack, *Enchoria* 21 (1994), 72 (interprétation citée, mais non confirmée, par le *CDD*, *s.v. nꜥy.t* « landing place »).

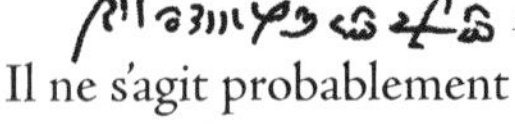 *Pr-ḥw.t-Mḥyꜣ.t*;*Pr-ḥw.t-Mḥy.t*(Z).On peut transcrire : . Il ne s'agit probablement pas de Mendès, cf. le commentaire de la traduction.

III, 17) *be bnṯy špy*. Sur cette séquence, voir Quack, *loc.cit.*

nꜣ šn.w ꜥꜣy.w (T1) ; *nꜣ wꜥb[.w] ꜥꜣy.w* (Z).

III, 18) 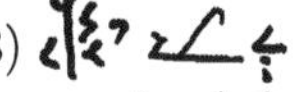 *tꜣ ḥs.t* ; *Tꜣ-ḥs.t* (Z). Noter l'absence du déterminatif des toponymes. Pour l'interprétation, cf. le commentaire de la traduction.

i.ir šp ḥty ḥyyṱ.t. Cette séquence ne peut être qu'une relative passée dont l'antécédent est *tꜣ ḥs.t*, et non une proposition indépendante au temps second (selon Zauzich, dans *Papyrus Erzherzog Rainer*, 171, n. 43). À noter l'allitération suggestive *ḥty ḥyyṱ.t*.

III, 19) *mnq pꜣ ḥyb nꜣ sḥwy.w r.r=w*. Le référent du pronom *=w* n'apparaît pas clairement. Il pourrait à la rigueur s'agir des villes mentionnées à la fin du discours de l'agneau, mais la litanie des malédictions a commencé bien avant le catalogue de celles-ci. Il nous paraît donc probable que le syntagme prépositionnel *r.r=w* doit être lu comme une graphie homophone du relatif passé *r-ir=w* « qu'on a fait », d'autant que le même phénomène doit apparaître plus loin en III, 23. Pour cette graphie particulière, cf. G. Vittmann, « Between Grammar, Lexicography and Religion. Observations on Some Demotic Personal Names », *Enchoria* 24 (1997/1998), 91 (à propos de l'anthroponyme *Pꜣy-ir=w* écrit *Pa-r.r=w*) ; Ryholt, *Narrative Literature*, 94 (n. à la col. II, l. 21).

III, 20) *i.ir iw=w ḫpr*. Un seul autre exemple d'un *iw* intrusif entre l'auxiliaire et le sujet pronominal d'un futur second a été relevé, cf. G. Widmer, « Emphasizing and Non-emphasizing Second Tenses in the *Myth of the Sun's Eye* », *JEA* 85 (1999), 168, n. 14.

nty iw=f ḫpr. Cette forme est considérée par Zauzich, dans *Papyrus Erzherzog Rainer*, 172, n. 46, comme la graphie du conjonctif *mtw=f ḫpr* introduisant une nouvelle proposition. Nous préférons suivre Thissen, Ritner et Quack qui y voient une relative dont l'antécédent est *Pr-ꜥꜣ*$^{\text{r.w.s.}}$.

III, 21) *900.t* (*CDD*) ; *900* (Z).

pꜣ ⌜*m-nfr*⌝ (Q) ; *pꜣ* ⌜*Md*⌝ (Z, cf. le commentaire de T1). La lecture *Md* « Mède » du groupe  a été rejetée avec raison par Quack, dans *Anthologie der demotischen Literatur*, 353, n. *n*, à cause de l'improbabilité d'un remplacement de *t* par *ḏ*. On pourrait ajouter l'impropriété du déterminatif. Si la lecture *nfr* du groupe central paraît probable, il faut expliquer le signe initial identique à *m*, ainsi que le déterminatif 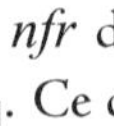. Ce dernier est utilisé dans ce texte pour *it* « orge » (lecture incertaine), *wnm* « manger » et *nkt* « bien, possession ». Il évoque donc soit une denrée comestible, soit une valeur matérielle. Le substantif en question pourrait ainsi désigner une entité personnifiant la prospérité ou la fortune. Il est cependant impossible de lire ce groupe *sḫn-nfr* « bonne fortune » ou *Šy-nfr* « bon destin ». À défaut d'autres solutions envisageables, nous suggèrerons l'hypothèse *pꜣ m*(*n*)-*nfr* « le bon berger », épithète royale par ailleurs bien attestée, le déterminatif pouvant s'expliquer par le sens du verbe *mni* : « faire paître, nourrir (le bétail) ».

tw=f ḥr=f <*r*> *Kmy* ; (*r.*)*tw=f ḥr=f* (*r*) *Kmy* (Z). Zauzich, dans *Papyrus Erzherzog Rainer*, 172, n. 47, suivi par Thissen[19], interprète cette proposition comme une relative passée *r-sḏm=f*, ce qui est impossible si l'antécédent *pꜣ Md*/*pꜣ m-nfr* en est le sujet, auquel cas on aurait le participe *i.ir sḏm*. En fait l'émendation est inutile si l'on considère qu'il s'agit en fait d'un *sḏm=f* circonstanciel avec sujet nominal en prolepse repris par le pronom anaphorique *=f*, le marqueur du circonstanciel *r* étant placé devant le sujet antéposé.

19. À noter que Ritner considère cette séquence comme une incise avec retour à la narration, l'agneau étant le référent du pronom *=f*. Dans sa version, *m-sꜣ ḫpr pꜣ* ⌜*Md*⌝ est traduit : « after the occurrence of the Mede. » ; et la suite : « He (*l'agneau*) turned his attention to Egypt, abandoning the foreign powers. » Puis la prophétie reprendrait sans aucune transition, ce qui rend cette solution difficilement acceptable, malgré son ingéniosité.

III, 22) *n3 ḫ3s.t.w* (Z) ; *n3 gmgm.w* (R). La lecture proposée par Ritner, dans *The Literature of Ancient Egypt*, 448, n. 10, pour le groupe 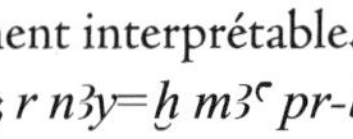 est convaincante du point de vue paléographique, mais le lexème *gmgm* serait un hapax difficilement interprétable.

r ˹*md*˺ *m3ʿ.t r pr* (R) ; *r n3y=ḫ m3ʿ pr-bnr* (Z) ; *r n3y=w m3ʿ r pr* (H) ; *r* ˹*md*˺ *m3ʿ.t pr* (T1, Q) . Le *r* du futur III devant *pr*, non noté par Thissen et Quack, est pourtant bien visible.

III, 23)   *iw=w* ˹*šp*˺ *swn* (R) ; *iw=w* ˹*di.t*˺ *p3 swn* (Z). À noter que l'article *p3* lu par Zauzich n'est autre que le déterminatif de *šp*. Selon la graphie, *swn* est plus probablement le substantif signifiant « connaissance » (ainsi Ritner, dans *The Literature of Ancient Egypt*, 448, n. 12) que celui signifiant « prix », le déterminatif étant l'œil (cf. *ḥp*, I, 10 ; *n3.w-ʿn*, II, 6 ; *nw*, III, 19) plutôt que l'argent (pas d'attestation dans ce papyrus). Pour l'expression *šp swn*, « reconnaître, se souvenir » cf *CDD*, *s.v.* (*swn*) n.m. « knowledge » ; cf. aussi *Décret de Memphis*, R25 : *r di.t ḫpr=f iw=w swn t3 g3.t* « pour faire en sorte qu'on puisse reconnaître le naos ».

n3 g3.w n3 ntr.w Kmy r.r=w r Nnyw3. Le sens du syntagme prépositionnel *r.r=w* n'est pour le moins pas clair, et on ne voit aucun référent plausible pour le pronom *=w*. Je suggèrerai donc, comme en III, 19, d'y voir une graphie homophone de *r-ir=w*.

III, 24) 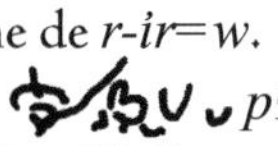 *p3 ʾIšʿr* (Z, suivi par Q, d'après la traduction : « dem Bezirk von Assyrien ») ; *p3 ʾImʿr* (T1, suivi par H et R). Les motifs pour remplacer « l'Assyrie » par « l'Amourrou » ne me semblent guère convaincants, d'autant que l'argument paléographique concernant la différenciation des signes *š* et *m* (cf. Thissen, dans *Egyptian Religion – The Last Thousand Years*, 1045), fondé sur la graphie de *šy* « destin » dans ce papyrus, ne peut plus être retenu depuis la relecture de ce dernier mot comme le titre *snty*. Il nous semble préférable de maintenir la situation communément reconnue de Ninive en Assyrie.

iw=f ḫ[p]r (H) ; *iw=f [ḫpr ʿn]* (Z).

IV, 1) 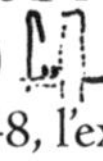 ˹*bn-iw*˺*=w* ; ˹*bn-pw*˺*=w* (Z). Malgré l'avis contraire de Zauzich, dans *Papyrus Erzherzog Rainer*, 172, n. 48, l'examen attentif de la photographie ne permet aucunement d'exclure la lecture *bn-iw* qui est évidemment préférable à *bn-pw* du point de vue du sens.

IV, 2) ˹*ḫ*˺*bṯ3* (Q) ; *bṯ3* (Z).

r p3 mnḫ n p3 ntr r mnḫ n p3 ntr ʿn (Z) ; *r p3 mḥ n p3 ntr r mnḫ {n p3 ntr} ʿn* (Q, d'après la traduction « Wer gegen den Gott fromm war, dem wird es gut gehen »). La dittographie est en effet plausible, mais non absolument certaine.

iw=w qrs=f. Cette proposition a été considérée comme une circonstancielle par Zauzich, dans *Papyrus Erzherzog Rainer*, 172, n. 49, suivi par l'ensemble des traducteurs, mais le sens obtenu n'est pas très satisfaisant. Nous pensons plutôt qu'il s'agit d'une conditionnelle/temporelle en protase.

IV, 3) ˹*iḥm*˺ (T1, Q, cf. aussi Bresciani, *Letteratura e poesia*, 817, n. 50) ; ˹*iḥy*˺ (Z).

IV, 4) 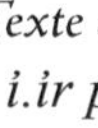 ˹*dy*˺ ; *dy* (Z). Cette graphie de *dy* est singulière, mais aucune autre lecture ne semble possible. Elle est attestée notamment dans le P. Wien D 12006, cf. M.A. Stadler, *Isis, das göttliche Kind und die Weltordnung. Neue religiöse Texte aus dem Fayum nach dem Papyrus Wien D. 12006 Recto*, MPER NS 28 (Wien, 2004), 325 [index].

IV, 5) *i.ir p3 ḥyb mnq* ; *iw ir p3 ḥyb mnq* (Z). Il s'agit bien d'un temps second et non d'une forme circonstancielle du perfectif *ir=f sḏm* (selon Zauzich, dans *Papyrus Erzherzog Rainer*, 172, n. 53), l'emphase portant sur le temporel qui suit.

 *n-t3y* ; *n ḏd* (Z). *n-t3y* est une graphie du temporel normalement transcrit en démotique *n-ḏr.t*. Il faudrait littéralement traduire : « C'est quand il mourut que l'agneau termina toutes les paroles ».

IV, 8) *ḏd P3-s3-n-Ḥr p3 snty* ; *ḏd P3-s3-n-Ḥr iw bn-pw=k mwt* (Z) ; *ḏd P3-s3-n-Ḥr* ˹*p3y=n nb ʿ3*˺ (Q). Bien qu'elle soit coupée horizontalement par une déchirure du papyrus, la graphie de *p3 snty* 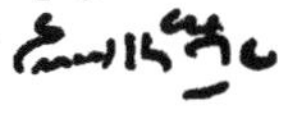 est relativement claire. On peut transcrire ce titre ainsi : 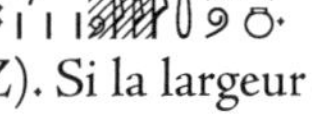.

IV, 9) *wʿ.t qnḥ[y].t* ; *wʿ.t qnḥ[.t n nb]* (Z). Si la largeur de la lacune est suffisante pour la conjecture [*n nb*], le signe *.t* très visible après celle-ci semble l'exclure.

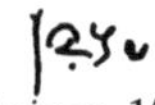 *pꜣ snt* ; *pꜣ smt* (Z). Noter que la lecture *snt* est aussi envisagée par Zauzich, dans *Papyrus Erzherzog Rainer*, 172, n. 60.

IV, 10) *r-ẖ ntr sẖ* (T2, Q) ; *r-ẖ sẖ-ntr* (Z).

Traduction

Colonne I

I, 1) [Le] livre des paroles qui ont été [révélées .....]
I, 2) [... dans] la campagne du nome [d'Hérakléopolis (?) .....]
I, 3) [...] Psienhor le ministre [.....]
I, 4) [...] Naref. [Psienho]r le ministre ne [tarda pas (?) .....]
I, 5) [Survint] le moment de la naissance [de l'agneau] en question (?) [.....]
I, 6) [.....] pour eux (?) ... [.....]
I, 7) [.....] il ... [...]
I, 8) [..... faire] que j'écrive [.....]
I, 9) [.....] paroles (?) qu'a [proférées (?) .....]
I, 10) [.....] il cacha (*ou* ... le cacher)[.....]
I, 11) [..... Psien]hor [lui dit :]"Est-ce que [... ?...]
I, 12 et 13) tr.

Colonne II

II, 1) [...... qui (?)] arriveront en Égypte, tandis qu'une [.....]
II, 2) [...... à] côté de toi. J'ai parlé auparavant de la ... [.....]
II, 3) [.....] on nous [a] mis au monde, sans que nous ayons [.....]
II, 4) [..... le grand lac (*ou* fleuve), la] grande eau de l'Égypte sera [......]
II, 5) [.....] sans qu'elle <l'> (?) ait trouvé, alors qu'un homme s'en (?) est allé [.....]
II, 6) [.....] étant plus beau que lui ... [.....]
II, 7) [.....] contre lesquels il se retournera [.....]
II, 8) [.....] peu de paroles (?) pour [.....]
II, 9) [.....] affamé de pain [.....]
II, 10) [.....] boire un [.....]
II, 11) [..... alors que] nous l'aurons [repoussé (?)] à cause de [.....]
II, 12) [.....] contre lui, alors qu'ils seront sans enfant, ses [.....]
II, 13) [.....] onguent pour ses [.....]
II, 14) [.....] arrivera à l'époque en question, tandis que le riche deviendra pauvre (?) [.....]
II, 15) [.....] un homme (?). Il donnera (son) travail pour effectuer leurs corvées [.....]
II, 16) [.....] en Égypte ; l'homme ne dira plus de paroles vraies [.....]
II, 17) [..... surviendront] de nombreuses [abominations] en Égypte, alors qu'on portera atteinte aux animaux sacrés [.....]
II, 18) [.....] alors que leurs gens se tiendront debout sans qu'ils aient pu parler, alors que les Égyptiens [.....]
II, 19) [..... les] temples. Les dieux ne pourront pas prendre pour eux le [.....]
II, 20) [..... les malédictions que] Phrê fera advenir en Égypte. Après cela [.....]

II, 21) [.....] l'Égypte en peu de temps, leurs conseils (?)[.....]
II, 22) [..... quelques] années, mais le Mède (re?)viendra vers ce [pays (?) .....]
II, 23) [..... une] maladie vers l'étranger (?), alors qu'ils <la (?)> donneront à l'Égypte [.....]
II, 24) [..... la femme mourra (?)] sans avoir enfanté [et l'homme sera] sous l'emprise de la fièvre, le ... [.....]

Colonne III

III, 1) [... Quand (?)] les Grecs [l'auront mis (?)] dans une corde de papyrus, ils le traîneront vers un pieu

III, 2) [.....] ils le mettront à bas aux mois de Phamenoth et de Pharmouthi. Ils cultiveront un (grain ?) d'orge, mais ils ne

III, 3) [le récolteront pas (?)]. Ils jetteront la couronne blanche [et la couronne rouge (?)] en Égypte. Ils les chercheront mais ils ne les trouveront pas, tandis qu'un jeune

III, 4) [homme sera sur le point de venir, étant frêle] dans l'œuf, [mais étant] grand dans le cœur des dieux et insignifiant dans celui des humains. Il

III, 5) [deviendra] notre souverain. (Car) ce n'est pas Celui-des-deux qui est le nôtre, (mais) c'est Celui-des-55 qui est le Fondateur.

III, 6) [.....] De nombreuses horreurs arriveront en Égypte. Les oiseaux du ciel et

III, 7) [les poissons du] Nil (?) se repaîtront de leur (propre ?) sang et de leurs (propres ?) chairs, et ils en vivront, tandis qu'un homme ira vers l'eau

III, 8) [avec une cruche, il] la remontera, mais il ne pourra pas boire à cause de l'espèce de putréfaction qui sera en elle. Le pauvre qui adviendra alors

III, 9) en Égypte, il se saisira du bien de la main du riche et il restera (en sa possession) sans qu'on lui ait demandé (de comptes). Un homme ira

III, 10) devant son partenaire en disant les (choses) qu'il n'est pas d'usage de lui dire, alors qu'il se dira en lui-même : « Qui est-il donc ? »

III, 11) Un homme ira au tribunal avec son adversaire, et l'on recevra un pot-de-vin de la part du plus puissant

III, 12) d'entre eux pour lui donner raison. Hélas ! Abomination (pour) le jeune homme talentueux que l'on emmènera dans le pays de Syrie sous les yeux de

III, 13) son père et de sa mère ! Hélas ! Abomination (pour) les [femmes] qui mettront au monde des jeunes gens engendrés pour le combat ! On emmènera ceux-ci

III, 14) au pays de Syrie sous leurs yeux. Hélas (pour) l'Égypte [qui subira (?)] la malédiction se répandant en elle !

III, 15) Que pleure Héliopolis, alors que l'Orient tombera en perdition (?) [en l'absence (?) de] loi (?) ! Que pleure Bubastis ! Que pleure Nilopolis !

III, 16) On transformera les rues de Sébennytos en jardin de vignes, et le bassin du domaine du temple de Méhyt

III, 17) en un fourré de courges et de melons. Que pleurent les arbres vénérables d'Oupéki ! Que pleure Memphis, la ville d'Apis !

III, 18) Que pleure Thèbes, la ville d'Amon ! Que pleure la martyre, la ville de Chou, qui aura subi terreur et souffrance !

III, 19) (Ainsi) l'agneau acheva toutes les malédictions qui avaient été lancées (?). Psienhor lui demanda : « Celles-ci se réaliseront-t-elles sans que nous en soyons les témoins ? »

III, 20) Il lui répondit : « Elles se seront réalisées alors que je serai l'uraeus au front du roi qui adviendra au bout de

III, 21) 900 ans, alors que je gouvernerai l'Égypte, mais le bon berger (?), il aura (déjà) tourné son visage vers l'Égypte en quittant

III, 22) les pays étrangers, tandis que la vérité triomphera et que le mensonge périra, tandis que la loi de la justice s'établira en

III, 23) Égypte. On apprendra l'existence des naos des dieux de l'Égypte qui auront été faits (?) vers Ninive dans la contrée

III, 24) de l'Assyrie, et quand les Égyptiens iront dans le pays de Syrie et qu'ils prendront possession de ses provinces, ils trouveront

Colonne IV

IV, 1) les naos des dieux de l'Égypte. À cause du bien qui (en ?) adviendra en Égypte, on ne pourra rien discuter.

IV, 2) L'ennemi du dieu ira mal et le dévoué au dieu prospèrera de nouveau pour le dieu (?). Quand on l'enterrera, la (femme) stérile

IV, 3) se lamentera et la (femme) féconde se réjouira à cause des bienfaits qui arriveront en Égypte, tandis que la poignée d'hommes qui

IV, 4) restera au sein de l'Égypte dira : 'Si seulement mon père et le père de mon père étaient ici avec moi dans l'époque heureuse

IV, 5) qui adviendra !' ». Aussitôt que l'agneau acheva entièrement les paroles, il trépassa. Psienhor le fit

IV, 6) charger sur une barque neuve, et il s'empressa d'aller là où se trouvait le roi Bocchoris.

IV, 7) On lut le livre devant le roi, et le roi leur dit : « Ces malheurs, arriveront-ils (bien) tous en Égypte ? »

IV, 8) Psienhor, le ministre, répondit : « Ils arriveront ». Le roi dit à Psienhor : « Prends soin de l'agneau. Fais qu'il soit déposé

IV, 9) dans une chapelle. Fais-lui des funérailles à la façon d'un dieu. Fais qu'il demeure sur la terre selon la coutume qui est établie

IV, 10) pour tout être éminent. » Après cela, le roi lui fit des funérailles comme pour un dieu. (C'est) écrit. Ceci est la fin du livre. Écrit en l'an 33

IV, 11) de César, le 8 du mois de Mésorê. Par la rédaction de Satabous < fils > d'Herieus le jeune, le nom de sa mère étant Satabous l'aînée.

IV, 12) Voilà la malédiction qu'a lancée Phrê pour l'Égypte à partir de l'an 6 du roi Bocchoris.

Commentaire de la traduction

Colonne I

Comme il semble pratiquement certain que la première ligne du fragment C livre le titre de l'œuvre, ce fragment doit appartenir à la première colonne du manuscrit. Malheureusement, ce titre est incomplet et différentes restitutions peuvent être envisagées. Si, comme il est probable, le participe *i.ir* devait régir le verbe *ḫpr*, avec *nꜣ md*(*.w*) comme antécédent, on pourrait, en se fondant sur le parallèle discuté en notes de translittération, proposer *nꜣ md*(*.w*) *i.ir* [*ḫpr n Pꜣ-sꜣ-n-Ḥr*...] « Les paroles qui ont été [révélées à Psienhor ... »] ou peut-être même *nꜣ md*(*.w*) *i.ir* [*ḫpr n wꜥ ḥyb n pꜣ hꜣ Pr-ꜥꜣ*ꜥ.w.s. *Bꜣk-rn=f*ꜥ.w.s.] « Les paroles qui ont été [inspirées à un agneau au temps du roi Bocchoris] ».

La séquence conservée de la seconde ligne semble situer le lieu où l'oracle de l'agneau va être recueilli, c'est-à-dire « dans la campagne » d'un nome qui devrait être celui d'Héracléopolis, si l'on tient compte de la lecture du toponyme Naref à la quatrième ligne. La longueur du texte manquant à la fin de la première ligne ne laisse guère de place pour les clichés habituels de la *Königsnovelle*[20], et la narration devait donc commencer presque directement de manière plutôt abrupte. Le personnage principal est quant à lui introduit dès la troisième ligne, avec le titre presti-

20. Cf. Ryholt, *Narrative Literature*, 181–86 (« Select Demotic Literary Formulae 1 : Royal Dating Introduction »).

gieux qui le caractérise : « Psienhor le *senti* ». Le raccord hypothétique que nous proposons entre les fragments C et D permettrait de préciser sensiblement le contenu des deux lignes suivantes. Il y serait question de l'arrivée de Psienhor à Naref et de sa hâte d'aller assister à la naissance de l'agneau,[21] celle-ci étant mentionnée à la cinquième ligne. Les bribes du récit cadre ainsi restitué impliquent que cette naissance était dès le début annoncée comme un événement extraordinaire. Malheureusement, l'état du texte ne nous permet pas d'en deviner les circonstances. Dans la suite de la colonne I (si le fragment D y est correctement placé), il semble qu'un dialogue s'engage d'emblée entre l'agneau nouveau-né et Psienhor. Avec le fragment de discours préservé à la ligne 8 : « [... faire] que j'écrive ... », le *senti* semble demander au prodigieux animal de lui laisser le temps de prendre un papyrus et une palette de scribe pour qu'il puisse transcrire ses paroles, et la ligne 11 concerne évidemment une autre question posée par Psienhor à l'agneau.

Colonne II

Il est impossible d'assurer que la colonne II suivait directement la colonne initiale, l'éventualité d'une colonne intermédiaire au moins ne pouvant pas être exclue. Malgré son état très lacunaire, il est certain que la colonne II était entièrement occupée par la prophétie, avec peut-être une ou deux très brèves interventions de Psienhor sous forme de questions. Il semble qu'à la ligne 2 l'agneau réponde à l'une de ces questions, selon l'emploi des pronoms « tu » et « je ». Plus surprenant est l'emploi du pronom « nous » aux lignes 3 et 11. Ce pronom réapparaît à la ligne 5 de la colonne III dans une séquence appartenant indubitablement au discours prophétique, aussi pensons-nous que les passages fragmentaires en question ici font également partie de ce discours. En usant de ce « nous », l'agneau semble parler au nom du peuple égyptien, ou du moins de son élite. Par ailleurs, jusqu'à la ligne 13 incluse, les bribes de texte sont trop maigres pour deviner le propos développé par l'agneau. À partir de la ligne 14, le fragment de papyrus préservé s'élargit, et le contenu du texte apparaît plus clairement : d'abord le thème classique du bouleversement social (II, 14–15), puis celui du sacrilège (II, 17 et 19). La ligne 20 semble établir une rupture chronologique dans le fil de la prophétie, rupture marquée par la conjonction *m-sꜣ nꜣy* « après cela » qui suit la séquence « [... que] Phrê fera advenir en Égypte ». Cette dernière pourrait être la conclusion intermédiaire d'une période de malheurs ordonnés par le dieu avant un répit qui serait évoqué à la ligne suivante. En effet, celle-ci semble suggérer un changement arrivant en « Égypte en peu de temps ». Si l'état du texte ne nous permet pas de connaître la nature de ce changement, il est probable que celui-ci devait être positif, surtout si l'on accepte la conjecture « leurs conseils [...] ». La ligne 22 évoque en tout cas un retournement brutal de situation avec la conjonction *m-sꜣ ḫpr*, « mais », introduisant la venue du « Mède ». Le mot *rnp.t.w*, « années », seul vestige de la proposition précédente, devait ainsi se rapporter à la durée de la période de répit dont nous supposons l'évocation. Celle-ci pourrait correspondre au retour des pharaons indigènes sous les XXIXe et XXXe dynasties et le « Mède » représenterait alors l'envahisseur perse de 343. Les deux dernières lignes de la colonne sont quelque peu éclairées par notre lecture *mr.t*, « maladie ». Une épidémie semble venir de « l'étranger » et atteindre l'Égypte. Ses conséquences sont probablement décrites — si l'on suit notre interprétation du texte — à la ligne 24 où le mot *ẖmm* doit désigner la fièvre et la séquence [*r*] ⸢*bn-pw=s*⸣ *ms* concerner la mort prématurée des femmes frappées par la maladie[22].

---

21. À moins que l'agneau vînt juste de naître et que la mention de sa naissance à la ligne 5 ne fût qu'un rappel ...

22. Pour le malheur de mourir avant d'avoir pu enfanter, cf. M. Chauveau, dans M.-D. Nenna (éd.), *L'enfant et la mort dans l'Antiquité* II (Alexandrie, 2012), 386.

Colonnes III et IV

Le placement des deux dernières colonnes du papyrus relativement aux précédentes n'est pas assuré. Zauzich niait la possibilité qu'elles fussent immédiatement consécutives à notre colonne II, et la supposition d'une colonne intermédiaire lui semblait nécessaire. Cela n'est pas si sûr. Le personnage capturé et abattu par les Grecs en III, 1–2, pourrait bien être le « Mède » mentionné en II, 22. Cependant, une liaison textuelle entre la dernière ligne de la colonne II et la première de la colonne III n'est pas évidente à établir. Après l'évocation d'une épidémie s'étendant à l'Égypte, celle de la capture du « Mède » apparaît comme un coq-à-l'âne, mais le discours prophétique de l'agneau abonde en de telles ruptures.

III, 1–2 : La lacune au début de la première phrase de la colonne rend la construction de celle-ci délicate à restituer. Si *nꜣ Wynn.w* est bien le sujet du verbe manquant, celui-ci était forcément à la forme *sḏm=f*, avec le pronom dépendant *s* comme complément d'objet. Comme un *sḏm=f* perfectif serait plutôt problématique, une forme temporelle nous paraît être la solution la plus économique. On peut donc proposer de restituer : [*n-tꜣy di* (ou *tw*) *s*] *nꜣ Wynn.w* … , interprétation qui inspire notre traduction. La corde de papyrus et le pieu auquel le captif doit être attaché évoquent de manière frappante l'iconographie pharaonique traditionnelle de la mise à mort rituelle des ennemis par le roi, et telle est sans doute l'image que l'auteur veut suggérer. Ainsi, pas plus que cette évocation à forte teneur symbolique que ceux-ci semblent dater, la mention à la ligne suivante des mois de Phamenoth et de Pharmouti n'a probablement aucune valeur historique[23]. En effet, les indications successives des mois de l'année sont associées à des oracles dans la *Chronique démotique*, et il pourrait s'agir d'une allusion à un procédé oraculaire semblable. Tout le passage qui suit est d'ailleurs volontairement sibyllin. Le pronom pluriel =*w* des lignes 2 et 3 doit probablement se référer aux Grecs plutôt que d'être considéré comme un simple neutre. La lecture *it* « orge » proposée par Quack est au moins plausible, bien que l'emploi de l'article indéfini soit problématique. Peut-être s'agit-il d'un seul grain d'orge, ce dernier pouvant désigner métaphoriquement un être humain. Celui-ci pourrait alors être le mystérieux enfant qui est évoqué plus loin à la fin de la ligne 3. Élevé par les Grecs, il agirait contre leurs intérêts à l'âge adulte, reniement que la proposition lacunaire suivante au futur négatif devait exprimer de manière tout aussi métaphorique.

III, 3–4 : La phrase suivante est également métaphorique. Les Grecs jettent ou perdent la couronne blanche (et la couronne rouge ?) quelque part en Égypte. Ils les cherchent sans les retrouver, tandis qu'un enfant grandit dans l'ombre, « petit dans l'œuf », insignifiant aux yeux des hommes mais important dans le cœur des dieux. C'est à ce dernier qu'il faut rapporter la désignation « notre souverain » (⌜*pꜣy=n*⌝ *ḥry*⌜.w.s.) dont nous avons établi la lecture au début de la ligne 5. Il est peu probable qu'il s'agisse d'un personnage historique, comme par exemple le roi indigène Haronnophris qui a dirigé la sécession de la Thébaïde sous Ptolémée V, mais plutôt d'un individu fictif relevant d'une prédiction conjecturale et non d'une prophétie *ex eventu*. Peut-être même doit-il être identifié avec le souverain mythique venu d'Héracléopolis dans la *Chronique démotique*.

III, 5 : Ce passage est l'un des plus intrigants de ce papyrus. Cité en grec dans deux des versions de l'*Oracle du Potier*[24], il semble opposer deux prétendants à la souveraineté, désignés de manière énigmatique « Celui des deux » (*Pa-tꜣ-2.t*) et « Celui des 55 » (*Pa-tꜣ-55*), les nombres se rapportant, d'après la traduction grecque, à des années (de règne ?). Suivant notre interprétation de la phrase précédente, « Celui des 55 » serait le jeune homme grandi dans l'ombre que les dieux destineraient au pouvoir suprême. C'est lui qui serait le véritable « Fondateur » (litt. « Celui de la fondation », *Pa-tꜣ-snty.t*), désignation qui se trouve être homophone de *Pa-tꜣ-2.t*. Ainsi, « Celui des

23. *Contra* Thissen, dans *Egyptian Religion: The Last Thousand Years*, 1050, qui réfère ces mois à l'année 168 av. J.-C., en rapport avec la période de l'occupation de l'Égypte par Antiochos IV.

24. Voir L. Koenen, « Die Apologie des Töpfers an König Amenophis oder das Töpferorakel », dans A. Blasius et B.U. Schipper (éd.), *Apokalyptik und Ägypten: Ein kritische Analyse der relevanten Texte aus dem griechisch-römischen Ägypten*, OLA 107 (Leuven, 2002), 145, et le commentaire pages 156sq.

deux » ne serait qu'un jeu de mots pour qualifier un faux « fondateur », ou du moins un « fondateur » qui ne serait pas « le nôtre », c'est-à-dire celui des Égyptiens. Toute interprétation historique est bien sûr très aléatoire et il est impossible d'assigner avec certitude telle ou telle désignation à un personnage réel. On peut malgré tout remarquer que la mise en exergue d'une « fondation » pourrait évoquer celle d'Alexandrie. Si l'on admet un tel rapprochement, Alexandre serait dès lors « Celui des deux », le fondateur d'une capitale rejetée par les Égyptiens qui attendraient l'arrivée de « Celui des 55 », « notre Fondateur », peut-être un nouveau Psammétique Ier dont le règne a justement atteint l'an 55[25].

III, 6–8 : Une description de catastrophes naturelles accablant l'Égypte suit sans transition la séquence sibylline de la ligne précédente, et l'on ignore si les malheurs en question sont censés arriver à l'époque des Grecs ou bien à une autre période, antérieure ou postérieure, couverte par la prophétie. En premier lieu, les oiseaux et les poissons s'entredévorent pour survivre, ce cannibalisme s'opérant de toute évidence en-dehors du processus de la prédation naturelle. Cette « plaie » est probablement liée à la suivante que la lecture *ḥwe* « pourriture », au lieu de *mḏ3(.t)* « livre », permet d'éclairer. C'est en effet la pollution de l'eau du Nil qui empêche les êtres humains de boire, et non une hypothétique malédiction inscrite sur un papyrus, comme l'ont suggéré le premier éditeur et les traducteurs subséquents[26].

III, 8–12 : Viennent ensuite des calamités relevant d'un bouleversement de l'ordre social. L'expression « le pauvre qui adviendra en Égypte » pourrait indiquer qu'il ne s'agit pas d'un Égyptien de souche, mais d'un immigré. Est-ce une allusion à des Grecs impécunieux cherchant fortune dans une Égypte ouverte par la conquête d'Alexandre ? La phrase suivante est plus difficile à interpréter, en partie à cause d'une lacune partielle dont le comblement présente une certaine marge d'incertitude. Le propos semble concerner la disparition de toute confiance entre les individus : on serait contraint de dévoiler des secrets à des gens dont on ne pourrait pas être sûr. Construite sur un schéma similaire, la dernière phrase de cette séquence dénonce la corruption qui aura gagné les instances judiciaires : c'est le plus riche des deux plaignants qui obtiendra gain de cause dans un procès.

III, 12–14 : La séquence suivante ouvre une série de lamentations introduites par une double interjection *wy bty.t*. Tout ce passage qui se poursuit par la déploration des villes d'Égypte clôt en fait le catalogue des prédictions néfastes proférées par l'agneau. La période visée semble en tout cas antérieure à la conquête d'Alexandre, et l'on peut hésiter entre la seconde domination perse et les invasions assyriennes. La première de ces lamentations concerne les jeunes gens *ʿš3-ir*, c'est-à-dire talentueux ou industrieux, enlevés à leurs parents pour être emmenés en Syrie. Il ne s'agit donc pas de simples prises d'otages, mais de l'exploitation des compétences des jeunes élites égyptiennes au profit de l'envahisseur. La seconde étend le même procédé aux rejetons de la caste militaire des *machimoi* (Hermotybies et Calasiris) recrutés comme mercenaires par le pouvoir étranger.

III, 14–18 : Ce passage est évidemment crucial car il livre des indications précises quant aux villes d'Égypte plus particulièrement visées par la malédiction. La forme des lamentations diffère des précédentes puisqu'elles sont introduites par le verbe *rmy* « pleurer ». Le statut grammatical de ce dernier est incertain. S'agit-il d'un *sḏm=f*, perfectif ou prospectif ? Ou bien d'un impératif : « Pleure ! » ? La séquence *r p3 I3bt ḫpr …* nous a paru être une circonstancielle, puisqu'il n'y est pas question d'une ville mais d'une région, l'est du Delta, et que la dévastation de celui-ci pourrait expliquer la désolation d'Héliopolis, ville située sur la route d'envahisseurs venus d'orient. En revanche, nous avons considéré la séquence concernant les rues de Sébennytos et le bassin de *Pr-ḥw.t-Mḥy3.t* comme

25. Rapprochement déjà évoqué par Zauzich, dans *Papyrus Erzherzog Rainer*, 170, n. 18. Voir aussi R. Meyer, « Die eschatologische Wende des politischen Messianismus im Ägypten der Spätzeit: Historisch-kritische Bemerkungen zu einer spätägyptischen Prophetie », *Saeculum* 48 (1997), 177–212. (cité par Thissen, dans *Apokalyptik und Ägypten*, 121). L'identification jadis proposée par Koenen (« Celui des 55 » = Ptolémée VIII Évergète II et « Celui des deux » = le roi rebelle Harsièsis), et assez largement admise ensuite, n'est plus défendable depuis que l'existence même d'un roi Harsièsis au IIe siècle av. n. è. a été réfutée ; cf. A. Veïsse, « 'L'ennemi des dieux' Harsièsis », dans A. Jördens, J. Fr. Quack (éd.), *Ägypten zwischen innerem Zwist und äusserem Druck. Die Zeit Ptolemaios' VI. bis VIII* (Heidelberg, 2011), 92–102.

26. Sauf Quack, dans *Anthologie der demotischen Literatur*, 182, qui préfère ne pas traduire le mot en question.

un futur III indépendant, car nous ne voyons pas de rapport évident liant les lamentations de Bubastis et de Nilopolis[27] avec le sort réservé à Sébennytos.

Notre analyse de cette liste de villes diverge très sensiblement de celle donnée par Zauzich[28]. À notre sens, cette liste comporte seulement deux parties : la première — comprenant Héliopolis avec l'Orient, Bubastis et Nilopolis — évoquerait le parcours d'une invasion remontant la branche pélusiaque et se dirigeant naturellement vers Memphis. L'importance d'Héliopolis comme cité du dieu Rê, l'auteur même de la malédiction, justifie peut-être sa mention en tête, et non à sa place géographique réelle entre Bubastis et Nilopolis.[29] La rupture du début de la ligne 16 marquerait en revanche une nouvelle section non ordonnée topographiquement et dont la finalité serait toute autre. Cette seconde liste cite en premier la ville de Sébennytos. Le toponyme qui suit celle-ci, *Pr-ḥw.t-Mḥyꜣ.t*, a été identifié par Zauzich à Mendès, en considérant que *ḥw.t-Mḥyꜣ.t* pourrait être une graphie fautive de *Ḥꜣ.t-Mḥy.t*, le nom de la traditionnelle déesse éponyme du nome mendésien[30]. Cependant, une telle dénomination de la ville de Mendès elle-même est totalement inconnue par ailleurs, ce qui rend cette identification douteuse. Comme la déesse lionne Méhyt est justement la parèdre du dieu Onouris-Chou à Sébennytos, il nous paraît plus probable que ce toponyme désigne le domaine de son propre temple à Sébennytos même[31], ce qui renforcerait la cohérence de la séquence : les rues de Sébennytos et le bassin sacré du temple de la déesse du lieu deviendraient les premières un « jardin de vignes », le second « un fourré de courges et de melons ».

Ces deux transformations n'ont, étonnamment, suscité que très peu de commentaires. L'explication première est qu'elles manifesteraient l'état de dévastation dans lequel des ennemis présumés auraient laissé la ville et ses lieux de culte[32]. Cependant, le choix de telles images, prises au sens littéral, paraît étrange et peu judicieux. Vignes et courges ne sont guère évocatrices d'un envahissement sauvage de végétation spontanée. Et même s'il s'agissait d'une conversion intentionnelle d'un espace urbain en terroir agricole, les plantations en question sembleraient plutôt mal adaptées à cet environnement précis. À moins de les considérer comme produits d'une pure fantaisie poétique, ces curieuses métamorphoses doivent trouver une autre interprétation, surtout dans un discours prophétique caractérisé par une forte surcharge sémantique. L'usage de métaphores nous paraît donc probable, sinon certain, selon un procédé particulièrement fréquent dans ce genre littéraire, comme par exemple dans la *Chronique démotique*.[33] Dans le présent contexte apocalyptique, la signification de ces deux métaphores supposées nous semble assez claire, tout comme leur fonction euphémique qui en justifie pleinement l'emploi. Car ce « jardin de vignes » ne peut guère être planté que pour en tirer du vin, et ce dernier doit bien figurer le sang coulant à flot dans les rues de Sébennytos … Quant au bassin de la déesse Méhyt, le « fourré de melons et de courges » dont il est rempli évoque immanquablement un amas de têtes et de membres coupés ![34] L'analogie entre le vin et le sang d'une part et entre crânes humains

27. S'il a pu exister plusieurs villes nommées *Pr-Ḥꜥpy*, il ne peut guère s'agir que de la plus célèbre, située au sud du Caire, au pied de la forteresse de Babylone, dont l'importance stratégique peut expliquer l'occurrence dans ce contexte, et non l'obscure localité du IVe nome de Basse-Égypte dont la relative proximité géographique avec Sébennytos justifierait, selon Zauzich, dans *Papyrus Erzherzog Rainer*, 171, n. 36, sa mention à cette place. Sur la *Pr-Ḥꜥpy* près de Babylone, cf. P. Grandet, *Le Papyrus Harris I*, vol. 2, BdE 109 (Le Caire, 1994), 130.

28. Zauzich, dans *Papyrus Erzherzog Rainer*, 170sq, n. 31–42. Le rapprochement effectué avec les versets bibliques des Prophètes (Ézéchiel, Isaïe), énumérant les villes égyptiennes maudites dans un ordre d'ailleurs peu cohérent, n'est pas si évident, et gêne plutôt la compréhension du sens historique et de la construction subtile de ce passage clé de l'oracle de l'agneau.

29. Pour une autre explication, voir la conclusion *infra*.

30. Zauzich, dans *Papyrus Erzherzog Rainer*, 171, n. 38.

31. Pour l'existence probable à Sébennytos d'un téménos consacré à Méhyt, cf. N. A. Spencer, « Samanud : the Urban Context », *JEA* 87 (2001), 26. On peut à titre d'hypothèse considérer que ce domaine divin formait le pendant de *Pr-Šw*, Phersôs, mentionné dans le Songe de Nectanébo comme étant le principal sanctuaire de la ville.

32. Ritner, dans *The Literature of Ancient Egypt*, 448, n. 8, compare l'état du bassin « of the fish goddess » (!) à celui bien connu du lac sacré de Dendérah encombré de palmiers, mais au prix du maintien de l'identification erronée de *bnṯy* avec le palmier-dattier.

33. Cf. par exemple la fameuse phrase « il pleut sur la pierre alors que le ciel est serein », discutée par E. Bresciani dans J. Assmann et E. Blumenthal (éd.), *Literatur und Politik im pharaonischen und ptolemäischen Ägypten*, BdE 127 (Le Caire, 1998), 279–84.

34. Le bassin en question n'est probablement rien d'autre que l'*Achérou* de la déesse Méhyt, puisque tous les temples des déesses lionnes

et cucurbitacées d'autre part est en effet suffisamment évidente pour que ni l'auteur originel ni aucun des copistes successifs n'eussent jugé utile de la gloser.

Les quatre autres toponymes de la section forment une suite dont la pertinence ne peut être mise en évidence qu'en identifiant correctement le dernier d'entre eux. Celui-ci, lu *T3-ḥs.t*, d'apparence fort énigmatique, avait été rapproché par Zauzich de *Ḥs* ou de *R-ḥs.t*, quartier de Létopolis qui peut aussi désigner cette dernière ville[35]. Or, il est ensuite précisé que Chou est le dieu tutélaire de la cité en question, ce qui n'a jamais été le cas de Létopolis. Par ailleurs, il faut noter que *t3 ḥs.t* n'est pas pourvu du déterminatif des toponymes, ce qu'il est impossible de considérer *a priori* comme étant une faute du scribe. Rien ne permettant en conséquence de présumer qu'il s'agit du nom problématique d'une cité quelconque, il est préférable d'y voir une épithète substantivée dont le sens réel devra être précisé. Il ne reste donc pour identifier cette mystérieuse localité que son rapport privilégié avec le dieu Chou. Seuls deux lieux en Égypte peuvent se prévaloir d'une allégeance principale à cette divinité : Thinis et Sébennytos. La première peut être exclue, car l'auteur aurait alors clairement nommé la localité plutôt que de l'évoquer de manière aussi obscure. En revanche, l'emploi d'une simple épithète laudative peut être pertinente s'il s'agit de Sébennytos puisque celle-ci a déjà été explicitement citée en tête de la section, la mention du dieu étant suffisante par ailleurs pour éviter tout risque de méprise.

Le choix de la désignation *t3 ḥs.t* attire l'attention. Le sens premier de celle-ci, ainsi que le note Zauzich, serait « la louange », mais il faut plutôt y voir le substantif dérivé *t3 ḥs(y).t* signifiant « la digne d'éloges », « l'estimée », « l'honorable ». L'emploi du féminin indique que le substantif de référence ne peut être ni *dmy* ni *ʿ.wy*. Il faut probablement songer à *ḥw.t* ou à *s.t*, lexèmes à connotation religieuse plus marquée. Les désignations *ḥsy/ḥs(y).t* s'appliquent généralement à des personnes défuntes jouissant d'un statut privilégié, avec un sens proche de « glorieux/glorieuse », voire de « saint(e) », les circonstances particulières du décès pouvant justifier cette distinction du commun des mortels[36]. L'emploi d'une telle épithète funéraire liée à une mort glorieuse n'est pas innocent : Sébennytos est désignée comme *ḥs.t* « sainte » justement parce que sa population a été massacrée, d'où la traduction que nous avons finalement adoptée : « la martyre »[37].

Ainsi, en liaison avec les trois toponymes précédents, on peut considérer cette section toute entière comme une déploration unique sur le sort tragique subi par Sébennytos, en tant que dernière capitale dynastique de l'Égypte indigène, statut souligné par une impressionnante mise en perspective chronologique et historique :

- « les arbres vénérables d'Ou-peki » = tombe d'Osiris à Abydos et nécropole des premiers rois abydéniens.
- « Memphis, la ville d'Apis » = capitale de l'Ancien Empire.
- « Thèbes, la ville d'Amon » = capitale du Nouvel Empire.
- « La 'martyre' (Sébennytos), la ville de Chou » = capitale de la XXXe dynastie.

On comprend ainsi qu'Ou-peki (= Abydos), Memphis et Thèbes ne sont mentionnées que pour mettre en exergue le triste destin de Sébennytos, en leur qualité de précédentes capitales de l'Égypte associées au deuil de leur plus récente consœur[38].

---

devaient en être pourvus ; cf. Sauneron, « À propos du 'toponyme' Achérou » (= *Villes et légendes d'Égypte* § VI), *BIFAO* 62 (1964), 50–57. Cela permet de juger de la gravité du sacrilège censé avoir été commis …

35. Zauzich, dans *Papyrus Erzherzog Rainer*, 171, n. 42. À noter que les explications embarrassées de l'éditeur pour justifier une identification aussi incertaine ont été acceptées sans aucune réticence par l'ensemble des traducteurs (à l'exception de Devauchelle, dans *Prophéties et oracles*, 29, qui les indique avec une pointe de doute).

36. Les *ḥsy.w* semblent souvent être morts par noyade, mais pas uniquement. Sur la question, voir l'article fondamental de J. Quaegebeur, « Les 'saints' égyptiens préchrétiens », *OLP* 8 (1977), 129–43 ; et pour la bibliographie postérieure, M. Smith, *Papyrus Harkness (MMA 31.9.7)* (Oxford, 2005), 246.

37. *ḥsy* a d'ailleurs souvent été considéré comme l'équivalent de « martyr », cf. cependant les critiques de Quaegebeur, *OLP* 8, 138–40.

38. Cette interprétation permet d'autre part de résoudre le problème de la présence de deux localités de Haute-Égypte dans un contexte sinon exclusivement « nordique », cf. Thissen, dans *Apokalyptik und Ägypten*, 125.

Enfin, la dernière séquence n'est pas une proposition indépendante (dont la construction grammaticale serait par ailleurs problématique), mais une relative avec *i.ir* participial (ainsi Ritner et Quack), dont l'antécédent est *tꜣ ḥs.t*, c'est-à-dire Sébennytos. Seule celle-ci est censée subir la terreur et la souffrance. Une telle insistance sur ses malheurs ne fait que confirmer l'importance accordée par l'auteur de la prophétie au massacre et aux probables destructions dont elle aura été la victime.

III, 19–23 : L'évocation du crime de guerre commis à Sébennytos clôt la liste des malédictions proférées par l'agneau. À la question angoissée de Psienhor sur l'imminence de leur réalisation, l'agneau répond que les malheurs en question arriveront à l'époque d'un pharaon qui règnera dans 900 ans, dont il sera l'uraeus et au nom duquel il gouvernera lui-même l'Égypte. Comme le règne de l'agneau doit logiquement correspondre au retour promis de la paix et de la prospérité en Égypte, les calamités annoncées devraient tout aussi logiquement s'accomplir antérieurement à cet avènement, aussi peut-on sans doute considérer *ḫpr* comme un qualitatif employé analogiquement au futur, ce qui permettrait de traduire : « elles se seront produites », plutôt que : « elles se produiront ». La proposition suivante a sans doute été mal comprise par les différents traducteurs à l'exception de Quack que nous suivons dans son rejet de la lecture *pꜣ Mḏ* « le Perse », mais non pas dans sa traduction de la forme grammaticale par un futur, puisqu'il s'agit d'un *sḏm=f* perfectif circonstanciel, avec sujet nominal placé en antéposition. Le substantif *m-nfr* ne peut désigner qu'une entité favorable ou un personnage positif qui « a tourné son visage (vers) l'Égypte », tandis que la proposition suivante *iw=f wꜣy r nꜣ ḫꜣs.t.w* ne peut signifier que « en s'éloignant *des* pays étrangers »[39], et non « *vers* les pays étrangers »[40]. Si l'on accepte notre hypothèse de lecture *pꜣ m(n)-nfr* « le bon berger », celui-ci pourrait désigner Alexandre[41] qui s'est en effet détourné des pays étrangers pour « tourner son visage » vers l'Égypte et qui a ainsi mis fin à une occupation perse qui aurait été marquée par la destruction de la loi et le règne de l'injustice. Dans cette perspective, la prophétie envisagerait une période transitoire entre la dévastation causée par les Perses et le retour du véritable âge d'or symbolisé par le règne de l'agneau-uraeus. Ce serait la période de la domination grecque qui aura au moins rétabli l'ordre de la loi, à défaut d'une félicité parfaite.

III, 23–IV, 1 : Pour l'auteur, l'événement le plus important de cette période, en-dehors du rétablissement de l'ordre et de la justice, est la découverte des naos des dieux que les Assyriens avaient probablement emportés. On sait que les proclamations officielles des quatre premiers Ptolémée insistent sur le retour en Égypte d'images divines, de livres et de reliques sacrés retrouvés lors d'expéditions militaires en Asie[42]. La traduction que nous proposons pour ce passage implique deux étapes dans ces actes mémorables de piété. La première est l'obtention d'informations concernant de tels objets détenus dans des contrées étrangères. La mention de Ninive permet de situer sans ambiguïté leur enlèvement présumé à l'époque des invasions assyriennes, soit des siècles avant leur possible récupération, ce qui devait rendre en effet indispensable l'obtention de renseignements préliminaires. Le second est la découverte elle-même effectuée par les Égyptiens au moment où ils se seront rendus maîtres des contrées en question, évidemment par le truchement des armées ptolémaïques. Notre interprétation du syntagme prépositionnel problématique *r.r=w* comme une graphie phonétique du relatif passé *r-ir=w* semble impliquer que les « chapelles » en question avaient été construites sur place pour abriter les images et autres objets sacrés des dieux égyptiens. Plutôt que d'envisager la possibilité d'une erreur (*r-ir=w* « qu'on aura faits » pour *r-in=w* « qu'on aura

39. Ainsi Ritner, dans *The Literature of Ancient Egypt*, 445–49, et Quack, dans *Anthologie der demotischen Literatur*, 181–183 et 351–53.

40. Ainsi Zauzich, dans *Papyrus Erzherzog Rainer*, 165–74, Hoffmann, dans *Ägypten, Kultur und Lebenswelt in griechisch-römischer Zeit*, 181–185, Thissen, dans *Apokalyptik und Ägypten*, 113–38.

41. Alternativement, on pourrait aussi songer à Ptolémée fils de Lagos qui a « quitté les pays étrangers » pour le plus grand bénéfice de l'Égypte. Pour la possibilité d'identifier le fondateur de la dynastie lagide au roi sauveur d'Hérakléopolis de la *Chronique démotique*, cf. H. Felber, « Die Demotische Chronik », dans A. Blasius, B.U. Schipper (éd.), *Apokalyptik und Ägypten : Ein kritische Analyse der relevanten Texte aus dem griechisch-römischen Ägypten*, OLA 107 (Leuven, 2002), 108–9.

42. Cf. l'article classique de J. K. Winnicki, « Carrying off and Bringing Home the Statues of the Gods », *JJP* 24 (1994), 149–90 ; et plus récemment la discussion détaillée de Chr. Thiers, *Ptolémée Philadelphe et les prêtres d'Atoum de Tjékou : Nouvelle édition commentée de la « stèle de Pithom »*, OM XVII (Montpellier, 2007),100–106.

apportés »), il faut sans doute supposer que ces « chapelles » sont l'œuvre d'Égyptiens immigrés en Assyrie, ou bien qu'elles ont été fabriquées par les Assyriens eux-mêmes afin de préserver intacts les objets sacrés pris en otages.

IV, 1–5 : la fin du discours de l'agneau, si elle ne comporte pas de difficultés majeures de lecture ou d'interprétation, présente toutefois quelques obscurités. Ainsi la séquence *bn-iw=w rḫ md* signifie-t-elle que les Égyptiens resteront muets d'admiration devant les bienfaits arrivant dans leur pays, ou plutôt que nul ne pourra en contester la réalité (selon notre traduction) ? La polysémie du verbe *md* ne permet guère de trancher. Une autre ambiguïté affecte la séquence *iw=w qrs=f*. Si les précédents traducteurs ont choisi de la considérer comme un futur III indépendant ou comme une circonstancielle dépendant de la proposition précédente, ce qui ne donne guère de sens, il nous a semblé plus intéressant d'y voir une conditionnelle à sens temporel en protase. Le pronom *=f* semble se référer à première vue au *mnḫ*, mais il n'est pas exclu qu'il puisse s'agir du dieu lui-même, puisque l'épilogue concerne justement les funérailles de l'agneau célébrées comme celles d'un dieu. Dans les deux cas, on pourrait suggérer que la « stérile » et la « féconde » de l'apodose font allusion respectivement à Nephthys et à Isis, les deux divinités veillant sur le dieu mort, Isis ayant bien sûr l'avantage d'être enceinte des œuvres de ce dernier. Ainsi, les « bienfaits qui arriveront en Égypte » pourraient être liés au retour des reliques sacrées et à leurs funérailles dans leur patrie d'origine.

IV, 5–10 : Construite avec un temps second mettant en emphase une proposition temporelle, la phrase initiant le retour à la narration est remarquable. Par un tel procédé stylistique, l'auteur insiste sur la concomitance exacte entre la fin du discours prophétique et la mort de l'agneau. Ce dernier ne vit que pour servir de porte-parole à la divinité, et cette fonction exclusive nous semble constituer un argument supplémentaire justifiant notre restitution du début de la colonne I qui implique que l'animal parle au sortir même du ventre de sa mère. Le considérant comme un dieu, Psienhor emporte le corps sur une embarcation apparemment fabriquée spécialement à cet effet (« barque neuve »), sans doute du port d'Héracléopolis jusqu'à la résidence royale, située probablement à Memphis plutôt qu'à Saïs. Il est notable que Psienhor n'expose pas directement son rapport, mais que c'est l'un des scribes de la cour qui lit « le livre » devant le roi, ce livre étant de toute évidence la transcription des paroles de l'agneau effectuée par Psienhor, transcription à laquelle il est sans doute fait allusion en I, 8. Le roi s'adresse alors à sa cour pour obtenir confirmation de la véracité de la prophétie. Le seul à pouvoir lui répondre est bien entendu Psienhor lui-même — dont le crédit est renforcé par la reprise de son titre ministériel — en tant que témoin unique et garant de la réalité du prodige. On notera le caractère laconique de sa réponse, sans aucune circonlocution, ce qui renforce l'effet de resserrement du récit cadre au strict nécessaire que nous avons pu constater dès le début de la narration. La fin de celle-ci s'étend un peu plus sur l'organisation des funérailles de l'agneau ordonnées par le roi. Par un tel acte de piété, celui-ci reconnaît le caractère sacré et donc inéluctable de la prophétie, tout en cherchant à obtenir la bienveillance divine, l'importance de cette opération ayant été annoncée par l'agneau lui-même à la fin de son discours, selon notre interprétation.

IV, 10–12 : Le colophon nous livre enfin l'identité du copiste, Satabous fils d'Herieus le jeune et de Satabous l'aînée[43], et la date exacte de sa rédaction correspondant au 1er août de l'an 4 de notre ère.

Conclusion

Même si l'état lacunaire du manuscrit laisse forcément en suspens certaines questions, le réexamen que nous en avons fait permet d'établir solidement plusieurs points essentiels pour la compréhension de l'œuvre et l'évaluation des diverses interprétations qui en ont été faites. Voici en résumé quels sont ces différents points.

43. Les données relatives à ce scribe et à sa famille ont été réunies par M. Schentuleit, « Satabus aus Soknopaiu Nesos : Aus dem Leben eines Priesters am Beginn der römischen Kaiserzeit », *CdE* 82 (2007), 101–25.

La reconstitution du récit cadre

Le nouvel agencement des fragments que nous proposons implique un récit cadre considérablement réduit par rapport à celui qui avait été suggéré dans l'édition de 1983. Rien ne permet en effet de supposer que l'introduction narrative pouvait comporter l'intervention de personnages autres que Psienhor et le roi Bocchoris. Le récit commençait selon toute vraisemblance par l'annonce de la venue au monde de l'agneau monstrueux. Si les circonstances de celle-ci ainsi que le motif de la présence de Psienhor à cet événement nous restent obscures, ce dernier ne devait avoir d'autre rôle dans la narration que celui d'interlocuteur de l'animal divin, ainsi que de dépositaire de son message prophétique, le roi ne servant *in fine* que de caution historique au prodige.

La personnalité de Psienhor

Le héros humain du récit, Psienhor, est caractérisé par son titre prestigieux de *snty*[44]. La présence d'un personnage ainsi titré à la cour de Bocchoris est évidemment anachronique, puisqu'aucun titulaire de cette fonction n'est attesté avant le règne d'Amasis, vers la fin de la XXVIe dynastie. On sait que ce haut fonctionnaire tient un rôle important dans l'administration de l'Égypte sous la première domination perse et que son titre devient la version égyptienne de celui de *dioecète* sous les Ptolémées. Au moins une autre composition historique présente le même anachronisme (O Karnak LS 462.4)[45], tandis qu'un fragment de fiction narrative (P. Tebt. Tait 6)[46] atteste de l'importance accordée à cette fonction dans la littérature démotique aux époques ptolémaïque et romaine. Bien qu'il soit assimilé à un ministre des finances, les compétences de ce dignitaire devaient, au moins à l'époque saïto-perse, dépasser largement les domaines purement économiques et financiers. En occupant une telle fonction, Psienhor est présenté comme l'une des plus hautes autorités civiles de son temps, peut-être mandaté par le roi lui-même pour être le témoin de l'oracle.

Le lieu de l'oracle

L'identification du toponyme Naref dans le fragment conservé de la première colonne permet de situer le lieu de naissance de l'agneau et la révélation de sa prophétie dans les environs d'Héracléopolis, plutôt qu'à Héliopolis, comme l'avait supposé Zauzich qui se fondait sur la mention de cette ville en tête des lamentations des cités d'Égypte, sur l'attribution de la malédiction au dieu Rê, et sur des parallèles avec d'autres prophéties. Cela écarte aussi, semble-t-il définitivement, toute connexion supposée avec Éléphantine et le dieu Khnoum, selon une opinion largement répandue[47]. En revanche, l'hypothèse déjà avancée par J. Assmann d'un lien de l'agneau avec Hérishef, le dieu bélier d'Héracléopolis, paraît confirmée[48]. D'ailleurs, un fragment de tissu conservé au Louvre[49], au nom du

---

44. Cf. J. Yoyotte, « Le nom égyptien du 'ministre de l'économie' – de Saïs à Méroé », *CRAIBL* (janvier-mars 1989), 73–90.

45. Cf. M. Chauveau, « Le saut dans le temps d'un document historique : des Ptolémées aux Saïtes », dans D. Devauchelle (éd.), *La XXVIe dynastie. Continuités et ruptures. Promenade saïte avec Jean Yoyotte. Actes du Colloque international organisé les 26 et 27 novembre 2004 à l'Université Charles-de Gaulle – Lille 3* (Lille, 2011), 42 (n. c à la l. 2).

46. W. J. Tait, *Papyri from Tebtunis in Egyptian and in Greek (P. Tebt. Tait)*, EES Texts from Excavations Memoir 3 (Londres, 1977), 28–33, titre discuté pages 30–32 ; cf. Yoyotte, *CRAIBL* (janvier-mars 1989), 78.

47. Cf. Thissen, dans *Egyptian Religion: The Last Thousand Years*, 1046 ; Hoffmann, dans *Ägypten, Kultur und Lebenswelt*, 186.

48. J. Assmann, *Ägypten: Eine Sinngeschichte* (München et Wien, 1996), 423.

49. Louvre E 27441. Je remercie Élisabeth David, documentaliste au DAE du musée du Louvre, d'avoir attiré mon attention sur cet objet et de m'avoir fourni les renseignements disponibles le concernant. Si ce fragment de linceul (?) est contemporain du roi, il confèrerait une certaine historicité à l'anecdote originelle, mais on ne peut exclure qu'il soit bien postérieur (époque ptolémaïque ?) : il témoignerait alors d'un culte rendu au lieu présumé de la sépulture offerte par Bocchoris à l'agneau prophétique.

roi « Bocchoris, vivant éternellement, [aimé] d'Hérishef, roi des deux terres, régent des deux rives [...] », pourrait en apporter la confirmation, car ce lien inattendu établi entre Bocchoris et Hérishef trouverait une explication évidente par le biais de l'association conjointe de cet obscur souverain et du dieu-bélier d'Héracléopolis avec l'agneau prophète.

La nature de la prophétie

Contenant de toute évidence des prédictions *ex eventu*, la prophétie de l'agneau a depuis longtemps été l'objet de diverses spéculations quant aux événements précis qu'elle serait censée annoncer. S'il est possible que plusieurs strates de vicissitudes historiques successives aient pu être introduites dans le discours prophétique, reflétant plusieurs étapes d'élaboration du texte, il est clair qu'il doit y avoir une focalisation sur un événement particulier, ou sur un enchaînement de calamités historiquement liées, et dont l'identification permettrait de dater la rédaction définitive de l'œuvre, ainsi que de déterminer le contexte politico-social de celle-ci. Si l'allusion à la découverte (et à l'éventuel retour ?) des chapelles des dieux égyptiens en Syrie ou en Assyrie ne peut guère se concevoir avant l'époque macédonienne, diverses datations plus précises au cours de la domination ptolémaïque ont été proposées, de Ptolémée III à Ptolémée VIII[50]. En-dehors de la mention des chapelles des dieux découvertes dans la région de Ninive, les commentateurs ont surtout tenté de décrypter le passage énigmatique de la colonne III, l. 5, cité par ailleurs dans deux versions de l'*Oracle du potier*[51], ainsi que l'allusion au « Mède » qui apparaît en II, 22 et en III, 21, cette dernière occurrence se fondant en fait sur une lecture erronée.

Si nous préférons renoncer à toute vaine spéculation sur l'identification de personnages aussi obscurément désignés, et cela malgré plusieurs améliorations de lecture des passages en question, la litanie des lamentations des villes égyptiennes nous offre une base bien plus solide pour déterminer le contexte événementiel auquel renvoie la prophétie. Avec les corrections que nous y avons apportées, il devient clair que Sébennytos est la cible principale de la malédiction, en qualité de capitale dynastique placée sur le même plan qu'Abydos, Memphis et Thèbes. La mise en évidence de ce parallèle doit exclure toute datation antérieure à la XXXe dynastie, et le massacre qui semble être évoqué par l'agneau ne peut donc avoir été perpétré ni par les Assyriens ni par les Perses au temps de leur première domination. Une datation à l'époque ptolémaïque est peu probable car on ne trouve nulle mention de Sébennytos parmi les assez nombreuses sources concernant les diverses révoltes indigènes contre le pouvoir lagide. C'est donc la période de l'invasion de l'Égypte par les troupes d'Artaxerxès Ochos en 343 qui offre le meilleur contexte possible où situer cet épisode dramatique inconnu jusqu'ici. Malheureusement, les circonstances précises de ce dernier ne peuvent guère être que conjecturales. La seule relation quelque peu détaillée qui nous soit parvenue de cette invasion, celle de Diodore, ne livre aucun élément qui pourrait, de près ou de loin, être rattaché à un tel événement[52]. A contrario, le texte de Diodore présente cette conquête comme relativement exempte d'actes de barbarie. Les seuls crimes de guerre mentionnés sont des pillages et des spoliations,[53] et c'est finalement aussi l'impression que donne le passage démotique en question en dehors du cas particulier de Sébennytos : aucune des autres villes mentionnées n'est expressément désignée comme victime d'exactions et les pleurs qui leur sont attribués paraissent liés à une souffrance essentiellement morale. Le « martyre » de Sébennytos aurait été alors une exception qui a pu être totalement négligée des historiens grecs, à vrai dire davantage concernés par le rôle de leurs compatriotes dans ces

50. Ptolémée III d'après Fr. Dunand, « L'Oracle du Potier et la formation de l'apocalyptique en Égypte », dans F. Raphael *et al.* (éd.), *L'Apocalyptique*, Études d'histoire des religions 3 (Paris, 1977), 51 ; Ptolémée VI (en rapport avec l'invasion d'Antiochos IV) d'après Thissen, dans *Egyptian Religion: The Last Thousand Years*, 1049–53 ; Ptolémée VIII (en rapport avec la révolte supposée d'Harsièsis) d'après Koenen, dans *Apokalyptik und Ägypten*, 157.

51. Cf. Koenen, dans *Apokalyptik und Ägypten*, 156sq.

52. XVI, 46.4–51.

53. XVI, 51.2.

événements que par le sort d'une poignée de soldats ou de citadins égyptiens[54]. Quels qu'en fussent l'ampleur exacte et les motifs réels — simple bavure d'une soldatesque indisciplinée ou acte délibéré de vengeance et de représailles contre la cité emblématique de la dynastie nectanébide — cet acte sauvage aura de toute évidence laissé des traces dans la mémoire égyptienne, l'*Agneau* n'en étant peut-être pas le seul témoin[55]. Ainsi, comme cette séquence présentée d'une manière particulièrement dramatique clôt la malédiction proférée par l'agneau, il ne fait guère de doute que l'époque concernée est bien le point d'attraction central de la prophétie.

L'élucidation de la prédiction concernant Sébennytos amène à reconsidérer la séquence précédente. Comme nous l'avions évoqué dans le commentaire de la traduction, celle-ci doit évoquer les principales étapes d'une invasion étrangère venue d'Asie, en l'occurrence celle d'Artaxerxès III en 343 av. n. è. Les mentions successives de Bubastis et de Nilopolis sont particulièrement suggestives en ce sens, puisque Diodore insiste sur les âpres combats et les inavouables tractations dont la première ville fut l'objet lors de cette guerre[56], et que Nilopolis, englobant la forteresse contiguë de Babylone, a certainement constitué le dernier verrou que les envahisseurs ont dû forcer avant la prise de Memphis[57]. En revanche, il est plus surprenant de voir Héliopolis placée en tête de liste, là où aurait dû se trouver Péluse, enjeu primordial et porte d'entrée des Perses en Égypte. Comme Héliopolis est curieusement suivie d'une circonstancielle ayant « l'Orient » pour sujet, on peut supposer qu'un accident dans la transmission du texte a permis la substitution de cette ville prestigieuse à Péluse dont la mention en connexion avec « l'Orient » aurait été bien plus naturelle. Sans doute Héliopolis devait-elle être citée à sa place géographique dans la composition originelle, puisqu'elle fut de toute évidence traversée par les troupes ennemies dans leur progression entre Bubastis et Memphis, mais un scribe copiste plus féru de théologie que d'histoire aura remplacé l'ordre topographique et chronologique par l'imparable hiérarchie religieuse ...

Recentrée sur cette période particulière de l'histoire égyptienne, l'œuvre transmise par le P. démotique Wien D 10000 paraît appartenir à un groupe de textes qu'on pourrait qualifier de « fictions prophétiques » et dont le point commun est la focalisation sur les derniers souverains indigènes, la seconde domination perse et la conquête d'Alexandre. L'un de ces textes est la fameuse *Chronique démotique* transmise par un seul papyrus datable du IIIe siècle av. n. è. (P. dém. Bibl. nat. 215), l'autre est le *Songe de Nectanébo* ou la *Prophétie de Pétéisis*, œuvre dont le début est connu par une version grecque datée du IIe siècle av. n. è. provenant du Sérapéum de Memphis[58]. un mince fragment démotique d'époque romaine trouvé à Tebtynis, ainsi que trois copies de ce qui en serait une « séquelle », également écrite en démotique[59]. Malgré leurs profondes différences de composition (récit cadre très développé dans le *Songe*, réduit dans l'*Agneau*, absent semble-t-il dans la *Chronique*), ces textes se projettent dans un passé antérieur à l'invasion perse de 343 afin d'annoncer celle-ci, et, en filigrane, la conquête macédonienne suivi de la domination lagide. Ces événements et les calamités qui les accompagnent sont présentés comme la conséquence d'une

54. Remarquons malgré tout l'absence d'allusion à l'événement chez Manéthon, alors que celui-ci était un prêtre originaire de Sébennytos, mais on ne peut pas non plus exclure qu'une telle mention ait figuré dans l'œuvre originale.

55. La *Chronique démotique* (P. Paris Bibl. Nat. 215, IV.22–V.4), contient de claires mentions de massacres dans un passage évoquant de toute évidence l'invasion d'Artaxerxès III, malheureusement sans en préciser le(s) lieu(x), cf. J. H. Johnson, « Is the Demotic Chronicle an Anti-Greek Tract ? », dans H.-J. Thissen, K.-Th. Zauzich, *Grammata Demotika : Festschrift für Erich Lüddeckens zum 15. Juni 1983* (Würzburg, 1984), 122. Le texte démotique de la suite de la *Prophétie de Pétéisis* attribue au roi Nectanébo II la phrase suivante (texte B, 5) que nous traduisons ainsi (différemment de l'éditeur, Ryholt, *Narrative Literature*, 165) : « Mon désir est de découvrir les massacres qu'ils (= les étrangers) commettront lorsqu'ils s'empareront (lire *mḥṭ*) de l'Égypte ». On peut supposer que la tragédie subie par Sébennytos fût l'une des causes probables de la « diabolisation » des Perses dans l'imaginaire égyptien perceptible après leur deuxième occupation du pays, cf. D. Devauchelle, « Le sentiment anti-perse chez les anciens Égyptiens », *Transeuphratène* 9 (1995), 79sq.

56. XVI, 49.7–50.

57. L'absence de Memphis à la suite de Nilopolis s'explique par sa mention en III, 17, parmi les anciennes capitales en deuil de Sébennytos.

58. J.-D. Gauger, « Der 'Traum des Nektanebos' – Die griechische Fassung », dans Blasius et Schipper (éd.), *Apokalyptik und Ägypten*, 189–219.

59. K. Ryholt, « Nectanebo's Dream or the Prophecy of Petesis », dans Blasius et Schipper (éd.), *Apokalyptik und Ägypten*, 221–41 ; idem, *Narrative Literature*, 157–70.

malédiction divine lancée contre l'Égypte. L'identité du dieu en cause n'est clairement révélée que dans le colophon de l'*Agneau* (IV, 12) où il s'agit de Rê. Dans le *Songe*, il semble qu'Onouris-Chou de Sébennytos soit le dieu irrité, précisément contre le roi Nectanébo II qui a négligé son temple, mais la perte de la partie du texte concernant la malédiction supposée laisse la nature de celle-ci conjecturale. Les oracles contenus dans la *Chronique* forment une collection plus hétéroclite, impliquant plusieurs divinités et s'appliquant individuellement et successivement à la plupart des pharaons qui régnèrent entre les deux dominations perses, ceux-ci étant souvent coupables d'atteinte aux temples et à la loi divine, mais sans que la responsabilité de la catastrophe finale des deux invasions successives d'Artaxerxès III et d'Alexandre, point de mire de la composition, soit clairement attribuée.

Si la période 343–332 est bien l'objet commun des prédictions livrées par ces trois textes, les dates de leurs rédactions respectives doivent être relativement proches. Même s'ils ne sont pas exactement contemporains les uns des autres, il est hautement probable qu'ils se situent tous sous les règnes des trois premiers Ptolémées, l'*Agneau* étant peut-être postérieur à la troisième guerre de Syrie, puisque seule l'expédition asiatique de Ptolémée III en 245 a pu donner l'occasion à des Égyptiens de découvrir des « chapelles » de dieux nilotiques jusqu'en Assyrie. Ce thème récurrent du retour des reliques sacrées, qui correspond à une réalité historique, est donc le seul élément textuel qui évoque directement l'époque ptolémaïque, tout en étant intimement lié aux invasions antérieures puisque ce retour constitue la réparation aux sacrilèges qui furent commis durant celles-ci. On comprend dès lors que l'évocation de ce retour scelle la prophétie de l'agneau, puisqu'il consacre la réconciliation de l'Égypte avec ses dieux. Les arguments avancés en faveur de datations plus tardives, qu'impliqueraient des allusions supposées à la sixième guerre de Syrie ou à la guerre civile de 132–129, nous semblent être infirmés par la focalisation du texte sur ces événements des années 343–332. En fait, seul le cataclysme qui a scellé la fin de l'Égypte indépendante a pu être à l'origine d'une telle littérature « apocalyptique ». Il n'existe en revanche aucun élément textuel qui nécessiterait de supposer un (ou plusieurs) remaniement(s) du texte postérieurement à Ptolémée III, comme l'ont fait la plupart des commentateurs. La citation, d'ailleurs sans doute déformée, d'un extrait de l'*Agneau* traduit en grec dans le trop fameux *Oracle du potier* a conduit à rapprocher de manière abusive les deux compositions. Comme ce dernier paraît faire allusion à certains événements politiques qui ont marqué le second siècle de la domination lagide, on a étendu le même présupposé à l'*Agneau*. Les nombreuses crises traversées par la domination lagide n'ont pu affecter les élites égyptiennes au point d'éclipser les deux brutales invasions des Perses et des Macédoniens qui se sont succédées à une décennie d'intervalle, et qu'une même génération a dû subir.

Enfin, la situation de la prophétie de l'agneau sous le règne de l'obscur Bocchoris ne peut guère s'expliquer que par le destin particulier de ce roi, l'un des rares pharaons égyptiens directement victimes d'une invasion étrangère. C'est d'ailleurs apparemment le seul trait notable qu'il partage avec Nectanébo II, le héros du *Songe*. Comme la prophétie révélée à ce dernier concernait probablement sa défaite et son sort malheureux, on pourrait croire qu'il en fût de même pour Bocchoris. Or, le texte préservé dans le papyrus de Vienne ne contient aucune allusion à la campagne de Chabaka suivie de la fin tragique du roi, ni même aucune mention des Kouchites. De telles mentions ont bien sûr pu se trouver dans la partie perdue de l'œuvre, mais il est frappant qu'à la question de Psienhor sur l'imminence des calamités annoncées, l'agneau semble renvoyer celles-ci à un avenir plutôt lointain. Pour expliquer le lien avec Bocchoris, il faut supposer l'existence d'une première version remontant à l'époque saïte et qui aurait porté essentiellement sur les invasions assyriennes afin de prédire *in fine* la libération du pays par le premier roi de la XXVIe dynastie. De cette première version auraient pu subsister dans notre texte la mention de Ninive comme lieu d'exil des chapelles des dieux égyptiens, ainsi que celle du personnage désigné comme « Celui des 55 (années) », ce qui pourrait indiquer Psammétique Ier dont le règne a effectivement compté 55 années. Ainsi, l'attribution de la prophétie à l'époque de Bocchoris aurait eu l'avantage de renforcer la légitimité de Psammétique Ier comme successeur choisi par les dieux du dernier roi authentiquement égyptien, réputé par ailleurs pour sa sagesse et son œuvre législatrice. L'étonnante postérité du prestige de ce souverain historiquement mineur justifie que son nom ait pu encore servir de caution à une prophétie *ex eventu* rédigée plus de quatre siècles après son règne, et dont le P. Wien D 10000 atteste la transmission et la popularité dans le milieu sacerdotal égyptien pendant au moins trois siècles encore.

Indices

I. Théonymes

Jmn	« Amon ». III, 18.
B3st.t	« Bastet ». Voir index IV, s.v. *Pr-B3st.t*
P3-Rˁ	« Phrê ». II, 20 ; IV, 12.
Mḥy3.t	« Mehyt ». Voir index IV, s.v. *Pr-ḥw.t-Mḥy3.t*
Ḥˁpy	« Hâpy (Nil) ». Voir index IV, s.v. *Pr-Ḥˁpy*
Ḥp	« Apis ». III, 17.
Ḥr	« Horus ». Voir index III, s.v. *P3-s3-n-Ḥr*
Šw	« Shou ». III, 18.

II. Basilonymes

B3k-rn=f ˁ.w.s.	« Bocchoris[v.p.s.] ». IV, 6, 12.
Qysls	« César ». IV, 11.

III. Anthroponymes et assimilés

P3-s3-n-Ḥr	« Psienhor ». I, 3, 4, 11 ; III, 19 ; IV, 5, 8 (2 fois).
Pa-t3-2.t	« Celui-des-deux ». III, 5.
Pa-t3-snty.t	« Celui-de-la-fondation ». III, 5.
Pa-t3-55	« Celui-des-55 ». III, 5.
Ḥry=w	« Herieus ». IV, 11.
Ḫtb3	« Satabous (masculin) ». IV, 11.
Ḫtb3	« Satabous (féminin) ». IV, 11.

IV. Toponymes et ethnonymes

J3bt	« Orient » (dans *p3 J3bt* « l'Orient »). III, 15.
Jwnw	« Héliopolis ». III, 15.
Jšr	« Assyrie » (dans *p3 tš p3 Jšr* « La province d'Assyrie »). III, 24.
Wynn.w	« Grecs ». III, 1.
Wpqy	« Oupeki ». III, 17.
Pr-B3st.t	« Bubastis ». III, 15.
Pr-Ḥˁpy	« Nilopolis ». III, 15.
Pr-ḥw.t-Mḥy3.t	« Le domaine du temple de Mehyt ». III, 16.
Mn-nfr	« Memphis ». III, 17.
Mty	« Mède ». II, 22.
Niw.t	« Thèbes ». III, 18.
Nnyw3	« Ninive ». III, 23.

Nn-rf	« Naref ». I, 4.
H̱r	« Syrie » (dans *pȝ tȝ H̱r* « le pays de Syrie »). III, 12, 14, 24.
Kmy	« Égypte ». II, 1, 4 (*pȝ mw ꜥȝ Kmy*), 16, 17, 18 (*nȝ rmt.w Kmy*), 20, 21, 23 ; III, 3, 6, 9, 14, 21 (2 fois), 23, 23 (*nȝ ntr.w Kmy*), 24 (*nȝ rmt.w Kmy*) ; IV, 1 (*nȝ ntr.w Kmy*), 1, 3, 4, 7, 12.
Ṱbn-ntr	« Sébennytos ». III, 16.

V. Titres

Pr-ꜥȝ$^{\text{ꜥ.w.s.}}$	« Pharaon$^{\text{v.p.s.}}$ ». III, 20 ; IV, 6, 7 (2 fois), 8, 10, 12.
snṯy	« ministre (des finances), *dioecète* ». I, 3, 4 ; IV, 8.

VI. Calendrier et nombres

ỉbd-3 pr.t	mois de Phamenoth. III, 2.
ỉbd-4 pr.t	mois de Pharmouthi. III, 2
ỉbd-4 šmw	mois de Mésorê. IV, 11.
ḥȝ.t-sp 33.t	an 33. IV, 10.
ḥȝ.t-sp 6<.t>	an 6. IV, 12.
sw 8	huitième jour. IV, 11.
2.t	III, 5.
55	III, 5.
900.t	III, 21.

VII. Vocabulaire général

ȝlly	s.m. « vigne ». III, 16 (*qm ȝlly* « vignoble »).
ȝq	v.i. « périr ». III, 22.
ȝkrn.t	s.f. « (femme) stérile ». IV, 2.
ȝtl	s.m. « papyrus (plante) ». III, 1.
ỉ.ỉr	participe du passé relatif. I, 1 (*ỉ.ỉr* [*ḫpr*]), 9 ; III, 18 (*ỉ.ỉr šp*).
ỉ.ỉr	préfixe du temps second. III, 19, 20 ; IV, 1, 5.
ỉ.ỉr-ḥr	prép. « devant ». III, 10, 12, 14 (*ỉ.ỉr-ḥr=w*) ; IV, 7.
ỉy	v.i. « venir ». II, 22.
	in-ỉw progressif « être en train de venir ». III, 4 (*in-ỉw ?*).
ỉw	préfixe du futur, du circonstanciel ou du conditionnel.
	ỉw=y. III, 20 (circ.), 21.
	ỉw=f. II, 7, 15 ; III, [4], 4 (3 fois), 9 (2 fois), 10, 14, 21 (circ.), 24.
	ỉw=s. III, 10 ; IV, 1, 3.
	ỉw=w. II, 1, 12 (circ.), 17, 23 ; III, 1, 2 (2 fois), 3 (2 fois), 7, 11, 13, 16, 20 (*ỉ.ỉr ỉw=w*), 23, 24 (2 fois) ; IV, 2 (cond.), 7, 8.
ỉwf	s.m. « chair ». III, 7 (plur.).

ipt s.m. « oiseau ». III, 6 (plur.).
in v.t. « apporter, amener ». III, 2 (*iw=w in.ṯ=f r-ẖry*), [8] ([*in*].*ṯ=f r-ḥry*).
in post-négation « (ne …) pas » III, 5.
in-bn v.i. « aller mal ». IV, 2.
in-bn s.m. « malheur ». IV, 7 (plur.).
in-nꜣ.w particule interrogative. I, 11 (*in*-[*nꜣ.w*]) ; III, 19.
imḥ.ṯ v.t. « saisir, s'emparer de ». III, 9.
ir v.t. « faire ». II,4,14,15 ; III, 16.
r-ir forme relative passée « qu'a fait ». IV, 12 (*r-ir Pꜣ-Rꜥ*).
écrit *r.r=* (?). III, 19 (*nꜣ sḥwy.w r.r=w*), 23 (*nꜣ gꜣ.w r.r=w r Nnywꜣ*).
ir-sẖy v.t. « gouverner ». III, 21, 24.
iry s.m. « compagnon, adversaire ». III, 10, 11.
irꜥy.t s.f. « uraeus ». III, 20.
irm prép. « avec ». III, 6, 7, 11 ; IV, 4
iḥm v.i. « se lamenter ». IV, 3.
it s.m. « orge ». III, 2 (?).
iṯ s.m. « père ». III, 13 ; IV, 4 (3 fois).
=y pronom suffixe 1ère pers. sing. « je ». I, 8 ; II, 2 ; III, 20, 21 ; IV, 4.
yꜥr s.m. « fleuve ». III, 7 (?).
ꜥ.wy s.m. « maison ». III, 11 (*ꜥ.wy n wpy.t*).
ꜥꜣ adj. « grand, ancien ». II, 4, 14 (*rmt-m-ꜥꜣ*) ; III, 9 (*rmt-m-ꜥꜣ*), 17 (*ꜥꜣy.w*, plur.) ; IV, 11 (*ꜥꜣ.t*, fém.).
ꜥꜣy adj.-verbe « être grand ». III, 4.
ꜥꜥ s.m. « animal sacré ». II, 17 (*nꜣ* ⸢*ꜥ.w*]).
ꜥꜥy s.m. « génération, progéniture ». III, 13.
ꜥn adj. « beau ».
nꜣ.w-ꜥn adjectif-verbe « être beau ». II, 6.
ꜥn adv. « encore, aussi ». IV, 2.
ꜥnḫ v.i. « vivre ». III, 7.
ꜥr v.i. « monter ». IV, 6.
ꜥḥꜥ v.i. « se tenir debout, rester ». II, 18 ; III, 9.
ꜥḫy v.t. « pendre, suspendre, dépendre ». II, 24 (qual. ?).
ꜥq s.m. « pain ». II, 9.
ꜥš v.t. « appeler, lire ». IV, 7.
ꜥšꜣ v.i. « être nombreux ». III, 14.
ꜥšꜣy adj. « nombreux ». II, 17 ; III, 6.
ꜥšꜣ-ir s.m. « audacieux, hardi, talentueux ». III, 12.
ꜥḏ adj. « mensonger ». III, 22 (*md ꜥḏ*).
=w pronom suffixe 3e pers. plur. « ils ». *passim*.
wꜣy v.i. « être loin, s'éloigner ». III, 21.
wꜥ art. indéf. m. « un ». II, 10 ; III, 1, 2, 3 ; IV, 6.
wꜥ.t art. indéf. f. « une ». II, 1, [23] ; III, 1 ; IV, 9.
wꜥb.t s.f. « purification, décès ». IV, 5.
wy interjection « hélas ! ». III, 12, 13, 14.
wbꜣ prép. « contre ». IV, 8 (*nw wbꜣ*).

wp.t	s.f. « travail ». II, 15.
wpy.t	s.f. « jugement, justice ». III, 11 (*ꜥ.wy n wpy.t* « tribunal »), 22 (*pꜣ hp tꜣ wpy.t*).
wnw.t	s.f. « heure, moment ». I, 5.
wnm	v.t. « manger ». III, 7.
wḫꜣ	v.t. « désirer, chercher ». III, 3.
wš	v.i. « manquer ». II, 12 (*wš šr*).
be	s.f. « buisson, fourré ». III, 17.
bw-ir	négation de l'aoriste. III, 10 (? *bw*[*-ir*]*=w*).
bn-iw	négation du futur. II, 16, 19 ; III, 5.
	bn-iw=f. III, 8.
	bn-iw=w. III, 2, 3 ; IV, 1.
bn-pw	négation du passé. I, 4.
	bn-pw=f. IV, 6.
	bn-pw=s. II, 5, 24.
	bn-pw=n. II, 3 ; III, 19.
	bn-pw=w. II, 18 ; III, 9.
bnṯy	s.f. « courge, concombre ». III, 17.
bty.t	s.f. « abomination ». III, 12, 13.
p.t	s.f. « ciel ». III, 6.
pꜣ	art. déf. « le ». *passim*.
pꜣy=	adj. poss. m.
	pꜣy(*=y*) « mon ». IV, 4.
	pꜣy=f « son ». III, [10], 11, 13.
	pꜣy=n « notre ». III, 5 (2 fois).
	pꜣy=w « leur ». III, 7.
pꜣy=n	pronom poss. « le nôtre ». III, 5.
pꜣy	adj. dém. « ce ». II, 22.
pꜣy	copule d'une proposition nominale. III, 5, [6] ,10 ; IV, 10.
pr	v.i. « sortir, apparaître ». III, 22.
pr	s.m. « maison, domaine ». Voir index IV, *s.v. Pr-Bꜣst.t, Pr-Ḥꜥpy, Pr-ḥw.t-Mḥyꜣ.t*.
=f	pronom suffixe 3e pers. masc. sing. « il ». *passim*.
m-nfr (?)	s.m. « bon berger ? ». III, 21.
m-qdy.t	prép. « à la façon de ». IV, 9.
m-sꜣ	prép. « après ».
	m-sꜣ nꜣy « après cela ». II, 20 ; IV, 10.
	m-sꜣ ẖpr « mais ». II, 22 ; III, 21.
mꜣ	s.m. « lieu ». IV, 6.
mꜣy	adj. « neuf ». IV, 6.
mꜣꜥ	adj. « vrai ».
	md.t mꜣꜥ.t « vérité ». II, 16 ; III, 22.
mꜣꜥ	v.i. « être justifié ». III, 12 (*di.t mꜣꜥ=f* « lui donner raison »).
my	imp. de *di.t* « fais en sorte que ». IV, 8, 9 (2 fois).
mw	s.m. « eau ». II, 4 (*pꜣ mw ꜥꜣ Kmy*) ; III, 7.
mw.t	s.f. « mère ». III, 13 ; IV, 11.

mwt v.i. « mourir ». [II, 24].
mnḥ s.m. « adolescent, jeune homme ». III, 12, 13.
mnḫ s.m. « excellent ». IV, 2 (*pꜣ mnḫ n pꜣ ntr*).
mnḫ v.i. « prospérer ». IV, 2.
mnq v.t. « terminer, achever ». III, 19 ; IV, 5
mnq s.m. « fin, achèvement ». III, 20 ; IV, 10.
mr.t s.f. « maladie ». II, 23.
ms v.t. « enfanter, mettre au monde ». II, 3, 24 ; III, 13.
ms s.m. « naissance ». I, 5 (*tꜣ wnw.t n ms*).
msṱ.t s.f. « (femme) féconde (?) ». IV, 3.
mst s.m. « (chose) haïssable, atrocité ». III, 6 (?).
md s.f. « parole, fait, chose ». I, 1, 9 ; II, 8 (?), 16 (*md mꜣꜥ.t*) ; III, 22 (*md mꜣꜥ.t*), [22] ([*md*] *ꜥḏ*) ; IV, 1, 1 (*md nfr.t*), 3 (*md.w nfr.t*), 5.
md v.i. « parler ». II, 2, 18.
n génitif (occurrences écrites). I, 1, 2 (2 fois), 5 ; III, 6, [7 (?)], 11, 13 (?), 16, 20 (? *irꜥy.t n ḏꜣḏꜣ*), 23 ; IV, 2 (3 fois), 4, 11.
n datif. IV, 8.
  n=f. [I, 11] ; II, 5 (*šm n*[*=f ?*]) ; III, 10, 19, 20
  n=w. I, 6 (?) ; II, 19 ; IV, 7.
n prép. (ancien *m*). II, 9, 21 ; III, 2, 4 (2 fois), 16, 20 ; IV, 4, 7.
  n.im=f. IV, 6.
  n.im=w. III, 12.
=n pronom suffixe 1ère pers. plur. « nous ». II, 3 (2 fois), 11 ; III, 5 (3 fois), 19.
n-tꜣy conj. temporelle « quand ». IV, 5.
n-ḏr.t prép. « appartenant à, de la part de ». III, 9 (?), 11.
nꜣ art. déf. plur. « les ». *passim*.
nꜣy pronom dém. plur. « ceux-là ». II, 20 ; III, 19 ; IV, 10.
nꜣy adj. dém. plur. « ces ». IV, 7.
nꜣy= adj. poss. plur.
  nꜣy=f « ses ». II, 12 (?), 13 ; III, 24.
  nꜣy=w « leurs ». II, 15, 18, 21 ; III, 7.
nw v.i. « voir ». III, 19.
  nw wbꜣ « prendre soin de ». IV, 8 (imp. *i.nw*).
nwṱ s.m. « bassin, citerne ». III, 16.
nb adj. « tout ». IV, 10.
nfr adj. « bon, heureux ». IV, 1, 3, 4.
nm pronom interrogatif « qui ? ». III, 10.
nkt s.m. « bien, propriété ». III, 9 (?), 11.
nty pronom relatif. III, 5 (*nty bn-iw*), 8 ; IV, 9.
  nty iw. III, 5, 10, [20] ; IV, 1, 3, 6.
  nty iw=f. II, 7 (?) ; III, 8, 20 ; IV, 5.
  nty iw=w. III, 12, 13 ; IV, 3.
ntr s.m. « dieu ». IV, 2 (3 fois), 9, 10.
  nꜣ ntr.w « les dieux ». II, 19 ; III, 4, 23 ; IV, 1.

r	prép. II, 2 (2 fois), 13 (?), 15, 17, 23 ; III, 1, 3, 7, 12, 14, 22, 23, 24 ; IV, 6 (2 fois) .
	r.r=f. II, 6, 12
	r-r=w. II, 7 ; III, 7, 19 (? voir *ir*), 20, 23 (? voir *ir*).
r	préfixe du futur III. II, 4, 14, 22 ; III, 22 ; IV, 2 (2 fois), 3.
r	préfixe du circonstanciel. II, 1, 5 (2 fois) ; II, 8 (?), 14, 18 (2 fois), 22 ; III, 3, 7, 9, 11, 15 (?), 16, 19, 21, 22 (3 fois), 24 ; IV, 2 (3 fois), 3 (2 fois).
r-ḥry	adv. « en haut ». III, 8.
r-ẖ	prép. « selon, comme ». IV, 9, 10.
r-ẖry	adv. « en bas ». III, 2.
r-ḏbꜣ	prép. « à cause de, afin de ». II, 11 ; III, [8], 12 ; IV, 1, 3.
rym	s.m. « poisson ». [III, 7 (plur.)].
rpy	s.m. « temple ». II, 19 ([*rp*]*y.w*, plur.).
rmy	v.i. « pleurer ». III, 14, 15, 15 (*lmy*), 17 (2 fois), 18 (2 fois).
rms	s.m. « barque ». IV, 6.
rmt	s.m. « homme ». II, 5, 14 (2 fois), 15 (?), 16, 18 (2 fois, plur.), [24] ; III, 4 (plur.), 7, 8, 9 (2 fois), 11, 24 ; IV, 3.
	rmt-m-ꜥꜣ « riche ». II, 14 ; III, 9.
	rmt ẖm « pauvre ». II, [14] ; III, 8.
	rmt.w Kmy « Égyptiens ». II, 18 ; III, 24.
rn	s.m. « nom ». I, 5 (*rn=*[*f*]) ; II, 14 (*rn=f*) ; IV, 11 (*rn n mw.t=f*).
rnp.t	s.f. « année ». II, 22 (plur.) ; III, 20.
rḫ	v.t. « savoir, pouvoir ». II, 18, 19 ; III, 8 ; IV, 1.
ršy	v.i. « se réjouir ». IV, 3.
hꜣ	s.m. « temps, époque ». IV, 4 (*hꜣ nfr*).
hy	s.m. « corvée ». II, 15.
hyn.w	art. indéf. plur. « des, quelques ». II, 21.
hp	s.m. « loi, droit ». III, 15 ([*h*(?)]⌜*p*⌝), 22.
hmy	particule « si seulement ». IV, 4.
ḥꜣ.t	s.f. « devant », dans la loc. *r tꜣ ḥꜣ.t* « auparavant ». II, 2
ḥꜣ.t	s.f. « cœur, esprit ». III, 4 (2 fois), 10 (*ḥꜣ.ṱ=f*).
ḥyyṱ.t	s.f. « souffrance ». III, 18.
ḥyb	s.m. « agneau ». [I, 5 (?)] ; III, 19 ; IV, 5, 8.
ḥw.t	s.f. « temple ». Voir index IV, *s.v. Pr-ḥw.t-Mḥyꜣ.t.*
ḥwe	s.m. « corruption, putréfaction ». III, 8.
ḥwy	v.t. « jeter, déposer ». III, 3 (?).
ḥp	v.t. « cacher ». I, 10.
ḥr	s.m. « visage ». III, 21.
ḥr	prép. « sur ». IV, 9.
ḥry	s.m. « noble ». IV, 10.
ḥry[ꜥ.w.s.]	s.m. « souverain[v.p.s.] ». III, 5.
ḥrry	v.i. « tarder ». [I,4 (?)] ; IV, 6.
ḥs.t	s.f. « louée, sainte, martyre ». III, 18.
ḥqꜣ	v.i. « être affamé ». II, 9.
ḥty	s.f. « crainte, terreur ». III, 18.

ḥḏ.t	s.f. « (couronne) blanche ». III, 3
ḫꜣs.t	s.f. « pays étranger ». II, 23 (*r ḫꜣs.t*) ; III, 22 (*r nꜣ ḫꜣs.t.w* plur.).
ḫbṱꜣ	s.m. « ennemi ». IV, 2 (*pꜣ ḫbṱꜣ n pꜣ ntr*).
ḫpr	v.i. « arriver, advenir ». I, [1, 5] ; II, 1, 14, 20, 22 (*m-sꜣ ḫpr*) ; III, 6, 8, 15, 19, 20 (2 fois), 21 (*m-sꜣ ḫpr*), 22, [24] ; IV, 1, 3, 4, 5 (2 fois), 7, 8, 9 (2 fois).
ḫm	adj. « petit ». [II, 14] ; III, [4] (?), 8.
ḫm	s.m. « jeune ». IV, 11.
ḫm-ẖl	s.m. « jeune homme ». III, 3–4 (*ḫm*[*-ẖl* (?)]).
ḫsf	v.t. « repousser ». [II, 11(?)].
ẖ.t	s.f. « manière, sorte ». III, 8.
ẖmm	s.m. « chaleur, fièvre ». II, 24.
ẖn	prép. « dans ». [I, 2] ; II, 16, 17 ; III, 1, 6, 8 (*ẖn=f*), 9, 10, 14 (*ẖn=f*), 22 ; IV, 4, 9.
ẖr	s.m. « rue ». III, 16 (plur.).
s	pronom dépendant 3e pers. sing. « le, la ». II, 11, <23 (?)> ; IV, 8, 9, 10.
=s	pronom suffixe 3e pers. fém. sing. « elle ». II, 5, 24 ; III, 10 ; IV, 1, 3.
sywr	v.t. « boire ». II, 10 ; III, 8.
swn	s.m. « connaissance ». III, 23.
swḥy.t	s.f. « œuf ». III, 4.
sbq	adj. « petit, peu de ». II, 8 (*sbqy.t ?*), 21 (*ss.w sbq*).
sfy	s.m. « onguent ». II, 13.
snf	s.m. « sang ». III, 7.
snt	s.f. « coutume ». IV, 9.
snty.t	s.f. « fondation ». Voir index III, *s.v. Pa-tꜣ-snty.t.*
sr(?)	s.m. « ? ». II, 24.
sḥwy	s.m. « malédiction ». III, 14, 19 (plur.) ; IV, 12.
s.ḥm.t	s.f. « femme ». [II, 24], [III, 13 (plur.)].
sḫ.t	s.f. « campagne ». I, 2.
sẖ	v.t. « écrire ». I, 8 ; IV, 10 (2 fois) ; IV, 11 (*m-sẖ*).
ss.w	s.m. « période, temps ». II, 21.
skꜣ	v.t. « cultiver, labourer, planter ». III, 2.
sṯꜣ.ṱ	v.t. « (se) retourner, (se) retirer ». II, 7.
sḏn	s.m. « conseil ». II, 21 (*sḏ*[*n.w*] *?*).
šp	v.t. « recevoir ». III, 11, 18, 23 (*šp swn*).
špy	s.f./m. « courge, melon ». III, 17.
šm	v.i. « aller ». II, 5 ; III, 1, 7, 9, 11, 24.
šmꜥy	s.f. « pieu ». III, 1.
šn	v.t. « interroger ». III, 9.
šn	s.m. « arbre ». III, 17 (plur.).
šr	s.m. « enfant ». II, 12.
qm	s.m. « jardin ». III, 16 (*qm ꜣlly* « vignoble »).
qnḥy.t	s.f. « chapelle ». IV, 9.
qrs	v.t. « enterrer ». IV, 2, 9, 10.
=k	pronom suffixe 2e pers. sing. « tu ». II, 2.
kpy.t	s.f. « poignée, petite quantité ». IV, 3.
gꜣ	s.m. « naos ». III, 23 (plur.) ; IV, 1.

gm	v.t. « trouver ». II, 5 ; III, 3, 24.
gmꜥ	v.t. « endommager ». II, 17.
grmy	s.m. « corde, lien ». III, 1.
tꜣ	art. déf. fém. « la ». *passim*.
tꜣ	s.m. « terre, pays ». [II, 22 (?)] ; IV, 9.
	pꜣ tꜣ Ḫr « le pays de Syrie ». III, [12], 14, 24.
t̂ꜣ	s.m. « époque ». II, 14.
tꜣy=	adj. poss. f.
	tꜣy=f « sa ». [III, 13] ; IV, 5
tw	s.m. « sein (?) », dans la préposition *r-tw=* « à côté de, près de ». II, 2 ([*r*(?)]-*tw=k*).
tws	particule démonstrative « voici ». IV, 12.
tmy	s.m. « ville ». III, 17, 18 (2 fois).
tš	s.m. « territoire, province ». I, 2 ; III, 23 (*pꜣ tš pꜣ ꞽšr*), 24 (*nꜣy=f tš.w*).
tk	= *di.t-ꜣq* (?) s.m. « perdition (?) ». III, 15.
ṯꜣy	v.t. « prendre, emporter ». II, 19 ; III, 12 (*ṯꜣy.t̂=f*), 13 (*ṯꜣy. t̂=w*).
ṯꜣy	prép. « depuis, à partir de ». IV, 12.
di.t	v.t. « donner, placer, faire que ».
	di.t (infinitif). II, 15, 20, 23 ; III, 1, 12.
	di (*sḏm=f*). IV, 8, 10.
	tw (*sḏm=f*). III, 21 ; IV, 5.
di.t	v.i /s.m. « combattre »/« combat ». III, 13.
dy	adv. « ici ». IV, 4.
dšr.t	s.f. « (couronne) rouge ». [III, 3] (?).
ḏꜣḏꜣ	s.m. « tête ». III, 20.
ḏmꜥ	s.m. « livre ». I, 1 ; IV, 7, 10.
ḏr=	adj. « tout, entièrement ».
	ḏr=w. III, 19 ; IV, 5, 7.
ḏry	s.m. « fort, puissant ». III, 11.
ḏlḥ	adj.-v. « être négligeable, méprisable ». III, 4.
ḏd	v.t. « dire ». [I, 11] ; II, 16 ; III, 10 (2 fois), 19, 20 ; IV, 4, 7, 8 (2 fois).
ḏd	conjonction. III, 10 (devant un discours direct).

A New Date for the "Amarna" Temple Plan in el-Sheikh Said Based on Some Newly Read Inscriptions

MARK DEPAUW (LEUVEN)

Mark Smith is of course foremost a specialist of Egyptian religion as it is documented in literary and funerary texts, primarily those of the later periods of Egyptian history written in late hieratic and demotic. But especially at the beginning of his career he has worked on other, more mundane texts such as graffiti. If I remember correctly, it was during one of the long Sunday afternoon walks together with his family, to which he invited me regularly during my years as a Junior Research Fellow in Oxford, that I first heard the story of his participation in the Gebel Silsila exploration. How he had assisted Ricardo A. Caminos recording graffiti in 1981–1982,[1] how Caminos was not afraid of heights and thus intrepidly crawled on high ladders to make facsimiles in awkward positions; how his mentor was scared of snakes, however, and therefore asked the somewhat acrophobic jubilee of today's Festschrift to do the honors and jump down a bushy area to record other texts—a perfect task division! That Mark wrote an encyclopaedic lemma about those graffiti not too long ago,[2] and that the "edition of graffiti from Gebel Silsila" still features on his list of current projects as I write,[3] strengthens me in the conviction that this small article about a drawing and inscriptions in a limestone quarry of Middle Egypt will not be too distant from his interests.

In 1885 A. H. Sayce is reported to have found "a plan of a building drawn in the quarry at Tell el-Amarna."[4] In the late nineteenth century it was thought to have been blasted away for modern quarrying, but in 1917 N. de Garis Davies rediscovered it.[5] In 2001 this "well-known but long-lost plan of a temple" gained fresh attention after it featured as one of the highlights in an *Egyptian Archaeology* report of an EES quarry survey by J. A. Harrell earlier that year.[6] It is 158 cm wide and 48 to 57 cm high and drawn in an ochre-colored paint.

The plan (fig. 1; a color photograph is provided in the *Egyptian Archaeology* article) is found on one of the supporting pillars at the entrance of Harrell's quarry 5, in el-Sheikh Said, in a bend of the Nile just north of Tell el-Amarna.[7] This quarry has long been considered a source for Amarna building stones, and hence the plan was assumed to represent a temple built under Akhenaton. Recently this hypothesis has been questioned; B. Kemp observed that the size of the blocks exceeded those of the *talatat*,[8] and H. Willems pointed out that the plan really did not look like either the great or the small Aten temple.[9] A New Kingdom date seems to be generally accepted,

1. See T. G. H. James, "Ricardo Caminos," *JEA* 79 (1993), 232.
2. M. Smith, "Gebel el-Silsila," in K. A. Bard (ed.), *Encyclopedia of the Archaeology of Ancient Egypt* (London, 1999), 331–34.
3. See *University of Oxford, Faculty of Oriental Studies* <http://www.orinst.ox.ac.uk/staff/eanes/msmith.html> accessed 13.10.2014.
4. W. M. Fl. Petrie, *Tell el Amarna* (London, 1894), 19.
5. N. de Garis Davies, "An Architectural Sketch at Skeikh Said," *Ancient Egypt* 4 (1917), 21–25.
6. J. Harrell, "Ancient Quarries near Amarna," *Egyptian Archaeology* 19 (2001), 6–38. The quote is on p. 38.
7. For the site, see Trismegistos Places, http://www.trismegistos.org/place/3566> accessed 13.10.2014.
8. B. Kemp, "Tell el-Amarna, 2000–2001," in P. Wilson et al., "Fieldwork, 2000–01: Sais, Tell Mutubis, Delta Survey, Memphis, Tell el-Amarna, Qasr Ibrim," *JEA* 87 (2001), 17.
9. H. Willems and R. Demarée, "A Visitor's Graffito in Dayr Abū Hinnis. Remarks on the Source of Limestone Used in the Construction of al-Amarna," *RdE* 60 (2009), 224–28.

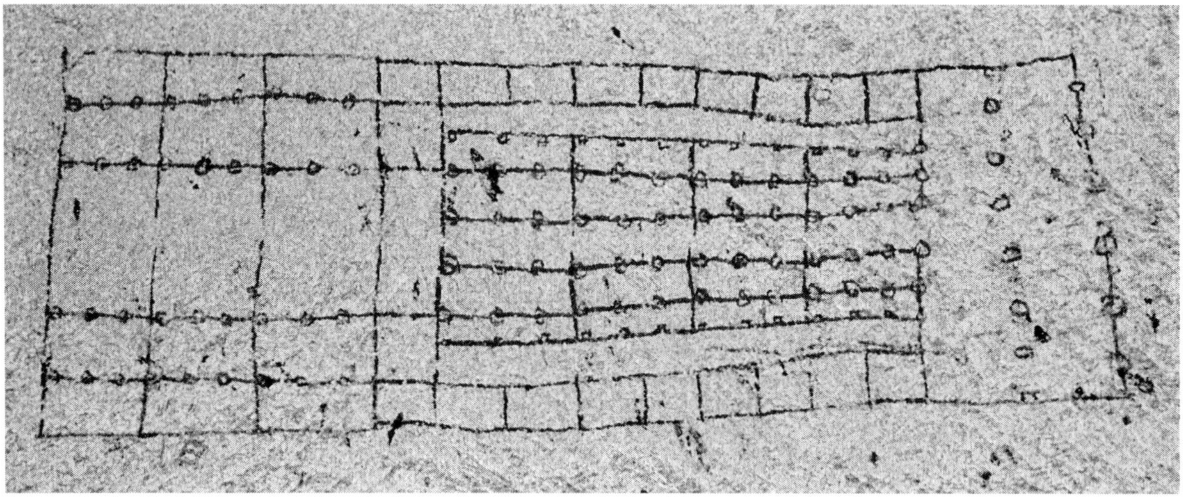

Fig. 1. The ground plan of a temple in quarry 5 in el-Sheikh Said

however, because of observed similarities with other quarries from that period, such as the so-called Queen Tiy quarry. An important difference with the latter is the presence in quarry 5 of lines on the ceiling in an ochre to red color and "accompanying hieratic inscriptions" thought to relate to practical aspects of the quarrying.[10]

The Deir el-Bersha project (KU Leuven; direction H. Willems) recently conducted a survey of New Kingdom quarries in the Wadi el-Nakhla and the area north, up to the Wadi Ibada close to Deir Abu Hinnis.[11] Substantial new evidence for quarrying activity under Akhenaten was discovered,[12] but the layout of these quarries as well as the cut-marks and the lines with inscriptions are very different from quarry 5 in el-Sheikh Said. The walls of the latter are much straighter and almost "smooth," and the lines create large polygonal zones, often with rectangles, rather than curved shapes or talatat-sized areas. In general, quarry 5 seems much less "chaotic" than the Amarna quarries further north, and reminds one of the Nectanebo I quarries in the Wadi el-Nakhla.[13]

The clue to the dating of the quarry and the plan lies in the "accompanying hieratic inscriptions" on the ceiling, of which some are shown in fig. 2.[14] Although some do indeed vaguely look like hieratic, they are in fact Greek. They read:

1–3	Παῦνι α̅	"Pauni 1st"
4	Ἐφὶπ η̅	"Epeiph 8th"
5	Μεσορὴ κ̅θ̅	"Mesore 29th"

10. Harell, *Egyptian Archaeology* 19, 38.

11. See, e.g., H. Willems et al., "Preliminary Report of the 2003 Campaign of the Belgian Mission to Deir al-Barsha," *MDAIK* 62 (2006), 338 and pl. 64b.

12. Including the famous large inscription dated to year 16, mentioning Nefertiti, now published by A. Van der Perre, "The Year 16 Graffito of Akhenaten in Dayr Abu Hinnis," *JEH* 7 (2014), 67–108.

13. For which see D. D. E. Depraetere and M. Depauw, "The Limestone Quarries in the Wâdî Nakhla at Dayr al-Barshā. Qualitative Stone Material for Temple Building," in R. Preys (ed.), *7. Ägyptologische Tempeltagung: Structuring Religion, Leuven 28. September–1. Oktober 2005*, KSG 3.2 (Wiesbaden, 2009), 47–61.

14. The TM number is the *Trismegistos Texts* unique stable textual identifier of the type, www.trismegistos.org/text/12345, e.g., www.trismegistos.org/text/371968, accessed 13 October 2014.

1

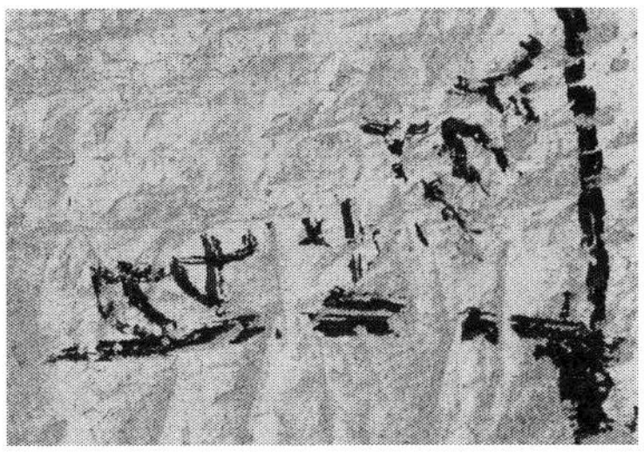
2

3

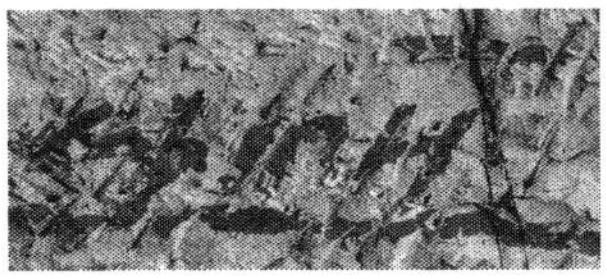
4

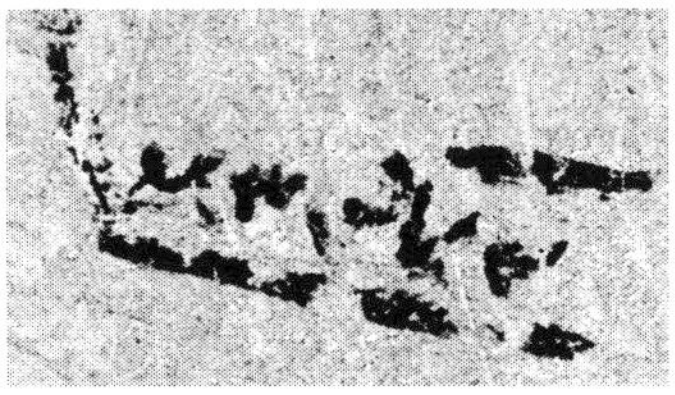
5

Fig. 2. Inscriptions **1–5** (TM 371968–371972) on the ceiling

The presence of dates on the ceiling of a quarry is not surprising. This type of information is well attested for the New Kingdom (Deir Abu Hinnis; hieratic), but also for the Thirtieth Dynasty (Deir el-Bersha, Wadi el-Nakhla; demotic) or the Ptolemaic period (Zawyet el-Sultan; demotic and Greek).[15] Chronological information marked the progress of the limestone exploitation, which was probably related to the remuneration of the quarrymen.

In this case the activities seem to have taken place in the three last months of the year, from the second to the fourth month of the *shemu* season. What astronomical or meteorological season this corresponds to depends on the date of the inscriptions. Since they are in Greek, a pre-Ptolemaic date is excluded. The similarity with the Deir el-Bersha quarrying techniques in the Wadi el-Nakhla at first sight suggests a Ptolemaic date, but the handwriting seems to be later, probably Roman.[16] The shape of the letter π in particular points in this direction. In that case all three dates would fall in the Summer, Pauni 1 equalling 26 May, Epeiph 8 equalling 2 July, and Mesore 29 equalling 22 August. This seems a rather inclement time to perform the hard work of cutting stone, but evidence elsewhere also suggests that work continued even in the hottest periods.

A Roman date may also be confirmed by a graffito on the walls of the quarry (fig. 3). It reads:

6 (1) το προσκύνημ[α] (2) Ταυρῖνος ... , "The *proskunema* of Taurinos ..."

Fig. 3. Inscription **6** (TM 371973) on the wall

15. See A. Gasse, "Rapport préliminaire d'une mission épigraphique à Deir Abou Hennes," *ASAE* 69 (1983), 95–102; Depraetere and Depauw, "Limestone Quarries," 47–61; Y. Suto and R. Takahashi, "Greek and Demotic Graffiti in Zawiyat al-Sultan," in *Akoris 2007: Preliminary Report* (2008), 21–22.

16. This is the place to thank Willy Clarysse for his lending me his expertise on Greek palaeography, and to acknowledge his assistance in reading the Greek, although I did first recognize Παῦνι all by myself, a feat of which I am proud as a Demotist!

Although it is attested in Egyptian papyri and inscriptions from the third century BC onwards, the name Taurinos is typical of the Byzantine period.[17] Of course the walls of a quarry are likely to be used by later visitors and the inscriptions found there are not necessarily related to the exploitation of the quarry. It cannot thus a priori be excluded that the inscription dates from the Coptic period, when the subterranean artificial caves were in many places in use as refuges for hermitic monasticism.[18] This is unlikely in this case, however, in view of the striking palaeographical similarity with the inscriptions on the ceiling, but especially because *proskunema* is a pagan term, disappearing in the Nile Valley with the rise of Christianity in the course of the fourth century.[19] Moreover a *proskunema* points to the religious significance of the place where it was written, and a religious use of this quarry is not obvious after the quarrying activity had ended. During the work, however, the stonecutting workers seem to have been prone to writing dedications on available surfaces in the quarry.[20] Especially if they were producing stone for a temple, their work will have been a kind of prayer to the deity to whom the construction was destined. That a religious destination for the stone is very likely is after all also suggested by the temple plan on the supporting pillar.

Since the inscriptions as well as the quarry itself were thus probably Roman, the plan could well be that of a Roman temple, unless of course for some reason the workers decided to draw the plan of an existing, earlier monument. Which temple must remain a mystery, for archaeologists or art historians to solve.

17. See the onomastic entry in *Trismegistos People*, http://www.trismegistos.org/name/6130, accessed 13 October 2014.

18. For the example of Deir el-Bersha and Deir Abu Hinnis, see H. Willems, "Les fouilles archéologiques de la Katholieke Universiteit Leuven dans la région de Dayr al-Barshā," in L. Bavay et al. (eds), *Ceci n'est pas une pyramide ...: Un siècle de recherche archéologique belge en Égypte* (Leuven, 2012), 147.

19. See G. Geraci, "Ricerche sul proskynema," *Aegyptus* 51 (1971), 11 and 202.

20. See, e.g., the inscriptions from Tura and el-Masara: http://www.trismegistos.org/place/2480; D. Devauchelle, "Notes sur les inscriptions démotiques des carrières de Tourah et de Mâsarah," *ASAE* 69 (1983), 169–82, or those from Deir el_Bersha: http://www.trismegistos.org/place/2834; Depraetere and Depauw, in R. Preys (ed.), *7. Ägyptologische Tempeltagung*, 47–61.

Une transcription en démotique de deux formules du *Rituel des offrandes* (O. dém. DelM 2-1)

Didier Devauchelle et Ghislaine Widmer (Lille)

Parmi les ostraca démotiques trouvés à Deir el-Médineh et conservés à l'IFAO[1] figure une pièce remarquable, non seulement par sa taille, mais également par la nature du texte qu'elle préserve, deux formules rituelles rédigées en égyptien de tradition et transcrites en démotique. Connaissant l'intérêt que porte Mark depuis de nombreuses années à ce type de composition et aux écritures non étymologiques, nous sommes heureux de lui offrir l'édition de ce petit document, qui fait aussi écho à l'une de ses premières publications dans la revue *Enchoria*, un « hymne égyptien bien connu » au contexte thébain[2]. L'ostracon de Deir el-Médineh, qui avait éveillé notre curiosité il y a déjà plus de dix ans, serait sans doute resté encore longtemps échoué tel un cachalot sur la plage, si des parallèles en écritures hiéroglyphique et hiératique n'avaient pu être récemment repérés[3]. Par cette contribution à la croisée de nos recherches, nous souhaitons témoigner notre estime sincère pour le travail et la personnalité de Mark, qui est aussi à l'origine du parcours « anétymologique »[4] de l'un d'entre nous.

L'ostracon de calcaire (fig. 1) mesure 19,8 cm (hauteur maximum) sur 20 cm, pour une épaisseur variant de 2 à 4 cm. Ce bloc, partiellement équarri, est aujourd'hui brisé en deux fragments, dont le raccord a été fait en 2002 par D. Devauchelle[5].

Nous souhaitons ici remercier l'IFAO et ses directeurs successifs pour l'autorisation de publier ce document. Nous sommes également redevables à plusieurs personnes qui nous ont apporté leur aide durant l'élaboration de cet article, en particulier Nadine Cherpion, Luc Gabolde, François Gourdon, Ivan Guermeur, Matthias Müller, Thomas Nicq et René Preys.

1. Quelque 250 ostraca démotiques ont été exhumés pendant les travaux de B. Bruyère à Deir el-Médineh ; toutefois, le contexte précis de leur découverte est mal connu. Parmi ceux-ci, une vingtaine a été reproduite en photographie sur les planches des rapports de fouilles, mais le fragment de calcaire que nous publions ici n'en fait pas partie. Sur cette documentation, voir D. Devauchelle, « Écrire le nom des jours épagomènes et du premier jour de l'an (O. dém. DelM 4–1) », *SEP* 2 (2005), 19–25 et idem, « L'alphabet des oiseaux (O. dém. DelM 4–2) », dans A. Dodson, J. J. Johnston et W. Monkhouse (éd.), *A Good Scribe and an Exceedingly Wise Man: Studies in Honour of W. J. Tait*, GHP Egyptology 21 (Londres, 2014), 57–65, ainsi que, en collaboration avec Gh. Widmer, « Un peu de sagesse... Sentences sur ostraca démotiques », dans H. Knuf, Chr. Leitz et D. von Recklinghausen (éd.), *Honi soit qui mal y pense. Studien zum pharaonischen, griechisch-römischen und spätantiken Ägypten zu Ehren von Heinz-Josef Thissen*, OLA 194 (Leuven, Paris et Walpole, MA, 2010), 167–72, pl. 44–45 (= O. dém. DelM 1–1 et 1–2).

2. M. Smith, « A New Version of a Well-known Egyptian Hymn », *Enchoria* 7 (1977), 115–49 et idem, « O. Hess = O. Naville = O. BM 50601 : An Elusive Text Relocated », dans E. Teeter et J. A. Larson (éd.), *Gold of Praise : Studies on Ancient Egypt in Honor of Edward F. Wente*, SAOC 58 (Chicago, 1999), 397–404.

3. Cette pièce a été mentionnée par Didier Devauchelle lors de la communication sur les ostraca démotiques de Deir el-Médineh qu'il a présentée au VIIIe Congrès international des études démotiques (Würzburg, 2002). Une partie des difficultés de lecture et d'interprétation a pu être résolue grâce à la publication récente de N. Tacke, *Das Opferritual des Ägyptischen Neuen Reiches* 1 : *Texte* ; 2 : *Übersetzung und Kommentar*, OLA 222 (Leuven, Paris et Walpole, MA, 2013). Voir également les comptes rendus de St. Bojowald, *BiOr* 71, 1–2 (janv.–avril 2014), col. 128–135 (copie aimablement fournie par L. Diaz-Iglesias), et de M. Müller, *LingAeg* 21 (2013), 293–301, ainsi que l'ouvrage de F. Contardi, *Il Naos di Sethi I da Eliopoli. Un monumento per il culto del dio Sole*, CMET MonTesti 12 (Milan, 2009).

4. Nous empruntons ce terme à Jean Yoyotte, cf. *Histoire, géographie et religion de l'Égypte ancienne. Opera selecta* (éd. I. Guermeur), OLA 224 (Leuven, Paris et Walpole, MA, 2013), 212 et 249.

5. L'ostracon porte les numéros d'inventaire IFAO D 1151 et D 1152.

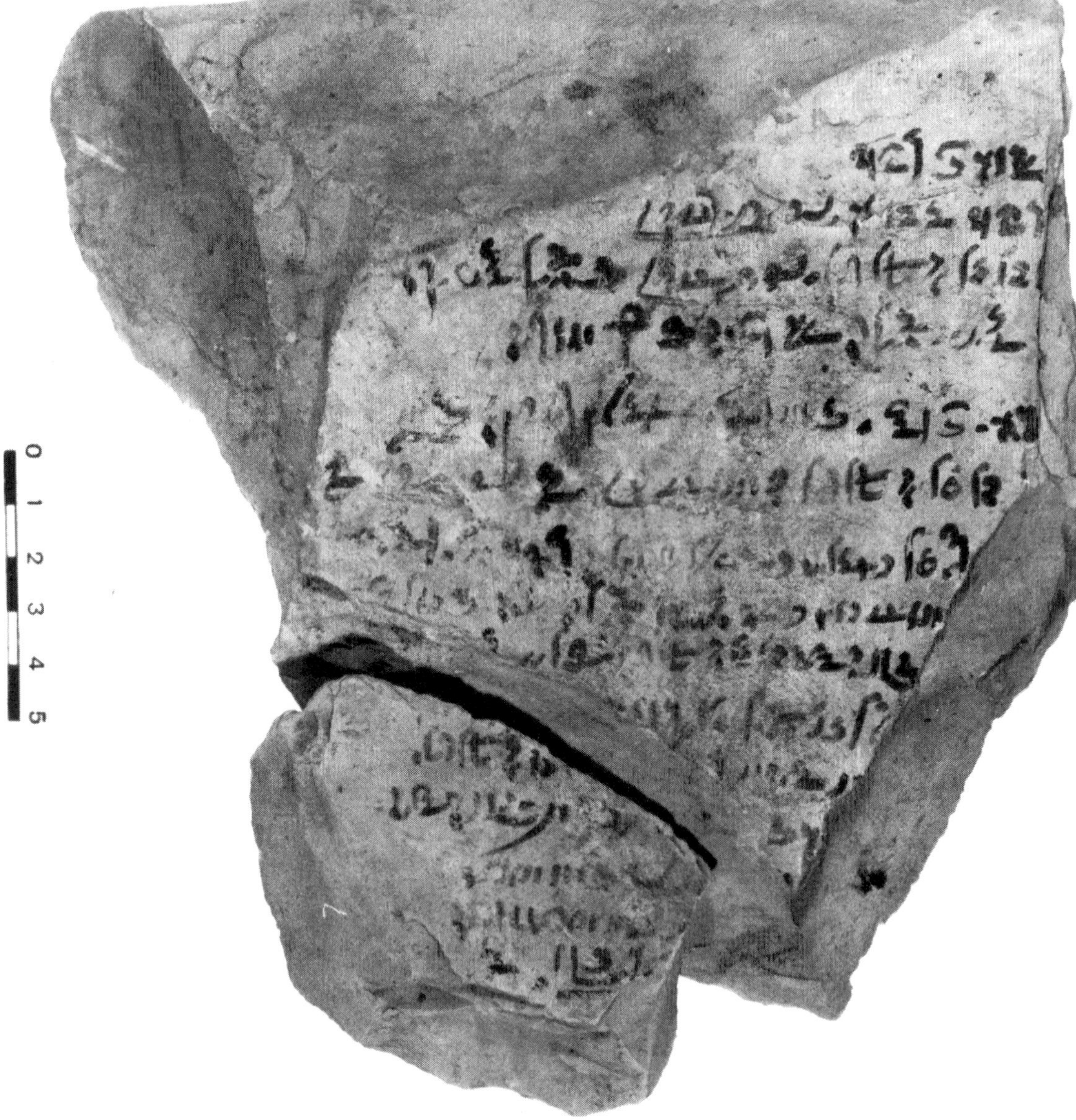

Fig. 1. Ostracon démotique Deir el-Médineh 2-1 © IFAO, Alain Lecler

L'arrangement des 14 lignes n'est pas régulier, puisqu'il s'adapte, autant qu'on puisse le dire, à la surface disponible sur l'ostracon qui semble aller en se réduisant. Le texte paraît pratiquement complet, en dehors de quelques éclats affectant le début de la plupart des lignes, mais l'effacement de l'encre et de nombreuses taches (de saleté et d'encre) sont source de confusion et compliquent la lecture de cette composition, semée d'écritures phonétiques[6]. Nous

6. La bibliographie autour de la question des écritures non étymologiques en démotique, parmi lesquelles on distinguera les écritures phonétiques et les réécritures non étymologiques, s'étant étendue de manière considérable ces dernières années, nous ne mentionnons ici que quelques références : Gh. Widmer, « Une invocation à la déesse (tablette démotique Louvre E 10382) », dans Fr. Hoffmann et H.-J. Thissen (éd.), *Res Severa Verum Gaudium. Festschrift für Karl-Theodor Zauzich*, StudDem 6 (Leuven, 2004), 672–83, idem, « Words and Writing in

situons la date de la copie à la fin de l'époque ptolémaïque, pour des raisons paléographiques, mais également du fait de l'utilisation du pinceau égyptien et de la mention du « Pharaon Ptolémée » (ligne 7)[7]. Le scribe, un apprenti avancé, aurait transcrit ce texte dans le cadre d'un exercice scolaire, activité attestée par d'autres ostraca démotiques de Deir el-Médineh[8].

On reconnaît au premier abord deux intitulés, une « formule pour offrir(?) la bière-*ḥnḳ.t* » (l. 1), suivie d'une « formule pour offrir(?) le vin » (l. 5). Du fait de leur association, nous pouvons les rapprocher de ce que l'on appelle aujourd'hui le *Rituel des offrandes*[9], où, dans la version de référence du Nouvel Empire (papyrus hiératique Caire CG 58030–Turin CG 54041), une « formule pour offrir la bière » est suivie d'une « formule pour offrir le vin »[10]. Toutefois, si le texte de cette dernière est très proche de celui conservé sur l'ostracon démotique[11], la section consacrée à la bière diffère[12]. Nos recherches nous ont heureusement conduits à retrouver quelques parallèles à cette première partie, notamment sur les stèles funéraires de Nuri et au temple de Philae, où cette formule est également suivie de celle de l'offrande du vin[13]. En outre, le temple d'Abydos préserve au moins deux[14] versions parallèles à notre « offrande » de la bière, mais qui apparaissent dans un contexte différent : il s'agit, dans un cas, de l'acte d'« adorer le dieu » (A. Mariette, *Abydos: Description des fouilles exécutées sur l'emplacement de cette ville* I [Paris, 1869], pl. 38a = fig. 5a et pl. 6a de cet article) et, dans l'autre, de celui de « déposer des offrandes pour son père » (Mariette, *Abydos*, pl. 40c = fig. 5b et pl. 6b). Sur le naos de Séthi Ier, seule la première proposition est conservée, apparemment dans une scène d'encensement[15]. Le lien de ce texte avec la bière n'est donc peut-être pas originel, ce qui expliquerait

Demotic Ritual Texts from Soknopaiu Nesos », dans J. Fr. Quack (éd.), *Ägyptische Rituale der griechisch-römischen Zeit*, ORA 6 (Tübingen, 2014), 133–44, M. Smith, « Bodl. MS. Egypt. a. 3(P) and the Interface Between Temple Cult and Cult of the Dead », dans J. Fr. Quack (éd.), *Ägyptische Rituale der griechisch-römischen Zeit*, ORA 6 (Tübingen, 2014), 151–55, M. A. Stadler, *Einführung in die ägyptische Religion ptolemäisch-römischer Zeit nach den demotischen religiösen Texte*, EQTÄ 7 (Berlin, 2012), 118–22, ainsi que J. Fr. Quack, « Old Wine in New Wineskins ? How to Write Classical Egyptian Rituals in More Modern Writing Systems », dans A. de Voogt et J. Fr. Quack (éd.), *The Idea of Writing* II. *Writing Across Borders* (Leyde et Boston, 2011), 219–43.

7. Dans la mesure où il s'agit d'un texte religieux à tendance conservatrice, une datation au début de l'époque romaine ne peut être totalement exclue, d'autant plus que certains graffiti tracés sur les murs intérieurs du temple de Deir el-Médineh (en cours de publication par les auteurs de cet article) remontent au début du règne de Tibère, mais celle-ci nous paraît moins vraisemblable.

8. Voir plus haut, note 1.

9. Selon la dénomination préconisée par N. Tacke, dans son ouvrage mentionné plus haut, note 3.

10. Les liens entre ces deux types d'offrandes sont bien attestés, notamment dans les temples ptolémaïques, comme à Edfou où, dans la Salle des offrandes, les scènes se répondent, cf., par exemple, *Edfou* I, 458, 16 (vin, 2e registre) et *Edfou* I, 459, 9 (bière, 3e registre) ou encore *Edfou* I, 461, 11 (vin, 2e registre) et *Edfou* I, 462, 5 (bière, 3e registre). Pour les correspondances entre le *Rituel des offrandes* (ou *Rituel d'Amenophis Ier*) et cette même salle à Edfou, voir les remarques de H. W. Fairman, « The Kingship Rituals of Egypt », dans S. H. Hooke (éd.), *Myth, Ritual and Kingship. Essays on the Theory and Practice of Kingship in the Ancient Near East and in Israel* (Oxford, 1958), 100–104. De même, les versions parallèles du temple de Séthi Ier à Abydos se concentrent toutes dans le complexe de Nefertoum-Ptah-Sokar, une zone dans laquelle, selon R. David, *A Guide to Religious Ritual at Abydos* (Warminster, 1981), 99–100, ont été reproduits de nombreux épisodes se rattachant au « Ritual of the Royal Ancestors », ancienne dénomination du *Rituel des offrandes*.

11. Il s'agit de l'« épisode » n° 22 dans la numérotation de Tacke, *Opferritual* (= n° 12 de H. H. Nelson, « Certain Reliefs at Karnak and Medinet Habu and the Ritual of Amenophis I », *JNES* 8 (1949), 212–14 et n° 23 de Contardi, *Naos di Sethi I*). Voir aussi plus loin note 20.

12. Elle ne correspond pas non plus au texte de l'« épisode » 18 dans la numérotation de Tacke (= n° 8 de H. H. Nelson) qui est une « formule de libation (*ḳbḥ*) au moyen de la bière ».

13. Philae 27 (= G. Bénédite, *Le temple de Philae*, MMAF 13 (Paris, 1893–1895), 27). Tacke, *Opferritual* 2 : 65 note a, relève qu'un intitulé de formule d'offrande de la bière apparaît sur la stèle d'Anlamani de Nuri, mais il ne la prend pas en compte, puisque le passage qui suit ne correspond pas à celui figurant dans le papyrus Caire CG 58030–Turin CG 54041. C'est cette formule que l'on rencontre sur notre ostracon. Elle apparaît également sur les trois autres stèles de Nuri, mais sans titre ; en revanche, elle y est suivie du texte consacré à l'offrande du vin, ce qui n'est pas le cas de la stèle d'Anlamani. À Philae, une section dédiée au *šdḥ* succède à celles de la bière et du vin, formant ainsi une séquence qui n'a pas de parallèle dans le *Rituel des offrandes*.

14. F. Contardi en mentionne une troisième, inédite, qu'il a relevée dans la chapelle de Ptah-Sokar et dont l'intitulé est *ir.t ḥtp-di-nsw* « faire un *hetep-di-nesou* », cf. *Naos di Sethi I*, 55 et 53–56, pour toute la formule (« épisode » n° 15).

15. Cf. *Naos di Sethi I*, 53 et pl. 11–12.

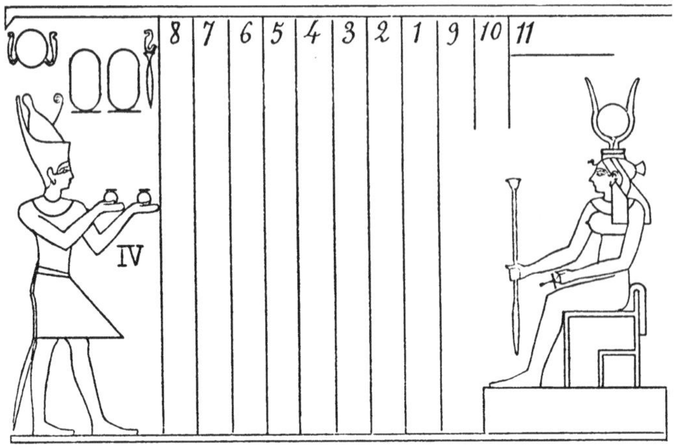

Fig. 2. Une version longue de la formule d'offrande du vin dans le temple de Philae, cf. G. Bénédite, *Le temple de Philae*, MMAF 13 (Paris, 1893–1895), pl. XVI, correspondant au texte de la page 44 de ce même ouvrage (abrégé ici Philae 44) ; voir aussi la Planche 7b du présent article.

son absence du papyrus Caire CG 58030–Turin CG 54041[16]. Enfin, on notera que la formule d'offrande du vin a connu une grande popularité depuis le Nouvel Empire jusqu'à l'époque impériale[17] ; dans les temples ptolémaïques et romains, elle accompagne volontiers la représentation du roi offrant le vin à la divinité (fig. 2) ; le texte y est plus ou moins abrégé en fonction des besoins[18].

Nous reproduisons ci-dessous la translitération et la traduction du texte de l'ostracon démotique (figs. 1, 3, et pl. 5)[19], mis en parallèle avec, pour la formule de la bière-*ḥnḳ.t*, les versions principales que nous avons pu repérer (figs. 4, 5a–5b et pl. 6a–6b et 7a) et, pour la formule du vin, les parallèles les plus significatifs, reproduits sans les hiéroglyphes, étant donné que cette séquence est attestée par de multiples exemples dont la majeure partie a été collectée dans les ouvrages de N. Tacke, F. Contardi et Mu-Chou Poo[20]. Nous avons choisi d'illustrer cette dernière par le dessin reproduit dans Mariette, *Abydos*, pl. 36b, où toutefois, l'intitulé mentionne l'offrande du vase-*nms.t* et non celle du vin, ce qui est inattendu (fig. 5c et pl. 6c), ainsi que par les photographies des deux scènes principales de Philae (pl. 7)[21].

16. De fait, les formules en relation avec la bière semblent rares dans les rituels égyptiens avant l'époque ptolémaïque, cf. la remarque de Nelson, *JNES* 8, 207. Voir aussi, plus généralement, Mu-Chou Poo, « Ritual Texts in the Ptolemaic Temples: The Liturgies of Libation and Beer Offering », dans J.-Cl. Goyon et Chr. Cardin (éd.), *Proceedings of the Ninth International Congress of Egyptologists* 2, OLA 150 (Leuven, 2007), 1535–38.

17. Voir, par exemple, Mu-Chou Poo, *Wine and Wine Offering in the Religion of Ancient Egypt* (Londres, 1995), 78–85 et la bibliographie citée plus bas note 20.

18. Cf. le type III dans la nomenclature établie par Poo, *Wine and Wine Offering*, 107–10. On pourra ajouter à cette liste les versions abrégées d'Esna 568 et Esna 617, remontant au règne de Commode, cf. S. Sauneron, *Le temple d'Esna. N*[os] *547–646. Textes édités par Jochen Hallof*, Esna VII (Le Caire, 2009), 55–57 et 183–85.

19. Les nombreuses irrégularités dans l'écriture et les taches de saleté empêchent souvent de déterminer le tracé exact de certains signes ; le fac-similé que nous publions ici (fig. 3) est donc une copie particulièrement subjective du texte.

20. Voir Tacke, *Opferritual* 1 : 57–61 et 66–70, Contardi, *Naos di Sethi I*, 77–81, ainsi que Poo, *Wine and Wine Offering*, 78–85 et 107–10. On signalera en outre deux papyrus hiératiques de Tebtynis (époque gréco-romaine), en cours de publication par I. Guermeur qui nous en a aimablement fourni une transcription. Le fragment le mieux conservé (6851 r°) contient une version longue de la formule d'offrande du vin, apparentée à celle conservée par l'O. dém. DelM 2–1 ; en revanche, la section qui précède n'a pas été encore identifiée, cf. I. Guermeur, « À propos d'un nouvel exemplaire du rituel journalier pour Soknebtynis (phiéra TebSCA 2979 et autres variantes) », dans J. Fr. Quack (éd.), *Ägyptische Rituale der griechisch-römischen Zeit*, ORA 6 (Tübingen, 2014), 10 et idem, dans S. L. Lippert et M. Schentuleit (éd.), *Graeco-Roman Fayum – Texts and Archaeology. Proceedings of the Third International Fayum Symposium, Freudenstadt, May 29–June 1, 2007* (Wiesbaden, 2008), 119–20. Dans un souci de cohérence, nous avons choisi de mettre en parallèle uniquement les versions accessibles les plus proches de notre ostracon, ainsi que celles dans lesquelles la formule d'offrande de la bière précédait celle du vin.

21. Nous devons les photographies publiées dans cet article au talent et à l'amitié de François Gourdon.

Abréviations :

pap. C.–T. = papyrus Caire CG 58030–Turin CG 54041, cf. Tacke, *Opferritual* I, pl. 1–2 (« épisodes » 21 et 22) ; notre translitération est basée sur la transcription hiéroglyphique de Tacke.

Abydos 36b = Mariette, *Abydos*, pl. 36b, vérifié sur les photographies de Fr. Gourdon (pl. 6c de cet article) ; cf. PM VI, 24 (219), et David, *A Guide to Religious Ritual*, 104–5 (= Tacke pl. 65). La formule est inscrite dans la chapelle de Ptah-Sokar.

Abydos 38a = Mariette, *Abydos*, pl. 38a, vérifié sur les photographies de Fr. Gourdon (pl. 6a de cet article) ; cf. PM VI, 23 (212), et David, *A Guide to Religious Ritual*, 103. La formule est inscrite dans l'épaisseur de la porte qui mène du hall de Nefertoum et Ptah-Sokar à la chapelle de Nefertoum.

Abydos 40c = Mariette, *Abydos*, pl. 40c, vérifié sur les photographies de Fr. Gourdon (pl. 6b de cet article) ; cf. PM VI, 23 (213, upper register), et David, *A Guide to Religious Ritual*, 103. La formule est inscrite dans la chapelle de Nefertoum.

Nuri 265 = Tacke, *Opferritual* 2 : 337–38 (St1) ; fac-similés reproduits à partir de D. Dunham, *The Royal Cemeteries of Kush*, vol. II *Nuri* (Boston, 1955), 265 fig. 209.

Nuri 266 = stèle Boston MFA 21.347, cf. Tacke, *Opferritual* 2 : 338 (St2) ; fac-similés reproduits à partir de Dunham, *Nuri*, 266, fig. 210 ; voir également R. J. Leprohon, *Museum of Fine Arts Boston*. Fasc. 3: *Stelae: The New Kingdom to the Coptic Period*, CAA (Mainz, 1986–1991), 118–22.

Nuri 267 = stèle Boston MFA 17-2-1910, cf. Tacke, *Opferritual* 2 : 338 (St3) : fac-similés reproduits à partir de Dunham, *Nuri*, 267, fig. 211 ; voir également Leprohon, *Museum of Fine Arts* 3, 113–17.

Nuri 268 = stèle Khartoum 1858, cf. Tacke, *Opferritual* 2 : 338 (St4) ; fac-similés reproduits à partir de D. Dunham, « Erratum », *JNES* 17 (1958), 224–25 et pl. III ; pour mémoire, voir aussi Dunham, *Nuri*, 268, fig. 212

Philae 27 = Bénédite, *Philae*, 27, 15–16 (bière), et 27, 16–28, 1 (vin), cf. PM VI, 240 (320) ; texte vérifié sur la photo Berlin n° 1110 et sur celle de Fr. Gourdon, cf. pl. 7a dans cet article (nous avons mentionné dans le commentaire uniquement les corrections les plus significatives).

Philae 44 = Bénédite, *Philae*, 44, 8–12 (vin), cf. PM VI, 241 (331–335) ; texte translitéré à partir de la photo Berlin n° 1083 et de celle de Fr. Gourdon, cf. pl. 7b dans cet article (la copie de cette formule est plus imprécise que celle de Philae 27).

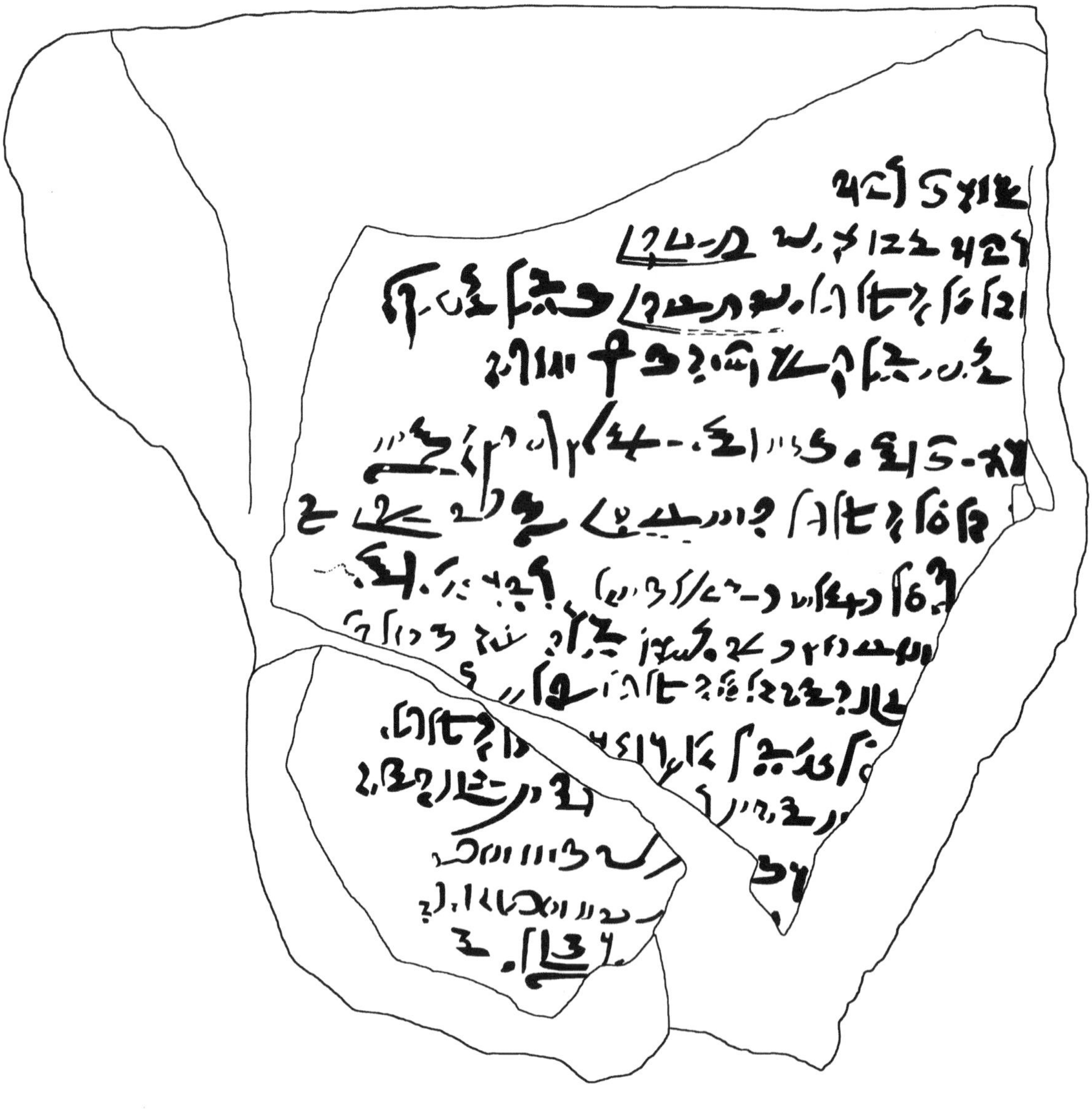

Fig. 3. Facsimilé the l'ostracon démotique Deir el-Médineh 2-1

Offrande de la bière[22]

(1)	*r n ỉr ḥnq*
pap. C.–T.	*r n ḥnk m ḥ(n)ḳ.t*
Abydos 38a	*ḏ(d)-mdw in nsw-bity … n it=f Nfr-tm ḥr(y)-ib Ḥw.t-Mn-Mȝʿ.t-Rʿ dwȝ-nṯr*
Abydos 40c	*wȝḥ ḫ.t n it=f ir=f di ʿnḫ ḏ(d)-mdw in nb-tȝ.wy …*
Nuri 265	*r n {n} ḥnk(?) ḥ(n)ḳ(.t)*
Nuri 266	–
Nuri 267	–
Nuri 268	–
Philae 27	–

Formule pour offrir(?) la bière.[23]

(2)	*[ḏd-md] ḥnq*	*ḥtp sp-2 r-ȝh bḥ*
pap. C.-T.	–	
Abydos 38a		*ḥtp sp-2 ḥr bʿḥ.t=f*
Abydos 40c		*ḥtp [sp-2 ḥr] bʿḥ.t=f*
Nuri 265		*ḥtp sp-2 ḥr bʿḥ*
Nuri 266	*ḏ(d)*	*ḥtp sp-2 ḥr bʿḥ=f*
Nuri 267	*ḏ(d)-mdw*	*ḥtp sp-2 ḥr bʿḥ=f*
Nuri 268	*ḏ(d)-mdw i(n)*	*ḥtp sp-2 ḥr bʿḥ=f*
Philae 27		*ḥtp ḥr sp-2 bʿḥ=s*

[Dire les paroles (concernant)] la bière. Sois satisfait, bis, de l'abondance ![24]

(3)	*[ḥt]⌈p⌉ ỉmn-Rʿ nb nsw-tȝ.wy r-ȝh bḥ*
pap. C.–T.	–
Abydos 38a	*ḥtp Nfr-tm ḥr bʿḥ.t=f*
Abydos 40c	*ḥtp Skr ḥr bʿḥ=f*
Nuri 265	*ḥtp Wsir nsw [(I-n-r-ỉ]mn)| ḥr bʿ[ḥ]=f*
Nuri 266	*ḥtp Wsir nsw (I-s-p-r-t)| mȝʿ-ḫrw ḥr bʿḥ=f*
Nuri 267	*ḥtp Wsir nsw (Imn-i-s-ṯ-b-r-ḳ)| mȝʿ-ḫrw ḥr bʿḥ=f*
Nuri 268	*ḥtp Wsir nsw (S-i-ʿ-s-p-i-ḳ)| mȝʿ-ḫrw ḥr bʿḥ=f*
Philae 27	*ḥtp ȝs.t wr.t mw.t-nṯr ḥr bʿḥ=s*

Qu'Amon-Rê, seigneur des trônes du Double pays, [soit satis]fait de l'abondance ![25]

22. Pour des raisons de clarté, nous avons limité l'utilisation des demi-crochets à la translitération de l'ostracon démotique.

23. Var. Abydos 38a : « Dire les paroles par le roi de Haute et Basse-Égypte … (= Séthi Ier) à son père Nefertoum qui réside dans le Château de Men-Maât-Rê. Adorer le dieu. » ; var. Abydos 40c « Déposer des offrandes pour son père, qu'il soit doué de vie. Dire les paroles par le maître du Double pays … (= Séthi Ier) ».

24. Var. Abydos, Nuri et Philae : « … de son abondance ».

25. Var. Abydos, Nuri et Philae : « … de son abondance ».

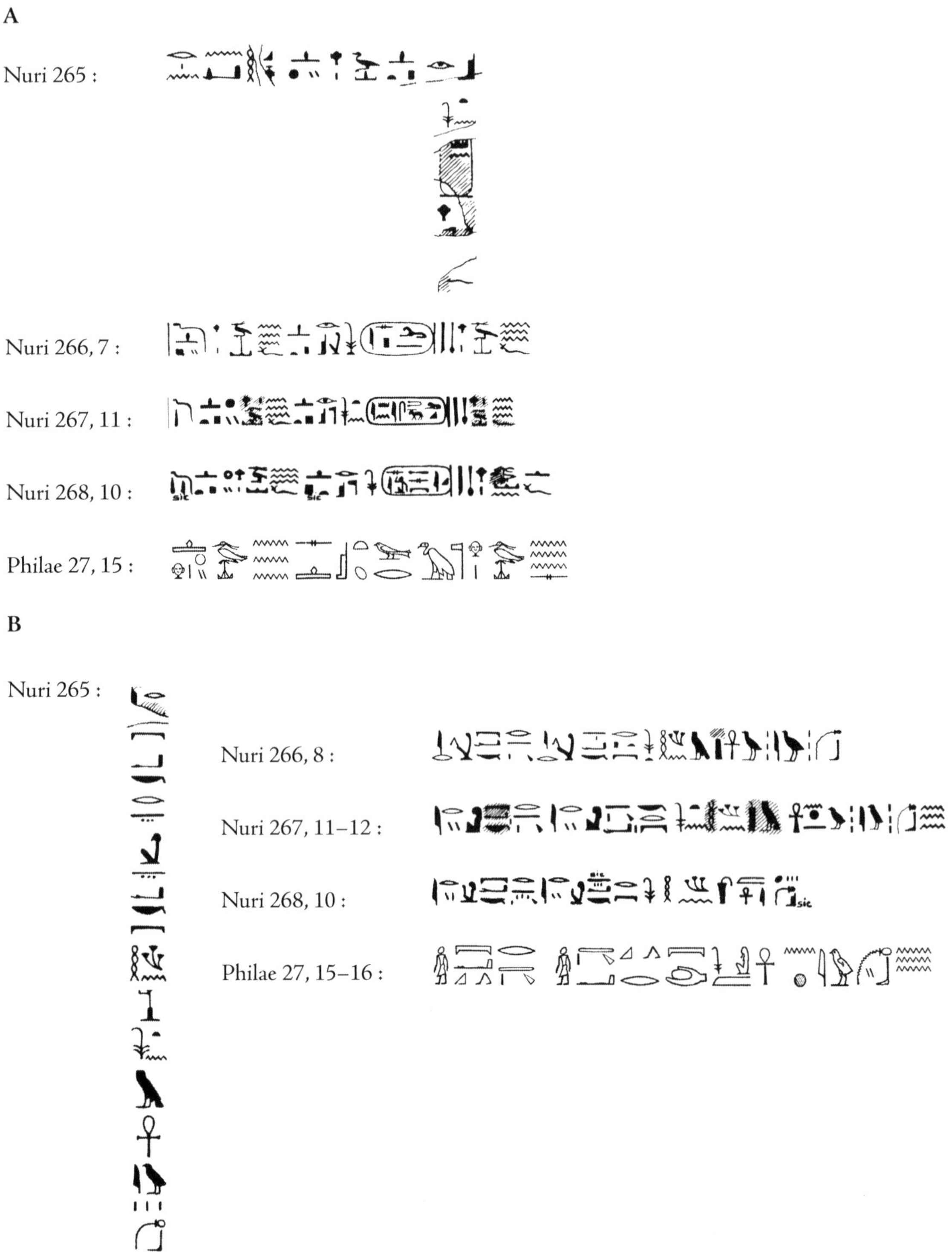

Fig. 4. Mise en parallèle du texte de l'offrande de la bière

(3–4)	*ir(?) p(.t) ꜥq r tꜣ /[4] [ir(?) tꜣ(?)] ꜥq r p(.t)*
pap. C.–T.	–
Abydos 38a	*iry p.t ꜥ=k r tꜣ ṯs pẖr*
Abydos 40c	*iry p.t ꜥ=k r tꜣ ṯs pẖr*
Nuri 265	*ir[y] p.t ꜥ=k r tꜣ iry tꜣ ꜥ=k <r> p.t*
Nuri 266	*iry p.t ꜥ=k r tꜣ iry tꜣ ꜥ=k r p.t*
Nuri 267	*iry p.t ꜥ=k r tꜣ iry tꜣ ꜥ=k r p.t*
Nuri 268	*iry p.t ꜥ=k r tꜣ iry tꜣ ꜥ=k r p.t*
Philae 27	*iry(?) p.t ꜥḳ r tꜣ iry(?) tꜣ ꜥḳ r p.t*

(Ô) celui qui(?) est en rapport(?) avec le ciel, entre dans la terre ! (Ô) celui qui(?) est [en rapport avec(?) la terre(?)], entre dans le ciel ! [26]

(4)	*ḥn(?)=n(?)-s(?) m ꜥnḫ iw=w wꜥb*
pap. C.–T.	–
Abydos 38a	*ḥn nsw m ꜥnḫ iw=i wꜥb.kwi*
Abydos 40c	*ḥtp-di-nsw*[sic] *ḥn m ꜥnḫ iw=i wꜥb.kwi*
Nuri 265	*ḥn nsw m ꜥnḫ iw=w wꜥb*
Nuri 266	*nsw ḥn m ꜥnḫ.w iw=w wꜥb*
Nuri 267	*nsw ḥn m ꜥnḫ.w iw=w wꜥb*
Nuri 268	*nsw ḥn m ꜥnḫ iw=w wꜥb*
Philae 27	*ḥn nsw m ꜥnḫ iw wꜥb*

… … de vie. C'est pur ![27]

Offrande du vin

(5–6)	*⌜r⌝ {n} n ir irp*	*ḏd-md irp*	*rd šn nb mry(?)=k /[6] [(?)] Ỉmn-Rꜥ nb nsw-tꜣ.wy*
pap. C.–T.	*r n ḥnk m irp*	*ḏd[-mdw …]*	*srd šꜣ n [nsw] (Ḏsr-kꜣ-[Rꜥ])*
Abydos 36b	*ḥnk m nms.t rd šꜣ n nṯr pn ḏ(d)-mdw*		*rd šꜣ nṯr pn*
Nuri 266			*rd šꜣ=k(?) n mr.t=k*
Nuri 267		*ḏ(d)-mdw*	*rd sḫ.t(?) nb n mr.t=k Wsir*
Nuri 268		*ḏ(d)-mdw i(n)*	*rd šꜣ nb n mr=k*
Philae 27	*ir irp*	*ḏ(d)-mdw i(n)*	*rd šn nb mr=t ꜣs.t wr.t mw.t nṯr nb(.t) Ỉw-rḳ*
Philae 44	*ḥnk irp*	*ḏ(d)-mdw i(n)*	*rd šn nb n ꜣs.t wr.t mw.t nṯr nb(.t) Ỉw-rḳ*

Formule pour offrir(?) le vin. Dire les paroles (concernant le) vin.
Que croisse tout arbre (var. « *vignoble* », var. « *champ(?)* ») *selon ton désir […], Amon-Rê, seigneur des trônes du Double pays !* [28]

26. Var. Abydos « (Ô) celui qui est en rapport avec le ciel, (que) ton action(?) s'étende jusqu'à la terre ! Et vice versa » ; var. Nuri : « (Ô) celui qui est en rapport avec le ciel, (que) ton action(?) s'étende jusqu'à la terre ! (Ô) celui qui est en rapport avec la terre, (que) ton action(?) s'étende jusqu'au ciel ! » ; var. Philae : « (Ô) celui qui est en rapport avec le ciel, entre(?) dans la terre ! (Ô) celui qui est en rapport(?) avec la terre, entre dans le ciel ! ».

27. Var. Abydos : « (Aussi vrai que) le roi est vigoureux de vie, je suis pur ! » ; var. Nuri, Philae : « (Aussi vrai que) le roi est vigoureux de vie, c'est pur ! ». On note la présence, en Abydos 40c, de l'expression *ḥtp-di-nsw* au lieu de *nsw* que l'on attend ici.

28. Var. Abydos : « Offrir le vase-*nemeset* (afin que) le vignoble croisse pour ce dieu ».

(6)	*ḥy bḥ n(?)-m(?)=k*
pap. C.–T.	*ḥꜥꜥ Ḥꜥpy bꜥḥ n-ỉmy=f*
Abydos 36b	*ḥꜥ bꜥḥ n ỉmy.w=f*
Nuri 266	*ḥꜥ bꜥḥ ỉmꜣ.t*
Nuri 267	*ḥꜥꜥ bꜥḥ n-ỉm=f*
Nuri 268	*ḥꜥꜥ bꜥḥ n-ỉmy=f*
Philae 27	*ḥꜥ bꜥḥ n-ỉm=ṯ*
Philae 44	*ḥꜥ bꜥḥ n-ỉmy=f*

Réjouis-toi(?), l'abondance est(?) en toi ![29]

(6–8)	*mḥ(?) n=k /[7] sꜣ Rꜥ (Pr-ꜥꜣ[ꜥ.w.s] (Ptrwms⸢ꜥ.w.s⸣ ỉr.t-Ḥr n ỉrp=.(?) /[8] ỉw=w bꜥ*
pap. C.–T.	*[mḥ=ỉ n=k] ỉr.t-Ḥr m ỉrp [ỉw=w wꜥb] sp-2*
	sẖm=k ỉm=ỉ hꜣ nsw (Ḏsr-kꜣ-Rꜥ)| ỉ[w]=w wꜥb sp-2 sp-4
Abydos 36b	*mḥ(=ỉ) ỉr.t-Ḥr m ỉrp=s ỉw wꜥb n Ptḥ-Skr rsy-ỉnb=f swr ỉw wꜥb*
Nuri 266	*mḥ n=k Wsỉr nsw (Ỉ-s-p-r-t)| mꜣꜥ-ḫrw ỉr.t-Ḥr m ỉrp ỉw=w wꜥb*
Nuri 267	*mḥ n=k Wsỉr nsw (Ỉmn-ỉ-s-ṯ-b-r-ḳ)| mꜣꜥ-ḫrw ỉr.t-Ḥr m ỉrp ỉw=w wꜥb*
Nuri 268	*mḥ n=k Wsỉr nsw (S-ỉ-ꜥ-s-p-ỉ-ḳ)| mꜣꜥ-ḫrw ỉr.t-Ḥr m ỉrp ỉw=w wꜥb*
Philae 27	*mḥ=t*[sic] *n=ṯ sꜣ-Rꜥ Ptrwmys ỉr.t-Ḥr m ỉrp=s ỉw wꜥb*
Philae 44	<…> *ỉr.t-Ḥr m ỉrp=s ỉw wꜥb*

Que le fils de Rê, le Pharaon, Ptolémée remplisse pour toi l'Œil d'Horus au moyen du(?) vin. C'est pur ![30]

(8)	*wn ꜥ.wy.w p.t ỉ(w)=s-š ꜥw ⸢tꜣ⸣*
pap. C.–T.	*[w]n ꜥꜣ.wy p.t sš [ꜥꜣ.wy tꜣ]*
Abydos 36b	*wn n*[sic] *ꜥꜣ.wy n wry.t sš n*[sic] *ꜥꜣ.wy ḳbḥ(w)*
Nuri 266	*wn ꜥꜣ.wy p.t sš ꜥꜣ.wy tꜣ*
Nuri 267	*wn ꜥꜣ.wy p.t sš ꜥꜣ.wy tꜣ*
Nuri 268	*wn ꜥꜣ.wy p.t sš ꜥꜣ.wy tꜣ*
Philae 27	*wn ꜥꜣ.wy p.t sš ꜥꜣ.wy tꜣ*
Philae 44	*wn ꜥꜣ.wy n p.t sš* <*ꜥꜣ.wy n*> *tꜣ*

Que s'ouvrent les portes du ciel ! Que soient béantes les portes de la terre !

(9)	*⸢q⸣bḥ Ỉmn-Rꜥ nb nsw-tꜣ.wy Ḏḥwty ⸢…⸣ […]*
pap. C.–T.	*m ḳbḥ n nsw (Ḏsr-kꜣ-Rꜥ)| Ḏḥwty ḥr-tp-ꜥ.wy ḥꜥpy*
Abydos 36b	*n Ptḥ-Skr rsy-ỉnb=f ḥr(y)-ỉb Ḥw.t-Mn-Mꜣꜥ.t-Rꜥ Ḏḥwty tp-ꜥ ḥꜥp(y)*
Nuri 266	*ḳbḥ Wsỉr nsw nsw (Ỉ-s-p-r-t)| mꜣꜥ-ḫrw tp-ꜥ.wy ḥꜥp(y)*
Nuri 267	*ḳbḥ Wsỉr nsw (Ỉmn-ỉ-s-ṯ-b-r-ḳ)| mꜣꜥ-ḫrw tp-ꜥ.wy ḥꜥp(y)*
Nuri 268	*ḳbḥ n Wsỉr nsw (S-ỉ-ꜥ-s-p-ỉ-ḳ)| mꜣꜥ-ḫrw tp-ꜥ.wy ḥꜥp(y)*
Philae 27	*ḳbḥ n ꜣs.t wr.t mw.t-nṯr nb(.t) Ỉw-rḳ Ḏḥwty tp-ꜥ ḥꜥp(y)*

---

29. Var. pap. C.–T. : « Qu'Hâpy, l'abondance, se réjouisse de ce qui est en lui » ; var. Abydos : « … pour ceux qui sont en lui ».

30. Var. pap. C.–T. : « [Que je remplisse pour toi] l'Œil d'Horus au moyen du vin. [C'est pur], *bis* … » ; var. Abydos : « Que je remplisse l'Œil d'Horus au moyen de son vin, c'est pur, pour Ptah-Sokar qui-est-au-sud-de-son-mur. Bois(?), c'est pur ! » ; var. Nuri : « Que l'Osiris du roi … remplisse pour toi l'Œil d'Horus au moyen du vin. C'est pur ! » ; var. Philae 27 : « Que le fils de Rê Ptolémée remplisse pour toi l'Œil d'Horus au moyen de son vin. C'est pur ! ».

Philae 44	*ḳbḥ n Ꜣs.t wr.t mw.t-nṯr Ḏḥwty tpy-ꜥ ḥꜥp(y)*

La libation est pour(?) Amon-Rê, seigneur des trônes du Double Pays, Thot … […][31]

(10–11)	*⸢Rꜥ⸣-Ḥr-Ꜣḫ.ty tw=f sw⸢r⸣ [ꞽImn]-⸢Rꜥ⸣ nb nsw-tꜣ.wy /¹¹ ⸢pꜣy=f(?)⸣ mw pꜣy=f(?) ⸢ḥ⸣[nq(?)] pꜣy=f(?) qbḥ*
pap. C.–T.	*[Rꜥ]-Ḥr-[Ꜣḫ.ty di=f s]wr nsw (Ḏsr-kꜣ-Rꜥ)| ḳ[bḥ=f ꞽrp=f] pn ḥr mw=f*
Abydos 36b	*Ḥr-Ꜣḫ.ty di=f swr Ptḥ-Skr rsy-ꞽnb=f ḳbḥ=f ꞽrp=f mw=f*
Nuri 266	*Ḏḥwty di=f swr Wsꞽr nsw (ꞽI-s-p-r-t)| mꜣꜥ-ḫrw m mw=f m ḥ(n)ḳ.t=f m ꞽrp=f m ḳbḥ*
Nuri 267	*Ḏḥwty di=f swr Wsꞽr nsw (ꞽImn-ꞽ-s-ṯ-b-r-ḳ)| mꜣꜥ-ḫrw m mw=f m ḥ(n)ḳ.t=f m ꞽrp=f m ḳbḥ=f*
Nuri 268	*Ḏḥwty di=f swr Wsꞽr nsw (S-ꞽ-ꜥ-s-p-ꞽ-ḳ)| mꜣꜥ-ḫrw m mw=f m ḥ(n)ḳ(.t)=f m ꞽrp=f m ḳbḥ=f*
Philae 27	*Rꜥ-Ḥr-Ꜣḫ.ty di=f swr Ꜣs.t wr.t mw.t-nṯr nb(.t) ꞽIw-rḳ m mw=s m ḥ(n)ḳ(.t)=s m ꞽrp=s m ḳbḥ=s*
Philae 44	*Rꜥ-Ḥr-Ꜣḫ.ty di=f swr Ꜣs.t wr.t mw.t-nṯr ꞽw=f(?) mw=f m ḥ(n)ḳ(.t)=f ꞽrp=f ḳbḥ=s*

Rê-Horakhty, il fait qu'[Amon]-Rê, seigneur des trônes du Double Pays, boive son(?) eau, sa(?) b[ière(?)], sa(?) libation[32].

(12–13)	*⸢wnm=f(?)⸣ Ꜣm=ysn /¹³ [swr(?)]⸢=f⸣ Ꜣ=e?sn ꞽw=w ⸢wꜥb(?)⸣*
pap. C.–T.	–
Abydos 36b	–
Nuri 266	*wnm=f ꞽm=sn swr=f ꞽm=sn ꞽw=w wꜥb*
Nuri 267	*wnm=f ꞽm= {f}=sn swr=f ꞽm=sn ꞽw=w wꜥb*
Nuri 268	*wnm=f ꞽm= {f}=sn swr=f ꞽm=sn ꞽw=w wꜥb*
Philae 27	*sḫm=s ꞽm=s(n) swr=s ꞽm=s ꞽw wꜥb*
Philae 44	*swr(?)=s ꞽm=s(n) sḫm=s ꞽm=s(n) ꞽw wꜥb*

Qu'il en mange(?), qu'il en [boive(?)] ! C'est pur(?) !

(14)	*[… sḫ]⸢m(?)⸣ Gbk …*
pap. C.–T.	*mꞽ sḫm [… … …] ꞽṯ [… …]*
Abydos 36b	*mꞽ sḫm Gb hrw pw ꞽṯ=f tꜣ.wy ꞽm=f ꞽnḏ-ḥr=k Ptḥ-Skr rsy-ꞽnb=f …*
Nuri 266	*mꞽ sḫm Gb m-m pꜥ.t hrw p(w)y ꞽṯ.n=f tꜣ ꞽm=f*
Nuri 267	*mꞽ sḫm Gb m pꜥ.t hrw pwy ꞽṯ.n=f tꜣ.wy ꞽm=f*
Nuri 268	*mꞽ wnm Gb n(?) pꜥ.t hrw pwy ꞽṯ.n=f tꜣ.wy ꞽm=f*
Philae 27	*mꞽ sḫm Gb n pꜥ(.t) hrw pfy ꞽṯ.n=f tꜣ.wy ꞽm=f*
Philae 44	*mꞽ sḫm Gb n pꜥ(.t) hrw pfy ꞽṯ.n=f tꜣ.wy ꞽm=f*

[comme(?) a pouvoi]r(?) Geb …(?)[33].

31. Var. pap. C.–T. : « … dans une libation pour le roi Djeser-ka-Rê, Thot étant à l'avant(?) de l'inondation » ; var. Abydos : « pour Ptah-Sokar qui-est-au-sud-de-son-mur qui réside dans le Château de Men-Maât-Rê, Thot étant à l'avant(?) de l'inondation » ; var. Nuri : « La libation est(?) pour l'Osiris du roi … à l'avant(?) de l'inondation » ; var. Philae : « La libation(?) est pour Isis, la mère du dieu …, Thot étant à l'avant(?) de l'inondation ».

32. Var. pap. C.–T. : « [Rê]-Hor[akhty, il fait que] le roi Djeserkarê [b]oive sa li[bation], ce [vin qui est le sien], ainsi que son eau » ; var. Abydos : « Horakhty, il fait que Ptah-Sokar qui-est-au-sud-de-son-mur boive sa libation, son vin et son eau » ; var. Nuri : « Thot, il fait que l'Osiris du roi … boive son eau, sa bière, son vin et (sa) libation » ; var. Philae 27 : « Rê-Horakhty, il fait qu'Isis, la mère du dieu … boive son eau, sa bière, son vin et sa libation ».

33. Var. Abydos : « comme Geb a obtenu le pouvoir, en ce jour où il a saisi le Double Pays. Salutation à ta face Ptah-Sokar qui-est-au-sud-de-son-mur … » ; var. Nuri et Philae : « comme Geb a obtenu le pouvoir sur les humains, en ce jour où il a saisi le Double Pays ».

Commentaire linéaire

Ligne 1

(a) Comme nous l'avons déjà mentionné[34], cette formule est attestée par une dizaine de parallèles dont cinq préservent un intitulé, et, parmi ceux-ci, seulement deux en relation avec la bière (O. dém. DelM 2–1 et stèle Nuri 265[35]). Le texte démotique ne recourt pas au verbe *ḥnk* « offrir », mais à *ir*, littéralement « faire », dont le sens doit être proche dans le présent contexte, cf. *r* {*n*} *n ir irp* à la ligne 5, ainsi que le parallèle correspondant dans Philae 27 (*ir irp*).

(b) Le substantif *ḥnq* pouvant être, en démotique, soit masculin, soit féminin (cf. *CDD Ḥ* (2009), p. 164–67), nous considérons que la terminaison *.t* n'a pas été omise.

Ligne 2

(a) Nous restituons *ḏd-md* devant *ḥnq*, sur le modèle de l'intitulé de la ligne 5 (*ḏd-md irp*), bien que nous n'ayons pas de parallèle pour cette séquence. La traduction par « concernant la bière » est donc conjecturale.

(b) Pour la préposition *ḥr* écrite *ꜣh* ou *r-ꜣh*, cf., M. Smith, « New Extracts from the Book of the Dead in Demotic », dans Gh. Widmer et D. Devauchelle (éd.), *Actes du IXᵉ congrès international des études démotiques, Paris, 31 août – 3 septembre 2005*, BdE 147 (Le Caire, 2009), 353 (ligne 10) et idem, *Papyrus Harkness (MMA 31.9.7)* (Oxford, 2005), 87–88. Le substantif *bḥ*, dans le texte démotique, est déterminé par le signe du lotus, comme dans les deux attestations mentionnées par Erichsen, *Glossar*, 113 et 121, dont l'une peut s'expliquer par un contexte de joie. La majorité des parallèles font suivre *bꜥḥ*, var. *bꜥḥ.t* « abondance » (*Wb.* I, 448, 9–10), d'un pronom suffixe ; le féminin dans Philae 27 renvoie à la divinité (Isis, dans ce cas).

Ligne 3

(a) La mention, à quatre reprises, de l'Amon-Rê régalien de Karnak (l. 3, l. 5, l. 9, l. 10) situe notre ostracon dans un univers thébain et confirme l'adaptation locale de ces formules, pratique que l'on constate également pour les autres versions, puisque, selon les cas, la divinité mentionnée est Nefertoum, Sokar, Hénou[36], Isis ou les rois défunts de Nuri. Pour *nsw* « roi », graphie non étymologique de *nsw.t* « trônes », cf. *CDD N* (2004), p. 125.

(b) Pour la graphie de la préposition *ḥr* et la présence d'un pronom suffixe derrière *bꜥḥ*(*.t*) dans les versions parallèles, voir la note b de la ligne précédente.

(c) L'énoncé qui occupe la fin de la ligne 3 et le début de la suivante a visiblement posé des difficultés au copiste de l'ostracon, comme à celui de Philae 27. Les trois versions du Nouvel Empire (Abydos) présentent la séquence *iry p.t ꜥ=k r tꜣ ṯs pẖr*, comme les quatre stèles de Nuri, qui remplacent l'expression « vice versa » par le correspondant *iry tꜣ ꜥ=k r p.t*. Cette phrase se rencontre également dans le *Rituel des offrandes*, mais pour un autre épisode de cette liturgie (cf. Tacke, *Opferritual* 1 : 98 [29.4] et 2 : 101, note f). Dans le texte démotique, la lecture *ir* pour *iry* est conjecturale : le tracé du signe, pâteux, fait plutôt penser à la lettre *m*. Il en va de même pour Philae 27, où la valeur *iry* du personnage debout ne nous semble pas attestée par ailleurs[37]. Enfin, l'expression *ꜥ=k*, littéralement « ta main », « ton action », semble avoir été réinterprétée, aussi bien à Philae que sur notre ostracon, comme s'il s'agissait du verbe *ꜥḳ* « entrer », complété dans les deux cas par le déterminatif des jambes en mouvement. Nous avons considéré qu'il s'agissait d'un impératif.

---

34. Voir les notes 13 à 16 de cet article.

35. Nous n'incluons pas ici le papyrus Caire CG 58030–Turin CG 54041, puisque le texte qui suit la rubrique *r n ḥnk m ḥ*(*n*)*ḳ.t* « Formule pour offrir la bière » est différent de celui qui nous intéresse.

36. Dans la version inédite de la chapelle de Ptah-Sokar, cf. Contardi, *Naos di Sethi I*, 54.

37. On pourra vérifier sur les photographies que le signe représente bien un personnage debout, avec le bras gauche le long du corps et le bras droit légèrement avancé, semblable à la reproduction typographique de l'ouvrage de G. Bénédite.

Ligne 4

(a) Le mot *p.t* semble ici, comme à la ligne 8, déterminé par les trois traits du pluriel, absents de la première attestation de ce mot (l. 3).

(b) Le groupe qui précède *m ˁnḫ* (quasi hiéroglyphique) pourrait être une écriture phonétique de *ḥn nsw*, expression qui complète volontiers la séquence *iry p.t ˁ=k r tꜣ iry tꜣ ˁ=k r p.t*, cf., par exemple, Tacke, *Opferritual* 1 : 98 [29.4–5] et 2 : 101, notes f–g ; les versions parallèles vont dans ce sens. Nous proposons donc, avec prudence, de considérer que nous avons ici le verbe *ḥn* « ordonner » dans une graphie abrégée, suivi du pronom suffixe pluriel =*n* et du complément d'objet direct *s*. On songe, à titre de comparaison, à l'écriture non étymologique *ḥtp-tns* pour *ḥtp-di-nsw*, sur une stèle de Dendera (Boston MFA 98.1053, l. 1), cf. Erichsen, *Glossar*, 339 et, en dernier lieu, J. Moje, *Demotische Epigraphik aus Dandara: Die demotischen Grabstelen*, IBAES 9 (Berlin, 2008), 6 et pl. 3. Enfin, on notera que trois des versions de Nuri semblent privilégier une forme sujet + pseudo-participe, même si l'on ne peut exclure une inversion respectueuse, cf. aussi Tacke, *Opferritual* 1 : 101, note g.

(c) La séquence *iw=i wˁb.kwi* « je suis pur », attestée dans les trois versions d'Abydos (discours mis dans la bouche du roi officiant) est devenue, dans les autres leçons, une formule impersonnelle *iw=w* var. *iw wˁb*, qui qualifie peut-être la bière.

Ligne 5

(a) Pour l'intitulé *r n ir*, voir la note correspondante ligne 1. Un *n* explétif est également attesté dans le titre de l'offrande de la bière sur la stèle Nuri 265, voir *supra*. Le mot *irp*, dans notre texte, se trouve toujours accompagné d'un petit point, qui remplace peut-être le déterminatif.

(b) Sur l'ostracon démotique, comme dans les deux versions de Philae, le terme *šn* « arbre » remplace *šꜣ* « vignoble », que l'on rencontre habituellement dans l'offrande du vin, après le verbe *rd*, cf., pour ce vocable, Poo, *Wine and Wine Offering*, 21–24. La stèle Nuri 267 semble, quant à elle, avoir conservé le mot *sḫ.t* « champ ».

(c) Le copiste a apparemment orthographié le verbe *mr* « aimer » comme s'il s'agissait de *mr* « supérieur », « chef ». Les trois petits traits obliques partiellement effacés que nous avons transcrits *y* pourraient aussi être une abréviation du déterminatif (cf., sur la même ligne, le groupe *md*).

(d) Comme plus haut, ligne 3, la présence d'Amon-Rê seigneur des trônes du Double Pays est une marque de l'adaptation locale de ces formules ; dans les parallèles, en dehors des divinités déjà mentionnées plus haut, on pourra encore citer le roi Djeserkarê (= Amenhotep Ier), Arensnouphis[38], Ptah(-Sokar) et Soknebtynis[39]. La stèle Nuri 267 semble abréger la mention du roi défunt en *Wsir*, tandis que les deux autres l'omettent entièrement.

Ligne 6

(a) La séquence *ḥy bḥ n(?)-m(?)=k* présente un certain nombre de difficultés. La graphie *ḥy* pour *ḥˁ* « se réjouir », sans aucun déterminatif, est assez déroutante, d'autant plus que ce terme est bien attesté dans les textes religieux démotiques sous la forme *ḥˁy* (avec signe du lotus), voir *CDD Ḥ* (2009), 57–58, ainsi que, par exemple, pap. Louvre E 3452 I, 12 et *passim*[40]. La lecture *n(?)-m(?)=k* est également très incertaine, mais nous l'avons privilégiée en raison des parallèles (comparer avec *ir*(?) ligne 3). Pour les difficultés de traduction inhérentes à cette section, en particulier concernant le sens précis à donner à *bˁḥ*, précédé de Hâpy dans le papyrus Caire CG 58030–Turin CG 54041, et au groupe *imy.w*= (déterminé à Abydos par le dieu assis), var. *n-im*=, var. *n-imy*=, nous renvoyons aux discussions de Contardi, *Naos di Sethi I*, 79 et 81, Tacke, *Opferritual* 2 : 68–69, note f et Müller, *LingAeg* 21, 297[41].

38. Cf. L.V. Žabkar, « A Hymn to Incense in the Temple of Arensnouphis at Philae », dans A. B. Lloyd (éd.), *Studies in Pharaonic Religion and Society in Honour of J. Gwyn Griffiths*, EES Occasional Publications 8 (Londres, 1992), 236–39.

39. Dans les papyrus inédits de Tebtynis, mentionnés plus haut note 20.

40. Cf. M. Smith, *The Demotic Mortuary Papyrus Louvre E. 3452* (University of Chicago, 1979 ; thèse inédite), 188, n° 197 et 198 [index].

41. Ajoutons que le lapicide de Nuri 268 n'hésite pas à varier les graphies du déterminatif de *bˁḥ* (trois filets d'eau [l. 11], un seul [l. 11]

Enfin, l'ostracon démotique et Philae 27 préservent le pronom suffixe de la 2e personne, alors que les autres versions ont celui de la 3e. Nous avons donc opté, une fois encore, pour une forme impérative.

(b) À nouveau, bien que des doutes subsistent, nous avons privilégié une lecture qui tient compte des versions parallèles : le verbe *mḥ(?)* serait orthographié de manière anormalement étendue, avec un grand déterminatif (quasi hiératique) de la fleur de lotus, associé peut-être à son correspondant démotique (cf. les graphies de *sšn* dans Erichsen, *Glossar*, 464), et serait une écriture non étymologique de *mḥ* « couronne » (Erichsen, *Glossar*, 173) pour *mḥ* « remplir ». Noter que le même(?) classificateur sémantique présente une forme nettement simplifiée dans l'écriture de *bḥ* (l. 2, l. 3 et l. 6).

Ligne 7

(a) Pour la mention de Ptolémée, roi officiant, que l'on retrouve à Philae 27, voir plus haut note 7. Le remplacement du nom du souverain-prêtre par celui du Pharaon défunt, dans les trois stèles de Nuri, dénature le sens du texte, puisque cet Osiris devrait être le destinataire et non l'acteur du rite, comme dans les autres sections de nos formules.

(b) L'effacement de l'encre en fin de ligne ne permet pas de déterminer s'il y avait ou non un pronom suffixe derrière *irp*, comme dans certaines leçons parallèles[42].

Ligne 8

(a) La compréhension de la séquence *iw=w bꜥ* (avec ce qui semble être le déterminatif de l'abstrait), n'est possible que grâce aux parallèles : le copiste a choisi de transcrire non étymologiquement et assez approximativement, nous semble-t-il, l'expression *iw(=w) wꜥb* qu'il a pourtant écrite de manière traditionnelle à la ligne 4 et, peut-être, encore à la ligne 13. On note aussi que plusieurs versions du Nouvel Empire se terminent sur cette tournure, cf. Tacke, *Opferritual* 1 : 59.

(b) La première attestation de *ꜥ.wy.w* « (battant de) portes » est écrite de manière non étymologique, comme s'il s'agissait de *ꜥ.wy.w* « membres » ou « bras ». On pourra comparer avec le pap. Berlin P. 6750, x + 1, 2 et x + 2, 13 où c'est l'expression *ꜥwy.w* « maisons » qui est utilisée pour rendre l'ancienne dénomination *ꜥ.wy.w* « (battants de) porte »[43]. La seconde attestation, quant à elle, semble être totalement phonétique : *ꜥ* suivi de *w*, sans déterminatif ; elle n'aurait sans doute pas pu être comprise sans les parallèles.

(c) Le terme *sš* est écrit i(*w*)=*s-š*, comme s'il s'agissait d'une forme verbale circonstancielle (sans déterminatif !) à la 3e personne du féminin singulier. Pour la question de la lecture *sn* ou *sš* du verbe « s'ouvrir », « (être) béant », cf. *Wb*. III, 481, 15. Du fait de la version démotique et des variantes tardives (cf. aussi, par exemple, J.-Cl. Goyon, « La fête de Sokaris à Edfou à la lumière d'un texte liturgique remontant au Nouvel Empire », *BIFAO* 78 (1978), 425 note 5), nous avons préféré translitérer *sš* partout, bien que l'on ne puisse exclure, du moins dans les versions du Nouvel Empire, la lecture *sn*. On note dans Abydos 36b la présence d'un *n* explétif à la suite de chacun des verbes de la phrase et le choix de deux substantifs plus rares, *wry.t*, littéralement « montant de porte », et *ḳbḥ(w)*, « eaux célestes ». Avec Tacke, *Opferritual* 2 : 70, notes i et j, nous sommes tentés de considérer le premier terme comme une désignation imagée de *tꜣ* (pour laquelle nous ne connaissons malheureusement pas de parallèle) et le second, comme un équivalent de *p.t*, ce qui pourrait être confirmé par l'emploi de déterminatifs particuliers ([44]

---

ou aucun [l. 10]) ; nous pourrions donc ne pas translitérer le *n* devant *imy=*.

42. Dans Philae 44, il faut corriger le déterminatif du rouleau de papyrus derrière *irp* par le verrou *s* ; de même, au lieu de *im=f*, lire *n-imy=f*, en ajoutant un quatrième filet d'eau derrière *bꜥḥ* et en remplaçant le signe de la chouette *m* par la croix *im(y)*.

43. Cf. Gh. Widmer, *Résurrection d'Osiris – Naissance d'Horus. Les papyrus Berlin P. 6750 et Berlin P. 8765, témoignages de la persistance de la tradition sacerdotale dans le Fayoum à l'époque romaine*, ÄOP 3 (Berlin, 2015), 127.

44. Nous avons pu vérifier le signe sur les photographies aimablement mises à notre disposition par Fr. Gourdon ; il s'agit bien de , à distinguer de attesté dans le mot suivant (*sš*).

et ). On observerait alors une inversion dans l'ordre des éléments, la « terre » précédant le « ciel ». Il y a sans doute eu aussi interférence avec le chapitre 60 du *Livre des Morts* où Thot et Hâpy (cités plus loin dans la formule) interviennent pour ouvrir les portes des « eaux célestes ». Enfin, la mention d'une libation-*ḳbḥ* (voir ligne 9) pourrait être à l'origine de confusions ou de jeux de la part du scribe d'Abydos 36b[45].

Ligne 9

(a) Dans les trois stèles de Nuri, Thot semble prendre la place de Rê-Horakhty et faire partie de la proposition suivante, alors que dans les versions du Nouvel Empire et de Philae, ce dieu est décrit comme « à l'avant(?) » d'Hâpy[46], une formulation qui paraît quelque peu obscure, mais qui renvoie peut-être à un Thot ouvrant les portes pour laisser passer l'inondation. Sur l'ostracon, la fin de la ligne est en lacune, suite à une cassure du calcaire. Les traces derrière *Ḏḥwty* sont difficiles à interpréter, mais nous pourrions reconnaître la partie supérieure de *ꜥ.wy* (cf. ligne 8), peut-être précédé de *tp*, même si l'espace disponible paraît un peu court. Pour toute cette section, voir aussi Tacke, *Opferritual* 2 : 70, note k.

Ligne 10

(a) Pour la graphie *ꜣḫ.ty* dans *Rꜥ-Ḥr-ꜣḫ.ty*, cf. Fr. Hoffmann, *Der Kampf um den Panzer des Inaros. Studien zum P. Krall und seiner Stellung innerhalb des Inaros-Petubastis-Zyklus*, MPER NS 26 (Wien, 1996), 163–64, note 730, qui cite plusieurs exemples comparables, dont l'un sur un graffite ptolémaïque de Medinet Habou (MedHabou 234, 14), site voisin.

Ligne 11

(a) Du fait des lacunes, la lecture de cette ligne est incertaine. Un premier élément retient notre attention : l'absence, semble-t-il, du vin dans l'énumération des produits en démotique, alors que nous sommes dans une formule d'offrande de cette boisson et qu'elle est mentionnée dans tous les parallèles. Le copiste a peut-être sauté le mot, dans la mesure où les versions tardives citent quatre produits, là où les leçons du Nouvel Empire n'en ont que trois. Puisque les autres textes font suivre ces désignations d'un pronom suffixe de la 3e personne, nous proposons de reconnaître dans le groupe  qui semble précéder les trois liquides une écriture du possessif « récent » *pꜣy=f*, dont la présence dans ce type de texte est toutefois inattendue. Enfin, comme *ḥnḳ* « bière » peut être masculin en démotique (cf. plus haut, ligne 1), il n'y a pas d'obstacle à ce que ce substantif soit précédé de *pꜣy=f*.

Ligne 12

(a) Le premier mot de la ligne, partiellement en lacune, est le verbe *wnm* « manger », qui peut être employé en parlant de liquides, cf. P. Wilson, *A Ptolemaic Lexikon. A Lexicographical Study of the Texts in the Temple of Edfu*, OLA 78 (Leuven, 1997), 235 et Meeks, *ALex* 78.0987. Dans Philae 44, le groupe correspondant est composé du signe du roseau, suivi de l'homme assis tenant une coupe à la main, rappelant l'hiéroglyphe  (*swr*) de la ligne précédente. Nous avons donc proposé la lecture *swr* (le roseau *i* pourrait-il être une erreur pour le tissu plié *s* ?), mais la séquence est corrompue, ainsi qu'en témoigne, par exemple, la variation entre les pronoms suffixes masculins (*mw=f*, *ḥ(n)ḳ(.t)=f* et *irp=f*) et féminin (*ḳbḥ=s*).

(b) Pour *ꜣm=*, écriture de l'ancienne forme pronominale de la préposition *m*, cf.  *ꜣms* pour *im=s* sur la stèle Louvre SN 57 (N 678)[47]. Le groupe *ꜣm=ysn* semble déterminé par un signe qui pourrait être celui de l'abs-

45. Voir aussi, à propos de ce terme, les remarques de Žabkar dans *Studies in Pharaonic Religion*, 240.

46. Une traduction plus littérale, « sur les mains de », comme certaines auteurs l'ont proposée, semble moins probante, dans la mesure où l'expression attendue serait plutôt *ḥr ꜥ.wy*, cf., par exemple, *Rituel des offrandes* 21.2 (= Tacke, *Opferritual* 1 : 56 et 2 : 54).

47. Cf. le dessin publié par H. Brugsch, *Die Inschrift von Rosette nach ihrem ägyptisch-demotischen Texte sprachlich und sachlich erklärt* I, *Sammlung demotischer Urkunden* (Berlin, 1850), 21 et pl. IV H. 321 ; l'édition de ce document vient de paraître, cf. D. Devauchelle et

trait, à rapprocher de l'homme portant la main à la bouche qui détermine *ꜣms* sur le document du Louvre. Sur l'alternance *=sn* et *=ysn* dans les textes religieux démotiques, voir M. Smith, « Orthographies of Middle Egyptian Verbal Forms in Demotic, with Particular Reference to the *sḏm.n=f* », dans Sv. P. Vleeming (éd.), *Aspects of Demotic Orthography. Acts of an International Colloquium held in Trier, 8 November 2010*, StudDem 11 (Leuven, Paris et Walpole, MA, 2013), 118, note 4.

Ligne 13

(a) Dans la mesure où le verbe *sḫm* + *m* « avoir pouvoir (sur) » a parfois le sens de « consommer (de la nourriture) », cf., par exemple, *Wb.* IV, 247, 14–16 et Meeks, *ALex* 78.3758, et qu'on le rencontre sur les deux versions de Philae, nous ne pouvons exclure la présence de ce verbe dans la lacune, à la place de *swr*.

(b) Le copiste semble avoir écrit *ꜣ=e?sn* au lieu de *ꜣm=ysn* (cf. ligne 12).

Ligne 14

(a) Les éléments visibles devant *Gbk* pourraient correspondre au déterminatif de *sḫm*. Compte tenu de la forme de l'ostracon, il est probable que l'exercice s'arrêtait ici. Les traces d'encre plus foncée qui suivent le nom du dieu ne correspondent pas au texte des leçons parallèles ; une solution serait de les considérer non pas comme des taches, mais comme une annotation ajoutée en fin de copie, peut-être la séquence *sw 3* « jour 3 », indiquant l'état d'avancement du travail de l'apprenti scribe, pratique attestée sur les ostraca hiératiques du Nouvel Empire[48]. Toutefois, cette hypothèse étant très incertaine, nous ne l'avons pas reportée dans la translitération.

Conclusion

L'ostracon démotique DelM 2–1 préserve deux formules qui pourraient appartenir au *Rituel des offrandes* (connu aussi sous le nom de *Rituel d'Amenophis Ier*), une liturgie de culte divin dont les sources principales remontent au moins à la XIXe dynastie[49]. Il met aussi en évidence un texte qui a peu retenu l'attention des spécialistes[50] et qui semble avoir été tardivement mis en relation avec la bière. En outre, l'association de ces formules, que l'on retrouve sur les stèles de Nuri et à Philae, pourrait être l'indice d'un développement remontant à la XXVIe dynastie, ce dont témoigne peut-être aussi l'adaptation de ce rituel au monde funéraire sur les monuments de Nuri[51].

Au vu des éléments rassemblés, nous pouvons supposer que l'ostracon a servi de support à un apprenti scribe avancé, plutôt que de mémorandum, voire d'objet liturgique, la forme, les dimensions et le poids de l'objet le rendant

Gh. Widmer, « La stèle Louvre SN 57 : trois dédicaces pour une même femme », dans S. L. Lippert, M. Schentuleit et M. A. Stadler (éd.), *Sapientia Felicitas. Festschrift für Günter Vittmann zum 29. Februar 2016*, CENiM 14 (Montpellier, 2016), 81–88.

48. B. van de Walle, « La division matérielle des textes classiques égyptiens et son importance pour l'étude des ostraca scolaires », *Muséon* 59 (= *Mélanges L. Th. Lefort* ; Louvain, 1946), 226–30 en particulier, et idem, *La transmission des textes littéraires égyptiens* (Bruxelles, 1948), 21 et note 3, ainsi que H. Brunner, *Altägyptische Erziehung* (Wiesbaden, 1957), 75–76.

49. À titre de comparaison, on signalera l'existence de deux ostraca hiératiques de calcaire (Deir el-Medineh 204 et Michaelides 72, Nouvel Empire) conservant des extraits de cette même liturgie, dont l'un, voire les deux, proviennent également de Deir el-Médineh, comme cela semble être le cas des copies sur papyrus du Nouvel Empire, cf. Tacke, *Opferrituale* 2 : 2–5 et 332 (O1 et O2) ; pour le second tesson, compléter avec K. M. Cooney et J. Brett McClain, « The Daily Offering Meal in the Ritual of Amenhotep I : An Instance of the Local Adaptation of Cult Liturgy », *JANER* 5 (2005), 41–78. Un témoignage remontant au Moyen Empire a été récemment identifié par F. Contardi, « Fragmente des täglichen Kultrituals aus dem Mittleren Reich », dans A. H. Pries (éd.), *Die Variation der Tradition. Modalitäten der Ritualadaption im alten Ägypten, Akten des Internationalen Symposions vom 25.–28. November 2012 in Heidelberg*, OLA 240 (Leuven, 2016), 47–72.

50. Contardi, *Naos di Sethi I*, 53–56, en a repéré quatre versions, toutes datées du Nouvel Empire.

51. Sur ces questions, plus particulièrement dans les textes d'époque gréco-romaine, voir, par exemple, M. Smith, « Bodl. MS. Egypt. a. 3(P) and the Interface between Temple Cult and Cult of the Dead », dans J. Fr. Quack (éd.), *Ägyptische Rituale der griechisch-römischen Zeit*, ORA 6 (Tübingen, 2014), 150–51.

a) Mariette, *Abydos*, pl. 38a

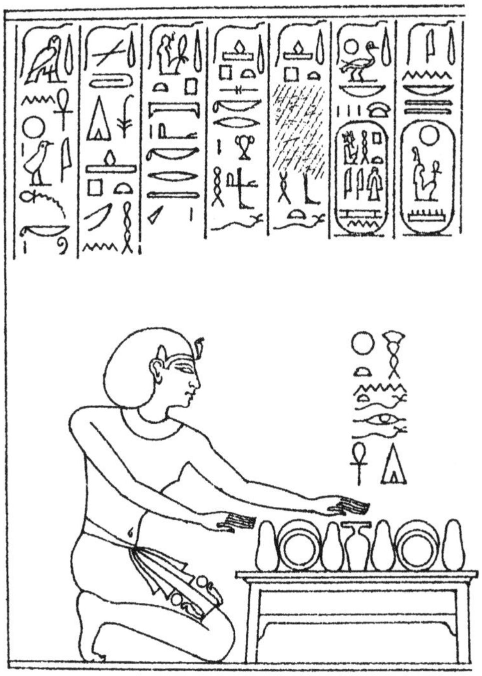

b) Mariette, *Abydos*, pl. 40c (section)

c) Mariette, *Abydos*, pl. 36b

Fig. 5. Quelques parallèles d'offrande de la bière et du vin à Abydos

peu maniable. Les hésitations et les irrégularités dans l'écriture, tout comme les variantes parfois très approximatives (*i͗w=w bꜥ* alternant avec *i͗w=w wꜥb* ; *ꜥw*, avec *ꜥ.wy.w* ; *ꜣ=e?sn*, avec *ꜣm=ysn*, par exemple) semblent aller dans le même sens[52].

Puissent, malgré les incertitudes du texte, ces deux formules d'offrande de bière et de vin procurer à Mark des … « visions of ecstasy » !

52. Pour les exercices scolaires démotiques de Deir el-Médineh, voir la bibiographie mentionnée plus haut, note 1.

On the "Immortality" of the God Seth

François Gaudard (Chicago)

"I don't think about time. You're here when you're here. I think about today, staying in tune."

John Lee Hooker[1]

When it comes to interpreting Demotic funerary and mortuary texts, it is well known that there is no one more insightful in the field than Mark Smith. Through his many, extensive, and thorough publications, Mark has set a standard that will be difficult to meet for future generations of Demotists, and his understanding of the "wandering of the soul" would easily win him the title of "Dr. of Immortality." However, by no means is his research limited to these subjects: in one of his major articles, for instance, Mark skillfully discusses "The Reign of Seth."[2] So, as a token of friendship to this discerning aficionado of the finest Chicago blues, I thought it would be fitting to combine both topics and offer him a short study on Seth and immortality.

Seth has long been distinguished from other Egyptian gods by his differences, such as his excesses and lack of restraint. Therefore, it is not surprising that, when it comes to the subject of death, he seems to be an exception to the rule in that he can apparently be depicted as immortal. Over the years, several Egyptologists have pointed out Seth's ability to survive the various attempts to annihilate him. Among the epithets attributed to him in the Greek Magical Papyri, as listed by Hopfner,[3] noteworthy is ὁ ἀκαταμάχητος δαίμων "the unconquerable daimon."[4] As for Erman,[5] he cites another Greek magical spell where Seth is called ὁ πάντα ῥήσσων καὶ μὴ νικώμενος "He who shatters everything and is not defeated."[6] Bonnet,[7] in turn, mentioning Hopfner and Erman in the entry of his

I would like to thank A. Hesse for her useful suggestions and comments.

1. John Lee Hooker. BrainyQuote.com, Xplore Inc., 2014. <http://www.brainyquote.com/quotes/quotes/j/johnleehoo170173.html>, accessed 05.04.14.

2. M. Smith, "The Reign of Seth: Egyptian Perspectives from the First Millennium BCE," in L. Bareš, F. Coppens, and K. Smoláriková (eds), *Egypt in Transition: Social and Religious Development of Egypt in the First Millennium BCE. Proceedings of an International Conference, Prague, September 1–4, 2009* (Prague, 2010), 396–430.

3. T. Hopfner, "Orientalisch-Religionsgeschichtliches aus den griechischen Zauberpapyri Aegyptens, I. Teil," *ArOr* 3 (1931), 132 n. 5 (line 963 of P. Lond. 121 is referred to as line 1027).

4. P. Lond. 121, col. XXVII/963 (third–fourth centuries AD). Translation: R. R. Hock in H. D. Betz (ed.), *The Greek Magical Papyri in Translation, including the Demotic Spells*, 2nd ed. (Chicago, 1992), 143 (*PGM* VII. 963). For the Greek text, see K. Preisendanz (ed.), *Papyri Graecae Magicae: Die griechischen Zauberpapyri* II, 2nd ed. rev. by A. Henrichs (Stuttgart, 1974), 42 (*PGM* VII. 963).

5. A. Erman, *Die Religion der Ägypter: Ihr Werden und Vergehen in vier Jahrtausenden* (Berlin, 1934), 405.

6. P. Lond. Demot. 10070+P. Lugd. Bat. J383, recto, col. XXIII/12 (third century AD). Translation: R. R. Hock in Betz (ed.), *The Greek Magical Papyri*, 232 (*PGM* XIVc, 19). For the Greek text, see F. Ll. Griffith and H. Thompson, *The Demotic Magical Papyrus of London and Leiden* (London, 1904), I, 146, col. XXIII/12; Griffith and Thompson, *The Demotic Magical Papyrus* (London, 1905), II: col. XXIII/12; Preisendanz (ed.), *Papyri Graecae Magicae*, II, 132 (*PGM* XIVc, 19). For discussion, see also D. Meeks, "Seth-De la savane au désert ou le destin contrarié d'un dieu," in C. and D. Meeks, *Les dieux et démons zoomorphes de l'ancienne Égypte et leurs territoires*. Action thématique programmée. Les polythéismes. Pour une anthropologie des sociétés anciennes et traditionnelles (Rapport final) (Carnoules, 1986), 18.

7. H. Bonnet, *Reallexikon der ägyptischen Religionsgeschichte* (Berlin, 1952), 714.

Reallexikon der ägyptischen Religionsgeschichte devoted to the god Seth, notes that despite all that is done against him, he is never permanently defeated and rises again and again. Though these examples do not imply that he does not die, they add to the notion of Seth's persistence in time. However, as proof of the immortality of Seth, Bonnet refers to spell 570 (§1453) of the Pyramid Texts, where the king is compared to this god:

> "I have escaped my death-carrying day like Seth's escaping his death-carrying day.
> I have escaped my death-carrying midmonth days like Seth's escaping his death-carrying midmonth days.
> I have escaped my death-carrying first-of-the-month days like Seth's escaping his death-carrying first-of-the-month days.
> I have escaped my death-carrying year like Seth's escaping his death-carrying year."[8]

It is worth noting that spell 571 (§1467) refers again to the same concept:

> "I escape my death-carrying day like Seth's escaping his death-carrying day."[9]

Citing spell 570 (§1453) in his discussion of the forces of chaos, Hornung mentions that Schott made him consider the possibility that Seth could be portrayed as being immortal,[10] just like Apophis, who is "repelled," "conjured," "overthrown," and "punished," but never killed.[11] He stresses that the gods, who are the forces of order, are born and are mortal (as long as they are not primeval), but there is no mention of the birth and death of Apophis. In order to support his thesis, he gives the examples of Osiris, who is killed and brought back to life, and that of the sun god and the stars, who are reborn daily after being swallowed by Nut. According to him, their "eternity" is the cosmic cycle through death and rebirth, whereas Apophis, like the elemental creatures of fairytales, is simply there, and he and the enemies of the gods are outside of this cycle.[12]

Te Velde, for his part, adds that Apophis was not born, but originated from the spittle of the goddess Neith, just like Seth, who is said to have been spat out by his mother Nut.[13] Referring to Hornung, he agrees that Seth is also depicted as immortal in spell 570 (§1453) of the Pyramid Texts, suggesting that "this may be related to the controversial place of Seth in the pantheon, his disorderly birth (*Pyr.* 205) and his later identification with Apopis."[14] Prior to te Velde's study, in reference to Hornung, Griffiths also considered that this passage suggested that Seth did not die.[15]

To Murray, spells 570 and 571 "point to the sacrifice of the King as a fertility victim."[16] She argues that both spells "indicate the actual or ritual sacrifice of the King," but she believes that, among other things, the comparison of the escape of the king and of Seth from death indicates that we are dealing with a ritual death, rather than with a true sacrifice.[17]

---

8. Translation: J. P. Allen, *The Ancient Egyptian Pyramid Texts*, 2nd rev. ed., WAW 38 (Atlanta, GA, 2015), 181. For an alternate translation, see, e.g., R. O. Faulkner, *The Ancient Egyptian Pyramid Texts* (Oxford, 1969), 224; J. P. Allen, *The Ancient Egyptian Pyramid Texts*, WAW 23 (Atlanta, GA, 2005), 178. For the hieroglyphic text, see K. Sethe, *Die altaegyptischen Pyramidentexte*, zweiter Band. Text, zweite Hälfte, Spruch 469–714 (Pyr. 906–2217) (Leipzig, 1910), 292–93, spell 570, §1453.

9. Translation: Allen, *The Ancient Egyptian Pyramid Texts*, 2nd rev. ed., 182. For an alternate translation, see, e.g., Faulkner, *The Ancient Egyptian Pyramid Texts*, 226; Allen, *The Ancient Egyptian Pyramid Texts*, 179. For the hieroglyphic text, see Sethe, *Die altaegyptischen Pyramidentexte*, 303, spell 571, §1467.

10. E. Hornung, "Chaotische Bereiche in der geordneten Welt," *ZÄS* 81 (1956), 32 n. 11.

11. Ibid., 28.

12. Ibid., 32.

13. H. te Velde, *Seth, God of Confusion: A Study of His Role in Egyptian Mythology and Religion*, 2nd rev. ed., PdÄ 6 (Leiden, 1977), 104.

14. Ibid., n. 6.

15. J. G. Griffiths, *The Conflict of Horus and Seth from Egyptian and Classical Sources: A Study in Ancient Mythology*, Liverpool Monographs in Archaeology and Oriental Studies (Liverpool, 1960), 12 n. 7.

16. M. A. Murray, "The Dying God," *Ancient Egypt* [13] (1928), 8.

17. Ibid., 9.

Following Murray's theory, Wainwright also discusses the same spells (using a better translation by Faulkner) and says that "for some reason not stated both the sky-god Seth and the king, his representative here on earth, were subject to death at certain fixed periods. Equally it was possible for them to avoid it."[18]

Mercer, in his commentary on the Pyramid Texts, bases his discussion on Wainwright's interpretation of these lines as referring to "the question of the sacrifice of the king when on earth as a fertility victim,"[19] and argues that just as a primitive Seth-king escaped the ritual death of a fertility rite, "so does the deceased king escape a second death."[20] Moreover, he sees here a secondary reference to "Set's escape from death at the hands of Horus." He thinks that Seth's presence might be explained by "his general hostility to Osiris." For Mercer, Osiris would not be appropriate for these specific spells, because he could not be described as having escaped his day of death without an explanation.[21]

Griffiths,[22] who discusses Murray's article in his book titled *The Origins of Osiris and His Cult*, asserts that her interpretation of these spells as an allusion to "a royal and divine victim" is "a fanciful procedure." He proceeds to say that we are not dealing with a ritual sacrifice in the king's lifetime, but rather he believes that the denial of death in these lines indicates that the Pharaoh is dead. However, he notes that the passages in question suggest that the king, just like Seth, can escape death at times of danger, which shows that this god "appears here in an enviable light."[23]

For the sake of completeness, one should also mention Sellers,[24] who interprets spell 570 (§1453) from an astronomical point of view and bases her discussion on Neugebauer and Parker's study of Egyptian astronomical texts,[25] where they demonstrate that the planet Mercury was identified with Seth.[26] After explaining that Mercury "is readily visible only within two weeks of the times of its greatest distance from the sun," resulting in Seth's planet disappearing for months,[27] Sellers concludes that "Seth may be said to have died, but his *months* of death are not final. There is always the reappearance of the constellation[28] or planet in appointed time." In the same way, Sellers suggests that Seth escapes his day and year of death thanks to the recurrence of eclipses, and his half-months of death thanks to the waning of the moon and the return of darkness.[29] Although Sellers's theories are quite in-

18. G. A. Wainwright, *The Sky-Religion in Egypt: Its Antiquity & Effects* (Cambridge, 1938), 27; see also 26, 67.

19. S. A. B. Mercer, *The Pyramid Texts in Translation and Commentary* III (New York, 1952), 708.

20. Ibid., 716.

21. Ibid., 708.

22. J. G. Griffiths, *The Origins of Osiris and His Cult*, SHR 40 (Leiden, 1980), 210.

23. See also R. O. Faulkner, "The God Setekh in the Pyramid Texts," *Ancient Egypt* [10] (1925), 9, who cites spell 570 (§1453) as an example of Seth appearing "alone as a friend of the departed Pharaoh."

24. J. B. Sellers, *The Death of the Gods in Ancient Egypt* (London, 1992), 312–14.

25. Sellers does not give her reference, but it is, in fact, O. Neugebauer and R. A. Parker, *Egyptian Astronomical Texts*, III: *Decans, Planets, Constellations and Zodiacs*, Text, BEStud 6 (Providence, RI, 1969), 180.

26. It should be noted that Sellers misunderstands Neugebauer and Parker when they say that Mercury's Egyptian name is "*Sbg(w)* (meaning unknown)," since she states that "the Egyptian name for Mercury, Neugebauer and Parker tell us, is the simplest of all: it is *Sbg* and means 'Unknown.'" See also R. A. Parker, "Ancient Egyptian Astronomy," in F. R. Hodson (ed.), *The Place of Astronomy in the Ancient World: A Discussion Organized Jointly for the Royal Society and the British Academy*, Philosophical Transactions of the Royal Society of London, Series A, Mathematical and Physical Sciences 276, no. 1257 (London, 1974) 60, where he says: "Mercury had the simplest name *Sbg(w)* but its meaning is unknown."

27. As an alternative, Sellers also argues that a constellation associated with Seth could have "its seasonal absence from the sky." Unfortunately, she does not mention the name of any constellation associated with this god to support her hypothesis. The Egyptians considered the constellation of the Great Bear (*Ursa Major*) to be the foreleg of Seth (see, e.g., te Velde, *Seth*, 86–91; J. Vandier, *Le Papyrus Jumilhac* [Paris, 1962], 108–9), but since it is visible throughout the year in the northern hemisphere, it cannot be used to uphold Sellers's theory.

28. See preceding note.

29. On Seth being held responsible for sun eclipses, as well as the waning of the moon and its disappearances, see, e.g., Plutarch, *De Iside et Osiride*, 49; Hopfner, "Orientalisch-Religionsgeschichtliches," 133; Ph. Derchain, "Mythes et dieux lunaires en Égypte," in *La lune: mythes et rites: Égypte, Sumer, Babylone, Hittites et Hourrites, Canaan, Israël, Islam, Iran, Inde, Cambodge, Chine, Japon, Sibérie*, Sources orientales 5 (Paris, 1962), 23–26; S. H. Aufrère, *Thoth Hermès l'Égyptien: De l'infiniment grand à l'infiniment petit*, Collection Kubaba, Série Antiquité 13 (Paris, 2007), 205.

teresting in themselves, the fact that she correlates such a variety of phenomena with Seth's times of death, and, moreover, does not account for the king's times of death, makes her assertions rather implausible.[30] However, as many Egyptologists would agree,[31] these spells are difficult to interpret and it would be pretentious to claim to have understood them fully.

As for the gift of the years of Seth to the king, such as those allotted to Queen Hatshepsut in her temple at Deir el-Bahari,[32] Bonnet considers that they should be understood as another example of the immortality of Seth,[33] since it appears to refer to a particularly long period of time.[34]

Westendorf,[35] however, does not agree. For him, "Seth represents the physical and mortal side of royalty.[36] So it is not the 'immortality of Seth' which is promised to the king when the 'years of Seth' are granted to him ..., but a reign full of power and fruitfulness, which may amount to 'millions of years,' yet is ultimately limited in time."

Hornung,[37] in his study of Egyptian gods, *Der Eine und die Vielen*, thinks that only the passage from the Pyramid Texts cited by Bonnet "can really be taken as evidence of a search for immortality," but regarding "the years of Seth" he agrees with Westendorf. Moreover, he argues that the existence of "mummiform representations of Seth," mentioned by te Velde,[38] shows that "even this ambivalent god shares the mortality of all living beings."

In the passage referred to by Hornung, te Velde also points out that as a crew member of the solar barque, Seth "shared with the gods in the process of death and rebirth."[39] Another example of the apparent mortality of Seth is given, for instance, by Meeks and Favard-Meeks, who refer to a tradition where this god is forced to commit suicide instead of being banished, as is the case in other versions of the myth.[40]

According to Assmann, a similiar concept of Seth being powerless against death can be found in the *Contendings of Horus and Seth*. At a certain point in the story, Osiris is asked by Pre-Harakhty to judge between Horus and Seth. As expected, he takes his son's side and tries to convince the gods to support Horus by arguing that he, Osiris, is the one who created the grain which nourishes them, but in vain. He then threatens the gods by reminding them that, as lord of the dead, he has power over everyone, including them. Assmann states that, thereafter, "even Seth

30. For a discussion of these times of death, see K. Sethe, *Übersetzung und Kommentar zu den altägyptischen Pyramidentexten*, V. Band, Spruch 507–82 (§§ 1102–1565) (Hamburg, 1962), 394–95.

31. See Griffiths, *The Origins of Osiris*, 210; Wainwright, *The Sky-Religion*, 26 n. 1.

32. Hatshepsut is allotted "the portion of Horus in life and the years of Seth in dominion"; see Smith, "The Reign of Seth," 397. For the hieroglyphic text, see *Urk.* IV, 244, 17. For similar and comparable examples, see, e.g., E. Naville, *The XIth Dynasty Temple at Deir El-Bahari*, EEF Memoir 30 (London, 1910), II, pl. v/D; H. S. Smith, *Excavations at Buhen*, II: *The Fortress of Buhen: The Inscriptions*, EES Excavation Memoir 48 (London, 1976), 100; F. Le Saout, A. Ma'arouf, and T. Zimmer, "Le Moyen Empire à Karnak: Varia 1," *Cahiers de Karnak* 8 (1987), 306–7, pl. vii (this scene is also described in M. Ullman, *König für die Ewigkeit-Die Häuser der Millionen von Jahren: eine Untersuchung zu Königskult und Tempeltypologie in Ägypten*, ÄAT 51 [Wiesbaden, 2002], 24 n. 91); E. Cruz-Uribe, "*Sth ꜥ3 pḥty* 'Seth, God of Power and Might,'" *JARCE* 45 (2009), 211 (fig. 2), and cf. fig. 3, where a personified standard with a figure of Seth holds "a year sign also grasped by the king"; also compare with a similar scene in H. Schäfer, "Djed-Pfeiler, Lebenszeichen, Osiris, Isis," in S. R. K. Glanville (ed.), *Studies Presented to F. Ll. Griffith* (London, 1932), 428 (fig. 7); W. K. Simpson, "Studies in the Twelfth Egyptian Dynasty: I–II," *JARCE* 2 (1963), 61, pl. viii; H. G. Fischer, "Some Emblematic Uses of Hieroglyphs with Particular Reference to an Archaic Ritual Vessel," *MMJ* 5 (1972), 12 (fig. 12).

33. Bonnet, *Reallexikon*, 714.

34. Also note the lifespans allotted to Sethian men in A. H. Gardiner, *Chester Beatty Gift*, I: Text, HPBM 3 (London, 1935), 20. For Seth as a symbol of time, see Meeks, "Seth-De la savane au désert," 23.

35. W. Westendorf, "Beiträge aus und zu den medizinischen Texten," *ZÄS* 92 (1966), 141.

36. See also Plutarch, *De Iside et Osiride*, 49, who says that Typhon, whom the Greeks equated with Seth, "is the element of the corporeal which is subject to death"; translation: J. G. Griffiths, *Plutarch's De Iside et Osiride* (Cardiff, 1970), 197.

37. E. Hornung, *Der Eine und die Vielen: Ägyptische Gottesvorstellungen* (Darmstadt, 1973), 150–51 (English translation by J. Baines: E. Hornung, *Conceptions of God in Ancient Egypt: The One and the Many* [Ithaca, NY, 1982], 158).

38. Te Velde, *Seth*, 104 n. 6.

39. Ibid.

40. D. Meeks and C. Favard-Meeks, *La vie quotidienne des dieux égyptiens* (Paris, 1993), 48, 297 n. 85 (English trans. by G. M. Goshgarian: D. Meeks and C. Favard-Meeks, *Daily Life of the Egyptian Gods* [Ithaca, NY, 1996], 29, 204 n. 85).

is powerless against it and acknowledges that Horus is in the right," adding that when the gods "are reminded of their mortality, they, Seth included, immediately return to the principle of *Maat*, which alone makes it possible to overcome death."[41] However, although this statement holds true for the other gods, it is not the case with Seth, who does not seem to fear Osiris, since he requests that he and Horus be taken to the Island in the Middle, so that he may contend with him. In fact, it is only after being declared in the wrong by all the gods and bound in fetters that Seth finally gives up and concedes that Horus should be given the office of his father Osiris. This passage, therefore, is not conclusive evidence of the power of death over Seth.[42]

To compound the complexity of the question of Seth's immortality, there exists a rare, if not unique, example that could be taken as proof of a belief in the immortality of Seth during the Greco-Roman period. Indeed, in lines x+7–x+8 of Pap. Berlin P. 8278b,[43] the text of which consists of a Demotic religious drama performed during the celebration of the Khoiak festival in the Fayyum under the reign of Ptolemy VI,[44] Seth is addressed in the following terms:

Mtwk Sṯ̂ pꜣ ḏr ḥr ḏ bn-iw=k mwt ẖtb.ṯ̂=k pꜣ nt iw=w r ir=f
"You are Seth the Insolent One, for you will not die. It is killing you that will be done."

Seth's paradoxical relationship with death is perfectly expressed in these lines. On the one hand, this passage could be read as an argument in favor of the immortality of Seth, because it explicitly says that he will not die, but on the other hand, it might also be possible to understand it as meaning that the god repeatedly escapes his appointed death, although the pursuit of killing him is still under way. In both cases, Seth is called "the Insolent One," because he is defying death, whether due to his immortality or his escaping death. It is unclear which of these interpretations is correct, but this unusual relationship of Seth with death can be found in multiple texts. The idea of Seth as a god who is never vanquished, and who always reappears, also occurs in the Greek Magical Papyri, as mentioned above, and in several other texts. For example, in a passage of P. Jumilhac, Seth is bound by Anubis, entirely consumed by fire, skinned, and even branded,[45] but in the next episode of the story, he is back, ready to fight, as if

41. J. Assmann, *Ägypten: Theologie und Frömmigkeit einer frühen Hochkultur* (Stuttgart, 1984), 169 (English translation by D. Lorton: J. Assmann, *The Search for God in Ancient Egypt* [Ithaca, NY, 2001], 140–41).

42. Interestingly, Seth can also be described as a demon of death who threatens the deceased; see te Velde, *Seth*, 91–94, pl. vi/4; J. Zandee, *Death as an Enemy according to Ancient Egyptian Conceptions*, SHR 5 (Leiden, 1960), 214–15; Meeks, "Seth-De la savane au désert," 12, 14–15; W. Brede Kristensen, *Life Out of Death: Studies in the Religions of Egypt and of Ancient Greece* (Leuven, 1992), 9; J. Assmann, *Tod und Jenseits im alten Ägypten* (Munich, 2001), 91–98, 101–5, 215, 254, 393, 546 n. 1 (English translation by D. Lorton: J. Assmann, *Death and Salvation in Ancient Egypt* [abridged and revised ed.; Ithaca, NY, 2005], 67–70, 74–77, 137, 148, 190, 298, 426 n. 1); R. T. Rundle Clark, *Myth and Symbol in Ancient Egypt* (London, 1959), 123, 134; Faulkner, "The God Setekh," 9. Logically, one would not expect this sort of entity to be mortal.

43. In this passage, I owe the reading *ẖtb* to Joachim Quack.

44. See F. Gaudard, *The Demotic Drama of Horus and Seth (P. Berlin 8278a, b, c; 15662; 15677; 15818; 23536; 23537a, b, c, d, e, f, g)*, PhD diss. (University of Chicago, 2005); F. Gaudard, "Pap. Berlin P. 8278 and Its Fragments: Testimony of the Osirian Khoiak Festival Celebration during the Ptolemaic Period," in V. M. Lepper (ed.), *Forschung in der Papyrussammlung: Eine Festgabe für das Neue Museum*, ÄOP 1 (Berlin, 2012), 269–86. W. Spiegelberg (*Demotische Papyrus aus den Königlichen Museen zu Berlin* [Leipzig and Berlin, 1902], 21, 36) dates this text to the reign of Ptolemy II. However, the general paleographic impression, as well as other reasons internal to the text, rather support a Middle Ptolemaic dating, which leads to the conclusion that we are dealing with a text written in year 35, Phaophi 1, of the reign of Ptolemy VI, that is, October 29, 147 BC.

45. P. Jumilhac II/7–14 (Late Ptolemaic/Early Roman); see Vandier, *Jumilhac*, 114, pl. ii.

nothing had ever happened to him. Similarly, Aufrère describes a stage in the mummification ritual where red ink represents the blood of Seth and symbolizes "la mort passagère de ce dieu."[46]

Although we are not able to define whether or not Seth is truly immortal, his unusual ability to escape certain death is attested in the sources of many time periods. Seth's persistence can likely be attributed to the fact that, in his perpetual rebellion, he provides the forces of order with an adversary to strive against, since order needs chaos to exist and gains its meaning from the recurring need to defeat evil. By doing so, he helps to maintain the current balance and state of affairs in the world, as he gives the other gods the opportunity to define their nature and their purpose. Therefore, Seth needs to escape death in order to perpetuate the cosmic drama,[47] and this may be what we see exemplified throughout the varied literature.

46. Aufrère, *Thoth Hermès l'Égyptien*, 206.

47. For the possible fate of Seth at the end of time, see spell 175 of the Book of the Dead. For discussion, see, e.g., Assmann, *Tod und Jenseits*, 215 (English trans. by D. Lorton: Assmann, *Death and Salvation*, 137).

La stèle Caire JE 72300

François René Herbin (Paris)

Le document ici publié n'était pas initialement destiné à une étude indépendante : il fait partie d'un dossier relatif à une formule rituelle dont l'étude globale devait prendre place dans l'édition à venir, par Mark Smith, du P. Bodl. MS. Egypt. a. 3(P) qui en livre une version démotique[1] ; mais depuis la publication par J. Assmann et M. Bommas, dans le second volume des *Altägyptische Totenliturgien*, de la majeure partie du matériel[2], la nécessité d'une nouvelle organisation s'est imposée pour le commentaire où sera prise en compte la totalité des documents, publiés et inédits, dont le nombre dépasse aujourd'hui la cinquantaine.

Ayant constaté que certaines parties de ce texte n'apparaissaient que dans un nombre réduit de documents tardifs, dont plusieurs inédits ou inexploités, il m'a paru opportun, en marge de l'étude plus détaillée prévue pour le P. Bodl. MS. Egypt. a. 3(P), de présenter l'un d'entre eux, le fragment de stèle Caire JE 72300, qui jusqu'à présent et malgré son intérêt n'a que très peu retenu l'attention de la collectivité égyptologique[3]. C'est aussi l'occasion d'offrir, dans ce volume de mélanges consacré à Mark Smith, fin connaisseur de la littérature religieuse tardive, une petite contribution sur un document dont la teneur ne lui est pas inconnue.

Aujourd'hui conservé dans les réserves du musée du Caire[4], cet important fragment a été trouvé par S. Hassan lors de ses excavations à Giza[5], tout près du grand sphinx, parmi d'autres stèles réutilisées dans une place aménagée à l'époque romaine. Fait d'un calcaire blond, il est actuellement brisé dans ses parties supérieure et inférieure, et on peut estimer la surface de la partie manquante à un bon tiers, voire la moitié du monument original[6]. Il présente ici et là des traces de couleur rouge[7]. De la décoration du cintre il ne reste plus que les vestiges d'un disque ailé et les traces du mot  *nht*, « sycomore », précédé de la préposition  *ḥr*, « sur ». Au-dessous se lisent douze lignes d'un texte hiéroglyphique dont seulement trois sont intégralement conservées. L'épigraphie trahit un travail de basse époque, probablement ptolémaïque.

1. Le manuscrit est porteur de plusieurs textes rituels, écrits en démotique à l'exception d'un seul rédigé en hiératique qui expose une version très développée du rituel de la sortie de Sokaris hors de son sanctuaire ; il date de la seconde moitié du 1er siècle av. J.-C., et provient probablement d'Akhmim. Sur le contenu, voir maintenant M. Smith, *Traversing Eternity. Texts for the Afterlife from Ptolemaic and Roman Egypt* (Oxford, 2009), 650–55 ; idem, « Bodl. MS. Egypt. a. 3(P) and the Interface Between Temple Cult and Cult of the Dead », dans J. Fr. Quack (éd.), *Ägyptische Rituale der griechisch-römischen Zeit*, ORA 6 (Tübingen, 2014), 145–55.

2. M. Bommas, dans J. Assmann et al., *Altägyptische Totenliturgien. Band 2: Totenliturgien und Totensprüche in Grabinschriften des Neuen Reiches*, Suppl. SHAW 17 (Heidelberg, 2005), 147–224. Abrégé ici sous la désignation Bommas, dans *Altägyptische Totenliturgien* 2.

3. Bommas, dans *Altägyptische Totenliturgien* 2 : 173, n° 46, ne fournit que la translittération partielle d'une seule ligne de l'inscription.

4. Cote : SS 34. Je remercie Mme Wafaa el-Saddik, ancienne directrice du musée du Caire, pour l'autorisation de publier ce document.

5. S. Hassan, *Excavations at Giza* VIII (1936–1937) (Cairo, 1953), 64 et pl. XXXVI [B] ; PM III1, 46.

6. Dimensions actuelles : longueur : 28,8 cm. ; hauteur : 18,4 cm. ; épaisseur : 8 cm.

7. S. Hassan écrit à son sujet : « It was originally coloured red, perhaps to imitate red granite ». Quelques traces de rouge sont encore discernables ici et là.

Le texte de la stèle, rédigé au profit d'un certain *P3-(n-)Ỉmn* (l. 11)[8] est un des ultimes avatars d'une antique liturgie dont le titre ne se rencontre que sur trois documents[9] :

- Pots de Harageh U.C. 16128–16129 (début 18e dynastie) : *r3 n w3ḥ ḫwt n 3ḫw wn r3 m š3ꜥ šd* [*s3ḫw*], « Formule pour la présentation des offrandes aux morts glorifiés, (lors de) l'ouverture de la bouche, au commencement de la lecture [des glorifications] »[10].
- P. BM EA 10819 v°, 19 (18e dynastie) : *r3 n w3ḥ ḫwt*, « Formule pour la présentation des offrandes »[11].
- TT 159 (époque ramesside) : *r3 n irt wpt-r3 Wsir N*, « Formule pour l'ouverture de la bouche de l'Osiris N »[12].
- P. BM EA 10209, I, 29 (4e siècle av. J.-C.) : *ky r3*, « Autre formule », succédant à un texte intitulé *r3 n w3ḥ ḫwt* (I, 13)[13].

Dans le cas présent, l'état détérioré de la stèle ne permet pas de dire si un titre figurait bien au début de l'inscription. Les premières traces visibles de signes semblent être celles de l'interjection *hy* (cf. l. 11), suivie du nom du titulaire du monument. Compte tenu de l'importance de la partie manquante de l'inscription, et du fait que les dernières lignes lisibles correspondent à la fin de la version longue tardive, il est probable qu'un ou plusieurs autres textes relatifs aux offrandes devaient occuper les lignes aujourd'hui perdues, à l'instar du P. BM EA 10209 (I, 13 : *r3 n w3ḥ ḫwt*; I, 29 : *ky r3* ; II, 10 : *r3 n w3ḥ ḫwt n Wsir*).

Apparue dès le début du Nouvel Empire, cette formule spécifique[14] a connu de multiples transformations au cours des âges, et s'est perpétuée sur l'ensemble du territoire égyptien comme le montre la diversité des provenances des documents la concernant, notamment la région memphite, Abydos, Coptos, Thèbes, Dendara et Philae. Plusieurs sont d'origine inconnue[15]. On la trouve rédigée en caractères hiéroglyphiques, en hiératique, mais aussi une fois en démotique. Les supports sont très divers : papyrus, pots rituels, tablette stuquée, stèles, bandelettes et planches de momie, cercueils et sarcophages, lits funéraires, tables d'offrandes, parois de tombes thébaines et de

8. Écrit  (l. 11). La graphie avec  + □ (l. 1) est notable. Le personnage ne semble pas autrement connu dans la documentation locale.

9. Dans le P. Bodl. MS. Egypt. a. 3(P) (2e moitié du 1er siècle av. J.-C.), les mots *wṯ iḫy (n) nb ꜥn[ḫ]*, « présenter les offrandes (au) maître de la v[ie] » semblent plutôt s'insérer dans un discours introductif que constituer un véritable titre. Sur ce passage, voir Smith, *Traversing Eternity*, 656, n. 32.

On mettra à part le cas du P. Caire 979 (21e dynastie) au nom de *ꜥḫꜥ-nfr-Ỉmn*, alias *P3-ḫ3rw* (A. Piankoff, *The Litany of Re*, ERTR 4 [New York, 1964], 66 et 134), où le texte, titré *r3 n ꜥḳ r Dw3t mi Psḏt ꜥ3t nt is(t) wr(t) n Rꜥ*, « Formule pour entrer dans la Douat comme la grande Ennéade du grand équipage de Rê », introduit le seul début de la liturgie, le reste n'offrant rien de commun avec les autres versions connues :

wn n.k pt wn n.k t3	« Le ciel sera ouvert pour toi, la terre sera ouverte pour toi,
wn n.k ḫrt-nṯr	le domaine du dieu sera ouvert pour toi,
pr.k ꜥḳ.k mi M3ꜥtyw	tu iras et viendras comme les Justes,
ḫnm.k snṯr m pr Ptḥ	tu humeras l'encens dans la Maison de Ptah
šsp.k mnḫt m st wrt ḫnty pr Ḥwy	et recevras un tissu dans la grande place devant la maison de Houy.
ḳbḥ n.k Ỉst Nbt-ḥwt	Isis et Nephthys te feront une libation
hrw pḫr Ỉnb-ḥḏ	le jour de faire le tour du Mur-blanc. »

10. B. Gunn and R. Engelbach, *Harageh*, BSAE/ERA 28 (Londres, 1924), 30–32 et pl. 78–79.

11. Inédit.

12. Fiche *Wb.* <1405> ; PM I², 271. Courts extraits du texte.

13. F. Haikal, *Two Hieratic Funerary Papyri of Nesmin* I, BiAe 14 (Bruxelles, 1970), 28. Sur ce document, voir maintenant Smith, *Traversing Eternity*, 178–84 et 185–87 pour une traduction de la liturgie.

14. La présentation d'offrandes (*w3ḥ ḫwt*) pour le défunt constitue depuis l'Ancien Empire un des actes les plus importants et les mieux attestés des rites funéraires. Au fil du temps plusieurs liturgies sont apparues en relation avec les dons d'offrandes, d'où l'existence de textes différents porteurs du titre *r3 n w3ḥ ḫwt* ; cf. S. Schott, *Bücher und Bibliotheken im alten Ägypten* (Wiesbaden, 1990), 152, n° 412–14b. Sur le rite en général, voir C. Favard-Meeks, *Le temple de Behbet el-Hagara*, BSAK 6 (Hambourg, 1991), 401–33.

15. Une liste non exhaustive en a été dressée par Bommas, dans *Altägyptische Totenliturgien* 2 : 149–77.

temples. Il s'agit donc d'un texte que l'on peut suivre, plus ou moins étendu[16], jusqu'à l'époque romaine[17]. Si aucun témoin antérieur à la 18e dynastie n'est connu, il faut probablement chercher ses origines dans un fonds plus ancien, comme le suggèrent plusieurs thèmes et emprunts formels tirés des *Coffin Texts*[18].

L'évolution de cette liturgie est intéressante à suivre. Elle concerne, du moins dans sa première attestation, la présentation des offrandes pour les morts glorifiés (*w3ḥ ẖwt n 3ẖw*). Le moment de sa récitation est précisé dans le titre où sont évoquées conjointement l'ouverture de la bouche et la lecture de glorifications[19]. Ces précieux détails seront omis dans toutes les autres versions, contemporaines ou postérieures. Toutes les parties de la liturgie n'ont pas suivi la même évolution. Au Nouvel Empire, à la lumière de la documentation présente, le texte, souvent réduit à quelques séquences[20], se lit dans nombre de tombeaux, principalement thébains, sur des stèles et des tables d'offrandes, et accompagne volontiers mais pas exclusivement un rite d'encensement et de libation pratiqué par un prêtre-sem ou un simple parent, avec la présence occasionnelle d'un ritualiste. En l'absence d'iconographie, il peut succéder à une variété de formules introductrices[21]. Nombre d'extraits se lisent dans des textes différents mais d'inspiration similaire[22]. Dès la 21e dynastie, dans le cadre d'une invocation au défunt, apparaît une version plus étendue sur la face intérieure du couvercle et au fond de la cuve de plusieurs cercueils thébains[23]. Sans que soient abandonnés les extraits plus ou moins longs sur le matériel funéraire, cette version étendue subsistera jusqu'à l'époque romaine, avec diverses variantes et additions, et sera récupérée dans le culte osirien[24].

Ces remarques générales exposées, il n'est pas inutile de livrer ici, pour bien situer la stèle Caire JE 72300, la traduction des deux versions longues de la liturgie que séparent quelque douze siècles : la première, du début de la 18e dynastie[25], est rédigée en hiératique sur deux pots provenant de Harageh (U.C. 16128 et 16129). À quelques variantes près, qui seront exposées, le même texte se lit au verso du P. BM EA 10819, 19–33 plus ou moins contemporain. La seconde est conservée sur le P. BM EA 10209 (4e siècle av. J.-C.). Elle donne aussi de ce texte une version

16. Indépendamment de l'existence de versions courtes de la liturgie, souvent intégrées dans un contexte iconographique ou rituel, des emprunts de longueur variable s'observent ici et là dans des textes de nature et d'époque diverses et ne peuvent être considérées autrement que comme des citations ; c'est le cas des n° 5, 8, 22, 31, 33, 34, 35, 41, 45, 51, 54, 55 de la liste Bommas. Inversement, un document comme la planche de momie BM EA 36502, qui aurait dû trouver place dans la liste principale, ne figure que dans le commentaire (Bommas, dans *Altägyptische Totenliturgien* 2 : 192). Les deux exemples fournis par le papyrus « mythologique » de *P3-di-Imn* sont plus ambigus (P. Caire, n° inconnu, 21e dynastie, A. Piankoff, *Mythological Papyri*, Bollingen Series 40 = ERTR 3 [New York, 1957], 111, scène 3, et 115, scène 7) (Bommas, dans *Altägyptische Totenliturgien* 2 : 172, n° 42, ne retient que le premier). Dans ce dossier, la présence dans des textes d'un même incipit n'implique pas *de facto* une définition identique.

17. Pour une présentation générale, voir J. Assmann, *Mort et au-delà dans l'Égypte ancienne* (Paris, 2001), 497–503.

18. Références dans Assmann et al., *Altägyptische Totenliturgien* 2 : 178–204.

19. Restitution probable du mot *s3ẖw*, en lacune dans le texte. En rapport direct avec la liturgie, un tableau sur la table d'offrandes Turin 22054 évoque explicitement, à l'occasion de la cérémonie *int rd* (H. Altenmüller, « Eine neue Deutung der Zeremonie des *init rd* », *JEA* 57 [1971], 146–53), la « lecture de nombreuses glorifications par le ritualiste » (*šdt s3ẖw ʿš3w in ẖry-ḥb*), cf. L. Habachi, *Tavole d'offerta are e bacili da libagione, n. 22001–22067*, Catalogo del Museo Egizio di Torino. Serie Seconda. Collezioni 2 (Turin, 1977), 82.

20. Principalement celles évoquant l'ouverture du ciel, de la terre et des chemins dans le domaine du dieu, ainsi que la liberté de mouvement en compagnie de Rê, conditions permettant au défunt en tant que *ba* de quitter l'au-delà pour venir profiter des offrandes ; cf. le souhait « d'aller et de venir dans le domaine du dieu (var. : Ro-setaou) au son de l'appel du prêtre *w3ḥ-ẖwt* » (*pr ʿḳ m ẖrt-nṯr* (var. *R3-sṯ3w*) *ḥr ẖrw nis n w3ḥ ẖwt*), cf. Favard-Meeks, *Le temple de Behbet el-Hagara*, 408, n. 867, et 409 ; L. Manniche, « The Tomb of Nakht, the Gardener, at Thebes (No. 161) as copied by Robert Hay », *JEA* 72 (1986), 70, n° 67, l. 6–7 : « sortir comme *ba* vivant au son de l'appel du prêtre-*w3ḥ-ẖwt* » (*prt m b3 ʿnẖy ḥr ẖrw nis n w3ḥ ẖwt*).

21. Cf. *infra*, commentaire (**Lignes 1–2**).

22. Entre autres, la remarquable stèle de la TT C1 ; voir A. Hermann, *Die Stelen der thebanischen Felsgräber der 18. Dynastie*, ÄF 11 (Glückstadt, 1940), 47*–48*.

23. Cercueils Lyon H 2320 (21e dynastie), Turin S 5245 (25e dynastie), Vienne 216 (25e–26e dynastie?). Le cercueil Voronezh n° 1 (21e dynastie) expose une version sur une paroi latérale.

24. *Dendara* X, 67, 9–15. Cf. S. Cauville, *Dendara. Les chapelles osiriennes* II, BdE 118 (Le Caire, 1997), 27 ; G. Bénédite, *Le temple de Philae*, MMAF 13 (Paris, 1895), 151, 2–4 et pl. LXIII, fig. 1.

25. Ou fin de l'époque Hyksos – début du Nouvel Empire, sur critères paléographiques.

de référence, enrichie de séquences nouvelles apparues sous la 3e Période Intermédiaire (cercueils Lyon 2320 et Turin S. 5245).

Pots U.C. 16128–16129 (l. 1–7 et 8–14) :

(1) Formule pour présenter les offrandes aux morts glorifiés. Ouvrir la bouche au début de la lecture des [glorifications][26].
(2) Le ciel sera ouvert pour toi, la terre sera ouverte pour toi, les chemins dans le domaine du dieu seront ouverts pour toi[27]. Tu iras et viendras (3) en compagnie de Rê, tu marcheras librement[28] comme les maîtres de l'éternité[29]. Tu recevras[30] les pains-*snw* que donne Ptah[31], et le pain (4) pur sur les autels[32] d'Horus. Ton *ba* vivra, tes vaisseaux seront vigoureux et ta vue sera ouverte dans les chemins[33] <de l'obscurité>[34]. (5) Hâpy te donnera l'eau, Nepri te donnera le pain, Hathor te donnera la bière, Hesat (6) te donnera le lait. Tu te laveras les pieds[35] sur un bloc d'argent, sur (7) un bord de turquoise[36], et revêtiras un vêtement-pur (8) que <te>[37] [don]nera Ptah ; tes bandelettes seront défaites[38]. Tu boiras l'eau sur l'autel (9) de Rê[39] et Osiris t'accordera d'accomplir [les rites ?][40]. Tu regarderas les rayons sans être écarté (?) de ta maison (10) de l'obscurité[41]. Hâpy coulera sur (une hauteur de) sept coudées sur tes champs dans[42] ta maison de la soif. (11) Tu boiras une cruche de lait[43] comme don de Sekhathor. Tu revêtiras (12) le vêtement-pur[44] et te déferas de l'autre après que les mains de Tayt t'auront habillé[45]. Tu regarderas

26. P. BM EA 10819 v°, 19 omet tout ce qui suit *rꜣ n wꜣḥ ḫwt*.

27. P. BM EA 10819 v°, 20 : *wn<n.k> wꜣt* et non *wn n.k wꜣwt* (Bommas, dans *Altägyptische Totenliturgien* 2 : 147).

28. *wstn.n.k* ; P. BM EA 10819 v°, 21 : *wstn.k*.

29. Curieusement, P. BM EA 10819 v°, 21 fait suivre le pluriel *nbw nḥḥ* du déterminatif , comme si le rédacteur avait pensé au singulier *nb nḥḥ*.

30. *šsp* ; P. BM EA 10819 v°, 21 : *šsp.k* et non *šsp* (Bommas, dans *Altägyptische Totenliturgien* 2 : 148, verset 8).

31. *m dd Ptḥ*. P. BM EA 10819 v°, 21 : *m dd n.k Ptḥ*, « que te donne Ptah », et non *m ḏdw Ptḥ* (Bommas, dans *Altägyptische Totenliturgien* 2 : 148, verset 8).

32. *ḫꜣwwt*. P. BM EA 10819 v°, 22 : *ḫꜣwt*, « l'autel ».

33. P. BM EA 10819 v°, 22 : *wꜣt kkw* et non *wꜣwt kkw* (Bommas, dans *Altägyptische Totenliturgien* 2 : 148, verset 11).

34. Restitué d'après P. BM EA 10819 v°, 22.

35. *rdwy.ky*, même leçon dans P. BM EA 10819 v°, 24 et non *rdwy.k* (Bommas, dans *Altägyptische Totenliturgien* 2 : 148 et 151, verset 16).

36. *ḥr spywt ḏr mfk(ꜣ)t* ; P. BM EA 10819 v°, 24–5 : *ḥr spt nt mfk(ꜣ)t*. Au regard des nombreuses autres attestations du « bord de turquoise » (déjà dans *CT* I, 262, sp. 61), la présence de *ḏr*, si elle ne procède pas d'une confusion, semble fautive.

37. Restitué d'après P. BM EA 10819 v°, 25.

38. Passage en lacune. P. BM EA 10819 v°, 25 : *di.f {tw} sš n wtw.k*, « Il fera que soient défaites tes bandelettes ». Dans la TT 29 (copie J. Assmann), on lit la variante *wnḫ.k wꜥbt m dd n.k Ptḥ sš.tw wtw.k* ; dans la TT 93 (N. de G. Davies, *The Tomb of Ken-Amun at Thebes* [New York, 1930], pl. XXXVIII, bas, B) : *wnḫ.k wꜥbw m dd n.k Ptḥ sš* (écrit *snš*) *tꜣ* (pour *.tw*) *wt.k*.

39. Var. P. BM EA 10819 v°, 26 : *ḥr ḫꜣwt Ḥr*, « sur l'autel d'Horus ».

40. Restitué d'après P. BM EA 10819 v°, 26 : *di n.k Wsir irt ḫwt*. TT 57 (inédit) : *di.n.k Wsir ḫwt nbt*, « Osiris te donnera toute chose » ; P. Testa, « Un 'collare' in faience nel museo archaeologica di Napoli », *JEA* 72 (1986), 97, I : *di.n.k Wsir tꜣ*, « Osiris te donnera le pain ».

41. Séquence incertaine. On lit : *gmḥ.k ḥdwt nn rkꜣ.n.k m pr.k n kkw*, tandis que P. BM EA 10819 v°, 26–7 donne *gmḥ.k ḥdwt nt ptr.n.k m pr.k n kkw*, avec corruption probable ayant conduit au verbe *ptr*, « regarder » ; cf. collier Naples 2352–2375, Testa, « Un 'collare' in faience », 99, on lit : *gmḥ.k ḥdwt nn tri.n.k m pr.k n kkw*, « Tu regardes les rayons sans être écarté de ta maison de l'obscurité ».

42. P. BM EA 10819 v°, 27 : *n pr.k*, et non *m pr.k* (Bommas, dans *Altägyptische Totenliturgien* 2 : 148, verset 23).

43. *swr.k mhn n irtt* ; même leçon dans P. BM EA 10819 v°, 28. Corriger en conséquence Bommas, dans *Altägyptische Totenliturgien* 2 : 149, verset 26, qui lit *mht* au lieu de *mhn*.

44. *wꜥbw*, omis dans P. BM EA 10819 v°, 29.

45. *ḥbs.n tw ꜥwy Tꜣyt*. P. BM EA 10819 v°, 29 : *ḥbs.n tw n.k ꜥwy Tꜣyt*, lu par erreur *ḥbs ṯw* par Bommas, dans *Altägyptische Totenliturgien* 2 : 149, verset 28.

le disque, adoreras Rê, et contenteras celui qui point hors du Noun[46]. On te donnera le pain dans Memphis et la libation sur tes autels[47].

P. BM EA 10819 v°, 31–32 ajoute : Herouy[48] sera sur la route de l'éternité, l'Imehet ouvrira pour toi ses portes, et on établira pour toi les pains-*šns* et les pièces de boucherie sur l'autel de sa fille Maât[49].

P. BM EA 10209, I, 29 – II, 10 :

Autre formule. Ô Osiris qui présides à l'Occident, le dieu grand maître d'Abydos, l'Osiris N (I,30) fils de NN ! Le ciel sera ouvert pour toi, la terre sera ouverte pour toi, les chemins (I,31) dans le domaine du dieu seront ouverts pour toi. Tu iras et viendras en compagnie de Rê, tu marcheras librement comme le maître de l'éternité[50]. Tu recevras (I,32) les pains-*snw* sortis[51] auparavant sur l'autel des *Ba* d'Héliopolis ; ta nourriture est comme (celle de) la grande (I,33) Ennéade à l'extérieur de ta tombe, et tu recevras les offrandes-*ḥtpw* que l'on te donne, ainsi que le pain pur sur l'autel (I,34) d'Horus. Tes chairs vivront, tes vaisseaux seront vigoureux[52], et ta vue sera ouverte dans le chemin de l'obscurité[53]. C'est Hâpy (I,35) qui te donnera l'eau, Nepri(t)[54] qui te donnera le pain, Hathor qui te donnera la bière, Hesat qui te donnera (I,36) le lait. Tu te laveras les pieds sur un bloc d'argent[55], sur un bassin de turquoise, avec un habit (I,37) provenant des mains de Tayt[56]. Tu boiras l'eau au bord du fleuve et l'on te donnera des offrandes-*ḥtpw* (I,38) à côté d'Osiris. On te fera une place dans ta barque, tu accompliras tes transformations sous l'aspect d'un dieu et t'envoleras (I,39) en tout lieu que tu désires, comme le grand prince à Busiris. Ton *ba* est voué au ciel, ta dépouille à (I,40) la Douat, et tu seras justifié <à> l'Ouest. Tu élèveras ton visage vers le ciel de Rê ; tu verras Horus comme son barreur, ses mains (I,41) saisissant le gouvernail (quand) il oriente (son) visage en direction de Ta-our. Un disque sera fait pour toi <à> l'Ouest, en face de (I,42) ta tombe ; il illuminera pour toi l'obscurité dans l'Imehet et brillera en tant que lumière sur ta tête. On dressera (I,43) une barque devant toi. Les deux Sœurs te glorifieront, Thot déroulera pour toi son matériel d'écriture, (II, 1) et tu seras divin comme les dieux. Il te montrera les portes secrètes et tu traverseras Hebes-bag. (II,2) Rê viendra à toi, il te donnera sa lumière et ses rayons inonderont tes yeux. Les bras de Ta-tenen sont prêts à te recevoir. (II,3) Les Occidentaux sont sans cesse en adoration et les plans de Seth cachés, toi étant éclairé dans son disque et placé à côté de Rê dans la salle du réveil. Il ouvrira ta vue et illuminera ton siège, (de sorte que) tu seras comme Ba-Demedj. Une offrande d'invocation (II,5) et des offrandes-*ḥtpw*[57] seront pour ton *ka* à côté d'Osiris Ounnefer ; tu seras justifié dans le collège de

---

46. *sḥtp.k wbn m Nwn*. Var. P. BM EA 10819 v°, 30 : *smn.k* au lieu de *sḥtp.k* semble fautif. Même leçon *sḥtp* dans TT 29 (Bommas, dans *Altägyptische Totenliturgien 2* : 153, verset 30).

47. *ḳbḥ ḥr ḥtpwt.k*. Var. P. BM EA 10819 v°, 31 : *ḳbh ḥtpw m ꞽIwnw*, « une libation et des offrandes-*ḥtpw* à Héliopolis ».

48. *Ḥrwy* : Leitz, *LGG* V, 306.

49. Cf. K. Kuhlmann et W. Schenkel, *Das Grab des Ibi, Obergutsverwalters der Gottesgemahlin des Amun* (*Theben Nr. 36*), Band I, AV 15 (Mayence, 1983), 67, Text T 84 et pl. 21 a : [*ḏd mdw hꜣ Wsir N*] *wn n.k imḥt sbꜣw.s smn.tw n.k šns iwꜥ ḥr wḏḥw n nbw* [*nḥḥ*…] *tw ḥr sbꜣw nw ẖrt-nṯr stꜣ.k m Rꜣ-stꜣw m hrw ḥb Skr nis.tw.k m mꜣꜥ-ḫrw m-bꜣḥ nṯr ꜥꜣ Wsir N*, « [À réciter : Salut l'Osiris N !] L'Imehet ouvrira pour toi ses portes, on établira pour toi des pains-*šns* et des pièces de boucherie sur l'autel des maîtres de [l'éternité ...] sur les portes du domaine du dieu, afin que tu sois tracté dans Ro-setaou le jour de la fête de Sokar. Tu seras invoqué en tant que justifié devant le dieu grand, l'Osiris N ».

50. Cf. *infra*, n. 91.

51. Cf. *infra*, n. 99.

52. Cf. *infra*, n. 104.

53. Cf. *infra*, n. 105.

54. Cf. *infra*, n. 108.

55. Cf. *infra*, n. 122.

56. À partir d'ici, tout le reste du texte est ignoré de Bommas.

57. Écrit simplement 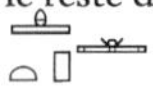, mais le parallèle du cercueil Lyon (l. 29) donne la graphie plus explicite 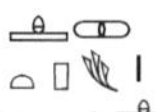 ; cf. P. Montet, *La nécropole royale de Tanis* II. *Les constructions et le tombeau de Psousennès à Tanis* (Paris, 1951), 174 : *prt-ḫrw ḥtpw* () *n kꜣ.k r-gs Wsir*. Voir *infra*, commentaire, **Lignes 10–12**.

la nécropole-*igrt*, et ton *ba* vivra pour l'éternité (bis). Ton siège (II,6) sera stable et ton nom ferme comme (celui du) grand Prince à Busiris. Dresse-toi, renouvelle la joie (car) ton fils Horus (II,7) est sur ton trône, et ton *ba* vivra pour l'éternité comme Orion dans le ventre de Nout. Isis accomplira sa transformation en lit (II,8) et te recevra en tant que trône ; ton fils Horus, ses bras portant la couronne-*mḥnt*, te couronnera comme justifié. Ta belle face (II,9) sera satisfaite, tu recevras ton pain et respireras l'encens, purs pour ton *ka*, Osiris qui présides à l'Occident, le maître d'Abydos (II,10) au ciel, sur la terre, dans ton siège de Haute Égypte et dans ton siège de Basse Égypte.

Stèle Caire JE 72300 : Translittération et Traduction

1 *[…h(ꜣ)]y Wsỉr Pꜣ-(n)-ỉmn wn n.k šs m [ẖrt-nṯr]*
2 *[…] ḥr ḫꜣt nt Bꜣw ỉwnw ỉw šbw.k wꜥb ḥr ḫꜣwt Ḥr ꜥnḫ*
3 *[…Ḥꜥpy] dỉ.f n.k mw Npyt dỉ.s n.k tꜣ Ḥwt-Ḥr dỉ.s n.k ḥnḳt Ḥsꜣt dỉ.s n.k*
4 *[ỉrṯt dỉ.tw] n.k tꜣ 4 m ỉwnw tꜣ 7(sic) m Ḥwt-kꜣ-Ptḥ ỉꜥ.k rdwy<.k> ḥr ỉnr ḥḏ ḥr nprt nt m<f>kt*
5 *[…] ỉ[rṯt] nt Sḫꜣ(t)-Ḥr sfḫ.k wꜥbw.k wnḫ.k mnḫ(t).k ḥbsw.k ḥr ꜥwy Tꜣyt dỉ.tw n.k tꜣ mw m Ḥwt-kꜣ-Ptḥ*
6 *ḳbḥ ḥtpt m ỉwnw swr.k mw ḥr wḏḥw n Rꜥ dỉ n.k Wsỉr ḥtpw sḏm.k mdt n nṯr ꜥꜣ ꜥḥ ỉr.k st.k m wỉꜣ.f ḏt*
7 *snḏm.k r-gs Ḥr ỉr.k ḫpr.k n bꜣ ꜥnḫ … (?) bꜣ.k m pt ẖꜣt.k m Dwꜣt mꜣꜥ ḫrw.k m Ṯꜣ-wr fꜣy.k ḥr(.k) r pt n Rꜥ mꜣꜣ.k*
8 *Ḥr m ḥmy.f ꜥwy.f mḥ m nfryt dỉ.f ḥr.k r Ṯꜣ-wr ꜣbḏw ỉr n.k ỉtn ꜥḥꜥ rꜥ nb r rꜣ štꜣt.k sꜥḥꜥ wỉꜣ m ꜥḳꜣ.k rꜥ nb s*
9 *[ꜣḫ tw] snsnty m ḫrw.sn ẖꜥ (?) n.k Ḏḥwty ẖr ntꜥw.f nṯr.tw mỉ nṯrw mꜣꜥ ḫrw.k r-gs ḏꜣḏꜣt ntt m Ḏdw sšm.sn ḥr.k r*
10 *[… ỉỉ/ỉw n.k Rꜥ dỉ.f n.k ḥḏḏw.f] stwt[.f] bꜥḥ m ỉr[ty.k] ꜥwy Tnn grg r šsp.k štꜣt<.k> dỉ.s n.k ꜥwy.s r šsp.k Šnty (?) m ỉꜣw ỉꜣw r ỉtn (?) ntt m ỉmḥt nis*
11 *[…] mn ḥr …k (?) h(ꜣ)y Wsỉr Pꜣ-(n)-ỉmn mꜣꜥ ḫrw.k <m> tꜣ ḏsr ḏꜣ[ḏꜣt]*
12 […]

1 [… …] Salut l'Osiris *Pꜣ-(n)-ỉmn* ! Un chemin dans [le domaine du dieu] sera ouvert pour toi.
2 [Tu recevras les pains-*snw* sortis auparavant] sur l'autel des *Ba* d'Héliopolis ! Ta nourriture est pure sur l'autel d'Horus. [Ton *ba*]
3 vivra, [tes vaisseaux seront vigoureux … Hâpy], il te donnera l'eau ; Nep(r)it, elle te donnera le pain, Hathor, elle te donnera la bière, Hésat, elle te donnera
4 [le lait ; on] te [donnera] 4 pains à Héliopolis, 7(sic) dans le Château-du-*ka*-de-Ptah. Tu te laveras les mains sur un bloc d'argent, sur un bassin de turquoise.
5 [Tu boiras une cruche de lait)] de Sekha(t)-Hor. Tu te déferas de ton vêtement-pur, revêtiras tes tissus et habits (venant) des mains de Tayt. On te donnera de l'eau et du pain dans le Château-du-*ka*-de-Ptah,
6 de l'eau fraîche et des offrandes-*ḥtpt* à Héliopolis. Tu boiras de l'eau sur le guéridon de Rê. Osiris te donnera les offrandes-*ḥtpw* ; tu entendras la parole du dieu grand et prendras ton siège dans sa barque, éternellement.
7 Tu t'installeras à côté d'Horus et accompliras ta transformation en *ba* vivant … (?) Ton *ba* est dans le ciel, ta dépouille dans la Douat, et tu seras justifié dans Ta-our. Tu élèveras (ton) visage vers le ciel de Rê, et verras
8 [Ho]rus en tant que son barreur, ses mains saisissant le gouvernail (quand) il oriente ton visage vers Ta-our. Le disque solaire fixera pour toi la durée d'existence chaque jour à l'entrée de ta tombe, une barque sera dressée en face de toi, chaque jour.
9 [Les deux Sœ]urs [te] glo[rifieront] avec leur voix, Thot déroulera pour toi son matériel d'écriture, et tu seras divin comme les dieux ; tu seras justifié à côté du tribunal qui est à Busiris ; il guidera ton visage vers

10 [... Rê viendra à toi, il te donnera sa lumière et ses] rayons inonderont [tes] ye[ux]. Les bras de Tanen sont prêts pour te recevoir, et <ta> tombe, elle te donnera ses bras pour te recevoir. Les deux Sœurs (?) seront sans cesse en adoration ... (?) ce qu'il y a dans l'Imehet. [On ?] invoquera

11 [...] demeurant sur ton ... (?). Salut, l'Osiris *Pꜣ-(n)-ꞽmn*, tu seras justifié dans la terre sacrée [...]

12 [...]

Commentaire

Versions parallèles utilisées :

- Cercueil Lyon H 2320–2321, au nom de *Pꜣ-dỉ-Ḫnsw* (21e dynastie)[58]
- Cercueil Voronezh n° 1 au nom de *Ns-pꜣ-ḥr-n-ḥꜣt* (21e dynastie)[59]
- Sarcophage tanite de la reine Moutnedjemet usurpé par Amenemopé (21e dynastie)[60]
- Cercueil Turin S. 5245, au nom de *Ns-Ḫnsw-wn-nḫ* fils de *Pꜣ-dỉ-ꞽmn-ỉpt* et de *Ns-Ḥr-pꜣ-ẖrd* (25e–26e dynastie)[61]
- Cercueil Vienne 216, au nom de *ꞽrt-Ḥr-rw* fils de *P(ꜣ)-n-ꞽmn* et de *ꞽnyw* (25e–26e dynastie ?)[62]
- Bandelettes Louvre AF 11957 au nom de *Wn-nfr* fils de *Ḥknt* (époque ptolémaïque)[63]
- P. BM EA 10209, au nom de *Ns-Mnw* fils de *Pꜣ-dỉ ꞽmn-nb-nst-tꜣwy* et de *ꞽrtwrw* alias *Tꜣ-šrit-(n-)tꜣ-ỉḥt* (4e siècle av. J.-C.)[64]
- Sarcophage Caire CG 29301, au nom de *ꜥnḫ-Ḥp* fils de *Tꜣ-(nt)-bꜣ-ꜥnp(t)* (époque ptolémaïque)[65]
- Temple de Philae, pronaos, face est (Ptolémée VIII)[66]
- Lit funéraire Berlin 12441, au nom de *Ṯꜣ-ḏy* fils de *Ta-tꜣ-rpyt* (dém.) (époque romaine)[67]
- Lit funéraire Berlin 12442, sans nom (époque romaine)[68]
- P. Bodl. MS. Egypt. a. 3(P) (seconde moitié du 1er siècle ap. J.-C.)[69]

58. Voir F. Jamen, *Le cercueil de Padikhonsou au musée des Beaux-Arts de Lyon (XXIe dynastie)*, SAT 20 (Wiesbaden, 2016) ; aussi, du même auteur : « A Textual-Iconographical and Technological Study of Unpublished 21st Dynasty Coffins from Lyon : The Coffins of Padikhonsou (Musée des Beaux-Arts, H 2320–H 2321) », à paraître dans A. Amenta, Chr. Greco et H. Guichard (éd.), *Proceedings of the First Vatican Coffin Conference. 19–22 June 2013* (Rome, Musei Vaticani). Le texte se lit en deux endroits (H 2320 et H 2321). Je remercie F. Jamen de m'avoir communiqué des photographies de ce cercueil et permis d'en utiliser les textes pour le présent article.

59. PM I^2, 741. O. Berlev et S. Hodjash, *Catalogue of the Monuments of Ancient Egypt from the Museums of the Russian Federation, Ukraine, Bielorussia, Caucasus, Middle Asia and the Baltic States*, OBO, Series Archeologica 17 (Fribourg [Suisse] et Göttingen, 1998), 8 et pl. 14 ; A. Niwinski, *21st Dynasty Coffins from Thebes. Chronological and Typological Studies*, Theben 5 (Mayence, 1988), 143, n° 212 ; K. Jansen-Winkeln, *Inschriften der Spätzeit*. Teil I : *Die 21. Dynastie* (Wiesbaden, 2007), 234, n° 136.

60. Montet, *La nécropole royale de Tanis* II, 174 = Jansen-Winkeln, *Inschriften der Spätzeit* I, 95, n° 3.

61. PM I^2, 771. E. Schiaparelli, *Relazione sui lavori della Missione archeologica Italiana in Egitto (1903–1920)*. Volume primo. *Esplorazione della Valle delle Regine nella necropoli di Teba* (Torino, 1923), 204–5 et fig. 173 ; E. Damicone, L. Gonzalvez et al., *Sarcófagos del antiguo Egipto. Jardineros de Amón en el valle de las reinas* (Barcelona, 2009), 122–23.

62. Inédit. Ce cercueil a été considéré comme détruit. Copie des textes : archives du musée. Cité partiellement par L. Reinisch, *Die Aegyptische Denkmäler in Miramar* (Vienne, 1865), 251. Le texte se lit en deux endroits (A, B). Sur le titulaire et sa famille, voir E. Graefe, *Untersuchungen zur Verwaltung und Geschichte der Institution der Gottesgemahlin des Amun vom Beginn des Neuen Reiches bis zur Spätzeit*, ÄA 37 (Wiesbaden, 1981), 44.

63. Inédites. T. Devéria, *Catalogue des manuscrits égyptiens écrits sur papyrus, toile, tablettes et ostraca en caractères hiéroglyphiques, hiératiques, démotiques, grecs, coptes, arabes et latins qui sont conservés au Musée égyptien du Louvre* (Paris, 1872), 97–98 (III, 61). Le texte se lit en deux endroits (A, B).

64. Cf. *supra*, n. 13.

65. G. Maspero, *Sarcophages des époques persane et ptolémaïque* I, CGC (Le Caire, 1908), 27 et 47.

66. Bénédite, *Le temple de Philae*, 151, 2–4 et pl. LXIII, fig. 1.

67. D. Kurth, *Materialien zum Totenglauben im römerzeitlichen Ägypten* (Hützel, 2010), 115.

68. Ibid., 172.

69. Inédit. Cf. *supra*, n. 1. La translittération du texte démotique dans le présent article est celle de M. Smith.

Lignes 1–2

[… …] *h*(*ꜣ*)*y Wsir Pꜣ*-(*n*)-*Ỉmn wn n.k šs*[70] *m* [*ẖrt-nṯr*][71]

La variété des incipits introduisant la formule ne permet pas de restituer de manière certaine le début de la l. 1, et moins encore le titre *rꜣ n wꜣḥ ḫwt*. La lacune affectant toute la partie droite de la stèle semble insuffisante pour contenir l'intégralité des textes présents dans les versions parallèles[72]. Précédant la séquence *wn n.k pt wn n.k tꜣ wn n.k wꜣ*(*w*)*t m ẖrt-nṯr* commune à la plupart de ces versions[73], un grand nombre de possibilités se présentent, toutes excluant un titre véritable ; on trouve notamment :

– la formule plus ou moins développée *ḥtp di nsw* à une ou plusieurs divinités[74]
– la formule *ḥtp di nsw* + *ḏd mdw sp 4* + *wꜥb wꜥb Wsir N*[75]
– l'expression *wꜥb sp 2*[76]
– mention du ritualiste *ẖry-ḥb*[77] comme officiant
– une simple invocation, avec ou non la mention de *ḏd mdw* et l'interjection *h*(*ꜣ*)*y* au défunt[78]
– une invocation à Osiris *ḫnty Ỉmntyw*[79]
– une invocation à Osiris *nb Ḏdw ḫnty Ỉmntt nb ꜣbḏw*[80]
– la formule *hꜣ* (*Wsir*) *N*[81] (*hꜣ* interjection)
– la formule *hꜣ Wsir N ḥs tw Psḏt ꜥꜣt mr tw Psḏt nḏst…*[82] (*hꜣ* « descendre »)
– la formule *in iw.k m pt mi n bꜣ.k …*[83]
– le ch. 72 du *Livre des Morts*[84]

70. Le mot , inconnu par ailleurs sous cette forme, pourrait être rapproché de *sšš*(*t*), *Wb.* IV, 296, 12, «Weg» ; P. Wilson, *A Ptolemaic Lexikon. A Lexicographical Study of the Texts in the Temple of Edfu*, OLA 78 (Leuven, 1997), 932–33.

71. Les traces suivant la préposition *m* ne permettent pas de restituer de manière certaine la graphie du mot *ẖrt-nṯr* attendu.

72. Contrairement à ce qu'on peut lire sur le cercueil Turin S 5245, où le nom du titulaire intervient régulièrement. La mention de l'invocation *hꜣy Wsir N* , qui marque le début ne permet pas de restitution certaine du début de la l. 1.

73. Exceptions : N. Davies et A.H. Gardiner, *The Tomb of Huy, Viceroy of Nubia in the Reign of Tut'ankhamun (N° 40)*, TTS 4 (Londres, 1926), pl. XXXVIII, E ; Davies, *The Tomb of Ken-Amun at Thebes*, 58 et pl. XXXVIII, bas, B ; *Dendara* X, 67, 9–15, où cette séquence ne figure pas.

74. Statue-groupe Berlin 2302, *Aegypt. Inschriften Berlin* II, 44 ; TT 255 (18ᵉ dynastie), M. Baud et E. Drioton, *Le tombeau de Roÿ*, MIFAO 57 (Le Caire, 1928), 45 et 47 ; TT 178 (19ᵉ dynastie), E. Hofmann, *Das Grab des Neferrenpet gen. Kenro (TT 178)*, Theben 9 (Mayence, 1995), 68 = *KRI* III, 328 ; TT 40 (18ᵉ dynastie), Davies et Gardiner, *The Tomb of Huy*, pl. XXXVIII, E. ; Davies, *The Tomb of Ken-Amun at Thebes*, pl. XXXVIII, bas, B ; Davies, *The Tomb of Rekh-mi-Rēʿ at Thebes* I, PMMA 11 (New York, 1943), 12 et pl. 46.

75. Stèle Florence 2567, S. Bosticco, *Le stele egiziane del nuovo regno* (Rome, 1965), 38–39, n° 32 = *Urk.* IV, 1807–8.

76. TT 23, F. Haikal, 'The Hymn to the Light', dans *Mélanges Gamal Eddin Mokhtar*, BdE 97/1 (Le Caire, 1985), 367 et pl. II = *KRI* VII, 413, 8–11.

77. TT 78, A. et A. Brack, *Das Grab des Horemheb*, AV 35 (Mayence, 1980), 56, scene 41 ; TT 157, P. Barthelmess, *Der Übergang ins Jenseits in den thebanischen Beamtengräbern der Ramessidenzeit*, SAGA 2 (Heidelberg, 1992), 48.

78. Cercueil Lyon 2320 ; table d'offrande Turin 22054, L. Habachi, *Tavole d'offerta are e bacili da libagione, n. 22001–22067* (Torino, 1977), 82 ; bandelette Louvre AF 11957 (inédite) ; cercueil Voronezh n° 1, Berlev et Hodjash, *Catalogue of the Monuments of Ancient Egypt from the Museums of the Russian Federation*, 8 et pl. 14 ; TT 23, Bommas, dans *Altägyptische Totenliturgien* 2 : 166, n° 30 ; cercueil Vienne 216 (inédit).

79. Bénédite, *Le temple de Philae*, 151, 2–4 et pl. 63, fig. 1 ; lit Berlin 12442, Kurth, *Materialien*, 172. Après le titre *ky rꜣ*, le P. BM EA 10209 expose une double invocation à Osiris *ḫnty Ỉmntyw* et au défunt qui lui est identifié.

80. Lit Berlin 12441, Kurth, *Materialien*, 115.

81. Fragment Caire 10/6/24/12, Ch. Zivie, « A propos de quelques reliefs du Nouvel Empire au musée du Caire », *BIFAO* 76 (1976), 24 ; TT 29 (inédit, copie J. Assmann) ; sarcophage Caire CG 29301, Maspero, *Sarcophages* I, 27 et 47.

82. Cercueil Turin S 5245. Sur ce texte, cf. sarcophage Caire JE 36435 (30ᵉ dynastie), A. Rowe, « Newly-identified Monuments in the Egyptian Museum », *ASAE* 40 (1940), 14 et pl. I, 2 ; Maspero, *Sarcophages* I, 28.

83. Cercueil Lyon ; cf. P. BM EA 10209, I, 14–5 ; Montet, *La nécropole royale de Tanis* II, 174. Voir Assmann, *Altägyptische Totenliturgien* 2 : 121–22.

84. Sarcophage Caire JE 36435 (30ᵉ dynastie), A. Rowe, « Newly-Identified Monuments in the Egyptian Museum showing the Deifica-

- une récitation d'Anubis ouvrant la bouche du défunt[85]
- une récitation par le défunt (*ḏd mdw in Wsir N*[86], *ḏd.f*[87])
- récitation *ḏd mdw* sans précision[88]
- formule d'encensement et de libation[89]
- invocation *i nḏm.tn nṯrw nṯrwt bꜣ n Wsir ii.tw ḥtp ḥr ẖꜣt.f ꜥnḫ.f im ḥtp.f im*[90].

P. BM EA 10209, I, 30–31 :

wn n.k pt wn n.k tꜣ	« Le ciel sera ouvert pour toi, la terre sera ouverte pour toi,
wn n.k wꜣwt m ẖrt-nṯr	les chemins dans le domaine du dieu seront ouverts pour toi.
pr.k ꜥḳ.k ḥnꜥ Rꜥ	Tu iras et viendras en compagnie de Rê,
wstn.k mi nb nḥḥ[91]	tu marcheras librement comme le maître de l'éternité. »

Cercueil Turin S. 5245, 9–13 :

Wsir N wn n.k pt	« L'Osiris N, le ciel sera ouvert pour toi,
Wsir N wn n.k tꜣ	l'Osiris N, la terre sera ouverte pour toi,
Wsir N wn n.k wꜣt nfr(t) m ẖrt-nṯr	l'Osiris N, le beau chemin dans le domaine du dieu sera ouvert pour toi.
Wsir N pr.k[92] *ꜥḳ.k ḥnꜥ Rꜥ*	L'Osiris N, tu iras et viendras en compagnie de Rê,
wstn.k ẖr nꜣ nbw nḥḥ	tu marcheras librement auprès des maîtres de l'éternité. »

P. Bodl. MS. Egypt. a. 3 (P), IX, 11–12 :

wn n=k p.t wn n=k tꜣ	« Le ciel sera ouvert pour toi, la terre sera ouverte pour toi,
wn n=k tꜣ twꜣ.t wn n=k mi.wt n ẖr-ntr	la Douat sera ouverte pour toi, les chemins dans le domaine du dieu seront ouverts pour toi,
wn n=k wn.w m sbꜣ.w n tꜣ twꜣ.t	les portiers ouvriront pour toi les portes de la Douat[93].
ꜥq=k pr=k mw Rꜥ	Tu iras et viendras comme Rê,
wsn.ṯ=k mw nb nḥḥ	tu marcheras librement comme le maître de l'éternité. »

tion of the Dead », *ASAE* 40 (1940), 14 et pl. I, 2.

85. Tombeau de Sethi I, E. Lefébure, *Le tombeau de Séti Ier*, MMAF 2 (Paris, 1886), 4e partie, 27 et pl. 27.

86. Planche de cercueil Louvre N 2584 (inédite, 26e dynastie) ; cercueil Vienne 216 (inédit) ; sarcophage Caire RT 27.2.21.7, Rowe, *ASAE* 40, 291.

87. Stèle dans un mur de la cour de la TT 57, R. Mond, « Report of Work in the Necropolis of Thebes during the Winter of 1903–1904 », *ASAE* 6 (1905), 67 et pl. 1.

88. Stèle Caire CG 34023, P. Lacau, *Stèles du Nouvel Empire*, CGC (Le Caire, 1909), 44–45 et pl. 14.

89. Stèle BM EA 151 (inédite) : *n kꜣ.k m snṯr ḳbḥ wn n.k pt wn n.k tꜣ* […] ; bas-relief Florence 2557, *KRI* III, 172, 9 : *n kꜣ.k m snṯr ḳbḥ wn n.k pt wn n.k tꜣ wn n.k wꜣt* (sic). Sur la formule *n kꜣ.k m snṯr*, cf. E. Lüddeckens, « Untersuchungen über religiösen Gehalt, Sprache und Form der ägyptischen Totenklagen », *MDAIK* 11 (1943), 131.

90. *Dendara* X, 67, 9–10.

91. *mi nb nḥḥ*, le *t* dans le groupe  n'ayant pas ici la valeur du féminin. Corriger en conséquence Bommas, dans *Altägyptische Totenliturgien* 2 : 173, n. 58, pour qui cette désinence *.t* est fautive, au lieu d'un pluriel attendu. Les références au singulier *nb nḥḥ* dans ce contexte sont pourtant bien attestées comme le montrent plusieurs versions parallèles ; cf. aussi K. Jansen-Winkeln, *Biographische und religiöse Inschriften der Spätzeit aus dem Ägyptischen Museum Kairo*, ÄAT 45 (Wiesbaden, 2001), 361 : *wstn.k r-gs nb nḥḥ*, « Tu marcheras librement à côté du maître de l'éternité » ; *ibid.*, 366 : *wstn.k mi nb nḥḥ* ; etc.

92. Suffixe écrit 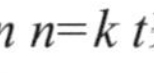.

93. Sur ce passage, cf. Smith, *Traversing Eternity*, 658, n. 53.

Cercueil Lyon H 2320, 7–9 :

wn n.k pt wn n.k tꜣ	« Le ciel sera ouvert pour toi, la terre sera ouverte pour toi,
wn n.k wꜣt m ẖrt-nṯr	le chemin dans le domaine du dieu sera ouvert pour toi.
pr.k ʿ.k [ḥnʿ (?)] Rʿ	Tu iras et viendras [en compagnie de (?)] Rê,
wstn.k mi nbw nḥḥ	tu marcheras librement comme les maîtres de l'éternité. »

Cercueil Voronezh n° 1 :

wn n.k pt wn n.k tꜣ	« Le ciel sera ouvert pour toi, la terre sera ouverte pour toi,
wn n.k wꜣt n ẖrt-nṯr	le chemin dans le domaine du dieu sera ouvert pour toi.
pr.k ʿḳ.k ḥnʿ Rʿ	Tu iras et viendras en compagnie de Rê,
wstn.k mi nꜣ nbw išd	tu marcheras librement comme les maîtres de l'arbre-*išd*. »

Cercueil Lyon H 2321 (B) :

wn n.k pt wn n.k tꜣ	« Le ciel sera ouvert pour toi, la terre sera ouverte pour toi,
wn n.k wꜣt m ẖrt-nṯr	le chemin dans le domaine du dieu sera ouvert pour toi.
pr.k ʿḳ.k n šnʿ[.tw].k	Tu iras et viendras sans être repoussé,
wstn.k mi nbw išd	tu marcheras librement comme les maîtres de l'arbre-*išd*. »

Cercueil Vienne 216 A et B (fond de la cuve) :

ḏd mdw in Wsir N[94]	« À réciter par l'Osiris N :
wn n.k pt wn n.k tꜣ N[95]	le ciel sera ouvert pour toi, la terre sera ouverte pour toi, N,
wn n.k wꜣt nfrt m ẖrt-nṯr Wsir N[96]	le beau chemin dans le domaine du dieu sera ouvert pour toi, l'Osiris N.
pr.k ʿḳ.k ḥnʿ Rʿ	Tu iras et viendras en compagnie de Rê,
wstn.k ḥr nꜣ nbw nḥḥ Wsir N[97]	tu marcheras librement auprès des maîtres de l'éternité, l'Osiris N. »

Sarcophage Caire CG 29301, Maspero, *Sarcophages* I, 27 :

ḏd mdw h(ꜣ) N	« À réciter. Salut, N !
wn n.k pt wn n.k tꜣ	Le ciel sera ouvert pour toi, la terre sera ouverte pour toi,
wn n.k wꜣwt m ẖrt-nṯr	les beaux chemins dans le domaine du dieu seront ouverts pour toi.
ʿḳ.k pr.k ḥnʿ Rʿ	Tu iras et viendras en compagnie de Rê,
wstn.k mi nb nḥḥ	tu marcheras librement comme le maître de l'éternité. »

Lit funéraire Berlin 12442, Kurth, *Materialien*, 172 :

h(ꜣy) Wsir ḫnty ʾImntt	« Salut, Osiris qui présides à l'Occident !
wn n.k pt wn n.k tꜣ	Le ciel sera ouvert pour toi, la terre sera ouverte pour toi,
wn n.k wꜣwt m ẖrt-nṯr	les chemins dans le domaine du dieu seront ouverts pour toi.

94. Var. B : *h[ꜣy…] N*.
95. Var. B : *N* placé après *pt*.
96. *N* absent en B.
97. *Wsir N* absent en B.

ꜥḳ.k pr.k mi Rꜥ	Tu iras et viendras comme Rê,
wstn.k mi nb nḥḥ	tu marcheras librement comme le maître de l'éternité. »

Bénédite, *Le temple de Philae*, 151, 1–2 :

ỉ Wsir ḫnty Ỉmntt Ỉꜣbtt (…)	« Ô Osiris qui présides à l'Occident, à l'Orient (...)
wn n.k pt wn n.k tꜣ	Le ciel sera ouvert pour toi, la terre sera ouverte pour toi,
wn n<.k> Dwꜣt m ẖrt-nṯr	la Douat dans le domaine du dieu sera ouverte pour <toi>. »

Lit funéraire Berlin 12441, Kurth, *Materialien*, 115 :

ḥꜣ Wsir nb Ḏdw ḫnty Ỉmntt nb Ꜣbḏw	« Ô Osiris maître de Busiris, qui présides à l'Occident, le maître d'Abydos,
wn n.k pt sš n.k tꜣ	le ciel sera ouvert pour toi, la terre sera ouverte pour toi,
wp n.k wꜣwt m ẖrt-nṯr	les chemins dans le domaine du dieu seront ouverts pour toi. »

Suite du texte différente des autres versions[98].

Ligne 2

[…] *ḥr ḫꜣt nt Bꜣw Ỉwnw ỉw šbw.k wꜥb ḥr ḫꜣwt Ḥr*

P. BM EA 10209, I, 31–4 :

šsp.k snw m pr[99] *bꜣḥ ḥr ḫꜣt nt Bꜣw Ỉwnw*	« Tu recevras les pains-*snw* sortis auparavant sur l'autel des *Ba* d'Héliopolis ;
ỉw šbw.k mi Psḏt ꜥꜣt m-rwty is.k	ta nourriture est comme (celle de) la grande Ennéade à l'extérieur de ta tombe,
šsp.k ḥtpw m dd.tw n.k	et tu recevras les offrandes-*ḥtpw* que l'on te donnera,
tꜣ wꜥb ḥr ḫꜣwy n Ḥr	ainsi que le pain pur sur l'autel d'Horus. »

Cercueil Turin S. 5245, 13–14 :

šsp.k[100] *ḥtpw di n<.k> Ptḥ*	« Tu recevras les offrandes-*ḥtpw* que <te> donnera Ptah,
tꜣ wꜥb ḥr tꜣ ḫꜣwt nt Rꜥ	ainsi que le pain pur sur l'autel de Rê. »

P. Bodl. MS. Egypt. a. 3 (P), IX, 13–14 :

šp=k tꜣy mw (?) *pr m-bꜣḥ=y m ḫwꜣ nt*	« Tu recevras le pain sorti auparavant sur l'autel des
by.w Ỉwnw	Ba d'Héliopolis :
ỉw šybꜣ=k wꜥb mw Psḏ.t ꜥꜣ nt m-rwṯ	ta nourriture est pure comme (celle de) la grande Ennéade

98. Voir L. Coulon, « Deux versions monumentales de la liturgie des rites décadaires de Djémé », dans B. Backes et J. Dieleman (éd.), *Liturgical Texts for Osiris and the Deceased in Late Period and Greco-Roman Egypt*, SSR 14 (Wiesbaden, 2015), 119 et n. 53–54.

99. Omission de *pr* dans la translittération de Bommas, dans *Altägyptische Totenliturgien* 2 : 174, n° 47, verset 7a.

100. Voir n. 92.

[is]=k	à l'extérieur de ta [tombe]. »

Bandelette Louvre AF 11957 A :

šsp.k snw pr m-bꜣḥ m ḥtpw nt Ḥwt-Ḥr	« Tu recevras les pains-*snw* sortis auparavant avec les offrandes-*ḥtpw* d'Hathor ;
*iw šbw.k wꜤb ḥr ḫꜣ[wt R*Ꜥ*]*	ta nourriture est pure sur l'au[tel de Rê].
[...]	[...] »

Bandelette Louvre AF 11957 B :

šsp.k snw pr m-bꜣḥ m ḥtpw nt Ḥwt-Ḥr	« Tu recevras les pains-*snw* sortis auparavant avec les offrandes-*ḥtpw* d'Hathor ;
*iw šbw.k wꜤb ḥr ḫꜣwt R*Ꜥ	ta nourriture est pure sur l'autel de Rê. »

Cercueil Voronezh n° 1 :

iw šbt<.k> mi nṯr nb nty m-rwty is<.k>	« <Ta> nourriture est comme (celle de) tout dieu à l'extérieur de <ta> tombe ;
šsp.k ḥtpw m dd n.k Ptḥ	tu recevras les offrandes-*ḥtpw* que te donnera Ptah,
tꜣ wꜤb ḥr ḫꜣt Ḥr	ainsi que le pain pur sur l'autel d'Horus. »

Cercueil Lyon H 2320, 9–11 :

šsp[.k] snw pr m-bꜣḥ ḥr ḫꜣwt nt Bꜣw Ỉwnw	« [Tu] recevras les pains-*snw* sortis auparavant sur l'autel des *Ba* d'Héliopolis ;
[iw] šbw.k mi Psḏt Ꜥꜣt m-rwty is<.k>	ta nourriture est comme (celle de) la grande Ennéade à l'extérieur de <ta> tombe. »

Cercueil Lyon H 2321 :

iw šbw.k [...][101]	« Ta nourriture [...] »

Cercueil Vienne 216 A et B :

šsp.k snw pr m-bꜣḥ ḥr ḫꜣwt nt Ỉmn-rn.f[102]	« Tu recevras les pains-*snw* sortis auparavant sur l'autel d'Imenrenef,
Wsir N	l'Osiris N ;
šsp.k ḥtpw di n.k Ptḥ	tu recevras les offrandes-*ḥtpw* que te donnera Ptah,
*tꜣ wꜤb ḥr ḫꜣwt nt R*Ꜥ	ainsi que le pain pur sur l'autel de Rê. »

101. Fin de la version.

102. Sur la réception par le défunt de pains-*snw* sur l'autel d'Imenrenef (Leitz, *LGG* I, 343–5), cf. Montet, *La nécropole royale de Tanis* II, 174 : *snw pr m-bꜣḥ ḥr ḫꜣwt nt Ỉmn-rn.f* ; J. Assmann, *Sonnenhymnen in thebanischen Gräbern*, Theben 1 (Mayence, 1983), 138 (TT 68) : *šsp.i snw pr m-bꜣḥ ḥr ḫꜣwt nt Ỉmn-rn.f* ; planche de cercueil Louvre N 2584 (inédite, 26e dynastie) : *wn n.k pt wn n.k tꜣ wn n.k wꜣwt m ḫrt-nṯr* Ꜥ*k.k pr.k ḥn*Ꜥ *R*Ꜥ *wsṯn mi nbw nḥḥ šsp.k snw pr m-bꜣḥ ḥr ḫꜣwt n Ỉmn-rn.f.*

Bénédite, *Le temple de Philae*, 151, 1–2 :

šsp.k snw pr m-b3ḥ[103] *ḥr ḫ3wwt nt* [...] *ḏt*	« Tu recevras les pains-*snw* sortis auparavant sur l'autel de [...] éternellement. »

Lit funéraire Berlin 12442, Kurth, *Materialien*, 172 :

šsp.k snw pr m-b3ḥ ḥr ḫ3wwt nt B3w Ꞽwnw	« Tu recevras les pains-*snw* sortis auparavant sur l'autel des *Ba* d'Héliopolis ;
ꞽw t3.k wʿb ḥr ḫ3t nt Ḥr ḥḳ3 W3st	ton pain est pur sur l'autel d'Horus prince de Thèbes. »

Lignes 2–3

ʿnḫ [... ...]

La présence du signe 𓋹, à l'extrême fin de la ligne 2, permet de restituer le cliché *ʿnḫ b3.k rwḏ mtw.k* ou une de ses nombreuses variantes, attendu à cette place et normalement suivi d'une séquence relative à « l'ouverture de la vue » (*wb3 ḥr*), en lacune sur la stèle Caire JE 72300.

P. BM EA 10209, I, 34 :

ʿnḫ ꞽwf.k w3ḏ[104] *mtwt.k*	« Tes chairs vivront, tes vaisseaux seront vigoureux,
wb3 ḥr.k m w3t[105] *kkw*	et ta vue sera ouverte dans le chemin de l'obscurité. »

Cercueil Lyon H 2320, 11–12 :

ʿnḫ b3.k wḏ(sic) *mtwt.k*	« Ton *ba* vivra, tes vaisseaux seront vigoureux,
wb3 ḥr.k m w3t kkw	et ta vue sera ouverte dans le chemin de l'obscurité. »

Cercueil Turin S. 5245, 14 :

ʿnḫ ꞽwf.k rwḏ mtwt.k	« Tes chairs vivront, tes vaisseaux seront fermes,
wb3 ḥr.k m w3t kkw	et ta vue sera ouverte dans le chemin de l'obscurité. »

Cercueil Voronezh n° 1 :

ʿnḫ ꞽwf.k w3ḏ mtwt.k	« Tes chairs vivront, tes vaisseaux seront vigoureux,
wb3 ḥr.k [*m*] *w3t kkw*	et ta vue sera ouverte [dans] le chemin de l'obscurité. »

P. Bodl. MS. Egypt. a. 3 (P), IX, 14–15 :

ʿnḫ by=k rwṱ mty=k	« Ton *ba* vivra, tes vaisseaux seront fermes,

103. L'édition Bénédite donne ici le signe 𓂸, erreur probable pour 𓄡.
104. Et non *nfr* (F. Haikal suivie par Bommas, dans *Altägyptische Totenliturgien* 2 : 174, n° 47, verset 10).
105. Et non *w3wt* (Bommas, dans *Altägyptische Totenliturgien* 2 : 174, n° 47, verset 11).

wʿb[106] *ḥr=k*	ta vue sera ouverte
mw wʿb mi.wt m ꜣt kky	comme sont ouverts les chemins au moment de l'obscurité. »

Lit funéraire Berlin 12442, Kurth, *Materialien*, 173 :

ʿnḫ iwf.k rwḏ mtwt.k	« Ton *ba* vivra, tes vaisseaux seront fermes,
wʿb ḥr.k m wꜣt kkw	et ta vue sera ouverte dans le chemin de l'obscurité. »

Cercueil Vienne 216 A et B :

ʿnḫ iwf.k rwḏ mtwt.k	« Tes chairs vivront, tes vaisseaux seront fermes,
wbꜣ ḥr.k m wꜣt kkw Wsir N[107]	et ta vue sera ouverte dans le chemin de l'obscurité, l'Osiris N. »

La bandelette Louvre AF 11957 A ne livre que la séquence *wbꜣ ḥr.k m wꜣwt kkw*, avec omission de *ʿnḫ iwf.k rwḏ mtwt.k* (ou similaire). La version B omet tout ce passage.

Dendara X, 67, 11–12 :

ʿnḫ bꜣ.f rwḏ mtwt.f	« Son *ba* vivra, ses vaisseaux seront fermes,
wbꜣ ḥr.f m wꜣwt kkw	et sa vue sera ouverte dans les chemins de l'obscurité. »

Lignes 3–[4]

[... *Ḥʿpy di.f*] *n.k mw Npyt di.s n.k tꜣ Ḥwt-Ḥr di.s n.k ḥnḳt Ḥsꜣt di.s n.k* [*irṯt*]

P. BM EA 10209, I, 34–36 :

in Ḥʿpy di.f n.k mw	« C'est Hâpy qui te donnera l'eau,
Npr(t)[108] *di.s n.k tꜣ*	Nepere(t) qui te donnera le pain,
Ḥwt-Ḥr di.s n.k ḥnḳt	Hathor qui te donnera la bière,
Ḥsꜣt di.s n.k irṯt	Hesat qui te donnera le lait. »

P. Bodl. MS. Egypt. a. 3 (P), IX, 15–6 :

Ḥʿpy tw=f n=k mw	« Hâpy, il te donnera l'eau,

106. Pour *wbꜣ* ? Même confusion dans Berlin 12442.

107. *Wsir N* absent en B.

108. Malgré la graphie , il s'agit bien du pendant féminin de Neper (Leitz, *LGG* IV, 204), comme le confirme le suffixe *.s*, lu à tort *.f* par Bommas, dans *Altägyptische Totenliturgien* 2 : 174, n° 47, verset 13. Dans d'autres citations de ce texte, c'est bien la déesse qui est mentionnée, comme dans la stèle Caire JE 72300 ici étudiée ; cf. aussi P. A. A. Boeser, *Beschreibung der Aegyptischen Sammlung der Niederländischen Reichsmuseums der Altertümer in Leiden*, Bd. 10, *Mummiekisten van het nieuwe Rijk* (Leiden, 1918), 4 : *in Ḥʿpy di.f n.k mw Np(r)t di.s n.k tꜣ Ḥsꜣt di.s n.k irṯt* ; Florence 7639, S. Bosticco, *Museo archeologico di Firenze. Le stele egiziane di Epoca tarda* (Rome, 1972), 57, n° 46 : *Ḥʿpy di.f n.k mw Np(r)t di.s n.k irṯt* (sic) *Ḥsꜣt di.s n.k* [...] ; sarcophage Marseille, G. Maspero, « Les monuments égyptiens du musée de Marseille », *RT* 36 (1914), 144–5 : *Ḥʿpy di.f n.s mw Np(r)yt di.s n.s tꜣ Ḥwt-Ḥr di.s n.k ḥnḳt ꜣIst di.s n.s* [...] ; CG 23128, A. Kamal, *Tables d'offrandes*, CGC (Le Caire, 1909), 102 : *in ꜣIpt* (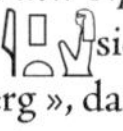sic) *di.s n.k tꜣ Ḥsꜣt di.s n.k irṯt* ; table d'offrandes Heidelberg inv. 11, H. Kayser, « Die Opfertafel des Minpriesters Dedhor in Heidelberg », dans W. Helck (éd.), *Festschrift für Siegfried Schott zu seinem 70. Geburtstag* (Wiesbaden, 1968), 76 : *in Ḥʿpy di.f n.k mw in Npr(t) di.s n.k tꜣ in Mnḳt di.s n.k ḥnḳt* ; etc.

Npꜣ tw=s n=k tꜣy	Nepere(t), elle te donnera le pain,
Ḥ.t-Ḥr tw=s n=k ḥnq	Hathor, elle te donnera la bière,
Ḥsy.t tw=s n=k irt	Hesa(t), elle te donnera le lait,
Rnn.t tw=s n=k irp	Renenet, elle te donnera le vin. »

Cette version ajoute :

iṯ=k mw.t=k sꜣ=k[109]	« Ton père, ta mère, ton fils,
ir=w n=k qbḥ sntr	ils accompliront pour toi libation et encensement
m mny nt mny nt ir ꜥny	à tout moment de chaque jour. »

Cercueil Lyon H 2320, 12–14 :

in Ḥꜥpy di.f n.k mw	« C'est Hâpy qui te donnera l'eau,
Npyt di.s n.k tꜣ	Neperet qui te donnera le pain,
Ḥwt-Ḥr di.s n.k ḥnḳt	Hathor qui te donnera la bière,
Ḥsꜣt (?) di.s n.k irṯt	Hesat qui te donnera le lait. »

Cercueil Voronezh n° 1 :

in Ḥꜥpy di.f n.k mw	« C'est Hâpy qui te donnera l'eau,
Npyt di.s n.k tꜣ	Neperet qui te donnera le pain,
Ḥwt-Ḥr di.s n.k ḥnḳt	Hathor qui te donnera la bière,
Ḥsꜣt[110] *di.s n.k irṯt*[111]	Hesat qui te donnera le lait. »

Cercueil Turin S. 5245, 15–16 :

in Ḥꜥpy di.f n.k mw	« C'est Hâpy qui te donnera l'eau,
Npr di.f n.k tꜣ	Neper qui te donnera le pain,
Ḥwt-Ḥr di.s n.k ḥnḳt	Hathor qui te donnera la bière,
Ḥsꜣt <di.s> n.k irṯt Wsir N	Hesat qui te <donnera> le lait, l'Osiris N. »

Cercueil Vienne 216 A : séquence omise ; texte différent[112] :

di n.k Wsir mw[113]	« Osiris te donnera l'eau,
di.f n.k ib.k m pr ibw	il te donnera ton cœur-*ib* dans la maison des cœurs-*ib*,
ḥꜣty.k m pr ḥꜣty Wsir N[114]	et ton cœur-*ḥꜣty* dans la maison des cœurs-*ḥꜣty*. »

109. Ou *sn=k*, « ton frère », les deux mots étant écrits de la même façon dans le manuscrit; aussi en X, 20 (comm. de M. Smith).

110. Et non *Ḥsbt* (Bommas, dans *Altägyptische Totenliturgien* 2 : 171, n° 40, verset 15). La photo montre clairement la graphie  de la déesse, avec le signe et non .

111. Fin de la version.

112. Ce passage, également présent sur le cercueil Turin S. 5245, 22–3 (var. *mw rnp*), est extrait d'une autre liturgie d'offrandes titrée *rꜣ n irt ḫwt*, voir Assmann, *Altägyptische Totenliturgien* 2 : 126–29.

113. Cf. TT 298, B. Bruyère, *Rapport préliminaire sur les fouilles de Deir el Médineh (1927)*, FIFAO 5/2 (Le Caire, 1928), 88– 89 et 92–93 = *KRI* I, 371, 6–7 : *šsp n.k snw m dd n.k Ptḥ di n.k Wsir mw n kꜣ.k* .

114. Fin de la version.

Cercueil Vienne 216 B :

Ḥʿpy di.f n.k mw	« Hâpy, il te donnera l'eau,
Npr di.f n.k tꜣ	Neper, il te donnera le pain,
Ḥwt-Ḥr di.s n.k ḥ[nḳt]	Hathor, elle te donnera la bi[ère]
[Ḥsꜣ]t di.s n.k [irṯt]	[Hesa]t, elle te donnera [le lait]. »

Lit funéraire Berlin 12442, Kurth, *Materialien*, 173 :

in Ḥʿpy di.f n.k mw	« C'est Hâpy qui te donnera l'eau,
in Npyt di.s <n.k> tꜣ	c'est Neperet qui <te> donnera le pain,
Ḥwt-Ḥr di.s n.k ḥnḳt (??)	Hathor qui te donnera la bière,
Ḥsꜣt di.s <n.k> irṯt	Hesat qui <te> donnera le lait,
Rnnt di.s <n.k> irp[115]	Renenet qui <te> donnera du vin,
ḥnk n.k Ỉwn-mwt.f nms(t) šps(t)[116]	Iounmoutef qui te fera don de l'auguste cruche-*nmst*. »

Bandelette Louvre AF 11957 A :

Ḥʿpy di.f n.k mw	« Hâpy, il te donnera l'eau,
Npy(t) di.s n.k tꜣ	Nepere(t), elle te donnera le pain,
Ḥwt-Ḥr di.s n.k ḥnḳt	Hathor, elle te donnera la bière,
Ḥsꜣt di.s n.k i[rṯt]	Hesat, elle te donnera le l[ait],
Rnnt di.s n.k irp	Renenet, elle te donnera du vin,
ḥnk n.k Ỉwn-mwt.f nms(t) šps(t)	Iounmoutef, il te fera don de l'auguste cruche-*nms(t)*
ḥr-ib Ỉwnw[117]	qui se trouve à Héliopolis. »

Bandelette Louvre AF 11957 B : passage omis.

---

115. Pour la mention de Renenet dans une liste similaire, cf. sarcophage Louvre D 5, P. Pierret, « Les sarcophages D 5 et 7 du Louvre », *RevEg* 2 (1881), 27 ; linceul Berlin 22728, Kurth, *Materialien*, 77–78.

116. Sur le don de la cruche-*nmst* par Iounmoutef, cf. Caire CG 23119 (Kamal, *Tables d'offrandes*, 97 : *Ḥsꜣt di.s n.k irṯt di n.k Ỉwn-mwt.f nms(t)*, et le quasi parallèle dans H. Beinlich, *Das Buch vom Ba*, SAT 4 (Wiesbaden, 2000), 60 : *Ḥsꜣt di.s n.k irṯt.s di n.k Ỉwn-mwt.f nms(t) šps(t)*, avec ce dernier qualificatif également attesté en *Edfou* II, 48, 6. Bien que dans tous ces exemples, le mot *nms* soit écrit comme un nom masculin, le contexte rend improbable une identification au substantif *nms* désignant un type de coiffe (K. Goebs, « Untersuchungen zu Funktion und Symbolgehalt des *nms* », *ZÄS* 122 (1995), 154–81). Les graphies sans la désinence du *t* féminin sont d'ailleurs bien attestées (cf. par ex. Wilson, *A Ptolemaic Lexikon*, 519). Cf. toutefois le cas de Bodl. Eg. Inscr. 1374 a + b, M. Smith, « A Demotic Formula of Intercession for the Deceased », *Enchoria* 19/20 (1992–93), 134 : (Isis) [… *tw=s (?)*] *n=k mnḫ ḥṭ tw n=k ʿne-mw.t=f pꜣy=f nms*, « (Isis), elle te donnera un tissu blanc, et Iounmoutef te donnera sa coiffe-nemes », où une ambiguïté est difficilement envisageable ; voir Smith, *Traversing Eternity*, 582, n. 15. En relation avec le présent texte (ligne 4), cf. aussi planche de momie BM EA 36502, où ce rôle de Iounmoutef est attribué à la déesse thébaine Iounyt, voir G. Vittmann, « Ein Mumienbrett im Britischen Museum (BM 36502) », dans M. Bietak et al. (éd.), *Zwischen den beiden Ewigkeiten. Festschrift Gertrud Thausing* (Vienne, 1994), 268 : *ii Ỉwnyt ẖr nmsw m-ẖt iʿ rdwy.k ḥr inr nty ḥḏ ḥr nprt n(t) mfkꜣt*, « Iounyt est venue à toi, chargée des cruches-*nms(t)* après que t'ont été lavés les pieds sur un bloc d'argent, sur une base de turquoise. »

117. *ḥr-ib Ỉwnw*, concernant la cruche-*nmst*, est inattendu et en tout cas sans parallèle connu, bien que plusieurs textes attestent le rapport existant entre cette cruche et Héliopolis. Elle est dite provenir de Rê (*nmst nfr(t) pr m Rʿ*, E. Otto, *Das ägyptische Mundöffnungsritual* I, ÄA 3 [Wiesbaden, 1960], 163) ; cf. le don de la cruche-*nmst* et la réception de la libation du « domaine de Rê » (*pr Rʿ*), Fr. R. Herbin, *Books of Breathing and Related Texts*, CBD 4 (Londres, 2008), 129 (**Lines 20–21**).

Ligne 4

[di.tw] n.k tꜣ 4[118] *m Ỉwnw tꜣ*[119] *7*(sic) *m Ḥwt-kꜣ-Ptḥ*

Séquence omise dans P. BM EA 10209, cercueil Lyon H 2320, cercueil Turin S. 5245, bandelette Louvre AF 11957 A et B, lit Berlin 12442.
Cette répartition d'offrandes de pains est plus volontiers mentionnée entre Héliopolis et Abydos[120] :

P. Bodl. MS. Egypt. a. 3 (P), IX, 17 :

tw=k(sic) *n=k tꜣy 4 m Ḥ.t-qbṯḥ*[121]	« On te donnera 4 pains dans le Château-du-*ka*-de-Ptah,
tꜣy 8 m Ỉbt	8 pains à Abydos. »

Cf. Davies, *The Tomb of Rekh-mi-Rēʿ at Thebes*, pl. LXXVI :

di.tw n.k tꜣ 4 m Ỉwnw tꜣ 8 m ꜣbḏw	« On te donnera 4 pains à Héliopolis, 8 pains à Abydos. »

Münich Gl. 298, *Staatliche Sammlung ägyptischer Kunst* (München, 1972), n° 63 = F. W. von Bissing, « Die Inschriften der Memphitischen Grabwand in der Glyptothek König Ludwigs I. », *AcOr* 6 (1928), 2 :

di.tw n.k tꜣ 4 m Ỉwnw 8 m ꜣbḏw	« On te donnera 4 pains à Héliopolis, 8 à Abydos. »

iʿ.k rdwy<.k> ḥr inr ḥḏ ḥr nprt nt m<f>k(ꜣ)t

Sur cette séquence, déjà attestée dans les *CT* (I, 261–262, sp. 61), voir Bommas, dans *Altägyptische Totenliturgien* 2 : 191–93 ; Smith, *Traversing Eternity*, 186, n. 31. Pour ce rite de purification[122], cf. H. Heerma van Voss, « Fusswaschung auf Silbernem Boden », dans S. J. Denning-Bolle, E. Gerow (éd.), *The Persistence of Religions. Essays in Honor of Kees W. Bolle. Festschrift in Celebration of His Sixtieth Birthday, 2 December, 1987* (Malibu, 1996), 149–53 (réf. F. Jamen).

P. BM EA 10209, I, 36–37 :

iʿ.k rdwy.k ḥr inr n ḥḏ[123]	« Tu te laveras les pieds sur un bloc d'argent,
ḥr nprt nt mfk	sur un bassin de turquoise
m ḥbs m ʿwy Tꜣyt (cf. *infra*, Ligne 5)	avec un habit provenant des mains de Tayt. »

P. Bodl. MS. Egypt. a. 3 (P), IX, 17–18 :

yʿy=k rṯ=k ih iny ḥṯ	« Tu te laveras les pieds sur une bloc d'argent,
ih nphꜣ.t nt m[fk]y	sur un bassin de tur[quoi]se. »

---

118. Seule lecture envisageable pour le groupe , bien qu'une équivalence = 2 ne semble pas connue par ailleurs .

119. Le signe ressemble plus à qu'au pain attendu ; cf. aussi le déterminatif de *ḥtpw*, l. 6. Autre exemple dans Vittmann, dans *Festschrift Gertrud Thausing*, 272, concernant ce même mot *tꜣ*, « pain ».

120. Assmann, *Altägyptische Liturgien* 2 : 110–11.

121. Sur cette graphie non étymologique de *Ḥwt-kꜣ-Ptḥ*, cf. Smith, *Traversing Eternity*, 659, n. 62.

122. Cf. Maspero, *Sarcophages* I, 47 : *wʿb rdwy.k ḥr ḥḏ*.

123. *inr n ḥḏ* et non *inrw nw ḥḏ* (Bommas, dans *Altägyptische Totenliturgien* 2 : 148, verset 16).

Bandelette Louvre AF 11957 A :

yꜥ.k ḥr.k ky ḏd yꜥ.k rdwy.k[124] *ḥr inr n ḥḏ*	« Tu te laveras le visage, variante : tu te laveras les pieds sur un bloc d'argent,
[...]	[...] »

Les autres versions considérées offrent peu de variantes :

Cercueil Lyon H 2320, 14–15 :

iꜥ<.k> rdwy.k ḥr inr n (?) *ḥḏ*	« <Tu> te laveras les pieds sur un bloc d'argent,
[*ḥr sp*]*yt* (?) *nt mfkꜣt*	[sur un ba]ssin (?) de turquoise. »

Cercueil Turin S. 5245, 16–17 :

iꜥ.k rdwy.k ḥr inr ḥḏ	« Tu te laveras les pieds sur un bloc d'argent,
ḥr nprw(*t*) *nt mfk*(*ꜣ*)*t*	sur un bassin de turquoise. »

Bandelette Louvre AF 11957 B :

[...*iꜥ*].*k rdwy.k ḥr inr n ḥḏ*	« Tu te [laveras] les pieds sur un bloc d'argent,
ḥr nprt nt mfkꜣt	sur un bassin de turquoise. »

Lit funéraire Berlin 12442, Kurth, *Materialien*, 174 et 158[125] :

iꜥ.k rdwy.k m inr n (?) *ḥḏ*	« Tu te laveras les pieds dans un bloc d'argent,
ḥr nprt nt mfkꜣt	sur un bassin de turquoise. »

Maspero, *Sarcophages* I, 47, dans une version raccourcie de la formule : *wꜥb rdwy.k ḥr ḥḏ*.
Pour le sens « bassin » du mot *nprt* dans ce contexte, cf. Vittmann, dans *Festschrift Gertrud Thausing*, 254 (qq). Quelques versions lui substituent d'autres termes : *spy*(*w*)*t*, « bord » (d'un récipient : *Wb.* IV, 100, 10)[126], *sꜣṯw*, « sol »[127] ; *ḫf*[*ꜣꜣt*], « rive », « berge », et peut-être ici « bord »[128].

Ligne 5

[...] *i*[*rṯt*] *nt Sḫꜣ*(*t*)-*Ḥr*

124. Dans le *Rituel de l'embaumement*, X, 18 (éd. S. Sauneron, 43), ni les pieds ni le visage ne sont évoqués : *yꜥ.k ḥr inr n ḥḏ ḥr sꜣṯw n nwb*, « Tu te laveras sur un bloc d'argent, sur un sol d'or ».

125. Commencée sur le côté droit du lit, et occupant la fin d'une ligne horizontale, cette séquence s'arrête faute de place avec *rdwy.k* et reprend bizarrement sur le côté gauche, occupant le début d'une colonne de texte.

126. Pot U.C. 16128 : 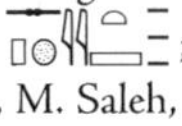 ; P. BM EA 10819 v°, 24 : 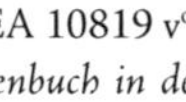.

127. TT 290, plafond, M. Saleh, *Das Totenbuch in den thebanischen Beamtengräbern des Neuen Reiches*, AV 46 (Mayence, 1984), 37 :  ; TT 9, J. Černý, *Répertoire onomastique de Deir el-Médineh*, DFIFAO 12 (Le Caire, 1949), 73 = *KRI* VII, 43, 15 (même graphie).

128. Mot tronqué au même endroit dans les deux versions le mentionnant, TT 57 (paroi inédite) et TT 157, Barthelmess, *Der Übergang ins Jenseits*, 48 : .

Bien que présente dans peu de versions du Nouvel Empire[129], cette séquence se maintient à l'époque tardive. Omise dans P. BM EA 10209, I, 37. Peu de variantes dans les versions parallèles.

Cercueil Lyon H 2320, 15–16 :

swr.k mhn n irṯt m ḥnkt n Sḫꜣt-Ḥr	« Tu boiras un pot de lait comme cadeau de Sekhathor. »

Cercueil Turin S. 5245, 17–18 :

Wsir N	« L'Osiris N,
swr.k mhn n irṯt m ḥnkt n Sḫꜣt-Ḥr	Tu boiras un pot de lait comme cadeau de Sekhathor. »

Cercueil Vienne 216 B :

swr.k mhn m ir[ṯt m ḥnk n] Sḫꜣt-Ḥr	« Tu boiras un pot de la[it comme cadeau de] Sekhathor. »

Bandelette Louvre AF 11957 B :

swr.k m mhn ḥr(sic) *irṯt m ḥnkt n Sḫꜣt-Ḥr*	« Tu boiras un pot de lait comme cadeau de Sekhathor. »

P. Bodl. MS. Egypt. a. 3 (P), IX, 18 :

swr=k m mhr nw irt nt Sḫ-Ḥr	« Tu boiras un pot de lait de Sekhathor. »

Lit funéraire Berlin 12442, Kurth, *Materialien*, 158 :

swr.k m mhn n irṯt nt Sḫꜣt-Ḥr	« Tu boiras un pot de lait de Sekhathor. »

Pour le rôle de Sekhathor comme pourvoyeuse de lait, cf. Leitz, *LGG* VI, 500.

sfḫ.k wꜥbw.k wnḫ.k mnḫ.k ḫbsw.k ḥr ꜥwy Tꜣyt

La version partielle du P. BM EA 10209, I, 36–37 est la seule à mettre explicitement en relation les vêtements fournis par Tayt et le lavage des pieds, voir *supra*, **Ligne 4**. Les autres versions présentent des variantes qui semblent attester une certaine confusion dans la transmission du texte. Sur ce thème du changement vestimentaire (*sfḫ* /

129. La déesse intervient comme pourvoyeuse de lait dans une liturgie d'offrandes intitulée *rꜣ n int ib n ꜣḫ.f*, qui présente avec la liturgie *rꜣ n wꜣḥ ḫwt* d'importants points de convergence. La réception par le défunt du lait de Sekhathor y est ainsi formulée (version de la TT 100, Assmann, *Altägyptische Totenliturgien* 2 : 103) :

wnm.k tꜣ ḥr wḏḥw n Rꜥ	« Tu mangeras du pain sur l'autel de Rê,
swr.k mw ḥr bbt itrw	boiras l'eau à la source du fleuve,
swr.k ḫꜣwy n irṯt	boiras un millier de portions de lait
pr m pḥ n Sḫꜣt-Ḥr	sorti du pis de Sekhathor. »

Ajouter aux parallèles : bloc Caire JE 27987, G. Daressy, « Stèle de la XIXe dynastie avec textes du Livre des pyramides », *ASAE* 16 (1916), 59 ; stèle Caire JE 49113, 17, G. A. Gaballa, « Siese, Naval Standard-bearer of Amenophis III », *ASAE* 71 (1987), 91 et pl. 3 ; ostracon BM EA 29552, R.J. Demarée, *Ramesside Ostraca* (Londres, 2002), 26 et pl. 82 ; Münich Gl. 298, *Staatliche Sammlung ägyptischer Kunst* (1972), n° 63 = F. W. von Bissing, « Die Inschriften der Memphitischen Grabwand in der Glyptothek König Ludwigs I », *AcOr* 6 (1928), 2.

wnḫ), couramment évoqué de diverses manières[130], voir Assmann, *Altägyptische Totenliturgien* 2 : 197–98 ; Smith, *Traversing Eternity*, 658, n. 60. Le but d'un tel changement vestimentaire[131] n'est quasiment jamais exprimé ; d'après un texte de la TT 263, il servirait à suivre – ou servir — un dieu dans son déplacement[132].

P. Bodl. MS. Egypt. a. 3 (P), IX, 18–19 :

sfḫ ṯ=k ꜣt.t sp-2	« Défais-toi (de ce que tu as sur) le dos, bis,
šp=k mnḫ ḥbs.w=k iḥ ꜥwy Tyy.t	tu recevras tes tissus et habits des mains de Tayt. »

Cercueil Lyon H 2320, 16–17 :

sfḫ.k m wꜥbt	« Tu te déferas du vêtement-pur,
šsp.k ky (?)	et recevras l'autre (?) ;
ḥbs k(*w*)[133] *ꜥwy* [*Tꜣ*]*yt*	Les mains de [Ta]yt t'habilleront. »

Cercueil Turin S. 5245, 18–20 :

wnḫ.k wꜥbw N pn	« Tu revêtiras le vêtement-pur, ce N
sfḫ.k ktt ḥbsw.k mnḫw Wsir N pn	et te déferas de tes autres habits et tissus, cet Osiris N. »

Cercueil Vienne 216 B :

wnḫ.k wꜥbw	« Tu revêtiras le vêtement-pur,
ḫsf.n.k[(sic)134] *ky*	après t'être défait de l'autre ;
ḥbs k(*w*) *ꜥwy Tꜣyt*	les mains de Tayt t'habilleront. »

Bandelette Louvre AF 11957 B :

sfḫ.k wꜥbw.k	« Tu te déferas de ton vêtement-pur,
wnḫ.k mnḫt.k	et revêtiras ton tissu. »

Lit funéraire Berlin 12442, Kurth, *Materialien*, 158 :

wnḫ.k [...].*k*	« Tu revêtiras ton [...] ,
[...].*k k*	[...]
...*ḥbs.k* (?) *m*(?) *ꜥwy Tꜣyt*	... ton habit des (?) mains de Tayt. »

130. Par ex. TT 106, *KRI* III, 6, 11–12 : *šsp.i wꜥbw sfḫ.i ky*, « Je recevrai le vêtement-pur, je me déferai de l'autre » ; *LdM* ch. 172 : *wnḫ.k wꜥbw sfḫ.k wmt*, « Tu revêtiras le vêtement-pur et te déferas de ton vêtement-*wmt* » ; stèle de la TT C1, J. Assmann, « Neith spricht als Mutter und Sarg », *MDAIK* 28 (1973), 124 : *wnḫ.k mnḫ wꜥbt sfḫ ky ḥbs tw ꜥwy Tꜣyt*, « Tu revêtiras un tissu, te déferas de l'autre, et les mains de Tayt t'habilleront ». L'exemple de la TT 157 (Barthelmess, *Der Übergang ins Jenseits*, 48), est probablement à revoir à la lumière d'une nouvelle copie.

131. La nature de ces vêtements est variable : *Opet* 124, 3–4 : *sfḫ.k drit wnḫ.k mnḫt iw ḥbsw.k ḥr ꜥwy Tꜣyt* ; *LdM* ch. 172 : *wnḫ.k wꜥbw sfḫ.k wmt*.

132. *KRI* III, 382, 10 : (*di.f*) *šsp.i wꜥbw sfḫ.i ky ḥr šms nṯr pn wḏꜣ.f r ḏsrw m ḥb.f n tp rnpt*, « (Il accordera que) je reçoive le vêtement-pur, que je me défasse de l'autre, pour suivre ce dieu quand il rentre au sanctuaire-*ḏsr* lors de sa fête du début de l'année. »

133. On peut difficilement reconnaître dans 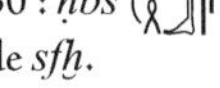 *ḥbsw.k*, « tes habits », un substantif ne donnant guère ici de sens à la phrase. Sans doute s'agit-il d'une graphie fautive pour le verbe *ḥbs*, suivie du pronom dépendant *kw* écrit *k*, comme dans le cas du cercueil Vienne 216, cf. aussi l'exemple de la stèle de la TT C1 cité n. 130 : *ḥbs* () *tw ꜥwy Tꜣyt*.

134. Écrit *ḫsf* , graphie métathétique de *sfḫ*.

Lignes 5–6

di.tw n.k mw tꜣ m Ḥwt-kꜣ-Ptḥ ḳbḥ ḥtpt m Ꞽwnw

Séquence omise dans P. BM EA 10209, cercueil Lyon H 2320, bandelette Louvre AF 11957 B.
Fréquente au Nouvel Empire dans les textes d'offrandes[135], cette séquence se raréfie sensiblement à la basse époque. Parmi les documents tardifs de la liturgie actuellement recensés, seuls deux en font état, dont l'un partiellement :

P. Bodl. MS. Egypt. a. 3 (P), IX, 19 :

tw=w n=k tꜣy mw m Ḥ.t-qbḥṯ[136]	« On te donnera pain et eau dans le Château de la libation,
qbḥ tp[137] *m Ꞽwnw*	libations et offrandes-<*ḥ*>*tp*(*w*) à Héliopolis. »

Lit funéraire Berlin 12442, Kurth, *Materialien*, 158 :

di.tw n.k tꜣ m Ḥwt-kꜣ-Ptḥ	« On te donnera le pain dans le Château-du-*ka*-de-Ptah. »

Ligne 6

swr.k ḥr wḏḥw n Rꜥ di n.k Wsir ḥtpw[138]

P. Bodl. MS. Egypt. a. 3 (P), IX, 20 :

swr=k ih wtḥ n Rꜥ	« Tu boiras sur le guéridon de Rê
tw n=k ꜣst ḥtp tfwꜣ	et Isis te donnera des offrandes-*ḥtp*(*w*) et des aliments. »

P. BM EA 10209, I, 37–8 :

swr.k mw ḥr ḥbbt nt itrw	« Tu boiras l'eau au bord du fleuve,
di.tw n.k ḥtpw r-gs Wsir	et l'on te donnera des offrandes-*ḥtpw* à côté d'Osiris. »

Cercueil Lyon H 2320, 17 :

swr.k mw ḥr bbt nt itrw	« Tu boiras l'eau sur le bord du fleuve,
ḥtpw r-gs Wsir[139]	(tandis que) les offrandes-*ḥtpw* (seront) à côté d'Osiris. »

135. L'association *tꜣ* + *mw* + *Ḥwt-kꜣ-Ptḥ* est exceptionnelle. Dans la majorité des cas, on trouve la répartition *tꜣ* / Memphis – *ḳbḥ ḥtpt* / Héliopolis, avec les variantes d'usage et dans des contextes variés, cf. par ex. TT 360, A. R. Schulman, « The Iconographic Theme : 'Opening of the Mouth' on Stelae », *JARCE* 21 (1984), 188–90 = Barthelmess, *Der Übergang ins Jenseits*, 106 : *di.tw* [*n.t*]*n tꜣ m Ḥwt-kꜣ-Ptḥ ḳbḥ-ḥtpt m* [*Ꞽwnw*] ; *Urk*. IV, 1436, 6 : *di.tw n.t tꜣ m Ḥwt-kꜣ-Ptḥ ḳbḥ ḥtpt m Ꞽwnw* ; TT 211, *KRI* IV, 192, 5 : *di.tw n.i tꜣ m Ḥwt-kꜣ-Ptḥ ḳbḥ* […] ; *KRI* VI, 96, 11–12 : *di.tw n.k tꜣ m pr Ptḥ ḳbḥ ḥtpt m Ꞽwnw* ; P. Montet, « La nécropole des rois tanites », *Kêmi* 9 (1942), 61, fig. 44 = idem, *La nécropole royale de Tanis* II, pl. XVII : *šsp n.k tꜣ m Ḥwt-kꜣ-Ptḥ ḳbḥ ḥtpw m Ꞽwnw* ; M. Nelson, *Catalogue des antiquités égyptiennes* (Marseille, 1978), 33 n° 64 et pl. 34 : *iw di.tw n.i tꜣ m pr Ptḥ ḳbḥ ḥtpt m Ꞽwnw* ; N. de G. Davies, *The Tomb of Nefer-hotep*, PMMA 9 (New York, 1933), pl. LVIII–IX : *di.tw n.i tꜣ m pr Ptḥ ḳbḥ ḥtpt m Ꞽwnw* ; etc.

136. La lecture *ḥ.t qbḥṯ* retenue au début par M. Smith dans sa traduction (*Traversing Eternity*, 659) a été depuis corrigée par lui, bien qu'on attende ici comme l'indiquent les versions parallèles une référence au Château-du-ka-de-Ptah comme à la l. 17, cf. *supra*, n. 121.

137. Smith, *Traversing Eternity*, 659, n. 63.

138. Sur la forme du déterminatif, cf. *supra*, n. 119.

139. Ou restituer : <*di.tw n.k*> devant *ḥtpw* ?

sḏm.k mdt n nṯr ꜥꜣ ir.k st.k m wiꜣ.f ḏt

Séquence omise totalement dans cercueil Turin S. 5245, et partiellement dans P. BM EA 10209, cercueil Lyon H 2320.

P. Bodl. MS. Egypt. a. 3 (P), IX, 20 :

sḏm=k mt.t n ntr ꜥꜣ	« Tu entendras la parole du dieu grand,
ir=k s.t=k m w(iꜣ)=f ḏt	et tu prendras place dans sa barque, éternellement. »

Lit Berlin 12442, Kurth, *Materialien*, 171 :

sḏm.k mdw n ẖmt ꜥꜣ	« Tu entendras les paroles du grand engendreur
ir.tw n.k st.k m wiꜣ.f ḏt	et l'on te fera ta place dans sa barque, éternellement. »

P. BM EA 10209, I, 38 :

ir.tw n.k nst m wiꜣ.k[140]	« On te fera une place dans ta barque. »

Cercueil Lyon H 2320, 18 :

ir.t(w) n.k nst m wiꜣ	« On te fera une place dans la barque. »

Ligne 7

snḏm.k r-gs Ḥr ir.k ḫpr.k n bꜣ ꜥnḫ s ....k ... mr<.k>[141]

Séquence omise dans cercueil Turin S. 5245.

P. BM EA 10209, I, 38–40 :

ir.k ḫpr.k m ḫpr n nṯr	« Tu accompliras ta transformation sous l'aspect d'un dieu
ḫn.k r bw nb n mrwt.k	et t'envoleras en tout lieu que tu désires,
mi pꜣ sr wr m Ḏdw	comme le grand prince à Busiris. »

Cercueil Lyon H 2320, 18–19 :

ir.k ḫpr.k m ḫpr n nṯr	« Tu accompliras ta transformation sous l'aspect d'un dieu
ḫnn.k r bw nb n mr.k	et t'envoleras vers tout lieu que tu désires
[mi] pꜣ sr n Ḏdw	[comme] le prince de Busiris. »

140. L'omission dans cette version de la séquence relative au « dieu grand » (P. Bodl. MS. Egypt. a. 3 (P)) ou au « grand engendreur » (lit Berlin 12442) explique la mention du suffixe *.k*, désignant ici la barque du défunt. Dans ce contexte, l'absence de tout suffixe dans la version du cercueil de Lyon semble être l'indice d'une confusion du rédacteur.

141. Le groupe 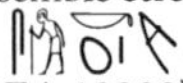 suivant les mots *bꜣ ꜥnḫ* fait problème et ne s'accorde à aucune des versions parallèles qui donnent ici *ḫn.k r bw nb n mrwt.k* (P. BM EA 10209), *ḫn.k r st mr.k* (lit. Berlin 12442), *sḫne=k r by nb mr=k* (P. Bodl. MS. Egypt. a. 3 (P)), *ḫnn.k r bw nb n mr.k* (cercueil Lyon H 2320). Cf. aussi *Dendara* X, 67, 13–14 : *bꜣ.f ꜥnḫ ḫn.f r bw mr.f*. Pour l'idée et ses diverses formulations, cf. Fr. R. Herbin, « Trois papyrus hiéroglyphiques d'époque romaine », *RdE* 59 (2008), 134 (**Lignes 4–5**).

P. Bodl. MS. Egypt. a. 3 (P), IX, 21 :

ḥms=k r-gs ntr ꜥꜣ	« Tu t'assoiras à côté du dieu grand,
ir=k ẖrb=k n by ꜥnḫ	accompliras ta transformation en *ba* vivant,
sẖne=k r by nb mr=k	et t'envoleras vers tout lieu que tu désires. »

Lit Berlin 12442, Kurth, *Materialien*, 171 :

snḏm.k r-gs Ḥr	«Tu t'installeras à côté d'Horus,
ỉr.n.k ḫpr n bꜣ ꜥnḫ	après avoir accompli la transformation en *ba* vivant,
ḫn.k r st mr.k	et t'envoleras vers le lieu que tu désires. »

bꜣ.k m pt ẖꜣt.k m Dwꜣt mꜣꜥ ḫrw.k m Ṯꜣ-wr

Séquence omise dans cercueil Turin S. 5245.

P. Bodl. MS. Egypt. a. 3 (P), IX, 21 – X, 1 :

by=k r p.t [...]	« Ton *ba* est voué au ciel, [ta dépouille à la Douat],
mꜣꜥ ḫrw=k m Tꜣ-wr	et tu seras justifié dans Ta-our. »

P. BM EA 10209, I, 39–40 :

bꜣ.k r pt ẖꜣt.k r Dwꜣt	« Ton *ba* est voué au ciel, ta dépouille à la Douat,
mꜣꜥ ḫrw.k <*m*> *ỉmy-wrt*	et tu seras justifié <à> l'Ouest. »

Cercueil Lyon 2320, 19 :

bꜣ.k r pt ẖꜣt.k r Dwꜣt	« Ton *ba* est voué au ciel, ta dépouille à la Douat,
mꜣꜥ ḫrw.k m ỉmy-wrt	et tu seras justifié à l'Ouest. »

Cf. sarcophage Caire CG 41002, A. Moret, *Sarcophages de l'époque bubastite à l'époque saïte* I, CGC (Le Caire, 1913), 55 (= *LdM* ch. 26) = CG 41004, *ibid.*, 81 ; CG 41006, *ibid.*, 96 (addition de *ꜥꜣ(t) nt pt* après *ỉmy-wrt*) = CG 41009, *ibid.*, 127 :

bꜣ.k/.t r <*pt*> *ẖꜣt.k/.t r Dwꜣt*	« Ton *ba* est voué au <ciel>, ta dépouille à la Douat,
mꜣꜥ ḫrw.k/.t m ỉmy-wrt	et tu seras justifié(e) à l'Ouest. »

La justification du défunt est donnée ici comme la suite logique de l'installation du *ba* au ciel et de la dépouille dans la Douat. On trouve aussi la répartition *ba* / ciel et dépouille / Douat exprimée de façon diverse[142] :

142. Cf. C. Theis, *Deine Seele zum Himmel, dein Leichnam zur Erde*, BSAK 12 (Hambourg, 2011), 2 et n. 7 ; Assmann, *Altägyptische Totenliturgien* 2 : 138–41. Déjà *Pyr.* § 474a : *bꜣ.i r pt ẖꜣt.i r tꜣ.*

P. Rhind I, 9, 2 (éd. G. Möller, *Die beiden Totenpapyrus Rhind des Museums zu Edinburg*, DemStud 6 [Leipzig, 1913], 40–42) :

imy pr bꜣ.f r pt ḥnꜥ bꜣw	« Que son *ba* sorte au ciel en compagnie des *ba*,
ẖꜣt.f mn.ti m Dwꜣt	sa dépouille demeurant dans la Douat ! »

P. BM EA 10209, I, 26 :

bꜣ.k m pt ẖꜣt.k m Dwꜣt	« Ton *ba* est dans le ciel, ta dépouille dans la Douat. »

Cercueils Caire CG 41044, 41046, 41048, 41065 et 41070, H. Gauthier, *Cercueils anthropoïdes des prêtres de Montou*, CGC (Le Caire, 1913), 46, 105 (lacunes), 155, 455 et 508 = sarcophages Caire CG 41011 et 41033, Moret, *Sarcophages*, 146 et 285[143] :

bꜣ.k(/.t) m pt ẖꜣt.k/.t m Dwꜣt	« Ton *ba* est dans le ciel, ta dépouille dans la Douat,
tꜣ m ẖt.k(/.t) mw m ḫḫ.k/.t	le pain dans ton ventre, l'eau dans ta gorge,
ṯꜣw n ꜥnḫ r šrty.k/.t	le souffle de vie pour tes narines. »

Barthelmess, *Der Übergang ins Jenseits*, 110 (TT 23) :

pt n bꜣ.k Dwꜣt n ẖꜣt.k	« Le ciel est pour ton *ba*, la Douat pour ta dépouille,
mnḫt n sꜥḥ.k ṯꜣw r fnḏ.k	le tissu pour ta momie, le souffle pour ton nez. »

Linceul Missouri Inv. 61.66.3, K. Parlasca, « A painted Egyptian Mummy Shroud of the Roman Period », *Archaeology* 16 (1963), 264–68[144] :

py pꜣy=s by r tꜣ p.t	« Son *ba* s'envolera au ciel,
tꜣy=s ẖṱ r tꜣ twꜣ.t	son corps étant voué à la Douat ! »

Cercueil Marseille inv. 253, Maspero, *RT* 36, 135 = Cercueil Berlin 28, G. Roeder, *Aegyptische Inschriften aus den Staatlichen Museen zu Berlin* II (Leipzig, 1924), 433 = Piankoff, *Mythological Papyri*, n° 10, scène 6 :

bꜣ.f(/.t/i) r pt ẖꜣt.f(/.t/.i) r Dwꜣt	« Son *ba* est voué au ciel, sa dépouille à la Douat,
mi šmsw Ḥr	comme les suivants d'Horus. »

Stèle Moscou 4162, S. Hodjash and O. Berlev, *The Egyptian Reliefs and Stelae in the Pushkin Museum of Fine Arts, Moscow* (Leningrad, 1982), 123, n° 71 :

bꜣ(.i) n pt ẖꜣt(.i) n Dwꜣt	« (Mon) *ba* est voué au ciel, (ma) dépouille à la Douat,
ẖnty(.i) imn m tꜣ-mry	(ma) statue cachée dans To-mery,
pẖr.f ꞽInbw hrw ḥb Skr	elle fera le tour des Murs le jour de la fête de Sokar,
mi šmsw Ḥr	comme les suivants d'Horus. »

143. Séquences inspirées du ch. 169 du *LdM* (éd. Budge, *The Chapters of Coming Forth by Day* [Londres, 1898], 436).

144. Translittération de M. Smith. Sur ce texte, voir idem, *Traversing Eternity*, 583–85.

Cercueil Caire CG 41071, Gauthier, *Cercueils anthropoïdes*, 529 :

bꜣ.k r pt ḥnꜥ Rꜥ	« Ton *ba* est voué au ciel en compagnie de Rê,
ẖꜣt.k r Dwꜣt ḥnꜥ Gb	ta dépouille à la Douat en compagnie de Geb. »

Cercueils Caire CG 41065 et 41070, *ibid.*, 458 et 510 :

bꜣ.k n pt ỉwf.k n tꜣ[145]	« Ton *ba* est voué au ciel, tes chairs à la terre. »

Cf. P. MMA 35.9.21, III, 10 (J. C. Goyon, *Le Papyrus d'Imouthès fils de Psintaês au Metropolitan Museum of Art de New-York (Papyrus MMA 35.9.21)* [New York, 1999], pl. III) :

nꜣ nṯrw nty ỉw bꜣ.sn m pt ẖꜣt.sn m ẖrt-nṯr	« Les dieux dont le *ba* est au ciel et la dépouille dans le domaine du dieu. »

Lignes 7–8

fꜣ.k ḥr<.k> r pt n Rꜥ mꜣꜣ.k Ḥr m ḥm.f ꜥwy.f mḥ m nfr(y)t di.f ḥr.k r Ṯꜣ-wr ꜣbd

Séquence omise dans cercueil Turin S. 5245.

Cercueil Lyon H 2320, 19–21 :

fꜣ.k ḥr.k r pt n(t) Rꜥ	« Tu élèveras ton visage vers le ciel de Rê ;
mꜣꜣ.k Ḥr ḥr ḥmy.f	tu verras Horus à sa barre,
ꜥwy.f mḥ m nfryt.f	ses mains saisissant son gouvernail
di.f n.k ḥr r tꜣ Ṯꜣ-wr	(quand) il oriente pour toi (son) visage en direction de la terre de Ta-our. »

P. BM EA 10209, I, 40–41 :

fꜣ.k ḥr.k r pt n(t) Rꜥ	« Tu élèveras ton visage vers le ciel de Rê ;
mꜣꜣ.k Ḥr m ḥm.f	tu verras Horus comme son barreur,
ꜥwy.f mḥ m nfryt	ses mains saisissant le gouvernail
di.f ḥr r Ṯꜣ-wr	(quand) il oriente (son) visage en direction de Ta-our. »

P. Bodl. MS. Egypt. a. 3 (P), X, 2–3 :

[... *mꜣꜣ.k*] *Ḥr m ḥny=f*	« [... Tu verras] Horus comme son barreur,
ꜥwy=f [...]	ses mains [saisissant le gouvernail]
[... ...] *Tꜣ-wr Ỉbt Bḥt Ỉ*[*pw*(?) ...][146]	[(quand) il oriente son visage en direction de] Ta-our, Abydos, Behdet, I[pou(?)...] »

145. Et non *Dwꜣt* (Assmann, *Altägyptische Totenliturgien* 2 : 139 et n. 263).

146. Sur cette séquence, cf. Smith, *Traversing Eternity*, 659, n. 67.

di.f ḥr.k : « il oriente ton visage », le suffixe *.k* renvoyant au défunt ; dans les autres versions où aucun suffixe ne suit *ḥr*, il s'agit d'Horus.

Pour la tournure *ꜥwy.f mḥ m nfr(y)t*, cf. G. Lefebvre, *Inscriptions concernant les grands prêtres d'Amon Romê-Roÿ et Amenhotep* (Paris, 1929), 17 = idem, « Monuments relatifs à Amon de Karnak », *ASAE* 24 (1924), 134 et 136 : *ꜥwy.f twt ḥr nfryt ḥr irt ḥmy* « (un homme) dont les mains sont réunies sur le gouvernail, à remplir la fonction de barreur. »

Ligne 8

ir n.k itn ꜥḥꜥw rꜥ nb r rꜣ štꜣt.k[147] *sꜥḥꜥ*[148] *wiꜣ m-ꜥḳꜣ.k*[149] *rꜥ nb*

Séquence omise dans cercueil Turin S. 5245.
Des variantes sensibles s'observent dans les versions parallèles :

Cercueil Lyon H 2320, 21–22 :

ir n.k itn <m> imy-wr m-ꜥḳꜣ rꜣ[150] *štꜣt.k*	« Un disque sera fait pour toi <à> l'Ouest, en face de l'entrée de ta tombe ;
psd.f n.k snktyw m imḥt	il illuminera pour toi l'obscurité dans l'Imehet,
wbn.f m šw[151] *ḥr tp.k*	et brillera en tant que lumière sur ta tête.
sꜥḥꜥ.tw wiꜣ m-ꜥḳꜣ.k	on dressera une barque devant toi. »

P. BM EA 10209, I, 41–3[152] :

iry n.k itn <m> imy-wr m-ꜥḳꜣ n štꜣt.k	« Un disque sera fait pour toi <à> l'Ouest, en face de ta tombe ;
psḏ.f n.k snkty m imḥt	il illuminera pour toi l'obscurité dans l'Imehet
wbn.f m šw[153] *ḥr tp.k*	et brillera en tant que lumière sur ta tête.
sꜥḥꜥ.tw wiꜣ m-ꜥḳꜣ.k	On dressera une barque devant toi. »

Lit Berlin 12442, Kurth, *Materialien*, 168 (passage décalé dans le parallélisme) :

ir n.k itn ḥꜣy rꜥ nb r rꜣ n štꜣt.k	« Un disque sera fait pour toi, rayonnant chaque jour à l'entrée de ta tombe,
wbn[154] *šww ḥr tp.k*	la lumière brillera sur ta tête.

147. Et non *r-gs Wsir* (Smith, *Traversing Eternity*, 659, n. 69).

148. *sꜥḥꜥ*, en rapport avec un nom de bateau, n'est pas enregistré au *Wb.* qui ne relève (IV, 53, 2) que son usage pour exprimer l'érection d'un mât ; cf. aussi D. Jones, *A Glossary of Ancient Egyptian Nautical Titles and Terms* (Londres, 1988), 221.

149. Le mot est bizarrement écrit, mais certain : le ⊿ sous le est de taille minuscule et le dont il manque l'anse précède au lieu de les suivre les signes .

150. Écrit simplement .

151. Écrit .

152. Cf. M. Smith, *The Mortuary Texts of Papyrus BM 10507*, CDPBM 3 (Londres, 1987), 121–22.

153. Écrit .

154. , à lire ici d'après les parallèles *wbn* plutôt que *pr* (Kurth) ; mais pour la lecture *pr* de ce groupe, dans un sens synonymique de *wbn*, cf. Fr. R. Herbin, « Une nouvelle page du Livre des Respirations », *BIFAO* 84 (1984), 271, g.

sꜥḥꜥ.tw wiꜣ.f m-ꜥḳꜣ.k rꜥ nb[155]	On dressera sa barque devant toi, chaque jour. »

P. Bodl. MS. Egypt. a. 3 (P), X, 4–5 :

ir n=k itn iwḥ[156] *ir ꜥny* [...]	« Le disque solaire fixera pour toi la durée d'existence, chaque jour [...]
sꜥḥꜥ w(iꜣ) m-ꜥḳ=k[157]	une barque sera dressée devant toi. »

Cf. *Dendara* X, 67, 12–15 :

ii n.f Rꜥ	« Rê viendra à lui,
di.f ḥḏḏwt.f[158]	il (lui) donnera ses rayons ;
irty.f ir n.f itn	ses yeux feront pour lui un disque solaire,
psḏ stwt n Rꜥ m ḥr.f	les rayons de Rê luiront à sa face,
wbn šww.f ḥr tp.f	et sa lumière brillera sur sa tête ;
bꜣ.f ꜥnḫ ḫn.f r bw mr.f	son *ba* vivra, il se posera à l'endroit qu'il désire,
snḏm.f r-gs ḥm.f[159]	et s'installera à côté de sa Majesté ;
nṯry bꜣ.f m-m nṯrw (ou *sbꜣw*)[160]	son *ba* sera divin parmi les dieux (ou : les étoiles),
ꜥnḫ.tw r nḥḥ m Sꜣḥ m ẖt Nnt	vivant pour l'éternité en tant qu'Orion dans Nenet. »

Lignes 8–9

s[ꜣḫ tw snsnty] m ḫrw.sn ḫꜥ (?) n.k Ḏḥwty ḥr ntꜥw.f nṯr.tw mi nṯrw

Séquence omise dans cercueil Turin S. 5245.
La restitution est certaine malgré l'état très détérioré du début de la l. 9, les signes étant le double déterminatif du mot attendu *snsnty*. Pour le signe horizontal lu *ḫrw*, cf. plus loin dans cette même l. 9 dans *mꜣꜥ ḫrw*. Ce qui précède *n.k Ḏḥwty* ne se retrouve pas dans les versions parallèles. Le signe au-dessus de *n.k* est manifestement un autre verbe que *pgꜣ* présent dans les autres documents, peut-être l'œil fardé ou la colline , le premier pouvant avoir comme le second la valeur *ḫꜥ*.

P. BM EA 10209, I, 43 :

sꜣḫ tw Snsnty	« Les deux Sœurs te glorifieront,
pgꜣ n.k Ꞽ ḫrt-ꜥ.f	Thot déroulera pour toi son matériel d'écriture,
nṯr.k mi nṯrw	et tu seras divin comme les dieux. »

155. Fin de ligne lue et comprise différemment par Kurth. Il translittère les signes *rꜥ iꜥḥ wꜥb n.k* et traduit : « so daß Sonne und Mond rein und klar sind für dich », ce qui n'offre guère de sens. Dans cette version, comme dans celle de la stèle Caire JE 72300, les mots *rꜥ nb* terminent visiblement la séquence. Comme ailleurs dans les inscriptions du lit Berlin 12442 (cf. *supra*, n. 125), le rédacteur a manqué de place pour finir la phrase qui, s'interrompant avec les mots *ꜥb n.k*, a été reprise avec son début dans quatre colonnes en-dessous de la ligne non terminée : *ꜥb n.k Ḏḥwty ntꜥw.f irty.k mi Ḥr nb Šn sḏm.k mdw n ḥmt ꜥꜣ ir.tw n.k st.k m wiꜣ.f ḏr s nḏm.k r-gs Ḥr ir n.k ḫprw n bꜣ ꜥnḫ ḫn.k r st mr(t).k.* Sur ce passage, cf. *supra*, **Lignes 6** et 7.

156. Graphie non étymologique de *ꜥḥꜥw*, cf. Smith, *Traversing Eternity*, 659, n. 68.

157. Écrit comme s'il s'agissait du verbe *ꜥḳ*, « entrer », cf. Smith, *Traversing Eternity*, 659, n. 70. Pour d'autres cas similaires, cf. Wilson, *A Ptolemaic Lexikon*, 182 ; Fr. R. Herbin, « La renaissance d'Osiris au temple d'Opet », *RdE* 54 (2003), 109, n. 160.

158. Sur cette séquence, cf. *infra*, **Ligne 10.**

159. Sur cette activité du *ba*, cf. *supra*, **Ligne** 7.

160. Écrit .

P. Bodl. MS. Egypt. a. 3 (P), X, 5–6 :

pke [...] ...	« [...] déroulera [...]
[...] *m ḫrw=sn*[161]	[...] avec leurs voix. »

Cercueil Lyon H 2320, 23 :

sꜣḫ t(*w*) *snsnty*	« Les deux Sœurs te glorifieront,
pgꜣ n.k Ḏḥwty ḫrt-ꜥ<.f>	Thot déroulera pour toi <son> matériel d'écriture,
nṯr.f tw mi nṯrw	et il te divinisera comme les dieux. »

Cf. Montet, *La nécropole royale de Tanis* II, 174 (discours de Nout protectrice du défunt). Les séquences parallèles au texte de la stèle sont ici inversées :

pg(*ꜣ*) *n.k Ḏḥwty ḫr*(*t*)*-ꜥ<.f>*	« Thot déroulera pour toi <son> matériel d'écriture,
sꜣḫ tw snsn.ty	et les deux Sœurs te glorifieront.
ṯs tw wḥm.k ꜣwt-ib [162]	Dresse-toi, renouvelle la joie,
ꜥnḫ bꜣ.k r nḥḥ	ton *ba* vivra pour l'éternité. »

Sur la glorification par les deux Sœurs (Isis et Nephthys), exprimée souvent au moyen de leurs plaintes (*iꜣkbw*), voir A. Kucharek, *Altägyptische Totenliturgien.* Bd. 4. *Die Klagelieder von Isis und Nephthys in Texten der Griechisch-Römischen Zeit* (Heidelberg, 2010), 617–18[163].

Dans la stèle Caire JE 72300, noter la variante *ḫr ntꜥw.f* du groupe (avec *ḫr* écrit), au regard du mot *ḫrt-ꜥ.f* présent dans les autres versions[164], qui peut s'expliquer par l'emploi d'un autre verbe que *pgꜣ*, celui-ci ne se construisant pas avec la préposition *ḫr* (*pgꜣ* comme activité de Thot : Wilson, *A Ptolemaic Lexikon*, 377). Il ne s'agit donc pas d'une simple confusion du rédacteur entre les mots *ḫrt-ꜥ* et *ntꜥw*.
Sur les *ntꜥw* de Thot : cf. lit Berlin 12442, Kurth, *Materialien*, 167, Abb. 34, et 171 : *ꜥb n.k Ḏḥwty ntꜥw.f*, « Thot te présentera son cérémonial (d'écriture) »[165].

Lignes 9–[10]

mꜣꜥ ḫrw.k r-gs ḏꜣḏꜣt ntt m Ḏdw[166] *sšm.sn*[167] *ḥr.k r* [...]

161. Il s'agit de la voix des deux Soeurs Isis et Nephthys, comme le montre la version de la stèle Caire JE 72300 ; cf. Smith, *Traversing Eternity*, 659, n. 71.

162. Même phrase dans P. BM EA 10209, II, 6 et *Dendara* X, 103, 6.

163. Autres références dans Maspero, *Sarcophages* I, 65 ; K. Jansen-Winkeln, *Ägyptische Biographien der 22. und 23. Dynastie*, ÄAT 8 (Wiesbaden, 1985), 563 ; H. S. K. Bakry, « A late-period statuette », *ASAE* 60 (1968), 2 ; W. M. F. Petrie, *Abydos* I, EEF Memoir 22 (Londres, 1902), pl. 71 ; etc.

164. Sur ce terme en relation avec Thot, *LdM* ch. 94, 2 (Lepsius) : *in n.i gsti in n.i ps ḫrt-ꜥ twy nt Ḏḥwty*, « apporte-moi la palette, apporte-moi le godet et ce matériel d'écriture de Thot ». On le trouve aussi en rapport aussi avec Horus magicien : cf. P. BM EA 10209, II, 27 (Haikal, *Two Hieratic Funerary Papyri of Nesmin* I, 34) : *ꜥš n.k Ḏḥwty wp rꜣ Ḥr pꜣy.k stm šd n.k ḥkꜣw ḫrt-ꜥ.f m-bꜣḥ.k*, « Thot te récitera le rituel de l'ouverture de la bouche, (tandis qu')Horus, ton prêtre-se(te)m, te lira les formules magiques, son matériel d'écriture étant devant toi. »

165. Le mot est lu par D. Kurth. Le déterminatif est maladroitement écrit sur la paroi du lit, mais il ne peut s'agir que de , non de .

166. Sous cette formulation, *ḏꜣḏꜣt ntt m Ḏdw* est omis dans Leitz, *LGG* VII.

167. Le suffixe pluriel renvoie ici à *ḏꜣḏꜣt* considéré comme un collectif ; cf. M. Malaise et J. Winand, *Grammaire raisonnée de l'égyptien*

P. Bodl. MS. Egypt. a. 3 (P), X, 6–8 offre une leçon sensiblement divergente :

mꜣꜥ ḫrw=k r-gs ḏ[ꜣḏꜣ.t ...]	« Tu seras justifié à côté du tri[bunal ...]
[...]*.t ꜥꜣt m st Rꜥ*	[...] grand dans la place de Rê,
nꜣ wꜣḏ tḥ[168] *Ỉ[tm ...]*	les autels (?) d'A[toum ...]
[...] *sbḫꜣ šty*	[...] porte secrète,
ꜥḳ=k im.s ḏt	et tu y auras accès éternellement. »

Séquence omise dans les autres versions, qui donnent à cette place la phrase suivante :

Cercueil Lyon H 2320, 24 :

sšm.f n.k sbḫwt štꜣw (?)	« (Thot) il te montrera les portes secrètes
sš.k m Ḥbs-bꜣg	et tu passeras par Hebes-bag. »

P. BM EA 10209, II, 1 :

sšm.f n.k sbḫwt štꜣwt	« (Thot) il te montrera toi les portes secrètes
sš.k Ḥbs-bꜣg[169]	et tu traverseras Hebes-bag. »

Ligne 10

[ii/iw n.k Rꜥ di.f n.k ḥḏḏw.f] stwt[.f] bꜥḥ m ir[ty.k]

Une petite moitié de la ligne est perdue. En se référant aux parallèles et la suite immédiate du texte, on peut restaurer *irty.k* dans la lacune suivant le *m* et reconnaître le mot *bꜥḥ* dans les vestiges de l'oiseau devant le *m*. Précédant cet oiseau, trace d'un signe qui semble être le disque rayonnant, déterminatif du mot *stwt*.

P. BM EA 10209, II, 2 :

iw n.k Rꜥ	« Rê viendra à toi,
di.f n.k ḥḏḏw.f	il te donnera sa lumière,
bꜥḥ stwt.f m irty.k	et ses rayons inonderont tes yeux. »

P. Bodl. MS. Egypt. a. 3 (P), X, 8–9[170] :

[... *ḥ*]*tt=f bḥꜣ m irṱ=k*	« [...] sa [lu]mière inondera tes yeux. »

Cercueil Lyon H 2320, 25 :

iw n.k Rꜥ di.f n.k ḥḏḏw<.f>	« Rê viendra à toi, il te donnera <sa> lumière
stwt.f bꜥḥ m irty.k	et ses rayons inonderont tes yeux. »

classique (Liège, 1999), 57 § 64 ; Fr. R. Herbin, « Un texte de glorification », *SAK* 32 (2004), 190 et n. 92.

168. Smith, *Traversing Eternity*, 660, n. 73, suggère de voir dans *nꜣ wꜣḏ tḥ* une graphie non étymologique de *nꜣ wtḥ*, « les autels ».

169. Sur cette désignation, cf. Fr. R. Herbin, « Trois papyrus hiéroglyphiques d'époque romaine », *RdE* 59, 140 (**Lignes 8–9**).

170. Sur ce passage, cf. Smith, *Traversing Eternity*, 660, n. 75.

Cercueil Turin S. 5245, 26–8 :

ii n.k Rꜥ di.f n.k hdd.f[171]	« Rê viendra à toi, il te donnera sa lumière
stwt.f bꜥḥ m irty.f[(sic)]	et ses rayons inonderont tes yeux. »

Bandelette Louvre AF 11957 B :

[... *stwt.f*] *bꜥḥ m irty.k*	« [... ses rayons] inonderont tes yeux. »

Lit Berlin 12442, Kurth, *Materialien*, 168 :

ii n.k Rꜥ	« Rê viendra à toi,
di.f <*n.k*> *ḥḏḏw*(*t*).*f*	il <te> donnera sa lumière
fꜣy (?) *stwt.f bꜥḥ m irty.k*	et ses rayons inonderont tes yeux (?). »

Cf. Montet, *La nécropole royale de Tanis* II, 174 (discours du *Ba* vivant de Rê au défunt, dans la formule *ꜥnḫ Rꜥ mt štw wḏꜣ nty m ḏbꜣt*)[172] :

iw n.k Rꜥ	« Rê viendra à toi,
di.f ḥḏḏw	il (te) donnera la lumière,
stwt.f bꜥḥ n irty.k	et ses rayons inonderont tes yeux. »

G. Maspero et H. Gauthier, *Sarcophages des époques persane et ptolémaïque* II, CGC (Le Caire, 1939), 48 (noter l'inversion, par rapport aux versions parallèles, de la séquence *sṯꜣt wrt ꜥwy.s r šsp.k* qui précède ici *Rꜥ di.f n.k ḥḏḏ bꜥḥ stwt.f m irt.k*) :

pr.k hꜣ.k r wiꜣ n Rꜥ	« Tu iras et viendras dans la barque de Rê,
n šnꜥ.k in imꜣḫw	sans être repoussé par les bienheureux.
ḫn bꜣ.k r pt ḫr bꜣ n Rꜥ	Ton *ba* s'envolera au ciel auprès du *Ba* de Rê,
šm šwt.k ḥr-tp tꜣ	et ton ombre marchera sur la terre.
sṯꜣt wrt ꜥwy.s r šsp.k	La grande nécropole-*sṯꜣt*, ses bras te recevront,
ḫnm.s t(*w*)*k ḥnꜥ iḳrw*	elle t'unira aux Parfaits ;
Rꜥ di.f n.k ḥḏḏ	Rê, il te donnera la lumière
bꜥḥ stwt.f m irt.k	et ses rayons inonderont tes yeux. »

Pour la première partie de la séquence, cf. *Dendara* X, 67, 12, cité *supra*, **Ligne 8** : *ii n.f Rꜥ di.f ḥḏḏwt.f*, « Rê viendra à lui, il (lui) donnera ses rayons. »

ꜥwy Tnn grg r š(*s*)*p.k šṯꜣt*<*.k*> *ꜥwy.s r šsp.k*

171. Écrit 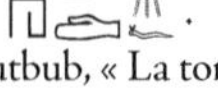 .

172. A. Gutbub, « La tortue animal cosmique bénéfique à l'époque ptolémaïque et romaine », dans J. Vercoutter (éd), *Hommages S. Sauneron* I, BdE 81 (Le Caire, 1979), 408 et 410.

Bandelette Louvre AF 11957 B :

ii n.k Tnn grg r šsp.k	« Tanen vient à toi prêt à te recevoir ;
štꜣt.k di.s ꜥwy.s r šsp.k	ta tombe, elle tend les bras pour te recevoir. »

Cercueil Lyon H 2320, 25–27 :

iw ꜥwy Tꜣnn grg r šsp[.f]	« Les bras de Tanen sont prêts à le recevoir ;
sꜣbw ḥr sṯꜣ .tw.f[173]	les chiens le tractent.
štꜣt di.s ꜥwy.s r šsp.f	La tombe, elle tend les bras pour le recevoir. »

Cercueil Turin S. 5245, 26–28 :

iw [ꜥwy Tnn] grg r šsp.k	« [Les bras de Tanen] sont prêts à te recevoir ;
[štꜣt] di.s ꜥwy.s r šsp.k	[la tombe], elle tend les bras pour te recevoir.
sꜣbw [ḥr sṯꜣ ...]	Les chiens [te tractent ...] »

P. BM EA 10209, II, 2–3 :

iw ꜥwy Tꜣ-Tnn grg r šsp.k	« Les bras de Ta-Tenen sont prêts à te recevoir. »

P. Bodl. MS. Egypt. a. 3 (P), X, 9–11 :

ꜥwy Tny grg r šp=k ir ꜥny	« Les bras de Tanen sont prêts à te recevoir, chaque jour. »

LdM ch. 15 B (éd. Naville, *Todtenbuch* II, 27)[174] :

it.k Tꜣnn sbḫ.f ꜥwy.fy ḥꜣ.k	« Ton père Tanen, il fermera ses bras sur toi,
nṯr.ti m tꜣ	de sorte que tu seras divin dans la terre. »

LdM ch. 180 (éd. Budge, 472) :

ꜥwy Tꜣ-Tnn šsp wi ṯs wi	« Les bras de Tatenen me recevront et me dresseront. »

E. Hornung, *Das Buch der Anbetung des Re im Westen (Sonnenlitanei). Nach den Versionen des Neuen Reiches*, AH 2 (Genève, 1975), 229 :

ꜥwy Tꜣ-Tnn šsp.sn sw ṯs.sn sw	« Les bras de Tatenen, ils le recevront et le dresseront. »

Cf. Maspero et Gauthier, *Sarcophages* II, 48 :

sṯꜣt wrt[175] *ꜥwy.s r šsp.k*	« La grande nécropole-*sṯꜣt*, ses bras vont te recevoir,

173. Cf. bandelette de momie Tübingen 1827 (inédite) : *ii sꜣbw ḥr sṯꜣ.k*, « les chiens viennent pour te tracter ».

174. Var. éd. Lepsius, ch. 15, 40–1 : *ṯs tw it.k Tꜣnn sbḫ* (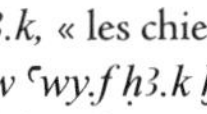) *tw ꜥwy.f ḥꜣ.k ḫpr.tw nṯr.tw m tꜣ*, « Ton père Tanen te dresse, ses bras t'enserrent autour de toi, t'étant manifesté divin dans la terre » ; éd. Budge (*The Chapters of Coming Forth by Day* [1898], 47) : *ṯs tw it.k [Tꜣ]tnn di.f ꜥwy.k ḥꜣ.k ḫpr.ti nṯr.ti m ḥꜥw tꜣ*, « Ton père [Ta]tenen, il place ses bras autour de toi, t'étant manifesté divin dans le corps de la terre. »

175. Écrit .

ẖnm.s t(w)k ḥnꜥ ỉḳrw	elle t'unira aux Parfaits. »

Sur l'image de la nécropole (ou de la déesse de l'Occident) tendant les bras pour recevoir le défunt, cf. Fr. R. Herbin, « La tablette hiéroglyphique MMA 55.144.1 », *ENiM* 5 (2012), 306 (, 3–4).

Šnty (?)[176] *m ỉꜣw ỉꜣw*[177] *ỉw ỉtn <sšp> (?) ntt m ỉmḥt*[178]

L'importante lacune touchant la première moitié de la ligne, ainsi que les divergences observables entre les versions, rendent incertaine la compréhension de cette séquence, elle-même suspecte de corruption. Comme se présente la phrase, il est difficile ici de préciser de quoi dépend ici *ntt m ỉmḥt* ; offrant entre elles de fortes divergences, aucune des versions parallèles ne permet une solution satisfaisante. Si, comme il est attendu, le signe ⨀ correspond au mot *ỉtn* des autres versions, le sens à accorder à la préposition *r* pose problème, à moins d'y voir une graphie de *ỉw*, ce qui suppose de restituer un verbe comme *sšp* après *ỉtn*[179]. Le mot *nis* qui clôt la ligne ne semble pas devoir être rattaché à ce qui précède.

P. BM EA 10209, II, 3 :

Ỉmntyw m ỉꜣw sp 2	« Les Occidentaux sont sans cesse en adoration,
ỉmn sẖrw Stš	les plans de Seth sont cachés,
sšp.tw m ỉtn.f	(toi) étant éclairé dans son disque
ddi.tw ḥr-gs Rꜥ m nhst	et placé à côté de Rê dans la salle du réveil.
wn.f ḥr.k sḥḏ.f st.k	Il ouvrira ta vue et illuminera ta place,
wnn.k mi Bꜣ-dmḏ	(de sorte que) tu seras comme Ba-demedj. »

Cercueil Lyon H 2320, 27–29 :

Ỉmnty[w] m ỉꜣw sp 2	« Les Occidentaux sont sans cesse en adoration,
ỉmn sẖrw <Stš>	les plans de <Seth> sont cachés,
sšp nb.s dd ḥr r-gs.s[180]	... (?) placé à côté d'elle (?)
nhs wn.f ḥr.k sḥḏ.f st.k	Nehes, il ouvrira ta vue et illuminera ta place,

176. Le mot *šnty* (« les deux Sœurs » ?, Leitz, *LGG* VII, 96) est problématique. En se référant aux versions parallèles, on attendrait ici <Ỉ>*mntyw* (pour *Ỉmntyw* écrit *mntyw*, cf. G. Daressy, « Inscriptions du tombeau de Psametik à Saqqarah », *RT* 17 [1895], 18 (l. 22) ; A. Szczudlowska, « Liturgical Text preserved on Sekowski Papyrus », *ZÄS* 98 [1970], 57 ; Y. Barbash, *The Mortuary Papyrus of Padikakem*, YES 8 [New Haven, 2011]), 152), mais la présence bien nette du signe au lieu de correctement écrit par deux fois à la l. 11), ainsi que la marque du duel, rendent improbable cette hypothèse. Noter dans P. Bodl. MS. Egypt. a. 3 (P), X, 10, la variante *nꜣ mꜣnw*, « les (dieux des) montagnes occidentales », cf. Smith, *Mortuary Texts*, 120 [Line 7, b]).

177. *ỉꜣw ỉꜣw*, équivalent de *ỉꜣw sp 2* des autres versions.

178. Écrit . Sur ce terme, assez complexe et susceptible de plusieurs interprétations, voir D. Meeks, *Mythes et légendes du Delta d'après le papyrus Brooklyn 47.218.84*, MIFAO 125 (Le Caire, 2006), 74–75, n. 157. En dehors de son sens général de « caverne », « caveau », l'Imehet offre dans les textes religieux des caractéristiques la rapprochant de la Douat dont elle semble être une désignation, totale ou partielle, ce qui est le cas ici. Dans une variante du cliché *bꜣ m pt ẖꜣt m Dwꜣt* (cf. *supra*, **Ligne** 7), l'Imehet est substituée à la Douat (*Urk*. IV, 484, 14). Comme la Douat, elle dispose de chemins (*wꜣwt*), de portes (*sbꜣw*) que l'on souhaite voir ouvrir (*wn, wbꜣ, sn*) ; on s'y déplace (*ꜥḳ prt ḥr sbꜣw ỉmḥt*, A. Hermann, *Die Stelen der Thebanischen Felsgräber der 18. Dynastie*, ÄF 11 (Glückstadt, 1940), 44* ; *ꜥḳ prt m-ẖnw ỉmḥt* TT 72, Assmann, *Altägyptische Totenliturgien* 2 : 201) ; il existe des « maîtres de l'Imehet » comme il existe des « maîtres de la Douat » (*nbw ỉmḥt*, Leitz, *LGG* III, 805 ; Davies, *The Tomb of Nefer-hotep*, pl. XXXIV, 19).

179. L'hypothèse d'une graphie ⨀ du verbe *ỉtn*, « illuminer » (D. Meeks, *Alex.* 77.0502) ne semble pas à retenir.

180. Passage probablement corrompu. Le signe suivant sšp et précédant le déterminatif ressemble plus à un △ qu'à un □ . Difficile de dire à quoi renvoie le pronom *.s* dans *nb.s* et *r-gs.s*. Le sujet présumé de *wn.f* et de *sḥḏ*, Rê dans la leçon du P. BM EA 10309, ne

wnn.k mi b3 dmḏ	(de sorte que) tu seras comme Ba-demedj. »

Cercueil Turin S. 5245, 29–30 :

Ỉmntyw <*m*> *i3w* [...][181]	« Les Occidentaux sont <en> adoration [...] »

Bandelette Louvre AF 11957 B :

Ỉmntyw m i3w sp 2	« Les Occidentaux sont sans cesse en adoration,
imn sḫrw [*Stš*]	les plans [de Seth] sont cachés,
[*sšp*[182]]<*tw*> (?) *itn nty m imḥt*	le disque qui est dans l'Imehet [t'éclairera] (?),
smn n.k iryw nw Dw3t[183] *n sb3w.sn* (?)	les gardiens de la Douat ... (?) pour toi leur portes
... (?) [...]	... (?) [...] »

P. Bodl. MS. Egypt. a. 3 (P), X, 9–11 :

Sph[184] *sṯ=k*	« Seth (?), retire-toi ! (?)
n3 m3nw m i3w	les montagnes de l'Occident sont en adoration,
n3 nt m 3mḥ3.t nhs=w r m33=k	ceux qui sont dans l'Imehet se lèveront pour te voir.
wn n=k sb3 m 3mḥ3.t	La porte dans l'Imehet sera ouverte pour toi ;
smne=k(sic) *n=k wn.w ꜥwy=sn*	les portiers fortifieront pour toi leurs bras. »

Lignes 10–12

nis [... ...] *mn ḥr ....k* (?)[185] *h*(*3*)*y Wsir P3-Ỉmn m3ꜥ ḫrw.k* <*m*> *t3 ḏsr ḏ3*[*ḏ3t*][186] ... [...]

Très mutilées, les dernières lignes de l'inscription de la stèle JE 72300 ne correspondent à rien de connu. Il est possible que l'interjection *h*(*3*)*y*, qui précède comme à la l. 1 le nom du titulaire de la stèle, introduise un nouveau texte. Le mot *nis*, qui clôt la l. 10, est présent dans une seule des versions recensées, mais dans un contexte apparemment différent :

Bandelette Louvre AF 11957 B :

nis.tw rn.k rꜥ nb	« On invoquera ton nom chaque jour,
wnn b3.k ꜥnḫ r nḥḥ	(de sorte que) ton *ba* sera vivant pour l'éternité
mi S3ḥ m ẖt nt Nwt	comme Orion dans le ventre de Nout.

peut guère être ici que *Nhs*, considéré non plus comme un substantif féminin (*nhst*, P. BM EA 10209), mais comme un théonyme masculin (Leitz, *LGG* IV, 267–68), dont le déterminatif est malheureusement mutilé par une lacune.

181. Après un court passage illisible sur les photos disponibles, la suite du texte expose la filiation du défunt, puis de nouvelles formules religieuses.

182. Du verbe *sšp* (ou *šsp* ?) il ne reste plus que quelques traces non identifiables et le déterminatif au lieu de ☉ attendu.

183. Leitz, *LGG* I, 421.

184. Smith, *Traversing Eternity*, 451, n. 94, et 660, n. 77, y voit une désignation de Seth. Dans ce contexte d'adoration, l'insertion d'une apostrophe à ce dieu semble problématique.

185. La partie supérieure du , non relevée sur le fac-similé, semble visible sur la photographie. La traduction du signe (?) figuré au-dessus fait problème.

186. On lit clairement . On peut se demander si le *m* manquant devant *t3 ḏsr* n'a pas été placé par erreur sous le groupe .

ir [Ꞽst] ḫpr.s m nmit	[Isis] accomplira sa transformation en lit,
šsp.k(sic) *<tw> m mnbit*[187]	elle <te> recevra en tant que trône ;
sꜣ.s Ḥr ꜥwy.f ḫr m(ꜣ)ḥt	son fils Horus, ses mains portant une couronne-*m(ꜣ)ḥt*,
mḏḥ ... (?) m m(ꜣ)ḥt n mꜣꜥ-ḫrw	[il] couronnera ... (?) au moyen de la couronne de justification. »

Les autres documents donnent une leçon très différente :

P. BM EA 10209, II, 4–7 :

prt-ḫrw ḥtp(w)[188] *n kꜣ.k r-gs Wsir Wn-nfr*	« Une offrande d'invocation et des offrandes-*ḥtp(w)* seront pour ton *ka*, à côté d'Osiris Ounnefer ;
mꜣꜥ ḫrw.k m ḏꜣḏꜣt ikrt	tu seras justifié dans le collège de la nécropole-*igrt*,
ꜥnḫ bꜣ.k r nḥḥ sp 2	et ton *ba* vivra sans cesse pour l'éternité.
smn st.k rwḏ rn.k mi pꜣ sr wr m Ḏdw	Ton siège sera affermi, ton nom fortifié comme (celui du) grand prince à Busiris.
ṯs tw wḥm.k ꜣwt-ib	Dresse-toi, renouvelle la joie,
sꜣ.k Ḥr ḥr nst.k	(car) ton fils Horus est sur ton trône,
wnn bꜣ.k ꜥnḫ r nḥḥ	et ton *ba* sera vivant pour l'éternité
mi Sꜣḥ m ḫt Nwt	comme Orion dans le ventre de Nout.
ir Ꞽst ḫpr.s m nnmt	Isis accomplira sa transformation en lit,
šsp.s tw m mnbit	elle te recevra en tant que trône ;
sꜣ.k Ḥr ꜥwy.f ḫr mḥnt	ton fils Horus, ses bras portant la couronne-*mḥnt*,
mḏḥ.f tw m mꜣꜥ-ḫrw	il te couronnera comme justifié. »

Cercueil Lyon H 2320, 29–32 :

prt-ḫrw ḥtpw n kꜣ.k r-gs Wn-nfr	« Une offrande d'invocation et des offrandes-*ḥtpw* seront pour ton *ka*, à côté d'Ounnefer ;
mꜣꜥ ḫrw.k m ḏꜣḏꜣt igrt	tu seras justifié dans le collège de la nécropole-*igrt*,
ꜥnḫ bꜣ.k r nḥḥ sp 2	et ton *ba* vivra sans cesse pour l'éternité.
smn st.k rwḏ rn.k mi pꜣ sr m Ḏdw	Ton siège sera affermi, ton nom fortifié comme (celui du) prince à Busiris.
ṯs tw wḥm.k ꜣwt-ib	Dresse-toi, renouvelle la joie,
sꜣ.s(sic) *Ḥr ḥr nst.k*	(car) ton fils Horus est sur ton trône,
wnn bꜣ.k ꜥnḫ r nḥḥ	et ton *ba* sera vivant pour l'éternité
mi Sꜣḥ m ḫt Nwt	comme Orion dans le ventre de Nout.
ir Ꞽst ḫpr.s m nmit (?)[189]	Isis accomplira sa transformation en lit,
šsp.s tw m mnbit{.s}[190]	elle te recevra en tant que trône ;

187. Leitz, *LGG* III, 280.

188. Sur la graphie , cf. *supra*, n. 57.

189. Écrit , sans doute une graphie du substantif *nn(y)w* désignant le lit, cf. D. Meeks, *Alex* 77.2122 ; J. Osing, *Die Nominalbildung des Ägyptischen* I (Wiesbaden, 1976), 171 et II, 682, n. 766. À comparer aux graphies (P. BM EA 10209), variante de *mnmt*, *Wb.* II, 80, 13),  (bandelette Louvre AF 11957 B). Pour le démotique *nnmꜣ.t* (P. Bodl. MS. Egypt. a. 3 (P)), cf. M. Smith, « Lexicographical Notes on demotic Texts II », *Enchoria* 13 (1985), 104–7.

190. Le suffixe est probablement fautif et impliquerait de voir dans le *m* non plus une préposition d'identité (« comme », « en tant que », mais une simple préposition de lieu ; on attendrait d'autre part le même suffixe *.s* après le mot *nmit* en raison du parallélisme entre les deux

sꜣ.s Ḥr ꜥwy.fy ẖr mḥnt	son fils Horus, ses bras portant la couronne-*mḥnt*,
mḥ.f(sic)[191] *tw m mꜣꜥ-ḫrw*	il te couronnera comme justifié. »

P. Bodl. MS. Egypt. a. 3 (P), X, 12–18 :

ꜥtẖy.ṯ wtḥ m by=k[192] *m rn=k n mꜣꜥ.t*	« Une coupe sera brassée dans ta place en ton vrai nom (?) ;
ỉr ꜣst ẖrb=s m nnmꜣ.t	Isis fera sa transformation en lit,
šp̭=s ṯ=k ỉh mnby.t	elle te recevra sur un trône ;
sꜣ=s Ḥr ꜥwy=f ẖr mḥ	son fils Horus, ses bras portant la couronne-*mḥ*,
mtḥ=f ṯ=k n-m mꜣꜥ-ḫrw	il te couronnera comme justifié.
sẖnṱ=k r s.wt sṱr nt ntr.w ꜥnḫ	Tu avanceras vers les places de repos des dieux vivants.
Nn m gs=k rs Nw.t m gs mḥṯ	Noun est à ton côté sud, Nout à (ton) côté nord,
Šw m gs=k ỉmnt Tfny m gs ꜣb	Chou à ton côté ouest, Tefnout à (ton) côté est.
šp by=k ꜣw ḥtp.w m gs=k	Ton *ba* recevra des offrandes-*ꜣw* et *ḥtpw* à ton côté,
spy.w qbḥ n=k m Tꜣ-nb-ꜥnḫ	les nomes te feront libation dans la terre du maître de vie
wnn by=k ꜥnḫ r nḥḥ	et ton *ba* vivra pour l'éternité
mw Sḥ m ẖe.(t) Nwn(sic)	comme Orion dans le ventre de Nout.
šm=k r s.t=k m Tp-P	Tu marcheras vers ta place à Dep et Pé
hrw pf pr by.w r s.t=sn	en ce jour où les *ba* sortent vers leur place.
pr=k ỉh tꜣ	Tu sortiras sur la terre,
nn w... nt-ꜥ=k [193]	et ton cérémonial (tes habitudes ?) ne ... (?)
gm=k ỉṱ<=k> mwt=k sꜣ=k [194]	Tu trouveras <ton> père, ta mère, ton fils ;
qbḥ=w n=k mw pr m krty	ils te feront une libation d'eau issue des deux cavernes,
ỉrt pr m Ḥsy.t	et de lait issu d'Hésat. »

Cf. Montet, *La nécropole royale de Tanis* II, 174 :

prt-ḫrw ḥtpw n kꜣ.k r-gs Wn-nfr	« Une offrande d'invocation et des offrandes-*ḥtpw* seront pour ton *ka*, à côté d'Ounnefer ;
mꜣꜥ ḫrw.k m ỉmyw ỉgrt	tu seras justifié parmi ceux qui sont dans la nécropole-*igrt*,
ꜥnḫ bꜣ.k r nḥḥ	et ton *ba* vivra pour l'éternité. »

séquences, ce qui n'est pas le cas. On notera cependant que ce parallélisme n'est pas observé dans le P. Bodl. MS. Egypt. a. 3 (P), où le mot *mnby.t*, dépourvu de suffixe, est précédé de la préposition *ih* « sur ».

191. Confusion du scribe sur les signes  et 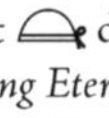 dont les formes sont proches en hiératique (cf. Möller, *HP* II, n° 459 et 426).

192. Sur cette traduction, voir Smith, *Traversing Eternity*, 660, n. 79.

193. Traduction incertaine, cf. Smith, *Traversing Eternity*, 661, n. 83.

194. Cf. *supra*, n. 109.

Astronomische und astrologische Kleinigkeiten VII:*
Die Inschrift zu Tages- und Nachtlängen aus Tanis

FRIEDHELM HOFFMANN (MÜNCHEN)

Im akademischen Jahr 1989/90 durfte ich bei Mark Smith in Oxford studieren. In dieser Zeit habe ich enorm viel bei ihm gelernt. Vor allem hat er stets dazu angehalten, einen Text erst einmal so zu verstehen, wie er dasteht, aber genau hinzuschauen, damit man kein sinnentscheidendes Detail übersieht. Ich bin Mark Smith sehr dankbar für dieses lehrreiche Jahr und freue mich, mit diesem kleinen Beitrag meine Dankesschuld ein wenig abtragen zu können. Mark Smith hat sich im Zusammenhang mit der demotischen Literatur auch schon mit astronomischen Fragen beschäftigt.[1] Daher hoffe ich, daß meine Ausführungen zu einem Text, der die jahreszeitlich unterschiedliche Länge von Tag und Nacht thematisiert, das Interesse des Jubilars wecken können. Mögen ihm noch viele Entdeckungen und wertvolle Erkenntnisse vergönnt sein – egal, ob an kurzen Wintertagen oder langen Sommertagen!

Seit Clères Edition von 1949[2] ist in der Ägyptologie ein in Tanis im Delta sekundär verbaut gefundenes hieroglyphisches Inschriftenbruchstück bekannt (s. Abb. 1).

In dem Text wird für ein ganzes Jahr jeweils für den 1. und 15. eines Monats die Länge des Tages und der Nacht angegeben. Der Text kann daher einiges astronomische Interesse für sich beanspruchen und hat auch seinen Weg in die einschlägigen Sammlungen gefunden.[3] Die Bedeutung der Inschrift ist noch dadurch gesteigert, daß die Tages- und Nachtlängen nicht bloß auf volle Stunden gerundet angegeben sind, wie das etwa noch in der Monatsliste des Kairener Tagewählkalenders aus dem Neuen Reich der Fall ist.[4] Vielmehr sind die Angaben bis auf Sechstelstunden genau angegeben. Zur Bezeichnung der Bruchzahlen werden übrigens in der Regel keine hieroglyphischen, sondern demotische Bruchzahlzeichen verwendet. Nach dem bisherigen Verständnis des fragmentierten Textes durch Clère, dem sich u. a. Neugebauer und Parker[5] sowie Naether und Ross[6] anschließen, ergeben

Ich danke A. Jones und L. Brack-Bernsen für ihre Bereitschaft, astronomische Probleme des Tanistextes mit mir zu diskutieren, und G. Vittmann für hilfreiche Hinweise zum Auffinden von Vergleichsmaterial.

* „Astronomische und astrologische Kleinigkeiten I", *Enchoria* 22 (1995), 22–26; II: *Enchoria* 24 (1997/98), 34–37; III: *Enchoria* 25 (1999), 24–26; IV: *Enchoria* 29 (2004), 44–52; V: *Enchoria* 30 (2006/07), 10–20; VI: H. Knuf, C. Leitz und D. von Recklinghausen (Hgg.), *Honi soit qui mal y pense. Studien zum pharaonischen, griechisch-römischen und spätantiken Ägypten zu Ehren von Heinz-Josef Thissen*, OLA 194 (Leuven, Paris und Walpole, MA, 2010), 233–36.

1. M. Smith, „Did Psammetichus I die abroad?", *OLP* 22 (1990), 101–9.
2. J. J. Clère, „Un texte astronomique de Tanis", *Kêmi* 10 (1949), 3–27.
3. O. Neugebauer und R. A. Parker, *Egyptian Astronomical Texts*. Bd. 3: *Decans, Planets, Constellations and Zodiacs*, BES 6 (Providence, 1969), 44–47; M. Clagett, *Ancient Egyptian Science. A Source Book*, Bd. 2, *Calendars, Clocks, and Astronomy*, Memoirs of the American Philosophical Society Held at Philadelphia for Promoting Useful Knowledge 214 (Philadelphia, 1995), 101–6, 156, 293 und Fig. III.59–61. – Vgl. auch J. F. Quack, „Zwischen Sonne und Mond; Zeitrechnung im Alten Ägypten", in H. Falk (Hg.), *Vom Herrscher zur Dynastie: Zum Wesen kontinuierlicher Zeitrechnung in Antike und Gegenwart*, Vergleichende Studien zu Antike und Orient 1 (Bremen, 2002), 27–67, hier 28.
4. Vgl. Fn. 58.
5. Neugebauer und Parker, *Egyptian Astronomical Texts*, 3:45 ff.
6. F. Naether und M. Ross, „Interlude: A Series Containing a hemerology with Lengths of Daylight", *EVO* 31 (2008), 59–90, dort 76–77.

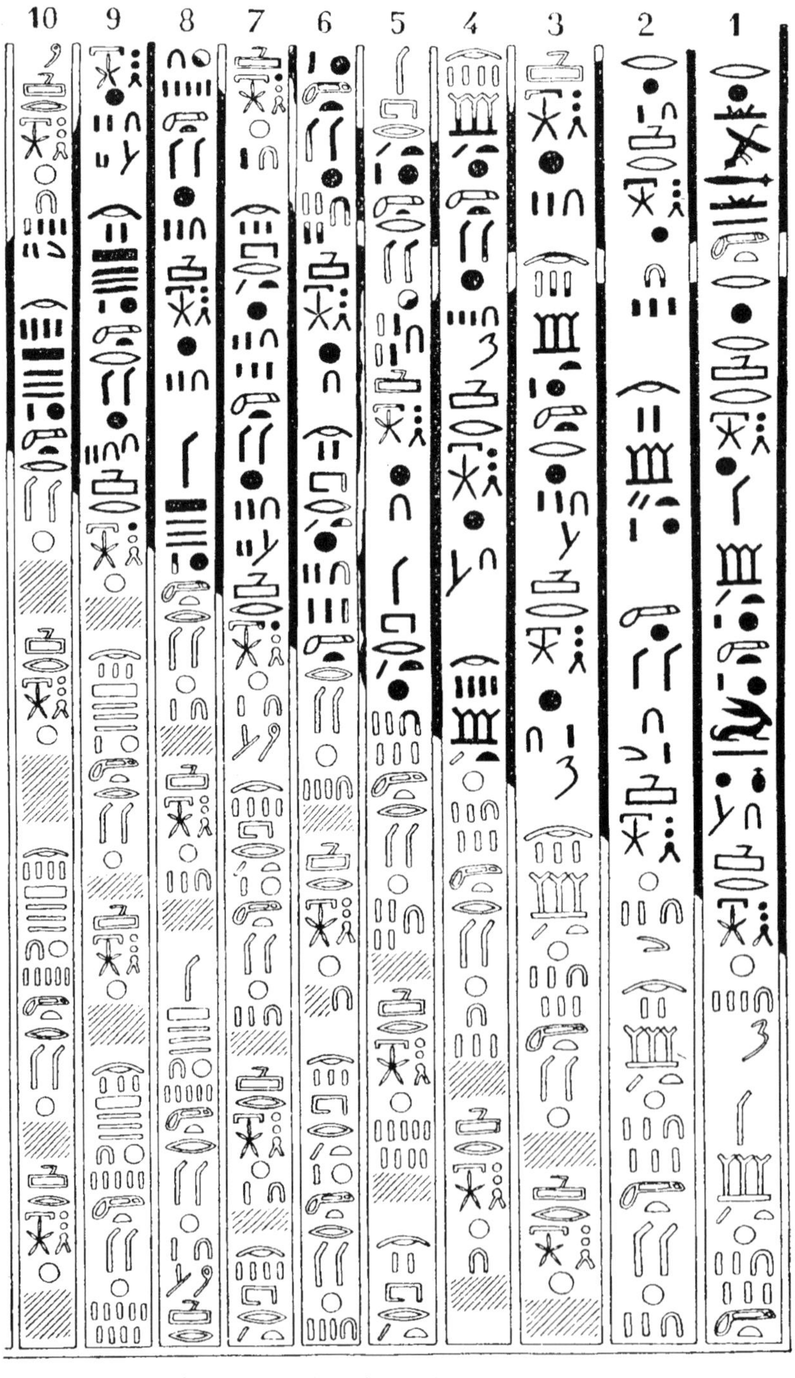

Abb. 1. Die Inschrift aus Tanis in der Rekonstruktion von Clère

sich folgende Zahlen (in runden Klammern stehen die Spaltenzahlen der originalen Inschrift; auf die Angabe der Spatien, mit denen die einzelnen Einträge voneinander getrennt sind, wird hier verzichtet):

(1) Die Länge von Tag und[7] Nacht kennen:

1. Monat der *ꜣḫ.t*-Jahreszeit Tag 1[8]:	Tag: 10 1/4 Stunden	Nacht: [13 3/4
1. Monat der *ꜣḫ.t*-Jahreszeit Tag 15:	Ta]-(2)g: 11	Nacht: ⸢1⸣3
2. Monat der *ꜣḫ.t*-Jahreszeit Tag 1:	Tag: 11 1/2	Nacht: [12 1/2
2. Monat der *ꜣḫ.t*-Jahreszeit Tag 15:	Tag: 12	(3) Nac]ht: 12
⸢3. Monat⸣ der *ꜣḫ.t*-Jahreszeit Tag 1:	Tag: 12 1/4	Nacht: 11[9] 3/4
[3. Monat der *ꜣḫ.t*-Jahreszeit Tag 15:	Tag: ...	Nacht: ...
(4) 4. Monat der] ⸢*ꜣḫ*⸣*.t*-Jahreszeit Tag <1>:	Tag: 13 3/4	Nacht: 10 1/4
4. Monat der *ꜣḫ.t*-[Jahreszeit Tag 15:	Tag: 13 ...	Nacht: 10 ...[10]
(5) 1. Monat der *pr*]*.t*-Jahreszeit Tag 1:	Tag: 1⸢4⸣	Nacht: 10
1. Monat der *pr.t*-Jahreszeit Tag ⸢1⸣[5:	Tag: 14 ...	Nacht: 9 ...
2. Monat der *pr.t*-Jahreszeit] (6) Tag 1:	⸢Tag: 14⸣	Nacht: 10
2. Monat der ⸢*pr.t*-Jahreszeit⸣ Tag ⸢15⸣:	Ta[g: 13 ...	Nacht: 10 ...
3. Monat der *pr.t*-Jahreszeit Tag 1:	Tag: 13	(7) Na]ch[t: 1]1
3. Monat der *pr.t*-Jahreszeit Tag 15:	Tag: 12 1/4 1/6	Nach[t: 11 1/3 1/4
4. Monat der *pr.t*-Jahreszeit Tag 1:	Tag: 12 ...	Nacht: 11 ...
4. Monat der *pr.t*-Jahreszeit (8) ⸢Tag⸣ 15:	Tag: 12	Nacht: 12
1. Monat der *šmw*-Jahreszeit Tag ⸢1⸣:	[Tag: 11 ...	Nacht: 12 ...
1. Monat der *šmw*-Jahreszeit Tag 15:	Tag: 11 1/3 1/4	Na]-(9)cht: 12 1/4 1/6
2. Monat der *šmw*-Jahreszeit Tag 1:	Tag: 22(!)	Nach[t: ...]
<2. Monat der *šmw*-Jahreszeit Tag 15:	Tag: ...	Nacht: ...>
[3. Monat der *šmw*-Jahreszeit Tag 1:	Tag: ...	Nacht: ...
3. Monat der *šmw*-Jahreszeit Tag 15:	Tag: 9 (10) 1/3	Nacht: 1]⸢4⸣ 1/2 1/6
4. Monat der *šmw*-Jahreszeit Tag 1:	Ta[g: ...	Nacht: ...
4. Monat der *šmw*-Jahreszeit Tag 15:	Tag: ...	Nacht: ...]

Stellt man diese Werte graphisch dar, hat man im Jahresverlauf die folgenden Zeiten für die Tageslängen[11] (Abb. 2):

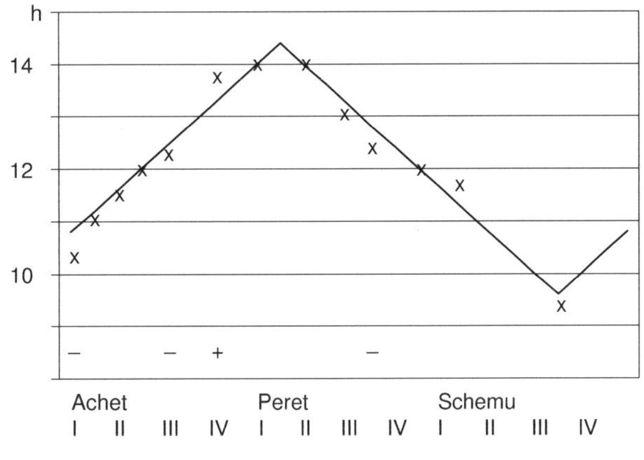

Abb. 2. Die Tageslängen in der Tanis-Inschrift nach Clères Rekonstruktion (zum Vergleich eine lineare Zickzackfunktion; einige Abweichungen nach oben oder unten sind durch + bzw. - markiert)

---

7. Wörtlich: „gegen", „im Verhältnis zu".
8. Für sämtliche Tageszahlen werden die normalen (also stehenden) Zahlzeichen verwendet.
9. Die 1 steht vor der 10.
10. Clère, „Un texte astronomique de Tanis" hat diese Werte in seiner Zeichnung auf S. 8 rekonstruiert, sie aber nicht in seine Übersetzung auf S. 9 eingesetzt. Entsprechendes gilt für I *pr.t* 15, II *pr.t* 15, IV *pr.t* 1 und I *šmw* 1.
11. Nach Neugebauer und Parker, *Egyptian Astronomical Texts*, 3:46.

Auf der waagerechten Achse der Abb. 2 sind die drei ägyptischen Jahreszeiten *ꜣḫ.t* (Achet), *pr.t* (Peret) und *šmw* (Schemu) mit ihren je vier Monaten und auf der senkrechten Achse die jeweilige Tageslänge in Stunden angegeben. Im Text erhaltene Tageslängen und aus einer erhaltenen Nachtlänge berechnete Tageslängen mit einem Kreuz markiert.[12] Die Zickzacklinie gibt an, welche Werte Neugebauer und Parker eigentlich *erwarten* würden; denn im Altertum – auch außerhalb Ägyptens – wurde angenommen, Tag- und Nachtlängen ließen sich als lineare Zickzackfunktion beschreiben.[13]

Die Angaben des Tanistextes sind aber offensichtlich recht chaotisch, erfüllen in unerklärlicher Weise die Erwartungen nicht, da sie, wie Neugebauer und Parker zu Recht feststellen, keinem erkennbaren Schema folgen[14] und daher offenbar fehlerhaft sind[15]. Mit der astronomischen Realität stimmen die Werte sowieso nicht überein.[16] Ausgehend von den zuverlässig im Text überlieferten Werten für II *ꜣḫ.t* 15, I *pr.t* 1, II *pr.t* 1 und IV *pr.t* 15 ergibt sich immerhin:

- Sommersonnenwende mit dem längsten Tag ist I *pr.t* 15,
- Wintersonnenwende genau ein halbes Jahr später an III *šmw* 15,
- Frühlingstagundnachtgleiche ist II *ꜣḫ.t* 15,
- Herbsttagundnachtgleiche IV *pr.t* 15.

Ansonsten kann man aber nur ganz grob erkennen, daß die Tage im Sommer länger und im Winter kürzer sind. Es ist daher nicht verwunderlich, daß dieser Text enttäuschte und, von einzelnen Erwähnungen[17] abgesehen, keine besondere Beachtung gefunden hat.

Ich will heute das unternehmen, was jedem Demotisten als Ehrenrettung eines antiken Schreibers geläufig ist:[18] Ich werde zeigen, daß nicht der Text selbst so schlecht ist, sondern die bisherigen Lesungen. Denn Clères Verständnis der demotischen Bruchzahlen ist in entscheidenden Punkten falsch. Bei einer meiner Meinung nach korrekten Lesung und einer Anwendung geeigneter Methoden wird dann trotz einiger nicht zu leugnender Korruptelen sichtbar werden, daß zwar die tatsächlichen astronomischen Verhältnisse vereinfacht sind, es aber sehr wohl ein klares zugrundeliegendes Schema gibt.

Dreh- und Angelpunkt sind die beiden Zeichen ʒ und y. Clère verstand das zweite als demotisches Zeichen für 1/4. Das andere mußte dann 3/4 meinen. Denn die Tages- und Nachtlängen jeweils desselben Tages addieren sich zu exakt 24 Stunden[19], und für III *ꜣḫ.t* 1 ist 12 + y + 11 + ʒ = 24 erhalten, für IV *ꜣḫ.t* 1 dagegen 13 + ʒ + 10 + y = 24. Es gilt also ʒ + y = 1.

12. Tages- und Nachtlänge eines Tages ergeben zusammen stets exakt 24 Stunden (vgl. unten mit Fn. 19 und Fn. 28). Daher kann man, wenn nur ein Wert erhalten ist, den anderen noch rekonstruieren.

13. Neugebauer und Parker, *Egyptian Astronomical Texts*, 3:46. Im Unterschied zu Abb. 2 gehen Neugebauer und Parker allerdings davon aus, daß die Funktion bei 14 und 10 Stunden plateauartig abgeflacht ist, also nicht über 14 Stunden ansteigt und nicht unter 10 Stunden absinkt.

14. Neugebauer und Parker, *Egyptian Astronomical Texts*, 3:46: „follow no recognizable pattern".

15. Ibid., 3:47: „poorly computed and badly copied"; Naether und Ross, „Interlude", 77: „prone to the repetition of copyists' errors and reconstructions". Clère, „Un texte astronomique de Tanis", 11 geht davon aus, daß die chaotisch anmutenden Werte auf antiken Beobachtungs- und Meßfehlern beruhen. Aber man würde doch in Ägypten keine punktuellen Beobachtungen in Stein verewigen! Überhaupt sind aus der gesamten ägyptischen Kultur keinerlei Aufzeichnungen von astronomischen Beobachtungen erhalten (O. Neugebauer, *A History of Ancient Mathematical Astronomy*, 3 Teile [New York, Heidelberg und Berlin, 1975], 560).

16. Vgl. Abb. 7. – Wenn Leitz, *Studien zur ägyptischen Astronomie*, ÄA 49 (Wiesbaden, ^{2}1991), 23 Fn. 4 von einer „korrekten Stundeneinteilung" spricht, so ist diese Aussage dadurch relativiert, daß sie im Vergleich zum Kairener Text gemeint ist.

17. Z. B. M. Chauveau, „Un compte en Démotique Archaïque : Le Pap. Claude 1", *Enchoria* 14 (1986), 21–29, hier 26 Fn. 27; Leitz, *Astronomie*; Naether und Ross, „Interlude", 76 f.; J. Osing, *Hieratische Papyri aus Tebtunis* I, 2 Bde, The Carlsberg Papyri 2 = CNI Publications 17 (Kopenhagen, 1998), 262; Schott, *Festdaten*, 921–22 (41–42).

18. K.-Th. Zauzich, „Ehrenrettung für einen demotischen Buchhalter", *Or* 56 (1987), 74–75; S. Vinson, „In Defense of an Ancient Reputation", *GM* 146 (1995), 93–102.

19. Vgl. Fn. 28.

Problematisch an Clères Auffassung ist aber erstens, daß ein demotisches Zeichen für 3/4[20] sonst nie zu belegen ist.[21]

Zweitens führt Clères Lesung zu einem systematischen Fehler: Alle Zahlenwerte mit dem als 1/4 verstandenen Zeichen sind auffallend niedrig – von mir in der Grafik der Abb. 2 mit einem Minuszeichen markiert, Umgekehrt reißt die eine erhaltene Tageslängenangabe, in der das andere Zeichen vorkommt, nach oben aus, wenn hierfür 3/4 als Lesung angesetzt wird – mit einem Pluszeichen gekennzeichnet. Es liegt somit auf der Hand, daß das Zeichen einen Bruch repräsentieren muß, der in Wirklichkeit größer als 1/4, das andere, , einen, der kleiner als 3/4 ist.

Vom Standpunkt der demotischen Paläographie kommen nur die Lesungen 1/3 für und 2/3 für in Frage, wie bereits ein flüchtiger Blick in Erichsens *Demotisches Glossar* zeigt.[22] Es geht aber genauer. Zur Verdeutlichung stelle ich hier den Zeichenformen aus dem Tanistext chronologisch geordnete Belege aus kursivhieratischen und demotischen Texten gegenüber (Abb. 3):[23]

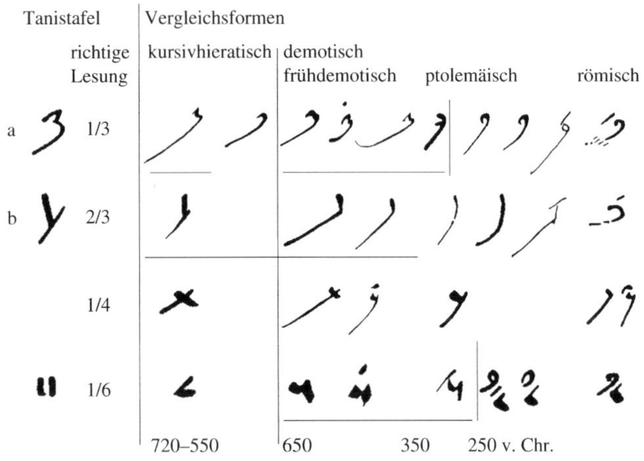

Abb. 3. Paläographische Entwicklung der Zeichen für 1/3, 2/3, 1/4 und 1/6

20. Ein Zeichen für 3/4 gibt es vereinzelt hieroglyphisch; z. B. Palermostein 6.4 (T. A. H. Wilkinson, *Royal Annals of Ancient Egypt. The Palermo Stone and its associated fragments* [London und New York, 2000], 144 und Fig. 1 [PS r.VI.4]) und zuletzt, sowie ich sehen kann, im 15. Jh. v. Chr. (A. Varille, *Karnak I*, FIFAO 19 [Kairo, 1943], Taf. 27 und 28). Allgemein vgl. K. Sethe, *Von Zahlen und Zahlworten bei den alten Ägyptern und was für andere Völker und Sprachen daraus zu lernen ist. Ein Beitrag zur Geschichte von Rechenkunst und Sprache*, Schriften der Wissenschaftlichen Gesellschaft in Straßburg 25 (Straßburg, 1916), 98.

21. Im kursivhieratischen Papyrus Louvre E. 7851 (Clère, „Un texte astronomique de Tanis", 14) ist vielmehr zu lesen (K. Donker van Heel, „Papyrus Louvre E 7851 Recto and Verso. Two More Land Leases from the Reign of Taharka", *RdE* 50 [1999], 138 und 143). Die beiden Belege dürften aus Zeile 9 (am Ende) des Rectos und Zeile 5 (etwas vor der Mitte der Zeile) des Versos stammen.

22. W. Erichsen, *Demotisches Glossar* (Kopenhagen, 1954), 704–5.

23. Die Belege sind genommen aus (von links nach rechts):

1/3: kursivhieratisch: K. Donker van Heel, *Abnormal Hieratic and Early Demotic Texts Collected by the Theban Choachytes in the Reign of Amasis* (Leiden, 1995), Text 7 Z. 8; Text 23 Z. 4; frühdemotisch: Donker van Heel, *Abnormal Hieratic and Early Demotic Texts*, Text 5 Z. 9; Text 11 Z. II 4; Text 20 Z. 8; ptolemäisch demotisch: Erichsen, *Glossar*, 704; Siut B 7.10 (vgl. F. Hoffmann, *Der Kampf um den Panzer des Inaros. Studien zum P. Krall und seiner Stellung innerhalb des Inaros-Petubastis-Zyklus*, MPER NS 26 [Wien, 1996], 339); R. A. Parker, *Demotic Mathematical Papyri*, BEStud 7 (London, 1972), 86; P. Insinger 12.10 (vgl. Hoffmann, *Der Kampf*); römisch demotisch: P. Krall 18.26 (vgl. Hoffmann, *Der Kampf*).

2/3: kursivhieratisch: Donker van Heel, *Abnormal Hieratic and Early Demotic Texts*, Text 23 Z. 3; frühdemotisch: Donker van Heel, *Abnormal Hieratic and Early Demotic Texts*, Text 11 Z. III 9; Text 11 Z. II 9; ptolemäisch demotisch: Siut B 7.10 (vgl. Hoffmann, *Der Kampf*); Parker, *Demotic Mathematical Papyri*; P. Insinger 12.10 (vgl. Hoffmann, *Der Kampf*); römisch demotisch: P. Krall 18.27 (vgl. Hoffmann, *Der Kampf*).

1/4: kursivhieratisch: Donker van Heel, *Abnormal Hieratic and Early Demotic Texts*, Text 24 Z. 11; frühdemotisch: Donker van Heel, *Abnormal Hieratic and Early Demotic Texts*, Text 6 Z. 6; Text 11 Z. II 3; ptolemäisch demotisch: Erichsen, *Glossar*, 705; römisch demotisch: Erichsen, ibid.

Von der prinzipiellen Strichführung her übereinstimmende Zeichenformen sind in Abb. 3 unterstrichen. Das Zeichen für 1/4, das meiner Meinung nach in der Tanisinschrift nicht vorkommt, hat sich aus einem Kreuz in einer Weise entwickelt, die es während der Ptolemäerzeit tatsächlich dem Zweidrittelzeichen in der Tanisinschrift annähert. Da die Lesung des Zeichens  als 1/3 aber ohne Alternative ist, ist die des Zeichens  als 2/3 gesichert. Gegen meine Lesung spricht auch nicht  für 1/3 in der Tanisinschrift. Denn dieses Zeichen begegnet *nur* in Ergänzungen Clères und ist mithin in unserem Text nicht existent, obwohl das demotische Zeichen für 1/3 durchaus eine solche Form annehmen kann. Entscheidend ist aber die Feststellung, daß  eine ältere Form von 1/3 ist,  eine jüngere.[24]

Bezieht man auch noch das Zeichen für 1/6 mit ein, ergibt sich bereits eine recht enge paläographische Datierung des Tanistextes: Das Zeichen sieht kursivhieratisch ganz anders aus und ändert seine Form in der Ptolemäerzeit, speziell seit der Zeit Ptolemaios' III., noch einmal grundlegend.[25] Wir haben es bei den Bruchzeichen in der Tanisinschrift also mit frühdemotischen Zeichenformen zu tun. Da einerseits die demotische Schrift erst um 650 v. Chr. aufkommt, andererseits im 4. Jh. v. Chr. das Frühdemotische ausläuft, muß die Tanisinschrift oder zumindest ihre Vorlage zwischen 650 und etwa 300 v. Chr. datieren.

Auf der Basis des verbesserten Verständnisses von  als 1/3 und  als 2/3 liest sich der Text jetzt so:

(1) Die Länge von Tag und Nacht kennen:

1. Monat der *ꜣḫ.t*-Jahreszeit Tag 1:	Tag: 10 2/3 Stunden	Nacht: [13 1/3
1. Monat der *ꜣḫ.t*-Jahreszeit Tag 15:	Ta]-(2)g: 11	Nacht: ⸢1⸣3
2. Monat der *ꜣḫ.t*-Jahreszeit Tag 1:	Tag: 11 1/2	Nacht: [12 1/2
2. Monat der *ꜣḫ.t*-Jahreszeit Tag 15:	Tag: 12	(3) Nac]ht: 12
⸢3. Monat⸣ der *ꜣḫ.t*-Jahreszeit Tag 1:	Tag: 12 2/3	Nacht: 11 1/3
[3. Monat der *ꜣḫ.t*-Jahreszeit Tag 15:	Tag: ...	Nacht: ...
(4) 4. Monat der] ⸢*ꜣḫ*⸣*.t*-Jahreszeit Tag <1>:	Tag: 13 1/3	Nacht: 10 2/3
4. Monat der *ꜣḫ.t*-[Jahreszeit Tag 15:	Tag: 13 ...	Nacht: 10 ...
(5) 1. Monat der *pr*]*.t*-Jahreszeit Tag 1:	Tag: 1⸢4⸣	Nacht: 10
1. Monat der *pr.t*-Jahreszeit Tag ⸢1⸣[5:	Tag: 14 ...	Nacht: 9 ...
2. Monat der *pr.t*-Jahreszeit] (6) Tag 1:	⸢Tag: 14⸣	Nacht: 10
2. Monat der ⸢*pr.t*-Jahreszeit⸣ Tag ⸢15⸣:	Ta[g: 13 ...	Nacht: 10 ...
3. Monat der *pr.t*-Jahreszeit Tag 1:	Tag: 13	(7) Na]ch[t: 1]1
3. Monat der *pr.t*-Jahreszeit Tag 15:	Tag: 12 2/3 1/6	Nach[t: 11 1/6
4. Monat der *pr.t*-Jahreszeit Tag 1:	Tag: 12 ...	Nacht: 11 ...
4. Monat der *pr.t*-Jahreszeit (8) ⸢Tag⸣ 15:	Tag: 12	Nacht: 12
1. Monat der *šmw*-Jahreszeit Tag ⸢1⸣:	[Tag: 11 ...	Nacht: 12 ...
1. Monat der *šmw*-Jahreszeit Tag 15:	Tag: 11 1/6	Na]-(9)cht: 12 2/3 1/6
2. Monat der *šmw*-Jahreszeit Tag 1:	Tag: 22(!)	Nach[t: ...]
<2. Monat der *šmw*-Jahreszeit Tag 15:	Tag: ...	Nacht: ...>
[3. Monat der *šmw*-Jahreszeit Tag 1:	Tag: ...	Nacht: ...
3. Monat der *šmw*-Jahreszeit Tag 15:	Tag: 9 (10) 1/3	Nacht: 1]⸢4⸣ 1/2 1/6[26]
4. Monat der *šmw*-Jahreszeit Tag 1:	Ta[g: ...	Nacht: ...
4. Monat der *šmw*-Jahreszeit Tag 15:	Tag: ...	Nacht: ...]

1/6: kursivhieratisch: Donker van Heel, *Abnormal Hieratic and Early Demotic Texts*, Text 23 Z. 3; frühdemotisch: P. Claude 1 1.11 (Chauveau, *Enchoria* 14 [1986] Taf. 13); Donker van Heel, *Abnormal Hieratic and Early Demotic Texts*, Text 11 Z. IV 6; ptolemäisch demotisch: O. Elephantine DAI Ω1828 Z. 2 (unpubliziert; die Veröffentlichung bereiten K.-Th. Zauzich und ich vor); Erichsen, *Glossar*, 704; ibid.; römisch demotisch: Erichsen, ibid.

24. Vgl. Erichsen, *Glossar*, 704.

25. Chauveau, „Un compte en Démotique Archaïque", 26–27.

26. Ich verstehe nicht, warum es nicht einfach 14 2/3 heißt. Ob 1/2 etwa ein Fehler für 1/4 ist? Aber Stundenviertel widersprächen der sonstigen Stundeneinteilung im vorliegenden Text. Vielleicht schimmert hier noch die mesopotamische Vorlage durch (dazu unten mehr)?

Graphisch dargestellt ergibt sich dann (Abb. 4):

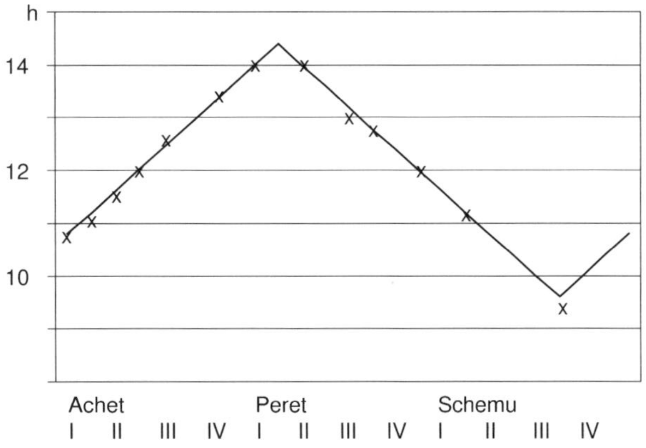

Abb. 4. Die Tageslängen in der Tanis-Inschrift nach der korrigierten Lesung der Bruchzahlzeichen

Die erhaltenen Tageslängen und die aus erhaltenen Nachtlängen zu ermittelnden Tageslängen sind wie in Abb. 2 markiert. Als zugrundeliegendes Schema zur annäherungsweisen Beschreibung der jahreszeitlichen Schwankungen der Tageslängen läßt sich jetzt recht deutlich die erwartete lineare Zackenfunktion erkennen. Diese Erkenntnis kommt nicht unerwartet, liegt doch auch schon dem Kairener Tagewählkalender aus dem Neuen Reich[27] ein lineares Modell zugrunde. Dort wird allerdings mit einer Zu- bzw. Abnahme der Tageslänge um 2 volle Stunden pro Monat operiert, was zu einem Verhältnis von längstem zu kürzestem Tag als 18 : 6, also 3 : 1 führt. Übereinstimmung herrscht zwischen dem Kairener Text und der Tanistafel hinsichtlich der Tatsache, daß beide nur Tag- und Nachtstunden ansetzen, die sich für jeden Tag zu 24 Stunden summieren,[28] also nicht mit Dämmerungsstunden operieren. Drittens ist den beiden Texten auch noch gemeinsam, daß sie ungeachtet der nicht völligen Übereinstimmung der Jahreslänge des ägyptischen Kalenders mit dem Sonnenjahr die Tageslänge als Funktion des Datums ausdrücken. Es ist dabei offensichtlich, daß mit dem 1. und 15. Tag eines jeden Monats Halbmonatsabstände erzielt werden sollen. Auch wir heute setzen den 15. eines Monats als Monatsmitte an – in der babylonischen Astronomie war es ebenso (vgl. unten). Aber mathematisch gesehen ist das für Monate, die 30 Tage lang sind, unsinnig, da erst mit dem 16. die zweite Monatshälfte beginnt. Es wird sich um eine mechanische Übertragung aus dem Mondkalender handeln.

Wie ist die Funktion zu Tages- und Nachtlängen im Tanistext nun angelegt? Einen guten Ausgangspunkt zur Beantwortung dieser Frage bieten die glatten Werte von exakt 12 Stunden Tageslänge an II *ꜣḫ.t* 15 und IV *pr.t* 15 und von genau 14 Stunden an I *pr.t* 1 und II *pr.t* 1. Genau fünf weitere Tageslängenangaben führen von den 12 zu den 14 Stunden bzw. von den 14 zu den 12 Stunden. Die Differenz von 2 Stunden wird also in fünf Halbmonatsschritten zurückgelegt. Jeder Wert für die Dauer des Tages sollte also um 2/5 Stunden höher bzw. nach der Sommersonnenwende niedriger sein als der jeweilige Vorgänger.[29]

Allerdings gibt es einige Abweichungen der im Tanistext erhaltenen Werte von einer solchen mathematisch sauberen Zickzackfunktion. Natürlich kann einzelnes auf Fehlern des Abschreibers bzw. Hieroglyphenschneiders beruhen.[30] Aber sehr bemerkenswert ist die Tatsache, daß die Schrittweite *nie* 2/5 groß ist, sondern in der Regel

27. S. Fn. 58.

28. Im Tanistext nachprüfbar für I *ꜣḫ.t* 15, III *ꜣḫ.t* 1, IV *ꜣḫ.t* 1, I *pr.t* 1, II *pr.t* 1 und IV *pr.t* 15, wo sowohl die Anzahl der Tages- als auch die der Nachtstunden erhalten sind.

29. Neugebauer und Parker, *Egyptian Astronomical Texts*, 3:46 haben das bereits erkannt, wenn sie von ± 24 Minuten sprechen.

30. Beispielsweise fehlt der komplette Eintrag zum 15. Tag des 2. Monats der *šmw*-Jahreszeit.

1/3 oder 1/2. Überhaupt werden nie Fünftelstunden angegeben, sondern stets Halbe, Drittel oder Sechstel. Ich vermute nun, daß dieses Phänomen auf Rundung oder Trunkierung der Werte beruht.[31] Denn 2/5 werden in der ägyptischen sog. Stammbruchdarstellung etwas unhandlich ausgedrückt als 1/3 + 1/15.[32] Zur Überprüfung meiner Annahme ist der Text einmal komplett durchzurechnen, was trotz der schlechten Erhaltung möglich ist. Denn viele Zahlen lassen sich ergänzen. Ist nur die Nachtlänge erhalten, ergibt sich die Tageslänge, wie schon wiederholt bemerkt, selbstverständlich als Differenz zu 24 Stunden (vgl. Tab. 1). Vergleicht man auf dieser Grundlage die im Text angegebenen Werte mit der zu postulierenden zugrundeliegenden genauen Berechnung in 2/5-Schritten, so bemerkt man, daß alle Textwerte auf Sechstel gerundet sind. Greifen wir gleich den ersten Eintrag heraus: Für I *3ḫ.t* 1 werden aus den mathematisch exakten 10 4/5 Stunden durch Abschneiden von 1/10 und 1/30 die im Text angegebenen 10 2/3 gemacht. Für III *pr.t* 15 aber werden 12 4/5 durch Addition eines Dreißigstels auf 12 5/6 aufgerundet.

Eine weitere Beobachtung führt über einen Umweg zu demselben Ergebnis, daß offenbar angestrebt wurde, trotz der 2/5-Schritte Werte anzugeben, die einer Stundeneinteilung in Sechstel entspricht (vgl. Abb. 5). Bei einer linearen Zackenfunktion müßten ja im selben zeitlichen Abstand (m) vor oder nach der Sommersonnenwende bzw. der Wintersonnenwende stehende Daten dieselben Tageslängen haben:

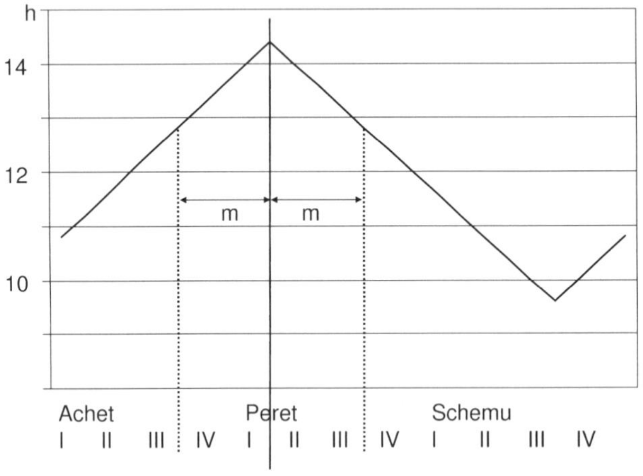

Abb. 5. Symmetriebeziehung der Tageslängen in einer linearen Zickzackfunktion

Und schließlich müßten im selben Abstand (n) vor oder nach den Äquinoktien befindliche Daten derart miteinander in Beziehung stehen, daß die Tageslänge des einen Datums der Nachtlänge des anderen gleich ist (Abb. 6):

31. Zur Trunkierung in Wirtschafts- bzw. Rechtstexten s. z. B. S. L. Lippert: *Ein demotisches Rechtsbuch. Untersuchungen zu Papyrus Berlin P 23757 rto*, ÄA 66 (Wiesbaden, 2004) 54 (Zinseszinsberechnung).

32. Das ergibt sich z. B. aus dem Eintrag in der 2 : n-Tabelle des mathematischen P. Rhind (T. E. Peet, *The Rhind Mathematical Papyrus. British Museum 10057 and 10058* [London, 1923], 38). Die Schreibung *1/5 1/5* für 2/5 ist eine Ausnahme aus dem Alten Reich (D. P. Silverman, „Fractions in the Abu Sir Papyri", *JEA* 61 [1975], 248–49).

Tabelle 1. Übersicht zu den Beziehungen der Werte von Tages- und Nachtlängen in der Tanis-Inschrift

(1) Datum	(2) hat dieselbe Tageslänge wie: („m“)	(3) Tageslänge wie Nachtlänge von: („n“)	Tageslänge nach (1)	Tageslänge nach (2) („m“)	Tageslänge nach (3) („n“)	Übereinstimmung (+) bzw. Abweichung (–)	Differenz	vermutlich zugrundeliegender exakter Wert		angegebener Wert entstanden durch:
ȝ. = *ȝḫ.t* *p*. = *pr.t* *š*. = *šmw*			[n] = ergibt sich aus dem anderen erhaltenen Wert desselben Tages; [ ] = verloren; < > = im Original irrtümlich ausgelassen					Stammbruchreihe kursiv: von Tr./Ab. betroffener Teilwert	moderne Schreibung	Ab. = Abrundung; Auf. = Aufrundung; Tr. = Trunkierung; < = Fehler für
I ȝ. 1	II *š*. 1	IV ȝ. 1	10 2/3	22 (< 10 2/3)	10 2/3	++	0	10 2/3 *1/10 1/30*	10 4/5	Ab./Tr. –1/10 1/30
I ȝ. 15	I *š*. 15	III ȝ. 15	11	[11 1/6]	[ ]	–	1/6	11 *1/5*	11 1/5	Ab./Tr. –1/5 / Ab. –1/30
II ȝ. 1	I *š*. 1	III ȝ. 1	11 1/2	[ ]	11 1/3	–	1/6	11 1/2 *1/10*	11 3/5	Ab./Tr. –1/10 / Ab. –1/5 1/15
II ȝ. 15	IV *p*. 15	–	[12]	12	–	+	0	12	12	–
III ȝ. 1	IV *p*. 1	II ȝ. 1	12 2/3	[ ]	[12 1/2]	–	1/6	12 1/3 1/15	12 2/5	Auf. +1/5 1/15 / Auf. +1/10
III ȝ. 15	III *p*. 15	I ȝ. 15	[ ]	12 5/6	13	–	1/6	12 2/3 1/10 1/30	12 4/5	Auf. +1/30 / Auf. +1/5
IV ȝ. 1	III *p*. 1	I ȝ. 1	13 1/3	[13]	[13 1/3]	–+	1/3	13 1/5	13 1/5	Auf. +1/10 +1/30 / Ab. –1/5
IV ȝ. 15	II *p*. 15	IV *š*. 15	[ ]	[ ]	[ ]	?	?	13 1/2 1/10	13 3/5	?
I *p*. 1	II *p*. 1	IV *š*. 1	14	14	[ ]	+	0	14	14	–
I *p*. 15	–	III *š*. 15	[ ]	–	14 2/3	?	?	14 1/3 *1/15*	14 2/5	Ab./Tr. –1/15 und < 14 1/3?
II *p*. 1	I *p*. 1	III *š*. 1	14	14	[ ]	+	0	14	14	–
II *p*. 15	IV ȝ. 15	II *š*. 15	[ ]	[ ]	< >	?	?	13 1/2 1/10	13 3/5	?
III *p*. 1	IV ȝ. 1	II *š*. 1	[13]	13 1/3	[ ]	–	1/3	13 *1/5*	13 1/5	Ab./Tr. –1/5 / Auf. +1/10 1/30
III *p*. 15	III ȝ. 15	I *š*. 15	12 5/6	[ ]	12 5/6	+	0	12 2/3 1/10 1/30	12 4/5	Auf. +1/30
IV *p*. 1	III ȝ. 1	I *š*. 1	[ ]	12 2/3	[ ]	?	?	12 1/3 1/15	12 2/5	Auf. +1/5 1/15
IV *p*. 15	II ȝ. 15	–	12	[12]	–	+	0	12	12	–
I *š*. 1	II ȝ. 1	IV *p*. 1	[ ]	11 1/2	[ ]	?	?	11 1/2 *1/10*	11 3/5	Ab./Tr. –1/10
I *š*. 15	I ȝ. 15	III *p*. 15	[11 1/6]	11	[11 1/6]	–+	1/6	11 *1/5*	11 1/5	Ab. –1/30 / Ab./Tr. –1/5
II *š*. 1	I ȝ. 1	III *p*. 1	22 (< 10 2/3)	10 2/3	[1]1	+–	1/3	10 2/3 *1/10 1/30*	10 4/5	Ab./Tr. –1/10 1/30
II *š*. 15	IV *š*. 15	II *p*. 15	< >	[ ]	[ ]	?	?	10 1/3 1/15	10 2/5	?
III *š*. 1	IV *š*. 1	II *p*. 1	[ ]	[ ]	10	?	?	10	10	–
III *š*. 15	–	I *p*. 15	[9 1/3]	–	[ ]	?	?	9 1/2 1/10	9 3/5	Ab. –1/5 1/15
IV *š*. 1	III *š*. 1	I *p*. 1	[ ]	[ ]	10	?	?	10	10	–
IV *š*. 15	II *š*. 15	IV ȝ. 15	[ ]	< >	[ ]	?	?	10 1/3 1/15	10 2/5	?

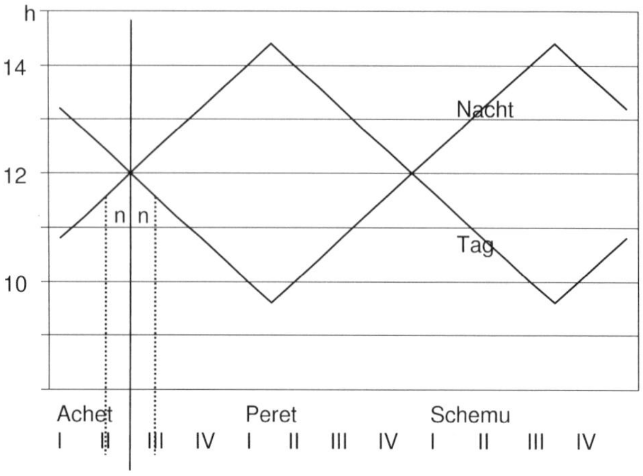

Abb. 6. Symmetriebeziehung der Tages- und Nachtlängen in einer linearen Zickzackfunktion

Unter allen Kalenderdaten, für die die Tageslänge entweder direkt erhalten ist oder nach den beiden zuletzt geschilderten Verfahren zurückgewonnenen werden kann, gibt es 14, bei denen sich über mehr als einen Weg die Tageslänge ermitteln läßt. In acht Fällen kommt es dabei zu auffälligen Widersprüchen (s. Tab. 1). Auch wenn, wie bereits gesagt, einzelne Fehler sicher dem Steinmetzen anzulasten sind wie die sinnlosen 22 Stunden für II *šmw* 1 und das Fehlen eines Eintrages für II *šmw* 15, so ist dennoch klar, daß die zugrundeliegende Be- oder besser Umrechnung ohne Rücksicht auf die in einem linearen System angelegten Gesetzmäßigkeiten erfolgt ist.[33] Denn sonst wären die beobachteten Widersprüche nicht erklärbar. Folglich sind die Werte wohl einer nach dem anderen an sich durchaus korrekt berechnet worden. Die sich bei der Zu- bzw. Abnahme der Tageslängen in 2/5-Schritten ergebenden Bruchteile werden aber stets so auf- oder abgerundet bzw. trunkiert, daß sich nur Halbe, Drittel und Sechstel ergeben. Bei diesem Schritt hat der ägyptische Astronom jedoch nicht die Korrespondenzen innerhalb des gesamten Modells bedacht, sondern sich allein auf den jeweiligen Einzelwert konzentriert. Allerdings passen in allen Fällen, in denen für ein Datum Tages- und Nachtlänge erhalten sind, diese beiden Werte zusammen, indem sie sich zu genau 24 Stunden aufaddieren lassen. Wenigstens dieser selbstverständliche Zusammenhang ist also berücksichtigt, Tag- und Nachtlängen demnach sicher nicht getrennt voneinander berechnet worden. Ich gehe daher davon aus, daß der zweite Wert für ein Datum einfach durch Subtraktion des schon gerundeten ersten Wertes von 24 gewonnen worden ist.

Die beschränkte Sicht auf die Angaben für je nur einen einzigen Tag führt zu Differenzen von in einem linearen System eigentlich als gleich groß vorauszusetzenden Werte voneinander (vgl. Tab. 1). Nehmen wir ein Beispiel: Für II *ꜣḫ.t* 1 gibt der Text 11 1/2 Stunden Tageslänge. Es werden aber 11 1/3 Stunden Nachtlänge für III *ꜣḫ.t* 1 angegeben, obwohl eigentlich beide Werte identisch sein sollten (vgl. Abb. 6).

Da nun bei derartigen Abweichungen nie andere Beträge als 1/6 oder 1/3 vorkommen, bestätigen die Zahlen das Bestreben, bei den Zeitangaben immer ganzzahlige Vielfache von 1/6 zu erhalten.[34] Da die mathematisch-astronomische Berechnung aber mit 2/5-Schritten arbeiten muß, liegt bei der Verwandlung in 1/6-Werte nicht einfach eine beliebige Auf- oder Abrundung vor. Vielmehr ist tatsächlich angestrebt worden, Werte zu gewinnen, die einer Einteilung der Stunden in Sechstel entsprechen. Das heißt: Unserem Text liegt sichtlich eine Stunden-

33. So schon gesehen von Neugebauer und Parker, *Egyptian Astronomical Texts*, 3:46.

34. Bei Osing: *Hieratische Papyri aus Tebtunis I*, 262 f. sind es 1 1/3-Schritte pro Monat, was 2/3-Schritten pro Halbmonat entsprechen würde.

einteilung in Sechstel zugrunde, für die die mathematisch genauen Werte passend gemacht werden. Ich möchte daraus den Schluß ziehen, daß die Ägypter ihre Stunden vermutlich in Sechstel unterteilt haben. Das im Tanistext zu erkennende Verfahren, die zugrundeliegenden mathematisch korrekten Zahlen in Ausdrücke zu überführen, die ein Korrelat in der wirklichen Stundeneinteilung haben, würde dabei übrigens der Praxis in römerzeitlichen Abrechnungstexten entsprechen. Dort werden ungerade Kitebeträge stets als die nächstkleinere geradzahlige Anzahl + 1 notiert, denn 2 Kite entsprechen 1 Stater, einer gängigen Münze der Zeit.[35]

Wir sollten nach diesen ermutigenden Ergebnissen noch zwei Fragen im Zusammenhang mit der Tanisinschrift nachgehen. Erstens: Wie ist der Text eigentlich zu datieren? Und zweitens: Wo ist er astronomiegeschichtlich einzuordnen? Gibt es Anhaltspunkte dafür, ob das verwendete Schema zu den jahreszeitlichen Tages- und Nachtlängen eine Weiterentwicklung der bisherigen ägyptischen Vorstellungen ist oder ob es sich um ein von den Ägyptern übernommenes fremdes Schema handelt?

Bei der Frage nach der Datierung ist zwischen der Textabfassung und der Niederschrift zu unterscheiden. Die in Tanis erhaltene Abschrift ist nach den Angaben Clères[36] nicht älter als die griechisch-römische Zeit. Neugebauer und Parker neigen dagegen, wenn auch mit einiger Vorsicht, eher der Zeit um 600 v. Chr. zu.[37] Bei einem so kurzen, listenartigen Text fehlt allerdings naturgemäß eine ausreichende textinterne Vergleichsbasis, um z. B. unterscheiden zu können, ob etwa ein paläographisches Merkmal ein Reflex der Vorlage ist oder erst zum Zeitpunkt der Niederschrift der erhaltenen Inschrift in den Text gelangt ist.

Paläographisch ist anhand der Hieroglyphen jedenfalls keine zuverlässige Datierung zu erzielen. Es kommen ja auch nur wenige verschiedene Zeichen vor. Der Datierungsansatz von Neugebauer und Parker, nämlich um 600 v. Chr., bedarf daher weiterer Absicherung:

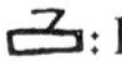: Das *grg*-Zeichen wird auffälligerweise statt *g* im Wort *grḥ* „Nacht" verwendet.[38] Ich vermute eine auf das Demotische zurückgehende Verwechslung von *g* und *gr*. Speziell im Frühdemotischen wird die Ligatur für *g+r* in *grḥ* und z. B. in *grg* benutzt,[39] was dazu geführt haben könnte, daß man später *gr* aus einer frühdemotischen Vorlage als *grg*-Zeichen mißverstand.

: Die Zerlegung des Zeichens in einzelne Punkte begegnet schon, worauf Neugebauer und Parker hinweisen[40], auf der Wasseruhr Nechos II. (610–595 v. Chr.), die ebenfalls aus Tanis stammt. In gleicher Weise kann das Zeichen aber schon im Mittleren Reich[41] und noch in griechischer Zeit ausgeführt werden.[42] Es gibt auch Zeichenformen, bei denen die mittleren Kreise zu Punkten reduziert sind.[43]

---

35. K.-Th. Zauzich, „Spätdemotische Urkunden II", *Enchoria* 2 (1972), 65–84, dort 72–74.

36. Clère, „Un texte astronomique de Tanis", 19 unten.

37. Neugebauer und Parker, *Egyptian Astronomical Texts*, 3:44.

38. Bereits konstatiert von E. Hornung, „Lexikalische Studien II", ZÄS 87 (1962), 115–19, hier 117. Der Lautwert *g* als Angabe zum *grg*-Zeichen in F. Daumas, *Valeurs phonétiques des signes hiéroglyphiques d'époque gréco-romaine* [Teil 4] (Montpellier, 1995), 696 Zeichen U 71 beruht vielleicht auf der Tanisinschrift. Der dortige Verweis auf *Wb*. I hilft aber jedenfalls nicht weiter. D. Kurth, *A Ptolemaic Sign-List: Hieroglyphs Used in the Temples of the Graeco-Roman Period of Egypt and their Meanings* (Hützel, 2010), 188 (Zeichen 18.11) hat nur *grg*.

39. Vgl. Erichsen, *Glossar*, 586.

40. Neugebauer und Parker, *Egyptian Astronomical Texts*, 3:44.

41. Stele Louvre C3 (Jahr 9 Sesostris' I.; W. K. Simpson, *The Terrace of the Great God at Abydos: The Offering Chapels of Dynasties 12 and 13*, Publications of the Pennsylvania-Yale Expedition to Egypt 5 [New Haven and Philadelphia, 1974]), Taf. 15, z. B. Z. 3, 5 und 8.

42. Opfertafel BM 1688 (ca. 200–150 v. Chr.; J. Baines, *Fecundity Figures. Egyptian Personification and the Iconology of a Genre* [Warminster und Chicago, 1985], 62 fig. 40 [in den Beischriften zum linken Nilgott und zur Szene rechts unten]); Opfertafel Kairo CG 23165 (ca. 200 v. Chr.) [diese beiden Hinweise verdanke ich W. Wegner]; Stele Louvre C116 (spätptol.-röm.; P. Munro, *Die spätägyptischen Totenstelen*, 2 Bde., ÄF 25 [Glückstadt, 1973], Taf. 46, Abb. 160).

43. Stele Amherst 1921 (ca. 580–570 v. Chr.; Munro, *Totenstelen*, Taf. 39, Abb. 147). – Zu weiteren Ausprägungen dieser Hieroglyphe in der Dritten Zwischenzeit s. J. H. Taylor, „The sign [*ḥ*] (Gardiner V28) as a Dating Criterion for Funerary Texts of the Third Intermediate Period", in B. Backes, I. Munro und S. Stöhr (Hgg.), *Totenbuch-Forschungen: Gesammelte Beiträge des 2. Internationalen Totenbuch-Symposiums 2005*, SAT 11 (Wiesbaden, 2006), 357–64, wo unsere Form aber nicht vorkommt.

: Das Determinativ in *grḥ* wird im Hieratischen seit ca. 600 v. Chr. als Himmel + Stern gestaltet, hieroglyphisch aber schon in der 22./23. Dynastie.[44]

: Ein wie der geknickte Finger aussehendes Zeichen steht für *ȝbd 1* „Monat 1", eigentlich die Mondsichel mit einem Einerstrich. Beide Schreibungen, also Finger einerseits und Mondsichel mit Strich andererseits, fallen im Demotischen zusammen.[45] Dieselbe Verwechslung in einem hieroglyphischen Text kenne ich von der Buchisstele Kairo JE 54313 aus der Regierungszeit Ptolemaios' V.[46]

: Ich kann die bemerkenswerte Form mit den Gabelungen nicht erklären.

: Das Hauszeichen ist klar vom Hieratischen beeinflußt, wo nur am linken senkrechten Strich zuweilen ein kleiner Haken angebracht werden kann; das geschieht von der Mitte des 7. Jhs. v. Chr. an.[47]

Demotische Zahlzeichen: Das in der Inschrift verwendete Zeichen für 1/6 ist frühdemotisch; kursivhieratisch sieht es ganz anders aus (s. Abb. 3). Da es Demotisch erst seit 650 v. Chr. gibt, andererseits die Zeichen für 1/3 und 2/3 eindeutig eine frühdemotische Form aufweisen, kann die Vorlage nur von ca. 650 bis 300 v. Chr. geschrieben worden sein.

Eine zusätzliche Stütze erfährt die frühdemotische Datierung noch durch die im Eintrag zu II *šmw* 1 vorkommende Verwechslung von 10 und 20: Die in der Inschrift stehende 22 läßt sich frühdemotisch (in Normalschrift etwa 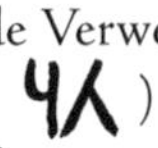) graphisch recht gut mit 10 2/3 (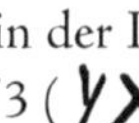) verbinden.[48]

Die von mir aufgelisteten paläographischen Merkmale passen also durchaus zu Neugebauers und Parkers Datierungsansatz für die Tanisinschrift in die Zeit um 600 v. Chr., schließen aber die nächsten zwei bis drei Jahrhunderte nicht aus. Ich möchte jedoch ohnehin davon ausgehen, daß es sich primär um die Datierung von Merkmalen der Vorlage handelt. Denn Charakteristika älterer Schrift können durchaus in einer später eingemeißelten Inschrift beibehalten worden sein. Die Monumentalfassung *muß* sogar später sein, wenn Neugebauers und Parkers astronomische Datierung von Text IV, der auf einem anderen Bruchstück erhalten ist, in die ptolemäische oder gar römische Zeit[49] richtig ist.

Eine sprachgeschichtliche Datierung des Textes ist angesichts seiner Listennatur wenig ergiebig. Ich sehe nur zwei Anhaltspunkte:

In der Überschrift wird der Artikel *pȝ* in *pȝ ʿȝ* „die Größe/Länge" verwendet, was ein neuägyptisches Sprachmerkmal ist.

Außerdem gebraucht der Text durchgehend das Wort *mtr* für „Tag", *grḥ* für „Nacht". Interessanterweise wird *mtr.t* (> *mtr*) im Sinne von „helle Zeit des Tages" vom *Wb.* gar nicht gebucht; dort erscheint nur die (ursprüngliche) Bedeutung „Mittag".[50] Ein genaueres Studium der Belegstellen offenbart aber schnell, daß *mtr.t* schon seit dem Neuen Reich durchaus im Kontrast zu *grḥ* benutzt wird,[51] also in diesen Fällen wie in unserem Text nicht „Mittag" bedeuten kann, sondern den hellen Teil des Tages meinen muß. Dieselbe Bedeutung ist für demotisches *mtr*[52] und noch koptisches ⲙⲉⲉⲣⲉ,[53] die etymologischen Nachfahren von *mtr.t*, bezeugt. Die Gegenprobe bestätigt

---

44. K. Jansen-Winkeln, *Ägyptische Biographien der 22. und 23. Dyn.*, 3 Teile in 2 Bdn., ÄAT 8 (Wiesbaden, 1985), 474 Z. 1 und Taf. 20).

45. Vgl. Erichsen, *Glossar*, 623 und F. Hoffmann, *Ägypten. Kultur und Lebenswelt in griechisch-römischer Zeit. Eine Darstellung nach den demotischen Quellen*, Studienbücher Geschichte und Kultur der Alten Welt (Berlin, 2000), 41.

46. Abgebildet z. B. bei D. Arnold, *Falken, Katzen, Krokodile: Tiere im Alten Ägypten. Aus den Sammlungen des Metropolitan Museum of Art, New York, und des Ägyptischen Museums, Kairo* (Zürich, 2010), 65.

47. U. Verhoeven, *Untersuchungen zur späthieratischen Buchschrift*, OLA 99 (Leuven, 2001), 166–67.

48. Zur Ähnlichkeit von 10 und 20 in der frühdemotischen Schrift s. Erichsen, *Glossar*, 699–70.

49. Neugebauer und Parker, *Egyptian Astronomical Texts*, 3:47–48.

50. *Wb.* II 174,6–7: seit dem Mittleren Reich.

51. *Wb. Belegstellen*, 254, jeweils der erste Beleg unter Nr. 6 und 7.

52. Erichsen, *Glossar*, 192; G. Vittmann, *Der demotische Papyrus Rylands 9*, Teil II, *Kommentare und Indizes*, ÄAT 38 (Wiesbaden, 1998), 330 f.; M. Ross, „An Introduction to the Horoscopic Ostraca of Medînet Mâdi", *EVO* 29 (2006), 147–80, hier 151.

53. W. E. Crum, *A Coptic Dictionary* (Oxford, 1979 = 1939), 182 re.

im wesentlichen diesen Befund: Nach den Belegstellenangaben zu *Wb.* II 499,1 (*hrw*) und V 184,8 f. (*grḥ*), die beide nur *hrw* als Antonym zu *grḥ* kennen, kommt dieses Gegensatzpaar seit der Pyramidenzeit vor und ist bis in die 18. Dynastie hinein gängig; nach dem NR sind die Belege vereinzelter und wohl als Archaismen anzusprechen. Vor dem Neuen Reich gibt es jedenfalls nur *hrw* in der speziellen Bedeutung „heller Teil des Tages".

Somit ist sprachgeschichtlich jedes Abfassungsdatum vom späten zweiten Jahrtausend v. Chr. an möglich. Das ist zwar sehr unpräzise, steht aber erfreulicherweise nicht im Widerspruch zur paläographischen Datierung und auch nicht zur astronomischen, der ich mich nun zuwende. Vorsichtshalber spreche ich im Folgenden vom Tanis*text*, um bewußt zu halten, daß die erhaltene *Inschrift* durchaus jünger sein könnte. Für die astronomiegeschichtliche Einordnung ist aber ohnehin nur das Alter des Textes wirklich relevant, erst für überlieferungsgeschichtliche Fragen wäre auch das Alter der Inschrift von Bedeutung.

Nun also zur astronomischen Datierung des Textes. Der ägyptische Kalender verschiebt sich bekanntlich alle vier Jahre um einen Tag gegenüber dem Sonnenjahr. Somit läßt sich der Zeitpunkt, für den die in der Tanisinschrift angegebene kalendarische Lage der Äquinoktien und der Winter- und Sommersonnenwende zutreffen, leicht errechnen. Wie schon Clère gesehen hat, ist dies ziemlich genau um 700 v. Chr. der Fall.[54]

Damit ergibt sich: Inhaltlich gesehen passen die Angaben des Textes nur während weniger Jahre um 700 v. Chr. Die sprachgeschichtlichen Merkmale des Textes stehen einer Abfassungszeit um 700 v. Chr. nicht im Wege. Aber der Text aus Tanis muß mindestens 50 Jahre jünger sein: Er kann nur auf eine Vorlage zurückgehen, die wegen der Verwendung demotischer Schriftzeichen nicht vor der Mitte des 7. Jh. v. Chr. aufgeschrieben worden ist. Mit anderen Worten: Der Tanistext ist mindestens 50 Jahre später als die Zeit, zu der er astronomisch paßt.

Das ist für Ägypten allerdings zunächst nichts Ungewöhnliches, findet sich doch – gerade auch im Bereich der Astronomie – häufiger der Fall, daß Texte sogar noch nach Jahrhunderten getreulich kopiert worden sind, obwohl die in ihnen gemachten astronomischen Angaben schon längst nicht mehr zutrafen.[55] Wir werden jedoch bald sehen, daß die astronomische Datierung der Tanisinschrift nur scheinbar ist.

Mit der rein zeitlichen Fixierung des Tanistextes ist zunächst aber der Grund gelegt für eine erste astronomiegeschichtliche Einordnung. Wo steht der Text in der Entwicklung ägyptischer Vorstellungen zur Tag- und Nachtlänge? Die innerägyptische Vergleichsbasis ist mager[56], aber zugleich verwirrend (Tab. 2).

Neben den beiden Texten 1 und 2 aus dem Neuen Reich gibt es zwei in zwei römerzeitlichen hieratischen Manuskripten überlieferte Listen mit monatsweisen Angaben zu Tages- und Nachtlängen (Texte 4 und 5).[59] Der Vergleich der Texte ist sehr instruktiv. Die auffällige unterschiedliche Lage des Frühlingsäquinoktiums – in der Tabelle als FÄ abgekürzt – muß uns nicht weiter beschäftigen, da sie einfach aus der Verschiebung des ägyptischen Kalenders gegenüber dem Sonnenjahr resultieren kann. Wichtiger sind die zugrundeliegenden Schemata. Alle Texte stellen die Tages- und Nachtlängen in Abhängigkeit vom Kalenderdatum als lineare Zackenfunktionen dar. Damit sind sie alle in prinzipiell derselben Weise schematisierende Annäherungen an die Wirklichkeit, die eher in einer Wellenlinie graphisch adäquat beschrieben wäre. Allerdings gelingt im Tanistext die Approximation an die

54. Clère, „Un texte astronomique de Tanis", 19 unten.

55. Z. B. Leitz, *Astronomie*, 52–53.

56. Ich stütze mich hier nur auf textliche Quellen im eigentlichen Sinne und lasse Wasseruhrskalen unberücksichtigt. Sie sind bei Naether und Ross, „Interlude", 77–79 behandelt. Auch übergehe ich die völlig anders angelegten Ostraka aus Medinet Madi, in denen offenbar durch Bruchzahlen die Dauer jahreszeitlicher Stunden für einen Monat angegeben werden (Naether und Ross, „Interlude," 59–90).

57. W. Helck, Historisch-biographische Texte der 2. Zwischenzeit und neue Texte der 18. Dynastie, Kleine ägyptische Texte (Wiesbaden, 21983), 111.

58. P. Kairo JE 86637 Verso 14; vgl. Leitz, *Astronomie*, 22 f. und C. Leitz, *Tagewählerei: Das Buch ḥ3t nḥḥ pḥ.wy ḏt und verwandte Texte*, ÄA 55 (Wiesbaden, 1994), Taf. 44; vgl. auch schon S. Schott, *Altägyptische Festdaten*, Akademie der Wissenschaften und der Literatur in Mainz. Abhandlungen der geistes- und sozialwissenschaften Klasse Jahrgang 1940, Nr. 10 (Wiesbaden, 1950), 920 (40).

59. Der stark zerstörte Text zur Erfindung der Wasseruhr aus der 18. Dynastie ist offenbar nur auf Jahreszeiten genau, obwohl von monatlichen Veränderungen gesprochen wird.

Tabelle 2. Ägyptische Texte zu jahreszeitlichen Tages- und Nachtlängen

Textzeuge	Datierung	längster Tag (ggf. Frühlingsäquinoktium)	paßt astronomisch ca.	längster : kürzester Tag
1. Text zu Wasseruhr[a]	1504 v. Chr.	längste Nacht in (IV?) Achet	1940 (1580?)–1460 v. Chr.	14 : 10? = 7 : 5?
2. Tagewählkalender[b]	13.–11. Jh. v. Chr.	IV *šmw* (FÄ: I *šmw*)	1220–1140 v. Chr.	18 : 6 = 3 : 1
3. Tanistext	650–300 v. Chr. (Vorlage)	I *pr.t* 15 (FÄ: II *ꜣḫ.t* 15)	700 v. Chr.	14 2/5 : 9 3/5 = 3 : 2
4. P. Berlin P 14447 + PSI I 78[c]	1./2. Jh. n. Chr.	II *šmw* (FÄ: III *pr.t*)	1–120 n. Chr.	16 : 8 = 2 : 1
5. P. Carlsberg 180 + ...[d]	2. Jh. n. Chr.	IV *pr.t* (FÄ: I *pr.t*)	370–250 v. Chr.	18 : 6 = 3 : 1

a. W. Helck, Historisch-biographische Texte der 2. Zwischenzeit und neue Texte der 18. Dynastie (Kleine ägyptische Texte; Wiesbaden, 21983), 111.

b. P. Kairo JE 86637 Verso 14; vgl. C. Leitz, Studien zur ägyptischen Astronomie (ÄA 49; Wiesbaden, 21991), 22 f. und C. Leitz, *Tagewählerei. Das Buch ḥꜣt nḥḥ pḥ.wy ḏt und verwandte Texte* (ÄA 55; Wiesbaden, 1994), Taf. 44; vgl. auch schon S. Schott, *Altägyptische Festdaten* (Akademie der Wissenschaften und der Literatur in Mainz. Abhandlungen der geistes- und sozialwissenschaften Klasse Jahrgang 1940, Nr. 10 (Wiesbaden, 1950), 920 (40).

c. Osing, *Hieratische Papyri* I, 262 f. und Taf. 27.

d. Osing, *Hieratische Papyri* I, 205 und Taf. 18.

astronomische Realität am besten, da das Verhältnis vom längstem zum kürzesten Tag nicht mehr als 18 : 6 = 3 : 1 oder 16 : 8 = 2 : 1, sondern als 14 2/5 : 9 3/5 = 3 : 2 angenommen wird. Freilich ist auch dieser Wert für Ägypten noch etwas zu extrem und würde besser für nördlichere Breiten passen. Aber natürlich ist er wesentlich besser als die anderen Modelle. Außerdem ist nur im Tanistext durch die Wahl von 15-Tages-Schritten die Genauigkeit der Angaben verdoppelt, die nun eben nicht mehr wie in allen anderen Texten für einen ganzen Monat gelten.

Diese beiden Verbesserungen ließen sich wohl als Weiterentwicklung der ägyptischen Tages- und Nachtlängentheorie deuten, auch wenn in den hieratischen Papyri aus dem römerzeitlichen Tebtynis das 3 : 2-Schema des Tanistextes zugunsten des alten 3 : 1-Schemas (Text 4) bzw. eines 2 : 1-Schemas (Text 5) wieder aufgegeben worden ist.

Man würde es wohl bei diesen Feststellungen belassen, gäbe es nicht einen entscheidenden Grund, der Zweifel daran aufkommen läßt, daß es sich wirklich um ein rein ägyptisches System handelt. Die Tatsache, daß in Tages- bzw. Nachtlängenangaben die Stundenbruchteile uneinheitlich gerundet werden, so daß dem Verfasser der Inschrift oder ihrer Vorlage offensichtlich nur an einer näherungsweisen Angabe von Einzelwerten gelegen war, er aber nicht das Tages- und Nachtlängenschema als ganzes mit all seinen systemischen Bezügen im Blick hatte, es vielleicht gar nicht kannte, mag man noch den mangelhaften Fähigkeiten des verantwortlichen Schreibers anlasten. Und die auch uns aus unserem eigenen Alltag so geläufige Vorstellung, der 15. eines Monats sei dessen Mitte, was bei einem 30 Tage langen ägyptischen Monat ja genausowenig wie bei unseren meist 30 oder 31 Tage langen Monaten zutrifft, würde sich in die Gegebenheiten der ägyptischen Kultur einfügen. Denn tatsächlich hatte sich, ausgehend vom 29 oder 30 Tage langen Mondmonat, eingebürgert, am 15. das Halbmonatsfest zu begehen.

Arg schlecht mit den ägyptischen Verhältnissen zu verbinden ist aber meiner Ansicht nach die Beobachtung, daß im Tanistext das zugrundegelegte Rechenschema mit Fünftelstunden operiert, in den tatsächlich notierten Zahlen durch entsprechende Auf- und Abrundungen aber erreicht wird, daß nur Stundensechstel verwendet werden. Hier liegt ein systemimmanenter Widerspruch vor. Ist es wahrscheinlich, daß ein Ägypter ein System formuliert, das intern mit Stundenbruchteilen operiert, die es in Ägypten quasi gar nicht gab?[60] Da überdies das Verhältnis von 3 : 2 nicht einmal den natürlichen Gegebenheiten in Ägypten entspricht, ist auch die Erklärung verbaut, die Fünftel seien eben zur möglichst genauen mathematischen Beschreibung der Naturphänomene erforderlich, die Verwendung der Sechstel dann einfach der gängigen ägyptischen Stundeneinteilung geschuldet. Aber, wie gesagt, die Länge des längsten Tages verhält sich in Ägypten zur Länge des kürzesten ja eben nicht wie 3 : 2. Beispielsweise ergäbe sich in einer linearen Zackenfunktion, die in 15 Tagen nicht um jeweils 2/5 Stunden, sondern um 2/6 = 1/3 Stunde an- bzw. absteigen würde, ein Schema, das für Ägypten jedenfalls nicht schlechter wäre; der Vergleich mit den tatsächlichen Tageslängen für Tanis im Norden und Assuan im Süden Ägyptens zeigt dies deutlich (Abb. 7). Eine solche alternative Funktion würde auch zu glatten Stundenzahlen für den längsten und kürzesten Tag führen, nämlich 14 und 10 Stunden. Als Beispiel seien die Verhältnisse für Tanis und Assuan veranschaulicht:[61]

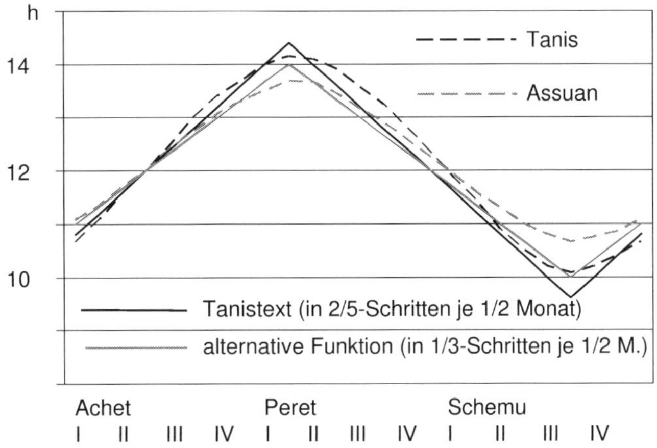

Abb. 7. Vergleich der Tageslänge nach dem Tanistext mit den astronomischen Verhältnissen in Tanis und Assuan und einer alternativen Funktion

Kernannahme des im Tanistext verwendeten Schemas ist aber ein Verhältnis von 3 : 2 vom längsten zum kürzesten Tag. Das paßt astronomisch nicht für Ägypten und führt zu den geschilderten Widersprüchen zwischen mathematischer Berechnung und Darstellung in ägyptischen Zeiteinheiten.

Wenn man nun bemerkt, daß ein solches 3 : 2-Schema zur Tages- und Nachtlänge in der mesopotamischen Astronomie entwickelt worden ist, fügt sich plötzlich alles in ein stimmiges Bild:

(1) Das Verhältnis 3 : 2 für die Dauer des längsten zum kürzesten Tag paßt nicht nur astronomisch genau für den 35. Breitengrad,[62] was der Breite Assurs entspricht, sondern kommt auch in der mesopotamischen Astronomie vor; dazu unten mehr.

(2) Das für ägyptische Verhältnisse etwas schwierige und daher zu Rundungen bzw. Trunkierungen führende Nebeneinander von Fünftel- und Sechstelstunden ist im mesopotamischen Sexagesimalsystem, dem auch die mesopotamische Stundeneinteilung folgt,[63] nicht im geringsten problematisch.

60. Vielleicht ist das ja der Grund dafür, daß dieses Schema in römischer Zeit in Ägypten nicht mehr in Gebrauch war.

61. Die Grafik beruht auf den Angaben bei Clère, „Un texte astronomique de Tanis", 8.

62. H. Hunger und D. Pingree, *Astral Sciences in Mesopotamia*, HdO I, 44 (Leiden, 1999), 81.

63. H. Hunger, „Babylonische Quellen für die Länge von Tag und Nacht", in R. Gyselen (Hg.), *La' sciences' des cieux. Sages, mages, astrologues*, Res Orientales 12 (Bures-sur-Yvette, 1999), 129–36, dort 135.

(3) In den mesopotamischen astronomischen Werken der jüngeren Zeit werden Tages- und Nachtlängen jeweils für den 1. und den 15. eines Monats angegeben.[64]

Aus den genannten Gründen vermute ich, daß das in der Tanisinschrift begegnende Schema letztlich mesopotamisch ist. Allerdings weist der ägyptische Text verschiedene Zeichen einer Anpassung an die ägyptischen Verhältnisse auf. Am wichtigsten ist die Tatsache, daß der ägyptische Kalender zugrundegelegt wird, nicht der babylonische, und daß die Angaben so angeordnet sind, daß mit dem ersten ägyptischen Monat begonnen wird. Das führt dazu, daß beispielsweise die Sommersonnenwende im Tanistext für I *pr.t* 15 angesetzt wird, also den fünften ägyptischen Monat, während in Mesopotamien dasselbe Ereignis auf den 15. Tag des vierten babylonischen Monats, des Duzu, fällt. Allerdings gilt das nicht für alle Epochen: Im altbabylonischen System wurde die Sommersonnenwende kalendarisch auf den 15. Tag des 3. Monats gelegt, und im zweiten Regierungsjahr des Xerxes (485/4 v. Chr.) kehrte man zur älteren Praxis zurück, durch die Kalenderschaltungen das Frühlingsäquinoktium im zwölften Monat des Jahres, dem Addar, zu halten.[65] Die Sommersonnenwende liegt dann drei Monate später, also schon im dritten Monat des babylonischen Jahres, dem Simanu.

Grundsätzlich ermöglicht diese Art und Weise, wie mesopotamischer und ägyptischer Kalender miteinander korreliert sind, indem für beide das Datum der Sommersonnenwende bekannt ist (und natürlich auch das der Wintersonnenwende und der Tag-und-Nachtgleichen), Aussagen zur Zeit der Übernahme des mesopotamischen Systems durch die Ägypter. Denn es kann grundsätzlich nur drei Möglichkeiten geben, wie die jeweils zwölf Monate der beiden Kalender miteinander gleichgesetzt werden:

(1) Der ägyptische Monat, der im jeweiligen babylonischen Monat beginnt, wird mit diesem gleichgesetzt.[66]
(2) Der babylonische Monat, der im jeweiligen ägyptischen Monat beginnt, wird mit diesem gleichgesetzt.
(3) Eine Gleichsetzung erfolgt dann, wenn ägyptischer und babylonischer Monat mindestens zur Hälfte deckungsgleich sind. Das hätte weniger weit auseinanderliegende Extrema zur Folge.

Da nun die babylonischen Monate, wie gesagt, durch Schaltungen innerhalb gewisser absoluter Grenzen gehalten werden, die ägyptischen sich aber alle vier Jahre gegenüber dem Sonnenjahr um etwa einen Tag verschieben, läßt sich für jede der drei Möglichkeiten das Intervall angeben, in dem sie funktionieren würde. Ich runde hier alle Zahlen auf volle Jahrzehnte und gebe zusätzlich jeweils die Alternative für die spätachämenidische Praxis (Frühlingsäquinoktium im Addar; ab 485/4 v. Chr.) an:[67]

(1) (a) 1000–660 v. Chr. oder (b) 880–540 v. Chr.
(2) (a) 800–540 v. Chr. oder (b) 680–420 v. Chr.
(3) (a) 940–600 v. Chr. oder (b) 820–480 v. Chr.

---

64. Das mesopotamische mathematisch-astronomische Schema ist übrigens bis nach Indien exportiert worden, für dessen Süden es freilich noch viel schlechter paßt als für Ägypten (Hunger und Pingree, *Astral Sciences in Mesopotamia*, 81).

65. J. P. Britton, „Calendars, Intercalations and Year-Lengths in Mesopotamian Astronomy", in J. M. Steele (Hg.), *Calendars and Years: Astronomy and Time in the Ancient Near East* (Oxford, 2007), 115–132, hier 19–24. Vgl. auch B. L. van der Waerden, *Erwachende Wissenschaft*, Bd. 2, *Die Anfänge der Astronomie*, Wissenschaft und Kultur 23 (Basel, Boston und Stuttgart, 1980), 81 und 83.

66. Das ist die von R. A. Parker, *A Vienna Demotic Papyrus on Eclipse- and Lunar-Omina*, BEStud 2 (Providence, 1959), 30 für die Umrechnung vom mesopotamischen in den ägyptischen Kalender angenommene Methode.

67. Ich bin für Fall 1 so vorgegangen (in den anderen Fällen analog): Gesucht ist der Zeitraum, in dem I *pr.t* 1 jemals in den Duzu fallen konnte. Die Lage des Duzu schwankt nun im Bereich Anfang Juli (frühester Beginn etwa 3.6. [jul.]) bis Ende August (spätestes Ende etwa 26.8. [jul.]), wie die Tabellen bei R. A. Parker und W. H. Dubberstein, *Babylonian Chronology. 626 B.C.–A. D. 75*, Brown University Studies 19 (Providence, 1956) erkennen lassen. Schaut man bei J. v. Beckerath, *Chronologie des pharaonischen Ägypten. Die Zeitbestimmung der ägyptischen Geschichte von der Vorzeit bis 332 v. Chr.*, MÄS 46 (Mainz, 1997), 196–99 Spalte V nach, wann I *pr.t* 1 im Zeitraum vom 3. Juni bis 26. August (jul.) liegt, findet man für den 4.6. das Jahr 660 v. Chr. und für den 28.8. 1001 v. Chr. Das sind also in etwa die Jahre, in denen I *pr.t* 1 in den Duzu fallen konnte. – Einen um einen Monat früheren Zeitpunkt (Möglichkeit b: Frühlingsäquinoktium im Addar) erreicht das ägyptische Wandeljahr 120 Jahre später. Das sind die alternativen Daten bei Zugrundelegung der spätachämenidischen Kalenderregelung.

Da wir nicht wissen, welches der drei Gleichsetzungsschemata benutzt wurde, bleibt ein Rest von Unsicherheit. Ich selbst würde die dritte Möglichkeit bevorzugen, da sie die Härte vermeidet, daß unter Umständen Monate gleichgesetzt werden, die nur einen einzigen Tag gemeinsam haben.

Doch wie auch immer, das astronomische Alter der Tanisinschrift, nämlich die Tatsache, daß die Angaben des Textes für etwa 700 v. Chr. astronomisch stimmen, könnte sehr leicht durch eine spätere Kalenderumrechnung zustandegekommen sein und sich damit als Phantom erweisen: Bei der Ersetzung des babylonischen Kalenders durch den ägyptischen blieb man stur bei Angaben zum 1. und 15. Monatstag. Doch durch die damit verbundene kalendarische Verschiebung wurden die Textangaben quasi astronomisch älter gemacht, als sie eigentlich waren. Jedenfalls haben wir keinen Beleg für eine Rezeption babylonischer Astronomie durch die Ägypter um 700 v. Chr. Daran hätte mich auch gestört, daß der ägyptische Text demotische Zahlzeichen verwendet, die demotische Schrift aber erst um 650 v. Chr. entstand. Es wäre außerdem bei der Tradierung eines wissenschaftlichen ägyptischen Textes singulär, wäre er zunächst hieratisch abgefaßt gewesen und dann schon im 7. Jh. v. Chr. in die demotische Schrift umgesetzt worden. Plausibler ist die Annahme, daß sich ein Schreiber bereits bei der ursprünglichen Fassung demotischer Zeichen bedient hat. Denn entweder gehört ein Text zum Traditionsgut; dann wird er in der Regel noch bis in römische Zeit hieratisch geschrieben. Oder ein Text hat seine Wurzeln in aktuellen Aufzeichnungen; dann kann er eigentlich nur in der zeitgenössischen Kursive notiert worden sein.[68] Als der Text zusammen mit anderen in Stein gemeißelt wurde, verwendete man der Aufzeichnungssituation entsprechend die Hieroglyphenschrift, nur die demotischen Bruchzahlzeichen wußte man offenbar nicht recht umzusetzen und ließ sie daher einfach stehen. Auch jetzt ergibt sich wieder ein in sich stimmiges Bild, das alle bisherigen Beobachtungen erklärt.

Bei der präziseren Eingrenzung des Übernahmezeitpunkes muß man die verschiedenen beiden mesopotamischen Schaltregelungen auseinanderhalten:

(a) vor 485/4 v. Chr.: Die Kalendergleichsetzung und damit die Übernahme kann nur im Zeitraum von 650 v. Chr. (Entstehung der demotischen Schrift) und 540 v. Chr. (Methode 2) erfolgt sein. Akzeptiert man eine Kalendergleichsetzung nach Methode 3, dann wäre der Übernahmezeitpunkt eher vor 600 v. Chr. anzusetzen.

(b) nach 485/4 v. Chr.: Eine Übernahme ist nur zwischen 485/4 und 420 v. Chr. (Methode 2, alternativer Wert) möglich. Wenn speziell die Monate des mesopotamischen und ägyptischen Kalenders miteinander gleichgesetzt wurden, die mindestens zur Hälfte deckungsgleich waren (Methode 3), dann sollte die Übernahme nicht später als 480 v. Chr. erfolgt sein.

Die möglichen Zeiträume fallen damit in zwei Epochen, die für die Beziehungen zwischen Mesopotamien und Ägypten bedeutende historische Einschnitte darstellen:

(a) Entweder bewegen wir uns vollständig in der ägyptischen 26. Dynastie, die von 664 bis 526[69] v. Chr. dauerte. Historisch gesehen ist dies die Epoche nach der assyrischen Besetzung Ägyptens (671–664 v. Chr.). Auch wenn das nur wenige Jahre waren, so haben sie doch ebenso wie die vorangegangene Auseinandersetzung mit den Assyrern z. B. noch in der spätägyptischen Literatur sehr deutliche Spuren hinterlassen.[70] Nach allem, was wir wissen, war das Verhältnis ambivalent. Einerseits waren die Assyrer militärische Gegner, andererseits war

68. Ich meine hier keine Notizen von astronomischen Beobachtungen, sondern vermute für unseren Text Aufzeichnungen von Berechnungen, die auf der Grundlage einer letztlich babylonischen Vorlage durchgeführt worden sind.

69. So, um ein Jahr früher als bisher angenommen, datiert J. F. Quack, „Zum Datum der persischen Eroberung Ägyptens unter Kambyses", *JEH* 4,2 (2011), 228–46, den Beginn der Perserzeit in Ägypten.

70. K. Ryholt, „The Assyrian Invasion of Egypt in Egyptian Literary Tradition. A Survey of the Narrative Source Material", in J. G. Dercksen (Hg.), *Assyria and Beyond: Studies Presented to Mogens Trolle Larsen* (Leuven, 2004), 483–510; K. Ryholt, „A Demotic Narrative in Berlin and Brooklyn Concerning the Assyrian Invasion of Egypt (Pap. Berlin P. 15682 + Pap. Brooklyn 47.218.21–B)", in V. M. Lepper (Hg.), *Forschungen in der Papyrussammlung: Eine Festgabe für das Neue Museum. Für das Ägyptische Museum und Papyrussammlung – Staatliche Museen zu Berlin*, ÄOP 1 (Berlin, 2012), 337–53.

die 26. Dynastie von den Assyrern eingesetzt worden[71] und unterstützte ihrerseits die Assyrer militärisch.[72] Ferner ist zu bedenken, daß es seit dem frühen 7. Jh. Ägypter in Assyrien gab.[73] Später, als Assyrien Ende des 7. Jh. untergegangen und Babylon an seine Stelle getreten war, finden wir Auslandsägypter in Babylonien.[74] Sie waren eine zivil organisierte Gemeinde, deren Größe es ihr erlaubte, ihre nationale Identität zu erhalten.[75] Wir finden in Babylon ägyptische Gelehrte wie Ärzte, Wahrsager, Traumdeuter, Schreiber und andere mehr.[76] Unter all diesen Umständen erscheint die Übernahme mesopotamischer astronomischer Kenntnisse gerade während der 26. Dynastie, deren Sitz im Delta im Norden von Ägypten war, möglich, zumal ja auch die spätere ägyptische und griechische Tradition den König Necho/Nechepsos als Astronomen kennt.[77]

(b) Oder die Übernahme eines mesopotamischen Schemas zur Tag- und Nachtlänge erfolgte während der fortgeschrittenen Ersten Perserzeit (27. Dynastie, 526–401 v. Chr.). Diese Epoche hat sich auch sonst als ganz zentral für den Wissenstransfer von Mesopotamien nach Ägypten erwiesen, speziell auch für die Vermittlung astronomischer Kenntnisse. Ich habe das an anderer Stelle ausführlich dokumentiert und dargelegt.[78]

Während einer dieser beiden Phasen, die beide in den Rahmen der paläographischen und sprachgeschichtlichen Datierung passen würden, werden die Ägypter also die aktuellen mesopotamischen Vorstellungen zur Länge von Tag und Nacht kennengelernt haben. Etwa folgendermaßen läßt sich die Entwicklung in Mesopotamien skizzieren und der in Ägypten gegenüberstellen:

In der zweiten Hälfte des 2. Jt. v. Chr. wurde in Texten wie Enūma Anu Enlil das Verhältnis vom längsten zum kürzesten Tag als 2 : 1 angenommen, Frühlingsäquinoktium ist am 15. Addar; pro Monat werden ein oder zwei Werte angegeben. In Ägypten arbeitete man zur selben Zeit mit einem Verhältnis von 3 : 1, wie der ramessidische Tagewählkalender mit je einer Angabe pro Monat (ohne Tagesdatum!) erkennen läßt.

In der assyrischen Serie MUL.APIN, deren frühester datierter Textzeuge vom Beginn des 7. Jh. v. Chr. stammt, obwohl Teile deutlich älter sein können und die Endredaktion vielleicht um 700 v. Chr. erfolgte,[79] erscheint neben

71. G. Vittmann, *Ägypten und die Fremden im ersten vorchristlichen Jahrtausend*, Kulturgeschichte der Antiken Welt 97 (Mainz, 2003), 43: Psammetich I. war vor den Kuschiten zu Assurbanipal geflohen.

72. Vittmann, *Fremde*, 36 (Psammetich I.); 37 (Necho II.). Vielleicht darf man hier auch an die demotische Sarpot-Erzählung erinnern: Der ägyptische Prinz Petechons verfügt über assyrische Truppen (F. Hoffmann und J. F. Quack, *Anthologie der demotischen Literatur*, EQTÄ 4 [Berlin, 2007], 107–17 und 338 f.).

73. Vittmann, *Fremde*, 35; I. Eph'al, „The Western Minorities in Babylonia in the 6th–5th Centuries B.C.: Maintenance and Cohesion", *Orientalia* 47 (1978), 74–90; I. Huber, „Von Affenwärtern, Schlangenbeschwörern und Palastmanagern: Ägypter im Mesopotamien des ersten vorchristlichen Jahrtausends", in R. Rollinger und B. Truschnegg (Hgg.), *Altertum und Mittelmeerraum: Die antike Welt diesseits und jenseits der Levante. Festschrift für Peter W. Haider zum 60. Geburtstag*, Oriens et Occidens 12 (Stuttgart, 2006), 303–29.

74. Eph'al, „The Western Minorities", 74–90; Huber, „Von Affenwärtern".

75. Eph'al, „The Western Minorities", 79.

76. Vittmann, *Fremde*, 43; ausführlich Eph'al, „The Western Minorities", 78. Vgl. auch B. U. Schipper, „Egyptian Imperialism after the New Kingdom. The 26th Dynasty and the Southern Levant", in S. Bar, D. Kahn und JJ Shirley (Hgg.), *Egypt, Canaan and Israel: History, Imperialism, Ideology and Literature. Proceedings of a Conference at the University of Haifa, 3–7 May 2009*, Culture and History of the Ancient Near East 52 (Leiden und Boston, 2011), 268–90 zum Verhältnis von Ägypten und Levante in der 26. Dynastie; der Wissenstransfer muß ja nicht direkt erfolgt sein, sondern könnte auch über die Levante vermittelt worden sein.

77. K. Ryholt, „New Light on the Legendary King Nechepsos of Egypt", *JEA* 97 (2011) 61–72; S. Heilen, „Some Metrical Fragments from Nechepsos and Petosiris", in I. Boehm und W. Hübner (Hgg.), *La poésie astrologique dans l'Antiquité. Actes du colloque organisé les 7 et 8 décembre 2007 par J.-H. Abry (Université Lyon 3) avec la collaboration de I. Boehm (Université Lyon 2)*, Collection du Centre d'Études et de Recherches sur l'Orient Romain - CEROR 38 (Paris, 2010), 23–93.

78. F. Hoffmann, „Internationale Wissenschaft im hellenistischen Ägypten", in F. Hoffmann und K. S. Schmidt (Hgg.), *Orient und Okzident in hellenistischer Zeit; Beiträge zur Tagung „Orient und Okzident – Antagonismus oder Konstrukt? Machtstrukturen, Ideologien und Kulturtransfer in hellenistischer Zeit"; Würzburg 10.–13. April 2008* (Vaterstetten, 2014), 77–112. Für die Bedeutung der fortgeschrittenen Perserzeit für das ägyptische kulturelle Leben vgl. F. Hoffmann, „Die Entstehung der demotischen Erzählliteratur. Beobachtungen zum überlieferungsgeschichtlichen Kontext", in H. Roeder (Hg.), *Das Erzählen in frühen Hochkulturen. I. Der Fall Ägypten*, Ägyptologie und Kulturwissenschaft 1 (München, 2009), 351–84.

79. Hunger und Pingree, *Astral Sciences*, 57.

dem alten 2 : 1-Schema erstmals in der Keilschrift auch ein neues Verhältnis von 3 : 2.[80] Pro Monat wird ein Wert angegeben; für das alte 2 : 1-System, das außerhalb der mathematischen Astronomie allein üblich ist, auch zwei Werte für jeden Monat, nämlich jeweils für den 1. und den 15. Tag. Formal und inhaltlich sehe ich in der mesopotamischen Astronomie, wie sie uns in MUL.APIN entgegentritt, die engste Parallele zur ägyptischen Tanisinschrift. Diese Verknüpfung würde chronologisch ebenfalls bestens passen.

Um 500 v. Chr. findet sich das Verhältnis 3 : 2 auch außerhalb der mesopotamischen mathematisch-astronomischen Texte,[81] nun aber in 5-Tages-Schritten dokumentiert. Die ägyptische Tanisinschrift zeigt diese Präzisierung der babylonischen Texte um 500 v. Chr. nicht, was man freilich als Argument für eine frühere Entstehung zumindest der Vorlage des Tanistextes nicht überstrapazieren darf. Entscheidender ist ein wesentlicher Erkenntnisfortschritt in der babylonischen Astronomie: Den erhaltenen Textzeugen zufolge wird spätestens um 400 v. Chr.[82] in den babylonischen Tabellentexten zum Mond das Tageslängenschema von 3 : 2 von den Kalenderdaten gelöst und an den Stand der Sonne gekoppelt.[83] Diese wichtige Entdeckung hat im ägyptischen Text keinen Niederschlag gefunden; der Tanistext ist also aus einer vorangehenden wissenschaftsgeschichtlichen Epoche.

Zusammenfassend läßt sich für die astronomiegeschichtliche Gesamtsituation feststellen: Spätestens um 600 v. Chr., vielleicht schon früher, gibt es in Mesopotamien die Idee vom Verhältnis des längsten zum kürzesten Tag als 3 : 2. Entweder im Zeitraum zwischen 650 und 540 v. Chr. in der 26. Dynastie im Rahmen der Kontakte mit Assyrien oder während der 27. Dynastie (speziell zwischen 485 und 420 v. Chr.), als Ägypten Teil des Perserreiches ist, wird diese mesopotamische astronomische Vorstellung in Ägypten bekannt, in den ägyptischen Kalender übertragen und der Tanistext verfaßt. Spätestens um 400 v. Chr. wird in der mesopotamischen Astronomie die Tageslänge vom Kalenderdatum abgekoppelt. Das stellt eine entscheidende Weiterentwicklung gegenüber dem Zustand dar, der in der ägyptischen Inschrift aus Tanis dokumentiert ist.

In Ägypten selbst taucht das 3 : 2-Schema später gar nicht mehr auf, und man kehrt spätestens um 400 v. Chr. wohl wieder zum alten 3 : 1-Modell zurück (Tab. 2 Text 5), das parallel neben einem 2 : 1-Schema bis in römische Zeit tradiert wird. Natürlich ist denkbar, daß abhängig vom Verwendungskontext ein je verschiedenes Schema zugrundegelegt wurde.

80. So zumindest nach dem bisherigen Verständnis der Schattentafel II ii 21–40 (Hunger und Pingree, *Astral Sciences*, 80). L. Brack-Bernsen macht mich darauf aufmerksam, daß in diesem Abschnitt von MUL.APIN aber noch ungelöste Probleme stecken. Spätestens um 600 v. Chr. wurde dann jedoch definitiv in der mesopotamischen Astronomie das Verhältnis 3 : 2 für die Länge vom längsten zum kürzesten Tag eingeführt (Mail vom 12.10.2009).

81. BM 29371 (Hunger, in Gyselen [Hg.], *La sciences*, 134–35).

82. Den überlieferten Daten gemäß vielleicht schon um 600 v. Chr. – es kann sich dabei jedoch um Rückrechnungen handeln (Hunger, in Gyselen [Hg.], *La sciences*, 135).

83. Hunger, in Gyselen (Hg.), *La sciences*, 135.

Another Praise of the Goddess Ait (O. Sommerhausen 1)

Richard Jasnow (Baltimore) and Karl-Theodor Zauzich (Würzburg)

Mark Smith is certainly one of the most distinguished scholars of Egyptian religion, a field famous for its magnificent complexity. Even his earliest publications demonstrate a sovereign control over the sources and a deep insight into the theology, cult, and ritual of ancient Egypt. His books and articles have inspired students (and colleagues) throughout the world and have contributed greatly to the growing interest in Late-period Egypt both among specialists and the public. Indeed, Mark's masterful editions of difficult Demotic texts are models of the art. Not the least intriguing of these is his publication of the two Leuven ostraca in which he collaborated with Mark Depauw.[1] These ostraca have attracted much attention outside of the small circle of Demotic specialists.[2] We are therefore pleased to offer to Mark this *editio princeps* of an ostracon in Zauzich's possession, designated O. Sommerhausen 1 (pls. 9 and 10).[3] If not part of the same group as the Leuven ostraca, it certainly displays very close connections to them.

The two Leuven ostraca and the recently published Carlsberg and Florence papyrus[4] are compositions praising Mut in her various forms. They provide an exceptional amount of detail on the cult of Mut. These texts are clearly associated with the Festival of Drunkenness, celebrated to honor the return of the Distant Goddess.[5] The author of O. Sommerhausen 1 focused on eating and drinking, omitting the highly sexualized statements found

1. M. Depauw and M. Smith, "Visions of Ecstasy: Cultic Revelry before the goddess Ai/Nehemanit. Ostraca Faculteit Letteren (K.U. Leuven) dem. 1–2," in F. Hoffmann and H. J. Thissen (eds.), *Res Severa Verum Gaudium: Festschrift für Karl-Theodor Zauzich zum 65. Geburtstag am 8. Juni 2004*, StudDem 6 (Leuven, Paris, and Dudley, MA, 2004), 67–93.

2. See also now J. Quack, "Festgedicht zu einer Orgie," in B. Janowski and D. Schwemer (eds.), *Hymnen, Klagelieder und Gebete*, TUAT Neue Folge Bd. 7 (Gütersloh, 2013), 270–72; J. Quack, "Quelques apports récents des études démotiques à la compréhension du livre II d'Hérodote," in L. Coulon, P. Giovannelli-Jouanna, and F. Kimmel-Clauzet (eds.), *Hérodote et l'Égypte: Regards croisés sur le livre II de l'*Enquête *d'Hérodote* (Lyon, 2013), 76–79; R. Jasnow and M. Smith, "New Fragments of the Demotic Mut Text in Copenhagen and Florence," in R. Jasnow and K. Cooney (eds.), *Joyful in Thebes: Egyptological Studies in Honor of Betsy M. Bryan*, MVCAE 1 (Atlanta, 2015), 239–82.

3. Purchased on February 9th, 2013, from Ancient Resource LLC, 3715 Market St. Suite 205, Glendale, CA 91208. In the catalogue of Auction 17, it is listed under the number 55. The description in the catalogue is as follows: "A large Ptolemaic ostracon in Demotic script, 3rd – 2nd Century BC, with twelve lines of elegant writing pertaining to accounting or tax collection written on the outside of the sherd. 10 3/4" x 7" (27.3 x 18.2 cm). A very large and attractive example with clear characters and beautiful penmanship. Light deposits throughout. Ostraca were used extensively in Egypt as a cheaper substitute for papyrus. They are invaluable sources of data as they provide primary evidence for the functioning of the economy and the changes in the government of Egypt across the centuries. Ex Superior Galleries, 1991; Ex Orange County private collection." As this description indicates, the ostracon had already been sold at auction once before, through Superior Galleries in Beverly Hills, CA 90212, at the "Fine Antiquities Auction" of June 8th–9th June, 1993. In the Auction Catalogue it is listed under number 382: "Lot of Three Egyptian Terracotta Ostraca, Late Period (1085–332 BC). Heights: 5 1/2" (13.5 cm), 5 1/2" (13.5 cm), 11" (27.5 cm)." All three ostraca are also illustrated there. We know nothing more about the provenance of the ostracon. We wish to thank Christina Di Cerbo for her help with the illustrations accompanying this article.

4. R. Jasnow and M. Smith, "'As for Those Who have Called me Evil, Mut will Call them Evil': Orgiastic Cultic Behaviour and its Critics in Ancient Egypt (PSI Inv. [provv.] D 114a + PSI Inv. 3056 verso)," *Enchoria* 32 (2010/2011), 9–53.

5. See M. Smith, *Traversing Eternity: Texts for the Afterlife from Ptolemaic and Roman Egypt* (Oxford, 2009), 153.

in the Leuven ostraca and Carlsberg/Florence papyrus. Nevertheless, as in the other texts, this composition aims to convince the reader of the positive benefits of participating in the cult of Mut. Central to O. Sommerhausen 1 is the goddess Ait, the eye of the sun, who also plays a fundamental role in the Leuven ostraca. O. Sommerhausen 1 further adopts the same polemical tone as in the other texts. The author contrasts the happy lot of those who enthusiastically participate in the cult ceremony with the misfortune of those who do not.

While the handwriting of O. Sommerhausen 1 resembles that of the Leuven ostraca, we would not maintain that it is identical with that found on the Leuven ostraca. We would, however, propose that this ostracon comes from the same circle which produced the Leuven ostraca and the Carlsberg/Florence Papyrus. The hand is generally a good one, although there are a few palaeographic challenges (e.g., in line 12). The grammar is fairly straightforward, but there are a few archaisms, such as the use of *m* for the preposition in line 4 and the appearance of the old participles as *pr* in line 4 and *ḏ* in line 8. Very curious are the two instances in which numerals may be used for words ("1000" for *ẖr* in line 2; "100" for *šʿ* in line 7). We date O. Sommerhausen 1 to the Late Ptolemaic or early Roman period.[6]

The present text is doubtless metrically composed, although the details remain to be worked out. There is still simply too little known regarding short "poetic" works in Demotic.[7] It nevertheless seems to us certain that the "song" has three strophes. The first strophe contains good wishes for the participant of the celebration and his fortunate drinking companions. This strophe appears to conclude with *tꜣ wty (r)-ir imn tꜣ hyꜣ.t bw-ir(=w) rḫ s*, a statement not entirely intelligible to us. The second strophe begins in line 4 with a praise of Ait, who is described as apparently already in existence before the creation of the land of Egypt. We leave open the question as to whether there is any relation here to the Biblical Khokma, who existed "from everlasting, from the beginning or ever the earth was" (Prov 8:23).[8] This lies beyond our competence. Nevertheless we observe an undeniable similarity between the Egyptian and biblical passages. The adherents of Ait, who eat and drink, are on the "proper way." They know their "position" or their "life" (depending on the precise nuance of *ʿḥʿ* here). The third strophe begins in line 8 with *nꜣ-ḏ=w bn-pw=w swr* and is an invective against those who do not follow Ait. It is their very obstinance which will incur the wrath of the goddess and lead to death. Unfortunately, we are unable to read the last word, which prevents the full understanding of this strophe.

Ostracon Sommerhausen 1
Height: 27.3 cm
Width: 17.2 cm
Width of sherd: ca. 1 cm

The interior of the ostracon is largely covered with flaky black traces, presumably from the original contents of the jar. They do not seem to be from a pitch coating. This demonstrates that the ostracon derives from a different vase from the two ostraca in Leuven, published in *Res Severa Verum Gaudium*.[9]

6. Depauw and Smith, "Visions of Ecstasy," 79, remark of the two O. Leuven that "the general impression of the writing suggests a Ptolemaic rather than a Roman date."

7. See, e.g., J. Quack, *Einführung in die altägyptische Literaturgeschichte III. Die demotische und gräko-ägyptische Literatur*, EQTÄ 3, 2nd rev. ed. (Münster, 2009), 98–110.

8. See M. Fox, *Proverbs 1–9* (New Haven, 2000), 263–95 on this section of Proverbs, with references to earlier literature. See also M. Küchler, *Frühjüdische Weisheitstraditionen: Zum Fortgang weisheitlichen Denkens im Bereich des frühjüdischen Jahweglaubens*, OBO 26 (Freiburg [Switzerland] and Göttingen, 1979), 35–40.

9. We thank Mark Depauw for the images of the interior of these two ostraca.

Transliteration

1. *swr=f wnm=f i pꜣ nt wn mtw=f Pꜣ-nfr-šy bw-ir=f*
2. *wy r pꜣ ṯbꜣ ẖ(r) rḫ s n=w pꜣ s rḫ ḥms*
3. *tꜣ wty (r-)ir imn (r) tꜣ hyꜣ.t bw-ir(=w)*
4. *rḫ s wn ꜥy(.t) šnꜥ sḫ.t ntr pr m ḫpr tꜣ*
5. *n Yb (r) Pr-ꜥ.wy-imn im-n=n ẖb ks gꜣ*
6. *nꜣ nt swr nꜣ nt wnm nꜣ nt ḥr tꜣ mi.t st ir-rḫ*
7. *pꜣi=w ꜥḥꜥ tꜣ ri.t ẖry.t 100 tꜣ ri.t ḥri.t*
8. *nꜣ-ḏd=w bn-pw=w swr nꜣ-ḏd=w bn-pw=w wnm*
9. *pꜣi=w šy tꜣe=w špšy r gnṯ*
10. *r mwt iw=w ti.t ḫpr ḥt iw=w sḫp pr-ḥt*
11. *iw=w ꜥšꜣy sw bt mn mtw=w it in*
12. *i-ir=w sḫp …*

Translation

1. May he drink! May he eat, o you who have the-good-companion! He will not be
2. far from the (wine)-jar! The one who knows (how to direct) a session allots it (the wine-jar) to them (the cultic participants).
3. (As for) the command which Amun has made (regarding) the portico hall, is it not
4. known? There exists (the goddess) Ait, the baker (?), the god's field which came forth when the land came into being
5. from Elephantine to Balamun. Come let us go in bending (posture) or bowing!
6. The ones who drink and the ones who eat (are) the ones who are on the path (of god). They know
7. their position from the lower side up to the upper side.
8. (But) the ones who have said: "They have not drunk," the ones who have said: "They have not eaten,"
9. their fate (and) their fortune (lead) towards anger
10. and death. They will cause silver to come into being. (But) they will destroy the treasury.
11. They will be abundant of wheat and emmer. (But) they do not have barley.
12. They destroy …

Commentary

Line 1

(*a*) We translate the paired *swr=f* and *wnm=f* as optatives.[10] Compare O. Leuven 2, 4: *swr=f wnm=f nq=f m-bꜣḥ Tꜣy*, "Let him drink, let him eat, let him make love before *Tꜣy*," Depauw and Smith, in *Res Severa Verum Gaudium*, 74–75. There is clearly a cultic background to eating and drinking in both O. Sommerhausen 1 and the two Leuven ostraca. One might compare the *hrw n swr*, the "festival day," in the cult association texts, F. de Cenival, *Les Associations religieuses en Égypte d'après les documents démotiques*, BdE 46 (Cairo, 1972), 111; M. Schentuleit, *Aus der Buchhaltung des Weinmagazins im Edfu-Tempel. Der demotische P. Carlsberg 409*, CNI Publication 32 = The

10. K. Ryholt discusses the pairing of *swr* and *wnm*, *Narrative Literature from the Tebtunis Temple Library*, CNI Publications 35 = The Carlsberg Papyri 10 (Copenhagen, 2012), 26.

Carlsberg Papyri 9 (Copenhagen, 2006), 187–88; B. Muhs, "Membership in Private Associations in Ptolemaic Tebtunis," *JESHO* 44 (2001), 1–21. The unpublished "texts for the Bastet-Festival" contain such exclamations as: "Ja, trinken lasst uns, essen von dem Schmause! Wir wollen jubeln, jubeln, nochmals jubeln! Es komme Bastet her zu unserm Fest! Lasst uns bei ihrem Trinkfest trunken werden!" F. Hoffmann and J. Quack, *Anthologie der demotischen Literatur*, EQTÄ 4 (Berlin, 2007), 309. For the writings of *swr* , (lines 1 and 6) and *wnm* , (lines 1 and 8) in O. Sommerhausen 1, cf. O. Leuven 1, 5 and O. Leuven 1, 5 .
(b) i directly addresses the devotee.
(c) The writing of *wn* is slightly flaked at the top; cf. in line 4.
(d) Literally, "The-one-who-has-goodness-of-fate." For the writing of *nfr* , cf. O. Leuven 1, 1 . For the writing of *šy*, , cf. O. Leuven 1, 1 ( ) in Depauw and Smith, "Visions of Ecstasy," 69. We understand "The-one-who-has-goodness-of-fate" to designate the willing participant in the cult. The feminine counterpart *Tꜣ-nfr-šʿy* ("The one who is good in regard to fate") is an epithet of Isis, *CDD N* (2004), page 81, J. Quaegebeur, *Le dieu égyptien Shaï dans la religion et l'onomastique*, OLA 2 (Leuven, 1975), 217–23. Quaegebeur, *Shaï*, 219, quotes the personal name in Demotic, *Pꜣ-nfr-šy*; *Demot. Nb.* I, 193. Quaegebeur also observes that *pꜣ-nfr-šy* appears in Insinger (*Shaï*, 221):

> 18/6. *Pꜣ nfr ir šy*[11] *ẖn nꜣy=f sw pꜣ nt ip r pꜣ mwt n-im=w*
> "The one fortunate of fate in his days is the one who thinks of death in them."

On *šy*, "fate," in combination with *nfr*, see also H.-J. Thissen, "Annotationes Demoticae," *Enchoria* 28 (2002/3), 98–100.
(e) Bw in *bw-ir=f* is written differently from the example in line 3: . Cf. *bw-ir=y* in O. Leuven 2, 8 . For the translation of the negative aorist as a "generalizing future," see B. Layton, *A Coptic Grammar*, PLO – Neue Serie 20 (Wiesbaden, 2000), 262; W. Till, *Koptische Grammatik*, Lehrbuch für das Studium der orientalischen Sprachen 1 (Leipzig, 1961), paragraph 304; S. Lippert, *Ein demotisches juristisches Lehrbuch. Untersuchungen zu Papyrus Berlin P 23757 rto*, ÄA 66 (Wiesbaden, 2004), 132–34.

Line 2
(a) Despite the rather unusual *w*, which resembles *ḥ*, is certainly *wy*, "fern sein," Erichsen, *Glossar*, 78. Cf. *wy* in O. Leuven 1, 7 .
(b) The scribe of O. Sommerhausen 1 writes *pꜣ* thus: ; cf. in O. Leuven 1, 1.
(c) *ṯbꜣ* is *ṯb*, "Krug, Gefäss," Erichsen, *Glossar*, 618; *CDD T* (2012), pages 141–42. *ṯbꜣ* occurs also in O. Leuven 2, 8, Depauw and Smith, "Visions of Ecstasy," 75–76: *bw-ir=y ir wš pꜣy=t ṯbꜣ* "I do not neglect your vessel." On *ṯbꜣ*, "cup," see M. Smith, *Papyrus Harkness (MMA 31.9.7)* (Oxford, 2005), 111; Cenival, *Les Associations religieuses en Égypte d'après les documents démotiques*, 132–33.
(d) The sign between *ṯbꜣ* and *rḫ* is probably *ẖ*; compare *ẖry.t* in line 7. We interpret *ẖ* as an unorthographic writing of the aorist particle *ẖr*, but have no parallel for such a variant. Alternatively, one may transliterate "1000," Erichsen, *Glossar*, 702; *ḫꜣ*, "tausend," *Wb.* III, 219, 3–220, 2. This could also be employed for *ẖr*. Phonetically, this seems possible given that *šʿ* may be used to write the aorist ϣⲁ in Roman–period Demotic, see F. Hoffmann, *Der Kampf um den Panzer des Inaros: Studien zum P. Krall und seiner Stellung innerhalb des Inaros-Petubastis-Zyklus*, MPER NS 26. Folge (Vienna, 1996), 267. The scribe of this ostracon intriguingly does seem to use numerals for words; cf. *š.t*, "100," in line 7, which apparently stands for *šʿ*, "until."
(e) We take *rḫ* here to mean "allot," "reckon," Erichsen, *Glossar*, 253; *CDD R* (2001), page 56 (with queries regarding this sense). The masculine singular dependent pronoun *s* denotes the *ṯbꜣ*, the "jar."

11. On the variant with *ir*, *Pꜣ-nfr-ir-šy*, see Quack, "Balsamierung und Totengericht im Papyrus Insinger," *Enchoria* 25 (1999), 28.

(*f*) *N*=*w* is a secure reading, Erichsen, *Glossar*, 197. It presumably refers back to the other participants engaged in the ceremony.
(*g*) After *n*=*w* read *pꜣ* (slightly damaged).
(*h*) After considering several possibilities, we now think the group after *pꜣ*, , most closely resembles *s*, "Person," Erichsen, *Glossar*, 400.
(*i*) 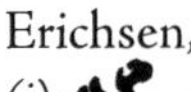 at the end of the line is probably *ḥms*, "sitzen," *Glossar*, 308–9. The infinitive form here denotes a "sitting," "'tagen' o. ä. Von den Versammlungen der Kultgenossenschaften," Erichsen, *Glossar*, 308. We take *pꜣ s rḫ ḥms*, "the one who knows how to (lead) a session," as the subject of *rḫ* (understood as a participle). On *ḥms* as a technical term for the cult associations or in a formal sense, see Cenival, *Les Associations religieuses en Égypte d'après les documents démotiques*, 21; J. D. Ray, "Dreams before a Wise Man: A Demotic Ostracon in the Nicholson Museum, University of Sydney (inv. R. 98)," in A. Leahy and J. Tait (eds.), *Studies on Ancient Egypt in Honour of H. S. Smith*, EES Occasional Publications 13 (London, 1999), 245.

Line 3
(*a*) We think this most probably *wty.t*, "command, decree," the feminine variant of *wt*, "Befehl, Erlass," Erichsen, *Glossar*, 104; *CDD W* (2009), page 189. On *wty.t* as the "feminine counterpart of *wt*, 'decree,'" see M. Smith, *The Mortuary Texts of P. BM 10507*, CDPBM 3 (London, 1987), 117. The determinative is unclear. It may be a slightly damaged "papyrus with the cobra" or full form of the man with hand to mouth. Amun or Amun-Re, of course, famously issues decrees. He bears, after all, the epithet *wḏ-ir*, "Der das, was geschehen soll, anordnet," Leitz, *LGG* II, 629. On divine decrees in the Late Period, see, e.g, J. Quack, "Das Dekret des Amun an Isis. Papyrus Kairo CG 58034 + 58028," in J. Hallof (ed.), *Auf den Spuren des Sobek: Festschrift für Horst Beinlich*, SRaT 12 (Dettelbach, 2012), e.g., 225: "Worte des Amun-Re... Ich habe mein grosses und erstes edles Dekret befohlen an Isis..."
(*b*) (*r*-)*ir* is a relative form.
(*c*) *i̓mn* appears again in *Pr-ʿ.wy-i̓mn* in line 5.
(*d*) 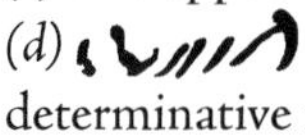 *hyꜣ.t* is probably *hꜣ.t*, "Halle," Erichsen, *Glossar*, 266, and *hyꜣ.t*, "Raum," Erichsen, *Glossar*, 268. The determinative is unclear although the vertical stroke does seem characteristic of these words, cf. Erichsen, *Glossar*, 268. This interpretation yields sense, since *hyꜣ.t* is the "portico," "columned hall," or "festival hall," *CDD H* (2001), pages 1–3. Compare also *hyꜣ.t*, "brewery, bakery," *CDD H* (2001), pages 2–3, s.v. *hyꜣ*(*.t*). K. Ryholt, *The Petese Stories II (P. Petese II)*, The Carlsberg Papyri 6 = CNI Publication 29 (Copenhagen, 2006), 103–4, emphasizes that the *hyꜣ.t*, "tavern," is associated with alcoholic drink.
(*e*) The subject of *bw-ir* is not indicated; we supply =*w* after *bw-ir*.
(*f*) *S* in line 4 may refer back to the *wty.t*, "command," or "decree."

Line 4
(*a*) After *rḫ s*, read *wn*, "es ist," Erichsen, *Glossar*, 88. This line may offer the content of Amun's decree, affirming Ait's significance and universality. Alternatively, there may be an opposition between the decree of Amun and the praise of Ait. The grammar (strikingly archaic in lines 4–5) is not entirely clear. Does the *wn* introduce an existential statement?
(*b*) 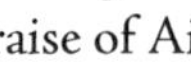 *ʿy*, "Ait," written just as in Depauw and Smith, "Visions of Ecstasy," 74, Ostracon 2, 1  . *ʿy.t* is as an epithet of Sakhmet and Hathor, Depauw and Smith, "Visions of Ecstasy," 83. *ʿy.t* is "la Déesse dangereuse, aggressive et protectrice," Yoyotte, "Des lions et des chats. Contribution à la prosopographie de l'époque libyenne," *RdE* 39 (1988), 172; see Leitz, *LGG* II, 80, s.v. *ʿwꜣy.t*, "Die Räuberin." Yoyotte remarks that Ait is particularly associated with Herakleopolis Magna, with its chief god of Heryshef, "lions," 172. This goddess is not especially common in Demotic texts, but there is an interesting series of Ait-names in Zauzich, "Ein antikes demotisches Namenbuch," in P. Frandsen and K. Ryholt (eds.), *A Miscellany of Demotic Texts and Studies*, The Carlsberg Papyri 3 = CNI Publication 22 (Copenhagen, 2000), 38: "Ait"; "Ait-is-the-mistress-of-life"; "Ait is in festival (*ʿy.t-n-tꜣ*-

hrwṯ)"; "Ait-is-the-one-who gave-her/him"; "Ait-is-the-one-who-(knows)-him"; and ibid., 48. On Ait(-Bastet), see also the comments on the goddess as the fiery "Eye of Re," G. Vittmann, *Der demotische Papyrus Rylands 9*, ÄAT 38 (Wiesbaden, 1998), 583. As Ait is generally specifically associated with Herakleopolis (J. Yoyotte, "Une épouse Divine à Héracléopolis," *RdE* 34 [1982–83], 147), the emphasis in O. Sommerhausen 1 on the entirety of Egypt ("from Elephantine to Balamun" in line 5) is striking.

(c) We consider *šnꜥ*, "baker," *CDD Š* (2010), pages 173–75, the best reading for ; Erichsen, *Glossar*, 139 (transliterated there as *mr-ꜥ.wy-psy*). For the considerable literature on *šnꜥ*, see S. Vleeming, *Demotic and Greek-Demotic Mummy Labels and Other Short Texts Gathered from Many Publications*, StudDem 9 (Leuven, 2011), 37; G. Vittmann, "Zwei Spätzeittitel," *SAK* 21 (1994), 338–43, with an excellent collection of facsimiles; S. Lippert and M. Schentuleit, *Quittungen*, DDD 2 (Wiesbaden, 2006), 168. Could the epithet "baker," be applied here to Ait, because of her connection with fire? See further note *(d)* on line 3 on *hyꜣ.t*, which can also mean "bakery." We have also considered the possibility that *šnꜥ* is Lycopolis, *CDD Š* (2010), pages 176–77. This locality is especially associated with Hathor, A. Egberts, "A Divine Epithet in P. dem. Cairo CG 50058 and 50059," *Enchoria* 15 (1987), 27; J. Darnell, "Amun of Schena," *Enchoria* 16 (1988), 130. "She-of-Letopolis" is a form of Hathor, which fits well with Ait.

(d) Despite the faded ink, the reading *sḫ.t*, "Feld," Erichsen, *Glossar*, 450–51, is certain. The place determinative is well preserved.

(e) *Ntr*, "Gott," Erichsen, *Glossar*, 232–33, is also secure. We may be dealing here with the phrase, *sḫ.t-ntr*, "Das Feld des Gottes," Leitz, *LGG* VI, 498; "Field of god," P. Wilson, *A Ptolemaic Lexikon: A Lexicographical Study of the Texts in the Temple of Edfu*, OLA 78 (Leuven, 1997), 913. *Sḫ.t-nṯr* is especially associated with the Eighteenth Lower Egyptian nome. This is presumably a place in Elephantine.

(f) The writing here of *pr* is similar to the determinative of *ꜥ.wy* in line 5 and *pr-ḥḏ* in line 10 . Compare *nṯr pr ḫpr*, "Der Gott, der hervorkommt und entsteht(?)," Leitz, *LGG* IV, 424. We thus understand *pr* as an old feminine participle referring to Ait.

(g) is the archaic writing of the preposition *m*.

(h) is the infinitive form.

(i) is *tꜣ*, "Erde," Erichsen, *Glossar*, 598–99.

Line 5

(a) , *Pr-ꜥ.wy-imn*, stands for *Pr-i-ir-imn* or *Pꜣy-ir-imn*, which would be a variant of the older *Pꜣ-iw-n-imn*, J. Malek, *LÄ* VI, 319–21, s.v. "Tell el-Belamun." This was the "traditional northernmost town of Egypt" (ibid.), and is thus an ideal counterpart to Elephantine. On this type of phrase describing the totality of Egypt, see Zauzich, "Von Elephantine bis Sambehdet," *Enchoria* 12 (1984), 193–94. For a discussion of the problem of the identification of *Pꜣ-i-ir-imn* (and variants) with either Balamun or Pelusium, see Ryholt, *Narrative Literature*, 150–51.

(b) The bottom horizontal stroke of *ꜥ.wy* is somewhat peculiar.

(c) is almost certainly *im-n*, the imperative form of *iy*, *CDD i* (2011), page 34, "Let us go!" Cf. the writing *im-n* in F. Ll. Griffith, *Catalogue of the Demotic Papyri in the John Rylands Library Manchester with Facsimiles and Complete Translations*, vol. 3 (Manchester and London, 1909), 327.

(d) The group immediately after *im-n* is probably the plant determinative, comparing *Ḫb*, "Chemmis," Erichsen, *Glossar*, 353, and the walking legs. We tentatively suggest that this is an otherwise unattested variant of *ḫbi*, "to bow," "to dance," Wilson, *Lexikon*, 714. We have also considered the possibility that after *Ḫb* and after the following *ks* could be abbreviations of *sp-2*, "twice," Erichsen, *Glossar*, 425–26, producing the geminated forms *ḫbḫb* and *ksks* (see the following note). However, we have found no such abbreviation of *sp-2* elsewhere.

(e) We propose that is *ks*, with the walking legs determinative, "to bow down," (not in Erichsen, *Glossar*), Wilson, *Lexikon*, 1090. Compare also *ksks/gsgs*, "to dance," Erichsen, *Glossar*, 593; Wilson, *Lexikon*, 1113 (*gsgs*=*ksks*).

(f) *G3* is probably *gr*, "oder," Erichsen, *Glossar*, 582–83, or *gr*, "ferner," Erichsen, *Glossar*, 583. The last sign would then be the man with hand to mouth determinative.

Line 6

(a) In this nominal statement the writer asserts that only those who drink and eat (during the cultic ceremony) are upon the (correct) path of god.
(b) For the writing of *ḥr* , cf. in O. Leuven 2, 11.
(c) On the image of the "path/way/road (of god)," see G. Vittmann, *Altägyptische Wegmetaphorik*, Veröffentlichungen der Institute für Afrikanistik und Ägyptologie der Universität Wien 83; Beiträge zur Ägyptologie, Bd. 15 (Vienna, 1999); idem, "Nachlese zur ägyptischen Wegmetaphorik," in J. Hallof (ed.), *Auf den Spuren des Sobek*, 275–94.
(d) *St* introduces a First Present construction.

Line 7

(a) "Their place of standing" probably refers to proper position during the ceremony, which is known to the cultic participants.
(b) Very curiously, *š*, "100," Erichsen, *Glossar*, 701, seems to stand for *šʿ*, "until," Erichsen, *Glossar*, 487–88.
(c) For *ry.t ḥry.t*, "Oberseite," Erichsen, *Glossar*, 241, see, e.g., Quack, "Kollationen und Korrekturvorschläge zum Papyrus Carlsberg 1," in Frandsen and Ryholt (eds.), *Miscellany*, 166; Hoffmann, *Der Kampf um den Panzer des Inaros*, 227–28.

Line 8

(a) *n3-ḏ=w* is a participial phrase: "The ones who said." The author refers here to those who apparently refuse to participate (that is, drink and eat at the cult festival). Compare the participial phrase *n3 i-ir ḏ*, "the ones who have said/called" in the refrain of the Mut Text, "As for those who called me evil, Mut will call them evil," Jasnow and Smith, "New Fragments of the Demotic Mut Text," 17–18 and 23. In the cult association texts, there are penalties for non-participation in the activities of the association, M. Fitzenreiter, "Trinken für den Frieden (*swr ḥnḳ di.t nfr ḥ3.tj*). Assoziatives zu den *associations religieuses*," in F. Feder, L. Morenz, and G. Vittmann (eds.), *Von Theben nach Giza. Festmiszellen für Stefan Grunert zum 65. Geburtstag*, GM Beihefte 10 (Göttingen, 2011), 52.

Line 9

(a) *špšy*, is *špš.t* "die Vornehme," Erichsen, *Glossar*, 504; "Good Fortune," *CDD Š* (2010), pages 110–12; T. Dousa, "Imagining Isis: On some Continuities and Discontinuities in the Image of Isis in Greek Isis Hymns and Demotic Texts," in K. Ryholt (ed.), *Acts of the Seventh International Conference of Demotic Studies. Copenhagen, 23–27 August 1999*, CNI Publication 27 (Copenhagen, 2002), 178: "... Shepsyt ... literally 'Noble Lady', designates a type of personal tutelary spirit, who appears elsewhere in Demotic texts in close connection to Shai. In certain contexts, the word *špšy.t* could also take on the abstract meaning of '(good) fortune.'" On the association of *Š3y*, "Fate," and *špšy*, "uraeus-goddess," see also J. Ray, *The Archive of Ḥor*, EES Texts from Excavations Memoir 2 (Oxford, 1976), 157.
(b) *gnṯ*, with the evil determinative, is *knṯ*, "Zorn," Erichsen, *Glossar*, 565.

Line 10

(a) *r mwt* is parallel to *r gnṯ*. The form of *r* is somewhat peculiar.
(b) *sẖp* in lines 10 and 12 has the evil determinative. It is probably *sẖpi*, "to cause to die," Wilson, *Lexikon*, 901 (not in Erichsen, *Glossar* or *CDD*). There is word play between *ẖpr* and *sẖp*.

Line 11

(a)  is *ʿšꜣ*, "viel sein," Erichsen, *Glossar*, 72.

(b)  may be *sw*, "Weizen," Erichsen, *Glossar*, 412, comparing some of the variants in *CDD S* (2013), pages 61–65. However, certain forms of *it*, "barley," also resemble the group, Malinine, "Un prêt de céréales à l'époque de Darius I (Pap. Dem. Strasbourg n° 4)," *Kêmi* 11 (1950), pls. 1 and 12.

(c)  is *bt*, "Emmer," Erichsen, *Glossar*, 126.

(d) Presumably, this line contrasts the relative values of *bt* and *it*, the latter being more valuable. We therefore understand  as *it*, "barley, Erichsen, *Glossar*, 46. The idea may be that those who do not participate in the cult may have property, but only up to a certain point. Another, perhaps more plausible interpretation, is that, since beer is largely produced from barley, these nonparticipants will not be able to make beer since they will have no barley.

(e) For the construction *mn mtw=X X in*, see Zauzich, "P. Carlsberg 21 und 22: Zwei Briefe von Bücherfreunden," in Frandsen and Ryholt (eds.), *Miscellany*, 54, for a pattern *mn... in* in P. Carlsberg 21, 4–5; Zauzich, "Ostrakon Medinet Madi 332 (=ODN 20): Eine Schülerbeschimpfung," *Enchoria* 28 (2002/3), 176. Another good example is in Stela BMA 37.1821E, line 10: *iw mn mtw=y nw r-bnr in*, "not having sight," S. P. Vleeming, *Some Coins of Artaxerxes and Other Short Texts in the Demotic Script Found on Various Objects and Gathered from Many Publications*, StudDem 5 (Leuven, 2001), 99.

Line 12

(a) We have given much thought to the end of this line, , but can propose no truly convincing reading. It seems to conclude with *ṱ=s*. Possibilities such as *nb...* "gold ...," *r ʿꜣ m-šs*, "to a very great extent," are not satisfactory. We now tend towards *ki.ṱ=s*, understood as a variant of *mi-qt=s*. We might thus render: "They destroy (Ait and her works) entirely," or "They (the nonparticipants) are destroyed entirely" (taking *s* for *sn*).

Addendum

On the basis of a suggestion by Ghislaine Widmer, one might also translate lines 10–11 as conditionals:

"(Even if) they acquire money, they destroy the treasury.

(Even if) they are abundant of wheat and emmer, they lack barley."

Compound Nouns, Especially Abstracts, in Demotic

Janet H. Johnson (Chicago)

It is a pleasure for me to offer the following few lexical thoughts as a minor tribute to a man who has contributed significantly to Egyptology in general, Demotic studies in particular and the study of Egyptian funerary/mortuary literature. He has written incisively on lexical issues frequently, including on a couple of the terms discussed below. Mark was the first student to work on the Chicago Demotic Dictionary and one of the best. He set standards which we have tried to maintain and which he has maintained throughout his career. It is hoped that the comments offered below will be of interest to him.

Compound nouns are attested in most if not all languages. Some found in earlier stages of Egyptian lasted into Coptic without much change to their meaning.[1] New compounds were created continuously through time. Some compounds seem to have retained the literal meaning of the two nouns being combined while others seem to have taken on a new meaning, unique to the compound. How or when did this happen? Special attention will be paid to Demotic examples of "nominal prefixes" such as ⲙⲛⲧ, ⲣⲉϥ, ⲣⲙ(ⲛ), ⲥⲁⲛ and ϭⲓⲛ found in Coptic.[2] What is looked at here is a small sample of compound nouns,[3] mostly those composed of two nouns in a direct or indirect genitive.[4]

Unless otherwise noted, all Demotic examples cited are quoted from the Chicago Demotic Dictionary (http://oi.uchicago.edu/research/publications/demotic-dictionary-oriental-institute-university-chicago); words in compounds are discussed in the entry for one or the other element of the compound; compounds used in phrases are included in the entries for all major words in the phrase. Secondary references cited in the *CDD* are not normally repeated here. I would like to thank François Gaudard, Roman Gundacker, and Brian Muhs for reading an earlier draft of this manuscript and making numerous useful comments which have been incorporated here; needless to say, responsibility for what is said remains entirely mine.

1. E.g., *s.t ḥm.t* is first attested in the Middle Kingdom according to *Wb.* III, 407 and is preserved in Coptic ⲥϩⲓⲙⲉ (Crum, *CD*, 385a).

2. See, for instance, W. C. Till, *Koptische Grammatik*, 3rd ed. revised, Lehrbücher für das Studium der orientalischen und afrikanischen Sprachen, vol. 1 (Leipzig, 1966), 71–75, §123–46. For a useful historical survey of approaches to Coptic "nominal prefixes," see W. B. Oerter, "Die sogenannten Nominalpräfixe: Zur Anwendung eines Begriffs in Grammatiken des Koptischen (Saîdischen)," in S. Emmel et al. (eds.), *Ägypten und Nubien in spätantiker und christlicher Zeit: Akten des 6. Internationalen Koptologenkongresses, Münster, 20.–26. Juli 1996*. Vol. 2: *Schriftum, Sprache und Gedankenwelt*, Sprachen und Kulturen des christlichen Orients, vol. 6/2 (Wiesbaden, 1999), 359–64 (reference courtesy of Roman Gundacker).

3. Or, better, "compound-like substantival constructions," formations consisting of more than one word which are treated as a semantic unit and thus, in descriptive terms, can be identified as compounds. I am not concerned here with identification of/as syntactical and/or morphological units, which is an important desideratum but depends on morphological information which is not always available in the writing. As noted by Roman Gundacker (pers. comm., 7/17/14), many of the expressions considered here are not morphologically compounds because the first/head noun may be inflected (feminine or plural as well as masculine singular) or the second noun may have a definite article.

4. Since the genitive *n* was not necessarily written in Demotic, it is sometimes difficult to determine whether a compound consisted of the direct genitive or the indirect genitive with *n* not written. If, as seems possible, direct genitives were not still a productive formation in Demotic, the majority of examples would have to be understood as indirect genitives. W. Spiegelberg, *Demotische Grammatik* (Heidelberg, 1925), 23–24, §28, a, noted the coexistence of examples with and without the genitive being written. In addition, there are clear examples of compounds written consistently in Demotic without the *n* but with the ⲛ in Coptic. Among these are Demotic *ʿ(.t) sbꜣ*, "school" corresponding to Coptic ⲁⲛⲥⲏⲃⲉ and Demotic *mt(.t) rmt Kmy*, "Egyptian language" corresponding to Coptic ⲙⲛⲧⲣⲙⲛⲕⲏⲙⲉ. But Spiegelberg also noted the Greek Ερμοχύμιος transcribing *rmt Km.t* without the genitive *n*. The Late Egyptian example of this phrase quoted by Adolf Erman, *Neuägyptische Grammatik*, 2nd rev. ed. (Hildesheim, 1968), 60, §137, includes the genitive *n*. But, as noted by Gundacker, the diachronic phonetic development of genitive *n* is a complex topic and will not be considered here.

Compounds can, of course, also be formed between a noun and an adjective[5] (or adjective and noun[6]), between a verb and a noun,[7] and between a preposition and a noun.[8] A study of each of these combinations would add much to our understanding of compound nouns but is beyond the scope of this paper.

The meaning of compound nouns in Demotic is frequently the same as the literal translation of the two parts. Examples cited in this paragraph have been chosen because they include words discussed later in the paper where they occur in compounds with modified meaning or, in some cases, abstract usage. These examples were chosen to stress that, even as individual words might develop into "prefixes," they may also retain their full lexical value. Examples of compounds retaining literal meaning include *iry n Igš*, "Nubian companion" (lit., "companion of/from Nubia"); *ʿ(ꜣ).t nm.t*, "slaughter room"; *ʿ.wy (n) wyʿ*, "farmer's house"; *ʿ.wy (n) hn*, potter's house"; *ʿ.wy n rpy*, "chamber of rejuvenation"; *rmṯ (n) (pꜣ) ʿ.wy*, "man of the house" ⲣⲙⲛⲏⲓ;[9] and *s.t-sbḥ*, "place of imploring."[10] In addition to the numerous compounds for which this literal translation is appropriate, there are a number of compounds where one or the other of the elements underwent slight modification of meaning. From among numerous examples one can cite *iry mšʿ*, "travelling companion" (lit., "companion of going"); *ʿ.wy.w bnr*, "outlying area" (lit., "exterior districts", where *ʿ.wy*, "house" was used with a relatively common extended meaning "district"); *ʿ.wy n grṯ*, "ring case" (where *ʿ.wy*, "house" served as the more abstract/generic "container"); *ḥḏ ʿ(.wy)*, "house tax" (lit., "silver of a house"); *s.t ʿš*, "place of invocation" (lit., "place of calling (out), reading, reciting"); *s.t sḏr.t*, "bier, catafalque" (lit., "place of sleeping"); and *s.t ḥms*, "dwelling place" (lit., "place of sitting"); and *s.t sntm*, "resting place, dwelling place."[11]

Sometimes, although the meaning of a compound is basically the literal translation of the two nouns, a better translation takes this as a unit, sometimes indicating function. Examples include *ʿ(.t) (n) sbꜣ*, "school" (lit., "room of instruction"; also found in the phrase *sẖ ʿ(.t) (n) sbꜣ*, "schoolteacher," lit., "scribe of the school");[12] *ʿ.wy (n) wpy.t* and *mꜣʿ n wpe*,[13] "court" (lit., "place of judgment"); *ʿ.wy n šwṭ*, "store" (lit., "place of a merchant"); *mꜣʿ n dlʿ-mt(.t)*, "office" χρηματιστήριον;[14] *ʿ.wy n (pꜣ) itn*, "cellar" (lit., "place of the earth"); *ʿ.wy.w n ʿḥʿ*, "ranks" (lit., "places of standing"; used in parallel to *rṱ (ʿḥʿ)*, "position, station"); *ʿšꜣ mt.t*, "braggart" (lit., "(a person) numerous of words)"; and *ḥ(.t) nwṱ*, "mill" (lit., "house of grinding"). Some compounds seem to get translated as a unit because

5. E.g., *mt.t nfr.t*, "goodness" and *mt.t bin.t*, "evil"; see Spiegelberg, *Grammatik*, 26, §31, a.

6. E.g., *ḫm ḥꜣt*, "to be impatient" (lit., "to be small of heart") ϩⲏⲧ ϣⲏⲙ and *ʿꜣ ḥꜣt*, "to be (self-) confident" (lit., "to be great of heart"), divided by the *CDD* into examples with positive connotation "to be stouthearted" and those with negative connotation "to be obstinate, haughty." That the word order in compounds involving a noun and an adjective reflects normal Demotic word order suggests that these are not necessarily syntactic or morphological compounds.

7. E.g., *dlʿ mt(.t)*, "to record" (lit., "to collect words") and *šn mt.t*, "to investigate" (lit., "to ask about a thing").

8. Especially simple preposition plus a part of the (human) body; see Spiegelberg, *Grammatik*, 144–70, §320–82. Especially important for comparison with the development of abstract prefixes is the loss of literal meaning of these body parts in the compound prepositions so that, for instance, *n-ḏr.(t=)*, "in the hand (of)" may retain its literal meaning but more frequently means simply "by, from, to, in(to)" or similar, without reference to a physical hand. Body parts used in other compounds may also lose their literal meaning; see, for instance, examples involving *ḏr.t*, "hand" where the physcial action specified has acquired a legal meaning and the simple, literal translation is not sufficient to express this. Examples include *sṱꜣ ḏr.t=*, "to renege on (a legal agreement) (lit., to withdraw the hand), *šp ḏr.t n PN*, "to stand security/surety for PN, to guarantee PN" (lit., to receive the hand of PN) ϣ(ⲉ)ⲡ ⲧⲱⲣⲉ, and *ti (n/r) ḏr.t*, "to entrust" (lit., to put [into] the hand) ϯ ⲉⲧⲛ-, ϯ ⲉⲧⲟⲟⲧ=. As Gundacker noted, the same loss of literal meaning with a body part occurred already in Old Egyptian in the compound preposition *m-ʿ*, "in (the hand of)."

9. Sometimes also used to indicate "domestic servant," a meaning also attested in Coptic (Crum, *CD*, 66b).

10. This last in the phrase *tꜣy tꜣ s.t-sbḥ n Pꜣ-Šʿy*, "she of the place of imploring of Pshai" (R P. Magical, 15/9 [published by F. Ll. Griffith and H. Thompson, *The Demotic Magical Papyrus of London and Leiden*, vol. 1 (London, 1904)]), an epithet of Isis.

11. Note that "death" is frequently expressed by *sḏr*, "to sleep" (see *Wb.* IV, 391, 20, and, e.g., *nꜣ nt sḏr*, "the deceased" in W. Erichsen, *Demotisches Glossar* (Copenhagen, 1954), 481). Similarly, the meaning "to dwell" for *ḥms* is found already in the New Kingdom (*Wb.* III, 97, 4) while *Wb.* IV, 186, takes *snḏm* as an intransitive use of *sndm*, "to please" with the meaning "to rest."

12. See n. 35, below.

13. Spiegelberg, *Grammatik*, 28, §34.

14. Ibid., 28, §34.

the language into which they are being translated has one word for what the Egyptian/Demotic expressed as two or more words. Thus, for *ḥw.t-nṯr*, "house of the god" is literally true, but most modern translators use "temple" since that word corresponds to a concept in the translation language.[15] Similarly, *mr-mšꜥ* is "overseer of the army" but by convention is translated "general." The term *mr-šn*, literally "overseer of inspection," appears to indicate the "chief economic officer" of a temple but the title frequently is "translated" *lesonis*, which is just a transcription of the Egyptian/Demotic into Greek. Examples which involve nouns indicating "place" often seem to be used in an almost abstract manner, such as [ꜥ.]*wy n pꜣ ꜥš sḥny*, "battleground" (lit., "place of [the] matter"), ꜥ.*wy n tꜣ ẖtby*(.*t*) "battlefield" (lit., "place of combat"), ꜥ.*wy n mn*, "dock" (lit., "place of landing"), *mꜣꜥ n swr*, "drinking place" ⲙⲁⲛⲥⲱ, *mꜣꜥ* (*n*) *ḫpr*, "dwelling place" (lit., "place of (coming into being") ⲙⲁⲛϣⲱⲡⲉ, and *s.t mn*(.*t*), "dovecote, pigeon coop, hatchery" (lit., "place of pigeon(s)").

In other cases, the literal translation of a compound is no longer sufficient because the compound has taken on a meaning of its own. The prime example of this is the age-old compound *pr-ꜥꜣ*, for which the literal meaning "great house" has long since been replaced by metaphorical reference to the inhabitant of the "great house," that is, the king/ruler/Pharaoh.[16] In other cases, too, the new meaning of a compound reflects social or cultural implications of the use of the compound. For instance, *iry pš*, "partner, co-heir" (lit., "companion of division") reflects use of the term in the business world and in inheritance law while ꜥ.*wy* (*n*) *sẖ* and *s.t n sẖ*, "chancellery, records office" (lit., "house of writing") reflect the importance of documents in the administration of the country. More socially indicative are compounds such as ꜥ.*wy n mn* and *s.t mn*, "bedroom" (lit., "place of remaining/delay"), ꜥ*w n rmṯ* "adulthood, prime (of life)" (lit., "greatness of a man"), or ꜥ.*wy n sṯꜣ ḥr*, "lodging, private room" (lit., "place of amusement"). In some cases the new meaning of a compound is still debated, but the various suggestions which have been made assume that the meaning of the compound reflects an aspect of the culture in which the term is being used; a good example is *rmṯ* (*n*) *tmy*, lit., "man of the town," which has been understood to mean either "local man" or "city dweller."[17]

In other cases a compound has two potential meanings; we may know which is the correct or we may not. An example of the former is *iry ḏḏy*, lit., "companion of fighting." Since a "companion of fighting" could refer to a person fighting along with or against the person using the term, the term could, in theory, mean fellow-fighter or antagonist. Since we have the word *ḏḏy* , enemy," and since the examples of the compound[18] fit well with the meaning "enemy," it is assumed that that is the meaning of the compound.[19] Similarly, the compound *iry ḏ*, lit., "companion of

15. Similarly *ḥm-nṯr*, "servant of the god" ϩⲟⲛⲧ (*Wb.* III, 88–90) is usually translated "priest," reflecting terminology common in modern European languages.

16. Note that the metaphorical usage/meaning of this term is not directly tied to its identity as a compound although it can be seen to reinforce its interpretation as a compound. The compound *pr Pr-ꜥꜣ*, "palace" (lit., "house of the king/ruler") is another example of a compound where the elements can be translated literally but a one-word equivalent in the translation language is usually used instead.

17. As Spiegelberg, *Grammatik*, 24, §28, a. Note that A. Botta and S. Vinson, "The Cowardly Crocodile in 'Onchsheshonqy 22/15 and Merikare," *Enchoria* 23 (1996), 177–78, suggested interpreting the *n* in this passage from [P] P. 'Onchsheshonqy as the preposition "in" (< *m*) and translated "man in a town" rather than as the compound. P. W. Pestman, *The Archive of the Theban Choachytes (Second Century B.C.): A Survey of the Demotic and Greek Papyri Contained in the Archive*, StudDem 2 (Leuven, 1993), 535, interpreted *rmṯ n tmy* in the choachytal archive as "people in town," interpreted as "living people," in contrast to *wꜥb* "mummy" (lit., "pure (one)"). Note also his translation of simple *rmṯ* in this archive as "mummy" (ibid., 535) and identification of *rmṯ.w* (*n*) *ḥrr* "waiting persons" as the designation of mummies stowed in a storage tomb before permanent burial (ibid., 439, §19.b). Such storage tombs might be called ꜥ.*wy*(.*w*) (*n*) *ḥrr* "houses of waiting, houses of delay" (ibid., 439–41, §19b), a term also used for the side galleries at Saqqara in which wrapped and jarred ibis mummies were stored (J. D. Ray, *The Archive of Ḥor*, EES Texts from Excavations Memoir 2 (London, 1976), 80, n. h, and 140). The same term is used for what appear to be prisons, leading H. S. Smith and W. J. Tait, *Saqqara Demotic Papyri* I, EES Texts from Excavations Memoir 7 (London, 1983), 147, n. δ, to suggest that such prisons might have been "holding areas" for prisoners not yet brought to trial and sentencing.

18. For example, [P] P. 'Onchsheshonqy, 8/12 *m-ir ir n=k sḥm.t iw pꜣy=s hy ꜥnḫ bw-ir=f ir n=k iry-ḏḏy*, "Don't take to/for yourself a woman whose husband is (still) alive lest he become an enemy to/for you!

19. Note that Coptic ⲣⲉϥϫⲓϫⲓ attested in Bohairic has the variant meaning "brigand" (Crum, *CD*, 800a).

speaking"[20] is used in legal contexts where it is clear that it refers to the speaker's "(legal) adversary."[21] But the legal term *iry n tꜣ wpy.t,* literally "companion of the judgment," has been translated both "advocate" and "opponent at trial."[22] A list of places in which a party to a legal contract might consider taking refuge includes a series of compounds each of which can be translated literally, but their use all together invokes cultural/social/legal implications beyond those literal translations: *ꜥ.wy ꜥnḫ, ꜥ.wy nḫṱ.t, ḫwy(.t) Pr- ꜥꜣ/tꜣ Pr-ꜥꜣ.t, irpy* (*n*) *nṯr,* "place of (taking an) oath, place of security, altar of the king/queen, temple."

Several compounds referring to death and the dead carry cultural information beyond a specific literal translation,[23] including *ꜥ.wy* (*n*) *rmṯ* "tomb" (lit., "house of a man"), *ꜥ.wy* (*n*) *ḥtp* and *s.t ḥtp* "resting place (for deceased)," *rmṯ imnṱ* "deceased person" (lit., "man of the west"; var., *rmṯ iw=f* (*n*) *imnṱ* "man who is (in) the west"), and *ḥ.t nḥḥ* "tomb" (lit., "house of eternity").[24] In addition to such expressions using *rmṯ* "man," which we tend to feel as compounds, there is also an abstract use of *rmṯ* in compounds where the best translation is as an adjective[25] meaning "human"; examples include *irt*(*.t*) (*n*) *rmṯ*, "human milk,"[26] *by*(*.w*) *n rmṯ* "human ba(s)," *ḥry rmṯ* "human master,"[27] *sꜥḥ šps n rmṯ,* "august human mummy," and *sṯy n rmṯ,* "human dung." It also may correspond to "personal" in *ḥd rmṯ ꜥl,* "personal(?) association dues." An example of a "double" shift in the meaning of one term in a compound is the suggested translation "shin-guards" for the compound *ꜥ.wy n ꜣlg,* lit., "house of joint(s)" where *ꜥ.wy* would have become "container,"[28] giving the meaning "container of/for joint(s)" or "shin-guards."

Two interesting phenomena are attested in Demotic compound nouns, the use of some nouns in some compounds as abstract markers[29] and the development of some head nouns in compounds into "prefixes." In the latter case, the literal meaning of the noun has usually been lost or subsumed into the meaning of the prefix. Not infrequently, these phenomena, development as an abstract and development of the head noun into a prefix, go together. Both *ꜥ.wy* and *s.t* "place" are used to form abstracts. Examples include *s.t-wšb* "answer," *s.t-ḫrꜣ.t* "heated state, fever,

20. For discussion of an example of *iry.w n ḏ* which might involve the verb "to sing" rather than the verb "to speak," see F. Gaudard, "The Demotic Drama of Horus and Seth (P. Berlin 8278a, b, c; 15662; 15677; 15818; 23536; 23537a, b, c, d, e, f, g)," PhD diss. (University of Chicago, 2005), 192, n. 131. In this dramatic text the compound refers to the members of the teams of Horus and Seth as adversaries who contend by singing, so he considers translating the compound "companions of singing" or "chorus."

21. Rather than, e.g., "advocate." See, e.g., [P] P. HLC, 7/16 *pꜣ sḫ=w n=f* [*iw=w* (*r*) *ti n=f pꜣ ꜥ.*]*wy mtw=w ti sḫ n=f pꜣy=f iry-ḏ n wy m-sꜣ pꜣ ꜥ.wy,* "The one for whom it [scil., the deed] was written, [the ho]use [will be given to him] and his adversary will be forced to write a quit claim (deed) for him concerning the house."

22. [P] P. 'Onchsheshonqy, 17/15 *m-ir šḳ r rmt iir-ḥr pꜣy=f iry n tꜣ wpy.t* Don't be ... with a man in the presence of his advocate/opponent at trial! S. R. K. Glanville, the original editor of the text, translated "advocate" (see *The Instructions of 'Onchsheshonqy* (*British Museum Papyrus 10508*), CDPBM 2 [London, 1955]), but R. K. Ritner (in W. K. Simpson et al., *The Literature of Ancient Egypt: An Anthology of Stories, Instructions, Stelae, Autobiographies, and Poetry*, 3rd ed. [New Haven, 2003], 517) translated "opponent during the trial." The word *šḳ*, which is left untranslated here, has been suggested to be the same word as is found in [R] P. Magical, 6/34, where the original editors (F. Ll. Griffith and H. Thompson, *The Demotic Magical Papyrus of London and Leiden*, vol. 1 (London, 1904) translated "to be discreet."

23. This is not to suggest that the cultural information is attached because the unit is a compound. Such cultural information is frequently attached to nouns, and in many if not most cases where it is attached to a compound, it may be part of the meaning of one of the elements of the compound. Much further study would have to be done to determine how a compound with unique cultural information was formed and how the cultural information became attached to it.

24. See also the phrase *ir* (*pꜣ*) *bnr n pꜣy=f ꜥ.wy,* "to depart his place" (lit., "to make (the) outside of his house") as a euphemism for "to die."

25. For the use of the genitive to express an adjective, especially *n mꜣꜥ.t,* "true" and *n mꜣy,* "new," see Spiegelberg, *Grammatik*, 43–44, §72, who noted examples in both Late Egyptian and Coptic.

26. The literal translation "milk of a man" is nonsensical.

27. M. Smith, *Papyrus Harkness (MMA 31.9.7)* (Oxford, 2005), 196, n. a to l. 6, discusses a plural example where the compound seems to refer to deceased individuals "who were the objects of special veneration," elsewhere called simply *ḥry.w*. He suggests the qualification "human" was added to distinguish these *ḥry.w* from gods, who could also be called *ḥry.w* in the underworld.

28. As seen above with *ꜥ.wy grṱ* "ring box."

29. Note that compounds including one noun with abstract meaning occur already in Old Egyptian; see, e.g., O. Firchow, "Zu den Wortverbindungen mit *ś.t*," *ZÄS* 79 (1954), 91–94.

heat(?); excitement(?)," and, perhaps, *ʿ.wy.w n wḏ3y* lit., "houses of health," for "state of health,"[30] parallel to *wḏ3(y)*, "health(y)."[31] More common are compounds where the first noun is *gy*, with or without the genitive *n*. Occasionally a literal translation "form, manner, kind, intention" may be appropriate; a possible example is *gy n ti ʿḥʿ rṯ* "manner of giving evidence" (lit., "manner of causing the feet of [something] to stand (up in court)"). But in other cases *gy (n)* serves as a "manner-prefix" producing Nomina actionis,[32] like the Coptic prefix ϭιν.[33] Examples include *gy n wnm* "eating," *gy (n) swr* "drinking," *gy n šm* "going,"[34] or *g3y n mšʿ* "going," *gy n ʿnḫ* "livelihood" (lit., "manner of living"), *gy n pnʿ* "changing" ϭιнπωωνε, *gy n ḥbʿ* "playing," *gy n ḥtp* "setting" (of a stellar deity), *gy n ḫʿ* "rising" (of a stellar deity), *gy n ḫʿr* "raging," and *gy(.w) n tḫb* "anointing (ritual)."

One place where such "abstract prefixes" are common is in the names of professions.[35] In such cases a literal translation of the compound is adequate but does not provide the full nuance that this is now a job description/profession.[36] Very commonly used this way is the noun *s* "man," described by Spiegelberg as forming Nomina agentis designating the seller or maker of a type of goods.[37] Demotic *s (n)* corresponds to Coptic cαν.[38] Examples include dealers in basic foodstuffs (*s n bt*, "dealer in emmer," *s n sw* "dealer in wheat," *s n ḥm3* "salt merchant" cανϩμογ, *s n sm* "vegetable seller," *s n ḏmpḥ*, "apple seller," and *s n 3mysʾ* "dill seller") and feed (*s n trmws* "lupine seller") as well as various kinds of birds (*s n ḥrppy*, "seller/breeder of *ḥrppy*-birds," *s n grppy*, "pigeon seller/breeder," *s n ṯrp* "goose-dealer," *s n ḏwr* "*ḏwr*-bird seller," and the related *s n grg bnw* "dealer in hunting herons (i.e., live fowling decoys?)") and fish (*s n tbṯ* "fishmonger"). They also include producers or sellers of processed foodstuffs (*s n iwf* "meat seller, butcher" cαναϥ, *s n nyt* "miller" or "flour-dealer") including alcoholic beverages (*s n ḥnḳ* "beer merchant,"[39] *s n mṯk* "seller of mixed wine"[40]). Another major category includes

- sellers of aromatic or oil-producing plants and makers and sellers of their products: *s n ngpṯ*, "dealer in *ngpṯ*-plants (or their oil)"; *s n qšwṯ* "seller of (aromatic) *qwšṯ*-plants (or their oil)";[41] *s n ḏlm*, "dealer in (aromatic) *ḏlm*-plants"; *s n nḥḥ*, "oil dealer" cαννεϩ; *s(.t) n sfy*, "(female) oil dealer"; and *s n qlm* "wreath seller"
- makers and sellers of processed goods: *s n 3wš* "incense seller"; *s n sntr* "incense dealer"; *s n sʿrṯ* "wool dealer"; and s *n brḏe*(?), "potsherd seller"(?)

30. See W. J. Tait, *Papyri from Tebtunis in Egyptian and in Greek (P. Tebt. Tait)*, EES Texts from Excavations Memoir 3 (London, 1977), 74, n. e.

31. For other examples of the meaning of abstract compounds overlapping with the simple noun, see below.

32. See Spiegelberg, *Grammatik*, 27, §32.

33. Till, *Grammatik*, 75, §145.

34. For these examples, see Spiegelberg, *Grammatik*, 27, §32.

35. For Demotic occupations encountered in the texts comprising "Counting the People," see W. Clarysse and D. J. Thompson, *Counting the People in Hellenistic Egypt*, 1 (Cambridge, 2006), 690–92, Demotic Index vii. Titles and occupations, and 2, 378–95, Index.

36. Although *wp.t*, "work, job, craft, product" has not, apparently, actually become a "prefix," it is used frequently in compounds indicating professions, some of which can be translated literally (e.g., *wp.t (n) nḥḥ*, "job of oil(-provider)," *wpy.t (n) p3 hb*, "job of (caring for) the ibis," *wp.t (n) ḥm3*, "job of (collecting the) salt(-tax)," and *wp(y).t (n) ḥnḳ*), "job of beer(-making)" with the related *wp(y).t (n) ti ḥnḳ r-ḏb3 ḥḏ*, "job of selling beer") while in other cases a more idiomatic translation seems preferable (e.g., *wp.t (n) 3ky*, "stonemasonry" (lit., "craft of a stonemason"), *wp.t n wyʿ*, "farming" (lit. "job of a farmer") in the phrase *3ḥ n t3 wp.t n wyʿ*, "field for tillage" (lit., "land for farming"), and *wp(.t) n šwṯ*, "business" (lit., "job of a merchant"; ειεπϣωτ).

37. Spiegelberg, *Grammatik*, 25, §29, who compared τcανϫηϭε, "purple-dealer/purple-maker." He noted that earlier stages of the Egyptian language used such compounds very differently, giving as examples *s n m3ʿ.t*, "man of truth, truly," *s n ḥb*, "man of festival, festive," and *s n Wsr.t*, "man of Wosret, worshipper/servant of Wosret."

38. Till, *Grammatik*, 74, §137. For a list of words to which the prefix cαν can be applied in Coptic, see Crum, *CD*, 316a.

39. In the phrase *ʿṯḫ s n ḥq*, "brewer and beer-seller" (P P. Louvre E 3266, 9, published by F. de Cenival, "Un acte de renonciation consécutif à un partage de revenus liturgiques memphites (P. Louvre E 3266)," *BIFAO* 71 (1972), 11–65).

40. In the phrase "brewer and seller of mixed wine" (P P. Louvre E 3266, 9, published by Cenival, "Un acte de renonciation").

41. *Qwšṯ* is said to be "of/for incense" in R O. Strasbourg 174, 2/3; in R O. Strasbourg 174, 2/4 and 5, are mentioned "Syrian *qšwṯ*" and "Egypt[ian] *qšwṯ*." See appendix 1.

- including building materials: *s n sy*, "seller of beams"; *s n sbꜣ*, "seller of doors"; *s n sb.t*, "seller of reeds"; *s n ndpt*, "seller of pitch"
- and *s n ḥd*, "silver merchant" ⲥⲁⲛϩⲁⲧ[42]

Many of these examples are taken from R O. Strasbourg 174, an apparently unpublished ostracon containing a school text listing *s n* ... compounds. Wilhelm Spiegelberg had a photograph of this ostracon and made a hand copy, both of which are now in the Spiegelberg *Nachlass* in the files of the Chicago Demotic Dictionary at the Oriental Institute of the University of Chicago. Spiegelberg dated this ostracon to the Roman period based on palaeography. The photograph, hand copy,[43] transliteration, and translation are given in appendix 1 to make them all available.

The word *rmṯ*, "man" was also used to indicate professions,[44] usually without a written genitive *n*; this is the origin of Coptic ⲣⲙ(ⲛ).[45] Examples include both menial professions such as *rmṯ bꜣk* "laborer,"[46] *rmṯ* (*n*) *hy* "laborer" (lit., "man of construction work"), *rmṯ* (*pꜣ*) *mw* "water carrier(?)" (lit., "man of (the) water)", and *rmṯ ẖr* "servant,"[47] and more "professional" jobs such as *rmṯ bḥs* "hunter,"[48] *rmṯ n ẖy* "surveyor," *rmṯ šwṱ* "merchant," *rmṯ n bsnṱ* "smith," and, perhaps, *rmṯ iwn*, "courier" (lit., "man of the trip"). Several military titles are attested using this prefix, including *rmṯ ḥtr* "cavalryman" ⲣⲱⲙϩⲧⲟ,[49] *rmṯ ẖn*(*y*) and *rmṯ skr* "sailor," *rmṯ qnqn* "fighting man/warrior,"[50] *rmṯ rṱ=f* "infantryman," *rmṯ mšꜥ* "foot soldier,"[51] *rmṯ lybš* "armored man," and the more generic *rmṯ rsrs* "guardian."[52] Similar, but using the *nt* converter of the participle, are examples such as *rmṯ.w nt ir wp.t* "craftsmen" and *rmṯ nt šn* "inspector."[53] It should be noted that this construction is not, however, entirely restricted to professions, as is clear from examples quoted by Spiegelberg,[54] including *rmṯ n nṯr* "man of god, pious" and *rmṯ n mhw* "family member, cousin." *Rmṯ* in such examples apparently was being used with its literal meaning rather than as a prefix.

---

42. Also attested referring to a woman is the phrase *ꜥ.wy n rmṯ.t s n ḥd sḥm.t*, "tomb of (the) female silversmith" (P P. Louvre 3266, 7, published by Cenival, "Un acte de renonciation," 11–65). Note that the group read *s n nb* "gold dealer" in P. 'Onchheshonqy, 22/4, has been reread *nb* "goldsmith"; see Smith, *Harkness*, 104, n. f to l. 9.

43. The scans of the photograph and hand copy were prepared by Larry Lissak, a volunteer for the *CDD*.

44. Spiegelberg, *Grammatik*, 24, §30, b, β.

45. Till, *Grammatik*, 74, §135. For a list of words involving the prefix ⲣⲙ(ⲛ) in Coptic, see Crum, *Dictionary*, 295a–b.

46. Attested in the New Kingdom in P. Turin 2008 + 2016 vo, 3/9–10, published by J. J. Janssen, *Two Ancient Egyptian Ship's Logs, Papyrus Leiden I 350 verso and Papyrus Turin 2008 + 2016* (Leiden, 1961), 90, n. to vo 3, 9–10. Also compare ⲣⲙⲃⲉⲕⲉ "salaried worker."

47. Spiegelberg, *Grammatik*, 25, §29.

48. Ibid., 25, §29.

49. Also attested in the phrase *rmṯ ḥtr hypprghs*, "horseman and cavalry officer" in P. Adler 2, 3 and 9, published by F. Ll. Griffith in E. N. Adler et al., *The Adler Papyri* (Oxford, 1939). The use of the fully accented form ⲣⲱⲙ is unusual and perhaps indicative of its late formation, as Gundacker.

50. Spiegelberg, *Grammatik*, 25, §29, also cited an example with the genitive *n* written.

51. In the phrase *ḏnḥ n rmṯ mšꜥ*, "detachment of soldiers" P P. Berlin 13381~, 18–19, published by W. Clarysse and J. K. Winnicki, "Documentary Papyri, 3. Letter of Panobchounis, *P. dem. BM inv. 69008 + P. dem Berl. inv. 13381*," in E. Van't Dack et al., *The Judean-Syrian-Egyptian Conflict of 103–101 B.C.: A Multilingual Dossier Concerning a 'War of Sceptres,'* CH 1 (Brussels, 1989), 52–53 with n. to ll. 19–20 on p. 60. The compound also seems to have the meaning "private citizen" (lit., "man of the people" rather than "man of the army"); see F. Daumas, *Les moyens d'expression du grec et de l'égyptien comparés dans les décrets de Canope et de Memphis*, CASAE 16 (Cairo, 1952), 228.

52. So read by M. Smith, *The Mortuary Texts of Papyrus BM 10507*, CDPBM 3 (London, 1987), 80, n. b to l. 4/1, noting that Ray, *Archive of Ḥor* had suggested but rejected that reading.

53. Spiegelberg, *Grammatik*, 25, noted examples of *rmṯ* + color in descriptions of individuals making contracts, but these seem to fall in the category of noun + adjective and so are not included here. Compare also the use of *rmṯ* (*n*) ⲣⲙ(ⲛ) with a following DN or PN to indicate a person dedicated to the DN or dependent on the PN and with following GN to indicate the geographical place of origin of an individual (for the latter, see Spiegelberg, *Grammatik*, 23–24, §28, a w. n. 1). Spiegelberg knew of no examples with the genitive *n* written, but examples have come to light, including *rmṯ n ꜣmwr*, "man of Crocodilopolis."

54. *Grammatik*, 24, §28, b, a.

Related to these usages but with clear evidence for the development of an abstract prefix is the phrase *rmṯ ỉw=f* + infinitive forming Nomina agentis, sometimes indicating a profession,[55] Coptic ⲣⲉϥ.[56] A school text published by Hess[57] consists of two columns giving examples of such compounds:[58] column 1) *rmṯ ỉw=f sḏy* "one who speaks" ⲣⲉϥϣⲁϫⲉ, *rmṯ ỉw=f mt* "one who calls" ⲣⲉϥⲙⲟⲩⲧⲉ, *rmṯ ỉw=f mꜣwy* "one who thinks" ⲣⲉϥⲙⲉⲉⲩⲉ, *rmṯ ỉw=f ỉr qn-b(.t)*[59] "one who makes a document," *rmṯ ỉw=f ỉr ỉr*[sic] *hp* "one who makes law," [*rmṯ ỉw=f*] *wp*(?) "one who judges(?)" column 2) *rmṯ ỉw=f wp m*[*t*(*.t*)] "one who judges a thing," *rmṯ ỉw=f mnk mt*(*.t*) "one who deliberates a thing" (lit., "one who completes a thing/matter/word")[60], *rmṯ ỉw=f sḥn mt*(*.t*) "one who commands a thing,"[61] *rmṯ ỉw=f ỉn* … *mt*(*.t*) "one who … a thing," *rmṯ ỉw=f stp* "one who chooses," and *rmṯ ỉ*[*w=f* …] "one w[ho …]." The prefix is attested elsewhere fairly commonly, including *rmṯ ỉw=f pẖ* "man who sows," *rmṯ ỉw=f ꜥḥꜥ m-bꜣḥ Pr-ꜥꜣ* "man who stands in the presence of Pharaoh," and *rmṯ ỉw=f ỉr sẖy* "man who exercises authority."[62] Several compounds using this prefix indicate professions, including *rmṯ ỉw=f ỉr mnẖ* "stolist" (lit., "man who clothes"), *rmṯ ỉw=f sḏr* "sleeper (as ghost[63])," *rmṯ ỉw=f šp* (*ꜥq*) *ḥbs* "veteran" (lit., "man who receives [pay, consisting of] (food &) clothing"), *rmṯ ỉw=f šms* "server" ⲣⲉϥϣⲙϣⲉ, *rmṯ ỉw=f qs* "coffiner" ⲣⲉϥⲕⲱⲱⲥ, *rmṯ ỉw=f gyl* "winder" (lit., "man who winds (corpse in wrappings)", and *rmṯ ỉw=f ḏ* "singer" ⲣⲉϥϫⲱ. Note that there are also examples using this compound *rmṯ ỉw=f* … where it is unclear that it is being used as a prefix since the term "man" may, but does not necessarily, retain its literal meaning. Two such examples involve use of a qualitative, rather than an infinitive, after the *rmṯ ỉw=f*: *rmṯ ỉw=f mwt* "a dead man"[64] and *rmṯ ỉw=f ꜥnẖ* "a living man." Spiegelberg[65] noted an example in a text dated to the middle Ptolemaic period[66] of the prefix ⲣⲉϥ in which the circumstantial clause following *rmṯ* had a plural subject but the prefix was not modified to agree with it (*nꜣ rmṯ.w ỉw=f ḏ* "the singers" ⲣⲉϥϫⲟⲟⲩⲉ), suggesting that the prefix had already been grammaticalized and become inflexible.[67]

One of the, if not the, most commonly used abstract prefixes attested in Demotic is *mt*(*.t*) "speech, word, matter, thing," Coptic ⲙⲛⲧ.[68] Spiegelberg[69] observed the use of *mt.t* with both adjectives[70] and nouns, citing as examples of the latter *mt*(*.t*) *mꜣꜥ*(*.t*) "truth" ⲙⲛⲧⲙⲉ, *mt*(*.t*) *n ꜥḏ* "lie" ⲙⲉⲧⲟϫⲓ, and *mt*(*.t*) *rmṯ rẖ* "wisdom" ⲙⲛⲧⲣⲙⲣⲁϣ. To these

55. Ibid., 23, §27.

56. Till, *Grammatik*, 75, §146. For a list of words to which the prefix ⲣⲉϥ can be applied in Coptic, see Crum, *CD*, 295b–296a.

57. J. J. Hess, "Demotica," *ZÄS* 35 (1897), 147. The text was originally published by H. Brugsch, "Demotische Paradigmata," *ZÄS* 16 (1878), 1.

58. Spiegelberg, *Grammatik*, 23, §27, 1, quoted the first three examples in the first column and provided their Coptic equivalents. There are numerous specimens of such school texts or word-lists with *rmṯ*-compounds, see, e.g., D. Devauchelle, "Remarques sur les méthodes d'enseignement du démotique (À propos d'ostraca du Centre Franco-Égyptien d'Étude des Temples de Karnak.)," in H.-J. Thissen and K.-T. Zauzich (eds.), *Grammata Demotika. Festschrift für Erich Lüddeckens zum 15. Juni 1983* (Würzburg, 1984), 47–59 and W. J. Tait, "P. Carlsberg 450–5. Fragments of Demotic Word-Lists," in P. J. Frandsen and K. Ryholt, *A Miscellany of Demotic Texts and Studies*, The Carlsberg Papyri 3 = CNI Publications 22 (Copenhagen, 2000), 83–93.

59. Read *wp.t* by Hess.

60. For discussion of the compound *mnk mt*(*.t*), see Smith, *Papyrus Harkness*, 183, n. e to l. 27.

61. Cf. Coptic ⲣⲉϥⲥⲁϩⲛⲉ "manager, orderer" (Crum, *CD*, 385b).

62. In the phrase *ṯs sḥn rmṯ ỉw=f ỉr sẖy* "military authority, civil authority, or man who exercises authority." The compound seems descriptive, but it is possible to see it as a profession such as "policeman."

63. See n. 11, above, for the use of *sḏr*, "to sleep" as a euphemism for death.

64. As noted by Spiegelberg, *Grammatik*, 23, §27, 1, this compound is found already in Late Egyptian.

65. *Grammatik*, 23, §27, 1.

66. P. Dodgson, dated palaeographically.

67. Gundacker, emphasizing the importance of this example, has suggested that Demotic may be on the edge of univerbation ("linguistic change in which (parts of) phrases become one word" [G. Booij, *The Grammar of Words: An Introduction to Linguistic Morphology*, Oxford Textbooks in Linguistics, 3rd ed. (Oxford, 2012), 263 and 326 (reference courtesy of Gundacker)]) and grammaticalization of frequently used initial words into prefixes, making it especially difficult to differentiate between compounds and nouns bearing prefixes.

68. Till, *Grammatik*, 73, §130.

69. Ibid., 26–27, §31.

70. See n. 5, above.

examples can be added many more, including *mt(.t) n wyꜥ* "farming" (lit., "thing of a farmer"), *mt(.wt) pḥṱ.w* "honor" (lit., "thing(s) of strength"), *mt.t ḥqr* "humbleness, humble condition" (lit., "thing of hunger") ⲙⲛⲧϩⲏⲕⲉ, *mt(.t) ẖm ḥꜣṱ* "a mean-hearted act" (lit., "a thing of a (person) small of heart"), *mt(.t) (n) Pr-ꜥꜣ* "affair of state" (lit., "a thing of Pharaoh"), *mt(.t) (rmṯ) nmḥ* "private property" (lit, thing of a free man)[71], and *mt.t ḥ.t-nṯr* "temple property" (lit., "thing of a temple").[72] One specific subset of the use of *mt.t* as nominal abstract prefix involves names of languages or scripts,[73] including *mt(.t) Ꞽkš* "Nubian language," *mt(.t) Wynn* "Greek language," *mt(.t) rmṯ (n) Kmy* "Egyptian language" ⲙⲛⲧⲣⲙⲛⲕⲏⲙⲉ, and the apparently related *mt(.t) rmṯ qnqne* "soldiers' language." Sometimes the combination abstract prefix + noun apparently has the same meaning as the simple noun,[74] including *mt(.t) n ꜥḏ* as well as simple *ꜥḏ*, "lie," *mt(.t) mꜣꜥ.t* as well as simple *mꜣꜥ.t*, "truthfulness, justice," and *mt.t ẖsf.t*, "scorn, contempt" beside *ẖsf*, "scorn, blame, censure; shame."[75]

Understanding the abstract prefixes can help us understand the lexical range of a compound even when we do not know the exact lexical meaning of the second, non-abstract, element of the compound. For example, in the compound/prefix *s n* … "maker or dealer of/in …," there is the assumption that the second element is a commodity; thus, we can be fairly certain that *s n ꜥme lqn* means "dealer in potter's clay" and suggest that the second element in examples such as *s n ꜣrynws* and *s n yṯpw* are commodities, although we still do not know what kind of commodity. There are numerous examples involving *ꜥ.wy*, "pair" (occasionally "set"; "piece") such as *ꜥ.wy (n) wḫꜣ*, "pair of earrings (w. pendants)(?)", *ꜥ.wy n ḥmt*, "pair of copper (shackles)," *ꜥ.wy qmbr*, "pair of cymbals," *ꜥ.wy gḏy*, "pair of earrings" ⲁⲛϭⲉϫⲓ, *ꜥ.wy n stbḥ*, "pair/set of tools," *ꜥ.wy n wtḥ*, "set (?) of dishes (?)," and *ꜥ.wy ꜥq*, "piece of rope." This gives us confidence that the unknown second word in similar compounds indicates a type of object which probably came in pairs or sets: *ꜥ.wy ꜥrꜣ*, *ꜥ.wy šlm*, *ꜥ.wy tmḥ(?)*, *ꜥ.wy (n) ḏꜥb*.

This summary of the types and uses of compound nouns in Demotic does not break new ground, as so many of Mark Smith's books and articles do. But it is hoped that it pulls together a corpus of examples with an explanatory frame which suggests ways to understand and interpret new compounds as we find them in the literature. It is also hoped that this small contribution will stimulate interest in the whole question of compounds in Egyptian, for which there does not seem to be, at present, a coherent overarching theory.

Appendix 1

Transliteration and translation of ᴿ O. Strasbourg 174 based on the photograph and hand copy belonging to Wilhelm Spiegelberg now in the Spiegelberg *Nachlass* in the files of the Chicago Demotic Dictionary.[76] A photograph is found in plate 11a; a copy of Spiegelberg's hand copy is found in plate 11b.

---

71. Also "independent status," "private matter," and similar.

72. And note also *ḥtr tꜣ mt.t mr-šn* "fee for serving as lesonis."

73. According to *Wb.* II, 181/9, the use of *md.t* for speech/language goes back at least to the Amarna period. For use of ⲙⲛⲧ to indicate languages in Coptic, see Till, *Grammatik*, 73, §131.

74. For comparison of *s.t-wšb* (above) with simple *wšb*, see F. Hoffmann, *Der Kampf um den Panzer des Inaros, Studien zum P. Krall und seiner Stellung innerhalb des Inaros-Petubastis-Zyklus*, MPER NS 26 (Vienna, 1996), 212, n. 1089. Note also that abstract compounds involving adjectives such as are mentioned in n. 5 may also have meanings that overlap with the simple adjective (*mt.t nfr.t* and *nfr.t*, "good(ness)") and both may also have less abstract meanings (e.g., "good deed" as found in the aphorism *ḥr ti pꜣ nṯr ti-ḫpr rnn.t r-ḏbꜣ ir tꜣ (mt.t-)nfr.t (n) nꜥ* "God causes good fortune be created on account of doing the good deed of mercy." (P. Insinger, 16/12, has *tꜣ nfr.t (n) nꜥ* while P. Flo. Insinger, 7/5, preserves *]mt.t nfr.t n nꜥ*, "good deed of mercy"). For discussion of this passage, see R. K. Ritner, "A Misinterpreted Passage in Insinger," *Enchoria* 11 (1982), 113–14.

75. Cf. also examples such as *mꜣꜥ n ꜣḥ*, cited by Spiegelberg, *Grammatik*, 28, § 34, alongside simple *ꜣḥ* "fields.

76. O. Strasbourg 174 is in the collection of the Bibliothèque Nationale de Strasbourg. I would like to thank that institution and Frederic Colin, professeur d'égyptologie et directeur de l'Institut d'égyptologie de l'Université de Strasbourg, for permission to publish the ostracon.

Column 1

1.	*s n grg bnw*	dealer in hunting herons (i.e., live fowling decoys?)
2.	*s n ḏwr*	*ḏwr*-bird seller
3.	*s n ṱrp*	goose-dealer
4.	*s n ḏmpḥ*	apple seller
5.	*s n sy*	seller of beams
6.	*s n sb.t*	seller of reeds
7.	*s n sbꜣ*	dealer of doors
8.	*s n ḏlm*	dealer in *ḏlm*-plants
9.	*s n ngpṱ*	dealer in *ngpṱ*
10.	*s n* [...	

Column 2

1.	*s n ʿm lkn*	dealer in potter's clay(?)
2.	*s n ꜣrynws*	seller of *ꜣrynws*
3.	*s n qšwṱ n ḫw*	seller of *qšwṱ* of/for incense
4.	*s n qšwṱ n H̱r*	seller of Syrian *qšwṱ*
5.	*s n qšwṱ n Km*[*.t*	seller of Egyptian *qšwṱ*
6.	*s n yṱpw*	seller of *yṱpw*
7.	*s n pr* [...	seller of seed/grain [...
8.	*s n* [...	seller/dealer of [...

Column 3

1.	*s n* [...	seller/dealer of [...
2.	*s n* [...	seller/dealer of [...

Grappling with the Notion of Evil in Ancient Egypt

Mpay Kemboly (Kinshasa)

No doubt evil constitutes one of the major subjects that unceasingly taunt the conscience of human beings. Just as in the time of old at universities, Professor Mark Smith, in honor of whom I have written this paper, graciously took me under his aegis during my years of studies at Oxford, and guided me on the road of investigating this important topic. He impressed on me the importance of letting ancient Egyptian evidence speak for itself. Since then, I have been haunted by the question of evil and have striven to understand it as best I can. In this paper I consider four points: terminology of evil; sources on evil and typology; protagonists of evil; and definition of evil.

1. Terminology of Evil

The ancient Egyptians used a varied terminology to talk about evil and cognate realities.[1] Here is a short list in alphabetical order of some of the terms usually translated as evil or related to evil: *ỉw* ([hieroglyphs]), *ỉsft* ([hieroglyphs]; [hieroglyphs]), *ꜥḏꜣ* ([hieroglyphs]), *bỉn* ([hieroglyphs]), *bwt* ([hieroglyphs]), *bgsw* ([hieroglyphs]), *btꜣ* ([hieroglyphs]), *ḥḏ* ([hieroglyphs]; [hieroglyphs]), *ẖww* ([hieroglyphs]), *ḫbn* ([hieroglyphs]; [hieroglyphs]), *ḫsft* ([hieroglyphs]), *ẖꜣbt* ([hieroglyphs]), *ẖnn* ([hieroglyphs]; [hieroglyphs]) / *ẖnnw* ([hieroglyphs]), *sbỉt* ([hieroglyphs]; [hieroglyphs]), *qn* ([hieroglyphs]), *qsnt* ([hieroglyphs]), *grg* ([hieroglyphs]; [hieroglyphs]), *ktkt* ([hieroglyphs]), *thỉ* ([hieroglyphs]; [hieroglyphs]), *tkn* ([hieroglyphs]), *ḏꜣyt* ([hieroglyphs]), *ḏw* ([hieroglyphs]; [hieroglyphs]) / *ḏwt* ([hieroglyphs]), etc. However, I wonder whether or not we are right to translate them indiscriminately as "evil."

I suggest first to take into account texts and contexts in which these terms appear. Second, I consider as evil anything that disrupts Maat, which is understood as the divine order in which and according to which the lord of all established this world. In other words, I interpret as evil anything that qualifies a deed accomplished by a human or divine protagonist as an object of accusation, since s/he is specifically accused of violating Maat. Thus, s/he is responsible for that evil act and has to be punished accordingly. Third, besides this imputed evil, it seems to me that the ancient Egyptians envisaged another aspect of evil: endured evil. *Nḫwt* ([hieroglyphs]; [hieroglyphs]), that is, lament or complaint as a literary genre provides clues to that interpretation.

2. Sources on Evil and Typology

There are texts that indicate the way ancient Egyptians dealt with evil in the world on a personal, social, and cosmic level. We possess evidence concerning the question of evil on a personal level: in idealized funerary (auto)

1. M. Lichtheim, *Maat in Egyptian Autobiographies and Related Studies*, OBO 120 (Freiburg [Switzerland] and Göttingen, 1992), 145–53; J. Zandee, *Death as an Enemy according to Ancient Egyptian Conceptions*, SHR 5 (Leiden, 1960), 41–44, 286–96.

biographies;[2] in documents, particularly in those of "the personal piety" category;[3] and in the declaration of one's innocence (BD 125); in didactic (*sbꜣyt*) or sapiential literature; and in other narratives.

There are texts that attest to the way ancient Egyptians addressed the question of evil on a social level. Among these are the just-mentioned documents: (auto)biographies, the declaration of innocence, and sapiential literature. We can also add other narratives, as, for instance, from the lament genre,[4] for example, the Tale of Khuninpu commonly known as the Tale of the Eloquent Peasant, the Dialogue of a Man with his *Ba*-Soul, the Word of Neferty, or the Dialogue of Ipuwer and the Lord of All.

There are sources that bear witness to the cosmic dimension of evil. Here we see how the gods—the creator included—struggle with evil, often embodied in an ominous being, and with its constellation (famine, illness, death, etc.). Such documents are: CT 76 II 13c, e–f; CT 80 II36b–38f; CT 154 II 277d–280/1c; CT 160 II 378c–386c; CT 414 V 244d–248c; BD 17, 3–5; El-Arish naos texts; the Book of Overthrowing Apopis; pBerlin 3050 IV, 2–8).[5] There are also statements that impute to the gods—the creator exempted—the responsibility of bringing evil into the world. However, there is evidence too that can be interpreted as being a "reproach" to the creator for being so apathetic to his/her creation, and for the way he made humans "all too human" (The Dialogue of Ipuwer and the Lord of All; CT 1130).[6] Apart from the aforementioned sources, we include in this category the following: the mythological accounts such as the cycle of Horus/Osiris and Seth (The Triumph of Horus as narrated in Edfu temple texts, the Tale of Horus and Seth, *Urk.* VI, etc.); the cycle of Osiris (Lamentations of Isis and Nephthys, Papyrus Salt 825, etc.); the Book of the Heavenly Cow; BD 175, 2–8; pLeiden I 346 recto II, 7–III, 2; etc.). Thus, wrongdoing is no longer confined to the world of humans but permeates the realm of the gods, and acquires a divine or cosmic dimension.

There is also evidence that reveals how the ancient Egyptians generally considered the world regarding the issue of evil. Various hymns[7] praise the world as being good, beautiful, and well equipped; and the maker of all lauded as being provident, munificent, and as "one with excellent plans" (*mnḫ sḫrw*) indeed (Esna 387, 6; pLeiden I 350 III, 20–21).

3. Protagonists of Evil

The reading of sources seems to suggest that there are four categories of protagonists of evil in the world: (a) various emissaries (demons, genii, spirits) of deities and the dead, and intermediaries, which are accused of bringing illness or misfortunes to people.[8] (b) Occasionally texts blame the human heart or human beings in general for bringing evil into the world (CT 1130 VII 464a–f). (c) Sometimes Seth and Apep are assigned a role in the manifestation of evil in the world. Furthermore, depending on how Seth and Apep are interpreted, some scholars understand

2. M. Lichtheim, *Ancient Egyptian Autobiographies Chiefly of the Middle Kingdom: A Study and an Anthology*, OBO 84 (Freiburg [Switzerland], 1988); E. Frood, *Biographical Texts from Ramessid Egypt*, WAW 26 (Atlanta GA, 2007).

3. M. Kemboly, *The Question of Evil in Ancient Egypt*, GHP Egyptology 12 (London, 2010), 188–92, 197–200.

4. R. B. Parkinson *The Tale of Sinuhe and Other Ancient Egyptian Poems 1940–1640 BC* (Oxford, 1997), 54–88, 131–99; S. Quirke, *Egyptian Literature 1800 BC: Questions and Readings*, GHP Egyptology 2 (London, 2004), 130–65, 173–75, 192–97.

5. Kemboly, *Question of Evil*, 245–76, 331–45.

6. G. Fecht, *Der Vorwurf an Gott in den "Mahnworten des Ipu-wer" (Pap. Leiden I 344 recto, 11, 11–13, 8; 15, 13–17, 3): Zur geistigen Krise der ersten Zwischenzeit und ihrer Bewältigung*, AHAW 1 (Heidelberg, 1972); R. B. Parkinson, *Poetry and Culture in Middle Kingdom Egypt: A Dark Side to Perfection* (London, 2002), 130–38, 204–16; R. Enmarch, "Dialogue of Ipuwer and the Lord of All: Edition, Commentary, and Analysis of P. Leiden I 344 recto," DPhil thesis (Oxford, 2004), 271–93, 370–410.

7. Kemboly, *Question of Evil*, 161–86.

8. Ibid., 129–33, 152–3, 193–97, 230–37; J. G. Griffiths, "Intimations in Egyptian Non-Royal Biography of a Belief in Divine Impact on Human Affairs", in J. Baines et al. (eds.), *Pyramids Studies and Other Essays Presented to I. E. S. Edwards*, EES Occasional Publications 7 (London, 1988), 92–102.

these two agents together or separately as being preexistent and uncreated embodiment(s) of evil which challenge god's sovereignty. They claim that the creator appears impotent towards them and therefore incapable of defeating evil in the world. (d) Some sources suspect the creator of being in a way himself responsible for the presence of evil in the world.

Now I wish to offer five redressing observations concerning these categories. First, given that he committed the great crime (*qn*) of killing the good-natured (*sfn qd*) deity Osiris (*Urk.* VI 57, 13), Seth has been thought of as the one vile of character (*ẖsy qd*) (*Urk.* VI 7, 3). This opposition between Osiris and Seth, acceptable within the cycle of Osiris/Horus, became so extreme that Seth was assimilated to Apep (the one evil of character) and demonized after the Twenty-Fifth Dynasty, that is, after ca. 650 BCE. Second, Seth cannot be considered preexistent to the creator since he came into being with his brothers and sisters at the third generation, after Shu and Tefnut, and Geb and Nut (see for instance pLeiden I 346 recto II, 7–III, 2).[9] Third, I find no decisive evidence to suggest that the ancient Egyptians considered Apep as being uncreated. On the contrary, the single piece of evidence that we so far possess, Esna 206, 10–11, expresses the idea that Apep is not at all primordial and was indeed created.[10] Fourth, I believe, after considering the evidence, that the ancient Egyptians ultimately did not impute the responsibility of evil to the creator, but rather to all his children with no exception, both gods and humans—not to Seth and Apep exclusively (BD 175, 2–8; *Urk.* VI 9, 10–14).[11] Thus there are two poles of equal responsibility concerning evil: the gods and humans, neither of which is more or less accountable for evil than the other. Nonetheless, Apep and Seth have specific roles regarding evil in the world, interpreted as rebellion against god's kingship. Apep typifies that rebellion at the cosmic level, and Seth at the social level. The disobedience against one's heart also represents that rebellion at the personal level. Fifth, though Apep and Seth have such roles, there is, strictly speaking, no scapegoat, no Evil One who is chiefly responsible for evil in the world; also there is no Devil who tempts everyone. Human beings and the gods—Seth and Apep included—share equally in bringing evil into god's creation.

4. Towards Defining Evil

As suggested above, I basically understand evil as that which is opposed to Maat. But, I will now elaborate on this definition.

In opposition to *mꜣꜥt*, *ꜥqꜣ* and to *mty/mtry* evil is envisaged as that which is not straight, not genuine, not appropriate; but crooked (*ẖbn*), false (*grg*), hypocritical, and infamous. Evil can be understood as a crime (*qn*) or wrongdoing (*ẖww*). In the same way, evil is seen as *th(i)t* and *sn(i)t*, that is, as that which goes beyond admitted boundaries. Evil is that which is deviant, perverted, irregular, impure or impious (*ẖww*), unconventional, or sacrilegious. Thus, evil is interpreted as transgression, violation, or contravention. It can then be paralleled to a deliberate act of erasing or destroying (*ḥd*), or attacking (*tkn*) that which has been established as normative or lawful. Thus in social context, Seth is portrayed as one who ignores laws (*mkḥꜣ hpw*: *Urk.* VI 7, 11); or as one who crosses over paths or limits (*thꜣ mṯnw*: *Urk.* VI 7, 5), that is, one who does not keep to the right way of life; as one who is on the margins of culture and nature. In line with this perspective, evil can be experienced as perversion, disorder, or disturbance (*ẖrwyw*); as turmoil, confusion, or loss of direction (*ẖnn/ẖnnw*); as serious difficulties, stresses, or troubles (*qsnt*), that is, as that which disrupts serenity, equilibrium, or peace (*ḥtp*). Equally, evil can be interpreted as contradiction, hostility, confrontation, or opposition (*ẖsf*), or as indocility or rebellion

9. Kemboly, *Question of Evil*, 229–40.

10. Ibid., 345–56.

11. Ibid., 203–13.

( *sbit* ,  *sbiw*) against the sun god's kingship, which is present in humanity's heart, in society, and in the universe.[12]

In contrast to *nfr* (), *ʿn* (), *iqr* (), *mnḫ* (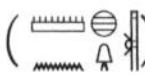), and *nḏm* (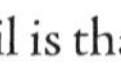), evil is that which is unattractive, bitter, awful, inadequate, and abominable (*bwt*). Furthermore, in opposition to *ʿ3* (), evil is considered as that which is vile ( *ẖsy*) or vain (*ḫww*); as that which is *nḏs* (), that is, that which is petty, ignoble, lowly, or which has no greatness. In contrast to that which has dynamism, enthusiasm, or youthful vigour ( *nfr*) and to that which is firm ( *mn*) and enduring ( *w3ḥ*), evil is understood as that which is defective, weak, crippled, and shaking ( *ktkt*). Thus, sickness can at times be considered as a symptom of evil. Zandee suggests that ( *isft*) be etymologically interpreted as that which is little, worn out, or dried up.[13] Besides, in opposition to ( *sf*) or to ( *sfn*), evil is that which is *ḏw* (), that is, that which is not gentle or smooth; but rude, aggressive, violent ( *ʿw3y*), or harmful.

The act of committing evil can be either intentional or unintentional (pInsinger 35, 4–5). It can be attributed to not knowing ( *ḫm*) what is wrong and what is right (Stela 50058, 2–4, Turin Museum; Cat. 1593). Likewise, it can be understood as to err, to fault, or to be neglectful (*mhy ib/ḥ3ty*). To do evil is to miss one's target, to falter, to take something for what it is not, to confuse, and to get confused. From this framework, evil is interpreted as being a failure, a fault, a mistake, or a confusion (The Story of Sinuhe B 223–30). Perpetrating an evil act can result from a momentary break down of one's senses; from the incapacity to properly distinguish good from evil; from a momentary madness or lack of understanding; from the inability of knowing or mastering one's self (pAnastasi II 10, 7–11, 1). Evil doing can at times be viewed as falling prey to an overwhelming and inexplicable power, which is possibly of divine origin (The Story of Sinuhe B 147–49, 156–57). From this viewpoint, the one doing evil is understood at the same time as being responsible for and victim of the evil performed to such an extent that one can paradoxically and painfully confess: "Yes, I did it, but have mercy on me. See, I did not mean it." The ancient Egyptian phrase "not having one's heart" (*iwty ib=f*) strives to express this confusing and distressful experience of evil doing.

At this point, the reader may observe that the global and preliminary definition of evil given at the beginning of this paper has been enriched and broadened into a complex constellation. There, evil is generally interpreted as that which basically opposes Maat. This definition is now divided into various rich semantic strata. In fact, evil is here now perceived as that which is crooked, false, unconventional, disruptive, hostile, confusing, abominable, ignoble, harmful, vile, and criminal. To commit evil is a failure variably explained. The explanation ranges from personal conscious responsibility to falling unconscious victim to overwhelming and supernatural forces. It may be a simple act or a result of an innate natural disposition. Thus evil now encompasses all aspects of life: physical, psychological, moral, social, metaphysical, and cosmic. And evil affects all sorts of beings: humans, individually and socially considered; mythical heroes; gods; the universe; etc.

5. Evil as Laziness or Refusal to Act Properly

I engage now the question of lament (*nḫwt*) which expresses so vividly the plight of endured suffering or the pain of inflicted evil.[14] People, particularly those who consider themselves to be innocent, lament over the conditions

12. Ibid., 331–45.

13. Zandee, *Death as an Enemy*, 44.

14. In dealing here with the issue of evil as laziness and refusal to act properly, I wish to acknowledge my debt to Jan Assmann for his work on Maat, especially for relating Maat with the question of social justice in the light of Frankfurt school of critical social theory and other schools of philosophy and cultural anthropology. See J. Assmann, *Maât: L'Égypte pharaonique et l'idée de justice sociale* (Paris, 1970) and *Ma'at: Gerechtigkeit und Unsterblichkeit im Alten Ägypten*, 2. Aufl. (Munich, 1987). I am further indebted to Paul Ricoeur who has grappled with

of the world in which they live and over their own conditions as well. They in fact find it unjust that they have to suffer so terribly, as if the world is unfair towards them, as if the Fate is blindly against them. I sense that those who complain about life cannot be totally satisfied with these general and too "rational" considerations on evil suggested above. They would instead wish to have an answer to their personal fate: "why does this befall me?"; "what did I do to suffer like this?"; "why (always) me and not the other person?"; "For how long am I to endure this appalling situation?" They earnestly desire to know how to cope with evil in their world, in this world. This may be where social and political institutions, such as religion, rituals, kingship, ethics, etc., play a key role. For instance, a passage from the New Kingdom text (Eighteenth Dynasty, from Amenhotep III) known to us as "the King as Sun-Priest," explains plainly the king's duties in this respect:

Re has placed king N
upon the earth of the living[15]
in everlastingness and endlessness
to judge people, to propitiate the gods,
to cause Maat to come into being and to annihilate evil.
He gives offerings to the gods
and invocation-offerings to the glorious ones.
The name of king N
is in the sky like Re (31–39).[16]

By fulfilling these duties, the king allows Maat to be manifest on earth and to guide the entire course of the universe to its end. In other words, the question of reducing the perverse effects of evil or of bringing an end to evil, if ever possible, belongs to the sphere of action (*praxis*). Thus, one may understand the importance of the summons to act that is very present and clearly formulated in ancient Egyptian autobiographies: "act for the person who once acted for others." This imperative is also viewed as one of the formulations of the principle of reciprocity, which is nourished by two forms of solidarity: anamnestic solidarity towards those who have gone before us from this world, and proleptic solidarity towards those who will come after us.

Let us consider some illustrations of this summons to act in three texts. In his lament, the eloquent peasant Khuninpu addresses the High Steward Rensi as follows:

(140) Virtue goes back to its place of yesterday.
It is a decree: Act for the one (141) who acts in order to cause him to act.
That means to praise him on account of what he has done;[17]
That means to arrange something before (142) the shot;[18]
That means to order something to the master of services (B1 140–142).

---

the question of lament, particularly from the judaeo-biblical perspective, in his book *Le Mal: Un défi à la philosophie et à la théologie* (Geneva, 1986).

15. Two other versions have Osiris instead of Re.

16. J.Assmann, *Der König als Sonnenpriester: Ein kosmographischer Begleittext zur kultischen Sonnenhymnik in thebanischen Tempeln und Gräbern*, ADAIK 7 (Glückstadt, 1970), 19, 22, 35–36; J.Assmann, *Ägyptische Hymnen und Gebete*, OBO (Freiburg [Switzerland] and Göttingen, 1999), no. 20, 97–99; R. B. Parkinson, *Voices from Ancient Egypt: An Anthology of Middle Kingdom Writings* (London, 1991), 38–40.

17. This passage can be also rendered as follows: "It is to praise god for him on account of what he has done."

18. This line is difficult to translate. Another possible translation is: (1) "It is to avoid (some) thing before it is shot." It is in this sense that C. Lalouette (*Textes Sacrés et Textes profanes de l'Égypte ancienne*, I, Collection UNESCO d'oeuvres représentatives. Série Égypte ancienne. Connaissance de l'Orient [Paris, 1984], 202) renders the passage.

This excerpt states that the principle of reciprocity is a decree that almost partakes in the divine character of the cosmic creative utterance. In other words, to act for the one who did act is almost one of the conditions upon which the right course of the world rests. The principle of reciprocity is here equated with Maat. In fact, this principle confirms that things are back to their normal or natural order. The word translated here "virtue" can also be rendered as "good character" or "wonder." Therefore, the passage states that virtue or good reoccupies its place of yesterday, just as the creator has decreed since the beginning. The text enumerates some of the actions that contribute to this return of virtue to its primordial place.

The second text is an extract from the Middle Kingdom *Dialogue of a Man with His Ba-Soul* in which the person complains about the society of his time as follows:

> (115) To whom can I speak today?
> None remember yesterday,
> (116) No one acts for the one who acted, in this time (pBerlin 3024, 115–116).[19]

The third is from the instruction that the Middle Kingdom pharaoh Amenemhat I gives to his son Senwosret I:

> Behold, one fights on the battlefield, forgetful of the past.
> It is not achieved, the good of the one who ignores what he is supposed to know (*Teaching of King Amenemhat* Vd–e).[20]

The last two texts point out that ignoring the past or omitting any commemoration of past events does not guarantee social cohesion. This means that Maat is no longer maintained in society. Thus war and violence break out; people lack friends and are lonely; good (virtue, happiness) can no longer be achieved. These are situations that express the deprivation of Maat in the world due to not respecting the principle of reciprocity in social intercourse. In other words, the ethics of praxis based on the call to prompt and proper course of action builds a chain of solidarity that makes possible social life, and preserves social interactions in the long run.

Accordingly, inaction has clearly a perverse effect on society. It actually destroys that what was once interrelated or it undoes god's world order. In doing so, passivity or inaction makes life and all that is related to it (i.e., human history) impossible on earth. In fact life in society or human history is advanced through decisive particular deeds and actions, and not through omissions and inertia. Therefore it is paramount to act, but in conformity with that which is worthy and just.

The vices of egoism, laziness, sluggishness, inaction and injustice are denounced in this ninth and last petition of the eloquent peasant Khuninpu to the High Steward Rensi:

> (106) May you depart from this laziness to proclaim your sentence.[21]
> (108) Act for the one who acts for you.
> Do not listen to everyone (around him)[22] when a person calls
> (109) for his affair in very truth.

19. R. Faulkner, "The Man Who Was Tired of Life," *JEA* 42 (1956), 25, 29. Cf. Another rendering by Christophe Barbotin of column 116: "(puisqu'il) ne subsiste rien de ce qu'a fait celui qui agit dans ce moment présent." C. Barbotin, "Le Dialogue de Khâkheperrêseneb avec son *Ba*," *RdE* 63 (2012), 18.

20. See other translations in Assmann, *Maât*, 39, and Lalouette, *Textes Sacrés et Textes profanes*, 1:58.

21. This sentence can also be rendered as follows: "Abandon this laziness so that your sentence be renowned."

22. The second part of the sentence can be interpreted as an independent clause to be translated as an imperative: "Summon a person for his affair in very truth." It would mean that each person should be accountable for the deed s/he really did.

There is no yesterday for one who is lazy,
(110) there is no friend for one who is deaf to Maat,
there is no day (111) good for one who is avaricious (B2 106–111).

It is worth noting from this passage that one who does not act and is self-minded has neither future nor friends. Such a person is out of touch with everybody, and will surely disappear from the collective memory. His days will always be the same. Thus his life time is simply monotonous and banal.

The laziness of which Khuninpu complains is due to the fact that the civil servant Rensi is strangely deaf to Maat or resists her. He does not pay heed to the calls to act in conformity with Maat. This deafness puts a grave question to Khuninpu, since the principle of mutual understanding upon which society relies is destroyed in Khuninpu' view. Both stressed and frustrated, Khuninpu pathetically questions Rensi:

(211) Hearer,[23] you do not hear.
Why do you not hear, please?
Is it because today (212) the aggressive one is warded off for me[24]
and the crocodile retreats ?
What (213) profit is there for you?
The secret of Maat will be found,
(214) and falsehood fall to the ground (B1 211–214).

Furthermore, to act in accordance with Maat requires a great deal of listening. And those who should listen more than anybody else in ancient Egypt are the king and the judge, who is ultimately the king's deputy. Ptahhotep (ca. 2494–2345 BC) praises one who listens:

(P 16.3) **Hearing is beneficial for the son who hears.**
Hearing enters the hearer,
(then) one who hears (P 16.4) becomes one who is heard.
Good is hearing and good is speaking.
The hearer is the master of what is beneficial.
(P 16.5) Hearing is useful for the hearer.
Hearing is better than any other thing
so that perfect love comes into being (*Teaching of Ptahhotep*, P 16.3–5).

Only such a person can penetrate the secret of wisdom and practice Maat. Thus, Ptahhotep makes a request to the king to initiate the disciple into the art of wise listening and administrating justice. He says:

(28) May it be ordered to this humble servant (P 5.3) to form a staff of old age.
(30) Then I will tell him the words of those who listened,
(31) the counsels of those of old, (32) those who once listened to the gods.
(33) Then it will be done for you (P 5.4) likewise,
(34) troubles will be removed from the flock
(35) and the Two Shores will serve you (*Teaching of Ptahhotep*, P 5.2–5).

---

23. Other translation: "Judge."
24. Another translation if this sentence is taken for the main clause: "Today I have confronted the aggressive one."

The king grants Ptahhotep's request and exhorts him as follows:

> Then the Majesty of this god said:
> "Teach him (P. 5.5) according to the speech of the past.
> Then he will act as a model for the children of the great.
> May hearing enter him and rectitude of every heart. Speak to him!
> No one is born (already) wise" (*Teaching of Ptahhotep*, P 5.4–5).

6. Conclusion: Evil in the World Is Endless

It seems fair that punishment should be inflicted on the one who is responsible for the crime committed, in the case of imputed evil. It is the application of the principle of retribution. However, there is a type of evil that is seemingly impossible to attribute to a clear and specific agent. When such an evil befalls someone, the person finds it to be an unjust state of affairs and laments over it. Any sort of theoretical "justification" cannot seriously satisfy one who is in this terrible situation. It is from this perspective that we have pointed to texts that call for practical action in the hope of alleviate evil in the world. Here human beings are rather exhorted to turn from their contemplative ideas and their beautiful speculative philanthropy. They are told to abandon their guilty inaction and hard-heartedness, to quit the valley of tears and blood so as to act decisively in accordance with Maat.

Though we are exhorted and prompted to act daily and continuously so that evil is annihilated and good achieved, we are nevertheless warned that evil in the world is endless. Indeed a passage from the Dialogue of a Man with His *Ba*-Soul states: "the wrong that roams the earth, there is no end to it" (pBerlin 3024, 129–130).[25] But this should not constitute a legitimate excuse not to act for Maat. As long as the sun god daily fights and defeats evil, so human beings should take part with courage in this eternal battle.

25. Faulkner, "The Man Who Was Tired of Life," 26, 29.

Sunshine for the Dead: On the Role and Representation of Light in the Vignette of Book of the Dead Spell 154 and Other Funerary Sources from Pharaonic and Graeco-Roman Egypt

Holger Kockelmann (Tübingen)

1. The Sun in Book of the Dead Vignettes

As is commonly known, the sun god and the light that he creates play a central part in the funerary beliefs of pharaonic and Graeco-Roman Egypt. Innumerable text sources describe this key role of Ra in the realm of the dead, which is fraught with darkness;[1] moreover, the iconographic programs of tombs, stelae, coffins, and other funerary equipment offer frequent depictions of the sun in diverse contexts. The Book of the Dead is also full of text passages that deal with the sun god and his light, as the philological survey by el-Sayed has amply demonstrated.[2] In addition to the textual references, we encounter the solar disc as an independent entity in a number of BD vignettes, first of all with those of spells 15,[3] 18,[4] 64,[5] 80,[6] 92,[7] 143,[8] 154, and 168.[9]

The present article is a revised version of a paper that I delivered originally at the British Museum in 2009, on occasion of the colloquium "The Book of the Dead – Recent Research and New Perspectives." It is dedicated to Mark as a small token of great gratitude, which I owe to him not only for his enlightening supervision when I had the good fortune and privilege to study under him in the academic year of 2000/2001, but also for his support in the years that followed.

1. For texts that allude to the darkness in the underworld see, e.g., BD spell 9: "I penetrate the netherworld, that I may see my Father Osiris and drive away the darkness": Th. G. Allen, *The Book of the Dead or Going Forth by Day: Ideas of the Ancient Egyptians concerning the Hereafter as Expressed in Their Own Terms*, SAOC 37 (Chicago, 1974), 10. On darkness in the hereafter: E. Hornung, *Nacht und Finsternis im Weltbild der Alten Ägypter* (Inaugural-Dissertation Tübingen, 1956), 48–58, § 23; M. Smith, *The Mortuary Texts of Papyrus BM 10507*, CDPBM 3 (London, 1987), 65, commentary on l. 5 (c) with references.

2. R. El Sayed, "La notion de lumiere dans le Livre des Morts," *BSEG* 9/10 (1984/85), 245–74. This article basically collects the text passages that concern light, without further study. At its end, it offers an overview of various designations of light in BD spells. See also his compilation "Mots et expressions évoquant l'idée de lumière," *ASAE* 71 (1987), 61–86.

3. For this vignette and its typology see J. Budek, "Die Sonnenlaufszene: Untersuchungen zur Vignette 15 des Altägyptischen Totenbuches während der Spät- und Ptolemäerzeit," *SAK* 37 (2008), 19–48.

4. P. Busca (Nineteenth/Twentieth Dynasties.): É. Naville, *Das aegyptische Todtenbuch der XVIII. bis XX. Dynastie, I: Text und Vignetten* (Berlin, 1886), pl. 31 = F. Crevatin, *Il libro dei morti di Ptahmose (Papiro Busca, Milano) ed altri documenti egiziani antichi*, Biblioteca degli "studi di egittologia e di papirologia" 6 (Pisa and Rome, 2008), 84–85.

5. Accompanied by a vignette that contains the depiction of a sun with rays; J.-L. de Cenival, *Le livre pour sortir le jour: Le Livre des Morts des anciens Égyptiens* (Bordeaux, 1992), 19 and 65.

6. R. Lepsius, *Das Todtenbuch der Ägypter nach dem hieroglyphischen Papyrus in Turin* (Leipzig, 1842), pl. 30.

7. New Kingdom, see Cenival, *Le livre pour sortir le jour*, 16 and 22.

8. Two discs and the deceased in a barque: Lepsius, *Todtenbuch*, pl. 59.

9. Naville, *Das aegyptische Todtenbuch*, I, pl. 187–89.

Generally, the sun without rays shows only limited graphic variation in the corpus of New Kingdom to late Ptolemaic Book of the Dead documents; normally, it is depicted as a simple circle with a dot in the middle.[10] If colored, the solar disc is usually red, less often orange or yellow,[11] sometimes with a thick, white border line;[12] rarely, it is white,[13] black,[14] and, outside the Book of the Dead corpus, even green or blue.[15] Since the Eighteenth Dynasty, the sun rays may be indicated,[16] normally as simple lines or as dots,[17] but also in multiple other ways.[18] Somewhat unusual is the iconography in the papyrus of *Nfr-wbn=f* (Eighteenth Dynasty), that reminds one of modern children's drawings (fig. 1).[19]

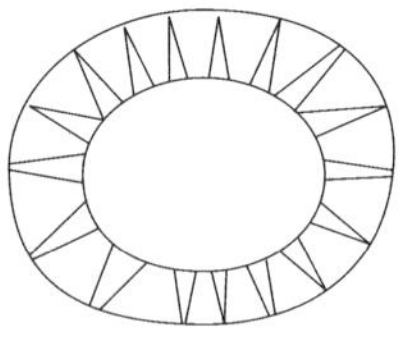

Fig. 1. The sun disc in the Papyrus of *Nfr-wbn=f*

From the Late period onwards, the rays are quite often represented as strings of triangles or fan-shaped elements; cf. [hieroglyph] (version *A*)[20] and [hieroglyph] (version *B*).[21] This form became

10. H. Schäfer, *Principles of Egyptian Art*, edited, with an epilogue, by E. Brunner-Traut; translated and edited, with an introduction, by J. Baines (Oxford, 1974), 236–37.

11. J. H. Taylor (ed.), *Ancient Egyptian Book of the Dead: Journey through the Afterlife* (London, 2010), 263; see also the mythological papyrus of *Ḫnsw-ms*: H. Satzinger, *Das Kunsthistorische Museum Wien: Die ägyptisch-orientalische Sammlung*, Zaberns Bildbände zur Archäologie 14 (Mainz, 1994), 50–51, fig. 33.

12. A. Niwiński, *Studies on the Illustrated Theban Funerary Papyri of the 11th and 10th Centuries B.C.*, OBO 86 (Freiburg [Switzerland] and Göttingen, 1989), pl. 12a; for this feature see W. Westendorf, "Der Ring um die Sonnenscheibe," *GM* 211 (2006), 111–23.

13. P. London, British Museum EA 10471: R. O. Faulkner, *The Ancient Egyptian Book of the Dead*, edited by C. Andrews (London, 1985; fourth impression, 1993), 89.

14. See M. Saleh, *Das Totenbuch in den thebanischen Beamtengräbern des Neuen Reiches*, AVDAIK 46 (Mainz, 1984), 53–54 with fig. 62 (TT 290); H. Milde, *The Vignettes in the Book of the Dead of Neferrenpet*, EU 7 (Leiden, 1991), 188 and pl. 35 and 41.

15. E. Brunner, "Die grüne Sonne," in M. Görg and E. Pusch (eds.), *Festschrift Elmar Edel. 12. März 1979*, ÄAT 1 (Wiesbaden, 1979), 54–59, esp. 55 and 59 with n. 23.

16. Generally speaking, rays are depicted rather rarely at that time (except for the Amarna period), compared to the countless depictions of the sun as a simple circle: R. Ventura, "Sun Rays in Ancient Egyptian Art," in A. Ovadiah (ed.), *Milestones in the Art and Culture of Egypt* (Tel Aviv, 2000), 15.

17. With dots: P. Berlin, Ägyptisches Museum und Papyrussammlung inv. 186/64 (Ptol.): *Ägyptisches Museum Berlin: Östlicher Stülerbau am Schloss Charlottenburg* (Berlin, 1967), no. 895. See also S. Bosticco, *Museo Archeologico di Firenze: Le stele egiziane di Epoca Tarda* (Rome, 1972), nos. 32 (inv. 2487) and 34 (inv. 2491) (Ptol.); Stela Toulouse inv. 49.265 (Late period): S. H. Aufrère, *Les collections égyptiennes de Toulouse conservées au Musée Georges-Labit* (Toulouse, 1996), 18–19; M. L. Bierbrier (ed.), *Hieroglyphic Texts from Egyptian Stelae etc.*, part 11 (London, 1987), pl. 72 (stela London BM EA 8462, verso) = J. Budka, "Neues zu den Nutzungsphasen des Monumentalgrabes von Anch-Hor, Obersthofmeister der Gottesgemahlin Nitokris (TT 414)," *Ä&L* 18 (2008), 76, fig. 14; C. Manassa, *The Late Egyptian Underworld: Sarcophagi and Related Texts from the Nectanebid Period*, part 2: plates, ÄAT 72 (Wiesbaden, 2007), 301 (pl. 291). As lines: B. Bruyère, *Rapport sur les fouilles de Deir el Médineh (1930)*, FIFAO 8.3 (Cairo, 1933), pl. 19 top (TT 359, Nineteenth Dynasty); P. Louvre N 3068 (*Nb-ḳd*, Eighteenth Dynasty): Taylor (ed.), *Ancient Egyptian Book of the Dead*, 101, no. 41; S. Aufrère, "De l'influence des luminaires sur la croissance des végétaux: À propos d'une scène du papyrus funéraire de Nebhepet, Musée de Turin [ancienne collection Drovetti]," *Memnonia* 6 (1995), pl. 25.

18. For the polymorphism of sun rays, which are depicted at least since the Middle Kingdom in Egyptian art, see Ventura, "Sun Rays in Ancient Egyptian Art," 23–24.

19. Cf. Cenival, *Le livre pour sortir le jour*, 16, 19, 22, 26, 34. This form of rays is missing in Ventura, "Sun Rays in Ancient Egyptian Art," 19, fig. 2.

20. E.g., P. Cologne Aeg. inv. 10207 (*Jʿḥ-tꜣj=s-nḫt*), Twenty-Sixth Dynasty: Landesmuseum Württemberg, Stuttgart: *Ägyptische Mumien: Unsterblichkeit im Land der Pharaonen* (Stuttgart, 2007), 158 and U. Verhoeven, *Das saitische Totenbuch der Iahtesnacht. P. Colon. Aeg. 10207*, Teil 3: Beilagen, PTA 41 (Bonn, 1993), Beilage 2, Kol. 4; mummy wrapping Madrid, Museo Arqueológico Nacional: R. A. Caminos, "Mummy Bandages Inscribed with Book of the Dead Spells," in J. Baines et al. (eds.), *Pyramid Studies and Other Essays Presented to I. E. S. Edwards*, EES Occasional Publications 7 (London, 1988), 166 with pl. 31–32; P. Bodmer inv. 104: J.-L. Chappaz and S. Vuilleumier (eds.), *"Sortir au jour": Les aegyptiaca de la Fondation Martin Bodmer, deuxième édition, revue et corrigée*, CSEG 7 (Geneva and Munich, 2002), 129, fig. 40.

21. Rays formed of constituents in "floral" Λ-shape in P. Louvre N 3094: A. Charron (ed.), *La mort n'est pas une fin. Pratiques funéraires en Égypte d'Alexandre à Cléopâtre* (Arles, 2002), 167, no. 73 (Late period or Ptolemaic); stela Turin inv. 1597: A. M. Donadoni Roveri (ed.), *Das Alte Ägypten: Die religiösen Vorstellungen* (Milan, 1988), 224–25, no. 311 (early Ptolemaic); Bierbrier (ed.), *Hieroglyphic Texts*, part 11, pl. 76 (stela BM EA 8461), pl. 90–91 (stelae BM EA 8465, verso and EA 8481, verso).

See also the hieroglyphic sign [hieroglyph] (Gardiner N28: "hill over which are the rays of the rising sun"), which often occurs in the variant

probably the most conventional iconography of light during the Ptolemaic and Roman periods, very frequent in the Book of the Dead, but even more on other sorts of monuments, for instance in the decoration of tombs,[22] in temple reliefs,[23] on sarcophagi,[24] stelae,[25] funerary shrouds,[26] or mummy beds.[27] To my knowledge, no conclusive explanation of the triangular constituents, which Peter Munro called "*Strahlenregen*,"[28] has yet been put forward.[29] Sometimes they look like floral elements rather than strictly geometric; on the Twenty-Sixth Dynasty papyrus of *T3-šr.t-n-3s.t*, they are actually painted green and red,[30] which may suggest an interpretation as stylised blossoms.[31] Another option could be that the iconography is inspired by pectorals made from pearls of glass and other shiny materials.[32] Such pendants function as determinatives of words like *ṯḥn* "to sparkle, be dazzling," cf.  (Gardiner S16) and  (Gardiner S17); see also 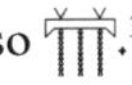.[33] For the triangles with open base (version *B* above) one could refer to ornamental patterns found for instance in the royal kilt.[34] Provided this hypothetical approach is correct, lustrous beads would stand symbolically for the bright rays of the sun. In the hieroglyphic script, at least, there seems to have been an occasional confusion of  and , perhaps not only due to their similar basic form, cf.  *3b.t* "branding iron," var. .[35]

As a third possibility, the triangular form may take account of the actual form of sunrays, as the Egyptians observed them coming down from gaps in a cloudy sky or from a conical wall opening into a dark room.[36] However,

in Graeco-Roman temple inscriptions (e.g., D. Meeks, *Les architraves du temple d'Esna: Paléographie*, Paléographie hiéroglyphique 1 [Cairo, 2004], 131, § 351); here the light is also represented by two joined V-shaped iconographic elements.

22. E.g., in the tomb of *P3-dj-Wsjr* in Tuna el-Gebel: N. Cherpion, J.-P. Corteggiani and J.-F. Gout, *Le tombeau de Pétosiris à Touna el-Gebel. Relevé photographique*, BG 27 (Cairo, 2007), 53, scene 53; 65, scene 57.

23. See the decoration of windows in Dendera, e.g., É. Chassinat, *Le temple de Dendara* II (Cairo, 1934), pl. 88; S. Sauneron and H. Stierlin, *Derniers temples d'Égypte: Edfou et Philae* (Paris, 1975), 95. In the hieroglyphic script: e.g., Meeks, *Architraves*, 53, § 139 and 129, § 348.

24. Sarcophagus Vienna, inv. ÄS 1 (early Ptolemaic): Satzinger, *Das Kunsthistorische Museum Wien*, 58, fig. 38b; sarcophagus Vienna inv. ÄS 4 (second century BC): W. Seipel, *Gott – Mensch – Pharao: Viertausend Jahre Menschenbild in der Skulptur des Alten Ägypten* (Vienna, 1992), 449, no. 184; coffin Toulouse inv. 49.287 and 49.284 (Late period): Aufrère, *Les collections égyptiennes de Toulouse*, 24–25; coffin Bremen, Übersee-Museum B 3891 (Ptolemaic): K. Martin, *Die altägyptischen Denkmäler*, part 1, CAA Übersee-Museum Bremen (Mainz, 1991), 1, 60.

25. Stela Copenhagen ÆIN 892 (Ptolemaic): O. Koefoed-Petersen, *Les stèles égyptiennes* (Copenhagen, 1948), pl. 63.

26. O. D. Berlev (ed.), *The Way to Immortality. Monuments of Ancient Egyptian Art from the Collection of the Pushkin State Museum of Fine Arts* (Moscow, 2002), 268, no. 209 (with color plate).

27. D. Kurth, *Materialien zum Totenglauben im römerzeitlichen Ägypten* (Hützel, 2010), 144 and 140, fig. 25 (mummy under winged scarab); 178, fig. 37 and 184, fig. 39.

28. P. Munro, *Die spätägyptischen Totenstelen*, ÄF 25 (Glückstadt, 1973), 36, 53.

29. To associate the triangle form with the pyramid as suggested by Ventura, "Sun Rays in Ancient Egyptian Art," 30–31 seems too far-fetched.

30. P. Cairo, Egyptian Museum JE 95841 (SR IV 939); for general remarks on this papyrus see I. Munro, "Die Entwirrung eines 'Papyrus-Knäuels' im Ägyptischen Museum Kairo – Rekonstruktion zweier Totenbuch-Papyri der 26. Dynastie," in M. Eldamaty and M. Trad (eds.), *Egyptian Museum Collections around the World: Studies for the Centennial of the Egyptian Museum, Cairo* II (Cairo, 2002), 831–41; for a color photograph of the vignette: I. Munro, *Die Totenbuch-Papyri des Ehepaars Ta-scheret-en-Aset und Djed-chi aus der Bes-en-Mut-Familie (26. Dynastie, Zeit des Königs Amasis)*, HAT 12 (Wiesbaden 2011), Photo-Tafel 2.

31. See also the commentary on the sun rays on Berlin coffin inv. 836 (Roman period) in R. Germer et al., *Berliner Mumiengeschichten: Ergebnisse eines multidisziplinären Forschungsprojektes* (Berlin, 2009), 90 and 88, fig. 129: "Sonnenscheibe mit drei dicken, floral gestalteten Strahlenbündeln."

32. In a New Kingdom workshop scene, which depicts the production of jewellery, similar strings of red triangles can be found: N. Strudwick, *Masterpieces of Ancient Egypt* (London, 2006), 148–49 (BM EA 920, from TT 63, Eighteenth Dynasty).

33. In *Ṯḥnw* "Libyans": J. de Morgan, *Catalogue des monuments et inscriptions de l'Égypte: Kom Ombos I* (Vienna, 1895), 134, no. 176, below, third figure from left.

34. J. Vandier, *Manuel d'archéologie égyptienne, III: Les grandes époques. La statuaire* (Paris, 1958), 107, fig. 10.9 with p. 109; E. Vassilika, *Ptolemaic Philae*, OLA 34 (Leuven, 1989), 341, MS 127.

35. D. Meeks, "Notes de lexicographie (§ 1)," *RdE* 26 (1974), 63; in *3b.t* the "*ṯḥn*"-sign is actually a misunderstood sealing.

36. For such "naturalistic" explanations of the sun rays see Ventura, "Sun Rays in Ancient Egyptian Art," 26ff. See also the effect created by

probably the widening arms of the triangle should better not be understood in such a naturalistic way, but more symbolically, as a mere cypher for something that spreads, since also the diffusion of liquids can be expressed by exactly the same iconographic pattern, for instance tears in Graeco-Roman versions of the hieroglyph "weeping eye," see ,[37] [38] and variations.[39] Since this symbolism is the most obvious connotation of such a geometric figure, the triangles should be seen as pictograms for "dispersion," "spreading" and the like.

Irrespective of their various forms, the rays characterize the solar disc as being in activity. Depictions like these, which show the sun not just as a circle (for example as a pure attribute on the head of divinities), but as an independent entity spreading its light are relatively rare in the Book of the Dead. Among those illustrations, the vignette of BD spell 154 is the one that stresses most explicitly the sun's impact on the deceased. This vignette and its significance shall be examined in more detail here.

2. Iconography of Vignette BD Spell 154 and History of the Motif

In its standard form, vignette BD 154 ("Spell for not letting NN's corpse pass away in the god's domain") shows the mummy of the deceased stretched out on a funerary lion bed; above this scene, the sun disc sheds its light onto the body (fig. 2).[40] Sometimes, the sky is indicated as a *p.t*-hieroglyph at the upper margin.[41] This vignette for BD spell 154 is attested only in Late period and Ptolemaic Book of the Dead documents, unlike the actual text, which is already known since Dynasty 18.[42]

Surprisingly, the text of the spell does not contain any explicit allusion to the act that is depicted so lucidly in the vignette. Its main theme is the preservation of the body, according to its title; since the act of uniting with the sun rays has basically the same aim, as shall be demonstrated below, the vignette of the mummy under the solar disc is nevertheless a suitable illustration for spell 154.

Clear textual mentions of unifying the dead with the sun occur in a few New Kingdom Book of the Dead spells other than number 154. For example, a passage of spell 183 states that the sun light shines on the chest of Osiris lying on a bier,[43] just as later illustrated by vignette BD 154. Though vignette BD 154 has not yet been established as a standard vignette, the idea was apparently already established in the conception of the hereafter. This is proved further by a Book of the Dead illustration of the Twenty-First Dynasty, though not in conjunction with spell 154, but with spell BD 89 ("Spell for making the Ba attach itself to one's corpse in the god's domain"). The BD

---

the windows in the temple of Dendera: P. Zignani, *Enseignement d'un temple égyptien. Conception architectonique du temple d'Hathor à Dendara* (Lausanne, 2008), 104–19.

37. Photograph of a hieroglyphic inscription on the east side of the temple of Isis in Philae in A. Giammarusti and A. Roccati, *File: Storia e vita di un santuario egizio* (Novara, 1980), 84–85.

38. S. Sauneron, *L'écriture figurative dans les textes d'Esna = Esna VIII* (Cairo, 1982), 126, no. 64; *Catalogue de la fonte hiéroglyphique de l'imprimerie de l'I.F.A.O. (nouvelle edition)* (Cairo, 1983), 98, no. 12.

39. Weeping Eye with tears similar to this iconography of sun rays as hieroglyph in TT 128 (Twenty-Sixth Dynasty): W. Schenkel, "Die Gräber des *Pꜣ-ṯnf-j* und eines Unbekannten in der thebanischen Nekropole (Nr. 128 und Nr. 129)," *MDAIK* 31.1 (1975), pl. 44 top, 2nd col. from left. The existence of a hieroglyph given in the JSesh-font could not be verified; this may be a misunderstanding of .

40. After P. BM EA 10098/11: Faulkner, *The Ancient Egyptian Book of the Dead*, 154.

41. Lepsius, *Todtenbuch*, pl. 75.

42. See commentary in E. Hornung, *Das Totenbuch der Ägypter* (Zurich and Munich, 1979), 510.

43. Allen, *Book of the Dead or Going Forth by Day*, 200; see also Hornung, *Totenbuch der Ägypter*, 394, l. 9 and P. Barguet; *Le Livre des Morts des anciens égyptiens*, LAPO 1 (Paris, 1967), 270. J. Assmann, *Ägyptische Hymnen und Gebete*, second revised edition, OBO (Freiburg [Switzerland] and Göttingen, 1999), 483, no. 214 differs in his translation from the last mentioned authors: "er läßt Schu [i.e. , var.] aufgehen auf deiner Brust"; in view of other abundant evidence for the sun shining on the breast of the departed (see below), the rendering *šw* "light" seems preferable to the theonym; T. Handoussa, "A Newly Found Tomb-Stela from the Ramesside Period in Saqqara," in *Hommages à François Daumas* II (Montpellier, 1986), 414.

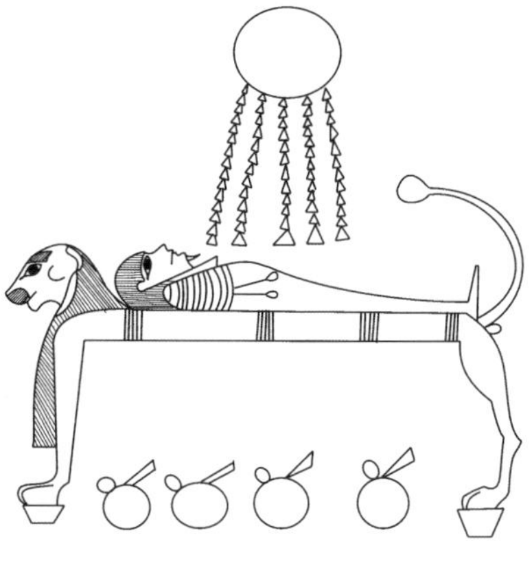

Fig. 2. Vignette of spell BD 154 in P. London BM EA 10098

papyrus of *T3-b3k.t-n-Ḫnsw*[44] combines the usual vignette of BD chapter 89 showing the Ba-bird approaching the mummy with a depiction of the deceased on a mat[45] being mourned by Isis and Nephthys and illuminated by the sun; to the left, there is a fecundity figure holding a palm-branch and the representation of a lake (pl. 12).[46] Obviously, the combination of vignettes BD 89 and BD 154 indicates that they are equally suitable for illustrating spell 89; this is noteworthy here, as in late Book of the Dead documents, spell BD 154 can be accompanied by a vignette that looks like that of spell BD 89 in place of the standard representation given in fig. 2.[47] All three components in the papyrus of *T3-b3k.t-n-Ḫnsw* (fecundity figure, illumination, lamenting, and unification with the Ba) and the text of BD chapter 89 have the same principal aim of reviving and regenerating.

More Third Intermediate period evidence for vignettes very similar to that of BD 154 is found outside the Book of the Dead tradition: In some mythological papyri of the Twenty-First to Twenty-Second Dynasties, we see Osiris on the funerary bed[48] or the mummy resting either on the ground or in a papyrus boat[49] being illuminated by the sun light.[50] The examples found on papyrus may be supplemented by contemporaneous variations of the motif from other monuments. The Louvre museum houses a stela that represents the mistress of the house *T3-n.t-pr.t* in adoration before Ra-Harakhte. Just as the mummy of vignette BD 154, the deceased receives the rays from the sun disc on the head of the god.[51] The sun beams are formed of multicolored bell-shaped elements, most probably lily blossoms.[52] The smell of flowers was thought to be life-giving[53] and regenerative;[54] thus, they are a symbol for the revivifying aspect of the light here.

44. P. Cairo, Egyptian Museum SR VII 10222: Niwiński, *Studies on the Illustrated Theban Funerary Papyri*, 274 (Cairo 59).

45. For mummies on their mats (*tm3.w*) see P. MMA 35.9.21, col. 8, l. 12: J.-Cl. Goyon, *Le papyrus d'Imouthès, fils de Psintaês au Metropolitan Museum of Art de New-York (Papyrus MMA 35.9.21)* (New York, 1999), 35; H. Beinlich, *Papyrus Tamerit 1. Ein Ritualpapyrus der ägyptischen Spätzeit*, SRaT 7 (Dettelbach, 2009), 163; M. Smith, *Traversing Eternity. Texts for the Afterlife from Ptolemaic and Roman Egypt* (Oxford, 2009), 85; for the deceased reclining on a "mat of fresh reed" see ibid., 342. "Mummy-mats of Sokar": R.O. Faulkner, "An Ancient Egyptian Book of Hours," *JEA* 40 (1954), 35, l. 3, 3 = idem, *An Ancient Egyptian Book of Hours (Pap. Brit. Mus. 10569)* (London, 1958), 1 and 3*; for placing mummies on mats in tombs see the archaeological finds in Tell Dush: F. Dunand et al., *Douch I: La nécropole. Exploration archéologique. Monographie des tombes 1 à 72* (Cairo, 1992), 226; A. Piankoff, *Mythological Papyri: Texts*, Bollingen Series 40 = ERTR 3 (New York, 1957), 91, fig. 58.

46. The figure is lacking its typical hanging breasts here (for a clearer example, see Faulkner, *The Ancient Egyptian Book of the Dead*, 46, fig. below).

47. Papyrus of *Ḥrw*, son of *T3-dj-Jj-m-ḥtp* (P. Cairo, Egyptian Museum JE 32887 = SR IV 930, probably Ptol.). For scenes combining the mummy, Ba-bird and illumination see also note 58 below.

48. Piankoff, *Mythological Papyri*, 57, fig. 42.

49. Niwiński, *Studies on the Illustrated Theban Funerary Papyri*, 195, fig. 68 ("scenes of the joined solar/Osirian contents"); mummy replaced by a hieroglyph symbolizing Osiris: p. 196, fig. 69. See also p. 222, fig. 83; p. 226, fig. 87.

50. Often, the rays derive from the head of the solar falcon: Piankoff, *Mythological Papyri*, 60, fig. 47, 62, fig. 50, 63, fig. 51, 64, fig. 52, 65, fig. 53; M. Étienne (ed.), *Les portes du ciel. Visions du monde dans l'Égypte ancienne* (Paris, 2009), 120, no. 80.

51. Étienne (ed.), *Les portes du ciel*, 24, 67, no. 33 (E 52 - N 3663); G. Andreu et al. (eds.), *L'Égypte ancienne au Louvre* (Paris, 1997), 171–72, no. 83.

52. M.-E. Colin, "L'union à la lumière de Tenperet et la symbolique végétale de la stèle Louvre E 52," in S. H. Aufrère (ed.), *Encyclopédie religieuse de l'univers vegetal. Croyances phytoreligieuses de l'Égypte ancienne*, III, OM 15 (Montpellier, 2005), 313–32.

53. For the blossoms replaced by *ankh*-signs see the contemporaneous stela BM EA 8450 in note 82.

54. For the regenerative impact of flowers on the dead see R. Germer, *Katalog der altägyptischen Pflanzenreste der Berliner Museen*, ÄA 47 (Wiesbaden, 1988), 29.

Another Third Intermediate period testimony comes from the tomb of Osorkon II at Tanis, where the standing deceased is showered with rays of light by a solar disc,[55] while depictions of the mummy being sun-rayed are found on coffins of the Twenty-First and Twenty-Second Dynasties.[56]

The quoted examples reveal that the idea of the dead being illuminated by the sun was repeatedly articulated in funerary art during the Third Intermediate period. In the Late period and Ptolemaic age, the scene found in vignette BD 154 becomes even more frequent in the repertoire of sepulchral art. By now, we do not only find it as a well-established standard vignette in the Book of the Dead with spell 154, but rather often also on other funerary equipment. Variants of vignette BD 154 are now common on the exterior of coffin lids,[57] some of them showing the mummy in company of the Ba-bird being illuminated under the sun disc.[58] Additionally, the sun shedding its rays is often depicted inside the coffin lid close to the face or below the head of the departed.[59]

---

55. P. Montet, *Les constructions et le tombeau d'Osorkon II à Tanis* I, La nécropole royale de Tanis 1 (Paris, 1947), pl. 35 = J. Lull, *Las tumbas reales egipcias del Tercer Período Intermedio (dinastías XXI – XXV). Tradición y cambios*, BAR International Series 1045 (Oxford, 2002), 113, fig. 68; similar iconography in E. A. W. Budge, *The Greenfield Papyrus in the British Museum* (London, 1912), pl. 50–55. For vignette BD 154 in the tomb of Sheshonq III see note 77 below.

56. H. Refai, "Die 'Herrin der Unterwelt,'" in U. Rössler-Köhler and T. Tawfik (eds.), *Die ihr vorbeigehen werdet ... Wenn Gräber, Tempel und Statuen sprechen. Gedenkschrift für Prof. Dr. Sayed Tawfik Ahmed*, SDAIK 16 (Berlin and New York, 2009), 180, fig. 7 and 181, fig. 9 = Niwiński, *Studies on the Illustrated Theban Funerary Papyri*, 40, fig. 3; Cairo, Egyptian Museum CG 6233 (JE 29666) inner coffin of *P3-dj-Jmn* (I), interior, left shoulder: Anubis attends the mummy, which is resting on a funerary bed; above it, the sun is shedding rays composed of red dots. Mummy with snake head (on Vienna, Kunsthistorisches Museum ÄS 6269): R. Egner and E. Haslauer, *Särge der Dritten Zwischenzeit* II, CAA Kunsthistorisches Museum Wien 12 (Mainz, 2009), 160 and 195.

57. Coffin fragment Würzburg, Martin von Wagner Museum inv. A 1316 (Twenty-Fifth Dynasty): M.A. Stadler, *Wege ins Jenseits: Zeugnisse ägyptischer Totenreligion im Martin von Wagner Museum der Universität Würzburg*, Nachrichten aus dem Martin-von-Wagner-Museum der Universität Würzburg, Reihe A, Antikensammlung, 6 (Würzburg, 2005), 81; Winterthur, Stiftung für Kunst, Kultur und Geschichte (late Twenty-Sixth Dynasty): M. Page-Gasser and A. B. Wiese, *Ägypten. Augenblicke der Ewigkeit: Unbekannte Schätze aus Schweizer Privatbesitz* (Mainz, 1997), 242, no. 158; Brussels MRAH E 7042: M.-P. Vanlathem, *Cercueils et momies de l'Égypte ancienne*, Musées Royaux d'Art et d'Histoire. Guides du Département Égyptien 5 (Brussels, 1983), 22–23 (Ptol.); sun disc without rays, but with *ankh*-signs hanging from uraei on coffin Copenhagen ÆIN 1522 (700–650 BC): M. Jørgensen, *Catalogue Egypt III: Coffins, Mummy Adornments and Mummies from the Third Intermediate, Late, Ptolemaic and the Roman Periods (1080 BC–AD 400). Ny Carlsberg Glyptotek* (Copenhagen, 2001), 211 = O. Koefoed-Petersen, *Catalogue des sarcophages et cercueils égyptiens* (Copenhagen, 1951), pl. 55.

58. Ba-bird and mummy being showered with light together on Ptolemaic limestone coffins Cairo, Egyptian Museum 13/1/21/9, 13/1/21/2 and 17431; coffin of *Ṯs-pr.wt-nṯr* (Twenty-Fifth Dynasty): M. C. Guidotti and F. Tiradritti (eds.), *Rinascimento Faraonico. La XXV dinastia nel Museo Egizio di Firenze* (Montepulciano, 2009), 52, cat. no. 13; cartonnage Manchester 1976.14 (Ptol.): Ba-bird and sun disc above the mummy, see J. Bourriau, "Egyptian Antiquities Acquired in 1976 by Museums in the United Kingdom," *JEA* 64 (1978), 126, no. 89 with pl. 22, fig. 4. For the combination of Ba-bird, mummy and sun rays, see J. Assmann et al., *Altägyptische Totenliturgien, III: Osirisliturgien in Papyri der Spätzeit*, SHAW, Philosoph.-hist. Kl., Supplement 20 (Heidelberg, 2008), 100 n. 231: The light of Ra rests on the body of Osiris, whose Ba lives on the rays of the sun. K. Jansen-Winkeln, *Ägyptische Biographien der 22. und 23. Dynastie, I: Übersetzung und Kommentar*, AÄ 8 (Wiesbaden, 1985), 119, text A 10, b, 4–5 and III: Texte, 494: "your Ba may go out in order to see my rays, when I [i.e., Ra] have reached your body in the *m3nw*-mountains" (cuboid statue Cairo CG 42225, Twenty-Second Dynasty).

For the Ba itself as an entity of light, whose rays unite with the mummy see Kurth, *Materialien zum Totenglauben*, 37 with n. 223.

59. See, for example, coffin London UC 14230 (late Twenty-Second Dynasty?): H. M. Stewart, *Mummy Cases and Inscribed Funerary Cones in the Petrie Collection* (Warminster, 1986), 10, no. 7 with pl. 16; coffin Zagreb 668: I. Uranić, *Aegyptiaca Zagrabiensia: Egyptian Collection of the Archaeological Museum in Zagreb*, Katalozi i monografije Arheološkog muzeja u Zagrebu 4 (Zagreb, 2007), 94–95, no. 116 ("Ptolemaic"; Twenty-Fifth–Twenty-Seventh Dynasties?); coffin Copenhagen ÆIN 1522 (700–650 BC): Jørgensen, *Catalogue Egypt III: Coffins*, 227 and 229 = Koefoed-Petersen, *Catalogue des sarcophages et cercueils égyptiens*, pl. 58. Coffin Heidelberg inv. 1015 (25th Dyn.): E. Feucht, *Vom Nil zum Neckar: Kunstschätze Ägyptens aus pharaonischer und koptischer Zeit an der Universität Heidelberg* (Berlin, Heidelberg, New York, London, Paris, and Tokyo, 1986), 123, no. 277; head end of a coffin of the Twenty-Fifth Dynasty (sun shining on the djed pillar): M. J. Raven, "A Theban Quartet: Mummies and Coffins of Personnel of the Temple of Amun," in D. Magee, J. Bourriau and S. Quirke (eds.), *Sitting beside Lepsius: Studies in Honour of Jaromir Malek at the Griffith Institute*, OLA 185 (Leuven, Paris and Walpole, MA, 2009), 468–70 and 487, fig. 10; same: 473 and 488, figs. 13 and 15; see also 474 and 489, fig. 22. See also Roman coffin Berlin ÄM inv. 836: R. Germer et al., *Berliner Mumiengeschichten*, fig. 129; coffins of the "Soter group": C. Riggs, *The Beautiful Burial in Roman Egypt: Art, Identity, and Funerary Religion* (Oxford, 2005), 202, fig. 98 (BM EA 6705). F. R. Herbin, *Padiimenipet, fils de Sôter: Histoire d'une famille dans l'Égypte romaine*, Département des Antiquités Egyptiennes, Collection solo 20 (Paris, 2002), 13, fig. 11 (BM EA 6706).

Occasionally, mummy cartonnages of that time also present the body resting under the sun disc.[60] Similar scenes are found in the tympanon of Late period and Ptolemaic stelae[61] and on wooden containers for the entrails.[62] To judge from its spread in funerary art, the concept of placing the deceased under the sun obviously gained considerable prominence between the early Twenty-First Dynasty and the beginning of the Late period.

3. The Meaning of the Motif

Despite the fact that the sun god is known as an "illuminator of the corpse" (*sḥḏ ẖꜣ.t*) from the New Kingdom to the Graeco-Roman era,[63] the motif and its underlying significance have been studied only *en passant* and thus largely remained a rather exotic feature of Egyptian funerary beliefs and practices.[64] Though the illumination of the departed is often referred to by scholars, no thorough, coherent and multiperspective examination of this motif, combining iconographic *and* written sources has yet been undertaken.

As part of Book of the Dead manuscripts, the vignette of spell BD 154 belongs to the sphere of private funerary beliefs. It usurps, however, a central theme of Egyptian theology for the benefit of the deceased—the well-known unification of Osiris and Ra[65] that is effected by the rays of the sun god infiltrating the divine body. This process

---

Possible textual references: J. Assmann, *Das Grab der Mutirdis. Grabungen im Asasif 1963–1970*, Band VI, AVDAIK 13; (Mainz, 1977), 100, cols. 33–34. Ra-Harakhte shines "in the face" or "in the presence" (*m ḥr*) of Osiris NN: L. Kákosy(†) et al., *The Mortuary Monument of Djehutymes (TT 32), Text*, Studia Aegyptiaca, Series maior 1 (Budapest, 2004), text 1, 167; stela Cairo, Egyptian Museum CG 22045: A. Bey Kamal, *Stèles ptolémaïques et romaines: Catalogue général des antiquités égyptiennes du Musée du Caire, nos. 22001–22208* (Cairo, 1905), 42, l. 8 (corresponds to the beginning of spell BD 15a: Allen, *Book of the Dead or Going Forth by Day*, 12); "tu t'unis au disque, et son rayonnement éclaire ton visage": F. R. Herbin, *Le Livre de parcourir l'éternité*, OLA 58 (Leuven, 1994), 47 (I, 5–6). For the moon shining into the face: E. Graefe, "Das Grab des Schatzhausvorstehers und Bauleiters Maya in Saqqara," *MDAIK* 31.2 (1975), 211.

Moreover, the sun revivifying the mummy is now combined with the motif of the "Apislauf": D. Kessler, *Die heiligen Tiere und der König. Teil I: Beiträge zu Organisation, Kult und Theologie der spätzeitlichen Tierfriedhöfe*, ÄAT 16 (Wiesbaden, 1989), 78 and M.I. Aly, "New Kingdom Scattered Blocks from Saqqara," *MDAIK* 56 (2000), 227, e. See also the winged sun disc at the back of the head of a Roman mummy mask: G. Grimm, *Die römischen Mumienmasken aus Ägypten* (Wiesbaden, 1974), pl. 130, fig. 3.

60. M. C. Guidotti and E. Leospo, *La collezione egizia del Civico Museo Archeologico di Como* (Como, 1994), color plate 8, fig. 18 (winged scarab above mummies); Louvre E 18953: Étienne (ed.), *Les portes du ciel*, 128–29, no. 92.

61. Stela Leiden RMO CI. 327, late Ptol./Roman(?); authentic?: R.S. Bianchi, *Cleopatra's Egypt: Age of the Ptolemies* (New York, 1988), 215, no. 108. Mummy in the papyrus boat, flanked by jackals, under the sun disc (Roman period stela): Cambridge Acc.no. E.65.1901: G. T. Martin (ed.), *Stelae from Egypt and Nubia in the Fitzwilliam Museum, Cambridge, c. 3000 BC–AD 1150* (Cambridge, 2005), 152, no. 106. Sun shining on the deceased who stands in adoration before Osiris and Ra-Harakhte/Sokar-Osiris(?): *Ägyptisches Museum Berlin: Östlicher Stülerbau am Schloss Charlottenburg* (Berlin, 1967), no. 932 (Twenty-Fifth Dynasty). See also stela Boston MFA 98.1054 (Roman, from Dendera): R. J. Leprohon, *Stelae II: The New Kingdom to the Coptic Period*, CAA Museum of Fine Arts Boston 3 (Mainz, 1991), 56–57. For pyramidia with the horizon shedding its light onto the departed see Louvre D 18–N 359 in Étienne (ed.), *Les portes du ciel*, 52–53, no. 10 (Twenty-Sixth Dynasty); Trieste, Civic Museum of History and Art inv. 12008 (Nineteenth or Twentieth Dynasty?): F. Tiradritti (ed.), *Egyptian Renaissance. Archaism and the Sense of History in Ancient Egypt* (Budapest, 2008), 149, no. 24. This piece possibly derives rather from the Late period. In F. Crevatin and M. Vidulli Torlo, *Collezione egizia del Civico Museo de Storia ed Arte di Trieste* (Trieste, 2013), 59, no. 3.6, it is dated to the Ptolemaic period.

62. Étienne (ed.), *Les portes du ciel*, 97, no. 68: the winged sun disc and the sun bark cross the sky above a mummy.

63. Leitz, *LGG* VI, 480a–b.

64. This may be illustrated by the statement of K. Jansen-Winkeln, *Biographische und religiöse Inschriften der Spätzeit aus dem Ägyptischen Museum Kairo, I: Übersetzungen und Kommentare*, ÄAT 45 (Wiesbaden, 2001), 121: "Der merkwürdige Gedanke, daß die Sonne auf die Leiche scheint."

65. J. Assmann, *Liturgische Lieder an den Sonnengott: Untersuchungen zur altägyptischen Hymnik* I, MÄS 19 (Berlin, 1969), 101–3; corn-Osiris with sun disc above: J. Assmann, *Tod und Jenseits im Alten Ägypten* (Munich, 2001), 472, fig. 64 (coffin Cambridge, Fitzwilliam Museum, c. 1000 BC) and S. Wiebach-Koepke, "The Growth of Plants in the Light of the Sun-God," in A.-A. Maravelia (ed.), *En quête de la lumière. In Quest of Light. Mélanges in Honorem Ashraf A. Sadek*, BAR International Series 1960 (Oxford, 2009), fig. on p. 65; F. R. Herbin, "La renaissance d'Osiris au temple d'Opet (P. Vatican inv. 38608)," *RdE* 54 (2003), 108ff.; K. J. Seyfried, "Bemerkungen zur Erweiterung der unterirdischen Anlagen einiger Gräber des Neuen Reiches in Theben: Versuch einer Deutung," *ASAE* 71 (1987), 230–31.

represents basically a merging of two basic constituents of human and divine beings alike: the "Ba" (Ra) and the "body" (Osiris), whose (re)union enacts new life and regeneration. In vignette BD 154 and similar illustrations, the act of rejuvenation by "uniting with the sun (god)" is being transferred from the divine world to the deceased here,[66] who assumes the role of Osiris and whose state of existence is transformed from an Osirian to a solar mode. This transposition and its benefits are not only harnessed but perpetuated for the deceased by scenes such as vignette spell BD 154.

Since the late Eighteenth Dynasty, in other words in the aftermath of Amarna, private funerary beliefs that center on the contact between the body and the radiating sun seem to have become particularly popular. The earliest explicit textual references to an actual rite, in which the mummy was apparently placed in the court of the tomb before burial in order to receive the light of the sun,[67] are not found in the Book of the Dead corpus, but in tomb inscriptions and stelae of the ending Eighteenth and early Nineteenth Dynasty:[68] *sꜥḥꜥ=tw sꜥḥ=k n Rꜥ m wsḫ.t jz=k*, "your mummy is put up for Ra in the court of your tomb."[69] Another early hint at the rite might be a passage found on the Eighteenth Dynasty stela of *J.dj-n=j*, whose texts reads "his (i.e., Ra-Harakhte's) rays on the breast of the *wab*-priest *J.dj-n=j*."[70] As should be noted, the late Eighteenth Dynasty is also the time when coffins of the yellow type came into use,[71] whose color might symbolize the illumination by sun light. Moreover, the *sḥḏ Wsjr N.N.*-formula on shabtis,[72] which possibly means "the Osiris of NN may be illuminated,"[73] becomes an established formula only by the late Eighteenth Dynasty[74]—presumably in consequence of the new practice of irradiating the

66. Ra shines onto the coffin of the deceased like on that of Osiris: F.-R. Herbin, "Trois manuscrits originaux du Louvre. Porteurs du *Livre des Respirations fait par Isis* (P. Louvre N 3121, N 3083 et N 3166)," *RdE* 50 (1999), 185 (VI, 20).

67. This may have taken place after another rite of animation, the Opening of the Mouth, had been performed (as was later the case with the *ḫnm jtn* ritual in Graeco-Roman temples, see below): J. Assmann, *Ägypten: Theologie und Frömmigkeit einer frühen Hochkultur*, 2nd ed. (Stuttgart, Berlin, and Köln, 1991), 55–56. On the Opening of the Mouth see now J. F. Quack, "Fragmente des Mundöffnungsrituals aus Tebtynis," in K. Ryholt (ed.), *Hieratic Texts from the Collection*, The Carlsberg Papyri 7 = CNI Publications 30 (Copenhagen, 2006), esp. 143–50.

68. This rite is attested not before the late Eighteenth Dynasty, according to J. Assmann et al., *Altägyptische Totenliturgien, I: Totenliturgien in den Sargtexten des Mittleren Reiches*, AHAW, Supplemente 14 (Heidelberg, 2002), 489; E. Feucht, *Die Gräber des Nedjemger (TT 138) und des Hori (TT 259)*, Theben 15 (Mainz, 2006), 27, note h. This is true at least in terms of the written evidence; see, however, n. 70 for possible Old Kingdom roots of the practice.

69. In later times, the so-called *Lichthof* might have served for this rite, which is a "Re-Osiris-Kultstätte" and in whose decoration the illumination of the mummy is hence included sometimes (see the court of TT 37; *Ḥꜣrwꜣ*, Twenty-Sixth Dynasty with a scene in the manner of vignette spell BD 154: PM I1, 68 (7)). For examples and a brief discussion of the "*Lichthof*" as an important location of cults and offerings see D. Eigner, *Die monumentalen Grabbauten der Spätzeit in der thebanischen Nekropole* (Vienna, 1984), 120, 191–92; E. Graefe, *Das Grab des Ibi, Obervermögensverwalter der Gottesgemahlin des Amun (Thebanisches Grab Nr. 36)* (Brussels, 1990), 20 with fig. 19; Budka, *Ä&L* 18, 77. Also other Late period tombs make use of vignette BD 154, though not in their "*Lichthof*"; e.g., E. Graefe, *Das Grab des Padihorresnet, Obervermögensverwalter der Gottesgemahlin des Amun (Thebanisches Grab Nr. 196)*, MonAeg 9 (Turnhout, 2003), I: Text, 103 and II, 409 = pl. V17, Vign. 101. See also F. Coppens, "The So-Called 'Lichthof' Once More: on the Transmission of Concepts between the Tomb and Temple," in E. Pischikova et al. (eds.), *Thebes in the First Millennium BC* (New Castle, 2014), 343–56.

70. *stw.t=f ḥr šnb.t n(.t) wꜥb J.dj-n=j*: El-Azab Hassan, "The Votive Stela of Idini (MMA 12.182.2)," *BES* 16 (2002), 22 (l. 4). A ritual in which the deceased (or his statue respectively) was exposed to the sun light immediately before burial was apparently already performed in the Old Kingdom, see N. Alexanian, "Himmelstreppen und Himmelsaufstieg: Zur Interpretation von Ritualen auf Grabdächern im Alten Reich," in H. Guksch et al. (eds.), *Grab und Totenkult im Alten Ägypten* (Munich, 2003), 36–37.

71. Jørgensen, *Catalogue Egypt III: Coffins*, 92. On this type of coffin see A. Dodson, "The Late Eighteenth Dynasty Necropolis at Deir el-Medina and the Earliest 'Yellow' Coffin of the New Kingdom," in R. J. Demarée and A. Egberts (eds.), *Deir el-Medina in the Third Millennium AD: A Tribute to Jac. J. Janssen*, EU 14 (Leiden, 2000), 89–100.

72. A rather superficial account on the meaning of *sḥḏ* is found in B. Göde, "Philological Thoughts About the Theological Meaning of Light in Some Ancient Egyptian Words," in Maravelia (ed.), *En quête de la lumière*, 161–62.

73. See also the parallel phrase *sḥḏ ḫꜣ.t Wsjr NN*, "the corpse of Osiris (of) NN may be illuminated" or "(Ra-Harakhte) who illuminates the corpse of Osiris (of) NN" on stela Cairo CG 22004: Kamal, *Stèles ptolémaïques et romaines*, 5, l. 3.

74. J.-L. Bovot, *Chaouabtis: Des travailleurs pharaoniques pour l'éternité*, Les dossiers du Musée du Louvre 63, Exposition-dossier du Département des Antiquités Égyptiennes (Paris, 2003), 19–20. According to H. M. Stewart, *Egyptian Shabtis*, Shire Egyptology 23 (Princes Risborough, 1995), 47, the formula is attested from the New Kingdom onwards, meaning probably "to glorify" or the like; H. D. Schneider, *Shabtis: An Introduction to the History of Ancient Egyptian Funerary Statuettes*, CNMAL 2 (Leiden, 1977), 131–33.

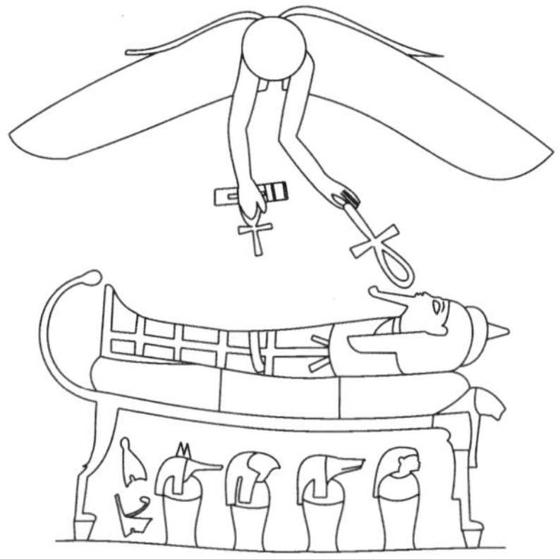

Fig. 3. The mummy under the winged sun disc on a coffin of the Twenty-Fifth Dynasty

mummy. In the late New Kingdom and especially in Ramesside times, excessive use of yellow in scenes on tomb walls[75] seems to testify to a new importance of bringing the light to the hereafter and to the body.[76]

The aforementioned private funereal rite that brings the mummy into contact with the sun and which forms probably the root of vignette BD chapter 154 must have been inspired by the solar religion of Akhenaton, as Assmann justly remarks.[77] Aton played a major role in reviving both the living and the dead;[78] in Amarna art, the beneficent and life-giving character of the light of Aton was expressed by sun rays that ended in hands granting the *ankh*-sign.[79] Notably, certain adaptations of vignette BD 154 employ the same icon. A good example is found on a Twenty-Fifth Dynasty coffin where the sun disc with wings and human arms gives the sign of life to the nose of the mummy on its funerary bed (fig. 3).[80]

Chronologically, Assmann's theory also fits well with the evidence of Book of the Dead material and other funerary documents. Apparently, the rite of uniting the dead with the sun established in the late Eighteenth Dynasty was *not* immediately adopted in the iconographic repertoire, but only after some two hundred years, when it had become a fixed and prominent part of private funerary beliefs. What, however, was the significance of uniting the corpse with the rays of the sun? Mostly, the process has been described abstractly as an act of reviving the deceased, without going into further detail.[81] Reviving is certainly a main effect of the light that falls onto the mummy. The life-giving character of sun light is explicitly stressed by certain versions of vignette BD 154: on a mummy

75. Yellow is found extensively in Ramesside tombs at Deir el-Medineh, for instance: E. Hofmann, *Bilder im Wandel. Die Kunst der ramessidischen Privatgräber*, Theben 17 (Mainz, 2004), 70–73 and 155. On the role of yellow as a color in the decoration of tombs in general see ead., "Viel Licht im Dunkel. Die Farbe Gelb in der ramessidischen Grabdekoration," in H. Guksch et al. (eds.), *Grab und Totenkult im Alten Ägypten* (Munich, 2003), 147–62.

76. "Solar" amulets placed on the mummy may have had a similar function, e.g., the *akhet*-amulet (𓈌); other amulets were said to represent the sun and its rays: C. Andrews, *Amulets of Ancient Egypt* (London, 1994), 89; S. Aufrère, *Collections égyptiennes: Musées départementaux de Seine-Maritime, Rouen*, Collections des Musées Départementaux de Seine-Maritime 3 (Paris, 1987), 110–11, nos. 161–162; C. Müller-Winkler, *Die ägyptischen Objekt-Amulette*, OBO, Series Archaeologica 5 (Freiburg [Switzerland] and Göttingen, 1987), 292; O. D. Berlev (ed.), *The Way to Immortality*, no. 1349 (with color plate). See also a linen amulet with the drawing of a *ḫꜥ*-hieroglyph on it: H. Kockelmann, *Untersuchungen zu den späten Totenbuch-Handschriften auf Mumienbinden, II: Handbuch zu den Mumienbinden und Leinenamuletten*, SAT 12 (Wiesbaden, 2008), 341–42, 15.4.4.9.

77. J. Assmann et al., *Altägyptische Totenliturgien, II: Totenliturgien und Totensprüche in Grabinschriften des Neuen Reiches*, AHAW Supplemente 17 (Heidelberg, 2005), 443. See also O. Goldwasser, *Prophets, Lovers and Giraffes: Wor(l)d Classification in Ancient Egypt*, GOF IV, 38 (Wiesbaden, 2002), 130–31 with fig. 6–2 (sun spreading its light over the mummy of Sheshonq III, which is resting on a funerary bed): "In the tomb of Sheshonq III ... we find the sun disc caressing the deathbed of the king in a manner vividly reminiscent of the Amarna scenes."

78. According to Amarna beliefs, it is Aton who reanimates the dead resting in their tombs, awaiting the sunrise in the morning. E. Hornung, *Echnaton. Die Religion des Lichtes* (Zurich, 1995), 106; idem, "Zur Struktur des ägyptischen Jenseitsglaubens," *ZÄS* 119 (1992), 125–26; H. A. Schlögl and A. Brodbeck, *Ägyptische Totenfiguren aus öffentlichen und privaten Sammlungen der Schweiz*, OBO, Series Archaeologica 7 (Freiburg [Switzerland] and Göttingen, 1990), 21; on the hereafter in the Amarna Age: Th. von der Way, "Überlegungen zur Jenseitsvorstellung in der Amarnazeit," *ZÄS* 123 (1996), 157–64.

79. For Ventura, "Sun Rays in Ancient Egyptian Art," 17, it is by no means certain that actually rays are meant by the lines ending in hands; these could also be explained as a sort of "contact channels," which bridge the distance between Aton and the sphere of the living. For the sun with "(life) giving" rays as a hieroglyph see O. Goldwasser, "The Aten is the 'Energy of Light': New Evidence from the Script," *JARCE* 46 (2010), 159–65. For a pre-Amarna example of this iconography see S. Tawfik, "Aton Studies," *MDAIK* 29.1 (1973), 81.

80. Foot of coffin BM EA 27735: J. H. Taylor, *Death and the Afterlife in Ancient Egypt* (London, 2001), 30–31, fig. 14 (Twenty-Fifth Dynasty).

81. Speculations by Göde, "Philological Thoughts," 161, that the Egyptians might have been inspired by reptiles that are warmed and thus "reanimated" by the sun light, have no basis.

cartonnage from Ptolemaic Thebes the rays falling on the mummy are substituted by *ankh*-signs,[82] in addition to signs of life that are granted by the arms of the solar disc (see also figs. 8–10).[83] As remarked before, some passages in Book of the Dead spells allude to the act, but they seldom state clearly what exactly is its impact on the body.

In some texts, the whole burial is said to be illuminated[84] (as shown in some scenes, see fig. 4),[85] but often it is specified that the light falls onto the breast of the deceased,[86] which is the seat of the heart and centre of life; by this, the departed becomes divine, blessed and capable with breath for his nose.[87] According to spell 15, the corpses shall be illuminated;[88] when this happens, they become new.[89] The effect of the sun is expressed more clearly in texts

82. For this iconography of rays of sun and moon light (formed from *ankh*- and *was*-signs) see: A. Fakhry, *The Egyptian Deserts: Baḥria Oasis*, I (Cairo, 1942), 65, 72, 75, 122, 136; F. Labrique, "L'escorte de la lune sur la Porte d'Évergète à Karnak," *RdE* 49 (1998), 11, fig. 2; F. Colin and F. Labrique, "Semenekh oudjat à Baḥariya," in F. Labrique (ed.), *Religions méditerranéenes et orientales de l'antiquité*, BdE 135 (Cairo, 2002), 48, 74, 78 = J. Willeitner, *Die ägyptischen Oasen: Städte, Tempel und Gräber in der Libyschen Wüste* (Mainz, 2003), 93, fig. 125. For the *ankh* issued from the sun disc already in New Kingdom and TIP iconography, see H. Saleh, *Investigating Ethnic and Gender Identities as Expressed on Wooden Funerary Stelae from the Libyan Period (c. 1069–715 B.C.E.) in Egypt*, BAR International Series 1734 (Oxford, 2007), 168, no. 14 (stela BM EA 8450); Theban tomb 336 (Nineteenth Dynasty): B. Bruyère, *Rapport sur les fouilles de Deir el-Médineh (1924–1925)*, FIFAO 3.3 (Cairo, 1926), 85, fig. 56 (*ankh* and *was*-signs) = idem, *Rapport sur les fouilles de Deir el-Médineh (1926)*, FIFAO 4.3 (Cairo, 1927), 26, fig. 11; *ankh*-signs radiating from the sun disc in the very early Amana period: C. Aldred, "The Beginning of the El-ʿAmārna Period," *JEA* 45 (1959), 23–24 with fig. 2.

83. Mummy cartonnage of *Tꜣ-kr-hb* (Florence, Museo Egizio inv. 5708): C. Beltrame Ceppi Zevi (ed.), *Arte sublime nell'antico Egitto* (Florence and Milan, 1999), 234, no. 60. The cartonnage of *Ḥr-nḏ-jt=f* (BM EA 6679), which comes from the same workshop, has here sunrays formed of dots. For the departed being showered by rays composed of *ankh*- and *was*-hieroglyphs see also stelae BM EA 8461 and EA 8462: Bierbrier (ed.), *Hieroglyphic Texts*, part 11, pl. 73, 74 and 77. In vignette BD 15 the sun rays are flanked rather often by *ankh*-hieroglyphs, which stands either for the life-granting power of the sun or for the initiation of new life during the (re)birth of the sun.

84. "May his (i.e., Ra's) rays shine onto(?) your mummy (or: your coffin)": cuboid statue Cairo JE 37170 (Thirtieth Dynasty or early Ptolemaic): Jansen-Winkeln, *Biographische und religiöse Inschriften der Spätzeit*, I, 120–21 with n. 7; the light shall shine inside the (burial)mound (*wbn šw m-ẖnw jꜣ.t*) of Osiris (of) NN: K. Jansen-Winkeln, *Inschriften der Spätzeit, III: Die 25. Dynastie* (Wiesbaden, 2009), 420, no. 148c, l. 3–4; s. also ibid., 453, no. 195g and 455, no. 198f, l. 1.

85. Coffin BM EA 22940 (Twenty-Sixth Dynasty): S. Quirke and J. Spencer (eds.), *The British Museum Book of Ancient Egypt* (London, 1992), 107, fig. 84 = M. Desti (ed.), *Des dieux, des tombeaux, un savant. En Égypte, sur les pas de Mariette pacha* (Paris, 2004), 240–41, no. 119; Taylor (ed.), *Ancient Egyptian Book of the Dead*, 72–75, no. 29. A similar coffin with the same scene is kept in the Luxor Museum, belonging to *Ns-pꜣ-ḳꜣ-šw.tj*, Deir el-Bahari (inv. no. unknown); K. A. Kitchen, *Catalogue of the Egyptian Collection in the National Museum, Rio de Janeiro, II* (Warminster, 1990), 152, no. 61.

86. BD 15B2, 4: Allen, *Book of the Dead or Going Forth by Day*, 21; "May ... [the day] ... shine ... over your breast": CT spell 60 (1:254–55), cf. R. O. Faulkner, *The Ancient Egyptian Coffin Texts*, vol. 1: Spells 1–354 (Warminster, 1973), 55; "when his light illumines thy cavern, and that he may be upon thy breast": A. M. Blackman, "The Funerary Papyrus of ʿEnkhefenkhons," *JEA* 4 (1917), 124; rays of light poured out over the breast or limbs of the deceased: inscriptions TT 109 (Eighteenth Dynasty) = PM I.1, 226 (2), western thickness of entrance: P. Virey, *Sept tombeaux thébains de la XVIII*e *dynastie*, MMAF 5.2 (Paris, 1891), 365, l. 6; TT 106 (Nineteenth Dynasty) = PM I.1, 223 E (b): J. Duemichen, *Historische Inschriften altägyptischer Denkmäler* II (Leipzig, 1869), pl. 43b, l. 5; Kákosy(†) et al., *Mortuary Monument of Djehutymes*, 288; P. MMA 35.9.21, col. 7, l. 6: Goyon, *Le papyrus d'Imouthès*, 33, Beinlich, *Papyrus Tamerit 1*, 130 and Smith, *Traversing Eternity*, 82. For spell 168 (Pleyte), in which Osiris is being awakened by Re shining on his breast, see G. Burkard, *Spätzeitliche Osiris-Liturgien im Corpus der Asasif-Papyri: Übersetzung, Kommentar, formale und inhaltliche Analyse*, ÄAT 31 (Wiesbaden, 1995), 24, x + 1.9; rays unite with the mummy of Osiris, when the radiant one appears on his breast: Herbin, "La renaissance d'Osiris au temple d'Opet," 79, l. 22; H. Junker, *Die Stundenwachen in den Osirismysterien nach den Inschriften von Dendera, Edfu und Philae*, DAWW, philos.-hist. Kl. 54.1 (Wien, 1910), 38; Assmann, *Liturgische Lieder an den Sonnengott*, 286–87: "möge dein Strahlenkranz auf meiner Brust entstehen"; see also idem, "Harfnerlied und Horussöhne: Zwei Blöcke aus dem verschollenen Grab des Bürgermeisters Amenemḥēt (Theben Nr. 163) im Britischen Museum," *JEA* 65 (1979), 62 (h); "He will assume a position upon your breast.... His rays will endue your mummy when he has created illumination before the mansion of your begetting, strewing sunbeams within your tomb" (P. Vatican inv. 38608): Smith, *Traversing Eternity*, 198; vignette on a Late period coffin (Museu da Farmacia, Lisbon): the sun disc sheds its light onto the face and breast of the mummy: L. Manuel de Araújo, *Egyptian Art: Calouste Gulbenkian Collection* (Lisbon, 2006), 47; J. Assmann, "Die Inschrift auf dem äußeren Sarkophagdeckel des Merenptah," *MDAIK* 28.1 (1972), 62 (22): "In Hymnen und Totentexten ist die Vorstellung von der Bestrahlung des Mumienleibes durch die Nachtsonne verbreitet, ein Topos, in dessen Zusammenhang regelmäßig das Wort *šnb.t* 'Brust' für das Objekt der Bestrahlung verwendet wird."

87. BD 15f: Allen, *Book of the Dead or Going Forth by Day*, 14.

88. BD 15B3g, T2: ibid., 25.

89. BD 15b: ibid., 12.

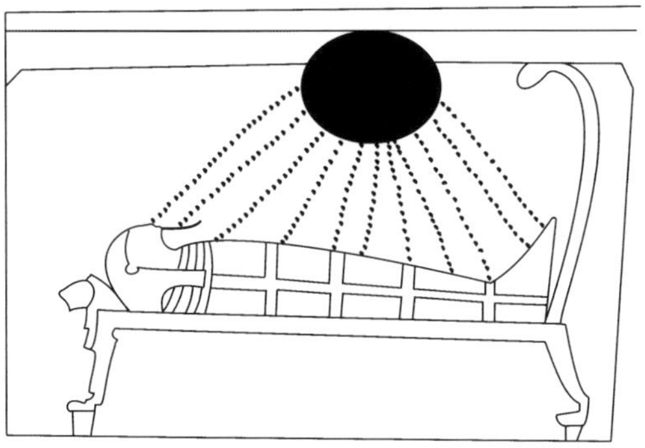

Fig. 4. Vignette on coffin London BM EA 22940

Fig. 5. Vignette of spell BD 154 in the papyrus of *Jꜥḥ-tꜣj=s-nḫt*

from non-BD funerary compositions. First we learn that the light does not simply touch the surface of the corpse, but penetrates it.[90] This intrusion of light may be underlined by some versions of Vignette spell BD 154, in which the rays of the sun cross the chest of the mummy (fig. 5).[91]

With regard to the effect of the light, regeneration and healing by the sun are stressed in many text passages. As is said in a New Kingdom stela, Ra makes the body sound (*swḏꜣ*) in the necropolis.[92] Accordingly, another inscription probably of the Late period describes the effect of sun light thus: "Raise yourself and see Atum, when he quenches your suffering and dispels what is evil from your bier.[93] You will become young by the fragrance of his rays[94] when his rays rest on your body. May he shine and pass your body...."[95] The rays of Ra are on the body (*ẖꜣ.t*) of the deceased and the god removes (*ḫsr*) what is evil;[96] they are also the means by which limbs are restituted and bodily functions are repaired, for example the flexibility of legs.[97]

90. Manassa, *Late Egyptian Underworld*, part 1, 60: "the light of Ra enters into the body of Osiris, within its *kꜣr*-shrine." See also M. R. Marquis de Rochemonteix and É. Chassinat, *Le temple d'Edfou I*, deuxième édition revue et corrigée par S. Cauville et D. Devauchelle (Cairo, 1984), I, 417, 8–19 (côté droit); M. Alliot, *Le culte d'Horus à Edfou au temps des Ptolémées*, BdE 20 (Cairo, 1949), 354: the rays of light invading or encircling the body (*st.wt pḫr m ḥꜥ.w*). Moreover, compare spell CT 246: "the sunshine has not pierced (*dm*) me," see Faulkner, *Ancient Egyptian Coffin Texts* I, 192; CT spell 405: "sunshine which cuts through the water": R. O. Faulkner, *The Ancient Egyptian Coffin Texts* II: Spells 355–787 (Warminster, 1977), 55.

91. P. Cologne inv. 10207 (*Jꜥḥ-tꜣj=s-nḫt*), Twenty-Sixth Dynasty: Verhoeven, *Totenbuch der Iahtesnacht*, Teil 3, Beilage 31 (col. 139). Another example is found in P. Louvre E. 7716, unpublished.

92. Stelophor BM EA 1222 (New Kingdom): I. E. S. Edwards (ed.), *Hieroglyphic Texts from Egyptian Stelae etc.*, part 8 (London, 1939), 52, l. 5–6; BD spell 183 (hymn to Osiris): "Thy father Ra makes sound thy body," cf. Allen, *Book of the Dead or Going Forth by Day*, 201; M. A. Stadler, *Weiser und Wesir. Studien zu Vorkommen, Rolle und Wesen des Gottes Thot im ägyptischen Totenbuch*, ORA 1 (Tübingen 2009), 419 unter V.1.

93. The concept of light repelling physical evil (i.e., the condition of being dead) is paralleled by spell BD 183, in which the sun light shines on the chest of Osiris, while the next passage refers to removing the evil from the limbs of his body. Assmann, *Mutirdis*, 100: "Beseitigt ist dein Übel, vertrieben ist deine Trauer; du empfängst die Strahlen der Sonne, sich vereinend mit deiner Rechten und Linken."

94. For the rays of light (*mꜣw.t*) as a mean of rejuvenation see J. de Morgan et al., *Catalogue des monuments et inscriptions de l'Égypte antique*. Vol. 2: *Kom Ombos I* (Vienna, 1895), no. 251, cols. 3–4; A. Gutbub, *Textes fondamentaux de la théologie de Kom Ombo*, BdE 47 (Cairo, 1973), 438 and 448–49 (f). Assmann, *Mutirdis*, 101: "Ra richtet Osiris auf, dieser verjüngt sich durch Res Strahlen"; *Esna* III 355, 7: Osiris is rejuvenated by light: S. Rüter, *"Habt Ehrfurcht vor der Gottheit NN." Die śnḏ-n-Hymnen in den ägyptischen Tempeln der griechisch-römischen Zeit*, ITE Begleithefte 2 (Hamburg, 2009), 75.

95. H. Gauthier, "Un groupe ptolémaïque d'Héliopolis," *RevEg* N.S. 2, fasc. 3–4 (1924), 9; reedited by K. Jansen-Winkeln, *Inschriften der Spätzeit, II: Die 22.–24. Dynastie* (Wiesbaden, 2007), 427, no. 59, l. 11–16.

96. K. Jansen-Winkeln, *Inschriften der Spätzeit*, I: *Die 21. Dynastie* (Wiesbaden, 2007), 240, no. 101, bottom, l. 4.

97. "May your legs be stretched out, when Ra shines for you": This phrase in the sixth hour of the Amduat is unique to the sarcophagus of Nectanebo II: Manassa, *Late Egyptian Underworld, part 1*, 237. Presumably, the head is restored to the body by solar light as well: Manassa,

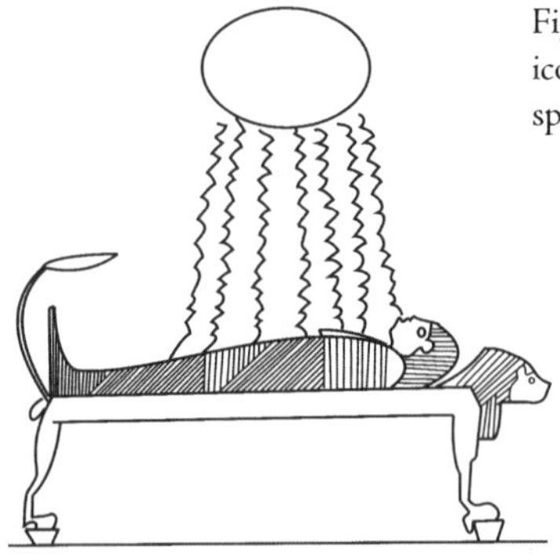

Figs. 6 (*left*), 7 (*right*). Similarities in the iconography of light and water: vignettes of spells BD 154 and BD 137 in P. Milbank.

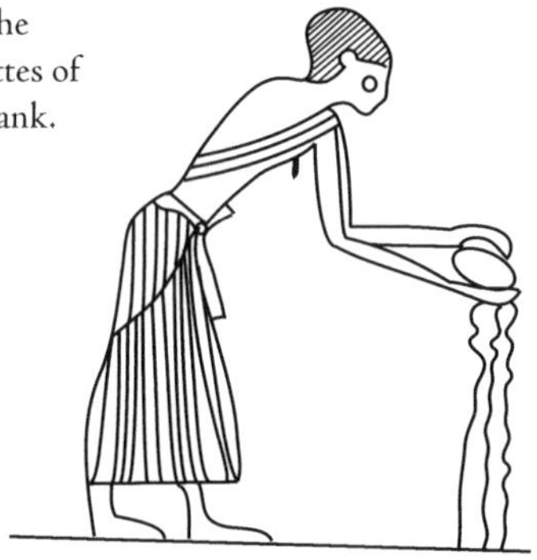

In addition to its reanimation ("the sunbeams of Re shine forth upon your corpse. His rays let your throat breathe")[98] and physical regeneration, the mummy is purified by the sun light as by a liquid.[99] The rays of the sun are called the efflux, or "dew" from the body of Ra in some sources; in accordance with this concept, the water of life that purifies the deceased and the rays of the sun can share the same iconography.[100] This is the case in some versions of vignette BD 154, for instance in Papyrus Milbank (figs. 6 and 7).[101]

This phenomenon could be further exemplified by a comparison of the sun in vignette BD 15 (fig. 8)[102] and the winged sun disc on a Ptolemaic wooden stela (fig. 9)[103] with the purification scene in the mythological papyrus of *Ḥr-wbn* (fig. 10).[104] Both—water jets and rays—are represented by strings of *ꜥnḫ*- and *wꜣs*-signs, which signify their similar benefits.[105]

The imagery that the sun enters through the skin like a liquid or unguent[106] is clearly formulated in the Graeco-Roman Book of Traversing Eternity ("the rays of Pre will anoint your flesh"),[107] but attested already in the Third Intermediate period.[108] In the embalming process of Graeco-Roman Egypt, the anointment with the efflux of the sun was magically effected by applying gold foil to the mummified body. Since the never corroding gold is the "flesh of the gods" and a metaphor for stability, the gilding of mummies has been explained by scholars as a sign of

op.cit., 245, with reference to Second Shrine of Tutankhamun; J. C. Darnell, *The Enigmatic Netherworld Books of the Solar-Osirian Unity: Cryptographic Compositions in the Tombs of Tutankhamun, Ramesses VI and Ramesses IX*, OBO 198 (Freiburg [Switzerland] and Göttingen, 2004), 108–17.

98. Smith, *Traversing Eternity*, 150.

99. J. Assmann, *Altägyptische Totenliturgien* 2:443, referring to stela Bologna Museum KS 1922. For light as a "liquid" see also Darnell, *Enigmatic Netherworld Books*, 147.

100. For the occasionally very similar iconographic perception of water and sun rays, see also Ventura, "Sun Rays in Ancient Egyptian Art," 25–26; J. de Savignac, "La rosée solaire de l'ancienne Égypte," *La nouvelle Clio* 6 (1954) = *Fs Goossens*, 349.

101. After Th.G. Allen, *The Egyptian Book of the Dead Documents in the Oriental Institute Museum at the University of Chicago*, OIP 82 (Chicago, 1960), pl. 94 (vignette spell BD 154) and pl. 84 (vignette of spell BD 137).

102. After P. BM EA 10086 (Ptol.).

103. After stela BM EA 8462: Bierbrier, *Hieroglyphic Texts*, part 11, pl. 73.

104. After Piankoff, *Mythological Papyri*, plates, no. 1.

105. This combination of *ankh* and *was* as a benefit granted by the sun is found at least since the Amarna period, see, for example J.-L. Chappaz et al. (eds.), *Akhénaton et Nefertiti. Soleil et ombres des pharaons* (Geneva, 2008), 44, fig. 6 and p. 190; 80, fig. 6. See also Ventura, "Sun Rays in Ancient Egyptian Art," 34–35.

106. See Smith, *Traversing Eternity*, 429, 444, in particular 656 note 27; for the anointing sun beams see already P. Moskow Pushkin 127: J. F. Quack, "Ein neuer Versuch zum Moskauer literarischen Brief," *ZÄS* 128 (2001), 174.

107. M. A. Stadler, *Der Totenpapyrus des Pa-Month (P. Bibl. nat. 149)*, SAT 6 (Wiesbaden, 2003), 28, l. 7 (passage otherwise found in the Book of Traversing Eternity); Herbin, *Le livre de parcourir l'éternité*, 252–53; Smith, *Traversing Eternity*, 444 and 438.

108. Piankoff, *Mythological Papyri*, 110 (no. 10, cols. 19–20): "Hail to Ra-Harakhte, may he give his light into the entrance of my tomb, may he anoint my flesh with your (sic; his) colour."

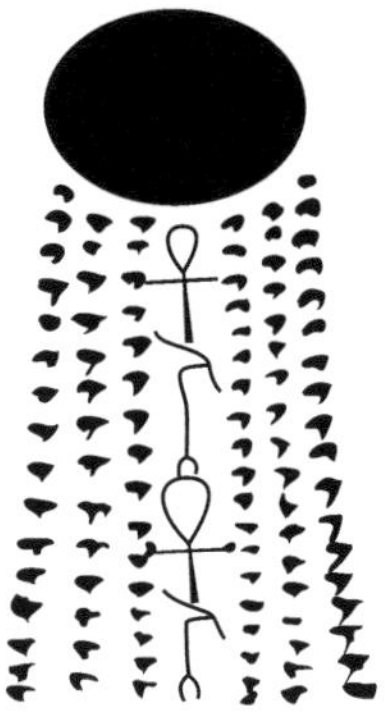

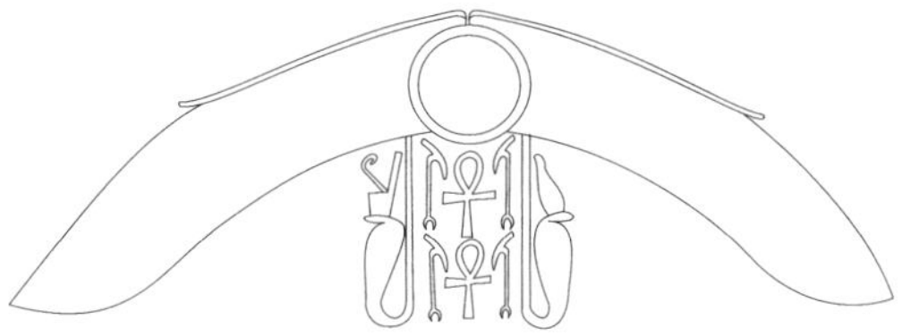

Figs. 8–10. Rays of light and jets of water composed of *ankh*- and *was*-signs in P. London BM EA 10086 (fig. 8. *left*), on stela London BM EA 8462 (fig. 9, *above*) and in the papyrus of *Ḥr-wbn* (fig. 10, *right*)

"deification" and "assimilation" to Osiris and Hathor, a mean of preventing the body from decay,[109] as an agent with power to transfigure the deceased and as an apotropaic color.[110] Though all this is certainly true, the gilding should also be linked explicitly to the rite of uniting the deceased with the sun. The gold applied to the skin presents the deceased as being impregnated with the efflux of the sun, that is to say as being soaked with light[111] after having united with the solar disc. The metal provided him with all the various benefits of the sun as described in funerary and ritual texts.

As Jan Assmann has pointed out, the funerary rite of exposing the mummy to solar light reminds strongly of the temple ritual *ẖnm jtn*, "unification with the sun," in which the statues of the gods were placed in the sun light on the temple roof.[112] On the New Year's feast and other occasions, they were brought from the temple crypts, where they

109. For this, see a passage in the Embalming Ritual: "He [i.e. Re] will gild your body for you, a beautiful colour even to the extremities of your limbs. He will make your skin flourish with gold and strengthen your members with electrum" (Smith, *Traversing Eternity*, 240).

110. For instance, in the necropolis of Tell Doush, twelve bodies were decorated with gold leaf applied to their skin: F. Dunand et al., *Douch I: La nécropole. Exploration archéologique. Monographie des tombes 1 à 72*, DFIFAO 26 (Cairo, 1992), 235 and 249; as R. Bianchi states in his review of this book (*JARCE* 30 [1993], 202), the "practice [is] attested elsewhere in Roman Egypt, but the nature and extent of which requires further investigation"; see now, however, the comprehensive overview by S. Aufrère, *L'univers minéral dans la pensée égyptienne* II, BdE 105 (Cairo, 1991), 379–81. F. Dunand, "Les 'têtes dorées' de la nécropole de Douch," *BSFE* 93 (1982), 26–46; T. Zimmer, "Momies dorées: materiaux pour servir à l'établissement d'un corpus," *AAASH* 34 (1993), 3–38. The gilding of mummy masks should be interpreted in the same way as the gilding of bodies, cf. St. Spurr et al., *Egyptian Art at Eton College: Selections from the Myers Museum* (New York, 1999), 62, no. 99 ("gold, an untarnishable metal, … symbolized eternity"); Bahgat Ahmed Ibrahim et al., *Le matériel archéologique et les restes humains de la nécropole d'Aïn el-Labakha (Oasis de Kharga)* (Paris, 2008), 125–26. Cf. also R. Germer, *Mumien: Zeugen des Pharaonenreiches* (Zurich and Munich, 1991), 85–86; head of a mummy with gilded face, dated to the second century AD: M.-F. Aubert, *Portraits de l'Égypte romaine* (Paris, 1998), 46–47, no. 9; G. Schreiber, "Human and Faunal Remains from TT 32: An Archaeological Perspective," in E. Fóthi et al., *Human and Faunal Remains from Theban Tomb 32*, StudAeg 19 (Budapest, 2010), 92. For the gilding of animal mummies see T. Zimmer, *Les grottes des crocodiles de Maabdah (Samoun)*, VAS 1 (San Antonio/Texas, 1987), 2 and 37. Smith, *Traversing Eternity*, 161, n. 53: "The Egyptians believed that gold had the power to transfigure those whom it adorned, hence the practice of gilding mummies"; see also ibid., 279 with n. 59; according to a text of the Byzantine era, the embalming (i.e., transfiguration) of the body results in a "gleaming" of the deceased (Schlögl and Brodbeck, *Ägyptische Totenfiguren*, 41–43), which may be compared to the refulgence caused by the gilding of the corpse; for the relation between Akh and the sun see Smith, *Traversing Eternity*, 4.

111. Like the deceased's body, the temple building can be "sprinkled with gold" (*nḳr m nbw*, e.g., Rochemonteix and Chassinat, *Le temple d'Edfou I*, deuxième édition revue et corrigée par Cauville et Devauchelle, 23, 14), i.e., "being suffused by light." Cf. also J. Goyon, "Répandre l'or et éparpiller la verdure. Les fêtes de Mout et d'Hathor à la néomènie d'Epiphi et in prémices des moissons," in J. van Dijk (ed.), *Essays on Ancient Egypt in Honour of Herman te Velde*, Egyptological Memoirs I (Groningen, 1997), 85–100.

112. J. Assmann, "Einwohnung," in T. Hofmann and A. Sturm (eds.), *Menschenbilder - Bildermenschen: Kunst und Kultur im Alten Ägypten (Fs Erika Feucht)* (Norderstedt, 2003), 6; see also idem, *Altägyptische Totenliturgien* 3:152: "Die 'Vereinigung' (*ẖnm*) mit dem Sonnengott ist ein Generalthema, das den ganzen Spruch durchzieht … In der Spätzeit wird *ẖnm* … für die Beziehung des Toten zum Sonnengott geb-

rested during the year. On the temple roof, the rays of Ra preserved and reanimated those images, which were seen as bodies buried in their crypt-tombs and in need of revivification.[113]

As such, the expression *ḫnm jtn* is encountered since the Middle Kingdom,[114] but not yet as a ritual; the phrase *ḫnm st.wt jtn*, "uniting with the rays of the sun disc" relating to a deceased individual is probably attested as early as the Third Intermediate period,[115] when, as was demonstrated before, depictions of this act began to become more frequent in private funerary art. Though sanctuaries for the cult of the sun god already existed on the roof of New Kingdom temples,[116] which might have served for some form of the "Unification with the Sun Disc," this ritual seems to be much more significant and decisive for the Graeco-Roman temple cult, especially as crypts, which play an important part in the concept of the *ḫnm jtn* temple ritual, are found only rarely in the temple architecture of the pre-Ptolemaic era.[117] Assmann's surmise that the temple rite *ḫnm jtn* in its late form was adopted from funerary cult, is supported by the evidence from Book of the Dead documents and other burial equipment. As said before, the number of attestations of the unification with the sun disc increases sharply in both texts and images in the funerary material with the beginning of the Third Intermediate period.

Hypothetically, one may suggest that the popularity of the "Unification with the Sun Disc" since the Third Intermediate period funerary tradition promoted its incorporation into the temple cult and decoration. Interaction between the corpora of temple inscriptions and of funerary spells and scenes is attested since the New Kingdom, as, for example in the BD vignettes found on the walls of Medinet Habu. Such adaptations teach us that temple archives and Book of the Dead workshops should not be seen isolated from each other, but that there was a transfer of iconographical and textual material.[118] The introduction of the *ḫnm jtn* as a proper and central temple ritual in its own right may be the result of such an exchange. The transfer of Book of the Dead material and the "unification

---

raucht, wie ja der Ritus *ḫnm jtn* 'Vereinigung mit der Sonne' in allen Tempeln zentrale Bedeutung gewinnt. Darauf bezieht sich auch Vers 6 als 'Vereinigung mit den Sonnenstrahlen.'"

113. For the *ḫnm jtn* see Alliot, *Culte d'Horus à Edfou*, I, 353ff.; R. B. Finnestad, "Temples of the Ptolemaic and Roman Periods: Ancient Traditions in New Contexts," in B. E. Shafer (ed.), *Temples of Ancient Egypt* (London and New York, 1997), 221; F. Daumas, *Dendara et le temple d'Hathor*, RAPH 29 (Cairo, 1969), 65–66. For the rays of the sun reviving the statues of the gods at Dendera at various times during the year and possible interrelations between *ḫnm jtn* and funerary cult: W. Waitkus, *Die Texte in den unteren Krypten des Hathortempels von Dendera. Ihre Aussagen zur Funktion und Bedeutung dieser Räume*, MÄS 47 (Mainz, 1997), 266–69; id., "Zum funktionalen Zusammenhang von Krypta, Wabet und Goldhaus," in D. Kurth (ed.), *3. Ägyptologische Tempeltagung. Hamburg, 1.–5. Juni 1994: Systeme und Programme der ägyptischen Tempeldekoration*, ÄAT 33.1 (Wiesbaden, 1995), 286–89 (also on the combination of *ḫnm jtn* with the Opening of the Mouth). See also M.-L. Ryhiner, "La mise en place des pouvoirs divin et royal dans l'univers tentyrique ptolémaïque," *BIFAO* 103 (2003), 435–36.

114. Sinuhe P. Berlin P. 10499, 7: the king is united with the sun disc (when he dies and ascends to the sky): R. Koch, *Die Erzählung des Sinuhe*, BiAe 17 (Brussels, 1990), 4; R. B. Parkinson, *The Tale of Sinuhe and Other Ancient Egyptian Poems 1940–1649 BC* (Oxford, 1997), 27.

115. Line 1 of Middle Kingdom statue Baltimore, Walters Art Museum inv. 22.203 with inscription added probably in the Twenty-Second Dynasty: G. Steindorff, "The Statue of an Egyptian Commissioner in Syria," *JEA* 25 (1939), 30–33.

116. For the Akhmenu in Karnak as the place of the Unification with the Sun (within the context of the royal apotheosis) see Kessler, *Die heiligen Tiere und der König*. Teil I, 193; idem, "Dissidentenliteratur oder kultischer Hintergrund? (Teil 2)," *SAK* 27 (1999), 207: "Ein zentraler kultischer Vorgang am königlichen Palast- und Totentempel dürfte seit alters bereits das *Vereinigen mit der Scheibe* (*ḫnm jtn*) gewesen sein, auch wenn Textbelege für solch zunächst 'geheime' Riten wie fast immer im Neuen Reich weitgehend fehlen."; see also F. Daumas, "L'interprétation des temples égyptiens anciens à la lumière des temples gréco-romains," *Karnak* 6 (1980), 264–66; C. Traunecker, "Observations sur les cultes à ciel ouvert en Égypte ancienne. La salle solaire de l'Akhmenou à Karnak," in R. Étienne and M.-T. Le Dinahet (eds.), *L'espace sacrificiel dans les civilisations méditerranéennes de l'Antiquité: Actes du Colloque tenu à la Maison de l'Orient, Lyon 4–7 juin 1988*, Publications de la Bibliothèque Salomon-Reinach Université Lumière-Lyon 2 V (Paris, 1991), 249–58

117. D. Arnold, *Lexikon der ägyptischen Baukunst* (Munich and Zurich, 1994), 136–37; see the list of temples with crypts in C. Traunecker, *LÄ* III, 823, s.v. "Krypta."

118. For the influence of the Book of the Dead on temple decoration and vice versa see in general L. Kákosy, "Temples and Funerary Beliefs in the Graeco-Roman Epoch," in *L'égyptologie en 1979: Axes prioritaires de recherche* I (Paris, 1982), 117–27; A. von Lieven, "Book of the Dead, Book of the Living: BD Spells as Temple Texts," *JEA* 98 (2012), 249–67; see also H. Kockelmann, "Drei Götter unterm Totenbett: Zu einem ungewöhnlichen Bildmotiv in einer späten Totenbuch-Handschrift," *RdE* 57 (2006), 81–82 and 87; J. F. Quack, "Die Götterliste des Buches vom Tempel und die überregionalen Dekorationsprogramme," in B. Haring and A. Klug (eds.), *6. Ägyptologische Tempeltagung: Funktion und Gebrauch altägyptischer Tempelräume, Leiden, 4.–7. September 2002*, KSG 3 (Wiesbaden, 2007), 217.

with the sun disc" to Ptolemaic temples must be seen in connection with the general tendency of late temples to include mortuary themes and funerary rites in the programme of their decoration.[119] In the temple decoration of Dendera, we can actually trace the adoption of vignette BD 154, whose iconography was first established in private funerary tradition as previously discussed. In the chapels of Osiris on top of the naos of Hathor, the light well in the roof of the third western chapel is decorated with the mummy of Osiris resting on a lion bier.[120] The solar disc above the god is not depicted, but substituted by the real sun light, that shines through the opening in the ceiling. The accompanying texts refer to Osiris' unification with the sun;[121] they confirm that the idea that underlies the scene in the Dendera lightwell is absolutely the same as in vignette BD 154.

The presence of vignette BD 154 in the temple context could serve to support the view that the whole concept of *ẖnm jtn* came to the temple cult from funerary tradition. Also the fundamental analogies between the temple ritual *ẖnm jtn* and the rite depicted in the vignette of BD spell 154 suggest that both are closely related to each other. Their common main theme is "impregnation with sun," which means "making something durable, pure, and alive," both with respect to the corpse and the temple statue.[122] Like the human mummy, the god's statues in their crypts were understood as bodies in need of reanimation, which they received through the dew of Ra.[123] Gilding made the human corpse similar to the temple statue made from gold or silver[124] and that was brought onto the temple roof for *ẖnm jtn*. In Graeco-Roman times, the phrase *ẖnm jtn* is not only used with respect to temple statues, but also in connection with rituals for the body of the deceased,[125] who is said to unite (*ẖnm*) with the sun rays.[126]

4. Summary

The earliest textual references to the ritual unification of the deceased's body with the sun disc date from the late Eighteenth Dynasty, the earliest depictions are found in funerary papyri of the Twenty-First to Twenty-Second Dynasties. Surely the Amarna era and Ramesside solar religion broke the ground for the establishment of this funerary rite. By the Late period, the act of placing the mummy under the sun was firmly established in Egyptian funerary beliefs. This impression is based on the fact that the procedure had become a new Book of the Dead standard scene,[127] which now was used frequently also on other items of burial equipment. The high proliferation of the theme in various funerary contexts during the Late and Ptolemaic periods finally led to its adoption in the temple cult of Ptolemaic and Roman Egypt, in which funerary elements are generally very prominent. At the same time, it maintained its original important role in funerary context, as is illustrated for instance by the early Roman Papyrus Rhind I[128] or by an even more interesting example from a Graeco-Roman tomb at Akhmim: Here, the ceiling of the burial chamber has the figure of a huge shining sun disc, whose presence is explained by one of the

119. Finnestad, *Temples of the Ptolemaic and Roman Periods*, 215–16. Parallels between funerary rituals and the late temple cult have already been detected by J. Assmann, in *Menschenbilder – Bildermenschen*, 6.

120. S. Cauville, *Le temple de Dendara, X.2: Les chapelles osiriennes* II (Cairo, 1997), pl. 145; see also eadem, *Le zodiaque d'Osiris* (Leuven, 1997), 39; Daumas, *Dendara et le temple d'Hathor*, 69.

121. "The rays [of the solar disc] unite with your mummy": S. Cauville, *Le temple de Dendera: Les chapelles osiriennes*, I, 260, 7; eadem, *Le temple de Dendara. Les chapelles osiriennes, 1: Transcription et traduction*, BdE 117 (Cairo, 1997), 139.

122. Alliot, *Le culte d'Horus à Edfou*, 1:353–55; Finnestad, *Temples of the Ptolemaic and Roman Periods*, 221.

123. Rays of the sun revive the statues of the gods at Dendera; see also Ryhiner, "La mise en place des pouvoirs divin et royal," 435–36.

124. Finnestad, *Temples of the Ptolemaic and Roman Periods*, 221.

125. S. Sauneron, *Rituel de l'embaumement* (Cairo, 1952), 3 (2, 7); Smith, *Traversing Eternity*, 226.

126. Smith, *Traversing Eternity*, 394.

127. Hornung, *Totenbuch der Ägypter*, 510, commentary on spell BD 154.

128. P. Rhind I, col. 9 h, l. 12/col. 9 d, ll. 12–13: "May the light of Ra shine on his body, may his rays unite with his flesh": G. Möller, *Die beiden Totenpapyrus Rhind des Museums zu Edinburg*, DemStud 6 (Leipzig, 1913), 44–45; Smith, *Traversing Eternity*, 329.

accompanying texts: "May the sun light unite with your skin (i.e., the mummies resting in the chamber)."[129] Such texts are among the latest references to a thousand-year-old rite and the theological concept of "solarization," which played an important role in private funerary beliefs, the theology of Graeco-Roman temples, and even in the animal cult of certain divinities.[130]

Addendum

When the text of my paper was already in the printer's hands, my attention was drawn to the article of R. el-Sayed, "La renaissance par le rayon solaire (et ses variantes) et l'eau de l'inondation," *ASAE* 85 (2011), 75–91, which includes a short section on vignette Book of the Dead spell 154. This should therefore be added to the bibliography of the present contribution.

129. Hieroglyphic text on the ceiling of the burial room in a Graeco-Roman tomb; the line encircles a large representation of the shining sun: D. Kurth, *Der Sarg der Teüris. Eine Studie zum Totenglauben im römerzeitlichen Ägypten*, AegTrev 6 (Mainz, 1990), 32–33 with fig. 3 ("Zodiac Tomb," Athribis).

130. Crocodile mummy or statue in mummy form, being illuminated by sun rays in the theology of Sobek: G. Widmer, "On Egyptian Religion at Soknopaiu Nesos in the Roman Period (P. Berlin P 6750)," in S. Lippert and M. Schentuleit (eds.), *Tebtynis und Soknopaiu Nesos: Leben im römerzeitlichen Fajum. Akten des Internationalen Symposions vom 11. bis 13. Dezember 2003 in Sommerhausen bei Würzburg* (Wiesbaden, 2005), 182.

A Hieratic Tablet from TT 196 Reexamined

Andrea Kucharek (Heidelberg)

In the early 1970s the excavation of TT 196 in the Asasif by Herman De Meulenaere and Erhart Graefe brought to light a modest wooden tablet with a hieratic inscription. Already in an excavation report in 1975 it was pointed out that this object "mérite une publication séparée."[1] Yet, in the face of various difficulties, it took almost thirty more years until publication, and then not separately but as part of the publication of the entire tomb and its contents.[2] Within that frame, comments on the remarkable text were understandably kept to a minimum.[3] This Festschrift for Mark Smith presents itself as the perfect occasion to take up the initial suggestion and provide the tablet with the more extensive treatment it clearly deserves. After having traversed, if not eternity, but more than two thousand years, I am glad to be able to present it to Mark as a token of gratitude and friendship.

TT 196

TT 196 (pls. 13, 14) was constructed about 600 BC for Padihorresnet, a high steward of the God's Wife of Amun, Nitokris, and mayor of Thebes. His tomb, like countless others, was reused for later burials,[4] the latest funerary item probably being a mummy portrait found in the debris of the "*Lichthof*" dating to the early third century AD.[5] The hieratic tablet was found in the main room of the tomb, adjoining this "*Lichthof*." Apart from the tablet a number of other funerary objects—fragments of coffins, canopic jars, ushebtis, Osiris figurines, and so on—came to light in this room.[6] No dates for these are mentioned in the publication apart from a mummy mask and a painted wooden fragment dated to the Roman period.[7] According to the excavator, the filling of the room consisted of fine

1. Anonymous, "Fouilles de l'Assassif 1970–1975," *CdE* 99/100 (1975), 37.

2. E. Graefe, *Das Grab des Padihorresnet: Obervermögensverwalter der Gottesgemahlin des Amun (Thebanisches Grab Nr. 196)* I, MonAeg 9 (Brussels, 2003), 170–72; II, pls. 88, 89 (cat. 339); the catalogue entry on the tablet was written by P. Dils and J. Quaegebeur, in collaboration with M. Coenen and H. De Meulenaere (Graefe, *Padihorresnet*, VII, 170 n. 125). Cf also J. Budka, *Bestattungsbrauchtum und Friedhofskultur: Eine Untersuchung der spätzeitlichen Befunde anhand der Ergebnisse der österreichischen Ausgrabungen in den Jahren 1969–1977*, UZK 34 = DGÖAW 59 (Vienna, 2010), 180; database of the Totenbuch Projekt Bonn, http://totenbuch.awk.nrw.de/objekt/tm135166, accessed 04.08.2014. I am grateful to Erhart Graefe (Münster) for providing me with scans of the original photographs of the tablet as well as several helpful comments.

3. Nowadays, just about a decade after the original publication, we are much better equipped to deal with the texts on the tablet than in 2003, owing mainly to two books since published which study some of them extensively: J. Assmann et al., *Altägyptische Totenliturgien*. Vol. 2: *Totenliturgien und Totensprüche in Grabinschriften des Neuen Reiches*, Supp SHAW 17 (Heidelberg, 2005); idem, *Altägyptische Totenliturgien*. Vol. 3: *Osirisliturgien in Papyri der Spätzeit*, Supp SHAW 20 (Heidelberg, 2008).

4. Graefe, *Padihorresnet*, 43 mentions the remains of more than forty persons found in the tomb.

5. Ibid., 131–32 cat. 83; idem, "A Mummy Portrait of Antinous from Thebes," in M. L. Bierbrier (ed.), *Portraits and Masks: Burial Customs in Roman Egypt* (London, 1997), 54.

6. Graefe, *Padihorresnet*, 44–46.

7. Ibid., 120 cat. 27; 128 cat. 60.

mud dust and "Nekropolenschutt," implying that not necessarily all objects had been deposited in TT 196 as part of a burial but may have originated in the wider area.[8]

The tablet, measuring 22.1 × 6.0–6.4 cm, is covered on both sides with large hieratic characters, written with a rush in black ink. Both at the top and at the bottom of each side a margin of about 1 to 2 cm height has been left blank. While the text is written continuously, a clear textual structure can be discerned. There are in fact three longer texts (named A, B, and C here) separated by short intermediate spells (I and II). Texts A and B are glorifications known from other sources, while text C, best described as a song, is unique.

Owner/s

Apart from the quite common name Nesmin, the persons named on the tablet are not attested anywhere else in TT 196.[9] The tablet may thus be either the only identifiable remains of a secondary burial or it may have ended up in the tomb by sheer accident during the centuries of pillaging the necropolis. The owner (or owners) are mentioned in Intermediate Spell II (ll. 26–29):

Wsjr jt-nṯr Ns-Mnw m3ᶜ-ḫrw	Osiris of god's father Nesmin, justified,
Wsjr Sṯ3-jrt-bjn<t> m3ᶜ-ḫrw	Osiris of Setja-iret-bint, justified,
ms.n Ns-Ḫnsw m3ᶜ-ḫrw	born of Neskhons, justified.

A shortened version of this sequence concludes the tablet text:

Wsjr Ns-Mnw m3ᶜ-ḫrw	Osiris of Nesmin, justified,
Wsjr Sṯ3-jrt-bjn<t> m3ᶜ-ḫrw ḫr Wsjr	Osiris of Setja-iret-bint, justified with Osiris.

Both Nesmin and Neskhons are common names from the Late period on, while Setja-iret-bint occurs much less frequently,[10] even though it is not exactly a rare name. While Nesmin is clearly identified as male by his title and Neskhons as female by the cotext, there is no indication whether Setja-iret-bint designates a man or a woman here. In the original publication, Setja-iret-bint is interpreted as Nesmin's father.[11] However, of the sixty-five persons of that name listed in the Prosopographia Ptolemaica, thirty-nine are female, and only twelve are male; the gender of the others is unknown. Thus, the Setja-iret-bint of the tablet more likely was a woman. In the absence of any other objects attributable to these persons[12] the following interpretations seem viable:[13] If Setja-iret-bint was male after all, he may have been Nesmin's father and Neskhons' husband; in this case, however, one would very much expect an indication of kinship like *s3 n* or *jr.n* preceding the name, mirroring *ms.n* preceding the mother's name. On the other hand, Nesmin and Setja-iret-bint may have been husband and wife, which would make Neskhons

8. Ibid., 43.

9. Ibid., 247. The name Nesmin occurs twice in a demotic graffito, consisting of a sequence of names, on the north wall of the niche connecting the *Lichthof* with the room in which the tablet was found (ibid., 175 cat. 359, pl. 95). The graffito may be connected to an oblong brick structure opposite to it which may have held a burial (p. 37).

10. The Prosopographica Ptolemaica database (http://prosptol.arts.kuleuven.ac.be/search.php) lists more than 550 results for Nesmin/Esminis, almost 100 for Neschons/Eschonsis and 65 for Setja-iret-bint. The Trismegistos database list (http://www.trismegistos.org/ref/index.php) has 748 attestations of Nesmin, 123 of Neskhons, and 78 of Setja-iret-bint.

11. Graefe, *Padihorresnet*, 170. The 1975 excavation report is undecided: "Nesmin ... et ... Setjaïrbint, né(e/s?) de Neskhonsou" (anonymous, *CdE* 99/100, 37).

12. But see n. 14.

13. I am indebted to Günter Vittmann (Würzburg) for assessing the possibilities and their relative probability.

the mother of Setja-iret-bint.[14] It would be quite unusual if only the wife's mother should be mentioned, however. Finally, Nesmin and Setja-iret-bint may have been siblings and Neskhons the mother of both, which would fit the passage as it is best and is therefore proposed as the most acceptable interpretation.[15]

In the absence of other items of tomb equipment, it is impossible to appreciate the relative value of the plain wooden tablet for the owner or owners. It may have been one of only a few simple items of a modest burial. But then, the remarkable choice of texts points to access to restricted knowledge, probably combined with an extraordinary interest in funerary/Osirian texts. Nesmin's only title known was *jt-nṯr*, "god's father," which proves that he was a priest, albeit perhaps not of high status.[16] Furthermore, wooden tablets belonged to the burial equipment even of a princess.[17]

Date

In the original publication of the tablet it is simply noted that "eine Datierung in die Ptolemäerzeit ist wahrscheinlicher als eine solche in die Römerzeit,"[18] a statement that tacitly refers to the 1975 excavation report where an early Roman period date is suggested.[19] In the absence of pertinent prosopographical data palaeographical features have to be consulted to delimit the period of writing.[20] Two signs in particular are conspicuous:  *nfr* (l. 10) and the pool-sign (l. 35), also in  (ll. 29, 31, 34).  has two crossbars which in hieratic is attested in the

14. There is a Ptolemaic Book of the Dead from Thebes belonging to a musician of Amun-Re Nehemesrattaui, daughter of the priest, perhaps god's father, Nesmin and Setja-iret-bint (Totenbuch Projekt Bonn database, http://totenbuch.awk.nrw.de/objekt/tm57407), which may or may not belong to this family. Again, I am grateful to Günter Vittmann for bringing this document to my attention.

15. A case of siblings jointly owning papyri with Osirian liturgies is that of the brothers Pawerem and Pasherienkhonsu, sons of Qiqi, see M. Smith, *Traversing Eternity: Texts for the Afterlife from Ptolemaic and Roman Egypt* (Oxford, 2009), 201; R. A. Caminos, "Another Hieratic Manuscript from the Library of Pwerem son of Kiki (Pap. B.M. 10288)," *JEA* 58 (1972), 205; J. F. Quack, "Ein neuer funerärer Text der Spätzeit (pHohenzollern-Sigmaringen II)," *ZÄS* 127 (2000), 75–76.

16. God's father seems to have been a common priestly title in the Ptolemaic period, at least in Thebes. One has to be cautious, however, as Nesmin may have had other titles; there is the example of Pawerem son of Qiqi, the owner of several papyri with Osirian liturgies at the beginning of the Ptolemaic period. Next to no title is mentioned in these papyri, with the single exception of "god's father." However, from his hypocephalus (Stockholm MME 1977.006, unpublished) as well as from one single further papyrus (pLiverpool M11190, to be published by the author), it is evident that he held a sequence of priestly titles. J. P. Elias, *Coffin Inscriptions in Egypt after the New Kingdom: A Study of Text Production and Use in Elite Mortuary Preparation* (PhD diss., University of Chicago, 1993), 98–99 n. 73 maintains that *jt-nṯr* (and/or *mrj-nṯr*) at Thebes "denoted the minimal status of priests who had been initiated (*bs*) at Karnak;" he points out that in the absence of a context, however, little can be said about the actual status of a god's father. Backes notes that this title was remarkably often held by owners of late hieratic ritual papyri (B. Backes, "Gedanken zu Kategorien und Funktionspotentialen funerärer Ritualpapyri," in B. Backes and J. Dieleman [eds.], *Liturgical Texts for Osiris and the Deceased in Late Period and Greco-Roman Egypt*, SSR 14 [Wiesbaden, 2015], 24, referring to J. F. Quack, "Grab und Grabausstattung im späten Ägypten," in A. Berlejung and B. Janowski [eds.], *Tod und Jenseits im alten Israel und in seiner Umwelt*, FAT 64 [Tübingen, 2009], 619).

17. See below, n. 31.

18. Graefe, *Padihorresnet*, 170. The general reference given for this (J.-Cl. Goyon, "La fête de Sokaris à Edfou: À la lumière d'un texte liturgique remontant au Nouvel Empire," *BIFAO* 78 (1978)) is probably based on the fact that no copy of Glorification A is later than Ptolemaic.

19. Anon., *CdE* 99/100, 37. It is further suggested there that several tiny fragments of a hieratic Book of the Dead belonged to the owner of the tablet. These papyrus fragments were found in the second court of the tomb, thus not in the direct vicinity of the tablet. They are now tentatively dated to the Twenty-Sixth Dynasty (Graefe, *Padihorresnet*, 42, 172 cat. 340).

20. As a general rule, the use of a rush—as opposed to a split reed—points to a pre-Roman date, cf. H. Kockelmann, *Untersuchungen zu den späten Totenbuch-Handschriften auf Mumienbinden* II, SAT 12 (Wiesbaden, 2008), 130.

Twenty-Second Dynasty and then again in the Roman period[21] but there is at least one later Ptolemaic example.[22] The pool sign features a central horizontal stroke which in hieratic seems to be attested solely in the Twenty-Second Dynasty, according to the two main palaeographies.[23] This particular design occurs, however, in the hieroglyphs used in Ptolemaic Books of the Dead, together with the two cross-bar *nfr* sign.[24] Most probably, therefore, the scribe was experienced in the production of hieroglyphic Books of the Dead and mixed some hieroglyphic forms into the hieratic text on the tablet. Further testimony to this may be the sun-sign ⊙, which in several instances at the beginning of the text (ll. 1, 6, 10, 12) features a central dot,[25] which in hieratic would be typical of the Third Intermediate period and the early Twenty-Sixth Dynasty as well as the Roman period,[26] but which is again to be found in Ptolemaic Book of the Dead hieroglyphs.[27] The same applies to the shape of 𓇹 for *jꜥḥ* (l. 26), written with a large round disk sitting on top of the crescent.[28] In conclusion, an early Ptolemaic date for the tablet should not be wide off the mark, which would be in keeping, too, with the date of many papyri with Osirian liturgies from a private context.

Other Tablets

Several comparable tablets, still unpublished, have been found in a coffin dating to the Twenty-Sixth Dynasty in Abusir.[29] They measure about 10 × 31–39 cm and are inscribed with a number of spells from the Book of the Dead. It has been suggested that the reason for using wood (of poor quality) instead of papyrus was a scarcity of papyrus at the time, a reason that would not have been valid in Early Ptolemaic times, which abound in funerary papyri. Attention may also be drawn to the recently published tablet MMA 55.144.1, most probably of Hermopolitan origin and dating to the late Ptolemaic or Early Roman period.[30] In its material and execution, it differs significantly

21. U. Verhoeven, *Untersuchungen zur späthieratischen Buchschrift*, OLA 99 (Leuven, 2001), 132–33 with one example from the Twenty-Second Dynasty; G. Möller, *Hieratische Paläographie III: Von der zweiundzwanzigsten Dynastie bis zum dritten Jahrhundert nach Chr.* (Leipzig, 1912), 16 with several instances from the Roman period (first–third centuries AD). See also J. Osing, *Hieratische Papyri aus Tebtunis*, CNI Publications 17 (Copenhagen, 1998), I, 38 for Roman period papyri from Tebtynis.

22. pBM EA 10048, a Book of Breathing, features the two-bar *nfr* sign. F.-R. Herbin, *Books of Breathing and Related Texts*, CBD 4 (London, 2008), 11, pl. 7 l. 10, dates it to the Ptolemaic period in general, while M. Coenen, "On the Demise of the Book of the Dead in Ptolemaic Thebes," *RdE* 52 (2001), 83, 76 argues for a date in the first half of the second century BC for prosopographical reasons. Hieroglyphically, it is used much earlier in Thebes, see,, e.g., the chapel of Osiris-Nebankh in Karnak from the time of Taharqa (J. Leclant, *Recherches sur les monuments thébains de la XXVe dynastie dite éthiopienne*, BdE 36 (Cairo, 1965), pl. X), a lintel from the chapel of Osiris Nebdjefau from the time of Psammetik II (L. Coulon and C. Defernez, "La Chapelle d'Osiris Ounnefer Neb-Djefaou à Karnak: Rapport préliminaire des fouilles et travaux 2000–2004," *BIFAO* 104 (2004), 151 fig. 9) and the propylon of the temple of Khonsu decorated by Ptolemy III. (P. Clère, *La porte d'Évergète à Karnak*, MIFAO 84.2 (Cairo, 1961), pl. 4, 5, 6, 9 etc.).

23. "Takelothis," both in Verhoeven, *Untersuchungen*, 164, and Möller, *Paläographie* III, 31. The same shape is used by one of the two scribes of the Book of the Dead pBM EA 10743, dating to the Twenty-First/Twenty-Second Dynasties (J. Taylor (ed.), *Ancient Egyptian Book of the Dead: Journey through the Afterlife* (London, 2010), 282 no. 150; for detailed images see the database of the Totenbuch Projekt Bonn, http://totenbuch.awk.nrw.de/objekt/tm134516).

24. E.g., pTurin 1791 ed. K.R. Lepsius, *Das Todtenbuch der Ägypter nach dem hieroglyphischen Papyrus in Turin* (Berlin, 1842), passim, and pParis BN 1–19 (http://totenbuch.awk.nrw.de/objekt/tm44389, dated early Ptolemaic).

25. As opposed to none at all in the other instances (ll. 11, 24, 27, 38).

26. Verhoeven, *Untersuchungen*, 158–59; Möller, *Paläographie* 3:28.

27. See n. 24.

28. Cf. pLouvre N 3101, BD spell 2, http://totenbuch.awk.nrw.de/objekt/tm56610.

29. J. Janak and R. Landgrafova, "Colourful Spells and Wooden Grid. Nekau's Book of the Dead Once More," in L. Bareš, F. Coppens, and K. Smoláriková (eds.), *Egypt in Transition: Social and Religious Development of Egypt in the First Millennium BCE* (Prague, 2010), 219– 23, with previous literature. See also L. Bareš, K. Smoláriková, and E. Strouhal, "The Saite-Persian Cemetery at Abusir in 2003," *ZÄS* 132 (2005), 101 with nn. 21–22; Budka, *Bestattungsbrauchtum und Friedhofsstruktur*, 180.

30. F. R. Herbin, "La tablette hiéroglyphique MMA 55.144.1," *ENiM* 5 (2012), 286–314.

from the small wooden tablet simply inscribed in hieratic with black ink. The New York tablet is about double in size, made of calcite, an ornamental stone whose light color resembles papyrus as well as the stuccoed surface of a writing tablet, and it is inscribed in hieroglyphs, the carved lines of which are filled with a colored substance. With its loophole at one side it further mimics a scribe's writing tablet. The text is an extensive glorification of the deceased, an original composition with ties to the Book of Traversing Eternity.[31] Two other tablets were probably part of temple inventories: the small wooden hieratic tablet Cairo JE 87889 (9 × 6 cm) from the temple enclosure at Tanis preserves a hymn to Amun;[32] and the demotic tablet Louvre E. 10382 (21.2 × 11.1 cm),[33] probably from Dendera, dating to the late Ptolemaic/early Roman period and equally made from wood, is inscribed with a hymn to Hathor.

Glorification A

recto [1] *j Wsjr Ḫntj-jmntjw nṯr ꜥꜣ*	Oh Osiris Khontamenti, great god,
nb pt [2] *nb tꜣ*	lord of heaven, lord of the earth!
jn jw=k m pt	Are you in heaven?
mj n bꜣ=k	Come to your *ba*!
[3] *jn jw=k m tꜣ*	Are you in the earth?
mj n ꜣḫw=k	Come to your *akh*!
jn [4] *jw=k m rsj mḥt jmntt jꜣbt*	Are you in the south, north, west, or east?
mj n ḥt[5]*pw=k*	Come to your offerings,
wsr.tj m ḏt=k	being strong in your body,
pr.n=k jm [6]*bꜣ.tj*	from which you have come forth as a *ba*,
sḫm.tj m Rꜥ	being powerful as Re,
ḥtm [7] *.tj m nṯr*	being equipped as a god.
mj r t=k pn	Come to this your bread,
[8] *r ḥnqt=k tn*	to this your beer,
r snṯr=k pn	to this your incense,
r qbḥ [9] *=k pn*	to this your libation,
r ḥtp-nṯr=k pn	to this your god's offering.
[10]*sḫm m ḫt nbt nfrt*	Command over all good things!

31. Other, less similar tablets include the Varille wooden tablet of comparable size (R. Jasnow, "The Hieratic Wooden Tablet Varille," in D. P. Silverman (ed.), *For His Ka: Essays Offered in Memory of Klaus Baer*, SAOC 55 (Chicago, 1994), 99–112), dating to the second year of Alexander the Great, whose content, however, is nonfunerary (a temple inventory). There is also, dating from the Third Intermediate period, the tablet Cairo JE 46891 belonging to Neskhons, daughter of king Smendes and wife of Pinodjem (B. Gunn and I. E .S. Edwards, "The Decree of Amonrasonther for Neskhons," *JEA* 41 [1955], 83–105). No measurements are given but it is clearly much larger than the tablet from TT 196 and inscribed on one side only. Two further, almost identical tablets belonging to the same princess are now in the Louvre (E. 6858) and in the British Museum (BM EA 16672), inscribed with an oracular decree by Amun-Re concerning Neskhons' ushabtis (D. Aston, *Burial Assemblages of Dyn. 21–25: Chronology, Typology, Developments*, CCEM 21 = DGÖAW 54 [Vienna, 2009], 228). They measure ca. 28 × 16 cm. For a wooden tablet dating to about the Twenty-Sixth Dynasty from a tomb in the Asasif see Budka, *Bestattungsbrauchtum und Friedhofsstruktur*, 595–96; the content of this tablet is nonfunerary.

32. P. Vernus, "Un hymne à Amon, protecteur de Tanis, sur une tablette hiératique (Caire J.E. 87889)," *RdE* 31 (1979), 101–19.

33. G. Widmer, "Une invocation à la désse (tablette démotique Louvre E 10382)," in F. Hoffmann and H.-J. Thissen (eds.), *Res Severa Verum Gaudium: Festschrift für Karl-Theodor Zauzich zum 65. Geburtstag am 8. Juni 2004*, StudDem 6 (Leuven, 2004), 651–86. I am grateful to Ghislaine Widmer (Lille) for pointing this tablet out to me.

Intermediate Spell I

Wsjr Ḫntj- [11] *jmntjw*	Osiris Khontamenti,
jw nḥḥ jw wsr n=f	*neheh*-eternity comes, the one who is rich in it comes,
[12] *jn pḥwj n ḏt*	who reaches the end of *djet*-eternity.

Glorification B

h<ꜣ> Wsjr Ḫntj- [13] *jmntjw*	Oh Osiris Khontamenti,
ꜣḫ=k r ꜣḫ[14]*w nb<w>*	you are more glorified than all the (other) glorified ones!
wꜥ jm=k m ḏꜣḏꜣt	You are one in the tribunal,
[15] *mꜣꜣ=k nṯr*	may you see god,
mꜣꜣ tw nṯr	may god see you,
ḥꜥꜥ [16] *nṯr m mꜣꜣ=k*	may god jubilate at seeing you.
jw.tj m ḥtp	Be welcome,
[17] *ꜥpr.tj m jrw=k*	equipped with your likeness.
ḏw [18] *=k r kꜣ=k*	May you be summoned to your *ka*,
jw=f n=k ḫw=f tw m-ꜥ [19] *ḏw nb*	may he come to you, may he protect you from all evil.
wn.tw ꜥꜣwj nw dwꜣt **verso** [20] *m Jgrt*	May the door leaves of the *duat* be opened in the *Igeret*,
rtḥ.tw n=k s[bꜣw] [21] *nw Jmntt*	may the portals of the *Imentet* be restrained for you,
dj n=k jrjw-ꜥꜣwj [ꜥ]wj [22] *=sn tp [rdwj=s]n*	may the door-keepers put their hands on their [legs] for you,
ḥꜥꜥ=s[n] [23] *dj m ḫsf[=k]*	may they jubilate here when [you] approach,
ꜥq=k ḥs[.tj]	may you enter as a praised one,
[24] *Wsjr Ḫntj-jmntjw*	Osiris Khontamenti,
jw mr<wt>=k ḫr jw=k [25] *ḫr=f*	the love for you being with the one you are going to.

Intermediate Spell II

rn=k [ḥr] ꜣḫꜣḫ mj Sb[g][?]	Your name is flourishing like Mercury[?],
[26] *rnp mj{tt} Jꜥḥ*	and rejuvenates like the moon(-god),
Wsjr [27] *jt-nṯr Ns-Mnw mꜣꜥ-ḫrw*	Osiris of god's father Nesmin, justified,
Wsjr [28] *Sṯꜣ-jrt-bjn<t> mꜣꜥ-ḫrw*	Osiris of Setja-iret-bint, justified,
ms.n Ns- [29] *Ḫnsw mꜣꜥ-ḫrw*	born of Neskhonsu, justified.

Song C

šm m mr	You who have gone in pain,
mj [30] *-n ḥr nhm*	come rejoicing!
mj-n m wnḫ [31] *ḫr sꜣmt*	Come well-coiffed (or: clothed) instead of mourning.
šm m [32] *ksm*	You who have gone defied,
mj-n m ḥꜥꜥ	come jubilating!
[33] *mj-n m sbṯ ḫr* [34] *rm*	Come laughing instead of weeping.

šm m prt	You who have gone mourning,
m[35]*j-n m ršwt*	come in joy!
mj-n m [36] *wnf ḫr nḫwt*	Come cheerful instead of lamenting.
m=t<n> nb=n [37] *smꜣ njwt=f*	See our lord, who unites with his city,
nṯr ꜥꜣ ḫnm.n=f Wꜣst	the great god who has united with Thebes!
[38] *Wsjr Ns-Mnw mꜣꜥ-ḫrw*	Osiris of Nesmin, justified,
Wsjr [39] *Sṯꜣ-jrt-bjn<t> mꜣꜥ-ḫrw ḫr Wsjr*	Osiris of Setja-iret-bint, justified with Osiris.

[1–2] *nb pt nb tꜣ*: These epithets for Osiris Khontamenti, while quite general and rather unspecific (Leitz, *LGG* III, 624–25; 768–69), have here probably been chosen because of the subsequent questions *jn jw=k m pt* and *jn jw=k m tꜣ*.
[6–7] *ḥtm* ( ): The determinative, borrowed from *ḥtm*, "annihiliate," also occurs in the versions of the spell closest to this one, pBM EA10209 and pGreenfield (see below).
[8] *r snṯr=k pn*: The line, inconspicuous and almost to be expected in this place, is omitted in the other versions of the spell (see table 1). The reason doubtless is the spell's focus on food. In the TT 100 version the spell is subtitled *rdjt ḥtp=f ḥr šbw=f*, "Causing him (the deceased) to satisfy himself on his food offerings," while the following spell in that tomb is called *rꜣ n qbḥ snṯr*, "spell for libating and censing" (Assmann, *Totenliturgien* 2:87).
[11] *wsr n=f*: Probably for *wsr m=f*, see *Wb.* I, 361, 1.
[14] *wꜥ jm=k m ḏꜣḏꜣt*: In the original publication the group read by me is transcribed as *sꜣḥ*, "approach," but in fact is the more probable reading and is also in accordance with the parallels.
[15–16] *mꜣꜣ=k nṯr mꜣꜣ tw nṯr ḥꜥꜥ nṯr m mꜣꜣ=k jw.tj m ḥtp*: This passage, taken from spell 8 of *sꜣḫw* I (see table 2), has a close parallel in spell 7, ll. 27–29 of the same liturgy (Assmann, *Totenliturgien* 3:132):

mꜣꜣ=k nṯr	May you see god,
mꜣꜣ tw nṯr	may god see you,
ḥꜥꜥ nṯr m snnw=f	may one god jubilate about the other.
jw=k m ḥtp ḫr nb Jtmw	May you be welcome with the lord Atum!

While spell 8 is closer in wording to the tablet passage, in spell 7 the final verse of welcome follows immediately to the preceding ones, unlike spell 8 where several verses intervene.
[18] *jw* ( ): In the original publication, this is transcribed and translated as *sḏm*. A reading *jw*—as in all the parallels—seems equally possible, however.
[19] *wn.tw ꜥꜣwj nw dwꜣt*: All other versions add *n=k*: *wn.tw n=k ꜥꜣwj nw dwꜣt*. The second part of the verse couplet retains this element: *rtḥ.tw n=k s[bꜣw] nw Jmntt*.
[20] *rtḥ* ( ): All other versions have *stḫ*, meaning "to open (a door or bolt)" (*Wb.* IV, 344, 12), which fits the context perfectly. As *stḫ* was often determined by the discrepancy of the versions is probably visual in origin rather than phonetic. There is no known sense of *rtḥ* that fits the context, the two main meanings being "baking, baker" (*Wb.* II, 459, 12–14) and "intimidate, restrain, confine" (*Wb.* II, 460, 1–7; L. Lesko, *A Dictionary of Late Egyptian* (Providence, 1984), 2:73). Thus the proposal in Graefe, *Padihorresnet*, 171, to read the following *s*[…] not as *sbꜣw*, "portals," as in the parallels, but as *sbjw*, "rebels," is not without merit but would constitute a rather profound intervention into the text, especially as the line is part of a verse couplet.

s[*bꜣw*]: Graefe, *Padihorresnet*, pl. 89 transcribes but the facsimile traces do not fit (the photograph is illegible at this place). Reading , on the other hand, would not be out of the question.
[24] *jw mr<wt>=k*: The particle *jw* does not occur in the other versions of spell 8.

[25] *ḫr=f* ( ): In the original publication this is rendered by *ḫr=w*. The authors of the commentary suggest a phonetic value *f* for (Graefe, *Padihorresnet*, 171). In fact, however, this is unnecessary as the sign is quite plainly an .

rn=k ( ): In the facsimile, this group is transcribed with a vertical stroke attached to its left edge. This "stroke" is probably due to ink running in the groove of the year-ring in exactly this place.

[…] *ꜣḫꜣḫ mj Sbg?*: The meaning of , written without any determinative, is uncertain. The most frequent word *ꜣḫꜣḫ* means "to bloom," "to flourish," "to grow green," "to be verdant" (*Wb.* I, 18, 16–21; L. Lesko, *Dictionary of Late Egyptian*, 1:10), and, referring to the moon, "to wax" (*KRI* I, 187, 11–12, cf. C. Leitz, *Studien zur ägyptischen Astronomie*, ÄA 49 [Wiesbaden, 1989], 67): *šꜣꜥ=k ꜣḫꜣḫ mj jꜥḥ m ḫrd*, "You begin to flourish (= wax) like the moon as a child." In Graefe, *Padihorresnet*, 171 the phrase is translated as "Dein Name wird leuchtend wie ein Stern," while tentatively restoring the faint traces in the gap to . While "leuchtend" makes good sense, it is unclear how this translation was arrived at, whether it is meant to be an extension of *ꜣḫꜣḫ*, "to bloom," or a reduplication of *ꜣḫ/jꜣḫ*, "glänzen, glänzend" (*Wb.* I, 33, 3–5). A word *jḫḫw*, "sunlight," postulated, for example, by P. Wilson, *A Ptolemaic Lexikon: A Lexicographical Study of the Texts in the Temple of Edfu*, OLA 78 (Leuven, 1997), 34 seems in fact to refer to *jḫḫw*, "Dämmerlicht, Schatten" (*Wb.* I, 126, 2–4). The latter noun, also spelled *ꜣḫꜣḫ* (*Wb.* I, 126, 2–4) would make sense in the present, vaguely astronomical context but the plausibly suggested preposition preceding it renders this improbable.

Sbg?: In the publication of TT 196 the word is transcribed (see pl. 2) and accordingly read *sbꜣ*, "star." The hieratic text in the facsimile (the photograph is of no use here) much rather resembles . If correct, this could be a spelling of *Sbg*, the name of the planet Mercury (Leitz, *LGG* VI, 266; for an example written with a *qof* see E. Bresciani and S. Pernigotti, *Assuan: Il tempio tolemaico di Isi/I blocchi decorati e iscritti*, Biblioteca di studi antichi 16 (Pisa, 1978), 278/53; A. von Lieven, *Der Himmel über Esna: Eine Fallstudie zur religiösen Astronomie in Ägypten am Beispiel der kosmologischen Decken- und Architravinschriften im Tempel von Esna*, ÄA 64 (Wiesbaden, 2000), 31 with n. 132). Mercury was a manifestation of Seth mainly, and in his stead, Thoth (R. Krauss, "Nähere Mitteilungen über Seth/Merkur und Horusauge/Venus im grossen Tagewählkalender," *SAK* 27 (1999), 233–54; von Lieven, *Himmel über Esna*, 31, both with further literature). This association throws the reading *Sbg* in doubt as it would be hard to conceive how the deceased could be favourably likened to a Sethian planet.

[26] *rnp mj {tt} Jꜥḥ*: Thus and similarly a frequent expression, cf., for example, M. de Rochemonteix and É. Chassinat, *Le temple d'Edfou I* (2nd ed. revised and corrected by S. Cauville and D. Devauchelle; Cairo 1984), 255.12–13; 383.7.[34] The alabaster tablet MMA 55.144.1, rto. l. 7 (ed. Herbin, "La tablette hiéroglyphique MMA 55.144.1," 286–314) contains a passage that precedes the phrase with one similar to our text:

ḫꜥ=k mj Spdt	May you appear like Sothis.
rnp ḏt=k mj jꜥḥ	may your body rejuvenate like the moon.

[29] *mꜣꜥ-ḫrw*: The traces following the name of Neskhons, given as in the facsimile and transcription in the original publication (see pl. 2), are certainly the remains of , cf. ll. 27, 28, 38 and 39.

[29] *mr* ( ): On this general term for illness as used in respect to grief see A. Kucharek, *Die Klagelieder von Isis und Nephthys in Texten der Griechisch-Römischen Zeit: Altägyptische Totenliturgien* IV, Supp SHAW 22 (Heidelberg, 2010), 549–50.

[30–31] *wnḫ*: In the original publication this is read *ḫn*, "musizieren" (*Wb.* III, 286, 2–5), with the sign below interpreted as a disc; however, the word doubtless ends in (see *wnf* in l. 36 for the arrangement of signs in words with the determinative which in hieratic takes up three quarters of the square). The first sign,

34. I am grateful to Victoria Altmann-Wendling (Heidelberg) for providing a list of comparable phrases.

which is read  by the authors of the commentary, is in fact an incompletely preserved . There is a well-known verb *wnḫ*, "don (a garment), be clothed" (*Wb.* I, 323, 9–324, 2). It has been shown by Graefe, however, that the same verb can mean "to loosen" (E. Graefe and P. Derchain, "*wnḫ* 'lösen' (zu pHarris 500, 5.12–6.2 und pD'Orb. 5.1–2)," *SAK* 7 (1979), 53–63), e.g. a seal. Wilson (*Lexikon*, 237) suggests as the common denominator of both meanings of *wnḫ* "the 'unloosening or unrolling' of a bolt of cloth about the body—either to take clothes off or to put them on." In the present case, *wnḫ* may well be an antonym to *s3mt* with which it is contrasted.  *s3mt*, a term of mourning frequently written with a hair determinative (cf. *Wb.* IV, 18, 10), is in all probability derived from a word for "hair" or, more precisely, "lock of hair," see J. F. Borghouts, *The Magical Texts of Papyrus Leiden I 348*, OMRO 51 (Leiden, 1971), 72–75, who also established that several expressions literally meaning "to cut off the (lock of) hair" do in fact refer to the end of mourning (see also Kucharek, *Klagelieder*, 604; H. Willems, F. Coppens, and M. De Meyer, *The Temple of Shanhûr*. Vol. 1: *The Sanctuary, the Wabet, and the Gates of the Central Hall and the Great Vestibule*, OLA 124 (Leuven, 2003), 76–77, pl. 51–52). Juxtaposed to *s3mt* as it is in the present text *m wnḫ* thus ought to express the state of having removed the mourning hairstyle. It is not, however, an equivalent to "cut off" as it is never used in the expressions for that rite mentioned above. In explicit reference to hair, *wnḫ* is used in one of the love songs of pHarris 500 and in the *Tale of the Two Brothers* (see Graefe and Derchain, "*wnḫ* 'lösen'," 53–63). Both times the hair in question is called *nbd* which refers to a plaited tress of hair (Lesko, *Late-Egyptian Dictionary* II, 15–16). Thus, *wnḫ* might specifically mean "to unplait, disentangle" in reference to hair. *s3mt* as the hairstyle of mourning was presumably not simply arrived at by letting the mourner's hair grow but by not tending to the hair, that is, neither to wash nor to comb it. After the standard mourning period of about seventy days between death and burial the hair would in fact not only have grown but would have become conspicuously dirty and unkempt. *wnḫ* would then not focus on the cutting off but on the disentangling (and cleaning) of the long-neglected hair.

A term 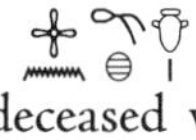 *wnḫ-jb* occurs at the beginning of stela Hildesheim PM 6352, a biographical text of a prematurely deceased woman, in a sequence of attributes praising her kindness, charm and intelligence (ed. K. Jansen-Winkeln, "Die Hildesheimer Stele der Chereduanch," *MDAIK* 53 (1997), 91–100). While *wnḫ-jb* may be an error for *wnf-jb* (cf. also comment on l. 36 below), Jansen-Winkeln envisaged a meaning "zurückhaltend," lit. "mit bekleidetem Herzen." In the light of the above considerations a sense of "open-hearted" or even "straightforward," lit. "of disentangled/straight heart" may be closer to the truth. In the stela, *wnḫ-jb* is paired with *spd-r3*, "eloquent," which does not fit well with "demure" or "guarded" but rather better with a term corresponding to the girl's eloquence.

Having said this, there is always the possibility that in the tablet *wnḫ* and *s3mt* are not antonyms in the narrow sense of the word but are merely juxtaposed in their figurative meaning—post-mourning versus mourning. In that case, *m wnḫ* may be used in its more common sense of "to be clothed" here, referring to the previous dishelleved or poor state of mourners' garments (cf. K. Jansen-Winkeln, "Zu den Trauerriten bei der Apisbestattung," *BSEG* 18 (1994), 35/4).

[32] *ksm* (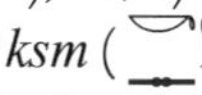): While the transcription in the original publication (pl. 2) is correct, the commentary discusses whether the *m* is written in ligature (either with  or ) or not. From the facsimile, however, it is obvious that in fact a ligature with *t* is present (cf. Verhoeven, *Untersuchungen*, 139), even though the sign differs from the same one used in the preceding line.

Wb. V, 141, 5–8 translates *ksm* as "jemandem Trotz bieten" with a further Belegstelle (141, 9) for the phrase *ksm ksm sw*, "der den schlug, der ihn (d.h. Osiris) schlug," said a number of times of Horus in respect to Osiris, see also Leitz, *LGG* VII, 295 ("der dem Trotz bietet, der sich ihm widersetzt"). According to the Belegstellen, this *ksm* is of an aggressive character. In the present text, *ksm* is juxtaposed to *ḥꜥꜥ*, "jubilate," so that a meaning "downcast" or similar would be expected. Therefore, those who have gone *m ksm{t}* were at the receiving end of this aggressive behaviour: they have been defied (by the deed of Seth) but are now those who jubilate in victory.

[33] *sbṯ* (): See *Wb.* IV, 89, 4 and W. Guglielmi, "Lachen und Weinen in Ethik, Kult und Mythos der Ägypter," *CdE* 109/110 (1980), 69–86.

[34] *prt* (): Usually spelled with  as determinative (see *Wb.* I, 531, 6–7), but see Herbin, *Livre*, 457 *hrw prt* () *ꜥ3t*, "the day of the great mourning." This expression derives from the "great procession" (*prt ꜥ3t*) during the festivities of Osiris in Abydos which is attested since the Middle Kingdom (see, e.g., H. Schäfer, *Die Mysterien des Osiris in Abydos unter König Sesostris III*, UGAÄ 4 [Leipzig, 1904], 24–25). *prt* without the attribute *ꜥ3t* but determined by  is attested in the hieratic version of the early Roman period pRhind I, where the death of its owner is reported as *prt* () *n ḥm=f n prt r pt*, "mourning for his majesty because of the going forth to the sky" (IIh1: G. Möller, *Die beiden Totenpapyrus Rhind des Museums zu Edinburg* [Leipzig 1913], 14). The more precise meaning of *prt* is elucidated by its demotic substitute *tḥ* (IId1) whose literal meaning is "bitterness," with a number of figurative applications, see *CDD t*, 281–83, where the present instance is translated as „affliction" (ibid., 283). Further illuminating instances of *prt*, albeit from a nonfunerary setting, occur in pLeiden I 347, dating to the New Kingdom, and several times in Edfu and Dendara (*Wb.* I, 532, 7; Wilson, *Ptolemaic Lexikon*, 358) where it denotes something the temple is purified of. Thus, it is said of a Nile god *pd.n=f pr=k r prt*, "He purifies (by incense) your house from *prt*" (Edfou I, 325.1–2); or, of another, *swꜥb=f pr=k r prt*, "He purifies your house from *prt*" (Edfou I, 323.15). *prt* seems to be more or less equivalent to *snm* as in the same context in Edfu it is said of yet another Nile god that *wꜥb=f st nb r*  *snm*, "He purifies every place from *snm*" (Edfou I, 325.11–12), *snm* being "the wretchedness, misery, pollution, and squalor that is connected with behavior related to bereavement and death" (P. J. Frandsen, "On Fear of Death and the Three *bwt*s Connected with Hathor," in E. Teeter and J. A. Larson

Table 1. Glorification A and its closest parallels

Tablet TT 196	pBM 10209, 1,13–18	pGreenfield, sheet 36	Coffin Cairo CG 41068
j Wsjr Ḫntj-jmntjw *nṯr ꜥ3* *nb pt nb t3*	*jj Wsjr NN*	*jj Wsjr*	*h3 Wsjr NN*
jn jw=k m pt	*jn jw=k m pt*	*jn jw=k m pt*	*jn jw=k m pt*
mj n b3=k	*mj n b3=k*	*mj m b3=k*	*mj m b3=k*
jn jw=k m t3	*jn jw=k m t3*	*jn jw=k m t3*	*jn jw=k m t3*
mj n 3ḫw=k	*mj n 3ḫ=k*	*mj n 3ḫ=k*	*mj n 3ḫ=k*
jn jw=k m rsj mḥt jmntt j3bt	*jn jw=k m rsj mḥw jmntt j3btt*	*jn jw=k m rsj mḥw jmntt j3btt*	*jn jw=k m j3t rsj mḥw jmntt j3btt*
mj n ḥtpw=k	*mj ḥtp=k*	*mj m ḥtp=k*	*mj jj=k m ḥtp=k*
wsr.tj m ḏt=k	*wsr.tj m ḏt=k*	*wsr.tj m ḏt=k*	*sḫm.tj n dw3t=k*
pr.n=k jm b3.tj	*pr=k jm b3.tj 3ḫ.tj*	*pr=k jmj b3w*	
sḫm.tj m Rꜥ	*sḫm.tj m Rꜥ*	*3ḫ.tj sḫm.tj m Rꜥ*	
ḥtm.tj m nṯr	*ḥtm.tj m nṯr*	*ḥtm.tj <m> nṯr*	
mj r t=k pn	*mj r t=k pn*	*mj jr=k r t=k pw*	*ḥtp=k r t=k pn*
r ḥnqt=k tn	*r ḥnqt=k tn*	*r ḥnqt tn*	*r ḥnqt=k tn*
r snṯr=k pn			
r qbḥ=k pn	*r qbḥ=k pn*	*r qbḥ=k pw*	
r ḥtp-nṯr=k pn			
sḫm m ḫt nbt nfrt	*sḫm=k m ḫt nbt nfrt*	*sḫm.tj m ḫt nb<t> nfr<t>*	
			dj n=k s3=k Ḥr nfr m hrw pn

(eds.), *Gold of Praise: Studies on Ancient Egypt in Honor of Edward F. Wente*, SAOC 58 (Chicago, 1999), 133). In much the same way, *prt* denotes a state of impurity brought about by bereavement which, in the present context, is contrasted with *ršwt*, an unspecific term for joy.

[36] *wnf* ( ): A well-known word (*Wb.* I, 319, 11–20) meaning "cheerful," often in the combinations *wnf-jb* and *wnf-ḥr*. According to *Wb.* its fundamental meaning and therefore the reason for the determinative—apart from the one most often used is —is unknown. Comparable to the present text, *wnf-jb* is used as an opposite to a term of grief in the widow's lament in TT 157 (19th dynasty): *wnf-jb m rmjj*, "the one who used to be cheerful is (now) one who weeps" (TT 157 to be published by Jan Assmann et al.; I am grateful to Sabine Kubisch [Heidelberg] for a copy of the lament).

nẖwt ( ): See *Wb.* II, 305, 17 as well as the probably identical *nẖwj* (*Wb.* II, 305, 15–16) and the verb *nẖj* (*Wb.* II, 305, 11–14). *nẖwj* is attested as the kind of lament performed by the devotees of the Apis bull during the period of his embalmment which is called the "seventy days of lament" (*hrw 70 nẖwj*) on stela Berlin 2118 (ed. L. Stern, "Die bilingue Stele des Châhap im ägyptischen Museum zu Berlin," *ZÄS* 22 (1884), 104; late third century BC); the same term is also used several times in the Apis Embalming Ritual (P. Meyrat, "The First Column of the Apis Embalming Ritual: Papyrus Zagreb 597–2," in J. F. Quack (ed.), *Ägyptische Rituale der griechisch-römischen Zeit*, ORA 6 (Tübingen 2014), 266, 267: ll. 12, 13, 16).

mj ( ): An abbreviated spelling of used in all the other instances in the tablet text. That does not resemble that sign but looks exactly like can be explained as a demotic intrusion (I am indebted to G. Widmer for pointing this out; in fact this was already mentioned in the original publication, cf. Graefe, *Padihorresnet*, 171). For the occasional omission of in *mj* cf. Vernus, "Un hymne à Amon," 119 n. 37.

nb=n: Congruent to the plural *mj-n* used throughout the song. The authors of the commentary in Graefe, *Padihorresnet*, 172, wonder about the use of the first person here, even though, while misunderstanding *mj-n*, they translate "komme zu uns."

[38–39] It is unclear whether this final passage made up entirely of the owner's (or owners') name is still part of the Osirian song or whether it concludes the whole of the text. It may even have been added simply to fill up the remaining space at the bottom of the tablet.

Glorification A

This is a spell for calling the deceased—in the present case Osiris Khontamenti—to his offerings. It is first documented in the Coffin Texts and several main versions are known.[35] Assmann distinguishes four of these, the first originating in CT 902, the second in CT 902 + 834; the third is CT 842, seemingly an independent version but too badly preserved to allow further analysis, and the fourth is another unique version on a sarcophagus in Tanis.[36] The second version ("Fassung B"), originating in CT 902 + 834, seems to be the only one to have been in use beyond the New Kingdom.[37] In the Graeco-Roman Period, it occurs in pBM EA 10209, Serapeum stela Louvre Cat. no. 34, situla BM EA 38214 and in the Edfu temple as part of the Sokar festival texts.[38] The version preserved on the

35. On this spell, see J. Assmann, "Der Ort des Toten. Bemerkungen zu einem weit verbreiteten Totenopferspruch," in H. Guksch and D. Polz (eds.), *Stationen: Beiträge zur Kulturgeschichte Ägyptens* (Mainz, 1998), 235–245; idem, *Totenliturgien* 2:60–86.

36. In Assmann, *Totenliturgien* 2:72 the latter is described as "Tanis, Sarg des *Jmn-jp.t-mrj*." In fact, this is a reworked Old Kingdom sarcophagus whose owner was Amenemope, fourth king of the Twenty-First Dynasty, the name, prefixed by *nswt* and written in a cartouche, being *Jmn-n-jpt mrj-Jmn*. The sarcophagus was used for his original burial in tomb IV and left behind when Amenemope's mummy and burial equipment were moved to tomb III. The sarcophagus, along with the inscription, is published in P. Montet, *La nécropole royale de Tanis II: Les constructions et le tombeau de Psousennès à Tanis* (Paris, 1951), 173–75; see also Aston, *Burial Assemblages*, 54.

37. Assmann, *Totenliturgien* 2:64–71, 82–86.

38. The Edfu text was the point of departure for a study of this version of the offering spell by Goyon (Goyon, "La fête de Sokaris à Edfou"). The versions he included in his study were pCairo 58030, pChester Beatty IX, pGreenfield, Serapeum stela Louvre Cat. no. 34, and

tablet is very close to pGreenfield (pBM EA 10554, 21st dynasty) and coffin Cairo CG 41068 (Twenty-Fifth/Twenty-Sixth Dynasty) as well as to the early Ptolemaic pBM EA 10209, all from Thebes. One of the two phrases unique to the tablet version, *r ḥtp-nṯr=k pn*, "to this your god's offering," in the penultimate verse, underlines the function of the spell.

Glorification A is "der klassische Eröffnungsspruch zur Opferpräsentation"[39] and perhaps owes its position on the tablet to this circumstance.

Intermediate Spell I

This spell is again addressed to Osiris Khontamenti (as opposed to the second intermediate "spell" or titulary, see below). The short passage is almost identical to one contained in the extensive titulature of Amun-Re in pCairo CG 58032, a Third Intermediate period papyrus from the Royal Cachette in Deir el-Bahari:[40]

jw nḥḥ ḫr wsr=f	*Neheh*-eternity comes with his strength/wealth,
jnjj pḥwj n ḏt	who brings (about)/reaches the end of *djet*-eternity.[41]

The main difference between the tablet (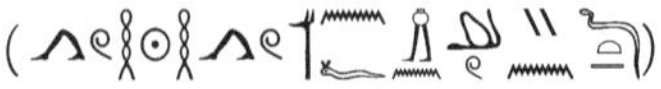) and the papyrus versions () is the repetition of *jw*, "come," in the former where the latter has *ḫr*.

These verses, while short, are not easy to interpret. The papyrus version has the advantage of being embedded in an immediate context. This context describes Amun-Re as a creator god of primeval age but also as a rejuvenating bull; he may be described as a "lord of time" who has always been present but is not under the spell of time. The first line of the phrase quite certainly indicates that the "coming," that is, the steadily renewed coming into being of *neheh*-eternity is a result of Amun-Re's action, his "strength" or power. He is responsible for the inexhaustible flow of time since the beginning. *jnj* in the second verse either means "to reach (a place)" (*Wb.* I, 91, 2–3) or to "bring about" something (*Wb.* I, 90, 25). The first option would mean that Amun-Re's existence will stretch until time itself is complete. The second would mean that he will be the one who causes time to end—analogous to the first phrase in which he is also the instigator.

The suffix *=f*, which in the papyrus version clearly refers to Amun-Re, in the tablet version must refer to *neheh*-eternity. The statement itself remains largely unaltered: The one who comes—in this case Osiris Khontamenti—is rich in *neheh*-eternity, that is, he has power over it. The second verse is identical with the papyrus version.[42]

---

pBM EA10209. In Graefe, *Padihorresnet*, 170 Glorification A is called "Ritual des Sokaris" in the light of Goyon's study. This is incorrect as the offering spell was merely used, among others, in a Sokar ritual.

39. Assmann, *Totenliturgien* 3:505.

40. Published by W. Golenischeff, *Papyrus hiératiques*, CGC Nos 58001–58036 (Cairo 1927), 169–96. See A. Barucq and F. Daumas, *Hymnes et prières de l'Égypte ancienne*, LAPO 10 (Paris, 1980), no. 79; J. Assmann, *Ägyptische Hymnen und Gebete*, OBO (Freiburg [Switzerland] and Göttingen, 1999), no. 131, both with further literature.

41. For *jw nḥḥ ḫr wsr=f*, cf. Leitz, *LGG* I, 153, for *jnjj pḥwj n ḏt*, cf. ibid., 375 (pCairo 58032, together with its near twin pCairo 58033, being the only reference in both cases).

42. Related to Osiris all this of course brings to mind two of the most frequent epithets of Osiris, *nb nḥḥ* and *ḥq3 ḏt*, the former practically a paraphrase of *jw nḥḥ jw wsr n=f*. For numerous other epithets of Osiris related to time see Leitz, *LGG* VIII, 184–85.

Glorification B[43]

While there is no known parallel as such to this spell, all its elements belong to *sꜣḫw* I, an Osiris liturgy known from several papyri and sarcophagi of the Ptolemaic period.[44] According to Assmann, this liturgy is made up of sixteen spells. The present pastiche contains one line from spell 12 and two from spell 9; the remainder are taken from several passages of spell 8 (table 2).

Spell 8, which makes up the bulk of the present spell, is known to also appear isolated—Allen counted it as BD 192 due to its inclusion in a Book of the Dead dating to the Persian period.[45] Spells 9 and 12, however, are mainly found as part of the complete *sꜣḫw* I sequence.[46]

The overall subject of spell 8 is the reception of Osiris in the netherworld as sovereign of its inhabitants and his union with the nocturnal sun-god. Spell 9 is an offering spell, and spell 12, made up of three PT spells,[47] conveys to Osiris sovereignty and again offerings. The compilator of the tablet spell chose deliberately from these spells, not simply excerpting a passage from the liturgy but picking small groups of verses and combining them at his own discretion.[48] The result is a concise declaration of the exalted state of Osiris Khontamenti, in particular his reception in the netherworld.[49]

Table 2. Sources of Glorification B in *sꜣḫw* I

Oh Osiris Khontamenti,	
you are more glorified than all the (other) glorified ones!	spell 12 v. 55
You are one in the tribunal,	spell 8 v. 32–34
may you see god,	
may god see you,	
may god jubilate at seeing you.	
Be welcome,	spell 8 v. 39
equipped with your likeness.	
May you be summoned to your *ka*,	spell 9 v. 31–32
may he come to you, may he protect you from all evil.	
May the door leaves of the *duat* be opened in the *Igeret*,	spell 8 v. 10–15
may the portals of the *Imentet* be restrained for you,	
may the door-keepers put their hands on their [legs] for you,	
may they jubilate here when [you] approach,	
may you enter as a praised one,	
Osiris Khontamenti,	
the love for you being with those you are going to.	

43. See also the short treatment of this section (by the present author) in Assmann, *Totenliturgien* 3:151.

44. Assmann, *Totenliturgien* 3:37–225.

45. Together with *sꜣḫw* I, spell 14, 4. section, counted by Allen as BD 191: T. G. Allen, "Additions to the Book of the Dead," *JNES* 11 (1952), 177–86.

46. See the overview in Assmann, *Totenliturgien* 3:38–39.

47. PT 677, PT 365, and PT 373, see Assmann, *Totenliturgien* 3:196–206.

48. On "scribal bricolage" for the benefit of private owners, see now J. Dieleman, "Scribal Bricolage in the Artemis Liturgical Papyrus," in B. Backes and J. Dieleman (eds.), *Liturgical Texts for Osiris and the Deceased in Late Period and Greco-Roman Egypt*, SSR 14 (Wiesbaden, 2015), 217–32, esp. 229–31.

49. Two of the source spells are originally offering spells; this topic is, however, not reflected in the verses chosen for Glorification B.

Intermediate Spell II

The greater part of this is taken up by the name and filiation of the owner, while the spell itself is very short and unfortunately only partly preserved. This results in several uncertainties, see the philological comments on ll. 25–26. Indeed, not much more can be said with certainty than that the moon(-god) is mentioned at the end in a phrase which probably runs *rnp mj{tt} Jʿḥ*, "who rejuvenates like the moon(-god)." The possible determinative ★ preceding this phrase would put the spell as a whole in a celestial context.

Song C

This text is of special interest as it is completely unknown otherwise but fortunately perfectly preserved. It consists of three main stanzas of three verses each followed by a concluding verse couplet. The designation as a "song" seems to be justified by the extremely strict lyrical structure of the text. In spite of this clear structure and the basically unproblematic vocabulary the reading of the song presented here differs markedly from the one given in the original publication.

Each of the three stanzas begins with *šm*, "go," and each of the two following verses of each stanza with *mj-n*, the plural imperative to *jj*, "come."[50] This was not recognized in the original publication, where *mj-n* was translated as "komme zu uns," as a request to Osiris.[51] In fact, however, *mj-n* refers to a group of persons so that Osiris as addressee is out of the question.[52] The antonymic *šm* in the initial verse, while displaying no plural marker, is most probably addressed to the same group of persons as the following two lines. *šm* is in all cases joined to a term denoting grief, *mj-n* in the second verse with a term denoting joy. The final line of each stanza then contrasts a term of joy with one of grief. The pattern thus is as follows:

> Go (pl.) *m/ḥr* grief
> Come (pl.) *m* joy
> Come (pl.) *m* joy *ẖr* grief

While *m* (and in one instance *ḥr*) offer no problem to the translator, *ẖr* is more difficult. Positioned between antonymic terms, "instead of" presents itself as an obvious translation. The *Wb.* does not list such a meaning. In the original publication, the authors conclude that *ẖr* here is an abbreviation of *ẖr st n*, "in the place of."[53] I suggest that *ẖr* (or its nisbe *ẖrj*) may simply carry its well-known meaning "have, possess"[54] (or "being in possession of")[55] here: "Come in joy (you who) had grief."[56] Whatever the explanation, there can be hardly any doubt about what is meant. The structure deduced so far—

> Go (pl.) in grief,
> come (pl.) in joy,

---

50. J. Černý and S.I. Groll, *A Late Egyptian Grammar*, Studia Pohl S.M. 4 (Rome, 1993), 348.

51. See Graefe, *Padihorresnet*, 171 with n. 126: "Lies ... *mj* <*n*>=*m*" and p. 127 "*mj* <*n*> (lies *m*)" which I both fail to comprehend.

52. In Osirian contexts, *mj-n* is used several times in Osirian laments, see Kucharek, *Klagelieder*, 339.

53. Referring to D. Meeks, *ALex* II, 78.3224.

54. *Wb.* III, 386–88, esp. 387, 16–17 "voll Freude," "in Furcht."

55. *Wb.* III, 389, 13–16.

56. For the sake of brevity and clarity I retain the translation "instead of." For a comparable phrase using a different preposition cf. *dj nhm m st jh*, "who grants joy in the place of lament," said of Imhotep in a Ptolemaic temple inscription (E. Laskowska-Kusztal, *Die Dekorfragmente der ptolemäisch-römischen Tempel von Elephantine. Elephantine XV*, AV 73 [Mainz, 1996], 52 no. 76, pl. 15).

come (pl.) in joy instead of grief

—implies, by its use of terms of opposite meaning and movement, a chronological sequence:

You (pl.) who have (once) gone in grief,
come (pl.) (now) in joy,
come (pl.) (now) in joy instead of (as you once did) in grief.

That this is an Osirian song cannot merely be concluded from it being associated with two glorifications on the tablet, but also from the text itself. The two final verses do not name Osiris, but "great god" certainly refers to "Osiris Khontamenti, great god" in the very first line of the tablet. Primarily, however, it is the content of the song itself which marks it as Osirian: no other deity is so closely associated with grief and mourning as Osiris. The structure of the verses is reminiscent of the "once/now" comparison typical of laments.[57] While these invariably contrast a positive past state with a negative present one, the tablet song does quite the reverse and may thus be designated as a "positive inversion." This is indeed the opposite of a lament.

But what may we imagine the *Sitz im Leben* of this text to have been? The song is not addressed to Osiris. The terms *mr, sꜣmt, rmj, prt* and *nḫwt* denote grief[58] and are thus to be attributed not to the deceased, but to the bereaved. The speaker is anonymous, perhaps a priest as in the glorification spells.[59] The group addressed is also anonymous but may be inferred from the very last line of the song as the inhabitants of Thebes.[60] They have, on some past occasion, left in grief and mourning, but are now called on to return rejoicing. The evidence points to a feast on the occasion of the resurrection of Osiris. In the process of the Osiris mysteries grief at the death of the god is transformed into joy at his resurrection. The transformation from death to life, brought about by embalming the figurine of Osiris in the secrecy of small chapels, was celebrated by the people, as we know from an inscription in the Osiris chapels in Dendera that dates this joyful occasion to the 24th Khoiak:

hrw pn nfr ḥb Kꜣ-ḥr-kꜣ	On this perfect day of the Khoiak festival,
sw 2/3 1/10 1/30 (= 24/30) n ꜣbd	on the 24th day of the month,
ḫrw nhm <ḥr> pr m swꜣw n Jwnt	the sound of joy emerges from the region of Dendera,
tꜣ <r> ḏr=f ẖnm.tw m ḥb	and the whole land is united in festivity.
Jq m hj spr.n=f ḥrt	The Dendera nome is in jubilation that reaches heaven,
ḥkn ꜣḫtj m ẖt n<t> nnt	the horizontic one rejoices in the womb of the sky,
pt m ṯḥnt ẖsr.n=s šnꜥ	the sky shines, he has driven away the clouds,

57. P. Seibert, *Die Charakteristik: Untersuchungen zu einer altägyptischen Sprechsitte und ihren Ausprägungen in Folklore und Literatur*, ÄA 17 (Wiesbaden, 1967), 20–23; W. Schenkel, "Sonst—jetzt. Variationen eines literarischen Formelements," *WdO* 15 (1984), 51–61; Kucharek, *Klagelieder*, 518–19.

58. Cf. *Wb.* II, 95, 19; 96, 5; 305, 11–17; 417, 1, 8–10; IV, 18, 10.

59. *mj-n* does not necessarily imply that the speaker is part of the group. See, for instance, the ritual Introducing the Multitude (pMMA 35.9.21, 46,16–47,2) ed. J.-C. Goyon, *Le papyrus d'Imouthès, fils de Psintaês, au Metropolitan Museum of Art de New-York (Papyrus MMA 35.9.21)* (New York, 1999):

j ṯꜣjjw ḥmwt n nb=n	Oh men and women of our lord!
hꜣjj mj-n mꜣꜣ tn	Hail, come and see,
hꜣjj mj-n sḏm tn	hail, come and hear!

60. On the question of seemingly real-life addressees (e.g., "men and women" in the Great Decree and elsewhere) in Osirian laments see Kucharek, *Klagelieder*, 579. A fragmentary ritual from Tebtynis preserved in three copies (PSI I inv. 125, PSI I inv. 157 and pCarlsberg 911, to be published by the present author) which is probably related to the Great Decree also contains several instances of *mj-n*, addressed to an unnamed group of people who are called upon to witness the procession of Osiris from the purification hall to the necropolis, with the refrain *mj-n mꜣꜣ=n sw*, "Come so that we may see him."

jmjw ꜣẖt m ꜣwt-jb	the hearts of the horizontic ones are wide,
tꜣ m mfkꜣt	the earth is in joy (lit. turquoise),
jmj=f m hj	the one-within-it jubilates,
psḏt ꜥꜣt m mk	the great Ennead is in festivity,
njwwt spꜣwt <ḥr> pr<t>	the towns and nomes come forth,
jw=w <ḥr> nhm ḏr qrs.tw Wsjr	they rejoice since Osiris has been embalmed
ẖnt Pr-qrs-Wsjr	in the House-of-Embalming-Osiris.[61]

and:

hrw pn nfr tꜣ <r> ḏr=f m ršwt	On this perfect day the whole land is in joy,
nṯrw nṯrwt twt	the gods and goddesses together,
jw=w <ḥr> nhm	they are in jubilation.
pꜥt m ḥb	The *pat*-people are in festivity,
ḥnmmt m ḥꜥꜥ	the *henmemet*-people jubilate,
tpjw-tꜣ <ḥr> pr<t> m ꜣwt-jb	the inhabitants of the earth come forth with wide hearts
m ḥb Kꜣ-ḥr-kꜣ sw 2/3 1/10 1/30 n ꜣbd	at the Khoiak festival on the 24th day of the month.[62]

According to the Dendera Khoiak Text the 24th Khoiak was indeed the day on which the figurine of Osiris was embalmed[63] and thus ritually revived.[64] The same text mentions further festivities on the following day, albeit quite concisely:

psḏ=f m ḥwt-nṯr=f r ḥtp jtn n 25	He shines in his temple until the sun sets on the 25th.
pẖr.n=f njwt=f m ḥtp	He circumambulates his town in peace,[65]
njwtjw Jwnt m mk	(while) the inhabitants of Dendera are in festivity.[66]

This passage immediately precedes the burial of the Osiris figurine:

dj Ḥr? [...] *šsp=f*	May Horus? grant [...] may he receive,
jr=f st=f r-gs=f m st-wrt=f	may he occupy his seat beside him in his Great Place,
ꜥq=f r js=f m ḥꜥꜥ	may he enter his tomb jubilating.[67]

While the three stanzas of the tablet song are exclusively concerned with the state of the devotees of Osiris, the concluding verse couplet refers to the god himself. The structure of this short passage is strictly symmetrical:

61. S. Cauville, *Le temple de Dendara. Les chapelles osiriennes*, Dendara X/1–2 (Cairo, 1997), 374.3–7.
62. Ibid., 375.9–11.
63. Cf. É. Chassinat, *Le mystère d'Osiris au mois de Khoiak* (Cairo, 1966), I, 72.
64. Cauville, *Dendara* X, 375.11–376.4.
65. This *pẖr njwt* most probably took place within the temple boundaries; see ibid., 18,13 where *pẖr njwt* is said to be performed *ẖnt Pr-qrs-Wsjr*, "in the Osiris chapels" (cf. S. Cauville, *Le temple de Dendara. Les chapelles osiriennes: Commentaire*, BdE 118 [Cairo, 1997], 217).
66. Cauville, *Le temple de Dendara*, Dendara X/1–2, 376.9–10.
67. Ibid., 376.10–11.

nb=n	*smꜣ*	*njwt=f*
nṯr ꜥꜣ	*ẖnm.n=f*	*Wꜣst*

smꜣ as well as *ẖnm*, apart from their general meaning "unite" both share the particular signification "to enter a place."[68] In a passage very similar to the one on the tablet they appear in a late decade liturgy for Osiris known from several sources.[69] One version was inscribed on the west colonnade of the temple of Isis at Philae, facing the island of Biggeh with the tomb of Osiris, where Isis presented offerings to her brother every ten days.[70] The passage runs:

mj r njwt=k tn mr kꜣ=k	Come to this your town beloved by your *ka*,
spꜣt=k ḏsr<t> jꜣb jb=k	your secluded nome desired by your heart!
Snmt nn dj=s ꜥwj=s r šsp=k	This Biggeh, she holds out her arms in order to receive you,
Jꜣt-wꜥbt r=k jr=s mr=k	Abaton does what you wish!
j nṯr ꜥꜣ ẖnm=k pr=k	Oh great god, may you unite with your house,
Ḫntj-jmntjw smꜣ n=k ḥwt-nṯr=k	Khontamenti, unite yourself with your temple,
šṯjt=k wrt sštꜣ<t> bs=k	your great *shetit* that conceals your image,
smꜣtt=k štꜣ<t> ḥꜣp=s ḫpr<w>=k	your secret sepulchre, it hides your likeness!

The Philae text refers specifically to the tomb of Osiris and the same may well be true of the tablet passage—that *Wꜣst* here is not so much Thebes in general but the tomb(s) of Osiris there.[71] This would point to the 25th Khoiak, the day following the main festivities and the most common day for the interment of the Osiris figurine.[72] While it is thus probable that the song accompanied the rites of the 24th and 25th Khoiak, it will have been applicable to any other comparable Osirian feast as well.[73]

Conclusion

As with the many other papyri containing Osirian liturgies for the benefit of private individuals, it is not hard to see why the texts chosen would appeal to the deceased. By implicitly or explicitly occupying the place of the original addressee, Osiris, the deceased expected to enjoy the benefits of these rituals himself.[74] The reasons for choosing

68. *Wb.* III, 378, 8; 447, 5.

69. Versions (or excerpts) of the text (all omitting the passage in question) are in pVienna 3865, ed. F. R. Herbin, "Une liturgie des rites décadaires de Djemê, papyrus Vienne 3865," *RdE* 35 (1984), 105–26, in pLouvre N 3166 (id., "Trois manuscrits originaux du Louvre porteurs du *Livre des Respirations fait par Isis* (P. Louvre N 3121, N 3083 et N 3166)," *RdE* 50 (1999), 149–240, on the Roman funeral bier Berlin 12441 (D. Kurth, *Materialien zum Totenglauben im römerzeitlichen Ägypten* (Hützel, 2010), 113–37), and in Oxford Bodleian MS. Egypt.a.30 (P) (to be published by the author).

70. PM VI, 209 (36)c, unpublished, cf. TLA DZA 50.170.020 (*Wb.*Z <1381>–<1382>) <http://aaew2.bbaw.de/tla/>; for the first part of the passage see also H. Junker, *Das Götterdekret über das Abaton*, DAWW 56 (Vienna, 1913), 34.

71. Kucharek, *Klagelieder*, 632 with further literature.

72. Cf. Kucharek, *Klagelieder*, 635–656. The Roman period pLouvre N. 3176 (S), 6,14–19 (ed. P. Barguet, *Le papyrus N. 3176 (S) au Musée du Louvre*, BdE 37 [Cairo, 1962]) is somewhat unclear on the date of interment, it might be either the 25th or the 26th. That papyrus is solely concerned with the processions and rituals performed in Karnak during the Khoiak festival and does not contain any indication of celebrations by the populace at the time.

73. Just as several of the Osirian laments were explicitly applicable not only to the Khoiak festival in Abydos but to "every place of Osiris on each of his festivals," see Kucharek, *Klagelieder*, 632.

74. Smith, *Traversing Eternity*, 62–65.

specific texts are unknown and may have been largely individual as well as determined by access to a given corpus.[75] There seems to have been a predilection for certain texts like the ritual Bringing Sokar out of the Shrine or *s3ḫw* I and *s3ḫw* IV;[76] this is in marked contrast to the contents of the only temple library with a significant number of Osirian rituals, that of the Sobek temple in Tebtynis.[77] With all due caution considering the imponderabilities of time, location and preservation the numbers seem to point to noticeable differences in texts favoured in the temple cult and those chosen for private mortuary use.

The tablet from TT 196—while conforming to the usual requirements of glorifications, Osirian or not, with its motives of reception of offerings in tomb or temple, justification and admittance to the underworld, and, finally, participation in festivals on earth—is remarkable not only in its choice of writing material but also in the texts selected. While Glorification A is a well-known spell it is attested in only one liturgical papyrus; Glorification B, while originating in the rather popular *s3ḫw* I, is a unique composition; and the Osirian song is a singular occurrence. It seems, then, that Nesmin and Setja-iret-bint, whoever they were, made a highly individual choice of the rituals that were to aid them in their afterlife.

75. Ibid., 63.

76. Cf. Kucharek, *Klagelieder*, 52–53.

77. In Tebtynis, only one copy each of the Sokar ritual and *s3ḫw* IV have been found, and none at all of *s3ḫw* I. (J. F. Quack, "Eine Handschrift des Sokarrituals (P. Carlsberg 656)," in K. Ryholt (ed.), *Hieratic Texts from the Collection*, The Carlsberg Papyri 7 = CNI Publications 30 (Copenhagen, 2006), 65–68, pl. 6; I. Guermeur, "Les nouveaux papyrus hiératiques exhumés sur le site de Tebtynis," in S. Lippert and M. Schentuleit (eds.), *Graeco-Roman Fayum: Texts and Archaeology* (Wiesbaden, 2008), 118. The overall assessment of Osirian rituals in Tebtynis is based on the ongoing research in these texts by the present author). On the other hand, no less than eight copies of the *Great Decree* are attested in Tebtynis, in contrast to only one or two from a private context (Goyon, *Imouthès*; H. Beinlich, *Papyrus Tamerit 1: Ein Ritualpapyrus der ägyptischen Spätzeit*, SRaT 7 [Dettelbach, 2009]. The latter may originally have belonged to a temple library as no owner is named).

Hyperbole in Demotic Wisdom

Nikolaos Lazaridis (Sacramento)

I spent five years in Oxford under the guidance of Mark Smith. While there, I had countless one-on-one discussions, as well as intense language courses, with him. Mark taught me Demotic, patiently going through with me copies of religious and wisdom texts. His continuous guidance since 2000 has been a priceless source of influence and motivation in my academic career. Thank you, Mark, and I hope you enjoy this short article on a stylistic feature you have made sure to avoid in your writings: exaggeration!

Hyperbole, the scholarly term for "exaggeration," has been a widely used figure of speech in ancient and modern literature. The main characteristics of its written version (as opposed to its equally popular conversational version) have been its deliberate overestimation (also called *auxesis*) or underestimation (also called *meiosis*)[1] of a well-known piece of information or of a commonly encountered situation, its flexibility in forms and styles, and its capability to be combined with other literal or nonliteral figures of speech, and especially metaphor and irony.[2] In order for hyperbole to work, an author has to apply it to a fact or to a situation that his audience is already familiar with, so that they be able to recognize his attempt as a meaningful exaggeration of the truth.

In Egyptian literature uses of hyperbole were common in both documentary and fictional narrative writing, where it often took the form of a standardized formula emphasizing positive qualities of characters, and as a result often overstretching the boundaries of a narrative's reality.[3] So for instance, in an example from the New Kingdom tale of the *Two Brothers* Bata is described as:

> *ỉst ỉw pꜣy=f sn šri [m ꜥḥꜣ]ty nfr nn wn ḳd=f m tꜣ ḏr=f*
> "Indeed, his younger brother [was] an excellent [work]er and *no one was like him in the entire land*" 1,3–4

As common narrative formulas, units (that is, words, phrases, or whole sentences) of hyperbolic language were interpolated into the sequence of events and functioned at various levels: as, for instance, signposts for fiction, signaling and maintaining spatiotemporal distance from the audience's present reality, or as tools for elevating the status of specific characters and bringing them to the audience's attention. Most of these narrative functions of hyperbole did not, however, apply to Egyptian wisdom literature. In the context of the Instructions hyperbole was usually less

---

1. Note that in the field of linguistics, and especially its branch of pragmatics, these two functions of hyperbole are often treated as independent tropes (see, e.g., H. L. Colston and J. O'Brien, "Contrast and Pragmatics in Figurative Language: Anything Understatement Can Do, Irony Can Do Better," *Journal of Pragmatics* 32 [2000], 1558).

2. Compare the defining characteristics of hyperbolic language accounted in R. Carston and C. Wearing, "Hyperbolic Language and Its Relation to Metaphor and Irony," *Journal of Pragmatics* 79 (2015), 81 and 90; N. R. Norrick "On the Semantics of Overstatement," in K. Detering, J. Schmidt-Radefeldt, and W. Sucharowski (eds.), *Akten des 16. Linguistischen Kolloquiums* (Kiel, 1981), I, 168–76; and G. V. Stanivukovic, "'Mounting Above the Truthe': On Hyperbole in English Renaissance Literature," *Forum for Modern Language Studies* 43.1 (2007), 10.

3. Compare the interesting example of documentary hyperbole in Tuthmosis III's annals discussed in B. Van de Walle, "Une hyperbole égyptienne devenue proverbiale," *Annuaire de l'Institut de Philologie et d'Histoire Orientales et Slaves* 20 (1968–1972), 497–504.

overt (at least to modern readers)[4] and was mainly used as a tool of emphasis, accentuating the applicability range and value of the wise statements, thus reaffirming the author's authority and wisdom. In this article I will first discuss the ways in which one may identify hyperbolic language in Demotic wisdom[5] and then will attempt to identify the shapes and forms hyperbole took while mingling with sober sayings, witty observations, and popular proverbs.

Given that modern scholars lack the required insight into the manner in which a wisdom text was received by its original audiences, there is no way to determine whether the potential attempts by a wisdom text's author to exaggerate were successful, or whether they were considered to be appropriate or not. In addition, the form of these collections of wisdom does not help either, since it is not discursive and hence does not include any useful responses by textual characters which may indicate whether an exaggerated statement was considered to be serious or humorous, appropriate or offensive.[6] Finally, since one of the defining features of an Egyptian wisdom saying was its close resemblance to an absolute, generalizing conviction, it is not always easy to detect the subtle semantic differences between extremely absolute, overgeneralizing statements and exaggerated ones.[7] Therefore one is left only with the study of immediate textual and wider cultural context as firm background against which one may test whether a word, a phrase, or a whole statement is exaggerated or not. Specifically, a hyperbolic unit in a Demotic wisdom text may be tested against the surrounding text (examining, for example, whether the immediately surrounding sentences may point towards exaggeration or not, or whether the same unit is used elsewhere in the same text), the text and author's profiles (examining, that is, whether features of the text or traits of its author's style and background favor the possibility of exaggeration or not), the corpus of contemporary or earlier Egyptian works of wisdom or of other related genres (examining, that is, comparable instances of exaggeration in other textual contexts), and finally contemporary Egyptian culture (examining, for example, whether the piece of information or the situation referred to by the hyperbolic unit in question was possible or not). To illustrate the aforementioned points, one could consider these two examples:

> *pꜣ wḥy i͗i͗r=f ḥwy n mr(.t) i͗w bw-i͗r-rḫ=f ḏ pꜣ nṯr pꜣ nt wṱ r ꜥ.wy nb*, "The fisherman, it is on board(?) that he throws (his net), while he does not know that the god is the one who sends (provisions) to every house" 'Onchsheshonqi 11,x+15

> *ḫr ꜣk i͗rpy ꜥꜣ r-tbe nꜣy=f ꜥꜣ.w n pꜣ tm šbne*, "A great temple is ruined, because its high priests are in discord" Insinger 14,x+20

The first example comes from the Instruction of 'Onchsheshonqi, a collection of both sober and witty sayings whose mixture creates a welcoming environment for hyperbolic language and whimsical tone. The potentially hy-

4. This subtle form of hyperbole in Demotic wisdom was the main reason why nine years ago I stated in my monograph that there were no apparent signs of exaggeration in Egyptian sayings, especially when compared to the more obvious uses of exaggeration in Greek sayings (N. Lazaridis, *Wisdom in Loose Form: The Language of Egyptian and Greek Proverbs in Collections from the Hellenistic and Roman Periods*, Mnemosyne, Supplements 287 [Leiden, 2007], 197). In this article I right my old wrongs by attempting to show that hyperbolic language was actually employed in Demotic sayings, even if in a subtler manner than in other corpora of ancient wisdom.

5. The corpus of Demotic instructions used for this study is the same one with the one discussed in Lazaridis, *Wisdom in Loose Form*, 18–28.

6. For example, there seems to be a meaningful and probably humorous use of hyperbole in the well-known third story of Papyrus Westcar. In this story prince Hordedef, after bringing up the important distinction between false stories from the past and true stories from the present (6,24), informs king Khufu about the existence of the magician Djedi. Although Hordedef grossly exaggerates Djedi's features, using hyperbolic round numbers (7,2–3), Khufu, instead of questioning the validity of those exaggerated features, and thus the very existence of Djedi, too, rushes to urge Hordedef to bring in the magician, because, as the story's external narrator is eager to explain, he knows the number of the chambers in Thoth's sanctuary, a piece of information for which Khufu has been obsessively searching (7,6–8).

For more on narrative hyperbole, see N. Lazaridis "That is correct a million times! Hyperbole in ancient Egyptian narrative literature," in a forthcoming Festschrift.

7. To illustrate this commonly encountered difficulty, one may consider, for instance, the extremely absolute and overgeneralizing existential statements which were frequently found in Demotic instructions: e.g., *mn i͗ry sny wꜥ.ṱ=f / mn rmt rḫ gm ꜣsy* "There is no companion who goes by alone / There is no wise man who comes to grief" Onchsheshonqi 21,x+6–7.

perbolic unit within this saying is the ending adverbial clause *r ꜥ.wy nb*, a gross spatial generalization that overstretches the applicability of the saying's message to cover all households in Egypt and beyond. Indeed, such wide, and often overstretched, applicability was regularly sought by writers of Egyptian wisdom: They wanted most of their lessons to be general and to encompass as great variety of circumstances as possible. Therefore the emphatic determiner[8] *nb* here was somewhat redundant, given that the audience knew the author's tendency to generalize; after all, statistically only 7 percent of this instruction's sayings included such emphatic, generalizing words or phrases. Thus formally, one could consider this adverbial clause as an attempt to produce emphatic hyperbole. Semantically and culturally, however, the fact that it is the general notion of the Divine (*pꜣ nṯr*)[9] that is responsible for providing for every household agreed with other sayings in this and other Egyptian instructions, as well as with the contemporary, widespread socioreligious norms.[10] In other words, for *pꜣ nṯr* it was normal to attend to humanity in general, as he was omnipresent and omnipotent. As a result, one may consider that this saying did not exaggerate a commonly known fact or situation and hence cannot be taken as an instance of intended hyperbole.[11]

By comparison, in the second example from the instruction of Papyrus Insinger, the author employed two potentially hyperbolic units: the adjective *ꜥꜣ*, qualifying *irpy*, and the verb *ꜣk*. Both seem to dramatize the saying's message.[12] *ꜥꜣ*, as an adjectival qualifier, was a little more common than *ꜣk*, a verb that marked consistently both in Papyrus Insinger and in other Demotic wisdom texts the use of hyperbolic language.[13] Thus in this case one can be more certain than in the case of the first example that the Egyptian author intended to use hyperbolic language.[14]

Keeping, hence, in mind that the identification of hyperbolic language in ancient wisdom is not an easy, straightforward task, I will now attempt to list and briefly discuss the most common formal categories of hyperbole that one encounters in Demotic instructions, from the most to the least obvious.

8. See J. H. Johnson, *Thus Wrote 'Onchsheshonqi: An Introductory Grammar of Demotic*, 3rd ed., SAOC 45 (Chicago, 2000), 46 for considering *nb* as a determiner rather than a real adjective.

9. For this notion in Demotic, as well as earlier Egyptian, wisdom literature, see N. Lazaridis, "The Religion of Egyptian Proverbs," in J.-Cl. Goyon and C. Cardin (eds.), *The Proceedings of the Ninth International Congress of Egyptologists*, OLA 150 (Leuven, 2007), 1091–100; F. Miosi, "God, Fate and Free Will in Egyptian Wisdom Literature," in G. E. Kadish and G. E. Freeman (eds.), *Studies in Philology in Honour of Ronald James Williams*, SSEA 3 (Toronto, 1982), 69–111; J. Vergote, "La notion de Dieu dans les livres de sagesse égyptiens," in *Les sagesses du Proche-Orient ancien: colloque de Strasbourg 17–19 Mai 1962* (Paris, 1963), 159–86.

10. See for instance, *Instruction of Ani* 7, 15–16.

11. Such uses of pseudo-hyperbole, which were very common with topics about the Divine, could have constituted an alternative approach to understanding and describing the powers of divine beings, as suggested theoretically by Joshua R. Ritter in his article "Recovering Hyperbole: Rethinking the Limits of Rhetoric for an Age of Excess," *Philosophy and Rhetoric* 45.4 (2012), 406–28. Similar were the occasional instances of hyperbole in ancient Greek literature, which revolved around exaggerated comparisons of human matters with aspects of the worlds of mythology and religion, as discussed, for instance, in H. H. Law, "Hyperbole in Mythological Comparisons," *AJP* 47.4 (1926), 361–72.

12. Compare the other instances from Papyrus Insinger where *irpy* was used on its own: x+22,15, x+23,10, x+33,14, and x+34,10.

13. In Papyrus Insinger *ꜥꜣ* was used as qualifier of unspecified nouns, like *irpy* here, in x+2,13, x+4,17, x+5,17, x+16,5, x+18,8, x+25,8, and x+25,9. Some of these seem also to be instances of dramatic or emphatic hyperbolic language. For *ꜣk* and its synonyms as markers of hyperbole, see also Insinger x+3,14, x+4,22, and x+8,2, as well as 'Onchsheshonqi 12,x+10 and 28,x+8. Compare its uses in mainly medical and religious texts, as listed in *CDD ꜣ*, 88.

14. Compare the brief comments in Lazaridis, *Wisdom in Loose Form*, 197, where the examined hyperbolic Greek saying ἐκ τῶν γυναικῶν ὄλλυται κόσμος μέγας, "Because of women a great world is ruined" made use of strikingly similar hyperbolic units.

1. Numerical Hyperbole

Quantitative exaggeration is nowadays one of the most common types of hyperbole in written and spoken language.[15] In Demotic wisdom there are a few such examples of sayings containing references to large, round numbers, as is the case in these two instances from the *Instruction of ʿOnchsheshonqi*:

pꜣ nt ḳpe ḥ pꜣy=f ḥry iw ḥry s 100 ẖpr n=f, "He who hides behind his master, there will be 100 masters for him" 18,x+12

1000 bꜣk pr šwṯ pꜣ šwṯ wʿ n-im=w, "1000 servants are (in) the house (of) a merchant and the merchant is one of them" 19,x+18

Although often round numbers like one hundred and one thousand in these two instances carried positive, symbolic connotations in Egyptian writing,[16] none of the identified instances in Demotic wisdom seem to have been intended to activate such symbolism.[17] Instead, the Egyptian authors here used such exaggerated round numbers to whimsically emphasize the unexpected largeness of the referred quantities, which in most cases were effectively contrasted within the same saying with much smaller quantities (such as "his one master vs 100 masters" in the first example and "one thousand servants vs one merchant"), as well as because they were easy to remember.

2. Hyperbolic Paradoxes

The second most obvious type of hyperbole in Demotic wisdom consisted of sayings that conveyed extremely exaggerated messages that were probably meant to generate unexpected logical paradoxes for emphatic purposes. Consider these two examples:

pꜣ nt mr sḥm.t iw wn-mtw=s hy iir=w ẖtb.ṯ=f ḥr tꜣy=s pnʿ(ꜣ).t, "He who loves a woman who has a husband is killed on her doorstep" ʿOnchsheshonqi 23,x+7

rmt swg iw wn nḫṯ.t pꜣ nt sḏr n štḳ, "A stupid man who has strength, he sleeps in prison" Insinger x+10/5

Certainly, it is difficult for modern readers to determine whether some of this type of statements, however nonsensical they may sound to modern ears, were considered by their ancient audience to be logical or illogical. For example, in the case of the saying

m-ir ʿšꜣy tẖ bw-ir=k lby, "Do not get drunk often, lest you go mad" ʿOnchsheshonqi 11,x+6

one cannot be certain whether this was a common medical belief at that time or whether a common attitude towards getting drunk was exaggerated here to scare the audience from getting drunk ever again.

15. Cf. M. McCarthy and R. Carter, "'There's Millions of Them': Hyperbole in Everyday Conversation," *Journal of Pragmatics* 36 (2004), 170.

16. For instance, the idiomatic "110 years old" usually symbolized the ideal age in Egyptian literature (see, e.g., *Papyrus Westcar* 7.2). For more examples of similar symbolic/idiomatic numerical values in other genres, see K. Konrad, "Zur kosmischen Konnotation des Zahlenwertes Dreißig," *ZÄS* 130 (2003), 81–87.

17. For more examples to which this applies, see ʿOnchsheshonqi 14,x+9, 15,x+25, and 18,x+9, or Insinger x+16,11, x+18,3–4, and x+31,7.

3. Hyperbolic Comparisons

This type of hyperbole was fairly common and usually generated absurd, emphatic statements. Such dramatic comparisons were mainly actualized through either a simile (with or without the introductory preposition *mi*) or an adjectival form in the comparative degree.[18] The former case was more explicit as the simile format, when present, signaled the possibility of non-literal language, while the latter case was less explicit and thus determining whether it was meant as an absurd, whimsical hyperbole or as a sober statement is a hard task for modern readers. Here are two examples illustrating the two varieties of this type of hyperbole in Demotic wisdom:[19]

> *sbꜣ.t n sḥm.t myḥ šꜥ iw=f šꜥṯ ꜥt.ṯ=f,* "Instructing a woman is (like) a sack of sand whose side is split open" ʿOnchsheshonqi 13,x+20

> *nꜣ-ꜥn ḥf ẖn ꜥ.wy r lḫ iw=f šm iy ẖn=f,* "Better a snake in a house than a fool who frequents it (lit. who goes and comes in it)" Insinger x+13,10

The absurdity of such exaggerated comparisons placed a strong emphasis on the sayings' messages, often spicing up the otherwise sober and serious tone of Demotic wisdom. Sometimes, however, as mentioned above, the two units compared in sayings of the second variety here did not come from distant semantic fields, as was the case with women and sacks of sand or serpents and foolish people, and thus constitute much less explicit, and certainly more debatable, instances of hyperbole. This is the case, for example, with the following saying from Papyrus Insinger:

> *nꜣ-ꜥn tꜣ tn(y).t n pꜣ iir gꜥ r tꜣ tn(y).t n pꜣ iir ḏ ꜣwy,* "Better is the portion of him who is silent than the portion of him who says 'Give here!'" x+23, 5

4. Temporal or Spatial Hyperbole

A more common, as well as more subtle, type of hyperbole than the previous two was that which contained words or phrases that explicitly expanded the temporal or spatial applicability of a saying's message. In other words, this form of hyperbole was probably an emphatic device that rather redundantly reminded the audience of the obvious fact that a saying's message, if not curtailed by a specific set of circumstances, applied to every occasion and to every place. Here are two examples illustrating this type of hyperbole:[20]

> *snhy pꜣy=k ꜥ.wy tn wnw.t sp-sn gm=k pꜣy=f ꜣḏ,* "Inspect your house every single hour and you will find its thief" ʿOnchsheshonqi 17,x+22

> *pꜣ rmt rḫ n ꜥ.wy nb tꜣ ḥse.t n rn=f irm=f,* "The wise man in every house, the praise of his name is with him" Insinger x+29,5

These sayings' messages could have been equally valid, if the adverbial in the former case and the determiner *nb* in the latter were omitted. In that case, however, no emphasis would have been placed on the advice to stay always vigilant in the first saying and on the observation that a wise man's good reputation follows him everywhere in the second saying.

---

18. Note that although in many ancient and modern cultures adjectives in the superlative have often been used in both written and spoken hyperbole (McCarthy and Carter, "'There's Millions of Them,'" 156), no similar instances can be found in Demotic wisdom.

19. For more examples, see ʿOnchsheshonqi 20,x+9, 21,x+20, 22,x+13, and 23,x+10, and Insinger x+4,5, x+8,22, x+9,15, x+12,22, and x+13,10.

20. For more examples, see, e.g., Papyrus Louvre 2377 verso 1, Insinger x+15,19 and x+35,1, and ʿOnchsheshonqi 12,x+9.

5. Hyperbolic Inclusivity

Similar to the previous type of hyperbole is the case of phrases or words that exaggerated the (non-temporal or spatial) inclusivity of a saying's message. This kind of exaggeration, which was Demotic wisdom writers' favorite, was usually carried out either by redundantly stressing that the message was valid in all circumstances and for everyone involved, as illustrated in these two examples:[21]

> *ḫ̭m-bꜣ.t tw=y ꜥy tꜣy=k šfꜥ.t n ḥꜣṱ rmt nb*, "Be modest (lit. small-of-anger) so that your reputation may increase in the heart of every man"'Onchsheshonqi 17,x+26

> *pꜣ ḫsf ẖn ꜣmy.t nb(.t) ỉw=f ḫpr ẖn pꜣ tm sḏm*,"The fault in every kind of character, it comes from (lit. occurs in) not listening" Insinger x+9,5

As in the case of temporal or spatial hyperbole, here too the messages of these two sayings would have enjoyed a considerable degree of wide applicability, even if the determiner *nb* were omitted (i.e., converted into the less emphatic "Be modest so that your reputation may increase in the heart of a man" and "The fault in a character, it comes from not listening"). For stylistic reasons (or perhaps because they felt the general validity of their message could have been questioned by the wisdom text's audience) the Egyptian authors chose in such cases to reinforce the messages' applicability, thus generating a subtle kind of hyperbole.

In conclusion, this article's discussion has attempted to point out the ways in which hyperbole was appropriated by the authors of Demotic wisdom texts, turned into an important literary tool for shifting emphasis, expanding the range of a wise message's applicability, and potentially generating a distinctive humorous or whimsical tone. Although the model of formal categorization, a favorite for almost all studies of ancient Egyptian literary style, was employed here due to its convenient clarity, I would like to stress, as a closing note, the need for further studies that focus more on such literary texts' cultural semantics, rather than language and form. Such studies would need to use a wide lexicographical approach as a starting point,[22] since the semantic subtleties of key words that function as signposts for common literary devices, like round numbers for hyperbole, can be disentangled only through an investigation of their literal and non-literal uses in the whole corpus of Egyptian literature. Cultural semantics of this sort, in combination with our now fair understanding of most aspects of Egyptian language, could, certainly, aid in deciphering the "stylistic choreography" of Egyptian literature, and thus perhaps also provide us with a much needed insight into the ancient audience's reception and literary aesthetics.

---

21. For more examples of hyperbolic inclusivity see e.g.'Onchsheshonqi 13,x+9, 13,x+15, and 20,x+18, and Insinger x+6,22 and x+11,5.

22. For exemplary uses of this approach, see for instance, D. A. Warburton, "Darkness at Dawn: Methodology in Egyptological Lexicography," *LingAeg* 19 (2011), 287–320; or L. D. Morenz, "Das Drama des Schiffbruchs und seine poetische Inszenierung: zur Bedeutung des 'Holzes' in der *Erzählung des Schiffbrüchigen*," *GM* 230 (2011), 15–17.

Das Menu-Lied: Eine Anleitung zum Bierbrauen für Hathor in 18 Schritten

Christian Leitz (Tübingen)

Ein in den meisten größeren Tempeln der griechisch-römischen Zeit verbreiteter Text ist das Menu-Lied, bislang sind acht Langfassungen (einschließlich der Teilabschriften) bekannt geworden, davon alleine drei erst in den letzten Jahren. Die erste größere Studie stammt von Sternberg-El Hotabi, es folgten zwei weitere Bearbeitungen von Quack und Cauville[1]. Der Hauptteil des Textes weist auf Grund der Vielzahl seltener bis völlig unbekannter Wörter und ausgesuchter Metaphern einen ungewöhnlichen Schwierigkeitsgrad auf, der eine weitere Bearbeitung rechtfertigt. Auch dieser Festschriftbeitrag kann längst nicht alle Probleme lösen, aber die zwei neuen Fassungen aus dem Pronaos in Dendara und einer östlichen Seitenkapelle in Athribis klären einige bislang offene Lesungen. Darüber hinaus ermöglicht ein Vergleich mit anderen Texten zur Bierherstellung und eine Sichtung der einschlägigen Sekundärliteratur ein etwas besseres Verständnis der Grundstruktur des Textes. Die Adressatin des Hymnus ist die zu besänftigende Göttin[2], zumeist Hathor, in Athribis Repit (Tf. 15).

Basis der folgenden Übersetzung ist die neue Version aus Athribis[3], eine vollständige Synopse von Carolina Teotino wird in einem der nächsten Athribis-Bände erscheinen. Der Text bildet die erste (östliche) Szene des 2. Registers der Südwand im Raum E 1 von Athribis (siehe den Plan in C. Leitz, D. Mendel und Y. El-Masry, *Athribis II: Der Tempel Ptolemaios XII. Die Inschriften und Reliefs der Opfersäle, des Umgangs und der Sanktuarräume* [Kairo, 2010], XLVIII). Der gesamte Hymnus läßt sich in acht verschiedene Abschnitte einteilen (im folgenden durch Großbuchstaben gekennzeichnet). Kernstück ist dabei Abschnitt **D**, der aus 15 Strophen besteht, die alle mit *stwt.i n.ṯ* anfangen. Dieses Verb wurde von Sternberg-El Hotabi mit „weihen" übersetzt. Quack schlug „gleichmachen" vor und ging von einer Konstruktion *stwt* A *m* B aus („A mit B gleichmachen"), aber er mußte konzedieren, daß die Präposition *m* praktisch nie geschrieben wurde[4]. Cauville übersetzt wie Sternberg-El Hotabi und das Wörterbuch[5] „darbringen (présenter)"[6]. Wilson bevorzugt das im Wörterbuch getrennt aufgenommene *stwt*: „collect, assemble"[7], was näher an der Grundbedeutung des Kausativs ist, bei „darbringen" handelt es sich um eine

Der Autor hat sehr von den Vorschlägen profitiert, die ihm Dina Faltings zu den verschiedenen Aspekten des Bierbrauens zukommen ließ und die in den Fußnoten als ihre Beiträge namentlich gekennzeichnet sind. Ferner dankt er Alexa Rickert und Carolina Teotino für das Korrekturlesen.

1. H. Sternberg-El Hotabi, *Ein Hymnus an die Göttin Hathor und das Ritual ‚Hathor das Trankopfer darbringen' nach den Tempeltexten der griechisch-römischen Zeit*, Rites Égyptiens VII (Bruxelles, 1992); J. F. Quack, „Bemerkungen zum Ostrakon Glasgow D 1925.91 und zum Menu-Lied", *SAK* 29 (2001), 283–306; S. Cauville, *Les fêtes d'Hathor*, OLA 105 (Leuven, 2002), 68–80 und Tf. 1–6 und I-VIII (vgl. jetzt *Dendara* XIII, 62, 12–67, 10).

2. Siehe zu den mythologischen Hintergründen Sternberg-El Hotabi, *Hymnus an die Göttin Hathor*, 101–18.

3. Im vorliegenden Beitrag wird nur diese neue Version mitgeteilt, aber es dürfte selbstverständlich sein, daß – gerade bei lückenhaften oder fehlerhaften Stellen – auch die anderen Versionen mit zu Rate gezogen werden sollten.

4. „Bemerkungen zum Ostrakon Glasgow D 1925.91", 292.

5. *Wb.* IV, 335, 17–19.

6. *Fêtes d'Hathor*, 68, Anm. 63.

7. P. Wilson, *A Ptolemaic Lexikon: A Lexicographical Study of the Texts in the Temple of Edfu*, OLA 78 (Leuven, 1997), 958.

übertragene Bedeutung davon und man hätte schon im Wörterbuch beide Lemmata unter einem vereinen können. Inhaltlich handelt es sich bei diesen 15 Strophen (und bei den drei folgenden in Abschnitt **E**) um eine Brauanleitung einschließlich deren Vorbereitung und m.E. ist das auch der Schlüssel zum wenigstens partiellen Verständnis dieses Textes. Nur wenn es gelingt, die realen Tätigkeiten dieser 18 Handlungen aufzudecken, hat man Aussichten, auch noch die davon abgeleiteten Metaphern zu verstehen. Ziel dieses Beitrags ist nicht zuletzt, jemanden, der mehr vom Bierbrauen im Alten Ägypten versteht als der Verfasser, zu ermuntern, seine Sachkenntnisse an diesem reizvollen, aber schwierigen Text zu erproben. Um die Lektüre zu erleichtern, sind bei den Abschnitten **D** und **E** die bislang veröffentlichten drei Übersetzungen von Sternberg-El Hotabi (**St**), Quack (**Q**) und Cauville (**C**) in Kleindruck beigefügt.

A [*in͗d ḥr.ṯ wbn.ṯ m ꜣḫt smd*].*ṯ smd m Nwt …?… [ḫ]p [n].ṯ Ḥr.ṯ nḥm.ṯ (Pr-ꜥꜣ) m-ꜥ ḫt nbt d͟wt* […]

[Sei gegrüßt, wenn du im Horizont aufgehst] wenn du am Himmel wanderst[8]. …?…[9] wenn zu dir dein Horus kommt. Du mögest den (Pharao)[10] vor allen bösen Dingen retten.

B [*d͟d mdw sḥtp irt-Ḥr Rpw*]*t ḥr imntt m ḫrt hrw nt rꜥ nb*

[Zu rezitieren: Besänftigen des Horusauges, der Repi]t[11] im Westen jeden Tag.

8. So Cauville, *Fêtes d'Hathor*, 71 wegen der Beine als Determinativ in *Dendara* XIII, 62, 14, was durch Athribis bestätigt wird (vgl. *Wb.* IV, 146, 5–6). Quack, „Bemerkungen zum Ostrakon Glasgow D 1925.91", 285 übersetzt: „wenn du deine Augenbrauen (?) am Himmel schminkst (?)", da andere Textvertreter die beiden hier als Komplementsinfinitiv aufgefassten Wörter mit den drei Kügelchen determinieren und weder Athribis noch *Dendara* XIII zum damaligen Zeitpunkt publiziert waren.

9. Alle anderen Textvertreter haben an dieser Stelle *nfr.wy*: „Wie schön ist es". Das Folgende übersetzt Cauville, *Fêtes d'Hathor*, 71 mit „Comme est beau ce que crée pour toi ton Horus"! Der Athribistext spricht eher für die Übersetzung von Quack, „Bemerkungen zum Ostrakon Glasgow D 1925.91", 285 mit Anm. d auf S. 286 und Verweis auf S. 300.

10. Da sowohl Athribis wie auch die Version aus dem Pronaos von Dendara (*Dendara* XIII, 63, 1) ebenfalls nur Pharao und keinen konkreten Königsnamen nennt, dürften die Bemerkungen von Quack, „Bemerkungen zum Ostrakon Glasgow D 1925.91", 304–5 etwas zu relativieren sein.

11. Die Dendaratexte haben hier natürlich Hathor.

C	*nfr.wy nn ꜣḫw ipn* *ꜣḫt ꜣḫt r ꜣḫw* *irpt r [irpwt* *irt-Ḥr Rpwt] ḥr imntt nbt tꜣwy* *nbt t irt ḥnḳt m kmꜣ.n ib[.s m ir] m ꜥwy.s m* *smw nfr pr m Gb [m ꜥntyw pr m npr]* *nfr.wy sw mnw pn*	Wie schön sind diese nützlichen Dinge, oh Prächtige, die prächtiger ist als die Prächtigen, die mehr Weingöttin ist als [die (anderen) Weingöttinnen, das Horusauge, Repit] im Westen, die Herrin der beiden Länder, die Herrin des Brotes, die das Bier erschaffen hat als das, was [ihr] Herz erschaffen hat, [als das], was mit ihren Armen [erschaffen wurde] aus den vollkommenen Pflanzen, die aus Geb herausgekommen sind, [und aus der Myrrhe, die aus dem Getreide[12] herausgekommen ist]. Wie schön ist er, dieser *mnw*-Krug![13]

1. Arbeitsschritt: Das Backen der Brotfladen

D_1	*stwt.i n.ṯ ꜥnw n mnw pn ḫꜣḏw nw šnꜥ Šw* *ps.ṯ sn [m prt ḥmt.ṯ*	Ich bringe dir die (Back-)platten für diesen *mnw*-Krug dar und die Teigmassen des Gewölks des Schu. Du mögest sie backen[14] [beim Herauskommen deiner Majestät.

St: „Hiermit weihe ich dir: Als Kiesel für diesen Trank Steine aus dem Gewölk des Schu, [das sich beim Auszug der Bastet zusammengebraut hat". **Q:** „Ich mache dir die Reibplatte dieses Kruges gleich mit den Reibflächen des Gewölks am Himmel, wobei du es kochst beim Auszug der Majestät". **C:** „Je t'apporte la pierre calcaire pour ce vase et les aérolithes (?) des nuées de Chou, ils sont chauffés (?) lors de la sortie en procession de Ta Majesté".

Ausgangspunkt der hier vorgeschlagenen Übersetzung ist das stets mit Pluralstrichen oder drei Kügelchen determinierte Wort *ḫꜣdw*. Sternberg-El-Hotabi liest das Wort wie Cauville *ḫꜣwt*: „Steine (bzw. aérolithes = Meteore)", aber ein solches Wort existiert in keinem Wörterbuch. Quack denkt, daß es sich um *ḫwd*: „die (Schreib)Palette" handelt, für die eine vereinzelte NR-Schreibung *ḫꜣdy* vorliegt[15], aber die ptolemäischen Schreibungen dieses Wortes (*ḫwd/tꜣ*) sprechen nicht dafür. Es bleibt auch unklar, wie man Reibplatten oder Reibflächen kochen (*psi*) kann und was das mit der Bierherstellung zu tun hat. M.E. handelt es sich um eine Schreibung von *ḫꜣḏw*: „Teig"[16], den man backen (*psi*) kann. Ein Ausdruck „Teig backen" (*ps ḫꜣḏw*) ist im MR in einem Grab in Beni Hasan belegt[17]. Im Zusammenhang mit der Bierherstellung sollte es sich dabei um das (An?)Backen der Braubrote[18] handeln.

12. Dies ist der erste Hinweis darauf, daß die Myrrhe eine Metapher für Malz ist. Dina Faltings (pers. Mitteilung) denkt, daß das *tertium comparationis* der Wohlgeruch ist. Die Farbe dürfte jedoch auch noch eine Rolle spielen. Diese Vorstellung erscheint weiter unten in Vers D_5, D_7, D_8, D_{11} und D_{13}. Die Überlegung von Quack, „Bemerkungen zum Ostrakon Glasgow D 1925.91", 288, Anm. b, daß hier ein früher Fehler für *nht*: „Baum" vorliegen könne, dürfte nicht zutreffen.

13. Bzw. sein Inhalt, der Rauschtrank *mnw*. Im folgenden nicht mehr angemerkt.

14. Die Athribisvariante zeigt, daß die Vermutung von Quack, „Bemerkungen zum Ostrakon Glasgow D 1925.91", 289, Anm. e bezüglich der *sḏm.f*-Form richtig war.

15. S. Cauville, „À propos des désignations de la palette du scribe", *RdE* 38 (1987), 186.

16. *Wb.* III, 237, 2–4 (ab MR auch *ḫꜣd* geschrieben, u.a. mit drei Kügelchen determiniert): Teig und das daraus gebackene Brot, nach D. Faltings, *Die Keramik der Lebensmittelproduktion im Alten Reich*, SAGA 14 (Heidelberg, 1998), 60 und 232–54 „Hirtenfladen", die auf dem Feld in der Asche gebacken wurden.

17. P. E. Newberry, *Beni Hasan II*, ASE 1 (London, 1893), Tf. 7 (2. Reg. von oben ganz rechts), gefunden über R. Hannig, *Ägyptisches Wörterbuch II* (Mainz, 2006), 941a und 1842a.

18. Vgl. D. Faltings, „Die Bierbrauerei im AR", *ZÄS* 118 (1991), 109, die bekräftigt, daß man theoretisch jede Art von Brot zur Bierbrauerei verwenden kann; so auch später dies., *Keramik der Lebensmittelproduktion*, 186–87. Hingegen bezweifelt D. Samuel, „Brewing and Baking", in P. T. Nicholson und I. Shaw (eds.), *Ancient Egyptian Materials and Technology* (Cambridge, 2000), 555 und 565, daß Brote

Bei den zuvor genannten ꜥ*nw* könnte es sich in leichter Abwandlung des Vorschlages von Quack um Platten oder Tafeln handeln, die nach Cauville aus unterschiedlichen Materialien (Metall, Holz, Kalkstein) bestehen können[19]. Im Zusammenhang mit dem Brotbacken kommen dafür zwei ganz unterschiedliche Gegenstände in Frage: Zum einen die Arbeitsplatten, auf denen die Brotfladen geformt wurden, zum anderen die aus Keramik hergestellten Platten, die im AR ꜥ*prt* hießen und auf denen die Fladen erhitzt wurden[20]. Eine Entscheidung erscheint zunächst schwierig, aber die Waagschale könnte sich mehr in Richtung des zweiten Vorschlags neigen, da – abgesehen vom oGlasgow – alle Textvertreter Pluralstriche aufweisen. Bei den Backplatten ist das verständlich, da pro Fladen eine Platte benötigt wird und die Reliefs meist einen großen Aufbau davon zeigen, bei der Arbeitsplatte weniger, da man eigentlich nur eine braucht und in den meisten (jedoch nicht allen) Fällen auch nur ein Arbeiter mit einer Platte dargestellt ist.

Der letzte, zunächst rätselhafte Ausdruck ist das Gewölk des Schu (*šn*ꜥ *Šw*). Welcher Bestandteil dieses Arbeitsschrittes sieht so aus, daß er mit Wolken verglichen werden kann? Auf die Gefahr hin völlig fehlzugehen seien hierfür die einzelnen Teigportionen vorgeschlagen, aus denen dann die Fladen geformt wurden. Die könnten von der Form und Farbe her durchaus Wolken ähneln[21].

2. Arbeitsschritt: Das Zerteilen der gebackenen Brotfladen

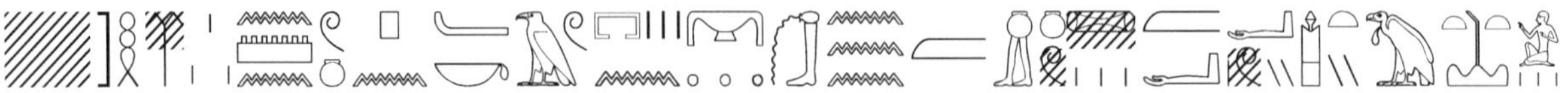

D_2	*stwt.i n.ṯ] ḥm(ꜣ)w n mnw pn ḥꜣkw nw nbw wꜥb m inw m ꜥwy Iwntyw*	Ich bringe dir] die flachgedrückten Fladen für diesen *mnw*-Krug dar, die abgeschnittenen Teile (der gebackenen Fladen) aus reinem Gold als Abgabe von den Händen der Ostwüstenbewohner.

St: „Hiermit weihe ich dir: Als Bälle für diesen Trank Perlen aus purem Gold in Form einer Gabe der nubischen Troglodyten". **Q:** „Ich mache dir den Stößel (?) dieses Kruges gleich mit dem *ḥkw* (Nugget?) aus reinem Gold als Abgabe von seiten der Prospektoren". **C:** „Je t'apporte la pierre (?) pour ce vase et le ... (?) en or pur, apport des mains des Troglodytes".

Bei dem ersten Wort, das in allen Varianten *ḥmw* geschrieben wird, wird es sich weder um Bälle, Steine oder Stößel (im Plural) handeln, sondern um eine Ableitung von einem Verb *ḥmꜣ*, dessen Bedeutung Faltings als ein Flachdrücken von kugeligen Gegenständen erschlossen hat, d.h. im Zusammenhang mit Backen um das Formen eines Fladens[22]. In den *ḥꜣkw* sehe ich eine Ableitung von dem Verb *ḥꜣk*: „abschneiden"[23]. Etwas fraglich ist, was genau abgeschnitten wird. Zum einen könnte dies eine Portion des zähen Teiges sein (kann man heutzutage in jeder

zum Bierbrauen verwendet wurden, aber sie zitiert die zwei Jahre zuvor erschienene Arbeit von Faltings nicht und setzt sich auch nicht mit den Darstellungen des AR auseinander.

19. Cauville, „À propos des désignations de la palette du scribe", 185.

20. Siehe Faltings, *Keramik der Lebensmittelproduktion*, 60–88.

21. Dina Faltings schreibt mir hierzu noch folgendes: Diese *ḫꜣdw* sind im AR Hirtenfladen, also Fladen aus Mehl und Wasser, die die Hirten auf dem Feld selber anrühren, ohne eine Art von Backtriebmittel (Hefe oder Sauerteig oder so) und wahrscheinlich aus einem „billigen" Getreide (Gerste?). Diese Bezeichnung könnte sich dann im Laufe der Zeit entweder nur auf die Form (runde Fladen) oder die Zusammensetzung bezogen haben. Das Gewölk des Schu könnte sich darauf beziehen, dass der Teig beim Gehen aufsteigt und sich mit Gasbläschen füllt, so ähnlich wie sich Gewitterwolken aufbauen können.

22. Faltings, *Keramik der Lebensmittelproduktion*, 73, Anm. 237. Siehe zur Bedeutung von *ḥmꜣ* St. Grunert, „Bierbrauer unter sich: Über den Nutzen eines Wörterbuches nicht nur lockerer Reden", *GM* 173 (1999), 93–94.

23. *Wb.* III, 34, 14. Vgl. auch das dort folgende Lemma *ḥꜣkt* als Bezeichnung des aus einem gleichschenkeligen Dreieck abgestumpften Trapezes.

Pizzeria beobachten), zum anderen auch ein Teil des bereits (an)gebackenen Fladenbrotes. Mir scheint die zweite Möglichkeit wegen des Vergleiches mit dem reinen Gold wahrscheinlicher zu sein, worin ich eine Metapher für die goldbraune Färbung des gebackenen Brotes sehen würde. Die genauen Gründe für die Erwähnung der *ꜣIwntyw* verschließen sich mir, aber als Bewohner der Ostwüste passen sie zur Situierung dieses Textes am frühen Morgen (vgl. die Verse $\mathbf{D}_1$ und $\mathbf{D}_4$).

3. Arbeitsschritt: Das Zerstampfen des Malzes und das Bereitstellen der Mühlsteine

D$_3$ [*stwt*].*i n.ṯ mḥ ḥw bnwt wʿ mtrḥw Spdt ꜣḫt ḫnt snw.s m Ḫr-ʿḥꜣ*

Ich [bringe] dir den oberen Mahlstein dar, der den Mühlstein stößt, und (?) einen von den *mtrḥ*-Arbeitern (?). Sothis (?), die Treffliche ist vor ihren Geschwistern in Babylon.

St: „Hiermit weihe ich dir: Als poliertem Jaspis eine Mühlscheibe der im Jubel Einzigartigen, strahlenden Sothis und ersten ihrer Geschwister aus Babylon". **Q:** „Ich mache dir den Dolerit, der den Mühlstein schlägt, gleich mit der einen unter den Gefährtinnen, der spitzen, wirksamen an der Spitze ihrer Brüder in Babylon". **C:** „Je t'apporte la dolérite qui frappe la meule (= le pilon), (à toi) l'unique parmi les femmes-frappeuses (?), l'avisée et la glorieuse parmi ses deux frères dans Kherâha".

Den Anfang würde ich wie Quack und Cauville verstehen, die in den *bnwt* den unteren Mühlstein sehen und in *mḥ* den oberen Mahlstein, welchen sie gleich mit Dolerit übersetzen, was möglich, aber nicht zwingend und ausschließlich der Fall ist[24]. Es handelt sich um einen halbzylindrischen oder brotlaibförmigen Stein, der die Mitte des unteren Mühlsteins ausfüllt (*mḥ*), so die hier vermutete Etymologie des ersten Substantivs[25]. Dina Faltings macht noch einen, möglicherweise besseren Vorschlag: Falls es nicht der Mühlstein und der Auflieger sind, könnten das hier auch die Stampfmulde und der Mörser sein, also mortar and pestle. *Spdt*, die Spitze, könnte hier mit dem spitzen hölzernen Gerät geglichen sein. Der unklare Teil dieses Verses ist der dritte Terminus. Die Lesung *ṯḥḥwt* von Sternberg-El Hotabi hat überhaupt keine Basis, die Lesung *rḥty* von Quack übersieht das in den meisten Varianten vorhandene *t/d*. Die Lesung *ḥwwt* von Cauville paßt zwar zu ihrer Variante in *Dendara* XIII, aber nicht zu denen der anderen Tempel. Gerade die Schreibung in Athribis macht ziemlich deutlich, daß man *mtrḥw* lesen muß, das im Menu-Lied jeweils mit einem Personendeterminativ versehen ist, in einer Ritualszene in Dendara hingegen mit einem Holzdeterminativ[26]. In dieser Szene überreicht der König Hathor eine (im Relief partiell zerstörte) Holzstatuette, deren Funktion es ist, den Feind der Göttin zu vertreiben (*m-n.ṯ mtrḥ hr dr ḫfty.t*). Die Belege in Dendara, die obendrein mit dem Phallus geschrieben sind, lassen zudem eine Konstruktion *wʿ m* + X ausscheiden. Möglich wäre bei dem Substantiv eine *m*-Bildung, aber zu welchem Simplex? Da im nächsten Vers mit Hilfe des Mühlsteins das Malz zerrieben wird, sollte mit *mtrḥ* auf eine Tätigkeit angespielt sein, die diesem Arbeitsschritt vorausgeht.

24. Vgl. W. Wreszinski, „Bäckerei", *ZÄS* 61 (1926), 4. Dina Faltings schreibt mir hierzu: „Dolerit wird i.d.R. nur für Hämmer benutzt, nie für Reibsteine - ich kennen jedenfalls keinen einzigen Reibstein (weder Auflieger noch Unterleger) aus Dolerit. Die sind eigentlich fast immer aus silifiziertem Sandstein („Quarzit") oder Sandstein (seltener, da der meist stark sandet). Wenn hier etwas aus Dolerit sein kann, dann höchstens die Stampfmulde. Ich kenne welche zum Zerreiben und Zerstoßen von Erz in Goldminen in der Ostwüste".

25. Vgl. *Wb.* II, 119, 19–23 *mḥ*: „auslegen".

26. *Dendara* VIII, 65, 4 und 7 (= *Wb.* II, 174, 14) und Tf. 734. Das *Wb.* führt auch einen Beinamen des Osiris (*wʿ mtrḥw m Sꜣw*) an.

Vielleicht handelt es sich um das Zerstampfen des Malzes (*bš3*), das dem eigentlichen Zerkleinern (= Arbeitsgang in D_4) voranging[27]. Das ist natürlich nur geraten, aber ein solches Zerstampfen[28] durch einen stehenden Arbeiter mit einem langen Stock[29] würde immerhin zu seiner Funktion in Dendara passen, die Feinde abzuwehren. Der Zusammenhang mit Sothis und ihren Geschwistern in Babylon (*Ḫr-ʿḥ3*) erschließt sich mir nicht[30], aber Dina Faltings (pers. Mitteilung) denkt bei den Geschwistern an die Malzkörner in der Stampfmulde, die mit den vielen goldenen Sternen verglichen werden, unter denen Sothis hervorsticht.

4. Arbeitsschritt: Das Schroten des Malzes

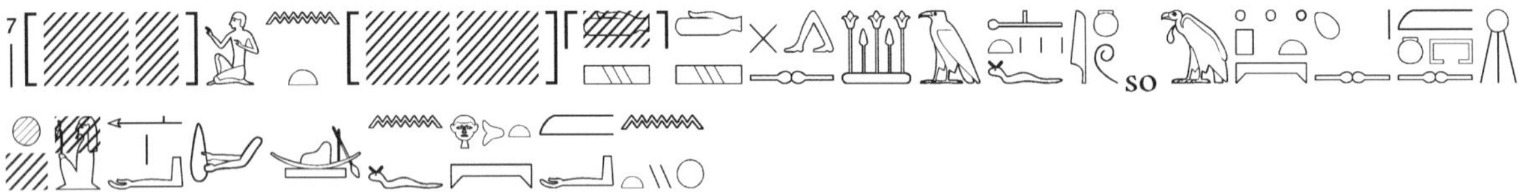

D_4 *[stwt].i n.ṯ [bnwt] tštš.s <b>š3.f irtyw pt s3.s m-ẖnw.s i3ḫw wʿ ẖn.n.f ḥrt m ʿnḏw*

Ich [bringe] dir [den Mühlstein] dar, der sein Malz (?)[31] zerreibt, das Rot des Himmels. Ihr Sohn ist in seinem Innern, der Leuchtende, der eine, der den Himmel im Morgengrauen[32] befährt.

St: „Hiermit weihe ich dir: Die Mühlscheibe, auf daß sie – mit ihrem Sohn in ihrem Innern, dem einzigartigen Licht, das den Himmel als Sonnenglanz durchfährt – des Trankes Malz zu ‚Himmelblau' zermahle". **Q:** „Ich mache dir den Mühlstein, der sein Malz zerreibt, gleich mit dem Himmelsblau, wenn sein Sohn in ihm ist, der Wirksame, der Eine, wenn er den Himmel im Morgengrauen befährt". **C:** „Je t'apporte la meule qui broie son (= du breuvage) orge, ciel bleu à l'intérieur duquel est son fils, le Lumineux et Unique, il navigue dans le ciel à l'aube".

Die bisherigen Bearbeiter übersetzen einstimmig „Himmelsblau", „ciel bleu", aber übersehen, daß *irtyw* nicht blau, sondern rot bedeutet[33]. Ein solches Morgenrot paßt dann nicht nur besser zum Morgengrauen *ʿnḏw*, sondern auch zur häufig rotbraunen Farbe des Malzes[34]. Inhaltlich handelt es sich bei *tštš bš3* um das Mahlen (Schroten)

27. Siehe D. Faltings, „*bš3* und *zwt* – zwei ungeklärte Begriffe der Getreidewirtschaft im AR", *GM* 148 (1995), 39.

28. Alexa Rickert verdanke ich den Hinweis auf É. Chassinat, *Le mystère d'Osiris au mois de Khoiak*, 2 Bde (Kairo, 1966 und 1968), 270–72. Dort geht es um den Titel von Buch 3, dem Kennen der Geheimnisse von *trḥt*, was durchgeführt wird mit der Form (*bty*) des Sokar. Chassinat vermutet in diesem Substantiv die Masse, die die Form ausfüllt und deren Zusammensetzung im weiteren Verlauf des Textes beschrieben wird. Wenn es sich bei der Wurzel *trḥ* um ein Verb handelte, das so etwas Ähnliches wie „vermengen, zerstampfen, kleinmachen" bedeutet, dann könnte das Substantiv *trḥt* des Choiaktextes eine Ableitung davon sein („das Kleingemachte, Vermischte" = die Füllmasse) und die *m*-Bildung *mtrḥ* des Menu-Liedes eine Berufsbezeichnung, etwa „der Zerstampfer".

29. Vgl. A. M. Moussa und H. Altenmüller, *Das Grab des Nianchchnum und Chnumhotep*, AV 21 (Mainz, 1977), 67 und Tf. 23; H. Wild, „Brasserie et panification au tombeau de Ti", *BIFAO* 64 (1966), 113 und Tf. IX-X.

30. Da im nächsten Vers das Morgengrauen (*ʿnḏw*) genannt ist, könnte die Erwähnung der Sothis ebenfalls eine Zeitangabe sein, da diese ja nur bis kurz vor Sonnenaufgang sichtbar ist.

31. Zweifel an der Interpretation von *bš3* als Malz äußert Grunert, „Über den Nutzen eines Wörterbuches", 100–104, der zur früheren Interpretation als unreife Feige zurückkehrt, nicht zuletzt wegen des dann möglichen Zusammenhangs mit Koptisch **BHϢ**: „unreife Feige".

32. Für *ʿnḏw* siehe die Bemerkungen von Quack, „Bemerkungen zum Ostrakon Glasgow D 1925.91", 290, Anm. k, dessen Bestimmung als Morgengrauen durch einen Text in *Tôd* II, 284, 8–9 bestätigt wird (*Ḥr ḥwn n ʿnḏw wṯs nfrw.f m 3ḫt i3btt*: „Horus, der Jüngling des Morgengrauens, der seine Vollkommenheit im Horizont des Ostens erhebt").

33. R. Germer, *Die Textilfärberei und die Verwendung gefärbter Textilien im Alten Ägypten*, ÄA 53 (Wiesbaden, 1992), 129–30 im Gefolge von Chassinat, *Khoiak*, 451–54.

34. D.h. das Vergleichsobjekt ist nicht ein Mahlstein aus blauschwarzem Basalt, wie Quack, „Bemerkungen zum Ostrakon Glasgow D 1925.91", 287, Anm. 15 vermutet hatte.

des Malzes, ein Arbeitsschritt, der in den Gräbern des AR *tišs* oder *tš(3) bš3* genannt wird und bei der ein Arbeiter mit einem Mühlstein dargestellt ist[35]. *tštš* ist sicherlich ein reduplizierte Intensivbildung des Verbs *tš(3)*. Die drei Bestandteile dieses Arbeitsvorganges werden kosmisch ausgedeutet. Der untere Mühlstein ist der Himmel, der obere der Sonnengott, der den Himmel befährt und auf diese Weise das rotbraune Malz zermahlt, was als Morgenrot interpretiert wird. Er wird bezeichnet als ihr Sohn (*s3.s*)[36], das feminine Suffix bezieht sich auf den femininen Mühlstein (*bnwt*) als Personifikation der Himmelsgöttin Nut. Diese Vorstellung war bislang nicht bekannt[37], scheint aber zwingend.

5. Arbeitsschritt: Die Präsentation des geschroteten Malzes

8 

D_5	*stwt.i n.ṯ <b>š3 n mnw {t}<p>n bššw nw ḳsnty m-ʿ sšm t3wy*	Ich bringe dir das Malz (?) für diesen *mnw*-Krug dar, die Kügelchen aus Ocker (?)[38] aus den Händen des Leiters der beiden Länder.

St: „Hiermit weihe ich dir: Als Malz für diesen Trank Natronkügelchen[39] vom Leiter beider Länder". **Q:** „Ich mache dir das Malz dieses Kruges gleich mit den Kügelchen von *ḳsn.ti* vom Leiter der beiden Länder". **C:** „Je t'apporte l'orge pour ce breuvage et la poudre d'ocre (?) de la main du Conducteur du Pays (= Horus)".

für das Verständnis ist *ḳsnty*, von Cauville – wohl nach Harris – mit Ocker übersetzt. Das Hauptargument von Harris war, daß *ḳsnty* in einem medizinischen Text einmal als Variante zu *sty* bezeugt ist, was sicherlich Ocker (wahrscheinlich in allen Farbschattierungen) ist. Die *bššw* werden entweder als Kügelchen[40] oder als Pulver übersetzt, was beides zu Ocker passen würde, je nachdem, wie fein zermahlen und vom Sand gereinigt der Ocker schon ist[41]. Grundsätzlich bezeichnet *bšš* jedoch eine Myrrhenart, die zur Kategorie *ʿntyw šw*: „getrockenete Myrrhe" gehört, als Farbe wird zweimal „karneolfarben" angegeben (*bšš iwn.f m ḥrst* bzw. *bšš im.f m ḥrst*)[42]. D.h. das im letzten Arbeitsgang (**D_4**) geschrotete Malz (von rotbrauner Färbung) wird mit Bröckchen von Ocker verglichen[43], was ein durchaus treffender Vergleich hinsichtlich Konsistenz, Größe und Färbung ist. Der Leiter der beiden Länder kann eine ganze Reihe verschiedener Götter bezeichnen (am häufigsten Thoth)[44]; hier sehe ich keine Möglichkeit, das näher einzugrenzen.

35. Faltings, „*bš3* und *zwt*", 39 und dies., *Keramik der Lebensmittelproduktion*, 39 und 46.
36. Vgl. den Ausdruck *bnwt ḥr s3.s*: „der Mühlstein und sein Sohn", d.h. der obere Reibstein (*Wb.* I, 458, 14).
37. Vgl. N. Billing, *Nut, the Goddess of Life in Text and Iconography*, Uppsala Studies in Egyptology 5 (Uppsala, 2002).
38. 10. Siehe J. Harris, *Lexicographical Studies in Ancient Egyptian Minerals*, Veröffentlichung Deutsche Akademie der Wissenschaften zu Berlin. Institut für Orientforschung 54 (Berlin, 1961), 215.
39. Die Lesung *bd*: „Natron" war schon vor der Publikation des eindeutigen Athribistextes nicht nur aus philologischen Gründen abwegig, sondern auch aus inhaltlichen. Wer möchte schon ein Bier trinken, das mit Natron gebraut wurde?
40. Harris, *Minerals*, 190 vermutet eine Grundbedeutung „Kügelchen", die auf alle möglichen Substanzen angewendet werden kann.
41. Da mittlerweile zahlreiche Farbphotos von Ocker, Malz und anderen Substanzen für jeden frei verfügbar im Internet aufzufinden sind, schien es aus Kosten- wie aus Platzgründen angebracht, in diesem Beitrag auf derartige Illustrationen zu verzichten. Eine typische Probe von Ocker zeigt neben wenigen größeren Brocken eine Vielzeit kleiner und kleinster Erdbröckchen, die teilweise schon so klein sind, daß sie fast schon als Pulver bezeichnet werden könnten.
42. *Edfou* II, 206, 3 und 5. Siehe zu diesem Traktat zu den verschiedenen Myrrhensorten C. Leitz, „Aromatische Substanzen", in A. Rickert und B. Ventker (Hgg.), *Altägyptische Enzyklopädien. Die Soubassements in den Tempeln der griechisch-römischen Zeit*, Soubassementstudien I, SSR 7 (Wiesbaden, 2014), Band I, 483–516.
43. Grammatisch handelt es sich bei *bššw nw ḳsnty* um eine Apposition zu *bš3 n mnw pn*.
44. Siehe Leitz, *LGG* VI, 629c – 30a. Dina Faltings denkt auch an den Pharao.

6. Arbeitsschritt: Hinzugabe unbekannter Zusatzstoffe

a: oder 

D_6 *stwt.i* [*n.ṯ*] *šnft n mnw pn sskꜣ wꜥb ḫnt Sṯt* [*s*]*mꜣ.ṯ sn* <*m*> *prt ḥmt.ṯ*

Ich bringe [dir] *šnft*-Körner[45] für diesen *mnw*-Krug dar, das reine *sskꜣ* aus Asien (?)[46]. Du mögest dich mit ihm vereinigen beim Auszug deiner Majestät.

St: „Hiermit weihe ich dir: Als Silphium für diesen Trank reines Nelkenöl aus Asien, auf daß du es dir beim Erscheinen deiner Majestät aufträgst". **Q:** „Ich mache dir das *šnf*(*.t*) dieses Kruges gleich mit dem reinen *sskꜣ* an der Spitze von Nubien (Sehel?), wenn du es vereinst beim Auszug der Majestät". **C:** „Je t'apporte le jus (?) pour ce breuvage et l'huile (?) pure de Nubie méridionale, ils sont mélangés lors de la sortie en procession de Ta Majesté".

In Anbetracht der Tatsache, daß keine der beiden Substanzen *šnft* und *sskꜣ* bekannt sind und in Texten zur Bierherstellung auch nicht anderweitig vorkommen, ist es unmöglich zu bestimmen, um welchen Arbeitsschritt beim Bierbrauen es sich handelt[47].

7. Arbeitsschritt: Hinzufügen des Brauwassers (Maischen)

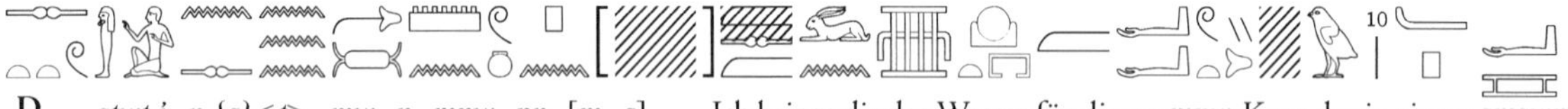

D_7 *stwt.i n.*{*s*}<*ṯ*> *mw n mnw pn* [*m s*]*m*<*s*>*wn ḫnt ꜣḫt m ꜥwy ꜥr*[*t*]*yw ḥꜥpy*

Ich bringe dir das Wasser für diesen *mnw*-Krug dar in einem *smswn*-Gefäß[48] im Horizont auf den Armen der Flut des Nils.

St: „Hiermit weihe ich dir: Als Wasser für diesen Trank Naß des Südens aus dem *ꜥrtyw*-Gewässer". **Q:** „Ich mache dir das Wasser dieses Kruges gleich mit dem Teich am Rande des Horizonts von seiten derer, welche die Überschwemmung hochheben". **C:** „Je t'apporte l'eau pour ce breuvage, l'eau débordante (du Delta) dans le temple ainsi que l'eau montante (de la Vallée)".

---

45. Der Stoff kommt häufig vor, läßt sich aber laut R. Germer, *Handbuch der altägyptischen Heilpflanzen*, Philippika 21 (Wiesbaden 2008), 134–35 nicht bestimmen, die von Ebbell vorgeschlagene Identifizierung als Silphium (eine nur in der Kyrenaika wachsende, nicht sicher identifizierte und wohl schon im Altertum ausgestorbene Pflanze) bezeichnet sie (zu Recht) als unbegründet. Sowohl die niemals belegte Determinierung mit [Hieroglyphe] wie das Nichtvorkommen in Ägypten bei gleichzeitig häufigem Vorkommen in den medizinischen Texten lassen dies als sehr unwahrscheinlich erscheinen. E. Edel, *Die Felsengräber der Qubbet el Hawa bei Assuan* II, Abteilung Die althieratischen Topfaufschriften, 1. Band, 2. Teil (Wiesbaden, 1970), 25 vermutet wegen der Determinierung mit den Körnern eine Art Frucht oder Kornfrucht.

46. Die Varianten mit [Hieroglyphe] sprechen m.E. für eine Lesung *Sṯt*, so daß *Sty*: „Nubien" ausscheiden müßte. Übrig blieben Sehel und Asien, wobei letzteres der häufigere Ortsname ist, aber ohne weitere Hinweise kommt man hier nicht weiter. Ein freilich recht schwaches Argument für Asien könnte noch sein, daß sich diese Region im Osten befindet, der auch in anderen Strophen (als Sonnenaufgangsort) thematisiert wird (vgl. **D_2**, **D_4**, **D_{10}**, **D_{12}**).

47. Für die spärlichen Erkenntnisse zu eventuellen Zusatzstoffen beim Bierbrauen siehe Samuel, „Brewing and Baking", 548–49.

48. Vgl. zu diesem Myrrhengefäß *Wb.* IV, 143, 9 (zu dem die Stellen in III, 143, 10 = die vorliegenden zu ziehen sind) und vgl. auch den nächsten Vers. Das Wasser oder Kanaldeterminativ könnte darauf hindeuten, daß dieses Gefäß nicht ausschließlich als Myrrhenbehälter diente. Die Auffassung als *swnw*: „Teich" von Quack, „Bemerkungen zum Ostrakon Glasgow D 1925.91", 290, Anm. n wird nicht korrekt

Nach dem Schroten kommt im vorliegenden Arbeitsschritt das Hinzufügen des Brauwassers, das hier als ganz normales Nilwasser genannt ist[49]. D.h. es geht jetzt brautechnisch um das Maischen, bei dem die Enzyme wieder reaktiviert werden und die Stärke in Zucker umgewandelt wird[50]. Bei *ꜥrty* handelt es sich um eine von vielen Bezeichnungen für Überschwemmung(swasser)[51], nicht etwa um ein bestimmtes Gewässer. Dieses Wasser befindet sich in einem *smswn*-Gefäß. Das ist ein Behälter der Form , in dem sich sonst Myrrhe befand[52]. Das bedeutet, daß der Vergleich des Malzes mit roter[53] Myrrhe, der das erste Mal in D_5 gezogen wurde[54], hier und danach im folgenden Vers D_8 wieder aufgenommen wird. Die Formulierung von Vers D_{11} deutet sogar darauf hin, daß die Myrrhe (*ꜥntyw*) geradezu eine Metapher für das Malz war. Unter Hinzunahme des folgenden Verses hat man sich das Ganze wohl so vorzustellen, daß das geschrotete Malz in dieses *smswn*-Gefäß geschüttet wurde, um es danach mit dem darin befindlichen Wasser zu vermischen.

8. Arbeitsschritt: Präsentation der Maische

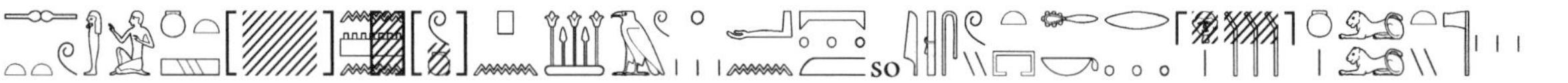

D_8	*stwt.i n.ṯ š[bbt] n mnw pn šꜣw ꜥntyw m is ḫkrw <Rꜥ> ḥr ḏbꜥw nw rwty*	Ich bringe dir die Maische für diesen *mnw*-Krug dar, *šꜣ* von Myrrhe aus dem Laboratorium, den Schmuck <des Re> auf den Fingern des Ruti[55].

St: „Hiermit weihe ich dir: Als *šbb*-Körner für diesen Trank Myrrhekügelchen von der Salbenrezeptur des Re aus der Hand des Löwenpaaares". **Q:** „Ich mache dir das *šbb* dieses Kruges gleich mit dem *šꜣ* von Myrrhen im Laboratorium zum Schmuck des Re auf den Fingern des Löwenpaaares". **C:** „Je t'apporte les grains pour ce breuvage et une mesure (?) de myrrhe provenant du laboratoire – (lieu de) parure de Rê – sur les doigts du Lion (= Chesemou)".

Es ist etwas verwunderlich, daß keiner der bisherigen Autoren die ja schon im Wörterbuch für *šbbt* angegebene Bedeutung „Maische" verwendet, die hier hervorragend paßt. Die *šꜣ*-Bestandteile der Myrrhe (= des Malzes) können nicht genauer bestimmt werden[56]. In dem Schmuck des Re auf den Fingern des Ruti vermute ich eine poetische Bezeichnung für das Myrrhengefäß , das ansonsten *rw nb Pwnt*: „der Löwe, Herr von Punt", *rw ḥḳꜣ n Pwnt*: „der Löwe, der Herrscher von Punt" oder *rw ḥry-tp Wtnt wr m Knst*: „der Löwe, Oberhaupt von Utenet, Großer in Kenset" heißt[57].

sein, da sie die Gruppe *n sm* der meisten Varianten unberücksichtigt läßt, die Version des oGlasgow ist an dieser Stelle fehlerhaft. Wegen der Variante in Kom Ombo scheidet auch die Lesung *gsgs-wn* von Cauville aus.

49. Vgl. Faltings, *Keramik der Lebensmittelproduktion*, 188.

50. Faltings, *Keramik der Lebensmittelproduktion*, 185.

51. Siehe J. Tattko, „Die hydrologischen Prozessionen – Verkörperungen einzelner Aspekte der Nilflut und des Fruchtlands, in den Soubassements der Tempel der griechisch-römischen Zeit", in Rickert und Ventker (Hgg.), *Altägyptische Enzyklopädien*, 69–373.

52. Siehe Leitz, in Rickert und Ventker (Hgg.), *Altägyptische Enzyklopädien*, 490 mit Verweis auf *Edfou* II, 198, 2. Der bei Wilson, *Ptolemaic Lexikon*, 850 als (1) genannte Beleg, der sich auf die Gewässer bei Elephantine beziehen soll, ist in Wirklichkeit die Kom Ombo-Version des Menu-Liedes. Ihr völlig anders übersetzter Beleg (2) ist die *Dendara* VII-Variante des gleichen Textes.

53. Zur Farbe der Masse in den Korbsieben in den Darstellungen der Gräber des AR siehe Grunert, Über den Nutzen eines Wörterbuches, 98 (gelb, gelblich-rot, rötlich und grau).

54. Eine erste Andeutung dieses Vergleichs findet sich sogar schon in Abschnitt **C**.

55. 14. *Rwty* ist zwar das Löwenpaar (Schu und Tefnut), er wird aber häufig als einzelner Löwe dargestellt (Leitz, *LGG* IV, 654b).

56. *Wb.* IV, 405, 3–4.

57. Belege bei Leitz, in Rickert und Ventker (Hgg.), *Altägyptische Enzyklopädien*, 488.

9. Arbeitsschritt: Herstellung des Dattelbreis

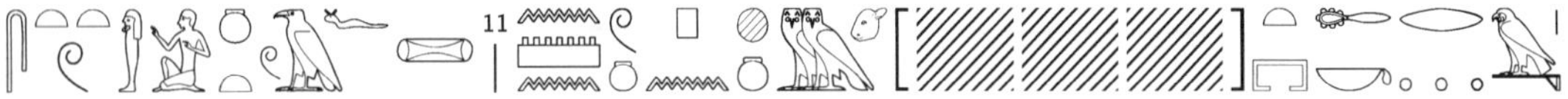

D$_{9}$ *stwt.i n.ṯ ꜣ{f}<ḥ> n mnw pn ḫnmw [n ibr m is] ẖkr nṯr*

Ich bringe dir den Dattelbrei für diesen *mnw*-Krug dar, den Duft [des Ladanums (?) aus dem Laboratorium], das den Gott schmückt.

St: „Hiermit weihe ich dir: Als Hefe des Trankes Ladanumparfüm aus der Salbenrezeptur Gottes". **Q:** „Ich mache dir den Brei (?) dieses Kruges gleich mit dem Duft von Ladanum aus dem Laboratorium zum Schmuck eines Gottes". **C:** „Je t'apporte la levure (?) pour ce breuvage et l'essence du ladanum provenant du laboratoire – (lieu de) parure du dieu".

Bei *ꜣḫ* handelt es sich um einen Dattelbrei, der in den Bierbrauszenen des AR durch Treten in einem Bottich hergestellt wird. Durch die Datteln gelangte auch die Hefe in die Braumasse[58]. Der sicherlich süße Duft des Dattelbreis ähnelt dem Duft von *ibr*, ein Stoff, der häufig, aber mit geringer Sicherheit, mit Ladanum übersetzt wird. Sicher bei *ibr* ist, daß es über einen intensiven Duft verfügte[59], hierzu würde die Information passen, daß ein gutes La(b)danum-Resinoid über einen lieblichen, dezent an Honig erinnernden Duft verfügt[60]. Für die Bierbereitung spielt die Identifikation von *ibr* keine große Rolle, da die Substanz ja nur (genauso wie die Myrrhe) in einem Vergleich angeführt ist.

10. Arbeitsschritt: Hinzugabe von zerkleinerten Kürbiskernen

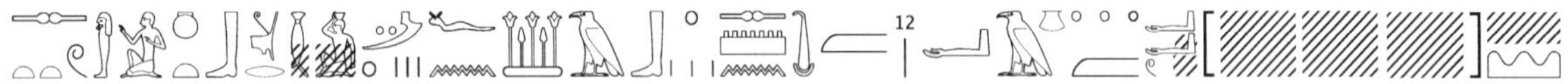

D$_{10}$ *stwt.i n.ṯ bnr(w).f <ḥ>mꜣw.f n šbw smn m ꜥꜣgw m ꜥwy [Iwntyw n Tꜣ-sty]*

Ich bringe dir seine Datteln dar und seine Mandeln[61] der Kürbisse/Melonen[62], die zerquetscht[63] in den Händen [der Ostwüstenbewohner Nubiens] ruhen.

St: „Hiermit weihe ich dir: Des Trankes Datteln, seine Mandeln und Melonen, sämig gemacht durch Zerquetschen. Aus den Händen der nubischen Troglodyten". **Q:** „Ich mache dir seine Datteln und

58. Siehe Faltings, „Die Bierbrauerei im AR", 110–12 und dies., *Keramik der Lebensmittelproduktion*, 171, 187–91. B. Link, „Bierbrauen in 3D. Überlegungen zu den hölzernen Braumodellen", in G. Neunert u.a. (Hgg.), *Bild: Ästhetik – Medium – Kommunikation, Beiträge des dritten Münchner Arbeitskreises Junge Ägyptologie (MAJA 3)*, GOF IV, 58 (Wiesbaden, 2014), 199 hält auch eine Übersetzung „Biermaische" für *ꜣḫ* möglich. Grunert, „Über den Nutzen eines Wörterbuches", 93–94 äußert sich nicht zur Identität von *ꜣḫ*.

59. Siehe Germer, *Handbuch*, 23–24. Vgl. z.B. *Edfou* II, 202, 6–7: *„ti-šps ḫnmw.f m ibr nn ḫnmw twt r ḫnmw.f"*: „Der Kampfer (?), sein Duft ist der von *ibr*. Es gibt keinen Duft, der seinem Duft gleichkommt".

60. So der deutsche Wikipedia-Eintrag zu Labdanum (konsultiert am 22. April 2014).

61. So die frühere Identifikation durch Germer, die mittlerweile (Germer, *Handbuch*, 94–95) wieder unsicher geworden ist. Für *šb(t)* siehe Germer, *Handbuch*, 130–31.

62. Gemeint: Kürbis/Melonenkerne wegen ihrer mandelähnlichen Form?

63. Für die Verwendung des Verbs *ꜥꜣg*: „zerquetschen" als Zerkleinerungsart von Datteln (*bnrw*) siehe Germer, *Heilpflanzen*, 59. Angesichts der Tatsache, daß die Datteln bei der Bierbereitung in großen Bottichen zertreten wurden (hierzu Link, Bierbrauen in 3D, 193–204), scheint ein etymologischer Zusammenhang mit *ꜥꜣgt*: „Huf" durchaus möglich zu sein. Bei der obigen Übersetzung wurde angenommen, daß sowohl die Datteln wie die Kürbis- oder Melonenkerne zerquetscht wurden. Quack liest mit seiner Übersetzung „dörren" anscheinend *ꜥwg*, aber dieses Wort ist von *ꜥꜣg* zu trennen und wird zumeist mit  determiniert (zur Bedeutung „rösten" siehe U. Verhoeven, *Grillen, Kochen, Backen im Alltag und im Ritual Altägyptens. Ein lexikalischer Beitrag*, Rites égyptiens IV [Bruxelles, 1984], 65–73, schon zitiert bei **St**), was hier in keinem Textvertreter der Fall ist.

Mandeln (?) gleich mit den Kürbissen (?), die durch Dörren haltbar gemacht sind von seiten der nubischen Trog(l)odyten". **C:** „Je t'apporte ses dattes et ses amandes (?), (en) une substance (granuleuse) pilée par les mains des Troglodytes de Nubie".

Dieser Vers behandelt den nächsten Schritt. Die Datteln[64] sind zertreten/zerquetscht (*ꜥꜣg*) und anscheinend werden noch Kürbiskerne ebenfalls in zerkleinerter Form hinzugegeben. Als altägyptische Zusatzstoffe bei der Bierbereitung ließen sich diese bislang nicht nachweisen[65], aber grundsätzlich lassen sich geröstete und dann gepresste Kürbiskerne zur Bierbereitung verwenden[66].

11. Arbeitsschritt: Durchpressen der Flüssigkeit durch ein Korbsieb

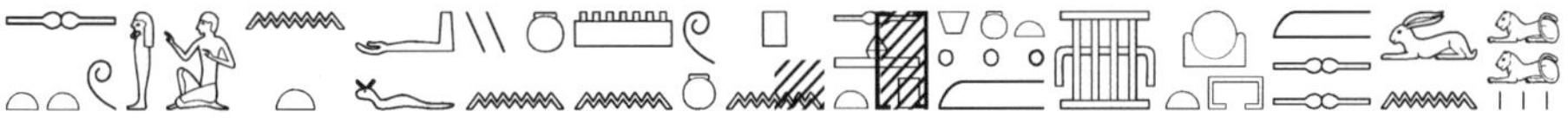

D$_{11}$	*stwt.i n.ṯ iꜥf n mnw pn sḥtp ꜥntyw m-ḫnt ꜣḫt m s<m>swn Rwty*	Ich bringe dir das Ausgepresste für diesen *mnw*-Krug dar, was die Myrrhe[67] ruhen läßt im Horizont in dem Gefäß des Ruti.

St: „Hiermit weihe ich dir: Als Honig für diesen Trank ‚Rastegut' aus dem Süden, vom Gewässer des Löwenpaares". **Q:** „Ich mache dir das Ausgepreßte (?) dieses Kruges gleich mit dem zur-Ruhe-kommen-lassen der Myrrhe an der Spitze des Horizonts im Teich des Löwenpaares". **C:** „Je t'apporte le miel pour ce breuvage, l'encens et la myrrhe dans le temple et préparés par le lion (= Chesemou)".

Die Übersetzung „Honig" für *ꜥf* scheint lexikalisch ausgeschlossen, m.W. gibt es nur *ꜥfy*: „Biene" und kein gleichlautendes Wort für Honig. Der Vorschlag *iꜥf* von Quack dürfte das Richtige treffen, wie ein Blick auf die Darstellungen zum Bierbrauen zeigt: Es geht in diesem Arbeitsschritt um das Schütten der Flüssigkeit in ein Korbsieb, die dann hindurchgepreßt wird, so daß eine teigartige Substanz im Sieb zurückbleibt und eine dünnere Flüssigkeit in einem darunter stehenden Bottich aufgefangen wird[68]. Dieser Vorgang heißt in den Bierbrauerszenen *itḫ/ꜥtḫ*, im vorliegenden poetischen Text wurde ein Verb ähnlicher Bedeutung verwendet[69]. Eine von Faltings zitierte Statuette zeigt, wie die Maische mit beiden Händen von der Dienerin kräftig gepreßt wird[70]. In dem zweiten Teil des Verses ist die Myrrhe wieder eine Metapher für Maische (siehe **D**$_5$, **D**$_7$, **D**$_8$, **D**$_{13}$). Das *smswn*-Gefäß (des Ruti) wurde oben in Vers **D**$_7$ bereits als Myrrhenbehälter der Form  bestimmt, mit dem das Braugefäß (etwa ) verglichen wird. Das Verb *sḥtp*: „ruhen lassen" dürfte sich dann auf die ausgepresste Maische beziehen[71], die in dem Korbsieb übrig bleibt, der Horizont (*ꜣḫt*) muß dann eine Metapher für das Sieb sein. Das heißt im Vers **D**$_{11}$ geht

64. Siehe zu den Schwierigkeiten, die beim Brauvorgang verwendeten Datteln auch archäologisch nachzuweisen, zuletzt Link, „Bierbrauen in 3D", 197–98.

65. Siehe Samuel, „Brewing and Baking", 548–49.

66. Eine Internet-Recherche führte zu einem Bierbrauer in der Steiermark, der aus vier Getreidesorten und Kürbiskernen Bier braut (<www.rieder-bier.at/de/produkte/bierspezialitaeten/deu885/>; aufgerufen am 21. April 2014).

67. Mir ist nicht klar, ob *ꜥntyw* Objekt eines Partizips *sḥtp* ist oder Subjekt einer Relativform.

68. So die Formulierung von Faltings, *Keramik der Lebensmittelproduktion*, 186 mit zahlreichen Abbildungen auf den Seiten davor. Siehe auch Grunert, „Über den Nutzen eines Wörterbuches", 98–100.

69. Vgl. immerhin E. Edel, *Zu den Inschriften auf den Jahreszeitenreliefs der „Weltkammer"*, NAWG 5 (Göttingen, 1963), 177–79 und Abb. 11 (2. Register von unten: zwei Männer mit der Beischrift *ꜥfi*, die Honig durch ein Sieb in ein Gefäß pressen, das im nächsten Arbeitsgang versiegelt wird) mit Verweis auf G. Kuény, „Scènes apicoles dans l'ancienne Égypte", *JNES* 9 (1950), 92.

70. „Die Bierbrauerei im AR", 112–13 (Abb. 11).

71. Vgl. hierzu auch Vers **D**$_{13}$, wo die gleiche Wurzel verwendet wird. Hier ruht (*ḥtp*) die Myrrhe (= Maische) in ihrer Substanz (*m irw.f*).

es um die beim Durchpressen übrigbleibende Maische, im folgenden Vers **D**$_{12}$ um die durchgeseihte Flüssigkeit, eben das Bier.

12. Arbeitsschritt: Das in einem Bottich aufgefangene Bier

D$_{12}$	*stwt.i n.ṯ s[rf] n mnw pn irp n nbt Ỉmt m ꜥwy Tꜣwy-Fnḫw*	Ich bringe dir die Flüssigkeit dar für diesen *mnw*-Krug, den Wein der Herrin von Buto[72] aus den Armen der beiden Länder Phönikiens.

St: „Hiermit weihe ich dir: Als Flüssigkeit für diesen Trank Wein des Herrn von Buto aus dem Phönizierland". **Q**: „Ich mache dir das *srf* dieses Kruges gleich mit dem Wein der Herrin von Imet von seiten der phönikischen Länder". **C**: „Je t'apporte le liquide pour ce breuvage et le vin de la Maîtresse de Nebecheh provenant des terres de Phénicie".

Nachdem die Maische durch das Sieb gepreßt wurde (**D**$_{11}$), bleibt im darunterstehenden Bottich das Bier übrig, das hier allgemein *srf*: „Flüssigkeit" genannt wird. Das Substantiv dürfte vom Verb *srf*: „zur Ruhe kommen" hergeleitet sein, was für die Charakterisierung des Endprodukts durchaus passend ist. Das Bier wird sodann mit dem Wein der Herrin von Buto verglichen, was nicht bedeutet, daß der König hier tatsächlich Wein opfert.

13. Arbeitsschritt: Die im Korbsieb übriggebliebene durchgepresste Maische

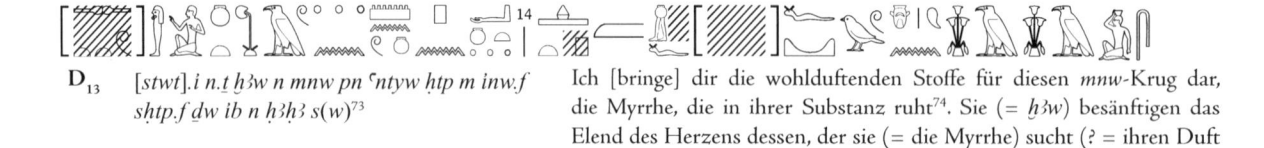

D$_{13}$	*[stwt].i n.ṯ ḫꜣw n mnw pn ꜥntyw ḥtp m inw.f sḥtp.f ḏw ib n ḥꜣḥꜣ s(w)*[73]	Ich [bringe] dir die wohlduftenden Stoffe für diesen *mnw*-Krug dar, die Myrrhe, die in ihrer Substanz ruht[74]. Sie (= *ḫꜣw*) besänftigen das Elend des Herzens dessen, der sie (= die Myrrhe) sucht (? = ihren Duft aufsucht?).

St: „Hiermit weihe ich dir: Als Duftsubstanz für diesen Trank Myrrhe, die in ihrer Salbe ruht, so daß sie selbst die Traurigkeit der Beiden Ufer, wenn sie unterworfen wären, linderte". **Q**: „Ich mache dir die Duftstoffe dieses Kruges gleich mit der Myrrhe, die in ihrem Zugehörigen ruht, nachdem sie das Herzensleid des Taumelns (?) besänftigt hat". **C**: „Je t'apporte les aromates pour ce breuvage, la myrrhe étant préparée comme il convient, il apaise la tristesse du désespéré (?)".

---

72. So alle Varianten. In Athribis liegt ein Schreibfehler vor. Siehe zur Verbindung der *nbt Ỉmt* zu Phönikien A. Rickert, *Gottheit und Gabe. Eine ökonomische Prozession im Soubassement des Opettempels von Karnak und in Parallele in Kôm Ombo*, SSR 4 (Wiesbaden, 2011), 255.

73. Quack, „Bemerkungen zum Ostrakon Glasgow D 1925.91", 291, Anm. r sieht in dem *s* ein fem. Suffix, aber er vermißt natürlich auch ein mögliches Bezugswort.

74. Alle Varianten haben *irw*, nur in Athribis steht *inw*: „Abgaben", was wohl fehlerhaft ist. Gemeint ist mit *irw* vielleicht: aus ihrer entsprechenden Mischung besteht.

Das Substantiv *ẖꜣw* bezeichnet normalerweise die Räucherstoffe, die häufig als *nḏm sty*: „mit angenehmem Duft" beschrieben werden[75]. Hier ist damit die süß duftende vergorene Maische gemeint, die im Siebkorb zurückgeblieben ist. Der zweite Teil nennt einmal mehr (siehe **D**$_5$, **D**$_7$, **D**$_8$, **D**$_{11}$) die Myrrhe als Metapher für die Maische; diese das ganze Menu-Lied durchziehende Bild dürfte auch der Grund für die Verwendung des Substantivs *ẖꜣw* gewesen sein. Faltings rechnet damit, daß die zurückgebliebene Maische weiterverwendet werden konnte, z.B. für eine Art Kuchen[76]. Schwierigkeiten bereitet das letzte Wort. Die neuen Versionen aus Athribis und dem Pronaos in Dendara machen klar, daß an einer grundsätzlichen Lesung *ḥ(ꜣ)ḥ(ꜣ)* kein Weg vorbei geht, was bereits von Quack angenommen wurde. Problematisch ist aber sowohl das folgende *s* wie weitere, bei jedem Textvertreter andere Elemente, die wie ein Determinativ aussehen (). Nur in Athribis steht das *s* hinter dem Determinativ. Cauville geht mit großen Zweifeln von einem Substantiv *ḥḥs* aus, aber eine solche Wurzel existiert nicht; Quack vermutet ein Suffixpronomen, was er jedoch nicht übersetzt. Die oben gewählte Lösung mit dem abhängigen Pronomen vermeidet das Problem mit dem sonst fehlenden Bezugswort, die Übersetzung mit „suchen" ist jedoch nur eine Notlösung, die nicht zu den unterschiedlichen Determinativen paßt. Höchstwahrscheinlich besitzt *ḥꜣḥꜣ* eine andere, noch unbekannte Bedeutung[77].

14. Arbeitsschritt: Das Zerreiben von Malz als Zugabe für einen aus der übriggebliebenen Maische zu backenden Kuchen

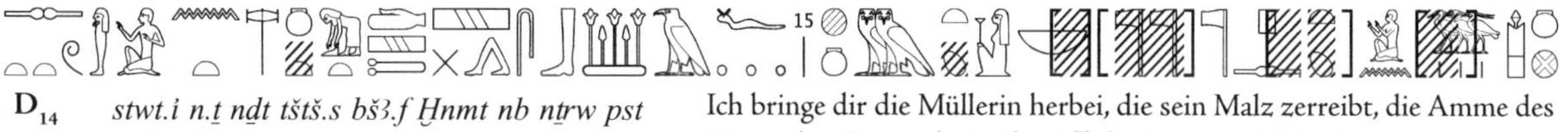

D$_{14}$	*stwt.i n.ṯ nḏt tštš.s bšꜣ.f Ḫnmt nb nṯrw pst nt bꜣw Ỉwnw*	Ich bringe dir die Müllerin herbei, die sein Malz zerreibt, die Amme des Herrn der Götter, die Bäckerin[78] der Bas von Heliopolis.

St: „Hiermit weihe ich dir: Als Müllerin, des Trankes Malz zu zermahlen, die Nährmutter des Herrn der Götter und Flammende der Baw von Heliopolis". **Q:** „Ich mache dir die Müllerin, die seine Früchte zermahlt, gleich mit der Amme des Herrn der Götter, der Kochenden der Seelen von Heliopolis". **C:** „Je t'amène la meunière, elle broie son (= du breuvage) orge pour[79] la boulangère du Maître des dieux (= Rê), la cuiseuse des Âmes d'Héliopolis".

Bei *tštš bšꜣ* handelt es sich um das Schroten des Malzes, ein Arbeitsvorgang, der auch schon in Vers **D**$_4$ angesprochen wurde. Man fragt sich zunächst, warum dieser Vorgang noch einmal wiederholt wird und ob hierin nicht einen Gegenargument für die hier vermutete chronologische Abfolge vorliegt. Die Antwort dürfte sich aber aus dem vorangegangenen Vers **D**$_{13}$ ergeben, in dem die im Sieb zurückgebliebene Maische[80] genannt war, mit der dann ein Kuchen gebacken wurde, so die Vermutung von Faltings. Diesen Vorschlag muß man nur geringfügig modifizieren und annehmen, daß der Kuchen nicht ausschließlich aus der Maische gebacken wurde, sondern dem Teig auch noch eigens zubereitetes Malz hinzugefügt wurde. Die Göttin *Ḫnmt* war zuständig war für das Brot-

75. Z.B. *Edfou* II, 201, 15–16 und 219, 7.

76. *Keramik der Lebensmittelproduktion*, 191.

77. Dina Faltings verdanke ich folgende Bemerkung: „Mir kommt es so vor, als wäre damit die Tätigkeit des Auspressens gemeint, das rhythmische Drücken mit den beiden Handballen/Händen, wodurch die Maische ausgepresst wird. Einerseits passen die Determinative einigermaßen dazu und andererseits weist das reduplizierende Verstärken auf eine wiederholende und kraftvolle Tätigkeit hin. Wenn man es geschafft hat, ist das ja auch sehr befriedigend, die Maische oben im Korbsieb zu sehen".

78. Die Variante *pst* auch in der Athribis-Version. Die Variante *sist* für *sst*: „die Verbrennende" in *Dendara* XIII könnte daraus entstanden sein, die Lesung *nsrt* von **St** ist unmöglich.

79. Die meisten Varianten zeigen kein *n*, so daß ich davon ausgehe, daß hier die Müllerin mit der Amme verglichen wird.

80. Die immer noch viel Hefebakterien bzw. Backtriebmittel enthielt (Information Faltings).

backen[81], das Verb *psi* bedeutet nicht nur kochen, sondern auch backen[82]. Für die Bäckerin der Bas von Heliopolis sei auf den nur einmal auf einem Sarg aus Berscheh erhaltenen Sargtextspruch 660 verwiesen. In diesem Spruch geht u.a. darum, daß der Verstorbene keinen Kot essen möchte, sondern von dem *bst*-Brot aus hellem Emmer (*bḏt ḥḏt*) leben möchte[83]. Der Verstorbene betont sodann, daß er all die zum Brotbacken nötige Gerätschaften kennt, u.a. den eines Gefäßes (*nbt*), in dem (es) gebacken wird (*pssw ỉm.f*), das sei die Rinde (?) der Akazie nördlich von *Ỉw.s<ꜥꜣ.s>* südlich der Bas von Heliopolis[84].

15. Arbeitsschritt: Das fertig gebraute Bier

D$_{15}$	*stwt.i n.ṯ mnw pn ḏs[.f m sr ḫnty] psḏt ḳꜣ ḫrw m ḏꜣḏꜣt Gb*	Ich bringe dir diesen *mnw*-Krug selbst dar [als Fürst, Vorsteher] der Neunheit, der mit lauter Stimme im Kollegium des Geb[85].

St: „Hiermit weihe ich dir: Diesen Trank, indem er selbst der Ratgeber an der Spitze der Neunheit und Wortgewaltigste im ,Kollegium des Geb' ist". **Q:** „Ich mache dir diesen Krug selbst gleich mit dem Fürsten an der Spitze der Neunheit mit hoher Stimme im Rat des Geb". **C:** „Je t'apporte ce breuvage lui-même, (ainsi qu') au Prince parmi l'ennéade, celui dont la voix est haute dans l'assemblée de Geb".

Auch bei diesem Satz sind die Auffassungen ganz unterschiedlich. Sternberg-El Hotabi und Quack gehen von einem Vergleich des Menu-Kruges mit der Gottheit aus, Cauville liest das *m* als Dativ-*n* und sieht in der Gottheit den zweiten Opferempfänger. Die obige Übersetzung versteht die Präposition als ein *m* der Identität. Mit wem genau sich der Sprecher, d.h. der König identifiziert, ist unklar, sowohl der Fürst wie auch die anderen Ausdrücke können Bezeichnungen ganz unterschiedlicher Götter sein. Sicher ist jedoch, daß der eigentliche Brauvorgang abgeschlossen ist. In den folgenden drei Versen, die eine andere Struktur aufweisen, geht es noch um das Abfüllen und Verschließen der Bierkrüge.

16. Arbeitsschritt: Die Behandlung des Schaums und der Hefe

16 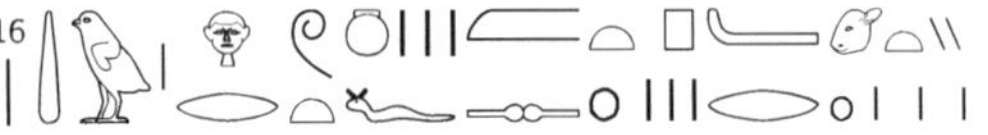

E$_{1}$	*iw ḥrwt.f m stp ḥnꜥ sty*	Sein Schaum[86] besteht aus den ausgesonderten Bestandteilen[87] und dem Ocker.

81. Siehe zum Forschungsstand Rickert, *Gottheit und Gabe*, 258–63.

82. Verhoeven, *Grillen, Kochen, Backen*, 121–26, 130–32 und 157–58.

83. CT VI, 283, o-p.

84. CT VI, 284, g-i; eine Übersetzung der kompletten Passage bei D. Topmann, *Die „Abscheu"-Sprüche der altägyptischen Sargtexte. Untersuchungen zu Textemen und Dialogstrukturen*, GOF IV, 39 (Wiesbaden, 2002), 76. Das unsichere Wort *kfꜣ* wird von Verhoeven, *Grillen, Kochen, Backen*, 124 mit „Ende" übersetzt, ähnlich Leitz, *LGG* II, 714b.

85. In Abschnitt **C** werden die Pflanzen (= die Braumaterialien) erwähnt, die aus dem Erdgott Geb hervorgekommen sind; dies könnte der Grund für dessen nochmalige Erwähnung gegen Ende des Brauvorgangs sein.

86. Siehe J.-Cl. Goyon, „Note pour servir à la connaissance des procédés tinctoriaux de l'Ancienne Égypte", *Livre du Centenaire*, MIFAO 104 (Kairo, 1980), 26–28, der schon auf den Ausdruck *ḥrwt nt ḥnḳt*: „Bierschaum" verweist und als naheliegende Etymologie „die oben befindliche Flüssigkeit" vorschlägt.

87. Es ist unklar, was mit *stp* (die ausgeschriebenen Varianten verbieten eine Lesung *nw*) genau gemeint ist (vgl. D. Meeks, *Mythes et*

St: „Da doch auch seine Ablagerungen Duftstoff und Ocker sind". **Q:** „Seine *ḥr.wt* (Schaum?) sind *stp* und Ocker". **C:** „son écume est une matière odorante de l'ocre".

Auf dem Bier lagert sich die obergärige Hefe, die in Ägypten verwendet wurde, ab und bildet eine Decke. Diese könnte mit dem Ocker verglichen worden sein, von der Farbe her würde das passen. Mit *stp* dürfte dann der eigentliche weiße Bierschaum gemeint sein, während die Hefe abgeschöpft und in Bier oder Wasser einige Tage lang aufbewahrt wurde[88]. Diese Bedeutung würde sich leicht von der Grundbedeutung von *stp*: „auswählen" herleiten lassen, d.h. *stp* würde die Substanz bezeichnen, die nach dem Abschöpfen der Hefe übrigbleiben sollte. Als Alternative könnte man an die Bedeutung „auslösen" denken, d.h. das, was sich von der Flüssigkeit trennt, eben der Schaum.

17. Arbeitsschritt: Das Bereitstellen des Tondeckels

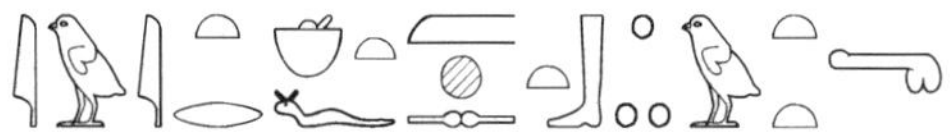

E$_2$ *iw idr.f m ḥsbḏ wtṯ* Sein Tondeckel (?) ist erzeugter Lapislazuli[89].

St: „Da auch seine Koloquinte gewachsener Lapislazuli (ist)". **Q:** „sein *t3r* (?) ist gewachsener Lapislazuli". **C:** „sa teinte (?) est lapis-lazuli vif".

Die neuen Varianten aus dem Pronaos in Dendara und in Athribis mit den eindeutigen Determinativen  und  ergeben eine Lesung *idr* des bislang als *t3r* aufgefaßten Wortes. *idr* heißt Verband und es wird hier vermutet, daß damit der Verschluß der Bierkrüge gemeint ist. Vielleicht läßt sich das sogar noch präziser fassen: In einer Bierbrauszene des AR sieht man zwei Arbeiter, die mit der Deckelherstellung beschäftigt sind. Deren Beischrift lautet *sḫt id3*, was Faltings mit „(Formbaren) Ton (für einen Deckel) zurichten" übersetzt, in *id3* erkennt sie einen Fachausdruck für besonders zugerichteten, d.h. gut geschlämmten und mit der richtigen Menge Wasser versetzten Ton[90]. Da die Zeichen  und  auch den Lautwert *idt* besitzen, wäre es m.W. gut vorstellbar, daß in den Graphien des Menu-Liedes dieses bislang nur aus dem AR und MR belegte Wort vorliegt. Inhaltlich würde es jedenfalls perfekt passen. Die Erwähnung des Lapislazuli sollte dann auf eine dunkle, gelegentlich bläuliche Farbe des Bierkrugdeckels hindeuten[91].

---

légendes du Delta, MIFAO 125 [Kairo, 2006], 113, Anm. 349, der bei seiner Stelle Samen(flüssigkeit) vermutet). Hier sollte es sich aber allein schon wegen des Determinativs der Kügelchen um festere Bestandteile handeln.

88. Faltings, *Keramik der Lebensmittelproduktion*, 189.

89. Ich vermute, daß dies ein ähnlicher Ausdruck wie *ḥsbḏ iryt* ist, also künstlich hergesteller Lapislazuli (siehe Harris, *Minerals*, 128–29), d.h. ein blaues Farbpigment.

90. *Keramik der Lebensmittelproduktion*, 168, 204 und 223. Siehe auch Grunert, „Über den Nutzen eines Wörterbuches", 109–10.

91. Farbangaben zu den Tondeckeln sind etwas schwer zu finden, da die meisten Publikation nur schwarzweiße Abbildungen aufweisen. Vgl. immerhin K. Mysliwiec, *Saqqara I The Tomb of Merefnebef* (Warschau, 2004), 148 mit Farbtafel 66 (die Tondeckel sind schwarz bemalt). Ein blauer Tondeckel findet sich im Grab des Rechmire (TT 100), eine Farbabbildung bei Z. Hawass, *Die verbotenen Gräber in Theben* (Mainz, 2009), 21 (2. und 3. Register von unten, jeweils unterhalb des Opfertisches, das Ideogramm für *ḥnḳt*: „Bier". Im Grab des Amenemhat (TT 380) finden sich mehrere Bierkrüge, deren Tondeckel mit einer blauen Lotosblüte bemalt sind (Hawass, S. 221; vgl. dazu auch den Krug aus dem Grab des Cha auf S. 240).

18. Arbeitsschritt: Das Verschließen des Bierkruges mit Lehm

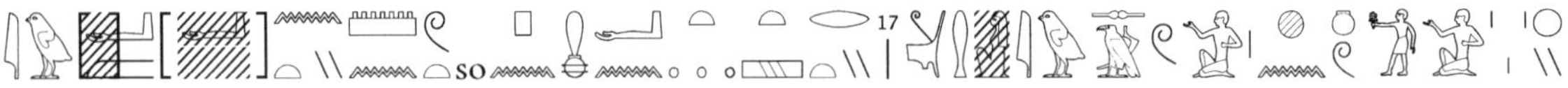

E₃ *iw ꜥmꜥ n mnw pn mi ꜥntyw dšr n ḥmt.ṯ r smꜣ ḥnwt sp-2* — Der Lehm[92] dieses Kruges ist wie rote Myrrhe deiner Majestät wirklich bestimmt für die Haarlocken der Sängerinnen.

St: „und sein Getreide wie die Myrrhe ist, die Deine Majestät am Scheitel der Tänzer und Tänzerinnen finden kann". **Q:** „die *ꜥmꜥ.t* dieses Kruges ist Myrrhe, welche die Majestät auf die Haare der Musikantinnen verstreut hat". **C:** „la consistance (?) de ce breuvage est comme (celle de) la myrrhe rouge destinée à Ta Majesté et pour les tresses des chanteurs et des chanteuses".

Da im vorigen Abschnitt **E₂** die Tondeckel erwähnt wurden, geht es jetzt beim allerletzten Arbeitsschritt um das endgültige Verschließen des Bierkruges. Dabei wird nach Faltings „gleich nach dem Verschließen, solange der Ton des Deckels noch feucht ist, die Fuge zwischen Topf und Deckel mit Ton ausgefüllt und durch das Verstreichen des Tons auf den Geßkörper eine möglichst innige Verbindung der beiden Elemente zu erreichen versucht"[93]. Der Fachausdruck hierfür ist im AR *ꜥmi* (*ꜥmr*)[94]. Ein nahezu bedeutungsgleiches Verb ist *ꜥmꜥ*, das vielleicht nur eine Nebenform zu *ꜥmi* darstellt und mit dem Wort für „Lehm, Ton" etymologisch zusammenhängen dürfte. Die Haarlocken der Sängerinnen bleiben unklar.

F *ii.n (Pr-ꜥꜣ) ḥn.f iw.n.f sn[s].f* — Der (Pharao) ist gekommen. Er läßt sich nieder, er ist gekommen, er bringt Lobpreis dar.

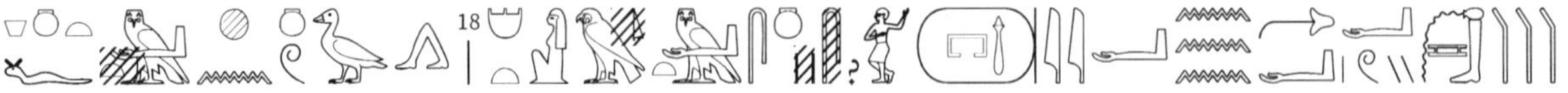

G₁ *ḥnwt.f mt ḫnw ḥmt Ḥr mt sns (Pr-ꜥꜣ) iꜥ ꜥwy wꜥb ḏbꜥw* — Seine Herrin, sieh doch den Tänzer, Gemahlin des Horus, sieh doch den Lobpreisenden, den (Pharao), den mit gewaschenen Händen und reinen Fingern.

G₂ *ḥnwt.f mt ḫnw ḥmt Ḥr mt sps wꜣḥ.f n.ṯ sw mnw pn* — Seine Herrin, sieh doch den Tänzer, Gemahlin des Horus, sieh doch den Tänzer. Er stellt ihn vor dich, diesen *mnw*-Krug.

92. Siehe Harris, *Minerals*, 200–201 mit Verweis auf Koptisch ⲟⲙⲉ.

93. *Keramik der Lebensmittelproduktion*, 224.

94. Grunert, „Über den Nutzen eines Wörterbuches", 110–11.

G_3 *ḥnwt.f mṯ ḫnw ḥmt Ḥr mṯ sps ib.f ꜥḳ(ꜣ) ẖt.f pḫꜣ.ti nn snkt m ḥꜣty.f*

Seine Herrin, sieh doch den Tänzer, Gemahlin des Horus, sieh doch den Tänzer. Er stellt ihn vor dich, diesen *mnw*-Krug. Sein Herz ist aufrichtig, sein Leib ist geöffnet, ohne daß es Dunkelheit in seinem Herzen gibt.

H *i nbwt nfr.wy snsw ipn mi snsw n Ḥr ḏs.f iw (Pr-ꜥꜣ) <m> sns ny-sw šmsw[.ṯ?]*

O Goldene! Wie schön sind diese Lobgesänge wie die Lobgesänge des Horus selbst. Der (Pharao) ist voller Lobpreis, er gehört zu [deinem?] Gefolge.

Of Choachytes and Saints: Demotic Documentary Texts as Sources for Religious Practices

Alexandra von Lieven (Berlin)

For many decades, most Egyptologists assumed that Demotic was basically used for documentary texts, but certainly not for religious ones. It was precisely Mark Smith who pioneered the systematic study of demotic religious texts and thus profoundly changed the received beliefs of the discipline. He even drew attention to such significant material as a transcription of a spell from the Pyramid Texts into Demotic. He has thus been the living proof for the inseparability of Demotic Studies from the rest of Egyptology already at a time when this realization had only yet dawned on just a few.

This paper follows in his footsteps, but tackles the issue from a different angle, namely, by exploring the source value even of demotic documentary texts for ancient Egyptian religion, usually shunned by scholars specializing in the latter field. It is only fitting that this paper was originally given on September 1, 2011 at the 11th International Congress of Demotic Studies at Merton College, Oxford, organized by Mark Smith. I hope he does not mind to meet it again in his Festschrift.

When thinking of textual sources for ancient Egyptian religion, usually rituals, myths, or hymns to deities come to mind. While these are certainly of great interest, documentary texts are also sometimes very useful, particularly as they do give different sorts of information from the other genres mentioned. While obviously religious texts are often centered on the state religion and its deities, documentary texts are especially valuable as sources for more popular practices.

In my study of deified human beings,[1] I relied greatly on this sort of evidence, as such cults usually do not figure at all in the really "religious" texts. Only few cults of deified humans have left temple texts carved in stone or figure in truly religious or funerary papyri. In the period when Demotic was spoken and written, the latter especially concerns the highly prominent cults of Imhotep and Amenhotep, Son of Hapu.[2] Nevertheless, this is precisely the period when such cults are attested in much greater density than before. Yet, most of them had escaped notice up to recently. The present paper will also focus on the deified humans. However, the same usefulness could be stated in relation to cults of minor local forms of the great deities or to animal cults—in fact, the latter is the field in which such material has already been utilized most in the past.[3]

This article was written during a Heisenberg Fellowship (Li 1846/1–1 for the lecture version, Li 1846/1–2 for the print version) of the Deutsche Forschungsgemeinschaft (DFG), for which I would like to thank them very much.

1. A. von Lieven, *Heiligenkult und Vergöttlichung im Alten Ägypten* (Habilitationsschrift; Berlin, 2007), publication in preparation for OLA, Leuven.

2. D. Wildung, *Imhotep und Amenhotep*, MÄS 36 (Munich and Berlin, 1977); D. Wildung, *Egyptian Saints* (New York, 1977).

3. See the overview by M. Fitzenreiter, *Tierkulte im pharaonischen Ägypten*, Ägyptologie und Kulturwissenschaft V (Munich, 2013), esp. 157–62.

For deified people, documents have up to now mainly been investigated by Mustafa el-Amir in his study of a Theban family archive of the choachytes.[4] In this very meritorious work he devoted considerable space to the discussion of the terms *ḥry* and *ḥsy*, which he compared to Arabic terminology for saints like *shaykh*. While he highlighted several important points, there is still much more to say.

From the published choachyte acts of the Theban region alone one can gather around 70 male and 16 female names of pagan saints within a period of approximately 150 years.[5] Moreover, most of the names are clearly late in type, thus the persons can only have lived as early as the Late period. The documents therefore contain only the names of rather recent cults, not the accumulated local saints from the Old Kingdom onwards. Still, some cults of deified humans from older epochs also did definitely still exist in the Late and Greco-Roman periods, but these do not figure in the choachyte documents, except as landmarks. In fact, if they had survived so many centuries, like Amenhotep, Son of Hapu, those cults usually held a much higher rank in the latest phases, while the *ḥry* and *ḥsy* cults were only of minor status. Still, textual evidence shows that being a *ḥry* or *ḥsy* did not exclude the same person from also being called a god (*nčr*) or even a great god (*nčr ꜥꜣ*)! The real social appeal of such cults is difficult to estimate in each individual case, but should not be downplayed. Admittedly, almost all of those attested in the listings of the choachyte documents are only known from these documents, but that is not so much due to a lack of importance in antiquity, as to the loss of archaeological documentation by time as well as by the destructive methods of early modern excavations. For example, some of these tombs were located around the temple of Medinet Habu. As is well known, this temple was cluttered with later brick architecture of all sorts when archaeological exploration started. Unfortunately, at the time, early excavators were only interested in the beautiful monumental New Kingdom stone architecture, not in any unsightly crumpling late brick structures. They were thus mercilessly razed to the ground with very little documentation being made of them. With these went many of the saint's tombs of the choachyte acts, which were little brick chapels, if even that.

The reason why such tombs were listed explicitly as saint's tombs in the business acts of the choachytes was of course not to provide us with glimpses of Egyptian popular cults. Rather, there must have been a good—that is, economic—reason, to do so. For simple identification, a name, filiation, and maybe profession of the dead person as well as an indication of the tomb's position relative to other places would have been enough. And indeed such information is present as well. Interestingly, while this is of less importance in the Theban documents, it is much more employed in the Memphite documents recently published by Cary Martin.[6] There, however, not a single time a saint's tomb is mentioned at all. One may wonder why that is so.

The likeliest explanation for indicating also the religious status of a tomb's occupant is that a saint's tomb brought more income because it received special services. From other documents unrelated to the choachytes it is, for example, clear that lighting a lamp for the deified person on certain feast dates was performed. Friedhelm Hoffmann has recently studied in detail the lamp-lighting calendar for Nespamedu of Elephantine.[7] Archaeological evidence

4. M. el-Amir, "The Cult of *ḥryw* at Thebes in the Ptolemaic Period," *JEA* 37 (1951), 81–85; M. el-Amir, *A Family Archive from Thebes: Demotic Papyri in the Philadelphia and Cairo Museums from the Ptolemaic Period* (Cairo, 1959); P. W. Pestman, *The Archive of the Theban Choachytes (Second Century B.C.): A Survey of the Demotic and Greek Papyri Contained in the Archive*, StudDem 2 (Leuven, 1993), 470–73.

5. El-Amir, *Family Archive*, 22–32, 70–90, 120–24, E. Bresciani, "Un papiro demotico da Tebe nel Kunsthistorisches Museum di Wien," *Aegyptus* 49 (1969), 35–42; W. Erichsen, "Der demotische Papyrus Berlin 3116," *Aegyptus* 32 (1952), 10–32, Pestman, *Archive of the Theban Choachytes*, 52, 55, 470–73, G. Vittmann, "Drei thebanische Urkunden aus dem Jahre 175 v. Chr. (Papyri Louvre E 3440 A + B und Berlin P 3112)," *Enchoria* 15 (1987), 97–146, pls. 13–23; U. Wilcken, *Urkunden der Ptolemäerzeit II* (Berlin, 1957), 137–43, K.-T. Zauzich, *Die ägyptische Schreibertradition in Aufbau, Sprache und Schrift der demotischen Kaufverträge aus ptolemäischer Zeit*, ÄA 19 (Wiesbaden, 1968), 17–21, 26–29, 31–32, 43–46, 81–84, 88–93, 232–35.

6. C. Martin, *Demotic Papyri from the Memphite Necropolis in the Collections of the National Museum of Antiquities in Leiden, the British Museum and the Hermitage Museum*, PALMA 5 (Turnhout, 2009).

7. F. Hoffmann, "Die Datierung des Ostrakon Brooklyn 12768 1630 und der Kult des Osiris-Espmetis auf Elephantine in römischer Zeit," in D. Kessler et. al. (eds.), *Texte, Theben, Tonfragmente: Festschrift für Günter Burkard*, ÄAT 76 (Wiesbaden, 2009), 206–13.

for incense offerings next to the burial place of a saint comes from the tomb of Piyris in Ayn Labacha, which was situated behind his temple in the rock.[8] The incense burners were still lying around the original burial place when it was excavated.

A hint at the impressive accumulation of votive objects at a particular tomb is to be found in pLouvre N 2415 of 225 BC. In this text, rights to "the tomb of the *ḥry* Djedhor, the *ḥsy* of the doorkeepers(?) and his people and all the people that rest in this tomb and their treasury (*pr-ḥč̣*)" are sold.[9] Surely, the treasury was not meant to contain the grave-goods of Djedhor, particularly in a period when it was no longer customary to furnish tombs with elaborate goods. Rather, the treasury was destined to either contain the particularly rich revenue generated from this special tomb or the votive objects brought by Djedhor's devotees. As the income from the tombs would most likely not have been stored next to the tombs themselves and hardly plausible that such a measure should be taken with just this one tomb, the latter option must be the correct one. In fact, a particularly rich accumulation of votive objects in just this case seems even very plausible, as Djedhor is not just any saint, but he is called "the *ḥsy* of the doorkeepers(?)." Even though the reading "doorkeepers" by Zauzich is doubtful—el-Amir read "soldiers," which is even more doubtful—it is clear that a certain professional group is meant. Thus, Djedhor would have been their patron saint. And indeed, among the other tombs in the vicinity which are sold in the same document, there are more tombs of people of the same profession, who were apparently buried together *ad sanctos* next to their patron saint Djedhor.

While this text has long been edited, it does not seem to have provoked much interest that here we can indeed make plausible that the Egyptians had something like patron saints of certain professions. But this is not the only case. In another long-known choachyte document, ppPhiladelphia 5/6, dated already 302–301 BC, the tomb of "our *ḥry* Peteharpre, the god of the cargo sailors (*pꜣ nčr n nꜣ nf.w ꜥrꜥr*)," is sold.[10] Here, there is no difficulty in the reading, so the interpretation is beyond doubt. And, happily, as all good things tend to be three, in the meantime, a newly found stela contains another attestation for patron saints of professions, this time with a military title.[11]

Another aspect is not association with professions, or, perhaps rather, professional guilds, but rather with individuals. Some of the saints are called "our *ḥry*" and in the same Philadelphia papyrus, one of them is moreover called "our *ḥry* Paret, your god."[12] "Your" certainly refers to the buyer for whom the sale document was written. As it is known from other texts that already in the New Kingdom, people were celebrating feasts for "their god,"[13] it is clear that Paret was the personal god of the buyer. And indeed, the reason for this is not difficult to see, as his own name was—well, Paret, of course! Unless he took that name later out of devotion, it is to be expected that already his parents venerated that saint and purposely named the child after him. The mother perhaps even became pregnant after praying to the *ḥry* Paret; the granting of children to desperate childless, or at least son-less, couples is definitely one of the main "occupations" of deified humans. As a good example, the famous stela of Taimhotep comes to mind.[14] Although in that case, following tradition, the god-given son is named after his grandfather, he is still given "Imhotep" as a second name.

Finally, it is interesting to observe that one saint's name is actually Greek (Philon)[15] and some saints are also completely anonymous. As for the Greek name, of course it is impossible to know whether he was actually Greek

8. A. Hussein, *Le sanctuaire rupestre de Piyris à Ayn al-Labakha*, MIFAO 116 (Cairo, 2000), 12.

9. El-Amir, *Family Archive*, 135, 137, Zauzich, *Schreibertradition*, 31–32, 263.

10. El-Amir, *Family Archive*, 22, 25, pl. 5.

11. Kim Ryholt presented the piece at the Oxford conference. I would like to thank him very much for having discussed this highly interesting stela with me already in 2011.

12. El-Amir, *Family Archive*, 22, 25, pl. 5.

13. J. F. Quack, *Die Lehren des Ani: Ein neuägyptischer Weisheitstext in seinem kulturellen Umfeld*, OBO 141 (Freiburg [Switzerland] and Göttingen, 1994), 154 with further literature.

14. Wildung, *Imhotep und Amenhotep*, 68–70, pl. XIII.

15. In pLouvre E 3440 (apparently two different persons of the same name) and probably another (with a different demotic rendering) in pPhiladelphia 26.

or just a deeply hellenized Egyptian. We may justifiably doubt whether this matters at all, since it has become clear in the last few decades that the cultural interaction between Greeks and Egyptians is much more intense than previously thought. In fact, the choachyte acts are by no means the only sources proving that Greeks or at least persons with Greek names could receive an Egyptian cult as deified persons.[16] A prime example for this would be the 3.60-meter-high statue found at Naukratis of "the Greek, the man of Pekhat, prophet of Min, lord of Bedjedj, Haremhab, son of Krates, born by the lady of the house Shesemtet."[17] His cult is well attested for the Delta region and has been studied extensively by Yoyotte, Leahy, and Vittmann.[18]

As for the anonymous saints, an instructive case is furnished by pBerlin P. 5507, which has also a Greek translation in UPZ 177.[19] The text dates to 136 BC. In a long list of tombs also figure "the people of Pamiu, the fisherman and his *ḥsy*" (the latter translated as ὑποβρύχιος in the Greek version). As is well known, the term *ḥsy* has long been understood as denoting drowned persons. Already Jan Quaegebeur demonstrated that this was not the only way to attain this title, which was just a general term for saints.[20] However, because of the Greek translation as "immersed one," and because of clear uses of the word to denote drowning in some other cases, for example, in the magical papyri, Quaegebeur then formulated the hypothesis that the status of *ḥsy* would have been possible to attain by a ritual plunge under water, in a way a sort of baptism. This idea has by now found some adherents. Traunecker for example posits "l'état de *ḥsy* est une conséquence de la libation décadaire sur la tombe de personnages privilégiés."[21]

In my opinion, this exchanges cause and effect. Why should a higher status result from a special ritual treatment, when there would be no reason for this special treatment in the first place? Would then not everybody have striven to become a *ḥsy*? Is it not rather exactly the other way round, namely, somebody received the status of *ḥsy* for some reason and because of that status he then received a preferential treatment in terms of cultic activity like libations?

I re-studied the attestations for *ḥsy* over the centuries and there can be no doubt that the term indeed literally just means "the praised one" and thus denotes a special status favored by the gods. There is no fixed implication as to what this favor consists of. Yet, there are several possibilities, generally involving different sorts of unnatural deaths. However, drowning is just one of them, dying by the agency of different dangerous animals would be another. In fact, it is striking to see how Egyptologists in favor of the drowning hypothesis have always happily quoted Herodotus II 90 who clearly speaks about the special status of drowned ones, at the same time equally happily ignoring that Herodotus also speaks about those snatched by a crocodile. Of course that would not have fit the easy modern explanation that this was a special destiny because of emulating Osiris's fate himself. Nevertheless, not drowning in the Nile, but death by the crocodile alone is also described by Maximus Tyrius, *Philosophoumena* 5 f/i (26a) and Aelian, *On Animals* X 21 as something special. It is furthermore mentioned by Flavius Josephus, *Contra Apionem* II 7, who moreover adds death by snake-bite, which according to him is both regarded as conducive to "being blessed and reaching community with the gods." This all fits well with the passage in the Magical Papyrus of London and Leiden 19,23–24,[22] where a crocodile is invoked, whose stomach is filled with the bones of *ḥsy.w*.

---

16. Note also the figure of the anonymous saint in A. Rowe, "Newly Identified Monuments in the Egyptian Museum Showing the Deification of the Dead Together with Brief Details of Similar Objects Elsewhere," *ASAE* 40 (1940), 20, pl. IV, who is wearing a Greek-style himation and apparently boot-like shoes.

17. L. Borchardt, *Catalogue général du Musée Égyptien du Caire, Statuen und Statuetten von Königen und Privatleuten im Museum von Kairo IV* (Berlin, 1934), 120–21, pl. 171, Ph. Derchain, *Les impondérables de l'hellénisation*, MRE 7 (Turnhout, 2000), 42–43, 69–74.

18. J. Yoyotte, "Le dieu Horemheb," *RdE* 34 (1982–1983), 148–49, A. Leahy, "*Ḫnsw-ỉy*: A Problem of Late Onomastica," *GM* 60 (1982), 72; G. Vittmann, "Beobachtungen und Überlegungen zu fremden und hellenisierten Ägyptern im Dienste einheimischer Kulte," in W. Clarysse, A. Schoors, and H. Willems (eds.), *Egyptian Religion: The Last Thousand Years. Studies Dedicated to the Memory of Jan Quaegebeur* II, OLA 85 (Leuven, 1998), 1240–41.

19. Zauzich, *Schreibertradition*, 47; Wilcken, *Urkunden der Ptolemäerzeit II*, 137–43.

20. J. Quaegebeur, "Les 'saints' égyptiens préchrétiens," *OLP* 8 (1977), 129–43.

21. C. Traunecker, *Coptos. Hommes et dieux sur le parvis de Geb*, OLA 43 (Leuven, 1992), 390.

22. F. Ll. Griffith and H. Thompson, *The Demotic Magical Papyrus of London and Leiden* I-III (London, 1904–1909), 126–27, pl. XIX.

In my opinion, this can only mean that *any* death by divine agency leads to being a *ḥsy*. Drowning is one possible option, not because one emulates Osiris, but because the Nile himself is a god. In fact, Vernus already proved several years ago that Osiris did not drown at all, but was killed before and only his corpse thrown into the Nile.[23] If he himself is called a *ḥsy*, then it is because he is a "Praised one" with moreover a very peculiar death, but not a "drowned one" and certainly not a "submerged one." Dying through the intervention of animals linked to deities is also a major option and there are all sorts of conceivable animals. Of course, in real life of Late and Ptolemaic-Roman Egypt, snake-bite and crocodile would have been the likeliest, but in earlier periods, for example, lions or hippopotamuses would also have been forces to reckon with. Thus it is significant that Menes is ascribed death by a hippopotamus in later tradition.[24] And in the Delta papyrus Brooklyn 47.218.84 10,3–7, one of the children born by Bastet is killed by a lioness and partly eaten by her. He is then buried and "protected as a *ḥsy*." Interestingly, the word is determined with the tired man 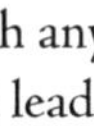 (A7) as well as with the hawk-on-standard divine determinative.[25]

These are the attested ways of death, but there might be other ones conducive to the status of *ḥsy*. El-Amir, despite working just with the old idea of drowning, already got it quite well when he translated *ḥsy* with the Arabic term for "martyr"[26]—of course in the Arabic sense, not in a Christian one. Still one wonders if an unnatural death was the only way to manifest as a *ḥsy* or whether there would also have been other ways. At least as far as the positive evidence goes it seems to have been the only way. Yet, seeing how funerary texts wish the owner a status as a *ḥsy*, one hesitates to think that they actually meant to imply a keenness to be caught by a crocodile.... Maybe a posthumous miracle as a proof of divine favor would also have been enough. In fact, such a miracle might even have been relevant in case one had actually been caught by a crocodile, because it might have been necessary to prove the fact that this fate had actually been a divine favor and not a punishment. Unfortunately, again any positive evidence for the practices involved is lacking as it would have been too self-evident to be recorded. Moreover, we should, as already mentioned, keep in mind that the choachyte documents are only concerned with economic transactions concerning tombs of accepted saints, not with any queries about their status.

Anyway, if such a death by accident could lead to the status of *ḥsy*, then this also means that occasionally anonymous corpses might have been found with clear signs of fulfilling the criteria, but with nobody knowing their identity. Especially with drowned ones who were carried by the water to some other village such a scenario is plausible. This could explain the frequency with which the word is used for drowning, including orthographies with a water determinative.[27] It also conveniently brings us back to the choachyte papyrus pBerlin P. 5507 and "Pamiu, the fisherman and his *ḥsy*." One could easily imagine that particularly a fisherman could have come across a nameless dead body. He then had it buried in his own future tomb or at least close by. This was, in any case, a pious act, which would assure divine favor for himself as well as high social prestige in his community. It might even have generated some income for him from devotees during his lifetime, and posthumously, it would guarantee him the intercession of his *ḥsy* in front of the divine judges as well. From this perspective, it is understandable why there are several such cases of some NN and his *ḥsy* attested in the choachytal documents.

As stated earlier, the saints' tombs mentioned in the choachytes' documents are either already destroyed today or have not yet been discovered. Sadly, this implies that there are no secure cases where one can definitely connect one

23. P. Vernus, "Le Mythe d'un mythe: La prétendue noyade d'Osiris - De la dérive d'un corps à la dérive d'un sens," *SEAP* 9 (1991), 19–34.

24. P. Vernus, "Ménès, Achtoès, l'hippopotame et le crocodile: Lecture structurale de l'historiographie égyptienne," in U. Verhoeven and E. Graefe (eds.) *Religion und Philosophie im Alten Ägypten: Festgabe für Philippe Derchain zu seinem 65. Geburtstag am 24. Juli 1991*, OLA 39 (Leuven, 1991), 331–40 (esp. 335–36).

25. D. Meeks, *Mythes et légendes du Delta d'après le papyrus Brooklyn 47.218.84*, MIFAO 125 (Cairo, 2006), 22.

26. El-Amir, *Family Archive*, 126–37.

27. However, the presence of the water determinative could also be linked to the water in the *ḥs* vase, compare the frequency with which this vase is depicted as a symbol for the status of *ḥsy* on the stelae published by Rowe, "Newly-Identified Monuments," pls. III–VI (in IV it is almost invisible, but still present on the left side of the offering table). This use is of course nothing but one of the "playful" uses of the picture qualities of hieroglyphic script so appreciated by the Egyptians.

of the named saints from the documentary texts with other sources for a cult for him or her. Of course, sometimes there are the same names, but it is very dangerous to connect identical names without further evidence, especially if they are very common names. In fact, already in the choachytes' papyri, some names occur more than once, in some cases very clearly denoting the same person, in other cases equally clearly denoting different ones.[28]

There are only two possible cases where a connection between the papyri and other evidence is imaginable. The first one is, however, very insecure. The second case is perhaps slightly more promising, although again fraught with "ifs." In his 1940s article on deified dead persons, Alan Rowe published two interesting reliefs, both depicting a person in a slightly military looking garment with very noticeable greaves with lion heads.[29] While one of the reliefs is inscribed in hieroglyphs, the other has empty text fields. It may have been that the text was once painted, but is now lost, or that the empty spaces were enough to suggest text.[30] Still, the iconography is so similar and at the same time so peculiar and rare, particularly the greaves, that I dare to propose that they both depict the same person. Sadly, the smaller anepigraphic one of the two pieces does not have any provenance, the bigger inscribed one was bought in Luxor. The inscribed slab is made of sandstone and is 1.75 m high. It was very likely a part of a chapel for the saint depicted. The smaller one is just 72 cm high and was likely a votive to the saint. The inscription invokes the man "Hey Osiris of the praised one (*ḥsy*), the god-suffused one (*ẖr.i-nčr*), the praised one (*ḥsy*) in the retinue of Isis, Hor, son of Pashermonth, born by Tasheret."

Having been bought in Luxor does not necessarily mean that the piece originated precisely there. From the name mentioning Month, the general Theban vicinity is of course to be expected. Most importantly, the special relationship with Isis is significant. This makes one locality highly plausible as the place of origin of these two pieces, namely, Koptos. It is not far from either the Month cult places or from Luxor. It boasts, moreover, a very important Isis cult. Excavations there have even yielded several burials of *ḥsy.w*, which unfortunately were not adequately documented.[31] And indeed, from Koptos, stela BM EA 1325,6,[32] dated 31/30 BC attests the personal name *Pꜣ-č̭i-Ḥrw-pꜣ-nčr*. If this name would refer to the well-known hawk god Horus, it would be entirely futile to call him "Horus, the god." Horus is by definition a god, period. On the other hand, for deified humans, it is well attested that they be called "NN the god."[33] As Hor was a very common personal name as well, nothing speaks against interpreting "Hor, the god" as a deified human. Of course, there cannot be any guarantee that it is Hor, son of Pashermonth,

28. For example, the popular name Petosiris occurs five times, denoting at least two different persons. Similarly, Pasherkhons and Djedhor occur several times.

29. Rowe, "Newly-Identified Monuments," 16–19, pl. II, III (Cairo JdE 52809, Cairo 9/1/21/2).

30. A. von Lieven, "Script and Pseudo Scripts in Graeco-Roman Egypt," in P. Andrassy, J. Budka, and F. Kammerzell (eds.), *Non-Textual Marking Systems, Writing and Pseudo Script from Prehistory to Modern Times*, LingAeg Studia monographica 8 (Göttingen, 2009), 101–11 (pseudo inscriptions of type III).

31. H. Carter, "Report on General Work Done in the Southern Inspectorate," *ASAE* 4 (1903), 49–50; R. Weill, "Koptos: Relation sommaire des travaux exécutés par MM. Ad. Reinach et R. Weill pour la Société Française des Fouilles Archaéologiques (Campagne de 1910)," *ASAE* 11 (1911), 110; Rowe, "Newly-Identified Monuments," 11–16, 291–93, pls. I, XXXIX; C. Traunecker, *Coptos. Hommes et dieux sur le parvis de Geb*, OLA 43 (Leuven, 1992), 44–45, 387–91.

32. A. Farid, *Fünf demotische Stelen aus Berlin, Chicago, Durham, London und Oxford mit zwei demotischen Türinschriften aus Paris und einer Bibliographie der demotischen Inschriften* (Berlin, 1995), 36, 38, 396.

33. As a clear example, "Teshnefer, the god" in pHawara IVa/b (=pCarlsberg 37a/b) might be mentioned, see E. Lüddeckens, *Demotische Urkunden aus Hawara*, VOHD Supplement 28 (Stuttgart, 1998), 37–54, pl. 4, 5; J.F. Quack, "Review of Lüddeckens, *Demotische Urkunden aus Hawara*," *LingAeg* 7 (2000), 290, note 5. A statue of him (É. Bernand, *Recueil des inscriptions grècques du Fayoum I. La "méris" d'Hérakleidès* [Leiden, 1975], 158–60, pl. 59–60, no. 79; R.S. Bianchi, "The Cultural Transformation of Egypt as Suggested by a Group of Enthroned Male Figures from the Faiyum," in J. H. Johnson [ed.], *Life in a Multicultural Society: Egypt from Cambyses to Constantine and Beyond*, SAOC 51 [Chicago, 1992], 17, doc. B-4, pl. 3.5; J. Bingen, "Statuaire égyptienne et épigraphie grecque: le cas de I. Fay. I 78," in W. Clarysse, A. Schoors, and H. Willems (eds.), *Egyptian Religion: The Last Thousand Years. Studies Dedicated to the Memory of Jan Quaegebeur*, OLA 84 [Leuven, 1998], 318) as well as his name, do not leave the slightest doubt that he was a deified human being. The Greek inscription on the statue, if read correctly, also calls him "Tesenouphis, the god" (a fact that puzzled earlier scholars to the point where they emended the text into senselessness).

particularly as the latter's provenance from Koptos is just my deduction from indicia. Still there is some likelyhood that the two are related. After all, size and quality of the Hor, son of Pashermonth-slab—the eye of which was originally inlaid with a precious material—seem to indicate a somewhat more important cult.

And here again come the choachytes into play. In pLouvre N. 3263 of 215 BC, the tomb of a certain *p3 ḥry Ḥrw p3 rmč Ḳb̭ṭ* "the *ḥry* Hor, the man of Koptos," is mentioned.[34] Again, nothing can guarantee that the same Hor is concerned. Yet, while it is certainly too bold to propose identifications from scratch, from a certain density of evidence onwards, it also is overly timid not to see connections emerging. With Hor of Koptos, this point is at least *almost* reached.

These are just some examples of the interest of Demotic documentary texts for questions of religious practice. It is also by no means true only for material pertaining to the Theban choachytes, although this corpus is particularly rich, if only one looks closely enough. In general, documentary texts become especially informative if read and viewed together and compared with religious and literary sources in Demotic, Greek, and other Egyptian scripts and stages of the language as well as archaeological and artistic material like statues, reliefs and excavation reports of sites. Altogether they give a picture of Egyptian religion that is much more colorful and differentiated than the one which could be derived only from "truly religious" texts written in Hieroglyphs and Hieratic—or even in Demotic.

34. B. Muhs, "A Demotic Donation Contract from Early Ptolemaic Thebes (P. Louvre N. 3263)," in Z. Hawass, and J. H. Wegner (eds.), *Millions of Jubilees: Studies in Honor of David P. Silverman*, vol. 1, SASAE 39 (Cairo, 2010), 439–55, esp. 441, 444, 446.

A Third-Century Demotic Land Lease (P. BM EA 10858)

Cary J. Martin (London)

Many years ago, when I was preparing my first publication of a demotic papyrus, Mark Smith was kind enough to read through a draft of the article and make a number of valuable suggestions and improvements.[1] The papyrus in question was a lease of land in the British Museum and it is with great pleasure that I offer to him now another land lease from the same collection, which I hope he will find of interest.[2] This text is P. BM EA 10858 (pl. 16) and it was acquired in 1977 with other demotic papyri originally owned by George Michaelides.[3]

Physical Description: Ht. × W.: 20.5 × 13 cm. The papyrus is of good quality and light brown in colour. The Front (↔) has 18 full lines of text, plus one witness signature. The Back (↕) is blank. Margins: top, 3 cm; bottom, torn; right, 1 cm; left, none as, apart from the first four lines, the writing goes up to the edge, which has been slightly torn in places. One sheet-join right over left, at 2.5 cm from the right-hand edge. The papyrus is well-preserved, with only very slight damage to the text, mostly due to a vertical tear in the middle of the sheet and the loss of a small piece at the lower left-hand corner. There are traces of ink below the witness signature, so additional names may have been written in the now lost lower part of the papyrus. The average height of papyri in the mid-third century was around 39 cm,[4] which is nearly double that of our text, as preserved.

Transliteration and Translation

1	*ḥꜣ.t-sp 3⸢4⸣ [ỉbd-. . . šmw n] Pr-ꜥꜣ* ꜥ.w.s. *Ptwlmys sꜣ Ptwlmys Str*	Regnal-year 34 [. . . month of *shemu* under] Pharaoh l.p.h. Ptolemy son of Ptolemy Soter.
2	*ḏd kꜣm ⸢Pa⸣-se sꜣ Pa-ḥe mw.t⸢=f⸣ Hry=w n Wynn rmṯ (n) Rꜥ-ḳd*	Said (the) gardener Pasis son of Pais, his mother Herieus, to (the) Greek, Alexandrian,
3	*Strtn sꜣ Tyꜣnyswtr*	Straton son of Dionysodoros:
	sḥn=k n=y (sṯꜣ) 1(.t) ꜣḥ ẖn pꜣ ꜥḳ (n) Špwkꜣ	"You leased to me one (aroura) of land in the *klêros* (of) Shapuka;

1. C. J. Martin, "A Demotic Land Lease from Philadelphia: P. BM 10560," *JEA* 72 (1986), 159–73.

2. In preparing this article I benefitted greatly from the comments and advice of Willy Clarysse and Dorothy Thompson, who provided many helpful ideas and suggestions. I would like to thank Neal Spencer, Keeper of the Department of Ancient Egypt and Sudan of the British Museum, for permission to publish the papyrus, and Ilona Regulski for her help and hospitality on my visits to the Museum.

3. There is a reference to the acquisition in J. Bourriau, "Museum Acquisitions, 1977: Egyptian Antiquities Acquired in 1977 by Museums in the United Kingdom," *JEA* 65 (1979), 154 no. 68, where the papyrus is incorrectly assigned to year 35 of Ptolemy IX. For the manuscripts from the Michaelides Collection, cf. S. J. Clackson, "The Michaelides Manuscript Collection," *ZPE* 100 (1994), 223–26; M. L. Bierbrier, *Who Was Who in Egyptology*, 4th revised edition (London, 2012), 370–71.

4. M. Depauw, "The Royal Format of Early Ptolemaic Demotic Papyri," in K. Ryholt (ed.), *Acts of the Seventh International Congress of Demotic Studies, Copenhagen, 23–27 August 1999*, CNI Publications 27 (Copenhagen, 2002), 89–90.

4	*mtw=y skꜣ=w mtw=y ir=s n wp(.t) nb (n) ḥwt.ṯ (n) pr.t šmw (n) pꜣ mw (n) ḥꜣ.t-sp 34*	I am to plough it; I am to do all the work (of) farmer (in) seed-(and) harvest-time (from) the water (of) regnal-year 34
5	*r ḥꜣ.t-sp 35 n rnp.t n di.t ⸢šmw⸣ 1.t*	to regnal-year 35 as one year of paying rent;
	mtw=y ir=s (n) sm nb	I am to cultivate it (with) all fodder crops;
	mtw=y di.t n=k rtb sw 10 tꜣy=w pš(.t)	I am to give to you 10 artabas of wheat, their half
6	*5 r rtb sw 10 ꜥn n ⸢pꜣ šmw n (stꜣ) 1(.t) ꜣḥ nty ḥry⸣ n sw nfr iw=w wꜥb iwty sn.nw iw=w ḫꜣy.w {n}*	5, makes 10 artabas of wheat again, as the rent for the one (aroura) of land that is above, in good wheat, which is pure, unadulterated, (and) measured
7	*n pꜣ ḳws nty iw=w šp pꜣ šmw (n) nꜣ ꜣḥ(.w) n Pr-ꜥꜣ ꜥ.w.s. r.r=f n ḥꜣ.t-sp 35 iw=w fy.w*	by the measure in which is received the rent (for) the royal lands in regnal-year 35, (and) carried
8	*iw=w swṯ n pꜣy=k wḏꜣ (n) Tꜣ-⸢. . .⸣ n ḥꜣ.t-sp 35 ibd-3 pr.t r ibd-4 pr.t*	(and) delivered to your granary (in) Ta-. . . in regnal-year 35, third month of *peret* to fourth month of *peret*.
9	*pꜣ sw ⸢n.im=w⸣ nty iw bn iw=y (r) di.t s n=k n nꜣ ss.w nty ḥry iw=y (r) di.t n=k swn=f n ḥḏ tn ḳd.t 2*	The wheat thereof that I will not give to you in the time that is above, I will give to you its value in silver at the rate of two kite
10	*r pꜣ rtb (n) ḥꜣ.t-sp 35 ibd-1 šmw n ḥtr iwty mn*	per artaba (in) regnal-year 35, first month of *shemu*, compulsorily, without delay.
	bn iw=y (r) rḫ ḏd di=y n=k sw	I will not be able to say, 'I gave to you wheat (or)
11	*nty nb n pꜣ tꜣ ḫn nty nb nty ḥry iwty iw*	anything on earth within everything that is above,' without a receipt.
	mtw=k ir=f n=y r.r=f	You are to make it for me in respect of it;
	mtw=y di.t n=k ꜥr	and, further, I am to give to you a basket
12	*(n) sm(.w) ⸢nty ḥry⸣ ḫr hrw (n) pꜣ ⸢bnr⸣ [n] nty nb nty ḥry ꜥn*	(of) fodder crops that are above daily in addition [to] everything which is above.
	i.ir=y ḫꜣꜥ ⸢nꜣ ꜣḥ.w nty ḥry⸣	If I abandon the lands that are above
13	*r tm ⸢ir⸣=w ⸢wp(.t)⸣ (n) nꜣ ss.w nty ḥry r tm ir n=k r ḫ md(.t) nb nty ḥry (n) nꜣ ss.w nty ḥry*	by not working them (in) the time that is above (and) by not acting for you in accordance with every word that is above (in) the time that is above,
14	*iw=y (r) di.t n=k ḥḏ 2 r sttr 10.t r ḥḏ 2 ꜥn*	I will give to you silver, 2 (deben), makes 10 staters, makes silver, 2 (deben), again.
	iw iw=k nḥm nꜣ ꜣḥ(.w) nty ḥry ḥr-ḥr=y	If you hold back the lands that are above from me,
15	*gr ⸢mtw⸣ rmṯ nb n pꜣ tꜣ nḥm=w ḥr-ḥr=y n nꜣ ss.w nty ḥry m-sꜣ md(.t) (n) Pr-ꜥꜣ ꜥ.w.s. iw=k (r) di.t ⸢n=y⸣*	or if any man on earth holds them back from me in the time that is above, apart from a matter (of) Pharaoh l.p.h., you will give to me
16	*ḥḏ 2 r sttr 10.t r ḥḏ 2 ꜥn*	silver, 2 (deben), makes 10 staters, makes silver, 2 (deben), again.
	nty nb nty mtw=y ḥnꜥ nꜣ nty iw=y (r) di.t ḫpr=w (n) tꜣ iwy(.t) (n)	Everything that is mine together with that which I will acquire is the security (of)
17	*nty nb nty ḥry*	everything that is above.
	⸢mtw⸣ pꜣy=k rd pꜣ nty nḥṯ r md(.t) nb nty iw=f (r) ḏd=w irm=y (n)	Your representative is the one who is to be believed concerning every word that he will speak with me (in the)
18	*rn (n) md(.t) nb nty ḥry*	name (of) every word that is above.
	mtw=y ir=w ⸢r ḫrw=f n⸣ ḥtr iwty mn	I am to do them at his request, compulsorily, without delay."
	m sḫ Ḏd-ḥr sꜣ [...]	In (the) writing (of) Teos son of [...].
19	*sḫ Ḏd-ḥr sꜣ Wꜣḥ-ib-Rꜥ nꜣy*	Teos son of Oaphres wrote this.

Textual Notes

Line 1

- *ḫ3.t-sp 3⌜4⌝*: The month and season are completely rubbed away and only very faint traces of the lower part of the second digit of the year remain, but from lines 4–5 we know that the transaction was to run from regnal-year 34 to 35. What is visible is more suited to a reading *4* than *5*, which is consistent with the document being drawn up at the beginning of the period of leasing.[5] Year 34 of Ptolemy II ran from the 25 October 252 to 24 October 251 BCE. The inundation of year 34 would, therefore, have been between July and October 251 BCE.[6] The period in which most land leases were drawn up was September–November,[7] so it is probable, albeit not certain, that the season should be restored as *šmw* and, given the size of the lacuna, with *ỉbd-3* or *ỉbd-4* as the likely month (this would be 21 August–19 October).
- *Ptwlmys*: The *y* of *Ptwlmys* is written with a single stroke and no *ꜥ.w.s.* follows it.
- *Str*: This transcription rather than translation of the Greek title Soter into Egyptian is most unusual, apart from the later Ptolemaic dating protocols for the priesthood of Ptolemy I at Ptolemais.[8] Texts from the reign of Ptolemy I write simply Ptolemy without any epithet.[9] In texts dated to Ptolemy II we first find "Ptolemy son of Ptolemy" without epithet,[10] and then in texts written between 267/6 and 260/59 BCE "Ptolemy son of Ptolemy and Ptolemy his son."[11] In the texts that follow the disappearance of the son, the scribes either rendered the title as *p3 nṯr nty rk ḥb*, "the god who wards off misfortune" (texts from Lower Egypt),[12] or added the epithet "the god" (texts from Upper Egypt).[13] While the date at which Ptolemy I received the cult-title "Soter" is disputed,[14] it is securely attested at least 10 years before our papyrus.[15] *p3 nṯr nty rk ḥb*, "the god who wards off misfortune," first appears in the dating protocol of a demotic papyrus in

5. Although there are exceptions, where the document was written after the leasing has commenced; cf. C. J. Martin, "Ptolemaic Demotic Land Leases," in J. G. Keenan, J. G. Manning, and U. Yiftach-Firanko (eds.), *Law and Legal Practice in Egypt from Alexander to the Arab Conquest* (Cambridge, 2014), 345.

6. On the timing of the inundation and the filling of the basins, which obviously would also depend on location, cf. M. Schnebel, *Die Landwirtschaft im hellenistischen Ägypten*, MBPF 7 (Munich, 1925), 70; W. Schenkel, *LÄ* VI, 832, s.v. "Überschwemmung." There can, however, be considerable (up to six weeks) variation in the dates, with the first documented signs of the rise being as early as 3 June; cf. J. J. Janssen, "The Day the Inundation Began," *JNES* 46 (1987), 133–34.

7. H. Felber, "Die Daten in den demotischen Ackerpachtverträgen der Ptolemäerzeit und das landwirtschaftliche Jahr," in B. Kramer, W. Luppe, H. Maehler, and G. Poethke (eds.), *Akten des 21. Internationalen Papyrologenkongresses, Berlin, 13.–19. 8. 1995*, *AfP* Beiheft 3 (Stuttgart, 1997), I, 281–89; Martin, "Ptolemaic Demotic Land Leases," 345.

8. Cf. W. Clarysse, "Greek Loan-Words in Demotic," in S. P. Vleeming (ed.), *Aspects of Demotic Lexicography*, StudDem 1 (Leuven, 1987), 30 n. 78. He rejects as palaeographically uncertain the writing *P3 Str* in a graffito published by E. Bresciani in J. Karkowski and J. K. Winnicki, "Amenhotep, Son of Hapu and Imhotep at Deir El-Bahari: Some Reconsiderations," *MDAIK* 39 (1983), 105 n. b. In addition, as well as the uncertain reading, the dating of this graffito to 304 BCE is open to question; cf. A. Łajtar, *Deir el-Bahari in the Hellenistic and Roman Periods: A Study of an Egyptian Temple Based on Greek Sources*, *JJP* Suppl. 4 (Warsaw, 2006), 17–18.

9. Cf., e.g., P. Phil. 5–9; P. Chicago Hawara 4; P. BM EA 10522–8.

10. Cf., e.g., P. Rylands 12–14; P. Phil. 10, 11, 13; P. Schreibertradition 108; P. Louvre N 2434+2437; P. BM EA Andrews 14.

11. E.g., P. Hauswaldt 1, 10; P. BM EA Andrews 1; P. Phil. 14–15; P. Chicago Hawara 6.

12. E.g., P. dem. Memphis 9; P. dem. Lille Inv. Sorb. 1186. Or *p3 nṯr ꜥnḫ ḏ.t*, "the god living forever"; cf. P. W. Pestman, *Chronologie égyptienne d'après les textes démotiques (332 av. J.-C.–453 ap. J.-C.)*, P.L. Bat. 15 (Leiden, 1967), 16 n. a.

13. E.g. P. Eheverträge 14; P. Phil. 16; P. Schreibertradition 14.

14. Dates of 304 BCE (Pausanias) and c. 280 BCE have been proposed, but the first firmly dated evidence (numismatic) suggests 263/2 BCE; cf. M. Minas, *Die hieroglyphischen Ahnenreihen der ptolemäischen Könige: Ein Vergleich mit den Titeln eponymen Priester in den demotischen und griechischen Papyri*, AegTrev 9 (Mainz am Rhein, 2000), 90–91, with further references, to which can be added W. Huss, *Ägypten in hellenistischer Zeit 332–30 v. Chr.* (Munich, 2001), 238–39.

15. R. A. Hazzard, "Did Ptolemy I Get his Surname from the Rhodians in 304?," *ZPE* 93 (1992), 56 n. 35.

256 BCE, that is, five years before our text.[16] In addition, when Soter does appear later on in transcription, this is as *Swtr* or *Pꜣ Swtr* and not as *Str*.[17]

Line 2

- *Hry=w*: While Herieus is very common as a masculine name, feminine examples do occur.[18]
- *mw.t*⌈*=f*⌉: Only the edge of the rather vertical tail of the *=f* can still be seen, the rest being obscured by a small piece of papyrus.

Line 3

- *Tyꜣnyswtr*: The variant *Tyꜣnyswtr* with *y* between *n* and *s* can be added to the examples in the *Demot. Nb.*[19]
- *ꜥḳ*: *ꜥḳ*, literally "loaf" or "ration,"[20] can have the extended meaning "revenue."[21] The title *nb ꜥḳ* in a second century demotic papyrus is rendered in its Greek translation by *katoikos*,[22] and *ꜥḳ* can also designate the land given by the state for a military settler in return for his services, in Greek *klêros*.[23]
- *Špwkꜣ*: The name of the owner of the *klêros* is written alphabetically, with the seated-man determinative (which means that it is the name of a person and not a place-name; cf. the determinative of the latter in line 8). The first letter could be *Š* or *M* and the second *p* or *ḳ*, but most likely the former (cf. the writings in *Ptwlmys* in line 1). The sign before the determinative would appear to be an *aleph* but, if this is a Greek name, it would mean that it is a female, which would be totally unexpected for the owner of a *klêros* at this early date.[24] In addition, irrespective of the ending, there is no obvious Greek name that would equate to the demotic transcription. Although Greeks clearly make up the majority of owners of *klêroi*,[25] we ought to consider the possibility that we have here a non-Greek name, as for a non-Greek masculine name an ending in *aleph* is quite acceptable. If we take the first sign as *Š* and the second as *p*, we would read *Špwkꜣ*, which would be a demotic rendering of the

16. P. dem. Memphis 9.

17. There are no writings without the *w* in Clarysse, "Greek Loan-Words in Demotic," 30–31 no. 80; idem, "Determinatives in Greek Loan-Words and Proper Names," in S. P. Vleeming (ed.), *Aspects of Demotic Orthography*, StudDem 11 (Leuven, 2013), 23 no. 99; *CDD* Letter *S*, 115–16. In Erichsen, *Glossar*, 419, however, there are two examples which appear to be written *Str* and one *Sꜣtr*. One of the writings as *Str*, as Ghislaine Widmer kindly pointed out to me (email, 3 August, 2015), is from P. Berlin P. 3103, line 2.

18. *Demot. Nb.* I. 2, 746–48. The examples noted to date are all from the Fayyum and Memphis; cf. M. Chauveau, "Un contrat de 'hiérodule': le P. dém. Fouad 2," *BIFAO* 91 (1991), 125 n. i.

19. *Demot. Nb.* I. 3, 1253.

20. *CDD* Letter ꜥ, 144–48.

21. S. P. Vleeming, *The Gooseherds of Hou (Pap. Hou): A Dossier Relating to Various Agricultural Affairs from Provincial Egypt of the Early Fifth Century B.C.*, StudDem 3 (Leuven, 1991), 77–78 § ee.

22. P. Berlin P. 3116, col. 6.18 = UPZ 180a col. 14.1. On the *katoikos*, cf. now the detailed study by S. Scheuble-Reiter, *Die Katökenreiter im ptolemäischen Ägypten*, Vestigia 64 (Munich, 2012).

23. Cf. the discussion by M. Malinine, "Partage testamentaire d'une propriété familiale (Pap. Moscou nº 123)," *RdE* 19 (1967), 78–79 n. b; P. W. Pestman, *L'archivio di Amenothes figlio di Horos (P. Tor. Amenothes): testi demotici e greci relativi ad una famiglia di imbalsamatori del secondo sec. a. C.*, CMET MonTesti 5 (Milan, 1981), 149–50 n. b; Scheuble-Reiter, *Die Katökenreiter*, 155–56.

24. Female ownership of a *klêros* can possibly be dated to as early as 212/11 BCE; cf. C. Fischer-Bovet, *Army and Society in Ptolemaic Egypt* (Cambridge, 2014), 225 n. 140, referring to a suggestion of Clarysse based on a new reading of P. Köln XI 442, lines 11, 21, and 443, line 16. Cleruchic land could be inherited and transferred; cf. D. J. Crawford, *Kerkeosiris: An Egyptian Village in the Ptolemaic Period* (Cambridge, 1971), 53–58; Fischer-Bovet, *Army and Society*, 225–37; Thompson, "Kleruchic Land in the Ptolemaic Period," in Keenan et al. (eds.), *Law and Legal Practice in Egypt from Alexander to the Arab Conquest*, 363–64. That this is only a later development has now been questioned by Scheuble-Reiter, *Die Katökenreiter*, 142–94, who argues that these rights hardly changed throughout the period.

25. On the ethnicity of the cleruchs, cf. R. S. Bagnall, "The Origins of Ptolemaic Cleruchs," *BASP* 21 (1984), 7–20 = *Hellenistic and Roman Egypt: Sources and Approaches* (Aldershot, Hampshire, 2006), ch. VIII; Fischer-Bovet, *Army and Society*, 173–77; Scheuble-Reiter, *Die Katökenreiter*, 112–41; M. Stefanou, "Waterborne Recruits: The Military Settlers of Ptolemaic Egypt," in K. Buraselis, M. Stefanou, and D. J. Thompson (eds.), *The Ptolemies, the Sea and the Nile: Studies in Waterborne Power* (Cambridge, 2013), 108–31.

Iranian name *Šapuka-.[26] An alternative would be to read the first letter as *M* and take the second letter as *ḳ* rather than *p*, *Mḳwkꜣ* being an acceptable demotic rendering of the Iranian *Maguka-.[27] On balance, however, while the opening letter could be *Š* or *M*, *p* is definitely a better reading than *ḳ* for the second sign, hence our preference for *Špwkꜣ*. If this is indeed an Iranian, then it means that the Ptolemies had granted a *klêros* to a Persian soldier serving in the army.[28]

Line 4

- *mtw=y skꜣ=w*: "I am to plough it" (literally "them"). The scribe uses the plural pronoun here, but the singular in line 5, possibly because the *=s* refers there to the "work" rather than the "land." Later on he writes *ꜣḥ.w*, "lands," in the plural and deploys the plural pronoun.
- *mtw=y ir=s n wp(.t) nb (n) ḥwt.ṱ*: Literally, "I am to do it (i.e. the ploughing/cultivation) with all the work (of) farmer."[29]
- *pr.t šmw*: The writing of the two words is identical except for the additional determinative after *pr.t* 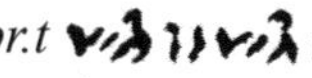; this looks like a writing of the water and canal group determinative, cf. *mw* further along the line, but its presence after *pr.t* is unexpected. The translation "seed- (and) harvest-time" is to be preferred to "winter (and) summer."[30] Note how the writing of the two words here differs from that of the seasons *pr.t* and *šmw* in lines 8 and 10 (whereas in lines 5 and 7 *šmw*, "rent," literally "harvest," is written exactly the same as *šmw*, "harvest-time").

Line 5

- *šmw*: The reading is based on the writing in the preceding line, where the scribe differentiates *šmw* from *pr.t* through the additional determinatives with *pr.t* (see above note). In P. BM EA 10560, line 13, the phrase appears to be written *r rnp.t di.t pr.t 1.t*, "makes one year of sowing," but in an unpublished Tebtunis land lease we find *r rnp.t* [*di.t*] ⸢*šmw*⸣ *2.t*, "makes two years of paying rent."[31]
- *ir=s*: We were initially inclined to read *n=k*, with the *ir* and the *n=k* ligatured, but it seems more likely that the scribe has written the suffix pronoun after *ir*, as in line 4.
- *sm*: "fodder crops, grass," = Greek *chortos*.[32] The lessee undertakes to cultivate the land with *sm*, "fodder crops," but promises to pay the rent in *sw*, "wheat."

26. For which, cf. J. Tavernier, *Iranica in the Achaemenid Period (ca. 550–330 B.C.): Lexicon of Old Iranian Proper Names and Loanwords, Attested in Non-Iranian Texts*, OLA 158 (Leuven, 2007), 316 no. 4.2.1624. On the rendering of Iranian words into Egyptian, cf. G. Vittmann, "Iranisches Sprachgut in ägyptischer Überlieferung," in T. Schneider (ed.), *Das Ägyptische und die Sprachen Vorderasiens, Nordafrikas und der Ägäis*, AOAT 310 (Münster, 2004), 129–82.

27. Tavernier, *Iranica in the Achaemenid Period*, 236 no. 4.2.1020.

28. Leaving aside the issue of whether the *Persai* and *Persai tês epigones* were actually descendents of actual Persians or whether they were just pseudo-ethnics (for a summary of the arguments, cf. Fischer-Bovet, *Army and Society*, 178–91, with references), an individual in this context with an Iranian name must be a Persian. As Clarysse points out to me (email, 5 October 2014), there was even in the mid third century an eponymous priest from a Perso-Lycian family, whose father had a Persian name, Tlepolemos son of Artapates; cf. W. Clarysse, "Ethnic Diversity and Dialect among the Greeks of Hellenistic Egypt," in A. M. F. W. Verhoogt and S. P. Vleeming (eds.), *The Two Faces of Graeco-Roman Egypt: Greek and Demotic and Greek-Demotic Texts and Studies Presented to P. W. Pestman*, P.L. Bat. 30 (Leiden, 1998), 8 no. 44. With the exception of the Jews, however, cleruchs from the East are only rarely mentioned in our sources; cf. the table in Stefanou, "Waterborne Recruits," 113–14.

29. Cf., e.g., P. BM EA 10560, lines 11–12: *mtw=y ir=w (n) wp(.t) nb (n) ḥwt*; P. BM EA 10230, line 6: *mtw=y ir=s (n) wp(.t) nb (n) wyʿ (n) mḥ*.

30. Martin, "Ptolemaic Demotic Land Leases," 357 n. 91.

31. P. Tebt. dem. 5944, line 13.

32. "Greens: grass, hay, fodder, vegetables, herbs," *CDD* Letter *S*, 207–11; A. Monson, *Agriculture and Taxation in Early Ptolemaic Egypt: Demotic Land Surveys and Accounts (P. Agri)*, PTA 46 (Bonn, 2012), 86 n. col. 3/1.

Line 6

- {*n*}: This is repeated at the beginning of the next line. The small dot towards the top on the left probably belongs to the determinative of *pš* in the preceding line.

Line 7

- *nty iw=w šp*: As written this could also be translated as a future.

Line 8

- *wḏꜣ*: The reading of the demotic word for "granary," but not its meaning, has been a source of debate for quite some time.[33]
- *Tꜣ*-⸢. . .⸣: The reading of the place-name is problematic. It appears to be written alphabetically, preceded by the definite article, *Tꜣ*- or *Nꜣ*-. The first two letters would be *m* and *p* followed by a damaged *s* (or possibly *y*). The next group would then be either a very peculiar writing of *r* across *ẖ* or more likely a determinative, probably that of the tree.[34] The word ends with the place determinative. An alternative interpretation would be to read the group after the definite article as *ẖnt*, for which cf. the early demotic and second Ptolemaic writings in Erichsen, *Glossar*, 363.[35] In this case, the next sign could be *y* rather than *s*. *ẖnṯy*(*.t*) is found as a writing of *šnt*(*.t*) "acacia tree,"[36] and this interpretation would be supported by the presence of the tree determinative. A reading of the toponym as *Tꜣ-ẖnty*(*.t*), "The Acacia Tree," however, is somewhat speculative and its identification equally uncertain.[37] Another possibility, suggested by Richard Jasnow (email, 3 August 2015), is to read the first signs after the probable definite article as *wn* or *mn*, followed by *ꜥšꜣ*, **Tꜣ/Nꜣ-wn/mn-ꜥšꜣ*, but this is also an otherwise unknown location.
- *pr.t*: The reading *pr.t* is dictated by the context, as in line 10 the penalty for non-delivery of the rent is to be made in the first month of *shemu*. Palaeographically, however, the writing is identical to that of *šmw* in line 10. The possibility that we should read *šmw* here and assume a scribal error in line 10 (*šmw* written in error for *ꜣḫ.t*) can be ruled out. The payment of the rent in the third–fourth months of *peret* corresponds to the period 23 April–21 June 250 BCE, which is consistent with the agricultural season.[38] If the rent were paid in the third or fourth month of *shemu*, this would be in the period 21 August–19 October 250 BCE, far too long after the harvest. As noted above (line 4), the writing of the seasons *pr.t* and *šmw* differs from that of the words for "seed- and harvest-time" and "rent" (lines 5 and 7). The initial sign in these words has a slightly curved stroke at the top above the *pr* and *š* signs (it is quite faint in *šmw*, but clear on the original) which is absent in the writing of the seasons.

---

33. Cf. now J. F. Quack, "Zu einigen demotischen Gruppen umstrittener Lesung oder problematischer Ableitung," in S. P. Vleeming (ed.), *Aspects of Demotic Orthography*, StudDem 11 (Leuven, Paris, and Walpole, MA, 2013), 106–11. For the discussion on the reading, cf. A. A. den Brinker, B. P. Muhs, and S. P. Vleeming, *A Berichtigungsliste of Demotic Documents*, StudDem 7 (Leuven, 2005), vol. B, 827–8 § 42. The comments of Monson, *Agriculture and Taxation*, 61–62 n. col. 1/6, were written before the publication of Quack's more detailed arguments.

34. Cf. the writing in the first two *Röm.* examples of *nhy*, "sycamore," in Erichsen, *Glossar*, 221.

35. To which can be added the writings of *ẖnṯ* in *ẖnṯ šy*, "foremost of the lake," and *ẖnṯ*, "hypostyle hall," *CDD* Letter *Ḫ*, 118, 119; *Ḥr-Ḫnṯ-Ḫt*, "Horus-Khenty-khety," *CDD* Letter *Ḫ*, 186; *Ḫnṯ-Nwn*, "Khent-Nun," *CDD* Letter *N*, 40–41.

36. *CDD* Letter *Š*, 186, with reference to the identification by K.-T. Zauzich, "Die Bedingungen für das Schreiberamt von Soknopaiu Nesos," *Enchoria* 12 (1984), 89 n. Z. 10.

37. As far as we are aware, the toponym is not found in hieroglyphic sources. There is one example in a demotic literary papyrus, where it is written without the tree determinative, but this is in a broken context and its location not identifiable; cf. H. S. Smith and W. J. Tait, *Saqqâra Demotic Papyri* I, EES Texts from Excavations Memoir 7 (London, 1983), 164 n. a.

38. Cf. H. Felber, *Demotische Ackerpachtverträge der Ptolemäerzeit: Untersuchungen zu Aufbau, Entwicklung und inhaltlichen Aspekten einer Gruppe von demotischen Urkunden*, ÄA 58 (Wiesbaden, 1997), 157–58; D. Hennig, *Untersuchungen zur Bodenpacht im ptolemäisch-römischen Ägypten* (PhD diss., University of Munich; Munich, 1967), 22–23.

Line 10

– *sw*: The text is damaged but the reading is certain (*sw*, "wheat," and not *swn*, "value").[39]

Line 11

– *ʿr*: There is an additional slightly damaged sign after the *r* which is presumably a determinative rather than another letter, but what it represents is uncertain. As the next line continues with, "fodder crops that are above daily," we would suggest that *ʿr* may be related to the word *ʿrʿr*, "basket," which has the extended meaning of "a unit of (grain) measure" and, possibly, "delivery."[40] While "basket" is our preferred translation, given the context any of these meanings would be acceptable here. There may also be a connection with *ʿl*, "to load on board (grain)," and "loading" (of grain).[41]

Line 12

– *(n) sm(.w)* ⌜*nty ḥry*⌝: There is a small lacuna before *sm*, so it is possible that the plural definite article should be restored. The *nty ḥry* is very faint and is rather squat compared to other writings in the text.
– *pꜣ* ⌜*bnr*⌝ *[n]*: The reading *bnr* for the short group after *pꜣ* is a suggestion of Richard Jasnow (email, 3 August 2015). The meaning would be "in addition to," and necessitates the translation of *ʿn* by "further" rather than "again," referring to an additional payment by the lessee in addition to the rent.[42] There is a small piece of misplaced papyrus to the left of the word, which possibly covers the *n*.
– *nꜣ ꜣḫ.w* is rather faint, but the reading, with the plural marker *.w* written, seems very likely. *nty ḥry* is partly in lacuna.

Lines 12–13

– *i.ir=y ḫꜣʿ*: Note the use of the second tense here is to focalise the following purpose clauses, "by not working" (literally, "in order not to work") and "by not acting" (literally, "in order not to act").[43]

Line 14

– *iw iw=k nḥm*: We transliterate the demotic as *iw iw=k* rather than *i.ir=k*, taking it to be a writing of the conditional auxiliary and suffix pronoun and not a second tense,[44] as there is no following purpose clause and the scribe continues the second part of the protasis with the conjunctive (see next note).[45]

39. For this expression, cf. P. BM EA 10230, line 8: "I will not be able to say, 'I gave you flax, money, (a) penalty, seed (or) anything on earth within the rent that is above,' without a valid receipt."

40. *CDD* Letter ʿ, 98. For *ʿr* as a variant of *ʿrʿr*, cf. *ʿl* and *ʿlʿl* (*CDD* Letter ʿ, 107–10, 112).

41. *CDD* Letter ʿ, 107–8. Cf. also the *ʿr* of P. dem. Lille 98 2/2 (note the similarity in the determinative), which is presumably a variant of *ʿl*, "association dues," but the reading is uncertain; cf. F. de Cenival, "Deux papyrus inédits de Lille avec une révision du P. dém. Lille 31," *Enchoria* 7 (1977), 16 n. 2, 2.

42. For another example of *pꜣ bnr n* with this meaning, cf. P. Hawara Lüddeckens 1, line 4: "I am to do for you their right in addition (*pꜣ bnr*) to doing for you the right of the document that is above." This use of *ʿn* has been noted in P. Vandier with nonpunctual verbs by A. Shisha-Halevy, "Papyrus Vandier *Recto*: An Early Demotic Literary Text?," *JAOS* 109 (1989), 433, n. 4.1.f.2; cf. also in abnormal hieratic R. Jasnow and G. Vittmann, "An Abnormal Hieratic Letter to the Dead (P. Brooklyn 37.1799 E)," *Enchoria* 19/20 (1992/1993), 36, n. MM.

43. On the use of the second tense with conditional meaning, cf. R. S. Simpson, *Demotic Grammar in the Ptolemaic Sacerdotal Decrees* (Oxford, 1996), 172–74; G. Widmer, "Emphasizing and Non-Emphasizing Second Tenses in the *Myth of the Sun's Eye*," *JEA* 85 (1999), 170–74.

44. Cf. P. dem. Memphis 5a, lines 19–20, for the same combination of first a second tense with *ḫꜣʿ* followed by two purpose clauses and then in the next sentence the auxiliary and suffix pronoun continued by a conjunctive, *iw=y nḥm .... mtw rmṯ nb (n) pꜣ tꜣ nḥm=w*.

45. On the use of the conjunctive to connect the protasis of a sequence of conditional clauses, cf. J. F. Quack, "Präzision in der Prognose oder: Divination als Wissenschaft," in A. Imhausen and T. Pommerening (eds.), *Writings of Early Scholars in the Ancient Near East, Egypt, Rome, and Greece*, BzA 286 (Berlin, 2010), 74.

Line 15

- *gr mtw*: The combination of *gr* and *mtw* is unexpected. In other texts we find the clauses either connected by *mtw*, e.g., *ỉw=y nḥm . . . ẖr-r.ḥr=t . . . mtw rmṯ nb n pꜣ tꜣ nḥm=w ẖr-r.ḥr=t*, "if I hold back . . . from you . . . or any man on earth holds them back from you,"[46] or by *gr*, *ỉw=y nḥm . . . ẖr-ḥr=k gr ỉw=y sṯꜣ=y r.r=k*, "if I hold back . . . from you . . . or if I withdraw from you."[47] Here the scribe writes both.
- *md(.t) (n) Pr-ꜥꜣ*ꜥ.w.s.: This is the normal term in Lower Egypt for the land taxes to be paid to Pharaoh.[48] The clause presumably refers to the lessee being denied usufruct because the crown has repossessed the land as the taxes have not been paid.

Line 16

- *ỉwy(.t)*: There is a long slanting stroke before the determinative that we interpret as the scribe's writing of *y* (as in *Ptwlmys* in line 1).

Line 18

- *m sẖ Ḏd-ḥr sꜣ* [. . .]: Despite the name of the scribe being the same as that of the writer of the next line, it would be rather unexpected for him to sign a document twice. The names in lines 18 and 19 are, therefore, assumed to belong to two different people and the name of the father of the scribe, which is completely in lacuna, cannot be restored.

Line 19

- *sẖ Ḏd-ḥr sꜣ Wꜣḥ-ỉb-Rꜥ nꜣy*: Teos son of Oaphres has no apparent relationship to the parties in the transaction, so this must be a witness to the document rather than an autograph confirmation.[49] It should be noted that the writing of *Ḏd-ḥr* differs from that in the previous line. There are traces of ink below this line, so it is possible that further names were written on the now lost lower part of the papyrus. Whether the witnesses placed their signatures on the Back of the document or below the text on the Front would have been determined by local custom, as would the number of witnesses.

Commentary

The provenance of the papyrus is unknown. We can assume that Michaelides obtained it via an antiquities dealer, but we have no specific information. There is a place-name mentioned in the text but its reading is uncertain and its location not identifiable.[50] As it is cleruchic land and dates to the mid third century, the likelihood is that it comes from the Arsinoite, Herakleopolite or Oxyrhynchite nomes, where the vast majority of cleruchs were located, but this can only be a probability as there were settlements elsewhere.[51] Until recently the fact that the document was

---

46. P. dem. Memphis 5a, line 20.

47. P. Cairo 31079, lines 20–21.

48. K. Vandorpe, "The Ptolemaic Epigraphe or Harvest Tax (*shemu*)," *AfP* 46 (2000), 197–98; A. Monson, *From the Ptolemies to the Romans: Political and Economic Change in Egypt* (Cambridge, 2012), 172–76.

49. Rather than just a signature or preceded by *m sẖ*, it is structured like an autograph confirmation. These regularly write *sẖ X sꜣ X tp=f nꜣy*, "X son of X himself wrote this." In our text the *tp=f* that indicated personal involvement in the transaction is omitted. On autograph confirmation in demotic legal texts, cf. M. Depauw, "Autograph Confirmation in Demotic Private Contracts," *CdE* 78 (2003), 66–111.

50. Cf. line 8 note.

51. Cf. the lists in F. Uebel, *Die Kleruchen Ägyptens unter den ersten sechs Ptolemäern*, ADAW 1968/3 (Berlin, 1968), 32–377; D. J. Thompson, "The Exceptionality of the Early Ptolemaic Fayyum," in M. Capasso and P. Davoli (eds.), *New Archaeological and Papyrological Researches on the Fayyum: Proceedings of the International Meeting of Egyptology and Papyrology, Lecce, June 8th–10th 2005*, PapLup 14 (Lecce, 2007), 303–10; Fischer-Bovet, *Army and Society in Ptolemaic Egypt*, 202–10; Scheuble-Reiter, *Die Katökenreiter*, 343–45.

drawn up by the lessee would have been taken as an indication that the text came from Upper Egypt, as in leases from the Fayyum it was believed that the lessor always addressed the lessee.[52] The situation is now, however, not so clear-cut, as among the land leases found in the excavations at Tebtunis there is at least one text which was drawn up by the lessee.[53]

This is the first demotic land lease to be published that dates to the third century BCE.[54] While Greek leases from this period are plentiful,[55] Ptolemaic demotic leases were hitherto only known from the second and first centuries. Greek leases from the Ptolemaic period are predominately concerned with cleruchic land, but demotic leases only rarely.[56] What is particularly noteworthy about our text is not just that it deals with cleruchic land, but that the ultimate owner is apparently a Persian soldier who has leased his land to a Greek, who in turn has leased it to an Egyptian gardener, that is, the lessor is a different individual to the actual owner of the *klêros*. We know from other papyri that the cleruch did not always work the land himself and needed to lease it out to ensure his income. It is often Greeks who appear as lessees to these cleruchs and they in turn would sub-lease the land to local farmers. These Greek middlemen were doubtless resident in the area and would have had local knowledge.[57] This would appear to be the situation in our text, although it is noteworthy that this sublessor is described as an Alexandrian.

As the size of the plot is only one aroura, it is clearly just a small part of the *klêros*, which must have been divided among a number of cultivators. Unlike the majority of leases, however, its location is not more clearly defined and there is no mention of the neighboring plots, presumably because the surrounding land on all sides belonged to the *klêros*. There must have been boundary markers on the land to delineate the individual plots. The rent at 10 artabas of wheat on one aroura of land is very high. This is at the very top end of the range from the Greek texts, with the majority falling between four and seven artabas per aroura.[58] In only a limited number of demotic texts are both the size of the land and that of the rent specified.[59] Of the texts where it can be ascertained, there is just one that has a higher charge.[60] There is no mention of any state tax,[61] which would be

52. Martin, "Ptolemaic Demotic Land Leases," 346.

53. P. Tebt. dem. 5939, line 7, *sḥn=k n=y*. Cf. also the leases from Oxyrhyncha, where there appear to be exceptions to the hitherto accepted picture; S. Lippert, "Like Phoenix from the Mummies: Demotic Documents from Oxyrhyncha in Cartonnages from Tebtunis," in S. Lippert and M. Schentuleit (eds.), *Graeco-Roman Fayyum: Texts and Archaeology* (Wiesbaden, 2008), 170; S. Lippert, *Einführung in die altägyptische Rechtsgeschichte* (2nd edition), EQTÄ 5 (Berlin, 2012), 157 n. 893.

54. P. dem. Lille 119, which is to be dated to 242–241 BCE, is not a lease of land but an offer to lease; cf. M. C. Betrò, "Il P. dém Lille 119: un'offerta d'affitto con relativo contratto," in S. F. Bondì, S. Pernigotti, F. Sera, and A. Vivian (eds.), *Studi in onore di Edda Bresciani* (Pisa, 1985), 67–84. The lack hitherto of third century demotic leases is certainly due to the chances of survival. Previous unconvincing attempts to draw conclusions from their absence are now proven to be unfounded; cf. C. J. Martin, review of T. Q. Mrsich, *Rechtsgeschichtliches zur Ackerpachtung auf Tempelland nach demotischem Formular*, ÖAW 703 = VKAR 10 (Vienna, 2003), *BiOr* 62 (2005), 494.

55. Cf., e.g., J. Herrmann, *Studien zur Bodenpacht im Recht der graeco-aegyptischen Papyri*, MBPF 41 (Munich, 1958), 247–48; J. Bingen, *Hellenistic Egypt: Monarchy, Society, Economy, Culture* (Edinburgh, 2007), 206–12.

56. C. J. Martin, T. S. Richter, J. Rowlandson, R. Takahashi, and D. J. Thompson, "Leases," in Keenan et al. (eds.), *Law and Legal Practice in Egypt from Alexander to the Arab Conquest*, 342. P. Tor. Amenothes 17 is a lease of cleruchic land; cf. Pestman, *P. Tor. Amenothes*. 149–50 note b. Cf. also P. dem. Reinach 1 and 5, where the parties involved belong to the military.

57. Cf. Bingen, *Hellenistic Egypt*, 206–12; J. G. Manning, "Networks, Hierarchies, and Markets in the Ptolemaic Economy," in Z. H. Archibald, J. K. Davies, and V. Gabrielsen (eds.), *The Economies of Hellenistic Societies, Third to First Centuries BC* (Oxford, 2011), 304–6; Fischer-Bovet, *Army and Society*, 239–42. The generally-accepted view that the cleruchs were absentee landlords, however, has recently been convincingly challenged; cf. Scheuble-Reiter, *Die Katökenreiter*, 33–38.

58. Herrmann, *Studien zur Bodenpacht*, 102–3.

59. Cf. Martin, "Ptolemaic Demotic Land Leases," 349.

60. P. Bürgschaft. 9; cf. K. Sethe, *Demotische Urkunden zum ägyptischen Bürgschaftsrechte vorzüglich der Ptolemäerzeit*, AAWL 32 (Leipzig, 1920), 184–5 § 55c; cf. the table in Felber, *Demotische Ackerpachtverträge der Ptolemäerzeit*, 152–54.

61. K. Vandorpe, "Agriculture, Temples and Tax Law in Ptolemaic Egypt," in J. C. Moreno García (ed.), *L'agriculture institutionnelle en Égypte ancienne: état de la question et perspectives interdisciplinaires*, CRIPEL 25 (Lille, 2005), 167. This was hitherto assumed to be just a fixed land tax, but cf. now the forthcoming paper of A. Monson, "Harvest Taxes on Cleruchic Land in the Third Century BCE," in T. Derda (ed.),

paid by the lessor.[62] The land is to be cultivated with fodder crops, but the rent is to be paid in wheat. The lessee, however, is also required to make an additional daily delivery of a basket of fodder crops. Payment all in wheat irrespective of the crops grown is not uncommon in Greek leases.[63] In the demotic leases the rent is usually paid in wheat,[64] but the texts often do not state the crop that is to be cultivated.[65] The lessee would either sell the fodder crops on the market in return for the wheat with which to pay the rent, or he may have grown it on other lands that he was responsible for cultivating.[66] For checking that the quantity of wheat delivered is correct, it is a state grain-measure that is to be used.[67] A penalty of two kite of silver per artaba is to be paid if the lessee is late with the rent, which is the normal penalty price at this time,[68] and a receipt, drawn up by the lessor, is required as proof of payment. The lessee also commits to paying a fine of two deben if he abandons the land. An identical fine is to be paid by the lessor to the lessee if the latter is prevented from cultivating the land (unless this is due to state intervention).

The document is not as detailed as many later Ptolemaic leases,[69] but its formulae are more developed than in the earlier pre-Ptolemaic leases.[70] It therefore represents an interesting stage in the development of the demotic legal tradition,[71] which had certainly reached a high level of sophistication before the arrival of the Ptolemies. It is not yet possible to determine the stages in the process, as the evidence is still quite limited, but there is no reason to assume Ptolemaic influence.[72]

Papyri Cited

P. Berlin P. 3103	W. Spiegelberg, *Demotische Papyrus aus den Königlichen Museen zu Berlin* (Leipzig and Berlin, 1902), pl. 30; W. Erichsen, *Demotische Lesestücke*, II: *Urkunden der Ptolemaerzeit* (Leipzig, 1939), I, 170–74.

Proceedings of the 27th Papyrology Congress, Warsaw, where it is shown that cleruchic land, at least in the third century, was subject to a harvest tax, albeit at a slightly lower rate than royal land.

62. This is consistent with Fayyumic practice; cf. Martin, "Ptolemaic Demotic Land Leases," 348.

63. Although fodder crops were often subject to a cash rent; cf. the tables in Hennig, *Untersuchungen zur Bodenpacht*, 29–35; J. Rowlandson, *Landowners and Tenants in Roman Egypt: The Social Relations of Agriculture in the Oxyrhynchite Nome* (Oxford, 1996), 240–43.

64. Cf. Felber, *Demotische Ackerpachtverträge der Ptolemäerzeit*, 152–54.

65. But cf. P. Count 46; W. Clarysse and D. J. Thompson, *Counting the People in Hellenistic Egypt*, Cambridge Classical Studies (Cambridge, 2006), 1:439.

66. On crop rotation and the splitting of plots between cereals and fodder, cf. Hennig, *Untersuchungen zur Bodenpacht*, 50–55; Rowlandson, *Landowners and Tenants in Roman Egypt*, 236–39, for later periods.

67. On public and private grain measures, cf. Hennig, *Untersuchungen zur Bodenpacht*, 13–21.

68. Cf. H. Cadell and G. Le Rider, *Prix du blé et numéraire dans l'Égypte lagide de 305 à 173*, PapBrux 30 (Brussels, 1997), 28–29.

69. Clauses that often occur in later leases that are not present here include: responsibility for providing seed and farming equipment; return of the lease at the end of the period; no extension to the length of the lease; and protection for the lessor against loss or neglect on the part of the lessee.

70. These are predominately the Saite leases published by G. R. Hughes, *Saite Demotic Land Leases*, SAOC 28 (Chicago, 1952). Some of the differences between the Saite and Ptolemaic leases are noted by Lippert, *Einführung in die altägyptische Rechtsgeschichte*, 157–60. Other published pre-Ptolemaic leases include P. Hou 5 (Dynasty 27) and a Michaelides papyrus now in the British Museum, P. BM EA 10846.2 (Dynasty 29).

71. On the development of the demotic legal tradition, cf. J. G. Manning, "Law Under the Ptolemies," in Keenan et al. (eds.), *Law and Legal Practice in Egypt from Alexander to the Arab Conquest*, 17–19.

72. For other classes of documents, where the evidence is more plentiful, it is clear that the formulae were fully developed before the Ptolemaic period; cf., e.g., T. Markiewicz, "Demotic Loans," in Keenan et al. (eds.), *Law and Legal Practice in Egypt from Alexander to the Arab Conquest*, 58.

P. Berlin P. 3116	W. Erichsen, "Der demotische Papyrus Berlin 3116," *Aegyptus* 32 (1952), 10–32; P. W. Pestman, *The Archive of the Theban Choachytes (Second Century B.C.): A Survey of the Demotic and Greek Papyri Contained in the Archive*, StudDem 2 (Leuven, 1993), 175–76.
P. BM EA 10230	N. Reich, *Papyri juristichen Inhalts in hieratischer und demotischer Schrift aus dem British Museum*, DAWW 55.3 (Vienna, 1914), 77–82; Martin, "Ptolemaic Demotic Land Leases," 355–58.
P. BM EA 10522–8	S. R. K. Glanville, *A Theban Archive of the Reign of Ptolemy I Soter*, CDPBM 1 (London, 1939).
P. BM EA 10560	C. J. Martin, "A Demotic Land Lease from Philadelphia: P. BM 10560," *JEA* 72 (1986), 159–73.
P. BM EA 10846.2	U. Kaplony-Heckel, "Ein neuer demotischer Papyrus aus der Zeit des Königs Hakoris (Sammlung Michaelides)," *Enchoria* 3 (1973), 5–20.
P. BM EA Andrews 1, 14	C. A. R. Andrews, *Ptolemaic Legal Texts from the Theban Area*, CDPBM 4 (London, 1990).
P. Bürgschaft. 9	K. Sethe, *Demotische Urkunden zum ägyptischen Bürgschaftsrechte vorzüglich der Ptolemäerzeit*, AAWL 32 (Leipzig, 1920).
P. Cairo 31079	W. Spiegelberg, *Die demotischen Denkmäler* II: *Die demotischen Papyrus*, CGC 30601–31270, 50001–50022 (Strassburg, 1906–8).
P. Chicago Hawara 4, 6	G. R. Hughes and R. Jasnow, *Oriental Institute Hawara Papyri: Demotic and Greek Texts from an Egyptian Family Archive in the Fayum (Fourth to Third Century B.C.)*, OIP 113 (Chicago, 1997).
P. Count 46	W. Clarysse and D. J. Thompson, *Counting the People in Hellenistic Egypt*, Cambridge Classical Studies (Cambridge, 2006).
P. dem. Lille 98	F. de Cenival, "Deux papyrus inédits de Lille avec une révision du P. dém. Lille 31," *Enchoria* 7 (1977), 1–49.
P. dem. Lille 119	M. C. Betrò, "Il P. dém. Lille 119: un'offerta d'affitto con relativo contratto," in S. F. Bondì, S. Pernigotti, F. Sera, and A. Vivian (eds.), *Studi in onore di Edda Bresciani* (Pisa, 1985), 67–84.
P. dem. Lille Inv. Sorb. 1186	F. de Cenival, "Un document inédit relatif à l'exploitation de terres du Fayoum (P. dém. Lille, Inv. Sorb. 1186)," *RdE* 20 (1968), 37–50.
P. dem. Memphis 5a, 9	C. J. Martin, *Demotic Papyri from the Memphite Necropolis: In the Collections of The National Museum of Antiquities in Leiden, the British Museum and The Hermitage Museum*, PALMA 5 (Turnhout, 2009).
P. dem. Reinach 1, 5	E. Boswinkel and P. W. Pestman, *Les archives privées de Dionysios, fils de Kephalas: textes grecs et démotiques*, P.L.Bat 22 (Leiden, 1982).
P. Eheverträge 14	E. Lüddeckens, *Ägyptische Eheverträge*, ÄA 1 (Wiesbaden, 1960).
P. Hawara Lüddeckens 1	E. Lüddeckens, *Demotische Urkunden aus Hawara*, VOHD Suppl. 28 (Stuttgart, 1998), 2–11.
P. Hauswaldt 1, 10	J. G. Manning, *The Hauswaldt Papyri: A Third Century B.C. Family Dossier from Edfu*, DemStud 12 (Sommerhausen, 1997).
P. Hou 5	S. P. Vleeming, *The Gooseherds of Hou (Pap. Hou): A Dossier Relating to Various Agricultural Affairs from Provincial Egypt of the Early Fifth Century B.C.*, StudDem 3 (Leuven, 1991).
P. Louvre N 2434+2437	B. Muhs, "Clear Title, Public Protests and P. Brux. Dem. 4," in K. Ryholt (ed.), *Acts of the Seventh International Congress of Demotic Studies, Copenhagen, 23–27 August 1999*, CNI Publications 27 (Copenhagen, 2002), 269–71.

P. Phil. 5–9, 10, 11, 13, 14, 15, 16	M. el-Amir, *A Family Archive from Thebes: Demotic Papyri in the Philadelphia and Cairo Museums from the Ptolemaic Period* (Cairo, 1959).
P. Rylands 12–14	F. Ll. Griffith, *Catalogue of the Demotic Papyri in the John Rylands Library Manchester* (Manchester, 1909).
P. Schreibertradition 14, 108	K.-T. Zauzich, *Die ägyptische Schreibertradition in Aufbau, Sprache und Schrift der demotischen Kaufverträge aus Ptolemäischer Zeit*, ÄA 19 (Wiesbaden, 1968).
P. Tebt. dem. 5939	Unpublished.
P. Tebt. dem. 5944	Unpublished.
P. Tor. Amenothes 17	P. W. Pestman, *L'archivio di Amenothes figlio di Horos (P. Tor. Amenothes): testi demotici e greci relativi ad una famiglia di imbalsamatori del secondo sec. a. C.*, CMET MonTesti 5 (Milan, 1981).

Offering the *ij.t*-Knife to Haroeris in the Temple of Isis at Shanhūr

Martina Minas-Nerpel (Swansea)

It is a great pleasure to offer a contribution to celebrate Mark Smith, from whose teaching and knowledge I benefited greatly. I hope he will enjoy these notes on a rarely attested ritual.

The Roman–period temple of Isis at Shanhūr (pl. 17a) is located about 20 km north of Luxor on the east bank of the Nile. From 1989 until 2001 it was investigated by the KU Leuven.[1] In 2010 a final epigraphic campaign was undertaken in a joint project by Swansea University and KU Leuven to complete the recording for the second epigraphic volume of the Shanhūr temple, which will contain the scenes and inscriptions on the exterior walls, the Hypostyle Hall, and the lateral chapel.[2]

The exterior western and eastern walls of the temple were decorated under Claudius (41–54 CE) in three registers of twelve scenes, making a total of thirty-six scenes on each wall. The limestone, which is of inferior quality with many fossil inclusions, is quite weathered, but the reliefs were executed to a high standard.[3] The ritual scene discussed in this article, the offering of the *ij.t*-knife to Haroeris, is the seventh scene in the first register of the eastern exterior wall (no. 157; fig. 1, pl. 18). In its axially corresponding scene on the western exterior wall (no. 119; see fig. 7, pl. 18) the sword of victory (*ḫpš n qn.t*) is offered to Horus. I present the texts here and analyse the rarely attested ritual of offering the *ij.t*-knife in a regional context that includes the corresponding scene at Shanhūr and their parallels in other temples.

I am grateful to the Shanhūr team members Marleen De Meyer (Leuven), Peter Dils (Leipzig), René Preys (Leuven), Troy Sagrillo (Swansea), and Harco Willems (Leuven). This article could not have been written without their manifold input in the Shanhūr project. I am especially grateful to John Baines, Marleen De Meyer, and René Preys for comments on a draft and most valuable suggestions.

1. H. Willems, F. Coppens, and M. De Meyer, *The Temple of Shanhûr I: The Sanctuary, the* Wabet, *and the Gates of the Central Hall and the Great Vestibule (1–98)*, OLA 124 (Leuven, 2003); J. Quaegebeur and C. Traunecker, with the collaboration of C. Casseyas, M. Chartier-Raymond, G. Creemers, P. Dils, and I. Roovers, "Chenhour 1839–1993: État de la question et rapport des travaux de 1992 et de 1993," *CRIPEL* 16 (1994), 167–209 ; J. Quaegebeur, "Le temple romain de Chenhour: Remarques sur l'histoire de sa construction et sur sa décoration," in D. Kurth (ed.), 3. *Ägyptologische Tempeltagung, Systeme und Programme der ägyptischen Tempeldekoration*, ÄAT 33.1 (Wiesbaden, 1995), 199–226; J. Quaegebeur, "Excavating the Forgotten Temple of Shenhur (Upper Egypt)", in S. G. J. Quirke (ed.), *The Temple in Ancient Egypt: New Discoveries and Recent Research* (London, 1997), 159–67; C. Traunecker and H. Willems, with the collaboration of M. Chartier-Raymond, F. Coppens, P. Dils, B. Gratien, D. Huyge, F. Muller, and I. Roovers, "Chenhour: Rapport des travaux de 1996 et 1997," *CRIPEL* 19 (1998), 111–46. For a recent overview see M. De Meyer and M. Minas-Nerpel, "Shenhur, Temple of," in E. Frood and W. Wendrich (eds.), *UCLA Encyclopedia of Egyptology* (Los Angeles, 2012), http://escholarship.org/uc/item/5hc3t8dh.
2. *Shanhūr II*, to appear in 2017. We are very grateful to the Gerda Henkel Foundation (Düsseldorf, Germany) for generously funding the final phase of this project (2010–14). See M. Minas-Nerpel and M. De Meyer, "Raising the Pole for Min in the Temple of Isis at Shanhūr," *ZÄS* 140 (2013), 150–66.
3. See Quaegebeur and Traunecker, "Chenhour 1839–1993," 191–92.

Fig. 1. Shanhūr, eastern exterior wall, no. 157 (drawing by T. L. Sagrillo)

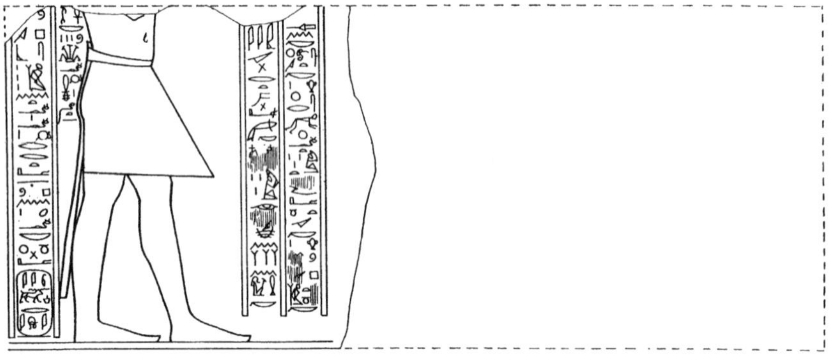

Fig. 2. De Morgan, *Kom Ombo* I 138

The Texts of the Ritual (Shanhūr no. 157)

Claudius, facing three deities, wears a short kilt with triangular projection over a longer, diaphanous one, a tail, and a broad collar. Above a short, round wig can be seen the remains of a *ḥmḥm*-crown, the "Roaring One,"[4] as befits the

4. S. Collier, "The Crowns of Pharaoh: Their Development and Significance in Ancient Egyptian Kingship" (PhD diss., University of California, Los Angelos; UMI, 1996), 52, 68. See also E. Vassilika, *Ptolemaic Philae*, OLA 34 (Leuven, 1989), 120, 301–4; J. Helmbold-Doyé, "Kronen in der Bilderwelt der Ptolemäer- und Römerzeit. Die Kronenfelder in den Gräbern 1 und 2 von Anfouchy (Alexandria)," *SAK* 42 (2013), 104–5.

context of the aggressive-protective offering. His right hand is raised, as was his left arm, which is destroyed from the elbow. According to his words (cols. 3–4), Claudius was presenting the *ỉj.t*-knife.

The first god, Haroeris, is depicted in anthropomorphic form with falcon head and double crown. In his left hand, which hangs down beside his body, he carries an *ꜥnḫ*-sign. His right hand holds a staff, whose upper part is lost. Haroeris is followed by a child-god on a pedestal, probably the upper part of a *smꜣ tꜣ.wj*-group,[5] with a cape slung around his shoulder. His right finger points towards his mouth; in his left hand he holds a flagellum. His headgear consists of a double crown with sidelock. Behind him stands a goddess who wears a tight-fitting dress and a broad collar. Her headdress is quite damaged, but parts of the tripartite wig and two tall ostrich feathers are visible. In her left hand, which hangs down beside her body, she carries an *ꜥnḫ*-sign. Her right hand is raised and mostly destroyed.

Royal name:
[1]–[2] Lost.

King's speech/scene title:
[3] *ỉj.t*[6]*=k*[7] *n=k*[8] *mdn=k [m-ꜥ]=i ds?.n=k*
[4] *šsp=k sj m-ꜥ* [...] *ꜥ=k*
[3] Your *ỉj.t*-sword is yours, your *mdn*-knife is [in] my [hand], you (have) cut? ...
[4] May you receive it from [me? ...] your arm.

Back protection formula:
[5] *ꜥnḫ wꜣs nb ḥꜣ=f mj rꜥ ḏ.t*
[5] All life and prosperity around him like Ra forever.

Royal framing column:
[6] [...] *bhꜣ*[9] *wmt n dgj.t=f ꜥšꜣ sp.w nb mdn nb pḥ.tj* [...][10]
[6] [...] the mass of enemies flees at seeing him, he of manifold actions,
possessor of the knife, lord of power [...]

---

5. The *smꜣ tꜣ.wj*-group is depicted in fuller form in several scenes at Shanhūr, e.g., scene 161 on the eastern exterior wall (offering lettuce to Min and Harpokrates); see Minas-Nerpel and De Meyer, "Raising the Pole for Min," pl. XXI.

6. For *ỉj.t* see *Wb.* I, 38, 11: "Art Messer oder Schwert"; P. Wilson, *A Ptolemaic Lexikon: A Lexicographical Study of the Texts in the Temple of Edfu*, OLA 78 (Leuven, 1997), 41, s.v. *ỉỉt*, refers only to the "sanctuary at Letopolis." For *ỉj.t* as a knife and its connection to Letopolis see H. Junker, *Die Onurislegende*, Kaiserliche Akademie der Wissenschaften in Wien, Denkschriften Philosophisch-Historische Klasse 59,1–2 (Vienna, 1917), 26–28, and discussions below (especially parallel text 3).

7. Although the cobra can be read as *k*, the suffix *=k* is not generally written with this sign at Shanhūr, but it is found at Coptos, see C. Traunecker, *Coptos: Hommes et dieux sur le parvis de Geb*, OLA 34 (Leuven, 1992), 188–92, no. 36, col. 1–2, where Geb is addressed: ... *snm=k ḥtp.w* ... "may you eat the offerings ...." In Shanhūr 157, the cobra was well chosen, since it refers to *ỉj.t* not only as a knife, but also as a protecting and fierce goddess (see below, parallel text 3 with notes 31–32). Another solution would be to read the cobra in the Shanhūr-scene not as a suffix, but as a determinative, so that the king's words would read *ỉj.t n=k* ... ("The *ỉj.t*-sword is yours ..."), but this sounds less idiomatic.

8. There is no verb at the beginning of the king's speech, as often in ritual texts of the Graeco-Roman period. A nonverbal beginning is not uncommon at Shanhūr, see for example, scene 151, col. 3: *rsj=k (r) ṯꜣw mḥ.t.j=k (r) kk*, "Your south extends towards the wind, your north towards the darkness."

9. For *bhꜣ* see *Wb.* I, 467, 8: "fliehen"; Leitz, *LGG* II, 809b: *bhꜣ n=f wmt*, "vor dem die dicke Masse der Feinde flieht"; Leitz, *LGG* IV, 797a: *hb n=f wmt*, "der die dicke Masse (der Feinde) durchdringt."

10. There are still two circular signs recognizable, but they do not make sense.

Haroeris' name and titles:
[7] [*ḏd mdw ỉn ḥr wr …*][11]
[8] […] *nb nṯr.w*
[9] *dj r tꜣ m?[qsj?…]*
[10] *rdj?/rꜣ-ꜥ? … šꜥ.t? nb(ḏ)*
[7] [Words spoken by Haroeris …]
[8] […] Lord of the gods
[9] given to the land in (= who comes to) [Qus? …]
[10] ? … slaughter? of the evil ones.

Haroeris' speech:
[11] *swsr=ỉ ꜥ.wj=k r dn tp.w* […]
[11] I make your arms mighty in order to sever the heads[12] [of your enemies].

Goddess's name and titles:
[12] *ḏd mdw ỉn* […][13] *wr.t* […]
[13] *nb.t tꜣ.wj … n* […]
[14] *[…]*
[12] Words spoken by […] the great […]
[13] Lady of the two lands … […]
[14] […]

Divine framing column:
[15] [*šsp.n=ỉ n=ỉ*][14] *ỉj.t* […] *n*[…]*j … šꜥj.t (r) ḥsb šnṯ.j.w?*[15] […] *sjꜣ* … […][16]
[15] [I receive for myself] the sword … massacre (in order to) smash the enemies, … .

Analysis

Though the word *ỉj.t* "knife" () is closely associated with Haroeris, who fought with it against the enemies of his father Ra,[17] the ritual of offering the *ỉj.t*-knife is rarely attested.[18] Very few parallel scenes survive: three in the temple of Sobek and Haroeris at Kom Ombo, one in the temple of Haroeris at Qus, and one in the West

11. The column is completely destroyed, but from the parallel scenes *Kom Ombo* I 276 and Berlin photo 138 (see below parallel texts 2 and 4) we can assume that it is Haroeris (rather than Horus).

12. In *Kom Ombo* I 276 Haroeris also imparts to the king the ability to fell his enemies as well as cutting off the heads of his foes (see below parallel text 2, col. 9).

13. The identity of the goddess is unclear; *ꜣs.t* or even *ḥqꜣ.t* could be restored in the lacuna.

14. Common formula at the beginning of the divine framing column of the first register of the eastern and western exterior walls, see for example scene 120, col. 10; scene 121, col. 15; scene 122, col. 9.

15. For *šntj.w* see *Wb.* IV, 520, 4–5: "Die Feinde." For *ḥsb* see *Wb.* III, 168, 4: "schlachten."

16. All signs after *sjꜣ* and their meaning are unclear.

17. See for example *Kom Ombo* I 167, col. 7 (Haroeris carries the *ỉj.t*-knife in his right hand, among other weapons, when fighting against the enemies of his father Ra), or *Kom Ombo* II 635, col. 4 (Haroeris cuts the enemies' heads with the *wḏꜣ.t*- and *ỉj.t*-knifes). See further comments to parallel text 3 below.

18. See H. Beinlich, *Handbuch der Szenentitel in den Templen der griechisch-römischen Zeit Ägyptens*, SRaT 3.1 (Dettelbach, 2008), 316: "Messer", who cites two scenes (Philae Photo 138 and *Kom Ombo* I 276). See also S. Cauville, *Offering to the Gods in Egyptian Temples* (Leuven, 2012), 226, no. 3: "The Sword of Horus of Letopolis" (referring only to *Kom Ombo* I 276 [on p. 207]).

Colonnade at Philae. I draw upon these texts and some iconographic details in order to interpret the ritual and its mythological context.

Parallel Scene 1: *Kom Ombo* I 138

The ritual scene on Column VII (fig. 2) in the court of the temple of Sobek and Haroeris at Kom Ombo is badly damaged, with only the lower left area preserved, showing the lower body of Tiberius up to his right elbow and the texts right in front of and behind him. The deities, probably two, are destroyed, and the depiction of the offering itself does not survive either, but the *ỉj.t*-knife is mentioned, among other knives, in col. 2 of the king's speech, carved below his lost raised arms, so that it safe to assume that the king originally held a knife in his hand, as in parallel scene 2 below (*Kom Ombo* I 276; fig. 3).

King's speech:
[1] *mn n=k sꜣḫ.t*[19]*=k ḥr sḫr ḫft.j.w[=k] mdn*[20]*=k ḥr wp ỉtnw(.w)=k*
[2] *ỉj.t wr.t ḥwj ẖꜣk.w-ỉb ỉrj=s*[21] *šꜥ.t n sbj.w n ḥm=k*
[1] Take for yourself your *sꜣḫ.t*-knife while overthrowing [your] enemies,
    your *mdn*-knife while cutting up your opponents,
[2] … the great *ỉj.t*-knife which strikes the rebellious (and) makes slaughter among the foes of your majesty.

Back protection formula:
[3] *ꜥnḫ wꜣs nb ḥꜣ=f mj rꜥ ḏ.t*
[3] All life and prosperity around him like Ra forever.

Royal framing column:
[4] [...] *wp sbj.w n ỉt=f rꜥ r rdj.t tꜣ pn n sꜣ=f nb (q)n.t* [(*tjjbrjjs*)]
[4] [...] who cuts up the enemies of his father Ra in order to give this land to his son, lord of valour, (Tiberius)].

The *ỉj.t*-knife (col. 2) seems to act at its own behest, almost like a personification, not as an instrument used by the king or a god. The identity of the god Haroeris, and probably also the offering of a knife, is confirmed in the horizontal *bandeau* of the column (*Kom Ombo* I 139), where the king is called "the heir of the sovereign (*ity*), the excellent son of the one who raises the arm (*sꜣ iqr ḥwj-ꜥ*)[22] … beloved of Haroeris, strong of arm (*ṯmꜣ-ꜥ*),[23] great of power, protector of his father Ra."

Parallel Scene 2: *Kom Ombo* I 276[24]

Although this ritual scene on the eastern wall of the Hypostyle Hall of the temple of Sobek and Haroeris, in the first register between the two doors of the parallel axes, is also damaged, the raised right hand of Ptolemy VIII

19. For *sꜣḫ.t* see *Wb.* IV, 24, 13: "Messer." This knife is connected to Isis, who uses it against her enemies and gives it to Horus as a weapon against Seth, see M. Münster, *Untersuchungen zur Göttin Isis vom Alten Reich bis zum Ende des Neuen Reiches*, MÄS 11 (Berlin, 1968), 13, 197.
20. For *mdn* see *Wb.* II, 182, 10: "Messer."
21. The copy in *Kom Ombo* I 138 does not include the suffix =*s* (*ḥwj=s* and *ỉrj=s*), which is recognizable on photographs.
22. For *sꜣ iqr ḥwj-ꜥ* see Leitz, *LGG* V, 57a.
23. For *ṯmꜣ-ꜥ* see Leitz, *LGG* VII, 462c ff. As befits this context, the epithet is written with a knife determinative.
24. For a recent study of the scene see A. A. Ali, "Ein *ỉỉt*-Darreichen im Tempel von Kom Ombo," *BIFAO* 113 (2013), 19–31. He presents

Euergetes II, holding the *ij.t*-knife, and his lower body are clearly visible (fig. 3). This is the only ritual scene known to me in which the depiction of the *ij.t*-knife as an offering survives, presented to Haroeris, who is shown in anthropomorphic form with a falcon head.

Royal name
[1] [*nswt-*]*bjtj* ([*iwꜥ n nṯr.wj pr.wj stp n ptḥ irj*] *mꜣꜥ.t rꜥ sḫm ꜥnḫ n jmn*) *pꜣ nṯr mnḫ*
[2] *sꜣ rꜥ* ([*ptwlm*]*jjs ꜥnḫ ḏ.t mrj p*[*t*]*ḥ*) *nb qn*
[1] King of [Upper-] and Lower Egypt ([Heir of the two Epiphanes, chosen by Ptah, who performs] the maat of Ra, living image of Amun), the excellent god
[2] Son of Ra ([Ptolem]aios, may he live forever, beloved of P[t]ah), lord of power.

Back protection formula:
[3] [*ꜥnḫ wꜣs nb ḥꜣ=f*] *mj rꜥ ḏ.t*
[3] [All life and prosperity around him] like Ra forever.

King's speech:
[4] *ḥnk ij.t n it=f šps ꜥpr.n=f s(y/w?)*[25] *m wḏꜣ.tj=fj*
[4] Offering the *ij.t*-knife to his august father, after equipping it with his two eyes.

Haroeris' name and titles:
[5] *ḏd mdw in ḥr wr ḫnt.j-ir.tj nṯr ꜥꜣ nb nb.t*
[6] *nb ij.t ḥrj-ib ḫm šw sꜣ rꜥ ḥr ṯmꜣ-ꜥ*
[7] *ꜥꜣ pḥ.tj nb šꜥ.t m tꜣ ḏr=f*
[5] Words spoken by Haroeris, foremost of the two eyes, great god, lord of Ombos,
[6] possessor of the *ij.t*-knife, who resides in Letopolis, Shu, son of Ra, Horus, strong of arm,
[7] great of power, lord of the slaughter in the entire land.

Haroeris' upper speech:
[8] *dj=i n=k pḥ.tj r sḫr ḫft.j.w=k sbj.w=k ḫr.w n wnn=sn*
[8] I give you the power to fell your enemies. Your foes are fallen, they do not exist.

Haroeris' lower speech:
[9] *dj=i n=k pḥ.tj r sḫr ḫft.j.w=k ḥsq tp.w sbj.w n.w ḥm=k*
[9] I give you the power to fell your enemies and to cut off the heads of the foes of your person.

a new drawing (Abb. 2c on p. 28), which he kindly allowed me to reproduce here as fig. 3, since it includes more of the text than *Kom Ombo* I 276. I am also grateful to him for sending me his manuscript in April 2014 shortly before its publication. My transliteration and translation are based on his photographs and drawing (Abb. 2a–c).

25. The dependent pronoun is written  (for a photograph see Ali, "Ein *iit*-Darreichen," Abb. 2a). It is not entirely obvious to what it refers. Ali, "Ein *iit*-Darreichen," 20, reads it *sy*, with reference to the *ij.t*-knife. This solution makes sense, but ignores the plural strokes. Could one read it *sw*, imagining that *ij.t* was construed as masculine because infinitives ending in *-t* are grammatically masculine? So "after equipping it (= the *ij.t*-knife) with the *wḏꜣ.tj*" would mean that the *ij.t*-knife then corresponded to the picture where it is shown with an *wḏꜣ.t*-eye.

The soubassement inscription of *Kom Ombo* I 275, located below the offering of the *ij.t*-knife (*Kom Ombo* I 276), consists of a hymn to the *wḏ3.t*-eye, also celebrating the *ij.t*-knife.[26] Their close connection, further discussed below (see parallel text 3), is thus established.

Fig. 3. Ali, "Ein *iit*-Darreichen," Abb. 2c on p. 28 (*Kom Ombo* I 276)

Parallel Scene 3: *Kom Ombo* II 938

At Kom Ombo, the *ij.t*-knife also receives attention in the central scene of the back wall of the temple in the "emperors' corridor," the outer corridor at the back of the temple, which was decorated in the Roman period (fig. 4).[27] The knife is not depicted as an offering in a pharaoh's hand, but in a monumental form on a pedestal, positioned directly in front of Haroeris, facing Sobek and his sceptre, which is decorated with the head of a lion. Between these two symbols of power, exactly in the middle of the temple and thus on the same axis as *Kom Ombo* I 275–76 (parallel text 2), is a *tableau* of six columns of inscription (*Kom Ombo* II 939; fig. 5), comprising two hymns, one to Sobek (three lines facing right) and one to Haroeris (three lines facing left).

As in the offering scene *Kom Ombo* I 276, the monumental knife is adorned with the *wḏ3.t*-eye.[28] Haroeris borrowed from his counterpart Horus or Haroeris of Letopolis a knife called *ij.t* like the sanctuary at Letopolis itself.[29] The two hymns of *Kom Ombo* II 939 elucidate the close relations of Sobek and Haroeris and the syncretistic understanding of their characters in the Roman period.[30] At the end of the second column of his hymn, Haroeris is designated as "Horus, strong of arm, possessor of the *ij.t*-knife as the mighty one of Ra" (*ḥr ṯm3-ꜥ nb ij.t m nḫt n rꜥ*). In this case, *ij.t* is written

26. For further comments on the description of the knife's magical force, see A. Gutbub, *Textes fondamentaux de la théologie de Kom Ombo*, BdE 47.1 (1973), 41–42, note j; 73–74, note n; 110–1, note n. See also Ali, "Ein *iit*-Darreichen," 23 (with a translation).

27. PM VI 197 (227). For the context of the emperor's corridor see M. Minas-Nerpel, "Egyptian Temples," in C. Riggs (ed.), *The Oxford Handbook of Roman Egypt* (Oxford, 2012), 376–77 (with further references).

28. The *wḏ3.t*-eye was not included in *Kom Ombo* II 938, but see Ali, "Ein *iit*-Darreichen," Abb. 2a–c.

29. See Junker, *Onurislegende*, 26–8. On the *ij.t*-knife, see Gutbub, *Textes fondamentaux*, 110–11, note n: "l'épée Iit, qui porte le nom d'un sanctuaire situé à Létopolis ou ses environs."

30. For translations see H. Junker, "Ein Doppelhymnus aus Kom Ombo," *ZÄS* 67 (1931), 51–55; A. Barucq and F. Daumas, *Hymnes et prières de l'Égypte ancienne*, LAPO 10 (Paris, 1980), 166–68, 430–32.

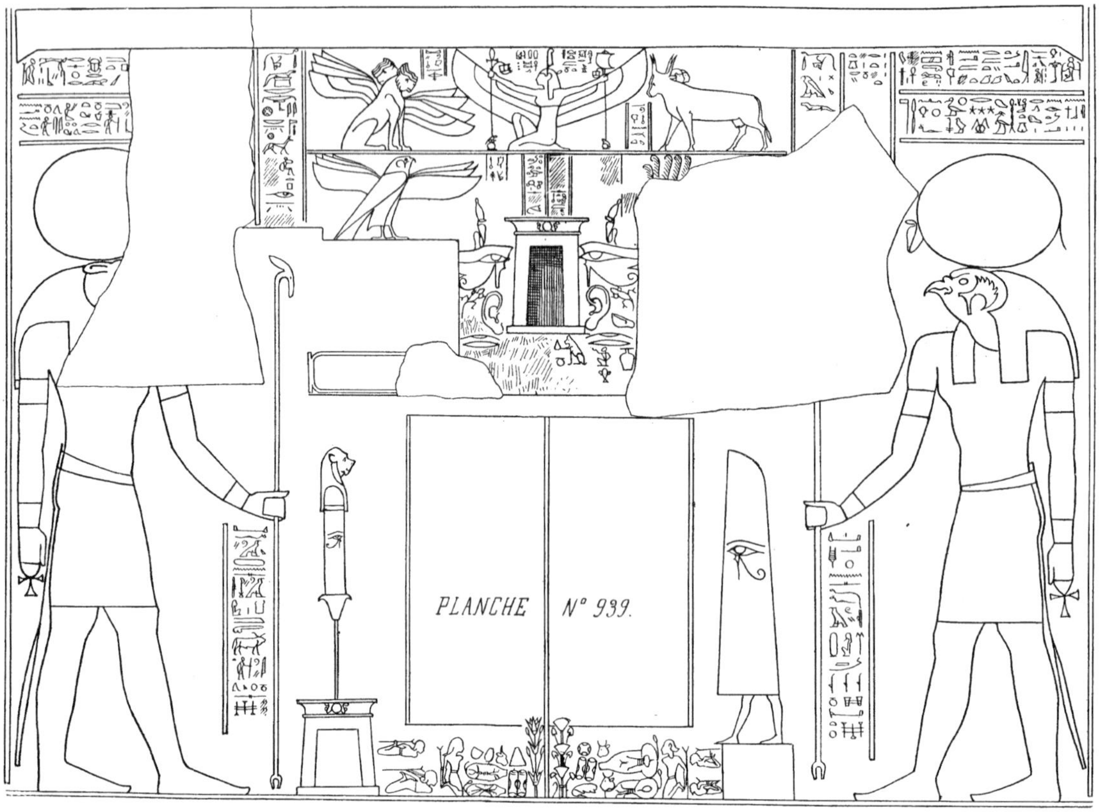

Fig. 4. De Morgan, *Kom Ombo* II 938

with the determinative of an egg (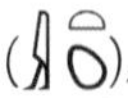), not the knife (). Junker translated "Der Herr der 'Kommenden' als Schützer des Re," referring to the *ij.t*-knife mentioned in the Onuris legend and the monumental knife depicted next to the hymn.[31] The egg determinative of *ij.t* refers to the personification of the knife as a goddess, probably Hathor.[32] This relates back to parallel text 1, col. 2 (*Kom Ombo* I 138), where the knife seems to act as an emblematic personification rather than being used as an instrument.

In columns 1 and 3 of his hymn (*Kom Ombo* II 939, fig. 5), Haroeris is called *ḫnt.j-ir.tj*, "foremost of the two eyes", a common epithet, referring to the two eyes of the sky god as a falcon, whose cult-centre was originally Letopolis; later he was also worshipped in Kom Ombo and Qus (see also parallel scene 5). The two eyes, the sun and the moon, as well as the *wḏꜣ.t*-eye play an important role in Haroeris' cult, who was initially a universal god; as *ḫnt.j-ir.tj* he became Ra's son (see parallel text 2 [*Kom Ombo* I 276], col. 6; parallel text 4 [Philae]).[33] The eyes are mentioned in the king's speech in *Kom Ombo* I 276 (parallel text 2, col. 4), where the knife is equipped with them. The monumental knife in *Kom Ombo* II 938 displays the *wḏꜣ.t*-eye.

31. Junker, "Ein Doppelhymnus aus Kom Ombo," 54. See also Junker, *Onurislegende*, 50.

32. Gutbub, *Textes fondamentaux*, 429 (with references).

33. See H. Junker, *Der sehende und blinde Gott (Mḫntj-irtj und Mḫntj-n-irtj)*, Sitzungsberichte der Bayerischen Akademie der Wissenschaften, Philosophisch-Historische Abteilung, Heft 7 (München, 1942), esp. 22–29; Junker, *Onurislegende*, 40–41, 149–51. See also S. A. B. Mercer, *The Pyramid Texts in Translation and Commentary* IV (New York, London, and Toronto, 1952), 52–53.

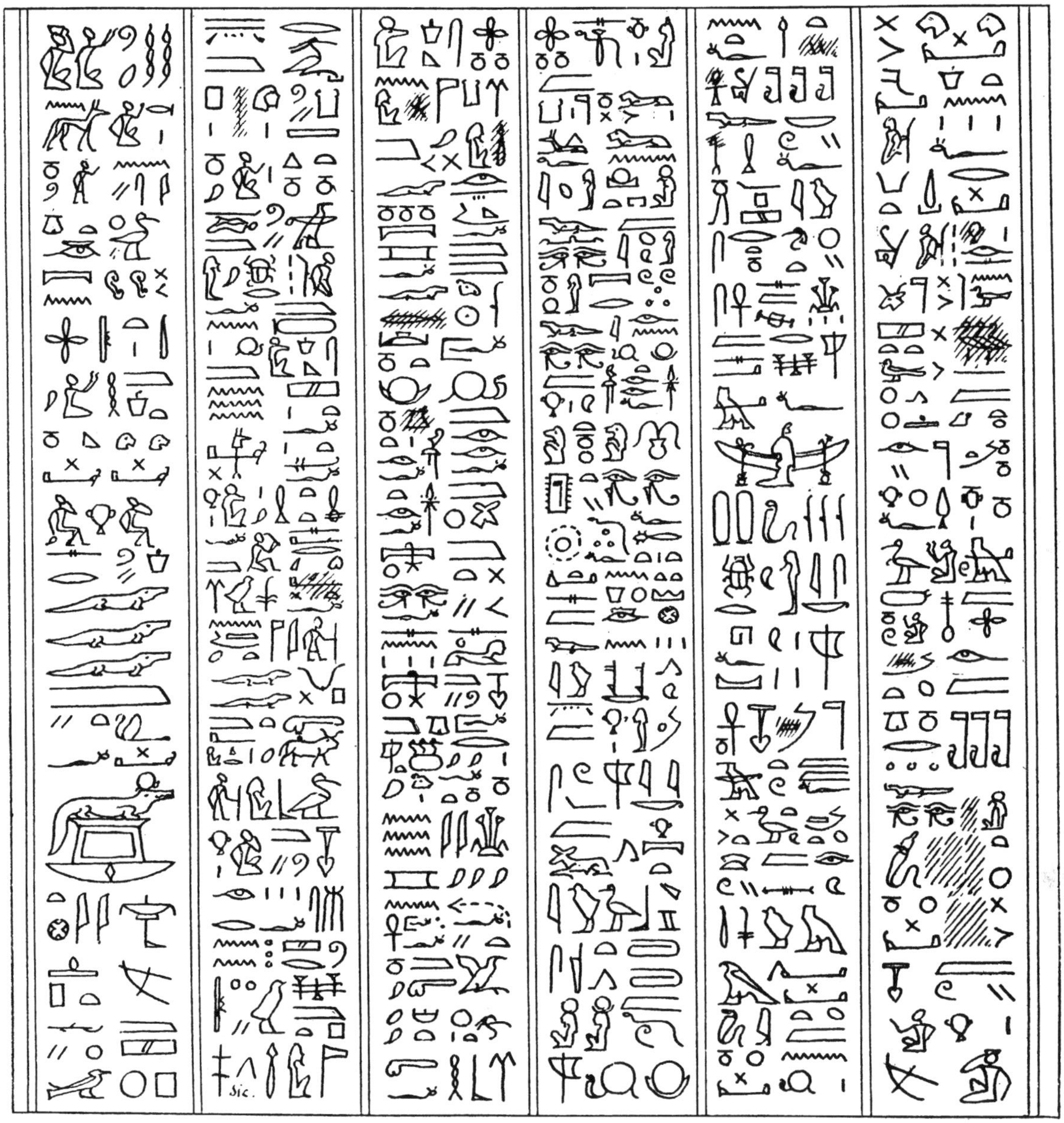

Fig. 5. De Morgan, *Kom Ombo* II 939

The knife is thus closely connected with the Horus-eye, which is also understood as a punitive weapon:[34] the knife in the hands of the falcon god of Letopolis is seen as his *wḏ3.t* 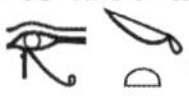 and it is at the same time the *ἰj.t* 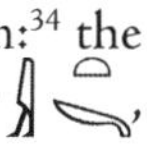,

34. See H. Kees, "Zu den ägyptischen Mondsagen," *ZÄS* 60 (1925), 4 (with further references). See also *Kom Ombo* II 635, col. 4 (Haroeris cuts the enemies' heads with the *wḏ3.t*- and *ἰj.t*-knifes), see n. 17 above.

the "one that returns," the weapon of the ancient falcon god of Letopolis. The sanctuary at Letopolis is written with the name of the knife (or *vice versa*): .[35]

The knife is also attested on a limestone stela of unknown provenance, now housed in the Ägyptisches Museum und Papyrussammlung Berlin (pl. 17b).[36] The object, which is 42.2 cm high, dates to the Roman period and depicts Horus or Haroeris in raised relief, dressed as a Roman legionary and leaning with his right hand on a lance.[37] In his left hand he holds a bow; arrows are placed in a quiver on his back. A shield is depicted behind his legs. On his falcon head he wears a *nemes* and a double crown, which is carved in profile, in contrast to the frontal display of the anthropomorphic figure. Of particular interest in this context is the object to his right, the monumental *ij.t*-knife, placed on a pedestal and facing the god. As in *Kom Ombo* II 938, it is adorned with the *wḏꜣ.t*-eye. This votive stela attests the close connection of Haroeris and the *ij.t*-knife in Roman Egypt beyond the temple reliefs and ritual scenes. Horus, clad as a Roman warrior, became almost a patron saint of the Roman legionnaires,[38] and the armoured Horus could be seen as the victorious emperor.[39]

Parallel Scene 4: Philae, Western Colonnade, *Berlin photographs* 138–139[40]

In an unfinished ritual scene at the southern end of the western colonnade, Tiberius, who wears a *hmhm*-crown similar to Claudius' in Shanhūr, presents an offering to Haroeris, the "foremost of the two eyes, lord of Kom Ombo, Shu, son of Ra, lord of the gods, great god, possessor of the *ij.t*-knife, who resides in Letopolis, ..., lord of *qbḥw*, lord of the Abaton, lord of Philae," who is accompanied by Sobek, Tasenetnefert-Tefnut, Hathor, and Panebtawy (called Harpokrates in PM). The scene is divided into two parts by the second window of the colonnade, with the king on one side and the gods on the other. The offering itself, the *ij.t*-knife, is now destroyed, but Champollion could still see it.[41] The scene is unfinished so that the king's and the deities' words have not been carved, and most of the deities' epithets are either lost or have also not been executed.

For the context, which reflects a reception of the Kom Ombo-scenes, it is interesting to note that in the ritual scene above the knife-offering the two *wḏꜣ.t*-eyes are presented to Haroeris, Tasenetnefert, and Panebtawy (called Harpokrates in PM). In the next scene, Sobek and Haroeris of Kom Ombo receive wine, which not only imparts strength when fighting against enemies, but also emphasises the theological reference to Kom Ombo.

Parallel Scene 5: Qus, West Pylon of the Temple of Haroeris and Heket

Qus (Apollinopolis parva) is about 10 km south of Coptos[42] and 5 km north of Shanhūr. Most of its ancient monuments are destroyed, but the pylon of the Ptolemaic period temple is still partly standing. Ahmed Kamal recorded

35. See Junker, *Onurislegende*, 28, 150.

36. ÄM 17549. The stela was bought in 1905. I am very grateful to Alexandra von Lieven for drawing my attention to this object, and to Jana Helmbold-Doyé for kindly supplying the photograph as well as the permission to publish the object.

37. See H. Bonnet, *Reallexikon der ägyptischen Religionsgeschichte* (Berlin, 1952), 313–14, fig. 79. See also K. Parlasca, "Falkenstelen aus Edfu. Bemerkungen zu einer Gruppe zerstörter Reliefs des Berliner Museums," in *Festschrift zum 150jährigen Bestehen des Berliner Ägyptischen Museums* (Berlin, 1974), 483–87, esp. 487 and pl. 87a.

38. See Bonnet, *Reallexikon*, 313–14. See also G. Bénédite, "Une nouvelle représentation d'Horus légionnaire," *RA* 3 (1904), 111–18.

39. D. Frankfurter, *Religion in Roman Egypt. Assimilation and Resistance* (Princeton, 1998), 3–4.

40. PM VI 208 (23)–(24). *Wb.*-Zettel 681–83. I am very grateful to Erich Winter for giving me access to the Berlin photographs 138–139. See also H. Junker, *Der Auszug der Hathor-Tefnut aus Nubien*, Abhandlungen der Königlich-Preussischen Akademie der Wissenschaften, Philosophisch-Historische Klasse (Berlin, 1911), 67–68.

41. J. F. Champollion, *Monuments de l'Égypte et de la Nubie. Notices descriptives* I (Paris, 1844), 168.

42. On Haroeris of Qus and his connections to Coptos, see Traunecker, *Coptos*, § 103, 126–28, 234; Junker, *Der sehende und blinde Gott*, 58–63.

some inscriptions in 1902, one of which refers to the king receiving the *ij.t*-knife.[43] The scene is now badly damaged and the inscriptions lost, but the torso of Ptolemy X Alexander I wearing a fringed cloak (often misleadingly termed the "Macedonian mantle"),[44] is still clearly recognizable. The king's left hand holds a very damaged staff; his right hand is raised and once received or presented an object. Behind the pharaoh stands a female figure, preserved from neck to feet and dressed in a tight-fitting dress, probably one of his queens.[45] The deity is completely gone.

The king's garment sets the scene clearly in the context of confirming his rule, in parallel examples mostly by receiving the *ḥb-sd* or by recording his annals or regnal years. In this type of scene, the Ptolemaic ruler wore exactly this fringed mantle, for example on the gate of the temple of Khonsu at Karnak, where Khonsu records the regnal years of Ptolemy III Euergetes I and Berenike III,[46] or at Kom Ombo in the first register of the façade between the two sanctuaries, where Khonsu, Sobek, and Haroeris confirm the regnal years of Ptolemy VI Philometor and Cleopatra II (*Kom Ombo* II 810).[47] In contrast to traditional offering scenes, in which the king is depicted performing ritual actions, the king and queen are usually depicted on the divine side in this type of scene, demonstrating their status as divinized rulers.[48]

In a further scene of this type at Kom Ombo in the first register on the northern wall of the inner Hypostyle Hall (*Kom Ombo* I 462; fig. 6),[49] Ptolemy VIII Euergetes II wears the fringed mantle when Haroeris presents him and his two queens, Cleopatra II and III, with both the sword of victory (*ḫpš*) and the *ḥb-sd*. Haroeris, who grants the royal triad the rule over the world, bears, among other epithets, *nb ij.t* ("possessor of the *ij.t*-knife"). This links the two types of ritual scenes that confirm the rule of a Roman emperor as pharaoh and enable him to overthrow his foes.

The pose of the king's hands at Qus is the same as Ptolemy VIII's in the scene *Kom Ombo* I 462 (fig. 6), so Ptolemy X presumably received a sword or knife, probably the *ij.t*-knife, mentioned in the inscriptions copied by Kamal. At the same time, his rule was confirmed and he was fully inducted as ruler into the temple, as the fringed mantle demonstrates. The king's words to Haroeris below his left hand holding a scepter, which Kamal saw, are now destroyed and cannot be checked.

The combination of receiving the sword of victory and confirmation of rule in a single scene is also depicted in the gateway of the pylon of the temple of Horus at Edfu.[50] Ptolemy XII Neos Dionysos, who does not wear the

---

43. PM V 135. A. Kamal, "Le pylône de Qous," *ASAE* 3 (1902), 228. I am most grateful to Anaïs Tillier (Karnak; CFEETK), who kindly shared with me her unpublished drawings of the scene described by Kamal. She studied Haroeris in her doctoral thesis ("Le dieu Haroéris," Université Paul Valéry – Montpellier 3, 2012) and is working on a publication of the monuments of Qus.

44. This garment is also attested on private statues and in relief scenes, see R. S. Bianchi, "The Striding Male Draped Male Figure of Ptolemaic Egypt," in H. Maehler and M. Strocka (eds.), *Das ptolemäische Ägypten. Akten des internationalen Symposions, 27.–29. September 1976* (Mainz, 1978), 95–102; idem, "The Striding Male Draped Male Figure of Ptolemaic Egypt" (PhD diss.; New York University, 1976). See also A. A. Warda, "Egyptian Draped Male Figures, Inscriptions and Context: 1st Century BC–1st Century AD" (DPhil thesis; Oxford, 2012).

45. This could be a goddess, but a queen is more likely, most probably his mother, Cleopatra III. See S. Caßor-Pfeiffer, "Zur Reflexion ptolemäischer Geschichte in den ägyptischen Tempeln aus der Zeit Ptolemaios IX. Philometor./Soter II. und Ptolemaios X. Alexander I. (116–80 v. Chr.), Teil 1: Die Bau- und Dekorationstätigkeit," *JEH* 1.1 (2008), 56.

46. P. Clère, *La porte d'Évergète à Karnak*, 2e partie, MIFAO 84 (Cairo, 1961), pl. 43. See also M. Minas-Nerpel, "Macht und Ohnmacht. Die Repräsentation ptolemäischer Königinnen in ägyptischen Tempeln," *APF* 51 (2005), 134–25, Abb. 5. For the context of the annals and the confirmation of power see R. Preys, "Roi vivant et roi ancêtre. Iconographie et idéologie royale sous les Ptolémées," in C. Zivie-Coche (ed.), *Offrandes, rites et rituels dans les temples d'époques ptolémaïque et romaine*, CENiM 10 (Montpellier, 2015), 149–84.

47. PM VI 194 (158). A. Gutbub (ed. D. Inconnu-Bocquillon), *Kôm Ombo*. Vol. 1: *Les inscriptions du naos (sanctuaires, salle de l'ennéade, salle des offrandes, couloir mystérieux)* (Le Caire, 1995), 13–15, no. 14.

48. See E. Winter, "Der Herrscherkult in den ägyptischen Ptolemäertempeln," in H. Maehler and M. Strocka (eds.), *Das ptolemäische Ägypten: Akten des internationalen Symposions, 27.–29. September 1976* (Mainz, 1978), 153. See also Preys, "Roi vivant et roi ancêtre."

49. PM VI 189 (74).

50. PM VI 123 (16). *Edfou* VIII 62–63; J. Quaegebeur, "Une scène historique méconnue au grand temple d'Edfou," in L. Criscuolo and G. Geraci (eds.) *Egitto e storia antica dall'ellenismo all'età araba. Bilancio di un confronto, Atti del colloquio internazionale, Bologna, 31 Agosto–2 Settembre 1987* (Bologna, 1989), 595–608; Minas-Nerpel, "Macht und Ohnmacht," 148.

Fig. 6. De Morgan, *Kom Ombo* I 462

fringed mantle but a short kilt, receives the sword from Horus and is followed by Seshat, who carries two *ḥb-sd*-symbols. The queen, Cleopatra VI Tryphaina, stands behind the goddess.[51]

This scene type, which refers to confirmation of rule by recording regnal years or presenting the *ḥb-sd*-symbol, was evidently revised under Ptolemy VIII, as demonstrated in *Kom Ombo* I 462, where Ptolemy VIII Euergetes II and his queens receive the *ḫpš*-sword and *ḥb-sd* at the same time, in contrast to Ptolemy VI and Cleopatra II (*Kom Ombo* II 810), who do not receive the *ḫpš*-sword as their annals are recorded. On the pylons of Qus (Ptolemy X) and Edfu (Ptolemy XII), the kings also receive the sword of victory in addition to the annals. The evolution of this scene suggests that the idea of vigour became increasingly important in the politically unstable later Ptolemaic period. At Qus, the local theology further influenced the iconography, it seems, so that the *ḫpš*-sword was replaced by the *ἰj.t*-knife, since the latter is clearly connected with Haroeris and the destruction of enemies, and at the same time with the transmission of power. This combination is visible in the framing column of *Kom Ombo* I 138, col. 4 (parallel scene 1 above), where the slaughter of the enemies is directly linked with the reward of the land, that is, the rule over Egypt.

After Ptolemy XII, the scene of confirmation of rule by recording the regnal years is no longer attested, neither under Cleopatra VII nor under Roman emperors, except for one example under Tiberius at Medamud.[52]

51. For the context see Minas-Nerpel, "Macht und Ohnmacht," 148–49; Preys, "Roi vivant et roi ancêtre."

52. A scene on the inner face of the gate of Tiberius at Medamud; D. Valbelle, "La porte de Tibère dans le complexe religieux de Méda-

The offering of the *ij.t*-knife, however, survived, as did the presentation of the *ḫpš*-sword. At Shanhūr these two rituals are located in the matching positions on the eastern and western external walls. Below I present the texts of *ḫpš*-offering.

Axially Corresponding Scene (Shanhūr no. 119)

In the seventh scene on the western exterior wall (fig. 7; pl. 18), the sceptre of vigour or the sword of victory (*ḫpš n qn.t*) is presented.[53] This ritual corresponds with the aggressive aspects of the king and the power of overcoming his foes described in Shanhūr no. 157. Claudius, wearing a short kilt with triangular projection, a tail, and a broad collar, again faces two deities. Above his short wig, adorned with a uraeus at the front, the remains of a *hmhm*-crown— the same crown as in no. 157—are visible. This crown is related to the *3tf* and might be associated with renewal,[54] which would suit the cultic connotations of this scene; it also relates to the vigour which is bestowed on the king in both scenes. His right arm is stretched out and he presents a partly preserved scimitar. His left hand holds a staff and a mace, now mostly destroyed.

The first god, Horus, is depicted in anthropomorphic form with falcon head and double crown, very much like Haroeris in the corresponding scene. Since his epithets are lost, it is unclear which form of Horus is depicted. In his left hand, which hangs down beside his body, he carries an *ʿnḫ*-sign. His right hand holds a *w3s*-sceptre. Behind him stands a goddess, wearing a tight-fitting dress and a broad collar. Her headdress consists of a wig, vulture headdress with a uraeus, and a Hathor crown resting on a circlet. In her right hand, which hangs down beside his body, she carries an *ʿnḫ*-sign. Her left hand is raised.

Pharaoh/Emperor: Claudius (41–54 CE)
[1] *nswt bjtj nb t3.wj* [(*tjbrs klwtjs*)]
[2] *s3 rʿ nb* [*ḫʿ.w* (*kjsrs ntj*] *ḫwj* [*grmnjks 3trgrtr*)]
[1] King of Upper and Lower Egypt, Lord of the Two Lands [(Tiberios Klaudios)]
[2] Son of Ra, Lord of [Appearance (Kaisaros] Sebastos [Germanikos Autokrator)]

King's speech:
[3] *ʿḥ3=i ḫry.w=k* [*m ḫ3w*] *n r3-ʿ-ḫt*[55] *šsp n=k sw ḫʿj.n=k*
[4] ...*=k r ʿ=i*
[3] I fight your enemies [with the weapon] of the battle. You take it after you have appeared,
[4] you ... from my arm.

Royal framing column:
[5] [... *ḫpš?*] *pw ntj nb ḏr* ... *ḫft.j.w=k hrw ky ḥr iṯ ky*[56]
[5] [...] it is the [scimitar?] of the lord of all ...your enemies on the day of combat.

moud," in *Hommages à la mémoire de Serge Sauneron* I, BdE 81 (Cairo, 1979), 82–83.

53. See Beinlich, *Handbuch der Szenentitel* I, 430–31: "Sichelschwert des Sieges"; Cauville, *Offering to the Gods in Egyptian Temples*, 227: "sceptre of vigour."

54. Collier, "The Crowns of Pharaoh," 52, 68. In *Kom Ombo* I 462 (fig. 8), the scene of confirming the rule and receiving the *ḫpš*-sword, Ptolemy VIII wears the *3tf*-crown.

55. For *r3-ʿ-ḫt* see *Wb.* II, 394, 12: "Kampf." For *ḫ3w n r3-ʿ-ḫt* "weapons of war" see Wilson, *Lexikon*, 572.

56. For *hrw ky ḥr iṯ ky* see Wilson, *Lexikon*, 1084 (literally "day of one seizing another"). See also *Edfou* VI 63, 1.

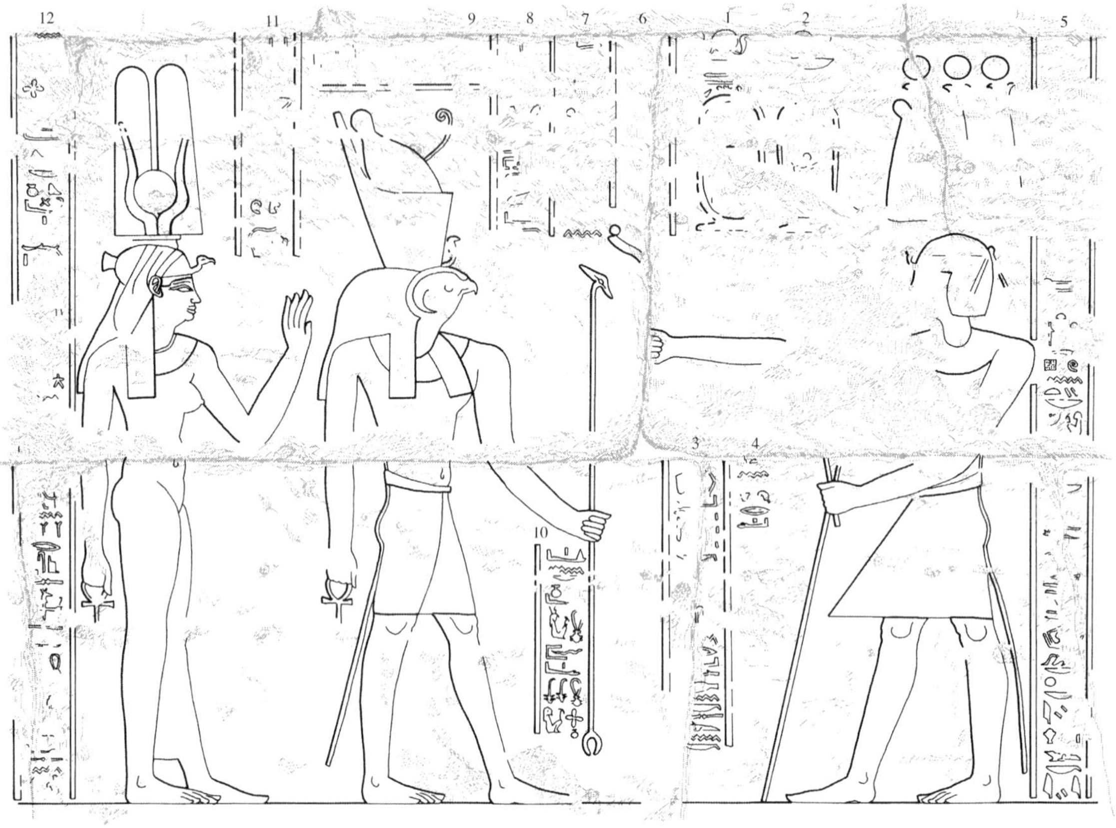

Fig. 7. Shanhūr, western exterior wall, no. 119 (drawing by T. L. Sagrillo)

Horus' name and titles:
[6]–[9] lost except for isolated signs.

Horus' speech:
[10] *dj=i n=k [q]nw mj ḥr pr-ʿ mj nn-wn*
[10] I give you the strength like Horus, mighty like Nenwen.

Goddess's name and titles:
[11] lost except for isolated signs.

Divine framing column:
[12] [...] *n* [...] *wn ... nb qnw* [...]*ḫt*[57] [...] *nṯr* [...] *n sbj.w r s.t=sn swsr ...mj* [...] *...=sn*
[12] [...] ... lord of strength, ... battle ... god ... of the enemies in their place ... strengthen ...

57. Probably [*rȝ-ʿ-*]*ḫt*, "combat," as attested in the king's speech in col. 3 (see n. 55).

Synthesis

Shanhūr may be a small temple in comparison to those of Kom Ombo or Philae, but the area's cult topography is highly distinctive, being influenced by both Theban and Coptite theology.[58] Qus, with its principal god Haroeris, is close by and might have had some influence on the decoration at Shanhūr, inspiring the inclusion of the very rare *ij.t*-offering-scene on the walls of the Roman period temple, a ritual that is closely connected to Haroeris. Qus is perhaps also mentioned in Haroeris' name and title in the scene (no. 157, col. 9).

The pair of scenes at Shanhūr discussed here are roughly in the middle of each exterior wall (pl. 18), more or less at the level of the small vestibule (room II) on the central axis or room X on the western side. Directly behind the eastern scene of offering the *ij.t*-knife is the court (room IV), which leads to the *wabet*. The question arises whether such aggressive-protective scenes guard specific points of reference within the temple. As far as one can tell from what is preserved on the eastern and western exterior walls at Shanhūr, these two scenes are the ones most concerned with the confirmation of rule and defence of the temple and thus of the cosmos.[59] The question arises whether it is a coincidence that a child-god is included in the *ij.t*-scene.

The scenes on either side of the knife-offering (no. 157) on the eastern exterior wall are rather more peaceful: in no. 156, the ritual action is lost, but the inscriptions point towards adoration (*dwꜣ* or *mꜣꜣ nṯr*) in front of the Great Goddess and Mut. In no. 158, Claudius offers the *wnšb* to a goddess. This offering symbolises the cycle of regular time and cosmic order, which fits well into the context of transmission of power and slaughter of enemies.

In scene no. 169 in the second register, directly above no. 157, Claudius offers the white and red crowns to Horus and another goddess, thus guaranteeing the union of the two parts of the country and cosmic order. The main beneficiary is Horus, the embodiment of kingship. The scenes on either side are quite damaged. The ritual of no. 168 before two goddesses is lost, but the surviving text in the royal framing column suggests a ritual involving incense (*irj snṯr*), an indispensable and central ritual in Egyptian temples, as is the scene below (no. 156), of adoration in front of the Great Goddess and Mut. In no. 170, Claudius probably offers a *wsḫ*-collar to the Great Goddess. The reciprocal gift to the king is lost, but in other examples kingship and magical protection are often mentioned. This corresponds well with the scene below, the offering of the *wnšb*.

In scene no. 181 in the third register, above nos. 157 (the *ij.t*-offering) and 169 (offering of the white and red crowns), Claudius presents food to Sobek and Hathor, thus guaranteeing the prosperity of Egypt, since the reciprocal offering of Hathor is "I give you offerings ... that which the heaven gives and the land produces [...]." The neighboring scenes continue the context of the lower registers: in no. 180 Claudius offers incense to Isis and Nephthys, while in no. 182 Claudius offers a naos-shaped pectoral to Mut, who offers magical protection for both the goddess and the king in return.

Register	Scene	Summary of the ritual scenes discussed on the eastern external wall
1	156	Adoration (*dwꜣ* or *mꜣꜣ nṯr*) before the Great Goddess and Mut
	157	Claudius offers the the *ij.t*-knife to Haroeris, a child-god, and a goddess
	158	Claudius offers the *wnšb* to a goddess

58. See *Shanhūr* I 15–16, with references to earlier discussions.

59. See *Shanhūr* II (in preparation), nos. 113–48 (36 ritual scenes on the western exterior wall), 151–86 (36 ritual scenes on the eastern exterior wall). The text edition will also include an analysis of the decoration programme. The bottom exterior registers of a temple without a pylon can be expected to have aggressive scenes. See for example the two large scenes on the southern and northern exterior walls of the Hypostyle Hall of the temple of Khnum at Esna: S. Sauneron, *Le temple d'Esna* VII (Le Caire, 2009), nos. 570 and 619. In both scenes Domitian smites enemies.

2	168	Ritual before two goddesses lost; incense mentioned in the framing column
	169	Claudius offers the white and red crowns to Horus and a goddess
	170	Ritual destroyed; Claudius probably offers a *wsḫ*-collar to the Great Goddess
3	180	Claudius offers incense to Isis and Nephthys
	181	Claudius presents food to Sobek and Hathor
	182	Claudius offers a naos-shaped pectoral to Mut

On the western exterior wall, the neighbouring scenes of presenting the sword of victory (no. 119) depict the rituals as follows. In no. 118, Claudius probably purifies before a child-god and two goddesses. Purification is an indispensable preliminary to any ritual, and the purpose is stated in the divine framing column: "You make my place sacred against all pollution so that I may rest in it" (*ḏsr=k s.t=i r sꜣ.t nb(.t) ḥtp=i im*). Purification is referred to again in the ritual scene above in the second register, where Claudius presents two goddesses with four vessels (no. 130). In no. 120 the king offers the *wḏꜣ.t*-eye to a goddess, presumably Isis; this fits the context of the *ij.t* well (see parallel text 3).

In the two registers above no. 119, Claudius presents Harsiese and Isis with marsh plants of Upper and Lower Egypt (no. 131, second register) and offers unguent (*mrḥ.t*) to a seated god and standing goddess (no. 143, third register). The emphasis of these scenes is clearly on kingship.

Register	**Scene**	**Summary of the rituals scenes discussed on the western external wall**
1	118	Claudius probably purifies in front of a child-god and two goddesses
	119	Claudius presents Horus and a goddess with the sword of victory
	120	Claudius offers the *wḏꜣ.t*-eye to a goddess, presumably Isis
2	130	Claudius presents two goddesses with four vessels (purification)
	131	Claudius presents Harsiese and Isis with marsh plants of Upper and Lower Egypt
	132	Claudius presents the Great Goddess with offerings now lost
3	142	Ritual (lost) before a deity and a goddess
	143	Claudius offers unguent (*mrḥ.t*) to a god and a goddess
	144	Ritual mostly lost, but adoration (*mꜣꜣ nṯr*) before god likely

In order to understand the context and interrelation of these scenes at Shanhūr, a brief analysis of the Kom Ombo scenes referred to earlier is helpful. The offering of the *ij.t*-knife (parallel text 1; *Kom Ombo* I 138) is in the southern of two scenes on column VII in the court. We can observe the following points about the neighbouring or corresponding columns.[60] On the neighbouring column VI, the southern scene (*Kom Ombo* I 135) is badly damaged and the offering lost, but the words of the king imply the destruction of enemies. In the divine framing column, Haroeris is "protector of the ennead" (*nḏ n psḏ.t*) and "slayer of foreign lands" (*smꜣ ḫꜣs.wt*). The god mentioned in the *bandeau* beneath (*Kom Ombo* I 136) is also Haroeris, slayer of foreign lands. In column V Haroeris switches to the north side of the column (*Kom Ombo* I 131), where in the royal framing column the enemies are also slaughtered and Haroeris is called lord of Letopolis. In this scene the king receives the *ḥb-sd*-jubilees, as expressed in the divine words, creating the same association of transmission of power and legitimation as mentioned above.

60. For a plan of the court and the columns, see *Kom Ombo* I 78. The southern half of the court comprises columns I–VIII, the northern half columns IX–XIV.

Column XIII on the northern side of the court, corresponds with the southern column V. In the well-preserved scene *Kom Ombo* I 155, Tiberius offers incense to Haroeris and Heqet. Among other epithets, Haroeris is *nb ij.t*, written with the knife and city-determinative. The ritual of offering incense is also very close to the knife-offering at Shanhūr (nos. 168 and 180 on the eastern exterior wall).

On the neighboring column XII, the ritual of the scene *Kom Ombo* I 153 shows Harsiese receiving the red and white crowns, an offering that we find directly above the knife-offering at Shanhūr (no. 169). In addition, the *bandeau* of the column (*Kom Ombo* I 154) presents the king as beloved of Haroeris, "foremost of the two eyes, possessor of the *ij.t*-knife" (*ḫnt.j-ir.tj nb ij.t*), again written with the knife and city-determinative. In the corresponding column IV on the south side, Panebtawy and a further child-god receive the two uraei with the red and white crown. The second scene on this column is a *wnšb*-offering, which is in the scene next to the *ij.t*-offering at Shanhūr (no. 158). As at Shanhūr, the exercise of kingship is thus confirmed.

In the inner hypostyle hall is the scene in which Haroeris confirms the rule of Ptolemy VIII and his two queens, Cleopatra II and III (*Kom Ombo* I 462), combining the ideas of kingship and vigour. This scene forms part of a sequence of scenes linked to coronation in the first register of the hall, to be read alternately north and south:

Scene	**North/South**	**Summary of the rituals at Kom Ombo, inner hypostyle hall**
Western wall:		
465	North	King leaves the palace
440	South	King introduced to Sobek by Montu and Atum
464	North	King purifies
439	South	King introduced to Sobek by Nekhbet and Wadjit
463	North	King crowned by Nekhbet and Wadjit before Haroeris *nb ij.t*
438	South	King receives *ḥb-sd* from Haroeris
Northern wall (corresponding southern side is destroyed)		
462	North	King receives *ḥb-sd* and *ḫpš*-scimitar from Haroeris *nb ij.t*
Eastern wall:		
461	North	*ꜥ3b.t*-offering for Haroeris *nb ij.t*, accompanied by Tasenetneferet who burns enemies
437	South	*ꜥ3b.t*-offering for Sobek

In the northern scene of column VI of the same room, the inner hypostyle hall, Haroeris of Qus receives the *ḫpš* (*Kom Ombo* I 494). In the southern scene of the same column (*Kom Ombo* I 495) Heqet of Qus receives the menat. She is the one who creates the king's successor, as is mentioned in scene *Kom Ombo* I 155 (column XIII of the court, see above). Heqat is also the mother of Haroeris, possessor of the *ij.t*-knife.

The scene at Qus can be understood in this context. Ptolemy X receives vigour and is legitimised in a scene of annals that combines the *ij.t* and the *ḫpš*-scimitar. At Shanhūr, offerings of the *ij.t* and the *ḫpš*-scimitar are distributed in two corresponding scenes that together display these two royal functions. The recording of regnal years or annals seems no longer to be important: this type of scene was not needed for the Roman pharaoh. He was, however, in need of the ability to slaughter enemies and to protect the temple, thus Egypt, from all evil.

Divining Grammar and Defining Foes: Linguistic Patterns of Demotic Divinatory Handbooks (with Special Reference to P. Cairo CG 50138–41) and a Note on the Euphemistic Use of *ḫft* "Enemy"

Luigi Prada (Oxford)

It is a great pleasure to be able to offer this paper to Mark, my senior Lady Wallis Budge colleague at Univ. He has been my teacher and then doctoral supervisor throughout my years in Oxford and, though what I have learnt from him is far from limited to the sole domain of demotic (he has always made a point of training Egyptologists, not demotists), it is fair to say that, before my first demotic class with him, I was unable to tell whether I was holding the reproduction of a demotic text the correct way up. One of the most essential things that Mark has taught me is the importance of paying painstaking attention to detail when reading a text, and how apparently minute points of grammar or orthography can in fact have a substantial bearing on our understanding (or misunderstanding) of a text.[1]

Taking its inspiration from this, my contribution will present some grammatical sundries with wider implications, which I had the opportunity to observe in the making of my doctoral dissertation on demotic oneirocritica.[2] In the first half of it, as a necessary premise to the subsequent discussion, I will start by presenting some of the linguistic features of the style of demotic oneirocritic literature, showing how these differ from those of all other known divinatory genres, and how they can be usefully employed for the study and identification of papyrus fragments bearing text remnants of an unclear nature. Specifically, this will be demonstrated through a case study, aiming at defining the content of four elusive papyrus fragments, P. Cairo CG 50138–41. In the second half, I will move from the analysis of a specific passage of a demotic dream book, in order to highlight some grammatical peculiarities—as made apparent by its style—that concern the euphemistic use of *ḫft* "enemy." Thence, I will proceed to discuss how the details of grammar revealed by this oneirocriticon's passage with regard to this euphemistic idiom can shed clearer light on its use in other texts, outside the domain of mantic literature. In this context, it will be possible to clarify a pair of apparently ambiguous passages, in which the use of *ḫft* has been considered unclear by

This paper was written in the Ägyptologisches Institut of the Ruprecht-Karls-Universität Heidelberg, during the tenure of a visiting fellowship from the Alexander von Humboldt Stiftung (Theodor Heuss Research Fellowship), which I hereby gratefully acknowledge. I should further like to thank Joachim F. Quack, as well as his colleagues and several of the postgraduate students in Heidelberg, for both the stimulating scholarly environment and the convivial atmosphere that I have enjoyed in the course of this summer 2014—in particular Sabine Kubisch, Andrea Kucharek, Claudia Maderna-Sieben, Maren Schentuleit, and Susanne Töpfer.

1. For those who have not sat in one of Mark's classes, a good example of his approach can be seen in M. Smith, "History and Orthography: Reinterpreting the Demotic Evidence for Antiochos IV's Expulsion from Egypt in 168 BCE," in E. Frood and A. McDonald (eds.), *Decorum and Experience: Essays in Ancient Culture for John Baines* (Oxford, 2013), 66–71.

2. L. Prada, "Dream Books in Ancient Egypt: The Evolution of a Genre from the New Kingdom to the Roman Period: With the Edition of an Unpublished Demotic Dream Book," DPhil thesis (University of Oxford, 2014).

previous studies, possibly as euphemistic, possibly not. That one of these passages pertains to a specimen of funerary literature, one of Mark's research topics of choice, will especially meet—as I hope—with his interest.

The Language of Demotic Divinatory Literature and the Exception of Dream Books

From an ancient Egyptian perspective, divinatory handbooks—be their focus on oneiromancy, astrology, terrestrial omens,[3] or other kinds thereof—were scientific compositions, similar in structure and in their descriptive and prescriptive functions more to medical or legal tracts than to religious or magical compositions. Their scientific approach, functional to the elucidation of the causal conjunction between a happening (omen) and its consequence (the ensuing fate of the person affected by said omen), required the use of a matching scientific style and language, typically based on the binary combination of a protasis (omen description) and an apodosis (prediction).[4] On account of this, demotic divinatory manuals constitute overall a highly formalized and compact corpus not only from a thematic viewpoint, but also from a stylistic and linguistic perspective.

This point was recently investigated by Joachim Quack in an article dealing with the *Wissenschaftssprache* of divinatory manuals, where he clearly demonstrated how precise and standardized the use of language in such texts is.[5] In particular, he offered a number of examples from a large demotic handbook of terrestrial omens, which he is preparing for publication,[6] and thus gave a detailed overview of the kind of grammatical structures typically used in this and similar handbooks. With regard to the style of the protasis—the syntactic element more relevant to my present discussion—he remarked how this is always a conditional clause, which can be expressed either by means of the canonical demotic conditional clause (*i͗n-nꜣ.w N sḏm* with nominal, *i͗w=f sḏm* with pronominal subject), or by means of the second tense (*i͗-i͗r N sḏm* and *i͗-i͗r=f sḏm*): both types of construction occur freely in the phrasing of protases within the same composition.[7] Further expansions of the protasis may or may not follow this conditional clause, in the guise, for example, of subordinate clauses introduced by the conjunctive to specify more details about the omen. But the main point remains that the defining element of the protasis, which can never be absent, is the conditional clause.

As actual specimens, one can take a look at a few protases from two published manuals of terrestrial or animal omens, P. Heidelberg Dem. 785 and P. Berlin P. 15680 (the so-called Book of the Gecko).[8] The Heidelberg text

3. On the category of terrestrial omens, see J. F. Quack, "A Black Cat from the Right, and a Scarab on Your Head: New Sources for Ancient Egyptian Divination," in K. Szpakowska (ed.), *Through a Glass Darkly: Magic, Dreams & Prophecy in Ancient Egypt* (Swansea, 2006), 176. More generally on divination in ancient Egypt, see the overview in A. von Lieven, "Divination in Ägypten," *AoF* 26 (1999), 77–126.

4. Here and in the ensuing discussion, the terms protasis and apodosis will be used not specifically to indicate the two members of a conditional sentence, but, more widely, to label "the introductory clause in a sentence" (i.e., in demotic divinatory manuals, the subordinate clause that describes the omen—which may, but need not always be, as I will soon argue, a conditional clause) and "the concluding clause of a sentence" (i.e., the main clause containing the prediction about the person's fate). The citations come from the entries for "protasis" and "apodosis" in the *Oxford English Dictionary Online*, http://www.oed.com/, accessed 14 July 2014.

5. J. F. Quack, "Präzision in der Prognose oder: Divination als Wissenschaft," in A. Imhausen and T. Pommerening (eds.), *Writings of Early Scholars in the Ancient Near East, Egypt, Rome, and Greece: Translating Ancient Scientific Texts*, BzA 286 (Berlin and New York, 2010), 69–91.

6. For more on this text, see also Quack, "A Black Cat," 175–78. The image of one of this manuscript's fragments (P. Brooklyn Dem. 47.218.21a) is published in G. R. Hughes, *Catalog of Demotic Texts in the Brooklyn Museum*, OIC 29 (Chicago, 2005), pl. 16.

7. Quack, "Präzision in der Prognose," 73–74. On the use of the second tense with conditional meaning, see also J. F. Quack, "Zu Morphologie und Syntax der demotischen zweiten Tempora," *LingAeg* 14 (2006), 259–60; on the origins of this usage, see L. Popko, "Von der mittelägyptischen Rang-V-Erweiterung zum demotischen konditionalen 2. Tempus: Belege des Neuägyptischen," *LingAeg* 21 (2013), 167–79.

8. The former text is published in W. Spiegelberg, *Demotica* I, SBAW 1925.6 (Munich, 1925), 9–11 (no. 3); a good-quality color image of it is available online at the webpage *Demotische Papyri der Heidelberger Papyrussammlung*, http://www.rzuser.uni-heidelberg.de/%7Egv0/Papyri/P.Heid.Dem._Uebersicht.html, accessed 14 July 2014 (this new, online image also shows a smaller hieratic fragment, joined to the bottom of the demotic one; this should of course be ignored, as it is clearly not pertinent, despite the apparently perfect join). The latter

only uses—at least in the few lines that it preserves—the second tense with conditional value, in combination with nominal subjects. This can be seen in the two following excerpts:[9]

Ex. 1: 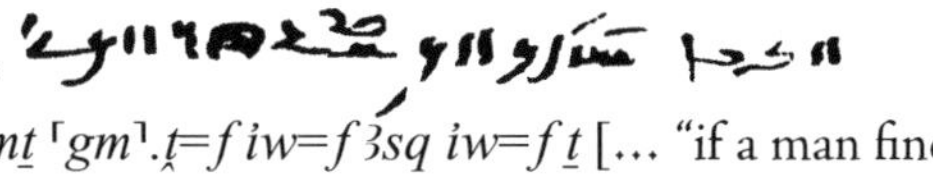
ỉ-ir rmṯ ⸢gm⸣.ṯ=f iw=f ꜣsq iw=f ṯ [... "if a man finds it (*sc.* a shrewmouse) whilst it hesitates to take [..."[10] (l. x+4).

Ex. 2: 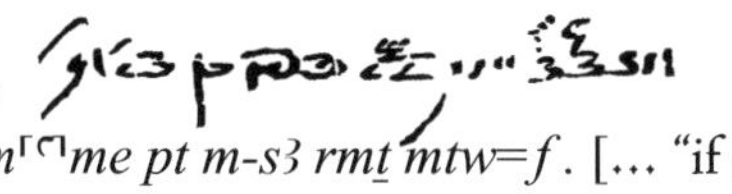
ỉ-ir ʿm⸢ʿ⸣me pt m-sꜣ rmṯ mtw=f. [... "if a shrewmouse runs after a man and it . [..."[11] (l. x+5).

In the first example, the protasis is further expanded by a circumstantial clause (expected after a verb of incomplete predication such as *gm*), which specifies in what attitude the animal is observed. In the second, it is followed by the conjunctive, adding more detail to the main piece of information already indicated in the opening conditional clause.

As for the Book of the Gecko, in its protases one can see both the proper demotic conditional clause, in combination with pronominal subject (Ex. 3), and the second tense converter, here used with nominal subject (Ex. 4):

Ex. 3: 
[*ỉ*]*w=f ḥʿy* (*r*) *pꜣy=s mn*[*ṯ*] *wnm* "[i]f it (*sc.* a gecko) falls onto her right brea[st]" (col. x+2/2).

Ex. 4: 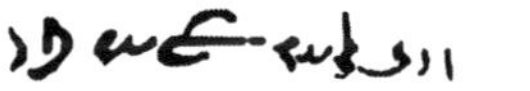
ỉ-ir s-ḥm.t sḏm ḫ⸢n⸣[*ṯs* ... "if a woman hears a ge[cko ..."[12] (col. x+3/12).

In his study, Quack noted that these stylistic features characterizing the structure of protases of divinatory manuals are, however, not completely universal, inasmuch as they do not apply to one mantic genre, that of astrology. Here, the protases are styled as nominalized relative clauses, starting with the phrases *pꜣy-ms=w* or *tꜣy-ms=w* (depending on the gender of the human target), "he/she who was born," typically followed by a circumstantial clause specifying the position of the celestial bodies at the time of birth.[13]

manuscript is published in K.-T. Zauzich, "Das demotische 'Buch des Geckos' und die Palmomantik des Melampus," in V. M. Lepper (ed.), *Forschung in der Papyrussammlung: Eine Festgabe für das Neue Museum*, ÄOP 1 (Berlin, 2012), 355–73 (cols. x+2 and x+3 of the papyrus are accidentally inverted in the plates, being respectively in pls. 3 and 2).

9. All facsimiles in this article were prepared from images—photographs or scans—of the original manuscripts (in the case of published texts, normally from the images included in their publications). The only exception is Ex. 19, whose facsimile was executed on the basis of the hand-copy published by its editor.

10. Or, interpreting—perhaps less likely—*iw=f ṯ* as the beginning of the following prediction referring to the human subject: "if a man finds it whilst it lingers: he will take [...."

11. By the papyrus' broken edge, the top half of a long oblique stroke can be seen: I suspect this might be restored to *rk* or *lg*, probably followed by the reflexive pronoun. The protasis would thus specify "if a shrewmouse runs after a man and it st[ops ...," or something to this effect.

12. It is likely that this conditional clause was expanded by another clause describing the omen in further detail, as also understood by the editor, who restores *ḫ⸢n⸣*[*ṯs mtw=f ḥʿy ḥr* ... "a ge[cko and it falls onto ..." (Zauzich, "Das demotische 'Buch des Geckos,'" 358).

13. Quack, "Präzision in der Prognose," 77. Here, he also suggested comparing this exceptional style to the similar phrasings found in some legal texts, and to ascribe this similarity to the fact that one's astrological fate, acquired at the time of birth, is no accident in one's life (unlike, e.g., happening to witness an animal omen), and thus is as inescapable as the law—a suggestion that I find intriguing. On the style of astrological manuals, and the possible minor variations in the wording of the formula here under discussion, see also A. Winkler, "On the Astrological Papyri from the Tebtunis Temple Library," in G. Widmer and D. Devauchelle (eds.), *Actes du IXᵉ congrès international des études démotiques: Paris, 31 août–3 septembre 2005*, BdE 147 (Cairo, 2009), 370–72.

An example of such astrological protases can be seen, for instance, in P. Berlin P. 8345:[14]

Ex. 5: 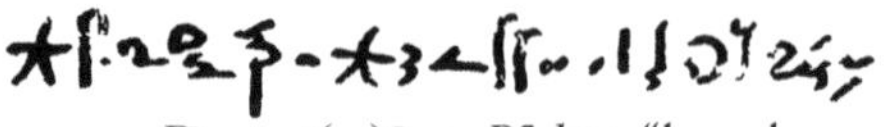
pꜣy-ms=w r Pꜣ-nṯr-t(w)ꜣ n Rʿ-ḥtp "he who was born when Venus (lit. The Morning God) was in the Descendant" (col. x+2/5).

Quack's statement about the exceptionality of the style of astrological texts has to be recalibrated, however, in that not all astrological handbooks ignore the use of the conditional clause.

Demotic astrological literature can be divided into two main branches, based on the subject matter at hand: that of the natal kind (γενεθλιαλογικόν), which deals with the foretelling of an individual's future from the position of the celestial bodies at his birth (as in the case seen above with P. Berlin P. 8345), and that of the universal type (καθολικόν), which predicts the effects of astrological influences on entire countries and peoples.[15] It is only the first that opts for the idiosyncratic use of a relative, rather than conditional, protasis. On the other hand, the conditional style discussed above in connection with omen texts can be found again in manuals of universal astrology. As an example of this subgenre, one can cite a protasis from, respectively, P. Cairo CG 31222 (Ex. 6) and the Vienna treatise on eclipses (Ex. 7):[16]

Ex. 6: 
i-ir=s ḫʿ r ♂ (*n*) *nꜣ* ♊ "if it (*sc.* Sirius) rises when ♂ (= Mars) is in ♊ (= Gemini)"[17] (l. 8).

Ex. 7: 
in-nꜣ.w iʿḥ ir ꜣ⌜*b*⌝*ꜣ(.t)* ⌜*ibt-4*⌝ *pr*[*.t* ... "if the moon is eclipsed in the fourth month of Per[et ..."[18] (col. 4/24).

In the first excerpt, the second tense in its conditional meaning is used to introduce the omen—not unlike what was seen in the case of the Heidelberg fragment concerning a shrewmouse or the Book of the Gecko (Exx. 1–2, 4)—and is then followed by a circumstantial clause detailing the position of the celestial bodies (in this case, exactly as in the astrological Ex. 5). As for the text of Ex. 7, the type of clause used here is the proper demotic conditional (compare with Ex. 3), here introduced by its prenominal morpheme *in-nꜣ.w*.[19]

14. Image of the papyrus in W. Spiegelberg, *Demotische Papyrus aus den Königlichen Museen zu Berlin* (Leipzig and Berlin, 1902), pl. 98. Full publication in G. R. Hughes, "An Astrologer's Handbook in Demotic Egyptian," in L. H. Lesko (ed.), *Egyptological Studies in Honor of Richard A. Parker: Presented on the Occasion of His 78th Birthday, December 10, 1983* (Hanover and London, 1986), 53–69. Recent translation in J. F. Quack, "Demotische magische und divinatorische Texte," in B. Janowski and G. Wilhelm (eds.), *Omina, Orakel, Rituale und Beschwörungen*, TUAT NF 4 (Gütersloh, 2008), 368–70.

15. This distinction is delineated in classical astrology too: the Greek names of this discipline's two main branches can be found in (the Graeco-Egyptian) Claudius Ptolemy's *Tetrabiblos* II.1.

16. The former is published in G. R. Hughes, "A Demotic Astrological Text," *JNES* 10 (1951), 256–64. An image of the papyrus is also available in W. Spiegelberg, *Die demotischen Denkmäler*, II: *Die demotischen Papyrus: Tafeln*, CGC Nos. 30601–31270, 50001–50022 (Strasbourg, 1906), pl. CXXIX. The latter is edited as text A in R. A. Parker, *A Vienna Demotic Papyrus on Eclipse- and Lunar-Omina*, BEStud 2 (Providence, RI, 1959), 5–27, pls. 1–3.

17. The reading of the second astrological symbol—about whose curious aspect the editor remarked (Hughes, "A Demotic Astrological Text," 263 n. 37)—as Gemini is now confirmed by the Greek version of this passage, which is preserved in *P. Oxy.* LXV 4471, ll. 15–16 (as identified by its editor, A. Jones), and reads ἐν Διδ[ύ]||μοις "in Ge[m]ini."

18. Originally, the protasis continued specifying to what country this month was assigned: the editor's restoration (Parker, *A Vienna Demotic Papyrus*, 24) is: *pꜣ ibt is nꜣ* | *Grṯy(.w)*, "the month that belongs to the Cretans."

19. On the writing of the conditional form in this Vienna papyrus (misread by the original editor), see J. F. Quack, "Eine spezielle Bildung des Konditionalis und ihre Bedeutung für die Datierung von Texten," *Enchoria* 26 (2000), 84–86. Incidentally, the still unpublished P. Cairo RT 4/2/31/1 (SR 3427), containing—it seems—a demotic manual of meteorological omens with universal predictions, shows numerous

Drawing the general picture, it would seem possible to summarize that, as far as protases go, demotic divinatory texts favor the use of the conditional clause (either as the proper conditional or as the second tense used with conditional meaning), with the visible exception of, rather than astrological texts as a whole, manuals dealing with native astrology, which instead opt for nominalized relative clauses. Such an overall picture, however, is not entirely correct, for it does not account for the style of one of the dominant genres of divinatory literature in demotic: oneiromancy.[20]

Notwithstanding the use of a great number of textual sources in Quack's analysis of the language of demotic divination, from both terrestrial omen manuals and dream books,[21] his in-depth discussion, which excellently illuminates the style of (especially terrestrial) omen books, cannot be applied to oneirocritica. Indeed, the similarities between the two genres are apparently so strong as to justify a similar global treatment. However, under the surface, dream books constitute, from a stylistic viewpoint, a separate subcorpus within the domain of demotic divinatory literature, especially with regard to the grammar of their protases. For in no case are these constituted by a conditional clause (be it a proper one, or one using the second tense), but always by circumstantial clauses.

Admittedly, when one is faced with protases from oneirocritica like those here below, the automatic assumption is to take them for conditional clauses:

Ex. 8: 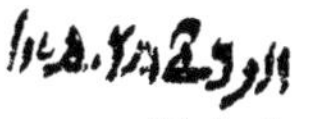
iw=f snqy n hb "when he takes suck at an ibis" (P. Jena 1209, l. 9).

Ex. 9: 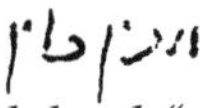
iw=f sẖ ḥr sẖ "when he writes over a text" (P. Berlin P. 13591 verso, col. x+3/16).

Ex. 10: 
⸢*iw=f*⸣ *ẖt*⸢*b*⸣ *kḥsy.t* "when he kills a gazelle" (P. Berlin P. 15507, col. x+2/6).

Ex. 11: 
iw=f fe(y) mꜣy "when he carries a lion" (P. Vienna D. 6644a, col. x+2/8).[22]

---

similarities with handbooks of universal astrology, and indeed appears to use exactly the same style as such texts (as well as terrestrial omen books). See, e.g., the conditional protasis, with following expansion employing the conjunctive (compare with our Ex. 2), in col. x+1/x+11: *in-nꜣ.w ḫrw-Stḫ ḫpr mtw* [*t*]⸢*ꜣ p*(*.t*)⸣ *ḥw qrr*(*.w*), "if thunder (lit. a voice-of-Seth) occurs and [th]e sky rains frogs." The excerpt is cited from the preliminary report (inclusive of facsimiles of selected passages) by P. Collombert, "*Omina* brontoscopiques et pluies de grenouilles," in M. Depauw and Y. Broux (eds.), *Acts of the Tenth International Congress of Demotic Studies: Leuven, 26–30 August 2008*, OLA 231 (Leuven, Paris, and Walpole, MA, 2014), 17.

20. On the diffusion of oneirocritica, which seems to have been significantly wider than that of terrestrial omen books, see, e.g., Quack, "A Black Cat," 179, and J. F. Quack, "Aus zwei spätzeitlichen Traumbüchern (Pap. Berlin P. 29009 und 23058)," in H. Knuf, C. Leitz, and D. von Recklinghausen (eds.), *Honi soit qui mal y pense: Studien zum pharaonischen, griechisch-römischen und spätantiken Ägypten zu Ehren von Heinz-Josef Thissen*, OLA 194 (Leuven, Paris, and Walpole, MA, 2010), 108. Considering the literary material from the Tebtunis temple library, dream books come second in number only to astrological texts, as far as divination is concerned: see K. Ryholt, "On the Contents and Nature of the Tebtunis Temple Library: A Status Report," in S. Lippert and M. Schentuleit (eds.), *Tebtunis und Soknopaiu Nesos: Leben im römerzeitlichen Fajum: Akten des internationalen Symposions vom 11. bis 13. Dezember 2003 in Sommerhausen bei Würzburg* (Wiesbaden, 2005), 152.

21. See the indication of his textual sources in Quack, "Präzision in der Prognose," 70, as well as the discussion ibid., 73–74, expressly dealing with material from the two genres together.

22. The examples are from four separate dream books. Only P. Jena 1209 is published, in K.-T. Zauzich, "Aus zwei demotischen Traumbüchern," *AfP* 27 (1980), 96–98, pl. 8. I am currently preparing the edition of the three others.

Most of the protases in dream books, having a pronominal subject, show this appearance. No difference between them and, for instance, the first excerpt from the Book of the Gecko given above (Ex. 3, showing a conditional clause with pronominal subject, *[i]w=f ḥꜥy*) is patent. However, interspersed in the lines of demotic oneirocritica, one can also find other phrasings, which reveal beyond any doubt that all oneirocritica's protases are grammatically circumstantial—and not conditional—clauses. Here are a few such revealing specimens:

> Ex. 12: 
> *⸢i⸣w=f (n) Yb* "when he is in Elephantine" (P. Jena 1403, col. x+2/x+13).
>
> Ex. 13: 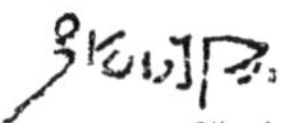
> *⸢i⸣w ḥry sme r=f* "when a superior greets him" (P. Berlin P. 13589, col. x+2/x+6).
>
> Ex. 14: 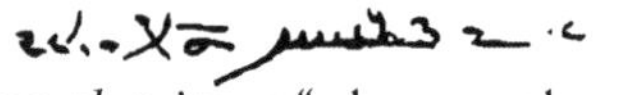
> *⸢r⸣ in-my nk n-im=s* "when a cat has sex with her" (P. Carlsberg 13b, col. x+2/23).
>
> Ex. 15: 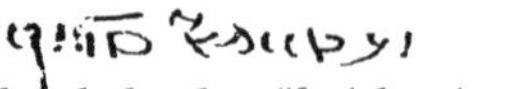
> *[i]w=f ḥr-ḏꜣḏꜣ nhy.t* "[wh]en he is atop a sycamore tree" (P. Berlin P. 8769, col. x+4/9).[23]

In the case of Exx. 12 and 15, the clause, with the auxiliary *iw* and the pronominal subject directly followed by an adverbial predicate, can only be circumstantial, in that a conditional would need an infinitive, and could not directly incorporate a similar adverbial predicate (for this purpose, the use of a conditional periphrasis incorporating an infinitive—such as *iw=f ḫpr* "if (it happens)"—would be required). As for Ex. 13, the circumstantial nature of this clause is revealed by the form of the auxiliary, *iw* (and not *in-nꜣ.w* or *i-ir*), introducing the nominal subject. The same applies to Ex. 14, where the prenominal circumstantial morpheme is noted as *r* (the common alternative—but homophonous—writing for *iw*). Further, in this last excerpt one can also observe the presence of a durative direct (also known as oblique) object after the infinitive, *nk n-im=s*.[24] This could be considered—if there be need—as an additional marker of the circumstantial nature of this clause, since a present circumstantial clause, unlike a conditional, typically cannot employ a pronominal infinitive (in this case, *nk=s*).[25]

Examples like these, which could be offered in much greater number and from the whole time range throughout which demotic dream books are attested (approximately fourth century BC to second/third century AD), confirm that all of their protases are circumstantial clauses. Not in a single case in my dealings with demotic dream books have I come across a conditional protasis, and conditional clauses as a whole are indeed virtually absent from onei-

---

23. The examples are from four distinct oneirocritica. Only P. Carlsberg 13 is published, in A. Volten, *Demotische Traumdeutung (Pap. Carlsberg XIII und XIV verso)*, AnAe 3 (Copenhagen, 1942), 80–91, pls. 1–2 (with a new, improved translation of selected passages in Quack, "Demotische magische und divinatorische Texte," 359–61). On P. Berlin P. 8769, see L. Prada, "Papyrus Berlin P. 8769: A New Look at the Text and the Reconstruction of a Lost Demotic Dream Book," in V. M. Lepper (ed.), *Forschung in der Papyrussammlung: Eine Festgabe für das Neue Museum*, ÄOP 1 (Berlin, 2012), 309–28. A full edition of this and the two other papyri here cited is currently in preparation.

24. I interpret *n-im=s* as the durative direct object since, although the verb *nk* can also introduce its object indirectly by means of the preposition *m* in earlier Egyptian (see *Wb*. II, 345, 7), such a construction is, to the best of my knowledge, unattested in demotic, where this verb always takes a direct object. Moreover, another passage of the text here at hand (P. Carlsberg 13b, col. x+2/35: *i(w)=s r ti nk s pꜣy=s bꜣk* "she will let her servant have sex with her") shows without ambiguity that its author used the construction of *nk* with the direct object.

25. I follow here the terminology of J. H. Johnson, *The Demotic Verbal System*, 2nd ed., SAOC 38 (Chicago, 2004), 6 n. 25 (online publication available at http://oi.uchicago.edu/research/publications/saoc/saoc-38–demotic-verbal-system, accessed 18 July 2014). On the nondurative nature of conditional clauses, see ibid., 156. Similar references can be found in the briefer grammatical treatment of J. H. Johnson, *Thus Wrote 'Onchsheshonqy: An Introductory Grammar of Demotic*, 3rd ed., SAOC 45 (Chicago, 2000), 38 (§ 51), 82 (§ 106) (online publication available at http://oi.uchicago.edu/research/publications/saoc/saoc-45–thus-wrote-onchsheshonqy-introductory-grammar-demotic, accessed 18 July 2014). More generally on the durative direct object rule, see below, n. 89.

rocritic literature in demotic.[26] Further, unlike terrestrial omen books, where conditional clauses can be phrased in one of two ways (proper conditional or second tense), oneirocritica are a remarkably consistent and compact corpus, where protases use one and one only grammatical construction, the circumstantial clause. On account of this impressive stylistic uniformity, I also believe it meaningful to preserve the circumstantial nature of oneirocritic protases in modern translations too, by means of employing a temporal conjunction, "when," rather than a conditional one, "if."[27]

To be exact, one apparent exception to this universal use of the circumstantial clause in the protases can be detected, and this in one of the latest oneirocritica, whose protases typically consist of a noun only, designating the thematic core of the dream in question.[28] This is, however, no structural exception, but rather a case of brachylogy inspired by the desire for a more streamlined style. Thus, only the dream's object is mentioned, whilst the subject and verb of the circumstantial clause are not repeated in every line and for every dream, but are—typically—implied after their first occurrence(s) in the relevant chapter heading and/or first protasis/-es.[29] The use of a similarly condensed style, in order to avoid continuous repetition, is not limited to oneiromancy, but can be recognized in other divinatory genres too, such as in terrestrial omen and astrological handbooks.[30]

Incidentally, it is worth pointing out that the use by oneirocritica of circumstantial, and not conditional, protases is no random anomaly, but—in my opinion—the natural outcome of the century-long evolution of the oneirocritic genre, which is attested from at least as early as the Nineteenth Dynasty (the time of P. Chester Beatty 3, the so-called "Ramessid dream book" and the earliest known oneirocriticon).[31] Indeed, at the time of this hieratic oneirocriticon, the structure of the protases was bipartite: first came an introductory conditional clause, always the same for all dreams (and, in this manuscript's fancy layout, written vertically and on larger scale only once per column); after this followed, in each line, the detailed description of every individual dream's content. The most recurrent pattern can be seen in the following excerpt from P. Chester Beatty 3:[32]

Ex. 16: 

26. I specify "virtually," inasmuch as a few conditionals—always initiated by the phrase *iw=f ḫpr r* "if (it happens that)"—do occur in oneirocritica. They pertain, however, not to the protases, but introduce the following apodoses (i.e., the forecasts), advancing specific provisos about their validity on the basis of the dreamer's life conditions (the same structure can be found in terrestrial omen texts too: see Quack, "Präzision in der Prognose," 74). An example of such a combination of conditional proviso and apodosis can be seen in the unpublished P. Berlin P. 15507 (col. x+2/9): *iw=f ḫpr r t3y=f mw.t ꜥnḫ i(w)=s mwt (n) tkr,* "if (it so happens that) his (*sc.* the dreamer's) mother is alive, she will die shortly." Another instance is in P. Carlsberg 13b, col. x+2/27; misread by Volten, *Demotische Traumdeutung*, 86, its correct interpretation is given in Quack, "Demotische magische und divinatorische Texte," 360.

27. In contrast with the practice observed in translations of demotic dream books into virtually all modern Western languages—see the use of "if" in English language publications (e.g., in K. Szpakowska, "Flesh for Fantasy: Reflections of Women in Two Ancient Egyptian Dream Manuals," in T. Schneider and K. Szpakowska [eds.], *Egyptian Stories: A British Egyptological Tribute to Alan B. Lloyd on the Occasion of His Retirement*, AOAT 347 [Münster, 2007], 402–3), "si" in French (e.g., in S. Sauneron, "Les songes et leur interprétation dans l'Égypte ancienne," in A.-M. Esnoul, P. Garelli, Y. Hervouet, M. Leibovici, S. Sauneron, and J. Yoyotte [eds.], *Les songes et leur interprétation: Égypte ancienne, Babylone, Hittites, Canaan, Israël, Islam, peuples altaïques, Persans, Kurdes, Inde, Cambodge, Chine, Japon*, Sources Orientales 2 [Paris, 1959], 36–37), and "se" in Italian (e.g., in E. Bresciani, *La porta dei sogni: Interpreti e sognatori nell'Egitto antico*, Saggi 867 [Turin, 2005], 142–48, 150–51). Such an issue is fortunately of no concern to German studies, thanks to the ambivalent meaning of the conjunction "wenn."

28. This is the dream book, surviving in multiple copies, to which P. Berlin P. 8769 and many other fragments in Berlin, Vienna, Copenhagen, Florence, and New Haven (Yale) belong. On its style, see the preliminary remarks in Prada, "Papyrus Berlin P. 8769," 313 (the nominal type of protasis to which I am here referring is the one labeled in this article as "A1").

29. See, e.g., P. Vienna D. 6644a, col. x+2/8 (the first line of a new chapter, already cited above as Ex. 11), *iw=f fe(y) m3y* "when he carries a lion," and the following l. 9, whose protasis is only the word *rby* "a lioness" (preferably so than "bear," though both translations are possible)—the reader having to understand: "when he carries a lioness."

30. See, respectively, Quack, "Präzision in der Prognose," 73, and Winkler, "Astrological Papyri," 370 n. 47.

31. Edition in A. H. Gardiner, *Chester Beatty Gift*, HPBM 3 (London, 1935), 9–23, pls. 5–8a, 12–12a.

32. For typographical reasons, the vertical column containing the protasis' first half cannot be included in the facsimile (the original can be seen in Gardiner, *Chester Beatty Gift*, pl. 6a). Its hieroglyphic transcription—rearranged horizontally—is: .

ir m33 sw s m rsw.t | *ḥr wnm i3rr.wt* "if a man sees himself in a dream | eating grapes" (col. x+6/8).

It is easy to see how the peculiar, conditional-free, style of the demotic oneirocritica is, in the end, no radical innovation, for all they did was simply dispose of the repetitive introductory conditional clause, preserving only the individual dream descriptions—the section bearing the information that really mattered.

Such an evolution is not exclusive to the oneiromantic literature written in demotic, but can already be seen—not wholly developed, yet at an advanced stage—in the Late Period (probably Twenty-sixth Dynasty) hieratic P. Berlin P. 29009.[33] Here, the protases are still (just about!) bipartite, yet the first element, which was originally—in P. Chester Beatty 3—a full conditional clause, is now only a noun, followed by a circumstantial clause in the function of a virtual relative clause. For example:

Ex. 17: 
⌜s⌝ *iw*⌜*=f wnm*⌝ . [… "a man who eats . […"[34] (frag. c, l. x+4).

Hence, simply through the dropping of the antecedent *s* "a man," one arrives at the situation as witnessed in all demotic oneirocritica, throughout the half millennium or so during which they are attested.[35] Nor do the key elements found in the original conditional clause of the Ramessid dream book completely disappear—that is, the mention of the dreamer (*s* "a man") and of the dreaming activity (*m33 … m rsw.t* "to see … in a dream"). In demotic oneirocritic literature, these words' counterparts are rather moved and typically limited to the relative clauses found in the headings opening each thematic chapter, where the words *rmṯ* "a man" and *nw* "to see/dream" are constant elements.[36]

Such a linear evolutionary path in the style of the oneirocritic genre confirms the homogeneity and coherence of this entire corpus even before its demotic incarnation, extending to include its hieratic witnesses, and may thus make oneiromancy one of the types of scientific literature attested in Egypt for the longest continuous time, from at least the thirteenth century BC to the second/third century AD. On a linguistic level, the evolution briefly sketched above also accounts for the perhaps unexpected initial position occupied by the circumstantial clauses in dream books (as protases preceding the main clauses), following a syntactic order that is more typically the prerogative of conditional, rather than circumstantial, clauses.[37] For, originally, each of these circumstantial clauses was only the

33. Edition in Quack, "Aus zwei spätzeitlichen Traumbüchern," 99–104, pls. 34–35. Linguistically, this text presents such late Late Egyptian features that it could as easily be classified as demotic (see ibid., 104).

34. The underlined text indicates red ink in the manuscript (highlighted as grey in the facsimile). At the lacuna, the editor (Quack, "Aus zwei spätzeitlichen Traumbüchern," 102, pl. 35) proposes to restore ⌜ꜥ⌝[*q*, "br[ead/rat[ion" (for a well-preserved writing of which in this papyrus, see frag. a, col. x+1/x+10).

35. The reader will have noticed that I am passing in silence over the issue of P. Berlin P. 23058, a hieratic manuscript from the Thirtieth Dynasty or thereabouts which preserves what seems to be an oneirocriticon (edition in Quack, "Aus zwei spätzeitlichen Traumbüchern," 104–8, pls. 36–7), and yet also contains unambiguous instances of conditional protases. This is not the place to embark upon a thorough discussion of it, especially as I am here focusing on the demotic dream books. Yet, it can at least be remarked that, whilst this text also shows the circumstantial protases found in all demotic dream books (see, e.g., frag. a, col. x+2/x+6), all the unusual protases styled as conditional clauses (with the second tense converter, *i-ir*) are limited only to one of this manuscript's fragments, frag. e. Thus, one of two options seems possible to me: either this text, whose language is peculiar in many ways (being a singular amalgam of Middle and Late Egyptian; see ibid., 108), was also exceptional in describing dreams with both circumstantial and conditional clauses; or, as I am more inclined to believe, frag. e, which bears all instances of conditional protases, does not in fact pertain to the same composition (nor, probably, manuscript), and should be set apart from the others and no longer be considered a possible dream book specimen.

36. Exceptions to this rule, as in the elliptical heading—which includes neither word—found in P. Jena 1209, l. 1 (see its edition in Zauzich, "Aus zwei demotischen Traumbüchern," 96, pl. 8), are very rare. For a collection of several typical chapter headings, see Volten, *Demotische Traumdeutung*, 7.

37. I suspect that, along with the ambiguity in the morphology of the circumstantial converter *iw* with pronominal subject (which looks exactly the same as the conditional auxiliary), such a syntactic order was also a factor in shaping the false impression, encountered in earlier

second member (rather, the expansion) of a protasis, and followed an actual conditional clause, as clearly seen in the case of the Ramessid oneirocriticon. In a way, the theoretically reconstructed ur-style of the protases of demotic oneirocritic manuals would show the same phrasing sometimes observed in terrestrial omen books, e.g., in Ex. 1 above from P. Heidelberg Dem. 785: a conditional clause containing a verb of incomplete predication (in this case, *nw* "to see/dream"), then expanded by a subordinate circumstantial clause.

This overview will have hopefully shown how oneirocritica constitute, from a stylistic and linguistic viewpoint, a highly compact and canonized (possibly, the most compact and canonized) subgroup within demotic divinatory literature. This is eminently true with regard to their protases, on which my analysis has focused. Nevertheless, distinctive features—which need not be discussed here—are found in their apodoses as well, that is, their predictions. Admittedly, these are not as distinctive and pervasive as those observed in the protases (for instance, the by far dominant verbal form for the predictions, the third future, tends indeed to be the same in all divinatory genres), but can still offer significant clues.

Identifying the Texts of P. Cairo CG 50138–41

All the aspects of language so far illustrated need not be appreciated only within the abstract frame of the stylistic canons of a literary genre, but—and this is one point on which the rest of this paper will focus—can be usefully employed for more practical purposes.

One such concrete application concerns the classification of divinatory texts of otherwise uncertain nature—for such linguistic features can facilitate the identification of remains of compositions from even modest scraps of papyri, when the amount of text preserved would otherwise seem to be insufficient to allow any definite conclusions. It is indeed no novelty that, whilst a divinatory text can generally be identified as such quite straightforwardly, the same does not hold necessarily true with regard to narrowing down such identification, i.e., making a choice between the different types of divinatory literature.

In earlier and recent scholarship alike, this has been true particularly with respect to dream and terrestrial omen books, with several texts on papyri being assigned by some to one genre, by some to the other.[38] Such issues and doubts have even occurred in the case of texts whose content, regardless of the grammar used, would appear to be not so very ambiguous, such as, to name an instance, that of the shrewmouse-related omens described in P. Heidelberg Dem. 785 (cited in Exx. 1–2). Though its editor correctly identified this text as an animal (i.e., terrestrial) omen composition, some later scholars have opted for a different view, assigning it to oneiromancy.[39] This is certainly not the case though, and this Heidelberg text should be assigned once and for all to the genre of terrestrial

studies, that the protases of demotic oneirocritica should too be conditional clauses. On the other hand, I can only attribute to an oversight the isolated claim of one study, according to which demotic dream books would always use second tense constructions in their protases (in Bresciani, *La porta dei sogni*, 140: "[l]a formazione sintattica mostra nella prima parte un presente secondo [...]")—this is of course never the case, as evident from the foregoing discussion.

38. About this issue, see, e.g., the remarks in M. Depauw, *A Companion to Demotic Studies*, PapBrux 28 (Bruxelles, 1997), 108; Quack, "A Black Cat," 179; Zauzich, "Aus zwei demotischen Traumbüchern," 91; and Zauzich, "Das demotische 'Buch des Geckos," 366. In this respect, see also the case of P. Berlin P. 23521, briefly described in similar terms, as either a dream book or possibly a (terrestrial) omen book, in K.-T. Zauzich, "Traumdeutung oder Omentext für eine Frau," in W. Kaiser (ed.), *Ägyptisches Museum Berlin: Östlicher Stülerbau am Schloß Charlottenburg* (Berlin, 1967), 126 (no. 1126), and in K.-T. Zauzich, "Neue demotische Papyri in Berlin," in W. Voigt (ed.), *XVII. Deutscher Orientalistentag vom 21. bis 27. Juli 1968 in Würzburg: Vorträge* I, ZDMG Supplementa 1 (Wiesbaden, 1969), 45. Incidentally, although Zauzich offered only excerpts in translation, and therefore a linguistic analysis is in this case impossible without viewing the original, I trust that this must be part of a terrestrial omen book. The mention of body parts, with distinction between right and left in the case of those—like breasts—that come in pairs, is particularly revealing, and can be closely compared with a text such as the Book of the Gecko. Some features in the wording of the apodoses, which do not merit extended discussion here, also point to a terrestrial omen manual.

39. See Volten, *Demotische Traumdeutung*, 5; Sauneron, "Les songes et leur interprétation," 58 n. 33; and S. Kidd, "Dreams in Bilingual

omens; this is confirmed not only on the basis of its protases' topic (the behavior of a shrewmouse), but also—and unambiguously—of their language (second tense with conditional value).[40]

Something similar can be said—were there the need—about the Book of the Gecko. Indeed, this text has been correctly published by Zauzich as a terrestrial omen composition. Yet, its editor also mentioned, as a conceivable alternative, the possibility that this collection of a gecko's mishaps should be understood as set in an oneiric context, and that it may describe in fact dreams, rather than real events—something that, in his opinion, might have been specified only in the now lost opening of the text.[41] This is, however, an excess of caution on the editor's part: for not only the topic (various omens connected to an animal's conduct), but the grammar itself (see, e.g., Ex. 4 above, with the second tense converter) confirm that this text could never have been part of an oneirocriticon.[42]

If these previous two cases are not particularly problematic, and most interpreters would probably agree that these texts are terrestrial omens even without a linguistic confirmation, the contribution of such a stylistic analysis can be much more significant when dealing with more elusive texts of a divinatory nature. This is the case of the four fragments P. Cairo CG 50138–41,[43] to which I would like now to turn. These papyri are mentioned, often only incidentally, in a large number of studies about demotic divinatory texts, as specimens of dream and/or some other type of omen text, and no agreement or conclusive assessment about their nature has yet been achieved.[44] In fact, these studies do not even agree about the number of different manuscripts to which these four fragments should be ascribed: some opt for two (CG 50138–40 and 50141),[45] others for three (CG 50138–9, 50140, and 50141),[46] and the remainder does not take an explicit stance on the issue.[47] Before discussing the nature of these fragments, it is therefore necessary to assess to how many manuscripts they pertain.

That P. Cairo CG 50138 and 50139 belong to the same manuscript, as agreed by all previous scholars, can indeed be held for certain. They both preserve the scroll's original height (each bearing part of a column of text),[48]

Papyri from the Ptolemaic Period," *BASP* 48 (2011), 128. Whilst Volten opts for the dream book interpretation but maintains some reservations, Sauneron and Kidd consider it certain that this papyrus must preserve part of an oneirocriticon.

40. If necessary, one can also point out a third diagnostic feature in it, which is the phrasing of the heading preserved in l. x+11. This begins with *n3* ⌜*sḫn(y).w*⌝ "the influences" (the red ink is very faint, so I here also rely on the editor's transliteration, in Spiegelberg, *Demotica* I, 10), a technical word specific to section titles in terrestrial omen—as well as astrological—handbooks (see Quack, "Präzision in der Prognose," 73), but extraneous to dream books' chapter headings.

41. Zauzich, "Das demotische 'Buch des Geckos,'" 366.

42. Even the surviving colophon, preserving the text's original title (col. x+3/26: *ḏm ḥnṯs* "Book of the Gecko"), further confirms this, as such a title would hardly suit a dream book.

43. Images (but no full text edition) published in W. Spiegelberg, *Die demotischen Denkmäler*, III: *Demotische Inschriften und Papyri (Fortsetzung)*, CGC Nos. 50023–50165 (Berlin, 1932), 98–103, pl. LIX. It is important to signal that, in contrast to what is remarked ibid., 102 n. 3, the numbers of P. Cairo CG 50140 and 50141 are accidentally switched not in the plate, but in the text; this has been pointed out by K. Ryholt, *Narrative Literature from the Tebtunis Temple Library*, The Carlsberg Papyri 10 = CNI Publications 35 (Copenhagen, 2012), 199 n. 204, and is further confirmed by photographs of the papyri taken anew in 1970 for the *Demotisches Namenbuch* project by Erich Lüddeckens and Heinz-Josef Thissen (I thank Heinz-Josef Thissen and Günter Vittmann for granting me access to these images). This means that, in all publications to date, with the exclusion of Ryholt, *Narrative Literature* (and of the subsequent K. Ryholt, "The Illustrated Herbal from Tebtunis: New Fragments and Archaeological Context," *ZPE* 187 [2013], 233–38, which also touches upon these fragments), all mentions of P. Cairo CG 50140 and 50141 should be emended and in fact be considered as of, respectively, CG 50141 and 50140. In the present article, I make use of the newly established and correct numbering: thus, if I am discussing—for instance—Spiegelberg's remarks about CG 50140, it is implied that the reader will have to look up his remarks on the fragment that, in his text, he labels as 50141.

44. As one out of many possible examples, see the uncertainty already expressed by Volten, *Demotische Traumdeutung*, 5 n. 1. At the beginning of my research on demotic oneirocritic literature, I too briefly discussed these fragments, without being able to pronounce myself in any certain fashion about their nature (Prada, "Papyrus Berlin P. 8769," 322–23).

45. See, e.g., W. J. Tait, *Papyri from Tebtunis in Egyptian and in Greek (P. Tebt. Tait)*, EES TE 3 (London, 1977), 58, 61; Kidd, "Dreams in Bilingual Papyri," 128; Ryholt, *Narrative Literature*, 199 n. 204; and Ryholt, "The Illustrated Herbal," 234 n. 10.

46. See, e.g., Spiegelberg, *Die demotischen Denkmäler* III, 102; Sauneron, "Les songes et leur interprétation," 58 n. 33; and E. Lüddeckens, *LÄ* IV, 802–3 (*s.v.* "Papyri, Demotische," nos. a.14, c.8–10).

47. See, e.g., Volten, *Demotische Traumdeutung*, 5, and Depauw, *Companion*, 108.

48. The height measures approximately 19.5 cm for CG 50138 ("9½ cm" in Spiegelberg, *Die demotischen Denkmäler* III, 98, is a mere

show no framing- or guidelines, and are clearly written in one and the same hand, the only difference being in the thickness of the signs, which is slightly more accentuated in the case of P. Cairo CG 50138 (this can be explained by the natural wear—with resulting thickening of the tip—of the pen used by the scribe, or even simply by a change of pen). In addition to the shared physical elements of the manuscripts and their identical palaeography, the fact that they belong together is further suggested by the repeated occurrence of sets of identical phrases in their predictions, which confirms that they preserve parts of the same composition.[49]

The extraneity of P. Cairo CG 50141 from all other fragments needs little comment. This has always been acknowledged by all scholars, for it is clear at first sight, owing to the significant differences in its scribal hand: compare especially the writing of *rmṯ*, occurring in many lines of this papyrus (e.g., in l. 2), with that in the other fragments (e.g., in CG 50138, l. 13, and 50140, col. x+1/3). Were there need for further confirmation of this, one could also note the thin framing lines around its text, which differentiate its layout from the unframed columns of CG 50138–9. On the other hand, the size of its writing is significantly smaller than that of CG 50140 (the two texts are reproduced in the same scale—slightly reduced from real size—in the published image), which further confirms that CG 50141 is extraneous to CG 50140 too.

There remains the issue of the fourth fragment of this series, P. Cairo CG 50140, and the question as to whether or not it may belong to the same manuscript as CG 50138–9. The answer is no, as can be argued based on the papyrus' layout and palaeography only. First, this fragment clearly displays single framing lines surrounding the columns of text: no such lines, as mentioned in the foregoing treatment, are in CG 50138–9. As for the scribal hand, it is true that this appears to be most similar to that of CG 50138–9. Nevertheless, close inspection reveals that they are not identical, as the writing of several words and signs in the two shows significant differences. This can only be accounted for by considering CG 50140 and 50138–9 as two separate manuscripts—probably the work of two different Tebtunis scribes with otherwise very similar training and writing habits.[50]

Having ascertained that we are dealing with three texts from three distinct manuscripts (P. Cairo CG 50138–9, 50140, and 50141),[51] it is now time to evaluate whether their respective nature within the domain of divinatory literature can be established precisely. The case of P. Cairo CG 50141 is straightforward. Each of its seventeen lines begins with a protasis opened by the second tense converter, *ỉ-ỉr*: hence, this text cannot be a dream book, despite

typographical error) and 20.5 cm for 50139, as confirmed by the *Demotisches Namenbuch* photographs, which include a scale.

49. These need not be listed here, but, just to offer a couple of examples, see the closing temporal phrase *n tꜣy rnp.t* (*n rn=s*) "in this year (in question)" in CG 50138, ll. 12, 22, 25, and CG 50139, ll. 1, 7, 21, 24 (I follow Spiegelberg's line numbering), and the idiom *ỉr ỉw* "to succeed" in CG 50139, l. 17, and CG 50139, l. 14.

50. Here I give a small selection of such dissimilar writings: *ỉrm* "with," CG 50138, l. 1 (with one vertical stroke before the cup-shaped sign), vs. CG 50140, col. x+1/3 (with two strokes); *wḏꜣ*/*wḏy* "to prosper," CG 50139, l. 13, vs. CG 50140, col. x+1/14 (compare all elements, especially the different shape of prothetic *w*, and the orthography itself—final *ꜣ* vs. *y*); *pꜣy hrw* "this day," CG 50139, l. 22, vs. CG 50140, col. x+1/13 (compare especially the peculiar execution of *h* in CG 50139, to be observed also, e.g., in *hꜣy* "to fall," in CG 50138, l. 11); *rmṯ*, CG 50138, l. 13 (plain writing, without determinative), vs. CG 50140, col. x+1/3 (with hieratic-styled seated-man determinative) (but, to be accurate, such a difference would not be diagnostic per se, for both variants can also be found within the same manuscript: see, e.g., P. Carlsberg 14 verso, frag. a, l. 1, and frag. c, col. x+2/2, in Volten, *Demotische Traumdeutung*, pls. 3–4); *šm* "to go," in CG 50138, l. 17, vs. CG 50140, col. x+1/12 (compare the execution of both the first sign and the walking-legs determinative); *gm* "to find," CG 50138, l. 20 (all elements ligatured), vs. CG 50140, col. x+1/2 (disconnected strokes at the bottom); *ḏr.ṯ=f* "his hand," CG 50138, l. 2, vs. CG 50140, col. x+1/4 (compare all elements, especially the flesh determinative).

51. For the sake of completeness, it should also be mentioned that Ryholt, "The Illustrated Herbal," 234, suggested not only that P. Cairo CG 50138–40 belong together, but also that P. Tebt. Tait 17 (published in Tait, *Papyri from Tebtunis*, 60–61, pl. 4) is a fourth fragment of the same manuscript. In fact, it seems to me that P. Tebt. Tait 17 cannot belong to either CG 50138–9 or 50140. Amongst other reasons, it suffices to point out that the manuscript to which it belonged had double vertical framing lines (the left one is well preserved, and traces of the right one are still visible in the published photograph; see also the editor's comments ibid., 60) and no horizontal framing line at the column's bottom. Quite differently, as I have previously mentioned, the manuscript of P. Cairo CG 50138–9 has no framing lines at all, whilst CG 50140 has single, and not double, framing lines, which also run horizontally below the column's lower end.

it having sometimes been considered such in previous scholarship.[52] The repeated mentions of a dog also confirm that this is part of a terrestrial omen handbook, and suggest that the preserved lines originally pertained to a section dealing with omens based on a dog's behavior. All surviving protases display indeed only one of two phrases—either *i-ir iwiw* [… "if a dog […" (ll. 1, 6–7, 10–11, 13–17) or *i-ir rmṯ nw* […, "if a man sees […"[53] (ll. 2–5, 8–9, 12; l. 9 alone shows the spelling *nwe*). It can be supposed that the protases originally described the dog-related omens in one case directly, with *i-ir iwiw* + the verb labeling the relevant action, and in the other case by means of a second (probably circumstantial) clause, following a pattern such as *i-ir rmṯ nw r-r=f iw=f* + adverbial "if a man sees it (*sc.* a dog) doing/being …." Roughly the same two types of phrasing can be observed also in the terrestrial omens (about a shrewmouse) of P. Heidelberg Dem. 785: compare Ex. 2 above, where the shrewmouse is directly described as acting in a certain way, and Ex. 1, where the subject, there also a man (*rmṯ*), finds (*gm*), rather than sees (*nw*), the shrewmouse doing something.[54]

The specific genre of P. Cairo CG 50140 can also be quickly established in—I believe— a conclusive way. Rather than in the bulk of the text preserved, which is in col. x+1 (bearing remains of predictions, which may still offer some elements pointing at the text's nature—though this need not be discussed here), its key is in the few remains of writing from col. x+2, on the papyrus' left edge. Here, the very beginnings of a series of protases are preserved. Some of them—namely, col. x+2/x+1–2, x+6, x+8, x+12—begin with *iw=f* or *iw=*[… (with pronominal subject lost in lacuna): this is of no particular help in clarifying the text's genre, since, as seen in the previous part of this paper, *iw=* could as well be the circumstantial converter ("when"—dream book) or the conditional auxiliary ("if"—terrestrial omen book). Yet, col. x+2/x+3–5, x+7 clearly show four instances of an initial *r*, which must be the circumstantial converter in its prenominal form. Following on from my previous analysis, this is sufficient to conclude that, since the protases of the divinatory manual of P. Cairo CG 50140 used circumstantial clauses, the text borne by this papyrus must be an oneirocriticon.[55]

Finally, somewhat trickier is the case of P. Cairo CG 50138–9, though I trust that, in this instance too, an identification can be proposed. In both fragments, the beginning of all lines is lost, so that no immediate identification of this text's genre can be offered on the basis of the particles (conditional or circumstantial) at the opening of the protases, as none of these is preserved. Most of the surviving text indeed consists of predictions. Yet, a few lines in P. Cairo CG 50138 preserve remains of text that certainly pertain to omen descriptions, and not to predictions. The clearest such cases are in ll. 6 (… *ḥr*]-(*n*)-*tws* "… g]ecko"),[56] 11 (…] *r ḥr-*(*n*)-*tws 2 hꜣy r ẖly* "…] 2 geckos falling

52. See, e.g., Ryholt, "Tebtunis Temple Library," 153 n. 57, and Kidd, "Dreams in Bilingual Papyri," 128.

53. I offer the reading *rmṯ* as certain. An alternative reading of the sign as the third person plural suffix pronoun =*w* (thus resulting in a passive form, *i-ir=w nw* "if … is seen") is much less preferable. It is true that *rmṯ* and =*w* can look completely alike in similar Tebtunis hands (see, e.g., *rmṯ* in col. x+1/3 and =*w* in col. x+1/6 of P. Cairo CG 50140). Yet, if here we had =*w*, I would expect it to extend higher in the line, and not to descend below it (as it does here, though not for a great extent). Further, other terrestrial omen texts offer parallels for protases opening with *i-ir rmṯ*, rather than with an impersonal passive (see, e.g., Ex. 1 above, from P. Heidelberg Dem. 785).

54. The repeated occurrences of the verb *nw* "to see" in this Cairo terrestrial omen manual is a potent warning against the risk of assuming that this verb is diagnostic of oneirocritica, whenever it occurs in an otherwise unspecified divinatory text. Indeed, earlier studies have wondered whether P. Cairo CG 50141 is a dream book, clearly induced to do so by the recurrent presence of this verb (see von Lieven, "Divination in Ägypten," 106 n. 183, and Prada, "Papyrus Berlin P. 8769," 313). Though it is true that *nw*, with its secondary meaning "to dream," is a technical word of oneiromancy, it should be remembered that it normally occurs in the chapter headings of dream books, but it is actually atypical to find it repeated in the individual protases describing the dreams.

55. Despite the belief, held by a number of earlier studies, that it too should be a terrestrial omen text (see, e.g., the view of von Lieven, "Divination in Ägypten," 106 n. 183).

56. A better-preserved example of this word is in l. 11. Its correct reading and interpretation (not included in the *Chicago Demotic Dictionary*, which lists this noun under the transliteration *tws*—*CDD T*, 129—following Spiegelberg's edition and the entry in W. Erichsen, *Demotisches Glossar* [Copenhagen, 1954], 615) were already established in M. A. Stadler, *Isis, das göttliche Kind und die Weltordnung: Neue religiöse Texte aus dem Fayum nach dem Papyrus Wien D. 12006 recto*, MPER NS 28 (Vienna, 2004), 127–28 (commentary to ll. 31–32), following a proposal by Mark Smith (see ibid., 127 n. 327). In the Vienna text, the word occurs twice, in cols. 3/31–32 and 6/13, showing the same unetymological writing as in the Cairo papyrus, that is, *ḥr-*(*n*)-*tws* for standard *ḥntws* "gecko" (Erichsen, *Glossar*, 315, and *CDD Ḥ*,

down"), 16 (...] *ḥr wnm n-im=f* "...] on his/its right"), 17 (...] *ḥr smḥ n-im=f* "...] on his/its left"),[57] and 18 (...] ⌜*h*⌝*ꜣy*(?) *ḥr* ⌜*pꜣ*⌝ *tp n nꜣy=f ḥbs*(.*w*) "...] fall(?) upon the hem of his clothes"). Perhaps, l. 22 (...] *r ḏr.ṯ=f* "...] into his hand") also includes the end of a protasis, though this cannot be said with certainty.[58] In l. 35 there is a rubric,[59] most likely part of a chapter's initial heading: its contribution in clarifying the genre of the text would probably be conclusive, yet nothing of it can be read with any degree of certainty—at least not in the available photographs. Nonetheless, I believe that the content of the passages cited above from ll. 6, 11, 16–18 is already enough to make the identification of this text as a terrestrial (animal) omen book virtually certain.

Firstly, there are two mentions of geckos. Certainly, dream books too can feature animals (see, e.g., Exx. 8, 10–11 above), but the action associated with the two geckos of l. 11, that is, *hꜣy r ẖly* "to fall down,"[60] could be said to be almost diagnostic for terrestrial omens related to this animal. This becomes clear when one has a look at the protases of the Book of the Gecko, most of which begin with *iw=f hꜥy*, "if it falls" (see, e.g., Ex. 3 above).[61] Similarly, the behavior that may have been outlined in l. 18, with a lost subject "fall(ing)(?) upon the hem of his clothes," seems to fit well the action (or, rather, misadventure) of a small creature such as a gecko, which was possibly described falling onto a man's garments.[62] As for ll. 16–17, their mention of right and left is particularly noteworthy.[63] The distinction between right and left is very common in protases of terrestrial omen texts, where it typically applies to body parts coming in pairs, with either of which the animal in question comes into contact. This can be clearly seen, for instance, in the Book of the Gecko (see Ex. 3 above, as well as the discussion in n. 38).[64]

171). Concerning the phonetic match between the standard and this unetymological writing, the noting of initial *h* with *ḥr* "face" is unproblematic, since its final *r* was silent (see Coptic ϩⲟ—Crum, *CD*, 646b). As for *n* (which is still preserved in the Coptic descendant of this word, ⲁⲛⲑⲟⲩⲥ/ϩⲁⲛⲧⲟⲩⲥ—Crum, *CD*, 11b), one might suppose that it was still pronounced even if unnoted in this unetymological writing, in a way similar to that witnessed for demotic genitival compounds such as *ꜥ*(.*t*)-(*n*)-*sbꜣ* "school" (*CDD ꜥ*, 3–4), Coptic ⲁⲛⲥⲏⲃⲉ (Crum, *CD*, 12a), or *ḥr*-(*n*)-*tw* "mountainous region," Coptic ϩⲁⲛⲧⲟⲟⲩ (on this compound, see M. Smith, *Papyrus Harkness (MMA 31.9.7)* (Oxford, 2005), 125 [commentary to l. 31 n. d]). For all *CDD* references in this article, see http://oi.uchicago.edu/research/publications/demotic-dictionary-oriental-institute-university-chicago, accessed 1 August 2014.

57. On the reading of the word for "left," see J. F. Quack, "Zur Lesung der demotischen Gruppe für 'links,'" *Enchoria* 32 (2010/11), 73–80.

58. The same goes for P. Cairo CG 50139, l. 8, where ...] *rt.ṯ=f* "...] his foot/feet" could in theory also be part of either a protasis or an apodosis.

59. As remarked by Spiegelberg, *Die demotischen Denkmäler* III, 99 n. 4.

60. Due to the peculiar shape of the letter *h* in this scribal hand, the reading of this verb was misunderstood by the editor—see Spiegelberg, *Die demotischen Denkmäler* III, 99, who reads *ḥr*(?) *ꜣy* and translates *dubitanter* "mit einem fetten Stier"—and went unnoticed by later interpreters.

61. On free-falling geckos, see also the remarks in Zauzich, "Das demotische 'Buch des Geckos,'" 355 n. 4. Concerning the first sign surviving in l. 11 of P. Cairo CG 50138, i.e., *r*, this is certainly a circumstantial converter. Yet, given that its position is not at the actual opening of the protasis (a significant amount of text appears to be lost from the beginnings of all lines), it should not be mistaken for a clue that this is an oneirocriticon. Before it, there must have stood another (in my view, conditional) clause, of which this circumstantial was only the expansion.

62. It should be pointed out that I offer the reading ⌜*h*⌝*ꜣy* with a query because of its determinative, which is here the walking-legs, contrary to the evil determinative sported by the specimen of this verb observed in l. 11 (also, the latter is the most commonly encountered determinative for the verb *hꜣy*). Originally, I had thought of reading *ḏ*]*dy* "r]un" (compare the execution of *ḏ* in *plḏ*, l. 31); nevertheless, the initial traces match well *h* (in the peculiar shape used by this scribe) followed by a small *ꜣ*, rather than a damaged *ḏ* with a most unusually sinuous (rather than vertical) stroke constituting its left half. Thus, it seems more reasonable to read ⌜*h*⌝*ꜣy* and accept the walking-legs determinative of this writing as a case of free scribal variation.

63. As was already duly remarked by Stadler, *Isis*, 128 (and already flagged, only *en passant*, by Spiegelberg, *Die demotischen Denkmäler* III, 101), who cautiously suggested that the Cairo text could be another witness of the Book of the Gecko. This could well be the case, though it is also possible that this fragment was part of a wider collection of terrestrial omens, dealing with multiple animals (and possibly other types of terrestrial omens too), each of which would have been treated in a separate chapter (as in the case of the text to be published by Quack—see above, n. 6). The presence of a heading starting a new section in l. 35 of P. Cairo CG 50138 might perhaps support this alternative view, since no internal subdivision is attested in the Book of the Gecko, at least as this is known from its—currently—only manuscript witness, P. Berlin P. 15680.

64. See also Quack, "A Black Cat," 176, with reference to right and left in the terrestrial omen manual whose edition he is preparing. In our Cairo fragment, one reads *ḥr wnm/smḥ n-im=f* "on his/its right/left," rather than *ḥr p/tꜣy=f X wnm/smḥ* "onto his right/left X" (with X

Besides these aspects, more elements could be pointed out in the predictions too, which find parallels in terrestrial omen, rather than oneirocritic, literature. These cannot all be discussed here, so let it suffice to cite two of them. One consists of the impersonal use of adjectival verbs at the opening of the prediction, which is a typical feature of terrestrial omen texts, and not quite so of oneirocritica.[65] An example of this is probably recognizable in P. Cairo CG 50138, l. 21, where one reads *nꜣ*].*w-in-bn*⸢*=s*⸣ *m-šs* "it [i]s very bad"—this can be compared with the similar phrase recurrently occurring in the Book of the Gecko (unplaced frag., l. x+1, and col. x+2/1, 5, 11–12, 16).[66] The other feature is in the repeated mention of the phrase *pꜣ nb n pꜣ ʿ*(*.wy*) "the master of the house" as the subject of the prediction—see P. Cairo CG 50138, l. 21, and CG 50139, ll. 8, 17 (these last two specimens are partially in lacuna). Once again, this is an element to me unknown in oneirocritica, whilst it is not uncommon in terrestrial omen handbooks.[67] Thus, although in the case of P. Cairo CG 50138–9 the loss of the protases' beginnings makes the identification work less straightforward than with the other two Cairo manuscripts, I believe it still possible to say, in conclusion to this brief analysis, that these fragments preserve part of a terrestrial omen text.[68]

On the Euphemistic Use of *ẖft* in Demotic

The preceding excursus about P. Cairo CG 50138–9, 50140, and 50141 had the purpose of showing the potential that the detailed study of the language of demotic scientific—in the specific case, divinatory—compositions can have on a macroscopic scale, moving, so to say, from the abstract (a defined set of stylistic rules) to the concrete (the identification of a specific text's nature). The following discussion, on the other hand, will illustrate another possible use of such a stylistic study, one that operates on a smaller scale and moves in the opposite direction—that is, from the concrete (the direct observation of a text passage) to the abstract (the discussion of general points of grammar). This will focus on a specific case study, and will hopefully contribute to elucidating some as yet elusive aspects of a peculiar idiom of demotic: the euphemistic use of the word *ẖft* "enemy."

Little ought to be said in the way of an introduction to this well-known euphemistic expression, which is attested in both demotic and earlier Egyptian (as well as in other ancient Semitic languages). In it, the substantive *ẖft* is used as a dummy-word with apotropaic function, a cushion-element to be inserted between the indication of a negative event or condition and a positive figure (typically, but far from exclusively, a deity) affected by it, with the aim of averting—at least formally—all evil from the latter. Thus, in this idiom, a phrase such as "X happened to the enemy of *NN*" (with X having a negative connotation) simply means no more than "X happened to *NN*." The pioneering study on this Egyptian expression was published by Georges Posener, and his breakthrough has

being a body part), which is instead the kind of phrasing typically seen in the Book of the Gecko (see, e.g., the sequence in its col. x+2/20–27, in Zauzich, "Das demotische 'Buch des Geckos,'" 358, pl. 3). Perhaps—but this is a sheer guess—here in P. Cairo CG 50138 a single body part was mentioned, with the alternatives of the animal landing by its right or left (for instance: "if a gecko falls on his heart, to the right/left of it").

65. I have yet to meet one instance of such a type of prediction in my study of demotic oneirocritica. On the other hand, see Quack, "Präzision in der Prognose," 74–75 about its use in terrestrial omen manuals.

66. See Zauzich, "Das demotische 'Buch des Geckos,'" 357–58, pls. 1, 3, and ibid., 362 (commentary to l. 6).

67. See, e.g., Quack, "Präzision in der Prognose," 85.

68. This confirms the suspicions of von Lieven, "Divination in Ägypten," 106 n. 183, and Quack, "A Black Cat," 178, 185 n. 4 (who also predicted—most aptly so, as dealing with a divination text—that "[o]nce the tell-tale features of the formula are known, it will be possible to interpret some of them [*sc.* the Cairo fragments] rather as animal-omina [...]"). On the other hand, the opposite view that these two fragments are part of an oneirocriticon (see, e.g., Sauneron, "Les songes et leur interprétation," 36, 58 n. 33, and Kidd, "Dreams in Bilingual Papyri," 128) should, in my view, be dismissed.

been followed by several papers expanding on his original corpus of attestations.[69] As far as demotic goes, an article by Joachim Quack demonstrated how this expression survived and thrived in this phase of the language as well.[70]

Though the meaning and function of this expression are by now completely clear, one major issue still surrounds it at times: for there are cases in which the value of *ḫft* is ambiguous to the eyes of the modern reader, and one is unable to say whether the word in such instances is used euphemistically, or in a plain and semantically full fashion. The choice that a scholar has to make in such cases is not a light one, in that the meaning of a sentence can be completely upturned, depending on which of the two alternatives is selected.[71]

Such a risk of amphibology is thought to apply to the use of *ḫft* not only in texts composed in Middle Egyptian, but in demotic as well: ambiguous occurrences of the word in this language phase have been flagged in earlier studies.[72] Quite the opposite, it is in fact my belief that demotic is not at all prone to any ambiguity in its usages (euphemistic vs. non-euphemistic) of *ḫft*, and this thanks to its analytic structure in terms of language typology, which—in contrast to that of earlier Egyptian—can help dispel any apparent ambiguity. The remainder of this article will try to prove this point, and thus advance our general understanding of the use of this euphemistic idiom in demotic. In order to do this, it is necessary to move back to demotic divinatory literature, namely, to a specific passage from an oneirocriticon.

P. Carlsberg 14 verso, frags. c (col. x+2/12–17)–d, preserves part of a chapter all of whose protases (with one exception, to be discussed later) begin with the following phrase:[73]

Ex. 18: 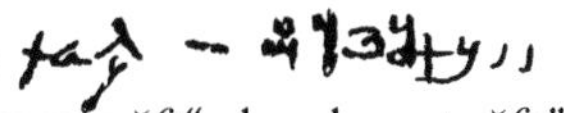
ỉw=f wnm n šft "when he eats *šft*."

After the word *šft*, each protasis differs, describing dreams where the subject eats *šft* of—for instance—a *ỉsw* "ram," a *mꜣy* "lion," a *ꜥnḫ.t* "goat," a *ql* "(type of) monkey" (frag. d, ll. 1–2, 6–7).[74] Then, as usual, follow the relevant predictions. Volten, the text's *editor princeps*, understood the word *šft* to mean "excrement," and hence this section to deal with scatological, and specifically coprophagic, dreams. Later on, his interpretation of the word also entered Erichsen's *Glossar*.[75] It was many years before Volten's understanding of this passage was questioned, and this in

69. G. Posener, "Sur l'emploi euphémique de *ḫftj*(*w*) 'ennemi(s),'" *ZÄS* 96 (1970), 30–35. References to several later studies dealing with the topic at hand are collected in J. F. Quack, "Ein altägyptisches Sprachtabu," *LingAeg* 3 (1993), 61 n. 22.

70. J. F. Quack, "Sur l'emploi euphémique de *ḫft* 'ennemi' en démotique," *RdE* 40 (1989), 197–98. Incidentally, with regard to the demotic vocabulary for indicating actual enmity, see the appendix in G. Vittmann, "'Feinde' in den ptolemäischen Synodaldekreten: Mit einem Anhang: Demotische Termini für 'Feind,' 'Rebell,' 'rebellieren,'" in H. Felber (ed.), *Feinde und Aufrüher: Konzepte von Gegnerschaft in ägyptischen Texten besonders des Mittleren Reiches*, ASAW 78.5 (Stuttgart and Leipzig, 2005), 212–19.

71. This issue was already touched upon by Posener in his seminal article (Posener, "Sur l'emploi euphémique," 33 [no. 7]: "[l]e caractère euphémique de *ḫftj*(*w*) n'est pas toujours évident"), and direct or indirect references to this problem occur in many subsequent studies on the topic, where listings of possible or uncertain cases of use of this euphemistic expression are not rare. Emblematic—or notorious—in this respect is a crucial passage of the Coptos Decree of king Nubkheperre Intef (Seventeenth Dynasty), discussed as an instance of euphemistic use of *ḫft* by Posener (ibid., 30–31 [no. 2]) and fiercely (re-)read, in one way or the other, by several studies since. Most recently, see the contribution (opposing the euphemistic interpretation) by S. Uljas, "A Traitor or a Thief? Teti Son of Minhetep's Crime Once Again," *SAK* 42 (2013), 357–64.

72. See for instance the two passages mentioned at the closing of Quack, "Sur l'emploi euphémique," 198. I will discuss these in detail at the end of the present article.

73. Edition in Volten, *Demotische Traumdeutung*, 96–99, pls. 4–5. The facsimile is based on the writing in frag. d, l. 2.

74. Despite the editor's misgivings (Volten, *Demotische Traumdeutung*, 96–97 [commentary to l. 2]), the reading *mꜣy* is hardly doubtful, notwithstanding the preceding blank space, which might be the result of an erasure by the scribe. On *ql*, see *CDD Q*, 68 (to the references therein, add I. Bohms, *Säugetiere in der altägyptischen Literatur*, Ägyptologie 2 [Berlin, 2013], 22–24). A further mention of a *ql*-monkey occurs in another (unpublished) dream book, P. Vienna D. 6644a, col. x+2/17.

75. Erichsen, *Glossar*, 358, 505. On Volten's interpretation, see Volten, *Demotische Traumdeutung*, 115, with reference to A. Volten, *Das demotische Weisheitsbuch: Studien und Bearbeitung*, AnAe 2 (Copenhagen, 1941), 100–101.

the aforementioned article by Joachim Quack.[76] Here, Quack remarked how all these protases of P. Carlsberg 14 verso could be better understood as instances of the euphemistic use of *ḫft* (in this papyrus, written in the common alternative spelling *šft*), and further suggested that *šft* in its translation as "excrement" is probably a ghost word. Consequently, a protasis such as that of l. 1—*iw=f wnm n šft isw*—far from meaning "when he eats excrement of a ram," should be understood as "when he eats 'the enemy of' a ram," i.e., "when he eats a ram."[77] This section of the dream book would thus list dreams about the eating of animals with sacred associations or—to use the expression found in the chapter's original title—a god's sacred (animal) hypostases.[78]

The correctness of Quack's interpretation can hardly be questioned. Firstly, it accounts for all these occurrences of *šft* by relating them to a known word for "enemy," rather than a problematic and dubious (in fact unattested—see below, n. 84) noun for "excrement." Secondly, it better accounts for the determinative of *šft*, which is the fallen enemy.[79] Thirdly, it meets well the sense of the chapter's heading, which mentions divine *sšm.w*: whilst the euphemistic use of "enemy" in a context dealing with divine entities would be perfectly fitting, a tad more puzzling would be—as it happens—the mention of coprophagy. Finally, use of the "enemy"-euphemistic idiom in combination with animals (and not only when these happen to be expressly divine hypostases) is well-attested, for instance in P. Leiden Dem. I 384 (Myth of the Sun's Eye), cols. x+3/11 (designating the vulture's chicks), x+9/31 (the Nubian she-cat), x+18/23 (the lion), x+21/13 (the Nubian she-cat and the cynocephalus), and in P. Petese Tebt. A, col. 3/23, 25 (the falcon).[80] The *Chicago Demotic Dictionary* has indeed welcomed Quack's reinterpretation and flagged *šft* "excrement" as a ghost word,[81] but the same does not hold true for all other modern lexicographical tools of demotic, some of which still include the lemma *šft* "excrement."[82] Further, beyond the borders of lexicographical discussion, recent studies concerned with Egyptian oneiromancy appear to be unaware of Quack's study (despite it having appeared twenty-five years ago), and continue mistakenly to present this section of P. Carlsberg 14 verso as one about coprophagic dreams.[83]

76. Quack, "Sur l'emploi euphémique," 198.

77. An accordingly revised translation of this section of the dream book is published in Quack, "Demotische magische und divinatorische Texte," 362. This also includes a new, additional fragment of the papyrus, preserving the ends of the lines of frag. c, col. x+2 (given only in translation—its full edition by Quack and Ryholt, along with other oneirocritic fragments, is forthcoming in The Carlsberg Papyri series: see ibid., 359).

78. The phrase contained in the chapter's heading (frag. c., col. x+2/12) is *n3 sš⌈m⌉.w n n3 nṯr.w* "the forms of the gods" (on *sšm* in this connotation, see W. J. Tait, "The Fable of Sight and Hearing in the Demotic *Kufi* Text," *AcOr* 37 [1976], 42 n. m, who opts for the translation "creature," ibid., 39). Incidentally, with regard to sacred animals and the violation thereof, see the interesting prescriptions in the wisdom text of P. Ashmolean 1984.77 verso, col. x+2/x+8–10, published by R. Jasnow, "A Demotic Wisdom Papyrus in the Ashmolean Museum (P. Ashm. 1984.77 Verso)," *Enchoria* 18 (1991), 46, pl. 9. A recent translation of this text is in F. Hoffmann and J. F. Quack, *Anthologie der demotischen Literatur*, EQTÄ 4 (Berlin, 2007), 302–4.

79. For a word meaning "excrement," one would expect a sign such as the pustule, perhaps in combination with the evil determinative, but certainly not the latter alone. On this point, see already L. Prada, "Visions of Gods: P. Vienna D 6633–6636, a Fragmentary Pantheon in a Demotic Dream Book," in A. M. Dodson, J. J. Johnston, and W. Monkhouse (eds.), *A Good Scribe and an Exceedingly Wise Man: Studies in Honour of W. J. Tait*, GHP 21 (London, 2014), 259 n. 26.

80. All examples from the Myth of the Sun's Eye (edition in W. Spiegelberg, *Der ägyptische Mythus vom Sonnenauge (der Papyrus der Tierfabeln – 'Kufi') nach dem Leidener demotischen Papyrus I 384* [Strasbourg, 1917]) were already listed in Quack, "Sur l'emploi euphémique," 198. The two occurrences in the Petese Stories (edition in K. Ryholt, *The Story of Petese Son of Petetum and Seventy Other Good and Bad Stories (P. Petese)*, The Carlsberg Papyri 4 = CNI Publications 23 [Copenhagen, 1999])—with badly damaged parallels in P. Petese Tebt. B, ll. 10, 12—were first recognized in Hoffmann and Quack, *Anthologie*, 170. All these examples, along with others, are included and quoted in the table featuring later in this article.

81. *CDD Š*, 117; see also ibid., *Ḫ*, 76 (*s.v. ḫfṯ*, "buttocks, back; excrement").

82. See G. Vittmann (ed.), *Thesaurus Linguae Aegyptiae*, http://aaew.bbaw.de/tla/index.html, accessed 1 August 2014, and F. Hoffmann (ed.), *Demotische Wortliste Online*, http://www.dwl.aegyptologie.lmu.de/, accessed 1 August 2014 (in both databases, it is lemma no. 5983).

83. This supposed section on coprophagy (specifically discussed also in older studies on the topic: see, e.g., K. Zibelius-Chen, "Kategorien und Rolle des Traumes in Ägypten," *SAK* 15 [1988], 279–80) receives for instance a dedicated discussion in Bresciani, *La porta dei sogni*, 147. Even more recent studies propose the same inexact translation, such as Szpakowska, "Flesh for Fantasy," 401; K. Szpakowska, "Dream

Despite such still ongoing discordance in modern studies, it is nevertheless impossible to advocate for any occurrence of *šft* where this word would clearly mean "excrement" (particularly so in P. Carlsberg 14 verso), and such a translation should definitely be abandoned.[84] If the arguments already seen above were not enough to prove this conclusively, the upcoming discussion on the grammatical behavior of *šft* in this oneirocriticon should provide an additional—and unequivocal—argument.

When considering the protases of this section of P. Carlsberg 14 verso, one element, which was never touched upon in previous studies, stands out. This is an *n* written between *wnm* and *šft* (see Ex. 8).[85] At first sight, one might understand it as a preposition with partitive meaning, and therefore translate a line such as *iw=f wnm n šft isw* (frag. d, l. 1) as "when he partakes of 'the enemy of' a ram." In earlier Egyptian, *wnm* is attested having such meaning in combination with the preposition *m*,[86] and nothing would prevent the same from being found in demotic, with *n* for former *m*. However, a closer look at the papyrus speaks against such an interpretation.

There are in fact two more occurrences of the verb *wnm* in these fragments, where no *n* appears. One—the exception to which I alluded before, when introducing Ex. 18—is in the protasis of frag. d, l. x+6. Here, just before the fragment breaks off, the topic of the chapter appears to have changed, moving from the eating of "the enemy of" a divine hypostasis to the eating of non-sacred *realia*, for which the use of the euphemistic phrase based on *šft* was no longer required. Thus, this protasis simply reads *i⸢w=f⸣ wnm iwf* [... "when he eats flesh [...," with the text now in lacuna originally specifying—in all likelihood—what flesh (i.e., of what animal) this exactly was.[87] Not only is *šft* here absent, but so is the *n* after *wnm*. As for the second passage where *n* does not occur, this belongs to the last line of the chapter preceding the one here under scrutiny (a chapter dealing with utterances heard in a dream), namely in frag. c, col. x+2/11: *iw=w ḏ ⸢n=f iw=k r wn⸣m šft pꜣ⸢y=k⸣ nṯr* "when he is told: 'you will eat "the enemy of" your god.'"[88] Although here the object of *wnm* is still *šft*, no *n* occurs between the two.

Interpretation in the Ramesside Age," in M. Collier and S. Snape (eds.), *Ramesside Studies in Honour of K. A. Kitchen* (Bolton, 2011), 511; and Bohms, *Säugetiere*, 306, 434.

84. H.-J. Thissen, "Demotistische Literaturübersicht XVIII.," *Enchoria* 18 (1991), 165 (no. 62), expressed reservations about Quack's view, speaking in favor of the possible existence of this word for "excrement." He referred the reader to the etymological observations in J. Osing, *Die Nominalbildung des Ägyptischen* (Mainz, 1976), II, 806 n. 1040, who related Coptic ϣϥⲉ "filth" (Crum, *CD*, 551a [*s.v.* ϣⲃⲉ]) to demotic *šft*, "excrement" (same in W. Westendorf, *Koptisches Handwörterbuch: Bearbeitet auf Grund des Koptischen Handwörterbuchs von Wilhelm Spiegelberg* [Heidelberg, 1965–77], 562 [*s.v.* ϣϥⲉ]). Yet, Thissen's reservations—and Osing's etymological construction—cannot be accepted, for the simple fact that all instances of the supposed demotic word for "excrement" should unquestionably be retranslated as "enemy." This applies not only to all specimens in P. Carlsberg 14 verso (to those in the section here under discussion, in frags. c–d, add one more in frag. i, l. 3, where only two words—...] *šft ⸢m⸣sḥ* [... "...] 'the enemy of' a crocodile [..."—are preserved), but also to that in P. Insinger, col. x+6/18, where *šft*, despite being still translated in the online *Thesaurus Linguae Aegyptiae* as "excrement," is clearly a writing for *ḫft*, here meaning, in combination with the verb *ir*, "to be hostile" (see *CDD Ḫ*, 74–75, following Quack, "Sur l'emploi euphémique," 198). Ironically—let it be here incidentally remarked—it seems to be a recurrent happening in demotic studies to mistake "enemies" for "excrements" (as a modern, subconscious apotropaic mechanism?): see the case of *ḫyr* "enemy"—in the context of another demotic idiom—as elucidated in G. Vittmann, *Der demotische Papyrus Rylands* 9, ÄAT 38 (Wiesbaden, 1998), II, 476–78.

85. In *CDD Ḫ*, 74, the position of *n* and *šft* is accidentally switched (following Quack, "Sur l'emploi euphémique," 198). To all the examples of this phrase visible in Volten, *Demotische Traumdeutung*, 96, 98, pls. 4–5, one more can now be added, from the first line of the chapter's heading, in frag. c, col. x+2/12: *nꜣ sš⸢m⸣.w n nꜣ nṯr.w i[w]=f wnm n šf[t=w* ... "the forms of the gods, wh[en] he eats [their] enem[y ...." Permission to reproduce the transliteration of this demotic excerpt, of which only a translation is presently published (see the bibliographical reference above, in n. 76), was kindly granted by Joachim Quack and Kim Ryholt, both of whom I hereby thank.

86. See *Wb.* I, 320, 15–17.

87. About this protasis, see already Prada, "Visions of Gods," 259 n. 30. Considering that this chapter's title mentioned not only divine hypostases, but, in its damaged second line—as part of an alternative—also animals (see the new reading in Quack, "Demotische magische und divinatorische Texte," 362: "[d]ie Gestalten der Götter, wenn er [ihren] 'Feind' ißt, [...] oder die Tiere [...]"), I suppose it is possible that this section's topic was bipartite. The first topic was the eating of "the enemy of" divine *ssm.w* (in all well-preserved instances, sacred animals); then, from this l. x+6 of frag. d, came the eating of animal flesh, pertaining to common (i.e., devoid of sacral associations) animals.

88. For the end of the protasis (the line in the image published in Volten, *Demotische Traumdeutung*, pl. 4, breaks off at *pꜣ[y=k)*, see again the new translation in Quack, "Demotische magische und divinatorische Texte," 362. The wording of the original demotic text was kindly confirmed to me by Joachim Quack and Kim Ryholt.

Why, in these two cases only, is the scribe omitting *n*? Certainly, if this *n* were a preposition introducing a partitive object, then no logical reason would account for its omission in these two instances alone—unless one is tempted to impute these two exceptions to a plain case of scribal entropy, i.e., to free variation. But if one bears in mind the stylistic rules of demotic oneirocritica that were described in the first part of this paper—namely, that their protases consist of present circumstantial clauses—then a rational explanation may become apparent in the Stern-Jernstedt (or durative direct object) rule.[89] Let us observe the alternative presence or absence of *n* from this perspective, in the three possible combinations found in this section of the text:

(a) *ỉw=w ḏ ⸢n=f ỉw=k r wn⸣m šft pꜣ⸢y=k⸣ nṯr* "when he is told: 'you will eat "the enemy of" your god'" (frag. c, col. x+2/11).
(b) *ỉ⸢w=f⸣ wnm ỉwf* [... "when he eats flesh [..." (frag. d, l. x+6).
(c) *ỉw=f wnm n šft ỉsw* "when he eats 'the enemy of' a ram" (frag. d, l. 1).

In case (a), no *n* is required to introduce the object of *wnm*, be it defined or undefined, since the sentence (here part of a direct utterance) employs the future tense; and this, unlike the present, is not a durative tense.[90] In case (b), although the clause is a present circumstantial, the direct object of *wnm* is undefined: hence, the Stern-Jernstedt rule is inactive, and no *n* is required. There remains the case of (c), which is the construction found so often in this chapter, always introducing *wnm*'s direct object with *n*. Considering that all these other protases are present circumstantial clauses, the occurrence of *n* can only be ascribed—in my view—to the durative direct object rule. This, in turn, implies that *šft* in its euphemistic meaning was perceived as behaving like a defined noun, and this even when the noun that followed it in the genitival construction was undefined (here, *ỉsw*).[91]

A selection of unambiguous instances of this euphemistic idiom in texts other than P. Carlsberg 14 verso, listed in the following table, confirms this impression:[92]

Source	Transliteration and Translation	Remarks
P. Rylands Dem. 9, col. 15/8–9	*ḫft Pr-ꜥꜣ*[ꜥ.w.s.] | *šny* "'the enemy of' Pharaoh[l.p.h.] is ill"	No article precedes *ḫft*, which governs a following definite noun (*Pr-ꜥꜣ* can be such even without the definite article, being treated as a proper noun). That the resulting genitival construction is perceived as definite is further confirmed by the absence of *wn* at the opening of the sentence (its presence would otherwise be expected in a present clause with indefinite noun subject).[93]

89. On this rule from a demotic perspective, see the treatment and overview of previous literature in R. S. Simpson, *Demotic Grammar in the Ptolemaic Sacerdotal Decrees*, Griffith Institute Monographs *s. n.* (Oxford, 1996), 151–56.

90. On this, see, e.g., Johnson, *The Demotic Verbal System*, 102, and Johnson, *Thus Wrote 'Onchsheshonqy*, 39 (§ 53). For my use of terminology—un-/defined (= un-/determined), in-/definite, etc.—see, once again, Johnson, *The Demotic Verbal System*, 6 n. 25 (summarized in Johnson, *Thus Wrote 'Onchsheshonqy*, 7 [§ 11]).

91. This shows interesting analogies with idiomatic translations of this expression in modern Western languages, where the euphemistic expression is perceived as definite and automatically supplied with the definite article. For instance, see my English rendering "when he eats '*the* enemy of' a ram" (and not "when he eats '*an* enemy of' a ram"), the French "s'il mange *l'*ennemi de l'animal" (Quack, "Sur l'emploi euphémique," 198), and the German "[w]enn er *den* 'Feind' eines Widders ißt" (Quack, "Demotische magische und divinatorische Texte," 362)—the italics in the quotes are mine.

92. The following examples (many of which can already be found in Quack, "Sur l'emploi euphémique") stem from the following texts: P. Rylands Dem. 9 (last edition in Vittmann, *Der demotische Papyrus Rylands 9*); P. BM EA 10822 (Setne II; edition in F. Ll. Griffith, *Stories of the High Priests of Memphis: The Sethon of Herodotus and the Demotic Tales of Khamuas* [Oxford, 1900]); P. Petese Tebt. A (see above, n. 80); P. Krall (last edition in F. Hoffmann, *Der Kampf um den Panzer des Inaros: Studien zum P. Krall und seiner Stellung innerhalb des Inaros-Petubastis-Zyklus*, MPER NS 26 [Vienna, 1996]); P. Leiden Dem. I 384 (see n. 80).

93. See, e.g., Johnson, *The Demotic Verbal System*, 27, and Johnson, *Thus Wrote 'Onchsheshonqy*, 37 (§ 49).

P. BM EA 10822, col. x+4/25	*iw ḫft=f ⸢m⸣ḫyꜣ* "'his enemy' (= he, *sc.* Pharaoh) being beaten"	*Ḫft* has a possessive suffix pronoun attached, which makes it definite (on the use of the possessive suffix pronoun with euphemistic *ḫft*, see the discussion further below).
P. BM EA 10822, col. x+4/25–26	*iw ḫ⸢ft=f⸣ | mḫyꜣ* "'his enemy' (= he, *sc.* Pharaoh) being beaten"	Same as above.
P. BM EA 10822, col. x+5/2	*tꜣ wnw⸢.t n⸣ nwe r ḫft Pr-ꜥꜣ* "(at) the moment of seeing 'the enemy of' Pharaoh"	No article precedes *ḫft*, which governs a following definite noun (see the remarks above, about P. Rylands Dem. 9, col. 15/8–9).
P. BM EA 10822, col. x+6/11	*iw-iw=k ti mḫyꜣ ḫft=f* "when you had 'his enemy' (= him, *sc.* Pharaoh) beaten"	*Ḫft* has a possessive suffix pronoun attached, which makes it definite.
P. Petese Tebt. A, col. 3/23	*... tꜣ in-my].t r šft pꜣ b[ꜣk]* "the she-c]at [...] against 'the enemy of' the fal[con]"	No article precedes *šft*, which governs a following definite noun. The verb in lacuna possibly had a meaning such as 'to leap'—it certainly described the she-cat attacking the falcon.[94]
P. Petese Tebt. A, col. 3/25	*wꜣḥ tꜣ in-my.t ṯ] šft pꜣ ⸢b⸣[ꜣ]k* "the she-cat has seized] 'the enemy of' the fa[l]con"	No article precedes *šft*, which governs a following definite noun. The absence of the article between *ṯ* and *šft* is certain despite the lacuna, being confirmed by the parallel in P. Petese Tebt. B, l. 12.
P. Krall, col. x+7/29–30	*r-iw=f ḏ wꜥ r šft=f pꜣ | [rpꜣy] Ỉr.t-ḥr-r-r=w* "that he (*sc.* Wertyamunniut) curses against 'the enemy of' [prince] Inaros"	*Šft* governs a following definite noun. Further, it has a—semantically redundant—possessive suffix pronoun attached, which makes it definite.
P. Leiden Dem. I 384, col. x+3/11–12	*hy šft nꜣy=s | ḏw.w* "'the enemy of' her (*sc.* the vulture's) chicks fell"	No article precedes *šft*, which governs a following definite noun.
P. Leiden Dem. I 384, col. x+9/31–32	*r šft=s | ꜣqm* "'her enemy' (= she, *sc.* the Nubian she-cat) being sad"	*Šft* has a possessive suffix pronoun attached, which makes it definite.
P. Leiden Dem. I 384, col. x+18/23	*hy šft pꜣ mꜣe* "'the enemy of' the lion fell"	No article precedes *šft*, which governs a following definite noun.
P. Leiden Dem. I 384, col. x+21/12–13	*r [...] | šft=w* "in order to [...] 'their enemy' (= them, *sc.* the Nubian she-cat and the cynocephalus)"	*Šft* has a possessive suffix pronoun attached, which makes it definite. The lacuna probably contained the infinitive of a verb with a meaning such as "to hunt, chase."[95]

In no case does *ḫft* in its euphemistic meaning appear with the article, be that as it may definite or indefinite, nor—for that matter—with the possessive article. Nevertheless, it appears to be always marked as defined—in all examples within the table (not only the obvious ones, that is, those in which it has a suffix pronoun attached), I should say even definite. This is true regardless of the nature of the noun that it governs, which can be defined (and

94. See, e.g., the suggested restoration in Hoffmann and Quack, *Anthologie*, 170: "Die Katze [sprang] auf den 'Feind' des Falken."

95. This is suggested by the Greek parallel (P. Lond. Lit. 192, frag. F, col. x+2/65), which in this point reads κυνηγεῖν. See its edition in S. West, "The Greek Version of the Legend of Tefnut," *JEA* 55 (1969), 181, and, most recently, the synoptic study by H.-J. Thissen, "'Lost in Translation?': 'Von Übersetzungen und Übersetzern,'" in H.-W. Fischer-Elfert and T. S. Richter (eds.), *Literatur und Religion im alten Ägypten: Ein Symposium zu Ehren von Elke Blumenthal*, ASAW 81.5 (Stuttgart and Leipzig, 2011), 163.

definite, e.g., through the possessive or the definite article: see *šft n3y=s dw.w* and *šft p3 m3e*) or undefined, as seen in the dream book (*šft isw*). In this respect, that is, in its being constantly defined, the combination of euphemistic *ḫft* and a following noun operated as though a direct genitive.[96]

Conversely, when *ḫft* is used in its full semantic value—that is, as a plain word for "enemy, foe"—then none of the peculiar grammatical behavior seen above applies, but the word can alternatively be defined or undefined, as any other simple noun. Thus, to give a few examples, it can be completely undefined, as in the phrase: *p3 mḥ n ḫf*⌜*t.w*⌝ "the nest of enemies."[97] Alternatively, it can be defined, and for instance made definite by the addition of the definite article—see, e.g., *r-iw=w r dwf p3* ⌜*š*⌝*ft (n) sty.t* "they (*sc.* the fumes of the goddess' lips) will burn the enemy in fire" or *m-ir ti* | *ršy n3 ḫft.w n-im=y* "do not let the enemies rejoice over me."[98] Another possible way of making it definite is, of course, the possessive article, as in *p3y=t ḫft bn-iw gm=w rn=f* "(as for) your (*sc.* the deceased's) enemy, his name will not be recognized" or *i(w)=s ti p3y=s ḫfte ḫr p3y=s mr.yt* "she (*sc.* Isis) placing her enemy under (the power of) her beloved."[99]

---

96. On direct and indirect genitive in Egyptian, see K. Jansen-Winkeln, "Bemerkungen zum 'Genetiv' im Ägyptischen," *ZÄS* 127 (2000), 27–37 (with references), and for the nature of the direct genitive as a determiner in demotic, see, e.g., Johnson, *Thus Wrote 'Onchsheshonqy*, 7 (§ 11). I say "as though" since, despite the similarities in behavior between the two constructions, I am hesitant as to categorizing formally the sequence of euphemistic *ḫft* + noun as a direct genitive—for there exists at least one instance of this phrase clearly marked as an indirect genitive, with written *n* (in P. Rhind 1, on which see further below). Further, it has been argued that the second noun of a direct genitive cannot have the article in demotic (let alone, as in one of the examples given in the table above, the possessive article)—see J. H. Johnson, "The Use of the Article and the Generic in Demotic," in S. P. Vleeming (ed.), *Aspects of Demotic Lexicography: Acts of the Second International Conference for Demotic Studies: Leiden, 19–21 September 1984*, StudDem 1 (Leuven, 1987), 43 n. 10. Such an absolute statement need however be revised in the light of other studies; see, for instance, the discussion (applied to Late Egyptian) in F. Junge, *Einführung in die Grammatik des Neuägyptischen*, 3rd ed. (Wiesbaden, 2008), 64 (§ 2.1.4.2), and (for demotic) in Simpson, *Demotic Grammar*, 80–82 (who collects several examples of direct genitive whose second elements sport the definite article). A thorough treatment of this problematic issue (particularly complex in demotic, due to the very common omission of genitival *n* in writing) would require a long discussion of matters of definiteness and determination of the noun in demotic, which would go far beyond the scope of the present article. In simple terms, as will be shown in the forthcoming discussion, it can be asserted as a general rule that the grammatical behavior of euphemistic *ḫft* is perfectly identical to that of other "exceptional" nouns, such as those indicating body parts, whose syntactical habits also do not always perfectly correspond to what would traditionally be classified as a direct genitive. Perhaps more aptly, with terminology borrowed from Semitic linguistics, the construction employed by such nouns could be labelled as a construct state: on this, as well as on problems of definiteness in possessive constructions such as the genitive, see the convincing arguments in B. Egedi, "Possessive Constructions in Egyptian and Coptic: Distribution, Definiteness, and the Construct State Phenomenon," *ZÄS* 137 (2010), 5–10 (in particular, see ibid., 9: "[w]hile these nouns are said to be unable to take an article, they are probably better to be described as lexically marked for forming *status constructus* (or *pronominalis*) with their possessor [...]").

97. From ex-P. Oxy. Dem. 79/103a, col. x+2/8. Edition in J. F. Quack, "Fragmente eines änigmatischen Weisheitstextes (Ex P. Oxy. 79/103): Mit Bemerkungen zu den pythagoräischen Akousmata und der spätägyptischen Weisheitstradition," in G. Widmer and D. Devauchelle (eds.), *Actes du IXe congrès international des études démotiques: Paris, 31 août–3 septembre 2005*, BdE 147 (Cairo, 2009), 267–98.

98. From, respectively, P. Leiden Dem. I 384 (see n. 80), col. x+11/30, and Graff. Western Thebes 3446, ll. 11–12. The latter is published in R. Jasnow, "Demotic Graffiti from Western Thebes," in H.-J. Thissen and K.-T. Zauzich (eds.), *Grammata Demotika: Festschrift für Erich Lüddeckens zum 15. Juni 1983* (Würzburg, 1984), 93–97 (no. 6), pls. 19–20, and was recently discussed again in J. F. Quack, "Demotische Hymnen und Gebete," in B. Janowski and D. Schwemer (eds.), *Hymnen, Klagelieder und Gebete*, TUAT NF 7 (Gütersloh, 2013), 267–68. Although one may expect *n3y=y* "my" to precede mention of the enemies (and the space between *n3* and the following word would fit the restoration *n3*[*y=y*]), no traces are visible after *n3* in the graffito's photograph; hence, I follow the original editor's reading. Incidentally, the idiom *ršy n* "rejoice over," used with a specifically malicious nuance ("to laugh at, ridicule") rather than in its plain (positive) meaning of being glad for something or somebody, is encountered both in earlier Egyptian *ršw* (see *Wb.* II, 454, 12) and in Coptic ⲣⲁϣⲉ (see Crum, *CD*, 308b). Other examples of this phrase in demotic can be found in P. Berlin P. 13544, l. 24 (published in K.-T. Zauzich, *Papyri von der Insel Elephantine*, DPSMB 1 [Berlin, 1978], with recent English translation in C. J. Martin, "The Demotic Texts," in B. Porten, J. J. Farber, C. J. Martin, G. Vittmann, L. S. B. MacCoull, and S. Clackson, *The Elephantine Papyri in English: Three Millennia of Cross-Cultural Continuity and Change*, 2nd ed., DMOA 22 [Atlanta, 2011], 323–24), and in Tablet Florence 7128, l. 3 (published in G. Botti, "Documenti demotici del Regio Museo Archeologico di Firenze," in *Miscellanea Gregoriana: Raccolta di scritti pubblicati nel I centenario dalla fondazione del Pont. Museo Egizio (1839–1939)*, MVAA 6 [Città del Vaticano, 1941], 31–32, pl. I).

99. Respectively, from P. Harkness, col. 4/28 (edition in Smith, *Papyrus Harkness*) and Graff. Dodec. Philae 421, l. 10 (edition in F. Ll. Griffith, *Catalogue of the Demotic Graffiti of the Dodecaschoenus*, Les Temples Immergés de la Nubie *s. n.* [Oxford, 1935–37], 121–22, pl. LXVI).

To sum up, it is clear that the noun *ḫft* has a double life in demotic, depending on whether it is used as a simple noun meaning "enemy," or in the context of its euphemistic idiom. In the latter case, its grammatical behavior is exceptional, as the word is always treated as a defined noun, and never takes onto itself determiners such as the article (be that as it may definite, indefinite, or possessive)—the only determiner in combination with which euphemistic *ḫft* is attested being the suffix pronoun. From this, it proceeds that its behavior (as anticipated above, in n. 96) is by all means identical to that of another—in this case well-known—category of nouns in demotic, mostly indicating body parts, but also other inalienable *realia* and characters deeply related to and defining the self of an individual, such as one's voice, strength, or even name. The most remarkable feature of this group of nouns is that, to express possession, they can have the suffix pronoun attached, rather than the possessive article.[100] That the same applies to euphemistic *ḫft* has been seen in many an example in the table above, and was already noted by Joachim Quack.[101] He further remarked how this word can even show the peculiar periphrastic construction, consisting of both the suffix pronoun and a following noun in genitival construction, typically observed in this group of nouns (as in the example—also in the table above—from P. Krall, col. x+7/29–30).[102]

To these special features in its behavior, one can now add the observation that euphemistic *ḫft* can never be accompanied by the article. This is, once again, a peculiarity also known in the case of nouns indicating body parts, as well as a few other word groups.[103] Selecting, for instance, the word *ḥꜣt* "heart," one can observe this same unusual behavior in a sentence such as the following: *hmy ỉw ḥꜣ[t]⸢.ṱ⸣ s-ḥm.t ⸢ḥꜣ⸣t.ṱ pꜣy⸢=s⸣ hy wy r ḫn⸢ṱ⸣* "would that the hea[r]t of a woman and the heart of her husband kept away from strife!"[104] Here, the noun *ḥꜣt*, which governs in the first instance an undefined noun (*s-ḥm.t*: compare with our dream book's *šft ỉsw*) and in the second a defined—and definite—one (*pꜣy⸢=s⸣ hy*: compare with the Myth of the Sun's Eye's *šft nꜣy=s ḏw.w*, cited in the table above), is not preceded by the article, yet its meaning is clearly definite: "*the* heart."[105]

100. On these nouns, see W. Spiegelberg, *Demotische Grammatik* (Heidelberg, 1925), 14 (§ 6), and the useful list (limited to occurrences in P. BM EA 10508, the main manuscript of the Instructions of ʿOnchsheshonqy) in Johnson, *Thus Wrote ʿOnchsheshonqy*, 22 (§ 37) (for an example of the use of the word for "name" with suffix pronoun, see, e.g., P. Leiden Dem. I 384, col. x+15/24: *tꜣ ỉmy.t rn=t* "the she-cat is your name"). See also J. Černý and S. I. Groll, *A Late Egyptian Grammar*, 3rd ed., StudPohl SM 4 (Rome, 1984), 59–66 (§ 4.2.9), concerning the same category of nouns in Late Egyptian, which was much ampler than in demotic, and extended far beyond body parts and the like (particularly interesting is the case of *btꜣ* "crime"—see ibid., 66 [§ 4.2.9.f]). With regard to such nouns in Coptic, where they still constitute a peculiar group, see W. C. Till, *Koptische Grammatik (Saïdischer Dialekt): Mit Bibliographie, Lesestücken und Wörterverzeichnissen*, 3rd ed., Lehrbücher für das Studium der Orientalischen und Afrikanischen Sprachen 1 (Leipzig, 1966), 92 (§ 188), and the more extensive list in B. Layton, *A Coptic Grammar: With Chrestomathy and Glossary: Sahidic Dialect*, 3rd ed., PLO NS 20 (Wiesbaden, 2011), 102–3 (§ 138). Finally, see also the linguistic discussion in L. Depuydt, "Egyptian 'Split' Genitives and Related Phenomena: Exotic Debris from Conflicting Forces," *Le Muséon* 112 (1999), 291–95.

101. Quack, "Sur l'emploi euphémique," 198.

102. See Spiegelberg, *Demotische Grammatik*, 38–39 (§ 61). On the survival of this construction in Coptic, see Till, *Koptische Grammatik*, 67, 110 (§§ 112, 236), and Layton, *A Coptic Grammar*, 103–4 (§ 139). An overall study of this and similar "split genitives" is in Depuydt, "Egyptian 'Split' Genitives," 273–99.

103. See Johnson, "The Use of the Article," 44 (who writes of "[n]ouns marked not to allow the addition of the definite article"; compare this definition with the remark in Egedi, "Possessive Constructions," 9, cited above, in n. 96), and Spiegelberg, *Demotische Grammatik*, 32 (§ 46, c). For these words in Late Egyptian, see Junge, *Einführung*, 59–60 (§ 2.1.3.2); in Coptic, see Layton, *A Coptic Grammar*, 104–5 (§ 140).

104. From P. BM EA 10508, col. x+25/14. Edition in S. R. K. Glanville, *The Instructions of ʿOnchsheshonqy (British Museum Papyrus 10508)*, I: *Introduction, Transliteration, Translation, Notes, and Plates*, CDPBM 2 (London, 1955).

105. Compare also the phrase *r ḥꜣt n Pꜣ-di-ꜣs.t*, "into the heart of Petesis" (P. Rylands Dem. 9, col. 15/1, 19), which further proves—through the writing of genitival *n*—how the combination of body part without article + noun in demotic need not always necessarily be interpreted as a direct genitive, contrary to the view seemingly held in several relevant studies (see, e.g., Spiegelberg, *Demotische Grammatik*, 38 [§ 60], or Johnson, *Thus Wrote ʿOnchsheshonqy*, 13 [§ 18.4]; on the other hand, contrast these studies with the discussion of such remarkable genitival constructions in Depuydt, "Egyptian 'Split' Genitives," 292–95). This feature too corresponds to what is observed in the case of the genitival construction used by euphemistic *ḫft* (about which, see the remarks above, in n. 96). With further regard to *ḥꜣt*, the (extremely) rare exceptions to its customary behavior can generally be argued not to be sheer anomalies, but to have an explanation. For instance, the surprising

From a practical viewpoint—returning to the starting point of this excursus—all these observations about euphemistic *ḫft* and its peculiar grammatical behavior lead to an interesting conclusion on the use of this idiom in demotic. Unlike its counterpart in earlier—that is, Middle—Egyptian, which, as seen before, can easily be prone to ambiguity, whenever the context does not clearly indicate whether *ḫft* is being used euphemistically or as an actual word for "enemy," the demotic version of this idiom can hardly present the reader with similar amphibologies. When assessing an occurrence of *ḫft* in a demotic text that, from the point of view of the meaning alone, appears ambiguous, one has the huge advantage of the additional linguistic clues offered by the analytic structure of demotic—namely, the use of the definite article (but also of other markers, as in the case of the durative direct object). Thus, as a general rule applied to texts written in demotic (here strictly intended as the language phase), if *ḫft* is preceded by the article, then it can only be a case of the word used in its full and plain meaning of "enemy." On the other hand, if *ḫft* shows peculiarities such as having a suffix pronoun attached or, less evidently, appearing to be defined despite not being accompanied by any determiner, then it is safe to take it as an instance of the euphemistic dummy-word.

Bearing in mind these general principles, and as a conclusion to this paper, it is now possible to tackle two demotic passages where the use of *ḫft* has typically raised doubts and controversy in modern studies, with its meaning (full vs. euphemistic) being generally reputed to be ambiguous.[106] The first of these two passages stems from a magical text, namely an invocation to a lamp that is part of a divinatory ritual of enquiry, in P. London-Leiden Mag., col. 7/2:

Ex. 19: 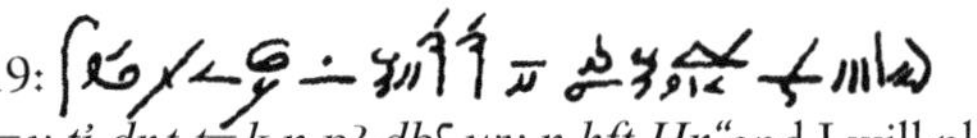
mtw=y ti ḏr.t.ṯ=k n pꜣ ḏbꜥ.wy n ḫft Ḥr "and I will place your hand (= handle) in the two fingers of 'the enemy of' Horus."[107]

Here, as part of a series of threats addressed by the conjurer to the lamp in order to secure the magical item's full cooperation in his divinatory enquiries, it is said that, in case of disobedience, the lamp will be given to *ḫft Ḥr*: specifically, the object's hand—i.e., its handle—will be placed in this god's fingers, at his complete mercy.[108] All in-

presence of the definite article in the phrase *r pꜣ ḥꜣt.ṯ n mn r-ms mn* "into the heart of *NN* born of *NN*" (P. London-Leiden Mag. verso, col. 13/1, with parallel in col. 21/37, where *mn* is replaced by the abbreviation for δεῖνα—edition in F. Ll. Griffith and H. Thompson, *The Demotic Magical Papyrus of London and Leiden* [London, 1904–9]) could, in my opinion, be ascribed to the fact that the second term in the genitive is an "empty" and per se exceptional noun, *mn* (on this word, see, e.g., the remarks in Johnson, "The Use of the Article," 45–46).

106. See, e.g., the remarks in Quack, "Sur l'emploi euphémique," 198, who mentions these two "passages difficiles […] où un emploi euphémique de *ḫft*/*šft* peut être envisagé mais sans aucune certitude."

107. See Griffith and Thompson, *The Demotic Magical Papyrus*, 58–59, pl. VII. The reading of the word following *pꜣ* (attested in the same papyrus also at col. 1/3) is disputed. Considering that its shape is identical to a double writing of *ḏbꜥ* "finger" as this is consistently written in this manuscript (see ibid., [93] [no. 1001]), I take it to be *ḏbꜥ.wy* "(two) fingers"—so also does Quack, "Sur l'emploi euphémique," 198 n. 15, Quack, "Demotische magische und divinatorische Texte," 335 n. 21, and J. F. Quack, "Postulated and Real Efficacy in Late Antique Divination Rituals," *Journal of Ritual Studies* 24.1 (2010), [48] (I thank here Svenja Nagel, both for making me aware of this final reference and for discussing with me the ritual described in this passage of P. London-Leiden Mag.). Other interpreters have proposed readings such as *is.wy* "testicles" (Griffith and Thompson, *The Demotic Magical Papyrus*, [14] [no. 133]), *sꜣḥ.w* "toes" (ibid., [76] [no. 770]; see also Erichsen, *Glossar*, 406), or *sn.ty* "testicles" (J. H. Johnson apud H. D. Betz [ed.], *The Greek Magical Papyri in Translation: Including the Demotic Spells* [Chicago and London, 1986], 195 n. 2, 206, followed by the online *Thesaurus Linguae Aegyptiae*). For more about this reading, see also n. 108 here.

108. On the secondary meaning of *ḏr.t* as "handle," see *CDD Ḏ*, 61. This polysemy also allows—if my reading *ḏbꜥ.wy* is correct—a play of imagery between the personified lamp's hand/handle and the god's fingers. Interesting is the use of the dual, which is confirmed by the presence of the singular article, *pꜣ* (in the other passage where the word occurs, col. 1/3, it is instead intended as a plain plural, being preceded by the plural possessive article: *nꜣy=f ḏbꜥ.w(y)* "his fingers"). Perhaps, this might have a simple and practical explanation in the fact that a lamp's handle was actually held between two fingers? Finally, it should also be remarked that the alternative use of the word in question as both a dual and a plural seems, to me, to support the reading *ḏbꜥ.wy*, especially against *is.wy* and *sn.ty*: whilst fingers can easily be two or more, testicles would typically not come in more than a pair.

terpreters admit that the exact meaning of this passage is far from clear, yet they are also agreed that *ḫft Ḥr* should be taken literally and translated as "the enemy of Horus," being an indication of Seth, to whose eerie powers the lamp would be handed over.[109]

Quite the opposite, I would rather see in this threat a reference to Horus, under whose might the lamp will be abandoned, if it does not comply to the conjurer's will. In this light, *ḫft* would be employed euphemistically, as a buffer between the mention of the lamp (specifically, its handle)—here seen as a negative entity in its potential disobedience to the reciter of the spell—and that of Horus, the conjurer's ally in this magical enterprise. Whilst no conclusive arguments can be offered to support my alternative interpretation—or, for that matter, the traditional opposite view—based on the thematic content of this elusive passage alone, I believe that a confirmation of the view that I here propose can be gained from its language. The text reads *pꜣ ḏbꜥ.wy n ḫft Ḥr*. Based on the foregoing discussion, the fact that *ḫft* is here used euphemistically becomes apparent, through the lack of the definite article before it. Had this been an allusion to an actual enemy of Horus, such as Seth as his prototypical antagonist, one would necessarily expect a definite phrasing, i.e., *pꜣ ḏbꜥ.wy n pꜣ ḫft Ḥr*.[110]

The second problematic passage that I should like to briefly review here comes from a funerary composition, that of P. Rhind 1. Not long after the text's beginning, the first phases in the process of embalmment of the deceased's body are mentioned, with a short and only allusive mention (most likely for reasons of religious decorum) of the incision made in the corpse's flank, in order to allow its evisceration. After specifying that the body has been taken to the embalming place following all appropriate rites, the text reads:[111]

Ex. 20: 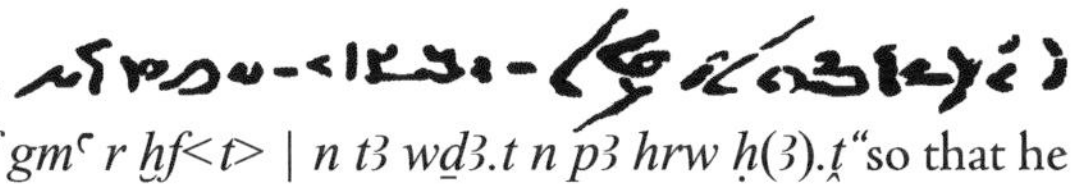
mtw=f gmꜥ r ḫf<t> | n tꜣ wḏꜣ.t n pꜣ hrw ḥ(ꜣ).ṯ "so that he (*sc.* the lector priest) may injure 'the enemy of' the sound eye on the first day" (demotic, col. 2/3–4).

The same sentence is found in the hieratic version too of this bilingual and biscriptal text, in the upper text register of the same column:

109. See, e.g., Griffith and Thompson, *The Demotic Magical Papyrus*, 58 (commentary to l. 2), or Johnson apud Betz, *The Greek Magical Papyri*, 206 n. 129. Further, these studies take such putative reference to Seth as a confirmation that the word of disputed reading should indicate Seth's "testicles," which were harmed in his conflict with Horus.

110. Incidentally, it should be noted that another occurrence of the euphemistic use of *ḫft* can be discerned, with complete certainty, in P. London-Leiden Mag., namely in col. 13/2, within a passage concerning the rape of Tefnut by Geb, of whom it is said: *nq=f* [*ḫft*] *mw.ṯ=f Tfn.t* "he had sex with ['the enemy of'] his mother, Tefnut." The passage, which was—understandably—misunderstood by the original editors (who suggested *dubitanter* supplying in the lacuna a word for "daughter," as a reference to Nut), was for the first time correctly interpreted as a reference to Geb's incestuous violence on Tefnut by J. G. Griffiths, "A Note on P. Demot. Mag. Lond. et Leid. XIII, 2," *ZÄS* 84 (1959), 156–57 (followed by Johnson apud Betz, *The Greek Magical Papyri*, 217 n. 297), who, however, was at a loss with regard to what word should be supplied in the lacuna. The restoration *ḫft* was first advocated by Quack, "Demotische magische und divinatorische Texte," 348 n. 119, who also pointed out that, although the word is now completely lost in lacuna (see Griffith and Thompson, *The Demotic Magical Papyrus*, pl. XIII), early modern copies of the papyrus still show compatible traces (see C. Leemans, *Papyrus égyptien démotique à transcriptions grecques du Musée d'Antiquités des Pays-Bas à Leide* [Leiden, 1839], pl. C [here numbered as col. 6 of the papyrus]). Quack's reading is also adopted, albeit with an overcautious query, in the online *Thesaurus Linguae Aegyptiae*. Here, the word is preceded by the definite article (also marked with a query), i.e., *tꜣ*(*?*) *ḫft*(*.t*)(*?*). It is doubtless that the article should not be supplied in this passage though, both for the now obvious reasons detailed above about the grammatical behavior of this word in its euphemistic usage and also for the plain fact that the space in lacuna is insufficient to accommodate the article as well. Finally, it should be flagged that, although the (mistaken) restoration "daughter" was suggested by the original editors with much hesitation, such a reading still features in several studies dealing with this passage (lately, see, e.g., T. S. Richter apud H.-W. Fischer-Elfert, *Altägyptische Zaubersprüche*, Universal-Bibliothek 18375 [Stuttgart, 2005], 120, 170 [no. 97]).

111. See G. Möller, *Die beiden Totenpapyrus Rhind des Museums zu Edinburg*, DemStud 6 (Leipzig, 1913), 16–17, pl. II. The most recent translation with commentary of P. Rhind 1 (demotic version only) is in M. Smith, *Traversing Eternity: Texts for the Afterlife from Ptolemaic and Roman Egypt* (Oxford, 2009), 302–34.

Ex. 21: 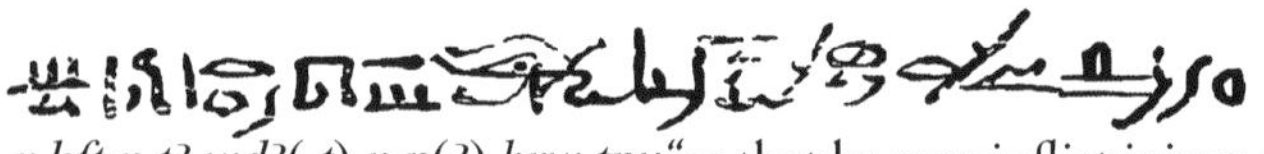
iri=f qn r ḫft n tꜣ wḏꜣ(.t) n p(ꜣ) hrw tpy "so that he may inflict injury onto 'the enemy of' the sound eye on the first day" (hieratic, col. 2/4).

Whilst the sound eye is a clear designation of the deceased's body (by assimilation with that of Osiris), the reference to the *ḫft* of the sound eye is less straightforward, so that, as in the previous case of Ex. 19, modern studies have seen this passage too as ambiguous, accounting for it in different ways. Most scholars have taken *ḫft* for the indication of an actual enemy of the deceased, to be identified in turn with—for instance—a ritual victim to be slaughtered by the lector priest,[112] or with the παρασχιστής himself, the person in charge of slitting open the corpse at the beginning of the actual mummification process, who would here be assaulted by the lector priest.[113] On the other hand, a minority of studies have advanced the hypothesis that *ḫft* may feature in this passage in its euphemistic usage.[114] In this case, the sentence would be describing the slit on the body's flank as made not by a distinct individual operating as παρασχιστής, but by the lector priest himself, who would thus be injuring the corpse/sound eye.

Once again, I believe that the amphibology is only apparent, for the wording of the sentence clarifies that the word for "enemy" is here used as part of the euphemistic idiom. In the demotic text, no definite article is present before *ḫft*, yet one would expect it to be there, since the word is clearly understood to be definite—it is certainly not a question of "*an* enemy" whatsoever of the sound eye being attacked. Since the version of P. Rhind 1 written in the demotic script is composed in a language phase generally classifiable as demotic,[115] this peculiar lack of the definite article before *ḫft* can be taken as diagnostic of its euphemistic usage. The same situation is observed in the hieratic parallel, which shows in this point exactly the same wording as the demotic text: *r ḫft n tꜣ wḏꜣ(.t)*.[116]

This last example, which comes from a funerary text, offers the opportunity to express a *caveat* against the possible indiscriminate use of the foregoing linguistic observations in distinguishing between the full and the euphemistic use of *ḫft*. In the above case, this was possible since—as mentioned—the linguistic features of P. Rhind 1, at least as far as the use of the article goes, are fully demotic. However, it is a known fact that demotic texts of a funerary nature can be composed—from a linguistic viewpoint—in a mix of demotic and Late Middle Egyptian, if not, in some cases, fully in the latter.[117] In such instances, one will have to first carefully assess the type of language of a text, especially in its ways of marking definiteness and determination by means of the articles, before evaluating any possibly ambiguous occurrence of *ḫft* on the basis of its grammatical behavior. Should it be the case that a demotic text displays largely or fully Late Middle Egyptian features in this respect, then none of the above observations

112. See Möller, *Die beiden Totenpapyrus Rhind*, 17, who thinks of a sacrificial animal—"das Opfertier"—ritually impersonating the enemy of the sound eye, which is thus slain.

113. See Smith, *Traversing Eternity*, 320 n. 92, who refers to a passage in Diodorus Siculus (I.91), where the παρασχιστής is indeed said to have been the target of a ritual (or not so ritual!) attack during the initial phase of the embalmment process.

114. E.g., Smith, *Traversing Eternity*, 320 n. 92, who offers this interpretation as an equally possible alternative to the one above. See also the translation in the online *Thesaurus Linguae Aegyptiae*, which opts for the euphemistic use.

115. As is often the case in funerary texts, the language of the demotic version of P. Rhind 1 is in fact mostly demotic, but with traces of Late Middle Egyptian (also known as Classical Egyptian or Egyptian of Tradition)—see, e.g., the remarks about it in Smith, *Traversing Eternity*, 303, or M. Smith, *The Mortuary Texts of Papyrus BM 10507*, CDPBM 3 (London, 1987), 28 n. 127. Nonetheless, from the point of view of the use of the article—which is what matters in the present analysis—the features of the demotic version of P. Rhind 1 are fully demotic (see Möller, *Die beiden Totenpapyrus Rhind*, 16* [no. 114], 17*–18* [no. 116]). Incidentally, let it be remarked that this passage of P. Rhind 1 is the only instance known to me where the euphemistic use of *ḫft* is clearly marked with *n* as an indirect genitive (on this, see the discussion above, in n. 96).

116. Contrary to the case of the demotic section of P. Rhind 1, its hieratic text is mainly written in Late Middle Egyptian, with traces of linguistic demotic influence (see Smith, *Traversing Eternity*, 303). As far as the phrase under scrutiny goes, however, the use of the article in it could be classified as fully demotic.

117. On this, see, e.g., Smith, *The Mortuary Texts*, 28 nn. 126–28.

will be of any use—the ambiguity of Middle Egyptian being in several such cases, as seen earlier in this paper,[118] virtually insoluble.

Luckily, I am not aware of any known ambiguous occurrence of *ḫft* in any demotic funerary text (apart from the previously analysed Ex. 20). Nonetheless, just to illustrate the problems to which I am alluding, one could take into consideration two funerary papyri such as P. Harkness and P. BM EA 10507. As for the former, all occurrences of *ḫfṯ* are in the central section of the text, linguistically influenced by Late Middle Egyptian.[119] Given this linguistic mix, one can encounter *ḫfṯ* being defined by both the possessive article (cols. 2/35 and 4/28) and the suffix pronoun (cols. 3/35 and 4/21), the difference being in no way diagnostic of the word's meaning—for, in all instances in this text, *ḫfṯ* always indicates an actual enemy. With regard to P. BM EA 10507, its language too is a variety of demotic embedded with several Late Middle Egyptianisms, very much like P. Harkness. However, as far as the use of the articles (or absence thereof) is concerned, its nature is much closer to Middle Egyptian than to demotic: hence, all definite occurrences of *ḫfṯ* in it show the suffix pronoun (cols. 1/3–4, 9/21), and never the possessive article.[120] Contrary to what one would assume if confronted with a—linguistically—demotic text, all such occurrences are references to real enemies, and none is intended euphemistically.

It is my hope that this paper has managed to achieve its proposed aim, that is, to show how no minor point of grammar or of orthography upon which one may stumble in the reading of an Egyptian text is ever too trivial to deserve full attention. Even apparent trifles or seemingly otiose grammatical analyses can bear useful fruits on a larger scale, as in the case of the definition of the type of clause constituting the protasis of demotic oneirocritica—which can allow the identification of otherwise elusive texts on papyrus fragments—or in that of the understanding of the function of a modest *n* introducing the direct object in a passage of a dream book.

As I learnt sitting in so many of Mark's classes on hieratic and demotic texts, no little stroke or dot in a text should be left unaccounted for, lest we fail to understand what the ancient scribe meant to tell us.

---

118. See above, n. 71.

119. On the language of this composition, see Smith, *Papyrus Harkness*, 41–44 (especially 42 [§ 11.a–b]). For a list of all occurrences of the word in it, see the glossary, ibid., 334.

120. On the language of the texts preserved in this papyrus, see Smith, *The Mortuary Texts*, 28–31 (especially 28 [§ e.1–2]). For all occurrences of *ḫfṯ* in the papyrus, see the glossary, ibid., 176.

Eine weise Stimme der Autorität (Papyrus Amherst Eg. XLIII.1 rt.): Mit Anhängen über Abrechnungen (Papyrus Amherst Eg. XLIII.1 vs. und XLIII.2)

Joachim Friedrich Quack (Heidelberg)

Der hier bearbeitete Papyrus ist bislang nicht publiziert (Taf. 19–22);[1] lediglich eine kurze Passage ist von Spiegelberg (mit der Bezeichnung als P. Amherst 1) in seiner demotischen Grammatik zitiert worden.[2] Sie ist mir schon vor vielen Jahren aufgefallen, weil einerseits der zitierte Satz auf einen inhaltlich ungewöhnlichen und anspruchsvollen Text hindeutete, andererseits der angegebene ägyptische Wortlaut mich insofern irritierte, als Spiegelberg für die Apodosis des Irrealis einfaches *wn* angab, wo ich syntaktisch korrekt *wn-nꜣ.w* erwartet hätte. Ein Aufenthalt in New York brachte mir dann die Gelegenheit, im März 2013 das Original in Augenschein zu nehmen.[3] Dabei zeigte sich nicht nur, daß meine Skepsis hinsichtlich der betreffenden Verbalform berechtigt war, sondern auch, daß der Papyrus auf jeden Fall eine Edition verdient hat. Für die Zwecke der Edition war es möglich, den Papyrus zu restaurieren, wobei einige umgeschlagene Ecken und unsaubere Anschlüsse bereinigt werden konnten.[4] Eine letzte Kollation konnte im März 2014 durchgeführt werden.

Das erhaltene Fragment mißt 19,8 × 21,7 cm. Auf dem unteren Rand sind ca. 1,8–2,5 cm frei. Das Interkolumnium schwankt dadurch, daß der Schreiber keine Worttrennung durchführen wollte, in der genauen Distanz; selbst im geringsten Falle sind aber wenigstens 1,8 cm frei gelassen, was relativ viel ist. Ganz links ist eine Klebung sichtbar, die wohl dreilagig ausgeführt war. Die Breite der Klebung dürfte bei etwas unter 1 cm liegen. Der Papyrus ist relativ hell. Der Schreiber hat sein Schreibgerät (eine relativ feine Binse) ziemlich selten eingetunkt; d.h. einerseits läßt er die Schrift ruhig ein wenig blasser werden, andererseits hält es auch gut Tusche, so daß die Intensität der Schrift nur langsam abnimmt.

Auf der Rückseite befinden sich Reste von drei Kolumnen mit Abrechnungen,[5] rechts in einer sehr dicken und großen, oft ziemlich blassen Schrift. Zwei weitere Kolumnen sind in einer deutlich kleineren und schärferen Schrift

1. Eine kurze Erwähnung findet sich in P. E. Newberry, *The Amherst Papyri being an Account of the Egyptian Papyri in the Collection of the Right Hon. Lord Amherst of Hackney, F.S.A. at Didlington Hall, Norfolk with an Appendix on a Coptic Papyrus by* W. E. Crum (London, 1899), 54. Die dort angegebene Einstufung „later Ptolemaic period" ist nach den unten ausgeführten Bemerkungen zur paläographischen Datierung zu revidieren.

2. W. Spiegelberg, *Demotische Grammatik* (Heidelberg, 1925), 225 § 496. Ich vermute, daß diese Nummer sich auf eine geplante, aber nicht zustande gekommene eigene Publikation bezieht.

3. Die Kosten für die Forschungsreise ebenso wie für die Restaurierung des Papyrus und die Photographie konnten aus den Mitteln des mir 2011 von der DFG zugesprochenen Leibnizpreises (Geschäftszeichen QU 98/9–1) bestritten werden.

4. Für das Bild und die Publikationsmöglichkeit danke ich The Morgan Library & Museum.

5. Für die Nutzung der Rückseiten demotischer literarischer Handschriften für Abrechnungen in dieser Zeit kann als Vergleichsfall der pSaqqâra 12 angeführt werden, s. H. S. Smith, W. J. Tait, *Saqqâra Demotic Papyri I* (P. Dem. Saq. I), EES Texts from Excavations Memoir 7 (London, 1983), 174–75.

mit dunklerer Tinte geschrieben; in ihnen wird ein 29. Regierungsjahr, erster Monat der Überschwemmungszeit in einer Überschrift genannt. Diese Angabe ist potentiell von Relevanz für die Datierung der Handschrift (s.u.).

Die Qualität des Papyrus ist auf dem Verso erkennbar schlechter, insbesondere ist er weniger gut geglättet. Einzelbereiche sind hier um einiges dunkler gefärbt, gelegentlich direkt neben helleren Streifen; offenbar war die Qualität der verwendeten Fasergruppen uneinheitlich.

Im selben Rahmen befand sich bis vor kurzem auch ein demotisches Fragment, das sicher nicht zur selben Handschrift gehört, da es auf beiden Seiten Abrechnungen zeigt; es wird zur Differenzierung vom größeren Fragment als pAmherst XLIII.2 bezeichnet und ist inzwischen separat gerahmt. Es dürfte aber paläographisch nahe genug am anderen stehen, um die Herkunft aus einem gemeinsamen Fund zumindest möglich zu machen. Auf dem Rekto findet sich eine Zwischenüberschrift ⸢*p3*⸣ *rn n3 rmč.w nti* (*n*) *p3 č3i̭-nčr.w* „die Namensliste der Leute, die als Theagoi[6] tätig sind". Da in den Personennamen und Titeln Osiris, Isis, Anubis und Imhotep greifbar sind, wäre eine Herkunft aus dem memphitischen Raum denkbar. Für eine nördliche Herkunft des Papyrus spricht auch die Orthographie einiger Personennamen in den Abrechnungen; gegen eine Herkunft aus dem Fayum spricht das völlige Fehlen von Sobek sowohl unter den Gottheiten als auch als Bestandteil von Personennamen. Unten wird auch ein Versuch der Bearbeitung dieses Dokuments unternommen.

Die Differenzierung von *r* und *l* im Text ist relativ optional; „Krieg" kommt mehrfach vor und wird stets *mrẖ*, nicht *mlẖ* geschrieben. „Diener" ist meist *ẖr*, x+9 jedoch eindeutig *ẖl*. x+8 findet sich *3rry*, wo sonst wenigstens das hintere Zeichen üblicherweise klar als *l* differenziert wird. x+7 findet sich die Schreibung der Negation *bn-p* mit sehr kleinem zweiten Element, wie sie insbesondere in der frühen Ptolemäerzeit üblich ist.[7] Bemerkenswert ist auch die sehr knappe Form der Ligatur für  in *bn* „böse" x+9; x+11. Als speziellen paläographischen Zug kann man die Schreibung des *f* betrachten, das insbesondere in *č̣ṭ=f* eine Tendenz hat, relativ steil nach unten gezogen zu werden. Ähnlich findet sich diese Eigenheit auch im pBerlin P 15531 (Thotbuch, Handschrift B02; Herkunft unbekannt)[8] sowie im pCarlsberg 677 (ptolemäerzeitlich, aus Tebtynis);[9] auch das einzige Beispiel für das Suffix *=f* im pSaqqâra 9 ist sehr steil ausgeführt.[10] Im noch unveröffentlichten pMarburg 39 rt. A, 1 (Herkunft unbekannt)[11] ist ebenfalls ein sehr steiles *=f* bezeugt. Für den Possessivartikel der 3. sg. m. *p3y=f* ist x+5 die stark abgekürzte Schreibung bezeugt. Insbesondere in der Ligatur für *ỉri̭=f* (in Z. x+16 auch in *č̣ṭ=f*) wird das *f* ausgesprochen lang relativ waagrecht ausgezogen (zwischen 4,5 und 10 cm).

Insgesamt deutet der paläographische Befund auf eine Datierung der Handschrift in die frühe Ptolemäerzeit hin. In diesem Fall kann man sie anhand der Verso-Beschriftung vielleicht genauer eingrenzen. Das dort genannte Regierungsjahr 29 ist relativ hoch. So lange regiert haben nicht viele Ptolemäerherrscher (und im 4. Jhd. v.Chr. kein einziger König). In Frage kommt eigentlich nur Ptolemaios II., denn der nächste von der Regierungslänge her mögliche, Ptolemaios VI., scheint mir angesichts der obigen Kriterien dezidiert schon zu spät zu sein; zudem würden die relativ geringen Nominalbeträge in der Abrechnung auf dem Verso kaum in jene Zeit passen. Unab-

6. Zu dieser Gruppe vgl. P. Dils, „Les *ṯ3j* (*n3*) *ntr.w* ou θεαγοί: fonction religieuse et place dans la vie civile", *BIFAO* 95 (1995), 153–71. Dort S. 157 Nr. 28 findet sich auch der vorliegende Papyrus zitiert. Die von J. Quaegebeur, „La désignation ‚Porteur(s) des dieux' et le culte des dieux-crocodiles dans les textes des époques tardives", in *Mélanges Adolphe Gutbub* (Montpellier, 1984), 161–76, dort S. 173 Anm. 31 für ihn vorgeschlagene Herkunft aus Soknopaiou Nesos beruht auf einem Mißverständnis.

7. Vgl. J. F. Quack, Rezension zu R. K. Simpson, *Demotic Grammar* (Oxford, 1996), *Enchoria* 24 (1997/98), 171–77, dort 175.

8. Photos in R. Jasnow, K.-T. Zauzich, *The Ancient Egyptian Book of Thoth. A Demotic Discourse on Knowledge and Pendant to the Classical Hermetica* (Wiesbaden 2005), Taf. 4–13. Die dort S. 79 knapp und ohne weitere Begründung angegebene Datierung ins 1. Jhd. v. Chr. ebenso wie Vermutung einer Herkunft aus Oberägypten sind auf den Prüfstand zu stellen, auch wenn er vom generellen Eindruck her sicher jünger als die hier vorgelegte Handschrift wirkt.

9. Veröffentlichung J. F. Quack und K. Ryholt, „A Ptolemaic Manual of Prognoses", in K. Ryholt (Hg.), *Demotic Literature from Tebtunis and Beyond,* The Carlsberg Papyri 11, in Druck.

10. Smith und Tait, *Saqqâra Demotic Papyri,* Taf. 13a.

11. Edition geplant in einem gemeinsam mit Holger Kockelmann vorbereiteten Band mit demotischen Texten über die Kriege der Götter. Das Stück stammt aus Kartonnage.

hängig davon, wieviel Zeit man zwischen der Niederschrift des Rekto und der Wiederverwendung des Papyrus für Abrechnungen genau ansetzt, sollte die Rekto-Beschriftung somit in die erste Hälfte des 3. Jahrhunderts v. Chr. datieren. Vom generellen Erscheinungsbild her ähnelt das Fragment den literarischen Saqqâra-Papyri und mag mit seinem relativ gut gesicherten Terminus ante quem auch einen Anhaltspunkt für deren Datierung darstellen.[12] Gleichzeitig ist es damit als einer der vergleichsweise frühen literarischen Papyri in demotischer Schrift von einigem Interesse.

Die Textqualität des Papyrus wirft leider einige bedenkliche Fragen auf. Selbst wenn man berücksichtigt, daß bei inhaltlich anspruchsvollen und schlecht erhaltenen Fragmenten die Schuld nicht einfach auf den antiken Schreiber abgewälzt werden sollte, und Dinge wie die Schreibung *nꜣ-ꜥn=w* für einfaches *nꜣ-ꜥn* als lautlich bedingte legitime Schreibkonvention betrachtet, gibt es doch einige verdächtige Stellen. x+3 ist *ꜥr* wohl Verschreibung für *ꜥḳr*, das so x+15 bezeugt ist. x+11 kommt man um die Emendation zu *i:ỉri̯=w* (die auch durch direkte Parallelen gestützt wird) syntaktisch nicht herum. x+14 ist ein syntaktisch erforderliches resumptives Element ausgelassen. Der Schreiber selbst hat Korrekturen durchgeführt; entweder durch Tilgung (x+11; dort hat er den Irrtum wohl sofort bemerkt) oder durch supralineare Zusätze (x+5; x+9).

x+1 [… … …] ⸢.. *mṭ.t*⸣ [… … … *č̣ṭ*]⸢*=f nm*⸣ *pꜣ ntỉ* ⸢*i:ỉri̯*⸣ [… … …]

x+2 [… … … *č̣ṭ=f ỉw=w* (?)]⸢*ir*⸣*.rḫ pꜣ* ⸢*čꜣi̯*⸣ *tꜣ ḥꜣ.t rṭ.t ỉw=w* (*r*) ⸢*fy=s*⸣ *č̣ṭ=f pꜣ ntỉ mri̯* ⸢*mṭ.t*⸣ *ỉw=f* (*r*) ⸢*šm n.ỉm=s*⸣

x+3 [… … …] ⸢*ỉri̯* (?)⸣ *tꜣ p.t fy pꜣ čꜣw bw ỉri̯=w gmi̯ pꜣ* ⸢*ꜥ.wi*⸣ *n tms=w r:ỉri̯=f č̣ṭ=f bw-ỉri̯ ꜥr*

x+4 [… … …]⸢.⸣ *pꜣ ntỉ mtỉ.w n rmč* ⸢*r pꜣ ṯꜣ ntỉ.ỉw* ⸢*mn* (??)⸣ *mrẖ n.ỉm=f č̣ṭ=f w*⸢*č̣ꜣ*⸣*.t tꜣi* ⸢*č̣ṭ=f*⸣

x+5 [… … … *ḫy*] ⸢*r*⸣ *tš* ⸢*č̣i̯.t* (?) *šni̯ ẖr*⸣ *r:r=f č̣ṭ=f nyḫ r yꜥy* ⸢*nꜣ tš* (?)⸣ *ỉri̯ n=f ḥri pꜣy=f rṭ*

x+6 [… … … *č̣ṭ=f nꜣ-ꜥn* (?)] ⸢*sč̣m ḫrw.w bn ỉrm* ⸢*ẖl*⸣*-ꜥꜣ* ⸢*r šms*⸣ *ẖr č̣ṭ=f pꜣ ntỉ* ⸢*sꜥnḫ* (?)⸣ *ẖr ỉw=f mst=f*

x+7 [… … …] ⸢. *r bn-p=w*⸣ *hb=f n mṭ.t ỉw=f č̣ṭ* ⸢*mṭ.t rmč rḫ spy* (?) *mṭ.t ẖr.ỉr=s*⸣ *č̣ṭ=f i:ỉri̯*

x+8 [… … … *i:*]⸢*ỉri̯=f ḳṭy pꜣ* ⸢*ꜣḥ*⸣ (?) *n ꜣrry ntỉ nꜣ-tḥr=f n smṭ* ⸢*r nꜣ*(?)*-ꜥn*{*=w*}⸣ *pꜣ* ⸢*mw* (?)⸣ *n p*⸢*r.t*⸣ (?)

x+9 [… … …]⸢*.t pꜣ tš=f* (?) *mṭ.t*⸣ *bn.t tꜣi pꜣ nčr* ⸢*pꜣ*⸣ *ntỉ i:ỉr rḫ nꜣy=w ss.w* ⸢*č̣ṭ=f rmč*⸣ *mꜣꜥ r nꜣ-ꜥn*{*=w*}

x+10 [… … …] ⸢*č̣ṭ*⸣*=f mn pḥw nfr i:ỉr* ⸢*pꜣ i:ỉri̯*⸣ *sḳ ḥr m-šs mn pꜣ ntỉ.ỉw bw-ỉri̯ pꜣ č̣bꜣ*

x+11 [… … …]⸢.⸣ *č̣ṭ=f bw-ỉri̯* ⸢*nkt*⸣ *ḫpr n sḥn nfr bw-ỉri̯=f ꜣḳ n sḥn bn i:ỉri̯*<*=w*> (*n*)*-č̣r.ṯ pꜣ nčr pꜣ šy č̣r=w č̣ṭ=f*

x+12 [… … …] ⸢.⸣ *č̣ṭ=f hwn-nꜣ.w ỉw=s ꜥ.wi-č̣r.t rmč ỉw ỉri̯ bnr r mrẖ wn-*⸢*nꜣ.w*⸣ *bn-ỉw=f* ⸢*čꜣi̯=s* (*n*) *pꜣ mwt*⸣ *č̣ṭ=f ḫr*

x+13 [… … …] ⸢*r nꜣ-gtgt*⸣*=f r tꜣy=f wnw.t n sẖs č̣ṭ=f pꜣ ntỉ.ỉw wn mtw=f rṭ.ṯ=f pꜣ ntỉ ỉni̯* [*pꜣ*] ⸢*tp-n-ỉꜣw.t*⸣

x+14 [… … … *nꜣ*]- ⸢*tḳn*⸣*=f ỉw=f wnm pꜣ ntỉ.ỉw=w ḫꜣꜥ*<*=f*> *i:ỉr-ḥr=f č̣ṭ=f stp hy* ⸢*rmč rḫ n tꜣy*⸣*=k šri.t m-ỉri̯ stp*

x+15 [… … … *ḫr* (?)]⸢*pḥ=s*⸣ *r pꜣ nčr*⸣ *n hrw* ⸢*gns*⸣ *č̣ṭ=f ꜥḳr ỉw=f n ḥꜣ.ṯ ḥꜣ.t mrẖ ḳṭy ḳrry* ⸢*n šmw* (?)⸣ *bw-ỉri̯=f*

x+16 [… … …] *šte.t* ⸢*šty*(*.t*) ⸣ *n* [*….*]⸢*č̣*⸣*ꜥs č̣ṭ=f nm pꜣ ntỉ ỉr.rḫ swṯ=f rmč* ⸢*mꜣꜥ rmč*⸣ *rḫ ꜥš r* ⸢*ḫpš=f*⸣

x+1 [… … …] … Angelegenheit [… … …] Er [sagte]: „Wer ist es, [dessen …] machen wird [… … …]"

x+2 [… … … Er sagte: „Wenn man] das Nehmen der Fußspitze kennt, wird man sie hochheben." Er sagte: „Wer etwas liebt, wird in es geraten (?)."

x+3 [… … …]. der Himmel bringt den Wind, man findet den Ort nicht, wo er sie vergraben hat." Er sagte: „Ein … macht nicht

x+4 [… … …] ist es, der mit einem Mann übereinkommt über die Zeit, in der es keinen Krieg gibt (?)." Er sagte: „Das ist eine Reserve." Er sagte:

12. Vgl. hinsichtlich der nicht ganz unproblematischen Frage der Datierung von Papyri aus Saqqâra C. Martin, „Memphite Palaeography: Some Observations on Texts from the Ptolemaic Period", in S. P. Vleeming (Hg.), *Aspects of Demotic Orthography. Acts of an International Colloquium held in Trier, 8 November 2010*, StudDem 11 (Leuven, Paris und Walpole, MA, 2013), 41–62, der zeigen kann, daß es in ptolemäerzeitlichen Urkunden aus Memphis öfters archaisch wirkende Gruppen gibt, die einen frühdemotischen Eindruck machen.

x+5 [„… … … Stra]ße (?) eines Bezirk, um einen Diener über es fragen zu lassen." Er sagte: „Ein …; der Wäscher (?) des Bezirks ist für ihn Chef, sein Bevollmächtigter

x+6 [… … … Er sagte: „Es ist besser (?),] eine üble Stimme mit einem Greis zu hören, als einem Burschen zu folgen." Er sagte: „Wer einen Knaben/Diener großzieht, den wird er hassen (?)."

x+7 [… … … ein ..]., den man nicht in einer Sache ausgeschickt hat, falls er Weisheit ausspricht, ist eine Angelegenheit unter ihr übrig geblieben." Er sagte: „Es ist

x+8 […. … …] er durchzieht den Weinberg, der von elender Gestalt ist, während das Wasser(?) im Winter (?) gut ist."

x+9 [… … …]. der Akt, ihn zu verlassen (?), ist eine Übeltat; der Gott ist es, der ihre Termine kennt." Er sagte: „Ein wahrer Mensch, [dessen …] schön ist,

x+10 [… … …]" Er sagte: „Es gibt kein gutes Ende bei dem, der sehr hochmütig gewesen ist. Es gibt keinen, den die Vergeltung nicht

x+11 [… … …]" Er sagte: „Besitz entsteht nicht durch eine gute Anordnung, er vergeht nicht durch eine schlechte Anordnung; <sie> alle sind unter Kontrolle des Gottes und (?) des Schicksals." Er sagte:

x+12 [… … …]." Er sagte: „Auch wenn es dem Menschen möglich wäre, dem Krieg zu entkommen, würde er es mit dem Tod nicht aufnehmen." Er sagte: „Nun

x+13 [… … …] wobei er es eilig hat, während seine Stunde verfliegt." Er sagte: „Wer seine Füße hat, ist es, der [das] Vieh (ein)holt."

x+14 [… … … der] stark ist, wobei er ißt, was man ihm vorsetzt." Er sagte: „Wähle einen weisen Gatten für deine Tochter, wähle nicht

x+15 [einen reichen Mann für sie!" … … …] Es erreicht den Gott am Tag der Buße." Er sagte: „Ein Eunuch (?), der sich als Erster vor der Schlacht befindet, sucht eine Wolke (?) im Sommer (?), er macht nicht

x+16 [… … …] eine Einkunftsquelle (?), eine Wassergrube […] …" Er sagte: „Wer ist es, der es/sich ausliefern kann? Ein wahrer Mann – ein weiser Mann ruft nach dessen starkem Arm."

Anmerkungen:

x+1: Angesichts der generellen Struktur des Textes, jeweils isolierte Einzelsätze mit *č̣ṭ=f* einzuleiten, ist die Ergänzung [*č̣ṭ*]=*f* sicher. Die erhaltenen Reste lassen m.E. nur die Lesung *nti* ⸢*i:iri̯*⸣ zu. Dabei handelt es sich um die Schreibung des Relativsatzes des Futur III mit substantivischem Subjekt; es muß also ein vom Bezugswort des Relativsatzes verschiedenes Subjekt vorliegen.

x+2: Es sind geringe Reste des Abstrichs erhalten, welche zu *iri̯* passen und dagegen sprechen, daß hier *ꜥnḫ* zu ergänzen ist. Die Schreibung von *rḫ* ohne expliziten kurzen Schrägstrich über dem *ḫ* findet sich gleichartig auch in *ir.rḫ* x+9. Statt *čꜣi̯* könnte vielleicht die Zahl 40 gelesen werden, die mir allerdings im Textzusammenhang noch weniger sinnvoll erscheint. Zu *ḥꜣ.t rṭ.t*, wörtlich „Anfang der Beine/Füße" als Bezeichnung des vorderen Teils des Fußes vgl. K.-T. Zauzich, „Das demotische „Buch des Geckos" und die Palmomantik des Melampous", in V. M. Lepper (Hg.), *Forschungen in der Papyrussammlung. Eine Festgabe für das Neue Museum*, ÄOP 1 (Berlin, 2012), 355–73, dort 365 zu x+II, 29; weitere Belege kenne ich aus einem noch unveröffentlichten großen Handbuch terrestrischer Omina[13] sowie aus pTebtynis Berkeley 15032, 11 (unveröffentlichtes ptolemäerzeitliches Fragment eines magischen Handbuches mit Gliedervergottung). Dem verfügbaren Raum nach kann im Vergleich mit der vollständig erhaltenen Form von *fy* in Z. x+3 nur *fy=s*, nicht *fy n.im=s* gelesen werden. Demnach wird, da die

13. Vgl. zu diesem Text den Vorbericht in J. F. Quack, „A Black Cat from the Right, and a Scarab on Your Head: New Sources for Ancient Egyptian Divination", in K. Szpakowska (Hg.), *Through a Glass Darkly: Magic, Dreams, and Prophecy in Ancient Egypt* (Swansea, 2006), 175–87, dort 175–79.

Jernstedtsche Regel nicht zur Anwendung kommt, hier nicht Präsens, sondern Futur anzusetzen sein. Für die Rekonstruktion des Satzes an sich scheint mir ein Bedingungsgefüge am plausibelsten. Der intendierte Sinn könnte sein, daß jemand, der es versteht, die Beine in die Hand zu nehmen, auch eilen wird, wenn es nötig ist.

x+3: Am Zeilenanfang Reste eventuell von *ir̭i* (das dann wiederum potentiell sowohl als zweites Tempus wie als negierter Aorist ergänzt werden könnte). Bei Erichsen, *Glossar*, S. 633 ist *tms* noch nicht mit dem Haus-Determinativ belegt. Am Zeilenende ist *ʿr* wohl mit Phallus-Determinativ versehen. Ob Textfehler für *ʿḳr*, das x+15 erscheint?

x+4: Am Anfang des erhaltenen Bereiches wohl Fleisch-Determinativ, nicht etwa Determinativ des Mannes mit der Hand am Mund (das in dieser Hand immer mit einem geraden Schrägstrich geschrieben wird, nicht mit einer unten nach rechts umknickenden Linie). Die Schreibung für *nti.iw*, die den letzten Strich ungewöhnlich schwingt und bricht, findet sich gleichartig auch Z. x+10 und x+13. Für die hier angesetzte Schreibung von *mn* vgl. etwas besser erhalten Z. x+10; das syntaktisch sonst noch in Frage kommende *wn* scheint mir mit den erhaltenen Resten deutlich schlechter zu vereinbaren, insbesondere hinsichtlich des horizontalen, nach links hin etwas abfallenden Strichs direkt vor *mrẖ*.

x+5: *nyẖ* ist mit dem Hausdeterminativ versehen. Ein solches Wort ist weder bei Erichsen, *Glossar*, noch im *CDD* belegt. Das *ẖ* ist etwas beschädigt, scheint mir aber hinreichend sicher; es hat einen Punkt unterhalb, wie auch in *rẖ* (Z. x+2). Supralinear ist etwas nachgetragen; sicher ein *ẖ*, angesichts der vorangehenden Lücke möglicherweise mehr (z.B. *ʿnẖ*). Hinter *yʿy* ist zunächst ein relativ vertikales Zeichen erkennbar, das z.B. der Artikel *tꜣ* oder *nꜣ* sein könnte. Anschließend dürfte am ehesten dieselbe Linienführung wie besser erhalten am Anfang der Zeile für *tš* vorliegen (eine Lesung *i(w)=s* ist im Vergleich mit Z. x+12 ausgeschlossen). Allerdings ist diese Lesung insofern problematisch, als *tš* maskulin ist und kein Pluralstrich vorhanden ist. Für *yʿy* kommt sowohl die Berufsbezeichnung „Wäscher" als auch das Behältnis „Waschbecken" in Frage (vgl. *CDD Y*, S. 2); eventuell auch das Verb „waschen", obgleich bei ihm die Orthographie ohne auslautendes *y* normaler ist. Mit sehr viel Mut könnte man dann über die Stichwörter „Wäscher" und „Oberhaupt" eine Verbindung zu Chascheschonqi 5, x+13 schlagen, wo es heißt „Wenn der Sonnengott einem Land zürnt, macht er seinen Wäscher zum Wesir" (allerdings mit konkret anderen Lexemen, nämlich *rẖṱ* und *čꜣ.ti*[14]).

x+6: Die Ergänzung des Anfangs ist etwas spekulativ, aber ähnliche Formulierungen kommen in demotischen Weisheitstexten auch sonst vor (z.B. Chascheschonqi 9, x+15; 15, x+16. x+17; 18, x+5; 20, x+10. x+11; 21, x+20–22; 23, x+8. x+9; pInsinger 2, 8; 3, 21; 9, 15; 13, 10; 17, 19; 23, 5. 6; 27, 3; 28, 1). Dabei zeigt diese Aussage dann einerseits die für die ägyptische Kultur generell normale Hochwertung des Alten (der mit Erfahrung und Weisheit assoziiert wird) gegenüber dem Jüngeren, andererseits spielt sie damit, daß *ẖl-ʿꜣ* „alter Mann" etymologisch noch recht transparent eine Ableitung von *ẖl* „Jüngling" ist. Da zwei reine Vertikallinien geschrieben sind (nicht etwa das Determinativ des Mannes mit der Hand am Mund) umschreibe ich *ḫrw.w.*

Ich verstehe die Schreibung als *msty*, wobei ich den ersten Teil als Kind-Zeichen (für *ms*) interpretiere; diese Kurzschreibung ist im Glossar nicht für *msṱi* belegt, aber zumindest für *mstm* „Augenschminke" (Erichsen, *Glossar*, S. 180). Statt „den wird er hassen" ist sprachlich ebenso gut „der wird ihn hassen" möglich, was mir aber inhaltlich weniger plausibel erscheint. Vgl. inhaltlich eventuell *i:ir̭i=k sʿnẖ šri n p(ꜣy)=k šri iw=f sʿnẖ ḥʿ=f rẖ=f pꜣ ḳsn sʿnẖ* „du sollst den Sohn deines Sohnes großziehen, während er selbst großgezogen ist, damit er die Mühsal des Großziehens erkennt" pBrooklyn 47.218.135, 5, 10–11.

x+7: Am Anfang Determinativ des sterbenden Mannes sowie geringe Reste davor, die durch Abplatzung der Oberfläche nicht mehr sicher identifizierbar sind. Prinzipiell möglich wäre das im Text mehrfach auftretende Wort *mrẖ* „Streit". Am Zeilenende könnte zweites Tempus oder Imperativ vorliegen.

14. Zur Lesung *čꜣ.ti* vgl. S. Lippert, „*ṯꜣty* statt *tb-m-mšʿ*: Neues zum Wesir im Demotischen", *ZÄS* 130 (2003), 88–97.

x+8: Es sind ausreichend deutliche Reste der Ligatur für *ỉri̯=f* erkennbar, potentiell könnte negierter Aorist oder nicht-negiertes zweites Tempus ergänzt werden. *ꜣḥ* ist stärker beschädigt und rein paläographisch nicht sicher, aber die Verbindung *ꜣḥ n ꜣrly* ist an sich gut bekannt. *smṭ* hat dieselbe bemerkenswerte Form des Determinativs, die auch x+16 in *šṭe* belegt ist, einschließlich des zusätzlichen Winkels hinten auf der Grundlinie. In *nꜣ-ꜥn=w* dürfte das scheinbare Suffix graphisch bedingt sein, entsprechend koptisch ⲛⲁⲛⲟⲩ. Gleichartig wohl auch in x+9, auch wenn der Satz dort unvollständig erhalten ist. Am Zeilenende ist die Jahreszeit *pr.t* wohl inhaltlich plausibler als das Verb *pri̯* „herauskommen".

x+9: Es ist wohl eher *tš* als *bš* zu lesen, und anschließend möchte ich ein sehr senkrecht gestelltes *f* ansetzen. Im Bereich zwischen *čṭ=f* und *rmč mꜣꜥ* scheint es noch einen supralinearen Zusatz zu geben, eventuell ⸢*mṭ.t*⸣; dann wäre „Die Angelegenheit eines wahren Mannes" zu übersetzen. Da *rmč mꜣꜥ* ohne Anzeichen eines Plurals geschrieben ist, dürfte in *nꜣ-ꜥn=w* wie schon in Z. x+8 das scheinbare Suffix nur phonetisch bedingt sein.

x+10: Das erste *i:ir* kann eigentlich nur Präposition sein. Wörtlich „der das Gesicht sehr verzogen hat", zu *sḳ* in Verbindung mit *ḥr* im idiomatischen Sinne von „hochmütig sein" vgl. Harfner 2, 6; normaler ist die positive Konnotation „angesehen sein", die mir hier aber inhaltlich nicht ganz passend scheint. Eine denkbare Ergänzung wäre „Es gibt keinen, den die Vergeltung nicht [bestraft]".

x+11: *šy* steht über einem gelöschtem vorherigen Text, eventuell *čr=w*. Vermutlich ist hier ein autofokaler Adverbialsatz im zweiten Tempus anzusetzen; vgl. ganz ähnlich *i:iri̯=w n-čr.t pꜣ šy pꜣ nčr čr=w* „sie alle unterstehen dem Schicksal (und) dem Gott" Chascheschonqi 26, x+8;[15] jedenfalls kann man mit dem überlieferten einfachen *i:iri̯* ohne Emendation kaum sinnvoll umgehen.

x+12: Am Zeilenanfang wohl Determinativ des Mannes mit der Hand am Mund. *ỉw ỉri̯* (bzw. *i.ỉri̯*) dürfte für *r ỉri̯* stehen. Der Satz wird bei Spiegelberg, *Demotische Grammatik*, § 496 zitiert (als P. Amherst 1); dort ist nur *wn* gelesen, nach den Spuren am Original ist jedoch zweifelsfrei das zu erwartende *wn-nꜣ.w* (Imperfekt des Futurs) auszumachen. Spiegelberg liest zweifelnd *pd*, nach der Restaurierung des Papyrus ist jedoch eindeutig *čꜣi̯=s* zu erkennen. Ich vermute, daß vor *pꜣ mwt* eine Präposition ungeschrieben geblieben ist, da dieses Element anders syntaktisch nicht unterzubringen wäre. Für *čꜣi̯* mit Präposition *n/n.ỉm=* im Sinne von „es aufnehmen mit" s. J. F. Quack, „Ein demotisch und altkoptisch überliefertes Losorakel", in K. Ryholt (Hg.), *Demotic Literary Texts from Tebtunis and beyond*, The Carlsberg Papyri 11 (Kopenhagen, in Druck).

x+13: *sẖs* ist nicht im Erichsen, *Glossar* belegt. Vgl. *Wb.* III 472f. sowie Chascheschonqi 9, x+23; 21, x+13 (beide *CDD S*, 447 zitiert). Erstere Stelle ist bemerkenswerterweise gerade dem nachfolgenden Spruch des vorliegenden Textes inhaltlich enger verbunden. Möglicherweise steht das scheinbare *r* vor *wnw.t* (das ich in der Übersetzung als Schreibung des Umstandskonverters gedeutet habe) tatsächlich für *n* und es ist „in seiner Stunde des hastigen Rennens" zu verstehen. Es sind ausreichende Spuren von *tp-n-iꜣw.t* vorhanden, allerdings befremdet das Determinativ des sterbenden Mannes am Zeilenende. Davor ist eventuell noch ein Artikel in der kleinen Lücke verloren.

x+14: Für *tḳn* vgl. G. Vittmann, *Der demotische Papyrus Rylands 9*, ÄAT 38 (Wiesbaden 1998), 400f.; J. F. Quack, „Weitere Korrekturvorschläge, vorwiegend zu demotischen literarischen Texten", *Enchoria* 25 (1999), 39–47, dort 46 Nr. 19. Auffällig ist das Fehlen eines resumptiven Elements hinter *ẖꜣꜥ*, das nach einem Schreibfehler wirkt. Für den hinteren Teil der Zeile vgl. Chascheschonqi 25, x+15 mit genau demselben Wortlaut, danach ist hier die Ergänzung des Beginns der nächsten Zeile vorgenommen worden.

x+15: Die Spuren am Zeilenanfang passen gut zur Form von *pḥ* in Z. x+10. Zur Bedeutung von *ꜥḳr* vgl. G. Vittmann, „Vom Kastraten, Hundskopfaffen und Kannibalen", *ZÄS* 127 (2000), 167–80, dort 169–72. Bemerkenswert ist hier, ebenso wie in der nachfolgenden Zeile, daß ein semantisch nicht determiniertes Subjekt im Prä-

15. Für die autofokale Konstruktion vgl. J. F. Quack, „Zu Syntax und Zeitbezug der demotischen zweiten Tempora", *LingAeg* 14 (2006), 251–62, dort 259.

sens I ohne einleitendes *wn* bleibt. *ḳṭy* wird dadurch verunklärt, daß hier immer noch Fragmente des Papyrus gegeneinander verschoben sind. Für *ḳrry* paßt das Wort *ḳrr* „Los" (s. dazu P. W. Pestman, „'Inheriting' in the Archive of the Theban Choachytes (2nd cent. B.C.)", in S. P. Vleeming (Hg.), *Aspects of Demotic Lexicography*, StudDem 1 (Leuven, 1987), 57–73, dort 63) angesichts der Lautform des Auslauts sowie dem hier eindeutigen Determinativ des sterbenden Mannes nicht. Möglicherweise ist eher „Wolke" anzusetzen, das Mythus Leiden 11, 14 in der Lautform *ḳlꜥly* mit dem Determinativ des sterbenden Mannes belegt ist. Zur Gefäßbezeichnung *ḳrl* dürfte jedenfalls kaum eine Verbindung bestehen. Anschließend möchte ich die Jahreszeit *šmw* „Sommer" mit einem auch sonst belegten horizontalen Strich oben lesen; die an sich denkbare Lesung des Wortes als Berufsbezeichnung *nše.t* „Friseuse" (bei Erichsen, *Glossar* nicht belegt; vgl. in der Lautform *nšy.t* Chascheschonqi 10, x+23) ist jedenfalls dann, wenn man das vorangehende Wort als „Wolke" versteht, inhaltlich nicht sinnvoll.

x+16: *č̣ꜥs* mit Hausdeterminativ ist sehr unklar; eventuell ging noch ein weiteres Einkonsonantenzeichen voraus. Eine Verbindung zu ϫⲏⲥ „Schale, Schüssel, Napf" wäre sehr spekulativ. Es gibt eindeutige Spuren von *mꜣꜥ*; vgl. besser erhalten x+9. Je nachdem, ob man hier ungeschriebene Präpositionen ansetzt, kann man auch sehr abweichende Verständnismöglichkeiten produzieren, z.B. „Wer könnte sich einem wahren Mann ausliefern". Unter dem *š* von *ḫpš* gibt es noch ein Zeichen, das dem ähnelt, das auch im pBM 10846A, 2 belegt ist (*CDD Ḫ*, S. 65).

Zum Inhalt des Fragments

Der vorliegende Text wirkt nicht unmittelbar transparent verständlich. Erkennbar ist allerdings zumindest, daß es sich um eine Abfolge kurzer Aussagen handelt, die jeweils mit *č̣t=f* eingeleitet werden. Dabei ist dieses *č̣t=f* meist mit einem kleinen Spatium abgetrennt (eine Ausnahme ist Z. x+11, wo der Platz am Zeilenende wohl knapp war), zudem ist es normalerweise die Stelle, an welcher der Schreiber seine Binse wieder frisch mit Tusche füllt.

Die Identität dieses Sprechers ist im erhaltenen Bereich leider nicht angegeben; man wird eine Angabe am Anfang der Komposition vermuten dürfen. Auch wenn diese explizite Einleitung ein singuläres Merkmal des vorliegenden Textes darstellt, erscheint sonst die Aneinanderreihung einzelner Aussagen ohne klare Kontinuität eng verwandt mit einer spezifischen Textsorte, nämlich den demotischen Weisheitslehren,[16] und zwar speziell der vor allem durch die Lehre des Chasheshonqi sowie einige kleinere und meist schlechter erhaltene Texte repräsentierten Form.[17] Sie steht im Kontrast zu der am besten aus dem großen demotischen Weisheitsbuch (mit dem pInsinger als besterhaltener Handschrift) bekannten Form, daß es ein definiertes Oberthema gibt, dem sich die einzelnen Aussagen widmen, selbst wenn sie formal gesehen syntaktisch selbständige Sätze darstellen.[18] In dieses Bild paßt es auch, daß in mehreren Fällen (s. die Nachweise im Kommentar) das vorliegende Fragment enge Verbindungen oder wörtliche Parallelen gerade zur Lehre des Chascheschonqi aufweist.

16. Vgl. dazu übergreifend besonders M. Lichtheim, *Late-Egyptian Wisdom Literature in the International Context. A Study of Demotic Instructions*, OBO 52 (Freiburg [Switzerland] und Göttingen, 1983); D. Agut-Labordère, *Le sage et l'insensé. La composition et la transmission des sagesses démotiques* (Paris, 2011); s. auch N. Lazaridis, *Wisdom in Loose Form. The Language of Egyptian and Greek Proverbs in Collections of the Hellenistic and Roman Periods*, Mnemosyne Supplement 287 (Leiden und Boston, 2007) mit kritischer Rezension J. F. Quack, Or 77 (2008), 404–8.

17. Vgl. Quack, *Einführung in die altägyptische Literaturgeschichte III*, 128–145 und zusätzlich D. Devauchelle und G. Widmer, „Un peu de sagesse.... Sentences sur des ostraca démotiques", in H. Knuf, C. Leitz und D. von Recklinghausen (Hgg.), *Honi soit qui mal y pense. Studien zum pharaonischen, griechisch-römischen und spätantiken Ägypten zu Ehren von Heinz-Josef Thissen*, OLA 194 (Leuven, Paris und Walpole, MA, 2010), 167–72, Taf. 44–45; J. F. Quack, „Fragmente demotischer Weisheitslehren", in F. Haikal (Hg.), *Mélanges offerts à Ola El-Aguizy*, BdE 165 (Kairo, 2015), 331–47.

18. Vgl. dazu Quack, *Einführung in die altägyptische Literaturgeschichte III*, 113–25.

Diese Form loser Einzeiler hat bereits Vorläufer im Neuen Reich, speziell in einer Lehre „nach alten Schriften", die negierte Aufforderungen verschiedener Art zusammenstellt.[19] In gewisser Weise steht auch die Sammlung loser Sprüche im pRamesseum II aus dem späten Mittleren Reich in dieser Entwicklungslinie.[20]

Gerade die für den vorliegenden Text spezifische Einleitung der Einzelsätze mit „er sagte" eröffnet neue Optionen des Verständnisses solcher Sammlungen isolierter Aussprüche. War im Falle der Lehre des Chascheschonqi die in der Rahmenhandlung angesprochene Aufzeichnung auf Keramikscherben eine Legitimierung für die lose Form einzelner Sätze, so ist im vorliegenden Fall der Anschein erweckt, als würde ein Florilegium mit zitierenswerten Aussagen einer Autoritätsperson vorliegen. Vielleicht die beste Parallele hierfür liefern die griechischen Sentenzen des Menander, bei denen es sich um Einzelsätze handelt, welche aus Komödien des Dichters exzerpiert worden sind (bzw. auch unberechtigt ihm zugeschrieben wurden).[21]

Dabei ist die Voranstellung einer solchen gleichartigen Einleitung vor jede einzelne Aussage, die gelegentlich aus mehreren inhaltlich eng verbundenen, syntaktisch aber eigenständigen Sätzen bestehen kann, dezidiert ungewöhnlich für die ägyptische Weisheitsliteratur. Vergleichbar ist da eher schon, wie in der Lehre des Achikar in den jüngeren Textfassungen vor jede Aussage ein einleitendes „Mein Sohn" gesetzt wird.[22]

Die konkrete Ausformulierung „er sagte" eröffnet aber noch die Möglichkeit, eine Verbindung zu einer anderen Textsorte zu ziehen, die bislang ägyptisch noch nicht in dieser Form belegt ist, nämlich die Erotapokriseis sowie die verwandten gnostischen Dialoge, manichäischen Kephalaia und ähnliche Traktate.[23] In ihnen werden meist kurze Fragen gestellt, und mit „X sagte" die Antworten geliefert. Allerdings gibt es doch einen wesentlichen Unterschied. Einerseits wird der Sprecher in solchen Texten üblicherweise jedesmal namentlich genannt, im vorliegenden Papyrus dagegen nur durch ein Suffixpronomen aufgegriffen. Andererseits wechseln sich in solchen Texten üblicherweise Frage und Antwort ab, hier dagegen gibt es keine Fragen, und bei den meisten Aussagen fällt es schwer, sich eine offensichtliche Frage zu überlegen, auf welche sie die Antwort sein sollten. Am ehesten sind hier noch die manichäischen Kephalaia vergleichbar, von denen die meisten ohne explizite Frage mit ⲡⲁⲗⲓⲛ ⲁⲛ ⲡⲁϫⲉ ⲡⲫⲱⲥⲧⲏⲣ ϫⲉ „Wiederum sprach der Lichtbringer" eingeleitet werden – allerdings unterscheidet ihr meist recht ausführlicher Charakter sie deutlich von den hier vorliegenden knappen Sätzen.

Unter den ägyptischen dialogischen Texten dürfte zumindest in formaler Hinsicht das Ritual zum Eintritt in die Kammer der Finsternis („Thotbuch")[24] die größten Ähnlichkeiten aufweisen. Abgesehen von einer kurzen Titelsektion[25] ist der gesamte Text als Wechselrede stilisiert, bei der jeweils die Bezeichnung des Sprechers mit

19. F. Hagen, „*The Prohibitions*: A New Kingdom Didactic Text", *JEA* 91 (2005), 125–64; P. Vernus, *Sagesses de l'Égypte pharaonique*, deuxième édition, révisée et augmentée (Paris, 2010), 381–88.

20. Vgl. dazu J. W. B. Barns, *Five Ramesseum Papyri* (Oxford, 1956), 11–14, Taf. III–IV; Vernus, *Sagesses*, 303–9 mit weiterer Bibliographie.

21. Vgl. S. Jaekel, *Menandri Sententiae. Comparatio Menandri et Philistionis* (Leipzig, 1964).

22. F. C. Conybeare, J. Rendel Harris und A. Smith Lewis, *The Story of Aḥiḳar*, 2nd ed. (Cambridge, 1913); R. Contini, und C. Grottanelli (Hgg.), *Il saggio Ahiqar. Fortuna e trasformazioni di uno scritto sapienzale. Il testo più antico e le sue versioni* (Brescia, 2005). Weniger aufdringlich findet sich Proverbien 2, 1; 3, 1; 5, 1; 6, 1; 7, 1 (ähnlich auch 4, 1) ein „Mein Sohn" als Einleitung jedes neuen Kapitels. Vgl. K. F. D. Römheld, *Die Weisheitslehre im Alten Orient: Elemente einer Formgeschichte*, BN Beiheft 4 (München, 1989), 123–31.

23. Vgl. den Überblick bei A. Van den Kerchove, *La voie d'Hermès: Pratiques rituelles et traités hermétiques* (Leiden und Boston, 2012), 74–75.

24. Für den Text vgl. neben der Erstedition durch Jasnow und Zauzich, *Book of Thoth* an weiteren Studien besonders J. F. Quack, „Die Initiation zum Schreiberberuf im Alten Ägypten", *SAK* 36 (2007), 249–95; ders., „Ein ägyptischer Dialog über die Schreibkunst und das arkane Wissen", *ARG* 9 (2007), 259–94 (mit deutscher Übersetzung der besser erhaltenen Bereiche); neue englische Übersetzung R. Jasnow, und K.-T. Zauzich, *Conversations in the House of Life: A New Translation of the Ancient Egyptian Book of Thoth* (Wiesbaden, 2014).

25. Vermutlich B07, 1–13 und Parallelen; in Z. 5, wo Jasnow, und Zauzich, *Conversations*, 57, den Beginn einer Rede des Meisters ansetzen, ist nicht genügend Platz verfügbar, um eine explizite Sprechernennung zu ergänzen, auch wenn der paränetische Charakter der nachfolgenden Verse unzweideutig ist. In B07, 14 beginnt dann mit einer besonders ausführlichen Präsentation die erste Rede des Kandidaten, wo dessen Bezeichnung sowie das folgende *č̣ṭ=f* bereits einen Vers füllen (vgl. die Übersetzung von Quack, „Ein ägyptischer Dialog", 260 – bei *Nb-wnn=f* dürfte es sich um den bekannten Hohenpriester des Amun unter Ramses' II. und Besitzer von TT 157 handeln; in Jasnow,

darauffolgendem *č̣ṭ=f* „er sagte“ zur Einleitung verwendet wird. Hier kann man zumindest sagen, daß der Text des pAmherst XLIII.1 rt. in solchem Ausmaß kryptisch ist, daß er zum gleichermaßen schwerverständlichen Ritual zum Eintritt in die Kammer der Finsternis an sich passen würde – allerdings habe ich keinerlei reale Parallelen wahrgenommen.

Anhang 1: Die Abrechnungen des pAmherst XLIII.1 verso

Die Versuchung wäre groß, sich einfach auf die Edition des Rekto-Textes zurückzuziehen, der mehr meinen bisherigen Forschungsschwerpunkten entspricht. Alternativ wäre die Option naheliegend, den Text ohne weitere Bearbeitung rein photographisch vorzulegen (zumindest so viel sollte sein, da ich oben ein Datum auf dem Verso für die Datierung der Handschrift insgesamt herangezogen haben). Dennoch soll hier zumindest ein Versuch gemacht werden, den spröden Resten ein wenig Sinn abzugewinnen.[26] Dies gilt besonders unter dem Aspekt, daß listenförmige Abrechnungen an sich zu den häufigst erhaltenen Textsorten in der Demotistik gehören, bislang aber fast keine forscherische Aufmerksamkeit gefunden haben. Immerhin hat kürzlich erst die Publikation eines Kassenbuches des Tempels von Edfu gezeigt, daß man solchen Texten etliche wichtige Informationen entlocken kann.[27] Um hier auch etwas mehr diskutierbares Material zusammenzustellen, sei somit ein Vorschlag zur Deutung gemacht, wenngleich sicher töricht und ohne Autorität. Leider ist das Fragment bei der Neurahmung mit Passepartout auf Karton gerahmt worden, so daß ich diese Seite nicht am Original kollationieren konnte.

Kol. x+1

x+1 ⸢…⸣ *č̣ṭ=w n=k nꜣ ⸢bꜣk⸣ wp-st*

x+2 ⸢*ḥsb.t .9*⸣ *ꜣbṭ 1 šmw 1 nꜣ* ⸢*r:č̣i̯=f n=k*⸣

Geringes Spatium, anschließend mit breiterem Schreibgerät und blasserer Tusche

x+3 […]⸢. *ỉḫy*⸣ (?)

Größeres Spatium

x+4 […].. *pꜣ hrw n č̣i̯.t ꜥḥꜥ=f* ⸢(*n*) *pḥ.w*⸣

Größeres Spatium

x+5 […] *ꜣḫ.t sw 22* ⸢*2*⸣ *1/2 1/6*

Kol. x+2

x+1	[*tꜣ ẖ*]*r*(*.t*) … … … … …	*1/3 1/1*[*2*]
x+2	⸢*tꜣ ẖr*(*.t*) *Č̣ḥw.ti-ỉwi̯* ⸢…⸣	*č̣bꜥ* (?) *22* ⸢*1/3*⸣ []
x+3	⸢*pꜣ rḫ.ti*⸣	*č̣bꜥ* (?) *2.t 1/4*
x+4	⸢*ṭmč̣ ḥč̣ ḳṭ 9 2/3 ḥč̣ ḳṭ 5* (?) *ḥč̣ ḳṭ 6*⸣	
Kleines Spatium		
x+5	*ꜣbṭ 4 šmw* (?) *sw* ⸢*ꜥrḳ.i pꜣ he*⸣ *wp-st*	
x+6	*tꜣ ẖr*(*.t*) [*Wn*]*-nfr Nb.t-wč̣ꜣ*	*ḥč̣ ḳṭ 2* ⸢*1/2*⸣ []
x+7	⸢*tꜣ*⸣ *ẖr*(*.t*) *Č̣ḥw.ti-sč̣m*	*č̣bꜥ* (?) *22* [*1/.*]
x+8	*hmy č̣y ḥꜣ*(*.t*) (?) ⸢*ꜥ.wi*⸣	*č̣bꜥ* (?) *8.t*

und Zauzich, *Conversations*, 58f. ist die Konstruktion nicht erkannt und das versschließende *č̣ṭ=f* deshalb als „puzzling phrase“ und mögliche Glosse eingestuft worden).

26. Für eine kritische Durchsicht danke ich Maren Schentuleit.

27. M. Schentuleit, *Aus der Buchhaltung des Weinmagazins im Edfu-Tempel: Der demotische P. Carlsberg 409*, The Carlsberg Papyri 9 = CNI Publications 32 (Kopenhagen, 2006).

x+9	*ḳlm ỉns*	*č̣bʿ (?) 3.t 1/4*
x+10	*wḥm ḳrm (n) nꜣ čꜣi̯-nčr.w*	*č̣bʿ (?) 12.t*
x+11	*ỉw=w (?) ⸢r č̣i̯.t⸣ (??) mḥ (?) ꜣbṭ ⸢2⸣ (?)*	*č̣bʿ (?) ⸢6⸣ 1/4*
x+12	*ṭmč̣ ḥč̣ ḳṭ 5 ḥč̣ ḳṭ ⸢1/2 1/12 (1/)50⸣ ḥč̣ 1 ḥč̣ ḳṭ 6 1/12*	
Kleines Spatium		
x+13	*ḥsb.t 29 ꜣbṭ 1 ꜣḫ.t sw ʿrḳ.ỉ pꜣ he wp-st*	
x+14	*⸢tꜣ ẖr(.t) ⸣ Wn-nfr Nb.t-wč̣ꜣ šʿ-tw sw 7*	*č̣bʿ (?) 7*
x+15	*⸢r⸣:č̣i̯=y n=w ỉw=w ỉwi̯.w (n) rsỉ*	*č̣bʿ (?) 1⸢5⸣ 1/2*
x+16	*⸢swn (?)⸣ ḳr⸢m⸣ ỉns*	*č̣bʿ (?) 3.t*
x+17	*⸢hmy⸣ ḥꜣ(.t) (?) ʿ.wỉ*	*č̣bʿ (?) 3.t 1/3*
x+18	*tꜣ ẖr(.t) Č̣ḥw.tỉ-sč̣m <šʿ>-tw sw 7*	*č̣bʿ (?) 5 1/3*
x+19	*hmy ḥꜣ.t ʿ.wỉ*	*č̣bʿ (?) ⸢6 2/3 1/10⸣*
x+20	*ṭmč̣ č̣bʿ (?) 34 ⸢ỉrm⸣ ḥč̣ ḳṭ 2 2/3 (1/)10 1/12*	
x+21	*ṭmč̣ ḥč̣ 1 ḥč̣ ḳṭ 9 ḥč̣ ḳṭ 1/3*	

Kol. x+3

x+1	*⸢kỉỉ⸣ [...*
x+2	*⸢ḥč̣ ḳṭ 1 1/2 .⸣ [...*
x+3	*ntỉ sẖꜣ ḥrỉ ỉw=[. ...*
x+4	*ꜣbṭ 4 ⸢ꜣḫ.t⸣ [...*
x+5	*ḳrm [...*
x+6	*hmy ḥꜣ.t ⸢ʿ.wỉ⸣ [...*
x+7	*hmy ỉʿꜣ ḥꜣ.t ʿ.wỉ [...*
x+8	*⸢pꜣ rẖ.tỉ ...⸣*
x+9	*⸢ṭmč̣ č̣bʿ (?)⸣ 1 r 3 1/2 ḥč̣ ḳṭ ⸢.⸣ č̣bʿ (?) 2.t 1/2*

Kol. x+1

x+1	... Man nannte dir die Arbeiter; im Einzelnen:
x+2	Regierungsjahr x+9, Pachon 1; was er dir gab.
x+3	[...]. Dinge (?).
x+4	[...] Der Tag, an dem man ihn hinten stehen ließ (?).
x+5	[...] Monat der Überschwemmungszeit, Tag 22: 2 ½ 1/6

Kol. x+2

x+1	[Die] Spesen des	1/3 1/1[2]
x+2	Die Spesen des Thoteus ...	22 ⅓ [] Obolen.
x+3	Der Wäscher	2 ¼ Obolen.
x+4	Summe, Silber 9 Kite ...	
x+5	Mesore (?), Tag 30. Der Aufwand; im Einzelnen:	
x+6	Die Spesen des [On]nophris (und der) Nebetudjat	2 ½ Kite.
x+7	Die Spesen des Thotsythmis	22 Obolen []
x+8	Transportkosten für eine Fähre für das „Haus"	
x+9	Ein Kranz aus rotem Stoff	3 ¼ Obolen.
x+10	Nochmals ein Kranz für die Theagoi	12 Obolen.
x+11	Man soll (?) zwei Monate vollmachen(?)	6 ¼ Obolen.
x+12	Summe: Silber, 5 Kite; Silber, 1/2 1/12 1/50 Kite; Silber, 1 (Deben), 6 1/12 Kite.	

x+13	Regierungsjahr 29, 1. Thot, Tag 30. Der Aufwand; im Einzelnen:	
x+14	Die Spesen des Onnophris (und der) Nebetudjat bis zum Tag 7	7 Obolen.
x+15	Was ich ihnen gab, als sie aus dem Süden kamen	15 ½ Obolen.
x+16	Preis (?) für einen Kranz aus rotem Stoff	3 Obolen.
x+17	Transportkosten für das „Haus"	3 ⅓ Obolen.
x+18	Spesen für Thotsythmis bis zum Tag 7	5 ⅓ Obolen.
x+19	Transportkosten für das „Haus"	6 2/3 1/10 Obolen.
x+20	Summe: 34 Obolen sowie Silber, 2 2/3 1/10 1/12 Kite.	
x+21	Summe: 1 (Deben) Silber, Silber 9 Kite, 1/3 Kite.	

Kol. x+3

x+1	Anderer [...
x+2	Geld, 1 ½ Kite [...
x+3	was oben geschrieben ist, wobei [...
x+4	Choiak [...
x+5	Ein Kranz [...
x+6	Transportkosten für das „Haus" [...
x+7	Transportkosten für einen Esel für das „Haus" [...
x+8	Der Wäscher ... [...
x+9	Summe, 1 Obole, macht 3 ½; Silber, . Kite, 2 ½ Obolen.

Anmerkungen

Kol. x+1, x+1: Die zweite Person Singular erstaunt in einer Abrechnung, aber an der Lesung ist hier und in der nachfolgenden Zeile kaum zu zweifeln. Vielleicht ist der Text quasi als Eingabe an eine konkrete Zielperson stilisiert.

x+2: Die noch sichtbaren Reste links passen am besten zum Kopf einer 9, eventuell auch einer 8. Möglicherweise ist zu „Regierungsjahr 29 (oder 28)" zu ergänzen, auch wenn der Platz dafür recht knapp erscheint.

x+5: Oder ist am Ende (*sw*) ⌜*2*⌝*8* zu lesen? Dagegen spricht allerdings, daß die beiden letzten Gruppen nicht ganz gleich geformt sind. Zudem besteht bei einer solchen Lesung ebenso wie bei dem von den Bandherausgebern in Erwägung gezogenen (*sw*) *25* bzw. *sw 26* die Frage, warum zwei (zudem nicht konsekutive) Tagesdaten nebeneinanderstehen sollten, ohne daß zu ihnen eine konkrete Angabe erfolgt.

Kol. x+2, x+1: Hier und öfters im Folgenden werden Einträge durch ein Wort *ẖr* eingeleitet, das angesichts des expliziten Artikels *tꜣ* feminin sein muß und deshalb *ẖr*(.*t*) „Bedarf" (Erichsen, *Glossar*, 389) darstellen dürfte. Mit der Übersetzung „Spesen" versuche ich mich an einer etwas kontextsensitiveren Wiedergabe. Die nachfolgend zu erwartenden Personennamen bleiben in der Lesung unsicher.

x+3: Vgl. ein wenig deutlicher x+3, x+7.

x+4: Am Anfang des erhaltenen Bereiches stand wohl ein Tagesdatum.

x+6: Dieselben beiden Personennamen erscheinen auch x+2, x+14. *Nb.t-wḏꜣ.t* ist nach *Demot. Nb.* I, 638 nur als Frauenname belegt. Demnach liegt eher eine Nennung zweier Individuen vor, nicht etwa eine Filiationsangabe ohne explizites *sꜣ*.

x+7: Hier und öfter im Folgenden erscheint vor den Zahlen ein Symbol, das ich mit dem Obolen-Zeichen identifizieren möchte, zu dem zuletzt A. A. den Brinker, B. P. Muhs und S. P. Vleeming, *A Berichtigungsliste of Demotic Documents*, StudDem 7 (Leuven, 2005), 841–42 mit weiteren Literaturangaben zu vergleichen ist, obgleich hier kein ausgeprägter kurzer vertikaler Strich, sondern nur ein Punkt unter dem Zeichen vorhanden ist.

Zumindest würde das feminine Genus (dort 841f. Anm. 22) passen, und irgendeine Währungseinheit muß es im Textzusammenhang sein.

x+8: Hier und öfter im Folgenden erscheint *hmy* mit dem Determinativ des Mannes mit der Hand am Mund. Da die Wunschpartikel wenig am Platz scheint, versuche ich mich an einer Deutung als Schreibung für *hm(.t)* „Fracht". Für *ꜥ.wỉ* Haus vermute ich, daß es sich um die Bezeichnung für die Kultgenossenschaft als Institution handelt, s. F. de Cenival, *Les associations religieuses en Égypte d'après les documents démotiques*, BdE 46 (Kairo, 1972), 21f. Die Präposition *ḥꜣ(.t)* erscheint besser erhalten in derselben Wendung in x+2, x+19.

x+9: Die Schreibung *ỉns* mit Einkonsonantenzeichen ist klar, auch wenn die Gruppierung des *n* über dem dreiteiligen *s* ungewöhnlich ist. Es kann wohl nichts anderes als das rote Textil *ỉns* sein, das Erichsen, *Glossar*, 35 nur aus Mythus Leiden, 22, 29 bekannt ist. Das Wort erscheint im selben Ausdruck nochmals unten Z. x+15.

x+11: Lesung und Interpretation sind ausgesprochen unsicher.

x+12: Es scheint, als ob der Schreiber bei der Summierung zunächst drei separat errechnete Teilbeiträge nebeneinanderstellt, um dann an letzter Stelle deren Gesamtsumme anzugeben, die aber selbst dann nicht ganz hinkommt, wenn man in *ḥč̣ <ḳṭ> 1* emendiert. Gleichartige Probleme stellen auch die Additionen in Z. x+20 und x+21.

x+13: Der Anfang der Zeile hat offenbar bei den Restaurierungsarbeiten gelitten; auf Arbeitsphotos, die ich im März 2013 gemacht habe, ist die Lesung der Zahl 29 weitaus deutlicher.

x+14: Die Präposition sollte eigentlich nur *šꜥ* lauten, während *šꜥ-tw* das Präfix des Terminativs ist. Vgl. aber im Balsamierungsritual des Apisstiers pWien KM 3873 die Schreibung *šꜥ-tw* rt. II, 23 u. öfter.[28] Zumindest stimmt die Zahl in Relation zu Z. x+2, x+6, wo dieser Posten für einen vollen Monat 2 ½ Kite kostet, somit eine Obole pro Tag (30 Obolen ergeben 2 ½ Kite).

x+18: Die Emendation nehme ich im Vergleich zur strukturell ähnlichen Zeile x+2, x+14 vor.

x+20: Oberhalb der Zeile findet sich ein langer, in das Interkolumnium laufender Strich, der wohl graphisch die Summierung von den Einzelposten absetzen soll. Eine Obole entspricht 1/12 Kite. 34 Obolen sollten somit 2 Kite und 10/12 (d.h. 2/3 1/6) entsprechen.

x+21: Recht weit entfernt und von der Höhe her zwischen x+20 und x+21 situiert findet sich ein schräger Strich, wohl als Checking Mark.[29] Wie die Zahlen dieser Zeile eine Summierung der vorangehenden darstellen sollen (und ob die Beträge aus x+12 mit einzubeziehen sind, also vielleicht der aktuelle Kassenstand angegeben wird), entgeht mir.

Kol. x+3, x+4f.: Vor den Einträgen eine kurze Checking Mark.

Anhang 2 : Papyrus Amherst XLIII.2 (Taf. 21 und 22)

Da die Wahrscheinlichkeit gering ist, daß sich sonst in absehbarer Zeit jemand des zweiten Papyrusfragments annimmt, das ursprünglich im selben Rahmen untergebracht war, dieses aber potentiell Informationen enthält, die für die Situierung relevant sind, soll auch davon hier zumindest ein erster Versuch einer Bearbeitung unternommen werden. Erst in einem sehr fortgeschrittenen Stadium der Untersuchung habe ich bemerkt, daß auch die Abrechnungen auf pAmherst Eg. XLV vs. mit einiger Wahrscheinlichkeit Teil desselben Komplexes sind.[30] Da eine Aufarbeitung jenes Papyrus für die Zwecke dieses Beitrags nicht mehr möglich war, überlasse ich es zukünfti-

---

28. Die Stellen sind bei R. L. Vos, *The Apis Embalming Ritual. P. Vindob. 3873*, OLA 50 (Leuven, 1993), 395 Nr. 519 zusammengestellt. Vos liest einfach *šꜥ*, aber die Präsenz der Gruppe für *tw* ist eindeutig.

29. Vgl. zu solchen graphischen Markierungen M. A. Nur el-Din, „Checking, terminal, stress marks. Partition indications and margin lines in Demotic documents", *Enchoria* 9 (1979), 49–62.

30. Vgl. das leider für eine Bearbeitung nicht ausreichende Photo unter http://corsair.morganlibrary.org/collimages/3/318097v_0001.

gen Spezialisten, sich dieses Dossiers insgesamt anzunehmen und dabei meine Deutungsvorschläge im Zweifelsfall auch zu modifizieren oder zu falsifizieren.

Papyrus Amherst XLIII.2 ist ein Palimpsest; in Teilbereichen sind noch deutlich Spuren der älteren Beschriftung zu erkennen.

Rekto

x+1 [… … … …]⸢.⸣

x+2 *⸢ḥsb.t 6⸣ ꜣbṭ 2 pr.t sw ⸢11⸣ n-č̣r.t Č̣ḥw.tỉ-ỉ:ỉri̯-č̣i̯-s sꜣ ꜣIyi̯-m-ḥtp wp-st* […]⸢..⸣ […]

Spatium

x+3 *⸢pꜣ⸣ rn nꜣ rmč.w ntỉ (n) pꜣ čꜣi̯ nꜣ nčr.w wp-st*

x+4 *⸢Č̣ḥw.tỉ-ỉ:ỉri̯-č̣i̯.t-s⸣ sꜣ ꜣIyi̯-m-ḥtp pꜣ ḫm (?) Č̣ḥw.tỉ* — *ḥč̣ kṭ 3 5/6 wp-st čꜣi̯ s ⸢Č̣ḥw.tỉ-ỉwi̯ ḥč̣ kṭ 1⸣ sp ḥč̣ kṭ 2 5/6*

x+5 *⸢Pa-ḥy ⸢sꜣ⸣ Ta-ꜣImn pꜣ ḫm (?) ꜣInp* — *ḥč̣ 2/3 (1/)12*

x+6 *Pa-ḥy sꜣ Pꜣ-č̣i̯-Wsỉr pꜣ ꜥš n Ḥr-(m)-sꜣ=f ḥč̣ (1/)5 (1/)10 (1/)20 pꜣ ꜥš ꜣs.t ḥč̣ 1/4 r ḥč̣ kṭ ⸢1/2 1/10⸣*

x+7 *⸢Ḫꜥi̯=f⸣ sꜣ Ḥr-ḥs pꜣ ꜥš n ꜣInp Wsỉr* — *⸢kṭ⸣ 1/5*

x+8 *Pꜣ-č̣i̯-ꜣs.t sꜣ ꜣIyi̯-m-ḥtp pꜣ ꜥš ꜣIyi̯-m-ḥtp ḥč̣ 2/3 (1)/30 pꜣy=w* […] *wp-st ⸢…⸣ 3 n pꜣ ⸢ḥb (?)⸣* []

x+9 *Č̣ỉ-Ḫnsw-čꜣw sꜣ ꜣIyi̯-m-ḥtp n pꜣ ꜥš ꜣInp* — […]

Von Kolumne x+2 sind nur einige Checking Marks (vor fast allen Einträgen) sowie zwei unklare Zeilenanfänge (einer eventuell *ḫꜥi̯*) erhalten.

x+1 [… … … …].

x+2 Regierungsjahr 6, 11. Mechir, durch Thotortais, Sohn des Imouthes, im Einzelnen […]..[…].

x+3 Der Name der Leute, die zu der Gruppe der Theagoi gehören, im Einzelnen.

x+4 Thotortais, Sohn des Imouthes, der Diener (?) des Thot — 3 5/6 Kite, davon: Thoteus nahm es, 1 Kite. Rest 2 5/6 Kite.

x+5 Pais, Sohn der Tamounis, der Diener (?) des Anubis — 2/3 1/12 Kite.

x+6 Pais, Sohn des Petosiris, der Leibdiener (?) des Harsuphis Silber, 1/5 1/10 1/20 (Kite); der Leibdiener (?) der Isis Silber ¼ (Kite), macht 1/2 1/10 Kite.

x+7 Chaiophis, Sohn des Harhos, der Leibdiener (?) des Anubis und Osiris — 1/5 Kite.

x+8 Petesis, Sohn des Imouthes, der Leibdiener(?) des Imhotep, 2/3 1/30 (Kite) Silber, ihre […], davon […] für das Fest (?) [].

x+9 Tichesteus, Sohn des Imouthes, für den Leibdiener (?) des Anubis […]

x+2: Der lange Vertikalstrich kann nicht zur Schreibung des Namens gehören. Für diese Kurzschreibung von *n-č̣r.t* vgl. F. de Cenival, *Papyrus démotiques de Lille (III)*, MIFAO 110 (Kairo, 1984), 23; H. Felber, *Demotische Ackerpachtverträge der Ptolemäerzeit. Untersuchungen zu Aufbau, Entwicklung und inhaltlichen Aspekten einer Gruppe von demotischen Urkunden*, ÄA 58 (Wiesbaden, 1997), 205 mit Anm. 435; J. F. Quack, review of F. Hoffmann, H.-J. Thissen (Hgg.), *Res Severa Verum Gaudium*, *AfP* 51 (2005), 186.

x+4: Hier und in der folgenden Zeile erscheint vor einem Götternamen jeweils eine Gruppe, die graphisch der kurzen Schreibung für *ḫm* „klein" entspricht; vgl. dazu zuletzt J. F. Quack, „Zorn eines großen oder eines kleinen Gottes?", in M. C. Flossmann-Schütze, M. Goecke-Bauer, F. Hoffmann et al. (Hgg.), *Kleine Götter – Große Götter.*

jpg (gegen die aktuelle Zuweisung von Rekto und Verso zeigt der auf dem Bild erkennbare Faserverlauf, daß die Verhältnisse gerade umgekehrt liegen).

Festschrift für Dieter Kessler zum 65. Geburtstag, Tuna el-Gebel 4 (Vaterstetten, 2013), 361–66. Sachlich sollte diese Notiz jedenfalls parallel zu x+6–9 sein, wo stattdessen *ꜥš* auftaucht, was als Titel in den Kultgenossenschaftstexten bekannt ist (s. Cenival, *Associations*, 168f.). Ist *ẖm* hier möglicherweise eine Kurzform für *ẖm-ẖl* „Diener"? Oder handelt es sich in der Bedeutung „Kleiner" um das Antonym zu dem Titel *wr.t* „Große", der im Femininum (mit nachfolgendem Namen einer Gottheit) im pLille 31, 1f. 7. 9–11, pLille 97 vs. 2, 3 und pLille 98, rt. 2, 2f. u. 8 belegt ist, wo er möglicherweise eine Frau als Mitglied einer Kultgenossenschaft bezeichnet, s. F. de Cenival, „Deux papyrus inédits de Lille avec une révision du P. dém. Lille 31", *Enchoria* 7 (1977), 1–49, dort 8f., 14f. und 22. Für die Form von 5/6 vgl. *CDD* Numbers, 300f.

x+5: Die Lesung *Pa-ḥy* (ursprünglich hatte ich an *Pa-tm* gedacht) verdanke ich den Bandherausgebern. Beim Namen *Ta-Ỉmn* deutet die ausführliche Schreibung des ersten Elements auf eine nördliche Herkunft des Papyrus.

x+6: Ist *Ḥr-(m)-sꜣ=f* ein vergöttlichter Mensch? In allen sonstigen Fällen in diesem Papyrus folgt auf *ꜥš* ein Gottesname. Vermutlich handelt es sich bei *ꜥš* um einen Titel, wie er sonst in den Kultgenossenschaftstexten und ihren zugehörigen Abrechnungen erscheint, vgl. Cenival, *Associations*, 168f.; dies., *Enchoria* 7, 13. Sofern man die Regel von D. Devauchelle, „*Ḥḏ*: deben or kite?", *Enchoria* 14 (1986), 157–58 anwendet, daß *ḥč̣* mit ganzen Zahlen als Deben, *ḥč̣* mit Bruchzahlen als Kite zu verstehen ist, und bei Kombinationen von ganzen Zahlen und Bruchzahlen vor der Bruchzahl explizit *ḳṭ* ausgeschrieben wird, muß man hier die erste Zahl nicht als 5, sondern als *1/5* ansehen, da die beiden anderen Zahlen offensichtlich als Brüche zu verstehen sind (größere Zahlen stehen vor kleineren). Dann geht die Addition in der Zeile auf, sofern *1/2* und nicht 6 gelesen wird.

x+7: Zum ersten Namen vgl. *Demot. Nb.* I, 873. Der Name hat hier offenbar (ebenso wie der nachfolgende) eine ausführliche Form des Personendeterminativs. *Ḥr-ḥs* ist so im *Demot. Nb.* nicht belegt; eventuell eine Kurzform für *Ḥr-mꜣy-ḥs* (*Demot. Nb.* I 815–16).

x+9: Für den Namen s. *Demot. Nb.* I, 1248; meine Wiedergabe versucht eine approximative lautliche Umsetzung ins Griechische.

Dieses Fragment weist für den besser erhaltenen Bereich ab x+3 besonders große Ähnlichkeit mit dem aus dem Umkreis einer Kultgenossenschaft stammenden pKairo CG 30619, Kol 2 auf.[31] Dort sind unter der Überschrift *pꜣy=w rn* „ihre Namensliste" jeweils Personen mit Filiation unter Angabe religiöser Titel aufgelistet und Geldbeträge für jeden genannt.

Verso

Insbesondere im oberen Bereich deutlich Palimpsest. Rechts breiter Bereich frei. Der Rest durch Abplatzungen sehr verunklärt.

x+1	⸢*n-č̣r.t Ỉmn-ỉwi̯.w (?)*⸣	*ḳṭ 1 5/6*
x+2	⸢*n-č̣r.t Čꜣi̯-nꜣ-hb.w*⸣	*ḳṭ 1* []
x+3	*ṭmč̣*	[]
x+4	*sw 2*⸢*4*⸣ (*?*) ⸢*n-č̣r.t Pꜣ-č̣i̯-Wsir Nb.t-wč̣ꜣ*⸣	⸢*ḳṭ 1 r 1/2*⸣ *4 1/2 1/12* ⸢*wp-st*⸣
x+5	*pꜣ … … … … …*	*2 2/3 1/12 r … 1 1/2 wp-st*
x+6	⸢*Ḥr-ḥb sꜣ Ḥr-ỉwi̯.w*⸣	*ḳṭ 1*
x+7	⸢*Ḥr-ḥb* (*?*) *sꜣ* (*?*) *Stm* (*?*)	*ḳṭ 2*
x+8	⸢*Ta-Ỉmn-ỉwi̯.w* (*?*)⸣	⸢*ḳṭ 5*⸣
x+9	⸢*nꜣy … … …*⸣ [… …] ⸢*1 ḳṭ 5*⸣	

x+1	Durch Ameneus	1 5/6 Kite.

31. Cenival, *Associations*, 227–28; Taf. XIII.

x+2	Durch Tjaynahebu	1 [] Kite.
x+3	Summe	[]
x+4	Tag 24. Durch Petosiris und Nebetudjat	1 Kite, macht ½. 4 ½ 1/12; im Einzelnen:
x+5	Der … …	2 273 1/12, macht … 1/12; im Einzelnen:
x+6	Harchebis, Sohn des Hareus	1 Kite.
x+7	Harchebis (?), Sohn des Setem	2 Kite.
x+8	Tameneus	5 Kite.
x+9	Diese … … … [… …] 1, 5 Kite	

x+2: Der Name ist im *Demot. Nb.* nicht belegt. Vgl. Ranke, *PN* I, 386, Nr. 30f.
x+3: Sofern hier überhaupt eine Zahl eingetragen war, ist sie spurlos abgeplatzt.
x+8: Vgl. *Demot. Nb.* I, 1164.
x+9: Geringe Spuren unterhalb des gebogenen Vertikalstriches scheinen mir besser zu *nꜣy* als zu *sp* „Rest" zu passen. Möglicherweise ist der Additionsausdruck *r nꜣy* zu erkennen, den M. A. A. Nur el-Din, *The Demotic Ostraca in the National Museum of Antiquities at Leiden* (Leiden, 1974), 117 diskutiert hat; vgl. *CDD R*, 2.

Zur sozialen Situierung der Papyri

Für die Notizen auf dem Verso von pAmherst XLIII.1 sowie auf beiden Seiten von pAmherst XLIII.2 sollte die Frage nach der ursprünglichen Situierung angesprochen werden. Ich möchte, wie oben verschiedentlich schon deutlich wurde, sowohl das Verso von pAmherst XLIII.1 als auch pAmherst XLIII.2 in den Umkreis von Kultgenossenschaften stellen.[32] Mir erscheint als bestes Vergleichsmaterial das, was als Namenslisten sowie Zahlungsaufstellungen und Kostenabrechnungen im Zusammenhang mit Satzungen von Kultgenossenschaften belegt ist,[33] ein besonders instruktiver Vertreter ist pKairo CG 30618.[34] Als Kostenpunkte, die mit dem pAmherst XLIII.1 vs.

32. Vgl. zu diesen besonders W. Erichsen, *Die Satzungen einer ägyptischen Kultgenossenschaft aus der Ptolemäerzeit nach einem demotischen Papyrus in Prag* (Kopenhagen 1959); Cenival, *Associations*; dies., „Comptes d'une association religieuse thébaine datant des années 29 à 33 du roi Amasis (P. démot. Louvre E 7840 bis)", *RdE* 37 (1986), 13–29; dies., „Papyrus Seymour de Ricci: Le plus ancien des règlements d'association religieuse (4ème siècle av. J.-C.) (Pap. Bibl. Nationale E 241)", *RdE* 39 (1988), 37–46; M. Muszynski, „Les ‚associations religieuses' en Égypte d'après les sources hiéroglyphiques, démotiques et grecques", *OLP* 8 (1977), 145–74; E. Bresciani, „Nuovi statuti demotici di ‚Confraternite' dalla necropoli dei Coccodrilli a Tebtynis (P. Vogl. demot. Inv. 77 e Inv. 78)", *EVO* 17 (1994), 49–67 (= *Acta Demotica. Acts of Fifth International Conference for Demotists. Pisa, 4th–8th September 1993*); B. P. Muhs, „Membership in Private Associations in Ptolemaic Tebtunis", *JESHO* 44 (2001), 1–21; A. Monson, „The Ethics and Economics of Ptolemaic Religious Associations", *Ancient Society* 36 (2006), 221–38; ders., „Religious Associations and Temples in Ptolemaic Tebtunis", in J. Frösén, T. Purola und E. Salmenkivi (Hgg.), *Proceedings of the 24th International Congress of Papyrology, Helsinki, 1–7 August, 2004* (Helsinki, 2007), 2:769–80; ders., „Private Associations in the Ptolemaic Fayyum: The Evidence of Demotic Accounts", in M. Capasso und P. Davoli (Hgg.), *New Archaeological and Papyrological Researches on the Fayyum*, PLup 14 (Lecce, 2007), 178–96; ders., „Rules of an Association of Soknebtunis", in R. Ast, H. Cuvigny, T. M. Hickey, J. Lougovaya (Hgg.), *Papyrological Texts in Honor of Roger S. Bagnall*, ASP 53 (Durham, NC, 2013), 209–14; C. Arlt und A. Monson, „Rules of an Egyptian Religious Association from the Early Second Century BCE", in H. Knuf, C. Leitz und D. von Recklinghausen (Hgg.), *Honi soit qui mal y pense. Studien zum pharaonischen, griechisch-römischen und spätantiken Ägypten zu Ehren von Heinz-Josef Thissen*, OLA 194 (Leuven, Paris und Walpole, MA, 2010), 113–22; G. Vittmann, „Eine Urkunde mit den Satzungen eines Kultvereins (P. dem. Mainz 10)", in F. Feder, L. D. Morenz und G. Vittmann (Hgg.), *Von Theben nach Giza. Festmiszellen für Stefan Grunert zum 65. Geburtstag*, GM Beiheft 10 (Göttingen, 2011), 169–79. Für griechische Texte dieser Art vgl. C. Roberts, T. C. Skeat, A. D. Nock, „The Gild of Zeus Hypsistos", *HTR* 29 (1936), 39–88; M. San Nicolò, *Ägyptisches Vereinswesen zur Zeit der Ptolemäer und Römer. Zweite, durchgesehene Auflage mit Nachträgen von Johannes Hermann* (München, 1972); W. M. Brashear, *Vereine im griechisch-römischen Ägypten*, Xenia 34 (Konstanz, 1993); K. H. Schnöckel, *Ägyptische Vereine in der frühen Prinzipatszeit: Eine Studie über sechs Vereinssatzungen (Papyri Michigan 243–248)*, Xenia 48 (Konstanz, 2006).

33. Vgl. Cenival, *Associations*, 215–36 und zusätzlich W. Erichsen, „Eine demotische Rechnung", *ZNTW* 37 (1937), 51 (Edition von pBerlin 13636); s. Monson, „Private Associations", 191–92.

34. W. Spiegelberg, *Catalogue général des antiquités égyptiennes du Musée du Caire. Die demotischen Denkmäler, Teil 2. Die demotischen*

übereinstimmen, finden wir dort insbesondere Kränze. Kränze werden auch in den griechischen Texten pTebtunis I 118, 9 und 16 abgerechnet, ebenso pTebtunis III 894, fr. 10, rt. 7. Auch das Wort *ʿ.wi* „Haus" in pAmherst XLIII.1, vs. x+2, x+8. x+17. x+19; x+3, x+6f. würde gut zu dieser Deutung passen, ist es doch sonst als Bezeichnung für die Genossenschaft belegt.[35]

In der Abrechnung des pAmherst XLIII.1 vs. läßt sich vor allem Kolumne x+2 etwas genauer analysieren. Erkennbar sind als rekurrierende Ausgaben Unterhaltskosten (Spesen) für Personen, die mutmaßlich auch auf Reisen sein können (vgl. x+2, 15). Weiterhin werden Transportkosten für die Mitglieder der Kultgenossenschaft fällig, was darauf hindeutet, daß sie in Ausübung ihrer Ziele regelmäßig einen Wasserlauf zu überqueren hat. Die Erwähnung von Kränzen in enger Nachbarschaft zu diesem Kostenpunkt verstärkt die Vermutung, daß es sich um religiöse Feierlichkeiten handelt. Die Erwähnung des Wäschers in den Abrechnungen deutet darauf hin, daß Textilien benutzt wurden, die nach dem Ende der Feier einer Reinigung bedurften.

Die Abrechnungen auf pAmherst XLIII.2 sind wegen schlechter Erhaltung weniger aussagekräftig. Es sollte aber zumindest in Betracht gezogen werden, daß die dort vs. x+4 erscheinende *Nb.t-wḏꜣ.t* mit der gleichnamigen Frau in pAmherst XLIII.1 vs. x+2, x+6 und x+14 identisch ist.

Nach dem, was wir derzeit wissen,[36] gehören die Mitglieder solcher Kultgenossenschaften zu den wohlhabenderen Personen eines Ortes, sind aber nicht als Priester mit einem Tempel verbunden. Ihr Zusammenschluß gibt ihnen die Möglichkeit, soziale Kohärenz zu entwickeln und sich gegenseitig zu unterstützen. Sofern wir annehmen, daß literarische Texte (anders als z.B. nicht mehr gebrauchte Akten) nicht einfach als Altpapier weiterverhandelt wurden, sondern Nutzungen der Rückseite von solchen Personen erfolgte, die eng mit den Lesern der Vorderseite verbunden (oder sogar mit ihnen identisch) waren, gibt uns diese Zuordnung wichtige Aufschlüsse hinsichtlich der sozialen Situierung von Literatur in der Ptolemäerzeit. Bislang ist dazu relativ wenig bekannt,[37] wobei man dazu neigt, primär die Priester als Träger der Literatur anzusehen.[38] Im Hintergrund solcher Annahmen stehen auch die substantiellen Handschriftenfunde, die mutmaßlich mit Tempelbibliotheken zu verbinden sind.[39] Sofern der hier diskutierte Befund plausibilisieren kann, daß Literatur auch in Kreisen jenseits der Priester zirkulierte, würde er dazu beitragen, diese Sichtweise wenigstens für die Ptolemäerzeit nuancieren zu können.

Ich möchte diesen Beitrag Mark Smith in der zuversichtlichen Hoffnung widmen, daß er zur Erhellung der vielen Probleme substantiell beitragen wird, die ich hier offengelassen oder allenfalls tentativ angegangen habe.

Papyrus 30601–31272, 50001–50022 (Straßburg, 1906–8), 61–66, Taf. XXIX-XXXII; Cenival, *Associations*, 229–35.

35. Cenival, *Associations*, 21–22.

36. Hier stütze ich mich besonders auf Monson, „The Ethics and Economics of Ptolemaic Religious Associations", 221–38.

37. Vgl. Quack, *Einführung*, 13–15 und 19f.; W. J. Tait, „The Reception of Demotic Narrative", in R. Enmarch und V. M. Lepper (Hgg.), *Ancient Egyptian Literature. Theory and Practice* (Oxford, 2013), 251–60.

38. So explizit etwa W. Spiegelberg, *Der Sagenkreis des Königs Petubastis nach dem Straßburger demotischen Papyrus sowie den Wiener und Pariser Bruchstücken*, DemStud 3 (Leipzig, 1910), 10; A. Loprieno, „Travel and Fiction in Egyptian Literature", in D. O'Connor und St. Quirke (Hgg.), *Mysterious Lands*, Encounters with Ancient Egypt (London, 2003), 31–51, dort 49.

39. Vgl. etwa K. Ryholt, „On the Contents and Nature of the Tebtunis Temple Library: A Status Report", in S. Lippert, und M. Schentuleit (Hgg.), *Tebtynis und Soknopaiou Nesos. Leben im römerzeitlichen Fajum* (Wiesbaden, 2005), 141–70; ders., „Libraries from Late Period and Greco-Roman Egypt", in K. Ryholt und G. Barjamovic (Hgg.), *Libraries before Alexandria* (Oxford, in Druck).

Pantheistic Figures in Ancient Egypt

Robert K. Ritner (Chicago)

It is a pleasure to offer this brief study on a disputed aspect of Egyptian religion to Mark Smith, with whom I worked during the early stages of the Chicago Demotic Dictionary Project. Mark's continued interest in multiple aspects of later Egyptian religion is well known, and I hope that this discussion of deities with multiple religious aspects will be of interest.

Representations of divinities with combined attributes—with multiple heads, faces, body types, sets of wings, staves and other held objects—have been recognized since the beginning of Egyptology with Champollion, whose treatment of Amun-Re in *Panthéon égyptien* (1823–1828) included several images of the god that he termed "*Amon-Ra Panthée*."[1] This symbolic form of the primordial being was said to contain *in itself* the plural divine forces that governed the created world, in accordance with known Egyptian theogonies.

> Il est évident, lorsqu'on se pénètre de l'idée rigoureusement juste que tout la théogonie égyptienne consiste en un système perpétuel d'émanation, dont la conséquence la plus directe est que chaque divinité renferme en elle-même l'esprit ou l'essence de toutes les divinités produites par elle, et qui lui sont subordonnées.[2]

Champollion's interpretation is in accord with well-recognized features of Egyptian syncretism that produced the combined form Amun-Re itself. Unambiguous examples of combined deities and forms appear in the late Book of the Dead spells 163, 164, and 165, which feature "Him whose arm is raised (= Min-Amun) and a head of Bes with two plumes, whose back is like a falcon" (BD 163), together with "Him whose arm is raised (= Min-Amun) and a head of Neith with two plumes, whose back is like a falcon" (also BD 163), and "a figure of Mut having three heads: one being the head of Pakhet wearing plumes, a second being a human head wearing the Double Crown, the third being the head of a vulture wearing plumes. She also has a phallus, wings and the claws of a lion" (BD 164).[3] Min-Amun can thus be expressed through images of Bes and Neith, while Mut is linked to Pakhet and shown as an aspect of Min-Amun himself by "her" erect phallus. Such combinations of secondary deities with the creator are symbolic counterparts to the hymnic invocations of Amun as *nṯr wꜥ ir sw m ḥḥ*, "the one god who made himself into millions."[4] The phrase

1. See J.-F. Champollion, *Panthéon égyptien* (Paris, 1823–1831); Reprinted by O. Tiano, ed. Blanchard, 1986, unnumbered pp. 1–23, and plates 2–2 quinquies. The quotation is on unnumbered p. 13 (counting p. 1 as the page following the end of the forematter "conditions de la souscription"). The represented examples include deities with four ram heads on human or ram bodies, a seated version with two addorsed human bodies, a winged, double-faced human with combined human and falcon body, a scarab with disk and ram's head, a winged criosphinx and a four-headed crocodile with sun disk.

2. Ibid., unnumbered p. 18.

3. The translations and vignettes are conveniently found in R. O. Faulkner, *The Ancient Egyptian Book of the Dead*, rev. ed. (London, 1985), 158–64.

4. Variants of the epithet are attested from the New Kingdom onwards; see H. O. Lange, *Der magische Papyrus Harris* (Copenhagen, 1927), 32 and 34, col. IV/1 = § G, l. 8 ("Hail, Unique one who made himself into millions!"); and J. Assmann, *Ägyptische Hymnen und Gebete* (Zurich and Munich, 1975), 244 and 566: nos. 105, l. 4 and 106, ll. 7–8 (both TT 157, of Nebwennef), and pp. 290, no. 128, l. 60, p. 293, no. 129, l. 1 and pp. 676–81(= N. de Garis Davies, *The Temple of Hibis in El Khargeh Oasis*. Part 3: *The Decoration*, edited by L. Bull and L. Hall [New York, 1953], pls. 31 and 32). See also Assmann, *Ägyptische Hymnen*, 208 and 554, no. 87, l. 27 (Tura graffito), with reference to

will be familiar to Mark, who has himself published a Demotic version of the "well-known Egyptian hymn" found at Hibis and other sites.[5]

The terms "pantheos" and "pantheistic" as applied to Egyptian representations derive from classical records as well, in particular the designations of Isis as a deity who subsumes all other goddesses, whether Egyptian or foreign (Bastet, Aphrodite, Hestia, Atargatis, Kore, etc.): "But the Egyptians call you 'Thouis' (= *T3-wꜥ.t*), because You, being One, are all other goddesses invoked by the races of men."[6] At the Louvre and elsewhere, Egyptian-influenced Aphrodite or Isis "panthée" is a common designation in museum publications and labels.[7] As in classical catalogues, the term "pantheos" is particularly common in Egyptian museum publications, and was used for Egyptian statues in Cairo by Daressy (1905) and for Berlin terracottas by Weber (1914).[8] An excellent overview of the evolving Egyptological discussion of pantheistic figures is found in the study of the god Tutu by Olaf Kaper.[9]

In the traditional understanding, bolstered by numerous hymns, the pantheistic images are positioned at the intersection of monotheism and polytheism, making the Egyptian distinction a matter of perspective (single "forest" or multiple "trees"). As made explicit by Book of the Dead Spell 17, other divine forms are projected limbs or names of the demiurge, avatars of a unitary solar creator: "WHO IS HE? He is Re who created the names of his limbs. So came into being these gods who are in his following."[10]

Sauneron in 1960, followed by Quaegebeur in 1985, challenged this view and identified the secondary heads on "pantheistic gods" as a form of "artistic shorthand" for the group of subordinate helpers or messengers of such deities as Bes or Tutu,[11] but the supposed distinction between a "single god with many forms" and a "composite figure of many gods" is ultimately meaningless. As Spell 17 indicates, the individual forms or "gods" are at the same time the component "limbs" of the solar creator. The existence of a pantheistic deity in Egyptian religious speculation has been clearly established by Assman.[12] While the development of a pantheistic deity suggests religious speculation of the highest social level, the images were particularly serviceable for magical purposes, often—erroneously—

BD 17. For comparable universalist expressions, see R. K. Ritner, "The Great Cairo Hymn of Praise to Amun-Re (P. Cairo 58038 = P. Bulaq 17)," in W. Hallo and K. L. Younger (eds.), *The Context of Scripture* (Leiden, 1997), 1:37–40, and Assmann, *Ägyptische Hymnen*, no. 87, pp. 199–207, and 549–53. For further discussions of the Nebwennef texts, see J. Assmann, *Sonnenhymnen in Thebanischen Gräbern*, Theben 1 (Mainz, 1983), 186–87 and 188–90.

5. M. Smith, "A New Version of a Well-Known Egyptian Hymn," *Enchoria* 7 (1977), 115–49 and pl. 18, with the relevant epithet on pp. 121–22 (l. 2). See further M. Smith, "O. Hess = O. Naville = O. BM 50601: An Elusive Text Relocated," in J. Larson and E. Teeter (eds.), *Gold of Praise: Studies on Ancient Egypt in Honor of Edward F. Wente*, SAOC 58 (Chicago, 1999), 397–404.

6. See V. F. Vanderlip, *The Four Greek Hymns of Isidorus and the Cult of Isis*, ASP 12 (Toronto, 1972), 17–18 (l. 23); and cf. Oxyrhynchus Papyrus XI, no. 1380, translated in F. Grant (ed.), *Hellenistic Religions: The Age of Syncretism* (Indianapolis, 1953), 128–30.

7. I.e., the label "Aphrodite panthée" with Isis crown, Louvre Br. 4425, Collection de Clerque, gift 1967. Examples designated "Isis panthée" appear throughout the Greco-roman galleries at the Louvre. See also the auction catalogue for Christie's New York, *Antiquities*, Wednesday 3 June 2009, pp. 90–91, nos. 182 and 184: for "polytheistic" Isis-Fortuna.

8. See G. Daressy, *Statues de divinités*, CGC Nos 38001–39384 (Cairo, 1905–1906; reprint Mansfield Centre, CT, 2008), 210–12, 392 and pl. XLIII: Harsiese or simply "Dieu" panthée; and W. Weber, *Die ägyptisch-griechischen Terrakotten*, Mitteilungen aus der ägyptischen Sammlung, II (Berlin, 1914), 160, citing Daressy, p. 392 and nos. 38849 and 38850, in addition to further published examples. Weber's figure 92 is the same drawing of a Bes Pantheos later used as figure 37 in H. Bonnet, *Reallexikon der ägyptischen Religionsgeschichte* (Berlin, 1952), 107 (Berlin 11 625). The drawing was first produced for A. Erman, *Die ägyptische Religion* (Berlin, 1905), 161, fig. 98 (as Berlin 8677), and republished in idem, *Die Religion der Ägypter* (Berlin and Leipzig, 1934), 310, fig. 125.

9. O. E. Kaper, *The Egyptian God Tutu: A Study of the Sphinx-God and Master of Demons with a Corpus of Monuments*, OLA 119 (Leuven, 2003), 91–104.

10. Book of the Dead Spell 17 §S2; see E. Naville, *Das Ägyptische Todtenbuch der XVIII. bis XX. Dynastie* I (Berlin, 1886), pl. XXIII, ll. 6–7 = vol. II, pp. 34–35; and T. G. Allen, *The Book of the Dead or Going Forth by Day*, SAOC 37 (Chicago, 1974), 27.

11. See the overview in Kaper, *The Egyptian God Tutu*, 92–95, and the rebuttal of the distinctions by Sauneron and Quaegebeur in R. K. Ritner, "Horus on the Crocodiles: A Juncture of Religion and Magic in Late Dynastic Egypt," in W. K. Simpson (ed.), *Religion and Philosophy in Ancient Egypt*, YES 3 (New Haven, CT, 1989), 111–12; and idem, *The Mechanics of Ancient Egyptian Magical Practice*, SAOC 54 (Chicago, 1993), 128, n. 583.

12. J. Assmann, "Primat und Transzendenz. Struktur und Genese der ägyptischen Vorstellung eines höchsten Wesens," in W. Westendorf

assumed to be of a lesser status. The pantheos figure provides a compact image to invoke maximum power in magical spells and rites. It is this use of pantheistic images on certain magical texts that has provoked the latest challenges to the established interpretation, and a response to those challenges is the focus of the present article.

In 2006, Joachim Quack denied the existence of "the so-called Pantheos," in favor of a neutral term "polymorphic deity." Quack's argumentation rests largely, if not exclusively, on the illustrated magical papyrus Brooklyn 47.218.156, first published by Sauneron, and a partial parallel in Copenhagen (P. Carlsberg 475).[13] The Copenhagen fragment includes neither illustrations nor the critical passages. It does, however, give the name for the first illustration in the Brooklyn papyrus: "Bes of 9 faces on a single neck" (l. 6). The Brooklyn papyrus is more informative and had been a further source of Sauneron's interpretation that these "composite figures" were not true images of Amun, but a personification of the god with his emissaries (*b3.w*).[14] Indeed, while the second composition on the Brooklyn papyrus is entitled the "[Text]s of the Bes of 7 faces" (col. 4/1), when the depicted god is actually addressed, it is simply as "Hail! Amun-Re, Lord of the Thrones of the Two Lands" (col. 5/3). Significantly, the address is *not* "Hail! O *ba*-spirits of Amun-Re."[15]

The crux of Quack's argumentation is based on a section of the text that was considered by Sauneron to be an error. In its recitation, the manuscript demands a halt of all evils "who will come against Pharaoh, l.p.h., by night and by day, at any time of any day." This phrase is followed by a second mention of "Pharaoh, l.p.h." that Sauneron considered redundant and before which he restored "[contre]": "... who will come against Pharaoh, l.p.h., by night and by day, at any time of any day, [against] Pharaoh, l.p.h."[16] Thereafter is the statement that "He" equals or possesses the *ba*-spirits of Amun-Re, Lord of the Thrones of the Two Lands (col. 4/2–3: *ntf b3.w n Ỉmn-Rˁ [nb ns.wt t3.wy]*). Both Sauneron and, echoing him, Quack place emphasis on the translation of the independent pronoun *ntf* as "he is" (the *ba*-spirits), but while Sauneron (and every other commentator) have taken the "he" in question to be the composite deity, Quack insists that this must be the preceding "Pharaoh," to yield: "He, Pharaoh, is the *ba*-spirits of Amun-Re."[17] This "simple revision" would divorce the illustration from this statement.

Since the text later garbles a similar passage, dropping the critical words "come against" [Pharaoh] (col. 4/5–6), Sauneron was surely correct in his emendation. Moreover, even if one accepts col. 4/2–3 as written, the pronoun *ntf* can just as easily be translated with the common meaning "he possesses" (the *ba*-spirits), so that Pharaoh can be said to control, but not be, the *ba*-spirits of Amun.[18] Such a solution provides a better "inner-textual analysis" than that given by Quack, as the king is subsequently said to be "protected by the names of Amun-Re, since he knows the great names of Amun, and he {knows}[(sic)] his [great] forms, the mysteries of Amun [which are] hidden from gods and men" (col. 4/6–7). Of course, this could be accomplished by the ritual of the text, without acceptance of Quack's revision.

(ed.), *Aspekte der spätägyptischen Religion*, GOF IV/9 (Wiesbaden, 1979), 7–42; and idem, *Ägypten: Theologie und Frömmigkeit einer frühen Hochkultur* (Stuttgart, 1984), 281–82.

13. J. F. Quack, "The So-Called Pantheos: On Polymorphic Deities in Late Egyptian Religion," in H. Györy (ed.), *Aegyptus et Pannonia III* (Budapest, 2006), 175–90; and idem, "Ein neuer Zeuge für den Text zum neunköpfigen Bes (P. Carlsberg 475)," in K. Ryholt (ed.), *Hieratic Texts from the Collection*, The Carlsberg Papyri 7 = CNI Publications 30 (Copenhagen, 2006), 53–64 and plates 6–6A.

14. S. Sauneron, *Le papyrus magique illustré de Brooklyn [Brooklyn Museum 47.218.156]*, Wilbour Monographs 3 (Brooklyn, 1970), 15–16. See also the observations in Kaper, *The Egyptian God Tutu*, 93. Since the gods can be termed *ba*-spirits of the creator, Sauneron's distinction is of little consequence; see L. V. Žabkar, *A Study of the Ba Concept in Ancient Egyptian Texts*, SAOC 34 (Chicago, 1968), 35–39 (gods/*ba*-spirits of Buto and Hieraconpolis, Osiris, Harsaphes, etc.).

15. Thus can be refuted the "general assumption" discussed by Quack, "The So-Called Pantheos," 178–79, that the deity depicted is not Amun-Re himself, but his *ba*-spirits. The collective image subsumes the secondary gods/*ba*-spirits *within* the pantheistic Amun-Re.

16. Sauneron, *Le papyrus magique illustré de Brooklyn*, 23 and 25, n. j (with reference to another redundancy in the text). Many other errors are notable.

17. Sauneron, *Le papyrus magique illustré de Brooklyn*, 25, n. k; Quack, in Györy (ed.), *Aegyptus et Pannonia III*, 179 and 181.

18. Admitted by Quack, ibid., 179, n. 32.

In any case, it would be wrong to insist that the king is the collectivity of the *ba*-spirits of Amun, who are surely the "great forms" and "mysteries" that compose the associated pantheistic figure and are addressed as Amun-Re in the text. The king may be styled at most *one* of the creator's *ba*-spirits; none of Quack's citations support his assertion that in this ritual the king attempted "to arrogate all of them to himself."[19]

The true meaning of the pantheistic figure is explained by the trigram name placed next to the figure, within the figure's firepot "halo." The three signs 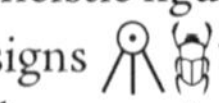 (radiant sun disk, scarab and elder resting on a stick) certainly represent Re-Khepri-Atum, the well-known triune form of the sun god.[20] It is simply unacceptable to follow Quack and leave as an open question whether there is any connection between this explicit label of the pantheos and the "great names of Amun" stressed in the accompanying text.[21]

There is nothing distinctly royal about the pantheistic image employed in the text; the divine figure is said to be used for royal protection in the Brooklyn papyrus, but such images are not restricted to a royal sphere. One must not confuse the use of a divine image with the significance of that image. Just as the "Min-Amun-Bes" of Book of the Dead Spell 163 is not the unique property of deceased commoners, so the image of "Bes-Amun"[22] is not inherently an image of the king assimilated to the *ba*-spirits of Amun. In fact, the royal application of P. Brooklyn 47.218.156 could be a secondary adaptation, since the preserved directions for use of both of its compositions have no mention of the king. Instead they are to be inscribed on a phylactery hung about the neck of a woman or child (col. 3/7) or of a man (col. 5/7). More likely, however, is the adaptation of a royal text for private individuals. Whether the royal or the private usage was secondary, the texts and images are obviously not exclusive, and Quack is incorrect to restore, on his assumptions alone, the lost directions of P. Carlsberg 475 as dictating that the papyrus copy "[be placed at the neck of Pharaoh.]"[23]

The problematic suggestions by Quack have been compounded by a more recent study of Ramesside papyrus phylacteries from Deir el-Medina by Yvan Koenig.[24] One of the papyri treated by Koenig, P. Deir el-Medina 46, comprises two scenes: a seated four-headed Amun on the left placated by Sakhmet playing sistra, and on the right an unlabeled image of the multiheaded and winged pantheos standing atop a uroboros enclosing threatening animals. The latter image directly parallels the illustration for the first composition of P. Brooklyn 47.218.156, as well as many depictions in bronze, on gems, and on the back of the Metternich Stela. In his discussion of the right hand pantheos figure, Koenig cites Quack as having proved that such images "ne faisaient pas allusion à un dieu 'panthée' et caché, mais bien plutôt au pharaon assimilé au *ba* d'Amon-Rê."[25] The suggestion that the "pantheos" actually represents the *pharaoh* as Amun's *ba*-spirits seems to go beyond Quack's actual proposal, but this dubious possibility has been discussed and dismissed above.

Koenig offers additional support for Quack's revision, and this deserves response. Following Quack, he proposes that the "naos of the decades" includes such representations that are linked to the *ka* of the king.[26] No pantheistic royal *ka* actually appears on this naos, and the confused reference is rather to a text at the temple of Esna, where the

19. Quack, ibid., 181–82.

20. M.-L. Ryhiner, "À propos de trigrammes pantheists," *RdE* 29 (1977), 125–37. The reading is surely not *i3ḫ ḫpr wr* once proposed by T. G. Allen (see Ryhiner, ibid., 130) and followed by Quack, "The So-Called Pantheos," 182. While several of Ryhiner's phonetic (acrophonic) interpretations of trigrams are in fact dubious (as Quack agrees, ibid., 182, n. 45), the primary reading as *Rʿ Ḫpri Ỉtm* is assured and was suggested by Sauneron as the name for this depicted solar deity (Sauneron, *Le papyrus magique illustré de Brooklyn*, 15).

21. Quack, "Ein neuer Zeuge," 61: "Ob sogar irgendeine Beziehung zwischen dem magischen Namen des großen Gottes und dem Namenselement  besteht, das der Göttergestalt in der Vignette von B beigeschrieben wird, möchte ich hier offenlassen; das erste Element würde zumindest passen."

22. The term is Bonnet's; see Bonnet *Reallexikon*, 108.

23. Quack, "Ein neuer Zeuge," 55 and 57, n. bb.

24. Y. Koenig, "Histoires sans paroles (P.Deir al-Medîna 45, 46, 47)," *BIFAO* 111 (2011), 243–56.

25. Ibid., 252.

26. Koenig, ibid., 252–53 and nn. 62–63, with reference to A.-S. von Bomhard, *The Naos of the Decades*, OCMA 3 (Oxford, 2008), 189. The cited p. 179 in n. 63 is an error for p. 189.

ba-spirit of the god Shu is said to be "the living royal *ka*," and to a text at Edfu, where one of the *kas* of Ptah is compared to the king.[27] Whether one may generalize local theologies for all of Egypt is an additional issue, but again the link between royalty and the divine *ba* or *ka* is singular, not collective. Significantly, the primary texts dedicated to the *bas* of the gods at Kom Ombo make no such identification between the king and the *bas*, even in a royal address to them.[28] The term "royal *ka*" as applied to deities, including Shu and Horwer at Kom Ombo, probably has more to do with their mythological position vis-à-vis Re than to a link with the reigning pharaoh—similar to the distinct use of such divine titles as "prince" or "king."[29]

As Koenig correctly notes, the solar pantheos on the right of P. Deir el-Medina 46 is balanced by the comparable image of solar Amon as a four-headed ram on the left, so the theme of the composition is consistent and without reference to pharaoh. There is no dispute that this small amuletic papyrus was for private, not royal, use.

Final proof of the nonroyal basis of the pantheos, should any further be needed, is provided by the small amulets having the form of "dwarf-like Pataikos figures"[30] engraved with the solar trigram . Although the existence of such amulets has been noted repeatedly, the cited references are all circular, without specific links to actual images. Thus Kaper cites studies in *RdE* by Ryhiner and Koenig, the article by Ryhiner cites a general study by Meeks that lists no examples, and the Koenig article simply cites Ryhiner, but illustrates one (unidentified) oval base in the Louvre that includes solar trigrams among other symbols.[31] The Cairo catalogue publishes no examples with the label Re-Khepri-Atum, though it does provide four examples with the comparable solar trigram "Lotus Petal-Lion-Ram" (*Srp.t Mꜣi Sr*).[32] Since depictions of "pantheistic" Pataikos specifically named Re-Khepri-Atum are elusive, it seems useful to conclude with an unambiguous, excavated example.

Among the objects recovered from Abydos Tomb 28 by the Egypt Exploration Fund during the 1899–1901 excavations was a glazed figure of the Pataikos with snakes issuing from his mouth (fig. 1).[33] Described as Bes in the excavation report by Arthur C. Mace (fig. 2), this dwarf deity is labeled on the back with the Re-Khepri-Atum trigram,

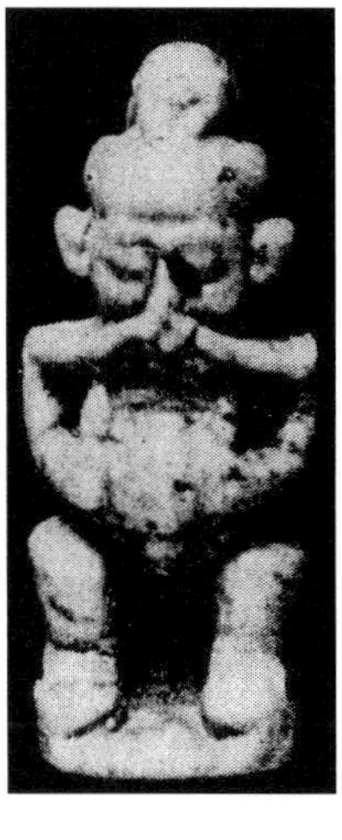

Fig. 1. Glazed Pataikos figure from Abydos Tomb 28, after Randall-MacIver and Mace, *El Amrah and Abydos*, pl. XLV

27. Bomhard, *The Naos of the Decades*, 198, with reference to A. Gutbub, *Textes fondamentaux de la théologie de Kom Ombo*, BdE 47 (Cairo, 1973), 440 (in re. *Esna* II, no. 31, l. 39) and 444 (in re. *Edfou* IV, 244, l. 6: *sw mi Nḏm-ʿnḫ* with *ka*-determinative "He is like Nedjem-ankh"). Gutbub's multiple citations are admittedly difficult to disentangle. For further links between this individual *ka* figure and the king, see Leitz, *LGG* IV, 599. None of this equates the king with the plural *bas* or *kas* of the creator.

28. Gutbub, *Textes fondamentaux*, 384–94, esp. 385–86.

29. For Horwer and Shu as "royal *ka*" at Kom Ombo, see J. De Morgan, *Kom Ombos* I (Vienna, 1895), 87 (no. 107, l. 2), with Horwer as "living royal *ka*, eldest son of Re," and 219 (no. 281, right border), where Shu is "King of Upper and Lower Egypt, living royal *ka* of Re." The latter scene includes Ptolemy Auletes, who is *not* called "living royal *ka*." The term "royal *ka*" can also be attributed to Khonsu-Shu, see K. Sethe, *Thebanische Tempelinschriften aus griechisch-römischer Zeit*, (= *Urk.* VIII) (Berlin, 1957), 51, no. 63 b (noted in Gutbub *Textes fondamentaux*, 289 [d] and 440). For additional discussion, see also Gutbub *Textes fondamentaux*, 189, 439 (d) and 468–69 for the equivalence of the *ḫpr.w* and the *bꜣ.w* "of every god" (paralleling the Brooklyn papyrus' implicit equation of the *ḫpr.w* and *bꜣ.w* of Amun-Re, col. 4/2 and 4/6).

30. Kaper, *The Egyptian God Tutu*, 102.

31. Ibid., 102, n. 98; Ryhiner, "À propos de trigrammes pantheists," 136, n. 76, and 137; D. Meeks, "Génies, anges, demons en Égypte," in D. Bernot et al., (eds.), *Génies, anges et demons*, Sources orientales 8 (Paris, 1971), 17–84, esp. pp. 55–56; Y. Koenig, "Les Patèques inscrits du Louvre," *RdE* 43 (1992), 123–32, esp. 124, n. 3. For the oval base, see the right hand illustrations on p. 124 and the discussion on pp. 126–27.

32. Daressy, *Statues de divinités*, 201 (38803), 204 (38817), 204–5 (38820) and 207 (38830).

33. D. Randall-MacIver and A. C. Mace, *El Amrah and Abydos: 1899–1901*, EEF Memoir 23 (London, 1902), pl. XLV (center).

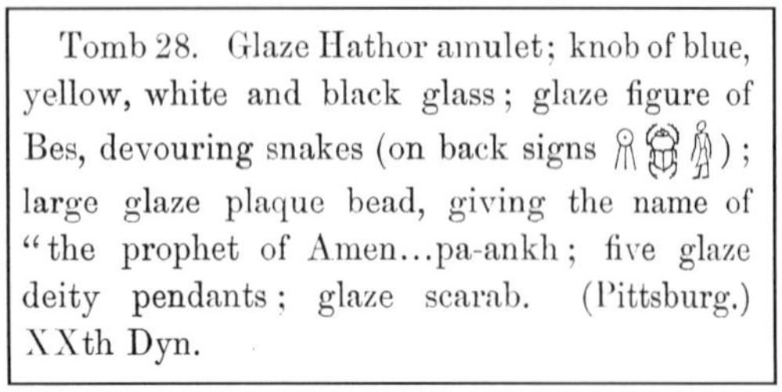
Tomb 28. Glaze Hathor amulet; knob of blue, yellow, white and black glass; glaze figure of Bes, devouring snakes (on back signs); large glaze plaque bead, giving the name of "the prophet of Amen...pa-ankh; five glaze deity pendants; glaze scarab. (Pittsburg.) XXth Dyn.

Fig. 2. Description of the Pataikos figure as Bes in the excavation report by Arthur C. Mace, in Randall-MacIver and Mace, *El Amrah and Abydos*, 88

as can be seen in the accompanying description.[34] The Dynasty 20 date for the tomb is approximate and based on the style of tomb construction and the included objects.[35]

This small protective amulet recovered from a private tomb would hardly be an image of the king's association with the forms of Amun. The circumstances in which individuals may have acquired such amulets are largely unknown, but one Pataikos figure in Cairo is inscribed with a wish for the beginning of a good new year.[36] That may be one occasion for their purchase, but the religious significance of these figures was probably much more extensive. That the trigram name of the Pataikos was recognized well beyond the court is proved by an overlooked maxim in the Demotic Instructions of Papyrus Insinger, col. 24/9: "The small dwarf is great because of his name."[37] M. Lichtheim's note to this passage is a classic of understatement: "Dwarfs were held in awe."

34. A. C. Mace, "Description of Plates," in ibid., 88. The entire group was apparently awarded to the Carnegie Museum of Natural History in Pittsburgh.

35. Ibid., 78 and 98–99.

36. Daressy, *Statues de divinités*, 204 (38816).

37. See F. Lexa, *Papyrus Insinger* (Paris, 1926), 1:77 and 2:63, §IV; and M. Lichtheim, *Ancient Egyptian Literature*. Vol. 3: *The Late Period* (Berkeley, Los Angeles, and London, 1980), 204 and 216, n. 76. The maxim is no. 14 of "The Twentieth Instruction: "Do not despise a small thing lest you be injured by it" (col. 23/20); see Lexa, *Papyrus Insinger*, 1:75. W. Spiegelberg, "Zu dem Typus und der Bedeutung der als Patäken bezeichneten ägyptischen Figuren," in *Ägyptologische Mitteilungen*, SBAW philos.-philol. u. hist. Kl. ; 1925, Abh. 2 (Munich, 1925), 10, had linked the Insinger reference to Ptah rather than to Re-Khepri-Atum, and he assumed that the text's use of the word "name" was simply a substitution for *ka*-spirit: "man hier übersetzen könnte 'der kleine Zwerg ist groß wegen des Geistes, der in ihm wohnt' d. i. des Ptah." Given the attestation of the trigram name for the image, this reinterpretation of the passage is no longer necessary.

An Egyptian Narrative from Karanis (P. Mich. inv. 5641a)

Kim Ryholt (Copenhagen)

An interesting aspect of the demography of the Fayum in the Greco-Roman period is the considerable variation in the proportion of Egyptian vs. Greek documents from site to site.[1] In contrast to sites such as Tebtunis and Soknopaiou Nesos, Karanis has yielded relatively few demotic documents. None of the demotic papyri from the site, mainly private documents, has yet been edited although they would merit a collected publication, both with a view to a better understanding of the social history of Karanis itself and for comparative purposes.[2] The similarly unpublished demotic ostraca are particularly interesting; as determined already more than twenty years ago by Ursula Kaplony-Heckel, the majority of them seem to pertain to a prison or police archive.[3] Hieratic texts from Karanis are exceptional; as far as I can tell, only a single hieratic fragment has been found at the site, an onomasticon listing the names of deities.[4]

The present paper provides an edition of the only literary item identified among the demotic texts excavated by the University of Michigan at Karanis: a papyrus fragment inscribed with a priestly narrative that can be dated to the second century AD.[5] This narrative and the hieratic onomasticon, which was excavated by the same mission, are both significant despite their unimpressive sizes, partly because texts of their nature are something that one would mainly expect to find within priestly communities at this late date, where few individuals are likely to have mastered hieratic and literary demotic elsewhere, and partly because both of them have a recorded archaeological context that included other literary texts in Greek. It is also worth noting that, while two houses contained Egyptian literature, Greek literature was found in at least 39 houses at Karanis.[6] These houses mostly date to the second and third centuries AD.

I would like to thank Graham Claytor for bringing P. Mich. inv. 5641a back to my attention, for discussing the archaeological context with me, and for providing other useful comments on the present paper; to Brendan Haug for permission to edit the two fragments, and to Cary Martin for checking the English text of my paper.

1. Cf. the detailed survey by P. van Minnen, "Boorish or Bookish? Literature in Egyptian Villages in the Fayum in the Graeco-Roman Period," *JJP* 28 (1998), 99–184.

2. The demotic papyri include. P. Mich. inv. 2850, 5362, 5372b, 5375b, 5377, 5378g, 5380i, 5362, 5419b, 5458b, 5545, 5663z9, 5663z10, 5665, 5665a, 5672b, 5679, 5739, 5774l, 6009a, and 6829a.

3. U. Kaplony-Heckel, "Das Tagebuch der Polizeistation von Karanis," *Enchoria* 18 (1991), 191–92; eadem, "Ägyptischer Alltag nach demotischen Ostraka," *ZÄS* 118 (1991), 140–41. The Greek text of a few bilingual ostraca from Karanis is included in O. Mich. I 300, 301, 666; O. Mich. II 701, 702, 711, 754, 756; and O. Mich. III 1102.

4. P. Mich. inv. 5796 (collective number). Publication in preparation by Terry Wilfong. The papyrus is cited in G. Schwendner, "Literature and Literacy at Roman Karanis: Maps of Reading," in J. Frösén, T. Purola, and E. Salmenkivi (eds.), *Proceedings of the XXIV International Congress of Papyrology*, vol. 2 (Helsinki, 2007), 1006. For the context of this fragment, see also the remarks below.

5. Schwendner, "Literature and Literacy at Roman Karanis," 998, 1006, map 7, has a brief discussion of demotic papyri from Karanis with a map indicating where they were found. It does not include the fragment edited here nor the prison ostraca.

6. Cf. P. van Minnen, "House-to-House Enquiries: An Interdisciplinary Approach to Roman Karanis," *ZPE* 100 (1994), 227–51;

I have taken the opportunity to include here, in an addendum, a minor fragment of another demotic literary text from the Michigan collection which is too small to merit a publication of its own. This fragment, from a mythological narrative, was acquired on the market and does not have a known archaeological context.

Priestly Narrative

P. Mich. inv. 5641a[7]	Karanis	Second century AD
Plate 23	h. 10.2 × w. 9.5 cm[8]	Verso; recto Greek

The fragment was excavated by the University of Michigan mission at Karanis in 1929. It was brought to Michigan for study and was returned to Egypt in 1951. I first saw a photograph of the fragment during a visit to Michigan on 30 June 2003, at which point I made a few notes on the text. It was brought to my attention again ten years later on 6 June 2013 by Graham Claytor who asked me for an opinion about its contents in relation to a forthcoming volume with editions of texts from the Granary C123, which was located below Building 132 where the demotic papyrus was found (cf. below).[9] Having gone over the text once more, I believe I have made enough sense of it to merit a publication. I have, unfortunately, not had access to the original which is now in the Cairo Museum, and the present edition is based on the archival photograph from Michigan (here reproduced as pl. 23) with all the limitations this entails.

Description

The demotic text is inscribed across the fibres on the verso of the papyrus; a kollesis is preserved 3.2 cm from the right edge (marked by arrows in the plate). The recto is inscribed with a Greek text of documentary nature according to the on-line APIS database.[10]

The fragment preserves part of the upper margin which measures 1.4 cm. The intercolumn is marked by a pair of vertical lines, the distance between which is 1.6 cm. The scribe does not use any ruling for the individual lines or to mark the upper and lower borders of the text. The sole use of guidelines for the intercolumn is also common with manuscripts from Soknopaiou Nesos, whereas manuscripts from the Tebtunis temple library mostly use complete ruling with guide-lines both for the individual lines and the intercolumnia.[11]

The palaeography is relatively similar to the second century hands from the Tebtunis temple library (such as the characteristic writing of *iw*, "come," in line 10),[12] but too few diagnostic groups are preserved for a detailed comparison. Like certain scribes from Tebtunis and elsewhere in the Fayum, the scribe mostly adds a dot above *f* if no other sign fills the space.[13]

---

van Minnen, "Boorish or Bookish?," 99–184; A. Loftus, "A New Fragment of the Theramenes Papyrus (P. Mich. 5796B)," *ZPE* 133 (2000), 11–20; and Schwendner, "Literature and Literacy at Roman Karanis," 998–1006.

7. Inv. 5641 is a collective inventory number including, within the same glass frame, other unrelated fragments in Greek. For the purposes of the present publication, the demotic fragment has now officially been designated 5641a to distinguish it from the other fragments.

8. The measurements given here and in the description below are based on the assumption that the photograph is to scale.

9. W. G. Claytor, S. Lash, and A. Verhoogt (eds.), *Papyri from Karanis: the Granary C123* (*P.Mich.* XXII) (forthcoming).

10. http://quod.lib.umich.edu/a/apis/x-14437/1 (accessed 9 April 2014).

11. Cf. K. Ryholt, "Scribal Habits at the Tebtunis Temple Library," in J. Cromwell and E. Grossman (eds.), *Variation in Scribal Repertoires from Old Kingdom to Early Islamic Egypt* (Oxford, in press).

12. Compare K. Ryholt, *The Story of Petese son of Petetum*, The Carlsberg Papyri 4 = CNI Publications 23 (Copenhagen, 1999), 93; idem, *The Petese Stories*, vol. 2, The Carlsberg Papyri 6 = CNI Publications 29 (Copenhagen, 2006), 164.

13. E.g., Ryholt, *The Petese Stories* 2:172; F. Hoffmann, *Ägypter und Amazonen*, MPER NS 24 (Vienna, 1995), 148.

Transliteration

Column I

1 --- ꜥ]⸢*l*⸣^{legs}*=f r mlꜥꜣ ỉrm pꜣ wꜥb* ⸢*n Ḏḥwty*⸣^{divine} ⸢*s*⸣ *5*
2 ---]⸢*-Rꜥ*⸣^{divine} *ḏd pꜣ ḥm-ntr* ⸢*n Ḏḥwty*⸣ *ỉw* [...] ...
3 ---] ⸢*pr-ꜥꜣ*⸣ *ḏbꜣ.ṱ=f* ... *pꜣ ḥm-ntr* ⸢*n Spd*⸣ .. *ẖpr ḏd*
4 ---] *ḥm-ntr n Spd šsp*[*=w*] *dr.ṱ=f dỉ=w ꜥꜣy n=f*
5 [*md.t* ---
---] ⸢*Ỉꜥḥ*⸣ *dỉ=f* [*ḥr*]*=f r pꜣ ꜥwy n pꜣ ḥm-ntr n Spd*
6 --- *h*]*y*^{evil}*=f r pꜣ* ⸢*ỉtn*⸣ *r bn-pw=f gm mꜣ*
7 [*ỉw=f n-ỉm=w*
---]⸢*-Rꜥ*⸣^{divine} *r hlwt ỉrm pꜣ ḥm-ntr n Ḏḥwty ỉr=w pꜣy*
8 ---] *nꜣ wꜥb.w n Pꜣ-Rꜥ r pꜣ ꜥwy n mnḳ-md.t*
9 ---].[.]. [*pꜣ*] ⸢*ḥm-ntr n Spd*⸣ *r pꜣ ꜥwy n mnḳ-md.t*
10 ---]. *wꜥb s 4 ỉw=w ỉn-ỉw*
11 ---] ..*t*^{plant} ⸢*gw*⸣*g*^{plant} ⸢*ẖr*⸣
- - - - - - - - - -

Column II

Traces only; one line begins with the words ⸢*n pꜣ*⸣ and the following with ⸢*ḏd*⸣.

Translation

Column I

1 ---] He went on board with the five *wab*-priests of Thoth(?)
2 ---] Re(?), saying: The prophet of Thoth(?) came [.....] .....
3 ---] pharaoh(?) because of it ..... the prophet of Sopdu ..... because [.....] said
4 ---] the prophet of Sopdu. [They] received his hand. They let [words] be great for him (i.e. greeted him politely)
5 ---] Iah(?). He gave his face (i.e. turned his attention) to the house of the prophet of Sopdu
6 ---] he fell to the ground, while he did not find the place
7 [where he was (i.e. while he was completely overwhelmed) ---
---] Re(?) for the celebration with the prophet of Thoth. They spent this
8 ---] the *wab*-priests of Re to the House-of-concluding-affairs
9 --- the] prophet of Sopdu(?) to the House-of-concluding-affairs
10 ---] four *wab*-priests who were coming
11 ---] ..... fruit of the *dôm*-palm(?) beneath(?)
- - - - - - - - - -

Column II

Translation not possible.

Textual Notes

Line 1

I understand the traces before the pronoun as the bottom part of an *l* descending under the legs determinative. The phrase *ꜥl r mr* is common; cf., e.g., *Khamwase and Naneferkaptah* (VI.6–7);[14] *The Contest for the Benefice of Amun* (P. Spiegelberg VII.18);[15] *The Contest for Inaros' Armor* (P. Krall VI.25, VIII.22–23, XII.2);[16] and Setne story of P. Carlsberg 207 (x+II.10).[17] The traces seem less likely to match *šm r mr* for which see, e.g., *The Contest for the Benefice of Amun* (P. Spiegelberg V.20, XV.2).[18]

For the orthography *mrꜥꜣ*, which is here written with the wind determinative, compare Erichsen, *Glossar*, 168, s.v. *mr.t*, "Art Schiff."

There are two traces after *pꜣ wꜥb* which probably do not represent a determinative, since no determinative is used in lines 8 and 10. After a short lacuna, the divine determinative is preserved. This indicates that *pꜣ wꜥb* was followed by either a filiation, the *wab*-priest of (god such-and-such), or a personal name. The traces and their distance from the divine determinative would suit *n Ḏḥwty* well, but neither *n Spd* or *n Pꜣ-Rꜥ*.

For the reading of *s*, "person," at the end of the line, see line 10 with commentary.

Line 2

The traces of an oblique stroke before the divine determinative would be compatible with the reading *Rꜥ*.

The minute traces following *ḥm-nṯr* are compatible with the title *ḥm-nṯr n Ḏḥwty* as written in line 7.

The reading of the verb *iw*, though damaged, is certain; compare line 10 below.

Line 3

The traces at the beginning of the line match the common writing of *pr-ꜥꜣ* by several contemporary scribes at Tebtunis, including the so-called Nun Scribe,[19] and accordingly  may tentatively be restored .

The traces between *ḏbꜣ.ṱ=f* and *pꜣ ḥm-nṯr* might read *i.ir*. They do not seem compatible with *irm*.

Line 4

The common idiom *šsp dr.t*, "receive the hand," can be used with different meanings depending on the context; to receive someone's hand in greeting, to guarantee something (cf. *CDD š*, 93–94), and to defeat someone (so several times in the unpublished *Inaros Epic*). The two former are also attested for Coptic ϣ(ⲉ)ⲡ ⲧⲱⲣⲉ (Crum, *CD*, 427a). The context—more specifically the phrase that follows—shows that the idiom is here used in the first sense, to greet. For other attestations of this usage in demotic literary texts, see, e.g., *Khamwase and Naneferkaptah* VI.7;[20] *The Contest for the Benefice of Amun* (P. Spiegelberg XVII.5; P. Ricci 4, x+10);[21] *The Contest for Inaros' Armor* (P. Krall V.24);[22] *Petechons and Sarpot* XII.11;[23] and *The Petese Stories* (P. Petese Tebt. A, IV.14–15, VIII.11).[24]

---

14. S. Goldbrunner, *Der verblendete Gelehrte*, DemStud13 (Sommerhausen, 2006), 28, pl. 7.
15. W. Spiegelberg, *Der Sagenkreis des Königs Petubastis*, DemStud 3 (Leipzig, 1910), 22–23, pl. 7.
16. F. Hoffmann, *Der Kampf um den Panzer des Inaros*, MPER NS 26 (Vienna, 1996), 179, pl. 6, 206, pl. 8, and 262, pl. 12.
17. J. F. Quack, K. Ryholt, "Notes on the Setne Story P. Carlsberg 207," in K. Ryholt and P. J. Frandsen (eds.), *Demotic Texts from the Collection*, The Carlsberg Papyri 3 = CNI Publications 22 (Copenhagen, 2000), 149, pl. 25.
18. Spiegelberg, *Der Sagenkreis des Königs Petubastis*, 20–21, pl. 5, 30–31, pl. 15, and 34–35, pl. 17.
19. Cf. K. Ryholt, *Narrative Literature from the Tebtunis Temple Library*, The Carlsberg Papyri 10 = CNI Publications 35 (Copenhagen, 2012), 89–102, pls. 11–13 ("The Contest for Inaros' Diadem and Lance") and 103–130, pls. 14–17 ("A Story featuring King Necho Merneith"), s.v. the indices.
20. Goldbrunner, *Der verblendete Gelehrte*, 28, pl. 7.
21. Spiegelberg, *Der Sagenkreis des Königs Petubastis*, 32–33, pl. 17, and 36, pl. 19.
22. Hoffmann, *Der Kampf um den Panzer des Inaros*, 170, pl. 5.
23. Hoffmann, *Ägypter und Amazonen*, 117, pl. 11 (read ⸢*šsp*⸣=*f dr.t*=*s*; personal collation of original).
24. Ryholt, *The Story of Petese son of Petetum*, 17, 54, pl. 4, and 20, 59, pl. 7.

The idiom *di ꜥꜣy md.t,* lit. "let a matter be great," means to greet politely. For attestations in demotic literary texts, see K. Ryholt, "A New Version of the Introduction to the Teachings of Onch-Sheshonqy," in K. Ryholt and P. J. Frandsen (eds.), *Demotic Texts from the Collection,* The Carlsberg Papyri 3 = CNI Publications 22 (Copenhagen, 2000), 122, n. 55, to which may be added *The Contest for the Benefice of Amun* (P. Spiegelberg XIII.16 and XVII.5),[25] as well as *The Inaros Epic* (P. Carlsberg 68, ined.) and another Inaros story (P. Carlsberg 57+465, ined.). It survives in Coptic ⲧⲁⲓⲉ ⲙⲟⲩⲧⲉ, "address word to, greet deferentially" (Crum, *CD,* 192b); compare, e.g., ⲁⲕⲧⲁⲓⲉ ⲙⲟⲩⲧⲉ ⲛⲏⲓ where the Greek version has προσαγορεύειν.

In *The Contest for the Benefice of Amun* (P. Spiegelberg XVII.5), we find the two above-cited idioms side-by-side as *šsp=w dr.ṯ=f tw=w ꜥꜣy n=f md.t,* exactly as in the present text, apart from the variant orthography. They further seem to occur side-by-side in a variant writing in the *The Petese Stories* (P. Petese Tebt. A, VIII.11) as *šsp=f dr.ṯ=f tw=w ꜥꜣy nꜣ[y=f md.w].*[26]

Line 5

The initial signs seem most compatible with *Iꜥḥ.*

There is a trace compatible with the flesh determinative of *ḥr*; cf. the writing in line 4.

Line 6

I understand the group after the definite article as 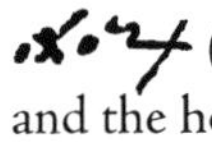 (slightly restored), i.e. the *tn*-ligature with a cross-stroke representing the *i,* followed by the *nw*-ligature and the house determinative. The phrase *hy r pꜣ itn,* "fall to the ground," is common.

The idiom *bn-pw=f gm mꜣ iw=f n-im=f,* "He did not find the place where he was," usually describes a state of agitation, of being overwhelmed by something. It is well-attested; cf., e.g., *Khamwase and Naneferkaptah* III.20, V.1;[27] *Khamwase and Siosiris* III.3–4;[28] *Petechons and Sarpot* IV.26, 27, VIII-3.4.[29]

Line 7

The traces of an oblique stroke before the divine determinative would be compatible with the reading *Rꜥ.* Since a plural pronoun follows, restore perhaps *nꜣ wꜥb.w n Pꜣ-Rꜥ* as in line 8.

Likely restorations of the beginning of the line are the common phrases *wꜥb r hlwt,* "purify (i.e. prepare) oneself for a feast," or *ḥms r hlwt,* "sit at a feast." The former occurs in, e.g., *The Contest for the Benefice of Amun* (P. Spiegelberg D.3–4),[30] and *Hareus' Wedding* (P. Berkeley + P. Carlsberg 422, ined.),[31] and the latter in the Setne story of P. Carlsberg 207 (x+I.4, 7),[32] *King Wenamun and the Kingdom of Lihyan* (P. Carlsberg 459, frag. 1, I.x+14; frag. 8, 2);[33] *Nechepsos Story* (P. Carlsberg 710 ro, 7–8),[34] and *Psammetichus I and the Rebellion of the Army of the Left*

25. Spiegelberg, *Der Sagenkreis des Königs Petubastis,* 28–29, pl. 13, and 32–33, pl. 17.

26. Ryholt, *The Story of Petese son of Petetum,* 20, 47, 59, pl. 7 (where read *ꜥꜣy* for *ꜥꜣy=w*).

27. Goldbrunner, *Der verblendete Gelehrte,* 7, pl. 2, and 19, pl. 5. Note that III.20 has slight variation, sc. *gm mꜣ nb* instead of just *gm mꜣ.*

28. F. Ll. Griffith, *Stories of the High Priests of Memphis* (London, 1900), 164–65, pl. 3.

29. Hoffmann, *Ägypter und Amazonen,* 68, pl. 4, and 89, pl. 8.

30. F. Hoffmann, "Der Anfang des P. Spiegelberg: Ein Versuch zur Wiederherstellung," in S. P. Vleeming (ed.), *Hundred-Gated Thebes: Acts of a Colloquium on Thebes and the Theban Area in the Graeco-Roman Period,* P. L. Bat. 27 (Leiden, 1995), 55.

31. Cited in Ryholt, *Narrative Literature from the Tebtunis Temple Library,* 26.

32. W. J. Tait, "P. Carlsberg 207: Two Columns of a Setna-Text," in P. J. Frandsen (ed.), *Demotic Texts from the Collection,* The Carlsberg Papyri 1 = CNI Publications 15 (Copenhagen, 1991), 22, 31, pl. 3; cf. further J. F. Quack, K. Ryholt, "Notes on the Setne Story P. Carlsberg 207," in K. Ryholt and P. J. Frandsen (eds.), *Demotic Texts from the Collection,* The Carlsberg Papyri 3 = CNI Publications 22 (Copenhagen, 2000), 141–163, pls. 24–26.

33. Ryholt, *Narrative Literature from the Tebtunis Temple Library,* 36, 49, pl. 6, and 40, 53, pl. 8.

34. Ibid., 132, 135, pl. 18.

(P. Berlin P. 15682, 31).[35] The identity of the subject of the sentence ends with the divine determinative, and the context indicates that he might be the prophet of Sopdu.

Restore perhaps the phrase *ỉr=w pꜣy hrw n rn=f*, "they spent this very day (doing such-and-such)," for which see Ryholt, *The Petese Stories II*, 47 (III.9), 51.

Line 9

The fibers at the beginning of the line are distorted, but the reading *ḥm-ntr n Spd* seems good.

The orthography of *md.t* is unusual and differs from that used in the preceding line.

Line 10

For *s* followed by a number, "*x* persons," used as the qualification of a designation of occupation to indicate the number of people in question, see, e.g., *The Contest for Inaros' Armor*: *r wn rmt-ḳnḳn s 40 irm=f*, "while forty warriors (lit. warriors, forty persons) were with him" (P. Krall XIX.14–15), and *ẖtb=f rmt s 4 n-im=w*, "He killed four men (lit. men, four persons) among them" (ibid. XXV.11–12).[36]

Line 11

The line partially preserves two words written with the plant determinative, but the reading is difficult because the papyrus is damaged. The second word ends with a clear *g*. It seems to be preceded by a partly rubbed *w*, while the traces of the first sign would match another *g*; hence the reading *gwg* which describes the fruit of the *dôm*-palm. A fragment of *The Petese Stories* (P. Petese Tebt. C, frag. 22, x+5) mentions a fruit of the *dôm*-palm being situated or found beneath someone or something (*gwg ẖr-rṯ=f*), and it is possible that the following *ẖr* in the present text should similarly be restored as the preposition *ẖr*-[*rt*], "beneath."[37]

Discussion

Although very little of the text is preserved, the occurrence of several common literary idioms makes it plain that we have here the remains of an Egyptian narrative. A whole series of characters are mentioned in the eleven partially preserved lines, all of them priests, and it seems likely that the narrative—or at least the section to which the extant fragments belongs—was a story about one or more specific priests. Many other demotic stories about priests are preserved, above all relating to the Heliopolitan priesthood.[38]

The characters mentioned are:

- The Prophet of Sopdu (lines 3, 4, 5)
- The Prophet of Thoth (line 7)
- A group of *wab*-priests of Re (line 8)
- Five *wab*-priests of Thoth(?) (line 1)

35. K.-T. Zauzich, "Serpot und Semiramis," in J. C. Fincke (ed.), *Festschrift für Gernot Wilhelm anläßlich seines 65. Geburtstages* (Dresden, 2010), 454, 456, pl. on p. 455; cf. further K. Ryholt, "A Demotic Narrative in Berlin and Brooklyn concerning the Assyrian Invasion of Egypt," in V. M. Lepper (ed.), *Forschung in der Papyrussammlung: Eine Festgabe für das Neue Museum*, ÄOP 1 (Berlin, 2012), 337–53.

36. Hoffmann, *Der Kampf um den Panzer des Inaros*, 342, pl. 19, and 389, pl. 25.

37. Ryholt, *The Petese Stories II*, 80, pl. 7.

38. A list of stories about the Heliopolitan priesthood can be found in Ryholt, *Narrative Literature from the Tebtunis Temple Library*, 13–16. To this list may be added two new texts edited by K. Ryholt, "The End of a Narrative with a Colophon," in K. Ryholt (ed.), *Demotic Literature from Tebtunis and Beyond*, The Carlsberg Papyri 11 = CNI Publications 36 (Copenhagen, in press), and J. F. Quack, "Eine Erzählung von Priestern von Heliopolis und ihren Kindern," in Ryholt (ed.), ibid., as well as new fragments of the *Story of Chasheshonqy* edited by K. Ryholt, "New Fragments of the Story of Chasheshonqy," in Ryholt (ed.), ibid.

– Four *wab*-priests of an unspecified deity (line 10)
– Possibly pharaoh (line 7)

As will be seen from the list, the characters are—apart from the possibly mention of a pharaoh—all prophets or *wab*-priests, and they serve in the cults of Sopdu, Thoth, and Re. All three deities had major cult centers in the Eastern Delta and it is possible that the story plays out in this region. The mention of the house of the prophet of Sopdu may even situate the extant episode at Pi-Sopdu, modern Saft el-Henna, where the main temple of Sopdu was located. Unfortunately no personal names are mentioned, since this might have provided additional clues to the geographical setting of the story; the characters are only referred to by their titles. The chronological setting seems impossible to ascertain.

Only glimpses of the story are preserved. In the first line, someone travels by boat with the prophet of Thoth. The objective of the journey is apparently to visit the prophet of Sopdu and discuss some matter. A male character, whom I assume to be the prophet of Thoth, arrives at the home of the prophet of Sopdu. He is well-received with the traditional hand-shaking and polite greeting. He then looks at the house of the prophet of Thoth and—perhaps soon after—he, or another character, falls to the ground, completely overwhelmed by something.

A celebration between the prophet of Thoth and someone else, presumably the prophet of Sopdu whom he is visiting, ensues in the next line. If I understand the final words of line 7 correctly as the idiom "They spend this [day doing *such-and-such*]," then these words are likely to conclude the events of that day.

The next day, then, the *wab*-priests of Re (perhaps in the company of the prophets?) go to the House-of-concluding-affairs. This is a location where a council of priests, each appointed for a year at a time, would meet to decide certain matters. It seems, at least in some cases, to have been a separate building outside the temple proper but within the temenos walls. At Tebtunis the building featured a broad hall (*wsḫy.t*, fully described as "the broad hall of the House-of-concluding-affairs of the temple of Tebtunis"), where the priests in question would assemble (*ḥmsy*, lit. "sit"), according to documents ranging from the second century BC to the early second century AD.[39] These priests were formally designated as "*wab*-priests who conclude affairs" (*wꜥb nty mnḳ md.t*) or "councillor priests" in Greek (βουλεταὶ ἱερεῖς).[40] According to the Canopus Decree, this council originally consisted of twenty priests, five from each of the four phyles of the temple; with the addition of the fifth phyle in 238 BC, the number was expanded to twenty-five priests. We are also informed that one of the functions of the councillor priests was to determine the distribution of temple rations (*ḫr.t*). This is confirmed by two documents from the Archive of Hor, where "the 25 *wab*-priests who conclude affairs" make decisions involving the rations of sacred animals.[41]

The present text mentions only four *wab*-priests in connection with the House-of-concluding-affairs. If smaller temples had smaller councils (twenty-five would seem excessive for some temples), it is possible that we have here a single representative from each of the four phyles. This, in turn, might indicate that the composition of the present narrative predates the introduction of the fifth phyle in 238 BC. However, without a proper context, the significance of the number must necessarily remain uncertain, not least since line 1 seems to mention five *wab*-priests.

39. The designation occurs in a series of documents concerning admission into the priesthood from the second century BC: one is edited by S. R. K. Glanville, "The Admission of a Priest of Soknebtunis in the Second Century B.C.," *JEA* 19 (1933), 34–41, pl. IX, and several others are described by C. Di Cerbo, "Neue demotische Texte aus Tebtynis," in F. Hoffmann and H. J. Thissen (eds.), *Res Severa Verum Gaudium: Festschrift für Karl-Theodor Zauzich*, StudDem 6 (Leuven, 2004), 114–16; and also in a document from the early second century AD (P. Florence MA 11917): G. Botti, "Papiri demotici dell'epoca imperiale da Tebtynis," *Studi in onore di Aristide Calderini e Roberto Paribeni* (Milan, 1957), 83–85, pl. 2. The date of the latter document is incorrectly understood by Botti; it should be read "Year 16 of Autokrator [... ... ...] Germanicus Dacicus, second month of Akhet, day 1." Hence the emperor in question is Trajan and the document dates to 28 September 112.

40. For brief discussions of *mnḳ md.t*, see J. D. Ray, *The Archive of Ḥor*, EES Texts from Excavations Memoir 2 (London, 1976), 79–80; M. Smith, *Papyrus Harkness (MMA 31.9.7)* (Oxford, 2005), 183.

41. O. Hor 19 and 21: Ray, *The Archive of Ḥor*, 73–80, 81–84, pls. 21, 23.

The House-of-concluding-affairs is mentioned again in the following line. Whether or not the councillor priests are concerned with temple rations in the present text is impossible to say, but it is by no means unlikely that the episode might concern the misappropriation of rations intended for a priest or perhaps a divine animal. Given that the context is lost, the nature of the plants or fruits mentioned in the last surviving line must also remain obscure, although they too could be related to a matter of rations.

Archaeological Context

The photograph of the demotic fragment carries the annotation "29/132*/R" which indicates that the papyrus was found in 1929 within Building 132 and that it was registered as object no. 18 ("R").[42] Building 132 (which should not be confused with B132 and C132) is located in quadrant H-11 and was a top level house built upon the debris that covered the walls of the later phase of the large granary building C123 below. More specifically, the house was built over the south-western entrance to the granary (labelled C146) and the southern end of the inner courtyard.[43]

A number of papyri and ostraca, as well as other objects, were found in the debris of this house during excavations in 1929 and 1930, including P. Mich. inv. 5637–5641 and 5764–5774, mainly of the second and third century AD, and O. Mich. inv. 9287–9295, mainly of the third and fourth century AD. The Greek papyri include documents from the archives of Gaius Iulius Sabinus and his son Gaius Iulius Apollinarius and of Satabous son of Pnepheros and his family, which span the period from the late first into the second century AD. The bulk of these two archives were found deeper below, in the granary building C123, and so the locus designated "132*" must involve some disturbance in the archaeological record. The same might be indicated by the fact that the texts found here cover a period of more than two centuries, unless, of course, the area simply served as a dump.

As far as I have been able to ascertain, P. Mich. inv. 5641a is the only demotic item found in Building 132. At least two Greek literary texts were also discovered in this building. A small unpublished mythological fragment about Phaethon seems to have been found directly with the demotic fragment, since it has the same excavation number (P. Mich. inv. 5640, exc. 29/132*/Q), while some fragments of Aesop's fables were recovered the following year (P. Mich. inv. 5771, exc. 30/132*/YII).[44] Whether the demotic text may have belonged to the same individual as either of these texts or any of the other documents found here or in the granary below is hardly possible to determine. It is probably mere coincidence that both P. Mich. inv. 5640 and 5641a mention the sun-god; Phaethon is the son of Helios, who is also explicitly mentioned once, whereas priests of Re play some role in the demotic fragment.

The hieratic onomasticon P. Mich. inv. 5796, for its part, was found in Building B224. This building was also located in quadrant H-11, about 50 metres south of Building 132; it was constructed on the ten-meter-wide, stone-paved dromos labelled Street CS190 which it effectively blocked.[45] Peter van Minnen identifies the building as a house and argues, with reference to a document concerning the circumcision of the orphaned son of an Egyptian priest, that it may have belonged to the priestly family in question. A number of Greek literary fragments have been associated with this building, including "Demosthenes, Herodotus, Plato, and a historical text dealing with the fourth-century political figure of Theramenes," and van Minnen cautiously concludes that "Apparently these

42. The asterisk indicates that a specific location or locus is described in the excavation records.

43. Cf. E. E. Peterson, *The Architecture and Topography of Karanis*, unpublished manuscript, 1973–draft, 623. For a map indicating the location of the house, see E. M. Husselman, *Karanis Excavations of the University of Michigan in Egypt 1928–1935: Topography and Architecture* (Ann Arbor, 1979), Map 19, Section H 11.

44. I owe the identification of the nature of P. Mich. inv. 5640 to Graham Claytor who points out that Phaethon is mentioned in ll. 2 and 14, the vocative πάτερ in l. 3, and ηλιο[in l. 16 (email of 2 May 2014).

45. Peterson, *The Architecture and Topography of Karanis*, 19, 54, 777. For a map indicating the location of the house, see Husselman, *Karanis Excavations of the University of Michigan in Egypt 1928–1935*, Map 15, Section H 11.

Egyptian priests were in the habit of receiving a Greek education and owning various works of Greek literature."[46] The demotic text here edited could derive from a similar social context; in principle it might even have belonged to some member of the family of the above-mentioned Egyptian priest and later have been dumped at the nearby location where it was found, although this can remain nothing more than a vague possibility.

Addendum: Mythological Narrative

P. Mich. inv. 6794c	Unknown	Second century AD
Plate 23	h. 5.7 × w. 3.3 cm	Recto; verso blank

The inventory provides the following information about the papyrus: "Purchased by E. Peterson. Arrived at the University of Michigan in April, 1935." Enoch Peterson was the field director of the Michigan Archaeological Expedition which carried out its planned, final season at Karanis in 1935, when this fragment was acquired. It is, unfortunately, not stated where the papyrus was acquired; whether in the Fayum or elsewhere. The hand is different from those at Tebtunis, but a Fayumic origin is not unlikely since the bulk of the material that appeared on the market at this time came from here. The fragment seems to belong to the upper part of the papyrus.

Transliteration

1 ---] ... *wty* ⸢*p*ꜣ⸣ [---
2 ---] *nty-i͗w Wsi͗r i͗rm* [---
3 --- *n*ꜣ*y*]⸢*=f*⸣ *25 n i͗ry sn* [---
4 ---] *ḏd* ꜥ*pp* .[---
5 ---] ... [---
- - - - - - - - - -

Translation

1 ---] ..... dispatch [---
2 ---] which Osiris and [---
3 ---] his 25 fellows and brothers [---
4 ---] Apophis said [---
5 ---] ... [---
- - - - - - - - - -

Textual Notes

Line 1. The group preceding *wty* resembles some writings of *pr.t*, the season of *peret*, but the papyrus is partly rubbed.

Line 5. I can offer no reading of the traces.

46. Van Minnen, "Boorish or Bookish?," 133–35.

Discussion

What little text is preserved mentions Osiris and Apophis in a context that suggests the fragment is part of a mythological narrative. The text may well belong to the myth about the battle between Osiris and Apophis in the time before mankind when Osiris ruled as king on earth. The importance of this myth has only become clear in recent years and it is well illustrated by the fact that it is preserved or alluded to in a whole series of manuscripts (unfortunately all very fragmentary) from the Tebtunis temple library.[47]

The central characters in this myth are Osiris Onnophris (also called just Osiris), his spouse Isis, and their opponent Apophis who is designated "the chief of the East" (*pꜣ wr iꜣbt*), alongside Pshay and other deities. As far as the geographical setting is concerned, Bactria plays a central role, possibly symbolizing the end of the known world, which would indicate that the extant versions of these texts were created in the wake of Alexander's expeditions.[48]

For convenience, the following table lists those texts from the temple library that have so far been identified as relevant to this myth and marks the occurrences of the keywords just cited. Most of the texts are unpublished and the information in the table may be incomplete, but it will suffice to give an impression of the number of attestations and hence, one may assume, its importance.[49]

Table 1. Texts from the Tebtunis temple library relevant to the Battle between Osiris and Apophis

Texts	Attestations of selected keywords						
	Osiris	Osiris Onnophris	Isis	Apophis	Chief of the East	Pshay	Bactria
Praise of Isis (2 copies)[50]	x	x	x	x	x	?	
Isis, Thoth and Arian in search of Osiris (2 copies)[51]	x	x	x	x	x	x	x
Inaros Epic (4 copies)[52]	x	x	x	x	x		x
P. Carlsberg 460[53]	x	x		x		x	x
P. Carlsberg 643[54]	x	x		x		x	
P. Carlsberg 458[55]	x	x	x	x	x	x	x

The "Praise of Isis" seems only to allude to the myth, while a short version is narrated within the context of *The Inaros Epic*. In the latter, it apparently provides a mythological precedent to the story of Inaros' own struggles; the

47. For some preliminary remarks on the myth, based on two text editions currently in press, see J. F. Quack, "Ein Lobpreis der Isis," in Ryholt (ed.), *Demotic Literature from Tebtunis and Beyond*, in press, and idem, "Isis, Thot und Arian."

48. K. Ryholt, "*Imitatio alexandri* in Egyptian Literary Tradition," in T. Whitmarsh (ed.), *The Romance between Greece and the East* (Cambridge, 2013), 63.

49. The bulk of the last three manuscripts is housed in the Papyrus Carlsberg Collection; there are further fragments of all four texts in other collections, but only the Carlsberg inventory numbers are here listed.

50. J. F. Quack, "Ein Lobpreis der Isis," in Ryholt (ed.), *Demotic Literature from Tebtunis and Beyond*, in press.

51. J. F. Quack, "Isis, Thot und Arian auf der Suche nach Osiris", in Ryholt (ed.), *Demotic Literature from Tebtunis and Beyond*, in press.

52. Publication in preparation by Kim Ryholt.

53. H. Kockelmann, "Gods at War: Two Demotic Mythological Narratives in the Carlsberg Papyrus Collection, Copenhagen (PC 460 and PC 284)," in M. Depauw and Y. Broux (eds.), *Acts of the Tenth International Congress of Demotic Studies*, OLA 231 (Leuven, 2014), 115–25.

54. Publication in preparation by Joachim Quack.

55. Publication in preparation by Kim Ryholt. This papyrus was earlier believed to belong to the mythological section of the Inaros Epic, but I am no longer convinced that this is the case.

Egyptian hero later fights a terrible griffin, which is first said to measure 120 cubits in length (like Apophis according to a contemporary inscription at the temple of Esna) and later explicitly described as "the divine image of the chief of the East, Apophis," while Inaros for his part is compared to Horus, the Great of Might.[56] Some of the other texts seem to represent fuller versions of the myth, but the exact relationship betweeen the texts as a whole remains to be determined, as does the possibility that the small Michigan fragment might preserve a few words from one of these versions of the myth.

56. Cf. in brief K. Ryholt, "The Assyrian Invasion of Egypt in Egyptian Literary Tradition," in J. G. Dercksen (ed.), *Assyria and Beyond: Studies Presented to Mogens Trolle Larsen*, Uitgaven van het Nederlands Instituut voor het Nabije Oosten te Leiden 100 (Leiden, 2004), 494; for a partial translation of the episode, based on the work of Giuseppe Botti and Aksel Volten, see E. Bresciani, "La corazza di Inaro era fatta con la pelle del grifone del Mar Rosso," *EVO* 13 (1990), 103–7.

Retrograde Writing in Ancient Egyptian Inscriptions

R. S. Simpson (Oxford)

Retrograde writing is the term used for hieroglyphic writing in which the individual hieroglyphs face towards the end of the text, instead of towards the beginning as in normal (prograde) writing; this type of format occurs most often in text written in vertical columns. It is a fairly standard feature of religious texts written on papyrus,[1] including ritual texts and most Book of the Dead manuscripts (although not all: the BD papyrus of Nakht, BM EA 10471, is arranged prograde, for example,[2] as is most of the papyrus of Qenna, Leiden T2, Naville's La[3]). Retrograde writing is rather rarer in inscriptions, however, whether religious or not. The most extensive treatment of retrograde writing in inscriptions is by Henry Fischer;[4] however, it concentrates on cases where individual phrases or sections of text have retrograde format, not on relatively long texts written retrograde in their entirety, which is what will be considered here. Another important contribution, by Florence Mauric-Barberio,[5] examines the use and effects of retrograde writing in the specific context of the underworld books inscribed in royal tombs of the New Kingdom. In the hope of shedding further light on the matter I will here examine the phenomenon of retrograde format as manifested in the inscribed versions of a text which will be familiar to Mark Smith since it is regularly read as part of the Egyptology syllabus at Oxford, namely the royal sunrise text first edited in 1970 by Jan Assmann[6] and most recently by Janusz Karkowski.[7]

The sunrise text is interesting to study with regard to the matter of retrograde writing because it is attested in several different copies spread over a long period of time (from the Eighteenth Dynasty to the end of the pharaonic period), in various different contexts (royal mortuary temple, royal sarcophagus, private tomb, nonmortuary temple), and occurs in both retrograde and prograde format. I will deal here only with examples preserved in inscriptions, which I list below, in chronological order, each item being identified by an extended version of the code letters first used by Assmann; Karkowski's equivalents are given in square brackets. The footnotes do not supply full bibliographies but are intended to indicate the best reproductions of the decorative schemes in which the texts are found (best, that is, for the purposes of this type of comparison).

1. See H. Altenmüller, "Zum Beschriftungssystem bei religiösen Texten," in W. Voigt (ed.), *XVII. Deutscher Orientalistentag*, *ZDMG* Suppl. 1 (Würzburg, 1969), 58–67.

2. See A. W. Shorter, *Catalogue of Egyptian religious papyri in the British Museum: Copies of the Book pr(t)-m-hrw from the XVIIIth to the XXIInd Dynasty*, CBD 1 (London, 1938), 12 with pl. 7.

3. See facsimile in C. Leemans, *Aegyptische Monumenten van het Nederlandsche Museum van Oudheden te Leiden*. Vol. 3: *Monumenten behoorende tot de Graven* (Leiden, 1867?), section T2.

4. H. G. Fischer, *L'écriture et l'art de l'Égypte ancienne: Quatre leçons sur la paléographie et l'épigraphie pharaoniques*, Collège de France, Essais et Conférences (Paris, 1986), esp. 105–30.

5. "Copie de textes à l'envers dans les tombes royales," in G. Andreu (ed.), *Deir el-Médineh et la Vallée des Rois: La vie en Égypte au temps des pharaons du Nouvel Empire*, Louvre, conférences et colloques (Paris, 2003), 173–94.

6. In *Der König als Sonnenpriester*, ADAIK 7 (Glückstadt, 1970); as a result the piece is often referred to as the sun-priest text.

7. In *Deir el-Bahari*, VI: *The Temple of Hatshepsut: The Solar Complex* (Warsaw, 2003), 180–211, as text 6.

H [H]: Deir el-Bahari, mortuary temple of Hatshepsut, southern half of east wall of room VI ("Night-sun chapel")[8]

B [AIII]: Luxor temple, east wall (overflowing onto north wall) of room XVII, top register (Amenophis III)[9]

C [RIII]: Medinet Habu, eastern half of south wall of "room" 18 (in fact a mostly open court) (Ramesses III)[10]

E [Tj]: tomb of Tjaynefer (TT 158), left (south) reveal of entrance doorway (*temp.* Ramesses III?)[11]

F [T]: "Edifice of Taharqa" at Karnak, eastern half of south wall of room D (in the terminology used by Parker, Leclant, and Goyon; room III in the Temple of Re-Harakhty, in the terminology of the *Topographical Bibliography*).[12]

G [Pd]: tomb of Pedamenemopet (TT 33), southern half of east wall of hall I (Twenty-Sixth Dynasty)[13]

J and K [An and As]: Nuri pyramids nos. 6 and 8, of the Nubian kings Anlamani[14] and his successor Aspelta,[15] exterior surface of sarcophagus lids (both *contemp.* Twenty-Sixth Dynasty)

L [Sh]: tomb of Sheshonq (TT 27), north wall of forecourt (Twenty-Sixth Dynasty, *temp.* Apries/Amasis)[16]

M [Pa]: tomb of Pasherientaisu (Saqqara, BN 2), exterior face of left (south) entrance jamb (Thirtieth Dynasty or early Ptolemaic)[17]

Some of these versions of the sunrise text are accompanied by a parallel section of decoration that includes a sunset text, with the orientation of which they can be compared. In H, B, F, and M the corresponding sunset text is a formula[18] found only as a companion to the royal sunrise text, the two together forming what Karkowski has termed a "theological treatise"[19] (previously—at a time when the sunset part was still unedited—he had used the term "cosmographical text" for the sunrise part[20]). It is possible that some of the other versions originally included the same sunset text before the latter was lost through damage to the relevant surfaces. Instead of this special royal sunset text, the sunrise text in J and K is paralleled by part of a sunset hymn (chap. 15h–i) from the later recension of the Book of the Dead; this, however, can be used in just the same way for studying the format of the writing. The surviving copies of the royal sunset text occur in the following positions, in the same rooms (etc.) as their corresponding sunrise text:

8. Karkowski, *Solar Complex*, pls. 34, 37, 39.

9. H. Brunner, *Die südlichen Räume des Tempels von Luxor*, AV 18 (Mainz, 1977), pls. 16, 65, 66, 75 (pls. 75 + 65 are reprinted by M. C. Betrò, *I testi solari del portale di Pascerientaisu (BN 2)*, Saqqara 3 [Pisa, 1989], 88 fig. 4 [designated pl. 41 in error for pl. 65]).

10. *Medinet Habu* 6, OIP 84 (Chicago, 1963), pls. 424/C, 420 (pl. 424/C is reprinted by Betrò, *Testi solari*, 95 fig. 7).

11. K. C. Seele, *The Tomb of Tjanefer at Thebes*, OIP 86 (Chicago, 1959), pl. 10.

12. R. A. Parker, J. Leclant, and J.-C. Goyon, *The Edifice of Taharqa by the Sacred Lake of Karnak*, BEStud 8 (Providence and London, 1979), pls. 18A–B, 21 (pl. 18B is reprinted by Betrò, *Testi solari*, 98 fig. 8); PM II^2, 219–20.

13. Assmann, *Sonnenpriester*, 16 fig. 8 (text only, no context published).

14. S. K. Doll, *Texts and Decoration on the Napatan Sarcophagi of Anlamani and Aspelta*, PhD diss. (Brandeis University, 1978), 10 fig. 1 (whole lid), 16 fig. 2 (day barque), 66 fig. 3 (night barque); cf. D. Dunham, *The Royal Cemeteries of Kush*. Vol. 2: *Nuri* (Boston, 1955), pl. 76C (photograph of Anlamani lid from side).

15. Dunham, *Nuri*, 87 fig. 58, also pl. 78B (photograph of Aspelta lid from above).

16. Karkowski, *Solar Complex*, 181 fig. 5 (text only, no context published).

17. Betrò, *Testi solari*, frontispiece (whole doorway), 7 fig. 1 (lintel reliefs).

18. Edited most recently by Karkowski, *Solar Complex*, 167–78, as text 9.

19. *Solar Complex*, 61, 167, 180, etc.

20. "Studies on the Decoration of the Eastern Wall of the Vestibule of Re-Horakhty in Hatshepsut's Temple at Deir el-Bahari," *ET* 9 (1976), 73–77.

H: mortuary temple of Hatshepsut, northern half of east wall of room VI[21]

B: Luxor temple, west wall of room XVII[22]

F: Edifice of Taharqa, western half of north wall of room D[23]

M: tomb of Pasherientaisu, exterior face of right (north) entrance jamb[24]

Of these ten versions, only four (H, B, J, and K) are inscribed in retrograde format; the remainder (C, E, F, G, L, and M—thus including some relatively early examples as well as the latest one) are prograde. This makes it clear that, at least as far as this text is concerned, the use or nonuse of retrograde writing cannot be dependent on the character of the composition as such (for example, as a religious text, a royal text, a "secret" text, or the like), but must arise from some other type of consideration. Nor is such a consideration likely to have much to do with the type of archaeological context from which the extant versions derive, since the provenances are fairly varied, including private tombs, royal burials, royal mortuary temples, and nonmortuary temples (and include Nubia as well as Egypt). On the other hand, since in each case the texts form part of a wider decorative scheme, one likely area to examine in the search for motivations of retrograde writing might be the decorative context and the way in which each version of the text interrelates with other elements of the overall scheme in which it is embedded; it is after all well known that hieroglyphic writing was distinguished by an unusual sensitivity to this kind of interrelation. It will therefore be necessary to examine the decorative context of each version; I will deal with the retrograde ones first.

The oldest surviving version, H, comes from what Karkowski terms a "solar complex," that is, a structure used for sun worship (the term includes both independent structures, such as the Edifice of Taharqa at Karnak, and subsidiary areas of larger structures, such as the Luxor temple and most New Kingdom royal mortuary temples[25]). Only fragments of the text and decorative scheme of H remain but there is enough to allow a convincing reconstruction (Karkowski, *Solar Complex*, pl. 39[26]), of a double scene in which two large figures of the monarch in the centre of the east wall face outwards (back to back), the one on the right (south) making offerings to the day barque of the sun, which is adored by a row of baboons depicted below it. Offerings are shown in front of the monarch's legs, and the sunrise text is inscribed in eleven columns above these. On the left (north) is a parallel scene featuring the night barque adored by a row of anthropoid figures, the main difference apart from this being that the barque faces away from the monarch (and is thus oriented in the same northward direction as the day barque, no doubt to indicate continuation of the same course). The sunset text, also in eleven columns, occupies the space between the monarch and the barque above the offerings and is also inscribed in retrograde direction. In both cases the columns of text are to be read from the centre outwards but the individual hieroglyphs also face outwards.

The next version chronologically is B, which comes from one of the inner chambers of an Amun temple (for overviews of the relevant walls, see Brunner, *Die südlichen Räume*, pls. 16 and 12[27]). In this case the two scenes, corresponding to sunrise and sunset, are not conjoined on one wall but face each other at opposite ends of a room, in each case situated high on the wall above the relevant doorway. In each case the barque is positioned in the centre, above the doorway, and faces north. The day barque (associated with the sunrise text), on the east wall, is adored by a row of baboons beneath it, but the night barque (associated with the sunset text), on the west wall, has no figures

21. Karkowski, *Solar Complex*, pls. 29, 31, 39.

22. Brunner, *Die südlichen Räume*, pls. 12, 41 (pl. 41 is reprinted by Betrò, *Testi solari*, 89 fig. 5 [designated pl. 35 in error for pl. 41]).

23. Parker, Leclant, and Goyon, *Edifice of Taharqa*, pls. 19, 20A–B (pl. 20A is reprinted by Betrò, *Testi solari*, 100 fig. 9).

24. Betrò, *Testi solari*, 52, 54–55 pls. 2–4.

25. Karkowski gives a brief survey of known or suspected examples in *Solar Complex*, 85–88, followed by more detailed descriptions and analyses of individual cases; cf. U. Hölscher, *The Excavation of Medinet Habu*. Vol. 3: *The Mortuary Temple*, part I, OIP 54 (Chicago, 1941), 22–25 with pl. 2; 31.

26. For detailed description, see Karkowski, *Solar Complex*, 157–58, 178–79.

27. For detailed descriptions, see Brunner, *Die südlichen Räume*, 42 scene 30, 35 scene 7 + 69; Karkowski, *Solar Complex*, 108–10.

beneath it, rather two subregisters of anthropoid figures worshipping behind it. In each case the king is shown at the far northern edge of the wall, offering towards the approaching barque; offerings and the relevant sunrise or sunset text occupy the space in between king and barque. The sunrise text[28] occupies fourteen columns between the king and the solar barque, and a further seven above and behind the king; the leftmost three of these overflow "behind" the king onto the north wall round the adjacent corner,[29] but this was probably necessitated by lack of space on the east wall and not part of the original intention, as the parallel sunset text does not overflow in this way; another indication of the *ad hoc* nature of the arrangement is that the overflow columns are included under the sky sign that demarcates the top of the scene proper to that part of the north wall (the sky sign from the east wall does not follow them round the corner). On the west wall the sunset text[30] also occupies fourteen columns between king and barque, but only three further columns, above the king, with no overflow.

The B version of both the sunrise and the sunset text is notable in being not only retrograde itself but demonstrably copied from a retrograde source. This is apparent from the fact that in its extant form it is garbled in a way that could have been caused only by mechanical copying from a retrograde original without allowing for its retrograde format,[31] and without retaining the line breaks of the original; the result is that the texts as they appear in B have in effect been sliced into small chunks which do not appear in their correct order.[32] This garbling is confined to B among the extant versions and has not influenced the transmission of the others. Similar garbling, however, is known in other texts, for example, in both versions of Book of the Dead chap. 180 as they occur in the papyrus of Nebseni,[33] and in sections of the Amduat and the Book of Gates as they appear in royal tombs of the New Kingdom.[34] The reconstructions of the original behind B (which Assmann labelled A) all show varying column heights, which would suggest that the B texts were copied either directly from another (presumably similar) temple scene, or else from an archive copy that took the form of a scene and text arranged together and not just the text by itself.

The final retrograde texts are J and K on the Nubian sarcophagus lids (see Doll, *Texts and Decoration on the Napatan Sarcophagi*, 10, fig. 1 for J/Anlamani,[35] and Dunham, *Nuri*, 87, fig. 58 for K/Aspelta). The decorative scheme that they share is somewhat simpler than that of H and B: the sarcophagus lid is divided into two halves lengthways, with figures and texts arranged so that the median line of the lid is "up" and the outer edge "down"; on each side the upper register shows the king on the viewer's left kneeling and worshipping (without offerings) towards the solar barque at the right; the day barque is shown without any accompaniment of baboons, although the night barque is drawn by jackals. In each case a block of text occupies the fairly long space between king and barque; the sunrise text forms the major portion of the series on the day side (starting at col. 13[36]) and Book of the

28. For line facsimiles, see Assmann, *Sonnenpriester*, 2 fig. 1, and Brunner, *Die südlichen Räume*, pls. 75 (the overflow columns), 65, 66; photographs: *Die südlichen Räume*, pls. 187a–b (these not including the overflow).

29. Forming "scene" 40 in the numbering of Brunner: *Die südlichen Räume*, 44 with pl. 9.

30. For line facsimile see Brunner, *Die südlichen Räume*, pl. 41.

31. I.e., starting from the end in terms of the content, as shown by the fact that the sunrise text overflows at the left side, so those columns which contain the beginning of the text must have been the last ones to be copied.

32. As explained and reconstructed, for the sunrise text, by Assmann, *Sonnenpriester*, 4–6 with fig. 2. The order in which such a garbled text must be read can be very complicated: the sunrise of text of B, for example, begins with the order BDACEHG ... As a result the underlying original can be difficult to recover with certainty, and reconstructions of the exemplar underlying the sunset text of B differ considerably as provided by Betrò (*Testi solari*, 91 fig. 6) and by Karkowski (*Solar Complex*, 166 fig. 3). For general considerations regarding this type of garbling see Mauric-Barberio, "Copie de textes," 181–83.

33. See G. Lapp, *The Papyrus of Nebseni (BM EA 9900)*, CBD 3 (London, 2004), §4.9.4.

34. For examples and discussion see Mauric-Barberio, "Copie de textes," 183–86.

35. Whose decorative scheme can be seen to consist of "somewhat condensed parallels to those on the sarcophagus of Aspelta," as noted by Dunham, *Nuri*, 58.

36. It is preceded by a composition describing "the baboons that announce the sun" (*iꜥnw sryw Rꜥ*) each morning; this baboon text appears next to the baboons in H, and elsewhere in the decoration of the same sites as C (twice) and F. It has been edited most recently by Karkowski, *Solar Complex*, 212–20, as text 7; its presence means that the baboons are represented textually in J and K although they do not appear there visually as they do in H, B, C, E, and F.

Dead chap. 15h–i takes up the whole space on the night side. On both day and night sides of the lid these texts are inscribed in retrograde format, but the short texts in the register beneath them, describing the hours of the day and the night, are prograde.

There are four further inscribed versions of the sunrise text whose decorative schemes have been published, all of which have prograde text; these derive from a variety of decorative contexts but none is exactly parallel with the versions that have retrograde format. The earliest of the prograde versions is C (see *Medinet Habu*, pl. 424C), which comes like H from a solar complex within a royal mortuary temple.[37] Only the bottom edge of the area in question now survives, but there seem to be some similarities in layout with the rather better preserved version F discussed below. From what remains we can see that the scheme of C involved the king facing left—that is, in terms of the layout of the room, towards representations of the sunrise on the east wall (pl. 420).[38] In front of the king are two offering tables, so he was presumably making offerings to the rising sun; behind him are two baboons, also facing left;[39] behind the baboons is the sunrise text, of which only the bottoms of the first seven columns remain, and beyond these the wall is lost (cf. pl. 423). It is possible that the corresponding sunset text was also once included in the decoration of the same room, but the wall surfaces in the areas where one might expect it to occur[40] have not survived.

Version E comes from a Theban private tomb[41] (see Seele, *Tjanefer*, pl. 10); it shows the owner in a gesture of worship facing left (that is, out of the tomb) towards a large statue of Amen-Re (facing right/inwards towards the owner); six columns of text separate them, with further partial columns above the owner and beneath his extended arms; the area behind the owner is lost to damage. Four baboons "float" in front of the god's crown, anchored into the scheme only by their visual attachment to the top of the first column of the main text. The textual item which actually intervenes between the god and the king is in fact a long solar hymn, otherwise unattested;[42] the royal sunrise text itself starts above the tomb owner (at col. 9, with a slightly divergent text *dwꜣ n N Rꜥ m hpw* instead of *ỉw N dwꜣ:f Rꜥ m nhpw*). It then proceeds over his head (and, presumably, originally continued in longer columns down behind him, if the entire sunrise text was originally present in the damaged area, which I see no reason to doubt).

Version F comes from a crypt in a subsidiary solar temple at Karnak (see Parker, Leclant, and Goyon, *Edifice of Taharqa*, pls. 18A–B[43]). This is situated on the south wall of the room and involves two figures of the king, the first making a gesture of worship; behind him are three sub-registers of baboons; behind them the text; and finally comes a table of offerings with another figure of the king, this time making an offering gesture.[44] The sunrise text is probably associated more closely with the second (offering) figure of the king, as it is separated from the first by the baboons, and by analogy with the sunset text which accompanies only one figure (see below), but it is impossible

37. For description see Karkowski, *Solar Complex*, 94–97; Hölscher, *Mortuary Temple*, 15.

38. On this wall at the same level as the sunrise text there is a small scene showing the solar disc raised by Isis and Nephthys, flanked by the baboon text duplicated on each side. A much larger scene in the next register above seems to have shown the transfer of the young sun from the night barque to the day barque by (probably) Hehu and Hauhet (kneeling), but only the very lowest edge of this scene now remains.

39. There were probably one or two higher sub-registers with more baboons above them, as in F.

40. For example, analogy with F would suggest towards the western end of the north wall at the same level as the sunrise text (cf. *Medinet Habu*, pls. 418 and 422 with Parker, Leclant, and Goyon, *Edifice of Taharqa*, pls. 20A and 19).

41. The owner may have been a high priest of Amun, and was certainly of high rank in the priesthood of Amun; see Seele, *Tjanefer*, 5.

42. With the caption *dwꜣ Rꜥ ḫft wbn:f m ꜣḫt ỉꜣbtt nt pt ỉn N*, etc. For this text see J. Zandee, "Prayers to the Sun-God from Theban tombs," *JEOL* 16 (1959–62), 58–59; also J. Assmann, *Sonnenhymnen in thebanischen Gräbern*, Theben 1 (Mainz, 1983), 203–9; idem, *Ägyptische Hymnen und Gebete*, 2nd revised edition, OBO (Freiburg [Switzerland] and Göttingen, 1999), no. 108.

43. For further descriptions see *Edifice*, 37–48; Karkowski, *Solar Complex*, 115–17.

44. What appears to be a small fragment from the top of a very similar scene is preserved on a single block from Karnak (Karkowski, *Solar Complex*, 181 fig. 4); just enough of the text from this version survives to show that it too had prograde format.

to be certain. All these elements face left towards (proximally) a door in the same wall,[45] and (beyond that) the east wall of the room, which includes a large representation of the rising sun in the form of a winged scarab raised by Hehu and Hauhet, kneeling,[46] and the baboon text to the lower right (pl. 21). The sunset text was situated in a roughly complementary position, on the part of the north wall adjacent to the west wall (pl. 20A–B). In this case, however, the layout is somewhat simpler, with only one figure of the king: the text is at the far left of the wall directly against the corner,[47] and to the right there is an offering table and a figure of the king making an offering gesture, much like the second figure of the king associated with the sunrise text. The scene would appear to be directed towards the west wall (pl. 19), the decoration of which is unfortunately mostly lost; however, traces of the solar barque with deities can still be made out in the area near the corner that adjoins the royal sunset text, although the barque-scene does not extend all the way to this corner as part of the text for the first hour of the night intervenes. Matters are complicated here by the fact that the central portion of the north wall is occupied by a representation of the sun-god in a barque, which abuts against the back of the figure of the king making offerings; however, as this figure is turned away from the barque I take it that the part of the wall which it occupies is to be interpreted as a separate scene linked more closely with the decoration on the west wall.

The latest version of the sunrise and sunset texts, here labelled M, comes from a private tomb at Saqqara. The texts are inscribed on the exterior surfaces of the door-jambs of the tomb entrance, that for the sunrise on the left (south) and that for the sunset on the right (north).[48] The decorative scheme is very simple, the jambs, and the part of the lintel block lying directly above the jambs, holding text only, in five very long columns each; the part of the lintel block directly overlying the entrance space is decorated with two parallel scenes (Betrò, *Testi Solari*, 7, fig. 1) facing outwards from the centre line. In each case one figure of the owner, seated receiving offerings from a table, is preceded by another figure of the owner standing in a gesture of worship, over a minimal representation of offerings;[49] the worship is apparently directed towards the top ends of the columns of text (which directly adjoin the figures) but is presumably meant to be understood as directed towards the physical sun, either in the sky outside the tomb in both cases, or else thus in only the sunrise case and in the other inwards towards the night sun, in the underworld as represented by the tomb interior. The jamb texts are read prograde (thus inwards towards the door space and the lintel reliefs).

Two further inscribed versions are known, both from Theban private tombs: G in the tomb of Padiamenemope and L in that of Sheshonq, but although the texts have been published (by Assmann and Karkowski respectively, see list above), and are clearly to be read prograde, I have not been able to find any publications of the associated decorative schemes. It would appear that these are both in poor condition.

Several things become apparent from this brief survey. For one, in all cases the individual hieroglyphs follow the normal convention in being aligned with (that is, oriented in the same direction as) the associated figure of the monarch or tomb owner. Another point is that each evening text, where one is preserved, always has the same format—prograde or retrograde—as its corresponding sunrise text, even when they are located on different walls (and even, in the case of J and K, when a different composition is used for the evening half of the arrangement). Finally, all four cases in which the royal sunrise text and a companion evening text are inscribed in retrograde format are examples of one particular type of decorative scheme, in that they all accompany scenes in which the king offers to the sun-god in a barque and the text in question intervenes; in all other cases, including ones in which the king

45. This door gave access to the ramp that led to the surface and through which (indirect) sunlight might at least notionally be regarded as able to percolate.

46. A very similar scene is included in the area above the day barque in Karkowski's reconstruction of H.

47. There is no doorway in this wall.

48. For the general appearance of the whole doorway, see the photograph used as frontispiece by Betrò, *Testi solari*.

49. Presumably these offerings, unlike the ones on the table, are being made rather than received by Pasherientaisu, although his gesture is not a traditional one of offering.

makes offerings towards a representation of the sun-god which really forms part of a different scene (as in C and F), prograde format is used.

It is not at first glance easy to see quite why the arrangements of this type should receive special treatment with regard to the format of the text, since most of the individual features of these scenes can be paralleled in prograde versions: the placement of the text between the king and the god is paralleled in F (especially in the case of the sunset text) and (implicitly) also in M;[50] the presence of the solar barque is also paralleled in F (with regard to the sunset text); the presence of offerings is paralleled in C, F, and M; the length of the text (in terms of the ratio between its width and its height) is significantly greater in B, J, and K than in the other versions, but this does not really apply to H, where the text areas are not significantly wider than in F (and probably C too). Nevertheless, although degree of separation between the related figures cannot in itself provide the solution to the puzzle of retrograde format of the text, the solution probably does lie in the area of practicality, as may be seen by comparing these scenes with others that involve a separation of king and god by a wide area of text. There does in fact seem to have been a great tolerance for such separations in cases where both figures have text (typically speech) associated with them and therefore the names, so to speak, meet in the middle at a kind of borderline between the areas governed by each figure.[51] However, such is not the case with the solar texts under discussion here: they are not speeches but descriptive passages, one might say extended captions, outlining the relationship between the king (or tomb owner) and the sun-god; they contain not only the name of the former at the beginning, but also a designation for the latter at the end,[52] a designation that I strongly suspect was meant to apply caption-wise to the depiction of the god—in other words these texts are not governed by one figure or the other but link them both into a single representation or scene, however far the two may be separated on the wall. It follows that if the texts of H, B, J, and K had been formatted prograde the name of the king would appear immediately next to the depiction of the sun-god and his barque, while at the same time the phrase describing the god would appear up against the figure of the king. I would judge it very likely that the ancient designers of these reliefs would have wished to avoid such an incongruity if at all possible, and it does not occur in any of the prograde versions.[53] (It must be admitted that in the case of B even with retrograde format the ideal placement of the captions is to some extent spoilt by the garbling of the text, which means that the names of the king and the god do not in fact occur in the first and last columns, and in the sunrise part also by the overflow of the text so that it actually begins on the far side of the king, but these features can hardly have been part of the intended design.)

Incidentally, the structure and function of this pair of texts as just outlined might also supply a clue about their origin: it is easy to see how a scene in which a king is depicted as offering to the sun-god at sunrise or sunset might attract a caption of the type *nsw N dwꜣ:f Rꜥ pr m Ḫpri*; the rest of the text, interpolated either all at once or over

50. And in E, if one takes into account the whole block of writing and not just the sunrise text itself.

51. A good example is provided by the speeches of Hatshepsut and (especially) Amen-Re at the beginning of the Punt reliefs at Deir el-Bahari; for layout see A. Mariette, *Deir el-Bahari: Documents topographiques, historiques et ethnographiques recueillis dans ce temple pendant les fouilles* (Leipzig, 1877), pl. 10; É. Naville, *The Temple of Deir el Bahari*, part III, EEF 16 (London, [1898]), pl. 84.

52. In the case of the sunrise text, *Rꜥ sḏty pr m Ḫpri* "Re, the child who has come forth as Khepri"; the sunset text ends with *Rꜥ pr:f m sktt* "Re when he comes forth in the night-barque."

53. It is instructive in this context to compare another relief from Hatshepsut's temple at Deir el-Bahari, in room III in the suite south of the Upper Court, on the tympanum of the east wall (see Naville, *Deir el Bahari*, part IV, pl. 115). On the left is a representation of the queen worshipping the solar barque, with the goddess of the twelfth hour of the day in front of it; the queen is reciting the text of the hymn for that hour, which is written prograde in the space between queen and goddess. The superficial similarity of the context contrasts with a striking difference in writing format, as compared with the royal sunrise and sunset hymns. I would suggest that the reason is the different distribution of the names: in this other text those of the queen and the sun-god occur more than once, and in fact both names occur at the beginning and at the end of the hymn, whereas the name of the hour-goddess does not occur at all (it is written outside the boundaries of the hymn text in a separate column with the opposite orientation, aligning with the figure of the goddess). Hence in this case the distribution of names relative to the accompanying figures provides no motive to use retrograde format.

time, section by section,[54] might then be inserted into the middle, gradually separating the two figures visually by more and more width of text area, while simultaneously linking them more closely in conceptual terms by elaborating on the nature of their relationship. Whether or not that may be a correct guess as to the history of these texts, it does I think accurately encapsulate their structure and function in the form that they are preserved in H, B, and JK: the beginnings and ends can be seen as captions relating to their respective figures, with the main body of the text slung (so to speak) between them.[55] As the text became used more widely and started to appear in contexts where it did not directly link figures of the king (etc.) and the sun-god, retrograde format was no longer required to avoid mismatchment of captions, and in such cases prograde format, as being the general norm, was adopted; but if the original context was retained retrograde format was also retained. In the case of J and K it was retained for the evening scene even when the original sunset text was replaced by a different one not ending with a designation of the sun-god;[56] this may have been due to the influence of tradition, or of the sunrise half of the scheme, or both.

The pragmatic reasons that I have suggested for the use of retrograde format in some versions of the royal sunrise and sunset texts are related to their unusual nature, and in the specific form outlined here can apply only to them or to texts of a similar type. Nevertheless I believe that the various layouts of these texts would suggest that pragmatic factors of one sort or another should be included in consideration whenever the reason for retrograde format of an inscription is sought.[57] Here I can examine only one other retrograde inscription, an item which also forms part of the Egyptology syllabus at Oxford, namely the well-known self-presentation of Ahmose son of Abana in New Kingdom tomb no. 5 at Elkab. I would guess very few of those who read this work as undergraduates realize that the writing is retrograde, but such is the case.[58] As with the royal sunrise and sunset texts, the motivation for the use of retrograde format here cannot stem from the character of the text itself, as self-presentation is a very well attested genre and almost always has prograde format. Ahmose's words of self-presentation are inscribed in columns on the walls of the main tomb chamber, on the right-hand side from the standpoint of someone entering the tomb, and extend from the small doorway that gives access to a side-chamber, round the corner of the main chamber as far as the main doorway.[59] The self-presentation actually begins with a figure of the tomb owner next to the side doorway, standing facing outwards (that is, towards the main doorway). Since this figure is very large—of the same height as the text columns, occupying virtually the whole height of the wall—and is almost the only figure depicted on that side of the tomb, it attracts the viewer's immediate attention, and I would suggest that any perusal of the writing would be secondary (and was almost certainly expected to be so by the original designer). It follows that the viewer will naturally start "hunting" for the beginning of the text in that area of the tomb, and not at the other end of the inscription, forty columns distant and moreover not even on the same wall, so that there would have been a considerable incentive to place the start of the text next to the image—this would be reinforced by the desire to include the owner's name reasonably close to the image, and following traditional style the self-presentation includes the owner's name at the beginning of the text.[60] Nevertheless, convention dictated that the individual hieroglyphs of the text should be aligned with the image, and the result is that only the use of retrograde writing would allow the text to begin anywhere near the most desirable place. In Ahmose's self-presentation, however, I have not found

54. These texts are easily divisible into neatly demarcated sections.

55. In something like the manner of a suspension bridge, if the analogy does not seem too stretched.

56. That is, BD 15i normally ends with the words *Ỉtmw it nṯrw* "Atum, father of the gods," but these words are not included in the texts of J and K.

57. Compare the similar conclusion, that practical motivations underlie the use of retrograde writing in New Kingdom royal tomb inscriptions, reached by Mauric-Barberio, "Copie de textes," 176–77.

58. For line facsimile see *LD*, Abt. III, pls. 12b–d; photographs: C. Vandersleyen, *Les Guerres d'Amosis, fondateur de la XVIIIe dynastie*, MRE 1 (Brussels, 1971), pls. 2–3.

59. The lists etc. associated with this text, which are situated on the other side of the main doorway, have horizontal format and need not concern us here.

60. *N ḏd:f*, etc., probably to be interpreted as "[This image is] N, saying …"

anything at the end of the text that suggests it would be especially desirable to situate that part near the entrance; therefore it does not provide a direct analogy with the royal sunrise and sunset texts, which unlike most inscriptions, are, so to speak, anchored (or at least anchorable) at both ends.[61]

---

61. NOTE: For the convenience of readers I would like to include a reference to a relevant article that unfortunately did not come to my attention until this article was in proof: V. Angenot, "Le texte en écriture rétrograde de la tombe de Sennefer et les scribes 'montrant du doigt': étude sur les vectorialités," in E. Warmenbol and V. Angenot (eds.), *Thèbes aux 101 portes: Mélanges à la mémoire de Roland Tefnin*, MonAeg 12 (Turnhout, 2010), 11–25.

Thot und der Skarabäus (Papyrus Wien D 6318)

Martin Andreas Stadler (Würzburg)

Der Text, den ich hier zu Ehren des Jubilars erstediere, erinnert an Marks Begleitung und Unterstützung auf meinem Qualifikationsweg, wofür ich ihm zu immerwährendem Dank verpflichtet bin: Papyrus Wien D 6318 (Taf. 24, 25) habe ich erstmals vor gut 15 Jahren in der Papyrussammlung der Österreichischen Nationalbibliothek gesehen, als ich mich dort zu Forschungsarbeiten am pWien D 12006 recto für meine Dissertation aufhielt. Ko-Betreuer dieser Arbeit war Mark, von dessen Expertise und Hilfe während meines Promotionsstudiums ich im akademischen Jahr 1999/2000 in Oxford sehr profitierte. Der Papyrus bringt mich außerdem zum Skarabäus zurück, mit dem ich mich, durch die Lektüre des pHarkness mit Mark während meines Masterstudiums in Oxford 1997/98 angeregt, als osirianischem Symbol beschäftigt habe,[1] und verknüpft diesen mit Thot. Mark war dann wieder Gutachter meiner Habilitationsschrift über Thot.

Erhaltungszustand, Sprache und Datierung

Papyrus Wien D 6318 ist ein Fragment vom unteren Rand einer Papyrusrolle.[2] Unter der letzten der 10 unvollständig erhaltenen Zeilen sind die Reste einer doppelten Rahmenlinie zu erkennen, für die der bislang älteste bekannte Beleg in einem demotischen Papyrus der pWien D 6951 ist, der aufgrund seines Kolophons spätestens im Jahr 8 v. Chr. geschrieben war.[3] In hieratischen Papyri waren die doppelten Rahmenlinien bereits seit längerem gängige Praxis. Das Material ist ein helles Ocker, von dem sich die Schrift schön klar und deutlich abhebt, die sich auf dem papyrologischen Recto befindet. Das Verso ist unbeschriftet.

Am Papyrus war eine wohl neuzeitliche (Fehl-)Restaurierung zu einem unbestimmten Zeitpunkt vorgenommen worden, in deren Zuge ein kleineres Fragment hinter das größere geklebt war. So waren die Zeichen des kleineren Fragments durch die Löcher des größeren zu sehen, standen merkwürdig zwischen den Zeilen und fügten sich nicht zu Wörtern zusammen. Die Papyrusrestauratorin der Papyrussammlung der Österreichischen Nationalbibliothek, Frau Andrea Donau, hat sich auf meine Bitte sogleich dieses Stückes angenommen und die (nicht von ihr zu verantwortende) Fehlrestaurierung im Januar 2014 rückgängig gemacht. Damit lagen nun drei Stücke

1. Mark war hier eine große moralische Unterstützung, mich dem Widerstand gegen den daraus hervorgegangenen Aufsatz (M. A. Stadler, „Der Skarabäus als osirianisches Symbol vornehmlich nach spätzeitlichen Quellen", *ZÄS* 128 [2001], 71–83) entgegenzustellen.

2. Dank sei Herrn Abd-el-Gawad Migahid gesagt, zu meinen Gunsten auf die für ihn seit langem eingetragenen Publikationsrechte verzichtet zu haben, dem Leiter der Wiener Papyrussammlung, Bernhard Palme, diese mir einzuräumen, Herrn Joachim Friedrich Quack, seine zeitgleich mit meiner Anfrage signalisierten Interessen an diesem Stück einstweilen zurückzustellen, und Herrn Günter Vittmann für eine Reihe wertvoller Hinweise. Die Papyrusrestauratorin der Sammlung, Frau Andrea Donau, hat meine Restaurierungswünsche prompt und gewohnt professionell erfüllt, und Frau Sandra Hodeček, die für die Digitalisierung in Wien zuständig ist, das Digitalisat umgehend angefertigt und mir zukommen lassen.

3. K.-T. Zauzich, „Der Schreiber der Weissagung des Lammes", *Enchoria* 6 (1976), 127–28. F. Hoffmann, „Die Hymnensammlung des P. Wien D6951", in K. Ryholt (Hg.), *Acts of the Seventh International Conference of Demotic Studies: Copenhagen, 23–27 August 1999*, CNI Publications 27 (Copenhagen, 2002), 219–28.

vor: das große, das kleinere und das kleinste Fragmente. Letzteres läßt sich jedoch an den unteren Rand verorten und mit dem großen Stück verbinden, weshalb es im folgenden nicht mehr eigenständig betrachtet werden soll. Das kleinere Fragment (Frag. I, 5,9 cm hoch und 3,2 cm breit), dessen Faserverlauf laut Frau Donau „perfekt" zu dem des größeren (Frag. II, 9,9 cm hoch und 12,9 cm breit) paßt, erwies sich als von einem rechten Rand einer Kolumne stammend. Unter der Annahme, beide gehören mehr oder weniger unmittelbar zusammen und die Schrift wirke nur durch die Tränkung mit Klebstoff im Zuge der neuzeitlichen Fehlrestaurierung kräftiger und dunkler – wesentlich dicker sind die Linien nicht – scheint aufgrund der Zeilenabstände auf der vertikalen Achse nur eine Lokalisierung möglich zu sein, und zwar zwischen den Zeilen x+3 und x+8. Frag. I zeigt jedoch Spuren einer Vorgängerbeschriftung, von der Rubren in für mich nicht mehr lesbaren Spuren erhalten geblieben sind und die auf Frag. I nicht zu erkennen sind. Vermutlich joinen beide Fragmente nicht direkt, denn verbände man sie miteinander, käme in Zeile x+6 das fragliche *nn iw* von Frag. I so nah an *Ḏḥwty*, mit dem Frag. II hier beginnt, daß kaum ein Abstand zwischen beiden Wörtern bliebe. Der Schreiber hat aber in den meisten Fällen kleinere Spatien gesetzt, um Wortgrenzen deutlich zu machen. Es ist deshalb grundsätzlich fraglich, ob beide Fragmente zur selben Kolumne oder gar zum selben Papyrus gehören, wofür allerdings die recht, wenngleich nicht völlig ähnliche Schrift spricht. In der Transliteration und Übersetzung unten wird wegen dieser Problematik Frag. I eigenständig behandelt.

Die Schrift ist sehr gleichmäßig und streng ausgeführt mit einer klaren Betonung der Horizontalen. Auffällig ist die Vorliebe für Füllpunkte insbesondere unter horizontalen Zeichen, aber auch unter dem *t* von *šr.t* in den Zeilen x+2 und 7, wo der Füllpunkt eher ein kleiner Füllstrich ist. Der Schriftcharakter erinnert an die „verdeutlichenden Abschriften" der Textproben aus dem pWien D 6951, die Hoffmann gibt und die er ausdrücklich keine Facsimilia nennt.[4] Auch wenn der pWien D 6951 noch nicht publiziert ist und daher die wissenschaftliche Öffentlichkeit meine Aussage nur ungefähr anhand des Vorberichts von Hoffmann nachvollziehen kann, so vermag ich aus eigener Kenntnis des pWien D 6951 zu sagen, daß sich der Duktus dieses Papyrus und des hier bearbeiteten pWien D 6318 ähneln. PWien D 6951 ist durch die Usurpation seitens Chetebas, des Sohnes des Heriu des Jüngeren und der Cheteba der Älteren, und durch unser Wissen um Cheteba als Bewohner von Dimê in seiner Provenienz, trotz der für Dimê nicht sonderlich typischen Handschrift abgesichert.[5] Dasselbe könnte auch für pWien D 6318 gelten, für den es sonst keine eindeutigen Hinweise auf seine Herkunft gibt. Für einen im Fayum geschriebenen Papyrus wäre ein deutlicherer Lambdazismus zu erwarten, aber der geringe Textbestand des pWien D 6318 erlaubt hierüber keine abschließenden Aussagen, und religiöse Texte aus dem Fayum wirken ohnehin davon weniger betroffen als literarische. Aufgrund der vorgenannten Ähnlichkeiten mit dem anderen Wiener Papyrus würde ich auch für pWien D 6318 eine Datierung in das späte 1. Jahrhundert v. Chr., also die Anfänge der römischen Kaiserzeit vorschlagen.

Der demotisch geschriebene Text liegt in demotischer Sprache vor. Hier ist auf das Possessivpronomen *pꜣy=k* (bis), das Präsens I *ti=y ir-rḫ* (bis) und die Bildung des *status pronominalis n-im* von (*m* >) *n* zu verweisen, um den indirekten Objektsanschluß nach der Jernstedtschen Regel zu schreiben. Der Autor scheute sich nicht vor dem bestimmten Artikel *pꜣ/tꜣ/nꜣ* und bildet die Relativform des Imperfekts mit *r.wn-⟨nꜣ.w⟩-iw*. Es handelt sich also entweder um eine Übersetzung ins oder Adaptation ans Demotische oder um einen originär demotisch geschriebenen Text.

4. Hoffmann, „Die Hymnensammlung des P. Wien D6951", 220 Anm. 4.

5. Zur Problematik der Fundkomplexe insbesondere in der Wiener Sammlung, zu Dimê als Provenienz und zur Paläographie des Demotischen im kaiserzeitlichen Dimê siehe M. A. Stadler, „Archaeology of Discourse: The Scribal Tradition in the Roman Fayyûm and the House of Life at Dimê", in M. Capasso und P. Davoli (Hgg.), *Soknopaios: The Temple and Worship. Proceedings of the First Round Table of the Centro di Studi Papirologici of Università del Salento, Lecce - October 9th 2013*, Edaphos 1 (Lecce, 2015), 187–232.

Transliteration und Übersetzung

Über die im Fach üblichen Konventionen der Klammersetzungen hinaus sind in der Transliteration an beschädigten Stellen hochgestellt die Determinative angegeben soweit noch erkennbar. Die Determinative sind in der von Hoffmann in seiner *Demotischen Wortliste online* (<http://www.dwl.aegyptologie.lmu.de/det_hinweise.php?det=form#tab> bzw. <http://www.dwl.aegyptologie.lmu.de/det_hinweise.php?det=alph#tab>) eingeführten Weise kodiert. Die Fehlstellen sind in der Transliteration und Übersetzung ungefähr proportional zum Text angegeben, d.h. sie erscheinen in der Transliteration um die Hälfte kürzer als in der grundsätzlich mehr Zeichen umfassenden deutschen Übersetzung.

Frag. I

x+1	]^{SI} [	]..[
x+2	. *?. sḥn* [	..?.. Befehl/Beamter/Darlehensvertrag [
x+3	.*?. wꜥb* [	..?.. Priester [
x+4	*ỉꜣb.t*(?) *nn ỉw*(?) [	Osten (?) ..?.. [
x+6	.*?.* [	..?.. [
x+7	*rmṯ.w l*[	Menschen ..[

Kommentar

x+2–6 Handelt es sich bei den ersten Zeichen um astrologische? Tatsächlich befriedigende Entsprechungen habe ich jedoch nicht gefunden.

x+3 Das erste Zeichen erinnert entfernt an ein *ḥꜣ.t-sp*, vgl. etwa die Kurzschreibungen in den Dime-Ostraka.[6] Wenn das so wäre, dann könnte das folgende eine 2 sein, also „Regierungsjahr 2"?

x+4 Oder ist statt *ỉꜣb.t* vielmehr *n-ỉm=w* zu lesen oder ein Verb im *sḏm=f* mit Suffix =*w* an das sich dann -*n*=*n* anschließt („Sie haben für uns xy gemacht..."")?

x+6 Das Zeichen am Anfang hat gewisse Ähnlichkeiten mit dem für Jupiter im pBerlin P 8279,[7] allerdings stört der unmittelbar folgende hohe Strich. Alternativ wäre auch eine Lesung *sẖ=w* in Erwägung zu ziehen, was aber einem Verständnis des Fragments auch nicht aufhilft. Wenn außerdem beide Fragmente zusammengehören, dann wäre noch auf *sẖ* in II x+6 zu verweisen, das dort ganz anders aussieht und hier die Lesung *sẖ=w* unwahrscheinlich machte.

Frag. II

x+1] *ỉr*(?) ⸢..⸣ [... ... ...]^{Pf} [

x+2] ⸢.⸣ *ỉm* ⸢*n*⸣ *tꜣy=k* ⸢*šr*⸣*.t ꞽIn-Nw.t my* ⸢*ms*⸣*=s my ꜥnḫ nꜣ* ⸢*nt*(?)⸣[

x+3] *tỉ*⸢*=y*⸣ *ỉr-rḫ pꜣy=k sšt pꜣy=k ẖbr n mẖrr* [

x+4]⸢.^{Ei} *ꞽImn*(?)⸣^{Go} *ỉn sy r-r=s pꜣ nt ỉw=k r ỉr=f ỉw=y* ⸢...⸣ *ỉm=s ꜥpp n gs*⸢*m*(?)⸣[

x+5]⸢^{Hs}⸣ *ḥp*(?)

] *m-sꜣ nꜣy ỉr Ḏḥwty mẖrr n bꜣk ꜥ*(?) *ꜥnḫ n sꜣ r ẖ*(.*t*) *tꜣ nṯr.t* [

x+6] *Ḏḥwty r pꜣy=f B*(*ꜣ*)*-nb-Ḏd*(.*t*)

ḥ(*ꜣ*)*.t n tꜣ ẖ.t sẖ r.wn-*⟨*nꜣ.w*⟩*-ỉw=f ꜥš n-ỉm=s ỉw=f ḏ ỉ pꜣy*⸢*=k*⸣[

6. S. L. Lippert und M. Schentuleit, *Ostraka*, DDD 1 (Wiesbaden, 2006), 145 (Glossar).

7. O. Neugebauer, „Demotic Horoscopes", *JAOS* 63 (1943), 128.

x+7] ⌜…⌝ … *sṯy nb iꜣw.t nfr.t im n tꜣy=k šr.t ꞽIn-Nw.t* [
x+8] ⌜*my ṯꜣw*⌝ *n tꜣ šnby nt n* ⌜*ꜣ*⌝*yty ti=y ir-rḫ* ⌜*pꜣ*⌝[*y=k*
x+9] ⌜… *wꜥ.t nḥ*⌝*by pꜣ g*⌜*ꜥy*⌝ *n Pꜣ-Rꜥ iw=f n iꜣw.t nfr*[*.t*
x+10] ⌜*ꜥp*⌝*p n Py*(?) ⌜*g*⌝*e*[Gf]
m-sꜣ nꜣy ir Ḏḥwty pꜣ sš[*t ḫ*]*b*[*r*

x+1] tun(?) …. […………………………………][Pf] [
x+2].. Komme zu deiner Tochter Nut! Lasse sie gebären! Lasse leben die, die(?) [… …! …
x+3] Ich kenne dein geheimes Bild, deine Gestalt eines Skarabäus [
x+4] ..[Ei] Amun(?)[Go]. Ist, sie zu lobpreisen, das, was du machen wirst? Ich werde dort … … Apophis ist in Aufruhr(?) [
x+5] …. versteckt".

Danach machte Thot einen Skarabäus als lebendigen, großen(?) Falken(?) zum Schutz nach Art der Göttin [

x+6] Thot zu/gegen seinem/seinen Widder von Mendes.

Anfang der Abschrift, die er rezitierte, indem er sagte:

„O dein [

x+7] … … … … Flamme (= Entzündung?). Herr des schönen Alters, komme zu deiner Tochter Nut! [
x+8] Gib Luft der Brust, die in Not ist! Ich kenne de[in
x+9] … einen Nacken/eine Schulter, die Form Pres, indem er in einem schönen Alter ist [
x+10] Apophis in Pe(?)". Ein Gefäß.

Danach machte Thot das geheime Bild, (die) [Gest]al[t

Kommentar

x+1 Statt *ir* könnte es sich auch um den Rest von *ḏ* „sagen" oder *m* handeln.

x+2 *ꞽIm* ⌜*n*⌝ *tꜣy=k* ⌜*šr*⌝*.t ꞽIn-Nw.t* kommt nochmals in Z. x+7 vor.

Zu *my ms* 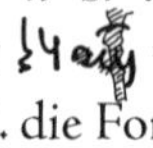 *=s* siehe den mythologisch-inhaltlichen Kommentar.

Nꜣ nt: Vgl. die Form etwa im pWien D 12006 rt. I 4, 12, 13, II 27, III 13, 16, 30, 33, IV ⌜27⌝, 30, VII 7, 16, 25, 27.[8] Insbesondere in dieser Kombination hat *nꜣ* die *n*-Komplementierung, auf die sonst auch verzichtet werden kann. Freilich sind auch andere Lesungen denkbar (z.B. *nꜣy=y*).

x+3 *ꜥpp* am Zeilenanfang ist nicht sicher, weil die Reste des vermeintlichen Schlangendeterminativs eine wesentlich engere und steiler gestellte Wölbung des Schlangenkörpers bedeuteten, insbesondere im Vergleich mit dem Vorkommen in x+4. Das Schlangendeterminativ wird allerdings in den besser erhaltenen Partien bei diesem Wort unterschiedlich geschrieben – in x+4 mit zwei Schlaufen (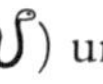) und in x+10 mit nur einer Schlaufe (). Siehe ansonsten den Kommentar zu Zeile x+4.

Ti=y ist eine Schreibung des proklitischen Pronomens *tw=y*, die so bereits frühdemotisch belegt ist und auch im unpublizierten Isis-Hymnus des aus dem kaiserzeitlichen Dimê stammenden pWien D 6297+6329+10101 recto vorkommt, dort *ti=t* „du".[9] Hier ist die Bestimmung als proklitisches Pronomen auch durch die Konstruktion mit folgendem Qualitativ *ir-rḫ* abgesichert.

8. M. A. Stadler, *Isis, das göttliche Kind und die Weltordnung: Neue religiöse Texte aus dem Fayum nach dem Papyrus Wien D. 12006 recto*, MPER NS 28 (Wien, 2004).

9. Zur Schreibung siehe schon Erichsen, *Glossar*, 609. G. Vittmann, *Der demotische Papyrus Rylands 9*, ÄAT 38 (Wiesbaden, 1998), 242. Zum pWien D 6297+6329+10101 recto: M. A. Stadler, „New Light on the Universality of Isis (pVienna D. 6297+6329+10101)", in J. F.

Zu *mḫrr*, dessen Wurzel unklar ist,[10] siehe auch Z. x+5. Die *en passant* geäußerte Vermutung Hoffmanns, der sich fragt, ob das Wort auf älteres *ḫprr* zurückgeht und auch als solches zu lesen ist,[11] und auf mögliche hieratische Vorläufer dafür verweist,[12] ist nicht haltbar. Dem steht sowohl die Form *mwḫrr* des pMagical mit *w* als auch der alphabetisch geordnete, hieratische (!) pCarlsberg 7 II 7entgegen, in dem das Wort für Skarabäus, das  geschrieben ist, in der Sektion *m* steht.[13] Das ist folglich ein Indiz für die Lesung *mḫrr*. Zum vermeintlich hieroglyphischen Beleg für das ansonsten nur demotisch nachgewiesene *mḫrr*, den Minas-Nerpel zitiert, siehe unten. Angesichts einer Reihe metaphorischer Ausdrücke für den Skarabäus, die ebenfalls auf *rr* enden (z.B. *ꜥnḫ-mrr*) und u.U. Vorlage für *mḫrr* sind,[14] greift auch Hoffmanns Ansatz, die gleiche Endung zweier Wörter für dasselbe Phänomen indiziere eine gleiche Lesung, zu kurz.

x+4 *in sy r-r=s...* ist ein Fragesatz in der Form eines Spaltsatzes mit Infinitiv.[15] Zur Schreibung von *sy* siehe die Diskussion des Jubilars.[16]

Iw=y ist hier als neuer Satz mit Futur III aufgefaßt worden. Ohne Parallele oder mehr unbeschädigten Text ist allerdings nicht sicher zu entscheiden, ob es nicht vielmehr ein Circumstantialsatz ist.

Im=s: Oder ist *im* „Komm!“ zu lesen, wobei das Determinativ der laufenden Beinchen sehr verschnörkselt aussähe? Auch *im=s* ist problematisch, weil es ein Archaismus gegenüber dem demotischen *n-im* in x+6 wäre.

ꜥpp n gs⌜*m(?)*⌝: Die Zeichenreste  nach dem klar zu sehenden *gs* lassen nur schwer an ein *m* denken, aber der Sinn würde zu Apophis passen. und ich sehe kein anderes Wort, das mit *gs* beginnt und zu dem sich die Zeichenreste klar fügen.

x+5 Die zunächst von mir erwogene Transliteration ⌜*ḥny*⌝*ḥ*[Sv,Kr] mit Übersetzung „Furcht“ als Variante von *ḥnḥ* ging von der unsicheren Vermutung aus,  sei zu 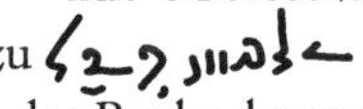 zu ergänzen und als Variante von *ḥnḥ* „fürchten; Furcht“ zu verstehen. Das krankt aber an der Beobachtung, daß das *y* aus der Zeile rutscht und phonetisch nicht zu kopt. ϩⲛⲱϩⲉ paßt, das auf *ḥnḥ* zurückgeht.

Zu dem bemerkenswerten Mythem von Thot als Erschaffer des Skarabäus siehe den mythologischen Kommentar.

Ist *bꜣk* mit der Gruppe für „arbeiten“ – zur Schreibung des *b* vgl. die Form in *nḫby*, x+9 – eine unetymologische Schreibung für *b(ꜣ)k/bik* „Falke“? Zum Skarabäus in Verbindung mit einem Greifvogel vgl. einen der zwölf Namen des als Sonnengott verstandenen Horus: *i iꜣy rnpi-sw [m] tꜣ di ḥꜣy r ꜥ=f n sf b[...].w wty ṯꜣ ḫprr pꜣ ḫpr m bik mi-n=i Rꜥ (...)* „O Greis, der sich verjüngt [in] der Erde, der den Sonnenglanz in seinen gestrigen Zustand versetzt [... ...], der das Küken zeugt, Skarabäus, du, der als Falke entsteht, komm zu mir Re (...)!“[17] Von Horus von Edfu: *pꜣ wr wꜣḏ.ty wꜣḏ mꜣ.wy ṯhn ḥꜥ.w ḫprr šps hp⟨r⟩ m bik ꜥpy r p.t ḥr ꜥ.wy*

Quack und C. Witschel (Hgg.), *Religious Flows in the Roman Empire: The Expansion of Oriental Cults (Isis, Mithras, Iuppiter Dolichenus) from East to West and Back Again*, ORA (Tübingen, im Druck).

10. D. Devauchelle, „L'homme surnommé ‚scarabée‘“, in C. Cannuyer (Hg.), *La langue dans tous ses états: Michel Malaise* in honorem, AOB 17 (Lüttich, 2005), 269–74.

11. Hoffmann, „Die Hymnensammlung des P. Wien D6951“, 228 mit Anm. 35

12. I. E. S. Edwards, *Oracular Amuletic Decrees of the Late New Kingdom*, HPBM 4 (London, 1960), Taf. 40 li. 2 und 43 links 94.

13. E. Iversen, *Papyrus Carlsberg Nr. VII: Fragments of a Hieroglyphic Dictionary*, Historisk-filologiske Skrifter, Kongelige Danske Videnskabernes Selskab 3,2 (Kopenhagen, 1958). J. F. Quack, „Die spätägyptische Alphabetreihenfolge und das ‚südsemitische‘ Alphabet“, *LingAeg* 11 (2003), 164–65. M. Minas-Nerpel, *Der Gott Chepri: Untersuchungen zu Schriftzeugnissen und ikonographischen Quellen vom Alten Reich bis in griechisch-römische Zeit*, OLA 154 (Leuven, 2006), 46–62.

14. Devauchelle, „L'homme surnommé ‚scarabée‘“, 272 mit Anm. 5.

15. J. F. Quack, „Die Konstruktion des Infinitivs in der Cleft-Sentence“, *RdE* 42 (1991), 189–2017. L. Depuydt, „On a Late Egyptian and Demotic Idiom“, *RdE* 45 (1994), 49–73.

16. M. Smith, *The Mortuary Texts of Papyrus BM 10507*, CDPBM 3 (London, 1987), 86. Idem, *Papyrus Harkness (MMA 31.9.7)* (Oxford, 2005), 136, 159–60.

17. pChester Beatty VIII = pBM EA 10688 vs. 11,8. A. H. Gardiner, *Chester Beatty Gift*, HPBM 3 (London, 1935), 75–76, Taf. 47. *i iꜣw*

sn.ty „der Große der beiden Utos, gedeihlich an Strahlen, glänzend an Kronen, der edle Skarabäus, der als Falke entstand und zum Himmel aufflog auf den Armen der Beiden Schwestern".[18] Ferner von Harsomtus: *ḫprr šps ḫp⟨r⟩ m ḏr.ty wbn ꜥnḫ=tw n mꜣꜣ=f* „der edle Skarabäus, der als (Schwarz-)Milan/Falke entsteht, der erscheint, von dessen Anblick man lebt".[19] Als solcher tritt Harsomtus als Schützer auf, wie auch im pWien D 6318 der Schutz dann thematisiert wird. Die beiden letztgenannten Zitate verweisen natürlich auf die Falkenikonographie des Horus bzw. Harsomtus, stellen aber diese in unmittelbare Nähe zu *ḫpr*, weshalb sie von einer engen Beziehung von Käfer und Falke ausgehen mögen.

Das Zeichen  nach 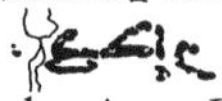 sieht wie ꜥ aus und ist kaum ein Determinativ zum Vorangehenden, etwa ein verkürzter schlagender Arm. Die vorgeschlagene Übersetzung basiert auf der Überlegung, es mit einem wie – und das ist ein Caveat, das mich den Vorschlag nicht mit voller Überzeugung vorbringen läßt – im Frühdemotischen geschriebenen ꜥ(ꜣ) zu tun zu haben.

x+6 Die erste im *CDD b*, 5, nachgewiesene Schreibung (pSaq Sechemchet Z. 11) für *B(ꜣ)-nb-Ḏd(.t)*  weist einige Ähnlichkeit zu der hiesigen Gruppe auf.[20] Vermutlich ist es aber nicht Thots Widder von Mendes, wie es durch die Lückenhaftigkeit suggeriert wird, sondern der einer anderen zuvor, im heute verlorenen Teil genannten Person respektive Gottheit, vermutlich des Sonnengottes, um den es hier geht[21].

x+8 Zu *ti=y* siehe den Kommentar zu x+3.

x+9 Zu *gꜥy* vgl. z.B. die Schreibungen  im pWien D 12006 rt. I 1, 8, VII 14.[22]

x+10 ⌜*g*⌝*e*: Das Wort scheint demotisch erst zweimal belegt zu sein.[23] Was es hier heißen könnte, wird im inhaltlichen Kommentar diskutiert.

m-sꜣ nꜣy … [*ḫ*]*b*[*r*]: Vgl. x+3, allerdings ist es schwierig, alle Zeichen, die in x+3 verwendet wurden, in den zur Verfügung stehenden Platz einzupassen. Doch sind am erhaltenen Ende der Zeile die Reste  allein zu einem *b* zu rekonstruieren wie es in  *ḫbr* oben vorkommt.

„Gestalt annehmen" i.S.v. „sich verwandeln in" wird demotisch *ir ḫbr* also ohne bestimmten Artikel ausgedrückt. Insofern ist die Formulierung *ir pꜣ sšt* mit analogem *sšt* hier als „die geheime Gestalt schaffen" zu verstehen.

---

rnpi-sw [*m*] *tꜣ di ḥꜥy.w r ꜥ=f n sf b tꜣy pꜣ ḫprr ḫpr m bik* (K. Stegbauer in *TLA* – Zugriff am 25.03.2014) ignoriert die Fehlstellen, insofern ist auch die Übersetzung „O Greis, der sich verjüngt in der Erde, der das Leuchten in seinen Zustand von Gestern zurücksetzt, […] männliche [Kinder]. Skarabäus, der zum Falken wird!" hinfällig.

18. *Edfou* I 128, 13.

19. *Dendara* VI 29, 9. S. Cauville, *Dendara V–VI: Traduction*, OLA 131 (Leuven, 2004), 296–97. Zu *ḏr.t*: A. Kucharek, „Isis und Nephthys als *ḏrt*-Vögel", *GM* 218 (2008), 57–62.

20. Siehe auch pLouvre E. 3333: J. D. Ray, „The Complaint of Herieu", *RdE* 29 (1977), 98, Taf. 5, mit der Korrektur von K.-T. Zauzich, „Einige Bemerkungen zu den demot. Papyri Louvre E. 3333 und E. 3334", *Enchoria* 9 (1979), 122, der noch weitere Belege aufführt.

21. Vgl. z.B. der Widder von Mendes als der Lebende des Re (*bꜣ nb Ḏd.t ꜥnḫ Rꜥ*) in der Sonnenlitanei (A. Piankoff, *The Litany of Re*, ERTR 4 [New York, 1964], 105 und 161), im pBremner-Rhind XXV, 23 (R. O. Faulkner, *The Papyrus Bremner-Rhind [British Museum No. 10188]*, BAe 3 [Brüssel, 1933], 55, und ähnlich *Edfou Mammisi* 9, 12). Diese Belege wurden im *LGG* II, 683b–685a irreführend auf zwei Lemmata verteilt.

22. Stadler, *Isis, das göttliche Kind und die Weltordnung*.

23. E. Bresciani, S. Pernigotti und M. C. Betrò, *Ostraka demotici da Narmuti I (nn. 1–33)*, Quaderni di Medinet Madi (Pisa, 1983), 11, 64. PBerlin P. 6848 III 16: T. Dousa, F. Gaudard und J. H. Johnson, „P. Berlin 6848, a Roman Period Temple Inventory", in F. Hoffmann und H. J. Thissen (Hgg.), *Res Severa Verum Gaudium: Festschrift für Karl-Theodor Zauzich zum 65. Geburtstag am 8. Juni 2004*, SD 6 (Leuven, 2004), 178.

Mythologisch-inhaltlicher Kommentar

Der ziemlich fragmentierte Zustand des Papyrus und der folglich geringe Textbestand (v.a. im Verhältnis zum vermutlich ehemals Erhaltenen) lassen den pWien D 6318 nicht unmittelbar zugänglich sein. Aber die daraus erwachsenden Schwierigkeiten dürfen nicht verhindern, die wenigen verbleibenden Indizien zu würdigen und so wenigstens ansatzweise zu einer Bestimmung der Textgattung und damit der Intention des Textes zu kommen. Hier möchte ich dem Vorbild des Jubilars folgen.[24] Vor einem abschließenden Versuch einer inhaltlichen Zusammenfassung sei auf ein mythologisches Einzelproblem eingegangen, das nach meinem besten Wissen durch den pWien D 6318 neu belegt ist, Thot und der Skarabäus. Um jedoch die Dimension dessen zu verstehen, wird im ersten Schritt der Skarabäus als Symbol der Schöpfung untersucht.

Der Skarabäus als Symbol der *generatio spontanea*

Der von Thot geschaffene Skarabäus als Gestalt des Sonnengottes überrascht, denn mit diesem Tier wird die Autogenese des Sonnengottes symbolisiert. Bei der Analyse der Quellen ist allerdings häufig die Unterscheidung zu Chepri schwierig zu treffen. Im *TLA* werden etwa unter dem Lemma *ḫprr* „Käfer" auch Belege ausgegeben, die Chepri meinen oder meinen können, und selbst für die *PT*, die durch Uminterpretationen im Verlauf der Überlieferungsgeschichte am wenigsten verunklart worden sein mögen, übersetzt Allen dort, wo andere Atum-Chepri haben, „Atum Beetle".[25] Aufgrund der Assonanz und der Schreibung des Gottesnamens mit dem Käfer mag darauf zu schließen sein, daß die entsprechende Symbolik mit diesem Tier eng verknüpft ist, auch wenn die Autogenese vordergründig von Chepri ausgesagt wird. Aus den vielen Belegen seit den *PT* seien wenige Beispiele herausgegriffen, um diese Verschränkung zu illustrieren. Auf der in den Übergang von der 18. zur 19. Dynastie datierenden Stele Leiden V 70 heißt es *ind-ḥr=k m 3ḫ.ty Ḫpri*(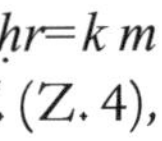)*-pw ḫpr ḏs=f* „Gegrüßt seist du als Horizontischer. Es ist Chepri, der selbst entstand". (Z. 4), um dann den Sonnengott in Z. 8–9 später als *ḫprrw* () *nn rḫ=tw ḏ.t=f* „Skarabäus, dessen Gestalt man nicht kennt" zu bezeichnen.[26] Trotz manch komplizierter Theologisierung dieser Stelle über vermeintlich verklausulierte Kultbildtheologie[27] soll hier doch wohl schlicht die geheimnisvolle Urzeugung, die *generatio spontanea*[28] des Sonnengottes zum Ausdruck gebracht werden, deren Ursprung nicht gänzlich intelligibel zu erfassen ist. Es könnte letztlich als eine Paraphrase für den im pWien D 6318 gebrauchten

24. Meisterhaft: M. Smith, „P. Carlsberg 462: A Fragmentary Account of a Rebellion Against the Sun God", in P. J. Frandsen und K. Ryholt (Hgg.), *A Miscellany of Demotic Texts and Studies*, The Carlsberg Papyri 3 = CNI Publications 22 (Copenhagen, 2000), 95–112.

25. http://aaew.bbaw.de/tla/servlet/TlaLogin – so die Situation bei der Suchanfrage im Februar 2014. Vgl. auch J. P. Allen, *Genesis in Egypt: The Philosophy of Ancient Egyptian Creation Accounts*, YES 2 (New Haven, Conn., 1988), 67 Anm. 63. idem, *The Ancient Egyptian Pyramid Texts* (Leiden, Boston, 2005), z.B. 269. S. Wiebach-Koepke, *Sonnenlauf und kosmische Regeneration: Zur Systematik der Lebensprozesse in den Unterweltsbüchern*, ÄAT 71 (Wiesbaden, 2007), 43–46, meint eine Unterscheidung treffen zu können, schränkt dann aber ihre Regel durch Ausnahmen so stark ein, daß eine Regel nicht mehr erkennbar bleibt. Ebenso zu zuversichtlich differenzieren zu können: D. A. Werning, „Linguistic Dating of the Netherworld Books Attested in the New Kingdom", in G. Moers (Hg.), *Dating Egyptian Literary Texts*, LingAegSM 11 (Hamburg, 2013), 243–44, Anm. 9.

26. P. A. A. Boeser, *Die Denkmäler des Neuen Reiches*, Beschreibung der aegyptischen Sammlung des niederländischen Reichsmuseum der Altertümer in Leiden 6 (Haag, 1913), Taf. XIV Nr. 26. Ähnlich auch *Dendara* II 9, 4, als Gottheit von Pharbaitos, und 271, 3, S. Cauville, *Dendara II: Traduction*, OLA 88 (Leuven, 1999), 26–27, 326–27.

27. Zusammenfassung der in der Literatur dazu geäußerten Meinungen zu dieser Stele bei Minas-Nerpel, *Der Gott Chepri*, 296–97. Die Deutung Chepris als transzendenten Gott, die Minas-Nerpel daran anschließt, scheint mir eher Ausdruck einer modernen Persönlichen Frömmigkeit der Autorin ihrem Untersuchungsgegenstand gegenüber zu sein als die altägyptische Glaubensrealität zu treffen, denn sie übergeht, daß es in diesem Hymnus primär um Re geht. Chepri ist hier lediglich eine Erscheinungsform Res, und ihm wächst die Transzendenz insofern allenfalls mittelbar zu.

28. Zu dem Begriff und einer kurzen Geschichte der damit verbundenen Vorstellung: D. N. Hasse, *Urzeugung und Weltbild: Aristoteles – Ibn Ruschd – Pasteur* (Hildesheim, Zürich, New York, 2006).

demotischen Begriff *sšt* genommen werden. Freilich läßt sich auch in die umgekehrte Richtung argumentiert werden, *sšt* sei ein voraussetzungsreiches Wort, das eben diese Kultbildtheologie beinhalte.

In der südlichen Krypte Nr. 2 von Dendera überreicht der König an Harsomtus ein Pektoral mit einem geflügelten Skarabäus darauf.[29] Es dürfte kein Zufall sein, wenn dazu der König äußert: *ꜥbb nṯry twꜣ⟨=i⟩-s⟨w⟩ m ḥr=k ḫwi=f ḏ.t=k r ḏw sštꜣ n kꜣ=k m irw=k n Ḫpri pri m Nww r nn.t* „Der geflügelte göttliche Skarabäus, ⟨ich⟩ erhebe ihn zu deinem Angesicht, damit er deinen Körper schütze vor Übel, die Gestalt deines Kas als deine Form des Chepri, der aus dem Nun zum (Gegen)himmel hervorkommt".[30] Der Konnex Skarabäus–Chepri besteht also offenbar auch jenseits der Assonanz mit *ḫprr* im Ägyptischen,[31] und der König bedient sich der Wurzel *sštꜣ* = demotisches *sšt*, um die Käfergestalt zu bezeichnen. Weiterhin in Dendera findet sich eine Formulierung auf Horus von Edfu bezogen, der in seiner Gestalt als Chepri aufgeht (*wbn=f m sštꜣ=f m Ḫpri*), von dessen Anblick die Götter leben,[32] was recht ähnlich auch in dem unten zitierten *Edfou* II 41, 11–13, mit *ḫprr šps* zu finden ist. Die Zusammenschau solcher Stellen läßt *ḫprr* und *Ḫpri* nur schwer voneinander trennen.

Wie dem auch sei, die zahlreichen Belege z.B. in Edfu, in denen Horus von Edfu der *ḫprr šps* „edle Skarabäus" ist und die dieses Epitheton direkt mit dem Hervorkommen aus der Urflut[33] und der Bezeichnung *iti nṯr.w* „Vater der Götter"[34] oder dem Entstehen als erster Gott (*ḫprr šps ḫpr m nṯr dpy*) verknüpfen,[35] sind doch wohl als Metapher für das sich dem menschlichen Verstehen entziehende Entstehen des Urgottes gemeint, denn Horus von Edfu erfüllt hier die Rolle des kosmischen Hochgottes, wie etwa in:

Ḥr Bḥd.t šnb.t⟨y⟩ sꜣb šw.ty wbn ꜥnḫ=tw m mꜣꜣ=f ḫprr šps iti nṯr.w ḫp⟨r⟩ ḏs=f iwty msw.t=f
ꜥpy nbi.tw-sw ḏs=f pꜣw.t⟨y⟩ ḫp⟨r⟩ m ḥꜣ.t nṯr.w (…)

> „Horus von Edfu, Falke, Buntgefiederter, Erscheinender, von dessen Anblick man lebt, edler Skarabäus, Vater der Götter, der selbst entstand, dessen Geburt es nicht gibt,
> geflügelter Skarabäus, der sich selbst gebildet hat, Urzeitlicher, der vor den Göttern entstanden ist (…)"[36]

Dem lassen sich weitere Belege zur Seite stellen.[37]

Wie sich die Begrifflichkeiten *ꜥbb/ꜥpp/ꜥpy* und *ḫprr* zueinander verhalten, ist aufgrund der Befundsituation undeutlich: Mag *grosso modo* der Eindruck zutreffend sein, *ꜥbb/ꜥpp/ꜥpy* bezeichne den göttlichen Käfer, während *ḫprr* eher ein biologischer Begriff sei,[38] scheinen für manche Ägypter des 4. Jahrhunderts v. Chr. (und vermutlich auch später) *ꜥpy* und *ḫprr* fast synonym gewesen zu sein, wie die spätneuägyptische Übersetzung des pBM EA 10252 vermuten läßt. Dort wird die Autogenese des edlen Skarabäus mittelägyptisch *ꜥpy šps bsi-sw ḏs=f* und

29. *Dendara* VI, Taf. 80.
30. *Dendara* VI 33, 16–34, 1. Cauville, *Dendara V–VI*, I 302–3.
31. Zu *ꜥbb* (und Varr.) vs. *ḫprr* siehe noch unten.
32. *Dendara* IV 28, 6 und 8. S. Cauville, *Dendara IV. Traduction*, OLA 101 (Leuven, 2001), 74–75.
33. *Edfou* III 12–13; 110, 2; VI 334, 2–3. Ähnlich auch von Chepri: *Edfou* I 146, 16–17.
34. *Edfou* I 161, 6–7; 529, 7–8; II 79, 1–2.
35. *Edfou* VII 302, 10.
36. *Edfou* II 41, 11–13. Ähnlich *Edfou* I 529, 7–8.
37. Etwa *Edfou* IV 376, 4–5. In der Datenbank SERaT (http://www.serat.aegyptologie.uni-wuerzburg.de/cgi-bin/serat/, Szenennummer 900695, aufgerufen im Februar 2014) wird 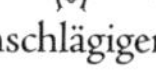 vermutlich fälschlich *ḫprr* statt *ꜥbb/ꜥpp/ꜥpy* gelesen.  ist dort *pri* gelesen, was vermutlich falsch ist, statt *wbn* – siehe die einschlägigen Zeichenlisten, vgl. dazu auch die Verbindung *wbn* () *m nn.t* z.B. in *Edfou* III 110, 2.
38. So D. Meeks, *Mythes et légendes du Delta d'après le papyrus Brooklyn 47.218.84*, MIFAO 125 (Le Caire, 2006), 147–48.

spätneuägyptisch *nt=k p3 ḫprr* ( ) *šps i.iry ḫpr ḥ*ˁ*.w=f* , wenn nicht gar *nt=k p3 mḫrr šps i.iry ḫpr ḥ*ˁ*.w=f,*[39] ausgedrückt,[40] wie auch die hieratische Fassung des pRhind I *i*ˁ*bb* = ˁ*py* dem *mḫrr* (und damit dem demotischen Nachfolgewort von *ḫprr*) in der demotischen Übersetzung gegenübersteht[41]. Was in Edfu geschrieben ist, kann – ebenfalls von Horus von Edfu – z.B. in Dendera aussehen und insofern *ḫprr* zu lesen sein.[42] Da der Skarabäus als Ergebnis und somit Symbol der *generatio spontanea* ein Bild der Schöpfung ist[43] und diese Schöpfung sich geschlechtlich fortpflanzt, wird ihm folglich zugeschrieben, das geschlechtliche Verlangen (*nḏmnḏm*) geschaffen zu haben, das es vor ihm also nicht gegeben hat, ja nicht geben konnte.[44]

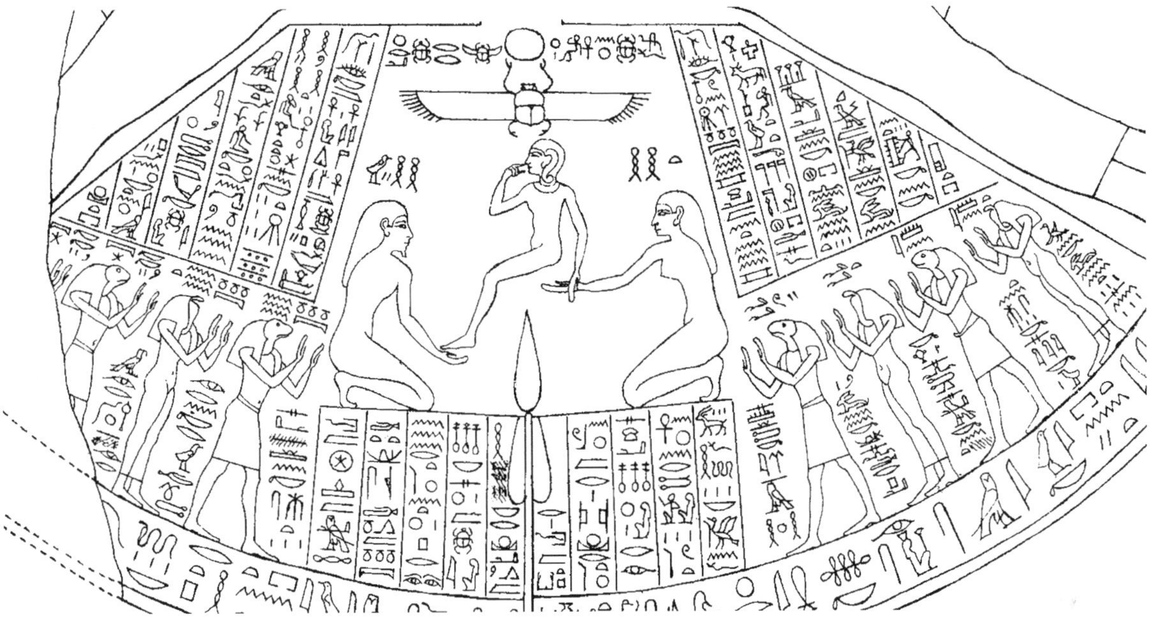

Abb. 1. Ausschnitt von einem Widdersarg aus Mendes nach A. Mariette, *Monuments divers recueillis en Égypte et en Nubie* (Paris, 1872), Taf. 46

Paradoxerweise spielt jedoch die Gestalt des Skarabäus in kosmogonischen Texten eine eher untergeordnete Rolle. Der Begriff erscheint weder in den einschlägigen Edfu-Texten,[45] noch in der Tebtynis-Kosmogonie,[46] noch in den bekannten Lehren von Heliopolis, Memphis, Hermupolis oder Theben, wobei diese vier Lehren auch nicht in eigenen zusammenhängenden Traktaten überliefert sind, sondern aus diversen Mosaiksteinchen zusammenge-

39. Vgl. den Kommentar zu Z. x+3 oben.

40. *Urk.* VI 97, 17 und 18. P. Vernus, „Entre néo-égyptien et démotique: La langue utilisée dans la traduction du Rituel pour repousser l'Agressif (Étude sur la diglossie I)", *RdE* 41 (1990), 153–208, insbes. 159.

41. 6 d 7 vs. h8. Siehe G. Möller, *Die beiden Totenpapyrus Rhind des Museums zu Edinburg*, DemStud 6 (Leipzig, 1913), Taf. 6.

42. *Edfou* IV 376, 4–5; *Dendara* XIV 97, 16.

43. Weitere Belege in *LGG* V, 718–720, von denen manche explizit sind, manche sich ohne größeren Aufwand entsprechend deuten lassen.

44. *Urk.* VI 99, 8–9. Ganz ähnlich *Edfou* I 366, 1; VI 334, 2–3.

45. *Edfou* IV 357, 15–359, 7; V 85, 13–15; VI 14, 12–15, 3; 17, 6–18, 6; 319, 3–16. Siehe auch D. Kurth, „Über den Ursprung des Tempels von Edfu", in U. Verhoeven und E. Graefe (Hgg.), *Religion und Philosophie im alten Ägypten: Festgabe für Philippe Derchain zu seinem 65. Geburtstag*, OLA 39 (Louvain, 1991), 189–202.

46. M. Smith, *On the Primaeval Ocean*, The Carlsberg Papyri 5 = CNI Publications 26 (Copenhagen, 2002).

setzt werden müssen[47]. Selbst in der Aretalogie des Schöpfergottes nach pBremner-Rhind, die unten noch näher zu betrachten sein wird, wird trotz des Spiels mit der Wurzel *ḫpr* der Skarabäus als Gestalt des Sonnengottes am Schöpfungsbeginn nicht genannt, falls in *ink-pw ḫpr m Ḫpri* „Ich bin es, der als Chepri ins Sein kam". (XXVI 21) nicht *Ḫpri* () als *ḫprr* zu lesen ist. In dem meist recht zerstückelten Quellenmaterial, zu denen auch die oben zitierten Stellen gehören, ist sonst – mitunter durch die schwierig zu ziehende Unterscheidung zu Chepri hin potenziert – im Einzelfall unklar, ob ein Skarabäus in diesem Zusammenhang tatsächlich als am Beginn der Schöpfung existent vorgestellt wurde oder ob es sich in den jeweiligen Fällen nicht primär um die wiederkehrende Sonnengeburt handelt.[48] Diese wird in kosmographischen, d.h. die existierende Welt beschreibenden, Texten (zu trennen von den das Entstehen der Welt beschreibenden, also kosmogonischen Abhandlungen) als Wiederholung des ersten Sonnenaufgangs überhaupt verstanden.[49] Die Anwesenheit der Achtheit von Hermupolis bei der Darstellung des täglichen Sonnenlaufs auf einem ptolemäischen Widdersarg aus Mendes zeigt besonders deutlich einen solchen Zusammenhang, wenn das Sonnenkind von Heh und Hehet emporgehoben wird (Abb. 1). Der geflügelte Skarabäus über dem *ḫy ꜥnḫ ḫpr ḏs=f* „dem lebenden Kind, das selbst entsteht", ist als *Rꜥ ḫprr,* „Re, der Skarabäus" bezeichnet.[50]

Zwei den Skarabäus erwähnende Sonderfälle unter den ausformulierten kosmogonischen Texten sind zu nennen, von denen einer meiner Meinung nach wieder auszusondern ist: 1. Die Neith-Kosmogonie von Esna und, 2., die Fragmente memphitischer Theologie in demotischer Schrift (pBerlin P 13603). Im Esna-Text kommt einer in der Literatur geäußerten Einzelmeinung zufolge ein Skarabäus vor. Neith kündigt die Entstehung der Sonne an und sagt die zyklische Wiederholung des Sonnenlaufs vorwegnehmend:

ḏd=i-n=tn rn=f m Ḫpr⟨i⟩ m dwꜣ ỉtm ⟨m⟩ mšr i⟨w⟩=f m Rꜥ ḫꜥi=f r nḥḥ m {m} rn=f-pfy n Rꜥ rꜥ-nb

„Ich werde euch seinen Namen nennen als Chepri am Morgen, Atum ⟨am⟩ Abend. Er ist Re, wenn er erscheint ewiglich in diesem seinem Namen eines Re jeden Tag".[51]

 hier ist als (singulärer) hieroglyphischer Beleg für das nur demotisch belegte *mḫrr* gewertet worden („... seinen Namen eines Skarabäus ...").[52] Das erscheint mir unwahrscheinlich, weil *mḫrr* wenigstens demotisch eindeutig „Skarabäus" meint, in der Esna-Stelle aber das Theonym Chepri zu erwarten ist – nur so ist der vertraute Dreiklang Chepri-Re-Atum möglich, und damit fällt dieser Beleg aus.

Gemäß den Fragmenten memphitischer Theologie in demotischer Schrift[53] wächst, nachdem Amun in Gestalt eines Stieres Amaunet in Gestalt einer Kuh begattet und seinen Samen in den großen See von Hermupolis ergießt,

---

47. Siehe S. Bickel, *La cosmogonie égyptienne avant le Nouvel Empire*, OBO 134 (Freiburg [Schweiz] und Göttingen, 1994), wobei ich Vorbehalte bezüglich der Grundthese von der einheitlich heliopolitanischen Konzeption habe: M. A. Stadler, *Weiser und Wesir: Studien zu Vorkommen, Rolle und Wesen des Gottes Thot im ägyptischen Totenbuch*, ORA 1 (Tübingen, 2009), 186–89.

48. Vgl. die von Allen, *Genesis in Egypt*, behandelten Stellen, insbes. auf S. 10–12, 13, 31.

49. Im Nut-Buch insbes. §14: A. von Lieven, *Grundriß des Laufes der Sterne: Das sogenannte Nutbuch*, The Carlsberg Papyri 4 = CNI Publications 31 (Copenhagen, 2007), 51, 376. Siehe auch Smith, *On the Primaeval Ocean*, 202.

50. Da in der Rede an das Kind, dieses als *Ḫpri* angesprochen wird und das Theonym hier von *ḫprr* eindeutig graphisch geschieden ist, ist wohl die Unterscheidung zwischen Chepri und Skarabäus einigermaßen gesichert. Allerdings überschneiden sich die Sphären, vgl. *KRI* II 237, 7–8, wo ähnliches von *Ḫpri* gesagt wird, was hier auf *ḫprr* bezogen ist. Siehe auch pBremner-Rhind XXVIII, 21. (Faulkner, *The Papyrus Bremner-Rhind*, 69. Idem, „The Bremner-Rhind Papyrus – IV", *JEA* 24 [1938], 41).

51. *Esna* III 206, 7.

52. Minas-Nerpel, *Der Gott Chepri*, 462.

53. Literatur dazu bei M. A. Stadler, *Einführung in die ägyptische Religion ptolemäisch-römischer Zeit nach den demotischen religiösen Texten*, EQTÄ 7 (Berlin, Münster, 2012), 47–51.

ein Lotos mit Skarabäuskopf (*pꜣ sšn pꜣy n sšt n mḫrr n ḥr*, II 7).[54] Die Lücken verhindern aber, mit Gewißheit zu sagen, ob der folgende „er" in „er nahm die Gestalt eines Kindes an …" (*ỉr=f sšt ḫrṯ* …) diesen skarabäusköpfigen Lotos oder eine andere Person meint.

Als Fazit läßt sich ziehen: Obwohl der Skarabäus die Autogenese symbolisiert bleibt er somit ein Symbol, das sich hauptsächlich auf Phänomene der geschaffenen, nicht der werdenden Welt bezieht, auch wenn diese Phänomene als Wiederholungen der Schöpfung charakterisiert werden und somit die Unterscheidung verschwimmt. Die Erwähnung des Nun in pWien D 6318 bedeutet nicht eine Datierung des gemeinten Ereignisses an den Uranfang, denn der Nun ist auch noch Realität der geschaffenen Welt.

Thot erschafft den Skarabäus

Der Skarabäus und die Urzeugung veranschaulichen somit vor allem die *regeneratio solaris* (im Grunde also eine *generatio spontanea cyclica continuaque*) und diejenige *post mortem*.[55] Es ist unklar, ob der urgezeugte Skarabäus zuerst für das Weltentstehungsmysterium stand und dann sekundär auf den mitunter die Schöpfung wiederholenden Kreislauf bezogen wurde. Wäre er ursprünglich am Anfang der Welt gestanden, würde er vermutlich wesentlich prominenter in Schöpfungsberichten genannt sein. Das mythische Motiv des Skarabäus unter oder aus dem Kopf des Osiris könnte seinerseits auf Naturbeobachtung zurückzuführen sein, da unter bestimmten ökologischen Bedingungen manche Spezies der *Scarabaeinae* Aasfresser werden.[56] Oder im Ägyptischen wurden alle Käfer – sowohl Skarabäen im engeren Sinne als auch nekrophage Käfer, die mit den Skarabäen nach der heutigen Taxonomie nicht verwandt sind – als *ḫprr* bezeichnet.[57]

Dieses osirianische Skarabäus-Motiv wirft jedenfalls Licht auf eine Befundlage, in der der Skarabäus ein vielschichtiges Symbol ist, eine Figur, die auch nach der Schöpfung in anderen Zusammenhängen entstehen kann. Es ist wegen des oben angedeuteten Paradoxons der Schaffung einer Urgestalt des Sonnengottes offenbar nach dem Abschluß der Welterschaffung wenigstens in ihren groben Zügen – zumindest wirkt es so im gegenwärtigen fragmentarischen Zustand des pWien D 6318 – schwer zu sagen, wo nun die Erschaffung des Skarabäus durch Thot schöpfungschronologisch einzuordnen ist. Thots Beteiligung daran ist, wo auch immer und wenn überhaupt das Mythem innerhalb der Schöpfungsmythen zu situieren ist, bemerkenswert. Das Thot-Buch als großes mythologisches Kompendium schweigt sich darüber aus. Der Skarabäus kommt zwar an zwei Stellen vor – die dritte Stelle

54. W. Erichsen und S. Schott, *Fragmente memphitischer Theologie in demotischer Schrift (Pap. demot. Berlin 13603)*, AAWLM 7 (Mainz, 1954), Taf. II, bietet eine Illustration dazu (*Tb* des Tjainefer, pKairo CG 40014, 21. Dynastie, weitere Literatur dazu unter *Totenbuchprojekt Bonn, TM 134465, http://totenbuch.awk.nrw.de/objekt/tm134465*, aufgerufen im Juni 2014).

55. Stadler, „Der Skarabäus als osirianisches Symbol", 71–83. Zu den dort zitierten Quellen sind noch pNew York MMA 35.9.21 XXX 2–3, und *Deir Chelouit* III, Nr. 127 nachzutragen – J.-C. Goyon, „Textes mythologiques II. „Les Révélations du Mystère des Quatre Boules", *BIFAO* 75 (1975), 384, idem, *Le Papyrus d'Imouthès Fils de Psintaês au Metropolitan Museum of Art de New York (Papyrus MMA 35.9.21)* (New York, 1999), 70, Taf. 29. Inzwischen noch als Beleg hinzugekommen pBrooklyn 47.218.84 x+XV 5 – Meeks, *Mythes et légendes du Delta d'après le papyrus Brooklyn 47.218.84*, 33, 147–48, 301–2. H. Beinlich, *Die Photos der preußischen Expedition 1908–1910 nach Nubien: Teil 5: Photos 800–899*, SRaT 18 (Dettelbach, 2012), B0882. – Siehe zum Thema auch J. Berlandini, „D'un percnoptère et de sa relation à Isis au scarabée et à la tête divine", in C. Zivie-Coche und I. Guermeur (Hgg.), *„Parcourir l'éternité": Hommages à Jean Yoyotte* (Turnhout, 2012), 107–14.

56. T. H. Larsen, A. Lopera und A. Forsyth, „Extreme Trophic and Habitat Specialization by Peruvian Dung Beetles (Coleoptera: Scarabaeidae: Scarabaeinae)", *The Coleopterists Bulletin* 60 (2006), 315–24. S. Amézquita und M. E. Favila, „Carrion Removal Rates and Diel Activity of Necrophagous Beetles (Coleoptera: Scarabaeinae) in a Fragmented Tropical Rain Forest", *Environmental Entomology* 40 (2011), 239–46.

57. Vgl. D. Meeks, „De quelques ‚insectes' égyptiens entre lexique et paléographie", in Z. A. Hawass und P. Der Manuelian (Hgg.), *Perspectives on Ancient Egypt: Studies in Honor of Edward Brovarski*, Supplément aux ASAE 40 (Kairo, 2010), 273–304, bes. 286–288. Er weist auch auf ein Versagen der Ägyptologen hin, die diversen Käferhieroglyphen sauber zu differenzieren, weshalb der Beobachtungsgabe der Ägypter nicht genügend Ehre widerfahren ist.

ist zu fragmentiert, um aussagekräftig zu sein –,[58] aber nichts weist auf ein Mythem hin, wie es im pWien D 6318 erscheint:

> [… *pꜣ ꜥnḫ*] *nt rt ḫn pꜣ mḫrr pꜣ sw wbn m* … […] „[… Das Leben,] das im Skarabäus wächst (ist?) der in […] aufgehende Stern".[59]
>
> *pr=y pꜣ 14 n sẖ.w tꜣ rḫ.t i.ir* … *r-ḏbꜣ pꜣ mḫll* … „Ich habe die 14 Schriften der Weisen gesehen, … gemacht wegen des Skarabäus…"[60]

Ansonsten ist mir lediglich bekannt, daß Thot ein wenig spezifisches Verhältnis zum Skarabäus hat: In magischen Texten mag es heißen, er übergebe das Herz, das dann als das Herz des Chepri ausgedeutet wird, aber von anderen Köperteilen wird in demselben Text ähnliches auf andere Gottheiten bezogen gesagt,[61] oder ihm werden Schutzsprüche für Horus in den Mund gelegt, in denen der Schutz des kranken Horus u.a. diverse Manifestationen des Sonnengottes, darunter auch der *ḫprr šps* „edle Käfer", als Schutz bezeichnet werden[62]. Das mag mit der Vorstellung verwandt sein, die einer Ritualszene im Isis-Tempel von Dendera zugrundeliegen könnte, in der Thot an seine Tochter Isis zu ihrem Schutz ein Pektoral überreicht, auf dem ein geflügelter Skarabäus abgebildet ist.[63] Hat er es vielleicht auch geschaffen? Dazu äußert sich die Inschrift freilich nicht. Thot kann ferner den Skarabäus unter dem Kopf des Osiris finden.[64] Aber all das ist deutlich weniger und unspezifischer als die Erschaffung des Skarabäus, die sich im pWien D 6319 findet.

Eine merkwürdige Stelle, die Thot in einer noch näher zu bestimmenden Weise in Zusammenhang mit der Erschaffung wenigstens Chepris bringt, findet sich in einer königlichen Randzeile in der Opfertischhalle von Edfu:

 [65]

Der entsprechende *Wb*-Zettel gibt als Übersetzung: „Ich bin Thot der die Götter erfreut ich setze alle Dinge an ihren Platz. Du erzeugst mich wie Re alle Tage du lässt m.M. entstehen wie Chepre ich vertreibe d. Böse auf deinem Wasser … sieh, mein ka ist versehen mit Leben …"[66] Diese Übersetzung nimmt offenbar 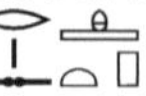 als *i.sḥtp* – also ein Partizip mit *i*-Präfix, das jedoch nur selten zu belegen ist –[67] und bietet Verbesserungspotential. Vielmehr wird hier ein Ritualspruch aufgeführt, der u.U. zu emendieren ist:

58. L01.9, 17. R. Jasnow und K.-T. Zauzich, *The Ancient Egyptian Book of Thoth: A Demotic Discourse on Knowledge and Pendant to the Classical Hermetica* (Wiesbaden, 2005), 424–25, Taf. 45.

59. B04 IV 18 = L01.3 VII 11: Jasnow und Zauzich, *The Ancient Egyptian Book of Thoth*, 268–69; iidem, *Conversations in the House of Life: A New Translation of the Ancient Egyptian Book of Thoth* (Wiesbaden, 2014), 132–33.

60. C02.3, 5 = L01 (V.T.) x+I 7: Jasnow und Zauzich, *The Ancient Egyptian Book of Thoth*, 332–33; iidem, *Conversations in the House of Life*, 170–71.

61. pChester Beatty VIII rt. VII 12–13: Gardiner, *Chester Beatty Gift*, Taf. 40, 42.

62. Metternichstele 220–46, bes. 226–28: C. E. Sander-Hansen, *Die Texte der Metternichstele*, AnAe 7 (Kopenhagen, 1956), 65–67, 72–73; H. Sternberg-el-Hotabi, „Die Metternichstele", in O. Kaiser et al. (Hgg.), *Religiöse Texte: Rituale und Beschwörungen II*, TUAT II.3 (Gütersloh, 1988), 368–70.

63. S. Cauville, *Dendara. Le temple d'Isis* (Le Caire, 2007), 173, Taf. 158. Ead., *Dendara: Le temple d'Isis*, OLA 178–179 (Leuven [u.a.], 2009), 1:142–43, 2:152–53, Taf. 6.

64. pJumilhac III 19–IV 4 unterer Teil: J. Vandier, *Le Papyrus Jumilhac* (Paris, 1961), 136, 227–28.

65. *Edfou* I 470, 15–16.

66. DZA 27.784.020 im digitalisierten Zettelarchiv des *TLA*, http://aaew.bbaw.de/tla/, aufgerufen im Februar 2014. So, in dieser Interpunktion und Groß-/Kleinschreibung.

67. D. Kurth, *Einführung ins Ptolemäische: Eine Grammatik mit Zeichenliste und Übungsstücken* (Hützel, 2007, 2008), 2:716.

ḏd mdw.w ⟨in⟩ Ḏḥwty rꜣ sḥtp psḏ.t	„Rezitation Thots. Spruch (aus) ‚die Neunheit Zufriedenstellen'[68]:
di.n=i ḫ.t-nb⟨.t⟩ r s.t=sn	Ich habe jede Sache an ihren Ort gestellt.
msi=k-wi mi Rꜥ rꜥ-nb	Wie Re gebierst du mich jeden Tag.
sḫpr=k ḥm=i mi Ḫpri	Wie Chepri erschaffst du meine Majestät.
dr=i ḏw ḥr mw=k ḫr=f isk	Ich will das Böse auf deinem Wasser und darunter vertreiben.
ḥn kꜣ=i m ꜥnḫ	Mit Leben ist mein Ka ausgestattet.
iw⟨=i⟩ wꜥb⟨.kwi⟩	Ich bin rein".

Wenn der Skarabäus wie auch Chepri als Erscheinungsformen des Sonnengottes verstanden werden und damit der Skarabäus als ein Symbol Chepris und umgekehrt gelten darf, dann läge hier mittelbar die entgegengesetzte Konstellation vor, da der im Ritual adressierte kosmische Hochgott (hier Horus von Edfu) wie Chepri (mit als Assoziation mitschwingendem Skarabäus) die Majestät des als Thot auftretenden Sprechers erschafft. In einer Ritualszene heißt es in diesem Sinne von Thot platterdings:

ḏd mdw.w ⟨in⟩ Ḏḥwty ꜥꜣ ꜥꜣ wr nb Ḫmnw tḫn šps ḫnty ḥw.t-ibṯ pri m Rꜥ ḫpr m Ḫpri gmḥ[s] ḥtp ḥr mꜣꜥ.t

„Worte zu sprechen (durch) Thot, den zweimal sehr Großen, den edlen Ibis, den Ersten des Hauses der Vogelfalle, der hervorkam aus Re und der aus Chepri entstand, den Greifvogel, der über Ma'at zufrieden ist".[69]

Damit bleibt in den mir bekannten Quellen, die Beziehung zwischen Thot und Skarabäus eher lose bis ambivalent. Der pWien D 6318 steuert somit ein weitgehend neues Mosaiksteinchen zur Thot-Mythologie bei.

Inhaltliche Gesamtwürdigung

Auf der lexikographischen Ebene fällt der Reichtum an Begrifflichkeiten für „Gestalt, Form" im pWien D 6318 auf:

sšt „geheime Gestalt" (von älterem *sštꜣ*)
ḫrb „Gestalt" (wohl von älterem *ḫpr.w*)
gꜥy „Gestalt, Wesen, Art" (von älterem *ḳi*)

Gleich zwei Begriffe, *sšt* und *ḫrb*, werden in einer an verschiedene Sprüche im *Tb* erinnernde Wissensformel – z.B. *Tb* 79 (*iw=i rḫ.kwi-ṯn rḫ.kwi rn.w=ṯn rḫ.kwi ir.w=ṯn iwty.w rḫ-st* „Ich kenne euch, ich kenne eure Namen, ich kenne eure Gestalten, die unbekannt sind".) hintereinander gebraucht, so als ob sie synonym sind. Ein Sprecher in der ersten Person betont also die Kenntnis einer geheimen Gestalt eines mit „du" angesprochenen Gegenübers. Da die Gestalt dieser Person der Skarabäus ist, wendet sich der Sprecher also vielleicht an den Sonnengott, der

68. Als ein Titel eines Ritualkomplexes? Vgl. auch die für Ritualsprüche häufig – z.B. im Amunsritual des pBerlin P 3055 passim, im Soknebtynisritual passim (G. Rosati, „PSI inv. I 70 e pCarlsberg 307 + PSI inv. I 79 + pBerlino 14473a + pTebt. Tait 25: Rituale giornaliero di Soknebtynis", in J. Osing und G. Rosati [Hgg.], *Papiri Geroglifici e ieratici da Tebtynis* [Firenze, 1998], 101–28, I. Guermeur, „À propos d'un nouvel exemplaire du rituel journalier pour Soknebtynis [pTebhiéra 5 et autres Variantes]", in J. F. Quack [Hg.], *Ägyptische Rituale der griechisch-römischen Zeit,* ORA 6 [Tübingen, 2014], 9–23), in der Confirmation du pouvoir royal au nouvel an (J.-C. Goyon, *Confirmation du pouvoir royal au nouvel an [Brooklyn Museum Papyrus 47.218.50],* BdE 52 [Le Caire, 1972], Taf. 1) und im Soknopaiosritual (Stadler, *Einführung in die ägyptische Religion ptolemäisch-römischer Zeit nach den demotischen religiösen Texten,* 114–16) – nachgewiesene Schlußformel *iw=i wꜥb.kwi* bzw. *iw=f wꜥb(.w)*, die den Text als Spruch zu einem Ritual ausweist.

69. *Edfou* VII 322, 11–12. D. Kurth, *Edfou 7: Die Inschriften des Tempels von Edfu.* Abt. I: *Übersetzungen* 2 (Wiesbaden, 2004), 614.

weiter unten ausdrücklich genannt wird.[70] Dort geht es dann um die Form des alten Sonnengottes, die somit der der neugeborenen Sonne gegenübersteht.

Durch die narrative Formel *m-sꜣ nꜣy* „danach" zur Einleitung einer Thothandlung drängt sich der Eindruck einer mythischen Erzählung auf, der allerdings durch die in der nächsten Zeile folgende Wendung „Anfang der Abschrift, die er rezitierte, indem er sagte: ..." konterkariert wird, weil eine etwaiger Erzählfluß hier unterbrochen wird. Vielmehr weist diese Phrase auf eine Einbettung des Textes in Rezitationsform in einen rituellen Rahmen welcher Art auch immer hin. In diesem Zusammenhang würde ich auch das merkwürdig isoliert dastehende *ge*-„Gefäß" in x+10 deuten, das vielleicht eine Angabe zu einer Ritualhandlung im Sinne von „Darbringung einer Substanz in der Menge eines *ge*-Gefäßes" ist. Für eine Gefäßdivination wie im pMagical ist die Angabe zu knapp. Die *m-sꜣ nꜣy*-Formel findet sich danach in der letzten Zeile nochmals, wieder gefolgt von einer Handlung Thots, die nach dem Vorgenannten stattfindet, und der Schaffung einer – weiteren? – geheimen Gestalt vermutlich des Sonnengottes bestand. Es handelt sich also um eine Textsammlung, in der mythologisches Wissen in einen Handlungsrahmen eingebunden ist. Im ersten Fall macht Thot den Skarabäus, im zweiten macht er das geheime Bild und die Gestalt wohl des Sonnengottes. Thot agiert hier als ein Schöpfer, weniger jedoch als der urgöttliche Schöpfer[71] als vielmehr in der Funktion eines Zauberers, wie er etwa im pChester Beatty I, im großen Horus-Mythos von Edfu und in diversen Mythen des pJumilhac auftritt und im Rahmen des Geschehens Dinge schafft, deren Existenz somit auch ätiologisch erklärt werden. Die Schöpfung existiert folglich bereits im großen und ganzen – Nut und Pre sind ja auch nach dem im Fragment des pWien D 6318 erhaltenen Ausschnitt schon vorhanden, womit wir schöpfungschronologisch in einer Phase um oder nach den Ereignissen des Mythenkomplexes von der Revolte gegen den Schöpfergott sind, als der Sonnenlauf bereits eingerichtet ist. Thot hat hier somit nicht mehr, aber auch nicht weniger als die Aufgabe, wichtige Hilfestellungen bei götterweltlichen Ereignissen zu leisten, nämlich – und das ist nicht zu unterschätzen – die Schaffung des Skarabäus und eine weitere geheime Form des Sonnengottes, was paradoxerweise doch wieder an den Beginn der Schöpfung zurückführt.

Das Altern des Sonnengottes läßt an die *List der Isis* und damit an magische Texte des Neuen Reiches denken, in die längere Mythenerzählungen eingebunden sind.[72] Die bekannten demotischen magischen Texte spielen zwar ebenfalls auf mythische Ereignisse an, aber ihre Mobilisierungen der Mythen sind ungleich knapper und kürzer. Im Gegensatz zur *List der Isis* ist hier das Altern durch das beigegebene Adjektiv *nfr* offensichtlich positiv konnotiert. Die Kombination mit dem Skarabäus und Apophis innerhalb derselben wenigen Zeilen verweist vielleicht aber auch auf eine Situation, wie sie in den Unterweltsbüchern mit der Regeneration des Sonnengottes skizziert wird. Das sagt allerdings auch noch nichts über die Textgattung aus, weil alles in ein Ritual – im Tempel oder in der Magie – eingebunden sein mag. Wenn es sich tatsächlich um einen magischen Text handelt, dann wäre denkbar, daß

70. Vgl. – um nur ein paar demotische Belege zu zitieren: pBM EA 10238 rt. 12–13 und vs. 4: der Skarabäus, der die geheime Gestalt Pres ist (*pꜣ mḫrr nt pꜣ sšt Pꜣ-Rꜥ* bzw. *mḫrr pꜣ sšt Pꜣ-Rꜥ*) – R. Jasnow, „A Demotic Omen text? (P. BM 10238)", in J. van Dijk (Hg.), *Essays on Ancient Egypt in Honour of Herman te Velde*, Egyptological Memoirs 1 (Groningen, 1997), 207–16; J. F. Quack, „Demotische magische und divinatorische Texte", in B. Janowski und G. Wilhelm (Hgg.), *Omina, Orakel, Rituale und Beschwörungen*, TUAT Neue Folge 4 (Gütersloh, 2008), 381–82, Text 4.10. pInsinger 24, 8: der kleine Skarabäus als eines der verborgenen Gottesbilder (*nꜣ sšm.w nt ḥp*) – F. Hoffmann und J. F. Quack, *Anthologie der demotischen Literatur*, EQTÄ 4 (Berlin, 2007), 263. pMagical IX 7: Skarabäus mit Widderkopf als geheimes Abbild (*sšṯ*) des angerufenen Gottes (hier Chons) – F. L. Griffith und H. Thompson, *The Demotic Magical Papyrus of London and Leiden* (London, 1904–1909), Taf. 9; Quack, „Demotische magische und divinatorische Texte", 343. Im pMagical ist außerdem der Skarabäus „Auge des Re, der kleine Finger des Osiris, das Händepaar (o.ä.) des Schu" (XXI 25 und 32–33, Griffith und Thompson, *The Demotic Magical Papyrus of London and Leiden*, 138–41). *Mythos* Leiden Zeile V 27: Der Skarabäus, der die Gestalt des Sonnengottes sei (*nt iw pꜣ sšt Pꜣ-Rꜥ pꜣ nṯr ꜥꜣ*), komme aus der Mistkugel, daher wird er auch „Mist" genannt, was keine Beleidigung für den höchsten Gott sei. – F. de Cenival, *Le mythe de l'œil du soleil: Translittération et traduction avec commentaire philologique*, DemStud 9 (Sommerhausen, 1988), Taf. 5; Hoffmann und Quack, *Anthologie der demotischen Literatur*, 207.

71. Stadler, *Weiser und Wesir*, 135–89.

72. pChester Beatty XI rt. I–IV 2 und pTurin CG 54051 rt. u.a. A. Roccati und G. Lenzo, *Magica Taurinensia: Il grande papiro magico di Torino e i suoi duplicati* (Rom, 2011), 127–48.

es in x+1–6 um Komplikationen beim Geburtsverlauf wie Geburtsstillstand oder Schwangerschaft über Termin ginge. Da es allerdings mit einem anderen Mythem behandelt wird als im gynäkologischen pBrooklyn 47.218.2, der auf den gängigeren Isis-Komplex rekurriert,[73] sind vielleicht auch einfach nur Bauchschmerzen das Problem. In x+6ff. stünde dann Atemnot im Zentrum der Aufmerksamkeit. In x+8 wird schließlich die Kenntnis in Bezug auf das nächste Phänomen beteuert, und das ist ebenfalls eine Gestalt des Sonnengottes, die Thot erschaffen hat (x+10).

Mit der *List der Isis* war ein magischer Text erwähnt worden. Es sei noch ein Tempelritualtext angeführt, zu dem ebenfalls Bezüge zu erkennen sein mögen: Wenn das im pWien D 6318 vorkommende Wort *ẖrb* von *ḫpr.w* abgeleitet ist, dann erinnerte das noch an das „Buch vom Kennen der Gestalten des Re und vom Niederwerfen des Apophis“ (*mḏꜣ.t rḫ ḫpr.w n.w Rꜥ sḫr ꜥꜣpp*),[74] in dem das Kennen der Gestalten des Sonnengottes mit dem Sieg über Apophis assoziiert ist, aber zunächst eine Schöpfungstheologie entwickelt wird, die in ihrer Fokussierung auf einen zentralen Begriff an Joh. 1,1 (dort λόγος) erinnert, freilich in der Verwendung der Wurzel *ḫpr* weit darüber hinausgeht. Auch im pWien D 6318 spielt das Wissen um die sonnengöttliche Gestalt eine Rolle, und auch hier ist Apophis nicht weit.

Ein Sprecher betont in der ersten Person also seine Kenntnis um mythologische Zusammenhänge (x+3). Ist der eventuell falkenköpfige Skarabäus von Thot in einer besonderen Situation erschaffen worden (x+5)? Aus dem so unter Beweis gestellten Wissen will der Sprecher vermutlich einen Nutzen ziehen, indem er die Götter zu etwas bewegen möchte. Erschafft im zweiten Abschnitt Thot wieder den Skarabäus oder einen Skarabäus mit anderen Merkmalen, etwa einer anderen Art Kopf, oder ist es eine gänzlich andere Form? Da in x+2 und 7 textinterne wortidentische Parallelen vorliegen, ist allerdings nicht auszuschließen, daß es auch in der Sektion ab x+6 um den gleichen Skarabäus geht. Doch der Sonnengott ist dort „in einem schönen Alter“, der Skarabäus aber die Gestalt des jungen Sonnengottes. Andererseits steht der Käfer ebenso für den Sonnengott am Anfang des Sonnenlaufs durch die Unterwelt in einer der ältesten vollständigen Versionen des Amduat, der bei Thutmosis III. Dort ist Chepri in Käfergestalt die erste Darstellung des Sonnengottes in der ersten Stunde, ähnlich im Pfortenbuch.[75] Kurz nach Eintritt des oberirdisch gealterten Sonnengottes in die Unterwelt hat er also bereits Skarabäengestalt, denn letztlich wird er aus der Perspektive der Unterwelt neu geboren.

Schließlich könnte der pWien D 6318 noch einen Beleg zur Authenzität Plutarchs beisteuern. Da aber der übergreifende Kontext durch den fragmentarischen Erhaltungszustand nicht völlig sicher ist, bleibt es bis zu einem gewissen Grade Spekulation, ob wir dieses Papyrusstückchen heranziehen dürfen, um die in *De Iside et Osiride* 355D berichtete Episode, Hermes (Thot) habe Rhea (Nut) zur Niederkunft verholfen, nachdem Helios (Re) der Schwangeren den Fluch auferlegt habe, in keinem Monat oder Jahr gebären zu können.[76] Es war letztlich Thot, der hier mit den Epagomenen zwischen den Jahren Abhilfe schuf und Nut gebären ließ. Im pWien D 6318 steht innerhalb einer Zeile, unmittelbar nach einer Erwähnung Nuts: „Lasse sie gebären!“ An wen richtet sich diese Aufforderung? Thot ist im gesamten Text ein Akteur, und unmittelbar davor heißt es: „Komme zu Deiner Tochter Nut!“ Im nächsten Abschnitt (x+7) steht, falls ich richtig abtrenne: „Herr des schönen Alters, komme zu Deiner Tochter Nut!“ Wer ist „der Herr des schönen Alters“? In Z. x+9 ist das schöne Alter ausdrücklich auf Pre bezogen. Ist *nb ỉꜣw.t nfr.t* folglich eine Antonomasie für den gealterten Sonnengott?[77] Dann wäre Nut die Tochter Pres. Oder ist Nut Tochter des Thot? Im ägyptischen Kontext ließe sich diese meines Wissens sonst nicht belegte

73. I. Guermeur, „Entre magie et médecine: L'exemple du papyrus Brooklyn 47.218.2“, *Égypte. Afrique & Orient* 71 (2013), 11–22.

74. Zwei Fassungen im pBremner-Rhind XXVI 21–XXIX 16. Faulkner, *The Papyrus Bremner-Rhind (British Museum No. 10188)*, 59–73.

75. Z. A. Hawass und S. Vannini, *Bilder der Unsterblichkeit: Die Totenbücher aus den Königsgräbern in Theben* (Mainz am Rhein, 2006), 42, 103. J. Zeidler, *Pfortenbuchstudien*, GOF IV 36 (Wiesbaden, 1999), 2:17. Wiebach-Koepke, *Sonnenlauf und kosmische Regeneration*, 56.

76. J. G. Griffiths, *Plutarch's De Iside et Osiride* (Cardiff, 1970), 134–35. H. Görgemanns, *Plutarch, Drei religionsphilosophische Schriften: Über den Aberglauben, Über die späte Strafe der Gottheit, Über Isis und Osiris*, 2. Aufl. (Düsseldorf, 2009), 154–55.

77. Vgl. den oben im Kommentar zu x+5 zitierten Beleg aus pChester Beatty VIII.

Konstellation über die Gleichsetzung der Isis mit Nut und Isis als Tochter des Thot oder über eine Gleichsetzung Thots mit Schu (etwa als einer, der die Gefährliche Göttin zurückbringt) erklären, während sonst Thot als Sohn der Nut bezeichnet wird, wie auch der Sonnengott eher ein Sohnesverhältnis zu Nut hat.[78] Oder ist Thot der Herr des schönen Alters, weil er das Alter der Menschen festsetzt?[79] Das wäre dann ein im Gegensatz zum ägyptologischen Sprachgebrauch echter Euphemismus. Allerdings können auch einige andere Götter jene Epitheta tragen.[80] Ein interessanter Fall darunter ist Ptah als *nb i͗3w.t nfr.t* im pBerlin P 13603 IV 10 bzw. in der Zeile davor heißt einer der vier ewiglebenden Stiere (im Wortspiel eine Anspielung auf die vier Kas des Demiurgen) von Memphis (also auch mit Bezug zu Ptah) *p3 nb i͗3w.t.*[81] In einem noch unpublizierten Papyrus aus dem kaiserzeitlichen Dimê werden nun die vier Ptahs in Memphis mit vier spezifischen Emanationen Thots identifiziert.[82] Zum ersten Ptah heißt es: *Ptḥ nb ẖl3.t* ⸢…⸣$^{\text{Sv, Kr}}$*=f Ḏḥwty p3 nb ꜥḥꜥ p3y* „Ptah, der Herr der Nahrung[83] seines … … – es ist Thot, der Herr der Lebenszeit".

Ist Pre auch der in x+2 Angesprochene, weil er in x+7 doch der Herr des schönen Alters ist? Das muß nicht zwingend so sein, denn der obere Abschnitt kann eine andere *historiola* bemühen als der zweite. Für Thot als Angesprochenen in x+2 sprechen Stellen wie pChester Beatty VIII rt. VIII 11, weil sie Thot als Geburtshelfer vorstellen: *ink Ḏḥwty ini ḥꜥpy m bw nty im=f iw rdi.n=i-n=k ẖ.t=k m-ḫt=k ḥr-nty ir ẖ.t=k ẖ.t-pw n Nw.t ms⟨.t⟩ nṯr.w* „Ich bin Thot, der die Nilflut brachte von dem Ort, an dem sie war. Ich gab dir deinen Bauch, denn was deinen Bauch angeht: Es ist der Bauch der Nut, die die Götter gebar".[84]

Aber selbst wenn in x+2 Pre angesprochen ist, dann könnte immer noch eine Parallele zu Plutarch erkannt werden, weil die Stelle sich so verstehen ließe, daß Pre umgestimmt werden soll. Falls das nicht gelingt, müßte Thot erst tätig werden. Unterschiede bleiben indes auch für den Fall, daß in x+2 Thot der Adressat ist, weil er so der Vater der Nut wäre, während er bei Plutarch ein Liebhaber der Nut ist. Görgemanns bemerkt dazu, Plutarch habe die Erzählung von der Entstehung der Epagomenen und Thots Hilfe, Nut doch noch niederkommen zu lassen, sicherlich aus einer griechischen Quelle (Eudoxos oder Manetho).[85] Dieser Kommentar ist zu streichen, sollte er unterstellen, es gäbe dafür keine ägyptische Parallele.[86] Mindestens aber fußen diese Quellen ihrerseits auf ägyptischen Quellen und dürfen deshalb als zuverlässig gelten. Für Manetho wäre das auf jeden Fall zu erwarten, der vielleicht eine vollständige Version des Textes gekannt hat, von dem hier ein Fragment ediert wurde, und einige der aufgeworfenen Fragen hätte beantworten können.

---

78. Stadler, *Weiser und Wesir*, 155, 212, 239. Zu Sonnengott und Nut vgl. die Belege *LGG* III, 536b.

79. *LGG* VIII, 720a, darunter besonders Thot als *nb i͗3w.t* = *Philae* II 381, 16, und *nb* ⟨*ꜥḥꜥ*⟩ „Herr der Lebenszeit" = oḤor 17, 7–8, J. D. Ray, *The Archive of Ḥor*, EES Texts from Excavations Memoir 2 (London, 1976), 64–65, Taf. 18. *nb ꜥḥꜥ ḥḳ3 rnp.wt* = *Dendara* XV 255, 8. (4., nicht 3. Register, wie *LGG* III 604b [25] irrtümlich angibt.), S. Cauville, *Dendara XV. Traduction: Le pronaos du temple d'Hathor: Plafond et parois extérieures*, OLA 213 (Leuven [u.a.], 2012), 323. Vgl. auch Stadler, *Weiser und Wesir*, 374, 442–43.

80. *LGG* III, 604a–c.

81. Erichsen und Schott, *Fragmente memphitischer Theologie in demotischer Schrift (Pap. demot. Berlin 13603)*, 317.

82. pWien D. 4893+10014+10103 verso. Die Edition des Papyrus bereite ich derzeit vor. Siehe vorerst Stadler, *Einführung in die ägyptische Religion ptolemäisch-römischer Zeit nach den demotischen religiösen Texten*, 111–12.

83. Als Epitheton im *LGG* III, 721c, für Ptah nicht nachgewiesen, sondern typischerweise nur für Kindgötter. Vgl. aber pBerlin P 13603 x+IV 1–5 (Erichsen und Schott, *Fragmente memphitischer Theologie in demotischer Schrift*, 316, Taf. 6) und Tebtynis-Kosmogonie Frag. 1, 3 (Smith, *On the Primaeval Ocean*, 17–18, 23–24): Ptah als Schöpfer der Nahrung.

84. Gardiner, *Chester Beatty Gift*, 69–70, Taf. 42. Vgl. auch Stadler, *Weiser und Wesir*, 182. Wohl auf Basis der Bedeutung des Bauches der Nut wegen *fructus ventris sui* dann in Gliedervergottungen häufig (wenngleich nicht immer) der Bauch als Nut: J. H. Walker, *Studies in Ancient Egyptian Anatomical Terminology*, ACES 4 (Warminster, 1996), 290, 298, 303, (312), 319, 330, 333.

85. Görgemanns, *Plutarch, Drei religionsphilosophische Schriften*², 387 Anm. 12.1.

86. Siehe nämlich als ägyptische Quellen dafür den oben zitieren pChester Beatty VIII rt. und die ägyptische Vorstellung von den Epagomenen – dazu v.a. C. Leitz, *Tagewählerei: Das Buch ḥ3t nḥḥ pḥ.wy ḏt und verwandte* Texte, ÄA 55 (Wiesbaden, 1994), 416–27, und mit weiteren Quellen sowie weiterer Literatur, die hier als nicht unmittelbar relevant nicht eigens zitiert wird, und auch unter Bezugnahme auf Plutarch A. Tillier, „Le lieu de naissance des enfants de Nout", *CdE* 89 (2014), 51–69.

Grain for Seth and His Divine Companions in Dakhleh (Ostracon Mut 21/4)

Günter Vittmann (Würzburg)

The hundreds of demotic and hieratic ostraca that have been discovered since the beginning of this millennium in the area of the temple of Seth in Mut, the ancient Mothis, capital of Dakhleh oasis,[1] are also of importance for the study of the local cults. Unfortunately, many of them, due to their frequently poor state of preservation, are hard to read, and also the unusually nice piece that forms the subject of this modest study is far from being clear in all details of reading and interpretation. Still, I hope that the little text will be of some interest to Mark Smith, who has made an essential contribution towards a better understanding of the god Seth.[2]

The ostracon with the excavation number 21/4 (fig 1 and pl. 26)[3] measures about 9 cm in width and 12 cm in height and bears eight lines in demotic on the concave side. The convex side is uninscribed. The text is an order issued by an anonymous group of temple officials, "the scribes of Seth," to a certain Sechthertais, who has to arrange the delivery of 152 artabas of wheat to(?) two individuals named Chensnebonychos and Petemestus (see notes n and r). The grain, which is to be taken out of an annual tax (*ḥtr*, see note e), is destined for the offerings of the deities of the local temple: Seth, Osiris, Horus, Isis, "and the gods who rest with them." Another deity, unexpected in this area, is Neferhotep, whose clergy is mentioned towards the end of this document. Likewise of particular interest is the unparalleled double-dating "year 3 (or 4?) = year 2" (see discussion below note f on lines 2 and 8).

Transcription

1 *nꜣ sẖ(.w)*[a] *Stḫ*[b] *hb (n) Stḫ-i.ỉr-di-s*[c] *sꜣ Pꜣ-di-ỉmn-nsw-tꜣ.wj*
2 *my tw=w*[d] *ẖn pꜣ ḥtr*[e] *(n) ḥꜣ.t-sp 3.t(?)*[f] *(ỉ.)ỉr*[g] *ḥꜣ.t-sp 2.t wbꜣ*[h]
3 *pꜣ fy*[i] *m-bꜣḥ Stḫ Wsỉr*[j] *Ḥr ꜣs.t ỉrm nꜣ nṯr.w*
4 *ntj ḥtp ỉrm-n.ỉm=w*[k] *ḥnꜥ nꜣ(.w) m-sꜣ=w*[l] *(n-)ḏr.t*[m] *Ḫnsw-nb-ꜥnḫ*[n]

I am obliged to Andrew Monson for the revision of an earlier version and his valuable comments, and to Damien Agut-Labordère for sending to me a draft of his and Michel Chauveau's article "Reçus découverts dans le temple d'El-Deir (Oasis de Khargeh)," which is to appear in *Enchoria*.

1. Cf. the two preliminary reports by G. Vittmann, "Demotische und kursivhieratische Ostraka aus Mut al-Kharab," in R. S. Bagnall, P. Davoli and C. A. Hope (eds.), *The Oasis Papers 6: Proceedings of the Sixth International Conference of the Dakhleh Oasis Project*, Dakhleh Oasis Project: Monograph 15 (Oxford, 2012), 19–31; idem, "New Hieratic Texts from Mut al-Kharab (Dakhleh Oasis)," in *Proceedings of the Seventh International Conference of the Dakhleh Oasis Project* (forthcoming).

2. M. Smith, "The Reign of Seth: Egyptian Perspectives from the First Millennium BCE," in L. Bareš, F. Coppens and K. Smoláriková (eds.), *Egypt in Transition: Social and Religious Development of Egypt in the First Millennium BCE. Proceedings of an International Conference Prague, September 1–4, 2009* (Prague, 2010), 396–430.

3. An image and a preliminary translation have previously been published by Vittmann, "Demotische und kursivhieratische Ostraka," 24–25 and fig. 9. In the meantime, this ostracon, on the basis of the preliminary report, has been quoted by D. Klotz, "A Theban Devotee of Seth from the Late Period—Now Missing: Ex-Hannover, Museum August Kestner Inv. S. 0366," *SAK* 42 (2013), 174–75.

5 *sꜣ Pa-ꜥnḫ*[o] (4a)[p] *ḥnꜥ*[q] *Pꜣ-di-ỉmn-nsw-tꜣ.wj*[r] *sꜣ Stḫ-i.ir-di-s* (5) *rtb*[s] *sw 152*[t] *r* (*rtb*) *sw 76 r* (*rtb*) *sw 152 ꜥn*
6 *sẖ Twtw*[u] *sꜣ Ḥr pꜣ ḥ̂m ntj sẖ* (*n*) *rn Ḫnsw-ḏḥwtj*[v] *sꜣ*(?) *Nḫt.*⌜*ṯ̂*⌝ (?)[w]
7 *pꜣ sẖ ḥ.t-nṯr*[x] *ntj sẖ* (*n*) *rn nꜣ wꜥb.w Nfr-ḥtp*[y]
8 [*pꜣ*] ⌜*ẖrd*⌝ (?)[z] *sẖ* (*n*) *ḥꜣ.t-sp 3.t*(?)[f] (*i.*)*ỉr*[g] *ḥꜣt-sp 2.t ỉbd-4 pr.t sw 11*[aa]

Translation

1 The scribes[a] of Seth[b] write to Sechthertais[c] son of Petemestus:
2 Let be given[d] from the tax[e] of year 3(?)[f] which makes (i.e., corresponds to)[g] year 2, for[h]
3 the offering delivery[i] before Seth, Osiris,[j] Horus, Isis and the gods
4 who rest with them,[k] and those behind them,[l] into the hand of[m] Chensnebonychos[n]
5 son of Paonchis[o] (4a)[p] and[q] Petemestus[r] son of Sechthertais (5) 152 artabas[s] of wheat,[t] (its half) makes 76 (artabas of) wheat, makes 152 (artabas of) wheat again.
6 Written by Thotoes[u] son of Horos the younger (or: Harpchemis), who writes in the name of Chesthotes[v] son of Nechthes(?),[w]
7 the scribe of the temple,[x] who writes in the name of the priests of Neferhotep[y]
8 [the] Child(?).[z] Written in year 3(?)[f] which makes (i.e., corresponds to)[g] year 2, Pharmuthi 11.[aa]

Comments

Before offering detailed notes it may be useful to outline the general structure of the present document as follows:

A) Sender of payment order (line 1: "the scribes of Seth," see below note a).
B) Addressee (line 1: "Sechthertais son of Petemestus," see notes b–c).
C) Order for payment (line 2: "let be given from the tax of regnal year 3(?) which corresponds to year 2," see notes d–g).
D) Purpose of payment (lines 2–4: "for the offering delivery before Seth, Osiris, Horus, Isis, and the gods who rest with them (...)," see notes h–l).
E) Receiver of payment (lines 4–5: "into the hand [(*n-/r-*)*ḏr.t*] of (= to) Chensnebonychos son of Paonchis, and Petemestus son of Sechthertais," see notes m–r).
F) Amount of payment (line 5: "152 artabas of wheat," notes s–t).
G) Scribe (lines 6–8: "Thotoes son of Horos the younger, who writes in the name of Chesthotes son of Nechthes(?) (...)," notes u–z).
H) Date (line 8: "Written in year 3(?), which corresponds to year 2, Pharmuthi 11," notes f, g, and aa).

Notes

a) The "scribes of Seth" (*nꜣ sẖ.w Stḫ*) formed a collective belonging to the administration of the temple of Seth. They frequently appear in the demotic ostraca of the area.[4] The title "scribe of god X" is well attested in hieroglyphic and demotic sources of the Late and Greco-Roman periods in the singular and in the plural. Examples in the

4. Cf. Vittmann, "Demotische und kursivhieratische Ostraka," 22, 24, and 28.

singular include *sẖ n ỉmn* "scribe of Amun"[5] and *sẖ Ptḥ* "scribe of Ptah."[6] For purposes of comparison with the text under discussion, however, examples in the plural are more instructive. With regard to some of the Elephantine papyri published by Spiegelberg,[7] Kurt Sethe[8] aptly observed "daß die 'Schreiber des Horos von Edfu usw.' identisch mit den *sẖ.w ḥ.t-nṯr* 'Schreibern des Tempels' waren, die die Bureaugeschäfte der Tempelverwaltung führen." This assessment was later summarized by Sten Wångstedt, who published a receipt issued by "the scribes of Amun" (*nꜣ sẖ.w n ỉmn*) to a lady for the payment "of wine, 1 (keramion), for year 15 of Domitian."[9]

From the context it becomes clear that all individuals engaged in the present transaction, not only the "scribes of Seth," in some way or another belong to the personnel of the temple. It is interesting that a similar cooperation of various officials can be observed at the occasion of grain distributions from the Royal granaries.[10]

b) It should be noted that in the demotic documentary material from Mut and other places in Dakhleh[11], "Seth" is invariably spelled *s-t-ẖ*^divine determinative^ (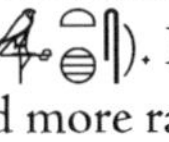). In the much earlier abnormal hieratic evidence of identical provenance, the similar spelling  (and more rarely ) is used. Ideographic spellings of this name as were used in earlier and contemporaneous hieroglyphic inscriptions in the context of the cult of Seth[12] are never attested in the demotic ostraca.

c) *Stẖ-ỉ.ỉr-dỉ-s* (*Σηχϑερταις)[13] is not recorded in the *Demotisches Namenbuch*, and Ranke, *PN* II 317, 12 gives only one example from Siwa.[14] This name, however, is very common in Mut, both in the demotic ostraca from the Ptolemaic period and in the abnormal hieratic texts from the Third Intermediate period. Another example comes from el-Muzawwaqa, not far away from Mut.[15]

Sechthertais son of Petemestus was obviously responsible for the distribution of payments to the temple and its staff. He is also known from three other ostraca, all dated to year 4, in two of which he is explicitly referred to as scribe.[16] More frequently, however, the addressee of the payment orders issued by the "scribes of Seth" was Phibis

5. Early demotic examples in Louvre E 3231a, 1. 4 (P. W. Pestman, *Les papyrus démotiques de Tsenhor (P. Tsenhor): Les archives privées d'une femme égyptienne du temps de Darius Ier*, StudDem 4 [Leuven, 1994], 82–84, no. 14 and pl. XV); the Ptolemaic evidence has been discussed by C. Arlt, "Scribal offices and Scribal Families in Ptolemaic Thebes," in P. F. Dorman and B. M. Bryan (eds.), *Perspectives on Ptolemaic Thebes*, SAOC 65 (Chicago, 2011), 22–23 and 31.

6. E.g., sarcophagus Berlin 38 (I. Guermeur, *Les cultes d'Amon hors de Thèbes: Recherches de géographie religieuse*, Bibliothèque de l'École des hautes études, sciences religieuses 123 [Turnhout, 2005], 191); stelae BM 184, demotic part, 2; BM 188, hieroglyphic part, 3; demotic part, 2 (E. A. E. Reymond, *From the Records of a Priestly Family from Memphis*, ÄA 38 [Wiesbaden, 1980], documents no. 29 and 26; both late Ptolemaic). A new edition of the monuments of the high priests of Memphis and Letopolis is M. V. Panov, *Documents on the History of the Priestly Families from Memphis and Letopolis in the Late Period* (Novosibirsk, 2015, in Russian).

7. W. Spiegelberg, *Demotische Papyrus von der Insel Elephantine*, DemStud 1 (Leipzig, 1908), documents 5,4; 6,16–17; 8,1.

8. K. Sethe and J. Partsch, *Demotische Urkunden zum ägyptischen Bürgschaftsrechte vorzüglich der Ptolemäerzeit* (Leipzig, 1920), 359.

9. S. Wångstedt, *Ausgewählte demotische Ostraka aus der Sammlung des Victoria-Museums zu Uppsala und der Staatlichen Papyrussammlung zu Berlin* (Uppsala, 1954), 152–53, no. 55 with pl. X. Another text mentions "the scribes of Ptah," *nꜣ sẖ.w Ptḥ*: oHor 19, 17 (J. D. Ray, *The Archive of Ḥor*, EES Texts from Excavations Memoir 2 [London, 1976], 74; 77 and pl. XXI).

10. Cf. C. Armoni, *Studien zur Verwaltung des Ptolemäischen Ägypten: Das Amt des* Basilikos Grammateus, Papyrologica Coloniensia 36 (Paderborn, 2012), 62.

11. In the proper name *Pꜣj-stẖ* (to be equated with Πισηχθις), which is attested in the inscription on a pyramid from Bir el-Shaghala (see R. Bagnall, R. Cribiore and G. Vittmann, "Inscriptions from Tombs at Bir esh-Shaghala," *CdE* 90 [2015], 336; 341–43) and in Roman period papyrus fragments from Ismant el-Kharab/Kellis.

12. Klotz, "Theban Devotee," 155–80.

13. For the Greek reconstruction, see the contribution mentioned in n. 11.

14. For the name-bearer, a ruler of Siwa, see K. P. Kuhlmann, *Das Ammonieion: Archäologie, Geschichte und Kultpraxis des Orakels von Siwa*, AV 75 (Mainz, 1988), 104–5.

15. A. H. Nur el-Din, "The Demotic Ostraca from Qāret el-Muzawwaqa," in A. Fakhry, *Denkmäler der Oase Dachla*, AV 28 (Mainz am Rhein, 1982), 108, no. 12 (erroneously read *Stn* …) with pls. 47 and 73.

16. oMut 18/21, 4; 18/44, 4 (scribe in both documents); 18/32, concave, 1. A fourth ostracon with mention of probably the same individual (18/7, 1) is undated.

son of Peteyris,[17] who according to two ostraca (18/116, convex side, 1–2; 18/159, 2) was a *ḥm-nṯr Wsir* "prophet of Osiris."

d) The formula *my tw=w*, "let be given ..." is typical for orders of payment in the Western Oases[18] and in Nagᶜ el-Mashaikh[19] in the Thinite nome but rarely attested in other regions of the country.[20] In the ostraca from Mut, as in the present case, the formula is mostly continued by partitive *ẖn p3 ḥtr ḥ3.t-sp* x (see note e) but there are some exceptions: 18/25, 1 has *my tw w* ⸢*sw*⸣ *2 1/2 r-ḏr.t* () *n* ⸢...⸣, "Let be given 2½ (artabas of) wheat into the hand of ⸢...⸣"; 18/65, 1 *my tw=w n=k p3* ⸢... ...⸣, "Let be given to you the ... ..."; 18/66, 1 *my tw=w š(š)w irp 1 r 1/2* ⸢*r 1* ᶜ*n*⸣ *(r-)ḏr.t* ⸢...⸣, "Let be given 1 jar of wine, (its half makes) ½, makes 1 again, into the hand of ⸢...⸣"; 18/136, 2–3 *my tw=w ḥḏ 15 (n) Ns-p3-nṯr ḥn*ᶜ *P3-di-wsir,* "Let be given 15 silver (deben) to Espnuthis and Petosiris." In those cases, the purpose of the payments is partly not stated, partly damaged or unclear.

In a letter written by the *wab*-priests of the God Soknebtynis to the epistates, the formula *my di=w* is used in a perfectly comparable context (see below n. 48) although that document is a formal request, not an order for payment proper.

e) The term *ḥtr*[21] or here, in accordance with the spelling , rather *ḥṯ*, literally means "necessity" (especially in the frequent formula *n ḥtr iwtj mn* "with necessity and without delay") and is used in the general sense of "duty; tax; fee," Coptic ϩⲱⲧⲉ. In the Canopus decree, hieroglyphic *ḥtr* corresponds to *škr* in demotic and to πρόσοδοι in Greek; in the Rosettana demotic *p3 ḥtr p3 škr* (l. 7) is rendered by αἱ πρόσοδοι καὶ φορολογίαι in Greek (note that the Greek, unlike the demotic, uses the plural). The recently published earlier Alexandria decree[22] has *p3 ḥtr p3 škr pr-*ᶜ*3* in the demotic (l. 24) and *ḥtr.w n nsw ḥn*ᶜ *b3k=f*, "the royal taxes and his (i.e., the King's) revenues" in the hieroglyphic version (l. 5; the term *ḥtr* again in line 6 but without repetition in the demotic version).

Whereas in specific contexts *ḥtr* could designate any kind of taxes and dues such as, for example, the *ḥtr ẖwy(.t)* "altar tax" (φόρος βωμῶν)[23] or the *ḥtr ḏy-nṯr*, literally "tax of the god's ship" (i.e., rents for fisherboats, φόρος ἁλιευτικοῦ πλοίου),[24] it seems that in the Western Oases there is a close relation between the term *ḥtr n ḥ3.t-sp* x, the harvest tax (ἐπιγραφή; ἐκφόριον), known as *šmw* in Thebes[25] and Khargeh (see below, end of this note), and the syntaxis, the annual remuneration awarded by the Crown to the temples and their staff. In other words, part of the harvest tax that had annually to be paid by lessees of temple land to the Crown flowed back to the temples.[26]

17. Cf. Vittmann, "Demotische und kursivhieratische Ostraka," 22–26.

18. Cf. Vittmann, "Demotische und kursivhieratische Ostraka," 22 (for the evidence from Mut, and addressed to Phibis son of Peteyris); 24 (other places).

19. To this day only one example from Nagᶜ el-Mashaikh has been fully published: B. P. Muhs, K. A. Worp, and J. van der Vliet, "Ostraca and Mummy Labels in Los Angeles," *BASP* 43 (2006), 12–14 (B. Muhs). Some more orders for payment have recently been translated and discussed by B. Muhs, "Temple Economy in the Nagᶜ el-Mesheikh Ostraca," in M. Depauw and Y. Broux (eds.), *Acts of the Tenth International Congress of Demotic Studies, Leuven, 26–30 August 2008*, OLA 231 (Leuven, Paris, and Walpole, MA, 2014), 159–62. A similar document from the same place had been published by U. Kaplony-Heckel, "Ein Weizen-Überweisungsauftrag zugunsten des (Tempel-)Wirtschafters Hor (Das demotische Kalkstein-Ostrakon Leipzig ÄM 4789)," *JEA* 86 (2000), 99–109, but there the formula *my tw=w* has been replaced by *my sẖ=w*.

20. Two Theban examples are oBM 19509, 2 (St. Wångstedt, "Demotische Ostraka. Varia III," *Orientalia Suecana* 31–32 [1982/83], 12 no. VII) and oMedinet Habu 3333, 2–3 (M. Lichtheim, *Demotic Ostraca from Medinet Habu*, OIP 80 [Chicago, 1957], 69, no. 155 and pl. 23).

21. Cf. *CDD ḥ* (version 30 July 2009), 313–321, especially 319–321 for the meaning "tax". Equal in transcription but having different determinatives (and different actual pronunciation) are the words *ḥtr* (ϩⲁⲧⲣⲉ) "twin" and *ḥtr* (ϩⲧⲟ) "horse."

22. Y. El-Masri, H. Altenmüller and H.-J. Thissen, *Das Synodaldekret von Alexandria aus dem Jahre 243 v.Chr.*, BSAK 11 (Hamburg, 2012), 38; 86–87; 202 (sections 27 and 29).

23. S. L. Lippert and M. Schentuleit, *Quittungen*, DDD 2 (Wiesbaden, 2006), 81.

24. W. Wegner, "Zu den Fischereiabgaben in Soknopaiu Nesos," *ZPE* 165 (2008), 161–68.

25. K. Vandorpe, "The Ptolemaic Epigraphe or Harvest Tax (*shemu*)," *AfP* 46 (2000), 169–232 (pp. 188 and 217 for the corresponding use of *ḥtr*); A. Monson, *From the Ptolemies to the Romans: Political and Economic Change in Egypt* (Cambridge, 2012), 162–84 (here also on the difference between "taxes" and "rents").

26. Vandorpe, "The Ptolemaic Epigraphe or Harvest Tax (*shemu*)," 177 n. 20; 182; 196; U. Kaplony-Heckel, "Die Oasen von Kharge

In the Greek parallel version of pElephantine 1 (= Berlin P 13532), 6 *šs-nsw ḥnꜥ pꜣ ḥtr n ḥ.t-nṯr n ḥꜣ.t-sp 23* "byssos and temple tax of year 23" is literally translated as πρός τε τὰ βύσσινα καὶ τὴν πρόσοδον τοῦ ἱεροῦ τοῦ κγ´ (ἔτους).[27]

Whereas in contexts like oMut 21/4, *ḥtr n ḥꜣ.t-sp* x probably refers to the *total* of tax payments that accrued to the temple, there are other examples of the same term that relate to personal payments made by different *individuals* to the temple, either for the whole year or in instalments. It may be useful to present some instances for the use of *ḥtr*:

A. Payments to Be Made from the *ḥtr* Tax (the Most Common Case in the Mut Ostraca)

Ex. 1 (1) *nꜣ sẖ.w Stẖ hb (n) Pꜣ-di-ij-m-ḥtp sꜣ Pa-nꜣ-ḫṯ* (2) *my tw=w* ⸢*ẖn*⸣ *pꜣ ḥtr (n) ḥꜣ.t-sp 42 (n-)ḏr.t* (3) *Pꜣ-hb (sꜣ) Pꜣ-di-Ḥr wbꜣ pꜣ hy irpy* (4) ⸢...⸣ *sšn hn 50 r 25 r 50 ꜥn st* (5) *šsp (n) ip* etc. "The scribes of Seth write to Petimuthes son of Panechates: Let be given from the tax of year 42 to/by(?)[28] Phibis (son of) Peteyris for the expenses of the temple ⸢...⸣ lotus-oil, 50 hin, (its half) makes 25, makes 50 again. They are credited" etc. oMut 18/129.

Ex. 2 (1) *nꜣ sẖ(.w) n Stẖ hb (n)* ⸢*Pꜣ-hb*⸣ *sꜣ Pꜣ-di-ḥr* (2) *my tw=w ẖn pꜣ ḥtr (n) ḥꜣ.t-sp 6.t wbꜣ pꜣ he* (3) *pꜣ irpy{.w} (n) nꜣ wꜥb.w ḥḏ 100 r 50 r 100* etc. "The scribes of Seth write to Phibis son Peteyris: Let be given from the tax of year 6 for the expenses of the temple to the priests, 100 silver (deben), (its half) makes 50, makes 100 silver (deben) again" oMut 18/68.

B. Individual Payments of *ḥtr* Tax (Contributions for the Syntaxis?)

Ex. 1 (1) *iw (n-)ḏr.t ꜣIj-m-ḥtp sꜣ Ḥr-pa-ꜣs.t pꜣ ḥtr (n) ḥꜣ.t-sp 35* (2) *ḥḏ-sp 2 11 r 5 1/2 r 11 ꜥn* etc. "Paid by[29] Imuthes son of Harpaesis: the tax of year 35, 11 (deben) silver money, (its half) makes 5½, makes 11 again" etc. oMuzawwaqa 12.[30]

Ex. 2 (1) *ḥꜣ.t-sp 53 ibd 3 šmw sw 10 (n-)ḏr.t Pa-ꜥnḫ sꜣ Ḥr* (2) *pꜣ ḥtr (n) ḥꜣ.t-sp 52 ḥḏ-sp 2 qd.t 2 r ḥḏ 100 ḥmt sp-2* (3) *44 r ḥḏ 144 r š(š)w 2 ḥḏ 44* etc. "Year 53, Epiphi 10, by the hand of Paonchis son of Horos: the tax

und Dakhle im Spiegel der demotischen Ostraka," in *Akten des 21. Internationalen Papyrologenkongresses, Berlin 1995, AfP*, Beiheft 3 (1997), 530–31 (reprinted in U. Kaplony-Heckel, *Land und Leute am Nil nach demotischen Inschriften, Ostraka und Papyri: Gesammelte Schriften*, ÄA 71, pt. 2 [Wiesbaden, 2009], 1057–1058). For the connection between harvest tax and syntaxis, see also U. Kaplony-Heckel, "Theben Ost, III," *ZÄS* 128 (2001), 32–33; F. Naether, "Weizen für den Tempel. Die Syntaxis-Quittung O.Lips. ÄMUL dem. 1418 ('Ostrakon Ebers')", in L. Popko, N. Quenouille and M. Rücker (eds.), *Von Sklaven, Pächtern und Politikern: Beiträge zum Alltag in Ägypten, Griechenland und Rom. Δουλικὰ ἔργα zu Ehren von Reinhold Scholl, AfP*, Beiheft 33 (Berlin and Boston, 2012), 184–98. Although *pace* Naether the crucial term in the ostracon published there is definitely not *pꜣ swn(t)gs.t*/the syntaxis (I would rather read *pꜣ sw(n) ḥny* "the price of spices/offerings" or alternatively *pꜣ sw ḥny* "the offering wheat"), her overview on the evidence for syntaxis is still useful.

27. Cf. Sethe, *Bürgschaftsrecht*, 288–89 and pl. 38.

28. Since in many other cases, Phibis son of Peteyris only appears as the addressee of the orders but not as the recipient of the payments it is possible that he had to act as a colleague of the addressee and to organize the payment.

29. The first component of *iw (n-)ḏr.t X* is a frozen participle of *ii* "to come" in the sense of "paid (by X)", cf. S. Vleeming, *The Gooseherds of Hou (Pap. Hou): A Dossier Relating to Various Agricultural Affairs from Provincial Egypt of the Early Fifth Century B.C.*, StudDem 3 (Leuven, 1991), 32–33 (bb). This is to be distinguished from the use of *iw* as a noun with the meaning "receipt (of a payment)" as in the receipts from Roman Soknopaiu Nesos, where *iw (n-)ḏr.t* is always followed by the recipient of the payment who issues the receipt and thus can simply be translated as "receipt (issued) by XY"; cf. Lippert and Schentuleit, *Quittungen*, 2 (with translation "Bestätigung einer Einzahlung in die Hand des A"); A. Monson, *Agriculture and Taxation in Early Ptolemaic Egypt: Demotic Land Surveys and Accounts (P.Agri)*, PTA 46 (Bonn, 2012), 68–69 (6–7).

30. Nur el-Din, "Demotic Ostraca," 108–9 with pls. 47 and 73.

of year 52, 2 kite silver money, makes 100 (deben) bronze money and 44 (deben bronze money), makes 144 silver (deben), makes 2 jars[31] (of wine) and 44 silver (deben)" etc. oMuzawwaqa 14.[32]

Ex. 3 (1) *iw (n-)ḏr.t Pꜣ-bi⸢k⸣ sꜣ Pꜣ-šr-imn(?) pꜣ ḥtr* (2) *ḥꜣ.t-sp ⸢4⸣1 nḥḥ 4 r 2 r [4] ꜥn* etc., "Paid by Pbekis son of Psenamunis(?): the tax of year 41, 4 (hins of) oil, (its half) makes 2, makes [4] again" etc. oMut 18/43.

Ex. 4 (1) *ḥꜣ.t-sp 9.t ibd 3 šmw sw 6 pꜣ wḏꜣ*[33] *pꜣ tš Pr-ḥ.t-ḥr* (2) *in Pa-wn sꜣ Pꜣ-di-wsir pꜣ ḥtr n ḥꜣ.t-sp 9 tkm 2 r 1 r 2 ꜥn* etc., "Year 9, Epiphi, day 6. The granary of the Pathyrite nome. Phagonis son of Petosiris brought (i.e., paid) the tax of year 9, two (artabas of) castor (seed), (its half) makes 1, makes 2 again" etc. oZurich 1857.[34] In spite of the unusual spelling 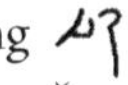, Wångstedt's reading *ḥtr* can hardly be doubtful. Another receipt for castor, also from Pathyris, uses the term *šmw n tkm n ḥꜣ.t-sp* x "harvest tax for castor for year x" instead.[35]

The close connection between the terms *ḥtr* and *šmw* can also be seen from a roughly contemporaneous receipt from ed-Deir (Khargeh) in which the payment of the harvest tax (*šmw*) seems to be explicitly equated with the "tax (*ḥtr*) of year 39" (of Ptolemy VIII, 131 BC).[36]

f) Given the close similarity of the writings for *3* and *4*, the correct identification here () and in line 8 (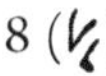) might be doubtful: whereas in the first instance, it is rather *3* than *4*, the latter at first glance seems to be *4*. However, since *ir* (as a variant for *i.ir*) correlates two regnal years, the second of which, in our case, is always unequivocally written *2.t*, the first numeral must be either *3.t* or *4.t* in *both* instances. It is quite possible that  in line 8 was intended to be  *3*, with coalescence of the two oblique lines. A problem, however, results from the fact that no double dating "year 3 (or 4) = year 2" is known to me from demotic sources.[37] However, in another ostracon dated to a "year 4," Sechthertais son Petemestus of line 1 (cf. above, note c) appears together with a certain Phibis son of Peteyris whose activity fell into the latter third of the rule of Ptolemy VIII (years 34 to 52) and continued for at least ten more years under the reign of Kleopatra III and Ptolemy IX, that is, into the period from 137/6 to 108/7.

For this reason, it is feasible to assume that the double dating "year 3 (or 4?) = 2" relates to the joint rule of Kleopatra III and her eldest son Ptolemy IX as well, that is, 115/4 (or 114/3) although I must leave it to others to explain the reason for the double dating. In retrospective, year 4 of Kleopatra III was also counted as year 1 of her younger son Ptolemy X, the earliest double date in a demotic documents of that period being year 11 = 8 (107/6).[38]

g) The usual and regular way of correlating two regnal years in Demotic was by means of *ntj ir*, but *i.ir ir*, *ir ir*, simple *i.ir* and even *ir*, as in the present document, are likewise attested.[39]

---

31. Thus, in 119/18 BC one jar of wine was calculated at 50 deben (= 1000 drachms). However, as we do not know the capacity of a "jar" (*ššw*) we cannot make much use of this information. For wine prices in the later Ptolemaic period, cf. K. Maresch, *Bronze und Silber: Papyrologische Beiträge zur Geschichte der Währung im ptolemäischen und römischen Ägypten bis zum 2. Jahrhundert n.Chr.*, Papyrologica Coloniensia 25 (Opladen, 1996), 189; M. Schentuleit, *Aus der Buchhaltung des Weinmagazins im Edfu-Tempel. Der demotische P. Carlsberg 409*, The Carlsberg Papyri 9 = CNI Publications 32 (Copenhagen, 2006), 361–62.

32. Nur el-Din, "Demotic Ostraca," 109 with pls. 47 and 73.

33. For the reading *wḏꜣ* (previously *rꜣ*) see J. F. Quack, "Zu einigen demotischen Gruppen umstrittener Lesung oder problematischer Ableitung," in S. P. Vleeming (ed.), *Aspects of Demotic Orthography. Acts of an International Colloquium held in Trier, 8 November 2010*, StudDem 11 (Leuven, Paris and Walpole, MA, 2013), 106–11.

34. St. Wångstedt, *Die demotischen Ostraka der Universität zu Zürich* (Uppsala, 1965), 27 no. 18 and pl. III.

35. oZürich 1859, Wångstedt, *Ostraka Zürich*, 28 no. 19 and pl. III.

36. oDeir (see introductory note) 1: *iw (n-)ḏr.t A ḫn pꜣj=f šmw m-bꜣḥ pꜣ ḥtr n ḥꜣ.t-sp 39 r.tw=f n B (n-)ḏr.t C.*

37. See P. W. Pestman, *Chronologie égyptienne d'après les textes démotiques*, P. L. Bat. 15 (Leiden, 1967); M. Depauw (ed.), *A Chronological Survey of Precisely Dated Demotic and Abnormal Hieratic Sources*, Version 1.0, February 2007 (Köln and Leuven, 2008) (= Trismegistos Online Publications 1), http://www.trismegistos.org/top.php.

38. Cf. Depauw, *Chronological Survey*, 133–34.

39. *i.ir ir*: E.g., pBM 69008 + Berlin P 13381, 21 (E. Van't Dack et al., *The Judean-Syrian-Egyptian Conflict of 103–101 B.C. A Multilingual Dossier Concerning a "War of Sceptres,"* CH 1 (Brussels, 1989), 52 and pl. 6); pReinach 7,1 (E. Boswinkel and P. W. Pestman, *Les archives privées de Dionysios fils de Kephalas*, P. L. Bat. 22 (Leiden, 1982), 119 no. 7 and pl. IX, and commentary 139–140 [86]); stela Moscow I.1.a 5373 (4093), 3 (S. P. Vleeming, *Some Coins of Artaxerxes and Other Short Texts in the Demotic Script Found on Various Objects and Gathered from Many Publications*, StudDem 5 [Leuven, Paris, and Sterling, VA, 2001], 118 no. 150).

h) In the Mut ostraca, *wbꜣ* frequently serves to indicate reason and purpose of the orders for payment: *wbꜣ pꜣ sḥt (n) pꜣ ntj-wꜥb n ibd 3 šmw ibd 4 šmw nḥḥ 15,* "for the illumination of the sanctuary in the months Epiph and Mesore, 15 (hins of) oil" (18/60, 2–3;[40] similarly 18/71, 2–3); *wbꜣ pꜣ he pꜣ irpy* "for the expenses of the temple" (18/68, 2–3); *wbꜣ pꜣ hy pꜣ irpy* ⌜...⌝ *sšn hn 50,* "for the expenses of the temple ... 50 hins of lotus oil" (18/129, 3–4); *n pꜣ he (n) ij r.ir=f r pꜣ tym wbꜣ pꜣ tḥs nḥḥ 12,* "for the expenses of his (a wab-priest's) having come into the city for the anointing 12 (hins of) oil" (18/81, 3–4).[41] Cf. also oHibis 17 and 19 (*wbꜣ tꜣ pr.t,* "for the seed"; 18 (*wbꜣ ibd-1 šmw ꜥrqj,* "for the last day of the month Pachons").[42]

i) The use of *fy* (written 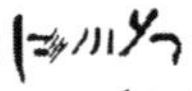 with a superfluous sign at the beginning) as a noun "delivery; offering" is unparalleled in Coptic but well attested in Demotic.[43] Examples for *fy m-bꜣḥ*—divinity include Berlin P 13566, 7. 14–15 (Chnum);[44] oMedinet Habu 1723, 3; 2365, 4 (Djeme);[45] oMedinet Habu 533, 2;[46] graffiti Medinet Habu 262, II 7. 12; 265, 1 (Chons);[47] Yale 4628 qua, 3 (Soknebtynis);[48] several receipts for offering wheat (Soknopaios);[49] oAshmolean 870 (Osiris).[50] Also most other examples that do not construe the noun *fy* with "*m-bꜣḥ*—god X" show that it is used within a cultic context,[51] i.e., with reference to some divinity. When there is specific mention of the subject of such offering deliveries it is mostly grain just as in the case of the ostracon here published (line 5), and in the receipts for payment of offering wheat from Soknopaiu Nesos. In the letter Berlin P 13562, verso 6–7, it is said *mn it bd(.t) di wbꜣ pꜣ fy* "here there is no barley and emmer for the offering delivery."[52] However, the *fy* may also embrace other things: in the letter oCairo 305, 12–13, the addressee is informed that nothing could be found for *pꜣ fy nḥḥ r pꜣ sḥḏ* "the delivery of oil for the illumination."[53]

Needless to say, the scribes may have had the term *fy* in mind even in cases where they did not use it, for example, in oMedinet Habu 291, which records the bringing of emmer "before Chons the Child."[54]

j) In the ostraca from Mut, and apart from personal names, Osiris (here written ) also appears in the term *ḥtp-nṯr Wsir* "god's offering of Osiris" and in the titles *ḥm-nṯr Wsir*[55] and *wꜥb Wsir.*[56] It is interesting that the triad

---

ir ir: G. Botti, *L'archivio demotico da Deir el-Medineh* (Florence, 1967), Nos. 30 to 33.

i.ir: pReinach 6, 1 (Boswinkel and Pestman, *Dionysios*, 115 no. 6 and pl. VIII; and commentary 139–140 [86]); so-called "Imhotep stela," 6 (J. D. Ray, *Texts from the Baboon and Falcon Galleries. Demotic, Hieroglyphic and Greek Inscriptions from the Sacred Animal Necropolis, North Saqqara*, EES Texts from Excavations Memoir 15 [London, 2011], 230–31); stela BM 1325, 1 (Vleeming, *Short Texts*, 132 no. 158).

ir: Botti, *Archivio*, No. 29, 4.

40. Vittmann, "Demotische und kursivhieratische Ostraka," 24 and fig. 18.
41. Ibid., 25 and fig. 10.
42. U. Kaplony-Heckel, "Die 28 demotischen Hibis-Ostraka in New York," *Enchoria* 26 (2000), 71–73, nos. 17–19 and pl. 9.
43. Cf. *CDD f* (version 29 June 2001), 3–4.
44. K.-T. Zauzich, *Papyri von der Insel Elephantine*, DPSMB 3 (Berlin, 1993), with unnumbered plate.
45. Lichtheim, *Demotic Ostraca*, 11–12, nos. 6 and 8 and pls. 36–37.
46. U. Kaplony-Heckel, "Theben Ost III (3. Teil)," *ZÄS* 137 (2010), 130–31, no. 51, and pl. XIII,5.
47. H. J. Thissen, *Die demotischen Graffiti von Medinet Habu*, DemStud 10 (Sommerhausen, 1989), 156–57 and 159.
48. W. Wegner, "Ein demotischer Brief aus Tebtynis (P. Yale 4628 qua)," *RdE* 60 (2009), 161, 168 and pl. XX.
49. Lippert and Schentuleit, *Quittungen*, nos. 43–49; 51; 53.
50. According to Kaplony-Heckel, "Ein Weizen-Überweisungsauftrag," 104 n. 27, this unpublished document from Abydos mentions "die Lieferungen vor Osiris."
51. U. Kaplony-Heckel, "Rund um die thebanischen Tempel (Demotische Ostraka zur Pfründen-Wirtschaft," in F. Hoffmann and H. J. Thissen (eds.), *Res Severa Verum Gaudium. Festschrift für Karl-Theodor Zauzich*, StudDem 6 (Leuven, 2004), 283–337 passim, esp. doc. 20, 5; 28, 6 (*ink s pꜣ fy pꜣ ḥnqy ḥr sḥḏ pꜣ nḥḥ*); 29, 4; 32, 5; 34, 6; 35, 5 (in the last three places *pꜣ fy pꜣ ḥnqe*).
52. Zauzich, *Papyri von der Insel Elephantine*, with unnumbered plate.
53. K.-T. Zauzich, "Neulesung zweier demotischer Ostraka Kairo (Nr. 267 und 305)," *Enchoria* 30 (2006/7), 103–07. The terms *nḥḥ* "oil" and *sḥṯ* "illumination" also play a role in the ostraca from Mut, cf. Vittmann, "Demotische und kursivhieratische Ostraka," 24.
54. Thissen, *Graffiti von Medinet Habu*, 163.
55. Cf. Vittmann, "Demotische und kursivhieratische Ostraka," 28, and Mut 18/116 with another example of the title *ḥm-nṯr Wsir*.
56. Abnormal hieratic oMut 38/53+58+59+61, text A, 8.

Osiris, Horus and Isis also occurs in Kellis (Ismant al-Kharab) and Deir el-Hagar; in both places these three gods (Horus appearing as Harsiesis) are depicted together with Nephthys.[57]

k) The unetymological spelling  *irm-n.im=w* (Coptic ⲛⲉⲙⲙⲁⲩ) instead of simple *irm=w* is furthermore attested in oMut 18/48, 2[58]; Berlin P. 8092, 3[59]; Krugtexte I, text A, 9[60] (both Roman). Additional evidence, mainly from ostraca, is provided by *CDD i* (version 18 april 2011), 169. The *theoi synnaoi* that "rest with them," i.e., with Seth, Osiris, Horus and Isis, certainly include his wife Nephthys, who often appears in the new findings of abnormal hieratic ostraca from Mut,[61] though so far never in the demotic ostraca, and presumably also the goddess Mut, who is occasionally mentioned in the Ptolemaic ostraca,[62] and other gods.[63]

l) As it is written, the group 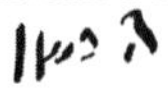 should be read *nꜣ(.w) m-sꜣ=w.* From the grammatical point of view, one would rather expect a relative construction **nꜣ ntj m-sꜣ=w*, and it is unclear what, or who, is the point of reference. Would it be reasonable to assume that along with the *theoi synnaoi*, there is a third group of deities standing "behind" the other ones? Or does *nꜣ(.w)* rather have a neutral sense "that (which)," i.e., "that which pertains to them (the aforementioned gods)?" *m-sꜣ* can have this particular meaning.[64]

My original reading *nꜣ(.w) gm=w* "that which was found (in the hand of ...)"[65] would be easier to justify on the basis of grammar and syntax, but palaeographical considerations speak against this proposal, the usual way of writing *gm* being rather  and the like.

m) It is not immediately clear whether 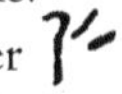 should be understood as *(n-)ḏr.t* "from the hand of" = "by" (introducing the agent) or as *(r-)ḏr.t* "in(to) the hand of" = "to" (indicating the recipient of the payment). As there was always the possibility of introducing the recipient unequivocally by the preposition *n* (which in the *my tw=w* formula was mostly omitted in writing)[66] or else by fully spelled *r-ḏr.t*,[67] it might seem more logical to conclude that *(n-)ḏr.t* indicated the agent. From the grammatical point of view, such an analysis could in fact be supported by the demotic "passive" constructions such as *tw=w s r tꜣ tby Ḥ.t-wre (n-)ḏr.t Ḥnꜣ sꜣ Pa-n-ꜣs.t p(a)-pꜣ-dni* "it (i.e., the document) was put into the chest of Hawara by Hanos son of Phanesis, the tax collector"[68] and *tws pꜣ ʿn-smi n nꜣ swb.w r.di=w n nꜣ mstpwr[s].w (n-)ḏr.t* **XYZ** "Here is the report about the weed which was given to the misthophoroi by XYZ";[69] compare the analogous use of ϩⲓⲧⲛ, ϩⲓⲧⲟⲟⲧ= in Coptic and the Late Egyptian predecessor

57. O. Kaper, *Temples and Gods in Roman Dakhleh: Studies in the Indigenous Cults of an Egyptian Oasis*, PhD diss. (University of Groningen, 1997), 44–45. For Nephthys in the Western Oases, see also J. Leváy, *Aspects of the Goddess Nephthys, Especially during the Graeco-Roman Period in Egypt*, PhD diss. (Brown University, 2007), 105–12.

58. A *my tw=w* document from "year 7" (---]⌜...⌝ *ḥtp irm-n.im=w*).

59. S. Lippert and M. Schentuleit, "Stoetis in geheimer Mission. Der Brief pBerlin P 8092," in H. Knuf, C. Leitz and D. von Recklinghausen (eds.), *Honi soit qui mal y pense. Studien zum pharaonischen, griechisch-römischen und spätantiken Ägypten zu Ehren von Heinz-Josef Thissen*, OLA 194 (Leuven, Paris, and Walpole, MA, 2010), 359 and pl. 72.

60. W. Spiegelberg, *Demotische Texte auf Krügen*, DemStud 5 (Leipzig, 1912), 14; 49 and pls. I; III.

61. Cf. Vittmann, "New Hieratic Texts from Mut al-Kharab (Dakhleh Oasis)."

62. oMut 18/39; 18/60; 18/71, cf. Vittmann, "Demotische und kursivhieratische Ostraka," 24, 28. There is, however, no etymological connection between the place-name *Mwt* (<*Mit*) and the name of the deity.

63. For deities attested in the demotic ostraca from Mut, see table 3 in Vittmann, "Demotische und kursivhieratische Ostraka," 28.

64. C. F. Nims, "Notes on University of Michigan Demotic Papyri from Philadelphia," *JEA* 24 (1938), 78 (4); see also *CDD s* (version 15 November 2013), 33.

65. Vittmann, "Demotische und kursivhieratische Ostraka," 25 (with question mark).

66. *n* is present in oMut 18/81, 2 and omitted in 18/12, 2; 18/68, 3; 18/136, 2; 18/159, 3; 22/35, 2. Omission of *n* in an analogous context is also found in Nur el-Din, "Demotic Ostraca," 110–11, nos. 19, 2 and 20, 3.

67. oMut 18/25; 18/32; 18/75; 18/160, 2.

68. pCarlsberg 35, 7; 36, 10, see E. Lüddeckens, *Demotische Urkunden aus Hawara*, VOHD 28 (Stuttgart, 1998), 15; 26 (documents No. 2 and 3).

69. pTrinity College 354/2, 3–6, see W. Clarysse and M. Depauw, "Two Demotic Letters from a Village Scribe of Alexandrou Nesos," in *Honi soit qui mal y pense*, 150 (with reading *sw* "wheat" instead of *swb* "weed") and pl. 43.

m-ḏr.t in the sense of "by", "through the agency of".[70] Seen against this background, the translation of the sentence *my tw=w* [...] ... *hn 3* (...) *(n-)ḏr.t Pꜣ-šr-mḥy* by B. Muhs as "Cause that they give ... 3 hin (...) ***through***[71] *Pꜣ-šr-mḥyt*"[72] might at first glance seem plausible.

When studying the parallels, however, it will be noticed that other authors take *(n-)ḏr.t* differently. M. Lichtheim translates the phrase *my tw=w sw 1* (...) *(n-)ḏr.t ..?.. tꜣ rmṯ.t n Ḥr-sꜣ-Ꜣs.t* (...) *iw=f šsp n ip* as "Let there be given 1 artaba of wheat (...) ***to***[73] ---, the wife of (...), it being credited."[74] In the orders for payment from Khargeh, the address *i.ir-ḥr nꜣ rd.w pꜣ wḏꜣ*,[75] "to the agents of the granary" is usually continued by *my tw=w sw* (var. *it*) (...) *(n-)ḏr.t X* "Veranlaßt, daß sie (... Artaben) Weizen/Gerste ***in die Hand des***[76] (...) auszahlen."[77] In a letter from Tebtynis, the epistates (*ppsṯs*) of Oxyrhyncha is requested by the "wab-priests who enter before Sobek lord of Tebtynis (Soknebtynis)" to cause the transmission of four artabas of wheat for the offering delivery before Soknebtynis as follows: *my di=w s (n-)ḏr.t pꜣ wʿb wḥm(?) ntj in n=k tꜣ šʿy(.t)*, "möge man sie geben ***in die Hand des*** berichtenden(?) Priesters, der dir den Brief bringt."[78] Accordingly, *(n-)ḏr.t*, *r-ḏr.t* and *n* obviously all have the same function, that is, to introduce the recipient of the payment, who would otherwise be unmentioned. Thus, in the light of the evidence from Mut, Muzawwaqa, Khargeh and other places, an analysis as *(r-)ḏr.t*, "into the hand of (...)" is to be preferred.

It must not be overlooked, however, that *n-ḏr.t* could be written where we would expect *r-ḏr.t*, for example, *tw=w s n-ḏr.t* (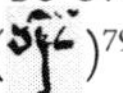)[79] *Stne*, "it was given into the hand of Setne" (1 Setne, V 16); *tw=f pꜣ ḏmʿ n-ḏr.ṯ=y* (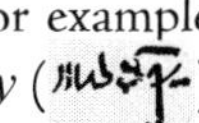), "He gave the book into my hand" (ibid., III 40); *tw Ḏḥwtj šʿ.t n hb n-ḏr.ṯ=k* (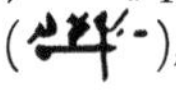), "Thoth will place a letter of dispatch into your hand" (pBerlin P 8351, IV 1).[80] Thus there is no objection to transcribing 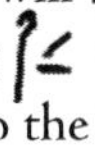 and variants as *(n-)ḏr.t* regardless whether it means "from the hand of, by; in the hand of" (< *m-ḏr.t*) or "into the hand of" (~ *r-ḏr.t*).

n) The name *Ḫnsw-nb-ʿnḫ* (*Χενσνεβωνυχος) is unknown to the onomastic handbooks but it also occurs in three other Ptolemaic ostraca from Mut.[81] A hieroglyphic example is found on a Late period coffin in Leiden, where the father of the owner *Ꞽr-ḥp-iꜣwt* is called *Ḫnsw-nb-ʿnḫ* () and *Ḫnsw-mꜣʿ-ḫrw*.[82] According to *LGG*,[83] the epithet *nb ʿnḫ* "lord of life" is not attested for Chons, but the semantically parallel construction *Ḫnsw-nb-ʿḥʿ* is well-known.

Defining the function of Chensnebonychos and Petemestus depends on how we understand the preceding preposition, see note m. If *(n-)ḏr.t* had its common meaning "by, from," it would result that those two individuals were active at the local temple granary and had to arrange for the delivery of the desired quantity of grain for the daily offerings. If, however, we accept the analysis of *(n-)ḏr.t* as "into the hand of (...)" > "to," Chensnebonychos

70. J. Černý and S. Israelit-Groll, *A Late Egyptian Grammar*, Studia Pohl 4 (Rome, 1975), 120 (7.3.17, ii).

71. The emphasis is mine.

72. Muhs, Worp, and van der Vliet, "Ostraca and Mummy Labels in Los Angeles," 13 (the reading of the proper name is certain).

73. The emphasis is mine.

74. Lichtheim, *Demotic Ostraca*, 69 no. 155 and pl. 33.

75. For the reading *wḏꜣ* instead of *rꜣ* see above, n. 33.

76. The emphasis is mine, and so is the contraction "Weizen/Gerste."

77. Kaplony-Heckel, "Die 28 demotischen Hibis-Ostraka in New York," 59–83, esp. oHibis nos. 16, 17, 19, 22. The emphasis is mine. In some other texts (oHibis no. 21, 23, 25), the preposition is not preserved; it should have been either *(n-)ḏr.t* or *n/(n)*.

78. pYale 4628 qua, 3, see Wegner, "Ein demotischer Brief aus Tebtynis," 161 and pl. LXX.

79. That the horizontal line is in fact to be read as *n* and not to be taken as a part of the spelling of *ḏr.t*, is proven by the fact that the scribe of the First Setne Tale made it only, and with consequence, when it was grammatically necessary. In all other instances (e.g., V 29) he omitted it.

80. M. Smith, *The Liturgy of Opening the Mouth for Breathing* (Oxford, 1993), 27; 32 and pl. 3.

81. oMut 18/11; 18/85; 18/94.

82. Leiden L.XII.2 (own copy).

83. Leitz, *LGG* III, 604b.

and Petemestus were in charge of the processing of the grain, either the bakers in person who had to bake the offering breads or their supervisors. In any case, their function might have been that which in the ostraca from Nagʿ el-Mashaikh was called *šnʿ*, a title translated as "Wirtschafter" by Ursula Kaplony-Heckel[84] but elsewhere attested with the Greek rendering ἀρτοκόπος ("baker").[85]

o) The name *Pa-ʿnḫ* (*Παωγχις) "He of the Living One" also occurs in eight other ostraca of same provenance, and several times at nearby el-Muzawwaqa.[86] An additional example, apparently likewise from el-Muzawwaqa, is found on an unpublished ostracon on exhibit in Khargeh Museum. For the feminine counterpart *Ta-ʿnḫ* see *Demot. Nb.* I, 1168.

p) Inserted into the space between lines 4 and 5.

q) *ḥnʿ* is written . The misleading oblique tick that is visible at the basis of the vertical stroke on the photograph belongs to the writing in *ʿnḫ* in line 5; compare the analogous spelling of the latter at the end of line 4.

r) The otherwise unknown Petemestus son of Sechthertais could be a son of Sechthertais son of Petemestus mentioned in line 1.

s) The group  should contain the word for "artaba"[87] but its exact analysis is difficult. It looks somehow as if the parts that make up the usual writing  (and similar) had been wrongly put together. Possibly only the latter half of the group was intended to be *rtb*, but then it is unclear which function the preceding sign might have.

t) From the so-called *r.rḫ=w* ostraca and other documents we learn that the harvest tax usually was about 4 to 5 (or even up to 8) artabas per aroura of cultivable land.[88] The 152 artabas, however, were only *part* of the tax, which can be inferred from the partitive use of the preposition *ẖn pꜣ ḥtr*. A similar amount—150 artabas—was paid by an individual for the harvest tax "of year 30" that was used, as is explicity stated, as syntaxis for the "temple of Thebes" for the "offering delivery before Djeme."[89]

According to the receipts of offering wheat from Roman Soknopaiu Nesos, 1 artaba was needed per day.[90] The situation in Mut need not have been identical, of course, but given the rather high amount of 152 artabas it is reasonable to assume that it must have covered a considerable period of time, perhaps as much as five months.

u) This scribe does not reappear in the other ostraca from the area.

v) The group  is probably to be understood as *Ḫnsw-ḏḥwtj sꜣ Nḫṱ*, the *sꜣ* sign being merged with the beginning of the next name. *Ḫnsw-ḏḥwtj*, which is common as a personal name especially in the Theban area,[91] is not known to me from other ostraca from Dakhleh, and the presence of the god Chons-Thoth in Bahriya[92] is no sufficient explanation for his appearance in a personal name in Dakhleh. I do not think that the group should be analyzed as one single name **Ḫnsw-ḏḥwtj-nḫṱ* as *Ḫnsw-ḏḥwtj* is never used to form compound names.

84. Kaplony-Heckel, "Ein Weizen-Überweisungsauftrag," 99. For *šnʿ* in the ostraca of Nagʿ el-Mashaikh see now also Muhs, "Temple Economy in the Nagʿ el-Mesheikh Ostraca," 159–60.

85. G. Vittmann, "Zwei Spätzeittitel," *SAK* 21 (1994), 338–43. In the receipts for offering wheat from Soknopaiu Nesos, the title *ʿ-n-sṱy* seems to denote a baker, cf. Lippert and Schentuleit, *Quittungen*, 168, 182.

86. Cf. Nur el-Din, "Demotic Ostraca," 117, see also *Demot. Nb., Korrekturen und Nachträge*, 164 note to p. 357 with the only known example from the Nile valley (pLoeb 42, verso 7). Another example from the Western Oases is mentioned by U. Kaplony-Heckel, "Die Oasen von Kharge und Dakhle," 529 (= Kaplony-Heckel, *Land und Leute* 2:1056).

87. Certainly not "insgesamt(?)," as translated in my preliminary report (see n. 1).

88. Cf. in general Vandorpe, "The Ptolemaic Epigraphe or Harvest Tax (*shemu*)," 174, 188; several individual examples for the tax rates can be found in U. Kaplony-Heckel, "Theben Ost II. Zwölf neue *r-rḫ=w*-Quittungen und fünf Kurz-Quittungen aus dem Acker-Amt," *ZÄS* 126 (1999), 41–54. For documents other than the *r-rḫ=w* ostraca see A. Monson, *From the Ptolemies to the Romans*, 170–71; idem, "Landholders, Rents, and Crops in a Ptolemaic Village: P. Heid. Dem. Inv. 46," in A. M. Dodson, J. J. Johnston and W. Monkhouse (eds.), *A Good Scribe and an Exceedingly Wise Man: Studies in Honour of W. J. Tait*, GHP Egyptology 21 (London, 2014), 230–31.

89. oMedinet Habu 533, see above, n. 46.

90. Lippert and Schentuleit, *Quittungen*, 182.

91. *Demot. Nb.* I, 881–82.

92. Leitz, *LGG* V, 771–72.

w) Due to damage, it is not clear whether the last sign of is the "strong *t*" or rather the personal determinative, which would otherwise be missing. Though the heyday of the name *Nḫt*[93] had been in a remote past, it had not totally fallen into disuse in the Greco-Roman period.[94] Several ostraca from Mut contain a similar looking name that is written (18/60, 9), (18/108, 5), (18/115, 7) but a reading *Pꜣ-nḫt* does not seem very likely.

x) The second character in the group *ḥ.t-nṯr*[95] is to be interpreted as the *ḥ.t* sign with a somewhat misleading and unusual curved line at the top (< *n*). The term *sẖ ḥ.t-nṯr*, both in the singular as a title describing the special function of individuals as in the present document—or, for example, in the case of Peteese (III), the author of pRylands 9—and in the plural with general reference to a collective of temple officials, is frequently attested.[96] From what was said above note (a) it can be deduced that this "temple scribe" belonged to the "scribes of Seth."

y) The reading of the group as *Nfr-ḥtp* is certain, but note the unusual two oblique strokes (as against *ḥtp* in l. 4). The presence of a clergy of this god[97] in Dakhleh is noteworthy; there are no other mentions of Neferhotep in the Mut ostraca, and the common Theban personal name *Pꜣ-di-nfr-ḥtp* is completely absent. I wonder if there could be any connection between *Ḫnsw-ḏḥwtj* with his "Theban" name (cf. above, note v) and his function as a scribe of the priests of Neferhotep.

z) In conjunction with *Nfr-ḥtp* at the end of the preceding line, a reconstruction *Nfr-ḥtp* [*pꜣ*] ⌜*ḫrd*⌝[98] would seem attractive although the interpretation of as *ḫrd* is not unproblematic.

aa) On the original and the photographs, the day date appears as , which is perhaps to be understood as *sw 11*. Alternatively, it might be a shortened writing of *sw 17*.[99] On the basis of what has been said in note f, the date would correspond to 29 April 114 BC/28 April 113 BC or 5 May 114 BC/4 May 113 BC.

***

This ostracon, like many other ones of the same provenance, confirms that Seth played a prominent role in the Western Oasis. He had his own clergy, he received offerings together with the *theoi synnaoi*, and individuals in Mut and elsewhere in Dakhleh were named after him. However, this positive role did not expel his "darker side," which, even in this distant area, was not forgotten. If it is true that in the Nile Valley of the Late period, Seth was mostly but not always represented negatively, and occasionally according to context in a positive and negative way in the same place,[100] it is also true that in the oases Seth was mostly but not exclusively seen in a positive light. Thus, a

93. Ranke, *PN* I, 209, 16 does not list examples from the period posterior to the New Kingdom.

94. Νεχθης F. Preisigke, *Namenbuch enthaltend alle griechischen, lateinischen, ägyptischen, hebräischen, arabischen und sonstigen semitischen und nichtsemitischen Menschennamen, soweit sie in griechischen Urkunden (Papyri, Ostraka, Inschriften, Mumienschilden u.s.w.) Ägyptens sich vorfinden* (Heidelberg, 1922), 231 (one example, third century BC); *Nḫt* pChicago OIM 25261, 7. 10, see G. R. Hughes and R. Jasnow, *Oriental Institute Hawara Papyri: Demotic and Greek Texts from an Egyptian Family Archive in the Fayum (Fourth to Third Century B.C.)*, OIP 113 (Chicago, 1997), 59–60, No. 10 and pl. 56 (the name is absent from *Demot. Nb.*).

95. For the many ways to write *ḥ.t-nṯr*, compare *CDD ḥ* (version 30 July 2009), 15–18.

96. Cf. G. Vittmann, *Der demotische Papyrus Rylands 9*, ÄAT 38 (Wiesbaden, 1998), 304–5; *CDD s* (version 15 November 2013), 438–39.

97. Cf. Leitz, *LGG* IV, 218–19. The only evidence from the Western Oases listed there is in Hibis temple (ex. [8]).

98. For Neferhotep the Child, cf. Leitz, *LGG* IV, 219.

99. Cf. *CDD* Days of the Month (version 16 June 2014), 19.

100. Cf. A. von Lieven, "Seth ist im Recht, Osiris ist im Unrecht! Sethkultorte und ihre Version des Osiris-Mythos," *ZÄS* 133 (2006), 142 and n. 6; Smith, "The Reign of Seth," 415.

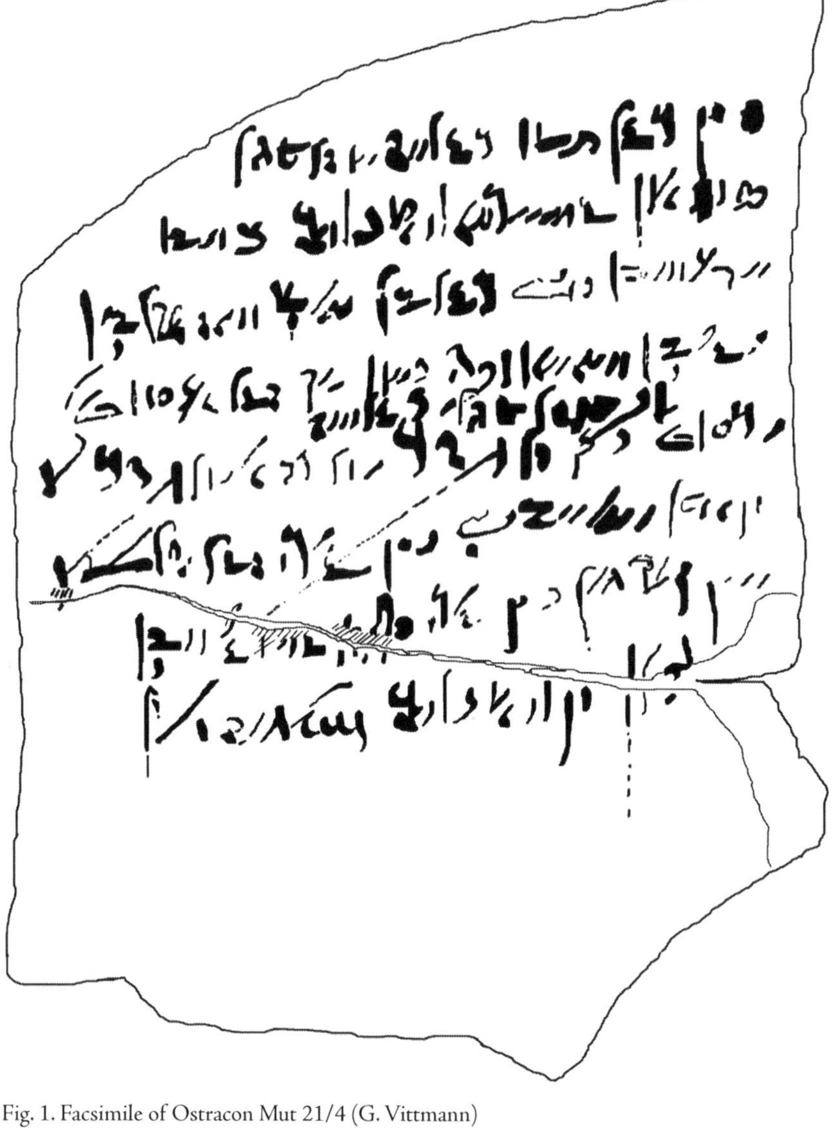

Fig. 1. Facsimile of Ostracon Mut 21/4 (G. Vittmann)

fragmentary papyrus from Kellis mentions the "the Killing of Seth" (*p3 sm3 St*)[101], apparently a technical architectural term which recurs on two demotic stelae from Saqqara.[102]

101. Cf. J. Tait, "A Note on Demotic Inscriptions from the Temple of Tutu," in C. A. Hope and G. Bowen (eds.), *Dakhleh Oasis Project: Preliminary Reports on the 1994–1995 to 1998–1999 Field Seasons*, Dakhleh Oasis Project: Monograph 11 (Oxford, 2002), 297–98.

102. H. S. Smith, C. A. R. Andrews, and S. Davies, *The Sacred Animal Necropolis at North Saqqara: The Mother of Apis Inscriptions*, EES Texts from Excavations Memoir 14 (London, 2011), 34 n. 25.

A Priestly Letter of Recommendation (P. CtYBR inv. 4628)

Sven P. Vleeming (Trier)

[P. CtYBR inv. 4628] Pl. 27 [Yr. 11 Ptol. IV: 211 BC]

Description: A fair papyrus of almost 22.75 cms wide by 8.75 cms high, inscribed crosswise on the recto (trace of a *kollêma* at the lower rim, right), the script running against the uppermost fibres (transversa charta). There is an address written on the *verso*, where the damage show clearly how the papyrus was first folded two times lengthwise.
Provenance: Probably Oxyrhyncha of the Fayum.
Date: Year 11, 17th Choiak (*l.* 5), probably under Ptolemy IV, is equivalent to our January 29, 211 BC; cf. n. *b* and *p*.
Contents. The priests of Souchos write to Aristaios, the epistates of Oxyrhyncha, asking him to assign (?) the levying or possibly rather the transport of the income of their temple to an unnamed priest who carries this letter.

[1]	*⸢Nꜣ⸣ wꜥb.w nti ꜥḳ m-bꜣḥ Sbk nb-Tꜣ-tn nꜣ ntr.w sn.w nꜣ ntr.w mnḫ nꜣ ntr.w ⸢mr⸣-ỉt=w smꜣꜥ ꜣrsṯys p(ꜣ)-psṯs*(d) (*n*) *Pr-Mḏ*: « *Dỉ.n*	The priests who enter(a) before Souchos, Lord of Tebtynis, and the Brother Gods, the Beneficent Gods, the Father-loving Gods,(b) greet Aristaios,(c) the epis<ta>tes(d) of Oxyrhyncha(e): « We
[2]	*ỉr nꜣ⸢y.k smꜣꜥ(.w)⸣ m-bꜣḥ Sbk nb-Tꜣ-tn pꜣ ntr ꜥꜣ, ỉw.k ⸢tn(?)⸣ ẖn nꜣy.f ḥs, ỉw.f dỉ.t n=k ḥs m-bꜣḥ Pr-ꜥꜣ* ꜥ.w.s. *Ỉw.f ẖpr ỉw.s ḥs*	make your blessings before Souchos, Lord of Tebtynis, the Great God; you are exalted in his favouring; he gives you favour before the King l.p.h..(f) If it happens that it pleases
[3]	*r-ḏbꜣ*(g) - - - -(h) *pꜣ fy m-bꜣḥ Sbk nb-Tꜣ-tn nꜣ ntr.w sn.w [nꜣ ntr].w mnḫ nꜣ ntr.w mr-ỉt=w, my dỉ.w-s* (*r*)*-ḏr.t pꜣ ⸢wꜥb⸣-sṯꜣ*(?)(k)	because(g) of - - - - - - -(h) the income(i) before Souchos, Lord of Tebtynis, and the Brother Gods, [the] Beneficent [God]s, the Father-loving Gods, may they give it into the hand of the - - -priest(k)
[4]	*nti ỉn{.w} n=k tꜣ šꜥy.* *Ỉw.f ẖpr r wn md* (*n*) *wḫꜣ<=s> ⸢dy⸣*,(l) *my ḥn.<w>-s* (*r*) *hb ⸢n=n⸣*(?),(m) [*dỉ.*]*y dỉ.{t}<w>-s.* »(n)	who brings you the letter. If it happens that there is something required from here, may they order to write to us,(m) [so] it may be given. »(n)
[5]	*Sẖ-bꜣk*(o) (*n*) *ḥꜣ.t-sp* 11*.t ỉbd-4 ⸢ꜣḫ.t 17(?)⸣*.	Humbly written(o) in year 11, 4th month of the *ꜣḫ.t* season (Choiak), day 17(?).(p)

The abbreviations of the text editions are those used in A. A. den Brinker, B. P. Muhs, and S. P. Vleeming, *A Berichtigungsliste of Demotic Documents*, StudDem 7 (Leuven, 2005).

Address on the Verso:

[1]	⸢*Nꜣ wꜥb.w nti ꜥḳ m-bꜣḥ Sbk*⸣ [*nb-Tꜣ-*]⸢*tn*⸣ *nꜣ ntr.w sn.w nꜣ ntr.w mnẖ*	The priests who enter before Souchos, [Lord of Teb]tynis, the Brother Gods, the Beneficent Gods,
[2]	⸢*nꜣ ntr.w mr*⸣-[*i͗t=*]*w* ⸢*smꜣꜥ ꜣrsṯys*⸣ *pꜣ*	the Father-loving Gods, greet Aristaios, the ....

(a) The "priests who enter" is a general designation of "the regular serving-priests of the cult," as J. Ray characterized them in "The Complaint of Herieu," *RdE* 29 (1977), 103, concerning P. Louvre E 3333, an official letter sent by the priesthood of Thoth of Ashmunein (sim. P. Herm. 2.1, where the expression is parallelled by plain "priests of Thoth" in Pap. Herm. 1 and 3). As a similar indication of rank the title is to be found a number of times in Pap. Ox. Griff. 13.1, 28.3, 41.1, 48.9, 49.6–7, 61.3, 70.1, P. L. Bat. XIX 42, 44–48 (= ST II 426, 428–32), in Ostr. Bucheum 165 (p. 63) and Hor 25.6–7, and also in various contexts among the demotic Pathyris documentation: Pap. Adler 17.19–20 and 19.15 (= Ostr. Tempeleide 29.17–18 and 67), Cairo II 30965 *vo.* 12, 31080 iv 4. It is difficult to assess their hierarchical position on the basis of P. Fitzhugh 3 i 5, ed. E. Reymond, "Fragment of a Temple Account Roll," *JEA* 60 (1974), 194, with comments. As officiating priests they correspond with the "stolistes" in the Greek texts; see R. Vos, in E. Boswinkel and P. Pestman (eds.), *Textes grecs, démotiques et bilingues*, P. L. Bat. 19 (Leiden, 1978), 188 n. *i*, H.-J. Thissen, *Die demotischen Graffiti von Medinet Habu*, DemStud 10 (Sommerhausen, 1989), 17, and G. Vittmann, *LÄ* VI, 63–5, s.v. "Stolist." In *Med. Habu*, 35, Thissen takes the expression in several of the Medinet Habu graffiti more pregnantly as indicative of the priests' entering into service, but it may possibly refer simply to the execution of the service.

(b) With this series of Ptolemies joined to the cult of Souchos (sim. P. Ox. Griff. 13.1), one wonders whether the text dates to the reign of Ptolemy IV (the Father-loving God), the reigning king being included in the title, or to that of Ptolemy V (the God who has Appeared), the king being excluded. Rosettana, from year 9 of Ptolemy V, prescribes that the King's name should be included in the priestly titulature, however, and although I fail to find a proper priest's title description from Ptolemy V's reign, the priestly notary scribe of P. BM Reich 10226 (pp. 73–74) of his year 20 does include the Gods Who Have Appeared in his titulary. Our text should date to the reign of Ptolemy IV accordingly and we may find confirmation of this in the notary scribes' titles of Pap. Louvre 2328 (reference by P. Pestman, *Chronologie égyptienne d'après les textes démotiques (332 av. J.C.-453 ap. J.C.)*, P. L. Bat. 15 [Leiden, 1967], 39/136) and E 9416 (ed. D. Devauchelle, "Notes sur l'administration funéraire égyptienne à l'époque gréco-romaine," *BIFAO* 87 [1987], 162–63) of years [8?] and 9 of Ptolemy IV, which do include the reigning Father-Loving Gods.

Pestman, *Chronologie*, 136, made a distinction between the titulatures of the notary scribes of Upper Egypt (Thebes), who joined the dynastic cult to that of their temple's god from about 220 BC onwards (P. Ehev. 22 [Ptol. IV yr. 3]; cf. P. Phil. 24.3 of 227 BC [Ptol. III yr. 21]),– and that of the "other priests." However, E. Lanciers, who devoted a splendidly researched article to the priests of the Ptolemaic dynastic cult in "Die ägyptischen Priester des ptolemäischen Königskultes," *RdE* 42 (1991), 117–47, regards all these priests as of one class, from which the priests of the king's cult are to be distinguished; see ibid., pp. 118–19 (esp. n. 15 and 21, for example). The notary scribes' titulatures may be used in comparison with the priests' titulature under discussion, accordingly. (Cf. also n. *k* below.)

(c) Aristaios does not seem to be known from other texts; see W. Clarysse, "Graeco-Roman Oxyrhyncha, a Village in the Arsinoite Nome," in S. Lippert and M. Schentuleit (eds.), *Graeco-Roman Fayum: Texts and Archaeology, Proceedings of the Third International Fayum Symposion, Freudenstadt, May 29–June 1, 2007* (Wiesbaden, 2008), (in n. *e*), 62.

(d) For the anomalous writing of Aristaios' title, see W. Clarysse, "Determinatives in Greek Loanwords and Proper Names," in S. Vleeming (ed.), *Aspects of Demotic Orthography: Acts of an International Colloquium Held in*

Trier, 8 November 2010, StudDem 11 (Leuven, 2013), 16 no. 34. For Greek loanwords in general, see W. Clarysse, in S. Vleeming (ed.), *Aspects of Demotic Lexicography: Acts of the Second International Conference for Demotic Studies, Leiden, 19–21 September 1984*, StudDem 1 (Leuven, 1987), 9–33, which list was reworked in his *Orthography* article, pp. 14–24.

The text seems to say clearly that Aristaios was the epistates of the village Oxyrhyncha. It is tempting to suppose that he was impinging on the competence of the temple epistates in this letter by interfering with the temple administration. However, before construing a conflict of interests here, we should perhaps realize that there may be any number of ad hoc reasons for the procedure in our tex: there might not have been a special epistates for the temple in Oxyrhyncha at the time; the designation "of Oxyrhyncha" just might have been used imprecisely for "<the temple> of Oxyrhyncha"; etc. For the function itself, see U. Wilcken, *Urkunden der Ptolemäerzeit*, I (Leipzig, 1927), 44–45.

(e) For Oxyrhyncha in the Fayum, see W. Clarysse, "Graeco-Roman Oxyrhyncha," 55–73, and S. Lippert, "Like Phoenix from the Mummies: Demotic Documents from Oxyrhyncha in Cartonnages from Tebtunis," in S. Lippert and M. Schentuleit (eds.), *Graeco-Roman Fayum: Texts and Archaeology, Proceedings of the Third International Fayum Symposion, Freudenstadt, May 29–June 1, 2007* (Wiesbaden, 2008), 165–71.

(f) For similar good wishes for the success of the addressee, see M. Depauw, *The Demotic Letter: A Study of Epistolographic Scribal Traditions against their intra- and Intercultural Background*, DemStud 14 (Sommerhausen, 2006), 189–90.

(g) Although slightly damaged, the reading *r-ḏbꜣ*, "because of," is not in doubt; cf. P. Lille 118.7, and Depauw, *The Demotic Letter*, 267. Egyptian politeness required the avoidance of the use of the second person, which was achieved by using the impersonal third person plural.

(h) : although not much of this word may have been lost, it resists interpretation. One expects a word for "to assign, entrust," in keeping with the expression "may they give it" later in the line. Perhaps the word should be determined ("*the* well known assignation which stands in question here"), but I suppose there is no reason why the form could not be a plain infinitive.

(i) "The income": this is the only indication of the purport of our text. The word itself is fairly indeterminate. It does not seem to be known in reference to taxes, but the *Chicago Demotic Dictionary* suggests several meanings starting from its basic meaning "to bear": "to bear, carry, transport, " even "to steal," "to bear, lift up," even "to fly," "to bear, suffer," and for the masculine noun: "delivery, income." It was understood accordingly by M. Schentuleit, *Aus der Buchhaltung des Weinmagazins im Edfu-Tempel. Der demotische P. Carlsberg 409*, The Carlsberg Papyri 9 = CNI Publications 32 (Copenhagen, 2006), 238 (n. 275) and 260 *l.* 8 n. Note that the word has the god determinative, so we may take it to refer to the temple income, or part of it. However, the question that I find difficult to decide is whether the unnamed carrier of this letter was to take care of the keeping and the administration of the income, or whether he was merely to transport it. Perhaps his anonymity points in the latter direction.

(k) : ⸢*wꜥb*⸣-*sṯꜣ*(?), "- - - -priest." One cannot help to be reminded of the title 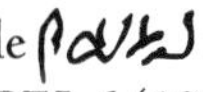 from the Lille papyrus ed. B. Menu, "Vente d'une vache de labour sous Ptolémée VIII Euergète II," *CRIPEL* 6 (1980), 230, but since this is apparently a dynastic priesthood (cf. Lanciers, "Die ägyptischen Priester des ptolemäischen Königskultes," 126 § 10), and the first part of the title in our text may well be *wꜥb*, "priest" (cf.  in *l.* 1), there is little common ground between the two titles.

A *wꜥb-sṯꜣ* does not seem to be known from other texts.

(l) Although the following word *dy*, "here," is fairly damaged, the context renders the reading certain; see Depauw, *The Demotic Letter*, 218–19. However, the lacuna in which the word largely vanishes does not seem wide enough to contain the suffix =*s*, "it," referring back to *md*, "thing," required by the context; see ibid. In imitation of the parallels, one may feel tempted to emend the text as <*iw.w*> *wḫꜣ*<=*s*>, "that they require," but ours seems to be the simpler correction.

(m) The context requires *n=n*, "to us" (see Depauw, *The Demotic Letter*, 219), but the preserved traces of the writing are suggestive of *n=w*, "to them." Perhaps the text is, for once, sufficiently damaged to warrant our reading.

(n) [*Di.*]*y*, "so I may let" (first person sg. of the final *sḏm.f* of *di*, "to give, let"), used here as the predecessor of the Coptic final ⲧⲁ-ⲣⲉϥ, is also found in a similar phrase occurring in this context on an ostrakon (H.-J. Thissen, "Demotische Ostraka aus Oxyrhynchos II," *Enchoria* 6 [1976], 63, *l.* 9), cited by Depauw, *The Demotic Letter*, 219, which renders the supplement [*di.*]*y* certain, and the correction into [*di.*]*n*, "so we may let," unnecessary. For this usage, Depauw refers us to J. H. Johnson, *The Demotic Verbal System*, SAOC 38 (Chicago, 1976), 278 (with further references).

Our text fairly clearly has *di.t-s*, "to give it," where *di.w-s*, "that they give it," is required. The omission of the *.w* suffix is not as simple an error as it may seem, because the *di.t* sign elected is that typical of the infinitive, which is never used to write the *sḏm.f* form: the scribe was plainly not aware of the etymology of the phrase. Should we read *di.y* <*ir.w*> *di.t-s* accordingly? Or is this a further instance of the usage described by J. Winand, "Some Uses of the Resumptive Pronoun in Late Egyptian Relative Clauses," *JEA* 95 (2009), 155–58?

(o) The small hook between *sẖ* and *ḥꜣ.t-sp* is clearly the rudiment of the word *bꜣk* found in the compound *sẖ-bꜣk*, "in writing of the servant" (hence our "humbly written"), first recognized by K.-T. Zauzich, *Ägyptische Handschriften, Teil* 2, VOHD XIX-2 (Wiesbaden, 1971), xvii–viii, building on G. Hughes's discussion of this usage in his review of Erichsen's *Demotisches Glossar* in *JNES* 16 (1957), 6–8; cf. now Depauw, *The Demotic Letter*, 229 top.

(p) Seventeenth Choiak of year 11 under Ptolemy IV would be equivalent to our January 29, 211 BC. (The alternative date to the reign of Ptolemy V discussed above in n. *b* would be equivalent to our January 25 in 194 BC.)

The scribe of this letter writes a beautiful demotic, but on closer inspection he seems to be less accurate than one would wish, at least in line 4, where we think to need at least four corrections: *in*{*.w*}, *wḫꜣ*<*=s*>, *ḥn*<*.w*>*-s*, *di.*{*t*}<*w*>*-s*). Semblance and reality. This makes one wonder whether one has understood everything correctly oneself.

Statue of Strategos Tryphon from Dendera (*SEG* LVIII 1823)

Aleksandra Warda (Warsaw)

This Festschrift in honor of Mark Smith, a great scholar of Demotic Studies and teacher, offers the opportunity to take a closer look at aspects of late Ptolemaic and early Roman Egyptian honoring practice, namely, the act of commemorating a person with a statue. This will be done through a detailed analysis of a fragmentarily preserved inscribed statue base of the well-known Denderite *strategos* Tryphon. Other than the recent brief presentation of its Greek inscription by the late Jean Bingen, the statue base has not yet been comprehensively studied.[1] The wealth of information preserved by the remnants of this now almost completely lost object points to the fascinating cultural complexity of the habit of using sculpted images to exchange honors in Dendera at the onset of Roman rule. Even if Egyptian sculpture (especially when inscribed in Greek) may at first seem somewhat distant from Mark Smith's core interests, he nevertheless devoted much time to the topic, and tirelessly supervised my graduate progress on the subject. Therefore, following the example of any decent honorary inscription, I would like to honor Professor Smith for all his exceptional goodness (ἀρετή) and goodwill (εὔνοια) towards his students with this "statue."

As noted above, paradoxically, the statue that is the focus of this paper no longer exists. What we are left with is the crowning course of its base with remnants of feet attached to the top and a dedicatory text in Greek carved on its front (pls. 28–29). The base is well preserved and stands at the entrance to the Roman mammisi in Dendera, where I had the opportunity of studying it in 2008. It was previously recorded in this particular location by Bernard Bothmer and Robert Bianchi, so it is clear that it has been exhibited there for several decades now.[2] Still, the original location of the statue within the site is not known and, as will be shown below, it can be inferred only tentatively from the content of the text. As noted above, the short inscription carved on the face of the base caught the attention of Bingen, who published the transcription, translation and photograph in his *editio princeps*, thus firmly introducing the text to the corpus of Greek inscriptions from Egypt.[3] Here, I will continue from where the first editor concluded and study the object in all its aspects, placing the text and the base on which it was carved in the context of the sculpted image. By doing so I hope to offer additional clues that could help to answer the question left to us by Bingen, namely, why Ptolemaios son of Panas chose to honor Tryphon with a statue.

1. J. Bingen, "Inscriptions pariétales et prosopographie à Philae au Ier siècle a.C.," *CdE* 83 (2008), 256–57; but see also the unpublished doctoral thesis of R. S. Bianchi, "The Striding Draped Male Figure of Ptolemaic Egypt," PhD diss. (New York University, 1976), 3:314–15 (no. XXIII H), which includes the base in the catalogue. The base is also included in my unpublished thesis: A. A. Warda, "Egyptian Draped Male Figures, Inscriptions and Context: 1st century BC–1st century AD," DPhil thesis (Oxford University, 2012), 2:239–44 (no. 22), on which this article is based.

2. B. V. Bothmer, *Corpus of Late Egyptian Sculpture*, Brooklyn Museum, New York, no. B–De–3 (hereafter *CLES*); and Bianchi, "The Striding Draped Male Figure," 3:314. I thank Edna Russmann for her assistance in accessing material gathered in the Brooklyn Museum's Corpus of Late Egyptian Sculpture and Edward Bleiberg for permission to publish the photographs from the Corpus.

3. A. Chaniotis, T. Corsten, R. S. Stroud, R. A. Tybout, "Tentyris. Honorary inscription for Tryphon, 10–1 B.C. (58–1823)," *Supplementum Epigraphicum Graecum*, Brill Online: http://dx.doi.org/10.1163/1874-6772_seg_a58_1823, accessed 10 July 2016; and Trismegistos 140707, http://www.trismegistos.org/text/140707, accessed 10 July 2016 (hereafter TM).

The Base

The inscription is carved on the front of a sandstone base taking the form of a polyhedron widening towards the top (max. height 27.5 cm; max. width 52.5 cm; max. depth 65 cm). The block is unevenly carved with only its frontal part fully sculpted and polished (pl. 28a). The sides are only roughly chiselled (pl. 29) and the back is partly unfinished with a lump of stone projecting from its midsection (pl. 28b). This suggests that the base was meant to be exhibited with only its front directly visible, so either in a shrine or a niche, or closely fitted among other pedestals and architectural structures. The top of the block was hollowed in the middle with a wide rectangular cavity (25.3 × 44.2 cm), allowing insertion of a statue plinth. The state of preservation of stone is very good; there are only minor cracks and scratches all over the surface. At the back there are also traces of whitewash, so originally the block may have been completely whitewashed.

Bases of this form are well attested in Dendera and at least four similarly shaped objects are known from the site.[4] Those include the pedestal inscribed in Demotic for the *strategos* Pamenches (late first century BC),[5] and three bases inscribed in Greek: the pedestal of Tullius Ptolemaios (first century AD),[6] the crowning course fashioned for an anonymous honorand (second/third century AD),[7] and the unpublished base inscribed in five lines of Greek exhibited at the entrance to the Roman mammisi in Dendera.[8] Of those, the bases of Pamenches and Tullius Ptolemaios preserve, in addition to their crowning courses, the cuboidal supporting blocks on which they were originally placed.[9] This would suggest that the base studied here was probably also placed on such an elevating block, or blocks, and so was a part of a composite structure.

Such multi-elemental supports crowned by distinctly shaped polyhedron blocks were not attested in Egyptian statuary of the Pharaonic times and their use in Dendera must be regarded an innovation.[10] The elevated stands with cavetto cornices, usually supporting statues of gods, protomes and sacred objects, are known from Egyptian sculptural representations, but their compact form differed from the one studied here.[11] Furthermore, in the Egyp-

4. The number of fragmentarily preserved statue bases unearthed in Dendera over the last century is substantial; see J. Maspero, "Sur quelques inscriptions grecques provenant du grand temple de Dendérah," *RecTrav* 37 (1915), 93–96; A. Bernand, *Les portes du désert: Recueil des inscriptions grecques d'Antinooupolis, Tentyris, Koptos, Apollonopolis Parva et Apollonopolis Magna* (Paris, 1984), 133–36 (no. 32), 143–46 (nos. 35–38), 149 (no. 44), pls. 25, 28–29; G. Wagner, R. Boutros, "Une dédicace en l'honneur de Titianus, ex-stratège du Tentyrite," *BIFAO* 93 (1993), 403–6; and A. Abdalla, "Finds from the Sebbakh at Dendera," *GM* 145 (1995), 21.

5. TM 52235, formerly stored in the Egyptian Museum in Cairo (CG 50047), in 2003 was moved to the Alexandria National Museum (ANM 505). For the pedestal, see: W. Spiegelberg, *Die demotischen Denkmäler III: Demotische Inschriften und Papyri*, CGC Nos. 50023–50165 (Berlin, 1932), 19–20, pl. 11; for the entire statue: A. Abdalla, "Graeco-Roman Statues Found in the Sebbakh at Dendera," in C. Eyre, A. Leahy, and L. Montagno Leahy (eds.), *The Unbroken Reed: Studies in the Culture and Heritage of Ancient Egypt in Honour of A. F. Shore*, EES Occasional Publications 11 (London, 1994), 5–8 (no. 2), pls. 4.a, 7.c (caveat: the transliteration of the title *syngenes* on p. 8 as *sn-gns* rather than *sn n Pr-ꜥꜣ*). I studied the statue in detail in Warda, "Egyptian Draped Male Figures," 2: 206–24 (no. 20).

6. Now in the Graeco-Roman Museum in Alexandria (inv. no. 20980); for the base (TM 88345), see: Bernand, *Les portes*, 133–36 (no. 32), pl. 25.

7. TM 88358. Now in Cairo (TR 12/10/19/1=18/7/15/13): E. Bernand, *Inscriptions métriques de l'Égypte gréco-romaine: Recherches sur la poésie épigrammatique des Grecs en Égypte*, ALB 98 (Paris, 1969), 360–61 (no. 90), pl. 49.

8. It was recorded at the entrance to the Roman mammisi by Bothmer in *CLES*, no. B–De–5. The text is well preserved and dates to the reign of Septimius Severus. The cuts made to accommodate the feet at the top suggest that the base supported a bronze rather than stone statue. I examined the stone in Dendera in 2008.

9. For reconstructions in line drawing: Spiegelberg, *Die demotischen Denkmäler*, 19; and Maspero, "Sur quelques inscriptions grecques," 94–95, respectively.

10. This is not to say that the Egyptians did not provide their statues with bases as is sometimes argued: B. S. Ridgway followed by A. Kosmopoulou, *The Iconography of Sculptured Statue Bases of the Archaic and Classical Periods* (Madison, 2002), 4. The bases were present and, as shown by F. Hoffmann, in Egyptian thought were understood as distinct from the figural representations placed on them: F. Hoffmann, "Measuring Egyptian Statues," in J. Steele and A. Imhausen (eds.), *Under One Sky: Astronomy and Mathematics in the Ancient Near East*, AOAT 297 (Münster, 2002), 117–19.

11. For the stands of this form, compare statues: Cairo CG 586: L. Borchardt, *Statuen und Statuetten von Königen und Privatleuten im*

tian sculptural tradition, bases supporting private statues were typically shaped as simple cuboidal blocks. Good examples of such supports are the limestone base of the Fifth Dynasty granite statue of Tepemankh (Cairo CG 162), the calcite base of the Twentieth Dynasty siltstone statue of Ramsesnakht (Cairo CG 42163) and the Twenty-Second Dynasty graywacke statue of Horakhbit (Cairo CG 42214), as well as the granite base of the breccia statue of Montuemhat (Cairo CG 42237).[12] The traditionally shaped cuboidal bases continued to be added to the private statuary produced in Egypt during the Ptolemaic period, such as the sandstone supports attached to the limestone statues of Piret (Cairo JE 37076) and Sachperis (Cairo JE 37026), found in the Karnak Cachette and datable to the second century BC.[13] Bases of this form could have been covered with elaborate hieroglyphic inscriptions and fulfil complex ritual functions, as is the case of the supports of the so called "healing statues," but their general shape was always that of a regular cube or cuboid.[14] As demonstrated by the basalt base with a cavity for the insertion of a statue at its top found in Dendera in 1907 (Cairo, JE 46918), statues with such traditional rectangular supports were also set up at the site.[15]

Indeed, the elaborate statue bases consisting of several parts and crowned with courses of a shape comparable to the one studied here were commonly used throughout the late Hellenistic Aegean.[16] The most laboriously produced Hellenistic bases were often molded at the top and bottom, which gave them a light, elegant form.[17] Molding would have allowed the highly geometricized look of a plain solid visible in the example under study to be eliminated. The base studied here borrows solely its general outline, rather than imitating in detail the Hellenistic form. Moldings and sculpted decorations are avoided, leaving a plain solid not much distant in its geometricity from bases attested in traditional Egyptian statuary. In this way the base was visually assimilated to its Egyptian traditional temple environment while still keeping its distinctly foreign form. This domesticated "foreignness" is additionally emphasized by the inscription, whose form was the one used most often in the honorific statues set up in the Greek world from the fourth century BC onwards.

Museum von Kairo II, CGC 1–1294 (Berlin, 1925), pl. 105; and CG 42078 (*Base de données Cachette de Karnak*, IFAO-SCA, no. CK 378, http://www.ifao.egnet.net/bases/cachette/?id=378, accessed 10 July 2016; hereafter CK): G. Legrain, *Statues et statuettes de rois et de particuliers* I, CGC 42001–42138 (Cairo, 1906), pl. 48; as well as: CG 42143 (CK 462), CG 42144 (CK 265), CG 42156 (CK 305), CG 42164 (CK 101), CG 42187 (CK 220), CG 42178 (CK 565), CG 42163 (CK 361): G. Legrain, *Statues et statuettes de rois et de particuliers* II, CGC 42139–42191 (Cairo, 1909), pls. 5, 6, 19, 27, 28, 42, 49, respectively.

12. All, except CG 162, which originates from Saqqara: L. Borchardt, *Statuen und Statuetten von Königen und Privatleuten im Museum von Kairo* I, CGC 1–1294 (Berlin, 1911), 116, pl. 36; were unearthed in the Karnak Cachette by Georges Legrain (Cachette Database CK 361, CK 36, and CK 522, respectively).

13. CK 180 (TM 58322): A. H. Zayed, "Réflexions sur deux statuettes inédites de l'époque ptolémaïque," *ASAE* 57 (1962), pls. 4–6, 10; and CK 154 (TM 113107): S. Albersmeier, "Ptolemaic Statues of Priestesses from Thebes," in P. F. Dorman and B. M. Bryan (eds.), *Perspectives on Ptolemaic Thebes*, SAOC 65 (Chicago, 2011), 57 (fig. 4.6).

14. Compare the elaborately formed and inscribed base of the "healing" statue of Djedhor (Cairo JE 46341; TM 58328): E. Jelínková-Reymond, *Les inscriptions de la statue guérisseuse de Djed-Her-le-Sauveur*, BdE 23 (Cairo, 1956), 1–2, 85–135; and his decorated base now in Chicago: E. J. Sherman, "Djedhor the Saviour Statue Base OI 10598," *JEA* 67 (1981), 82–102, pls. 13–14.

15. R. Engelbach, "Report on the Inspectorate of Upper Egypt from April 1920 to March 1921," *ASAE* 21 (1921), 72–73 (fig. 6); Abdalla, "Graeco-Roman Statues," 1–4 (no. 1), pls. 2–3.

16. For the typology of Hellenistic bases: I. Schmidt, *Hellenistische Statuenbasen*, Archäologische Studien 9 (Frankfurt am Main, 1995), 1–199, figs. 1–225 (for the type in question see chapter 4, 43–68, figs. 46–59, 212–13); and M. Jacob-Felsch, *Entwicklung griechischer Statuenbasen und die Aufstellung der Statuen* (Waldsassen, 1969), 77–104; see also the comments of J. Ma, *Statues and Cities: Honorific Portraits and Civic Identity in the Hellenistic World* (Oxford, 2013), 38–43; and S. Dillon, *The Female Portrait Statue in the Greek World* (Cambridge, 2010), 27–29. The formal aspects of the Roman period imperial bases are discussed by J. M. Højte, *Roman Imperial Statue Bases from Augustus to Commodus*, ASMA 7 (Aarhus, 2005), 27–40; with further bibliography.

17. Schmidt, *Hellenistische Statuenbasen*, 200–205, figs. 234–81.

The Inscription (*SEG* LVIII 1823)

The inscription is centrally carved on the rectangular frontal face of the base, which measures 13 cm in height and 52.5 cm in length. The text is laid out in two lines with the lettering of the upper line slightly larger. The first line is 50.2 cm, the second 50.9 cm long. Letter height in line 1: max 5 cm (*phi*), min 2.5 cm (*omega*), and line 2: max 3.2 cm. The letters are deeply cut, well-proportioned and well-spaced. The state of preservation of the inscription is good. The only damage is the chipped upper part of *tau* and *rho* at the beginning of the upper line, and the first *omicron* of the lower line, which is largely scratched out. The distinctive palaeographical features of the text include a lunar *sigma*, *epsilon* with a detached bar, *alpha* with unbroken bar and a small rounded *omega* carved in the middle of the line. The letter forms are very close (except for the *alpha*) to those of the short inscriptions on the bases of limestone theriomorphic statues similarly inscribed for Tryphon, that were unearthed from *sebakh* behind the temple of Hathor in 1910 (pls. 30b, 31a).[18]

Τρύφωνα τὸν στρατηγὸν
Πτολεμαῖος Πανᾶτος ἀνέθηκεν

Tryphon *strategos*,
Ptolemaios son of Panas has dedicated (this statue).

L.1: Τρύφωνα τὸν στρατηγὸν. Despite the popularity of the personal name Tryphon (Τρύφων: Trismegistos name ID: 6335) the official in question can be identified with certainty as the Denderite *strategos* mentioned in several other Greek and Demotic inscriptions originating from the site.[19] His current dossier comprises a monumental dedicatory text in Greek dated to year 31 of Augustus (AD 1) carved on the propylon of the temple of Isis, and short Greek inscriptions carved on limestone leonine statues unearthed at the back of the temple of Hathor (pls. 30b, 31a).[20] The *strategos* is also mentioned in Demotic inscriptions on three small sandstone votive stelae dedicated by local religious associations. Two of them are dated to year 32 of Augustus (AD 2) and one to the year 34 (AD 5).[21] Also, according to Adel Farid and Sven Vleeming, the name of this *strategos* can be restored to fit the lacuna in the third line of the Demotic text on a stela now in Philadelphia dated to year 33 of Augustus (AD 4), but the signs of the inscription are too worn to make this restoration certain.[22] In all these examples Tryphon is titled *strategos* and, if the tentative restoration on the stele in Philadelphia is correct, he also bore the aulic title *syngenes*,

18. One of the statues (TM 88339), described as a lion, was recorded in Dendera in 1910 by Gustave Lefebvre, "Égypte gréco-romaine III," *ASAE* 13 (1914), 106 (no. 26); re-edited by Bernand, *Les portes*, 121–22 (no. 26), pl. 22.1. According to E. Bernand, "À Propos des 'Portes du Désert'," *REG* 98 (1985), 392 (no. 26), this one was subsequently moved, first to Cairo, and next to the Graeco-Roman Museum in Alexandria (no. 21806). A headless sphinx bearing an identical inscription ([ἐ]πὶ Τρύφωνος στρατηγο[ῦ]) is still preserved in Dendera next to the propylon of Isis (pl. 30b) and there exists another inscribed statue of this kind ([ἐπὶ Τρύφωνος στρατ]ηγοῦ; pl. 31a), so the group consisted of several such statues, all of them bearing Greek inscriptions created to the same pattern. Distant images of the sphinx statues preserved next to the propylon of Isis can be found in S. Cauville, *Le temple de Dendara. La porte d'Isis* (Cairo, 1999), pls. 1–2, 20, 61.

19. J. Whitehorne, *Strategi and Royal Scribes of Roman Egypt*, Pap. Flor. 37 (Florence, 2006), 119; A. Farid, *Die demotischen Inschriften der Strategen*, VAS 4 (San Antonio, 1993), 52–55; F. Herklotz, *Prinzeps und Pharao: Der Kult des Augustus in Ägypten*, Oikumene 4 (Frankfurt am Main, 2007), 195. Trismegistos person IDs: 110784, 66341, 66336, all refer to this official as well.

20. The inscription on propylon (TM 88338), first of all: Bernand, *Les portes*, 116–21 (no. 25); for the animal statues see above n. 18.

21. Now in Bremen (Übersee-Museum, no number, line 3): TM 53811; Shimonosheki (City Art Museum C–010–141, lines 2–3): TM 53812, and Cairo (TR 11/5/18/1, line 2): TM 47599; see S. P. Vleeming, *Some Coins of Artaxerxes and Other Short Texts in the Demotic Script Found on Various Objects Gathered from Many Publications*, StudDem 5 (Leuven, 2001), 162–65 (nos. 170–71, 173), (hereafter Vleeming, *Short Texts*). I thank Ikuyo Kato and Masayasu Okamoto for their assistance with accessing Japanese archival material related to the stela in the Shimonosheki City Art Museum.

22. University of Pennsylvania Museum E.15997 (TM 53813): Vleeming, *Short Texts*, 164–65, (no. 172).

but this would be the sole attestation of this title in his dossier.[23] The name Tryphon appears particularly frequently in texts originating from Alexandria, which is sometimes understood as an indication of the Alexandrian origin of the official.[24] Therefore, the combined Greek and Demotic epigraphic evidence shows that Tryphon held the office of *strategos* in Dendera in AD 1–5.

L.2: Πτολεμαῖος Πανᾶτος: Ptolemaios (Πτολεμαῖος: Trismegistos name ID: 5317) and his father Panas (Πανας: Trismegistos name ID: 725) are known from a large number of Denderite inscriptions, most of which can be dated to the reign of Augustus.[25] Panas son of Psenobastis (*Pros. Ptol.* VIII 293; Trismegistos person ID 11356) is attested solely in texts written in Egyptian, in both Demotic and hieroglyphic scripts.[26] This official is mentioned in four short Demotic texts on small-scale votive objects donated by him to the local temple. These include a basalt cubic rod (Cairo CG 50050), a foot from a silver incense stand (London BM 59751/A), and a silver goblet (London BM 59751/B), as well as a silver bottle (Paris Louvre 11663) which Panas donated together with Hathorit, the sister of the *strategos* Pamenches who is honored in Dendera with a statue attached to a pedestal similar in shape to the base studied here.[27] In all the texts Panas is referred to as a *strategos* and in one also as a *syngenes* (BM 59751/B), but because none of the inscriptions bears a date, the exact time of his *strategia* cannot be established. In addition, the text on his back pillar statue now in Cairo (CG 690, cols. 1–2) lists Panas' priestly titles, which included those of the prophet of Hathor, Horus the Behedite, Harsomthus, Ihy, Harsomthus the Child, Isis, and the other gods of the temple of Dendera.[28] The text also credits Panas with the building of the temple of Hathor and the processional way leading from it to the temple of Horus the Behedite (col. 3). Therefore, both the texts and the objects on which they were carved demonstrate the intense engagement of this official with the local temple and are direct proof of his material support of the cultic practices taking place there.[29]

This is also the case with his son Ptolemaios (*Pros. Ptol.* VIII 322; Trismegistos person ID 12867), whose dossier also includes, in addition to the texts composed in Egyptian, an epigraphic record in Greek.[30] The earliest inscriptions related to Ptolemaios date to year 18 of Augustus (13 BC) and the latest to the year 24 of this ruler (6 BC).[31] Like his father, he held the office of *strategos*, bore the aulic title *syngenes* and was the holder of several local priesthoods including those of the prophet of Hathor, Horus, Ihy, Isis, and all the gods in the temple of Dendera.[32]

23. On the title in the context of Dendera, see now: C. A. Láda, "Greek or Egyptian? The Origin of the Ptolemaic Title συγγενής," *AfP* 58.1 (2013), 95–122.

24. A. K. Bowman, D. Rathbone, "Cities and Administration in Roman Egypt," *JRS* 82 (1992), 107; Herklotz, *Prinzeps und Pharao*, 198.

25. Up to date list in Láda, "Greek or Egyptian?," 99–105; and Herklotz, *Prinzeps und Pharao*, 193–95; on this see also G. Gorre, *Les relations du clergé égyptien et des Lagides d'après les sources privées*, StudHell 45 (Leuven, 2009), 132–50 (nos. 30–31). The classic study of the material is: H. de Meulenaere, "Les stratèges indigènes du nome tentyrite à la fin de l'époque ptolémaïque et au début de l'occupation romaine," *RSO* 34 (1959), 1–25. The editions of the texts from the dossier are conveniently gathered in Vleeming, *Short Texts*, 37–38 (no. 43), 40–41 (nos. 49.A and 49.B), 147–61 (nos. 161–68); and Farid, *Die demotischen Inschriften* I, 3–31; II, pls. 1–8 (with line drawings and photographs).

26. Trismegistos currently lists Panas under two person IDs: 11356 and 66314.

27. Vleeming, *Short Texts*, 44–45 (no. 55), 40–41 (no. 49), 37–38 (no. 43), respectively. On the statue of Pamenches, above n. 5.

28. TM 44170, for the text: L. Borchardt, *Statuen und Statuetten von Königen und Privatleuten im Museum von Kairo* III, CGC 1–1294 (Berlin, 1930), 34–35. The statue was last published by Borchardt nearly a century ago and needs reediting. I studied it in Warda, "Egyptian Draped Male Figures," 2:225–38 (no. 21), and hope to publish it soon. The text was recently partially retranslated into French in Gorre, *Les relations*, 132–34.

29. On this masterfully: A. F. Shore, "Votive Objects from Dendera of the Graeco-Roman Period," in G. A. Gaballa, K. A. Kitchen, and J. Ruffle (eds.), *Glimpses of Ancient Egypt: Studies in Honour of H. W. Fairman* (Warminster, 1979), 138–41.

30. The Greek texts: Bernand, *Les portes*, 113–16 (no. 24); É. Bernand, *Les Inscriptions grecques de Philae* II (Paris, 1969), 105–8 (no. 149), 99–100 (no. 146, with the caveat by Bingen, "Inscriptions pariétales," 247–52). For the Egyptian texts: Vleeming, *Short Texts*, 145–61 (nos. 159, 161–68); Farid, *Die demotischen Inschriften*, 5–23. Like his father, Ptolemaios is currently recorded in Trismegistos under two person IDs: 12867 and 66313. In Trismegistos Ptolemaios son of Panas is identified with Ptolemaios-Psenpchois, another influential local benefactor, whose identification I am hesitant to accept due to the popularity of the name and the fact that the Psenpchois floruit coincided with the Ptolemaic rather than Roman reign; for similar doubts see also Láda, "Greek or Egyptian?," 105–7.

31. Vleeming, *Short Texts*, 147–51 (nos. 161–62), 157–58 (no. 166), respectively.

32. Ibid., 147–48 (no. 161, l. 4–5), 150 (no. 162, l. 4–5), 152–53 (no. 163, l. 3–4), 155 (no. 164, l. 3).

In the well-studied Greek inscription on the bilingual stela now in Cairo (Cairo CG 50044, l. 4), dated to the 4th Pharmuthi year 18 of Augustus (30th March 12 BC), he is referred to as ἐπὶ τῶν προσόδων ("the one in charge of revenue") and in its Egyptian version as "the overseer of the treasury of Hathor, Isis and Horus" (l. 4).[33] Demotic inscriptions repeatedly also call him the "representative of Caesar" (*pꜣ rd.ṯ n Gysrs ꜣwtwgrtr*).[34] In addition, several texts credit Ptolemaios with extensive building activity, primarily in the area of the temple of Isis.[35] Therefore, like his father, he was responsible for the overseeing and financial management of the Denderite temples and the majority of the texts from his dossier were created in direct response to those activities and were meant to commemorate them within the local temple space.

L.2: ἀνέθηκεν. The grammatical structure with the name of the honorand in the accusative and that of the donor in the nominative followed by the dedicatory ἀνέθηκεν is a canonical formula used in inscriptions on honorific statues throughout the Hellenistic world.[36] It is often followed by a listing in the dative of divine recipients of the statue, not written here but nevertheless implied, and in the most elaborate texts also by an explanation for the reason for the dedication. This type of formula was popular in inscriptions on statues set up in Dendera in the Roman period and is also attested in the text on the first century pedestal of Tullius Ptolemaios and the inscription on the above-mentioned late second-century base exhibited at the entrance to the Roman mammisi.[37] It also recurs on bases discovered by Baraize in front of the propylon of the temple of Hathor and datable to the second and third centuries AD.[38] Thus, the inscription studied here is currently the earliest attestation of the use of the formula in Dendera. Of particular interest is also the fact that in the example analysed in this article the formula was used to dedicate a traditional Egyptian back pillar statue.

The Statue

The rectangular cavity at the top of the pedestal preserves the base of a granodiorite statue of graphite gray color that is still attached to it by means of plaster (pls. 28, 29, 31b).[39] The same technique was used to join a pedestal with the above-mentioned statue of Pamenches, indicating that the method was popular in Dendera at the time.[40] The extant part of the statue consists of a rectangular base (max 21 × 39 cm), which is rounded at the front and measures about 7 cm in height (it is sunk into a cavity filled with plaster, so its exact height cannot be established). The state of preservation of the base is good despite the long horizontal crack at the front and some chipping on the front right corner. At the rear, the right corner is completely smashed. The top of the base preserves the lowest section of the feet which join the back pillar at the rear of the plinth. The pillar is preserved up to 2 cm and is 14.7 cm wide (pl. 28b). The left foot is extant nearly in its entirety up to the ankle with only the top of the big toe missing. The right instep and heel are smashed, but the front with the toes is preserved. The feet are fully shaped and show well-formed toes with nails and cuticles. The statue was well-polished all over which contrasts with the mode of

33. CG 50044: Vleeming, *Short Texts*, 151–54 (no. 163); C. A. Láda, "One Stone: Two Messages (CG 50044)," in A. Bülow-Jacobsen (ed.), *Proceedings of the 20th International Conference of Papyrologists, Copenhagen, 23–29 August 1992* (Copenhagen, 1994), 160–64. On the ἐπὶ τῶν προσόδων: W. Huß, *Die Verwaltung des ptolemaiïschen Reichs*, MBPF 104 (Munich, 2011), 77–83.

34. Vleeming, *Short Texts*, 148 (no. 161, l. 6–7), 150 (no. 162, l. 7), 156 (no. 164, l. 4–5).

35. Ibid., 148 (no. 161, l. 8–9), 150 (no. 162, l. 8–9), 156 (no. 164, l. 5–6).

36. J. Ma, "Hellenistic Honorific Statues and their Inscriptions," in Z. Newby and R. Leader-Newby (eds.), *Art and Inscriptions in the Ancient World* (Cambridge, 2007), 208–15; and in more detail: Ma, *Statues and Cities*, 24–30, with up to date bibliography.

37. Above nn. 6 and 8.

38. Bernand, *Les portes*, 144–45 (nos. 36–37); the dating of no. 37 to the third century AD is tentative, see the correction proposed by P. J. Sijpesteijn, "Pauline, sœur de Carin César?," *ZPE* 63 (1986), 240.

39. Both Bothmer in *CLES*, and Bianchi, "The Striding Draped Male Figure," 3:314, identify the stone as gray granite.

40. G. Daressy, "Inscriptions tentyrites," *ASAE* 18 (1919), 188.

execution of the sandstone base, where only the front was finished off in full. Not enough of the statue survives to allow reconstruction of its original iconography, but the man was definitely shown barefoot and in a costume that terminated above the ankles. The figure was depicted with the left leg forward, so in the traditional "striding" pose that was commonly reproduced in Egyptian standing male representations since Predynastic times.[41] The statue was sculpted in the standard manner from a single block of stone, with the effigy depicted between the back pillar and the base.

Although the figure is only scantily preserved, a comparison with the similarly shaped base of Pamenches, which still preserves its statue intact offers interesting insights as to the form of traditionally formed statues that were set together with pedestals of this particular design.[42] The statue of Pamenches represents the so called "striding draped male figure" type, which was extremely popular in Dendera in the final decades of the first century BC.[43] At least five statues of this form have been recorded at the site to date and a further two are ascribed to it on account of the content of their inscriptions.[44] Among them, in addition to the statue of Pamenches, are the draped figures of Ptolemaios' father Panas, now in Cairo (CG 690), and the statue of the *strategos* Pachompsais, now in Alexandria (BAAM 474), both similarly datable to the reign of Augustus.[45] All show men dressed in elaborately draped costumes consisting of short-sleeved tunics, fringed skirts and mantles, the hems of which are held with the left hand resting over the abdomen in a characteristic pose. This pose, when in combination with the specific design of heavy draperies over the body, is not known from Egyptian statuary of the Pharaonic period and clearly follows visual models worked out in contemporary Hellenistic representations.[46] Still, despite this innovative treatment of the garments, the men are shown with left leg forward and right hand with clenched fist placed alongside their bodies in the manner known from Egyptian male representations since the dawn of Egyptian statuary production.[47] All of them also have obelisk-shaped back pillars carved with inscriptions that describe the lifetime achievements of their

41. M. Eaton-Krauss, "Non-Royal Pre-Canonical Statuary," in N. Grimal (ed.), *Les critères de datation stylistiques à l'Ancien Empire*, BdE 120 (Cairo, 1998), 211–12; E. Bernhauer, *Innovationen in der Privatplastik: die 18. Dynastie und ihre Entwicklung*, Philippika 27 (Wiesbaden, 2010), 19–20; on the interpretation of the pose: H. Schäfer, *Principles of Egyptian Art* (1st English ed.; Oxford, 1986), 293; and D. Wildung, "Bilanz eines Defizits. Problemstellungen und Methoden in der ägyptologischen Kunstwissenschaft," in M. Eaton-Krauss and E. Graefe (eds.), *Studien zur ägyptischen Kunstgeschichte*, HÄB 29 (Hildesheim, 1990), 70, 78.

42. On the statue, see above n. 5.

43. The classic reference, see: Bianchi, "The Striding Draped Male Figure"; and from a different perspective also B. H. Stricker, "Graeco-Egyptische private sculptuur," *OMRO* 40 (1959), 1–16; and G. A. S. Snijder, "Mitteilungen aus dem Allard Pierson Museum I: Hellenistisch-römische Porträts aus Ägypten," *Memnosyne* 7.4 (1939), 241–80.

44. Well-preserved draped statues with a confirmed provenance from Dendera include two objects in the Egyptian Museum in Cairo: JE 46059 (TM 44144) and JE 27837 (CG 690, TM 44170), and two in Alexandria: Bibliotheca Alexandrina Museum 474 (formerly Cairo TR 6/6/22/5, TM 54402) and National Museum 505 (formerly Cairo JE 46320 and CG 50047, TM 52235); as well as a statue documented in Dendera by Bothmer whose current whereabouts is unknown, see below n. 48. In addition, the unprovenanced statue now in Philadelphia: University Museum 40–19–3 (TM 43981) was almost certainly originally set up in Dendera as well. Finally, there is also a small figure now in Detroit: Institute of Arts 51.83 (TM 44173), which is often ascribed to Dendera on the ground of its inscription, but the text is equivocal and the statue might equally as well have been set up in Edfu. I have studied all those statues in their local context in: Warda, "Egyptian Draped Male Figures," 1:212–39; 2:155–255 (nos. 16–23).

45. For the statue of Panas (CG 690), see above n. 28, and for that of Pachompsais (BAAM 474; formerly Cairo TR 6/6/22/5): A. Farid, "Eine Statue des Strategen Pakhom-Pa-Schu, des Sohnes des Pakhom-Remet-Behedet," *MDAIK* 45 (1989), 155–68.

46. Contrary to B. V. Bothmer, "Hellenistic Elements in Egyptian Sculpture of the Ptolemaic Period," in K. Hamma (ed.), *Alexandria and Alexandrianism: Papers Delivered at a Symposium Organized by The J. Paul Getty Museum and The Getty Center for the History of Art and the Humanities and Held at the Museum, April 22–25, 1993* (Malibu, 1996), 225. As noted by C. Vandersleyen, "De l'influence grecque sur l'art égyptien. Plis de vêtements et plis de peau," *CdE* 60 (1985), 361–63, the rendering of draped garments in the statues of this type is a subtle Egyptian reinterpretation of visual solutions applied in contemporary Hellenistic Greek statuary. On the process and its broader sociocultural setting, see now P. E. Stanwick, "New Perspectives on the Brooklyn Black Head," in S. H. D'Auria (ed.), *Offerings to the Discerning Eye: An Egyptological Medley in Honor of Jack A. Josephson*, CHANE 38 (Leiden, 2009), 301–11; and J. Baines, "Egyptian Elite Self-Presentation in the Context of Ptolemaic Rule," in W. V. Harris and G. Ruffini (eds.), *Ancient Alexandria Between Egypt and Greece*, CSCT 26 (Leiden, 2006), 49–55.

47. J. Vandier, *Manuel d'archéologie égyptienne: Les grandes époques: la statuaire* (Paris, 1958), III, 62–63.

honorands in hieroglyphic script. The preserved head of Pamenches' statue shows an idealized smiling face with now missing inlaid eyes and a stylized hairstyle depicting short natural wavy hair. It is crowned with a stylized floral wreath ("band of rosettes") placed on the head in parallel to the line of the eyes, in a traditional manner.

Therefore these statues, like the pedestal itself, which is inspired by the forms of statue bases commonly used in the Hellenistic Greek world, ingeniously refer to the designs known from three-dimensional representations set up throughout the late Hellenistic Greek and Roman world, and skillfully adjust their general form to local Egyptian preferences and needs. As with these, all the "aggressively" foreign sculptural details are either abandoned, or domesticated in a way that allows a statue to maintain the form suitable for its intended religious purpose: of commemorating the honorands before the divine in the ultra-traditional Egyptian temple setting.

Among the group of draped figures recorded in Dendera during the last century, there is a headless and feetless figure recorded and photographed at the site in December 1954 by Bothmer (pl. 32).[48] Since then the statue has vanished but according to Bothmer's notes, which are preserved in the files of the *Corpus of Late Egyptian Sculpture*, it measured 123 cm in height. The width of its back pillar was 14.5 cm. The photographs show a formal and stylistic affinity between this object and the figure of Pachompsais datable to the reign of Augustus, so the now-vanished Bothmer statue was probably created around the same time as the base of Tryphon.[49] Still, whether this ephemeral figure and the feet preserved on the pedestal of interest to us here belonged together cannot be known.

The Lacking Context

The statue that is the focus of this paper is not the only one related to Ptolemaios son of Panas. As discussed above, Ptolemaios is also mentioned in the hieroglyphic inscription on the draped figure of his father (Cairo CG 690, col. 4), so he was likely involved in the creation of that statue, if only indirectly.[50] The text on the figure focuses on the father's achievements as an influential courtier, and a good and pious citizen, and emphasizes his pivotal role in the process of the creation of the temple of Hathor (cols. 1–3). The inscription explicitly relates the act of Panas' commemoration by means of an inscribed statue to his engagement in the development of the local temple structures.[51] A similarly direct causal relationship between the material support of a temple and the commemoration of a person involved in it by means of a hieroglyphic text on a statue can be found in many inscriptions on draped figures set up throughout Egypt.[52] In Dendera, such a causal relationship is also emphasized in the hieroglyphic text on the statue of the *strategos* Pamenches (col. 1), whose design is close to that of the figure of Ptolemaios' father

48. *CLES* (no. B–De–1), photographs nos. 210.7–10; for the date of the record, compare the dated photograph no. 210.15 showing another base (no. B–De–4) photographed during the same session. The statue was included in the catalogue by Bianchi, "The Striding Draped Male Figure," 3:274–75 (no. XXIII B). I included it as well in Warda, "Egyptian Draped Male Figures," 2:397–98 (no. 81), pl. 86.

49. Bianchi, "The Striding Draped Male Figure," 3:275, notices the similarities, but dates both figures to the third century BC; for the dating to the reign of Augustus, see Farid, "Eine Statue," 157.

50. See above n. 28.

51. On the building activity of both men, see most recently C. Fischer-Bovet, *Army and Society in Ptolemaic Egypt* (Cambridge, 2014), 345–46; C. J. Eyre, "Who Built the Great Temples of Egypt?," in B. Menu (ed.), *L'organisation du travail en Égypte ancienne et en Mésopotamie*, BdE 151 (Cairo, 2010), 120–21; Herklotz, *Prinzeps und Pharao*, 199–201; C. Thiers, "Égyptiens et Grecs au service des cultes indigenes: un aspect de l'évergétisme en Égypte lagide," in M. Molin (ed.), *Les Régulations sociales dans l'Antiquité. Actes du colloque d'Angers 23 et 24 mai 2003* (Rennes, 2006), 292 (no. 53).

52. Compare the texts on figures of Horos (CG 697, col. 3; TM 90613): K. Jansen-Winkeln, "Die Inschrift der Porträtstatue des Hor," *MDAIK* 54 (1998), 229–30; Aristonikos (Cairo JE 85743, col. 3; TM 91974): I. Guermeur, "Le syngenès Aristonikos et la ville de To-bener (statue Caire JE 85743)," *RdE* 51 (2000), 73–74, now in Cairo; Peteimuthes in Turin (Egyptian Museum 3062, col. 3; TM 43963): J. Quaegebeur, "La statue du général Pétimouthês: Turin, Museo Egizio, Cat. 3062 + Karnak, Karakol no. 258," in E. van't Dack (ed.), *The Judean-Syrian-Egyptian Conflict of 103–101 B.C. A Multilingual Dossier Concerning a War of Sceptres*, CH 1 (Brussels, 1989), 93–97; as well as the less typical draped statue of Pamonthes now in the Louvre (no. 20361, col. 3; TM 55545): O. Perdu, *Statues privées de la fin de l'Égypte pharaonique (1069 av. J.-C. - 395 apr. J.-C.)* (Paris, 2012), 387.

and whose pedestal is similar to the one commissioned by Ptolemaios for Tryphon.[53] The statue of Pamenches was unearthed 70 meters southeast of the temple of Hathor, so in the area that was under intense development during the Ptolemaios *strategia*.[54] The same setting, in the proximity of the temple of Isis, is also suggested in the text on the figure of Ptolemaios' father (col. 4), so both sculptures were possibly exhibited originally not far from one another. In addition, Isis is also mentioned as the intended recipient of the draped figure of another Denderite *strategos*, Pachompsais (col. 3), whose statue was set up close to her temple as well and, possibly, remained in visual relation with the two figures mentioned above.[55]

Therefore, it was this architectural setting next to the temple of Isis and its *dromos*, the very centre of Ptolemaios' beneficent activity, which became the focus of the practice of setting up traditional statues of local governors in the first decades of Roman rule in exchange for their supportive actions towards the Denderite precincts. According to the Greek inscription carved on the propylon leading to the temple of Isis, the gateway was inaugurated in AD 1 when Tryphon was *strategos*.[56] The presence next to the gate of limestone sphinx statues prominently inscribed with the name of this official shows also that the newly inaugurated processional way was equipped with sculptural decoration that was intended to commemorate in monumental form Tryphon's official patronage of the project (pls. 30b, 31a). However, the dedicatory inscription on the gateway also states that the actual dedicators of the building in question were "the inhabitants of the city and the nome" (οἱ ἀπὸ τῆς μητροπόλεως καὶ τοῦ νομοῦ), so it was the local community who contributed to the creation of the architectural structures and its sculptural decoration so powerfully marked for Tryphon.[57] It was also the local nobleman Ptolemaios son of Panas who financed the creation of the Tryphon statue and who likely set it up in the area that was the focus of his own intense material and symbolic investment over the past decades. The text on the pedestal strongly emphasizes the person of Tryphon but, as in the case of the inscription commemorating Panas, it also refers to Ptolemaios. By setting up the statue of the officiating *strategos* in an area so strongly linked to his own family's history, Ptolemaios ultimately emphasized his enormous symbolic authority over the place. This is visible also in the fact that the statue of Tryphon was much smaller than the over-life size figure of Ptolemaios' father. In consequence, when set together, it was the image of Panas that dominated.

The fascinating involvement of Ptolemaios in the creation of the statue of Tryphon shows that, in the early Roman period, the Egyptian-style private statues could have been dedicated by patrons who were neither identical nor directly related to those honored by the statues. Obviously, it was as much up to the honorers as to the honorands to decide about the form, look, and purpose of the image that they chose to dedicate. Created as a consciously reformulated amalgam of the sculptural forms originating from the Egyptian and Greek visual traditions, the back pillar statue of an official bearing a Greek name and dedicated in an Egyptian temple by a man whose name was also Greek, but whose father's and grandfather's name was Egyptian, should warn us not to judge too quickly as to the ethnicity and cultural preferences of statue honorands from the form of their sculptural representations alone. There was definitely much more to this than one might imagine at first sight.

---

53. For photographs of both statues, see Abdalla, "Graeco-Roman Statues," 6, pl. 4 (Pamenches); and Borchardt, *Statuen und Statuetten*, III, pl. 127 (no. 690), for Panas.

54. Spiegelberg, *Die demotischen Denkmäler*, 20.

55. For the text: Farid, "Eine Statue," 158–59. The statue was likely unearthed in Dendera by Baraize who was clearing the temple of Isis in 1922, see: P. Lacau, "Rapport sur les travaux du Service des Antiquités de l'Égypte en 1921–22," *CRAIBL* 66.5 (1922), 372–73, and whose photograph of the figure taken in Dendera next to the south wall of the temple of Hathor is preserved in *CLES*. The statue was registered in Cairo in June 1922 under TR number 6/6/22/5, see Warda, "Egyptian Draped Male Figures," 2:195 n. 106.

56. Bernand, *Les portes*, 117–18 (no. 25, l. 2), see above, n. 20. On the temple of Isis in the first place: S. Cauville, *Dendara: Le temple d'Isis* (Cairo, 2007); with French translations of its hieroglyphic texts and their analysis in S. Cauville, *Dendara: Le temple d'Isis I/II*, OLA 178/9 (Leuven, 2009); for the propylon of Isis: S. Cauville, *Le temple de Dendara: La porte d'Isis* (Cairo, 1999); for the architectural aspects of the temenos: P. Zignani, *Le temple d'Hathor à Dendara: Relevés et étude architecturale*, BdE 146/1 (Cairo, 2010), 67–76.

57. Bernand, *Les portes*, 117–18 (no. 25, l. 2–3).

Abstracts

Betsy Bryan
Art-Making in Texts and Contexts

The intentions of art and the forms and processes of its production may have been interrelated, but were nonetheless distinct. It is often difficult for the contemporary scholar to distinguish between the message and the medium, such that some would attribute much symbolic meaning to style while others would consider style as primarily the artist's contribution. Making art and thinking about art are different processes in a similar way that deciphering texts differs from interpreting them. This discussion seeks to examine ancient Egyptian texts that reflect the roles of the art producer, the ritualist art user, and the priestly recorder of art production. Ultimately all three types of texts demand the construction of the *Sehbild* in an informed connection with the *Sinnbild*, and this underscores how important investigations of art from several viewpoints remain for the discipline.

Maria Cannata
Titbits from Tatters: Bodl. MS. Egypt. d. 19(P)

This article publishes P. Bodl. MS. Egypt. d. 19(P), a fragmentary marriage agreement stipulated between a husband and his wife, now part of the Bodleian Library's holdings of Oriental collections. Because only a small portion of the text is preserved, it is not possible to use the normal diagnostic features to date and provenance it, thus an analysis of the king's epithet *pꜣ nṯr mnḫ* is used to this end.

Michel Chauveau
***L'Agneau* revisité ou la révélation d'un crime de guerre ignoré**

This article offers a new edition of "The Prophecy of the Lamb," a demotic papyrus conserved in Vienna (D 10000) and dated to the period of Augustus. The author proposes a new layout of the fragments of the beginning of the papyrus, which involves the restoration of an additional column as compared to K.-T. Zauzich's 1983 edition. Various corrections of interpretation, moreover, allow considerable changes in the understanding of the document. In particular, the narrative framework is notably brief, and the lamb's prophecy, set in a dialogue between the animal and Psienhor bearing the title of *senti*, constitutes by far the largest part of the original work. Furthermore, an examination of the text's historical data, particularly in the section concerning the lamentations of the cities of Egypt, indicates that the prophecy focuses on the second Persian invasion of Egypt by Artaxerxes III in 343 BC. The major event mentioned in this part refers most likely to a massacre committed by the invaders at Sebennytos, the dynastic capital of the Thirtieth Dynasty.

Mark Depauw
A New Date for the "Amarna" Temple Plan in el-Sheikh Said Based on Some Newly Read Inscriptions

The Middle Egyptian site of el-Sheikh Said is to Egyptologists perhaps still best known for the temple plan drawn on the wall of a limestone quarry in a hill overlooking Amarna. It has always been assumed to be that of an Aton temple. A fresh look at the inscriptions on the ceiling, related to the exploitation, makes clear that these are in Greek, excluding an Amarna-related interpretation for the plan.

Didier Devauchelle and Ghislaine Widmer
Une transcription en démotique de deux formules du *Rituel des offrandes* (O. dém. DelM 2-1)

This article is the publication of an ostracon from Deir el-Medina (now at the IFAO) that preserves two ritual formulae written in classical Egyptian and transcribed into Demotic: one is for "offering(?) beer," the other for "offering(?) wine." Their association on the same document is reminiscent of a section from the so-called Ritual of Offerings (papyrus Cairo CG 58030-Turin CG 54041), but the text related to the beer is dissimilar. The identification of parallels on the Nuri stelae and at Philae, as well as in Abydos in a different context, could indicate that both spells were not originally connected, at least in their present form.

François Gaudard
On the "Immortality" of the God Seth

Seth has long been distinguished from other Egyptian gods by his differences, such as his excesses and lack of restraint. Therefore, it is not surprising that, when it comes to the subject of death, he seems to be an exception to the rule in that he can apparently be depicted as immortal. Over the years, several Egyptologists have pointed out Seth's ability to survive the various attempts to annihilate him. In the present article, the author not only discusses this question in light of previous scholarship, but also presents a rare, if not unique, example that could be taken as proof of a belief in the immortality of Seth during the Greco-Roman period.

François René Herbin
La stèle Caire JE 72300

This article is the publication and study of the fragmentary stela Cairo JE 72300, found at Giza by S. Hassan and dated to the Ptolemaic period. It is engraved with a hieroglyphic text of a dozen lines more or less well preserved and contains a religious formula concerning the deposition of offerings (*wꜣḥ ḫwt*) which is known from many religious documents since the New Kingdom.

Friedhelm Hoffmann
Astronomische und astrologische Kleinigkeiten VII: Die Inschrift zu Tages- und Nachtlängen aus Tanis

This article offers a new edition of the fragmentary inscription from Tanis giving the lengths of days and nights during a year. The correct reading of the Demotic signs for fractional numbers reveals the underlying astronomical scheme which is related to the later Mesopotamian system of day and night lengths. The dating of the Tanis text narrows down the date of the adoption of this astronomical system by the Egyptians to the Twenty-Sixth or Twenty-Seventh Dynasty.

Richard Jasnow and Karl-Theodor Zauzich
Another Praise of the Goddess Ait (O. Sommerhausen 1)

This article is the publication of the demotic O. Sommerhausen 1, which preserves a praise of the Goddess Ait. Dating to the Late Ptolemaic or early Roman period, the composition seems to be closely associated with texts recently published by Mark Smith and others celebrating the cult of Mut and related deities. All of these texts may be connected with the Festival of Drunkenness held to mark the return of the Distant Goddess.

Janet H. Johnson
Compound Nouns, Especially Abstracts, in Demotic

This article discusses compound nouns attested in Demotic based on the files of the Chicago Demotic Dictionary. Examples range from simple compounds where the meaning of the compound is tightly connected to the meaning of the combined nouns to compounds whose meaning goes beyond the meaning of the combined nouns, sometimes picking up cultural implications. The compounds illustrated also include examples where one element of the compound has become an abstract or prefix. Comparisons with Coptic are given frequently.

Mpay Kemboly
Grappling with the Notion of Evil in Ancient Egypt

This article grapples with the notion of evil in ancient Egypt in four points: terminology of evil; sources on evil and typology; protagonists of evil; and definition of evil. The first point attempts to determine terms that ancient Egyptians used to name evil. The second point indicates some documents on evil and suggests three typologies of evil in the world: personal, social, and cosmic evil. The third point envisages four categories of protagonists of evil in the world: emissaries of deities and the dead, and intermediaries; human beings; Seth and Apep; and eventually the creator himself/herself. The third point also makes some observations on each of these categories concerning their alleged responsibility for bringing evil into the world. The fourth point yields a complex definition of evil which encompasses all aspects of life, and affects all sorts of beings. Ultimately evil is seen as being laziness or refusal to act properly, especially in the eyes of those who are caught in the grip of inflicted evil and who consider themselves to suffer unjustly. It is from this viewpoint that appropriate personal and social ethics and decisive politics are considered paramount in always striving to make the world a better place for everyone, especially for those who are in the existential peripheries of our common planet. But, however one might work to alleviate it, the ancient Egyptians warn us that "evil in the world is endless."

Holger Kockelmann
Sunshine for the Dead: On the Role and Representation of Light in the Book of the Dead Spell 154 and Other Funerary Sources from Pharaonic and Graeco-Roman Egypt

The present paper examines the iconography of the sun and its rays and the effects of light on the deceased in Egyptian mortuary beliefs. On a broad basis of funerary and other sources, it discusses the various iconographic conventions of representing light in Egyptian art. Sometimes, these show affinities to the ways of depicting water, sometimes the rays of the sun are composed from multicolored elements that are reminiscent of blossoms. The probably most conventional Late period and Graeco-Roman iconography of sun rays are strings of triangles or fan-shaped elements; these might stand symbolically for "something that spreads." In the second part of the paper, the history of the vignette of BD spell 154 is examined, in which the sun disc sheds its light onto the mummy on the lion bed; during the following centuries, the motif gained considerable prominence and frequency in funerary art. The significance of the scene is elucidated from various perspectives. A survey of text sources examines the impact of light on the body of the departed and the imagery that is employed when describing these effects. For instance, the light does not simply touch the corpse, but penetrates its surface, entering the skin like an unguent. When entering the mummy, it makes it sound and removes all evil, cleaning it like a liquid, and reviving the departed. At least in some cases, the imagery found in the texts is hence directly mirrored by the symbolic iconography of the depictions of light in funerary and temple scenes.

Andrea Kucharek
A Hieratic Tablet from TT 196 Reexamined

Three short funerary/Osirian texts are inscribed on a small wooden tablet excavated in the Late period tomb TT 196. The object, itself dating to the Ptolemaic period, appears to have been jointly owned by two persons. The first text is a widely attested offering spell, the second a sequence of short passages picked from the Osirian liturgy *sꜣḫw* I, resulting in a spell for the deceased being admitted to the netherworld as a glorified being. The third text is an otherwise unattested celebratory song in three stanzas, inviting general joy as opposed to the mourning that preceded it. This song is clearly related to the annual festival cycle of Osiris. The three texts are separated by two short intermediate spells, the first of which is otherwise exclusively attested in a Third Intermediate period titulature of Amun-Re.

Nikolaos Lazaridis
Hyperbole in Demotic Wisdom

One of the most defining features of ancient and modern wisdom sayings has been their consistent preference for hyperbolic expressions. Usually such expressions have been used as a tool of emphasis, accentuating the applicability range and value of the wise statements, and thus reaffirming the wise speaker's authority and knowledge. In this article I first discuss the ways in which one may identify hyperbolic language in demotic wisdom, paying special attention to the difficulties arising from the fact that because modern scholars lack any insight into the manner in which a wisdom text was received by its original audiences, there is no way to determine whether the potential attempts by a wisdom text's author to exaggerate were successful, or whether they were considered to be appropriate or not. After such brief methodological considerations, I attempt to identify the various shapes and forms hyperbole took while mingling with demotic sober sayings, witty observations, and popular proverbs.

Christian Leitz
Das Menu-Lied: Eine Anleitung zum Bierbrauen für Hathor in 18 Schritten

The so-called *menu*-chant is known so far by eight long versions mostly in Ptolemaic temple inscriptions. One of these is the still-unpublished version in the temple of Athribis near Sohag. The present contribution offers a new interpretation of this difficult text. It is a beer-brewing prescription for the goddess Hathor (or Repit in Athribis) in eighteen steps. Most of the highly poetic expressions turn out to be metaphors for ingredients, equipment, and work stages during the beer-brewing process expressed most clearly, for example, in the private tombs of the Old Kingdom.

Alexandra von Lieven
Of Choachytes and Saints: Demotic Documentary Texts as Sources for Religious Practices

When thinking of textual sources for ancient Egyptian religion, rituals, myths, or hymns to deities come to mind. These are certainly of great interest, but documentary texts are also sometimes very useful, particularly as they do give different sorts of information from the other genres mentioned. While obviously religious texts are often centered on the state religion and its deities, documentary texts are especially valuable as sources for more popular practices. The paper explores the potential of such sources in relation to cults of deified human beings.

Cary J. Martin
A Third-Century Demotic Land Lease (P. BM EA 10858)

This article is the publication of a demotic lease of one aroura of cleruchic land from the third century BCE, once part of the Michaelides collection and now in the British Museum. What is particularly noteworthy about this text is not just that it deals with cleruchic land, but that the ultimate owner is a Persian soldier who has leased his land to a Greek. This Greek is an Alexandrian and he in turn has leased the land to an Egyptian farmer.

Martina Minas-Nerpel
Offering the *ỉj.t*-Knife to Haroeris in the Temple of Isis at Shanhūr

In the Roman-period temple of Isis at Shanhūr, the rare ritual of offering the *ỉj.t*-knife to Haroeris is depicted in the first register of the eastern exterior wall. In its axially corresponding scene on the western exterior wall the sword of victory *ḫpš n ḳn.t* is presented to Horus. In these two cult rituals, the ability of the Roman pharaoh to slaughter enemies and to protect the temple, thus Egypt, from all evil is emphasized. This article presents, first of all, the texts and iconographic details and, secondly, discusses the cultic meaning and context of the *ỉj.t*-offering, based on an analysis of all five attested parallels from Qus, Kom Ombo, and Philae.

Luigi Prada
Divining Grammar and Defining Foes: Linguistic Patterns of Demotic Divinatory Handbooks (with Special Reference to P. Cairo CG 50138–41) and a Note on the Euphemistic Use of *ḫft* "Enemy"

The article discusses the linguistic features of demotic divinatory handbooks and shows how oneirocritic literature differs from all other genres, for it describes its omina by means of circumstantial, and not conditional, clauses. This idiosyncratic style can be used to identify the exact genre of divinatory texts whose classification would otherwise be problematic. The author shows this with respect to P. Cairo CG 50138–41: he identifies P. Cairo CG 50138–9 and 50141 as belonging to two terrestrial omen handbooks, and P. Cairo CG 50140 as pertaining to a dream book. Using examples from oneirocritc literature, he then analyzes some peculiar linguistic aspects of the euphemistic use of *ḫft* "enemy," focusing on issues of definiteness and the use of the article in combination with this dummy-word. In light of these observations, the article offers new tools to positively identify instances of this euphemistic use in demotic, which were considered to be ambiguous in previous scholarship. Specifically, two passages from P. London-Leiden Mag. and P. Rhind 1 are discussed.

Joachim Friedrich Quack
Eine weise Stimme der Autorität (Papyrus Amherst Eg. XLIII.1 rt.): Mit Anhängen über Abrechnungen (Papyrus Amherst Eg. XLIII.1 vs. und XLIII.2)

This article publishes pAmherst XLIII.1 rt., a literary papyrus from the early Ptolemaic period. It contains short and often enigmatic wisdom sayings always introduced by "he said." Several similarities or even direct parallels to the Instruction of Khasheshonqy can be identified. As an appendix, the accounts written on the verso are published, as well as further accounts on a papyrus fragment related to it (pAmherst XLIII.2). They do not only help to establish a terminus ante quem for the literary manuscript but point towards a setting of the manuscript within a religious association.

Robert K. Ritner
Pantheistic Figures in Ancient Egypt

The history of the designation "pantheistic" for representations of composite deities is surveyed, including supporting evidence in Egyptian theological statements and more recent questioning of the category. In particular, the text and illustrations of P. Brooklyn 47.218.156 are examined, refuting notions of a royal association for all such images, suggested by Quack in 2006 and adopted by Koenig in 2011. In conclusion, nonroyal amulets depicting single gods labeled with the trigrams "Lotus Petal-Lion-Ram" and "Re-Khepri-Atum" prove the existence of deities properly designated "pantheistic."

Kim Ryholt
An Egyptian Narrative from Karanis (P. Mich. inv. 5641a)

This article is the edition of a demotic narrative from Karanis (P. Mich. inv. 5641a) dating to the second century AD. The fragment has a recorded archaeological context and was found in a building where Greek literary fragments were also discovered. In an addendum, another minor demotic literary fragment in the Michigan collection

(P. Mich. inv. 6794c) is edited. It mentions Osiris and Apophis and might belong to the myth of the battle between Osiris and Apophis in the time when Osiris ruled as king on earth.

R. S. Simpson
Retrograde Writing in Ancient Egyptian Inscriptions

This article considers the motivation for retrograde writing in hieroglyphic inscriptions by examining the pattern of its use in different copies of a single composition. In a retrograde text the hieroglyphs face the end rather than, as normal, the beginning; this orientation is well known in certain types of papyrus but has not been extensively studied in inscriptions. The work studied is the description of the king's worship of the rising sun often known as the "King as Sun-priest," which was chosen because copies of it are distributed over several different archaeological and decorative contexts and a long timespan; moreover, only some of these are written retrograde. It appears that retrograde orientation is associated exclusively with copies where the text intervenes between images of the king and the sun god, serving as a sort of shared caption linking the two; in these cases the orientation allows important sections of the text, especially the names of king and god, to be positioned next to the relevant images. Such pragmatic considerations apparently overrode the normal preference for prograde writing, and may also have been a reason for the orientation of other retrograde inscriptions.

Martin Andreas Stadler
Thot und der Skarabäus (Papyrus Wien D 6318)

The first edition of papyrus Vienna D 6318 presents the fragment of one or more mythological narratives in demotic. The mentioning of Thoth creating the scarab and apparently of some of the sun god's forms raises the issue of Thoth's relationship to the scarab as well as Khepri, and the general commentary discusses this by drawing on other sources from ancient Egypt, chiefly from Dendera and Edfu. The overall context of the narrative is—due to the fragmentary state of preservation unclear: Did the complete text recount myths in its own right (quite unlikely) or were the myths integrated into magical spells as historiolae? However, magic and ritual being akin in ancient Egypt it could also belong rather to the sphere of the temple. One reference to reciting the present copy indicates such a ritualistic usage in the broadest sense.

Günter Vittmann
Grain for Seth and His Divine Companions in Dakhleh (Ostracon Mut 21/4)

This article is the publication of a demotic ostracon from the temple of Seth in Mut (Dakhleh oasis) and datable to the latter half of the Ptolemaic period, with a payment order issued by the priests of Seth concerning the offerings for Seth, Osiris, Horus, Isis, and other unnamed gods.

Sven P. Vleeming
A Priestly Letter of Recommendation (P. CtYBR inv. 4628)

This article is the publication of a Demotic letter, probably written in the reign of Ptolemy IV (specifically, year 11, the 17th of Choiak = January 29, 211 BC), in which the priests of Souchos write to Aristaios, the epistates of Oxyrhyncha, asking him to assign(?) the levying or possibly rather the transport of the income of their temple to an unnamed priest who carries this letter.

Aleksandra Warda
Statue of Strategos Tryphon from Dendera (*SEG* LVIII 1823)

The article offers a detailed contextual study of the inscribed base of a fragmentarily preserved back pillar statue of the *strategos* Tryphon that was set up in Dendera by the prominent Denderite *strategos* and *syngenes* Ptolemaios son of Panas. The brief Greek dedicatory inscription carved on the front of the base (*SEG* LVIII 1823) is restudied in the context of the remnants of the hard stone striding statue it referred to, thus shedding new light on the complex materiality and cultural intricacy of the practice of honorific commemoration in Dendera during the reign of Augustus. The fragmentarily preserved statue is analysed in the context of private statuary and sculptural decoration established next to the temple of Isis in the course of its redevelopment during the Ptolemaios' and Tryphon's *strategia*, thus offering a glimpse into the sophistication of visual preferences of those responsible for organization of the Denderite temple space at the time.

Subject Index

NB: The spellings in the indices have been largely standardized according to English convention; they do not necessarily reflect the forms employed by the individual authors.

55 in *Pa-tꜣ-55*, "He-of-the-55," 49, 52, 53, 61, 62
70 (days of lament, in association with the Apis cult), 207
900 (years, in the future), 41, 46, 49, 56, 63

abnormal Hieratic, 139, 140, 146, 253, 365, 369, 370
abstract (markers, names, prefix), 163–71
administration (temple), 364 (of the Temple of Seth), 377
age, 218 (ideal), 351 (aging of sun god)
agitation, 329 (state of, as expressed in Demotic idiom)
Amarna, 2, 71–72 (temple plan), 182, 188–89 (art), 190 (period), 192, 195
amulet(s), 6, 7, 189 (of body parts), 323–24 (of "dwarf-like Pataikos figures")
animal(s), 7–9 (representation), 57–58 (prophecy of divine), 193 (gilding), 196 (cult), 239, 242, 243, 277–301 (omens, god's hypostases), 322 (threatening), 331–32 (rations for divine), 382 (statues)
annal(s), 215, 269, 270, 275
annoint(ment), 12, 167, 192–91 (with efflux of sun on body of deceased), 369
Apis bull, 207 (devotees of). *See also* "Apis" in the index of divine names.
apocalyptic (context, literature), 37–69
apodosis, 278–89, 303
apotheosis (of king), 194
apprentice (scribe), 77, 90
archaeological context, 197–200 (of discovery of Hieratic tablet), 325 (of discovery of papyrus)
archaisms (in Demotic), 147, 156, 351
archive, 194 (temple), 240, 325 (prison or police), 332, 340
art production, 1–22
artaba (grain-measure), 25, 27, 248, 255–56, 363–64, 366, 368, 372
artist(s), 1–22
artistic innovation, 21, 380, 385
association(s) (religious), 157–60, 161, 253, 314, 316–17
astrological, 280 (protases), 280 (literature and influence)
astrology, 135–53, 278–85
astronomy, 95, 135–53, 204
audience (of Egyptian literature), 215–20
autobiography, 2, 8 (of officials), 16, 177
auxesis ("overestimation," literary term), 215–20

Ba, Ba-bird, 185–86, 234, 321–22
baboon(s) (announcing the sun), 339–42
baker(y), 157, 159, 160 (as epithet), 203, 223–25, 233–34, 372
banquet food(s), 18–20
barley, 44, 49, 52, 62, 157, 162, 224, 225, 232, 369, 371
basalt, 226, 381, 383
base (elaborated, for statue), 380–81, 384–86
bead(s), 183
beer (and brewing), 4, 5, 20, 75–92, 110–12, 157, 162, 167, 201, 221–37
beverage (production), 18–19
bilingual (and biscriptal) texts, 299, 325, 384
bird(s), 4, 6–8, 17, 49, 53, 64, 75, 167, 171
blue, 226, 235
blues (music), xix, xx, 93
blood, 49, 54, 66, 68, 98, 180
body (of Osiris), 4–6, 10, 184–86
body parts, 5–6, 164 (in Demotic compounds), 285, 289 (in omens), 290, 296, 297, 348
Book of the Dead, 194 (influence of on temple decoration and vice versa), 197 (Ptolemaic)
book of words (rubric), 48, 50, 57
brachylogy, 283 (with regard to the style of dream books)
bread, 4, 5, 18–21, 46, 62, 100–104, 107–15, 117, 122, 201, 221–23, 233–34, 372
breast, 10, 184, 185, 188, 190 (of deceased person), 285
brewer, 231–32 (epithet, female)
brick, 198, 240 (chapels, structures)
broad hall, 331
brush (Egyptian, of scribe), 74, 303, 309
building stone(s), 71 (used for Amarna)
bull, 207 (Apis), 208 (Amun-Re as), 356 (Amun)
burial (secondary), 198
butler (of the king), 18, 19

cachette (Karnak), 381
calasiris, 53
calcite, 201, 381
calendar (Egyptian and Babylonian), 141, 144, 150–51, 240
canopic jar(s), 197
caption(s) (wall), 16–17, 341–43
captive, 4, 7, 9, 10
cartonnage (mummy), 187
ceiling (of a quarry), 72
chaos (forces of), 94

chapel(s), 8 (decoration), 19–21, 56, 57, 59, 61, 77, 79, 86, 195, 200, 211, 212, 240, 244, 259, 338
checking mark(s), 314–15
chest, 12, 184 (of Osiris), 191 (of mummy)
Chicago House, xviii
children (prayed for by childless parents), 241
choachyte(s), 239–46
Christianity (rise of), 74
circumstantial clauses (vs. conditional clauses), 278–90
circumstantial perfect (in Demotic), 39, 56
clepsydra, 145, 147, 148
cleruch(s), 250, 251, 254–56
clothes (and garments), 28, 102, 104, 115, 117–18, 169, 202, 205, 244, 259, 289, 385–87
coffin(s), 186 (lid), 188 (of yellow type), 197, 200
colophon, 57, 61, 286, 347
color, 7, 10, 12, 168, 182, 185, 188–89, 193 (apotropaic color of gold), 201
combination (of elements in images), 13
compound nouns (in Demotic), 163–71
conditional clause, 47, 57, 63, 253, 278–90
constellation, 95
coprophagy, 291, 292
Coptic language, xvii, xviii, 44, 43, 144, 158, 163–71, 226, 236, 289, 293, 296, 297, 308, 309, 310, 328, 329, 351, 366, 369, 370, 378
Coptic period (inscription not to be dated to), 74
corrections, 305 (by scribe), 370
corruption(s) (in text), 102, 130, 138
cosmogonic texts, 356
councillor priest(s), 331–32
craftsman, 2–22
creator (deity), 174, 175, 178, 208 (Amun-Re as), 357–59 (Thoth as, for the scarab)
crime, 56, 59, 175, 180
crocodile, 7, 179, 196 (mummy or statue), 242, 243, 293, 319
crypts (of temple and crypt-tombs), 193–95, 341
cult, 155–62 (of Mut), 239–45 (of saints)
cult association (texts), 157, 159, 161, 314, 316–18
cultural interaction (between Egyptians and Greeks), 242, 379–87
cylinder seal(s) 1

darkness, 95, 102, 103, 111, 112, 124, 181, 261
date(s) (fruit), 54, 230–31
daughter (of Thoth), 358, 361, 362
death, 51, 52, 55, 57, 93–98 (of Seth), 156–59, 162, 164, 166, 169, 205, 206, 211, 242–43, 306, 357
decade liturgy (for Osiris), 213
declaration of innocence, 174
decorum (rules of), 18, 299
decree(s) (issued by Amun), 159
dedication (inscriptions), 74, 379, 384, 387
deified mortals, 239–45, 316
Demotic Dictionary Project, xvii, xviii
Demotic intrusions (in Hieratic), 207
Demotic ostracon/a, 75–92, 155–62, 170–71, 363–74
destruction, 55–56 (of Sebennytos), 157 (of treasury)
dew, 192 (rays of sun as), 195
dialogue, 51, 310
didactic (literature), 174, 215–20, 303–11, 324
Dime (as provenance of Demotic papyri), 348. *See also* Dime in the index of place names
dioiketes (title), 58
dissolution (of marriage), 28
divinatory handbook(s), 277–301
divine decree(s), 159
divinization (of limbs), 296, 362
divorce, 28–29
documentary text(s) (in Demotic, as sources for popular religious practices), 239–45
dog, 129, 288
dolerite, 225
dôm-palm, 327, 330
double owner (of Hieratic tablet), 198–99
draped statue, 269, 385–87
drawing(s), 10, 13, 182, 189, 320
drawing board(s), 9
dream book(s), 277–301
dromos, 382, 387 (as place to erect statues)
drowning (in association with sainthood), 242, 243
drunkenness, 155, 157–58, 218
durative direct object rule, 282, 294, 298, 306–7, 348. *See also* Stern-Jernstedt rule
dwarf(-like deity), 323
dynastic cult (of Ptolemies), 376

eclipse, 95, 280
education (Greek, received by Egyptian priests), 333
efflux, 192 (rays of sun as), 193 (of sun)
eldest son, 4, 25, 28, 323, 368
electrum, 14, 17, 193
embalming, 299 (place)
embalming process, 6, 190 (of Graeco-Roman period), 193, 211, 299
emmer, 157, 162, 167, 234, 369
epistates, 366, 371, 375, 377
eponymous priest(s), 26, 27, 251
ethnicity, pseudo-ethnicity, 250–51, 387
euphemism, 166, 169, 362
euphemistic use of *ḫft*, 277, 290–301
evil (notion of, in Egypt), 98, 164, 173–80, 191, 202, 209, 262
evisceration (of body), 299
exaggeration (in Egyptian literature), 215–20
excrement (discarded reading in Demotic), 291–93
execration figure(s), 7
exercise (scholarly scribal), 75, 77, 90
eye(s), 4, 7, 9, 13, 49, 103, 125, 127, 128, 156, 160, 184,

245 (of statue inlaid with precious material), 264, 266 (symbolism of two eyes), 268 275, 299–300, 386

falcon, 7, 12–13, 185, 261, 264, 266–68, 271, 292, 295, 319, 350–52, 354, 361
fate, 38, 46–47, 98, 157, 158, 161, 175, 268–69, 298, 374–75
fecundity figure, 185
festival(s), 18 (New Year and Valley), 20 (royal), 97 (Khoiak), 101 (Sokar), 116, 120 (Sokar), 148, 153, 155, 157 (of Drunkenness), 158, 160, 161, 167, 206 (Osiris), 207 (Sokar), 211–13 (Khoiak), 214, 315
figured ostraca, 9
fish(ing), 9, 44, 49, 53, 54, 67, 167, 216, 242, 243, 366
"flesh of the gods" (gold designated as), 192
flower(s), floral element(s), 88, 183, 185, 386
fodder crop, 248, 251, 253, 256
food production, 18, 19
"form" (of a god; Demotic terminology for), 359
fractions (Demotic), 135–53
framelines (guidelines), 286–87, 326, 347
Füllpunkte, 348
funerary banquet, 18
funerary bed, 185, 186, 189, 195 (lion bier)
funerary performative instructions, 10, 13
funerary shroud(s), 183

garden, 49, 54, 68
gardener, 101, 247, 255
gecko, 278–80, 282, 285, 286, 288–90, 306. *See also* Book of the Gecko in the index of sources
gem(s), 322
gemini, 280
generatio spontanea (in connection with the scarab), 353–57
genitive (in Demotic, direct and indirect), 66, 163, 166–68, 289, 294–98, 300
gilding (of mummies), 192, 193, 195
glass, 183 (pearls)
glorification(s) (spells), 100–102, 126, 198, 199–214
god's father, 198, 199, 202
gold, 4, 7, 24, 162, 168 (gold dealer), 192–93 (foil, applied to body of deceased), 195, 224–26, 237 (epithet)
Good Fortune, 161
gourd, 49, 54, 65, 68, 230–31
graffiti (Demotic or Greek), xvii, xix, 71–74 (Greek), 77, 89, 198, 249, 296, 371, 376
grain, 19, 27, 49, 52, 96 (created by Osiris), 155, 162, 171, 224, 229, 253, 256, 363–74
granary, 19, 248, 252, 326, 332, 357, 365, 368, 371
Greek(s), 49, 52, 53, 56, 59–62, 96, 165, 170, 216, 217, 241, 242, 244, 245, 247, 249–51, 255, 256, 280, 295, 325, 326, 329, 331–33, 366, 367, 372, 376, 377, 379, 380–87. *See also* Greek in the index of place names and selected ethnics
Greek Magical Papyri, 93, 97
green, 10, 12, 16 ("Great Green"), 182, 183, 204
grid, 5, 18
griffin, 335
guideline(s), 287, 326, 347
guild(s) (professional), 241

hair, 205 (of mourning), 236, 386
hand (scribal), 30, 35, 73, 156, 287, 288, 328, 348
harvest tax, 248, 256, 366–68, 372
healing, 191 (by sun), 381 (statues)
heart, 12, 19, 25, 49, 52, 67, 113, 164, 170, 174 (as responsible for bringing evil into the world), 175, 176, 180, 188, 190, 205, 210, 212, 213, 220, 223, 232, 237, 290, 297, 358
Heliopolitan priesthood, 330
hermetic monasticism, 72
Hermotybies, 53
Hieratic (script and texts), 72, 73, 75, 77, 78, 88, 90, 99, 100, 101, 133, 139, 146–48, 151, 197–214 (tablet), 245, 278, 283, 284, 287, 299–301, 325 (onomasticon from Karanis), 332, 347, 351, 355, 363 (abnormal Hieratic ostracon)
high priest of Amun, 310, 341
hippopotamus, 4, 7–9, 243
honey, 230, 231
house(s), 325, 327, 332 (as findspot of Greek and Egyptian literature)
"house-of-concluding-affairs," 327, 331, 332
husband, 23, 28, 165, 198, 218, 297, 306
hymn, 174, 190, 191, 201, 221–37, 239, 265, 266, 319, 320, 338, 239, 341, 343, 350, 353
hyperbole, 215–20, 219–20 (spatial)

iconography, 1–22, 52, 101, 181–96 (of light and water), 244, 263, 270, 352, 385
immortality (of Seth), 93–98
impurity (brought about by bereavement), 204
incense, 12, 98, 100, 105, 111, 167, 171, 201, 206, 233, 241, 273–75, 373 (burner[s]), 383
income, 240, 241, 243, 255, 375, 377, 383–84
inheritance, 28, 165
ink, 23, 43, 76, 88, 90, 98, 160, 198, 201, 204, 247, 254, 284, 286, 303, 309, 311
instruction(s) (as literary genre), 174, 178, 215–20, 303–10, 316
instructions (funerary performative), 10–13, 17, 19, 21
intercolumn, 303, 314, 326
Inundation (Nile), 24, 85, 89, 249
inventory, 4, 13, 201 (temple)
irony, 215
irrealis, 303

ka, 322 (royal), 362 (four kas of the creator)
katoikos, 250
Khoiak (festival and texts), 97, 211–13, 226

Killing of Seth (as an architectural term), 374
kilt (royal), 183, 260, 270, 271
kitchen, 19, 21 (icons)
kleros, 247, 250, 251, 255
knife, 259–75 (in ritual offering),
Königsnovelle, 50
kollema, 375
kollesis, 23, 326

ladder(s), 18–20, 71
lambdacism, 348
lament(ation), 50, 53, 54, 58, 59, 64, 173–74 (genre), 176, 177, 180, 185, 203, 207, 210, 211, 213
lamp, 240 (lamp-lighting calendar), 298 (invocation to)
land 247–58 (lease of)
landlord (absentee), 255 (cleruchs as)
languages (name of in Demotic), 170
lapis lazuli, 12, 235
Late Middle Egyptian ("égyptien de tradition"), 75, 300, 301
laundryman, 306, 307, 312, 313, 318
laziness, 176, 178, 179
lease, 247–58
lector priest(s), 5, 299–300
legionary (Roman) 268 (Haroeris dressed as)
lessee, 251, 253–56, 366
lessor, 255, 256
letter (of recommendation), 375–78
library (of a temple), 13, 17, 214, 281, 318, 326, 334
Lichthof, 188, 197, 198
light, 103, 105, 124, 125, 127, 128, 130, 181–96, 226, 310
lily blossoms, 185
limb movement(s), 18
limestone, 71, 75, 89, 90, 99, 186, 224, 259, 268, 381, 382, 387
lion, 1, 184 (bed), 195 (bier), 229, 231, 244 (heads), 265 (head), 281, 283, 291, 292, 295, 319, 323, 382
lioness, 54 (goddess), 283
liquid, 184, 192 (rays of sun entering body as)
listening (as an aspect of Maat), 179
liturgy, 8, 75–92, 99–133 (of offerings), 197–214 (Osirian)
local adaptation (of formulae), 87

Maat (principles of), 97, 173, 175–80, 264
machimoi, 53
magic(al), 4, 8, 13, 93, 97, 126 (Horus, as magician), 192, 216, 242, 265, 273, 278, 298, 299, 320, 321 (texts), 351
magnesium silicate, 10
malediction, 44–69
malt, 223, 225–27, 229
mammisi (in Dendera), 379–80, 384
marriage agreement(s), 23, 28, 29
martyr, 49, 55, 59, 67, 243
mat (for the deceased), 185
meiosis ("underestimation" as a literary term), 215–20
melon, 49, 54, 68, 230
metaphor, 8, 52, 54, 165, 192, 215, 221–23, 225, 229–31, 233, 351
meteorological omens, 280
Middle Egyptian, 14, 16, 284, 291, 298, 300
millstone, 225–27
monotheism, 320
month (Babylonian and Egyptian), 150–51
moon, 14, 95, 125, 141 (calendar), 146, 148 (month), 153, 187, 190, 202 (god), 204, 210 (god), 266, 280
mourning, 55, 185, 202, 203, 205 (garments of), 206, 211
mummy, 98, 122, 165, 166, 183 (bed[s]), 184–96, 197, 207
myrrh, 10, 223, 227–33, 236
mythological (narratives/papyri), 174, 182, 185, 192, 325–35 (in Demotic), 360–62 (in Demotic)

name-list (in Demotic), 159–60
narrator (external), 216
natron, 227
New Year, 18, 193, 324
night (length of), 135–53
Nile, 17 (god frieze[s]), 43, 44, 49, 53 (pollution of), 61 (gods), 62, 71, 74, 145, 206 (god), 228, 229 (water), 242, 243, 259, 372, 373, 364, 365, 372
nomina actionis (in Demotic), 167
nomina agentis (in Demotic), 167, 169
nominal prefixes (in Demotic), 163–70
nonetymological writing(s), 75, 76, 86–88, 115, 125, 127, 158, 288, 289, 351, 370
nonparticipation (in cult association activities), 161
notary/ies, 29, 31, 376 (notary scribes)
numeral(s), 27, 29, 31, 63, 135–53, 156, 158 (used in Demotic writing of words), 306, 311–17, 368
numerical hyperbole, 218
numismatic (evidence), 249
Nun scribe, 328
nurse (as an epithet), 233

ochre, 12, 71, 72, 227, 234, 235
offering liturgy, 99–133
Offering Ritual, 75–92
omen(s) (terrestrial), 278–83, 285, 286, 288–90, 306
oneirocritica, 277, 278, 281–86, 288–91, 293, 294, 301
oneiromancy, 278, 281, 283–85, 288, 292
onomastic(on), 325, 332, 371
Opening of the Mouth Ceremony, 5, 13, 100–102, 107, 111 (Opening of the Sight), 130, 188, 194
oracle(s), 50, 52, 54, 58, 61
orange (color), 182
Osirian figurine(s), 197, 211–13
Osirian liturgies, 197–214
Osirian song (unparalleled), 207, 211, 214
ostracon, ostraca, 9, 75–92, 117, 147, 153, 155–62, 170–71, 325 (unpublished from Karanis), 332, 349, 363–74 (Demotic and Hieratic, temple of Seth at Dakhleh Oasis)

palace (food production and ration), 18, 20, 21
palaeography, 29–33, 35, 45, 47, 73, 74, 77, 97, 101, 139, 140, 145–47, 152, 156, 168, 169, 199, 200, 249, 252, 287, 303, 304, 308, 326, 348, 370, 382
palimpsest, 315, 316
palm (tree, branch), 54, 185, 327, 330
pantheistic figure(s), 319–24
path (of god), 157, 161
patron saint(s), 241, 268
payment(s), 252, 253, 256, 364–71 (orders for)
pectoral(s), 183, 273, 274, 354, 358
pen (and reed, of scribe), 199, 286
penalty, 27–28 (in case of dissolution of marriage), 252, 253, 256
pendant(s), 170, 183
personal piety, 174
phallus, 225, 307, 319
phonetic writing, 44, 45, 56, 76, 87, 88, 158, 289, 308, 351
phylactery, 322
phyle, 331
pigment(s), 4, 9, 10, 12, 235
plan (building), 1, 14, 17 (of shrine), 71–74
planet, 95 (Mercury), 204 (Mercury), 280 (Venus)
police, 169 (policeman), 325 (archive)
politeness (in Egyptian letters and literary texts), 329, 331, 377
polymorphic deity, 321
polytheism, 320
portal(s) (of the underworld/sky), 12, 84, 103, 107, 127, 130, 131, 202, 203, 209
posture, 10, 17–19, 21, 157
prediction(s), 38, 42, 52, 53, 59–61, 278–80, 285, 287, 288, 290, 291
prefixes, 163–70
preservation (of the body), 184
priest(s), prophets, 5, 16, 21, 24, 26, 27, 30, 60, 88, 101, 126, 165, 177, 188, 199, 211, 216, 249, 251, 299, 300, 310, 318, 325–33, 341, 349, 364–67, 369, 371, 373, 375–78, 383
priests-who-enter (as designation for serving-priests of a temple cult), 371, 375, 376
priesthood(s), 30, 249, 330 (Heliopolitan), 331 (admission), 341, 376, 377, 383
priestly narrative(s), 325–35
prison, 165, 218, 325 (archive)
profession(s), 167–69 (use of abstract prefixes in Demotic to denote), 241
prophetic fiction(s), 37–69
proskunema, 73–74
protasis, 47, 57, 253, 278–301
pupil (of eye), 7, 13
putrefaction, 6, 45, 49, 67

quarry, xvii, 71–74
quarrymen, 73

rain, 7 (clouds), 54 (about stones), 281
ram, 12, 58, 292, 294, 319, 323, 350, 352, 355, 356, 360
rays (of solar disc), 102, 103, 105, 125, 127, 128, 181–96, 225, 352
reanimation, 189, 192, 194, 195
receipt (of payment), 248, 253, 256, 365, 367–69, 372
reception (of Osiris in the underworld), 209
reciprocity (principle of), 177, 178
recommendation (letter of), 375–78
recording (of regnal years, in ritual scenes), 269, 270, 271, 275
red, 10, 49, 52, 69, 71 (red ochre), 98, 99, 182, 183, 186, 226, 229, 236, 273–75, 284, 286
reed, 168, 171, 185, 199 (split)
regeneration, 185, 188, 191, 192, 357 (solar), 360
register (of decoration), 2, 4, 6, 10, 14–19, 77, 79, 221, 231, 235, 259, 262, 263, 269, 273–75, 299, 338, 340, 341, 362
rejuvenation/rejuvenating, 8, 164, 188, 191, 202, 204, 208, 210
rekhyt-birds/figures, 15, 17
remuneration, 73 (of quarrymen), 366 (of temples and staffs)
reptile(s), 189
repudiation (of wife), 25, 28
responsibility, 95 (for sun eclipses), 173–76 (for bringing evil into the world), 180
retribution (principle of), 180
retrograde writing, 337–55
revivification, 194
roof (of temple), 193–95
rubric(s), 10–12, 14, 21, 86, 289, 348
rush (scribal), 198, 199

sailor(s), 168, 241 (patron saint of)
saint(s), 55, 67, 239–45 268
sapiential literature, 174, 215–20, 303–11
sarcophagus (and coffin[s]), 100–103, 105–31, 169 (coffiner), 181, 183, 186–91, 197, 200, 207–9, 242, 337, 338, 340, 365, 371
sayings (Demotic and Greek), 216–20
scarab, 12, 183, 187, 319, 312, 322, 342, 347–62
scholar(s) (Egyptian), 152 (in Babylonia)
school text(s), 77, 90, 168, 169
scribal error(s), 39, 55, 89, 138, 252, 305, 321, 378
scribal hand, 30, 35, 73, 156, 287, 328, 348
Sehbild, 8
seventy days of lament, 205–6 (in association with Apis cult)
shabti(s)/ushebti(s), 188 (formula on), 197, 201
shepherd (as an epithet), 46, 49, 56, 65
shrewmouse, 279, 280, 285, 286, 288
shrine (description of), 1, 13–17, 21
signature, 247, 254
silver, 4, 25, 28, 47, 102–4, 114–16, 157, 164, 168, 195, 248, 256, 312, 313, 315, 366–68, 383
single-line (disposition of instruction texts in New Kingdom), 310
Sinnbild, 8, 20

sistrum, 322
sixth (of an hour, in reckoning of time), 135, 142, 144, 145, 148, 149
snake(s)/serpent(s), 13, 44, 71, 186, 219, 242 (snake-bite), 324, 342
solar, 96 (bark), 104 (disc), 124 (disc), 125, 127, 130, 131, 181–96, 225, 320–22 (creator), 322 (trigram), 339–43 (texts), 351–53, 356–62
song, 156, 198, 202, 205, 207, 210–14, 221–37 (*Menu*-Lied)
song (designation of Osirian text as), 198, 202, 210–14
sphinx, 99, 319 (criosphinx), 382, 387
spittle (of Neith), 94
stacking (of bread), 19–20
statue(s), 6, 12, 16, 17, 122, 188, 193–96, 225, 231, 244, 245, 269, 320, 341, 379–87
Stern-Jernstedt rule, 294, 306–7
stolist(es), 169, 376
stonecutting (workers), 74
strategos, 379–87
striding (as a figure pose), 6, 385 (draped male figure type)
striking the balls (ritual), 7
suicide, 96 (of Seth)
sunrise, 189, 226, 228, 337–45 ("sunrise text[s]"), 356
sunset, 338–45 ("sunset text[s]")
sunshine (symbolism and imagery of), 181–96
syncretism, 265, 319
syntaxis (payment), 366, 367, 372

tablet (Hieratic), 100, 197–214
talatat, 71, 72 (*talatat*-sized)
talc, 10
tax(es), 155, 164, 167, 254–56, 363, 364, 366–68, 370, 372, 377
temple library, 13, 17, 214, 281, 318, 326, 334
temple official(s) (designated as collective), 363, 365, 373
temple plan, 71–74
temporal hyperbole, 219, 220
terrestrial omen(s), 278, 281, 283, 285, 286, 288–90
testicles, 298, 299 (of Seth)
theological treatise (as designation of "sunrise" and "sunset" texts), 338
threat(s), 7, 96, 97, 298, 299, 322
thunder (voice of Seth as), 281
time, 91–98 (limited and unlimited, about Seth; life-span), 135–53 (reckoning of), 208 (Amun-Re as creator of), 273, 279 (of birth), 321
titulary (and titulature), 24, 26, 31, 32, 208 (of Amun-Re), 376
tomb(s), 2, 5–9, 13, 18–21, 55 (of Osiris), 100, 101, 103–5, 109, 110, 124, 129, 130, 165, 166, 168, 181–96, 197–214, 223, 227, 229, 235, 240–43, 245, 323, 324, 337–45
transcription, 57, 75–92 (of the Offering Ritual into Demotic), 165 (about lesonis), 239, 249 (of Greek epithet into Demotic), 316
transport, 312 (costs), 313, 318 (costs, in connection with cult association), 375, 377
treasury, 157, 241, 384
trigram, 322–24
triune form, 322 (of sun god)
tympanon, 187, 343

underworld (darkness in), 102, 103, 111, 112, 124, 181
underworld books, 337 (retrograde writing in)
unetymological spelling (unorthographic), 75, 76, 86–88, 115, 125, 127, 158, 288, 289, 351, 370
unguent, 48, 68, 192 (rays of sun entering body as), 229–30, 232, 274
unification and uniting, 184 (with the sun rays), 185 (with the Ba), 187 (of Osiris and Ra), 193 (with the Sun god), 194, 195
units of measure, 27, 253
uroboros, 322
ushebti(s). *See* shabti(s)/ushebti(s)

Valley Festival, 18
voice of Seth (as thunder), 281
votive object(s), 241, 244, 268, 333 (accumulation of)
vulture, 6, 7, 10, 271, 292, 295, 319

wab-priests who conclude affairs, 331
water, 4, 5, 10, 12, 38, 74, 44, 48, 49, 53, 65, 85, 88, 89, 102, 104, 112–14, 117, 119, 122, 133, 145, 147, 148, 168, 191, 192–93 (iconography of), 224, 228, 229, 231, 235, 242, 243, 248, 251, 306, 318, 358, 359
weep(ing), 49, 53, 59, 67, 184 (hieroglyph), 202, 207
wheat, 157, 162, 167, 248, 251, 253, 255, 256, 363, 364, 366, 367, 369, 370–72
white, 10, 12, 49, 52, 68, 100, 114, 182, 273–75, 380 (whitewash)
wine 49, 54, 77–92, 113, 114, 157, 167, 223, 232, 268, 306, 365, 366, 368
wisdom (texts), 179, 215–20, 303–18
woman, 24, 25–30 (gift or possessions of), 38, 39, 49, 50 (sterile or fertile), 51, 63, 66, 68, 165, 168, 198, 205, 211, 217–19, 279, 297, 313 (as member of an association), 316, 318, 322
wood, 23, 187, 192, 197–14 (used for writing tablet), 224, 225
word order (in Demotic), 164
workshop, 2 (for art production), 183, 190, 194 (Book of the Dead)

yellow, 23, 182, 188, 189, 229

Index of Names

a) Divine Names

Ait, 155–62
Amaunet, 356
Amenhotep, Son of Hapu, 239–41, 249
Amenrenef, 110
Amun/Amon/Amen, 16, 49, 55, 62, 157, 159, 160, 197, 201, 264, 310, 321, 322, 324, 339, 341, 350, 356, 359, 365
Amun-Re, 81, 83, 85–87, 159, 199, 201, 208, 319–23, 341, 343
Anubis, 4, 97, 107, 186, 304, 315
Aphrodite, 320
Apis, 49, 55, 62, 187, 205, 207, 314
Apophis/Apopis/Apep, 94, 174, 175, 333–35, 350–51, 360, 361
Arensnuphis, 87
Atargatis, 320
Aten/Aton, 2, 71, 189
Atum, 12, 191, 203, 275, 322–24, 344, 353, 356
Atum-Chepri, 353

Ba(s) of Heliopolis, 103, 104, 109–11, 233, 234
Ba-Demedj, 103, 130
Bastet, 62, 158, 160, 223, 243, 320
Bata, 215
Bes, 319–21, 324
Bes-Amun, 322

Chnum. *See* Khnum
Chons-Thoth. *See* Khons

(The) Distant Goddess, 155
Djed gods, 15, 17
Djedhor (saint), 241, 244, 381
Djeme, 372

Ennead, 7–8, 98, 100, 103, 109, 110, 212, 234, 259, 274
Eye of Horus, 84
Eye of Re, 8, 160
Eye of the Sun, 156

Falcon-god of Letopolis, 267, 268
Four kas (of the creator), 362

Geb, 12, 85, 123, 175, 223, 234, 261, 299
Great Goddess, 273, 274

Hapy/Hapi, 15–17, 62, 84, 87, 89, 102–4, 112–14, 228, 362
Haroeris, 259–75
Harpokrates, 261, 268
Harsaphes, 321
Harsiesis/Harsiese, 274, 275, 320, 370
Harsomtus/Harsomthus, 352, 354, 383 (the Child)
Hathor, 6, 8, 30, 102–4, 110, 112–14, 159–60, 193, 195, 201, 206, 221–37, 266, 268, 271, 273, 274, 382–84, 386, 387
Hauhet, 341–42, 356
Hehu, 341–42, 356
Heket, 268
Helios, 332, 361
Henou, 86
Heqet, 275
Hermes, 361
Heryshef, 58, 59, 159
Hesat(-cow), 4, 102–4, 112–14, 133
Hestia, 320
Hor, son of Pashermonth (saint), 344–45
Horakhty, 85
Horus, 4, 7–9, 13, 14, 62, 84, 95, 96, 97, 102–4, 107–11, 121–24, 126, 132, 133, 166, 174, 175, 205, 212, 222, 226, 227, 236, 237, 244, 252, 259, 262–65, 267, 268, 270–74, 298, 299, 335, 351, 352, 354, 355, 358–60, 363, 364, 370, 383, 384
Horus the Behedite, 383
Horus of Edfu, 351, 354–55, 359
Horus-eye, 204, 222–23, 267
Horus-Khenty-Khety, 252
Horwer, 323
Houy, 100

Ihy, 383
Imhotep, 210, 239, 249, 304, 315, 369
Iunmutef, 114
Iunyt, 114
Isis, 6, 12, 14–16, 57, 85, 86, 100, 104, 114, 119, 126, 132, 133, 158, 159, 164, 174, 184, 185, 213, 244, 259–76, 296, 304, 315, 320, 334, 341, 350, 358, 360–64, 370, 382–84, 387
Isis Neferses, 14–16

Jupiter, 349

Khenty-imentiu, 4
Khepri/Chepri, 322, 323–24, 343, 353, 354, 356, 358, 359, 361
Khnum, 58, 273, 369

Khokma (Hebrew "personification of wisdom"), 156
Khonsu/Chons, 200, 269, 323, 360, 369, 371, 372
Kore, 320

Maat, 97, 103, 173, 175–80, 264
Mars, 280
Mehyt, 49, 54, 62
Mercury (planet), 95, 202, 204
Min, 242, 261
Min-Amun, 319
Min-Amun-Bes, 322
Montu /Month, 265, 376
Moon(-god), 208
Mut, 16, 153–54, 159, 191, 263–64, 273, 309, 362

Neferhotep, 363–64, 373
Nefertem, 79, 81, 86
Nefertem-Ptah-Sokar, 77
Neith, 94, 118, 319, 356
Nekhbet, 6, 275
Nenet, 125
Nenwen, 272
Nepere(t)/Nepri(t) , 102, 103, 112–14
Nephthys, 12, 57, 100, 126, 174, 185, 273–74, 341, 352, 370
Nespamedu of Elephantine, 240
Nile god, 16, 206
Nun, 103, 133, 318, 354, 357
Nut, 12, 15, 94,104, 126, 131–33, 175, 227, 299, 350, 356, 360, 362

Ogdoad (of Hermopolis), 356
Onuris, 54, 61 (Onuris-Shu), 266
Orion, 104, 125, 131–33
Osiris, 4–6, 8, 10, 12, 16, 55, 84, 85, 88, 94–97, 100–109, 112, 113, 117–19, 132, 174, 175, 177, 181, 184–88, 190, 191, 193, 195, 197–203, 206–14, 225, 242–44, 300, 304, 315, 321, 333, 334, 347, 357, 358, 360, 363, 364, 366, 368–70
Osiris-Espmetis, 240
Osiris Khontamenti, 201–3, 207–9, 211, 213
Osiris-Nebankh, 200
Osiris Nebdjefau, 200
Osiris-Sobek, 15
Osiris Wennefer, 103, 132, 200, 334 (Onnophris)
Ounnefer/Wennefer, 133

Pakhet/Pekhat, 242, 319
Panebtawy, 268, 275
Paret (saint), 241
Pataikos, 323–24
Peteharpre, 241
Phaethon, 332
Philon (saint), 241
Piyris (deified person at Ayn Labacha), 241
(P)ra/Phrê/Pre, 48, 50–51, 62, 360–62
Pshai/Pshay, 164, 334
Ptah, 14, 16, 98, 100, 102, 104, 109, 110, 115, 119, 264, 323–24, 362, 365
Ptah-Sokar, 77, 79, 84–87

Ra/Re, 4, 9, 10, 12, 13, 48, 50, 54, 58, 61, 62, 84, 100–104, 108–10, 114, 117, 119, 123, 125, 127, 128, 130, 177, 181, 186–95, 201, 229, 233, 261, 263–66, 268, 271, 320, 323, 327, 330–32, 343, 351, 353, 356, 359–62. *See also* Eye of Re, Phrê
Ra/Re-Horakhty/(P)re-Harakhty, 85, 89, 96, 185, 187, 188, 192, 338
Ram of Mendes, 350, 352, 355, 356
Re-Khepri-Atum, 322–24
Renenet, 113–14
Repit, 221, 223
Rhea, 361
Ruti, 229, 231

Sakhmet, 159, 322
Sekhathor, 102, 104, 117
Seshat, 270
Seth, 7, 9, 93–98, 103, 130, 131, 155, 174, 175, 204, 205, 263, 281, 299, 363–74
Shai (Fate), 161
Shesemu/Chesemou, 229, 231
Shu, 12, 49, 54, 55, 61, 133, 175, 184, 223, 224, 229, 264, 268, 323, 362
Sirius, 280
Sobek, 1, 13–16, 17, 196, 214, 262, 263, 265, 268, 269, 273–75, 304, 371, 375, 376
Sobek-Re, 14
Sokar, 86, 88, 99, 103, 122, 185, 207, 208, 214, 226
Sokar-Osiris, 187
Soknebtynis, 78, 87, 359, 366, 369, 371
Soknopaios, 369
Sopdu, 327, 330–31
Sothis, 204, 225–26
Sugady, 12
Sun god, 94, 176, 180, 181, 187, 194, 209, 322, 332, 342–44

Tanen, 105, 129
Tasenetneferet(-Tefnut), 268, 275
Ta-tenen, 103, 129
Tay, 157
Tayt, 102–4, 115, 117, 118
Tefnut, 12, 133, 175, 229, 268, 299
Tesenuphis, 244
Teshnefer, 244
Thoth/Thot, 10, 15, 16, 85, 89, 103, 104, 125–27, 204, 216, 227, 304, 310, 315, 327, 330, 331, 334, 347–62, 371, 372, 376
Thouis, 320
Tutu, 320

Two Sisters, 103–5, 125, 126, 130

Uto, 352

Venus ("The Morning God"), 204, 280

Wadjit, 275
Ḫnm.t, 212

b) Selected Divine Epithets

"Chief of the East" (as epithet of Apophis), 334–35
Great Goddess, 273, 274
"Illuminator of the Corpse" (as an epithet of the sun god), 187
"Inert One" (as designation of Osiris), 9
"Insolent One" (epithet of Seth), 97
theoi synnaoi 370, 373
Tꜣ-nfr-šꜥy (epithet of Isis), 158

c) Royal Names

Akhenaton, 2, 71, 72, 189
Alexander the Great, 24, 53, 56, 60, 61, 201, 334
Amasis, 58, 338
Amenemhat I, 178
Amenemope, 105, 207
Amenhotep I, 77, 85, 87 (Djeserkare), 90
Amenhotep II, 13, 18, 21
Amenhotep III, 177, 338
Anlamani, 77, 338, 340
Antiochos IV, 52, 59
Apries, 338
Arsinoe, 24
Artaxerxes Ochos (Artaxerxes III), 59
Aspelta, 338, 340
Assurbanipal, 152
Augustus, 382–86

Berenike, 24
Berenike III, 269
Bocchoris, 50, 58, 59, 61, 62

Caesar, 50, 62, 384
Claudius, 259–61, 268, 273, 274
Cleopatra, 24
Cleopatra II, 269–70, 275
Cleopatra III, 269, 368
Cleopatra VI, Tryphaina 270
Cleopatra VII, 270
Commodus, 78

Darius I, 162
Djeser-ka-Re, 85, 87
Domitian, 273, 365

Germanicus Dacicus, 331 (Trajan)
Germanikos Autokrator, 271

Haronnophris, 52
Harsiesis, 53, 59
Hatshepsut, 96, 338, 339, 343
Hordedef, 214

Inaros, 295, 328, 329, 334

Khufu, 216

Menes, 243
Mentuhotep II, 1, 4–6, 8
Mutnedjemet, 105

Narmer, 1
Necho/Nechepsos, 152, 360
Necho II, 145, 152
Nectanebo I, 72
Nectanebo II, 42, 60, 61, 191
Nefertiti, 72
Neskhons, 201 (princess)
Nitokris, 197
Nubkheperre Intef, 291

Osorkon II, 186

Petechons, 152
Pinodjem, 201
Psammetichus I, 53, 61, 152
Psammetichus II, 200
Ptolemies I–IV, 56, 61
Ptolemies II–VIII, 59
Ptolemy (unspecified), 1, 14, 77, 84
Ptolemy I (Soter I), 56, 247, 249–50
Ptolemy II (Philadelphus), 97, 239, 249, 304
Ptolemy III (Eurgetes I), 59, 61, 140, 200, 269
Ptolemy IV (Philopator), 375–76, 378
Ptolemy V (Epiphanes), 52, 146, 376, 378
Ptolemy VI (Philometor), 59, 97, 269–70, 306
Ptolemy VIII (Euergetes II), 23–24, 26, 31, 53, 59, 105, 141, 263, 264, 269–71, 275, 368
Ptolemy IX (Soter II), 247, 269, 368
Ptolemy X (Alexander I), 269–70, 275, 360
Ptolemy XII Neos Dionysos (Auletes), 269–71, 323

Ramesses II, 310
Ramesses III, 338

Sekhemkhet, 9
Septimius Severus, 380
Sesostris/Senwosret I, 145, 178
Sety I, 77, 81, 107

Shabako/Chabaka, 61
Sheshonq III, 186, 189
Smendes, 201

Taharqa, 200, 338, 339
Takelothis, 200
Tiberius/Tiberios Klaudios, 77, 263, 268, 270
Tiy (Queen), 72
Trajan, 331
Tutankhamun, 7, 192
Tuthmosis III, 215, 361

Xerxes, 150

d) Selected Royal Epithets

"The Beneficent God" 23, 24
"The Beneficent Gods," 24, 375, 376
"The Brother Gods," 24, 375, 376
"The Father-Loving Gods," 24, 375, 376
"The God whom his Father distinguished," 24
"The Gods Who Have Appeared," 24, 268
"The Gods Who Save," 24

e) Private Names

Abana, 344
Ahmose (son of Abana), 344
Ahweret/Ahoure, 38
Amenemhab, 19–20
Amenemhat, 235
Ameneus, 316
Aristaios, 375–77
Aristonikos, 386

Chaiophis, 315
Chensnebonychos, 363–64, 371
Chesthotes, 364
Cheteba, 348. *See also* Satabus

Dionysodoros, 247
Djedhor, 241 (tomb of), 244, 381
Djedi, 216

Espnuthis, 366

Gaius Iulius Apollinarius, 332
Gaius Iulius Sabinus, 332

Hanos, 370
Harchebis, 317
Haremhab, 242
Hareus. *See* Herieus
Harhos, 315
Harpaesis, 367
Harpchemis, 364
Harsuphis, 315
Hathorit, 383
Henutmehyt, 10
Hergeus, 42
Herieus, 39, 50, 57, 62, 247, 250, 317 (Hareus), 348 (Heriu)
Hor, 244, 245
Hordedef, 216
Horos, 364, 365, 367, 386

Iah(?), 327
Imhotep, 241
Imiseba, 2
Imuthes, 315, 367
Irti-sen, 1–10, 13, 17–19
Iuefankh, 12

Khuninpu, 174
Krates, 242

Maguka, 251
Maya, 187
Meketre, 6
Montuemhat, 381

Nakht, 337
Nebetudjat, 312–13, 317
Nebseni, 12, 340
Nebwennef, 319
Nechthes(?), 364
Neferhotep, 19
Nehemesrattaui, 199
Neskhonsu, 198–99, 201, 202, 204
Nesmin, 198–99, 202–3, 214
Nespamedu, 240 (deified person)
Nu, 11, 13

Oaphres, 248, 254
Onnophris, 312–13

Pachompsais, 385–87
Padihorresnet, 197
Pais, 247, 315
Pamenches, 380, 383–87
Pamiu, 242
Pamonthes, 386
Panas, 379, 382–83, 385–87
Panechates, 367
Paonchis, 364, 367
Pasherienkhonsu, 199
Pasherientaisu, 338–39, 342
Pashermonth, 244, 245
Pasis, 247
Pawerem, 199

Pbekis, 368
Pedamenemopet/Padiamenope, 338, 342
Pehsucher, 19, 21
Peteese (III), 373
Peteharpre, 241
Petemestus, 363–65, 368, 371–72
Petesis, 42, 297, 315
Peteyris, 366–68
Petimuthes/Peteimuthes, 367, 386
Petosiris, 244, 315, 317, 366, 368
Phagonis, 368
Phanesis, 370
Phibis, 365–68
Piret, 381
Piyris (tomb of), 373
Pnepheros, 241
Psenamunis, 368
Psenobastis, 383
Psenpchois, 383
Psienhor (Psinyris), 38, 39, 48–51, 56–58, 61, 62
Ptahhotep, 179, 180
Ptolemaios, 379, 380, 382–87

Qenna, 337
Qiqi, 199

Ramsesnakht, 381
Rekhmire/Rechmire/ Rekh-mi-Re, 18, 235
Rensi, 177–79

Sachperis, 381
Satabus, 39, 50, 57, 62, 332. *See also* Cheteba
Sechthertais, 363–65, 368, 372
Setem, 317
Setja-iret-bint, 198–99, 202–3, 214
Setne, 38, 328, 329, 371
Shapuka, 247, 250 (in place-name?)
Shesemtet, 242
Sheshonq, 338, 342
Sobekkhu, 8
Straton, 247
Suemniwet, 2, 18–21

Taimhotep, 241
Tameneus, 317
Tamounis, 315
Tasheret, 244
Taurinos, 73, 74
Teos, 248, 254
Tepemankh, 381
Theramenes, 332
Thoteus, 312, 315
Thotoes, 364
Thotortais, 315

Thotsythmis, 312–33
Tichesteus, 315
Tjanefer/Tjainefer, 338, 357
Tjaynahebu, 317
Tryphon, 379–87
Tullius Ptolemaios, 380, 384

Ukhhotep, 6

Weni, 8
Wertyamunniut, 295

f) Selected Private Names in Transliteration

Iʿḥ-tȝj=s-nḫt, 182, 191
Inyw, 105
Ir-ḥp-iȝwt, 371
Irt-Ḥr-rw, 105
Irtwrw (=*Tȝ-šrit-(n-)tȝ-iḥt*), 105
I.dj-n=j, 188

ʿnḫ-Ḥp, 105
ʿḥʿ-nfr-Imn, 100

Wn-nfr, 105, 132, 133, 312

Pȝ-nfr-Šy, 157
Pȝ-nḫṭ, 373
Pȝ-ḫȝrw, 100
Pȝ-šr-Imn(?), 368
Pȝ-šr-mnḫ, 30
Pȝ-šr-mḥy, 371
Pȝ-di-Imn, 101, 186
Pȝ-di-Imn-ipt, 105
Pȝ-di-Imn-nb-nst-tȝwy, 103
Pȝ-di-Imn-nst-tȝwy, 364
Pȝ-di-Wsir, 183, 366, 368
Pȝ-di-Nfr-ḥtp, 373
Pȝ-di-Ḥr-pȝ-nṯr, 244
Pȝ-di-Ḥr-smȝ-tȝ.wy, 30, 34, 35
Pȝ-di-Ḫnsw, 105
Pȝ(-n)-Imn, 100, 104–5, 106, 131 (*Pȝ-Imn*)
Pa-ʿnḫ, 364, 367, 372
Pa-ḥy, 315, 316
Pa-Gbk, 30, 34, 35
Pa-tȝ-2.t, 41, 44, 52, 63
Pa-tȝ-55, 41, 52, 62
Pa-tȝ-snty.t, 41, 42, 52, 62, 68
Pa-tm, 316
Pȝy-Stḫ, 365

Nb-wnn=f, 310
Nb-ḳd, 182
Nb.t-wḏȝ.t, 311–13, 316, 318

*Nfr-wbn=f,*182
Nḫṱ, 372, 373
Nḫṱ-Mn, 30, 31, 34, 35
Ns-pꜣ-nṯr, 30, 34, 366
Ns-pꜣ-ḥr-n-ḥꜣt, 105
Ns-pꜣ-ḳꜣ-šw.tj, 190
Ns-Mn, 105, 198, 202, 203
*Ns-Ḥr-pꜣ-ẖrd,*105
Ns-Ḫnsw, 198
Ns-Ḫnsw-wn-nḫ, 105

Ḥꜣrwꜣ, 188
Ḥr-wbn, 193
Ḥr-(m)-sꜣ=f, 315, 316
Ḥr-mꜣy-ḥs, 316
Ḥr-nḏ-jt=f, 190
Ḥr-ḥs, 315, 316
Ḥrw, 185
Ḥrw (saint), 245
Ḥrwy, 103
Ḥknt, 105

Ḫnsw-mꜣꜥ-ḫrw, 371
Ḫnsw-ms, 182
Ḫnsw-nb-ꜥnḫ, 363, 371
Ḫnsw-Ḏḥwtj, 364, 372, 373

Špwkꜣ, 247, 250, 251

Tꜣ-bꜣk.t-n-Ḫnsw, 185
Tꜣ-šr.t-n-ꜣs.t, 183
Tꜣ-šr.t-(n)-tꜣ-iḥ.t, 105
Tꜣ-kr-hb, 190
Tꜣ-di-Ꞽi-m-ḥtp, 185
Ta-Ꞽmn, 315
Ta-ꜥnḫ, 372
Tꜣ-(n.t)-bꜣ-ꜥnp.(t), 105
Tꜣ-n.t-pr.t, 185
Tyꜣnyswtr, 247

Ṯs-pr.wt-nṯr, 186

Ḏ-ḥr, 30, 34
Ḏḥwṱ-iir-ty-s, 33, 34

g) Selected Names of Modern Egyptologists

Baraize, Émile, 384, 387
Caminos, Ricardo, xviii, xix, 71
Champollion, Jean-François, 268, 319
De Garis Davies, Norman, 71
Hughes, George, xvii, xviii
Kamal, Ahmed, 268
Krall, Jakob, 37
Michaelides, George, 247, 254
Sayce, Archibald Henry, 23, 71

h) Place Names and Selected Ethnics

Abaton, 213, 268
Abusir, 200
Abydos, 4, 6, 55, 59, 77, 79, 81, 83–89, 91, 100, 103, 104, 109, 115, 123, 206, 213, 323, 369
Abydos Tomb, 323
Aegean, 381
Akhmenu (Karnak), 194
Akhmim, 99, 195
Alexandria(n), 24, 27, 53, 56, 247, 255, 366, 380, 382, 383, 385
Amarna, 2, 71–74, 170, 182, 188, 189, 192, 195
Amun Temple, 339
Arsinoite Nome, 254, 376
Asasif, 197, 201
Asheru (=sacred lake), 54
Ashmunein, 376
Asia, 56, 60, 228
Assyria(n), 47, 50, 53, 56, 57, 59, 61, 62, 151–53
Athribis, 196, 221–37
Ayn Labacha, 241

Babylon (Egyptian), 54, 60, 225–26
Babylon/ Babylonia, 152, 153
Bactria, 334
Bahariya, 372
Balamun (Tell el-Balamun), 157, 160
Bedjedj, 342
Behdet, 123
Beni Hasan, 7, 8, 223
Berscheh. *See* Deir el-Bersha
Biggeh, 213
Bir el-Shaghala, 365
Bubastis, 49, 54, 60, 62
Busiris, 103, 104, 109, 120, 132
Buto, 232, 321

Canopus, 331, 366
Chemmis, 160

Dakhleh (Oasis), 363–74
Deir Abu Hinnis, 72–74
Deir el-Bahri, 6, 8, 96, 190, 208, 249, 338, 343
Deir el-Ballas, 28
Deir el-Bersha, 72–74, 234
Deir el-Hagar, 370
Deir el-Medina, 75–92, 189, 322
Delta, 53, 135, 152, 228, 242, 243, 331
Dendera, 54, 87, 100, 183, 184, 187, 194, 195, 201, 206, 211, 212, 221, 222, 225, 226, 233, 235, 354, 355, 358, 379–87

Dep, 133
Dimai/Dime, 13–15, 349–50, 362
Djedu, 4
Djeme, 31–32, 369, 372
"Domain of the temple of Mehyt," 49, 62
Duat, 100, 103, 104, 107, 109, 121–23, 130, 131, 202, 209

(The) East, 60
Eastern Delta, 331
ed-Deir (Khargeh), 368
Edfu, 6, 9, 16, 30, 77, 84, 88, 206, 269, 270, 311, 323, 351, 354, 355, 358–60, 365, 385
Edifice of Taharqa, 338–39
Elkab (Tomb no. 5), 344
Elephantine, 28, 29, 58, 157, 160, 229, 240, 282, 365
Esna, 273, 322, 335, 356

Fayum/Fayyum, 13–14, 97, 250, 255, 256, 304, 325, 326, 333, 348, 375, 377

Gebel el-Silsila, xvii, xviii, xix, 71
Gebelein, 29–32
Giza (excavations of S. Hassan), 99
"Great Green," 15
Greek(s), xv, 49, 52, 53, 56, 59–62, 72, 73, 96, 161, 163, 170, 216, 217, 241, 242, 244, 245, 247, 249–51, 255, 256, 280, 295, 309, 325, 326, 329, 331–33, 365–67, 372, 376, 377, 379–87

Harageh, 100
Hebes-bag, 103 (Underworld), 127
Heliopolis, 7, 8, 49, 53–54, 58, 60, 62, 103, 104, 109–11, 114, 115, 119, 233, 234, 330, 355, 356
Herakleopolis (Magna), 48, 56, 159, 160, 244
Herakleopolite (Nome), 254
Hermopolis/Hermupolis, 200, 355–56
Hibis, 320, 373
Hierakonpolis, 9, 321
"House/chapel/domain of the *Ka*" (=Château-du-ka), 104, 115, 119
House of Men-Maat-Re, 81, 85

Igeret (necropolis), 104, 132, 133, 202, 209
Imehet, 103, 105, 124, 130–31
Imentet, 202
India, 150
Ipu(?), 123
Iranian (name), 251
Ismant el-Kharab/Kellis, 365, 370, 374

Jew(s), 251

Karanis, 325–35
Karnak, 6, 18, 86, 194, 199, 200, 213, 269, 338, 339, 341, 381 (cachette)
Kellis, 365, 370, 374
Kenset, 229
Khargeh (ed-Deir), 363, 366, 368, 371, 372
Kheraha, 225
Khonsu Temple at Karnak, 269
Kom Ombo, 229, 262, 263, 265, 266, 268, 269, 273–75, 323
Koptos/Coptos, 100, 244, 245, 261, 268, 273, 291
Krokodilopolis/Crocodilopolis, 30, 168
Kyrenaika/Cyrenaica, 228

"Lake Land," 14–16
Letopolis, 55, 160, 261, 262, 264–68, 274, 365
Lihyan (Kingdom of), 329
Lower Egypt, 14, 15, 160, 249, 254, 264, 271, 274, 323
Luxor, 249, 276, 376
Luxor Temple, 338–39
Lycopolis, 160

(el-)Masara, 74
Medamud, 270
Mede(s), 46, 49, 51, 52, 59, 62
Medinet Habu, 89, 194, 240, 338, 376
Medinet Madi, 147
Meir, 6
Memphis, 31, 49, 54, 55, 57, 59, 60, 62, 100, 103, 119, 240, 250, 304, 305, 355, 356, 362, 365
Mendes, 46, 54, 350, 352, 355, 356
Mesopotamia(n), 140, 149–53
Moeris (Lake), 15, 43
Mut (Mothis), 363–74
(El-)Muzawwaqa, 365, 367, 368, 371, 372

Nagᶜ el-Mashaikh, 366, 372
Naref, 48, 50, 51, 58, 63
Naukratis, 242
Nebecheh, 232
"night-sun chapel," 338
Nilopolis, 49, 54, 60, 62
Nineveh, 47, 50, 56, 59, 61, 62
Nubia(n), 164, 170, 228, 230, 231, 292, 295, 338–40
Nuri, 77, 79, 81–90, 338

Ombos, 264
Oxyrhyncha, 255, 371, 375, 377
Oxyrhynchite Nome, 254

Pai, 1, 13–16
Pathyris, 30–31, 34, 268, 368, 376
Pathyrite Nome, 368
Pe, 133
Pelusium, 54, 60, 160
Persian(s), 51, 53, 56, 58, 59–61, 151–53, 188, 209, 251, 255
Pharbaitos, 353
Phersos, 54

Philae, 77–79, 81–90, 100, 105, 184, 213, 262, 263, 266, 268, 273, 296
Phoenicians (Land of), 232
Pi-Sopdu (Saft el-Henna), 331
Propylon of the Temple of Isis, 382
Ptolemais, 24, 27
Punt, 229, 343 (reliefs)

Qus (Apollinopolis parva), 262, 266, 268–70, 273, 275

Saft el-Henna, 331
Saïs, 57
Saqqara, 165, 305, 338, 342, 374, 381
Sebennytos, 45, 49, 53–55, 56, 59–61, 63
Sehel, 228
Serapeum of Memphis, 60
Shanhūr, 259–75
Shedet, 14
(el-)Sheikh Said, 71–74
Siwa, 365
Soknopaiu Nesos, 304, 325, 326, 359, 367, 369, 372
Susa, 1
Syria(n), 49, 50, 53, 59, 61, 63, 69, 167, 171

Ta-..., 248, 252
Ta-wer, 103–4, 121, 123
Tanis, 135–53, 186, 201, 207
Tebtunis/Tebtynis, 13, 31–32, 60, 78, 87, 148, 188, 200, 211, 214, 304, 355, 362, 371, 375
Tell el-Amarna, 71
Tell Dush, 185, 193
Temple of Haroeris and Heket, 268
Temple of Hathor, 382–84, 386–87
Temple of Hatshepsut, 338–39
Temple of Horus, 269
Temple of Horus the Behedite, 383
Temple of Isis in Dendera, 348, 382, 384, 387
Temple of Isis in Shanhur, 259–75
Temple of Khnum, 273
Temple of Khonsu, 198
Temple of Montuhotep II, 5
Temple of Re-Harakhty, 338
Temple of Seti I at Abydos, 77
Thebaid, 24, 27, 52
Thebes, 31–32, 49, 55, 59, 62, 100, 111, 190, 197, 199–201, 203, 208, 211, 213, 355, 366, 372, 376
Thinis, 55
Thinite Nome, 366
To-mery, 122
Tomb of Pasherientaisu (Saqqara BN 2), 338
Tomb of Seti I, 107
Theban Tomb (TT): TT 9, 116; TT 23, 106, 122; TT 27, 338; TT 29, 102–3, 106; TT 32, 187, 193; TT 33, 338; TT 37, 188; TT 40, 106; TT 49, 19; TT 57, 102, 107, 116; TT 63, 183; TT 65, 2; TT 78, 106; TT 85, 19–20; TT 88, 19–21; TT 92, 2, 20; TT 93, 103; TT 100, 117, 203, 235; TT 106, 118, 190; TT 109, 190; TT 128, 184; TT 157, 106, 116, 118, 207, 310, 319; TT 158, 338; TT 159, 100; TT 178, 106; TT 196, 197–214; TT 211, 119; TT 255, 106; TT 263, 118; TT 290, 116, 182; TT 298, 113; TT 336, 190; TT 359, 182; TT 360, 119; TT 380, 235; TT C1, 101, 118
Tuna el-Gebel, 183
Tura, 74

Upper Egypt, 8, 55, 104, 249, 255, 259, 376, 381
Uruk, 1
Utenet, 220

Wadi Ibada, 72
Wadi Maghara, 9
Wadi el-Nakhla, 72, 73
Western Oases, 366, 370, 372, 373
W-peki, 55, 62

Zawyet el-Sultan, 73

i) Selected Place Names in Transliteration

Pr-Ḥʿpy, 54, 62
Pr-Šw, 54
Nn-rf, 45

Index of Sources

a) Selected Temple Publications

Abydos 36b 75–92
Abydos 38a 75–92
Abydos 40c 75–92
Dendara II, 9, 4 353
Dendara II, pl. 88 183
Dendara IV, 28, 6 and 8 354
Dendara VI, pl. 80 354
Dendara VI, 29, 9 352
Dendara VI, 33, 16–34, 1 354
Dendara VII 229
Dendara VIII, 65, 4 and 7 225
Dendara X, 67, 9–10 107
Dendara X, 67, 9–15 101, 106
Dendara X, 67, 11–12 112
Dendara X, 67, 12 128
Dendara X, 67, 12–15 125
Dendara X, 67, 13–14 120
Dendara X, 103, 6 126
Dendara X, 374, 3–7 212
Dendara X, 375 11–376, 4 212
Dendara X, 376, 9–10 212
Dendara XIII, 62, 12–67, 10 221
Dendara XIII, 62, 14 222
Dendara XIII, 63, 1 222
Dendara XIII, 225
Dendara XIII, 233
Dendara XIV, 97, 16 355
Dendara XV, 255, 8 362
Dendara, Temple d'Isis, 173, pl. 158 358
Edfou I, 23, 14 193
Edfou I, 128, 13 352
Edfou I, 146, 16–17 354
Edfou I, 161, 6–7 354
Edfou I, 255, 12–13 204
Edfou I, 323, 15 206
Edfou I, 325, 1–2 206
Edfou I, 325, 11–12 206
Edfou I, 366, 1 355
Edfou I, 383, 7 204
Edfou I, 417, 8–19 191
Edfou I, 458, 16 77
Edfou I, 459, 9 77
Edfou I, 461, 11 77
Edfou I, 462, 5 77
Edfou I, 470, 15–16 358
Edfou I, 529, 7–8 354
Edfou II, 41, 11–13 354
Edfou II, 48, 6 114
Edfou II, 79, 1–2 354
Edfou II, 198, 2 229
Edfou II, 201, 15–16 233
Edfou II, 202, 6–7 230
Edfou II, 206, 3 and 5 227
Edfou II, 219, 7 233
Edfou III, 12–13 354
Edfou III, 110, 2 354
Edfou IV, 244, 6 323
Edfou IV, 357, 15–359, 7 355
Edfou IV, 376, 4–5 344, 355
Edfou V, 85, 13–15 355
Edfou VI, 14, 12–15, 3 355
Edfou VI, 17, 6–18, 6 355
Edfou VI, 63, 1 272
Edfou VI, 319, 3–16 355
Edfou VI, 334, 2–3 354, 355
Edfou VII, 302, 10 354
Edfou VII, 322, 11–12 359
Edfou VIII, 62–63 269
Esna II, no. 31, 39 323
Esna III, no. 206, 7 356
Esna III, no. 206, 10–11 175
Esna III, no. 355, 7 191
Esna III, no. 387, 6 174
Esna VII, no. 568 78
Esna VII, no. 570 273
Esna VII, no. 617 78
Esna VII, no. 619 273
Kom Ombo I, 78 274
Kom Ombo I, 87 (no. 107, 2) 323
Kom Ombo I, 131 274
Kom Ombo I, 134 (no. 176) 183
Kom Ombo I, 135 274
Kom Ombo I, 136 274
Kom Ombo I, 138 260, 263, 266, 270, 274
Kom Ombo I, 139 263
Kom Ombo I, 153 275
Kom Ombo I, 154 275
Kom Ombo I, 155 275
Kom Ombo I, 167 262
Kom Ombo I, 251, cols. 3–4 191
Kom Ombo I, 275 265
Kom Ombo I, 275–76 265

Kom Ombo I, 276 262, 263–66
Kom Ombo I, 462 269–71, 275
Kom Ombo I, 494 275
Kom Ombo I, 495 275
Kom Ombo II, 635 262, 267
Kom Ombo II, 810 269–70
Kom Ombo II, 938 265–68
Kom Ombo II, 939 266–67
Nuri 87 (fig. 58) 338, 340
Nuri 265 (fig. 209) 75–92
Nuri 266 (fig. 210) 75–92
Nuri 267 (fig. 211) 75–92
Nuri 268 (fig. 212) 75–92
Opet 124, 3–4 118
Bénédite, Philae 27 75–92
Bénédite, Philae 44 75–92
Bénédite, Philae 151, 2–4 101, 105, 106, 109, 111
Philae II 381, 16 362
Shanhūr II, no. 118 274
Shanhūr II, no. 119 259, 271–72, 274
Shanhūr II, no. 120 274
Shanhūr II, no. 131 274
Shanhūr II, no. 143 274
Shanhur II, no. 151 261, 273
Shanhūr II, no. 156 273
Shanhūr II, no. 157 259, 260, 261, 271, 273, 274
Shanhūr II, no. 158 273, 275
Shanhur II, no. 161 261
Shanhūr II, no. 168 273, 274, 275
Shanhūr II, no. 169 273
Shanhūr II, no. 170 273
Shanhūr II, no. 180 273, 274, 275
Shanhūr II, no. 181 273, 274
Shanhūr II, no. 182 273
Shanhūr II, nos. 113–48 and 151–86 273

b) Papyri

Ann Arbor, Michigan
University of Michigan (Kelsey Museum)
P. Mich. inv. 2850 325
P. Mich. inv. 5362 325
P. Mich. inv. 5372b 325
P. Mich. inv. 5375b 325
P. Mich. inv. 5377 325
P. Mich. inv. 5378g 325
P. Mich. inv. 5380i 325
P. Mich. inv. 5419b 325
P. Mich. inv. 5458b 325
P. Mich. inv. 5545 325
P. Mich. inv. 5637–5641 332
P. Mich. inv. 5640 332
P. Mich. inv. 5641a 325–35
P. Mich. inv. 5663z9 325
P. Mich. inv. 5663z10 325
P. Mich. inv. 5665 325
P. Mich. inv. 5665a 325
P. Mich. inv. 5672b 325
P. Mich. inv. 5679 325
P. Mich. inv. 5739 325
P. Mich. inv. 5764–5774 332
P. Mich. inv. 5771 332
P. Mich. inv. 5774l 325
P. Mich. inv. 5796 325, 332
P. Mich. inv. 6009a 325
P. Mich. inv. 6794c 333
P. Mich. inv. 6829a 325

Berkeley
Bancroft Library (University of California)
P. Berkeley 319
P. Tebt. Suppl. 1719 – 1727 + Oxford (=ex-P. Oxy. Dem. 79/103a) 296
P. Tebtynis Berkeley 15032 306

Berlin
Ägyptisches Museum und Papyrussammlung
P. Berlin inv.186/64 182
P. Berlin P. 3024 178, 180
P. Berlin P. 3033 (=Papyrus Westcar) 216, 218
P. Berlin P. 3050 174
P. Berlin P. 3055 359
P. Berlin P. 3080 31
P. Berlin P. 3090 27, 31
P. Berlin P. 3091 27, 31
P. Berlin P. 3098 26, 31
P. Berlin P. 3099 24, 32
P. Berlin P. 3100 24, 32
P. Berlin P. 3101 32
P. Berlin P. 3102 32
P. Berlin P. 3103 250, 256
P. Berlin P. 3113 26, 31
P. Berlin P. 3113a 31
P. Berlin P. 3116 250, 257
P. Berlin P. 5507 26, 31, 242–43
P. Berlin P. 5508 24, 26–27, 32
P. Berlin P. 6750 88, 196
P. Berlin P. 8092 370
P. Berlin P. 8278b 43, 97
P. Berlin P. 8279 349
P. Berlin P. 8345 280
P. Berlin P. 8351 371
P. Berlin P. 8769 282–83
P. Berlin P. 10499 (=Sinuhe) 194
P. Berlin P. 11326 (=P. Hauswaldt 10) 249, 257
P. Berlin P. 11331 (=P. Hauswaldt 1) 249, 257
P. Berlin P. 11332 (= P. Hauswaldt 25b) 30
P. Berlin P. 13381 168, 368

P. Berlin P. 13532 (=P. Elephantine 1) 367
P. Berlin P. 13544 296
P. Berlin P. 13562 369
P. Berlin P. 13589 282
P. Berlin P. 13591 281
P. Berlin P. 13593 28–29
P. Berlin P. 13603 356, 362
P. Berlin P. 14447 +PSI I 78 148
P. Berlin P. 14948 (=P. Hauswaldt 5) 30
P. Berlin P. 15507 281, 283
P. Berlin P. 15531(=Thotbuch Handschrift B02) 304
P. Berlin P. 15680 (=Book of the Gecko) 278–80, 282, 289–90
P. Berlin P. 15682 329–30
P. Berlin P. 23058 284
P. Berlin P. 23521 285
P. Berlin P. 29009 281, 284

Boston
Museum of Fine Arts
P. MFA 38.2063a 28

Brooklyn
The Brooklyn Museum
P. Brooklyn 47.218.2 361
P. Brooklyn 47.218.21a 278
P. Brooklyn 47.218.84 243, 357
P. Brooklyn 47.218.135 307
P. Brooklyn 47.218.156 321–22

Cairo
Egyptian Museum
P. Cairo CG 30605 31
P. Cairo CG 30607 31
P. Cairo CG 30608 32
P. Cairo CG 30609 32
P. Cairo CG 30618 317
P. Cairo CG 30619 316
P. Cairo CG 30965 376
P. Cairo CG 30975 31
P. Cairo CG 30976 31
P. Cairo CG 31079 254, 257
P. Cairo CG 31080 376
P. Cairo CG 31222 280
P. Cairo CG 50044 384
P. Cairo CG 50138 286–90
P. Cairo CG 50138–9 286–90
P. Cairo CG 50138–40 286–87
P. Cairo CG 50139 286–87, 289–90
P. Cairo CG 50140 286–88, 290
P. Cairo CG 50141 286–88, 290
P. Cairo CG 58030 77–79, 81, 83–87, 207
P. Cairo CG 58032 208
P. Cairo CG 58033 208
P. Cairo CG 58038 (=P. Bulaq 17) 320
P. Cairo JE 32887 185
P. Cairo JE 86637 (=Kairener Tagewählkalender) 135, 141, 147–48
P. Cairo JE 89127+JE 89128+JE 89129+JE 89130+ JE 89137+JE 89138+JE 89139+ JE 89140+89141+89142+89143 (=P. HLC =Hermopolis Legal Code) 166
P. Cairo JE 95841 183
P. Cairo RT 4/2/31/1 (SR 3427) 280
P. Cairo SR 979 100
P. Cairo SR VII.10222 185

Chicago
The Oriental Institute of the University of Chicago
P. O.I.M. 10486 (=P. Milbank) 192
P. O.I. 25256 (=P. Chicago Hawara 8) 30
P. O.I. 25261 (=P. Chicago Hawara 10) 373
P. O.I. 25262 (=P. Chicago Hawara 4) 249, 257
P. O.I. 25388 (=P. Chicago Hawara 6) 249, 257

Cologne
Universität zu Köln, Institut für Altertumskunde, Papyrussammlung
P. Cologne XI 442 250
P. Cologne XI 443 250
P. Cologne Aeg. inv. 10207 182, 191

Copenhagen
The Papyrus Carlsberg Collection, University of Copenhagen
P. Adler 2 24, 26–27, 30, 32, 34, 168
P. Adler 3 168
P. Adler 4 34
P. Adler 5 34
P. Adler 6 34
P. Adler 7 34
P. Adler 9 168
P. Adler 11 34
P. Adler 13 33
P. Adler 14 27–29, 34–35
P. Adler 16 33
P. Adler 17 (=Ostr. Tempeleide 29) 376
P. Adler 18 34
P. Adler 19 (=Ostr. Tempeleide 67) 376
P. Adler 20 34
P. Adler 21 29, 35
P. Adler 22 34
P. Adler 23 34
P. Adler 25 34
P. Adler 26 34
P. Carlsberg 7 351
P. Carlsberg 13 282
P. Carlsberg 13b 282–83
P. Carlsberg 14 287, 291–94

P. Carlsberg 21 162
P. Carlsberg 34 (=P. Hawara Lüddeckens 1) 253, 257
P. Carlsberg 35 370
P. Carlsberg 36 370
P. Carlsberg 37a/b (=P. Hawara IVa/b) 244
P. Carlsberg 57+465 329
P. Carlsberg 68 329
P. Carlsberg 165+PSI inv. D 4 + CtYBR 4514 (=P. Petese Tebt. A) 292, 294–95, 328–29
P. Carlsberg 180 148
P. Carlsberg 207 328–29
P. Carlsberg 389+PSI inv. D 3 (=P. Petese Tebt. B) 292, 295
P. Carlsberg 422 + P. Berkeley ined. 329
P. Carlsberg 424 45
P. Carlsberg 458 334
P. Carlsberg 459 329
P. Carlsberg 460 334
P. Carlsberg 475 321–22
P. Carlsberg 643 334
P. Carlsberg 656 214
P. Carlsberg 677 304
P. Carlsberg 710 329
P. Carlsberg 911 211

P. Petese Tebt. C. *See* Florence

Dublin
The Library of Trinity College
P. Trinity College 354/2 370

Edinburgh
National Museum of Scotland
P. Edinburgh A 1956.313 (=P. Rhind 1) 122, 142, 195, 296, 299–300, 355

Florence
Istituto Papirologico "G. Vitelli"
PSI inv. D 8 (=P. Petese Tebt. C, frag. 22) 330
PSI I 78+P. Berlin P 14447 148
PSI I inv. 125 211
PSI I inv. [provv.] D 114 + PSI Inv. 3056 verso 155–56
PSI I inv. 157 211

Heidelberg
Institut für Papyrologie
P. Heidelberg 701 27, 34
P. Heidelberg 723 34–35
P. Heidelberg 742c (=P. Heid. Kapl. 24) 31
P. Heidelberg 785 278, 285, 288

Jena
Universität Jena
P. Jena 1209 281, 284
P. Jena 1403 282
P. Jena Gr. Inv. 992 (=P. Count 46) 256–57

Leiden
Leiden, National Museum of Antiquities
P. Leiden F 1895/5 (= Papyrus Insinger) 139, 158, 170, 176, 216–20, 293, 307, 309, 324, 360
P. Leiden I 346 174–75
P. Leiden I 347 206
P. Leiden I 350 174
P. Leiden I 373a 31
P. Leiden I 376 31
P. Leiden I 384 (=Myth of the Sun's Eye/Mythos) 46, 292, 294–97, 309, 360
P. Leiden T2 (=Naville's La; Papyrus of Qenna) 337

Lille (and Paris, Sorbonne, Institut de Papyrologie)
P. dem. Lille 31 253, 316
P. dem. Lille 97 316
P. dem. Lille 98 253, 257, 316
P. dem. Lille 118 377
P. dem. Lille 119 255, 257
P. dem. Lille Inv. Sorb. 1186 249, 257

London
British Museum
P. BM EA 10026 (= P. BM EA Andrews 1) 249, 257
P. BM EA 10048 200
P. BM EA 10051 (=P. Salt 825) 174
P. BM EA 10057 (=The Rhind Mathematical Papyrus) 142
P. BM EA 10058 (=The Rhind Mathematical Papyrus) 142
P. BM EA 10060 (= pHarris 500) 205
P. BM EA 10070+ P. Leiden I 383 (=Magical Papyrus of London and Leiden/pMagical/ P. Magical/P. Lond. Demot. 10070 + P. Lugd. Bat. J383/P.London-Leiden Mag.) 93, 164, 166, 242, 298–99, 351, 360
P. BM EA 10086 192–93
P. BM EA 10088 7
P. BM EA 10098 7, 184–85
P. BM EA 10188 (=P. Bremner-Rhind) 352, 356, 361
P. BM EA 10209 100–101, 103–7, 109, 111–12, 115, 117, 119–27, 129–32, 203, 206–8
P. BM EA 10226 (=P. BM Reich 10226) 376
P. BM EA 10230 241, 253, 257
P. BM EA 10238 360
P. BM EA 10243 (=pAnastasi II 10) 176
P. BM EA 10252 354
P. BM EA 10309 130
P. BM EA 10390 31
P. BM EA 10394 28, 30
P. BM EA 10413 32

P. BM EA 10471 182, 337
P. BM EA 10484 34
P. BM EA 10500 31, 34–35
P. BM EA 10504 34
P. BM EA 10507 45, 159, 301
P. BM EA 10508 (=Onkhsheshonqy/ Chascheschonqi) 165–66, 168, 216–20, 297, 307–10
P. BM EA 10510 34
P. BM EA 10514 34
P. BM EA 10515 34
P. BM EA 10516 34
P. BM EA 10517 34
P. BM EA 10518 34
P. BM EA 10521 34
P. BM EA 10522–8 249, 257
P. BM EA 10533 34
P. BM EA 10554 (= P. Greenfield) 203, 206–8
P. BM EA 10560 251, 257
P. BM EA 10611 26, 31
P. BM EA 10622 31
P. BM EA 10623 (=P. Chester Beatty III) 283–84
P. BM EA 10681 (=P. Chester Beatty I) 360
P. BM EA 10688 (=P. Chester Beatty VIII) 351, 358, 361–62
P. BM EA 10689 (=P. Chester Beatty IX) 207
P. BM EA 10691 (=P. Chester Beatty XI) 360
P. BM EA 10743 200
P. BM EA 10755 (= P. Ramesseum II) 310
P. BM EA 10782 32
P. BM EA 10819 100–103, 116
P. BM EA 10822 294–95
P. BM EA 10827(=P. BM EA Andrews 14) 249, 257
P. BM EA 10846A 256–57, 309
P. BM EA 10858 247–58
P. BM EA 69008 + P. Berlin P 13381 368
P. Lond. 121 93
P. Lond. Lit.192 295

Mallawi
Mallawi Museum
P. Mallawi Inv.–Nr. 480 (=P. Herm. 1) 376
P. Mallawi Inv.–Nr. 482 (=P. Herm. 2) 376
P. Mallawi Inv.–Nr. 483 (=P. Herm. 3) 376

Manchester
John Rylands Library
P. Rylands 9 294–95, 297, 373
P. Rylands 12–14 249, 258
P. Rylands 15 a+b 34
P. Rylands 16 27–29, 34–35
P. Rylands 17 26, 32
P. Rylands 18 30, 32, 34
P. Rylands 19 32, 34
P. Rylands 20 27–29, 34
P. Rylands 22 27–28
P. Rylands 23 34
P. Rylands 24 34
P. Rylands 27 27, 29, 34
P. Rylands 28 34
P. Rylands 29 34
P. Rylands 30 34
P. Rylands 37 34

Marburg
Papyrussammlung der Universität
P. Marburg 39 304

Moscow
Pushkin Museum of Fine Arts
P. Moscow Pushkin 127 192

Munich
Institut für Ägyptologie und Koptologie
P. dem. Memphis 9 249–50
P. Loeb 42 372
P. Loeb 45 (=P. Hou 5) 256–57
P. Reinach 1 255, 257
P. Reinach 5 (=P. dem. Memphis 5a) 253–55, 257
P. Reinach 6 369
P. Reinach 7 368

Naples
Museo Archeologico Nazionale
P. Napoli 8414 31

New York
Metropolitan Museum of Art
P. MMA 31.9.7 (=P. Harkness) 296, 301, 347
P. MMA 35.9.21 (Ritual of Introducing the Multitude) 123, 185, 190, 211, 357
The Morgan Library and Museum
P. Amherst Eg. XLIII.1 (=P. Amherst 1) 303–18
P. Amherst Eg. XLIII.2 303–18
P. Amherst Eg. XLV 314

Oxford
Ashmolean Museum
P. Ashmolean 1932–1159 (=P. Dodgson) 169
P. Ashmolean 1984.77 292
P. Tebt. Tait 2 45
P. Tebt. Tait 6 58
P. Tebt. Tait 17 287
Bodleian Library
P. Bodl. MS. Egypt. a. 3(P) 99–133
P. Bodl. MS. Egypt. d.19(P) 23–35
P. Ox. Griff. 13 376
P. Ox. Griff. 28 376
P. Ox. Griff. 41 376

P. Ox. Griff. 48 376
Bodleian Library (*continued*)
P. Ox. Griff. 49 376
P. Ox. Griff. 61 376
P. Ox. Griff. 70 376

Paris
Bibliothèque Nationale de France
P. Bibl. Nat. 1–19 200
P. Bibl. Nat. 242 (=P. Ricci 4) 328
P. Bibl. Nat. 215 (=Chronique démotique) 52, 54, 56, 60
Musée du Louvre
P. Louvre E 3231a 365
P. Louvre E 3266 167–68
P. Louvre E 3333 352, 376
P. Louvre E 3440 241
P. Louvre E 3452 87
P. Louvre E 7716 191
P. Louvre E 7851 139
P. Louvre E 9416 376
P. Louvre N 2328 376
P. Louvre N 2377 219
P. Louvre N 2410 32
P. Louvre N 2415 241
P. Louvre N 2434+2437 249, 257
P. Louvre N 3068 182
P. Louvre N 3083 188
P. Louvre N 3094 182
P. Louvre N 3101 200
P. Louvre N 3121 188
P. Louvre N 3166 213
P. Louvre N 3176 (S) 213
P. Louvre N 3263 245
P. Louvre N 3266 167–68

Philadelphia
University of Pennsylvania Museum (and Cairo Museum)
P. Phil. 5 241
P. Phil. 5–9, 10, 11, 13, 14, 15, 16 258
P. Phil. 6 241
P. Phil. 10, 11, 13 249
P. Phil. 14–15 249
P. Phil. 16 249
P. Phil. 24 376
P. Phil. 26 241

Stockholm
Medelhavs Museet
MME 1977.006 199

Strasbourg
Bibliothèque Nationale et Universitaire
P. Strasb. 6 34
P. Strasb. 7 34
P. Strasb. 9 34
P. Strasb. 21 34
P. Strasb. 43 27–29, 34
P. Strasb. 44 34
P. Strasb. 56 28, 32
P. Strasb. 340–347 (=P. Spiegelberg) 328–29
P. Strasb. Wiss. Ges. dem. 15 34, 35

Turin
Museo Egizio
P. Turin 1791 (=Papyrus of Iuefankh) 12, 200
P. Turin 2008 + 2016 168
P. Turin 2133 (=P. Tor. Amenothes 17) 255, 258
P. Turin 2142 26, 31
P. Turin 6070 31
P. Turin 6074 24, 31
P. Turin 6079 31
P. Turin 6105 32
P. Turin 6111 32
P. Turin CGT 54041 77–79, 86–87
P. Turin CGT 54051 360

Vatican
Biblioteca del Vaticano
P. Vatican inv. 38608 190

Vienna
Österreichische Nationalbibliothek
P. Vienna D 4893+10014+10103 362
P. Vienna D 6297+6329+10101 350
P. Vienna D 6318 347–62
P. Vienna D 6319 358
P. Vienna D 6521–6609 (=P. Krall) 45, 139, 294–95, 297, 328, 330
P. Vienna D 6644a 281, 283, 291
P. Vienna D 6951 347–48
P. Vienna D 10000 37, 60–61
P. Vienna D 10100 1, 13–14, 16, 21
P. Vienna D 12006 47, 347, 350, 352
Kunsthistorisches Museum
P. Vienna KM 3865 213
P. Vienna KM 3873 (=pWien KM 3873) 314
P. Vienna KM 3877 (=Harfner) 308

Warsaw
National Museum
P. Warsaw 32

Yale
Beinecke Library
P. Yale 4628 qua 361
P. CtYBR inv. 4628 369, 371, 375–78

Papyri, general

Elephantine Papyri 365
ex-P. Oxy. Dem. 79/103 296
Greek Magical Papyri 93, 97
Oxyrhynchus Papyrus XI, no. 1380 320
P. Bürgschaft 9 255, 257
P. Busca 181
P. Claude 1 138, 140
P. Deir el-Medina 46 322–23
P. Dodgson 169
P. Eheverträge 14 249, 257
P. Eheverträge 22 376
P. Fitzhugh 3 376
P. Hou 5 256–57
P. L. Bat. XIX 42 376
P. Magical. *See* P. BM EA 10070+P. Leiden I 383
P. Merton I 31
P. Oxy. LXV 4471 280
P. Saq Sechemchet 352
P. Saqqâra 9 304
P. Saqqâra 12 303
P. Schreibertradition 14 249, 258
P. Schreibertradition 108 249, 258
P. Tebt. dem. 5939 255, 258
P. Tebt. dem. 5944 251, 258
P. Tebtunis I 118, 318
P. Tebtunis III 894, fr. 10, 318
Papyrus Jumilhac 97, 358, 360
Papyrus of Nebseni 12, 340
PGM VII 93
PGM XIVc 93, 97
P. hiéra TebSCA 2979 78
Prophecy of the Lamb 37–69
Prophecy of Petesis 42, 60

c) Ostraca

Ann Arbor, Michigan
University of Michigan (Kelsey Museum)
O. Mich. I 300 325
O. Mich. I 301 325
O. Mich. I 666 325
O. Mich. II 701 325
O. Mich. II 702 325
O. Mich. II 711 325
O. Mich. II 754 325
O. Mich. II 756 325
O. Mich. III 1102 325
O. Mich. inv. 9287–9295 332

Cairo
Deutsches Archäologisches Institut, Kairo
O. Elephantine DAI Ω1828 140
Egyptian Museum
O. Cairo 305 369
IFAO
O. dém. Deir el-Médineh 2–1 75–92

Glasgow
Hunterian Museum
O. Glasgow D 1925.91 224, 229

Leuven
Collection of the Faculteit Letteren of the Katolieke Universiteit Leuven
O. Leuven 1 155, 158
O. Leuven 2 155, 157–58, 161

London
British Museum
O. BM EA 19509 366
O. BM EA 29552 117
O. BM EA 50601(=O. Naville=O. Hess) 320

Oxford
Ashmolean Museum
O. Ashmolean 870 369

Sommerhausen
O. Sommerhausen 1 155–62

Strasbourg
Bibliothèque Nationale et Universitaire
O. Strasbourg 174 167–68, 170

Zurich
Universität Zürich
O. Zurich 1857 368
O. Zürich 1859 368

Ostraca, general

Archive of Hor 331
O. Bucheum 165 376
O. Deir 368
O. Hibis 16 371
O. Hibis 17 369, 371
O. Hibis 19 369, 371
O. Hibis 21 371
O. Hibis 22 371
O. Hibis 23 371
O. Hibis 25 371
O. Hor 19 331
O. Hor 21 331
O. Hor 25 376
O. Karnak LS 462 58
O. Medinet Habu 262 369

O. Medinet Habu 291 369
O. Medinet Habu 533 369, 372
O. Medinet Habu 1723 369
O. Medinet Habu 2365 369
O. Medinet Habu 3333 366
O. Medinet Madi 332 (ODN 20) (= Cairo, Eg. Mus. JdE 8/4/48/1) 162
O. Mut 18/7 365
O. Mut 18/11 371
O. Mut 18/12 370
O. Mut 18/21 365
O. Mut 18/25 366, 370
O. Mut 18/32 365, 370
O. Mut 18/39 370
O. Mut 18/43 368
O. Mut 18/44 365
O. Mut 18/48 370
O. Mut 18/60 369–70, 373
O. Mut 18/65 366
O. Mut 18/66 366
O. Mut 18/68 367, 369–70
O. Mut 18/71 369–70
O. Mut 18/75 370
O. Mut 18/81 369–70
O. Mut 18/85 371
O. Mut 18/94 371
O. Mut 18/108 373
O. Mut 18/115 373
O. Mut 18/116 366, 369
O. Mut 18/129 367, 369
O. Mut 18/136 366, 370
O. Mut 18/159 366, 370
O. Mut 18/160 370
O. Mut 21/4 363–74
O. Mut 22/35 370
O. Mut 38/53+58+59+61 369
O. Muzawwaqa 12 367
O. Muzawwaqa 14 368

d) Standard Collections of Text Sources

Book of the Dead 10, 13, 19, 20, 21, 181–90, 194–95, 200, 337–38
BD Spell 2 200
BD Spell 7 203
BD Spell 8 203, 209
BD Spell 9 181, 209
BD Spell 12 209
BD Spell 15 129, 181, 187, 190, 192, 340–41, 344
BD Spell 17 174, 319–20
BD Spell 18 181
BD Spell 64 181
BD Spell 72 106
BD Spell 79 359
BD Spell 80 181
BD Spell 89 184–85
BD Spell 92 181
BD Spell 100 10–11, 13
BD Spell 125 174
BD Spell 130 12–13
BD Spell 134 12–13
BD Spell 137 192
BD Spell 143 181
BD Spell 144 12
BD Spell 154 181, 184–89, 191–92, 196
BD Spell 157 7
BD Spell 163 13, 319, 322
BD Spell 164 13, 319
BD Spell 165 12–13, 319
BD Spell 168 181
BD Spell 169 122
BD Spell 172 118
BD Spell 175 98, 174–75
BD Spell 180 129, 340
BD Spell 183 184, 191
BD Spell 191 209
BD Spell 192 209

Coffin Texts 101, 207
CT 60 190
CT 61 (I 261–262) 115
CT 76 (II 13c, e–f) 174
CT 80 (II 36b–38f) 174
CT 154 (II 277d–280/1c) 174
CT 160 (II 378c–386c) 174
CT 246 191
CT 405 191
CT 414 (V 244d–248c) 174
CT 660 (VI, 283–284) 234
CT 822 6
CT 834 207
CT 838–839 6
CT 842 207
CT 902 207
CT 902 + 834 207
CT 1130 174

Pyramid Texts 7, 96, 239, 353
PT 82 7
PT 205 94
PT 365 209
PT 373 209
PT 570 94–95
PT 571 94
PT 677 209
PT 1303 7
PT 1729 7

KRI
I, 187, 11–12 204
I, 371, 6–7 113
II, 237, 7–8 356
II, 334, 3 43
III, 6, 11–12 118
III, 172, 9 107
III, 328 106
III, 382, 10 118
IV, 192, 5 119
VI, 96, 11–12 119
VII, 43, 15 116
VII, 413, 8–11 106

Urk.
IV, 244, 17 96
IV, 484, 14 130
IV, 1436, 6 119
IV, 1449 19
IV, 1807–8 106
VI, 7, 3 175
VI, 7, 5 175
VI, 7, 11 175
VI, 9, 10–14 175
VI, 57, 13 175
VI, 97,17, 18 355
VI, 99, 8–9 355
VI 174
VIII, 51 (no. 63 b) 323

Urkunden der Ptolemäerzeit
I, 44–45 377
II (=UPZ no. 177), 137–43 240, 242
II, 154 (=UPZ no. 180a, col. 14.1) 250

TEXT SOURCES, GENERAL

Ahikar (Teaching of) 310
Alexandria Decree 366
Amduat 5, 191, 340, 361
Book of Breathing 200
Book of Gates 340
Book of the Gecko (=P. Berlin P. 15680) 278–82, 285–86, 289–90
Book of the Heavenly Cow 174
Book of Nut 356
Book of Overthrowing Apophis 174
Book of the Temple 16
Book of Thoth (=Thot-Buch) 304, 310, 357–58
Book of Traversing Eternity 192, 201
"Bringing Sokar out of the Shrine" (Ritual) 214
Canopus Decree 331, 366
"Confirmation du pouvoir royal au Nouvel An" 359
Contendings of Horus and Seth 96, 174
Contest for the Benefice of Amun 328–29
Contest for Inaros' Armor 328, 330
Demotic Chronicle 52, 54, 56, 60, 61
Dialogue of Ipuwer and the Lord of All 174
Dialogue of a Man with his Ba(=Soul) 174, 178, 180
Dream of Nektanebo (=le Songe de Nectanébo) 54, 60–61
El-Arish naos text 174
Eloquent Peasant (=Tale of Khuninpu) 174
Embalming Ritual 116, 193, 195
Graff. Dodec. Philae 421 296
Graff. Medinet Habu 234 89
Graff. Medinet Habu 262 369
Graff. Medinet Habu 265 369
Graff. Western Thebes, 3446 296
"Great Decree" 211, 214
Handbuch terrestrischer Omina 306
Hareus' Wedding 329
Inaros Epic 328–29, 334
Instruction of Ani 217
Ipuwer (=The Dialogue of Ipuwer and the Lord of All) 174
Isis, Thoth, and Arian in Search of Osiris 334
Kephalaia 310
Khamwase and Naneferkaptah 328–29
Khamwase and Siosiris 329
"King as Sun-Priest" 177
King Wenamun and the Kingdom of Lihyan 329
Koptos Decree 291
Krugtext I, Text A 370
Lamentations of Isis and Nephthys 126, 174
Letter of Panobchounis 168
List der Isis 360–61
Medinet Habu graffiti 376
Memphite Theology 356
Menu-Lied 221–37
Myth of the Sun's Eye 46, 292, 297
"naos of the decades" 322
Narmer Palette 1
Nechepsos Story 329
Neferty (=The Word of Neferty) 174
Offering Ritual 75–92
Onkhsheshonqy (Instruction of Onchsheshonqi/ Chascheschonqi/Teachings of Onch-Sheshonqy) 217, 309–10, 329
Opening of the Mouth Ceremony 5, 13
Oracle of the Potter 52, 59, 61
(The) Petese Stories 159, 292, 328–30
Praise of Isis 334
Prophecy of Petesis 60
Psammetichus I and the Rebellion of the Army of the Left 329–30
Ptahhotep (=Teaching of Ptahhotep) 179–80
Punt Reliefs 343
"Ramessid Dream Book" 283–84

"Ritual for the Entry into the Chamber of Darkness" (=Book of Thoth) 310–11
Rosetta Decree/Rosettana 47, 366, 376
Sarcophagus of Anlamani 338, 340
Sarcophagus of Aspelta 338, 340
Serpot (=Petechons and Sarpot) 328–29
Setne 328
Setne 1 371
Setne 2 294, 329
Sinuhe (=The Story of Sinuhe) 176, 194
Sokar Ritual 208, 214
"Soknopaiosritual" 359
"sun-priest text" 337
Tale of the Two Brothers 205, 215
Tanistext/Tanisinschrift 135–50, 153
"Teaching of King Amenemhat" 178
Temple of Philae, Pronaos, east face 105
"Texts for the Bastet-Festival" 158
Triumph of Horus (as narrated in Edfu Temple texts) 174
Tuthmosis III Annals 215

e) Ancient Near East Sources

BM 29371 (tablet) 153
Enuma Anu Enlil 152
MUL.APIN 152–53
Schattentafel II ii 21–40 153

f) Classical Authors and Texts

Aelian (*On Animals*) 242
Aesop's fables 332
Alexandria decree 366
Archive of Gaius Iulius Apollinarius 332
Archive of Gaius Iulius Sabinus 332
Archive of Satabous son of Pnepheros and his family 332
Arian 334
Claudius Ptolemy (*Tetrabiblos*) 280
Demosthenes 332
Diodorus Siculus 59–60, 300
Eudoxos 362
Flavius Josephus (*Contra Apionem*) 242
Herodotus 242, 332
Manetho 60, 362
Maximus Tyrius (*Philosophoumena*) 242
Menander 310
Plato 332
Plutarch (*De Iside et Osiride*) 95–96, 361–62

g) Hebrew Bible

Ezekiel 54
Isaiah 54
Proverbs 156, 310

h) Miscellaneous Objects

ALEXANDRIA
Alexandria National Museum
ANM 505 (formerly Cairo JE 46320 and CG 50047) 380, 385

Graeco-Roman Museum
inv. no. 20980 380
inv. no. 21806 382

Bibliotheca Alexandrina
BAAM 474 (formerly Cairo TR 6/6/22/5) 385

BALTIMORE
Walters Art Museum inv. 22.203 194

BERLIN
Ägyptisches Museum und Papyrussammlung
ÄM inv. 38 365
ÄM inv. 836 (=Berlin inv. 836) 183, 186
ÄM inv. 2118 207
ÄM inv. 12441 105–6, 109, 213
ÄM inv. 12442 105–6, 108–9, 111–21, 124–26, 128
ÄM inv. 17549 268
ÄM inv. 22728 114
Coffin Berlin 28 122
Statue Group Berlin 2302 106

BOLOGNA
Museo Civico Archeologico di Bologna
KS 1922 192

BOSTON
Museum of Fine Arts
MFA 17-2-1910 79
MFA 21.347 79
MFA 98.1053 87
MFA 98.1054 187

BREMEN
Übersee-Museum
B 3891 183
Statue 382

BROOKLYN
Brooklyn Museum
BMA 37.1821E 162

BRUSSELS
Musées royaux d'Art et d'Histoire
E 7042 186

Cairo
Cairo Museum
CG 162 381
CG 586 380
CG 690 383, 385–86
CG 697 386
CG 6233 (JE 29666) 186
CG 22004 188
CG 22045 187
CG 23119 114
CG 23128 112
CG 23165 145
CG 29301 105–6, 108
CG 29310 (cited from G. Maspero and H. Gauthier, *Sarcophages des époques persane et ptolémaïque* II, CGC [Cairo, 1939], 48) 128
CG 34023 107
CG 41002 121
CG 41004 121
CG 41006 121
CG 41009 121
CG 41011 122
CG 41033 122
CG 41044 122
CG 41046 122
CG 41048 122
CG 41065 122–23
CG 41068 206, 208
CG 41070 122–23
CG 41071 123
CG 42078 381
CG 42143 381
CG 42144 381
CG 42156 381
CG 42163 381
CG 42164 381
CG 42178 381
CG 42187 381
CG 42214 381
CG 42225 186
CG 42237 381
CG 50044 384
CG 50047 380, 385
CG 50050 383
CK 36 381
CK 180 381
CK 522 381
JE 17431 186
JE 27837 (=CG 690) 383, 385–86
JE 27987 117
JE 29666 186
JE 36435 106
JE 37026 381
JE 37076 381
JE 37170 190
JE 46059 385
JE 46341 381
JE 46891 201
JE 46918 381
JE 52809 244
JE 54313 146
JE 72300 99–133
JE 85743 386
JE 87889 201
TR 11/5/18/1 382
TR 12/10/19/1=18/7/15/13 380
TR 9/1/21/2 244
TR 13/1/21/2 186
TR 13/1/21/9 186
TR 27/2/21/7 107
TR 10/6/24/12 106
Sarcophagus (Tanite) of Queen Moutnedjmet usurped by Amenemope 105
Water clock of Necho II in Cairo Museum 145

Cambridge
Fitzwilliam Museum
Cambridge Acc.no. E.65.1901 187

Copenhagen
Ny Carlsberg Glyptotek
ÆIN 892 183
ÆIN 1522 186

Detroit
Institute of Arts
51.83 385

Florence
Museo Egizio
inv. n. 2557 107
inv. n. 2567 106
inv. n. 5708 190
inv. n. 7128 296
inv. n. 7639 112

Heidelberg
Seminar für Ägyptologie
inv. 11 112
inv. 1015 186

Hildesheim
Roemer-Pelizaeus Museum
PM 6352 205

Khartoum
Sudan National Museum
Stela Khartoum 1858 79

Leiden
National Museum of Antiquities
Coffin Leiden L.XII.2 371
Stela Leiden RMO CI. 327 187
Stela Leiden V 70 353

London
British Museum
EA 147 (= Stela of Taimhotep) 241
EA 151 107
EA 184 (stela) 365
EA 188 365
EA 920 183
EA 1222 191
EA 1325 244, 369
EA 1688 145
EA 6679 190
EA 6705 186
EA 6706 186
EA 8450 185, 190
EA 8461 182, 190
EA 8462 182, 190, 192–93
EA 8465 182
EA 8481 182
EA 16672 201
EA 22940 190–91
EA 27735 189
EA 36502 101, 114
EA 38214 207
EA 59751/A 383
EA 59751/B 383

Petrie Museum, University College
UC 14230 186
UC 16128 116
UC (pots of Harageh) 16128–16129 100–103

Luxor
Luxor Museum
Coffin Deir el-Bahari (inv. no. unknown) 190

Lyon
Musée des Beaux-Arts
Coffin H 2320- H 2321 101–2, 105, 106, 107, 110, 111, 113, 115–21, 123–29, 130, 132

Manchester
Manchester Museum
Manchester 1976.14 186

Marseille
Musée d'archéologie méditerranéenne
inv. 253 110, 122

Missouri
Columbia, University of Missouri
Mummy shroud Missouri Inv. 61.66.3 122

Moscow
Pushkin Museum of Fine Arts
Stela I.1.a 5373 368
Stela I.1.b 34 (4162) 122

Munich
Staatliche Sammlung Ägyptischer Kunst
Munich Gl. 298 115, 117

Naples
Museo Archeologico Nazionale
Necklace Naples 2352–2375 102

New York
Metropolitan Museum of Art
MMA 50.85 (=Metternich Stela) 322, 358
MMA 55.144.1 130, 200, 204

Oxford
Bodleian Library
Bodl. Eg. Inscr. 1374 a + b 114

Palermo
Museo Archeologico Regionale "Antonio Salinas"
Palermo Stone 139

Paris
Musée du Louvre
Bandage AF 11957A 105–6, 110, 112, 114–16
Bandage AF 11957B 105–6, 110, 112, 114–19, 128–29, 131–32
C 3 145
C 10 7
C 14 1–21
C 116 145
D 5 114
D 18–N 359 187
E 52 185
E 6858 201
E 10382 76, 201
E 11663 383
E 18953 187
[E] 20361 386
E 27441 58
N 2584 (coffin) 107, 110
SN 57 (N 678) 89–90
Louvre Br. 4425, Collection de Clerque, gift 1967 320
Serapeum stela Louvre Cat. no. 34 207

Philadelphia
University Museum/ University of Pennsylvania Museum
40–19–3 385
E. 15997 382

Shimonoseki (Japan)
City Art Museum
C–010–141 382

Toulouse
Musée Georges Labit
Coffin inv. 49.284 183
Coffin inv. 49.287 183
Stela inv. 49.265 182

Trieste
Museo Civico di Storia ed Arte
12008 187

Tübingen
Universität Tübingen
1827 (mummy bandages) 129

Turin
Museo Egizio
Cat 1593 (= 50058) 176
Cat. 1597 182
Cat. 3062 386
Cat. 7160 (=22054) 101, 106
Coffin S. 5245 101–2, 105–7, 109, 111, 113, 115–18, 120, 121, 123–25, 128, 129, 131
Naos of Seti I (=CGT 7002) 87

Vienna
Kunsthistorisches Museum
ÄS 1 183
ÄS 4 183
ÄS 216 101, 105–8, 110, 112–14, 117–18
ÄS 6269 186

Voronezh
Kramskoy Museum
no. 1 101, 105–6, 108, 110–11, 113

Würzburg
Martin von Wagner Museum
inv. A 1316 186

Zagreb
Archaeological Museum
Coffin 668 186

Objects, general

"Imhotep stela" 369
SEG LVIII 1823 (statue of Tryphon from Dendera) 379–87
Statue base with inscription, A. Bernand, *Portes du désert*, no. 25 (=TM88338) 382
Statue base with inscription, A. Bernand, *Portes du désert*, no. 26 (=TM88339) 382
Stela Amherst 1921 145
Stela of TT 57 105, 116
Stela of TT C1 99, 118
Tablet TT 196 197–214

Index of Selected Egyptian Words in Transliteration Discussed

ꜣ

ꜣrynws, kind of commodity(?) [hapax] 170–71

i

iꜣw.t nfr.t, happy old age (in epithet) 361–62
ii.t (or *ij.t?*), *ii.t*-knife 259–75
irm-n.im=w, unetymological writing of *irm=w* "with them" (ⲛⲉⲙⲙⲁⲩ) 370
irtyw, red (and not blue) 226
idꜣ, *idr*, clay lid(?)/pottery lid(?) 235

y

yṯpw, kind of commodity(?) [hapax] 170–71

ʿ

ʿbb, *ʿpp*, *ʿpy*, winged scarab 354–55
ʿn, in addition to, further 253
ʿn.w, (backing) plates 223–24
ʿḥʿ.w, correct position 6–7
ʿḳ, *klêros* 250
ʿq, to enter in *nꜣ wʿb.w nty ʿq* "the priests who enter" 376

w

wbꜣ, for, concerning 369
wnm, drink 89
wnḫ, to dress, be dressed 118
unplait (about hair) 202, 204–5

b

bn, evil (ligature) 304
bnṯy, gourd, cucumber 54
bḥ, unetymological writing of *bʿḥ* "abundance" 86

p

pr.t, mourning, state of impurity 206
ps.t, female brewer (as epithet) 233

f

fy, delivery, offering, income 369

m

my tw=w, let be given … 366
m(n)-nfr, good shepherd (as possible epithet of Alexander) 46, 56
mnḫ, beneficent in *pꜣ ntr mnḫ* 23, 26, 29–32
mẖrr, scarab 351, 355–57
mtrḥ, *mtrḥ*-worker 225–26

n

nꜣ-ʿn=w, ⲛⲁⲛⲟⲩ 305, 308
nw, see, dream 284–88
nb, emphatic determiner 217, 219–20
nmt, *nmt.t*, procession, movement 6
nḫw.t, lament 173, 207, 211
ngpṯ, *ngpṯ*-plant 167, 171

r

rtḥ, restrain (about portals of the *Imentet*) 203

h

hyꜣ.t, portico hall 159

ḥ

ḥr(-n)-tws, gecko (unetymological writing of *ḥntws*) 288–89
ḥry, saint 240–41, 245
ḥsy, saint, martyr 55, 240–41
ḥs.t, saint, martyr (epithet possibly applied to the city of Sebennytos) 56
ḥtr, duty, tax, fee 366–68

ḫ

ḫꜣdw, dough mass 223–24
ḫprr, scarab 351–58
ḫft, enemy (euphemistic use) 290–301
ḫm for *ḫm-ẖl?*, servant(?) 315–16

ẖ

ẖbr var. of *ẖrb*, form 360
ẖnm itn, unification with the sun 193–95
ẖr, instead of(?) 210–11

s

s n, seller of, dealer of 167–68, 171
sꜣẖ.t, *sꜣẖ.t*-knife 263
smswn, *smswn*-vessel (for myrrh and water) 228–29, 231
snty.t, foundation in *Pa-tꜣ-snty.t* 44, 52
snṯy, finance minister, *dioiketes* 47
sḥḏ, illuminate 187–88
sẖ(.w) Stẖ, scribes of Seth 364–65
sšt, form 354, 359–60
sḏr, to sleep, to die (euphemism) 164, 169

š

špy, gourd, melon 54
špšy, good fortune, uraeus-goddess 161
šft var. of *ḫft*, enemy 291–301
šm.t twt, register of decoration 6, 8, 17
šnꜥ, baker 160, 371–72
šsp dr.t, receive the hand (used with different meanings) 328–29

q/ḳ

qwšṯ, *qšwṯ*, (aromatic) *qwsṯ*-plant 167, 171

ṯ

ṯbꜣ, (wine)-jar 158

d

di ꜥꜣy md.t/w, let a matter be great, greet politely 329

ḏ

ḏwr, *ḏwr*-bird 167, 171
ḏr.t, hand, handle 298
(n-)ḏr.t, from the hand of (to introduce the agent) 370–72
(r-)ḏr.t, in(to) the hands of (to indicate the recipient of payment) 370–72
ḏlm, *ḏlm*-plant 167, 171
ḏd=f, he said (in a dialogue) 310–11

PLATES

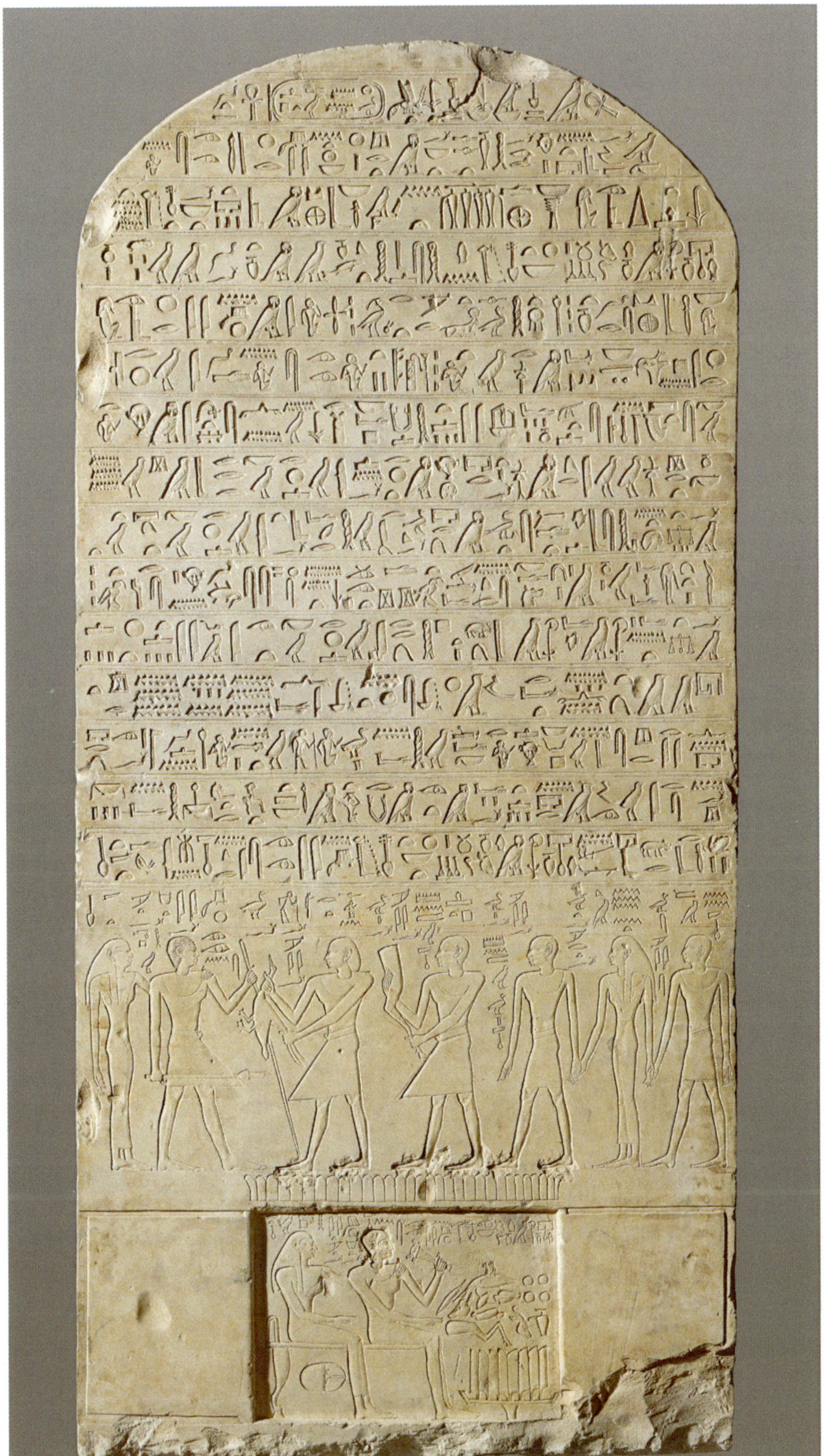

Stela of Irti-sen Louvre Museum C 14. © Musée du Louvre/Christian Décamps.

a) Detail from tomb of Baket, no. 15, Beni Hasan. Photograph by author.

b) Ostraca showing birds sketched in various stances. Hayes, *Ostraka and Name Stones*, pl. V, 21 and 22.

c) British Museum EA 5601, writing board, reign of Thutmose III, showing elements used in creating larger images from parts. © The Trustees of the British Museum.

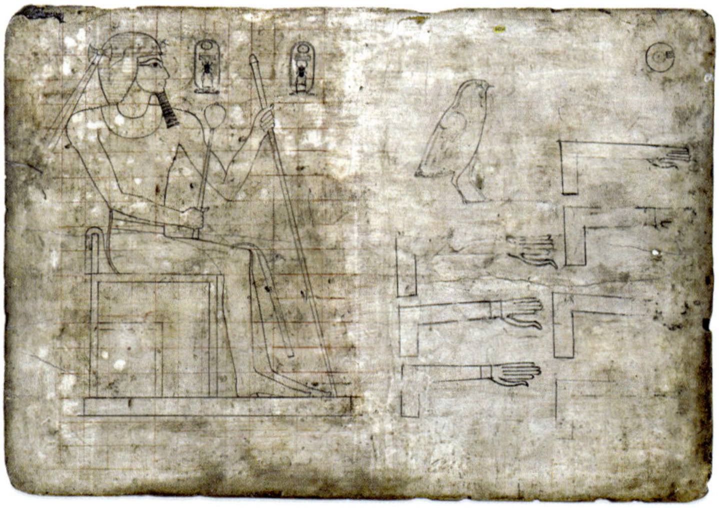

a) North wall east half of front room in tomb chapel of Suemniet, TT 92 showing rations for the palace. Reign of Amenhotep II. Photograph by author.

b) Detail of stacking breads prepared as rations for palace during a festival. TT 92. Reign of Amenhotep II. Photograph by author.

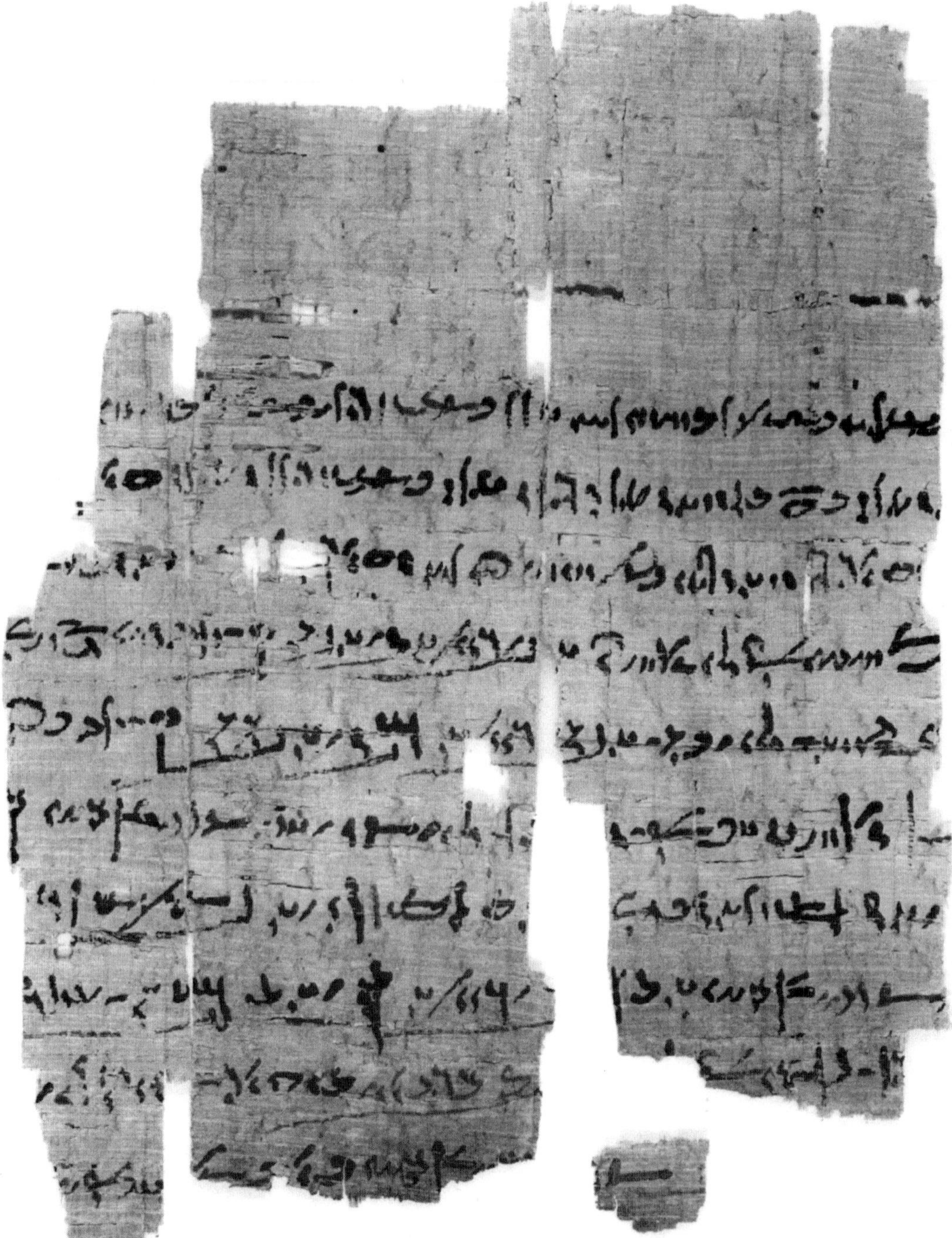

Papyrus Bodl. MS.Egypt.d.19(P). © The Bodleian Libraries.

Ostracon démotique Deir el-Médineh 2-1 © IFAO, Gaël Pollin

a) Abydos 38a © François Gourdon

b) Abydos 40c (section) © François Gourdon

c) Abydos 36b (section) © François Gourdon

a) Philae 27 (section) © François Gourdon

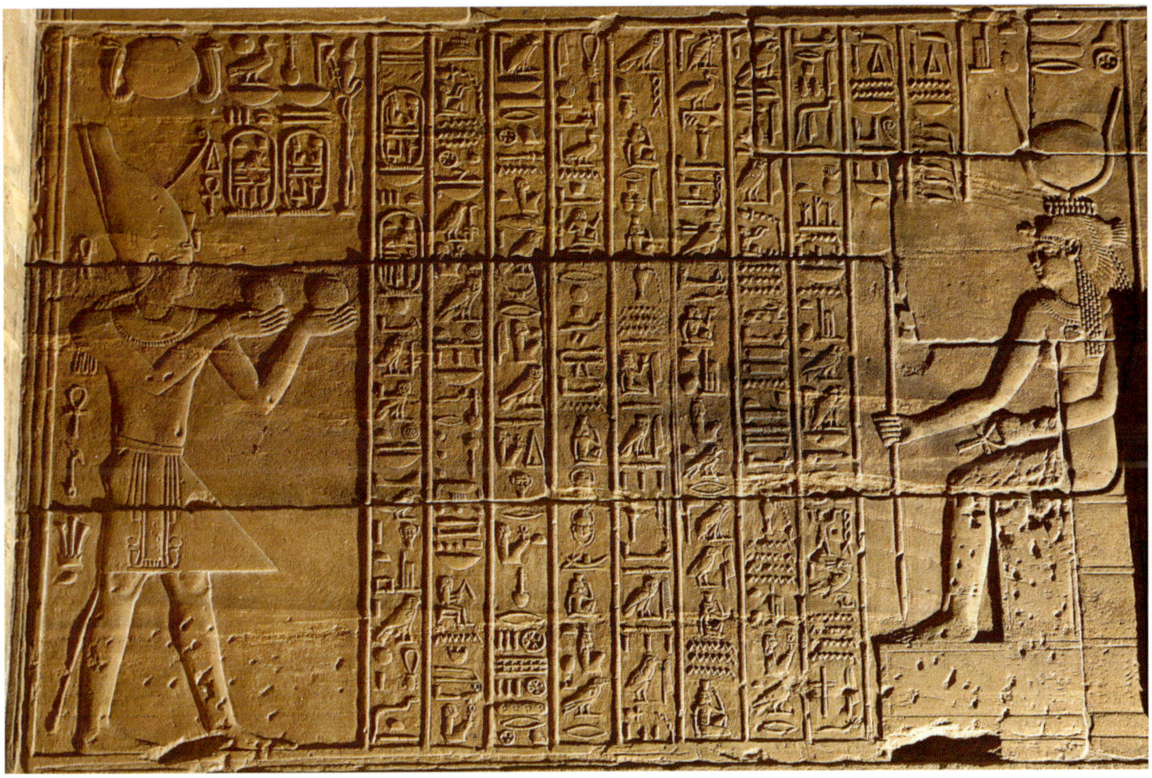

b) Philae 44 © François Gourdon

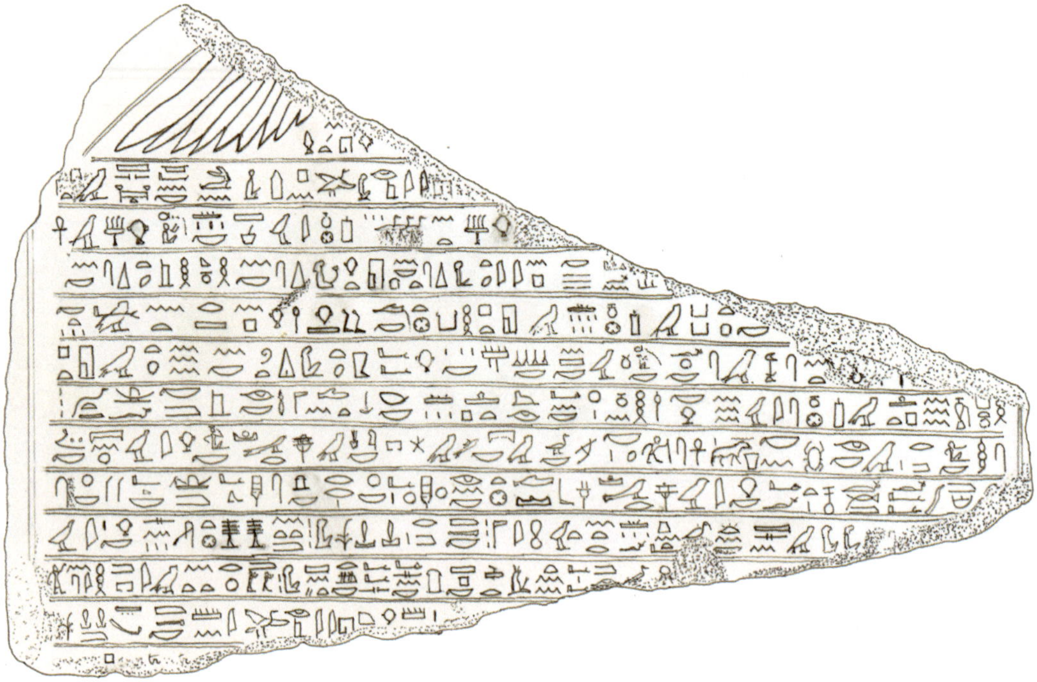

Stèle Caire JE 72300

Stèle Caire JE 72300. Photo A. Lecler, IFAO.

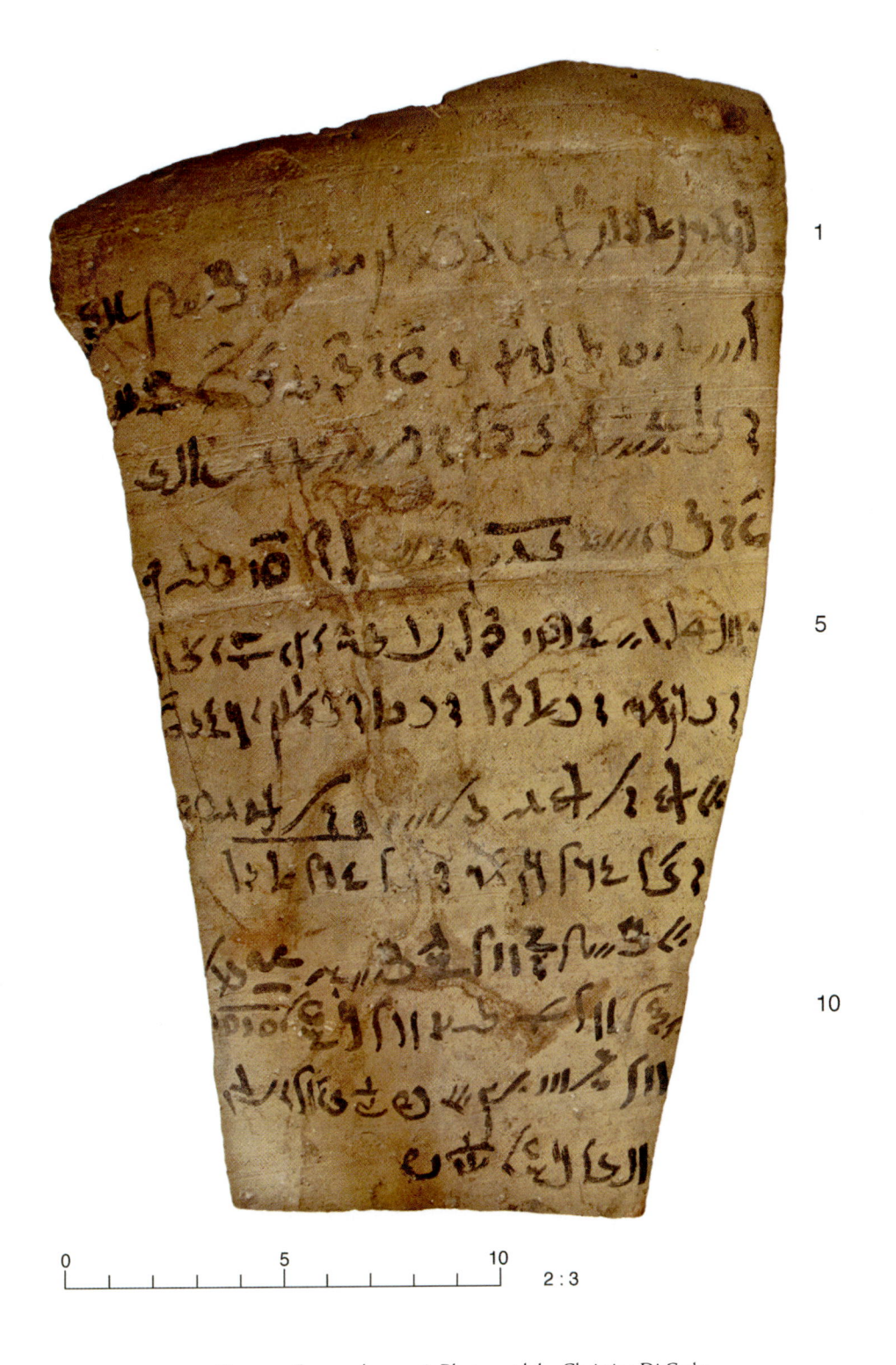

Ostracon Sommerhausen 1. Photograph by Christina Di Cerbo.

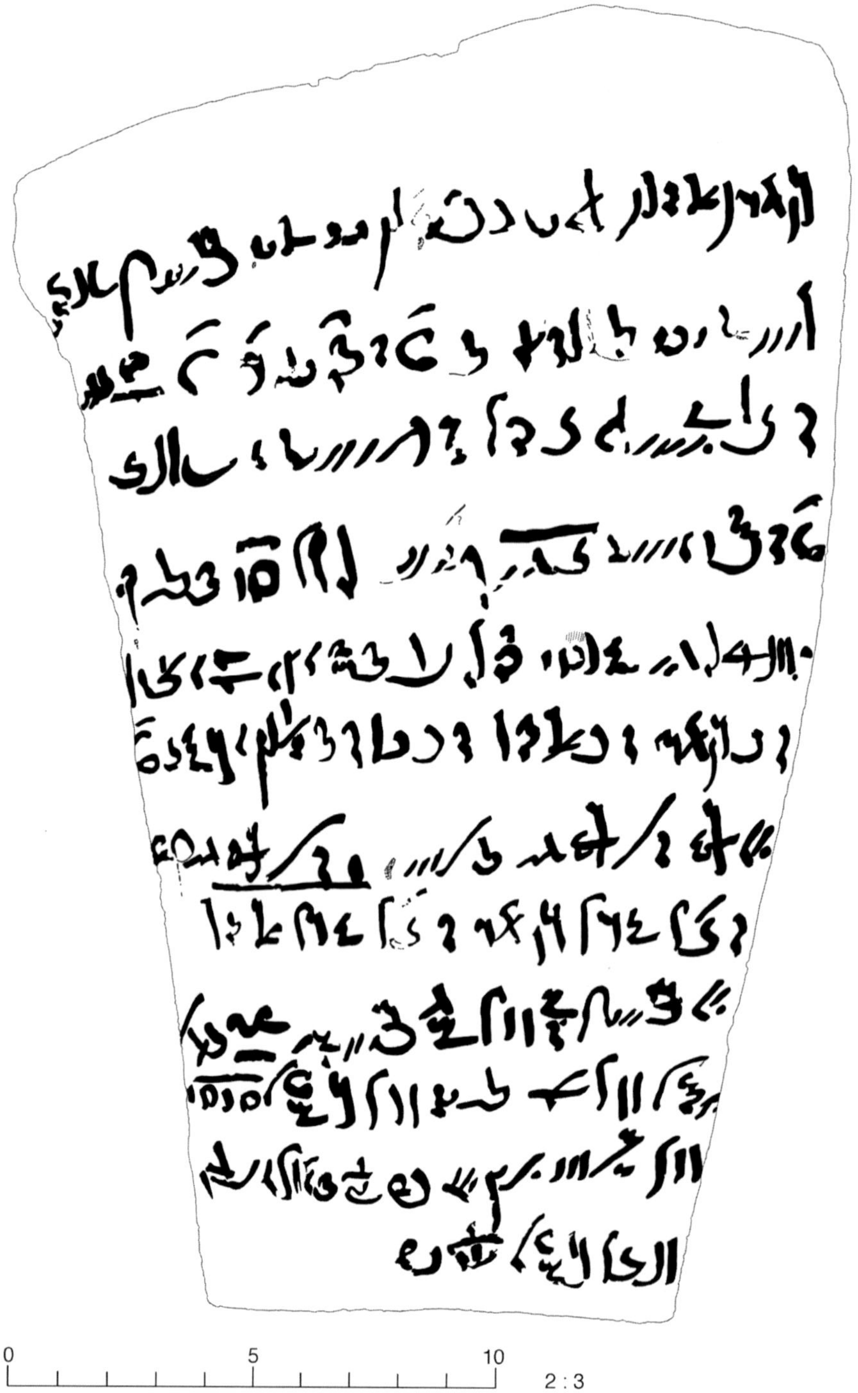

Ostracon Sommerhausen 1. Digital hand copy.

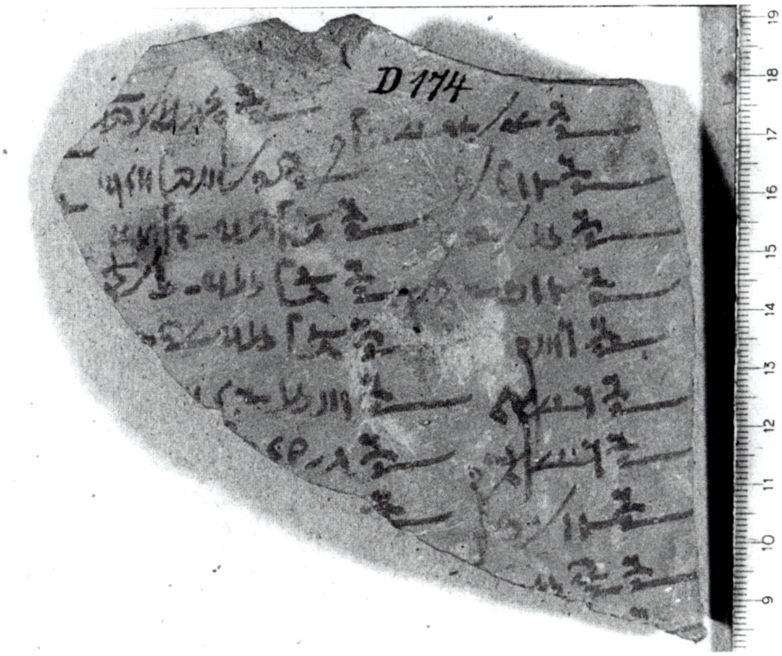

a) [R] O. Strasbourg 174. © Bibliothèque Nationale et Universitaire de Strasbourg.

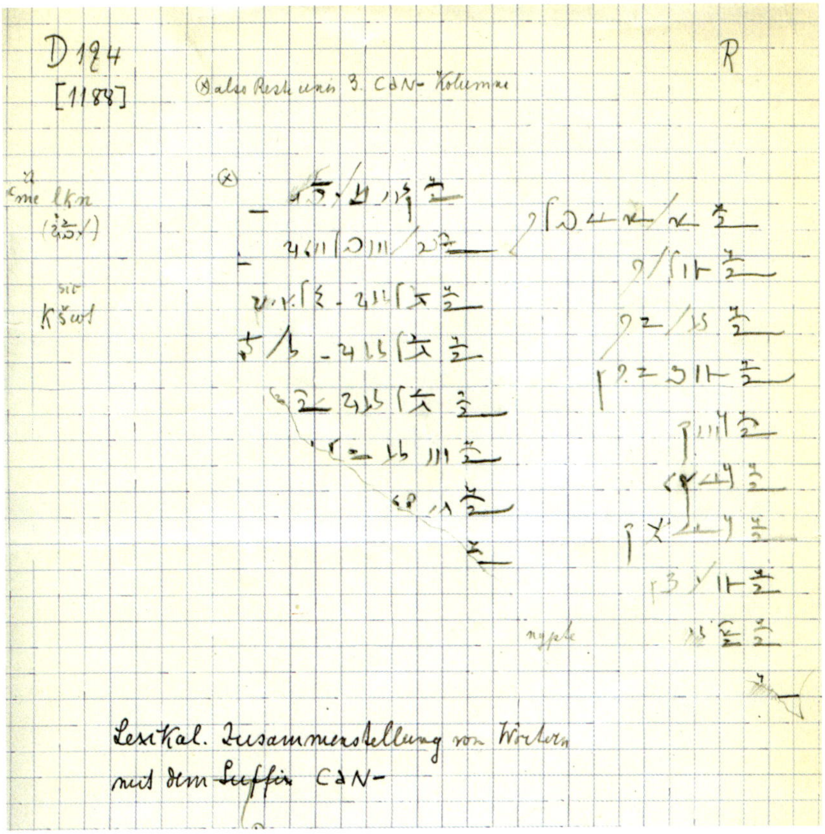

b) Handcopy of [R] O. Strasbourg 174 by W. Spiegelberg

a) The vignettes illustrating spell BD 89 in the papyrus of Ta-baket-en-Khonsu (Twenty-First Dynasty). © Ahmed Amin, Egyptian Museum Cairo and SCA.

b) Detail of photo plate 12a. © Ahmed Amin, Egyptian Museum Cairo and SCA.

recto

verso

Wooden tablet from TT 196 (Graefe, *Padihorresnet*, pl. 88)

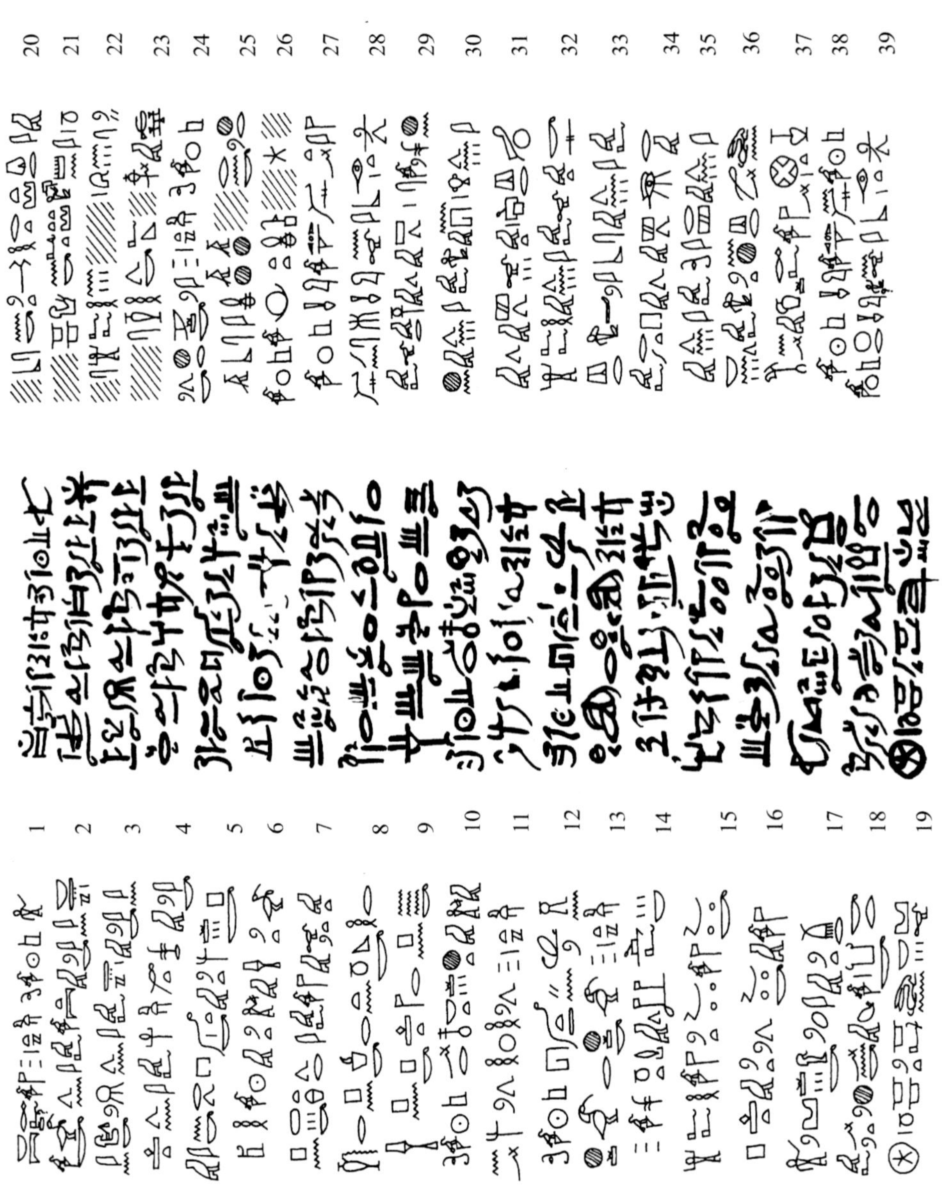

Wooden tablet from TT 196, facsimile and transcription (Graefe, *Padihorresnet*, pl. 89, unaltered)

Das Menu-Lied aus Athribis. © Athribis-Projekt Tübingen.

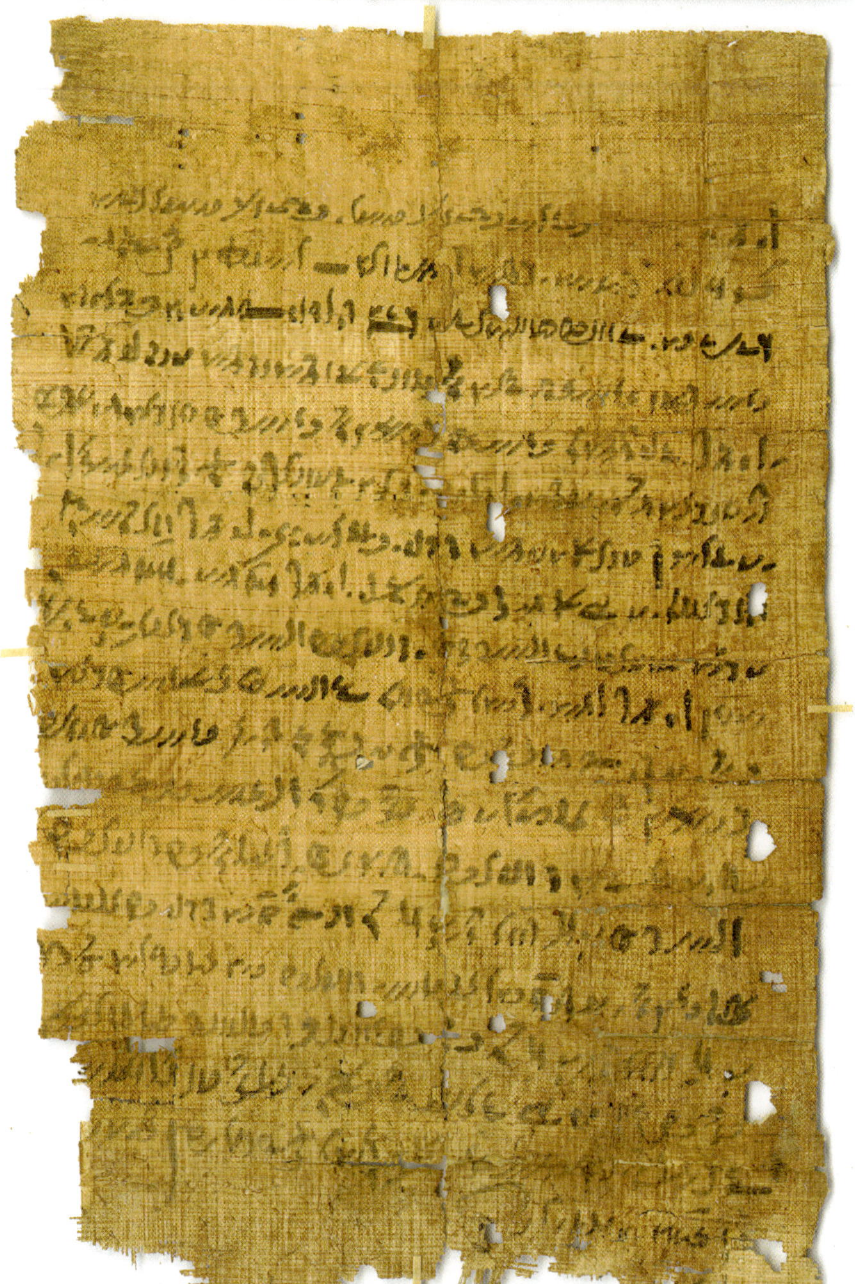

Papyrus BM EA 10858. © The Trustees of the British Museum.

a) Shanhūr temple overview
(photograph by M. De Meyer)

b) Stela ÄM 17549. © Ägyptisches Museum
und Papyrussammlung Berlin.

Plan of Shanhūr temple (*Shanhūr* I, pl. 3), with nos. 119 and 157 indicated

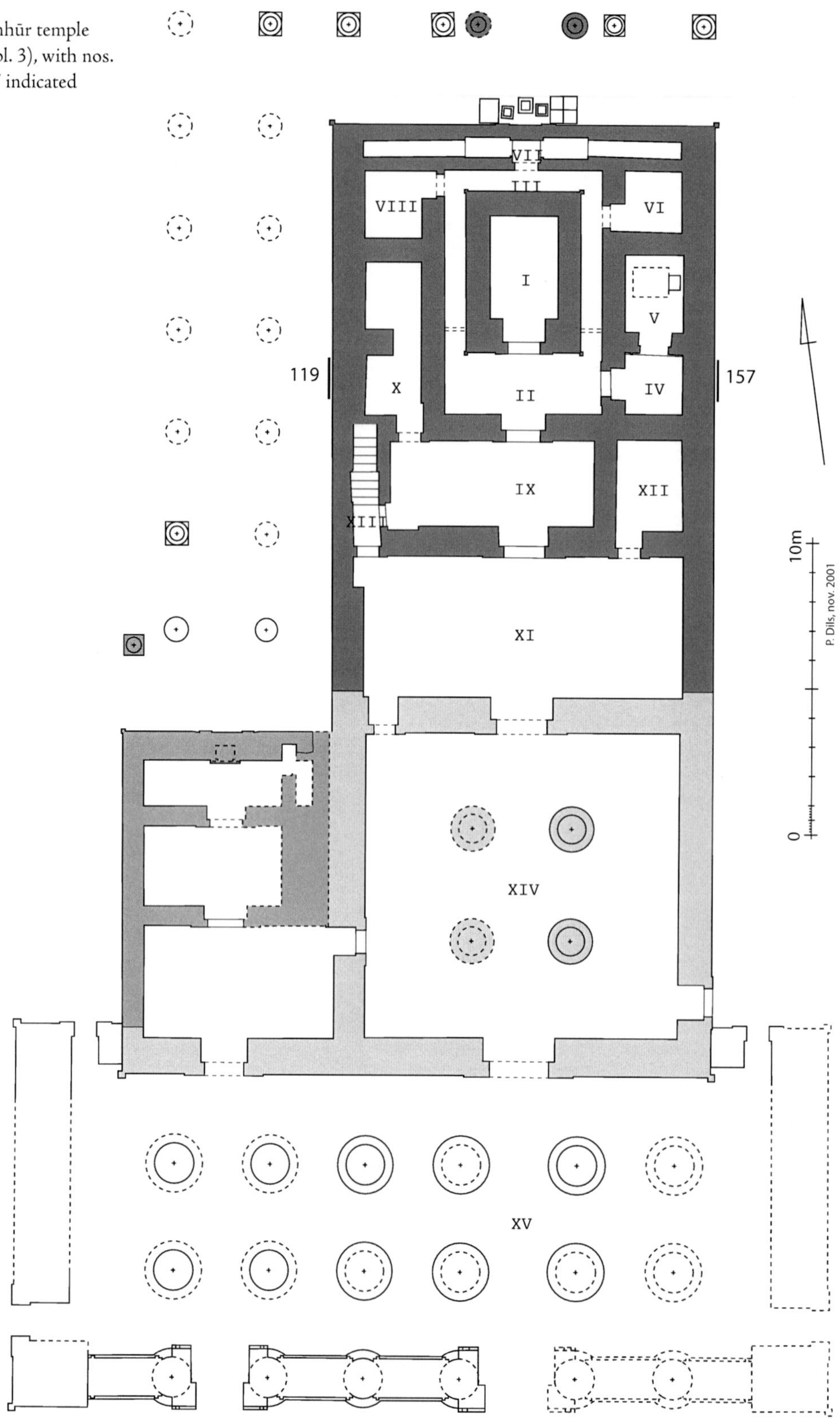

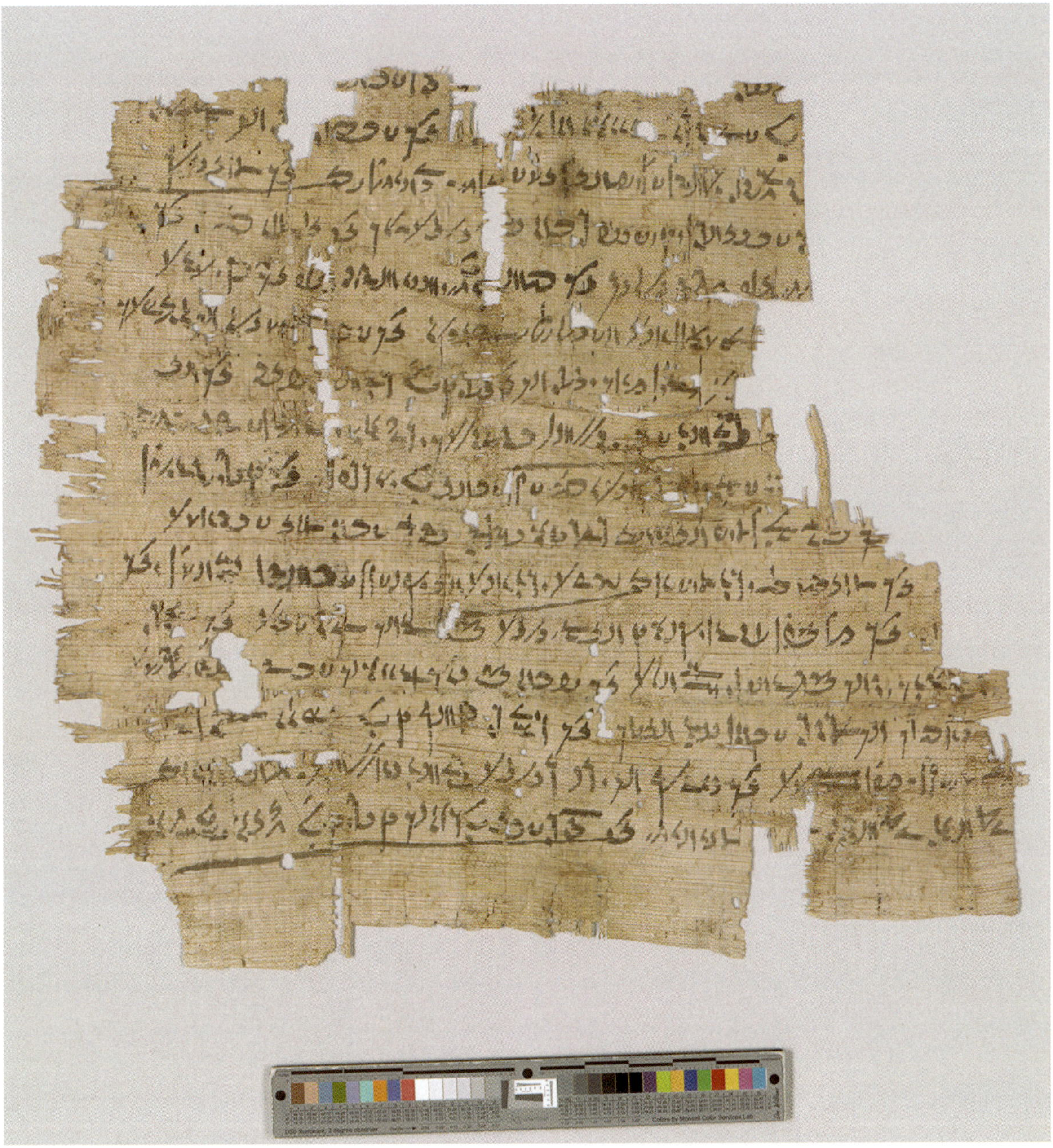

Papyrus Amherst XLIII.1 Rekto. Photograph courtesy of the Morgan Library & Museum.

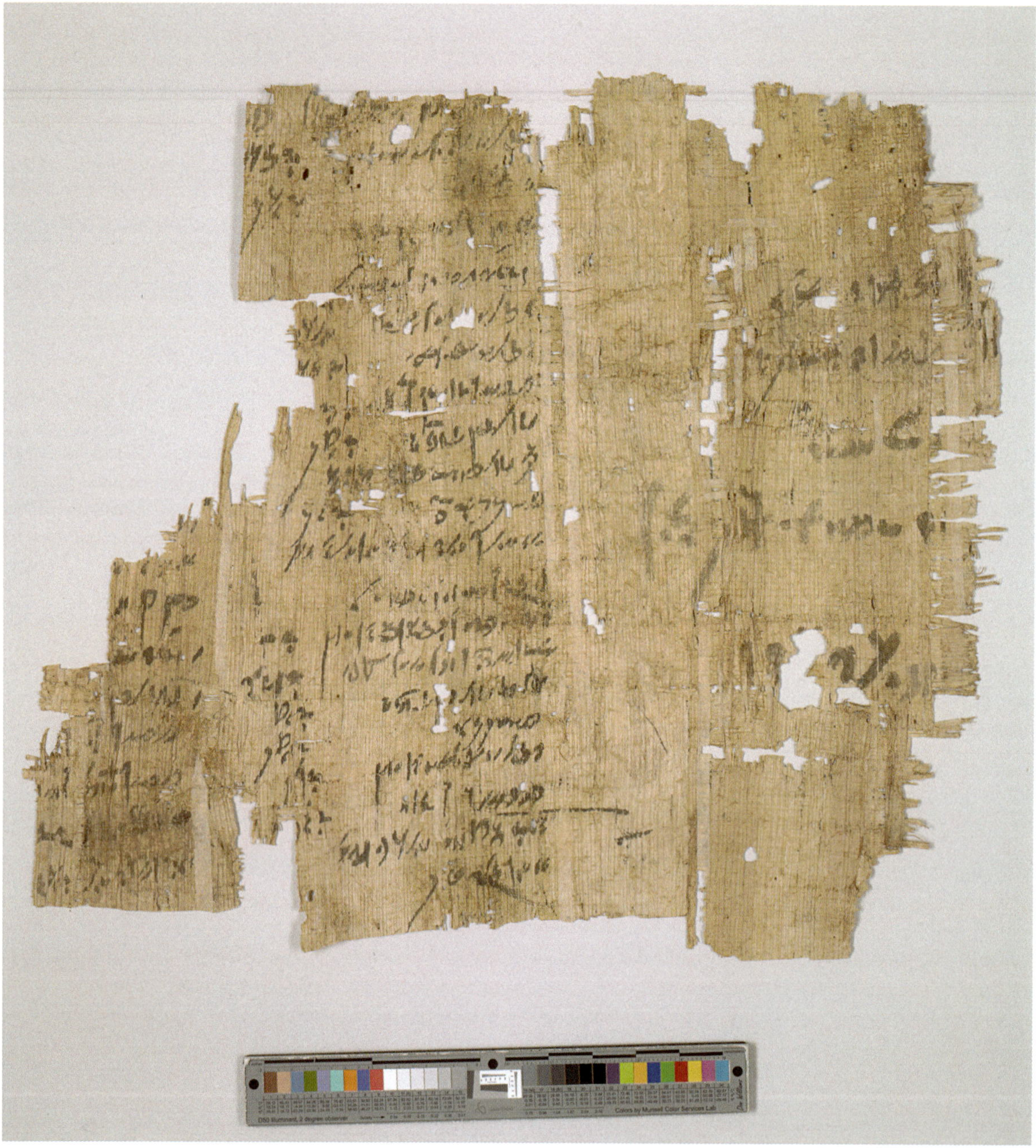

Papyrus Amherst XLIII.1 Verso. Photograph courtesy of the Morgan Library & Museum.

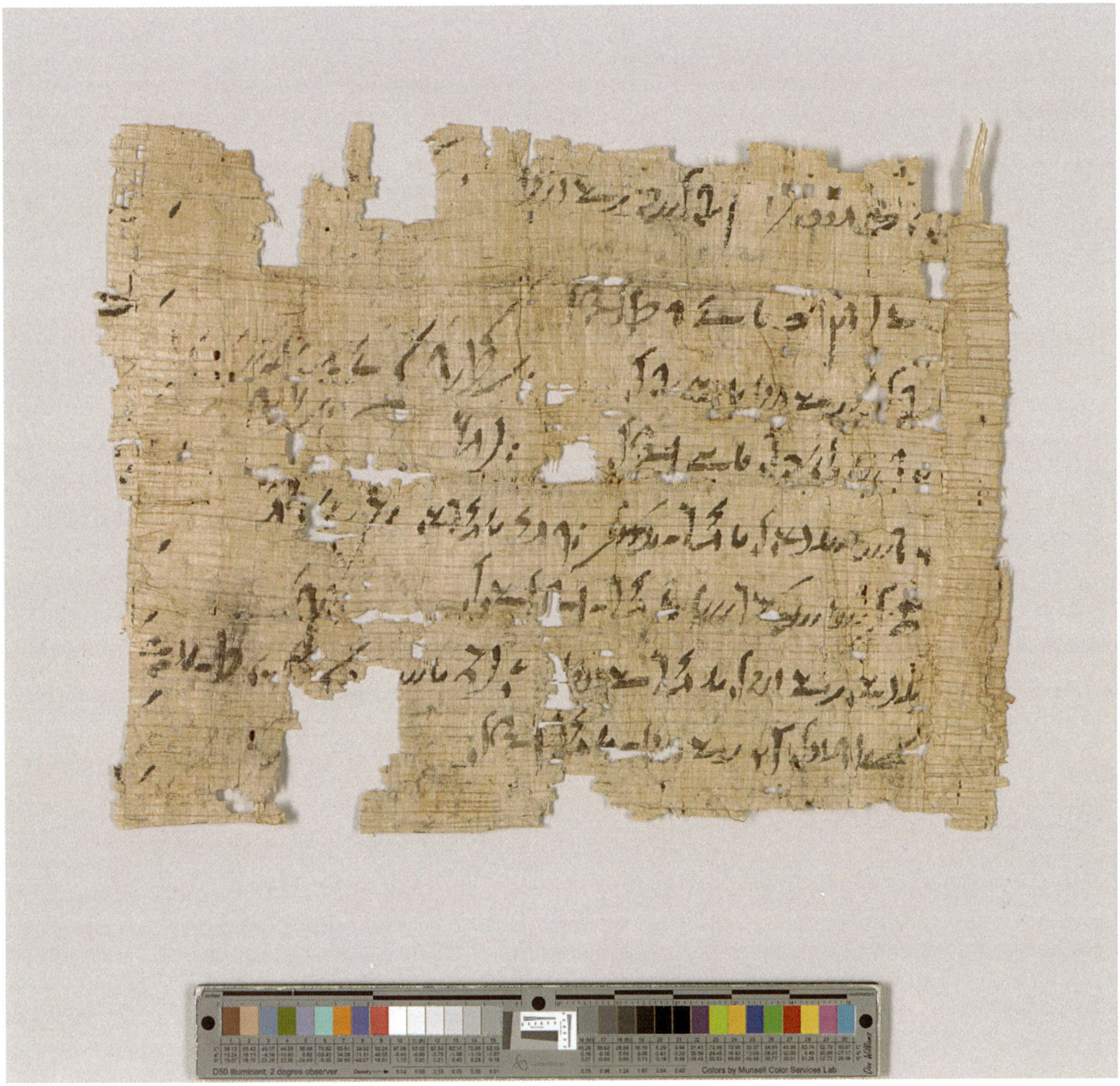

Papyrus Amherst XLIII.2 Rekto. Photograph courtesy of the Morgan Library & Museum.

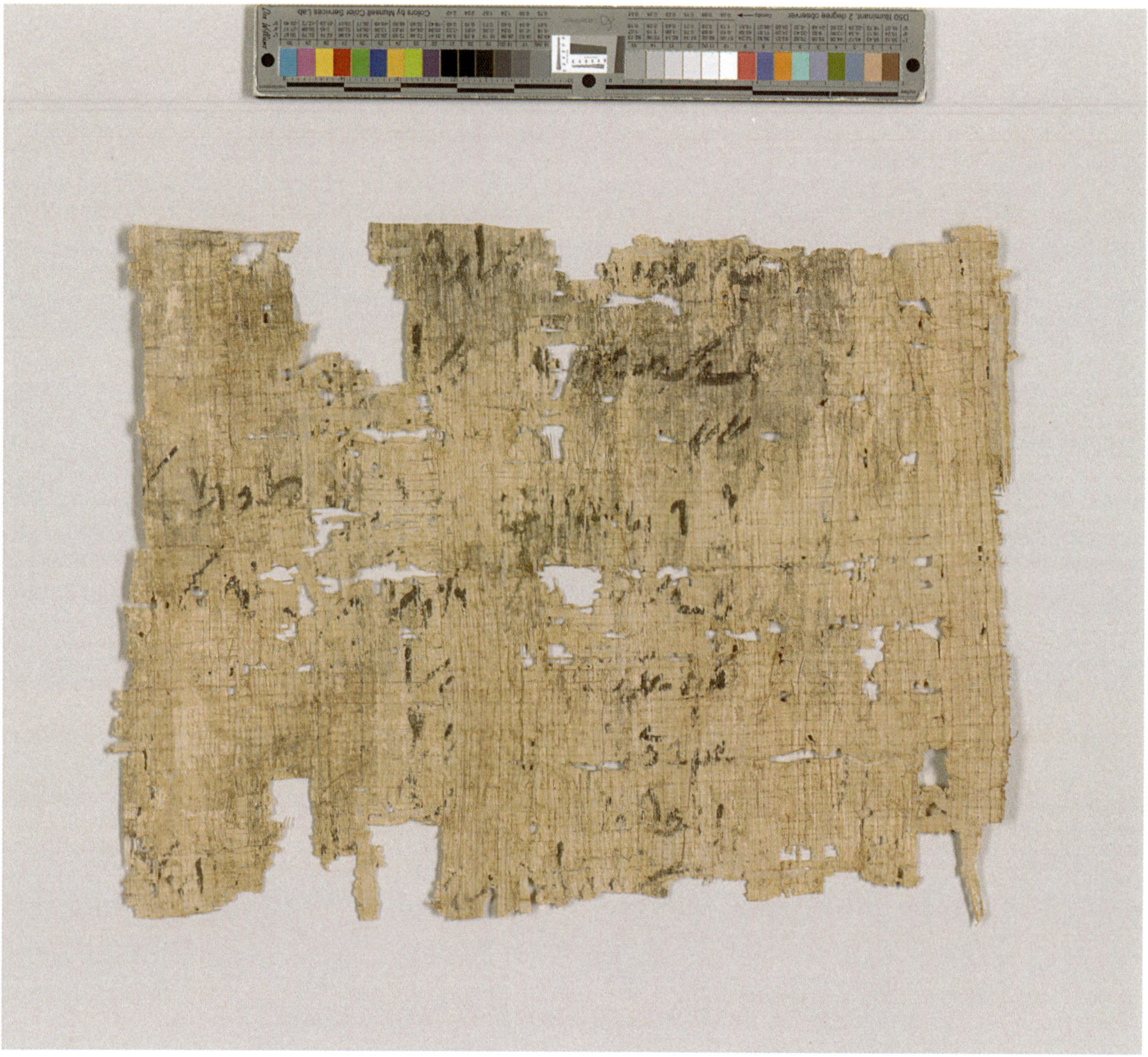

Papyrus Amherst XLIII.2 Verso. Photograph courtesy of the Morgan Library & Museum.

P. Mich. inv. 5641a. Courtesy of the University of Michigan Papyrus collection.

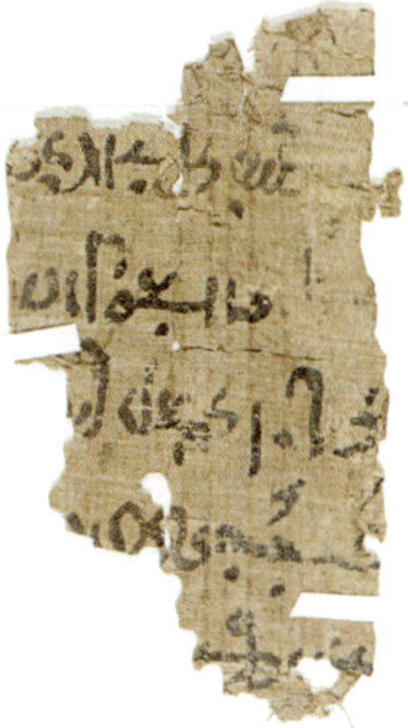

P. Mich. inv. 6794c. Courtesy of the University of Michigan Papyrus collection.

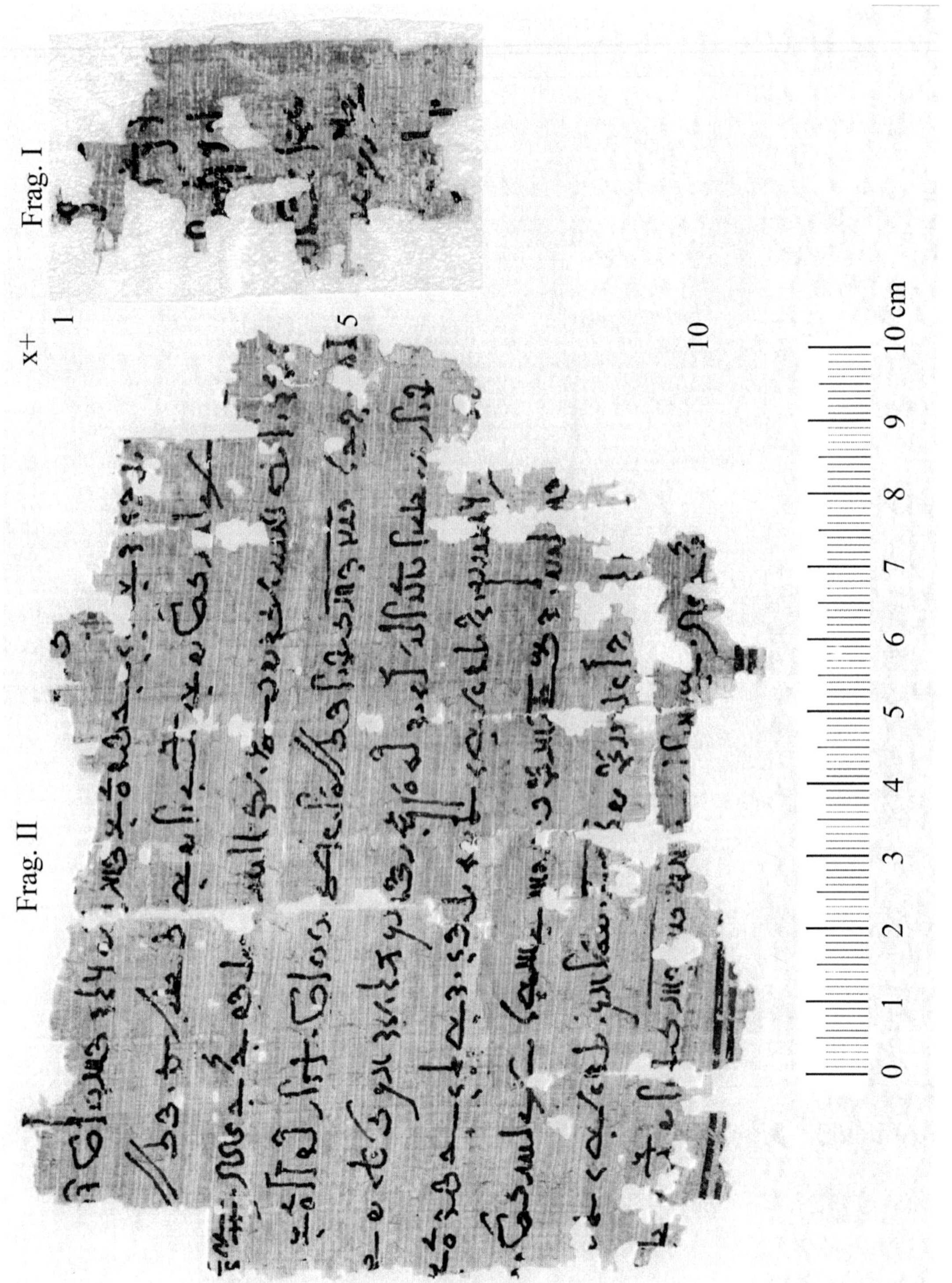

Papyrus Wien D 6318. Photo der Österreichischen Nationalbibliothek Wien.

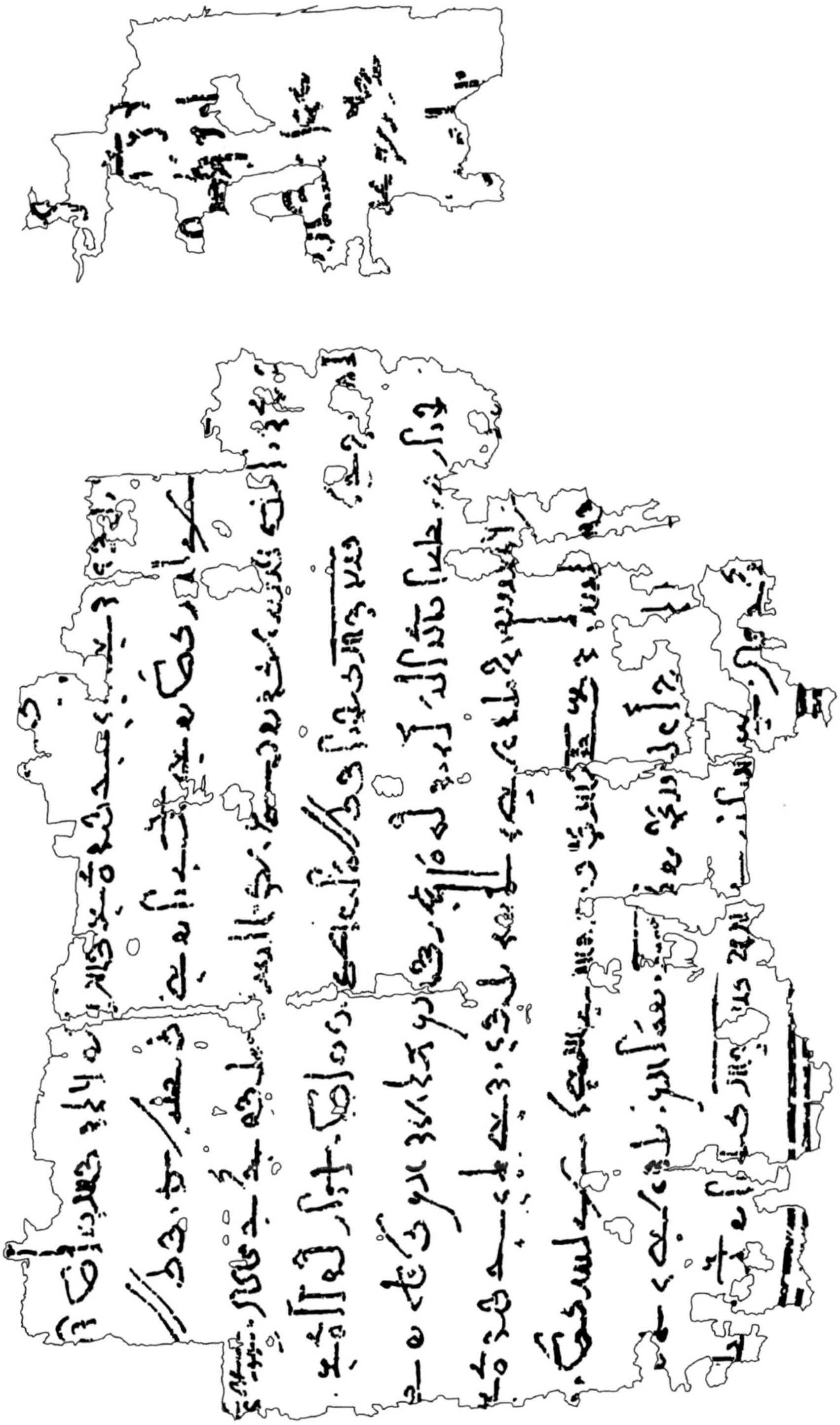

Papyrus Wien D 6318. Facsimile von M. Stadler.

Ostracon Mut 21/4. Photograph G. Vittmann. © The Dakhleh Oasis Project.

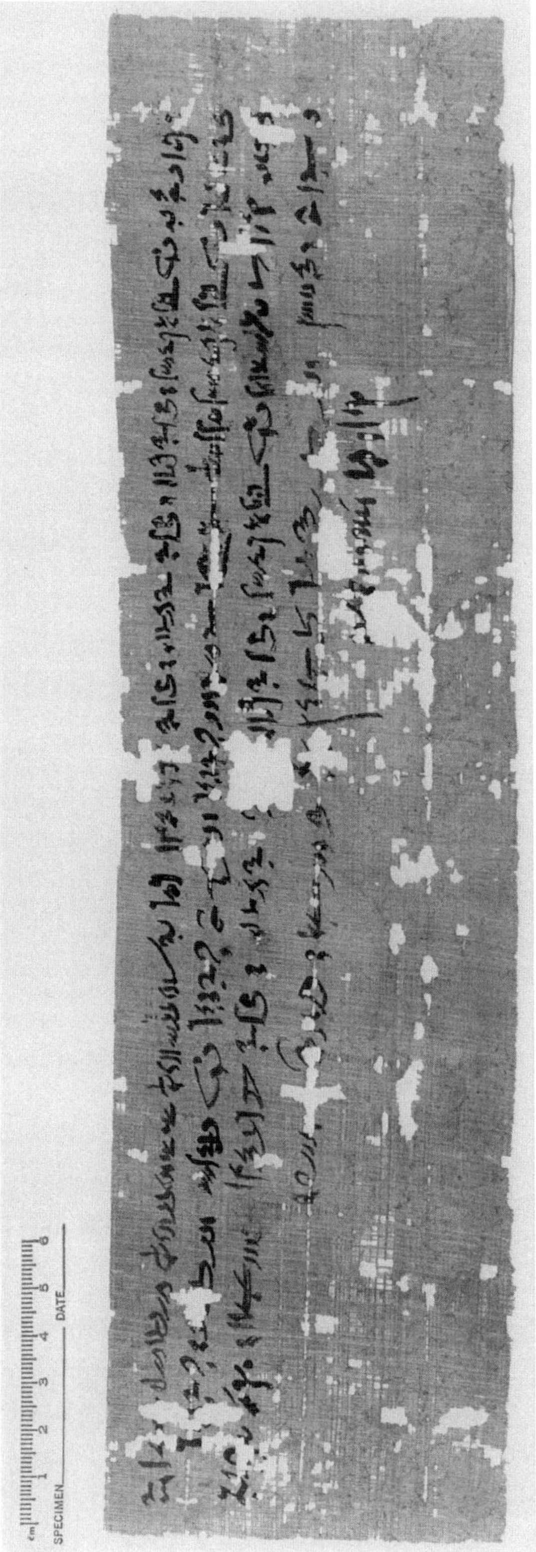

a) Papyrus CtYBR inv. 4628 recto. Photograph courtesy of the Beinecke Rare Book and Manuscript Library, Yale University.

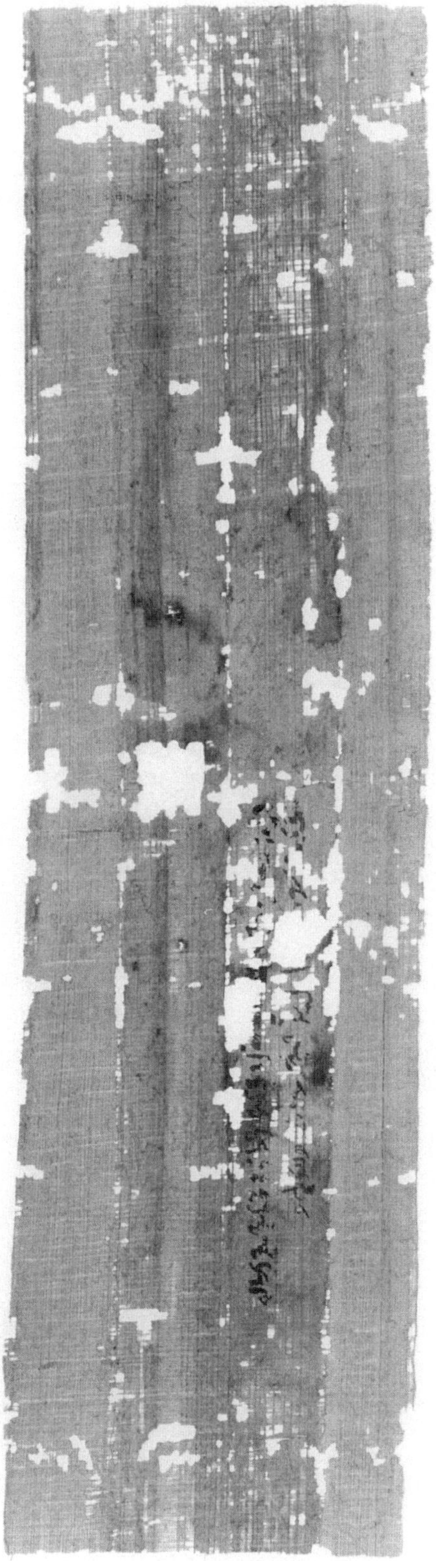

b) Papyrus CtYBR inv. 4628 verso. Photograph courtesy of the Beinecke Rare Book and Manuscript Library, Yale University.

a) Dendera. Statue base of Tryphon. Front (courtesy of M. Jędrzejec/P. Wójcicki).

b) Dendera. Statue base of Tryphon. Back (courtesy of M. Jędrzejec/P. Wójcicki).

a) Dendera. Statue base of Tryphon. Right side (courtesy of M. Jędrzejec/P. Wójcicki).

b) Dendera. Statue base of Tryphon. Left side (courtesy of M. Jędrzejec/P. Wójcicki).

a) Dendera. Statue base of Tryphon. Greek inscription (courtesy of M. Jędrzejec/P. Wójcicki).

b) Dendera. Propylon of the temple of Isis. Headless sphinx inscribed for Tryphon (courtesy of M. Jędrzejec/P. Wójcicki).

a) Dendera. Propylon of the temple of Isis. Headless sphinx with fragmentarily preserved Greek inscription (possibly of Tryphon) (courtesy of M. Jędrzejec/P. Wójcicki).

b) Dendera. Statue base of Tryphon. Remnants of the statue (courtesy of M. Jędrzejec/P. Wójcicki).

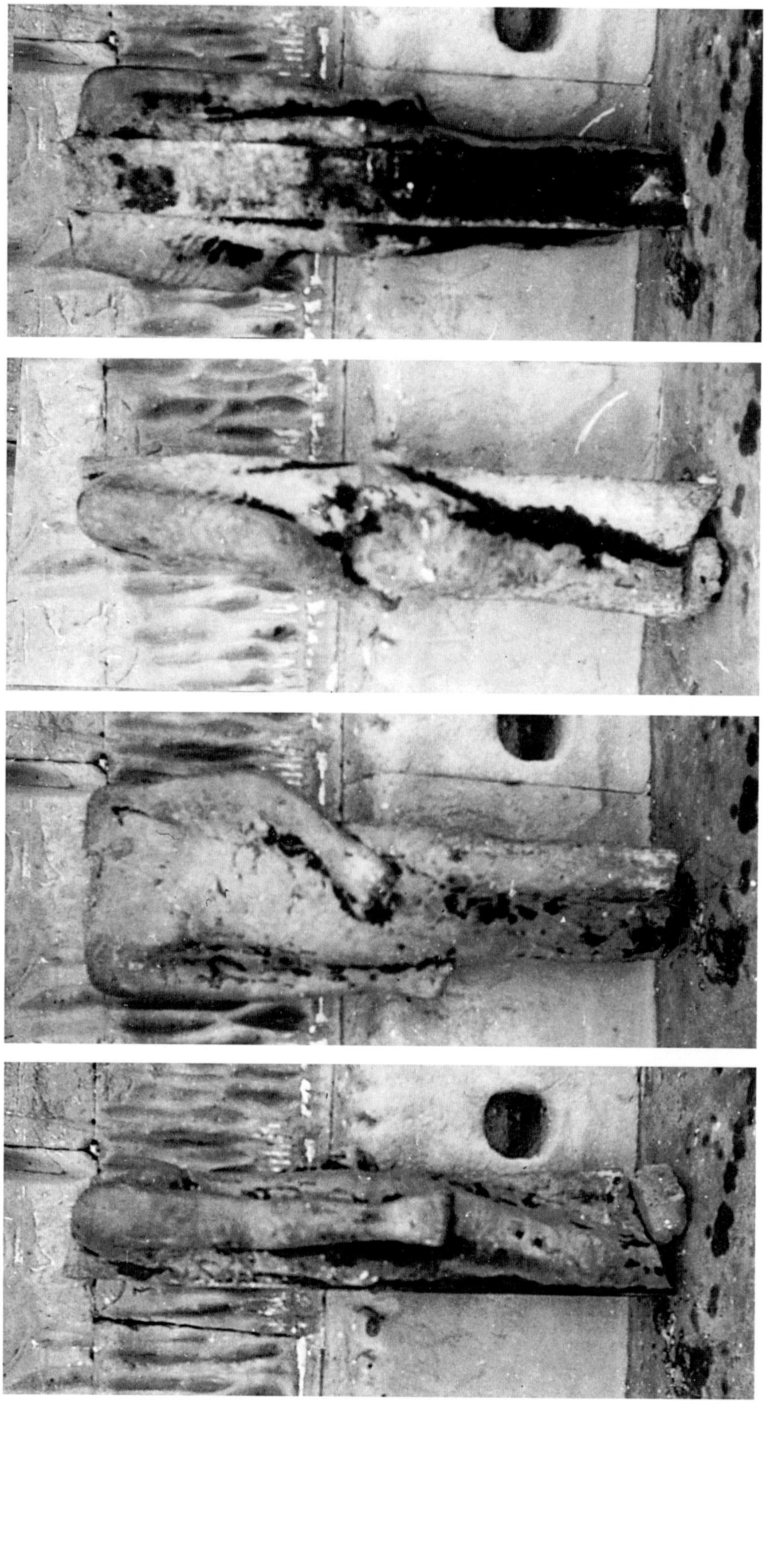

Draped statue recorded in Dendera by Bernard Bothmer, *Corpus of Late Egyptian Sculpture*, no. B–De–1, photographs 210.7–10 (B. Bothmer, courtesy of the Brooklyn Museum)